C000265070

Les Memoires De Messire Michel De Castelnau: Seigneur De Mauvissiere, Illustrez Et Augmentez De Plusieurs Commentaires & Manuscrits, Servans À Donner La Verité De L'histoire Des Regnes De François Ii. Charles Ix. & Henry Iii. & De La Regence & Du...

Michel de Castelnau (sieur de la Mauvissière), Jean Le Laboureur

Nabu Public Domain Reprints:

You are holding a reproduction of an original work published before 1923 that is in the public domain in the United States of America, and possibly other countries. You may freely copy and distribute this work as no entity (individual or corporate) has a copyright on the body of the work. This book may contain prior copyright references, and library stamps (as most of these works were scanned from library copies). These have been scanned and retained as part of the historical artifact.

This book may have occasional imperfections such as missing or blurred pages, poor pictures, errant marks, etc. that were either part of the original artifact, or were introduced by the scanning process. We believe this work is culturally important, and despite the imperfections, have elected to bring it back into print as part of our continuing commitment to the preservation of printed works worldwide. We appreciate your understanding of the imperfections in the preservation process, and hope you enjoy this valuable book.

MEMOIRES
DE MICHEL
DE
CASTELNAU.
TOME SECOND.

TOMO ...

LES
MEMOIRES
DE
MESSIRE MICHEL
DE CASTELNAU,
SEIGNEUR DE MAUVISSIERE,

ILLUSTREZ ET AUGMENTEZ DE PLUSIEURS
Commentaires & Manuscrits, tant Lettres, Instructions, Traitez, qu'autres Pieces secrettes & originales, servans à donner la verité de l'Histoire
des Regnes de FRANÇOIS II. CHARLES IX. & HENRY III. & de la
Regence & du Gouvernement de CATHERINE DE MEDICIS.

AVEC LES ELOGES DES ROIS, REINES, PRINCES
& autres Personnes illustres de l'une & de l'autre Réligion sous ces trois Regnes,

L'HISTOIRE GENEALOGIQUE DE LA MAISON DE CASTELNAU,

ET LES GENEALOGIES DE PLUSIEURS MAISONS
Illustres alliées à celle de CASTELNAU.

Par J. LE LABOUREUR Conseiller & Aumosnier du Roy, Prieur de Juvigné.

NOUVELLE ÉDITION, révûë avec soin & augmentée de plusieurs MANUSCRITS.
Avec prés de 400. ARMOIRIES gravées en taille-douce, &c.

TOME SECOND.

A BRUXELLES,
Chez JEAN LEONARD, Libraire-Imprimeur ruë de la Cour. 1731.
AVEC PRIVILEGE DE SA MAJESTE' L ET C.

TABLE
DES CHAPITRES.

Contenus dans le second Tome,

Sur lesquels Mr. LE LABOUREUR a fait ses Commentaires.

LIVRE QUATRIÈME.

Tome II.

TABLE DES CHAPITRES.

ADDITIONS

Norbertus...

ADDITIONS
AUX MEMOIRES
DE
MESSIRE MICHEL
DE CASTELNAU.
LIVRE QUATRIÉME.
TOME SECOND.

CHAPITRE PREMIER.

DE LA MILICE DES REISTRES ET LANSKENETS,
du Rhingrave, du Colonel Christophle de Bassompierre.

POUR continuer l'ordre que j'ay tenu dans le Volume précedent, je prendray occasion de parler des Reistres & des Lanskenets, dont il est fait mention, aussi-bien que de Christophle de Bassompierre lors Lieutenant Colonel & depuis Colonel en chef, au récit de l'escarmouche de Graville, fait par Michel de Castelnau dans le premier Chapitre du Livre quatriéme de ses Memoires; où je commence le second Tome de mes Commentaires Historiques. Tout le monde sçait aux dépens de la ruïne de tous les Estats de l'Europe, que les Nations du Nord, que nous appellons Allemandes, estant fort fécondes en Peuples, la necessité d'occuper de nouvelles terres, plûtost que l'ambition de dominer, à laquelle ils sont moins sensibles qu'à leur

Tome II.   **A**

interest & à leur profit, les a habituez aux armes, & qu'ils y ont esté entretenus par la division de l'Allemagne en diverses Principautez, qui ne leur a rien laissé de commun que la Langue, & qui a fait que chaque Seigneurie est un membre mort à la Patrie, dont l'ame n'est autre chose que l'union & l'amour & la communion d'interests. Le Schisme & l'Heresie sont venus ensuite, qui ont accrû le desordre & qui ont achevé de ruïner les restes de la Fraternité de ces anciens Germains par les Guerres de la Religion : & la raison d'Estat y fit prendre Party à nos Rois François I. & Henry II. pour les Lutheriens, sous prétexte de défendre & de proteger les Princes & les Communautés Protestantes dans leurs Privileges Imperiaux. Mais la Justice de Dieu qui se plaist à confondre les conseils des hommes & à ruïner les entreprises qu'ils font sur l'avenir, fit bien voir tost aprés, que les plus grands Heros en Politique ne meritent bien souvent d'autre estime que celle d'avoir esté les Ministres de sa vengeance, & que leur memoire ne doit subsister qu'avec le réproche d'avoir immolé à sa colere dès millions d'hommes, qu'ils croyoient sacrifier à la gloire de leur Patrie, pour des desseins dont l'évenement est dans ses mains, & qu'il ne souffre point qu'on luy arrache, qu'on ne tombe de la violence qu'on veut faire à ses decrets.

Aprés les troubles de l'Allemagne, survinrent ceux de France pour le mesme sujet de Religion, & les Princes de l'Empire, tant Catholiques que Protestans, ne manquerent pas de se servir d'une si belle occasion de se défaire avec avantage du poids de leurs armées & d'avoir une milice toute preste pour leurs desseins, qui s'aguerrît à nos dépens & qui enrichît leurs Estats du pillage de ce Royaume, qui la soudoyeroit pour sa ruïne. Les Huguenots leur demanderent secours & l'obtinrent aisément, & on en fit aussi venir contr'eux pour diverses considerations. La principale fut, que la Reine Catherine, quoy que Mere du Roy, se souvenoit toûjours qu'elle estoit Estrangere, & que les dangers qu'elle avoit courus l'entretenans dans la défiance des Grands de l'un & de l'autre Party : elle crut qu'il estoit important d'avoir un corps de troupes Estrangeres aussi, qui la serviroit aveuglément dans tous ses besoins ; car sans faire tort aux Reistres & aux Lanskenets, on les peut comparer à des Chevaux de service à la Guerre, qu'ils professent sans affection & sans refléchir sur le Party qu'ils tiennent. Comme tels ils se vendoient à leurs Chefs qui les revendoient aux Princes, & ils ne se conservoient de liberté que celle de se racheter de prison en tournant du costé du Victorieux. Par ce moyen ils subsistoient toûjours, c'estoit un fardeau qui ne diminuoit point, & on pouvoit dire qu'ils n'estoient veritablement ennemis que du Pays où ils estoient employez. L'autre raison plus favorable de Catherine, estoit qu'il falloit puiser dans la mesme source d'où les Heretiques tiroient toute leur assistance, soit pour la tarir ou pour en divertir le cours ; ou bien encore, afin qu'occupant ainsi cette Nation belliqueuse, on rompit les desseins qu'elle pourroit faire de fon chef fur la foibleffe de la France ; parce que les grands Eftats ont toûjours quelque chofe à s'entre-demander, & l'Empire principalement a toûjours fujet de fe plaindre de fes voifins, qui ne rendent point de civilité à fa vieilleffe & qui mefme ne fe réconcilient point avec luy qu'il ne luy, en coufte quelque Province ou quelque Place.

Ainfi, la neceffité du cofté des Huguenots, & la Politique de la part de la Reine, attirerent fur ce Royaume ce Peuple, que nous avions foulevé & foudoyé contre la Maifon d'Auftriche : & nous achetâmes encore bien cher cette alliance ruïneufe, qui tint les affaires de France en équilibre, qui maintint l'Herefie, & qui entretint la Guerre civile. Philippe Comte du Rhin, autrement appellé le Rhingrave, fervit avec plus d'affection qu'aucun autre Colonel de Reiftres, comme celuy qui eftoit tout François d'inclination, & qui pour s'eftre attaché aux interefts de cette Couronne, encourut le Ban de l'Empire, comme fit auffi le Comte de Rokendolf. Il fe maria en France avec Jeanne Ricarde Galliot dite de Genoüillac veuve de Charles de Cruffol Vicomte d'Uzés, grand Panetier de France, & eut pour imitateur de fa conduite, comme pour fucceffeur en fa charge, Chriftophle de Baffompierre Baron de Haroel, fils de François de Baffompierre & de Marguerite de Damp-martin, & petit fils de Chriftophle, mary de Jeanne de Ville. Ces deux alliances les attirerent des Frontieres d'Allemagne à la Cour de Lorraine, & cela ne fut pas inutile à ce fecond Chriftophle pour fon eftabliffement en France & pour y tirer faveur de la Maifon de Guife. Il fe maria avec Loüife le Picard fille de George S. de Radeval & de Loüife de la Mothe, qui luy apporta d'illuftres parentés, car de la mefme Maifon des le Picard eftoient en fon temps la Marefchale de Briffac, & la Dame de Pompadour, mere de Madelaine de Pompadour Comteffe de Tillieres, & ayeule de Marie le Veneur de Tillieres, qui de Paul Comte de Salmes laiffa Chreftienne de Salmes ; de laquelle & de François de Lorraine Comte de Vaudemont font nés les Ducs Charles & François de Lorraine, Marguerite de Lorraine Ducheffe d'Orleans, &c. Loüife de la Mothe avoit pour mere Anne de Montmorency fille de Roland Baron de Foffeux & de Loüife d'Orgemont, & par ce moyen elle eftoit alliée des deux coftez au Conneftable de Montmorency. De ce mariage nafquit François de Baffompierre Colonel General des Suiffes & Marefchal de France, auffi illuftre par fes difgraces, que par tant de belles qualitez d'efprit & de generofité, qui ont intereffé tout le public dans le malheur & dans la rigueur de fa longue prifon.

Entre plufieurs traités faits avec les Colonels des Reiftres, il y en a un du 18. Juin 1574. avec Chriftophle de Baffompierre, par lequel il s'obligea d'amener d'Allemagne fix cens Chevaux piftolliers fous deux Capitaines & deux Cornettes de trois cens hommes chacune ; & les conditions principales qu'il eft à propos de ré-

marquer, pour faire voir combien cette milice Eftrangere vendoit
fon fervice, furent, que luy en qualité de Colonel auroit fix cens
Florins par mois, le Lieutenant Colonel & les deux Capitaines chacun 300. & les autres Officiers à proportion. Outre lefquels il auroit
encore par mois fix cens autres Florins pour appointer les plus apparens & fuffifans de fon Regiment, ce font les propres termes : de plus
on luy devoit paffer à la Montre trente-fix payes à raifon de douze
pour cent en chacune Cornette & on luy accordoit encore 400. Florins par mois pour davantage aider à fa fubfiftance. On luy donna
pour les frais de la levée 7200. Florins, à raifon de douze Florins
pour Cheval ; on promit douze Montres dont le rétardement cour-
roit aux defpens du Roy, & que le Roy gagnant une bataille où ils
auroient combattu, leur Montre leur feroit acquife dés le jour, &
qu'ils en commenceroient une autre. Par ce Traité ils eftoient obli-
gés à fervir le Roy & fa Couronne envers & contre tous, excepté le
Saint Empire & leurs Seigneurs féodaux, avec ferment de n'abandonner le Regiment pour révocation qui pût eftre faite par l'Empereur,
la Chambre Impériale ou leurfdits Seigneurs féodaux ; d'obéïr aux ordres pour leur marche, foit par Regiment ou par Compagnies déta-
chées ; de ne rien prendre fur les Sujets du Roy fans payer ; & en
cas de mort de leur Colonel, de recevoir celuy de leur Nation que fa
Majefté voudroit choifir, fans demander pour ce nouvelle Capitulation ; & enfin de mettre entre fes mains ou de fon Lieutenant General tous leurs prifonniers de Guerre, en recevant pour le plus fix mille efcus. Il eftoit auffi porté expreffément que ces troupes s'employe-
roient par tout où il feroit commandé au S. de Baffompierre par le
Roy & la Reine fa Mere, qui fit ce traité, & qui y fit couler cette
marque d'autorité affez extraordinaire. Depuis le S. de Baffompierre
continua à faire des levées & fit monter fon Regiment jufques au
nombre de quinze cens Reiftres. Pour dire la verité de cette milice,
comme elle eftoit fort meflée de bons & de mauvais Soldats, par l'intereft qu'avoient les Chefs d'en amener grand nombre, on ne s'en
pouvoit guere affeurer, & on y fut trompé de part & d'autre en beaucoup d'occafions, qui faifoient affez regretter le butin & la folde qu'ils
emportoient de France. C'eftoit toûjours aux Rois à les payer tant
amis qu'ennemis, pour les mettre hors du Royaume : & c'eftoit l'employ ordinaire de Michel de Caftelnau de negocier avec eux pour
leur fortie, comme nous verrons en plufieurs endroits de cette Hiftoire.

CHAPITRE SECOND.

D'Antoine Escalin, dit le Capitaine Poulin, autrement appellé le Baron de la Garde, General des Galeres de France.

CETTE Histoire me fournit assez d'occasions de parler du Baron de la Garde, à cause des grands services qu'il rendit dans les Guerres de la Religion, mais je choisis celle-cy comme la plus necessaire, pour opposer au réproche d'une action qui ne se peut soûtenir, le merite de plusieurs autres; & pour faire excuser un zèle de Cavalier & d'homme de Guerre, qui fut trompé par la passion du Président d'Oppede, & qui se laissa engager au sac de Cabrieres & de Merindol l'an 1555. dans la pensée qu'il eut, que Dieu avoit choisi son bras pour une si cruelle execution, dont on luy fit voir les ordres qu'on avoit obtenu de la Cour par surprise, & dont on luy fit valoir l'importance. Ce n'est pas le seul exemple que nous ayons de l'obéissance aveugle des personnes de sa profession, & principalement de ceux, qui comme ce Baron, lors appellé le Capitaine Poulin, se sont élevez par les armes, & qui n'ont formé leurs inclinations que sur les cruelles maximes de la Guerre. Ils ne deviennent prudens que par experience, & ils la payent bien souvent de leur réputation, qu'ils n'expient enfin que par le nombre de meilleures actions, parce qu'on les juge au poids de la Balance. Je ne sçay pas qu'elle est la plus vraye de deux opinions qu'on eut de la naissance du Capitaine Poulin; on disoit en son temps qu'il estoit de basse extraction, & d'autres ont dit depuis qu'il estoit Gentil-homme, mais de pire fortune qu'un roturier par l'extréme pauvreté de sa famille. Quoy qu'il en soit, plus elle a esté basse, plus il merite d'honneur de l'avoir rélevée, & je l'estime préferable à celles qui se glorifient d'une antiquité sterile vers la Patrie, ou qui ne briguent les Dignitez que par la récommendation de leurs ancestres. J'emprunteray icy son Eloge des Memoires du sieur de Brantosme, & j'y adjoûteray ensuite quelques particularitez necessaires à l'Histoire touchant sa personne & sa maison.

„ A son commencement on l'appelloit le Capitaine Poulin, & ce „ nom luy a duré long-temps. Feu M. de Langey estant Lieutenant de „ Roy en Piémont, l'éleva & l'avança, pour le connoistre homme „ d'esprit & de valeur, & de belle façon & de belle apparence, car il „ estoit beau & de belle taille: & pour le connoistre de bon service; „ il le fit connoistre au Roy François, aprés les morts de Rançon & „ Fregouse, par plusieurs voyages qu'il luy fit faire vers sa Majesté. „ Si que le sentant digne de le bien servir, il l'envoya en Ambassade „ vers le Grand Seigneur Sultan Soliman, pour negocier avec luy à „ prester quelque grosse armée de mer à faire la Guerre aux mers & „ aux costes de l'Empereur. Il eut en cette Negociation de grandes

»peines, là où il luy falloit bien déployer ses esprits & montrer quel
»il estoit ; car il luy fallut combattre contre les secrettes menées de
»l'Empereur, qu'il faisoit à Constantinople, contre les fermes réso-
»lutions des Venitiens ; contre les mauvaises volontés des Bachas ;
»& qui plus est, contre l'arrogance & inconstance de Soliman, qui
»maintenant luy promettoit, maintenant se dédisoit : mais il alla,
»il vira, il trotta, il traita, il monopola & fit si bien, & gagna si
»bien le Capitaine des Janissaires de la Porte du Grand Seigneur
»comme il voulut, l'entretint souvent, & se rendit si agréable à luy,
»qu'il eut de luy enfin ce qu'il voulut, & emmena Barberousse avec
»cette belle armée, que plusieurs, qui vivent encore, ont vûe en Pro-
»vence & à Nice. Mais à quel honneur, s'il vous plaist, ledit Pou-
»lin mena-t-il cette armée, luy qui ne s'estoit vû, n'avoit pas long-
»temps, que simple Soldat & Capitaine Poulin ? Ce fut que le
»Grand Seigneur au départir, commanda à Barberousse d'obéïr du
»tout en tout au Capitaine Poulin, & se gouverner par son conseil
»à faire la Guerre aux ennemis du Roy selon son vouloir. En quoy
»il sçût trés-bien s'en faire accroire, car Barberousse n'osa jamais
»attaquer ny faire mal à aucuns Chrestiens, bien que ce fut sa vraye
»proye, par tout où il passa, & mesme à toutes les terres du Pape,
»comme au Port d'Ostie & autres qui trembloient de peur, & Rome
»& tout, & tous les Cardinaux encore qui y estoient ; car le Pape n'y
»estoit pas, estant lors à Bologne : mais le Capitaine Poulin leur
»manda qu'ils n'eussent point de peur, & qu'on ne leur feroit aucun
»mal, ny à pas un Chrestien qui fut amy & Confédéré du Roy.
» J'ay vû plusieurs vieux Capitaines qui ont vû tout le mystere de
»ce voyage de Provence & du siege de Nice ; mais c'estoit chose
»estrange à voir comme ce Capitaine Poulin se faisoit obéïr & res-
»pecter parmy ces gens, plus certes que ne faisoient de plus grands
»que luy qui estoient-là. Je luy ay vû discourir une fois de ce voya-
»ge & negociation, mais il faisoit beau l'en ouïr parler, & de la
»peine qu'il y eut, dont entr'autres particularitez, il dit qu'il estoit
»venu en 21. jours de Constantinople à Fontainebleau où estoit le
»Roy, qui estoit une extréme diligence. Je luy ay ouï dire aussi,
»qu'il avoit vû au Grand Seigneur un fort grand panache de Plumes
»de Phœnix, & qu'il luy avoit fait montrer par grande speciauté :
»& quand moy & d'autres luy rémonstrâmes qu'il n'y avoit qu'un
»seul Phœnix au monde, & que luy-mesme se brûle quand vient sa
»fin ; si bien qu'il estoit mal-aisé de récouvrer son panache : il ré-
»pondit qu'il n'estoit pas inconvenient qu'il n'en eut trouvé des plu-
»mes par une grande curiosité, qu'on y pouvoit rapporter pour en
»chercher & trouver aux Pays & aux lieux où il habite & branche,
»& mesme lors qu'il muë en la saison, comme font les autres oi-
»seaux, qui en font fort ainsi tomber de leurs corps. Il y peut avoir
»là de l'apparence, & aussi qu'à la curiosité d'un si grand Seigneur
»rien ne pouvoit estre impossible, car d'un seul clein d'œuil il estoit

„obéï fort exactement. J'ay ouï dire à M. de Lanſſac le jeune, qu'à
„ce grand & ſuperbe édifice l'Eſcurial, le Roy d'Eſpagne pour y
„mettre & appendre ſes armoiries en éternelle memoire, il fit en-
„graver ſes armoiries dans une Pierre de foudre ſi grande, qu'à plein
„& à ouvert elles y ſont gravées, & luy en couta deux cens mille
„eſcus ; ayant eſté curieux de l'envoyer rechercher juſques en Ara-
„bie & l'acheter. Le Grand Turc en pouvoit faire de meſme de ſon
„panache.

„ Or par ſes ſervices, ce Capitaine Poulin, fit ſi bien que ſon Roy
„le fit General de ſes Galeres, mais s'eſtant un peu trop emporté
„rigoureuſement en Provence contre les Heretiques de Merindol &
„de Cabrieres ; car il haïſſoit mortellement ces gens-là, il en cou-
„rut la male-grace de ſon Roy, dont il en garda la priſon long-
„temps, l'eſpace de trois ans, & ſans ſes bons ſervices il eut eſté en
„plus grand' peine, mais après, le Roy le ſentant trés-capable pour
„le ſervir en ces Mers, le rémit encore General des Galeres. Auſſi
„ſervit-il bien aux Guerres de Toſcane & de Corſe, là où un jour
„il fit un brave combat trés-haſardeux & heureux ; car tournant de
„Civita-Vecchia avec deux Galeres, aucuns diſent ſix, s'eſtant éle-
„vé un orage & une tourmente terrible, il fut obligé de ſe jetter ſur
„la plage de S. Florent en Corſe, attendant que la furie de la mer
„s'appaiſât. Durant laquelle vinrent paſſer à ſa vûë onze grands Na-
„vires bien armés en guerre & chargés de ſix mille Eſpagnols, qui
„s'en alloient en Italie & deſcendre à Gennes. Mais M. le Baron de
„la Garde les alla attaquer auſſi-toſt avec ſes Galeres en cette mer
„haute, qui eſtoit un fort petit avantage pour luy & grand pour les
„Vaiſſeaux ronds, & les combattit. [M. le Marquis de Spinola, s'il
„eut tenté un tel haſard devant Oſtende, il en fut encore plus eſtimé] ſi
„bien qu'ayant entrepris le plus grand & le plus brave, le canona &
„le mit à fonds, & après en fit autant à un autre : ſi bien que les
„autres voyans le miſerable eſtat de leurs compagnons, ſe mirent à la
„fuite, combien que les Galeres les ſuiviſſent ; mais la mer eſtoit
„ſi grande & ſi déſavantageuſe pour les Galeres, qu'elles ne les purent
„atteindre, ayans gagné la haute mer, & ſe perdirent auſſi-toſt de
„vûë. En ces deux perduës il y avoit quinze cens Eſpagnols, dont la
„plûpart furent tous noyez, & ſi peu de ceux qui en échapperent fu-
„rent mis aux fers. Ceux qui ſçavent que c'eſt de combats de mer,
„balanceront bien à dire, ſi celuy-là fut plus heureux que valeureux,
„ou plus valeureux & haſardeux qu'heureux. Quant à moy je dis &
„l'un & l'autre ; car ce M. le Baron de la Garde eſtoit trés-brave &
„trés-vaillant de ſa perſonne, comme il l'a montré toûjours.
„ Je le vis une fois à la Cour eſtant à Paris au commencement du
„regne du petit Roy Charles IX. faire appeller le jeune la Molle à
„ſe battre contre luy, mais il avoit grand' envie de ſe battre, &
„mal-aiſément ſe pût-il accorder : & pour venir là il avoit quitté
„l'Ordre, & ne vouloit point qu'il luy ſervit de rien là, comme de

„ce temps les moins vaillans se servoient de ce Privilege, dont il fut
„fort estimé de plusieurs, car je le vis. Il n'estoit point pour lors
„General, car M. le Grand Prieur l'estoit : & il a esté très-malheu-
„reux en cette Charge, car plusieurs fois il a esté & dedans & de-
„hors ; dont aucuns aprés la mort de M. le Grand Prieur & que M.
„le Marquis d'Elbeuf eut succedé à cette charge, dirent à la Cour qu'on
„avoit fait grand tort à cet honorable vieillard & Capitaine, & qui
„avoit tant bien servy la France : & mesme pour si peu de jours qu'il
„avoit à vivre, que M. d'Elbeuf s'en fût bien passé ; car il estoit as-
„sez riche, grand & chargé d'autres charges d'ailleurs, sans prendre
„celle-là, à laquelle il estoit Novice pour n'avoir vû ny pratiqué de
„mer. Enfin aprés la mort dudit Marquis, ainsi qu'il est raison que
„toutes choses retournent à leur premier estre, M. de la Garde ren-
„tra en sa premiere Charge, laquelle il a gardée sans aucun répro-
„che jusques à sa mort, & la vieillesse ne luy en a fait aucun qu'il
„n'ait toûjours bien-fait, & mesme sur ses plus vieux jours au siege
„de la Rochelle, là où il garda & empescha bien l'entrée du Port,
„& aussi quand le secours de M. de Montgommery y vint, qui ne
„put entrer & fut contraint de se mettre au large ; qui fut cause qu'il
„alla le lendemain avec ses Galeres l'appeller au combat avec coups
„de canon, mais il n'y voulut point venir.
„   C'estoit un homme qui entendoit bien son métier de Marine. Ce
„fut luy qui fit faire cette belle Galere qu'on appelloit la Réale, &
„qui l'arma à la Galoche & à cinq pour banc, dont paravant on
„n'en avoit point vû en France. Depuis, cette mode a continué,
„qui est bien meilleure que l'autre vieille, qu'on a laissée il y a long-
„temps par tout le Levant. Celle qu'André Dorie avoit fait pour
„l'entreprise de Tunis & y recevoir l'Empereur, n'estoit que de qua-
„tre, & fut trouvée de ce temps très-belle & superbe. Cette Galere
„Réale que je dis fut si bien faite & commandée par le brave Ge-
„neral, qu'elle a servy & duré d'ordinaire plus de trente ans, en-
„core qu'elle eût eu un tour de reins sous feu M. le Grand Prieur :
„& pour ce sur ce patron M. le Marquis d'Elbeuf en fit faire une
„très-belle & toute pareille, qu'on appelloit la Marquise de son
„nom. Le Comte de Retz l'acheta depuis & dure encore, mais
„meilleure voiliere. Elle servit de Generale luy vivant, & rendit à
„M. de la Garde sa Réale, qui luy servit encore assez de temps de
„Generale ; mais ne s'en pouvant plus servir non plus que d'un vieil
„cheval qui n'en peut plus, il en fit faire une encore plus belle &
„meilleure ny que la Réale ny que la Marquise, tant cet homme
„l'entendoit bien & aimoit son estat.
„   Outre cette suffisance, il estoit très-honorable, magnifique,
„splendide, grand dépensier en sa Charge, très-liberal, & trop ; car
„il est mort pauvre, encore qu'il eût fait de beaux butins en son temps,
„mais il dépensoit tout, tant il estoit magnifique. Aprés que Mon-
„sieur, depuis nostre Roy Henry III. eut combattu les Huguenots
en

„en ces deux batailles rangées de Jarnac & de Montcontour, & au-
„tres lieux & fieges, fa rénommée vola par tout de luy & de fes
„proüeffes; fi qu'il fe fit pourparler de Mariage d'entre luy & la Rei-
„ne d'Angleterre. Les paroles & les chofes en allerent fi avant, que
„nous demeurâmes quelque temps en fufpens à dire de mois en mois
„nous partons pour aller en Angleterre & à Londres, & devoit
„Monfieur y eftre porté par les Galeres de France, qui eftoient en-
„core en cette mer Oceane. Mais M. de la Garde fit un fi fuperbe
„appareil de fes Galeres, & apprefts d'ornemens, qu'on dit qu'il luy
„couta plus de vingt mille efcus. Entr'autres, le plus beau fut que
„tous fes Forçats de fa Réale eurent chacun un habillement de Ve-
„lours cramoify à la Matelotte, la Pouppe & la chambre de Pouppe
„eftoit toute tapiffée & parée de mefme Velours, avec une broderie
„d'or & d'argent, foufflée & agitée de tous vents, avec des mots
„Grecs, qui difoient, bien que je fois & aye efté agitée bien fort,
„jamais je n'ay tombé ny changé, comme de vray il n'a jamais fait,
„& a efté toûjours bon & loyal. Les lits, couvertes, oreillers,
„bancs de chambre & de Pouppe eftoient de mefme, les Eftendars
„flambans, Banderolles, moitié de mefme & moitié de Damas, tous
„frangez d'or & d'argent. Bref, c'eftoit une chofe trés-magnifique à
„voir, & en tel fuperbe appareil devoit entrer avec les autres Ga-
„leres, qui pouvoient monter jufques à dix, dans la riviere de la
„Tamife à Londres. Je vous laiffe à penfer la fuperbeté d'entrée que
„ce fut efté, fans tant d'autres magnificences & grandes compag-
„nies de braves Gentils-hommes : & tout cela ne fervit de rien à ce
„pauvre Seigneur le Baron de la Garde, finon dépenfe pour luy :
„& quelquefois il en faifoit parer fa chambre de Pouppe que j'ay
„vû ainfi, & moy indigne me fuis couché & dormy en ces beaux
„lits où il faifoit trés-bon.

„ Enfin il eft mort, ayant laiffé plus d'honneur à fes Heritiers que
„de biens, & en l'âge de plus de quatre-vingt ans, & fi ne fe mon-
„troit trop vieux, rètenant encore quelque belle & bonne grace &
„apparence du paffé; qui le faifoit trés-admirer à tout le monde
„avec fes beaux contes du temps paffé, de fes voyages, & de fes
„combats, qui ont efté fi frequens & affidus, que les Mers de Fran-
„ce, d'Efpagne, d'Italie, de Barbarie, de Conftantinople & Le-
„vant en ont longuement raifonné : encore croy-je que les flots en
„bruyent le nom. Quant à moy, encore qu'il me fit perdre une fois
„un butin de douze mille efcus, qu'un Navire que j'avois en Mer
„m'avoit fait, & ne le trouvant de bonne Guerre ny de prife me le
„fit rendre, je diray à jamais fes vertus. Si diray-je encore ce mot
„de luy, comme je luy ay ouï dire & d'autres avec moy, car il ne
„s'en feignoit point & en faifoit gloire, qu'eftant extrait de bas lieu,
„les Guerres de Piémont & de Milan émûës, il y eut un Caporal
„d'une Compagnie paffant par le Bourg dudit Poulin, & s'appelloit
„la Garde, du depuis il en voulut porter le nom; qui le voyant

,, jeune enfant , d'esprit & de bonne façon , le demanda à son pere
,, pour le mener avec luy. Le pere le luy refusa , mais il se dérobe du
,, pere & s'en va avec le Caporal, qu'il servit de Goujat environ deux
,, ans : & puis le voyant de bonne volonté, luy donna l'arquebuse, &
,, le fit si bon Soldat, qu'il parut toûjours pour tel. Puis fut Enseigne
,, & Lieutenant , & puis Capitaine. Ah ! qu'il s'est vû sortir de très-
,, bons Soldats de ces Goujats.

Voilà un témoignage du sieur de Brantosme bien appuyé , puis
qu'il cite le Baron de la Garde luy-mesme pour son Auteur , mais il
ne détruit pas entierement la tradition , qui porte que Loüis Escalin
dit des Aymards son pere estoit noble. Il semble au contraire que ce
pere comme trés-pauvre qu'il estoit ; eut quelque honte de consentir
que son fils entrât dans une si vile condition , & qu'il aima mieux se
le laisser dérober , pour n'avoir pas à se réprocher ce qu'on ne devroit attribuer qu'à un esprit de libertinage , qui bien souvent cause
de plus grandes Metamorphoses dans des Familles considerables. Quoy
qu'il en soit , le Capitaine Poulin ayant rendu sa fortune capable des
premiers titres de son temps , il acheta la Baronie de la Garde où il
estoit né , & parce qu'elle appartenoit à la Maison des Aymards ou
Adhemards , il écartela ses armes au 1. & 4. de celles des Adhemards jadis Seigneurs de Monteil, nommé à cause d'eux Monteil-Ai-
mard , depuis Comtes de Grignan, qui sont d'or à 3. bandes d'azur,
& mit au 2. & 3. celles d'Escalin, qui sont de gueules à 3. croix vui-
dées & boutonnées de douze pieces d'or. Il fut le premier François
pourvû en chef du Generalat des Galeres de France, qu'il rendit l'un
des premiers Offices du Royaume, par l'autorité que luy donna le Roy
François I. par ces Lettres expediées en forme de Commission , lesquelles j'ay estimé d'autant plus necessaires ; qu'on y verra l'établissement de la Charge de General des Galeres, dont ses Successeurs doivent la grandeur & l'importance au merite de ce grand Chef de Marine & à l'esperance que le Roy eut de ses services.

FRANÇOIS par la grace de Dieu Roy de France : A tous ceux
qui ces presentes lettres verront, Salut. Comme entre les autres appareils & préparatifs que nous avons dressez pour non seulement resister
à l'Empereur nostre ennemy & adversaire , mais aussi pour luy courir
sus & faire sur luy & ses Adherans & leurs Terres & Pays maritimes
plusieurs bons & braves exploits & entreprises ; Nous ayons fait équiper
& mettre en ordre une grosse & puissante armée en la mer du Levant,
tant de nos Galeres, Fustes & Brigantins, que Vaisseaux ronds, & sur
icelles fait mettre un bon nombre de Gens de guerre pourvûs & munis de
poudre, artillerie & autres munitions à ce necessaires ; de maniere qu'il
ne reste à present que à constituer & commettre pour la conduite & exploit d'icelle quelque Personnage d'autorité à nous féal & agréable , &
qui ait l'experience & suffisance réquise pour un tel effet, ce qu'il est besoin de faire. Sçavoir faisons, que pour la singuliere parfaite & entie-

re confiance que nous avons de la personne de nostre amé & féal ANTOINE
ESCALIN dit LE POULIN Chevalier, nostre Conseiller & Chambellan ordinaire, & de ses sens, prudence, vertu, vaillance, bonne conduite,
experience au fait de la Marine, de la Guerre & des armes, loyauté
& grande diligence : Iceluy pour ces causes & autres à ce Nous mouvans, avons fait, commis, ordonné, & establi, faisons, commettons,
ordonnons, & établissons par ces presentes, Chef & Capitaine General
de nostredite armée de Mer de Levant : luy donnant plein pouvoir, puissance, autorité, d'ordonner, déliberer & disposer de nosdites Galeres
& Vaisseaux, Gens de Guerre, de Cap & de Rame, Artillerie &
équipage qui sont dessus, & les exploiter à l'encontre dudit Empereur &
autres nos ennemis & adversaires, leurs adherans & tenans leur Party :
d'assembler & faire assembler toutes & quantesfois qu'il verra & connoistra estre besoin, & que nostre service le requerra, generalement ou
particulierement, ainsi que bon luy semblera, les Capitaines & Patrons
tant de nosdites Galeres & Vaisseaux que desdits Gens de Guerre, & à
iceux & ausdits Gens de Guerre commander & ordonner & les employer
& exploiter en tels lieux & endroits, soit par mer ou par terre, qu'il
avisera estre requis & necessaire pour nostredit Service, & pour cet effet descendre en terre, quand bon luy semblera, d'assieger & faire assieger Places & Villes & Chasteaux & Forteresses, Ports & Havres, y
donner assaut ou assaux, les prendre par force ou composition, ainsi
qu'il pourra : & aussi recevoir sous nostre obéissance, protection & sub-
jection, telles que s'y voudront mettre, ensemble les Sujets & Habitans
d'icelle, & consequemment faire tous autres faits, actes & exploits de
Guerre, mettre à rançon Prisonniers & autres nos ennemis & rebelles, de
faire faire par tels Commissaires & Contrôlleurs féables qu'il commettra,
en l'absence toutefois des Commissaires & Contrôlleurs ordinaires de nos
Guerres & aussi des extraordinaires par nous commis & députez, les
Montres & Revüës desdits Gens de Guerre, les faire vivre en bon ordre,
Justice & Police, & des delinquans faire la Justice & punition telle que
ce soit exemple à tous autres : de casser les Capitaines & Soldats qui ne
voudront obéir & s'employer comme il appartient à nostre service, ou
qu'il trouvera n'estre capables pour ce faire. Et avec celle-cy avons donné & donnons pouvoir, autorité & puissance, d'ordonner du payement
desdits Gens de Guerre, ensemble des autres frais qu'il conviendra faire
en execution des exploits & entreprises ; qu'il fera suivant sa charge &
pouvoir, en ce qui est dit cy-dessus & choses qui en dépendent : & ce
des deniers qui pour ce seront par nous ordonné. Voulans que les payemens
qui en auront esté faits par ses Mandemens & Ordonnances, lesquels
nous avons dès maintenant comme pour lors validez & autorisez, vali-
dons & autorisons, soyent passez & allouez en la dépence des comptes,
de celuy ou ceux de nos Trésoriers & Comptables à qui ce pourra toucher & qui les auront faits, ensemble la somme de cinq cens livres tournois par mois, que nous avons ordonnée & ordonnons par ces Presentes
audit Poulin pour son estat & entretenement en ladite Charge, par nos

Amez & Féaux les Gens de nos Comptes & par tout ailleurs où besoin sera sans difficulté ; en rapportant cesdites Presentes ou vidimus d'icelles fait sous Séel Royal, ou collations par l'un de nos Amez & Féaux Notaires & Secretaires pour une fois seulement, les rôles & acquits en forme dûë des Montres & Revûës desdits Gens de Guerre, ensemble lesdits Mandemens & Ordonnances d'iceluy Poulin, & ses quittances, quant à sondit estat & celles des autres parties où elles escherroient. CAR tel est nostre plaisir. En tesmoin de ce avons signé les Presentes de nostre main, & à icelles fait mettre nostre Séel. DONNÉ à Batteville ce vingt-troisiéme jour d'Avril l'an de grace mil cinq cens quarante-quatre, & de nostre Regne le trentiéme. FRANÇOIS, par le Roy, le sieur d'Annebaut Mareschal & Admiral de France present, BAYARD.

L'année suivante le Roy l'ayant fait venir de Levant en Ponant avec grand nombre de Galeres & de Vaisseaux ronds, pour servir contre l'Angleterre, il prit un vaisseau Portugais chargé d'huiles douces appartenant aux Anglois ; duquel il eut le don comme de toutes les autres prises en faveur de ses anciens services, & pour le récompenser de la dépense qu'il avoit faite en ce grand passage, par lettres données à Compiegne le 16. de Novembre 1545. où il est qualifié Antoine Escalin des Emards Baron de la Garde & Capitaine general des Galeres. Il se signala principalement en cette Guerre de mer contre les Anglois, à l'attaque qu'il fit de leur armée entiere le 15. d'Août 1545. où le vent s'estant changé par Mestre & Tramontane, qui sont les vents de Nord, il fit perdre aux ennemis l'avantage qu'ils en esperoient, par l'adresse qu'il eut en voguant aussi-tost à grande force sous coste de Flandre, pour regagner la teste du costé des Anglois ; qu'il canonna si furieusement, qu'il les mit en fuite, à la vûë de l'Admiral d'Annebaut, qui ne l'avoit pû joindre avec le reste de l'armée. On luy tua à ses costez un jeune Musicien, d'un coup de canon qui passa entre le Comte de la Rochefoucaut & le Vidame de Chartres : & j'ay appris par le récit Manuscrit de cette action, fait par Jean Moret Capitaine de la Galere de saint Pierre, qu'on eut besoin dans cette rencontre fascheuse pour le salut de nos Galeres, de la derniere experience & de la derniere valeur en la personne de ce grand Capitaine. Parmy les grands services qu'il rendit contre les Rochelois dans les Guerres de la Religion, je remarqueray seulement qu'il fit traverser un Vaisseau devant leur ville, qui servit à faire cette grande Digue, qui depuis a contribué à sa derniere prise.

Comme il avoit toutes les qualitez des plus grands Hommes, il eut cela de commun avec eux que la Fortune & l'Envie persecuterent sa vertu, & qu'il eut à disputer sa dépouille contre des personnes, qui joignirent toutes sortes d'artifices à la puissance qu'ils avoient de malfaire. Aprés qu'il se fut purgé de l'affaire de Merindol & de Cabrieres, il fallut qu'il se justifiât de la sortie de plusieurs bléds de France ; qu'on prouvoit par des Passeports de luy, si bien contrefaits, qu'ils paſſoient pour veritables à la verification , quand on réconnut à la marque du papier qu'il eſtoit de la Papeterie de Brignolle, qui eſtoit eſtablie depuis la date de ces fauſſes pieces. Il réconnut enſuite parmy les témoins qu'on produiſit contre luy , trois ou quatre Forçats qu'il avoit délivré des Galeres , qu'on avoit déguiſez , leſquels il fit dépoüiller , & qu'on trouva fleſtris ſur les épaules. Ils furent pendus & les autres Accuſateurs quitterent le Royaume. Il fut rétably en ſa réputation & en ſes biens , & non en ſa Charge de General des Galeres : qu'il avoit renduë ſi importante , qu'elle fit partie des intereſts de la Maiſon de Guiſe : & enfin comme on ſe reſſouvient du merite dans le malheur des Eſtats , il y fut rappellé par la mort du Marquis d'Elbeuf , & la voulut garder dans le calme auſſi-bien que dans la tempeſte nonobſtant ſon grand âge : & peu de jours avant ſa mort arrivée l'an 1574. hydropique qu'il eſtoit , & âgé de quatre-vingt ans , il en refuſa récompenſe de cent mille eſcus , que la Reine Catherine luy fit offrir. Eſtant averty par les Medecins qu'il n'avoit plus qu'une heure de vie , il ſe fit lever , il s'aſſit dans une chaire : & en tirant ſon eſpée , il dit qu'il avoit toûjours veſcu dans le ſervice , & qu'il ſouhaiteroit de tout ſon œur pouvoir mourir les armes à la main pour le ſervice de Dieu & du Roy : & expira dans les genereux ſentimens d'un bon François , d'un excellent Capitaine , & d'un parfait Chreſtien.

Toutes les priſes qu'il fit ſur la Mer ne ſervirent qu'à ſatisfaire à ſa magnificence naturelle , & à ſoûtenir l'éclat de ſes autres dignitez , comme de Chevalier de l'Ordre ; de Lieutenant de Roy en Provence , & de Capitaine de cent hommes d'armes. Il eſtoit ſi liberal qu'il ne faiſoit pas un voyage de Provence à Paris, que tous ceux qu'il rencontroit ſur les chemins n'euſſent à ſe défendre de l'accablement de ſes preſens. La bonne grace d'un bienfait eſt d'une odeur ſi ſuave que ceux qui en ſont témoins, ou qui en entendent le récit, ſont charmez de ce parfum, qui a cela de plus excellent qu'il eſt éternel, & que la réconnoiſſance de ce qu'on croit avoir donné à un ſeul homme, ſe partage entre tous les autres. C'eſt ſi bien cette vertu qui fait la veritable Nobleſſe , qu'on peut dire qu'un homme n'eſt plus illuſtre qu'un autre , que quand il a l'ame plus belle & plus naturellement bien-faiſante : & ce doit eſtre ſa regle de l'eſtime , principalement dans les temps où les Dignitez ſont à l'abandon ; afin que des perſonnes vertueuſes & libres, qui ne relevent point de la Fortune , ne ſoyent point obligées de réconnoiſtre de puiſſances, ſi elles ne ſont legitimes. On ne fait tort à perſonne de le juger par ſes œuvres , & je m'en rapporte à certains Grands , qui mettent leur credit à uſure & qui ſont abiſmez dans la baſſeſſe des paſſions de l'avarice & de l'intereſt , ſi c'eſt leur faire injure de leur préferer un Gentil-homme qui vive dans les maximes de l'ancienne Chevalerie.

Le Baron de la Garde qui pouvoit laiſſer de grands biens en ſa Maiſon , ſe contenta d'y laiſſer de l'honneur , & de donner une ge-

nereuſe éducation à Jean-Baptiſte Eſcalin des Aymars ſon fils unique,
qu'il avoit eu de ſon mariage avec une fille de la Reine nommée Madelaine & ſurnommée l'Angloiſe, à cauſe qu'elle eſtoit d'Angleterre.
Cet autre Baron de la Garde ſon ſucceſſeur, laiſſa charmer toutes ſes
inclinations aux doux plaiſirs de l'eſtude & des belles Lettres, & ſe maria
avec Polixene d'Eure fille de Loüis Seigneur du Puy ſaint-Martin,
d'une des plus illuſtres Maiſons de Dauphiné, & d'Antoinette de la
Baume de Suze. Il en eut un fils & une fille mariée à N .... de Vaſ-
ſadel S. de Vacqueras frere du Grand Prieur de S. Gilles. Le fils fut
Loüis Baron de la Garde, qui eut le bonheur de rencontrer une alliance auſſi avantageuſe pour le merite & pour la vertu, que conſiderable pour ſon ancienne grandeur & pour ſon illuſtre Nobleſſe, en
la perſonne de Jeanne Adhemar de Monteil & de Grignan, à preſent
veuve & mere de deux fils, Loüis Marquis de la Garde qui a eſpou-
ſé Françoiſe de la Baume de Suze petite fille de Loüis Comte de Suze
Chevalier des Ordres du Roy, & de Françoiſe de Levis : & Antoine Baron de la Garde Lieutenant des Gardes de la Reine, qui n'eſt
point marié. Je ſuis obligé de pluſieurs Memoires touchant le General de la Garde & ſa Maiſon au R. P. Finé Jeſuite, qui me fait part
de ſes belles connoiſſances.

DE CLAUDE DE SAVOYE COMTE DE TENDE,
& d'Honorat de Savoye Comte de Sommerive ſon fils.

LA Guerre de la Religion qui diviſa ſi miſerablement ce Royaume, ſervit de prétexte au mécontentement que le Comte de Sommerive avoit du Comte de Tende ſon pere, pour luy avoir donné une
belle-mere faſcheuſe & entreprenante, qui rendit ſon mary ſuſpect de
la nouvelle opinion qu'elle profeſſoit, & qui attira ſur luy la haine
que les Provençaux luy portoient, & laquelle donna lieu à ce Proverbe en rime, que trois choſes gaſtoient la Provence, le vent, la
Comteſſe & la Durance. Ce fils ingrat & ambitieux ne pouvant autrement ſatisfaire la paſſion qu'il avoit de commander, fit ſi bien ſon
profit de cette occaſion de décrier ſon pere à la Cour, & de le faire
paſſer pour Huguenot dans la créance d'un peuple trés-Catholique,
qu'il luy fut aiſé de le dépoüiller & de s'emparer du Gouvernement.
Il s'y maintint avec beaucoup de valeur, mais ce ne fut pas avec tant
de conduite, qu'on ne dût avoir regret de s'eſtre privé d'un Gouverneur ſage & prudent, qui avoit entretenu le Pays en Paix, pour favoriſer les entrepriſes d'un jeune ambitieux, qui attira ſur luy & ſur ſa
Province, les armes des Huguenots du Languedoc & du Dauphiné.
Le ſieur de Brantoſme témoigne, qu'ayant eu ordre de continuer en
ſon Gouvernement le maſſacre de la S. Barthelemy; *Il n'en voulut ja-*
mais rien faire, diſant que l'acte en ſeroit trop vilain, & que le Roy
l'avoit bien pû faire & s'en laver quand il luy plairoit eſtant Roy, mais
pour luy à jamais il en ſentiroit ſon ame chargée & ſon honneur ſoüillé ;

dont le Roy luy en voulut très-grand mal & en fut très-mal-content. On dit qu'il mourut de dépit de ce mécontentement conçu du Roy sans raison, d'autres que ses jours furent avancez. Ce fut un grand dommage, car c'estoit un brave & vaillant Seigneur, & un très-homme de bien & d'honneur.

Je ne fais point de difficulté qu'il n'eut horreur de ce carnage qu'il differa long-temps, mais je doute qu'il le confonde en ce récit avec le Comte de Carces Lieutenant General & aprés luy grand Seneschal & Gouverneur de Provence ; car il mourut dans la déliberation de ce qu'il avoit à faire sur l'embarras des Ordres du Roy, qui estoient contraires à son intention particuliere. Et ce fut sur le Comte de Carces que tomba cette execution, lequel s'en démesla avec une prudence digne de l'estime, que sa Maison a toûjours merité dans la Provence. Pour preuve de cela, je rapporteray icy une relation que la posterité doit aux soins du S. de Peiresc Conseiller au Parlement d'Aix, qui a recueilli tant de beaux Volumes de Memoires ; que le Marquis de Rians son neveu & son heritier, communique si genereusement à ceux qui en ont besoin pour illustrer nostre Histoire : Je la donneray du mesme stile de son Auteur, pour luy laisser toute sa force & sa créance, & j'avertis le Lecteur de considerer avec compassion le malheur d'un jeune Roy, nourry dans une défiance de ses proches, qui luy rendoit la Couronne insupportable sous le poids des chagrins d'une dignité, dont il ne goûtoit que les faux plaisirs, par la licence de satisfaire toutes ses passions particulieres, à condition de souffrir le réproche des miseres publiques & de toutes les violences qu'on faisoit sous son nom.

Avenant le jour de la S. Barthelemy, le S. de la Molle se trouvant à Paris, le feu Roy Charles l'envoya en Provence vers M. le Comte de Tende, avec une lettre que luy escrivoit sa Majesté, de créance ; laquelle estoit de faire tuër tous les Huguenots : mais au bout de la lettre, le Roy escrivoit audit sieur Comte par une apostille, luy commandant de ne croire ny faire pas ce que ledit la Molle luy diroit. Cela mit bien en peine ledit S. Comte, pour estre l'apostille contraire à la créance : qui fut cause que pour estre éclaircy bien au vray de l'intention de S. M. il envoya à la Cour le S. de Cautery son Secrètaire ; lequel à son rétour rapporta audit S. Comte la volonté du Roy, qui estoit de faire la tuerie de quelques Huguenots incontinent qu'il seroit arrivé. Et voulant ledit S. Comte mettre la volonté de S. M. en execution, il s'en alla à Salon, là où pria le S. Comte de Carces s'en aller à Aix, luy asseurant que le lendemain il envoyeroit les Commissaires pour envoyer par tout le Pays pour executer l'intention de S. M. mais le lendemain ledit S. Comte de Carces reçut d'autres nouvelles ; car le Capitaine Beauchans le vint avertir de la mort dudit M. Comte de Tende : & deux heures aprés Gautery son Secretaire arriva vers ledit S. Comte de Carces avec lesdites Commissions ; qu'il ne voulut mettre en execution, attendu qu'il n'avoit eu aucun commandement de S. M. qui l'occasionna d'envoyer par devers

icelle ledit S. de la Molle pour recevoir son intention ; & ayant ledit
S. Comte attendu plus de 20. jours sans avoir nouvelles de S. M. ny dudit S. de la Molle : il prit résolution d'y envoyer le S. de Vauclause,
qui fit si grande diligence, qu'il arriva à la Cour le mesme jour que ledit
S. de la Molle en partoit avec la volonté du Roy, qui estoit toûjours de
faire mourir les Huguenots.

Ledit S. de la Molle pressa fort ledit S. de Vauclause de ne parler
point au Roy, puis qu'il n'avoit charge de parler que de la tuerie des Huguenots ; d'autant que S. M. luy avoit bien dit son intention, & le persuada fort de s'en rétourner sans parler à personne, à quoy ledit sieur
de Vauclause ne voulut entendre. Le jour mesme de la partance dudit de
la Molle, il parla au Roy à son disner ; & luy ayant dit toute la charge qu'il avoit dudit sieur Comte de Carces : sa Majesté pour lors ne luy
répondit autre chose, sinon qu'il avoit mandé audit Comte de Carces son
entiere intention par ledit S. de la Molle ; en quoy il se rémettoit. Et un jour aprés S. M. demanda au S. de Vins de le luy amener,
& le soir venant, le Roy soupant à la Maison du sieur du Mas Contrôlleur des Postes, ledit S. de Vins y alla avec ledit S. de Vauclause,
& ne fut qu'avec grande difficulté d'entrer dans la Maison : & entrant
dans la Salle où le Roy soupoit, l'Huissier fit grande difficulté de laisser entrer ledit de Vauclause ; mais ledit S. de Vins luy rémontra que
le Roy luy vouloit parler, & enfin il entra, & ledit S. de Vins le fit
mettre sous la cheminée ; le Roy soupant à la table de prés du feu, &
de l'autre costé de la Salle soupoit environ une vingtaine de femmes Bour-
geoises de Paris. Le Roy entretint fort long-temps ledit S. de Vins, auquel il demanda tout bellement à l'oreille s'il ne verroit point de ce soir Vauclause : & lors ledit S. de Vins luy répondit qu'il estoit là derriere. Et
alors S. M. demanda s'il se pouvoit fier de luy, & quel homme c'estoit,
qui luy répondit que sur son honneur il s'y pouvoit fier comme de luy-
mesme. Et lors le Roy fit appeler ledit Vauclause, & luy dit qu'il
estoit bien aise du rapport que l'on luy avoit fait de luy, & luy commanda & audit S. de Vins de se trouver tous deux demain de grand matin dans sa Chambre, ce qu'ils firent. Et estans dans ladite Chambre,
S. M. s'adressant audit de Vauclause luy dit tels mots, dites au Comte
de Carces, qu'à peine de sa vie, & à vous aussi, de n'éventer & tenir
secret ce qu'il vouloit dire : & c'estoit que ledit Comte de Carces ne mit
point en execution ny ne fit point la tuerie des Huguenots, suivant ce
qu'il luy avoit mandé par la Molle ; d'autant qu'il avoit résolu de faire
une entreprise de grande importance, & que si on faisoit la tuerie en
Provence, cela pourroit détourner la sienne : & tout soudain S. M. prit
derriere son chevet de lit six cousteaux de la longueur du bras fort tran-
chans, car ils estoient six pour executer ladite entreprise aux Tuileries ;
Sçavoir sa Majesté secondée de M. de Fontaine son Escuyer, Monsieur
son frere secondé par ledit S. de Vins, & M. de Guise secondé par le
S. de Vaux. Ayant découvert cecy audit de Vauclause, luy commanda
à peine de la vie de n'en sonner mot, ny le Comte de Carces aussi ; luy
com-

commandant en outre de faire si grande diligence, qu'il puisse attraper ledit la Molle, ou bien qu'il fusse en Provence avant que la tuerie se fisse: ce que ledit Vauclause fit, & estant arrivé à Aix & ayant bien particulierement dit la volonté du Roy audit S. Comte, il auroit conge- dié tous ceux qu'il avoit envoyé querir en attendant la volonté de sa Majesté.

Joseph de Boniface S. de la Molle me donnera sujet de parler de luy plus amplement ailleurs, où je prepare l'Histoire de sa fin mal- heureuse, & le Comte de Carces & le S. de Vins auront aussi leur place dans ces Commentaires. Pour le sieur de Vauclause, il s'appel- loit Gaspard de Villeneuve, & estoit fils d'Honoré de Villeneuve S. de Vauclause, & de Catherine de Bouliers. Cesar de Nostre-Dame comprend en peu de mots l'Eloge d'Honorat de Savoye, le Comte de Sommerive, dit-il, *qui jusques icy depuis la mort du Comte Claude son pere avoit esté Gouverneur & Seneschal de Provence, paya le tribut de nature le 8. du 8. mois* [8. d'Octobre 1572.] *grandement plaint & regretté. Prince né du sang de Savoye, de belle & riche taille, d'as- pect agréable & serain, ayant les yeux estincelans & bleu-celestes, le nez aquilain & bien trait, la bouche décemment relevée & peu fenduë, le teint coloré, le visage en ovale, & le poil tirant sur le blond. Au de- meurant Seigneur vertueux, doux, familier, accostable & gracieux, vaillant & plein de courage, grandement adonné à tous jeux d'exercice, à la chasse & aux belles femmes, qu'il aimoit passionnément.*

Ce n'est pas en vain que cet Auteur luy donne la qualité de Prin- ce, si on juge à propos de l'accorder en France à d'autres qu'aux Princes du sang; car encore que René de Savoye Comte de Villars & de Beaufort, de Tende & de Sommerive son grand pere, grand Maistre de France & Gouverneur de Provence, fût bastard de Phi- lippe Duc de Savoye, il fut par luy legitimé, & par son testament il l'appella luy & sa posterité Masculine à la succession de tous ses Estats au défaut de Philbert, Charles & Philippe ses enfans, ou de leur posterité Masculine. Cela fut confirmé par lettres Patentes du Duc Emanuël Philbert, données à Rivoles le 22. Janvier 1562. en faveur de Claude de Savoye Comte de Tende fils de René, & veri- fiées au Senat de Turin le 28. Avril 1563. & à la Chambre des Com- ptes de Savoye le 14. de May 1562. J'en ay les Originaux en ma pos- session. Ce René legitimé de Savoye ayant esté mal-traité par le Duc Philbert son frere & par la Duchesse Marguerite d'Austriche sa fem- me, il se retira en France auprés de la Regente Loüise sa sœur; qui l'avança auprés du Roy François I. son fils: & il merita par ses ser- vices toutes les Dignitez où il monta. Il mourut des blesseures qu'il avoit reçuës à la bataille de Pavie l'an 1524. & laissa de son maria- ge avec Anne Lascaris Comtesse de Tende, Claude & Honorat de Savoye Marquis de Villars, Charlotte de Savoye femme d'Antoine de Luxembourg Comte de Brienne, Isabelle de Savoye mariée à Re- né de Batarnay Comte du Bouchage, dont sont issus Mademoiselle

Tome II. C

Duchesse de Montpensier & les Ducs de Guise & de Joyeuse : & Madelaine de Savoye troisième fille, qui fut alliée à Anne Duc de Montmorency, Pair, grand-Maistre, & Connestable de France, dont entr'autres enfans Henry Duc de Montmorency Pair & Connestable de France, & Jeanne de Montmorency femme de Loüis S. de la Trimoüille Duc de Thoüars, mere de Charlotte Catherine de la Trimoüille mariée à Henry de Bourbon Prince de Condé, qui eut d'elle Henry de Bourbon Prince de Condé Duc d'Enghien & de Chasteauroux, puis de Montmorency, par son alliance avec Charlotte Marguerite de Montmorency fille dudit Henry & petite fille d'Anne Connestables de France.

Claude de Savoye Comte de Tende & de Sommerive Gouverneur & grand Seneschal de Provence, fils aisné de René, merita la mesme estime de prudence & de fidélité envers le Roy que son pere avoit témoignée. Il gouverna heureusement sa Province, jusques à ce que le Comte de Sommerive son fils l'en déposseda, sous prétexte qu'il estoit favorable aux Huguenots, mais en effet pour se venger de Françoise de Foix sa belle-mere, qui les avoit mis mal ensemble. De laquelle le Comte eut René de Savoye S. de Cypierre, mort sans alliance. Claude de Savoye mourut au mois d'Avril 1566. & laissa de son premier mariage avec Marie de Chabanes de la Palisse, outre ledit Honorat de Savoye Comte de Sommerive & de Tende, Renée de Savoye femme de Jacques S. d'Urfé Chevalier de l'Ordre du Roy, & Anne de Savoye, mariée 1. à Jacques de Saluces Comte de Cardé, puis à Antoine de Clermont d'Amboise Marquis de Resnel, & enfin à George S. de Clermont Marquis de Gallerande. Honorat de Savoye ne survesquit son pere que de peu d'années, & mourut de poison à Montelimar le 8. de Septembre 1572. sans enfans de deux femmes qu'il avoit épousé, la premiere fut Clarisse Strozzy fille de Pierre Strozzy Mareschal de France, & de Madelaine de Medicis, après laquelle il se rémaria avec Madelaine de la Tour sa cousine du 3. au 2. fille de François de la Tour Vicomte de Turenne, & d'Eleonor de Montmorency fille d'Anne Connestable de France, & de Madelaine de Savoye. Par l'extinction de cette Branche de la Maison de Savoye en ce Royaume, (car Honorat de Savoye Marquis de Villars, duquel je parleray au sujet de la bataille de Montcontour, ne laissa qu'une fille, la Dame de Montpesat depuis Duchesse de Mayenne,) les Marquis d'Urfé issus de Renée fille aisnée de Claude Comte de Tende, ont pris le nom & armes de Savoye.

De François de la Baume Comte de Suze.

LA Religion Catholique n'eut point de plus ferme ny de plus zelé défenseur dans les Provinces du Rhosne, que ce Comte de Suze, grand Seigneur dans le Vivarez ; qui merita pour sa valeur le commandement des armes du Roy, & auquel l'Eglise Romaine doit la confervation de la ville d'Avignon & du Comtat de Venaiſſin. C'eſt tout ce que je peux rémarquer de luy en peu de mots, pour ne me point engager dans le détail d'une longue & ſanglante Guerre, qu'il eut à ſoûtenir contre les Huguenots depuis les premiers troubles juſques en l'an 1587. qu'ayant pris la ville de Montelimar il y fut tué par ceux du Chaſteau, ſes troupes défaites par ſa mort, & Roſtang de la Baume ſon fils aiſné fait priſonnier. Ses grands ſervices luy firent obtenir de la réconnoiſſance du Roy Henry III. au quatriéme Chapitre tenu le dernier jour de l'an 1581. le Collier de l'Ordre du S. Eſprit, qu'il avoit inſtitué trois ans auparavant; duquel il n'eſtoit pas moins digne pour la Nobleſſe de ſon extraction. Il y a des Auteurs qui font cette Maiſon branche puiſnée de celle de la Baume-Montrevel, & le Pere Colombi Jeſuite confirme cette opinion dans l'Hiſtoire des Eveſques de Viviers; mais les Memoires ſur leſquels il a eſcrit, ne conviennent nullement à la verité des temps & des titres, & ſont contraires à celle de l'Hiſtoire: ſi bien qu'au lieu de prouver cette origine, elle ſeroit deſtruite par les preuves qu'il en fournit & par les propres circonſtances qu'il en donne, & qu'il ne peut alleguer que ſur des traditions domeſtiques. Ce n'eſt pas que les Traditions ne ſoient ſouvent eſtablies ſur la verité, mais un ouï-dire ſe rapporte ſi diverſément, & paſſe par tant d'organes differens, qu'en peu de temps c'eſt une chymere, qui n'eſt pas connoiſſable à ceux-meſmes qui l'ont enfantée. Les choſes douteuſes doivent eſtre rapportées comme douteuſes; parce que ſi on rencontre un titre qui ſappe le fondement ſur lequel on a baſty, c'eſt fait de la Tradition, auſſi-bien que de l'édifice, tout demeure enſevely dans une meſme ruïne, & on n'en ſçauroit ſauver une piece entiere. Ainſi on réduiroit la Maiſon de la Baume - Suze, non ſeulement à rénoncer au droit de ſa prétenſion d'eſtre iſſuë de celle de la Baume-Montrevel, mais encore on la priveroit du Benefice avantageux de réconnoiſtre d'illuſtres Anceſtres auparavant Loüis de la Baume mary d'Antoinette de Saluces; en juſtifiant qu'il y a erreur en ce qu'allegue le Pere Colombi, pour prouver que la Baume-Montrevel & la Baume-Suze ne ſont qu'une meſme Maiſon. Le ſieur de Guichenon le nie poſitivement dans ſon Hiſtoire de Breſſe & Bugey, où il a traité ſi parfaitement celle des Comtes de Montrevel, qu'il n'a pas laiſſé un ſeul vuide ny une ſeule Cartouche à remplir d'aucun nouveau nom, & particulierement encore dépuis Eſtienne de la Baume autrement appellé le Galois, Grand-Maiſtre des Arbaleſtriers de France l'an 1339. pere de Guillaume de la Baume Anceſtre des Comtes de Montrevel. Le S. de Guichenon dit que ce Guillaume ſe maria l'an 1348. avec Clemence de la Palu, aprés la mort de laquelle il prit une ſeconde alliance avec Conſtantine Alleman par contract du 1. Juin 1357. & que cette Conſtantine eſtant veuve convola en ſecondes nôces avec François S. de Saſſenage. Le P. Colombi au contraire donne une troiſiéme femme à Guillaume, qu'il appelle Antoinette de Saluces, de laquelle il fait naiftre Bertrand de la Baume S. de Suze. Le fecond mariage de Conftantine Alleman avec le S. de Saffenage répugne à cela, il faudroit que Guillaume eut eu trois femmes, & que cette Conftantine eut efté la derniere ; mais comme elle fut mere de Jean de la Baume premier Comte de Montrevel, pourquoy ee Jean auroit-il recueilly, à l'exclufion de Bertrand S. de Suze qui auroit efté fon aifné, là fucceffion de Philbert de la Baume fils du premier lit de Guillaume ? Davantage Antoinette de Saluces n'eftoit pas née, quand Guillaume de la Baume mourut, ny mefme Hugues de Saluces fon pere, qui eftoit quatriéme fils de Frideric II. Marquis de Saluces, qui a vefcu jufques en l'an 1396. Auffi trouve-t-on, & les fieurs de Sainte-Marthe l'ont efcrit dans l'Hiftoire Genealogique de la Maifon de France, que le mary d'Antoinette de Saluces eftoit Loüis & non Guillaume de la Baume ; qu'elle l'époufa eftant veuve de Henry S. de Saffenage, & qu'elle luy apporta entr'autres terres celle de Suze. Ce Loüis de la Baume eftoit trés-infailliblement de la trés-ancienne & illuftre Maifon des Seigneurs de la Baume en Dauphiné, & pour preuve de cela on voit par les Comptes de Jean Flamenc Tréforier des Guerres, que le Roy Charles VI. ayant rétenu par Lettres du 6. de Septembre 1380. Charles de Bouville Gouverneur de Dauphiné, pour le fervir comme Capitaine de cent hommes d'armes en la Guerre contre les Anglois, il amena plufieurs Seigneurs & Nobles de cette Province avec luy, entre lefquels fut un Loüis de la Baume qui avoit fix Efcuyers à fa fuite. De ce Loüis-cy fans doute fortit l'autre Loüis, qui par fon mariage avec Antoinette de Saluces l'an 1426. devint Seigneur de Suze, le nom de Loüis, le Pays & la Chronologie s'y accordent entierement, & la dignité de l'alliance eft un témoignage affez grand de l'eftime où il eftoit pour fa Nobleffe ; fans qu'il foit befoin de faire violence à une autre Maifon, pour l'en faire fortir contre les Regles de la Nature, fous une fimple fynonimie ou conformité de nom, qui eft contredite par la difference des armes.

Bertrand de la Baume S. de Suze fils de Loüis & d'Antoinette de Saluces, époufa l'an 1459. Françoife de Fayn, & fut pere entr'autres enfans de Pierre de la Baume, de Charles, de Loüis, de Jeanne de la Baume qui eut deux maris, Gabriel de Grivel S. de Laborel, & Jean de Plana, & de Philippe de la Baume femme de Jacques de Montaigu S. de Canois, de Vic, de Fontanes, de Rochegude, la Garde-Perval, de l'Ifle du Trinquat, & en partie de Mondragon & de la Mothe : lequel n'ayant point d'enfans & voulant réconnoiftre l'honneur de cette alliance, partagea fes biens par fon teftament du 14. de Février 1539. entr'elle & Françoife Bermonde dite de Sommieres & du Caylar Dame de Combas fa niéce, femme de Jacques Pelet de la Verune & fille de Pierre Bermond Baron de Combas, & de Marthe de Montaigu fa fœur ; à condition que ladite Philippe n'en pouroit difpofer qu'en faveur d'un feul & non de deux de la Maifon de la Baume.

e Seigneur de Suze épousa l'an 1490. Françoise
. de Vassien, & en eut trois fils. Guillaume
e l'Ordre de Cisteaux, Abbé de Mazan, puis
ie d'Orange qui bastit le Chasteau de Suze,
i de la Baume S. de Plessian, & deux filles;
enry de Grace, & Claire mariée à Guillaume
e de la Baume fils aisné, S. de Suze, contracta
ie d'Albaron fille de Jacques Baron de Lers, de
frin, & de Marguerite de Clermont, niéce de
Lodéve Archevesque de Narbonne, Cardinal
fils de Tristan de Castelnau & de Clermont-
ine sœur du Cardinal d'Amboise. Il laissa d'elle,
Comte de Suze, Lieutenant General pour le
General de l'Eglise au Comtat de Venaissin,
lu Roy, Antoinette de la Baume femme de
saint-Martin, & Marguerite alliée à Aymard
s de la Baume eut pour femme Françoise de
Comte de Vantadour, & de Jeanne de
de Laire S. de Cornillon, & d'Antoinette
Tournon. De cette illustre alliance sortirent
, Rostang de la Baume Comte de Suze, Fer-
e de Rochefort, mort au siege d'Issoire 1577.
ime, qui a laissé de Marie de Laire heritiere
Catherine femme de François de Chasteau-
nne, Françoise femme de Loüis Escalin Ad-
rde, & Charles Baron de la Baume Abbé de
ssian second fils de François, à pareillement
ne de Maugiron : & eut pour sœurs Loüise
ntoine de Sassenage Baron du Pont de Royan,
i Claude Alleman Baron d'Uriage, & Mar-
e de Pontévez S. de Buouz, & Charlotte
Remeze en Vivarez. Rostang Comte de
nôces Madelaine des Prez fille de Melchior
enriette de Savoye Marquise de Villars, ré-
aine Duc de Mayenne : & sa seconde fem-
llion fille de François Baron de Bressieu, &
e Lupe. Du premier lit sortirent Margue-
Beaumanoir Marquis de Lavardin, & Jac-
: Comte de Suze, Marquis de Villars, qui
orcelet de Maillane sa femme, qu'un fils
Suze, tué dans une rencontre. Les enfans
ine de la Baume fils aisné Comte de Ro-
: la Baume Evesque de Viviers, François
Chevaliers de Malthe, Marguerite mariée
on de Gerlande, Madelaine Religieuse,
Montaigu Baron de Bouzols, Charlotte

C 3

Marquife de Chambonnes , Anne , Henriette & Jeanne de la Baume mariée à N… de Fougaffes S. de Taillades. Anne de la Baume Comte de Rochefort a eu de Catherine de la Croix de Chevrieres, Loüis-François de la Baume Comte de Suze par fucceffion de Bernard fon coufin , non encore marié , Gafpard-Joachim , Anne-Triftan , & Catherine de la Baume Religieufe.

Du Baron des Adrets.

IL n'y a rien de plus pernicieux dans le Gouvernement d'une Nation, naturellement portée aux armes comme la noftre, que de l'entretenir dans une longue guerre : & nous apprenons par l'experience de tous les Regnes les plus triomphans, que l'Eftat n'a jamais efté fi voifin de fa ruïne, que quand on l'a crû plus étably par fes conqueftes. On aliene les cœurs des Peuples par les grandes fommes qu'on leve fur eux ; on ne fçauroit faire Juftice à tous ceux qui fervent & qui fe ruïnent dans les emplois, au gré de leur ambition & de leur prétendu merite, leur vertu devient farouche, & ils reviennent bien fouvent de la Frontiere avec plus de haine contre la Patrie, qu'ils n'en avoient contre les ennemis. On fait un Meftier de la Guerre qu'on ne fçauroit quitter ; parce qu'on y a dépravé toutes fes inclinations, & on ne fe reffouvient de la licence des Camps, qu'avec de malheureufes penfées, qui ne manquent pas d'éclater au premier trouble qui furvient. Alors on eft moins en peine du party le plus jufte que de celuy où il y a plus à profiter, & c'eft toûjours celuy que choifira le vieux Soldat ; à caufe de l'impunité, & parce qu'il y fera plus confideré dans le partage des Charges. Il en arriva ainfi aux Guerres civiles de la Religion, qui mirent aux champs tous nos vieux Gendarmes du temps de François I. & de Henry II. & tous ceux qui n'avoient point de Patrons en Cour, fe jetterent de l'autre cofté, pour profiter felon les occafions de la réputation qu'ils y auroient acquife.

Le Baron des Adrets Gentil-homme Dauphinois, de l'illuftre Maifon de Beaumont à prefent efteinte, fut de ceux-là, il avoit efté Capitaine dans cette fameufe école de la Guerre, en Piémont, il n'avoit que des biens mediocres, incapables de fournir à la dépenfe qu'il avoit auparavant entretenuë aux dépens du Public, & s'ennuyoit extrémement dans le loifir d'une vie Champeftre, dont les delices font refervées à des ames plus pures & plus fpirituelles. On fongeoit pas à luy, quand on entendit parler de fes premieres entreprifes, & on croyoit encore que c'eftoit affez de détacher les Prévofts à fa pourfuite, quand on apprit que d'heureux avanturier il eftoit devenu Chef de Party, & qu'il faifoit la Guerre à main armée ; & non pas feulement dans le Dauphiné, mais dans la Provence, dans le Languedoc & dans le Lyonnois. Jamais homme ne s'acquit tant de réputation en fi peu de temps, & jamais grand Capitaine n'en déchût plûtoft ; car le Duc de Nemours qu'on envoya contre luy, & qui ne le pouvoit défaire à force ouverte, ne l'eut pas fi-toft pratiqué, qu'on ne parla plus de luy, que comme du plus foible & du plus malheureux Officier du Party Royal & Catholique. Ce n'eft pas qu'il ne fût toûjours le mefme en valeur & en experience, mais c'eft qu'il y a beaucoup de difference entre la maniere de faire la guerre pour ou contre fon Roy. C'eft que tout eft permis dans la revolte, & qu'un Chef s'y fait connoiftre tel qu'il eft ; au lieu que dans le fervice de fon Prince il doit paroiftre tel qu'il doit eftre, & qu'il eft plus fujet à la difcipline militaire. En effet le Baron des Adrets eftoit auffi furieux que vaillant, il fe fignala plus par la terreur de fes armes que par la réputation de fa conduite, & il ne fit plus de bruit que les autres de fa qualité, que parce qu'il fut plus cruel & plus rédoutable. On ne luy auroit pas fouffert dans l'armée du Roy les mefmes emportemens, & le droit de réprefailles eftoit fi ponctuellement obfervé, qu'on fut obligé de part & d'autre de garder la foy & de faire bonne guerre. Il n'avoit point eu d'autre prétexte pour autorifer le Maffacre de Mornas & de Montbrifon, où il vengea celuy qu'on avoit fait à Orange, qui n'eft pas plus excufable ; car il y a de la temerité & de la fureur de hafarder le falut des innocens par le chaftiment des plus coupables, outre que c'eft commettre la dignité du Prince contre le defefpoir d'un Party ; qui peut eftre affez heureux pour traiter d'égal, & pour fe faire raifon par un défaveu plus honteux qu'on n'a pû tirer de fatisfaction à répaiftre fa vûë du fupplice & du fang d'un miferable. Nous en verrons un exemple funefte au Chapitre fecond, en la perfonne du Confeiller Sapin & de l'Abbé de Gaftines. Je finiray ce difcours du Baron des Adrets, par ce que le S. de Brantofme dit de luy dans l'Eloge du Marefchal de Montluc, qu'il avoüe n'avoir pas efté moins cruel aux Huguenots que l'autre le fut envers les Catholiques. Il y a des chofes affez particulieres à rémarquer de l'épouvante, que le bruit de fes fanglantes executions porta jufques dans Rome. Il n'eft pas neceffaire de blafmer la maxime de cet Auteur touchant le rétour du Baron dans le Party Catholique, elle eft d'un temps où on ne fe fauvoit guere mieux dans une Religion que dans l'autre, & auquel tout fe faifoit par chaleur de Party, & rien par la charité.

„ Le S. de Montluc fut fort cruel en cette guerre ; & difoit-on „ qu'à l'envy ils faifoient à qui le feroit le plus, luy & le Baron des „ Adrets, qui de fon cofté Huguenot l'eftoit bien fort à l'endroit des „ Catholiques : & difoit-on qu'il apprenoit fes enfans à eftre tels & „ fe baigner dans le fang ; dont l'aifné, qui depuis fut Catholique, „ ne s'épargna pas à la S. Barthelemy, & un autre jeune qui fut Pa„ ge du Roy. L'aifné mourut au fiege de la Rochelle en contrition „ du grand fang qu'il avoit répandu. Aucuns alors faifoient compa„ raifon dudit M. de Montluc & M. des Adrets, tous deux trés-bra„ ves & vaillans, tous deux fort bizarres, tous deux fort cruels, tous „ deux Compagnons de Piémont, & tous deux fort bons Capitaines ; „ car fi peu que le Baron fit la guerre pour la Religion, il fit de

„trés-beaux exploits de guerre. Sous luy il fit trembler le Lyonnois,
„le Forez, Vivarez, l'Auvergne, le Dauphiné, le Languedoc, la
„Provence un peu, bref ce Pays de par de-là; & le craignoit-on
„plus que la tempeste qui passe par de grands champs de bled. Jus-
„ques-là que dans Rome on apprehenda qu'il armât sur Mer & qu'il
„la vint visiter; tant sa rénommée, sa fortune & sa cruauté voloient
„par tout: & ne fit jamais si mal pour sa réputation, que, puis qu'il
„s'estoit mis en cette Danse bonne ou mauvaise, qu'il ne continuât
„jusques au bout, sans changer de Party & se revolter à l'autre; dont
„mal luy en prit. Car ainsi qu'il y branloit & qu'il fut découvert,
„il fut pris prisonnier par Mrs. de Montbrun, de Mouvans, de
„S. Auban, & autres siens Compagnons, qui pourtant tous luy
„obéissoient & déferoient paravant pour sa suffisance: & là fut la
„définition de sa réputation, car depuis il ne fit jamais si bien pour
„le party Catholique, comme pour le party Huguenot. Voyez com-
„me la Fortune porte faveur à aucuns Sujets plus qu'aux autres. Il
„surpassa en cruauté M. de Montluc, quand ce ne seroit que celle
„qu'il exerça à la Tour de Montbrison, ayant pris dedans cent ou
„six-vingts tant Soldats qu'autres, par composition & sur sa foy,
„il les fit après tous précipiter du haut en bas, & acravanter. Cela
„est escrit. Ils s'excusoient tous deux qu'il falloit estre un peu cruel,
„& que la guerre le permettoit ainsi. Si ce Baron eut fait pour le Roy
„comme pour les Huguenots, il eut esté Mareschal de France,
„comme je l'ay ouï dire à la Reine, aussi-bien que M. de Mont-
„luc.

La Reine Catherine escrivant de la ville de Chartres à l'Evesque
de Rennes le 12. Janvier 1562. luy fait ainsi valoir la résipiscence du
Baron des Adrets. *L'avis que vous avez eu des affaires de Lyon n'est
pas hors de propos, & sans qu'il en fust quelque chose. Il est vray que
nous avons de cette heure le Baron des Adrets de nostre costé: lequel a
remis en l'obéissance du Roy mondit sieur & fils, tout ce que les Rebelles luy occupoient en Dauphiné, & ayans par ce moyen le dessus &
dessous des Rivieres qui passent par ladite ville de Lyon, nous ne pouvons faillir de la revoir bien-tost en nos mains ou par amour ou par necessité.*

DU CONSEILLER SAPIN, DE L'ABBE' DE GASTINES
& du Curé de saint Paterne, pendus à Orleans.

LEs Ministres interessez en leur seureté par la consequence de la
mort de Marlorat pendu à Roüen, ne donnerent aucun repos
au Prince de Condé jusques à ce qu'il leur eut accordé de s'en venger
par droit de représailles. Ils estoient les premiers & les plus puissans
dans les conseils de guerre, & comme il n'y avoit que la revolte &
le desordre qui les pussent maintenir en si haute consideration, ils
n'avoient pas moins d'envie de commettre le Prince leur Chef avec

la

la Cour & avec le Parlement de Paris, par des actions d'irréconci-
liation qui rendiffent la guerre éternelle ; & qui l'obligeaffent à demeurer par neceffité uny à un Party, où il ne s'eftoit jetté que par defefpoir, & par lequel il prétendoit de fe reftablir. Ce fut le plus puiffant motif, qui les pouffa à demander la mort de Baptifte Sapin Confeiller Clerc au Parlement de Paris, & de Jean de Troyes Abbé de
Gaftines en Touraine Religieux de l'Ordre de S. Auguftin ; en ex-
piation du fupplice du Préfident d'Efmandreville & de Marlorat.

L'Arreft de mort contre ces deux Prifonniers de guerre, dreffé par
les Miniftres, tel qu'il eft rapporté par Popeliniere, fut executé dans
la Place publique de l'Eftape à Orleans le 2. de Novembre 1562. La
Cour de Parlement fit grand deüil de la perte de fon confrere, elle
luy fit faire de Funerailles folemnelles, & le Public prit tant de part
à l'obligation qu'on eut de relever la gloire de fon nom par la honte
& par la caufe de fon fupplice, qu'il n'y eut point de Poëte ny d'O-
rateur qui ne travaillât à quelqu'ouvrage pour la memoire de cet illuftre ; & j'ay choifi entre les autres Pieces, qu'on trouve dans les Manufcrits du temps, cette plainte qu'on luy fait faire à la Cour de
Parlement de Paris, qui contient le recit de fa prife par un party de
la ville d'Orleans.

> Ordo Togatorum cujus dum falva manebant
>   Jura, falus populi Religioque ftetit !
> Ordo Togatorum, Regni nomenque decufque,
>   Cujus eram nuper de grege, quifquis eram.
> Accipe crudelis prænuntia carmina fati,
>   Fati, quo tibi laus, lux mihi rapta fuit.
> Accipe quæ celeri committo noviffima vento,
>   Carmina flebilibus fæpe canenda modis.
> Urbe foroque procul, Ligerim patriofque Turonas
>   Dum fequor & medium carpo quietus iter ;
> Seditiofa cohors, armifque rebellibus audens
>   In patriam & fuperos bella ciere Deos,
> Irruit & ftricti minitans immitia ferri
>   Vulnera, correpto me remoratur equo.
> Mox trahit Aureliam, hoftiles ubi territus iras
>   Experiorque gravi probra ferenda reo.
> Quid faciam ? pretione caput precibufve rependam ?
>   Non audit blandas gens truculenta preces.
> Nil peccaffe probem ? dirum bene vivere crimen
>   Et culpam, vitii labe vacare, putat.
> Aut Regis magno demum me nomine tuter ?
>   Ludibrio Regem juffaque Regis habet.
> Quid plura ? horribiles fubeo fine crimine pœnas,
>   Quas mihi turpe pati, fed mage turpe loqui.
> Hæc igitur memori fint verba infcripta Sepulchro ;
>   Una mihi mortis caufa, SENATOR ERAM.

Son corps fut apporté à Paris & inhumé en l'Eglife des Auguftins,
où l'on voit cette Epitaphe gravée fur une lame de cuivre.

Baptistæ Sapino, nobili familia orto, Senatori ornatiſſimo, Viro integerrimo, omni doctrinarum genere prædito, civi optimo : qui cum obeundi muneris ergo Turones iter faceret, à publicis hoſtibus, poſitis latronum more inſidiis, in Carnotenſi agro interceptus, Aureliam, impiorum & factionum arcem, abductus, perduellium exercitui traditus ac dies aliquot miſerè adſervatus : demùm quod antiquæ & Catholicæ Religionis adſertor fuiſſet, turpiſſimæ neci eſt addictus. Patres hoc tanto ſcelere commoti, univerſi in purpura coëuntes, hanc in inſontis collegæ corpore acceptam injuriam, toti ampliſſimo Ordini irrogatam, & communem cenſuerunt, & tamquam honeſtam & glorioſam pro Chriſti nomine & Chriſtiana Republica mortem perpeſſo, ſupremis & ipſi in eum officiis fungentes ; ſolemnem luctum fieri, publicum parentale peragi, aram propitiatoriam extrui, ac reliquos omnes Senatorios honores mortuo deferri, ex voto publico decreverunt anno reſtitutæ ſalutis M. D. LXII. Idibus Novembris. Requieſcat in pace.

Marie Broſſet ſa mere Dame de la Porcherie & de la Goudoniere en Touraine, eſt inhumée auprés de luy, & il paroiſt par ſon Epitaphe qu'elle mourut le 3. Février 1533. & qu'elle avoit épouſé Jean Sapin Receveur general de Languedoc S. de la Bretaiche. De leur mariage nâquirent 7. enfans, ſçavoir ledit Baptiſte Sapin Conſeiller Clerc, Chanoine de S. Martin de Tours, Jean Sapin mort ſans enfans, Marie Sapin femme de Gilles le Maiſtre Advocat General, & depuis premier Préſident au Parlement [le S. de Caſtelnau ignorant cette alliance, dit que le Préſident le Maiſtre eſtoit oncle du Conſeiller Sapin] Gabrielle mariée à Denis de Riant S. de Villeray Préſident au Mortier, Jeanne alliée à Benigne Serre Préſident des Comptes à Dijon, Catherine qui épouſa Eſtienne Ragueneau Bailly du Perche, & Claude, de laquelle & de François Alleman S. de Guepean Préſident en la Chambre des Comptes à Paris, ſont ſortis les autres Seigneurs de Guepean, du Chaſtellet & de Concreſſaut : comme des Préſidentes le Maiſtre & de Riant ſes ſœurs, ſont iſſus les ſieurs le Maiſtre Seigneurs de la Bretaiche, de Ferrieres & de Cincehour, & les ſieurs de Riant-Villeray.

Le ſupplice de Jacques Gueſet Curé de S. Paterne d'Orleans, que le S. de Caſtelnau ſemble dire avoir ſouffert avec l'Abbé de Gaſtines & le Conſeiller Sapin, arriva le 31. de Juillet 1562. cinq mois auparavant. On s'eſtoit ſervy du zele de ce bon vieillard de prés de ſoixante & quinze ans, pour découvrir ceux qui eſtoient ſuſpects de la nouvelle opinion l'année 1561. lors du deſſein qu'on fit éclorre contr'eux à la priſe du Prince de Condé. Il dépoſa contre Jerôme Groſlot Bailly d'Orleans, qui fut en grand danger de ſa vie, & qui ne manqua pas l'occaſion qui ſe prenſenta de ſe venger de la peur qu'il en eut, auſſi-toſt que ceux de ſon party ſe furent rendus maiſtres de la ville. Il n'y avoit point de peril plus certain que celuy où s'expoſoit ce Curé, de demeurer à la mercy d'un Juge, qui eſtoit ſon ennemy declaré, & de rédoubler dans l'extrémité, où estoit la Religion, les soins qu'il devoit à son Ministere : & il est sans doute qu'il auroit trouvé des Casuistes indulgens, qui auroient approuvé sa rétraite & qui l'auroient jugée plus prudente que réprochable; mais en verité ceux qui sont dans la pratique charitable des Sacremens, sentent en eux-mesmes des mouvemens tout autrement vrais que ceux qui en escrivent, & qui ne se servent de leur Science que pour trouver des exceptions contre la constance inébranlable, qu'on doit au maintien & à la défense de l'Eglise. Je m'en rapporte à la posterité, si Jacques Gueset ne merite pas plus de gloire, de s'estre fait tuër comme une Lionne genereuse sur ses petits, que de les avoir abandonnez, & je m'en rapporte mesme aux descendans de François Rasse Desneux Chirurgien de longue Robbe à Paris, le plus passionné Huguenot de son temps, qui s'estoit sauvé à Orleans, où il fut témoin de son Martyre, en dérision duquel il luy fit l'Epitaphe suivante; lequel d'entr'eux a plus merité de sa Religion, de luy qui s'enfuit de crainte de la persecution, ou de ce Pasteur intrepide, qui l'attendit de pied ferme, pour avoir la gloire de mourir pour son troupeau? J'ay extrait cette Epitaphe des Recueils mesmes de ce Desneux, Autcur & compilateur de toutes les Pieces composées par ceux de son party; où il y en a un si grand nombre de Satyriques & d'impures, meslées avec des Cantiques & des Prieres, qu'il ne faut point d'autre témoignage de son aveuglement.

Si quæris, Viator, quemnam infelici fato peremptum funestæ hæ Furcæ modò sustinent, eum nempè quem leges primæ diutiùs ferre non potuerunt. Dedit ille aliis quondam, verum multa mercede, percelebrem Tumulum; hunc tandem ipse sibi multis facinoribus aperuit. Nam dum, prout consueverat, bonis omnibus parat insidias, suum ipse flagitiosum, impium & seditiosum guttur meritissimo laqueo implicat. Jam hunc nemo pius tristi mœrore plangit: hujus illi similes, dum tale quidpiam illos à tergo sequitur, exequias, mala mente, horribili facie, & demisso aspectu celebrant. Instat avis atra, quæ illius exitiosum corpus in dies magis putre ac lacerum, ferali carmine sibi devovet. Tu Viator, si pius es, Optimi Maximi judicium admirare, jam benè tibi est ab illo, quid vis amplius? fuge hinc.

Fr. Rass. Noeus Parisiensis, Aureliis Religionis ergò Profugus, suprema hæc Jac. Guesetii Manibus, non illius sed tui gratia, Viator pientissime, levibus auris dabat 1562. 31. Julii, quo die cruci affixus est.

CHAPITRE TROISIÉME.

JACQUES SPIFAME SEIGNEUR DE PASSY ENVOYE' en Allemagne par le Prince de Condé, pour justifier ses armes envers l'Empereur & les Princes de la Germanie. Proposition du mariage du Roy avec la petite fille de l'Empereur.

OUTRE qu'il est mal-aisé de faire la guerre contre un Roy dans son Estat sans autre secours que de ses Sujets, qui sont toûjours en moindre nombre du costé du Party revolté; il est encore necessaire pour la seureté des Chefs d'interesser les Princes voisins à leur protection; pour en estre maintenus & pour avoir un corps de Troupes qui leur soit asseuré contre les coups du Cabinet. C'est pourquoy les Huguenots firent en sorte d'estre appuyez des Princes Protestans d'Allemagne, sous prétexte de Religion & de liberté de conscience, qui estoit l'interest general de tous les Heretiques. La Reine Catherine de son costé faisoit tous ses efforts pour rompre cette alliance, & entretenoit exprés auprés de l'Empereur, Bernardin Bochetel Evesque de Rennes, lequel s'acquitta si parfaitement de tous les soins de ce grand employ, qu'il la tenoit avertie de tout ce qui se brassoit en Allemagne, en mesme temps qu'il travailloit à rompre toutes les intelligences qui s'y ménageoient, & à s'opposer aux levées qu'on y faisoit pour les Huguenots. Cela obligea le Prince de Condé d'y envoyer justifier ses armes, & de faire choix pour cette Ambassade du plus grand homme d'Estat qui fût dans son party, & qui luy pût rendre les mesmes offices envers l'Empereur que le Roy recevoit de la part de l'Evesque de Rennes. Cette commission tomba sur Jacques Spifame jadis Evesque de Nevers, & lors appellé le Seigneur de Passy, depuis qu'il eut changé de Religion pour se faire Ministre : qui donna bien des affaires à la Reine par les Secrets qu'il découvrit, & par l'assistance qu'il tira des Princes de la Germanie. J'ay déja commencé à parler de cette Ambassade en la page 763. du premier Volume, où j'ay donné les lettres de la Reine qu'il produisit, & en ce chapitre icy je rapporteray sa Harangue à l'Empereur Ferdinand I. à la Diette de Francfort 1562. laquelle j'ay promise & qui n'a point esté imprimée. Elle sert de Manifeste pour le party Huguenot, & contient des particularitez dignes de l'Histoire.

SIRE, combien que les troubles & émotions de la France soyent déja divulguez & épars par tout le monde, tant par rapports qu'en ont fait les Ambassadeurs, que par les escrits sur ce faits d'une part & d'autre, & que par ce moyen vostre sacrée Majesté, SIRE, ait esté avertie d'iceux selon l'affection de ceux qui sement le bruit à l'avantage de leurs desseins, ou escrivent selon leur affection: Ce neantmoins Monseigneur le Prince de Condé, averty de l'Assemblée des Majesté vostre SIRE, & celle du Roy de Bohême fils de vostre sacrée Majesté Imperiale, & des trés-illustres Electeurs Princes du

S. Empire : nous a commandé vous eftre rendu compte au vray des actions, & à ladite Affemblée, fe purger des fauffes calomnies & impreffions de fes adverfaires ; d'autant que fur toutes chofes il defire conferver fa bonne & entiere réputation convenante au lieu & fang dont il eft iffu, & envers V. M. SIRE, qui eftes conftitué au plus éminent degré d'honneur & d'autorité de tout le Monde. Et rend graces à Dieu qu'il luy a donné le moyen de ce pouvoir faire, & par ce moyen implorer l'aide & faveur à cette jufte querelle pour la confervation du Roy de France & de fon Royaume jadis floriffant, & fes Sujets. Mefmement eftant ledit Roy en pupillarité & bas âge, qui de foy-mefme requiert fans parler, l'aide de tous Rois & Potentats.

Ce n'eft point chofe nouvelle, SIRE, & fans exemple, que le Royaume de France foit efcheu à Rois enfans & en bas âge, comme il eft advenu és derniers temps és Royaumes de Charles VI. & VIII. & plufieurs Prédeceffeurs : mais il ne s'eft jamais trouvé que l'on ait fait querelle ou queftion pour le Gouvernement du Royaume pendant la Minorité des Rois ; pour ce que les Princes ont laiffé le Gouvernement à ceux qui ont efté élûs & choifis par les Eftats de France, qui ont toute puiffance & toute autorité audit cas, fans que jamais elle ait efté révoquée en doute : laquelle autorité ne dure que pour le temps de la Minorité des Rois jufques à leur âge de quatorze ans. Et tant a efté approuvée cette conduite durant la pupillarité des Rois, qu'aucuns ont ordonné par Teftament, s'ils decedoient avant que leurs fils fuffent en âge de l'adminiftrer, que pendant ledit temps les Eftats de France y pourvuffent. Qui eft pour montrer, SIRE, que telle adminiftration n'eft pour diminuer la grandeur & autorité des Rois, que nous réconnoiffons eftre inftituez de Dieu ; à laquelle ne voulons aucunement refifter, car autrement feroit refifter à la puiffance Divine : mais pour entretenir, garder & conferver leur bien, pendant que felon l'impuiffance de nature ils ne le peuvent encore adminiftrer. Mais eftans parvenus à l'âge de quatorze ans, cette toute adminiftration & tout eft tellement remis en fa main, qu'il n'eft ny contredit ny empefché en chofe qu'il luy plaife d'ordonner.

Il eft vray, SIRE, que du temps du Roy Charles VI. après qu'il eut longuement regné, il plût à Dieu pour les fautes du Peuple l'affliger tellement, que le Roy perdit bon & fain jugement. A cette caufe il eftoit befoin eftre pourvû au Royaume par les Eftats, & y eut divifion & trouble entre les Princes du fang de France ; dont le Roy mefme fut vivement travaillé : mais jamais l'on n'a vû aucun Prince Eftranger fe vouloir emparer du Gouvernement du Royaume contre l'Ordonnance des Eftats, comme à prefent a fait le Duc de Guife, premierement par force d'armes, & puis après fous le nom du Roy de Navarre, corrompant & aboliffant toutes les Loix, Conftitutions & ufages du Pays pour fervir à fon ambition, qui eft de tenir & difpofer de tout le Royaume à fon plaifir.

Et ne faut eftimer que fon but foit aucunement fondé fous aucune Religion, mais fait fervir la querelle de la Religion au foûtenement de fon ambition ; par le moyen de laquelle il a attiré la faveur, Finance & aide du pauvre Peuple : qu'il a tellement incité à fureur & rage, leur promettant toute impunité, qu'à prefent le Peuple ne fait Meftier par toute la France, que de meurtrir & faccager.

Or, SIRE, après le décés des Rois Henry & François II. il falloit felon les Loix & obfervances les Eftats de France eftre affemblez, ce qui eft fait principalement en plus grand nombre que de coûtume, eftant noftre jeune Roy Charles appellé à la Couronne en puerilité ; où, comme il leur appartient, font & conftituent certaines Loix & Ordonnances pour eftre en vigueur feulement tant de temps que la pupillarité du Roy dureroit, qui eft le fondement de la juftice ou injuftice de toutes les actions, qui ont efté depuis faites, & aufquelles il faut réduire comme à la Pierre de Touche, toutes les entreprifes & émotions qui ont efté faites du depuis ; car l'on ne peut eftimer bon & legitime ce qui aura efté entrepris contre & au préjudice defdites Loix : lesquelles Loix & Constitutions sont divisées en quatre Chefs.

Au 1. il est traité de la tutelle du Roy & administration du Royaume.

Au 2. de ceux qui doivent estre au Conseil du Roy, pour les affaires qui surviennent journellement.

Au 3. de l'Ordonnance des Guerres.

Au 4. du fait de la Religion, & ordre qu'on doit tenir à ce qu'à l'occasion d'icelle il n'y ait émeutes ny seditions en iceluy.

Quant au premier, par plusieurs grandes raisons qui ont esté prises avec meure consideration, aussi pour exemple du passé : estans lesdits Estats bien informez de la prudence, sagesse, & probité exemplaire de la Reine mere du Roy, dont ses comportemens, depuis que Dieu l'avoit conduite audit Royaume, en faisoient loüable témoignage : à icelle non seulement ils ordonnerent la tutelle du Roy son fils, mais aussi l'administration & Gouvernement du Royaume, qui s'entend temporel & non transmissible sans le vouloir & consentement desdits Estats, qui a esté trouvé bon & agréable, non seulement par tous lesdits Estats, mais aussi par tous les Princes du sang, qui ont loüé & approuvé ladite Ordonnance comme juste & raisonnable. En ce faisant, les Estats l'ont avertie que par bon ménage & épargne honorable, elle eut à pourvoir au payement des dettes, ausquelles le Royaume estoit demeuré obligé aprés la mort de Henry & François, qui estoient si grandes, que jamais le Royaume ne s'estoit trouvé tellement endetté, comme il est porté par le menu en la Rémonstrance desdits Estats. Aussi qu'elle eut à soulager le Peuple de la foule & oppression, qu'il avoit porté si grievement du passé, qu'à peine pouvoit-il respirer. Qu'elle tint la main que la République défigurée de toutes parts plusque jamais, fut réparée & restituée. Finalement qu'elle procurast de son pouvoir la Paix & tranquillité au pauvre Peuple, tant au-dedans qu'au dehors, & comme tout le Peuple avoit en elle ferme esperance.

Le second Chef desdites Loix estoit, pour le fait du Conseil Privé du Roy, que l'on desiroit estre instruit de personnes sans affection particuliere & desirans le bien & utilité publique. A cette cause lesdits Estats ordonnent que le Conseil Privé du Roy fut composé de personnes non sujettes & obligées par serment à l'obéïssance d'aucun Prince Estranger : & pour iceux expliquer, avec ceux que l'on peut connoistre par droit de nature, ils ont declaré tous Cardinaux, Evesques, Abbez, & generalement tout ce qu'ils appellent Ecclesiastique, tant par ce qu'ils ont par devoir necessaire appliqué leur presence & labeur à la conduite de leur charge, que aussi pour le serment & obéïssance temporelle qu'ils ont juré & promis aux Papes, qui ont esté souvent ennemis & Conféderez aux ennemis du Roy : ils ordonnent qu'ils ne pourront estre accueillis avec les Conseillers du Conseil Privé du Roy. Que audit Conseil, à l'exemple des Cours de Parlement, ne sera permis que deux freres ou plusieurs y assistent, à ce qu'ils ne soyent plus curieux au profit de leurs familles que du public : ce qu'ils ont declaré estre par eux entendu de ceux, qui ne sont Princes du sang du Roy ; ausquels appartient, non par la permission des hommes, mais de leur droit naturel, assister au Conseil du Roy, s'il n'y a chose qui l'empesche, dont les Estats ordonneroient.

Que ceux qui auroient exercé la Super-intendance des Finances du Roy & les auroient touchez, jusques à ce qu'ils eussent rendu raison de leurs Charges, ne puissent assister au Conseil du Roy. Finalement, d'autant que les Conseillers du Roy sont tenus de rendre au Roy devoir de juste & legitime Conseil, & doivent conserver les facultez du Roy, principalement quand le Fisque est en arriere, & que lors il n'est permis specialement à eux, lorsque le Trésor du Roy est en urgente necessité, prendre donations du Roy, qui semblablement ont esté par eux requises, mesmement quand elles sont immenses & inofficieuses : ils ordonnent que toutes telles donations faites contre les Edits & Ordonnances du Royaume soyent révoquées : & soyent tels donataires contraints à rendre & restituer ce qu'ils en auront reçû, & cependant qu'ils ne puissent assister au Conseil.

De cet article dépend l'occasion de cette sedition civile, & par lequel la Maison de Guise, Connestable & Marechal de S. André, se sentent non seulement exclus de l'honneur du Conseil du Roy, mais chargez de la restitution des Donations à eux faites, dont ils se sont grandement accrus. Ils se joignent en mesme societé & conspiration pour aneantir & corrompre specialement cet article insolite, SIRE, que les Donations faites par les Rois contre la forme prescrite par les Ordonnances soyent annullées, non seulement par les Estats, qui ont pleine puissance durant la Minorité des Rois, mais aussi par les Chambres des Comptes ordonnées audit Royaume: lesquelles par leur jugement ont accoûtumé de casser & annuller toutes Donations qui sont faites par les Rois Majeurs, contre la Forme & Ordonnance que les Rois ont estably & commandé estre observées par icelles, & vallent tels jugemens nonobstant lesdites Donations. Les exemples sont frequens, mesmement du Connestable de Clisson, qui fut chassé de ses Estats, pour ce qu'il s'estoit enrichy de seize cens mille livres. Il y a bien plus grande raison d'appeller à compte ceux contre lesquels lesdits Estats ont prononcé, specialement que au mesme temps le Trésor du Roy se trouve chargé de trente-trois millions de livres, ce que jamais ne fut veu: & que dudit temps le Peuple auroit esté plus grievement chargé que jamais. Et soit consideré que du vivant du Roy François I. qui avoit soustenu trente-trois ans de Guerre, comme V. M. SIRE, peut mieux sçavoir, pour ce que ses actions estoient la plus part avec l'Empereur Charles V. de bonne memoire vostre frere, & qu'il luy convint payer rançon de sa prison: neantmoins n'avoit jamais exigé sur son Peuple tant de tributs & imposts si grands, & toutefois laissa encore aprés sa mort bonne somme de deniers en son Trésor. Les Estats donc font devoir de s'enquerir d'où vient telle profusion, & pour ce qu'il est vray-semblable qu'elle procede de ceux, qui au lieu de procurer l'aisance des facultez du Roy, l'ont appauvry par subtiles inventions: à bonne raison lesdits Estats ont requis ladite restitution. Qui est cause que lesdits de Guise, Connestable & Marechal de S. André, troublent tout le Royaume, pour dissiper & abolir lesdites Ordonnances. C'est, SIRE, ce que nous avons prédit, que pour soûtenir leur avarice & ambition, ils soustiennent cette entreprise, plus que pour la Religion, qui ne leur sert que de masque, & pour couvrir ce qu'ils veulent estre caché.

Le troisiéme Chef desdites Ordonnances est, que lesdits Estats ont retenu à eux pendant ladite Minorité, puissance d'ordonner des Guerres & de pouvoir mettre en armes les Sujets du Roy; parce qu'il faut premierement s'enquerir de la cause des Guerres, de la justice ou injustice d'icelles, par quels moyens l'on peut l'empescher & assoupir, avant que l'on vienne aux mains & se soûmettre à ce dernier remede; à quoy il est autant ou plus besoin de bon & sage conseil qu'en nul autre affaire. C'est pourquoy les Estats ont redu tenu cet article à soy: & partant quiconque entreprendra armer les Sujets du Roy en Guerre, provoquer autruy en icelle, se peut requerir contre luy par action populaire tous les dépens, dommages & interests de ladite Guerre.

Le quatriéme Chef qui est de la Religion. Ils ordonnent que la cause de la sédition doit estre séparée & dis-jointe de la Religion; de sorte que pour cause de la Religion nul ne doit estre condamné pour seditieux & rebelle: & partant qu'il est permis à tous Sujets du Roy adherer à quelle des deux Religions qu'il luy plaira, à sçavoir la commune Romaine, ou la réformée Evangelique, & nulle autre, & sont défendües toutes forces & violences tant publiques, ou particulieres contre aucuns desdites deux Religions. Que les Juges des Provinces distribueront aux Ministres Evangeliques, Temples pour l'exercice de ladite Religion, esquels on puisse librement aller & venir sans dommage, & que tous Edits publiez au précedent seroient réduits & moderez selon ce que dessus.

Et pour ce, SIRE, que lesdites Loix & Constitutions touchoient apper-

tement lesdits de Guise, Conneftable & Marefchal de S. André, à fçavoir la famille de Guise ; defquels il y avoit au Confeil du Roy deux Cardinaux, ledit de Guise & le Duc d'Aumale, auffi que ledit de Guise & le
Cardinal de Lorraine fon frere avoient eu le Gouvernement des Finances
avec des Donations immenfes & inofficieufes, comme avoient eu en pareil
lefdits Conneftable & Marefchal de S. André : ils confpirent à la caffation
& annullation defdites Loix & Conftitutions, & cherchent tous moyens à
à eux poffibles pour y parvenir. Cependant la Reine mere du Roy, comme
elle eft & a toûjours efté en toutes fes actions prudente, & comme elle a bien
montré tant qu'elle a efté en liberté de fa perfonne, & non tranfportée par
puiffance & violence d'autruy, prend foin & follicitude de tenir les Eglifes
unies & en bon & honorable accord, par un Colloque & Conference qu'elle
fit faire à Poiffy ; où furent affemblez les Prélats & grand nombre de Docteurs de l'Efcole de Paris, & quelques Moines venus de Rome avec le Cardinal Legat de Ferrare, avec douze Miniftres de l'Evangile ; où il y avoit
efperance par les communications qu'ils avoient affez compofément & modeftement eu enfemblement, de tomber en quelque bonne refolution : ce
qui fut empefché par le Cardinal auteur de tous tels troubles ; qui eut crainte, fe faifant Conducteur de fa troupe, qu'aucuns des fiens ne retournaf-
fent de l'autre part, ayant donné quelques atteintes de la Confeffion d'Augufte. Finalement il diffout ce Colloque, qui n'a depuis pû eftre reftitué.
   Lors lefdits de Guise batiffent un nouveau Confeil, & perfuadent & ob-
tiennent de la Reine mere du Roy & du Roy de Navarre, que de tous les
Parlemens fuffent appellez plufieurs Préfidens & Confeillers, pour donner
Confeil és affaires qui fe prefentoient, avec les Princes & Gens du Confeil
du Roy, nomment ceux qui leur eftoient obligez : efperans qu'ils mettroient
au néant tout ce que les Eftats avoient ordonné ; car à cette feule fin fe faifoit la convocation ; combien que par la grace de Dieu, qui tient les cœurs
des hommes en fa main, autrement foit avenu. Et afin qu'on ne penfaft
qu'ils y euffent rien mis du leur, & s'en fuffent aucunement meflez, propo-
fent de partir de la Cour avant que ladite Affemblée fe fit.
   Mais avant que de partir, comme l'efprit du Cardinal eft fécond en toutes
inventions hafardeufes, ils attentent un acte tel & fi malheureux qu'il eft
digne d'admiration par tout le Monde, d'enlever du fein de la Reine mere,
de la compagnie du Roy, M. le Duc d'Orleans, & le tranfporter hors du
Royaume, non fans grande fufpicion d'avoir efperance de la mort du Roy,
pour avoir par-devers eux le Roy nouveau hors de l'aide & garde de fes Sujets : car le precedent jour de leur partement de la Cour ayant ainfi conduit
leurs deffeins, le Duc de Nemours, en la chambre mefme du Roy, comme par jeu invite M. le Duc d'Orleans prendre fon ébat d'aller jufques en
Lorraine avec lefdits de Guise, rémonftrant qu'on luy avoit apprefté chofe
où il prendroit plaifir, pareillement que fa fœur la Ducheffe de Lorraine avoit grand defir de le voir. Il adioufte pour l'inciter de ce faire,
qu'il y a grand danger en France des Huguenots, & que le Roy de Navarre
& M. le Prince de Condé fon frere, fe veulent emparer du Royaume, &
qu'il fera bien d'éviter ce danger. Et voyant qu'il ne profitoit en rien, fait
place audit Duc de Guise, qui par nouveaux moyens penfe féduire ce jeune
Prince ; ce qu'il n'a pû faire. Et fe départant luy fucceda le Prince de Joinville fon fils, qui luy fait ouverture de moyens pour s'échapper, à fçavoir
que fur le minuit il fera defcendu de fa feneftre au Parc, où il fera pourvû
d'un coche bien paré & garny de bons chevaux qui le conduiront foudainement audit lieu. De ce il y a preuve parfaite au Confeil du Roy, où a efté
ouï ledit fieur Duc d'Orleans, & ont efté lûes les confeffions dudit Duc de
Nemours, envoyées de Savoye, où il s'eftoit retiré bien accompagné de gens
dudit Duc de Guise, après que fes entreprifes n'avoient réüffi ; de crainte
que mal ne luy en avint. Icy je puis appeller tous ceux à qui Dieu donne fen-
timent de ce grand benefice de Pofterité, en quelle douleur a efté cette
bonne

bonne & vertueuse Dame la Reine mere du Roy, estant délaissée en viduité de son mary, decedé en la fleur de son âge & en pleine vivacité, ayant esté destituée de son fils Roy, estre assaillie de telles vexations qu'on luy veuille ravir ses enfans, qu'elle garde soigneusement comme dans son giron. Specialement je requiers le témoignage de V. Majesté, SIRE, devant Dieu, qui vous a fait cette grace d'avoir ample famille, quelle douleur vous eut esté, SIRE, si par violence, contre vostre volonté, vous eut esté faite une telle iniquité, à mieux dire inhumanité, dont les bestes mesmes se ressentent?

Or estans lesdits de Guise deceus de cette expectation, tourmentez de leur méfait dedans leurs consciences, & du reproche qu'ils ne pouvoient éviter devant les hommes, se départent non seulement de la Cour, mais du Royaume vers l'un des trés-illustres Princes de la Germanie [*le Duc de Wirtemberg*] à Saverne, où ils se déguisent pour Sectateurs de la Confession d'Auguste, laquelle peu auparavant, au Colloque de Poissy, ce Cardinal avoit detestée & réprouvée, comme a esté dit cy-dessus. Ouvrage digne de luy de se figurer en contraires & diverses formes : & ce pour parvenir à estre accueilly au nombre des trés-illustres Princes de la Germanie. Je passeray cette Histoire, parce qu'elle vous est, SIRE, & à tous les Princes, assez découverte & manifeste.

Mais je puis dire que leur département de la France apporta à un-chacun grande esperance de l'entretenement de la Paix & union publique, que lors on commençoit à sentir par tout, à cause du seul bruit de leur future absence, & en ayant ainsi ; car lors toute la France vivoit en une Paix, concorde & tranquillité publique, sans que pour la diverse Religion l'un offensast l'autre en aucune sorte ; non pas seulement de parole, de geste & de contenance : & chacun suivoit l'une desdites deux Religions sans contradiction ou répugnance : & lors se trouvoit peu de lieux, où la parole de Dieu ne fust ouïe & profitât de sorte, que la pluspart des vices, qui estoient par mauvaises accousturnances introduits entre les hommes, estoient comme assoupis, à l'honneur & gloire de Dieu & à l'admiration de ceux qui n'estoient encore instruits, lesquels estoient neantmoins en leurs consciences contraints de louër & recommender les bonnes mœurs & sainte conservation des Evangeliques.

En bref temps fut assemblé le Conseil des Présidens & Conseillers, dont cy-dessus a esté parlé, en fort grand nombre, en la compagnie des Princes & des Gens du Conseil des Rois defunts ; entre lesquels estoient les Connestable & Mareschal de S. André, qui s'attendoient bien à nouveaux troubles & commotions. Les Députez des Estats rémonstroient qu'il ne falloit rien innover : & specialement qu'il falloit réformer & répurger le Conseil du Roy, jouxte l'Ordonnance des Estats, devant qu'entrer en aucune besogne. Au contraire, ceux qui estoient chassez du Conseil par le mesme jugement des Estats, se persuadoient toute licence contre lesdits Estats : neantmoins cette grande assemblée, à laquelle la puissance & autorité desdits Estats n'estoit incomnuë, ne put jamais prendre opinion d'annuller & corrompre ce que lesdits Estats avoient ordonné ; mais pour en quelque chose consentir ausdits de Guise absens, & à leurs Confédérez presens, ils conseillent un nouvel Edit, qui depuis a esté appellé l'Edit de Janvier, pour ce qu'il fut constitué & establi le 17. jour dudit mois : par lequel a esté donné puissance & faculté publique d'oüir la parole de Dieu, comme il avoit esté ordonné par les Estats ; excepté que ce seroit hors des clostures des villes, & qu'à ce faire on ne s'aideroit des Temples déja construits pour l'exercice de l'Eglise commune : & que les Ministres de l'Evangile feroient serment és mains des Magistrats Présidiaux, de purement prescher la parole de Dieu sans émouvoir le peuple à sedition : & comme il est porté par iceluy Edit, qui confirmoit au reste l'Ordonnance desdits Estats. Lequel Edit combien qu'il fut tenu pour suspect pour ceux de l'Evangile, d'autant

qu'il y avoit danger qu'eſtant hors des villes ſans armes, loin de ſecours &
de leurs Maiſons, ils ne fuſſent mis en facile proye à leurs ennemis, comme il eſt depuis avenu ; neantmoins pour n'eſtre moleſtés à la Reine, au
Roy de Navarre, & autres Princes & à ladite grande aſſemblée, ils y con-
ſentent à la charge qu'on y procedât de bonne foy, comme ils eſperoient
que telle eſtoit l'intention de ladite compagnie. Lors il fut promis & juré
par chacun de ceux de ladite aſſiſtance, que ledit Edit ſeroit entretenu,
gardé & obſervé : les Principaux deſquels repetent ledit Serment en la preſence de la Reine, & promettent ne demander jamais grace pour ceux qui
l'enfraindroient & violeroient. Ledit Edit eſt publié par les Parlemens, les
Miniſtres prennent autorité du Magiſtrat par les Provinces, font publiquement & en jugement les Sermens ordonnez, les lieux ſont édifiez aux Faux-
bourgs députez & conſacrez à l'audition de la parole de Dieu & adminiſtration des Sacremens, avec grande Paix & tranquillité, ſans aucun bruit &
tumulte.

Les adverſaires ne pouvans porter que tout procedât de ſi bon ordre,
cherchent nouvelles occaſions, eſt adverty ledit ſieur de Guiſe par leſdits
Conneſtable & Mareſchal de S. André d'y venir au ſecours ; meſmement
qu'ils avoient fait envers le Roy de Navarre, qu'il deſiroit fort trouver les
moyens par l'aide du Pape, d'entrer en la jouïſſance de ſon Royaume ; dont
il eſperoit la conduite dudit ſieur de Guiſe : & partant qu'il pouvoit ſeure-
ment rétourner à la Cour, où il eſtoit deſiré & y ſeroit le bien-venu.

Ledit ſieur de Guiſe s'équippe en forme d'hoſtilité à grande compagnie de
gens de Cheval, & ſans eſtre aucunement offenſé ou provoqué, diſſipe les
Egliſes où il paſſe, & leſquelles ſe penſoient aſſeurées par ledit Edit de Janvier, par les Sermens tant ſolemnellement prêtez par toute ladite aſſemblée,
ladite Dame Reine, & par la publication d'iceluy és Cours de Parlement :
paſſe à Vaſſy, il trouve des pauvres gens aux Prieres publiques, leſquelles
il fait maſſacrer & tailler en pieces, avec les femmes & enfans pendans à la
mammelle, ſans diſcretion de Sexe ou d'âge : & incontinent ces beaux actes
faits & executez ſelon leurs deſſeins malheureux, s'acheminent vers Nanteuil, Chaſteau n'agueres acquis par ledit ſieur de Guiſe, où s'entrevirent
leſdits de Guiſe, Conneſtable & Mareſchal de S. André ; où aprés avoir
conferé enſemble des cauſes de leurs mécontentemens, les uns eſtans offen-
ſez d'eſtre reculez du Gouvernement qu'ils avoient uſurpé du regne du feu
Roy François, ſans l'advis toutefois & conſentement deſdits Eſtats, & tous
enſemble de ce qu'ils eſtoient appellez à compte de tant de dons immenſes
& inofficieux qu'ils avoient reçû des deux Rois précedens, & aucuns de l'adminiſtration & ordonnances par eux faites ſur les Finances du Roy, lors que
le Royaume jouïſſoit d'un grand repos, prennent les armes de leur autorité
privée pour maintenir leur avarice & ambition, leſquels ils couvrent d'un
Maſque & pretexte du zele de la Religion, comme a eſté dit ; pour ſe ſaiſir
de la perſonne & autorité du Roy & de la Reine ſa mere, & du maniment
de toutes les affaires du Royaume. Sçachans qu'ils ne pouvoient mieux induire
le Peuple & le faire incliner à leur part & devotion, que de les abuſer ſous
faux pretexte de la Religion, & que par ce moyen ils aboliroient toutes les
Ordonnances des Eſtats, & meſmement dudit Edit de Janvier, qui n'avoit
eſté tel qu'ils deſiroient. Conjurent enſemble cette trés-cruelle & pernicieu-
ſe Guerre & ſe diſtribuent entr'eux les lieux, où ils exercent chacun en leur
endroit les cruautez & tyrannies. Le Conneſtable ſe ſaiſit de la ville de Paris,
où il fait des cruautez & pilleries innumerables, ſaccagemens des Maiſons
des Evangeliqués, brûle les lieux dédiez à la Prédication de la parole de
Dieu aux Faux-bourgs, incite le Peuple aux armés, au ſac & au meurtre ;
ce qui fut promptement executé. Le Mareſchal avec l'aide du Cardinal de
Guiſe Archeveſque de Sens, par leurs Gens & Miniſtres, font le pareil en
la ville de Sens, où il y eut grands excés de meurtres & cruautez ; principalement aux femmes & enfans, la pluſpart deſquels à demy morts furent

jettez en la Riviere, voir, des vivans non bleſſez, attachez avec des morts & autres bleſſez, qui ſont deſcendus par la Riviere juſques à Paris, flottans à découvert, & grand nombre deſquels ont eſté preſentez aux yeux du Roy, pendant qu'il s'ébattoit au rivage de la Riviere de Seine. Et fut ce fait pour la volonté de Dieu. Pour la démonſtration de cette cruauté, le Peuple invité à la proye, parce qu'il eſtoit donné impunité de piller & ſaccager, auſſi que facilement il ſe laſche la bride à exercer cruautez, ſont par tout ainſi, voir, juſques aux Monts Pyrénées, comme à Toulouſe, Caſtelnaudary, Bourdeaux & autres villes de la Guyenne, en Bourgogne par le Miniſtere du ſieur de Tavannes, en Bretagne & villes de la France de cet endroit, comme Angers, Saumur, Tours, Blois, Poitiers, Bourges, Iſſoudun, & tout le Pays de Berry, de-là en Provence & Dauphiné & tant d'autres lieux. De ſorte que ceux qui ont voulu prendre la peine d'entendre à la verité le nombre des pauvres gens meurtris, ont rapporté qu'en quatre mois il en eſt mort par violence pour ce tumulte, de la part deſdits tumultueux & ſéditieux, plus de trente mille perſonnes.

Continuant l'Hiſtoire, de laquelle nous eſtions quelque peu divertis, la Reine avertie de la venuë dudit de Guiſe & de ſon Equipage, auſſi eſtant peu auparavant avertie des Eſpagnols, de Portugal & de Savoye, de la conſpiration des deſſuſdits, leur commanda à chacun d'eux, ſuivant les Ordonnances des Eſtats, ſe retirer chacun en ſon Gouvernement: au mépris & contemnement duquel commandement ils aſſemblent leurs forces, pour venir à la Cour en forme d'hoſtilité, ne faiſant compte des lettres de ladite Dame & du Roy de Navarre, qui leur commandoit ſe deſarmer, & ne ſe preſenter au Roy & auſdits Reine & Roy de Navarre avec leurs armes. Et viennent avec tel équipage à Fontainebleau, où ils ſe ſaiſiſſent de la perſonne du Roy & de M. d'Orleans & de la Reine malgré eux; ſans s'émouvoir des pleurs & réſiſtances de la Reine, qui à grands pleurs & ſoûpirs empeſchoit de ſon pouvoir l'enlevement & tranſport du Roy. laquelle auparavant. avoit mandé à Monceaux M. le Prince de Condé, luy découvrant ces avertiſſemens, le priant reſiſter par armes à l'oppreſſion & violence d'iceluy, & luy conſtitua ceux deſquels elle deſiroit qu'il s'aidât à la compoſition de ſon armée, de laquelle elle l'avoit conſtitué Chef. Ce que ledit ſieur Prince n'avoit pû tant promptement faire, pour empeſcher ledit Duc de Guiſe qu'il ne vint à cet endroit de mettre les mains rebelles & infidéles contre la perſonne du Roy & de la Reine ſa mere, & les tranſporter par force de Fontainebleau au Chaſteau de Melun, lieu où l'on a de couſtume de tenir & empriſonner les perſonnes, deſquelles on ſe veut donner bonne & ſeure garde: y eſtant avec eux le Roy de Navarre, qui lors commença à decliner de leur coſté contre la Reine, qui s'eſtonna fort de le voir ſi ſoudainement changé.

Neantmoins cette connivence du Roy de Navarre, voir, quand il y auroit plein conſentement & libre volonté, ne peut couvrir la félonie & infidélité deſdits Duc de Guiſe & complices, d'avoir ainſi attenté à la perſonne du Roy & de la Reine ſa mere, d'avoir pris les armes au Royaume, & introduit une Guerre civile: car ſelon les Conſtitutions légales, quand il eſt queſtion de donner autorité, il ne ſuffit un aveu qu'on appelle ratification, mais il eſt neceſſaire que le commandement précede: ce qui ne ſe trouvera en cet endroit.

Secondement, le Roy de Navarre n'eſt commis au Gouvernement du Royaume, ains la Reine mere du Roy ſeule, ſans qu'elle le puiſſe tranſporter à autruy, ſans le gré & conſentement des Eſtats. Ce qui n'a eſté fait.

Tiercement, en matiere d'armes & de Guerre, la Reine meſme n'eſt en autorité d'y pouvoir ordonner pendant ladite pupillarité; car cela eſt reſervé du tout aux Eſtats, leſquels n'ont eſté aſſemblez à cet effet, ny ordonner aucunement de ladite Guerre & troubles, que ledit Duc de Guiſe a mis comme un feu ardent par tout le Royaume.

Quartement, qui eſt l'homme en tout l'Eſtat politique du Royaume, qui puiſſe ou qui doive lever une armée, & la mettre entre les mains de l'un des Sujets du Roy, & luy bailler toutes les forces du Royaume, dont il en pouroit abuſer, pour les convertir contre la perſonne meſme & autorité du Roy? comme fait à preſent malheureuſement, & contre tout devoir de pieté & réconnoiſſance ledit de Guiſe : & partant cet article eſt meritément reſervé aux Eſtats ſeuls, & non à la perſonne d'un particulier.

Or voilà, SIRE, le bon & honorable ſervice que leſdits de Guiſe ont fait au Roy & à la Reine ſa mere, par le bon conſeil & l'aide deſdits Conneſtable & Mareſchal de S. André, de les tenir priſonniers au Chaſteau de Melun ; à cauſe deſquels ils n'oyent que cris & éjulations, ils ne voyent que larmes & pleurs, ſans aucune pitié & compaſſion. La Reine avertie qu'elle eſt menacée de pis, ſe compoſe & commence à luy tenir quelque propos de contentemens, fort differens à ce que montroit ſon viſage.

La Reine affligée de toutes parts, qui eſtoit mieux une vaine apparence de Mere deſolée que de vraye Mere, n'a récours après Dieu qu'à M. le Prince de Condé, qu'elle incite & aiguillonne à ſon devoir, ſuivant ce qu'ils avoient au précedent aviſé. Cependant deux enfans & une Dame ſans force & puiſſance, environnez d'hommes armez, ſont tranſportez çà & là, où il plaiſt à l'inhumanité de celuy qui les poſſede & détient, tantoſt à Paris infecté de Peſte, depuis au Bois de Vincennes, ſolitaires & deſtituez de leurs compagnies ordinaires. L'on fait publier par lettres la liberté du Roy, qui s'ébat aux enfans de ſon âge, & de la Reine qui ſe promene és Jardins ; mais des larmes ordinaires du Roy, & des ſoûpirs perpetuels de cette bonne & vertueuſe Dame, n'en eſt fait aucune mention. Meſmement de ce que répondant audit de Guiſe qu'elle ne pouvoit conſentir au tranſport du Roy ſon fils, il luy repliqua, quand bien vous ne voudriez venir, nous le tranſporterons malgré vous : & puis publier la liberté du Roy. Cette violence, s'il y en eut jamais, ſe doit reſſentir par tous hommes de quelque condition qu'ils ſoyent ; par vous, SIRE, les Rois, les trés-illuſtres Princes, comme reſſentans l'injuſtice commiſe à leurs ſemblables, deſquels ils doivent par droit de nature ſouſtenir la liberté ; par les inferieurs, meſmement les Sujets d'un Roy & Reine violez par aucuns d'iceux Sujets ; pour ce qu'il doit avoir entre le Roy & ſes Sujets une telle conference, qu'on appelle ſympatie, qu'ils doivent reſſentir plus griévement l'injure, félonie, & indignité barbare que l'on fait à leur Roy, que les propres peines & afflictions qu'ils pouroient euxmeſmes ſouſtenir en leurs perſonnes.

Cette affection naturelle des Sujets envers ſon Prince, ainſi que Dieu a imprimé au cœur des bons Sujets, à eſté cauſe qu'en peu de temps M. le Prince de Condé s'eſtant retiré à Orleans, a trouvé ſuite & grande compagnie, qui à leurs frais & dépens, pour la pluſpart des Gentils-hommes, ſe ſont venus liberalement offrir pour la liberté de leur Roy, de la Reine ſa mere, auſſi pour la liberté de leurs conſciences, qui eſtoit enfreinte par leſdits de Guiſe, qui ne leur permettoient jouïr & uſer de l'Edit de Janvier, fait & accordé par le conſentement non ſeulement des Eſtats, mais auſſi des Députez de tous les Parlemens de France, & ſpecialement des Princes du ſang & de tout le Conſeil du Roy, meſmement deſdits Roy de Navarre, Conneſtable & Mareſchal de S. André, qui l'avoient confirmé tant de fois par leurs Sermens réïterez, qu'ils avoient oſé enfreindre ſans crainte & peur de la vengeance de Dieu, qui a la main eſtenduë contre les Violateurs de ſon Nom. Quelle fidélité & arreſt de foy & promeſſe peut-on eſperer de ceux qui ne ſont aucunement touchez de l'honneur de Dieu, du prix & dignité du ſerment que l'on fait en invoquant le nom de Dieu ? ſi le ſerment & jurement juſtement fait, impoſe fin à toutes querelles & queſtions d'entre les hommes, quelle fin pouvons-nous eſperer de nos tumultes ? ayans affaire avec ceux qui ne ſont cas, ny de l'honneur de Dieu, ny de l'infraction & rupture de la foy, que l'on promet à Dieu par les juremens & ſermens qui

luy font faits. C'eſt pourquoy nous ne pouvons penſer avoir jamais fin & réſolution de nos troubles, tant que nous aurons affaire auſdits de Guiſe, Conneſtable & Mareſchal de S. André ; car il n'y a moyen qui tant tienne les hommes liez que la foy & ſerment , deſquels ils ont appertement montré ne tenir aucun compte.

Du commandement que la Reine a fait à M. le Prince de Condé , de
prendre les armes pour la liberté du Roy & de la ſienne , outre ce que deſ-
fus , il y a témoignage de pluſieurs Chevaliers , auſquels elle a commandé
aſſiſter audit ſieur Prince à tant ſaint ouvrage. Auſſi il y en a lettres par-
devers luy , par leſquelles elle luy recommende la mere & les enfans , aux
autres , qu'il ne délaiſſe les armes tant qu'il les verra déſarmez , l'admoneſ-
tant qu'il n'eſt plus temps de diſſimuler, puis que la conſpiration eſt manifeſte:
leſquelles lettres ſont par-devers mondit ſieur le Prince , qui n'a voulu les
haſarder au danger des chemins , mais nous a recommendé , SIRE , récouvrer de Madame de Roye ſa belle-mere eſtant avec Meſſieurs ſes enfans à
Strasbourg , quatre lettres eſcrites & ſignées de ſa main , que nous exhibons,
SIRE , à voſtre Sacrée Majeſté ; [*elles ſont imprimées page 763. & ſuivantes
du 1. Volume*] par leſquelles on connoiſtra l'entiere & parfaite obéïſſance
qu'il a rendue au commandement de la Reine & au Roy ſon Seigneur, pour
les délivrer de leur captivité ; deſquelles lettres la teneur ſera inſerée à la
fin des preſentes. Et vous puis témoigner , SIRE , de bonne foy , leſdites
lettres avoir eſté eſcrites & ſignées de la propre main de ladite Dame ; que
je dois reconnoiſtre; pour l'avoir ſouvent vû eſcrire , lors que j'ay eu cet honneur d'avoir pluſieurs années aſſiſté à ſon Conſeil & manié ſes principales affaires. Le pareil ne peut eſtre montré par leſdits ſieurs de Guiſe , que ladite
Dame dit par ſa derniere voûloir tout perdre & gaſter : leſquels n'ont jamais
eſté pouſſez que de leur propre ambition & autorité.

Et neantmoins , SIRE , M. le Prince de Condé, qui a le dernier pris les
armes , & par exprés commandement , n'a jamais ceſſé de chercher les
moyens d'appaiſer les troubles par offres honneſtes , acceptant ſe départir
des armes, de la Cour, voir, du Royaume, pourvû que le pareil fuſt accepté par les deſſuſdits , & que l'Edit de Janvier fuſt entretenu. Et cependant
il advertit les Princes & Potentats , meſmement les trés-illuſtres Electeurs
du S. Empire , voûloir ſecourir le Roy : leſquels meus de pitié du Roy ,
de la Reine & du Royaume , députent Ambaſſadeurs , leſquels ſont empeſ-
chez par ceux de Guiſe d'executer leurs charges , & au lieu d'accepter les
ſuſdites offres , levent gens de toutes parts , Suiſſes , Italiens , Eſpagnols ,
& auſſi de la Germanie à la conduite de Rockendolf & du Rhingrave ;
& preſentent leſdits de Guiſe , Conneſtable & Mareſchal de S. André une
requeſte au Roy & à ladite Dame ; par laquelle ils declarent qu'ils ne laiſſe-
ront ny les armes ny la Cour , que premierement ledit Edit de Janvier ne
ſoit du tout aboly, & tous Officiers contraints à l'obſervance telle qu'ils veulent preſcrire au Roy & à la Reine & tout le Royaume. Contre ladite requeſte du Triumvirat il a eſté amplement répondu par eſcrit , le tout tourné en langue Germanique , qui fait que n'en ferons icy plus long diſcours.

Encore que ledit ſieur Prince approuvant les offres preſentez par aucuns
de ſa compagnie le 25. jour de Juin , auroit accordé que ſe retirans leſdits
Adverſaires en leurs Maiſons , ſe rendre pour pleige & répondant de toute
ſon armée és mains de la Reine & du Roy de Navarre , & promette l'obéïſſance de tous ; pourvû qu'avec leurs vies & biens ſauves ils ne fuſſent contraints contre la gloire & le repos de leurs conſciences. Ce qu'il fit ſi-toſt que
leſdits Adverſaires ſimulans leur retraite, ſe retirerent ſeulement à Chaſteau-
dun peu diſtant de Baugency , dont ils penſoient ſurprendre ledit ſieur Prince , comme il eſt aſſez apparu, tant par un eſcrit que Dieu voulut tomber és
mains dudit ſieur Prince , qu'auſſi par les lettres que ledit ſieur de Guiſe eſcrit au Cardinal ſon frere dudit jour : dont averty eut moyen ledit ſieur
Prince ſe retirer en ſon armée. Et bien que nous ayons pluſieurs autres ac-

tions de mondit fieur le Prince, pour montrer combien il a efté foigneux d'appaifer les troubles & fes Adverfaires, au contraire de les entretenir & allumer de plus en plus ; neantmoins, SIRE, nous penfons avoir fuffifamment montré à V. Majefté la juftice de la caufe de mondit fieur le Prince, l'injuftice & confpiration malheureufe des Adverfaires, qui fera caufe que nous nous contenterons de ce que deffus.

Supplie trés-humblement voftre Sacrée Majefté, SIRE, mondit fieur le Prince, puis qu'elle ne peut plus aucunement douter de la manifefte oppreffion & violence qui fe fait au Roy, à la Reine & à tout le Royaume par trois perfonnes privées, dont l'une eft de condition eftranger du Royaume, les autres de qualité qu'ils ne fe doivent approcher ny conferer aux Princes, chacun d'eux fufpects à grande raifon aux Eftats de la France & déchaffez par eux du Confeil du Roy : lefquels ont allumé au Royaume cette malheureufe conjuration & Guerre civile, qui n'ont ny loix Divines ny humaines en aucune récommendation, ny le fervice de leur Roy, ny repos de fes Sujets : QU'IL PLAISE à voftre Majefté, SIRE, prendre en voftre protection la confervation de la Couronne du Roy mineur & pupille, affligé par telles indûës vexations, qui ne fervent qu'à l'ambition de trois perfonnes : & ne permettre qu'un tel Royaume jadis tant floriffant, foit mis en proye, à l'abandon & mercy des deffufdits, par les moyens, SIRE, que voftre Majefté a en la main, par autorité & puiffance, tels qu'elle connoift par longue experience eftre convenable aux affaires : & fur tout délivrer le Roy, la Reine & le Royaume de l'audace, temerité, & tyrannie des deffufdits avec lefquels il n'eft poffible avoir paix & repos public : & reftituer aux pauvres Sujets du Roy la puiffance des Eftats du Royaume & l'obfervation des Edits du Roy. Et pour ce que fous pretexte d'aide du Roy, Rockendolf & le Rhingrave ont conduit leurs compagnies au Royaume, qui ne fervent qu'à l'affection indûë defdits trois Conjurez, & à la ruïne & deftruction de l'autorité du Roy & du Royaume. Qu'il vous PLAISE auffi, SIRE, ordonner avec exprés commandement rigoureux, aufdits Rockendolf & Rhingrave, enfemble à leurs troupes, foy retirer & foy révoquer par V. Majefté, SIRE. Comme nous efperons que Meffieurs les trés-illuftres Princes du faint Empire feront de leur part. Auffi ne permettre que és terres de voftre obéïffance foyent levez Gens de guerre de pied ou de cheval, pour aller en France à la devotion defdits de Guife fous faux titre du nom du Roy. Qui feront chofes décentes à la grandeur de l'Eftat de voftre Majefté, que Dieu a conftituée par-deffus tous, pour affifter à la défenfe principalement des Rois, & encore fpecialement quand ils font pupilles, & qu'ils ont par raifon récours à voftre Majefté, & partant il vous plaira embraffer, SIRE, la jufte complainte & querelle du Roy de France & de fes Sujets, à la confervation du Royaume, de l'autorité du Roy, de la Reine fa bonne mere, & des loix du Pays, fans lefquelles les Républiques ne peuvent confifter. Suppliant le Roy des Rois, qui gouverne & conduit voftre cœur, SIRE, vous infpirer par fon S. Efprit à l'execution d'un tel ouvrage, & conferver & garder voftre grandeur & dignité à la gloire de fon faint Nom.

La Reine Catherine fe trouva fort empefchée dans la maniere de ruïner la créance, qu'on avoit à ce que Spifame foûtenoit fi hautement en faveur du Prince ; car il eftoit indécent d'entreprendre de s'en juftifier, & d'autre-part il falloit craindre qu'ayant eu le credit de faire rappeller les Reiftres & Lanskenets, & de mettre au Ban de l'Empire le Comte de Rockendolf & autres chefs qui les commandoient au fervice du Roy, toute l'Allemagne Proteftante ne prit le Party des Huguenots, fans qu'il fût permis aux Princes & Sei-

gneurs Catholiques de nous secourir. Dans le mesme temps on parloit de nous redemander les villes de Metz, Thoul & Verdun, &
c'estoit un sujet pour joindre la Guerre Estrangere à la Civile, où les
Espagnols prenoient grande part. C'est pourquoy la Reine pensa tout
de bon à faire alliance avec l'Empereur & le Roy des Romains par
le Mariage proposé l'année precedente entre le Roy & la Princesse
Elisabeth d'Austriche dite de Bohême fille dudit Roy des Romains,
duquel j'ay déja parlé au Volume precedent, & dont elle récommença la pratique avec l'Evesque de Rennes par la lettre suivante,
qu'elle luy escrit pour répondre à la Harangue de Spifame.

MONSIEUR DE RENNES, *par les deux lettres que m'avez es-*
crites des 14. & 15. du passé, & depuis par celle du 25. J'ay
bien au long entendu quels ont esté les propos que vous avez eus avec les
Princes Electeurs mentionnez en vosdites lettres; & comme tant plus
vous avez mis de peine de rendre capable mon Cousin le Comte Palatin
de la verité des occasions des troubles & divisions qui sont aujourd'huy
en ce Royaume, plus il a montré se confirmer en l'opinion, qui luy en
a esté imprimée de la part de mon Cousin le Prince de Condé & de ceux
d'Orleans. De sorte qu'il est aisé à connoistre que luy & les autres Prin-
ces Protestans n'en veulent juger qu'à la devotion de ceux dont la cause
leur est recommendée. Toutefois vous ne laisserez toutes & quantefois que
les choses en viendront en propos, de leur en parler selon l'instruction que
je vous en ay donnée par mes precedentes depesches, qui est la vraye &
nuë verité du fait, ainsi que vous avez continué jusques icy sagement
& prudemment, & qu'il se voit par l'escrit que vous en avez baillé
audit Comte, que je loüe grandement. Quant à la belle Harangue que
Spifame a faite à l'Empereur Monsieur mon bon Frere, elle est pleine
de tant de mensonges, que je prendrois plaisir à y faire répondre en
pleine assemblée des Electeurs, point pour point; si c'estoit de la digni-
té du Roy Monsieur mon fils : mais je n'en suis pas d'avis d'autant que
nous n'avons à rendre compte de nos actions à autre qu'à Dieu, que
vous y faites autre réponse que celle que vous en avez déja faite, parti-
culierement ausdits Emperear & Roy des Romains & à aucuns des
Princes; que vous continuerez envers les autres, ainsi qu'il vous viendra
à propos de les visiter. Et toutefois insisterez toûjours envers les uns &
les autres, à ce que pour les raisons amplement touchées en vostredit
escrit, ils s'abstiennent de favoriser ceux dudit Orleans.

Bien m'a-t-il semblé que je vous devois faire sçavoir les occasions, pour
lesquelles j'ay escrit à mondit Cousin le Prince de Condé les quatre let-
tres qu'a exhibées ledit Spifame, afin qu'elles ne soient interprétées en
sens contraire à mon intention, & que vous le faites dextrement & par-
ticulierement entendre ausdits Empereur, Roy des Romains & Princes;
non pour compte que je leur en doive, mais pour leur faire connoistre de
quelle sorte de mensonges, artifices & impostures, les autres se servent
ordinairement en leur fait. J'en ay amplement instruit & averty ma

sœur la Duchesse de Lorraine, par une lettre que je luy en ay escrite, pour en répondre de sa part pour moy en tous les lieux où elle se trouvera : & luy ay envoyé un Paquet pour vous, dedans lequel je vous adresse une copie de ladite lettre, qu'elle vous aura fait bailler incontinent comme je m'asseure : toutefois je ne laisse de vous en envoyer encore presentement un Duplicata avec une Apostille que j'ay fait mettre en la marge de chacune desdites lettres [elles sont ainsi imprimées p. 763. & 764. du premier Volume, & je les ay trouvées telles par les copies fournies par la Reine mesme & par Spifame au nom du Prince] pour vous éclaircir toûjours de plus en plus du sujet d'icelles : & desirerois bien que vous trouvassiez moyen de vous en faire répresenter les Originaux ; d'autant que je pense asseurément qu'il y en a eu une ou deux, qui ont esté tronquées en aucunes choses, qui eussent grandement servy à l'éclaircissement & intelligence du demeurant, & à faire connoistre que tout mon but & intention, comme la verité est, ne tendoit qu'à faire déposer les Armes à mondit Cousin le Prince de Condé, ainsi que je l'esperois faire aux autres, prévoyant bien ce qui en naistroit de malheurs & calamitez en tout cet Estat. Et que j'aye toûjours procedé de cet esprit & volonté en cette affaire, le montrent assez évidemment les moyens que j'ay continuellement recherchez, & les ordinaires peines & travaux que j'ay pris pour parvenir à une pacification : laquelle je pensois ces jours passez & depuis que mondit Cousin le Prince de Condé a approché Paris avec son Armée, avoir tellement avancée, que j'en esperois un prompt & loüable accord & résolution. Car ayant par l'avis de mes Cousins les Princes de la Roche-sur-Yon, Ducs de Guise, d'Aumale, de Montmorency Connestable, de S. André & de Montmorency Mareschaux de France, & de tous ces Seigneurs, accordé le fait de la Religion au contentement de mondit Cousin le Prince de Condé & de ceux de sa troupe : j'estimois qu'il ne se pouvoit plus presenter de difficulté qui empeschât ladite pacification, mais ils ont mis de nouveau en avant certains Points concernans leur particulier, & toutefois grandement importans à cet Estat, sur lesquels, encore qu'il n'en eût point esté parlé du commencement, leur a esté fait par le commun avis de tous les dessusdits Seigneurs la réponse que vous verrez par les deux escrits que je vous envoye, l'un parlant dudit fait de Religion, & l'autre de leurdit particulier. En quoy je pense m'estre estenduë si avant, que si ceux qui sont auprés de mondit Cousin n'estoient meus d'autre passion que de celle de la Religion, qui est le manteau dont ils veulent couvrir leurs entreprises, toutes choses estoient accordées & restablies à leur premiere & desirée tranquillité. Mais estans satisfaits du premier point, qui est celuy de la Religion, & s'estans contentez de ce qui leur en estoit accordé, il a fallu que leur mauvaise volonté se soit découverte à ce dernier, sur lequel ils ont pris argument de tout rompre sans aucune raisonnable occasion. Ce que je veux que faites bien amplement entendre ausdits S. Empereur, & Roy des Romains & à tous les Princes de la Germanie, par la communication que vous leur ferez desdits escrits :

afin

afin qu'ils connoiſſent de quel pied procedent ceux du Party dudit Prince, & que jugeans ſainement de leurs intentions par leurs effets, ceux
d'entr'eux qui ſe ſont laiſſé aiſément perſuader par leurs impoſtures &
menſonges, déſiſtent de plus les croire & favoriſer au préjudice de la
parfaite & ſincere amitié, qui a eſté de ſi long-temps continuée & conſervée entre cette Couronne & eux. Et meſme en une affaire, où il eſt
queſtion de la conſervation de l'Eſtat d'un Pupille, qui en un tel beſoin
n'a jamais penſé pouvoir trouver un plus ſeur & aſſeuré ſecours que auſdits Princes, qu'il a tenus & tient au rang de ſes plus chers & affectionnez amis.

Et encore, Monſieur de Rennes, que je ſois aprés à rénouër & rat-
tacher ce negoce, & que j'aye déliberée de ne ceſſer que je ne voye la
Paix en ce Royaume; ſi me ſemble-t-il que l'interceſſion deſdits Princes n'y ſeroit que fort à propos, & qu'il ne la faut point retarder pour
la mort intervenuë de mon frere le Roy de Navarre, qui eſt décedé, comme vous aurez bien entendu, du coup d'Arquebuſe qu'il eut à l'épaule
gauche dedans le foſſé de Roüen. Car leurdite interceſſion ſervira, ou à
faciliter ladite pacification, ſi elle n'eſt faite avant l'arrivée de leurs Ambaſſadeurs; ou bien ſera un moyen, eſtans leſdits Ambaſſadeurs par-deçà, de tellement les eſclaircir de la verité de toutes choſes, que ce qu'ils
en rapporteront auſdits Princes, ne ſçauroit que grandement favoriſer &
avantager les affaires du Roy Monſieur mon fils en leur endroit. Et ſi
j'eſtime que prenans leſdits Princes ladite interceſſion en main, cela les
divertira cependant de penſer & entendre à faire autre choſe à la faveur dudit Prince & de ceux de ſon Party. Et quant à la plainte que
vous a faite le Duc des Deux-Ponts, de ce que celuy, qui eſtoit venu demander le ſauf-conduit de leurs premiers Ambaſſadeurs, fut indignement
traité: je vous aſſeure qu'il n'en eſt rien, & que je le fis renvoyer avec
un honneſte preſent. Et ſi leſdits Ambaſſadeurs ne furent dés-lors admis,
il ne tint pas à moy; qui ne déſirois autre choſe, pour l'aide que j'en
eſperois tirer au fait d'une bonne réconciliation. [Ce qui ſuit eſt en chiffre.]

Et pour ce, M. de Rennes, que je me ſens infiniment tenuë audit
Roy des Romains, mon bon frere, du récord & avertiſſement qu'il
vous a fait ſur ce que nous devons prendre garde aux déportemens du Roy
d'Eſpagne mon beau fils, & à mettre bien-toſt fin aux troubles de ce
Royaume: je deſire que vous le remerciez, tant de la part du Roy
mondit ſieur & fils que de la mienne, de la démonſtration qu'il nous
fait en cela de ſon amitié ſincere & affection: & par meſme moyen
vous conjoüiſſiez & congratuliez avec luy en noſtre nom de ſon élection en
la dignité de Roy des Romains, comme vous ferez en ſemblable envers
ledit S. Empereur mon bon frere, ſuivant les lettres de créance que je vous
en envoye. Les aſſeurans qu'il n'y a Princes en ce Monde qui en ſoyent
plus aiſes, ny qui plus déſirent leur grandeur & contentement, & ſoyent
plus preſts de l'aider & favoriſer, que le Roy mondit S. & fils & moy,
en tout ce qui nous ſera poſſible; tant nous eſtimons leur vertu & avons
chere leur amitié.

Tome II.

F

Et faut que je vous dise sur ce propos, [tout le reste du Chapitre est en chiffre] qu'il y a quelques mois que le Capitaine Riffemberg, qui a amené des Chevaux pistolliers au service du Roy Monsieur mon fils sous la charge du Comte de Rockendolf, fit entendre à feu mon frere le Roy de Navarre & à moy, que mon Cousin l'Archevesque de Tréves luy avoit tenu quelques propos du desir que mondit frere le Roy des Romains auroit au mariage du Roy mondit S. & fils & de l'une de ses filles : que ledit Riffemberg s'en retournant en Allemagne nous l'auroit bien voulu faire entendre, pour sçavoir si nous aurions quelque chose à luy commander là-dessus. Sur quoy aprés luy avoir loüé le bon office qu'il faisoit en cela, je luy dis que le Roy, mondit S. & fils, estoit encore si jeune, que je ne pouvois bonnement penser à rechercher si-tost party de Mariage pour luy ; mais si mondit frere le Roy des Romains y avoit quelque desir & volonté, & qu'il me le fit entendre, je luy ferois connoistre en quelle estime j'ay son alliance ; pour estre à mon jugement l'une des grandes qui soit aujourd'huy en la Chrestienté, comme aussi est celle du Roy mondit sieur & fils, & qu'il pouvoit faire cette réponse à mondit Cousin l'Evesque de Tréves, que je remerciois de tant de démonstration qu'il nous faisoit ordinairement de sa bonne volonté & affection. Je n'ay point eu depuis aucune nouvelle de l'un ny de l'autre, & ne sçay si mondit Cousin en aura mis quelque chose en avant à mondit frere le Roy des Romains, durant leur voyage, & d'en escrire à mondit Cousin ; encore que l'on die que c'est aux maris à rechercher les femmes, il me semble que je ne le dois faire aucunement. Mais je desire bien que vous vissiez souvent ledit Evesque de Tréves, pour entrer avec luy en discours des affaires de France, & luy faire connoistre, que pour la bonne & affectionnée volonté que vous sçavez qu'il nous porte, vous en voulez plus familierement conferer avec luy qu'avec nul autre Prince de la Germanie. Et comme l'on vient de propos à l'autre, vous régarderez si vous le pourrez dextrément conduire à vous parler dudit Mariage ; pour sentir de luy s'il en a tenu quelque propos à mondit frere, & en quelle volonté & disposition il l'en aura trouvé, pour m'en avertir. Car outre que j'estime grandement ladite alliance, il me semble que le pourparler d'un tel Mariage ne sçauroit que beaucoup servir à favoriser nos affaires à l'endroit des Princes de la Germanie, & à nous concilier toûjours de plus en plus l'amitié & bonne volonté de mondit frere ; pour en tenir nos affaires en plus grande réputation par toute la Chrestienté. Cependant mettez peine de sçavoir s'il sera quelque chose de ces rétenuës, que l'on vous a dit que veut faire le Roy d'Espagne, & si les Anglois qui sont par de-là auront charge d'asseurer les levées pour le Printemps, & quelles. Car voyant ce qu'il y a de dureté & obstination en ceux d'Orleans, & qu'ils sont aujourd'huy sur le chemin de la Normandie, je fais grand doute qu'ils se voisent joindre avec les Anglois, en intention de faire sur le rénouveau leur grand effort. Et pour ce ayez continuellement Gens aprés lesdits Anglois s'il est possible, pour découvrir quelle sera leur charge, & y employez tout ce que vous pourriez avoir d'autres moyens.

Quant au Memoire que Frederic Spet vous a baillé, des levées de
Gens de cheval & de pied, qu'il offre faire pour amener au service du Roy
mondit sieur & fils, outre que nous n'avons que faire pour cette heure
desdites levées, nous connoissons si bien par-deçà l'humeur du personna-
ge, que nous nous garderons bien de nous servir de luy : & avons com-
me vous sçavez nos autres Colonels, que nous préfererons toûjours à Gens
nouveaux tels que celuy-là. Et pour ce vous régarderez de vous en dé-
faire & excuser doucement. Et d'autant que vous sçaurez de vostre hom-
me present Porteur la provision que j'ay fait donner à vostre particulier,
je ne vous en diray autre chose. Bien vous asseureray-je que j'ay tel con-
tentement du service que vous faites au Roy mondit sieur & fils au lieu où
vous estes, que je tiendray main à le vous faire réconnoistre, ainsi que
vous le meritez. Priant Dieu, Monsieur de Rennes, qu'il vous ait en sa
sainte garde. Escrit au Bois de Vincennes ce 15. jour de Decembre 1562.
CATHERINE, *& plus bas,* BOURDIN.

J'adjousteray icy le double que la Reine envoya audit Evesque, de
la lettre qu'elle avoit escrite à Chrestienne de Dannemarck Duchesse doüairiere de Lorraine, à mesme fin de désabuser en sa faveur
l'Empereur & le Roy des Romains de ce que Spifame avoit allegué
pour la justification du Prince de Condé. Cette Duchesse estoit fille
d'Elisabeth d'Austriche sœur de l'Empereur, qu'elle alloit voir pour
se réjoüir avec luy de l'élection du Roy des Romains, & elle avoit
grand crédit auprés de ces Princes & de toute la Maison d'Austriche,
dont elle avoit les interests fort à cœur. La Reine la traite de sœur,
tant parce qu'elle estoit fille de Roy, qu'à cause du Mariage de
Claude de France sa fille avec Charles Duc de Lorraine son fils.

MA SOEUR, *j'ay reçû vostre lettre & vû comment vous alliez au Couron-*
nement du Roy de Boheme, & l'occasion pourquoy n'avez menée nostre fil-
le, que je ne puis que trouver bonne ; m'asseurant que vous l'avez fait avec si
bonne consideration, qu'il est mieux que si l'aviez menée : & ay esperance que
vostre voyage nous servira en ce Royaume, m'asseurant que là où vous trouve-
rez que pour l'alliance qui est entre nous & l'amitié que me portez, que où l'on
parlera de ces troubles & de la façon que ceux, qui ont mis les Anglois dans ce
Royaume, veulent dire qu'ils ont fait ce qu'ils ont fait, que me ferez ce bien
d'y répondre comme je voudrois faire pour vous ; non pour me justifier, pour ne
penser le devoir faire, ny estre tenuë que devant Dieu ; mais pour le regret
que j'aurois que l'Empereur & tant de Princes Chrestiens, à qui ils ont voulu
imprimer le contraire de ma volonté, crussent que je leur eusse commandé de
prendre les armes pour ruïner ce Royaume, de qui j'ay reçû tant d'honneur,
& de qui j'ay tant aimé & honoré les Rois, à qui j'ay tant d'obligation & de
qui mes enfans en sont demeurez encore Rois. Pour cette occasion je vous sup-
plie que vous trouvant avec l'Empereur & le Roy son fils & les autres Prin-
ces, que en venant à propos de ce que Spifame leur a dit de la part du Prince
de Condé, & des lettres de quoy ils se veulent aider, pour se justifier de ce
qu'il a pris les armes, leur dire si j'ay escrit audit Prince luy estant en cette
ville, alors que je voyois que le Roy de Navarre & autres Seigneurs y estoient
venus avec grande compagnie & contre ma volonté, afin que voyant que des
deux costez les armes se renforçoient, & qu'ils s'y opiniastroient de ne sortir

Tome II.

F 2

de cette ville de Paris , & luy me mandant qu'il ne demeuroit en cette ville que pour empeſcher les entrepriſes , que l'on vouloit faire contre moy & mes enfans pour les m'oſter : je luy eſcrivis des lettres, où je le remerciois & mettois peine de le contenter ; afin de ne me trouver abandonnée de tous : voyant que les au-tres n'avoient voulu obéïr à choſe que je leur euſſe mandée ; ce neantmoins ce contentement en quoy je l'ay voulu retenir , c'eſtoit toûjours en luy mandant qu'il ſortit de Paris , & qu'il en fit ſortir les Eſtrangers ſuivant la promeſſe qu'il m'avoit faite, quand il vint prendre congé du Roy mon fils pour s'en aller chez luy , nous eſtans à Monceaux , & que je le priay de ſe déſaccompagner nous venir trouver avec ſon train , & que s'il ne le faiſoit , qu'il ſeroit cauſe de faire armer les autres & mettre un grand trouble en ce Royaume , & qu'il eut pitié de mes enfans & de moy & du Royaume. Et me répondant qu'il y iroit de ſon honneur s'il ſortoit le premier , luy eſcrivis de ma main, ce qu'il n'a pas montré , que celuy qui obéïroit le premier ſeroit celuy qui auroit plus d'hon-neur : & luy envoyay mon Maiſtre d'Hoſtel Sarlan, lequel fit tant qu'il le fit ſortir de Paris. Et eſtant ſorti , il m'envoya Bouchavanes ſon Lieutenant, par lequel il me manda comme il m'avoit obéï & qu'il eſtoit ſorti , & qu'il me prioit, puis qu'il avoit obéï, que je ne trouvaſſe mauvais, s'il s'en alloit avec ſes trou-pes chez luy à la Ferté, & qu'elles y demeuraſſent avec luy ; car il avoit enten-du que l'on le vouloit faire prendre & m'oſter mes enfans , & qu'il ſeroit là pour ſe garder & pour ſervir au Roy mon fils & à moy. Voyant cela , & que le Roy de Navarre ne bougeoit de Paris , & qu'il faiſoit de tous coſtez aſſembler Gens de guerre ; je luy eſcrivis que je ne trouvois point mauvais qu'il ne bou-geât de chez luy avec les armes , juſques à ce qu'il vit que les avertiſſemens qu'il me mandoit ne fuſſent veritables : ne pouvant , ce me ſembloit , re-fuſer à un Prince du ſang de ſe garder , vû qu'il diſoit que l'on le vouloit faire mourir. Et le lendemain le Roy de Navarre partit de Paris , & vint avec tous ces Seigneurs & grande compagnie trouver le Roy mon fils à Fontainebleau ; où eſtans arrivez , je dépeſchay mon Maiſtre d'Hoſtel Sarlan vers le Prince de Condé , luy mandant que ſuivant la promeſſe que Bouchavanes m'avoit faite de ſa part , de ſe déſarmer incontinent que je le luy manderois, que je luy priois qu'il eut incontinent à ſe déſarmer ; d'autant que je luy aſſeurois que les aver-tiſſemens qu'il avoit eus eſtoient faux , & que j'eſtois en ſeureté de toute choſe : & de luy, qu'il pouvoit eſtre aſſeuré que nul ne luy vouloit mal ny mal-faire : & s'il ne ſe déſarmoit , qu'il ſeroit cauſe que ces autres Seigneurs demeureroient armez , & de mettre un grand trouble en ce Royaume ; quoy voyant , & qu'il ne m'obéït , que je ſeray contrainte de me mettre contre luy , que je luy prie qu'il ne m'en donnât occaſion.

Sur cela il alla prendre Orleans, quoy voyant , je fis armer le Roy mon fils : car voyant qu'il s'eſtoit voulu aider de mon nom & mon amitié , feignant que ce qu'il faiſoit au commencement n'eſtoit que pour ſe garder , & que incontinent il feroit ce que je luy manderois. Et quand il ſe vit fort, il ne m'obéït plus, mais a voulu faire croire le contraire de tout ce que toûjours je luy ay mandé & eſ-crit , ne montrant que des lettres qui ne portoient que toutes paroles pour le contenir , & ne diſant la créance ny la fin de beaucoup de lettres, que je luy ay eſcrites ; par leſquelles il appert évidemment que je n'ay jamais voulu qu'il s'ar-mât. Cela m'a fait grand déplaiſir , & plûtoſt en euſſe répondu avec verité ; mais je ne les voulois déſeſperer de ma bonne grace, pour toûjours eſſayer de les retirer & pacifier ces troubles : lequel Dieu-mercy nous ſommes en termes de faire une Paix , & encore que cecy le puiſſe un peu aigrir de voir que je dis la verité , & que l'on connoiſtra que les armes ſont en ce Royaume malgré moy ; ſi m'a-t-il ſemblé que eſtant par de-là & noſtre fils [le Duc de Lorraine] que je ne puis plus me taire de faire connoiſtre la verité, que cela ne préjudiciât gran-dement à ma réputation ; m'aſſeurant que ne le ſçaurois faire entendre par per-ſonne qui le faſſe plus doucement, & qui deſire plus mon contentement. Qui me fait vous ſupplier de prendre cette peine, s'il vient à propos, comme je le vous ay dit, de leur en dire ce que je vous en mande ; vous aſſeurant que c'eſt la pure verité ;

& vous supplie m'excuser si je vous donne cette peine de lire une si longue &
fascheuse lettre. Et en récompense si je vous puis faire quelque plaisir ou service,
vous ne trouverez jamais personne plus à vostre commandement que moy. De
Paris le 5. Decembre 1562.

L'Empereur estoit un bon Prince, paisible, & peu absolu, & le
Roy de Bohême son fils estoit suspect de Religion, en ce qu'il con-
descendoit à toutes les demandes des Protestans, & qu'il estoit dans
leur sentiment pour la Communion sous les deux especes. Il s'accommoda aux difficultez du temps pour parvenir à son élection, &
par ce moyen seul de se rendre agréable à l'un & à l'autre party sans
leur donner aucun ombrage, il éluda toutes les brigues du Roy d'Espagne pour l'Empire, & il empescha d'ailleurs que les Lutheriens,
qui estoient les plus forts, ne le fissent tomber en aucune Maison
de leur Religion. Nous n'osâmes y prendre part pour ne nous point
faire d'ennemis, & parce que nous n'estions en estat que de feliciter quiconque auroit eu plus de suffrages ; mais nous fûmes bien-aises que le
Roy Catholique eut donné lieu au Roy de Bohéme de se plaindre
d'une concurrence si inofficieuse, & cela servit encore à continuer
le pourparler du Mariage, pour l'attirer entierement dans nostre alliance. Tout cela l'empescha bien d'estre de nos ennemis, & aida à
nous tirer de la querelle qu'on nous vouloit faire pour la restitution
des villes de Metz, Toul & Verdun ; mais nous ne pûmes pas l'engager ouvertement à nous assister contre les Huguenots & à divertir
d'autorité l'assistance qu'ils recevoient des Princes Protestans, qui appuyoient tous les mauvais bruits qu'on faisoit courir contre nostre
Gouvernement, jusques à persuader l'Empereur que nous estions d'intelligence contre luy avec le Duc de Transsilvanie. Nos affaires ne
nous permettoient pas de faire des desseins si loin, & nous le con-
noissions mesme si peu, que la Reine luy donne la qualité de Roy
dans la lettre suivante, où elle se justifie de cette calomnie, & où
elle continuë à parler du Mariage du Roy avec la Princesse de Bohême. Ce qui est en chiffre sera enfermé dans tout ce Volume comme au précedent entre deux astérisques.

Monsieur de Rennes, *j'ay vû par les deux lettres que m'avez der-*
nierement escrites, comme toutes choses s'estoient passées à Francfort jusques
au jour du délogement de l'Empereur mon bon frere ; auprés duquel je m'assure
que vous vous serez retiré de cette heure ; vous ayant vostre homme porté de-
quoy vous dégager & sortir dudit Francfort. J'eusse bien desiré de voir la ré-
ponse que les Electeurs ont faite à Spisame, & l'escrit qu'ils ont baillé à mon-
dit bon frere sur cette affaire : & faut bien dire, puis que l'on a fait tant de
difficulté de les vous bailler, qu'il y a chose que l'on ne veut point que nous
voyons ny entendons. S'il y a moyen de récouvrer l'un ou l'autre, je m'assure
que vous n'y oublierez rien. Quant à la réponse de mondit bon frere, elle est
à bien parler d'un Prince qui ne veut offenser personne, & qui en parle plus
par acquit que pour soin qu'il ait de favoriser les remedes necessaires à la pa-
cification de nos divisions : lesquels, comme j'ay bien pensé, il ne faut pas atten-
dre que de nous-mesmes. Aussi y ay-je fait & fais encore tout le possible [*elle*
traitoit la Paix à Chartres avec ceux d'Orleans] *& ne suis pas déliberée de*

F 3

ceſſer, que je ne voye ce Royaume remis & reſtitué en ſa premiere tranquillité.

Au demeurant, quant à la copie de la lettre que vous a baillée mondit fre-re, qu'il dit avoir eſté eſcrite au Roy de Tranſilvanie par noſtre Agent, qui ré-ſide à la Porte du Grand Seigneur ; Je ne ſçay pas par quel moyen il a récou-vert ladite copie, mais je vous aſſeureray bien qu'il ne fut jamais lettre plus fauſſe que celle-là; car quant à ce qu'elle porte que ledit Agent a envoyé audit Roy de Tranſilvanie les lettres, qui luy avoient eſté apportées de la part du Roy mondit ſieur & fils : je vous diray pour verité que le Roy mondit ſieur & fils de-puis qu'il eſt parvenu à la Couronne ny auparavant, n'a jamais eſcrit audit Roy de Tranſilvanie, ny meſme audit Grand Seigneur en ſa faveur & récom-mendation ; & pour l'autre point, il ne reçût oncques lettres de luy. Et ſi l'on veut dire que leſdites lettres arriveront peut-eſtre dedans quelques jours, je répondray que encore que cela avint, le premier point de ne luy avoir ja-mais eſcrit eſt ſi veritable, qu'il montre bien que ladite lettre a eſté falſifiée & malicieuſement ſuppoſée audit Agent, qui ne ſçauroit avoir fait tenir audit Roy de Tranſilvanie une dépeſche qu'il n'a jamais reçûë, & qui ne fut oncques penſée ny déliberée, tant s'en faut qu'elle ait eſté eſcrite. Et à cette cauſe vous direz à mondit bon frere que s'il a quelque foy & ſeureté en mes paroles, il s'aſſeure que je vous en eſcris la pure verité, & que depuis qu'il a plû à Dieu que je ſois venuë à l'adminiſtration des affaires de ce Royaume, il n'a eſté eſ-crit ny conſenti de la part du Roy mondit ſieur & fils ny de la mienne, qui ait eſté au préjudice de ſes affaires & indigne de l'honneur & parfaite amitié que je luy porte, & que j'ay toûjours eſperée de luy & des ſiens. Et n'avons Ser-viteur ny Miniſtre, s'il s'eſtoit ingeré de faire du contraire, que nous ne fiſ-ſions bien chaſtier.

J'ay eſté bien-aiſe de voir que vous ayez mis mondit bon frere ſur le propos du Pape*, & ſi dextrément que le porte la derniere de voſdites lettres, & ne faut pas que vous oubliez de rendre compte à mon Couſin M. le Cardinal de Lorraine à ſon arrivée auprés de luy, de tout ce que vous y auriez avancé & negocié; afin qu'il eſſaye de tirer là-deſſus, comme ſur toutes les autres particu-laritez du Concile, le fonds de ſon intention, & que toutes les choſes ſe condui-ſent entre ſes Miniſtres, ceux du Roy d'Eſpagne noſtre beau-fils & les noſtres, ſi faire ſe peut, avec autre correſpondance que n'y a trouvé mondit Couſin, ainſi qu'il m'a eſcrit. Vous l'aurez à Inſpruck au meſme inſtant que y arrivera mondit bon frere, car il le m'a ainſi eſcrit, & croy qu'il vous en aura auſſi averti. * Et pour ce qu'il m'a ſemblé que je ne ſçaurois trouver un plus digne & ſuffiſant Perſonnage pour faire parler à mondit bon frere du Mariage que ſçavez, je luy mande qu'il regarde d'entrer en propos avec luy ſelon ſa dexte-rité accouſtumée. * Et ſera bien neceſſaire à cette cauſe que vous luy faites en-tendre ce que vous y avez fait juſques à preſent, & ſi depuis la reception de la lettre que je vous en ay dernierement eſcrite, vous n'aurez rien décou-vert de ce que mondit bon frere & le Roy des Romains ſon fils y peuvent avoir d'affection. C'eſt, M. de Rennes, tout ce que j'ay à vous dire pour cette heure, après avoir prié Dieu qu'il vous ait en ſa garde. Eſcrit à Chartres le 12. jour de Janvier 1562.

CATHERINE, *& plus bas,* BOURDIN.

Je reprendray autre part ſelon les occaſions la pourſuite de cette négociation du Mariage du Roy, duquel il fut parlé dés l'inſtant qu'il eut ſuccedé à la Couronne, & ce fut d'abord comme du party le plus ſortable qu'on en eut les premieres penſées ; mais depuis le bruit s'en répandit, & la Reine y preſta l'oreille, pour voir quel fruit on pourroit tirer de ce bouquet qu'on fit fleurer à la Maiſon Im-periale ; avec intention toutefois de ne ſe point engager & de tirer quelque avantage preſent d'une choſe à venir, & qui en effet traiſña dix ans entiers. Le principal deſſein de la Reine Catherine eſtoit de ſéparer cette branche d'Auſtriche des intereſts d'Eſpagne ; & pour rendre l'alliance plus forte , elle medita en meſme temps de faire demander la ſeconde fille du Roy des Romains pour le Prince de Navarre, qui avoit encore ſon pere vivant. Depuis elle ſongea encore au fils aiſné du meſme Roy des Romains pour la Princeſſe Marguerité ſa fille, qui fut Reine de France : & afin de faire plus d'amis au Pays d'où elle avoit plus à craindre ; car il ſemble que ce ſoit pour nous qu'on ait dit principalement, que tout le mal qui nous menace eſt du coſté de l'Aquilon , elle jetta quelque parole du Mariage du Duc d'Orleans depuis Roy Henry III. avec la fille heritiere du Duc de Cleves.

Jacques Spifame Seigneur de Paſſy , Ambaſſadeur du Prince de Condé & des Huguenots en Allemagne, Auteur de la Harangue cy-devant rapportée, eut une fin auſſi malheureuſe que ſa conduite fut à plaindre avec toutes les belles qualités d'eſprit & de naiſſance, qui le devoient rendre conſiderable dans le party où il ſe jetta. Il eſtoit d'une Maiſon noble , originaire de la ville de Lucques , & eſtablié à Paris dés l'an 1350. que vivoit Barthelemy Spifame, duquel ſont iſſus tous ceux de ce nom Seigneurs de Biſſeaux , des Granges & de Paſſy. Il avoit pour pere & mere Jean Spifame S. de Paſſy Secretaire du Roy, Tréſorier de l'Extraordinaire des Guerres, & Jacquette Ruzé, & fut le dernier de cinq freres ; qui furent, Gaillard Spifame Seigneur de Biſſeaux, Tréſorier general de Guerres, Jean Spifame Chanoine de Chartres Abbé de la Victoire , Pierre Chevalier de Rhodes , Raoul Seigneur des Granges, & luy. Le progrés qu'il fit dans les Lettres luy fit meriter une Charge de Conſeiller au Parlement de Prais , d'où il monta à celles de Préſident aux Enqueſtes, de Maiſtre des Requeſtes & de Conſeiller d'Eſtat : & il fit paroiſtre tant d'eſprit & de ſçavoir dans tous ſes emplois ; que s'eſtant de luy meſme dédié à la Profeſſion Eccleſiaſtique , il n'y avoit point de dignité qui fût au-deſſus de la réputation qu'il s'eſtoit acquiſe. De Chanoine de Paris , Chancelier de l'Univerſité , & Abbé de S. Paul de Sens, il devint Grand Vicaire de Charles Cardinal de Lorraine, Archeveſque de Rheims , & en cette qualité il fut nommé par le Roy Henry II. à l'Eveſché de Nevers , duquel il prit poſſeſſion l'an 1548. Voilà des marques d'un merite extraordinaire, qui me donnent une juſte confuſion de ce qui me reſte à dire de ſa fortune , & qui m'obligent à donner mon ſentiment de ce coup de foudre que Dieu lança ſur ſon Egliſe dans la France , qui remplit d'un eſprit de vertige quelques teſtes de noſtre Clergé les plus illuſtres & les plus éminentes.

Pour moy, j'attribuë cela à cet accommodement humain des choſes Divines, pratiqué entre le Pape Leon X. & le Roy François I. qui a cauſé tant de malheurs au ſiege Romain & au Royaume de France, & auquel les Sages du dernier ſiécle ont imputé la ruine & l'extinction du sang des Valois. La nomination aux Evefchés & aux grands Benefices eft un endroit acquit à nos Rois, ils ne font plus obligez qu'à s'en bien acquitter, pour ne point répondre devant Dieu du mauvais choix qu'ils pouroient faire des Sujets capables des Dignitez Ecclefiaftiques ; mais il eft bien mal-aifé de juger fi François I. ne rendit pas fa Couronne plus péfante, en y adjouftant ce nouveau brillant & cette apparence d'autorité, qui n'appartenoit pas moins à fes Prédeceffeurs fous le nom de récommendation. Il ne mouroit point d'Evefques qu'ils ne fuffent avertis par les Chapitres de la vacance du fiege, leurs fuffrages eftoient tout-puiffans à l'Election, & il n'y a que cette difference, qu'ils n'auroient pas voulu propofer des perfonnes indignes, & qui n'auroient pas acquis un premier fonds d'eftime dans les fonctions Ecclefiaftiques & dans les compagnies naturellement deftinées aux exercices du Clergé ; comme eftoient celles des Chanoines, lors les vrais Seminaires des Prélats, & qui eftoient remplies des perfonnes de la premiere naiffance. Par ce changement, ces dignitez fi venerables n'ont efté confiderées que comme des Fortunes bornées, on a perdu l'émulation de la vertu ; & l'ambition qui luy a fuccedé, a ruïné ces anciennes voyes, & a fait une nouvelle Morale à l'ufage de la Cour, qui n'a rien de plus fevere pour les Gens d'Eglife que pour ceux du Monde, aufquels ils l'ont prefchée par leurs exemples. Tout courut au Louvre aprés le Concordat, pour les Evefchés & pour les Abbayes, & on les vit incontinent diftribuer felon les inclinations non feulement de ceux, mais de celles qui gouvernoient, car les Maiftreffes des Rois en difpoferent auffi abfolument que des autres graces, & les Livrées de leur faveur eftoient les Chapeaux & les Mîtres ; qu'on vit répandus en grand nombre fur les Parens & les amis de la Ducheffe d'Eftampes, qui en avoit fon Antichambre parée comme une Boutique fameufe, où les peres & les meres amenoient leurs enfans pour les effayer. Il eft vray qu'on en partagea quelques Sçavans, parce que les Lettres eftoient en crédit, mais ce n'eftoient plus les bonnes, c'eftoient les belles Lettres, c'eftoit un fçavoir doux & accommodant & non auftere, qui flattât l'oreille & qui ne troublât point les confciences, qui fit un agréable mélange de la Theologie avec la Politique, & qui fut indulgent aux délices de toute la Maifon Royale, aux Alliances avec le Turc, & avec la protection des Heretiques.

Aprés cette reflexion trés-neceffaire ce me femble, pour profiter de l'exemple des malheurs paffez, fe faut-il eftonner fi Dieu a donné des marques de Réprobation fur des Pontifes qu'il n'avoit point élûs ? & s'il a permis que ceux qui eftoient muets contre le vice, tombaffent dans le libertinage ; comme fit ce Jacques Spifame, lequel enyvré de fon fçavoir & de fa réputation, voulut eftre de l'opinion nouvelle, comme quelques autres des plus Doctes Prélats, & fit divorce avec fon Eglife pour fe marier : mais comme les chofes ne réüffirent pas felon fes vœux & fon attente, s'eftant trop avancé pour

pou-

pouvoir estre restably par les Traitez de Pacification, il rénonça publiquement à l'Episcopat & se fit Ministre ; pour avoir plus d'entrée dans les Conseils & plus de part aux affaires. Ce fut sous cette qualité qu'il fut envoyé en Allemagne, & en estant revenu avec plus de succés qu'il n'en reçût de réconnoissance & avec une opinion de son merite dés-ja fondé sur ses anciennes Dignitez, il se fit autant d'ennemis qu'il avoit de compagnons, il perdit tout son crédit, & ne réconnut pas sans regret combien il est dangereux à un homme de condition de prendre party avec un Peuple inconstant & jaloux, qui s'érige en République. Theodore de Béze qui luy portoit une envie mortelle, l'épia si bien dans le ressentiment qu'il eut de se voir réduit à une vie miserable & privée, qu'il le rendit suspect d'intelligence avec la Reine Catherine & les Catholiques, & de mediter une rétraite de la ville de Genève, où il s'estoit refugié. On le mit prisonnier, on luy fit son Procés, il eut la teste tranchée le 25. de Mars 1565. & fut la premiere victime de la liberté, qu'il avoit procurée à cette ville. Béze son ennemy non content de son supplice fit contre sa memoire les Vers Latins qui suivent, où il ne s'est pû empescher de le railler contre les maximes de sa Religion, d'avoir preferé une femme à l'Episcopat, & encore demeure-t-il d'accord que c'estoit plûtost une concubine qu'une legitime épouse.

IN MORTEM JACOBI SPIFAMII PASSII.

PASSIVS hic passus, patiens patienda, reliquit
    Et decus & vitam carnis in interitum.
Spiritus ut fiat salvus, sine conjuge conjunx
    Vixit, & evexit calliditate suos.
Principibus placuisse viris quæ gloria tandem est,
    Summaque Regnicolis jura dedisse fori ?
Carnifici extremis illum paruisse diebus
    Cum sit spectatum. Pignora quid gemitis ?
Noluit Omnipotens hunc perdere, purificavit
    Mentem, quam impuro corpore solvit amans.

IN EUNDEM.

Doctor, Juridicus, Præsul, verbique Minister,
    Erravit, rapuit, mœchatus sacra fefellit.

Béze fut payé de sa peine par cette réponse.

Sævire in Manes Bæza, & lacerare sepultum
Non sunt Christicolæ, quem unius ferre nequisti
Impatiens consortis, eum post fata lacessis,
Mœchum, raptorem, fallacem, sacrilegumque
Dicis, & carnifici tandem parere coactum
Nil mirum, namque es vitio tu purus ab omni.
Candida rapta fuit manibus lectoque mariti,
Tot templis surreptæ & opes, quorum tibi cura

Credita, relliquia, sacris & vasa dicata,
Pluribus & toties Præbendas vendere, nummos
Stellio dum cumulas hinc atque hinc, atque Gehennam
Confugis, innumeræ postquam patuere rapinæ,
Atque tui mores, fraudes, perjuria, furta,
Insons & justus quàm sis, satis ista loquuntur.
Vir bonus interea Beza es, verbique Minister,
Non ideò licet inflari, frontemque levare ;
Quæ te fata manent etenim tu nescis, & usque
Pergere tarda sinet te numinis ira. Sepulto
Parcere disce igitur, durum & crudele memento
Sævire in Manes Beza, & lacerare sepultum.

Aprés ce témoignage que Béze rend si publiquement de son confrere, je laisse à juger, si ce fut plûtost l'Esprit de Dieu que l'esprit du monde, qui arracha cet Evesque de son siege, qui le fit marier, & qui le conduisit par la vanité des Emplois temporels à la honte du supplice, qu'il souffrit comme espion & comme traistre au Party qu'il avoit si malheureusement embrassé.

DE PHILIPPE LANDGRAVE DE HESSE.

QUOY qu'on puisse dire à l'avantage des Maisons Electorales d'Allemagne, si elles sont plus grandes en titres & en Estats, on n'a point encore découvert dans la récherche de leur origine, qu'il y en ait aucune plus ancienne ny plus illustre que celle des Landgraves de Hesse, puisnez des anciens Ducs de Brabant, qu'on appelloit autrefois la basse Lorraine. Ils descendent en droite ligne de ce Gilbert, qualifié par les Historiens contemporains, *mansuariorum Comes*, c'est-à-dire, grand Mareschal des Logis de la Cour de France sous Charles le Chauve, qui enleva l'an 846. Hermengarde fille de l'Empereur Lothaire & qui l'espousa. Ce Landgrave icy eut un cœur proportionné à la grandeur de sa naissance, qui luy fit entreprendre des choses au-dessus de sa force & de l'opinion qu'on avoit de sa valeur ; car il se rendit le principal Chef du party des Protestans, & il ne craignit point d'affronter en bataille rangée l'Empereur Charles V. Il en fut quitte pour cinq années de prison ayant esté pris & défait ; mais il n'en sortit que plus animé pour le party de l'Heresie, qu'il tint toûjours en Allemagne & qu'il maintint encore en France, tant par l'assistance qu'il procura aux Huguenots auprés des Princes Protestans, que par le secours d'hommes, qu'il leur envoya sous la conduite de son Mareschal. Ce fut luy qui moyenna l'audiance de Spifame, qui luy fit accorder ce qu'il demanda de la part du Prince de Condé, & qui par son crédit fit mettre au Ban de l'Empire les Chefs des Reistres, qui servoient le Roy Charles IX. & le party Catholique. Bernardin Bochetel employa en vain auprés de luy tout le ressouvenir de la protection du Roy François I. de l'amitié de Henry II. & de nos anciennes alliances, il demeura ferma dans son dessein, & ne cessa point de nous traverser en toutes manieres jusques en l'année 1567. qu'il mourut fort vieil, le lendemain de Pasques 31. jour de Mars. De luy & de Chrestienne de Saxe sa femme nasquirent deux fils, Guillaume Landgrave de Hesse qui a continué sa posterité jusques à present, & George Landgrave de Darmstadt, qui a fait la Branche de Darmstadt.

DE GUILLAUME VICOMTE DE JOYEUSE
Mareschal de France, & de ses enfans.

LE sieur de Joyeuse Lieutenant General pour le Roy en Languedoc, des exploits duquel le sieur de Castelnau parle en ce troisiéme Chapitre, estoit un Seigneur vaillant & bon Catholique, puissant en biens & trés-considerable pour sa Noblesse, outre le bonheur comme hereditaire en sa Maison depuis le regne de Charles VII. de posseder les bonnes graces de nos Rois, & de contracter des alliances ou trés-illustres ou trés-avantageuses. La faveur des Princes sert infiniment à la grandeur des Familles, mais si elle n'est extrémement legitime & si on n'en use avec une parfaite moderation, elle contribuë plus à la ruïne qu'à leur durée, & l'on diroit que ce grand éclat n'est autre chose qu'un éclair qui précede le tonnerre, & que c'est plûtost un appareil de funerailles qu'un grand establissement dans le Monde. A bien considerer toutes les grandes Dignitez, on trouvera necessairement que c'est un terme sujet aux révolutions de la Nature ou de la fortune, qui bornent à un certain point tous les avantages de la Cour & qui ne les fixent pas. Comme on n'y peut parvenir que par merite ou par bonheur, il est impossible que toutes ces qualitez demeurent attachées inséparablement à la personne des heritiers, mais il n'y a rien de si certain que la chûte de ces Colosses, dont les ruïnes serviroient au Public, si on en examinoit le fondement & toutes les pieces, parce qu'on réconnoistroit infailliblement qu'elles sont de divers métaux, qui ne souffrent point d'alliage entr'eux, qu'au lieu de s'entre-soûtenir elles se destruisent, & que cet entassement de biens de fortune n'est qu'un poids dangereux sur ceux qu'on possede par droit de naissance.

Ce Guillaume icy Vicomte de Joyeuse Mareschal de France, fut sans aucun doute le plus illustre exemple que nous puissions citer entre tous les peres heureux & fortunez; car de son Mariage avec Marie de Batarnay fille de René S. du Bouchage & d'Isabelle de Savoye, il eut six fils qui partagerent à leur gré toutes les Dignitez, tant de la Cour que de l'Église, par la faveur du Roy Henry III. qui furent Anne Duc de Joyeuse, duquel je parleray plus amplement cyaprés: François Cardinal Duc de Joyeuse Archevesque de Narbonne, de Toulouse, & de Roüen, Abbé de Marmonstier, de Grammont, de Fescamp, de S. Florent, du Mont S. Michel, de S. Sernin de Toulouse. & de saint Martin de Pontoise. Le troisiéme fut

succeſſivement Comte du Bouchage, Favory de Henry III. ma-
Catherine de Nogaret ſœur du Duc d'Eſpernon, & depuis ſa
Capucin, Preſtre, & enſuite Gouverneur de Languedoc, Duc.
euſe, Pair de France, & enfin Mareſchal de France, puis
ef Capucin. Henriette Catherine Ducheſſe de Joyeuſe ſa fille
, épouſa en premieres nôces Henry de Bourbon Duc de Mont-
, dont elle eut Marie Ducheſſe d'Orleans, & de ſon ſecond
ge avec Charles de Lorraine Duc de Guiſe ſont iſſus Henry Duc
ſe, Loüis Duc de Joyeuſe, &c. Antoine Scipion de Joyeuſe
me fils de Guillaume, fut Chevalier de Malthe & grand Prieur
ulouſe; & après la mort de ſon frere, luy ayant ſuccedé au
de Joyeuſe & s'eſtant fait Gouverneur de Languedoc; il prit
y de la Ligue à deſſein de profiter de la diſſipation de la Mo-
e, de ſe faire Souverain en ſa Province & de ſe marier; mais
e grands deſſeins ſe perdirent avec luy dans la petite Riviere du
, où il ſe noya en ſa rétraite après le combat de Villemur l'an
George de Joyeuſe ſon frere mourut d'apoplexie à Paris l'an
peu de jours avant la conſommation du Mariage arreſté entre
Claude heritiere de Moy. Il eut un frere mort jeune comme
mmé Honorat. Enfin le dernier de tous fut Claude de Joyeuſe
S. Sauveur, qu'on regardoit comme le futur heritier de tou-
grandeur de cette illuſtre Maiſon, & qui fut tué avec le Duc
ere aiſné à la bataille de Coutras. De tout ce grand nombre
ns, tous genereux, tous vaillans, tous grands en biens, grands
res & grands en Fortune, il n'en reſta que trois à leur pere,
ardinal, l'autre Capucin pere d'une ſeule fille, l'autre Cheva-
: Malthe, incapable de contracter un Mariage legitime: ſi bien
e pouvoit plaindre à ſa mort arrivée l'an 1592. qu'il n'avoit vû
tre ſa poſterité devant ſes yeux que comme une apparition &
e une perſpective de Heros; dont il n'avoit joui qu'en ſonge,
nt il ne poſſedoit plus que les portraits, avec le déplaiſir d'une
ſi veritable & ſi ſenſible.

ne de Joyeuſe l'aiſné de tous, donna un nouvel eſclat à ſa Mai-
par le bonheur qu'il eut de gagner les bonnes graces du Roy
y III. Prince prodigue juſques à fureur envers ſes Favoris, & qui
point de plaiſir plus Royal à ſon gré, mais plus tyrannique &
plus funeſte, que de les régaler du mépris qu'il faiſoit de toutes
monſtrances qu'il recevoit de la diſſipation de ſes Finances, de la
& du deſeſpoir de ſes Peuples. Il ſe plaiſoit à en avoir pluſieurs
nble, & faiſoit ſon divertiſſement de leurs jalouſies, il les aimoit
ns, pourvû qu'ils fuſſent temeraires, ſpirituels, pourvû qu'ils fuſ-
vicieux: enfin il ne leur refuſoit rien, pourvû qu'ils fuſſent ma-
ques & dépenſiers; & pourvû qu'il pût faire un ſignalé dépit à
, qui prétendoient qu'il dût quelque choſe à leur naiſſance ou à
merite. La faveur de celuy-cy fut moins enviée, parce qu'il
t de grande Maiſon, parce qu'il avoit toutes les parties d'un par-

fait Courtiſan, & qu'il eſt
deut qu'à l'amas des biens
avec profuſion. Auſſi peu
haine publique, & qu'il a
ſon Maiſtre n'eut offenſé l
ſi effroyable qu'il fit pour
douze cens mille eſcus:
qui n'a point de nom ſous
res, & partagé en deux p
défaite. Le Roy luy fit e
Reine Loüiſe ſa femme,
créa Duc de Joyeuſe & Pa
deſordre du temps, & d'u.
actes de ſon Conſulat fuſſen
voit pas ignorer que les So
autres hommes ſur le paſſé
cela fut verifié, qu'en fave
les autres Ducs plus anciens
& des Maiſons ſouveraines.
neſtable de France, lors c
nouveauté ſi préjudiciable à
depuis il fut declarer cette
lement donné ſur défaut co
de Joyeuſe en la plenitude
de préſéance par ſemblable

En ce temps-là il y avoi
ceptoient pas du nombre d
tines du Cabinet. Le Docte
& de grand zele, compreno
l'eſtenduë de ſa Miſſion: &
qu'il s'échauffa un jour de
ſçait pas diſſimuler ne ſçai
dire, que cette parole eſtoit
chemin aux Rois & aux Prin
dre vrais Tyrans. C'eſt ſi, ad
Preſcheur autant hardi à P
par cas un jour M. de Joyeu
& magnificence qui ſe fit en ſ
dit: M. Poncet, je ne vous er
ſuis bien-aiſe; car j'ay fort cui
le Peuple en vos Sermons. Il b
avoit parlé de colere. Mais en
le jettes tant pleurer pour les
ces, que le Peuple ſouffre pour
tirer, bien qu'il eut eu grande
le moins du monde, le Peuple

fait Courtifan, & qu'il eſtoit genereux & plus porté à la vraye grandeur qu'à l'amas des biens, qu'il ne recevoit que pour les répandre
avec profuſion. Auſſi peut-on dire qu'il n'auroit eu aucune part à la
haine publique, & qu'il auroit eu moins d'ennemis que de jaloux; ſi
ſon Maiſtre n'eut offenſé les yeux de tous ſes Sujets par cette dépenſe effroyable qu'il fit pour la feſte de ſes nôces; qu'on fit monter à
douze cens mille eſcus : choſe inſupportable en tout temps, mais
qui n'a point de nom ſous un Regne malheureux, ruïné des Guerres, & partagé en deux partis toûjours en armes & preſts à s'entre-
défaire. Le Roy luy eſpouſer Marguerite de Lorraine ſœur de la
Reine Loüiſe ſa femme, l'an 1581. & peu de jours auparavant le
créa Duc de Joyeuſe & Pair de France; avec une condition digne du
deſordre du temps, & d'un Prince qui ne ſe ſoucioit guere que les
actes de ſon Conſulat fuſſent caſſez aprés ſa mort; puis qu'il ne devoit pas ignorer que les Souverains n'ont pas plus de pouvoir que les
autres hommes ſur le paſſé & ſur l'avenir. C'eſt qu'il ordonna, &
cela fut verifié, qu'en faveur de ſon futur Mariage il précederoit tous
les autres Ducs plus anciens d'érection, excepté ceux du ſang Royal
& des Maiſons ſouveraines. Le Duc de Montmorency depuis Conneſtable de France, lors éloigné de la Cour, proteſta contre une
nouveauté ſi préjudiciable à l'ordre des Dignitez de ce Royaume, &
depuis il fit declarer cette prétenſion abuſive, par Arreſt du Parlement donné ſur défaut contre le Duc d'Eſpernon, heritier du Duc
de Joyeuſe en la plenitude de la faveur de Henry III. & en ce droit
de préſéance par ſemblable gratification du Prince.

En ce temps-là il y avoit des Prédicateurs aſſez libres, & qui n'ex-
ceptoient pas du nombre des pechez les Maximes cruelles ou liber-
tines du Cabinet. Le Docteur Poncet entr'autres, homme éloquent
& de grand zele, comprenoit hardiment les Rois & les Grands dans
l'eſtenduë de ſa Miſſion : & le ſieur de Brantoſme rémarque de luy
qu'il s'échauffa un jour de telle ſorte ſur l'axiôme Politique, qui ne
ſçait pas diſſimuler ne ſçait pas regner, qu'il ne craignit point de
dire, *que cette parole eſtoit d'un vray Athéiſte & qui ouvroit le droit
chemin aux Rois & aux Princes pour aller à tous les diables & les rendre vrais Tyrans. C'eſtoit,* adjouſte encore le ſieur de Brantoſme, *le
Preſcheur autant hardy à preſcher qui jamais a entré en Chaire. Et
par cas un jour M. de Joyeuſe, du temps de la grande feſte, dépenſe
& magnificence qui ſe fit en ſes nôces; le rencontrant par la ruë, il luy
dit : M. Poncet, je ne vous avois jamais connu qu'à cette heure, dont j'en
ſuis bien-aiſe; car j'ay fort ouï parler de vous & comme vous faites rire
le Peuple en vos Sermons. Il luy répondit froidement comme l'autre luy
avoit parlé de colere. Monſieur, c'eſt raiſon que je le faſſe rire, puis que
le faites tant pleurer pour les ſubſides & dépenſes grandes de vos belles nôces, que le Peuple ſouffre pour vous. Ce fut à M. de Joyeuſe de ſe retirer, bien qu'il eut eu grande envie de le frapper; mais s'il l'eut touché
le moins du monde, le Peuple, qui eſt mutin pour tels ſujets de leurs*

Prefcheurs libres , car il les aime naturellement tels , s'affembloit , qui eut fait quelque vilain fcandale fur luy & fa fuite ; car il eftoit fort aimé dans Paris.

Voilà une Botte franche qui vaut mieux qu'un Evefché dans l'Hiftoire , & qui apprit au Duc de Joyeufe qu'un Preftre homme de bien, qui rénonce à fa Fortune particuliere & qui prend part à celle du Public , eft un cheval indompté , qui ne s'éblouit de l'éclat de la grandeur que pour en eftre plus furieux , & duquel il faut approcher avec précaution , de crainte qu'il ne ruë. Tout le Monde rit de cette rencontre , & les meilleurs amis du Duc ne l'en plaignirent pas fans le blafmer d'avoir ainfi cherché à fe commettre dans les ruës avec un fimple Ecclefiaftique , luy qui avoit tant de grands Beneficiers à fa difpofition , qui auroient tenu à honneur de fervir à fa raillerie & qui s'en feroient promis quelque profit. Il fit fon pere Marefchal de France , & luy fut Admiral , Gouverneur de Normandie , premier Gentil-homme de la Chambre , & Chevalier des Ordres du Roy , & de plus fon beau-frere , fon Favory , & aimé de luy jufques à ce point d'excés , qu'aprés luy avoir abandonné toute fon autorité , il ne tint pas à luy qu'il n'eut part à tout le refte de fes biens & de fon honneur. Sa generofité le faifoit contenter de titres , & fi on luy donnoit des avis d'intereft , il avoit fi peu accouftumé d'en profiter , que fortant un jour à minuit de la Chambre du Roy , & rencontrant dans l'Antichambre les quatre Secretaires d'Eftat qui l'attendoient depuis long-temps , il accompagna l'excufe qu'il leur en fit d'un prefent de cent mille efcus à partager entr'eux , que le Roy luy venoit de donner. La Ligue eftant formée & prefte à éclater avec d'autant plus de peril pour Henry III. que tous les Grands eftoient ou malcontens ou partagez d'inclination , & le Peuple fi aliené d'affection, qu'il n'en falloit rien efperer dans le befoin d'argent où l'on fe trouva : il alla offrir au Roy tout ce qu'il avoit vaillant tant en deniers qu'en pierreries, dont il eftoit fort curieux , qu'il ne voulut point accepter, mais qu'il ne put refufer fans beaucoup de réconnoiffance.

La magnificence eft la plus belle partie d'un grand Seigneur , mais fi elle n'eft accompagnée d'une fage conduite , elle fait des amis qui fervent moins qu'elle n'eft capable de nuire , par l'envie qu'elle excite dans le cœur d'un Rival. Jean Loüis de Nogaret depuis Duc d'Efpernon , allié du Duc & fon amy , qui partageoit avec luy la faveur du Roy , & qui la vouloit poffeder toute entiere pour s'établir dans une pareille grandeur , fit adroitement cajoller fon courage , pour accepter le commandement de l'armée , que le Roy envoya en Guyenne contre les Huguenots ; pour effacer les foupçons qu'on avoit de fa Religion ; il mordit à l'hameçon , & fes créatures qui le virent réfolu de prendre cet employ , n'uferent pas affez de violence pour l'en détourner , elles flatterent fon ambition , & il quitta la Cour avec une belle fuite de gens bien dorez & bien équipez à la Perfienne, qui fe trouverent aux mains avec un jeune Alexandre , plus Favory de la

Victoire que de la Cour & de la Fortune, & plus rédoutable à la Campagne, qu'il ne leur avoit paru dans les déliberations du Cabinet; où depuis leur départ on ne parla plus qu'avec desavantage de leur conduite & de l'experience de leur General. On l'avertit trop tard des batailles qu'il perdoit tous les jours dans le cœur du Roy, & le prétexte qu'il prit de revenir en poste pour les besoins de son armée, ne servit qu'à luy faire connoistre la faute qu'il avoit faite. On tient que de dépit de ce que son competiteur avoit dit qu'il estoit las de la Guerre, & qu'il n'osoit donner bataille au Roy de Navarre, il s'engagea au party de la Ligue, résolu de se venger, quand il auroit relevé sa réputation par quelque exploit d'importance. C'est ce qui luy fit demander au Roy permission de donner bataille, & ce fut toute la satisfaction qu'il remporta de son voyage, par l'interest qu'eut ce Prince de souhaiter qu'il fit quelque chose, qui justifiât l'estime dont il l'avoit honoré. Ce fut dans l'impatience de ce desespoir, qu'il negligea l'avantage qu'il avoit de tenir le Roy de Navarre enfermé entre deux Rivieres, pour le combattre à Coutras; où il fut défait & blessé, puis tué de sang froid le 20. d'Octobre 1587. Le S. de Brantosme raconte de luy, que voyant que tout estoit perdu, il répondit au S. de S. Luc, qui luy vint demander ce qu'il estoit question de faire, *de mourir aprés cecy, & ne vivre plus* M. de S. Luc. Le Duc d'Espernon plus habile que luy profita de sa dépoüille, & le Roy consomma tous les restes de son amitié pour le mort, dans la Magnificence & la Pompe de ses Funerailles, qui se firent Royalement aux Augustins de Paris; mais la feste fut un peu troublée par le Docteur Roze Evesque de Senlis, qui se servit de l'occasion de son Oraison Funebre pour satisfaire son esprit satyrique, en insultant aux faveurs de la Cour & à la mollesse des Courtisans, comme s'il eut esté plûtost choisi pour assister un patient de la Fortune & pour admonester l'assemblée, que pour loüer un Heros & pour faire valoir le merite d'un sujet, si digne des bonnes graces de son Prince.

Il y a eu deux Maisons de Joyeuse, qui est une villette de Vivarez, appellée dans les vieux titres *Gaudiacum*. La premiere & plus ancienne perit il y a plus de quatre cens ans, & le dernier masle de cette Race que je trouve, est Albert de Joyeuse Chevalier, qui en estoit Conseigneur avec Vierne heritiere de la Branche aisnée, que j'estime avoir esté sa niéce. Cette Vierne espousa Bernard d'Anduse second fils de Bernard S. d'Anduse, de Sauve, &c. Et oncle de Pierre Bermond S. d'Anduse, auquel Raimond Comte de Toulouse son ayeul maternel donna par Lettres du 9. d'Octobre 1219. les Comtez de Gevaudan & de Milhau, avec la mouvance directe du Chasteau de Joyeuse, qu'il appelle *Gaudiosa*, & qu'il dit appartenir alors à Bernard d'Anduse à cause de Vierne sa femme. Cette Vierne estant veuve eut different avec ledit Pierre Bermond pour la Seigneurie d'Aletz, dont son mary s'estoit emparé sur luy, & se soûmit à l'arbitrage d'Arnaud Evesque de Nismes & de Pierre Evesque de Lodeve, Commissaires' déleguez par le Pape , qui les accorderent par Sentence du 8. de Septembre 1223. où elle est nommée comme Tutrice de ses enfans avec Albert de Joyeuse Chevalier leur Curateur. Ces enfans furent Bernard & Hugues d'Anduse morts sans posterité , & qui eurent pour heritiere en la Seigneurie de Portes, venuë du costé des Bermonds d'Anduse, & en celle de Joyeuse, Vierne d'Anduse leur sœur, femme de Randon de Chasteauneuf Chevalier , lequel comme ayant la garde de ses enfans fit hommage l'an 1250. de la Seigneurie des Portes. L'aisné continua le nom & la suite des Seigneurs de Chasteauneuf de Randon , & le second ayant esté partagé de la Terre de Joyeuse, en prit le nom , qui a esté gardé par ses descendans, parmy lesquels il se trouve deux Randons de Joyeuse , dont le dernier fut pere de Loüis Vicomte de Joyeuse : qui par son mariage avec Jeanne Louvet , fille de Jean S. de Mirandole Président de Provence , Conseiller & Chambellan du Roy Charles VII. & son Favory , eut pour beau-frere le bastard d'Orleans, Comte de Dunois. Tanneguy Vicomte de Joyeuse leur fils laissa de Blanche de Tournon sa femme, Guillaume Vicomte de Joyeuse ayeul de Guillaume Mareschal de France, duquel nous avons parlé : Charles Evesque de S. Flour , & Loüis de Joyeuse S. de Botheon Conseiller & Chambellan du Roy Loüis XI. qui procura son premier mariage l'an 1477. avec Jeanne de Bourbon fille de Jean Comte de Vendosme & d'Isabeau de Beauvau. La grandeur de cette alliance fit supposer au Duc de Joyeuse qu'il en estoit issu & cela est porté dans les lettres d'érection du Duché de Joyeuse. La verité est pourtant qu'il n'en sortit qu'un fils & une fille, François de Joyeuse S. de Botheon, pere d'une fille unique Jeanne de Joyeuse femme de François de Montmorin S. de saint Heran , & Anne de Joyeuse femme de Gabriel de Levis S. de Couzan. Jeanne de Bourbon estant morte , ce Loüis réprit une seconde alliance avec Isabeau de Halluin , il acquit la Comté de Grandpré , & de ce second mariage sont issus les Comtes de Grandpré , chefs du nom & armes de Joyeuse , les Seigneurs de S. Lambert , & de Verpel.

DE JACQUES DE CRUSSOL BARON D'ASSIER depuis Duc d'Uzés , Comte de Crussol , Chevalier des Ordres du Roy, Lieutenant General de ses armées en Languedoc.

CE Seigneur s'est rendu trés-celebre en son temps sous les deux Noms qu'il a porté, & dans les deux partis qu'il a suivy. Comme Baron d'Assier & comme Huguenot, il fut l'un des plus considerables Chefs des Religionnaires, & comme Catholique, & comme Duc d'Uzés par la mort sans enfans d'Antoine son frere aisné, il fut General pour le Roy dans le Languedoc. Il est bien mal-aisé d'asseurer s'il y eut plus de zele que d'interest en sa conversion ; car si on examine sa conduite, on en atttribuera la meilleure part à une necessité

fité de bienféance pour profitèr de bonnes graces du Roy Henry III.
& pour fatisfaire à l'ambition qu'il avoit de parvenir au Gouvernement de Languedoc. Mais fi on en juge par le fuccés de fes deffeins, il
y aura d'autant plus de lieu d'en douter, que le Marefchal de Damville, depuis Duc de Montmorency & Conneftable de France, fut
obligé pour fa confervation dans ce Gouvernement de s'accommoder
avec les Huguenots; afin de fe défendre tous enfemble d'un homme,
qui n'entreprenoit leur ruïne que pour fon établiffement particulier.
Auffi n'y trouva-t-il pas fon compte, il en coufta une grande Province au Roy, pour la haine gratuite qu'il portoit au Marefchal, &
cela fervit encore infiniment à la protection du Roy de Navarre;
qu'on peut dire avoir efté le David d'un fiécle dont Henry III. eftoit
le Saül, par les terreurs & par la jaloufie mortelle qu'il avoit conçûë contre un Prince dont il flairoit l'Onction, & en faveur duquel il
fentoit vifiblement que Dieu détachoit de luy toutes les graces de fon
Sacre & toutes les vertus de la Royauté.

Cette révolution imprévûë de la part de ces deux Grands hommes, le Marefchal & le Duc, fit connoiftre à bien des gens que la
Religion n'eftoit qu'un prétexte de part & d'autre, dont on eftoit obligé de fe fervir, pour eftre appuyé contre l'inconftance des faveurs de
la Cour ou contre les entreprifes de fes ennemis; car tout eftoit fi broüillé, que non feulement le Roy, la Reine fa Mere & les Princes du fang,
mais encore chaque Maifon puiffante avoit des deffeins & des maximes tous differens, foit pour fe maintenir, ou pour s'aggrandir. Tout
le monde prévoyoit la ruïne de l'Eftat, & chacun des Grands ayant
la vûë fur quelque piece de ce futur naufrage, le Duc d'Uzés comme
le plus grand terrien & le premier en dignité de tout le Languedoc,
s'y vouloit eftablir fous un titre plus fpecieux en apparence, mais en
effet moins heureux, que ne luy fut celuy de Chef des Huguenots;
parce qu'il ne trouva pas la mefme chaleur dans les efprits des Catholiques de la Province, prefque tous défabufez, & d'ailleurs partagez d'inclination entre luy & le Marefchal de Damville, qui donna
à ceux de fon party le nom de Politiques, qui fouffroit communion
d'interefts entre ceux de l'une & l'autre Religion, & qui avoit pour
fondement la protection du Pays contre le mauvais Gouvernement. Ainfi le Duc d'Uzés, quoy que Catholique & foûtenu de l'autorité du
Roy, & quoy que plus grand en dignité, fe trouva neantmoins plus
foible que lors qu'il n'eftoit que Baron d'Affier, & qu'en cette qualité & de Chef des Huguenots il eut le crédit de mettre fur pied l'an
1568. plus de vingt-mille hommes de la meilleure milice du Royaume, avec lefquels on peut dire qu'il réleva fon party qu'on croyoit
terraffé, & mit les affaires de France en plus grand danger que jamais,
dans un temps où l'on demandoit par raillerie s'il y avoit encore des
Huguenots hors de la Rochelle.

Le S. de Brantofme parlant de ce fecours fi important à la réputation du party Huguenot, donne au S. d'Affier l'éloge de fage, avifé

& vaillant Capitaine , & témoigne luy avoir ouï dire , *qu'il avoit avec luy* 22000. *hommes de pied de nombre fait & bien compté ; si bien que M. le Prince & M. l'Admiral les ayans joints , & s'avançans pour avoir leur revenche de la défaite des Provençaux* [de Mouvans & Pierre-gourde] *& pour combattre M. de Montpensier qui de son costé estoit très-foible & s'avançoit pour se joindre à M. frere du Roy nostre General & se mettre entr'eux deux & les garder de se joindre : ainsi qu'ils marchoient un jour en bataille & pensoient combatre , M. l'Admiral & M. d'Andelot demanderent à M. d'Assier quelques enfans perdus pour les jetter au-devant loin des batailles , ainsi qu'est la coustume. M. l'Admiral & M. d'Andelot se donnerent là garde qu'ils virent* 4000. *Arquebusiers sortir hors des rangs , tous Morions gravez & dorez en teste , avec beaux Fournimens & Arquebuses de Milan & tous hommes de bonne façon , de gentille taille , & dispos, qu'il n'y avoit rien à redire en eux pour faire leurs charges , & avec cela conduits par de très-bons Capitaines. Qui furent ébahis , ce furent M. l'Admiral & M. d'Andelot ; car ils pensoient au plus ne voir que mille à* 1200. *Arquebusiers, comme d'autresfois ils s'estoient vûs , & loüerent fort cette bande & se plurent fort à la voir, croyans qu'elle feroit un grand effet. Le Capitaine Moneins m'en fit le compte quelque temps après. Pour ce coup ils ne les mirent point en besogne , mais ils montrerent à l'Escarmouche de Jazenueil ce qu'ils sçavoient faire.*

· Ils se trouve une particularité très-singuliere & rémarquable en la Maison de Crussol , dont on peut citer peu d'exemples dans les autres Races de mesme condition pour l'Antiquité & pour la Noblesse. C'est que depuis l'an 1100. que j'en puis donner la suite, qui contient 18. degrez de generation, quoy qu'elle ait esté fort féconde en Masles, on ne découvre point qu'elle ait fait de Branches. C'est pourquoy cet illustre Nom fut en danger de perir en la personne si souvent exposée de ce Seigneur d'Assier depuis Duc d'Uzés , le troisiéme de six freres dont il n'y en eut qu'un qui laissa une fille morte sans alliance. Il récueillit toute la succession des Maisons de Crussol , de Galiot Genoüillac & de la Branche aisnée de Levis, & de cinq enfans qui nasquirent de son mariage avec Françoise de Clermont fille d'Antoine Vicomte de Tallard , &c. & de Françoise de Poitiers-saint-Vallier , niéce de Loüise de Clermont premiere femme d'Antoine de Crussol premier Duc d'Uzés son frere aisné, il n'y eut qu'un fils, Emanuèl Comte de Crussol, Duc d'Uzés, Prince d'Assier, Baron de Levis , de Florensac , &c. Pair de France, Chevalier d'honneur de la Reine & Commandeur des Ordres du Roy. Il mourut l'an 1657. & a laissé grand nombre d'enfans des deux alliances par luy contractées avec Claude d'Ebrard heritiere de saint Sulpice , & Marguerite de Flageac doüairiere d'Apcher. François Comte de Crussol à present Duc d'Uzés son fils aisné, a espousé N.... d'Apcher fille de Christophle Comte d'Apcher & de ladite Marguerite de Flageac.

· Le premier surnom de la Maison de Crussol est Bastet, qui est un

nom propre derivé en surnom par le merite d'un ancien Chevalier
nommé Baſtet S. de Cruſſol, en memoire duquel tous les maſles de
cette Famille s'appellerent long-temps Baſtet; mais les filles furent
toûjours ſurnommées de Cruſſol, à cauſe de cette Terre, l'une des
premieres Baronies du Vivarez, hereditairement poſſedée par les Baſ-
tets de temps immemorial. On voit par leurs Titres & par leurs
Séaux, qu'ils prenoient qualité de Chevaliers & qu'ils ſeelloient à
cheval armez de toutes pieces & l'eſpée à la main, & c'eſt la derniere marque de Nobleſſe & de grandeur qu'on peut deſirer en une
Race illuſtre. Que ſi on y demande encore les grands biens & les
alliances & les Dignitez, je me contenteray de rémarquer, pour
ne point donner icy une Genealogie entiere, que Roger d'Anduſe
Seigneur de la Voute épouſa Audis de Cruſſol avant l'an 1260. Il
eſtoit ſecond fils de Pierre Bermond S. d'Anduſe, de Sauve & d'A-
letz & de Joſſerande de Valentinois, & petit fils de Pierre Bermond
S. d'Anduſe, &c. & de Conſtance fille de Raimond Comte de Toulouſe, laquelle non ſeulement n'eut pas l'honneur d'eſtre petite fille
du Roy Loüis le Gros par Conſtance de France ſon ayeule paternelle, mais elle-meſme fut Reine par ſon premier Mariage avec Sanche
VIII. Roy de Navarre. Cette Audis de Cruſſol eſtoit fille de Giraut
Baſtet Chevalier ſire de Cruſſol, qui luy donna en dot 22000. ſols
Viennois, & par ſon teſtament de l'an 1264. luy legua de plus onze cens livres Viennoiſes avec ce qu'il avoit à Loriol & à Livron,
& l'an 1278. Guionet Baſtet Chanoine de Valence & Abbé de S.
Felix, quitta à cette Dame Audis ſa ſœur le droit qu'il pouvoit avoir
ſur ces deux Terres. Loüis ſire de Cruſſol & de Beaudiſner, deſcendu du meſme Giraut, merita les bonnes graces de Loüis XI. qui luy fit
eſpouſer Jeanne de Levis fille & heritiere de Philippe S. de Levis &
de Florenſac, & d'Iſabelle de Poitiers, il fut Conſeiller & Chambellan du Roy, Grand Panetier de France & Seneſchal de Poitou,
& fut pere de Jacques & de Loüiſe de Cruſſol, mariée l'an 1478.
avec François Seigneur & depuis Comte de la Rochefoucaut, Prince
de Marſillac, &c. & de leur alliance ſont iſſus les Ducs de la Rochefoucaut & les Comtes de Roucy. Jacques ſire de Cruſſol, de Levis & de Florenſac, écartela ſes armes, par ſubſtitution, de celles
de Levis, fut comme ſon pere grand Panetier de France, & eut
comme luy le bonheur d'épouſer une trés-riche heritiere, Simonne
d'Uzés fille de Jean Vicomte d'Uzés, & de Jeanne de Brancas: &
c'eſt la raiſon de l'éſcu d'Uzés poſé ſur le tout de ſes armes par
Charles Vicomte d'Uzés leur fils aiſné Seigneur de Cruſſol, de
Levis & de Florenſac, Conſeiller & Chambellan du Roy & grand
Panetier de France. Celuy-cy obtint en mariage Jeanne Galiote dite de Genoüillac, fille unique du rénommé Jacques Galiot S. d'Aſ-
fier grand Eſcuyer & grand Maiſtre de l'Artillerie de France, Chevalier de l'Ordre du Roy, qui ordonna que les deſcendans de ſa fille, Seigneurs d'Aſſier, conſerveroient en ſa memoire les armes de

Galiot & de Genoüillac, que Jacques de Cruſſol premierement S.
d'Aſſier & depuis Duc d'Uzés, qui a donné ſujet à ce diſcours, ſecond fils de cette Jeanne Galiote, contr'eſcartela au 2. & 3. quartier de ſon eſcu. Ainſi les Ducs d'Uzés portent en leurs armes par
obligation, tout ce que la vanité qui regne aujourd'huy pouroit faire inventer de beaux & d'illuſtres quartiers, & on y voit par meſme
moyen un abregé de leur genealogie depuis deux cens ans. Jacques
Duc d'Uzés Baron d'Aſſier mourut au mois de Septembre 1584.

LE PRINCE DE CONDE' MARCHE D'ORLEANS
vers Paris. Pourparlers de Paix entre la Reine & luy.

LE ſieur d'Andelot ayant amené un grand ſecours d'Allemagne,
les Huguenots qui attendoient le ſiege dans Orleans, crurent
eſtre obligez de faire quelque grande entrepriſe qui relevât la réputation de leur party : & comme il n'y avoit rien qui put donner une
plus grande marque de leur puiſſance, ils réſolurent, pour le bruit
ſeulement, de faire mine de venir attaquer Paris. La Reine pour le
meſme intereſt d'honneur & de réputation voulut rompre ce coup,
en attachant une Negociation, pendant laquelle cette grande armée pût perdre ſon premier feu, & incommoder ceux qui l'avoient
fait venir. C'eſt le jeu accoûtumé des Miniſtres des Princes contre
les partis d'Eſtats ; ils pouſſent tout à bout, quand ils ſont les plus
forts, & quand ils ſe ſentent foibles, ils parlent de Paix & trouvent eſtrange qu'on n'y veuille pas entendre, quand on auroit tout
ſujet de ſe défier de leur ſincerité. Le reſpect qu'on porte naturellement au caractere Royal, l'emporte toûjours ſi bien ſur la raiſon
de la Politique, que cela ne ſe refuſe point, & principalement en
France par un Prince du ſang ; parce que c'eſt toûjours plûtoſt par
mécontentement que par un pur eſprit de révolte que nos Princes
prennent les armes. Cela eſt ſi vray, que nous n'avons point d'exemple dans noſtre Hiſtoire qu'un ſeul d'entr'eux ait entrepris ſur la Couronne, ny uſurpé la qualité de Roy comme ceux des autres Royaumes, & quand nous avons eu des Rois fainéans, comme il eſt arrivé
dans le declin des deux premieres Maiſons Royales, ils n'ont eſté
dépoſſedez que par les Maires du Palais & les Ducs de France leurs
Sujets & non pas leurs parens. Si on oppoſe à cecy le Charles X.
des Ligueurs, c'eſt aſſez de dire, que c'eſtoit un jeu d'Ebroin, & que
c'eſtoit pour commencer la tranſlation de la Royauté, & pour in-
terrompre ce droit de ſucceſſion par un prétexte, qui s'élargiroit enfin
& qu'on étendroit aprés la mort du Cardinal de Bourbon, qui ne
regneroit que de nom, en faveur de celuy qui auroit plus de puiſſance dans l'Eſtat, & qu'on tiendroit plus capable de le rétablir par la
meſme raiſon qu'il auroit eſté capable de le détruire.

La Reine Catherine choiſit pour cette negociation Artus de Coſſé
S. de Gonnor, Chevalier de l'Ordre du Roy, Surintendant des Fi-

nances & depuis Marefchal de France fous le nom de Coffé , qui
eftoit un Seigneur fort accort, grand Guifard en apparence pour lors,
mais qui n'eftoit pas défagréable au Prince de Condé & à l'Admiral,
defquels il eftoit Coufin à caufe de Charlotte Gouffier fa mere, fille
de Guillaume S. de Boify , & de Philippe de Montmorency. Il eut
ordre de ménager une Conférence, & il en efcrivit d'abord à l'Admiral, qui eftoit l'ame des confeils de fon party , & fans lequel il ne
falloit rien efperer du Prince qu'il gouvernoit. Il tafcha de l'émouvoir à quelque pitié pour fa Patrie , & reçût de luy cette réponfe à
la lettre qu'il luy en efcrivit.

MONSIEUR mon Coufin , j'ay reçû la lettre que m'avez efcrité
de Paris par ce Porteur, & ne doute point que vous n'ayez un
grand regret de voir tant de troubles , pilleries , & defordres generalement par toute la France : comme ont toutes perfonnes d'honneur & de
vertu & ayans pareil zéle au bien des affaires du Roy que vous avez. Je
croy auffi que vous eftimez bien que de ma part j'en porte un trés-grand
déplaifir ; que je vous puis affeurer Monfr. mon Coufin, eftre tel , que
s'il n'y alloit que de moy & de mon intereft particulier ; je voudrois avec
la perte de mes biens & de ma vie avoir racheté tels inconveniens. Vous
fçavez que nous n'avons jamais réjetté aucuns bons moyens d'accord, &
M. le Prince de Condé , auquel j'ay prefenté vos trés-humbles récommendations , y a toûjours entendu & en a propofé dés le commencement de ces
troubles , fe foufmettant à toutes raifonnables conditions, fans vouloir avoir
un feul avantage contre ceux qui ont d'eux-mefmes les premiers pris les
armes offenfives. De ma part je n'ay rien en plus grande affection que de
voir qu'il foit pourvû à tant de maux de remede prompt & convenable :
& n'avez plus grand defir de me voir que j'ay d'en pouvoir communiquer
avec vous ; de forte que, d'autant que je ne puis partir d'icy , fi vous
avez à mettre quelque chofe en avant de la part de la Reine pour un fi
bon effet, ou jugiez qu'il y ait apparence, & que vous ayez volonté de
venir en ce lieu, vous y ferez le trés-bien venu & reçû : dequoy cette
lettre vous fervira avec la parole dudit Seigneur le Prince de toute feureté ; à laquelle je feray fin en me récommendant bien affectueufement à
voftre bonne grace. Priant Dieu vous donner , M. mon Coufin, en fanté,
bonne & longue vie. D'Orleans ce 28. jour d'Octobre 1562. Voftre bien-
affectionné Parent & amy, CHASTILLON.

Sur cette affeurance de la part de l'Admiral, d'eftre le bien-venu,
le Sieur de Gonnor informé des intentions de la Reine, fe mit en chemin pour Orleans, & allant à Eftampes il demanda feureté de la part
du Prince & de l'Admiral, avec un lieu d'affignation pour conférer :
mais comme ils fe défioient que fon deffein n'eftoit que de les amufer , ils ne voulurent point perdre un jour de temps pour l'employ
de leur fecours, qui les joignit à Orleans le jour mefme de la lettre
dudit S. de Gonnor : & trois jours aprés en fortant de la ville ils luy
firent les deux réponfes fuivantes. H 3

MONSIEUR *de Gonnor, parce que mon Oncle M. l'Admiral m'a fait entendre que vous efliez preft de partir de Paris, afin de le venir trouver & communiquer vous deux enfemble, fuivant ce qu'auparavant luy aviez efcrit, mais que vous defiriez avoir une feureté de moy, laquelle vous attendriez à Eftampes : j'ay à cette caufe bien voulu vous envoyer la prefente par ce Porteur ; laquelle vous fervira de toute feureté pour voftre voyage, tant pour l'aller & rétour, que pour le féjour que vous ferez en noftre camp avec 25. ou 30. Chevaux de voftre train & fuite : & fur ce prie Dieu vous tenir, Monfieur de Gonnor, en fa trés-fainte & digne garde. D'Orleans ce 8. Novembre 1562. Voftre bien bon Coufin & meilleur amy,* LOÜIS DE BOURBON.

MONSIEUR MON COUSIN, *j'ay vû par la lettre que m'avez efcrite du 5. de ce mois, que vous efliez fur le point de partir de Paris pour venir à Eftampes, afin que nous nous puiffions voir & communiquer enfemble, fuivant ce que m'avez fait entendre par voftre précedente : & que là vous attendriez que M. le Prince vous eut envoyé une feureté pour voftre aller & rétour, laquelle il vous envoye prefentement. Mais quant à vous mander le lieu où vous nous viendrez trouver, c'eft chofe que je ne vous puis dire au vray, ny vous en faire entendre autre chofe pour le prefent, que ce que vous en dira ce Porteur ; lequel vous conduira la part que nous ferons. Je vous diray derechef que vous ferez le bien-venu & reçû. Cependant je prieray Dieu vous donner, Monfieur mon Coufin, en fanté, bonne & longue vie, après m'eftre affectueufement récommendé à voftre bonne grace. D'Orleans ce 8. Novembre 1562. Voftre entierement bon Coufin & bien affectionné amy,* CHASTILLON.

Le Prince alla droit à Pithiviers, qui fe voulut défendre, & qui fut d'autant plus mal-traité, que ce fut la premiere curée qu'il fallut donner aux Éftrangers. Ce fut en cette ville que le vint trouver le S. de Gonnor, lequel n'ayant que des Rémonftrances à luy faire en fon particulier, fur l'intereft qu'il avoit à la confervation du Royaume, fans parler d'aucun moyen d'accommodement pour tout le party auquel il s'eftoit joint, & qu'il ne pouvoit plus quitter fans fe mettre à la difcretion de la Reine & de ceux qu'il tenoit pour fes ennemis : il n'en fut que plus animé, & le renvoyant pourfuivit fon chemin droit à Paris. Cette premiere tentative n'eftoit que pour réconnoiftre l'efprit & les deffeins du Prince & pour agir avec luy felon l'affiette où l'on le trouveroit ; mais fur ces entre-faites le Roy de Navarre fon frere eftant mort, comme les Huguenots flattoient fon ambition du droit qu'il avoit au Gouvernement du Royaume, avec proteftation d'en faire le principal de tous leurs interefts : la Reine feignit auffi de fon cofté de l'avoir en plus grande confideration, & elle le luy témoigna par une feconde dépefche du S. de Gonnor, qui rémit à une Conférence qu'il demanda entre la Reine & luy, les affeurances qu'il devoit prendre en l'amitié & en l'eftime d'une Princeffe fi bien intentionnée pour le repos de l'Eſtat , & pour ſon rétabliſſement en la place qu'il devoit tenir à la Cour. Toutes ces allées & venuës eſtoient fort ſuſpectes aux Religionnaires , & le Prince de ſa part eſtoit fort embaraſſé ſur le nouvel eſtat des affaires , à cauſe de la mort du Roy de Navarre & des eſperances qu'on luy donnoit, quoy qu'en meſme temps on déſeſperât l'Admiral par l'Arreſt de mort prononcé contre luy & contre le S. d'Andelot ſon frere. C'eſtoit un incident procuré à deſſein d'empeſcher la Paix , par le Duc de Guiſe qui n'en vouloit point , & qui s'attendoit bien que l'Admiral s'y oppoſeroit directe-ment de ſon coſté, comme il feroit du ſien. En effet il y eut pluſieurs entrevûës aſſez amplement déduites dans les Hiſtoires , où en appa-rence la Reine & le Prince furent aſſez diſpoſez à la Paix, juſques-là qu'on la crut faite , quand on la rompit ſur des difficultez de part & d'autre , au meſme temps qu'arriverent les troupes d'Eſpagne , où on ne nous refuſoit jamais de ſecours , de crainte que nous ne nous miſſions d'accord.

Tous ces pourparlers ralentirent la premiere ardeur des Huguenots, & rémirent le cœur aux Pariſiens , qui s'eſtoient attendus du moins au pillage de leurs Faux-bourgs , pour eſtre ouverts de tous coſtez. Les maximes de la Guerre demandoient cet exploit pour la réputation des armes des Huguenots, mais outre que le Prince n'aimoit point le carnage , & qu'il craignoit d'eſtre mal-ſervy d'un Soldat gorgé de butin , il eſtoit bien-aiſe que cette marque de ſa generoſité fut de quelque merite dans le Traité qu'on negocioit. Il donna cela à la conſideration de la Reine , encore qu'elle ne crut pas depuis luy en eſtre obligée , & c'eſt auſſi la coûtume de perdre toutes les graces qu'on fait dans un party revolté, duquel on en extorque tout ce qu'on peut , & contre lequel meſme on les retorque comme accordées par un reſpect forcé. On en fait meſme valoir les conſequences par des ſoûpçons quelquefois aſſez juſtes contre le Chef de Party, qu'on croit eſtre en droit de pouvoir tromper, & meſme de le perdre par toutes ſortes de moyens. Les Miniſtres ne taſchoient qu'à porter le Prince à des excés qui le rendiſſent irréconciliable , & neantmoins ſa gene-roſité ſe démeſloit toûjours fort bien de la fureur de leurs conſeils , par l'autorité qu'il ſe conſerva dans l'armée , n'y ſouffrant aucun des deſordres que la Guerre permet, comme de piller & de brûler : & Popeliniere en donne des témoignages dans le récit de ſa rétraite d'au-prés de Paris, où il épargna tous les lieux de ſa marche & les Chaſ-teaux & les meubles de ſes ennemis , & fit bonne juſtice des Soldats qui pecherent contre ſes ordres. Cela eſt d'autant plus loüable qu'il eſtoit fort animé d'avoir eſté amuſé & on peut dire encore abuſé de l'eſperance d'un traité , & qu'il eſtoit ſuivy de l'armée du Roy, qui pouvoit profiter de ce qu'il laiſſoit en ſon chemin.

Le ſieur de Brantoſme raconte fort particulierement la premiere eſcarmouche, qui ſe fit à l'arrivée de ſon armée auprés de Paris , & j'en donneray icy le récit pour ſuppléer à l'Hiſtoire. ,, Monſieur de

...igues eſtant fait Colonel à Roüen, car nous avions déja pris
...lace, le Roy & ſon armée vinrent à Paris, que M. le Prince
...t accueilly ſes Reiſtres vint aſſiéger : & pour leur bien-venuë
...ent dreſſer une trés-belle eſcarmouche ; tant de pied que de
...al ſur nos gens, qui les reçurent de meſme. Il eſt bien vray
...y eut quelques Gendarmes des noſtres qui firent trés-mal &
...ent la fuite fort vilainement, ſurquoy M. de Guiſe arriva, qui
...ra le tout, & ſans ſa venuë il y eut eu grand deſordre. Il eſtoit
...té ſur ſon Moret, un Genet d'Eſpagne des meilleurs du mon-
...qui avec quelques cinquante Gentils-hommes donna, & arreſ-
...r le cul la furie des forces de l'ennemy, conduites par M. de
...lis trés-brave & haſardeux, & les Gendarmes fuyards : criant
...deux fois fort haut, Ah ! Gendarmes de France prenez la que-
...ille & laiſſez la Lance. Tout le monde diſoit que ſans la pre-
...e de M. de Guiſe & que nous le voyons bien à l'œuil, que l'en-
...y alloit fondre vers S. Victor ou vers S. Germain, & de fait
...y fuſſent fondus dés le commencement, ils euſſent fait un grand
...ec. Ils y fuſſent encore entrez fort aiſément, & infailliblement
...ſſent fait du ravage, car leſdits Faux-bourgs n'eſtoient encore
...anchez, & n'y avoit que ceux de S. Marcel, S. Jacques & S.
...hel ; où il fit trés-beau voir en bataille nos Suiſſes con-
...s par le bon-homme Colonel Surly, enſemble noſtre Infanterie
...açoiſe menée par leur Colonel M. de Martigues [*Sebaſtien de*
...*embourg*] qui ce jour fit trés-bien & ordonna ſon Infanterie
...la ſçût trés-bien & ſagement départir où il falloit. Et ne faut
...ter que l'amuſement ſervir beaucoup, que leur fit noſtre Infante-
...par leurs eſcarmouches & par un Moulin à vent fait de pierres,
...eſt à la porte de S. Jacques, où M. de Martigues avoit mis une
...taine d'Arquebuſiers, qui firent rage & arreſterent ceux de M.
...Grammont, qui venoit droit à nos tranchées la teſte baiſſée ;
...is ils trouverent-là à qui parler. J'ouïs M. de Guiſe louer fort le ſoir
...de Martigues d'avoir trés-bien fait ce jour-là, & qu'il penſoit
...il fut plus vaillant & haſardeux, que ſage & prévoyant Colonel,
...is qu'il eſtoit les deux, & qu'un jour il ſeroit trés-bon Capitaine.
...a venant à Paris, les Huguenots attaquerent Corbeil, qu'ils ne
...nt prendre par la reſiſtance du Colonel Cauſſeins, qui fut ſe-
...u par le Mareſchal de S. André : & c'eſt ce qui a donné lieu au
...erbe, *ne prenez pas Paris pour Corbeil* ; pour le peu d'apparen-
...qu'il y avoit que ceux, qui n'avoient pû forcer une villette de
...npagne, puſſent entreprendre avec ſuccés une grande ville com-
...Paris.

CHA-

CHAPITR

De la Nourr

CE n'eſt pas ſans raiſo...
Nourrices parmy les P...
& qu'ils leur donnent les b...
point d'égard à leur condit...
ſi-toſt pris l'air de la Cour...
il n'y a que *les entrées qui...
veté Payſanne & Bourgeoiſe...
prit qu'elles y portent & par...
geant de petites affaires, ell...
Il en eſt de meſme des Maiſt...
condition, telles que Marie T...
point à adreſſe ny en ambi...
lentinois, & qui tint ſi bien...
tifices de la Reine Catherine...
parleray plus amplement ail...
de laquelle parle le S. de Ca...
accorte, & à laquelle il vi...
en fourniſſoit pour toutes le...
à vooluir juger des *deux R*...
opinion, où elle perſiſta co...
fit juſques après la S. Barth...
ſe conſerver ſes bonnes grace...
tofme, qui dit encore que c...
me. Nous avons bien eu de...
eſté faites par des Nourrices...
deration.

Au reſte il eſt aiſé à voir...
ce Chapitre du dépit de la...
Conneſtable & du Duc de G...
la guerre qui occupoit deux...
ment, du moins craignoit-el...
rité de l'autre. En tout cas e...
dre à ſes Ordres du mauvai...
neraux qui connoiſſoient ſon...
der de leur chef ſans ſa partic...
rents d'un évenement de ſi gr...

※※

CHAPITRE QUATRIÈME.

De la Nourrice du Roy Charles IX.

CE n'eſt pas ſans raiſon que les Anciens Poëtes ont mêlé des Nourrices parmy les Principaux perſonnages de leurs Tragedies & qu'ils leur donnent les beaux ſentimens ; car encore qu'on n'ait point d'égard à leur condition dans le choix qu'on en fait, elles ont ſi-toſt pris l'air de la Cour, qui n'eſt qu'une routine d'intereſt, dont il n'y a que les entrées qui ſoyent difficiles & faſcheuſes, & leur naï-veté Payſanne & Bourgeoiſe y eſt ſi-toſt raffinée par la liberté d'eſ-prit qu'elles y portent & par celle qu'elles y trouvent, qu'en ména-geant de petites affaires, elles ſe rendent capables des plus grandes. Il en eſt de meſme des Maiſtreſſes de nos Rois, qui ont eſté de baſſe condition, telles que Marie Touchet ſous Charles IX. qui ne le ceda point en adreſſe ny en ambition aux Ducheſſes d'Eſtampes & de Va-lentinois, & qui tint ſi bien ſon rang, que toute la gloire & les ar-tifices de la Reine Catherine ne défaiſoient point ſa contenance, j'en parleray plus amplement ailleurs. Cette Nourrice icy du meſme Roy, de laquelle parle le S. de Caſtelnau, eſtoit une femme de village fort accorte, & à laquelle il vint tant d'eſprit, qu'on fut eſtonné qu'elle en fourniſſoit pour toutes les affaires. Elle porta ſa curioſité juſques à vouloir juger des deux Religions, & ſe laiſſa aller à la nouvelle opinion, où elle perſiſta contre toutes les inſtances que le Roy luy fit juſques aprés la S. Barthelemy, qu'elle fit mine de l'abjurer pour ſe conſerver ſes bonnes graces, comme témoigne le ſieur de Bran-toſme, qui dit encore que c'eſtoit une trés-ſage & honneſte fem-me. Nous avons bien eu des grandes Maiſons en France, qui ont eſté faites par des Nourrices, dont je ne parleray point par conſi-deration.

Au reſte il eſt aiſé à voir, par ce que le ſieur de Caſtelnau dit en ce Chapitre du dépit de la Reine touchant ſon voyage de la part du Conneſtable & du Duc de Guiſe, que ſi elle n'eſtoit point faſchée de la guerre qui occupoit deux partis, dont elle ſe défioit preſqu'égale-ment, du moins craignoit-elle que la défaite de l'un n'accreut l'auto-rité de l'autre. En tout cas elle ne vouloit pas qu'on s'en pût pren-dre à ſes Ordres du mauvais ſuccés de cette bataille, & les Ge-neraux qui connoiſſoient ſon eſprit, n'avoient garde de rien haſar-der de leur chef ſans ſa participation ; pour ne point demeurer ga-rents d'un évenement de ſi grande importance.

CHAPITRE CINQUIÉME.

De la Bataille de Dreux.

ENFIN la bataille se donna auprés de Dreux , & comme elle est amplement & exactement écrite par le S. de Castelnau qui y combattit , & par Popeliniere & les autres Historiens , je me contenteray d'y adjoûter quelques Memoires manuscrits : & je commenceray par les lettres de la Reine Catherine , qui fut ravie de ce que la chose réüssit selon ses vœux , par la mort du Mareschal de S. André qu'elle haïssoit fort , & par la prise du Prince de Condé qu'elle ne fut pas faschée de voir balancée par celle du Connestable. C'estoit un sujet de Negociation pour la pacification des troubles, & c'estoit aussi à quoy elle se plaisoit davantage : outre qu'elle se voyoit arbitre de la liberté de deux personnes de la premiere consideration ; qu'elle esperoit de s'acquerir entierement , & cependant tenir dans le respect le Duc de Guise , & l'obliger à bien user du crédit que luy valut cette victoire. C'est ainsi qu'elle en escrivit trois jours aprés à Bernardin Bochetel Evesque de Rennes , Ambassadeur de France en Allemagne.

MONSIEUR DE RENNES, *par la dépesche que je vous ay faite dernierement, je vous ay bien fait connoistre qu'il y avoit plus de particuliere passion & ambition en l'esprit de ceux qui possedoient mon Cousin le Prince de Condé , que de zele de Religion. Ce qui s'est assez démontré par leurs continuelles actions, & encore plus par l'introduction qu'ils ont faite des Anglois dedans ce Royaume : & dernierement qu'ils s'estoient approchez de Paris & que je m'estois abouché avec eux pour le bien de la Paix, par la rupture qu'ils firent de nostre négociation, aprés leur avoir accordé le fait de la Religion, suivant le contenu en l'escrit que je vous en ay envoyé avec madite derniere dépesche ; dont ils avoient declaré se contenter, & davantage tellement accommodé leur particulier, que s'ils n'eussent esté meus d'autre intention que du desir de ladite Religion, il ne restoit plus rien qui nous put empescher de venir à une generale pacification de toutes choses. Qui a toûjours esté le but où j'ay tendu depuis le commencement de nos troubles, & ce à quoy je travaille continuellement.*

. Or Dieu qui est juste Juge de toutes nos intentions , & qui ne veut point que nous couvrions nos mauvaises entreprises du manteau de Religion , a permis que s'estant mondit Cousin retiré d'auprés de Paris avec son armée , & acheminé sur le chemin de la Normandie , en déliberation de s'aller joindre avec les Anglois & s'estans mis à le suivre mes Cousins les Duc de Guise & de Montmorency Connestable de France & le feu Mareschal de S. André , avec toutes nos forces : les deux armées sont venües à s'entre-réconnoistre & rencontrer Samedy dernier 19. de ce

mois, en une fort belle & grande plaine prés d'un village nommé Nui-zeman, diſtant d'une lieuë de Dreux. Où du commencement quelques Nui-Chevaux François, & à leur queuë deux groſſes troupes de Piſtoliers fi-rent une ſi furieuſe & lourde charge à la Cavalerie de la bataille de noſtre-dite armée, que conduiſit mondit Couſin le Conneſtable, qu'elle l'enfonça, & y fut mondit Couſin le Conneſtable porté par terre & pris priſonnier par le S. de Buſſy. Et de-là donnerent dedans le Bataillon de nos Suiſ-ſes, qui eſtoient 22. Enſeignes; qu'ils entamerent bien-avant : & toute-fois leſdits Suiſſes faiſans ce que les meilleurs Gens de Guerre ſçauroient faire, ſe rallierent juſques à la troiſiéme fois.

Ceux qui ſe ſauverent de cette charge, tant Gens de cheval que de pied, firent tellement courir le bruit de la bataille perduë pour nous, que j'en demeuray prés de 24. heures en un exrême ennuy & faſcherie, & juſques à ce que le S. de Loſſes arriva par-devers moy, qui fut hier ſur les neuf heures du matin; pour m'avertir que mondit Couſin le Duc de Guiſe, qui eſtoit à la teſte de l'Avant-garde, voyant que la bataille de noſtre armée déclinoit, en danger de s'en aller rompuë, fit tel devoir avec les Gens de bien dont il eſtoit accompagné, de charger le demeurant des Reiſtres & Gens de cheval de nos ennemis, qui marchoient pour venir au combat aprés les autres, qu'il les emporta : & de-là donna dedans leurs Gens de pied François & Lanskenets, qu'il mit en tel deſordre, que nos Gens de pied n'eurent peine que d'en executer la victoire. Et aprés cela alla encore ſi furieuſement charger les autres troupes de Cavalerie, qu'il les mit toutes à vauderoute, gagna leur Artillerie, ſe fit maiſtre du Camp, & prit priſonnier mondit Couſin le Prince de Condé. L'on tient que l'Admi-ral de Chaſtillon, d'Andelot ſon frere, & la Rochefoucaut, ſe ſont ſauvez, & qu'ils ont emmené quant & eux à Orleans mondit Couſin le Conneſtable, avec quelques reliques de Gens de cheval qui ne peuvent eſtre grand nom-bre, car il ſe réconnoiſt de 6. à 7000. hommes morts, tant au lieu du combat, que ſur les chemins, par leſquels a eſté pourſuivie la victoire.

Et comme telles choſes ne ſe peuvent executer ſans perte de beaucoup de Gens de bien, & ordinairement des meilleurs Capitaines, nous y avons perdu à mon grand regret le Mareſchal de S. André, Montbron qui eſt le quatriéme enfant de mondit Couſin le Conneſtable, les ſieurs de la Broſſe, de Beauvais, & de Givry Chevaliers de l'Ordre, le S. des Bordes ne-veu du S. de Bourdillon, & quelques autres Enſeignes & Guidons de Com-pagnies de Gendarmerie, & onze Capitaines des Suiſſes. Mon Couſin le Duc de Nevers y a eſté bleſſé d'un coup de Piſtolet dedans la cuiſſe, dont l'on craint l'évenement. Mondit Couſin le Duc de Guiſe, & mes Couſins les Ducs d'Aumale & Grand Prieur, qui ont fait en cette bataille ce que les plus vaillans Capitaines ſçauroient faire en ce monde, ſont demeurez ſains & ſauves, & tous les autres Chevaliers de l'Ordre & Capitaines de Gendarmerie; dont nous avons grande occaſion de loüer Dieu, pour s'eſtre une ſi cruelle bataille paſſée avec perte de ſi peu d'hommes principaux.

Vous ferez part, M. de Rennes, de cette nouvelle à l'Empereur Mon-ſieur mon bon frere, & au Roy des Romains, & pareillement à tous les

Princes de la Germanie , qui se trouveront encore en leur Compagnie lors
de la reception de cette lettre , & aux autres que vous aurez moyen d'en
faire avertir : & les asseurerez, que le principal fruit que j'espere tirer
de cette victoire, est d'establir une bonne & seure Paix en ce Royaume,
qui soit à l'honneur de Dieu & à la conservation & pacification des
Sujets du Roy mondit S. & fils. Qui est le but où j'ay toûjours tendu, &
que je réconnois si requis & necessaire pour le salut de cet Estat, que je
n'ay rien plus à cœur que cela. Vous vous emploirez aussi envers les uns
& les autres , tant par les sages Rémonstrances que vous leur sçaurez
bien faire , que par tous les autres moyens dont vous vous sçaurez bien
aviser ; pour les garder que sur la nouvelle de cette victoire ils ne fas-
sent , ny souffrent qu'il soit fait chose à la faveur de ceux du party de
mondit Cousin le Prince de Condé, qui soit cause de les obstiner davanta-
ge en leur Rebellion & désobéissance , & de leur faire refuser ce que je
me délibere leur faire accorder de bon & doux traitement , tant pour la
liberté de leurs consciences, que pour la jouïssance de leurs biens. Et quant
à mondit Cousin le Prince de Condé, vous pourrez asseurer tous ceux qui
vous en parleront, que le Roy mondit S. & fils n'a autre intention que
de le traiter, comme Prince de son sang & son proche Parent, bien &
gracieusement ; en luy faisant rémettre entre ses mains les Places qu'il
luy a occupées : à quoy puis qu'il n'est plus en la puissance de ceux qui
le possedoient, je m'asseure qu'il ne sera aucun refus ny difficulté. J'ay
reçû vos deux dernieres dépesches que je n'ay pas encore achevé de voir.
Ce sera pour aujourd'huy ou demain, & cela fait, je vous y feray ré-
ponse bien-tost après : Priant Dieu, Monsieur de Rennes, qu'il vous
ait en sa sainte garde. Escrit à Paris le 23. jour de Decembre 1561.
CATHERINE, *& plus bas*, BOURDIN.

Incontinent aprés elle alla à Chartres, pour estre plus prés d'Orleans & pour essayer à traiter de la Paix , croyant en avoir meilleur
marché d'un party qui sembloit défait , comme à la verité on pouvoit dire de celuy des Huguenots , sans la fermeté de l'Admiral : qui
se consola aisément du malheur de cette bataille par l'autorité qu'elle luy donna , & dont il voulut goûter auparavant que de faire la
Paix , & qui ne conçût pas de petites esperances de la résolution
qu'avoient eu les Huguenots de soûtenir une bataille contre le Roy.
Le Prince de Condé, qui cependant s'ennuyoit beaucoup au Chasteau
d'Onzain où l'on l'envoya , s'en apperçût bien , & il s'en fit raison
par le traité d'Orleans, duquel nous parlerons en son ordre. La Reine
en jetta les premiers fondemens à Chartres, où elle mena le Roy, &
d'où elle escrivit cette seconde lettre à l'Evesque de Rennes.

MONSIEUR DE RENNES, *je reçûs hier vostre lettre du 5. de*
ce mois, & seray bien-aise d'entendre par vostre premiere dépes-
che, comme le Roy des Romains, mon bon frere, aura euë agréable la
congratulation que vous luy avez faite de la part du Roy Monsieur mon

fils & de la mienne, & ce qui sera passé entre luy & vous pendant que vous aurez séjourné auprés de luy, & mesme s'il sera necessaire de dépescher homme exprés pour luy aller faire une nouvelle congratulation. M'étant avis que je ne me dois point haster, vû l'office que vous en avez déja fait, que l'on ne voye premierement comme en useront les autres Princes Chrestiens, pour nous y conformer. Je vous ay donné bien ample avis du succés de la bataille par la dépesche qui vous en a esté envoyée du 23. du passé. Je suis aprés, voyant que les choses sont encore pour aller à la longue, à essayer par tous les moyens qui me seront possibles de les conduire à une Paix & pacification, & espere d'assembler & aboucher dedans quelques jours tous ces Seigneurs ensemble : ayant estimé que la faute qu'il y a eu de se bien entendre les uns les autres, a pû causer tout ce qui s'est trouvé de défiance & de dureté jusques à present. S'il en succede quelque fruit, je vous en feray avertir incontinent.

Au demeurant, j'ay bien consideré ce que me mandez touchant le propos dont je vous avois dernierement escrit, & vous avise que ce qui me fit faire au Capitaine Riffemberg neveu du Colonel Riffemberg, la réponse telle que vous l'aurez entenduë par ma lettre, fut la mesme consideration que vous me touchez par la vostre : jugeant bien que celuy de la part duquel il en parloit, n'estoit pas sujet propre pour le maniment & conduite d'une affaire si importante [le Mariage de Charles IX. avec la Princesse Elisabeth d'Austriche dite de Bohême, dont il est parlé cydevant au Chapitre III.] *je trouve vostre advis bon, qui est que vous en parliez audit Roy des Romains mon bon frere comme de vous-mesme ; pour sçavoir si ce propos sera procedé de son sçû & volonté ou du mouvement de l'Archevesque* [de Tréves.] *Et si mon Cousin le Cardinal de Lorraine est arrivé auprés de luy à la reception de ce Pacquet & avant que vous luy en ayez parlé, il se poura servir de l'occasion pour entrer en l'ouverture de ce que je luy en ay escrit dernierement. Et quand tout est dit, sçachant quelle est mon intention là-dessus, il sçaura bien choisir les moyens les plus propres & les plus dextres, sans luy en rien prescrire d'icy. Priant Dieu, Monsieur de Rennes, qu'il vous ait en sa sainte garde. Escrit à Chartres le 18. jour de Janvier 1561.*

    CATHERINE, *& plus bas,* BOURDIN.

Le Cardinal de Lorraine, qui estoit au Concile de Trente, n'eut point de jour plus joyeux en toute sa vie que celuy de la nouvelle de cette victoire, qui le fit complimenter de la part de tout le monde Catholique, qui y assistoit par Ambassadeurs. Aussi tient-on que parmy tant d'applaudissemens des obligations que la Religion avoit à toute sa Maison & à la valeur de son frere, qu'il écoutoit de toutes ses oreilles, il se coula de la part de quelques Ministres du Pape certains avis pieux en apparence, mais trés-funestes en leur suite, de faire une Ligue ou Association Catholique pour la défense de la Foy en France ; dont toute la conduite devoit appartenir aux Princes Lorrains, comme les plus zelez & plus capables de ce grand dessein. Il

na à l'affection qu'on avoit pour fa famille le peu d'estime qu'on
noit du Roy & de tout le fang Royal, parce qu'on eftoit mal-
: de la fermeté de nos Ambaffadeurs au Concile, & on ne
: pas qu'il eut autre moyen de fe venger de nous que par un
de Religion dépendant du Pape, qui l'appuyeroit de fon au-
& qui feroit ployer celle du Roy au gré de la Cour Romaine.
dit à l'hameçon, & il fe rendit un peu plus complaifant au Pa-
ais la mort du Duc de Guife fon frere, fur la valeur duquel
: grand baftiment eftoit fondé, en traverfa l'execution : & on
prit les erres que long-temps depuis, quand fes enfans furent
& en eftat de concevoir & d'entreprendre un fi grand projet. J'ay
fieurs Memoires qui parlent de cela, mais il n'y en a aucun qui
que le Duc de Guife ait eu part en cette trâme. Quoy qu'il
, le Cardinal fon frere fit éclater cette nouvelle de la bataille de
eux par tout, & voicy la lettre qu'il en écrivit au mefme Evef-
Rennes.

NSIEUR DE RENNES, *m'ayant fait ce bien Monfieur de Savoye, de*
envoyer par fon Contrôlleur des Poftes, qui arriva hier fur les 22. heu-
ne lettre que le Roy luy avoit efcrite le 22. de ce mois, pour l'aver-
l'heureufe victoire qu'il a pleu à Dieu envoyer à S. M. fur fes enne-
ie n'ay voulu faillir à m'en réjouir avec vous, comme de nouvelle dont
s Meffieurs de cette compagnie ont reçû fi grand plaifir, qu'ils fe font
nent tous affemblez avec nous autres François, pour en rendre les loüan-
graces à Noftre-Seigneur le plus devotement que nous avons pû, ayans
anter le Te Deum *en l'Eglife. Chofe dequoy je m'affeure que vous ferez*
fe d'entendre l'allégreffe, & encore plus la caufe d'icelle : & pour ce que
ur l'Ambaffadeur le vous efcrit auffi, & qu'il vous envoye la copie de la
ttre efcrite de la main de M. de Frefne & fignée de celle du Roy, par où
errez ce que nous en fçavons, attendant en bonne devotion des nouvelles
articulieres de cet exploit ; je ne vous en diray autre chofe. Vous affeu-
ien que fi vous en fçaviez quelques nouvelles, que vous me feriez bien
plaifir de m'en mander avec vos autres occurrences : & fur ce je prie le
eur vous donner entierement, Monfieur de Rennes, ce que mieux defirez.
rente ce 29. jour de Decembre 1562.
trés eft efcrit de fa main. Je vous prie baifer trés-humblement les mains
M. Imperiale & vous réjouir de cette nouvelle de ma part, & luy dire
luy fupplie que plus que jamais il luy plaife prendre à cœur la Réformation
Eglife & la réünion de la Germanie, me faifant part de fes faintes inten-
; lefquelles je prendrois grand plaifir de pouvoir accompagner de mon petit
e. Voftre bon frere & amy, C. CARDINAL DE LORRAINE.

e fieur de Brantofme donne quelques particularitez de cette ba-
e en divers endroits de fes Memoires, & j'ay jugé à propos d'en
eillir icy deux entr'autres qui fervent à l'Hiftoire. C'eft pourquoy
prendray la fuite de ce qu'il dit du S. de Martigues, à propos
e qui fe paffa à l'approche de Paris par le Prince de Condé, & que
rapporté à la fin du III. Chapitre précedent. ,, Le fiege de Paris,
t-il, s'ofta, & aprés on donna la bataille de Dreux, où mondit
de Martigues fit trés-bien & dignement fa charge de Colonel,

,,eftant à la *tefte de fes Gen*
,, que fon devoir eftoit tel. T
,, rie de *l'Avant-garde* ne ren
,,affaillie ny avoir affailli ; c
,,terie défit quafi toute celle
,,aux Lansknects, ils ne ren
,,le foir, qu'on penfoit à qua
,,apperçût cinq cens C
,,ferrez & refolus pour réto
,,M. de la Noüe & Avaret c
,,auffi-toft bravement recev
,,rie ; là où certes M. de M
,,*fit trait de bon Capitaine.*
,,dont M. de Guife les en lou

L'autre remarque dudit S.
taille, eft que le Duc de Gu
Prince de Condé fon prifonni
premiere nuit, & que tous ce
,,il adjoufte, que le lendemai
,,le Prince à M. de Damvill
,,pour avoir en l'eftat de fon
,,pour faire l'échange de luy
,,porte le droit de la Guerre.
,,que l'on tenoit lors pour to
,,faut loüer la magnanimité
,,pitaine M. de Guife, qu'il u
,,à le traiter de cette façon fi
,,ment & confideration qu'eut
,,Guife fon prifonnier M. le
,,mier il avoit donné fa foy,
,,C'eftoit bien en cela fçavoir
,,deferer toutes chofes, & fur
,,M. de Damville n'eut efte f
,,a efté toûjours, & que ce
,,c'ût efté de fon devoir, il
,,pere pris & qu'il y avoit de
,,ge : ce qu'il ne fit & s'acqui
,,encore davantage l'amitié de
,,tel acte qu'il eftimoit la gene
,,en luy une telle vertu & bon
,,M. le Conneftable.

Il eft certain qu'on doit à la
de Damville, le principal fucce
fon pere prifonnier, il ne cela
pour le récouvrir. Le Duc iu
temps, & enfin aprés avoir av

„eftant à la tefte de fes Gens avec une belle & affeurée façon, ainfi
„que fon devoir eftoit tel. Toutefois en cette bataille noftre Infante-
„rie de l'Avant-garde ne rendit grand combat, pour n'avoir efté trop
„affaillie ny avoir affailly ; car M. de Guife avec fa troupe de Cava-
„lerie défit quafi toute celle de l'ennemy, je dis Françoife. Quant
„aux Lanskenets, ils ne rendirent pas auffi grand combat : mais fur
„le foir, qu'on penfoit à quatre heures avoir tout fait & achevé, l'on
„apperçût cinq ou fix cens Chevaux fortir du cofté d'un Bois, bien
„ferrez & refolus pour rétourner au combat, & dit-on que c'eftoit
„M. de la Nouë & Avaret qui les avoit ralliez. M. de Guife les alla
„auffi-toft bravement recevoir, mais il eftoit befoin de l'Arquebufe-
„rie ; là où certes M. de Martigues ufa d'une trés-belle diligence, &
„fit trait de bon Capitaine. Elle arriva conduite par M. de Gouas,
„dont M. de Guife les en loüa fort.

L'autre rémarque dudit S. de Brantofme, qui fut prefent à la bataille, eft que le Duc de Guife traita avec toute forte d'honneur le
Prince de Condé fon prifonnier, qu'il luy fit part de fon lit pour la
premiere nuit, & que tous deux parurent bons amis & bons Parens,
„il adjoufte, que le lendemain quand il fallut déloger, le Duc rédonna
„le Prince à M. de Damville, que nous nommions lors M. l'Admiral
„pour avoir eu l'eftat de fon Coufin, à le tenir en bonne garde &
„pour faire l'échange de luy & de M. le Conneftable, ainfi que le
„porte le droit de la Guerre. En quoy faut noter deux belles chofes
„que l'on tenoit lors pour telles & fe doivent toûjours tenir. L'une
„faut loüer la magnanimité & generofité de ce grand Prince & Ca-
„pitaine M. de Guife, qu'il ufa à l'endroit de fon ennemy prifonnier
„à le traiter de cette façon fi honnefte qu'il fit; l'autre du bel avife-
„ment & confideration qu'eut M. de Damville, de prefenter à M. de
„Guife fon prifonnier M. le Prince, car c'eftoit à luy à qui le pre-
„mier il avoit donné fa foy, & luy prefenta comme à fon General.
„C'eftoit bien en cela fçavoir fon devoir de Guerre, à qui l'on doit
„déferer toutes chofes, & fur tout les prifonniers qu'on aura pris. Si
„M. de Damville n'eut efté fage & avifé Capitaine, comme certes il
„a efté toûjours, & que ce fût efté un temeraire & n'eût fçû ce que
„c'eût efté de fon devoir, il n'eût jamais fait ce trait, voyant fon
„pere pris & qu'il y avoit de bon pour le racheter par cette échan-
„ge : ce qu'il ne fit & s'acquitta par ainfi de fon devoir, & acquit
„encore davantage l'amitié de fon General, en luy manifeftant par
„tel acte qu'il eftimoit la generofité de M. de Guife, & connoiffant
„en luy une telle vertu & bonté, qu'il ne feroit jamais faux-bond à
„M. le Conneftable.

Il eft certain qu'on doit à la pieté de Henry de Montmorency S.
de Damville, le principal fuccés de cette importante journée ; car voyant
fon pere prifonnier, il ne cefla de conjurer le Duc de Guife de donner
pour le récouvrir. Le Duc luy difoit toûjours, mon fils il n'eft pas
temps, & enfin après avoir avec impatience attendu qu'il chargeât,

e vit pas plûtost bransler qu'il se laissa emporter à son courage
: le Prince de Condé qu'il prit : & sans cet avantage ç'eût esté
e chose d'avoir acheté contre les ennemis, qui emmenoient le
er Officier de la Couronne, l'honneur d'un champ de bataille,
'estoit pas moins ensanglanté du costé des Catholiques que de
des Huguenots, si on a égard au prix & à la dignité des Per-
s que nous y perdismes & au peu de Chefs qui y demeurerent
rty des ennemis. Aussi se venterent-ils de nous avoir battus, &
firent des Vers & des Chansons. Le Connestable fut en grand
r d'estre tué par les Lanskenets, qui entrerent en different à
uroit, & il y en avoit quelques-uns, qui de dépit de cette dis-
levoient le Pistolet contre luy, quand Antoine de Croy Prin-
Porcien y accourut à toute bride. Le Connestable ne croyoit
tre plus en seureté, & craignit quelque ressentiment de la part
Seigneur pour quelques differens qu'ils avoient eu ensemble ; d'au-
olus qu'il estoit fort violent & qu'il n'estoit pas maistre de ses
ers mouvemens : mais il fut en cela plus heureux que le Ma-
l de S. André, qu'il eut affaire à un ennemy genereux, qui
a cette canaille à grands coups d'épées pour le dégager. Aprés
l luy tendit la main pour le recevoir son prisonnier ; sans luy
neantmoins, que ce n'estoit pas un office qu'il rendit à sa per-
, mais un simple respect qu'il devoit à sa charge, & qu'il ne
oit pas souffrir qu'un homme de sa qualité demeurât abandonné
iscretion & à la mercy de ces Coquins.

CHAPITRE SIXIÉME.

S PERSONNES ILLUSTRES TUÉES OU BLESSÉES
mort à la bataille de Dreux. Et premierement du Mareschal de S.
ndré, & par occasion de la Dignité de Mareschal de France.

garderay pour les Eloges des ces morts illustres le mesme or-
lre dans lequel ils sont nommez par la lettre de la Reine à l'E-
resque de Rennes, & je leur donneray pour Chef le Mareschal
. André, le premier en Dignité militaire aprés le Connestable,
uquel le Duc de Guise succeda en l'honneur de la victoire ; qui
auroit appartenu, s'il eut survescu d'un moment aux derniers coups
il fut pris & tué. Le Duc de Guise, comme rémarque le S. de
telnau, ne voulut avoir aucune part au commandement, il com-
it comme simple Capitaine à la teste de sa Compagnie de Gen-
mes, & neantmoins il se trouva sans Competiteur parmy des Offi-
s du premier rang ; car le Sieur de Damville estoit réconnu pour
miral, Sebastien de Luxembourg S. de Martigues estoit Colonel
l'Infanterie Françoise, & il y avoit encore d'autres Dignitez dans
mée, plus grande que celle de Capitaine d'hommes d'armes.
J'obser-

J'observe cela pour faire r
Duc, & pour faire valoir
est dû à la charge de Mare
donné l'honneur d'une si
chal de France, à l'exclusio
qui se soûmit à la loy de
avec plus de gloire ce qu'o

Cette occasion me convi
Mareschal de France, pou
ceux qui la voudroient mép
par memoire, pour n'estre
Manuscrits tirer le progre
diray rien que je ne puisse
grandes Charges de ce Roy
re fonction, quoy qu'elles
révolutions, ou selon le cre
en a en trois entr'autres don
premieres, qui sont celles
ce, ont pris fin dans la Roy
de Seneschal de France, cé
torité, qu'elle fut supprim
me Lignée. Du démembre
droits avec quelques Terres
hereditaires aux Comtes
queste de cette Province par
ta les Charges, de grand M
l'extinction de la Maison d
estoit affecté : de grand B
chanson, qui estoit à propre
du Roy, auquel on rendo
premier Président né de la
brier, aujourd'huy grand C
certaine somme à chaque m
Seculiers, d'où est venu le
sin de Connestable. Sur ce
vation en passant, pour le
donnée en divers Rôles de
Capitaines, qu'il signifie e
Garnison. Les Garnisons s'a
Officiers estoient appellez C
table, depuis appellé par c
commandoit la Garnison qu'
ville, pour la défendre con
nobbles estoient presque tou
point d'Infanterie Françoise
triers estoient Lombards & G
Gens-là qu'on mettoit dans le
Tome II.

J'obferve cela pour faire rémarquer la prudence & la modeftie du Duc, & pour faire valoir par un témoignage fi illuftre le refpect qui eft dû à la charge de Marefchal de France ; dont le caractere auroit donné l'honneur d'une fi celebre journée à Jacques d'Albon Marefchal de France, à l'exclufion de François de Lorraine Duc de Guife, qui fe foûmit à la loy de l'Eftat & de la Guerre, & qui récueillit avec plus de gloire ce qu'on crût devoir à fon merite.

Cette occafion me convie de dire quelque chofe de la Dignité de Marefchal de France, pour en donner l'idée & pour fervir d'avis à ceux qui la voudroient méprifer. Je m'en acquitteray fuccinctement & par memoire, pour n'eftre pas en lieu où je puiffe fur mes Recueils Manufcrits tirer le progrés Chronologique de cet Eftat, mais je ne diray rien que je ne puiffe prouver par Pieces autentiques. Toutes les grandes Charges de ce Royaume ont rétenu le nom de leur premiere fonction, quoy qu'elles l'ayent accrûë & changée felon diverfes révolutions, ou felon le credit de ceux qui les ont exercées, & il y en a eu trois entr'autres dont le nom s'eft perdu, parce que les deux premieres, qui font celles des Maires du Palais & des Ducs de France, ont pris fin dans la Royauté : & la troifiéme, qui eftoit celle de Senefchal de France, devint fi fufpecte pour avoir la mefme autorité, qu'elle fut fupprimée dans les commencemens de la troifiéme Lignée. Du démembrement de cette Senefchauffée, dont les droits avec quelques Terres, qui y eftoient annexées, demeurerent hereditaires aux Comtes d'Anjou, qui en ont joüi jufques à la conquefte de cette Province par le Roy Philippe Augufte, l'on augmenta les Charges, de grand Maiftre d'Hoftel, qui perdit fon rang par l'extinction de la Maifon des Comtes de Vermandois, aufquels elle eftoit affectée : de grand Bouteiller de France, à prefent grand Efchanfon, qui eftoit à proprement parler le Surintendant de la Maifon du Roy, auquel on rendoit compte de toute la dépenfe, & qui eftoit premier Préfident né de la Chambre des Comptes : de grand Chambrier, aujourd'huy grand Chambellan, qui entr'autres droits prenoit certaine fomme à chaque mutation des Fiefs, tant Ecclefiaftiques que Seculiers, d'où eft venu le droit qu'on appelle Chambellage : & enfin de Conneftable. Sur ce mot de Conneftable je feray cette obfervation en paffant, pour lever la difficulté que caufe cette qualité, donnée en divers Rôles de nos anciennes Guerres à quelques fimples Capitaines, qu'il fignifie en cet endroit Capitaine d'Infanterie en Garnifon. Les Garnifons s'appelloient *Stabilitæ*, à caufe dequoy ces Officiers eftoient appellez *Comites Stabilitæ*. De-là dérive le Conneftable, depuis appellé par corruption Comptable de Bourdeaux, qui commandoit la Garnifon qu'on entretenoit ordinairement dans cette ville, pour la défendre contre les entreprifes des Anglois. Ces Conneftables eftoient prefque tous Eftrangers, parce que nous n'avions point d'Infanterie Françoife, & que tous nos Archers & Arbaleftriers eftoient Lombards & Genois, ou Efpagnols, & c'eftoient ces Gens-là qu'on mettoit dans les Places.

Tome II.   K

onneſtable de France eſtoit le *Comes Stabuli*, appellé dans
Latinité *Conſtabularius*, & ſon premier employ eſtoit celuy
d Eſcuyer d'aujourd'huy, qui a eſté creé depuis que l'autre,
r domeſtique qu'il eſtoit, devint Chef des armées. On n'at-
pas ſans raiſon la ſplendeur de cette Dignité à Mathieu
Montmorency, lequel pour ſa valeur & ſon experience dans
es & par le long-temps qu'il commanda ſi victorieuſement
e Philippe Auguſte, de Loüis VIII. & de S. Loüis, attacha
le Generalat à ſa Charge, que le Conneſtable a toûjours de-
é reputé Chef des armées du Royaume. Auparavant ſon au-
ie s'étendoit que ſur l'Eſcurie du Roy, c'eſtoit par ſon ordre
iſtribuoit des Montures à ceux qui avoient Chevaux à Cour,
le terme & la façon de parler du temps, comme celuy de
à Cour : il commandoit à la Guerre tous les Officiers de la
, & il eſtoit de ſa connoiſſance de mettre prix aux Chevaux
t qui venoient au ſervice, parce que le Roy en devoit re-
la perte, ſoit qu'ils mouruſſent ou qu'ils fuſſent affollez
aignez, pour uſer des mots du temps, De-là vient celuy de
tio *Equorum* dans les anciens Comptes des Guerres Latins,
en François *reſtour* dont on ſe ſert aujourd'huy. Cela accrut
dit de telle ſorte, qu'il n'y avoit point d'Officier plus conſi-
en l'armée. Il avoit ſous ſa Charge en l'Eſcurie le Mareſchal,
it comme ſon Lieutenant ; on en fit deux enſuite, & cela
aucoup multiplié depuis.

Mareſchaux par réverberation de la ſplendeur de la Charge
nneſtable, devinrent auſſi fort conſiderables par les emplois
leur donna dans les troupes ; car ils eurent pour leur part le
faire toutes les Revûës & les Montres de la Cavalerie, d'appré-
chevaux, & de conduire aux rendez-vous les troupes qu'ils al-
recevoir dans les Provinces. Enfin comme ils eſtoient à leur teſte
es conduire, & comme c'eſtoit à eux de les faire vivre en diſ-
: & de regler les rangs & les differens de cette Cavalerie toute
ſée de Nobleſſe : cette Dignité devint toute Militaire, & le
des perſonnes qu'on choiſit pour la remplir, en releva telle-
la grandeur, que non ſeulement ils n'eurent pas droit de Ban-
mais qu'ils eurent celuy de bataille, c'eſt-à-dire, qu'ils avoient
rps à part comme le Roy, quand il eſtoit en perſonne à la Guer-
s fils & ſes freres, les Ducs & les plus grands Seigneurs du Royau-
ils prirent encore autorité ſur les Gens de pied qu'on appelloit
eſtriers, & cela fut reglé en leur faveur par le Roy Charles VI.
d'Avril 1411. ſur le different d'entre le Mareſchal de Boucicaut
. de Hangeſt. Ainſi ils ont ſuccedé à la Fonction & à l'Ordre de
nciens Ducs de la premiere & ſeconde Race, qui n'avoient que
Dignitez perſonnelles, & qui par uſurpation ſe firent Seigneurs
rovinces, qu'ils avoient en Gouvernement & où ils comman-
it les armées. : & le nom de Duc leur convient mieux que celuy

de Mareſchal, & qu'il ne
ſur des Terres, & auſquels
Guerre Le feu Mareſchal
envers le dernier Duc de M
le Baſton de Mareſchal de F
l'honneur de la charge, il
ne devoit point eſperer autr
geât avec eux le Generalat,
s'il le dédaignoit. Le Duc
table de Montmorency, m
les armées, où ils ſe trouv
meſme honneur appartien
Princes & Seigneurs que ce
ou s'ils n'ont des Lettres
puiſſantes conſiderations on
ſoit, nos Mareſchaux ſont G
de Guiſe le réconnut en ce
reſchal de ſaint André.

Il s'appelloit Jacques d'Al
illuſtre Famille de la Provi
core Seigneurs de S. Forge.
Comtes d'Albon Dauphins
plus grand en Dignitez &
qualitez de ce Mareſchal n
s'il n'eſtoit neceſſaire de fai
tres & de tous ſes deſſeins,
ximes & dans les meſmes vo
des belles qualitez ces ma
une ambition ſans borne, u
tereſt pretextée du ſervice d
ſon Gouvernement, par to
encore où il répand ſes conſ
de ſaint André, qui s'eleva
ſes exploits de Guerre, qu
taine, & lequel pour ſe m
voient avancé, tint le Rova
fut plus aſpre à la confiſcati
guenots. Quand un homme
d'eſtre Chef de party, ce n
tient, qui anime ſon coura
s'agit plus du bien public,
par la Guerre éternelle & pl
deux partis, & on ne ſe tro
luy qu'on voit le plus oppri
conduite particuliere des prin
aux maximes, qu'ils débitent

de Mareſchal, & qu'il ne convient encore à ceux qui le font aſſeoir
ſur des Terres, & auſquels cette qualité ne donne aucun rang à la
Guerre. Le feu Mareſchal de Baſſompierre ſe ſervit de cet argument
envers le dernier Duc de Montmorency, pour le réſoudre à accepter
le Baſton de Mareſchal de France, & aprés l'en avoir conjuré pour
l'honneur de la charge, il luy dit de la part de tout le corps, qu'il
ne devoit point eſperer autrement qu'aucun d'eux ſouffrit qu'il parta-
geât avec eux le Generalat, s'il n'avoit le caractere, & encore moins,
s'il le dédaignoit. Le Duc de Guiſe précedoit à la Cour le Conneſtable de Montmorency, mais il luy déferoit le commandement dans
les armées, où ils ſe trouvoient enſemble, & par la meſme raiſon le
meſme honneur appartient aux Mareſchaux de France ſur quelques
Princes & Seigneurs que ce ſoit, ſi ce ne ſont des Princes du Sang,
ou s'ils n'ont des Lettres de General d'armée, que pour quelques
puiſſantes conſiderations on ne veuille pas conteſter. Quoy qu'il en
ſoit, nos Mareſchaux ſont Generaux nés en France, & le meſme Duc
de Guiſe le réconnut en cette occaſion de Dreux en faveur du Mareſchal de ſaint André.

Il s'appelloit Jacques d'Albon, & de Cadet qu'il eſtoit d'une trés-
illuſtre Famille de la Province Lyonnoiſe, dont les aiſnés ſont encore Seigneurs de S. Forgeul, qui prétendent eſtre iſſus des anciens
Comtes d'Albon Dauphins de Viennois, il ſe rendit le plus riche &
plus grand en Dignitez & en biens de toute ſa Maiſon. Les belles
qualitez de ce Mareſchal m'empeſcheroient de publier ſes défauts;
s'il n'eſtoit neceſſaire de faire un exemple de la vanité de tous ſes titres & de tous ſes deſſeins, pour ceux qui ſont dans les meſmes maximes & dans les meſmes voyes; mais d'autre-part appellerons-nous
des belles qualitez ces malheureux moyens de la ruïne des Eſtats,
une ambition ſans borne, une avarice effrénée, & une paſſion d'intereſt prétextée du ſervice du Roy, qui rend un homme furieux dans
ſon Gouvernement, par tout où s'eſtend ſon autorité, & par tout
encore où il répand ſes conſeils? c'eſtoient les qualitez du Mareſchal
de ſaint André, qui s'éleva autant par les adreſſes de Cour que par
ſes exploits de Guerre, quoy qu'il fût trés-vaillant & grand Capitaine, & lequel pour ſe maintenir par les meſmes intrigues qui l'a-
voient avancé, tint le Royaume & la Maiſon Royale en diviſion, &
fut plus aſpre à la confiſcation qu'à la défaite des rebelles & des Huguenots. Quand un homme de cette condition en eſt venu au point
d'eſtre Chef de party, ce n'eſt plus la juſtice de la cauſe qu'il ſouſtient, qui anime ſon courage ny qui préſide à ſa conduite, il ne
s'agit plus du bien public, au contraire il ne s'agit que de ſa ruïne,
par la Guerre éternelle & plus que civile, que nourrit la défiance des
deux partis, & on ne ſe trompe guere de tenir pour le plus juſte celuy qu'on voit le plus opprimé. Pour moy, je croy qu'il faut que la
conduite particuliere des principales perſonnes d'un Royaume réponde
aux maximes, qu'ils débitent dans les conſeils & à tous les Préludes

Préliminaires des declarations, qu'ils font publier fous le nom
...ois , mais des Rois enfans, comme Charles IX. Autrement les
...t-on bons Serviteurs, fi leurs richeffes & leurs dépenfes offen-
...vûë des Peuples, quand ils alléguent les neceffitez du Prince
...aire des nouvelles & des continuelles levées ; s'ils profitent du
...de l'Eftat, s'ils le mettent en danger pour leur querelle par-
...re , & s'ils oppriment la Juftice ? Croira-t-on leur Gouverne-
...heureux, s'il défole les maifons & les fortunes legitimes, & s'il
...ofe à la difcretion du Soldat ou de l'Exacteur ? S'ils prennent
...prétexte de la Guerre l'intereft de la Religion & qu'ils vivent
...e des Impies , abandonnez à toutes les paffions du fiécle ; di-
...que leur hypocrifie foit moins criminelle que l'aveuglement
...retiques, & qu'elle ne foit pas encore plus à craindre par le
...où ils expofent la Religion ; qu'on doit bien appréhender de
...en party, fi on ne juftifie fes intentions par un Miniftere
...proche, où l'on n'abufe point du Nom & des interefts de Dieu,
...e on a prefque toûjours fait par vanité ou par politique ? C'eft
...l qu'on a efté plus foigneux de cultiver que d'exterminer, pour
...les fujets d'armer autant de fois qu'il a efté expedient pour cer-
...Monftres de grandeur, qui ne peuvent naiftre que des tempeftes
...ftat & des ébranlemens de la Monarchie, & qui ne fe peuvent
...nir que par le defordre. Et après cela fe faut-il eftonner du
...ement qui eft arrivé après nos longues Guerres de la Religion,
...Dieu a mieux aimé transferer la Couronne & donner la lumie-
...n Prince aveuglé des tenebres de l'Herefie , que de continuer
...ce fur une race qui en avoit abufé ? En verité il falloit plû-
...ppofer aux Huguenots un bel exemple de vie, & une ferieufe
...ation des mœurs, que d'entreprendre de les débeller à force
...s, où bien il falloit plus de charité que d'intereft, principa-
...de la part de ce Marefchal, qui porta toutes chofes à l'extre-
...ar fes confeils violens , & qui continua de fatisfaire fon ava-
...r la dépouille des Heretiques. Mais que devint tout cela , &
...s de ce grand amas de biens par les malheurs qui en arrive-
...r luy & fur fa pofterité ? Il fut tué de fang froid par un Gen-
...me défefperé, dont il avoit eu la confifcation, & il laiffa une
...folle d'ambition & de vanité, & de plus Huguenote, laquel-
...yant devenir Princeffe du fang, donna la terre de Vallery au
...de Condé qui fe moqua d'elle , laquelle diffipa fes autres
...fur d'autres vaines efperances, & qu'on accufe enfin d'avoir
...fonné Catherine d'Albon leur fille unique par une jaloufie en-
...de ce qu'elle eftoit recherchée en mariage par le Duc de Gui-
...it qu'elle mefme le voulût époufer, ou qu'elle craignit que cela
...nât fes deffeins d'alliance avec le Prince. Ainfi partie de cette
...e fucceffion, qui eftoit la Terre & la Maifon de faint André,
...na à Marguerite d'Albon fœur du Marefchal , femme d'Ar-
...e S. Germain dit d'Apchon, Seigneur d'Apchon, duquel font

iffus les autres Seigneurs de
chale nommée Louife de
Guyenne avec Geofroy de
fon mauvais ménage le Mar
& Pairie en faveur de Fra
d'Anne de Caumont leur fil
leans Duc de Fronfac tue a

Les Huguenots qui hai
qu'aucun du Triumvirat, pa
qu'il avoit efté auteur de la
mais fi pleines d'ordures &
point icy. Ils l'accufent d'a
eft moins vray que ce qu'il
car c'eftoit l'homme de fa q
& qui eftoit le plus fuperbe e
le fieur de Brantofme fon co
qu'il en fait, & que je don
Perfonnes illuftres, que j'ay
les yeux d'un Courtifan, &
tes les grandeurs du Monde
maniere de loüer à laquelle
noiffances que j'ay tirees de

,, Ceux qui n'ont bien con
,, Jacques d'Albon, & qui
,, mais feulement de fa vie d
,, croire qu'il fut efté fi gra
,, fort fujet de toute temps à a
,, xes de table. C'a efté le pre
,, à la Cour, & certes par tro
,, delicateffes de vivre, tant
,, mangers ; pour les fuperbe
,, très-rares & très-exquis, il
,, qu'on a vû long-temps p
,, principalement à Vallery
,, ce : & après fa mort qu'on
,, defquels on n'en put qua
,, tr'autres il y avoit une Te
,, Pharfale, que le Marefchal
,, fa belle Salle de Dureftal ;
,, le à voir, & qui fe peut qua
,, tes du feu Roy François,
,, prix. Il avoit ainfi deux T
,, voyoit de ce temps-là Valle
,, ny en prifer les richeffes : la
,, Marefchale de S. André eftan
,, dé avec ladite Maifon de Val

iſſus les autres Seigneurs de ſaint André d'Apchon ; & cette Mareſchale nommée Loüiſe de Luſtrac s'allant rémarier en ſon Pays de
Guyenne avec Geofroy de Caumont , luy porta entr'autres reſtes de
ſon mauvais ménage le Marquiſat de Fronſac, depuis érigé en Duché
& Pairie en faveur de François d'Orleans Comte de S. Pol, mary
d'Anne de Caumont leur fille unique , de laquelle il eut Leonor d'Orleans Duc de Fronſac tué au ſiege de Montpellier l'an 1622.

Les Huguenots qui haïſſoient le Mareſchal de ſaint André plus
qu'aucun du Triumvirat ; parce qu'il eſtoit leur plus cruel ennemy &
qu'il avoit eſté auteur de la Guerre , luy firent pluſieurs Epitaphes ;
mais ſi pleines d'ordures & d'injures atroces, que je ne les rapporteray
point icy. Ils l'accuſent d'avoir eſté pris & tué en fuyant ; mais cela
eſt moins vray que ce qu'ils diſent de ſon luxe & de ſa bonne chere,
car c'eſtoit l'homme de ſa qualité qui faiſoit la plus grande dépenſe
& qui eſtoit le plus ſuperbe en meubles & en équipage. C'eſt ce que
le ſieur de Brantoſme ſon contemporain témoigne de luy au diſcours
qu'il en fait , & que je donneray icy, comme j'ay fait ceux des autres
Perſonnes illuſtres, que j'ay emprunté de ſes Mémoires ; il en juge par
les yeux d'un Courtiſan , & comme trés-indulgent qu'il eſtoit à toutes les grandeurs du Monde & à la volupté ; & j'avoüe qu'il a une
maniere de loüer à laquelle je me laiſſerois ſurprendre, ſans les connoiſſances que j'ay tirées de pluſieurs Memoires trés-veritables.

„ Ceux qui n'ont bien connu M. le Mareſchal de ſaint André Mre.
„ Jacques d'Albon , & qui n'ont oüi parler de ſes faits de Guerre ;
„ mais ſeulement de ſa vie delicieuſe , n'ont jamais pû bien juger ny
„ croire qu'il fût eſté ſi grand Capitaine qu'il a eſté ; car il a eſté
„ fort ſujet de tout temps à aimer ſes aiſes, ſes plaiſirs & grands lu-
„ xes de table. C'a eſté le premier de ſon temps qui les a introduits
„ à la Cour, & certes par trop exceſſifs, diſoit-on , en friandiſes &
„ delicateſſes de vivres , tant de chair que poiſſon , & autres friands
„ mangers; pour les ſuperbetez & belles parures de beaux meubles
„ trés-rares & trés-exquis, il en a ſurpaſſé meſme les Rois , ainſi
„ qu'on a vû long-temps paroiſtre en aucunes de ſes Maiſons , &
„ principalement à Vallery, l'une des belles & plaiſantes de la Fran-
„ ce : & après ſa mort qu'on les a vû vendre à Paris aux Encans ,
„ deſquels on n'en put quaſi jamais voir la fin, tant ils durerent. En-
„ tr'autres il y avoit une Tente de Tapiſſerie , de la bataille de
„ Pharſale , que le Mareſchal de Vieilleville acheta, dont il en décora
„ ſa belle Salle de Dureſtal ; qui eſt une choſe trés-riche & trés-bel-
„ le à voir , & qui ſe peut quaſi parangonner à l'une de ces deux Ten-
„ tes du feu Roy François, que j'ay dit ailleurs qui eſtoient hors de
„ prix. Il avoit auſſi deux Tapis velus tout d'or Perſiens. Bref, qui
„ voyoit de ce temps-là Vallery meublé , n'en pouvoit aſſez eſtimer
„ ny en priſer les richeſſes : la plûpart deſquels meubles Madame la
„ Mareſchale de S. André eſtant veuve donna à M. le Prince de Con-
„ dé avec ladite Maiſon de Vallery, tout en pur don, penſant l'épou-

„ser, d'autres diſoient par caprice ; car eſtant de la Religion & ne
„voulant accomplir le mariage promis entre ſa fille Mademoiſelle de
„ſaint André & M. de Guiſe , que les deux peres avoient accordé,
„elle luy fit ce beau preſent par amourette, afin qu'elle épouſât M. le
„Prince, & ſa fille le Marquis de Conty , depuis Prince de Condé.
„Tant y a que ce fut là une liberalité qu'une grande Emperiere ou
„Reine n'en eut voulu uſer.

„ Or ſi mondit S. le Mareſchal ſe montra un vray Lucullus en lu-
„xes , bombances & magnificences , il s'eſt montré durant les Guer-
„res , au camp & aux armées tout pareil en valeur , en cœur & en
„réputation de grand Capitaine. Eſtant jeune , il fut eſtimé des Ga-
„lants de la Cour en tout, ſi qu'il fut élû de M. le Dauphin pour l'un
„de ſes plus grands Favoris. Il eut la réputation d'avoir trés-bien fait
„& combattu à la bataille de Cerizolles , ſi bien, comme j'ay dit
„ailleurs , qu'allant des plus avant à la charge , où il faiſoit bien
„chaud, M. d'Enguien jaloux voulut ſe débander à l'envy auſſi-bien
„que luy : mais luy ayant eſté rémontré le grand tort qu'il faiſoit
„au devoir de ſa charge & à toute l'armée , & qu'il ſe ſouvint de M.
„de Nemours à la bataille de Ravenne, qui par trop de hardieſſe ſe
„perdit & fit perdre les autres, il répondit ſeulement qu'on faſſe donc
„retirer ſaint André. Ce voyage le mit en grand honneur, & en fa-
„veur de ſon Maiſtre plus que devant, & s'y maintint ſi bien & mieux
„que le S. de Dampierre mon oncle [*Claude de Clermont Baron de Dam-*
„*pierre , qui avoit épouſé Jeanne de Vivonne , ſœur d'Anne de Vivonne*
„*Dame de Bourdeille , mere dudit S. de Brantoſme, & qui fut pere de*
„*Claude Catherine de Clermont , femme d'Albert de Gondy Duc de Retz*]
„que tant qu'il a veſcu il ne l'a jamais perduë d'un ſeul point ; tant
„il fut bien ſage & aviſé & bon Courtiſan, comme il a eſté toûjours,
„à s'y bien maintenir & à complaire à ſon Maiſtre en toutes les fa-
„çons qu'il luy voyoit eſtre agréables.

„ Il le fit premier Gentil-homme de ſa chambre quand il fut Roy,
„qui eſt un des grands honneurs qui ſoit en la Maiſon du Roy, pour
„coucher en ſa chambre & eſtre prés de luy à ſon lever & coucher ;
„ſi bien qu'à toute heure il en avoit l'oreille : en quoy il fit trés-
„bien ſes beſognes , tant pour les grandes Dignitez que pour les
„biens qu'il eut & acquit à foiſon. Il fut fait Mareſchal de France,
„& eut la charge de M. du Biez qui venoit de bonne main , auſſi
„elle tomba en bonne main , & s'eſtonna-t-on à la Cour comment
„il eut cette charge ſi jeune , laquelle ne ſe donnoit qu'aux plus an-
„ciens Chevaliers. Aprés le traité de l'accord de Boulogne entre le
„Roy Henry & le petit Roy Edoüard d'Angleterre, le Roy ſon Maiſ-
„tre l'envoya vers ledit Roy Edoüard, pour en faire un Serment trés-
„ſolemnel & luy porter auſſi ſon Ordre ; qu'il luy donna avec les ce-
„remonies accoûtumées fors celles de l'Egliſe. Auſſi ledit Roy bailla
„le ſien audit Mareſchal par la permiſſion de ſon Roy, qui ne l'eut
„oſé prendre autrement : & envoya le ſien pareillement au Roy Hen-

que par un coup s'eſt vû à la Cour pour la Feſte de ſaint
celebrer & porter cet Ordre de trois François, ce que l'on
it par curioſité ; à ſçavoir le Roy , M. le Conneſtable qui
eu du Roy Henry d'Angleterre durant ſa faveur ; & M. le
hal : qui eſtoit une belle choſe à voir, car la ſolemnité eſt
le , & l'Ordre & le Manteau trés-beau avec la Jartiere ;
nſtitution eſt fort antique & plus que de tous les autres, fors
e l'Annonciade de Savoye, qu'on tient la plus ancienne.
ut noter que lors de la partance dudit S. Mareſchal vers
terre, bien que la Paix fût entre l'Empereur & le Roy ; tou-
es mains démangeoient ſi fort à l'Empereur , qu'il ne re-
oit que les occaſions à toute heure pour la rompre : à quoy
la Reine de Hongrie ſa bonne ſœur, qui le ſçavoit trés-bien
elon ſon gouſt , de tout ce qu'elle pouvoit du coſté de ſon
nement des Pays-bas. Si bien qu'ayant armé quantité de Na-
leur faiſoit tenir la Mer de ce coſté en grande ſubjection, &
s inſolences en ſortoient ſur nos Navires François , juſques
évaliſer de leurs Biſcuits , Vins & Munitions , juſques aux
& Voiles. Et ladite Reine ayant ſçû le voyage dudit Marel-
rs l'Angleterre, fit tenir ladite armée entre Calais & Dou-
in qu'il ne paſſât qu'à leur mercy : dequoy averty M. le
nal prit le chemin de Dieppe, là où il fit arreſter deux ou
avires Flamands pour deux ou trois jours ſeulement, pendant
mps il pût eſtre paſſé & prit terre en Angleterre. Ce qui
a ſi dextrement & gracieuſement, qu'il n'y eut un ſeul Ma-
ffenſé , ny choſe dans leur Navire oſtée , ny Navire qui ne
ché auſſi-toſt qu'on ſçût ledit Mareſchal arrivé en Angle-
A quoy ladite Reine prit pied & pointilla auſſi-toſt , qu'elle
er à ſes Ports tous les Navires François à l'appetit de trois
avires Flamands arreſtez pour trois jours ſeulement ; leur fai-
r les Voiles, mettre la Marchandiſe en terre, & conſom-
Mariniers, qui eſtoient en grand nombre & les Marchands
de pourſuites ; ſans leur faire autre réponſe , ſinon qu'on
it rétenu en France leurs Navires , combien qu'ils fuſſent
ſlivrez , & que cette rétention fût ſeulement particuliere à
& pour juſte cauſe , où l'autre eſtoit generale & ſans caü-
recutée avec tous les termes d'aigreur. Davantage , cette
tendit ſur les Marchands, qui par terre trafiquoient à An-
en qu'ils n'euſſent rien de commun avec ceux qui navi-
& leur ſaiſirent toutes leurs Marchandiſes qu'ils portoient
Chariots. J'obmets tant d'autres inſolences, qui ſeroient trop
reciter, par leſquelles on pourroit à plein connoiſtre com-
e Miniſtreſſe eſtoit cette Reine, des deſſeins , ſecrets, entre-
ctions de l'Empereur ſon frere. Et diſoit-on qu'alors ſi el-
attrapper mondit S. le Mareſchal & ſon armement, qu'el-
rt bien rétenu & rançonné pour un mignon & Favory du

, & butiné ; tant l'animofité & ambition d'un grand transpor-
n ame quelquefois. A quoy fçût trés-bien remedier par fa fagef-
dit S. Marefchal, tant pour l'aller que pour le retour ; dont il
ort loüé & eftimé, non pas pour ce fait feul, mais en plufieurs
s qui s'enfuivirent aprés, & en toutes les Armées ; où aprés
e Conneftable avoit toûjours la Principauté, & charge de com-
der, ou à l'avantgarde, ou en la bataille ou arrieregarde fur
etraites ; car il eftoit tout plein de valeur & fage conduite.
fit trés-bien au ravitaillement premier de Marienbourg, com-
il fit auffi à la bataille de S. Quentin, où il fut pris prifonnier
beaucoup de réputation, & l'efpée fanglante à la main : &
fut l'un des principaux moyenneurs de la Paix entre les deux
. Et puis la Guerre civile entrevenuë, d'autant qu'il eftoit trés-
& ferme Catholique, il fe montra fort ennemy des Hugue-
: & difoit-on que ce fut luy le premier qui fit l'affociation du
amvirat. Auffi les Huguenots l'haïffoient fort & l'appelloient Ar-
oufier de Ponent, & n'euffent fçû dire bien au vray pourquoy.
ut envoyé au devant de M. d'Andelot pour luy empefcher le
age de France avec fes Reiftres, mais il le trouva fi fort & mar-
nt en fi bel ordre, que le coftoyant pourtant toûjours pour en
er une occafion pour le combattre, jamais il ne put. Auffi que
d'Andelot ne vouloit que paffer & joindre Meffieurs le Prince &
dmiral : & mondit fieur Marefchal, eux ayans efté joints, fça-
nt qu'ils venoient affieger Corbeil, & prendre Paris par là, com-
on dit en commun Proverbe, il s'y alla jetter dedans & le gar-
fi bien, qu'ils en leverent le fiege & vinrent affieger Paris. J'ay
dire de bon lieu, & nous le tenions aucuns, que ce fut luy qui
onna l'ordre de la bataille de Dreux, qui fut à mode de croif-
t, mettant en chaque bataillon des gens de pied un Regiment de
ndarmerie, eftant pourtant en haye. Meffieurs de Guife & le Con-
table trouverent cette forme belle & bonne & la luy défererent,
t parce qu'ils le tenoient de bon efprit & avifé Capitaine, &
fi que tous trois s'entendoient fi bien, que ce que l'un vouloit l'au-
l'approuvoit, & n'avoient nulle conteftation enfemble, ce qui
fort rare.

Le matin avant la bataille il vint trouver M. de Guife en fa cham-
: qu'il n'eftoit pas encore jour, & y entrant, il demanda au jeu-
Tranchelion, brave Gentil-homme qui en fortoit, ce que M.
Guife faifoit. Il luy dit qu'il venoit d'ouïr la Meffe & faire fes
afques, & qu'il vouloit déjeuner pour monter à cheval. Ah ! Dieu,
: dit-il, car je l'ouïs & y eftois, je fuis bien malheureux que je
en aye autant fait & ne me fuis mieux préparé ; car le cœur me
t que j'auray aujourd'huy je ne fçay quoy. Ce jour-là il fit tout ce
u'un grand Capitaine pouvoit, fût de combattre & fût d'aller de
eçà & de-là à commander où il falloit ; mais le foir venu, ayant
chappé le grand hafard de tout le jour, & qu'on penfoit le tout

„ gagné,

---

gagné, parut une troup
s'eftoient rallieez par le m
foit-on, qui vinrent à ne
d'un nouveau & fecond
guere vû. M. le Marefch
de Guife & faifant en c
combat, parce que le fi
& haraffé tout le jour, & à
n'en pouvoit plus. Sur ce
de, Page de Chambre d
& brave & vaillant, qui
vençaux ; j'en parle ail
cheval ; vint à paffer un
fuivre ; fi bien qu'oubliai
toft fon brave cœur, il fe
la fervir fon Maiftre : q
hardiment au combat, &
berent par terre fans le p
Gentil-homme Huguenot
luy, vint un que l'on ap
avoit autrefois fait dép
bien par confifcation,
Piftolet dont il tomba m
rétraite tout le foir & to
fur les neuf heures, qu'à
parmy les morts, il fut
Bois prés lequel avoit eft
bien-fort, & plus que je
comme je vis, contre aux
voient rendre compte ny
abandonné & perdu, fans
trouvé & ne fut jamais v
& opinion de tous ceux q
il fut fort regretté d'a
de la Reine ; qu'on dit
Triumvirat qu'il falloi
opinion fut trouvée fort
ne femme de fon Roy,
elle & tout. Jufques-là qu
plus grand que luy, il la
menoit toûjours Madame
cruel pourtant. Quand il
de furprife à caufe du Cha
le Roy, & de force : au
rigoureufe Juftice qu'on d
portoit en foy aucune faç

,, gagné, parut une troupe de cinq cens Chevaux des vaincus, qui
,, s'eſtoient ralliez par le moyen de M. de la Noüe & d'Avaret, di-
,, ſoit-on, qui vinrent à nous pour rétenter la fortune & le haſard
,, d'un nouveau & ſecond combat, ce qui de nos temps ne s'eſt
,, guere vû. M. le Mareſchal le voulant aller réconnoiſtre avec M.
,, de Guiſe & faiſant en diligence chercher ſon ſecond Cheval de
,, combat, parce que le ſien premier il l'avoit ſi fort promené, laſſé
,, & haraſſé tout le jour, & à combattre & aller, venir & tourner qu'il
,, n'en pouvoit plus. Sur ce ſecond cheval eſtoit monté Pierre Gour-
,, de, Page de Chambre du Roy, gentil jeune homme Provençal
,, & brave & vaillant, qui fut tué en Perigord à la défaite des Pro-
,, vençaux ; j'en parle ailleurs. Par cas, eſtant monté ſur ce bon
,, cheval ; vint à paſſer un Reiſtre devant luy, & ſe mit à le pour-
,, ſuivre ; ſi bien qu'oubliant ſon devoir & ſa charge & croyant plû-
,, toſt ſon brave cœur, il ſe perdit en telle façon qu'il ne put en ce-
,, la ſervir ſon Maiſtre : qui s'aidant de ſon premier cheval alla trés-
,, hardiment au combat, & luy faillant au beſoin, tous deux tom-
,, berent par terre ſans ſe pouvoir relever. Sur ce il fut pris par un
,, Gentil-homme Huguenot, qui l'ayant monté en croupe derriere
,, luy, vint un que l'on appelloit Aubigny, à qui M. le Mareſchal
,, avoit autrefois fait déplaiſir, voir, diſoit-on, jouiſſoit de ſon
,, bien par confiſcation, qui le réconnut & luy donna un coup de
,, Piſtolet dont il tomba mort par terre. On le trouva à dire ſur la
,, rétraite tout le ſoir & toute la nuit, juſques au matin lendemain
,, ſur les neuf heures, qu'aprés avoir eſté bien cherché & recherché
,, parmy les morts, il fut trouvé dans un petit foſſé à l'entrée du
,, Bois prés lequel avoit eſté fait le combat. M. de Guiſe le regretta
,, bien-fort, & plus que je ne ſçaurois dire, & ſe courrouça fort
,, comme je vis, contre aucuns des ſiens que je ne dis, qui ne ſça-
,, voient rendre compte ny nouvelles de luy, & qui l'avoient ainſi
,, abandonné & perdu, ſans dire ce qu'il eſtoit devenu. Enfin il fut là
,, trouvé & ne fut jamais vû un plus bel homme mort, par le dire
,, & opinion de tous ceux qui le virent, & de moy auſſi.

,, Il fut fort regretté d'aucuns, & d'autres nullement, & meſme
,, de la Reine ; qu'on diſoit avoir débattu au Conſeil eſtroit du
,, Triumvirat qu'il la falloit jetter dans un ſac dans l'eau : laquelle
,, opinion fut trouvée fort eſtrange, d'opiner ainſi la mort de la Rei-
,, ne femme de ſon Roy, & qui l'avoit tant aimé & favoriſé, &
,, elle & tout. Juſques-là que quaſi ordinairement quand il n'y avoit
,, plus grand que luy, il la menoit danſer le grand Bal ; car le Roy
,, menoit toûjours Madame ſa ſœur : ſi ne l'avoit-on jamais trouvé
,, cruel pourtant. Quand il prit Poitiers aux premiers troubles, &
,, de ſurpriſe à cauſe du Chaſteau que le Tréſorier Pineau tenoit pour
,, le Roy, & de force : ainſi il n'y exerça ſi grande cruauté ny ſi
,, rigoureuſe Juſtice qu'on diſoit qu'il devoit faire. Auſſi ſon viſage ne
,, portoit en ſoy aucune façon cruelle, car il eſtoit fort beau & de

„bonne grace, la parole belle & l'esprit gentil & bon jugement &
„bonne cervelle : & comme on voit en tous arts , & sur tout en
„celuy de la Guerre , les personnes qui ont un tel don de Nature y
„apprendre aussi-tost & mieux , & s'y faire plus experts que les gros-
„sieres, idiotes & tardives ; de mesme en fut ce Mareschal , car en
„ses jeunes ans il se rendit meilleur Capitaine pour si peu de Guerre
„qu'il avoit pratiqué, qu'un autre en plus vieilles années & plus lon-
„gues experiences , ainsi qu'il a fait paroistre en toutes les charges
„qu'il a euës & les Factions qu'il a exercées ; dont entr'autres fut
„la retraite, qui est fort à noter, qu'il fit au retour du camp de Va-
„lenciennes auprés du Quesnoy menant l'arrieregarde. Le Roy Hen-
„ry donc ayant demeuré long-temps devant Valenciennes , défiant
„tous les jours à la bataille l'Empereur Charles, qui s'estoit si bien
„retranché, qu'il n'estoit pas possible au diable mesme de le ravoir
„& tirer de-là : il s'avise de s'en déloger & aller assieger quelque
„Place, qui fut Renty, pour l'attirer à ce qu'il desiroit le plus. Et
„ainsi qu'il marchoit droit & que mondit sieur Mareschal menoit
„l'arrieregarde , & faisant la retraite à la queuë avec deux mille
„chevaux seulement , tant de Gendarmerie que Cavalerie Legere ,
„conduits par Messieurs d'Aumale Colonel , le Seigneur Paolo Bap-
„tiste Fregouse vieux & gentil Capitaine de Chevaux Legers , le
„Prince de Condé , Messieurs le grand Prieur de France, le Mar-
„quis d'Elbeuf son frere , de Damville , de Suze , de Sault, & de
„Cursol, tous avec leurs Compagnies de Chevaux Legers , & avec
„eux le Capitaine Lancques avec sa Compagnie d'Arquebusiers à che-
„val , qu'on dit n'en avoir jamais vû de plus belle en France & cel-
„le de Salcede aux premiers troubles, aprés celle de M. le Mareschal
„de Strozze devant Marolles, comme j'ay dit. Car ledit Capitaine
„Lancques [*de l'illustre Maison de Choiseul*] estoit un trés-bon Ca-
„pitaine, qui les sçavoit bien mener & qui avoit une fort belle fa-
„çon & représentation brave, car il estoit fort grand , haut & pro-
„portionné à l'avenant , ses Arquebusiers toûjours bien choisis &
„montez sur de bons Courtauts , dont le moindre de ce temps va-
„loit bien soixante escus, aujourd'huy vaudroient bien le double ,
„& tous portans de fort grandes Arquebuses à Roüet & bonnes ,
„qui ne failloient jamais, ainsi que portent aujourd'huy aucuns Ca-
„rabins Espagnols. La Compagnie estoit de cent chevaux & mar-
„choient toûjours avec la Cavalerie. Il avoit appris cela de M. de
„Strozze, ce disoit M. de Guise , qui loüoit fort & le Capitaine &
„les Soldats , ainsi que je luy ay vû discourir d'autrefois.

„Pour la Gendarmerie qui y estoit , il y avoit deux Regimens, à
„l'un desquels commandoit ce brave & genereux M. d'Enguien , &
„à l'autre le Vicomte de Turenne, un Chevalier tout plein d'hon-
„neur & de valeur, ainsi qu'il fit paroistre à sa mort à la bataille de
„S. Quentin. Toutefois ces braves troupes marchans en un bel or-
„dre vinrent à découvrir à Quesnoy six mille Chevaux de l'Empe-

„reur que conduisoit M. de Savoye, qui venoient droit à eux, &
„dés-ja les premiers s'attaquoient aux derniers des nostres. M. le Ma-
„reschal voyant la partie n'estre pas égale, ny les forces non plus,
„& que de secours il n'en falloit esperer de l'avantgarde & bataille,
„qui estoient dés-ja bien loin d'un Ruisseau qu'il leur falloit passer,
„vint à considerer qu'attendre les ennemis plus long-temps, ce seroit
„se perdre manifestement, de passer aussi le ruisseau soudainement,
„ce seroit autant donner frayeur, desordre & embarras aux siens à ce
„passage d'eau, & donner cœur & avantage aux ennemis de suivre
„à toute bride & de donner en dos aux Fuyards, estant le passage si
„estroit qu'on ne pouvoit que passer à la file, & pour ce l'ennemy en
„eut eu tel marché qu'il eut voulu. Sur cette consideration M. le Ma-
„reschal prend aussi-tost résolution, & sur le champ sans tant son-
„ger, ce qui est de bon avis, de montrer visage & faire contenan-
„ce de vouloir combattre & d'avoir plus de forces que les ennemis
„n'avoient découvert, si bien qu'eux furent en suspens de faire la
„charge ou de la recevoir, & ainsi songerent quelque temps pour
„s'avancer. Cependant M. le Mareschal fait dérober devant & derrie-
„re luy ses troupes les unes après les autres tout bellement, à celle
„fin que l'ennemy ne s'apperçût qu'il y eut aucune place vuide ny
„désemparée, & à maniere que les unes déplaçoient, les autres ve-
„noient à prendre leur place & faisoient teste, en approchant du
„Ruisseau toûjours pourtant : & ainsi se déplaçans & réplaçans
„les unes & les autres, jamais les ennemis ne s'en pûrent apperce-
„voir. Et ce qui donna encore après à penser à eux, c'est qu'à ma-
„niere que les troupes qui avoient passé le Ruisseau, elles prenoient
„place de bataille aussi-tost & se presentoient à eux, qui les mettoient
„en grand doute s'ils estoient deçà ou de-là l'eau : & entrerent en
„opinion que l'armée y estoit pour toute donner bataille, ce qui les fit
„tenir sur bride, jusques à ce qu'ils se donnerent la garde qu'ils virent
„toutes nos troupes passées de-là le Ruisseau & placées, fors quelques
„Chevaux Legers des Seigneurs de Sault, Suze & Cursol, qui toû-
„jours escarmouchoient, cependant que les nostres donnoient le loisir
„de passer : & puis se rétirerent en belle contenance jusques à ce
„qu'ils furent au Ruisseau. Et lors les ennemis les chargerent à toute
„bride sur cette belle occasion, mais ils trouverent-là les Arquebu-
„siers du Capitaine Lancques, qui fit un trés-grand service. Voilà
„comme l'on devoit faire à la bataille de S. Quentin touchant ces
„Arquebusiers, & comme fit aussi grand M. de Guise le dernier
„contre l'armée du Baron de Done, à ce passage de Ruisseau, com-
„me j'en parle ailleurs, qui le reçurent & arresterent tout à coup à
„belles Arquebusades : dont ce fut à eux à ne passer plus outre & à
„se retirer, & les nostres de mesme, toûjours & moult belle ordon-
„nance de Guerre.
„ Voilà un exploit de ce Mareschal qui fut fort estimé des nostres
„& des ennemis, comme certes il estoit trés-digne d'admiration,

tant se prise une belle retraite , & telle que celle-là , com-
n combat sanglant , ainsi que j'espere en faire un Discours à
Et si M. le Mareschal aoquit là beaucoup de réputation , j'ay
ire que les grands Capitaines , qui estoient-là de l'Empereur
commander , eurent-là grande faute d'yeux , de jugement , de
ge , & volonté de combattre , & mesme estans six mille che-
contre deux mille. Qu'ils devoient bien estendre les yeux &
jugement pour les bien réconnoistre , & puis les trouvans en
de nombre , les charger à toute bride , sans marchander tant
e petites escarmouches. Toutefois ceux qui excusent les Im-
ix , disent que M. le Mareschal s'estoit placé si bien , en lieu
ntageux & commode , ce qui fut un trait de grand Capitaine ,
e le lieu par hasard s'y adonnât , qu'ils en firent perdre aux
nis la vûë , & la connoissance & le jugement. Ce bel exploit
plusieurs autres donne bien à croire à une infinité de person-
que non sans cause il prit pour sa Devise le bras & l'espée d'A-
dre le Grand , coupant le nœud indissoluble en Gordie Palais
ue de Midas , donnant à entendre certain moyen qu'il tenoit
que les autres , à rendre par sa vertu faciles & aisées les cho-
timées de plusieurs difficiles & impossibles. Les mots de la De-
stoient , *Nodos virtute resolvo.*
tre cette excellente vertu de Guerre qui estoit en luy , il se
oit fort aussi à employer sa faveur à l'endroit du Roy pour les
de bien & d'honneur qui en faisoient profession , & leur fai-
faire force bienfaits. Je me souviens qu'au retour du siege de
, il fit donner au Roy , de son espargne , au Capitaine Bour-
, mon puisné frere , douze cens escus , qui estoient comme
rd'huy trois mille , pour avoir esté blessé à Metz à une sortie
our sur le camp du Marquis Albert , de trois grandes Arque-
es , deux dans le col , l'autre au mitan du bras , dont il cui-
nourir sans M⁵. Doublet Chirurgien de M. de Nemours , qui ce
s-là emportoit la vogue des Chirurgiens de France , & fit de-
Mets d'estranges cures , & un-chacun alloit à luy ; bien qu'y
Maistre Ambroise Paré , tant rénommé depuis & tenu pour le
ier de son temps. Et toutes ces choses faisoit ledit Doublet par du
le linge blanc & belle eau simple venant de la fontaine ou du
s ; mais sur cela il s'aidoit de sortileges & paroles charmées ,
me il y a encore force gens aujourd'huy qui l'ont veu , qui l'as-
ent. Du depuis j'ay veu S. Just d'Allegre qui s'en mesloit de mes-
, & vis comme il se presenta à feu M. de Guise , lors qu'il fut
é à Orleans dont il mourut , & gageoit sa vie qu'il le gueri-
: Jamais ce bon Prince vertueux & courageux ne voulut qu'il y
la main , disant qu'il aimoit mieux mourir que de s'aider pour
guerison d'un tel art diabolique & offenser en cela Dieu.
our faire fin , ce grand Mareschal meritoit bien la faveur qu'il
it de son Roy , car s'il l'employoit pour soy , il ne l'espargnoit

---

DE MICHEL

» nollement pour les honne
» ordinairement mieux que
» honnestes , comme de M.
» nant de Gendarmes , Hug
» Denis en trés-brave Seig
» raret , de Lenoncourt ,
» Russec dit S. Brice , des P
» Camille de Sere , du jeune
» vray , bref d'une infinité
» sible aussi m'en souviendr
» je veux faire fin , sans p
» gneur , bien que j'aye b

DE GABRIEL DE

ON ne sçauroit mieux f
gneur & la perte que l
stoit le quatriéme de cinq f
nestable Ducs de Montmore
ce & le S. de Thoré , & que
pere , qui estoit le grand C
Il luy donna le nom de Mon
nie portion du Comté d'An
de Savoye sa femme , à la
François premier son fils à
qu'il luy sentit du cœur , il n
Guerre , où il éprouva ce no
le mena à la bataille de S. Q
Cette participation de disgra
se à l'estime qu'il faisoit de sa
de passion que de voir sa for
& comme tous ses sentimens
dans sa famille , il eut enco
sie , tous ses enfans conenbuo
vingt mille escus pour la ran
ge de huit ans obtenu du Roy
Bastille , il y adjousta encore
de Vincennes. L'an 1561. il
commença son premier comm
ces des Ordonnances du Roy
& aussi prématurée que le co
d'estre fait Chevalier de l'Ord
accompli , il servit encore
Condé , & ce fut là qu'il eut c
qui garda son ressentiment po

„nollement pour les honneſtes gens & de valeur. Auſſi l'ay-je vû ſuivy
„ordinairement mieux que Prince & Seigneur de la Cour, & des plus
„honneſtes, comme de M. le Comte de Sault, qui eſtoit ſon Lieute-
„nant de Gendarmes, Huguenot depuis & mort à la bataille de ſaint
„Denis en trés-brave Seigneur, de Monſalez, de la Chaſtre, d'A-
„varet, de Lenoncourt, du jeune Pardillan, de Royaumont, de
„Ruffec dit S. Brice, des Pruneaux, de Jurignac, Duſſat, du Señor
„Camille de Sere, du jeune Villeclair, de Bourg, du Capitaine Rou-
„vray, bref d'une infinité d'autres dont je ne me ſouviens pas. Poſ-
„ſible auſſi m'en ſouviendrois-je ſi j'y voulois un peu penſer ; mais
„je veux faire fin, ſans paſſer plus outre ſur le ſujet de ce Sei-
„gneur, bien que j'aye beau m'arreſter.

DE GABRIEL DE MONTMORENCY BARON
de Montberon.

ON ne ſçauroit mieux faire connoiſtre le merite de ce jeune Seigneur & la perte que la France fit à ſa mort, que de dire qu'il
eſtoit le quatriéme de cinq fils trés-illuſtres, le Mareſchal & le Conneſtable Ducs de Montmorency, le Duc de Damville Admiral de France & le S. de Thoré, & que de tous les cinq il eſtoit le plus aimé du
pere, qui eſtoit le grand Conneſtable Anne Duc de Montmorency.
Il luy donna le nom de Montberon, à cauſe que cette noble Baronnie portion du Comté d'Angouleſme luy fut apportée par Madelaine
de Savoye ſa femme, à laquelle Loüiſe de Savoye ſa tante & le Roy
François premier ſon fils l'avoient donnée en mariage : & d'abord
qu'il luy ſentit du cœur, il ne l'épargna point dans les fatigues de la
Guerre, où il éprouva ce noble Aiglon dés l'âge de quatorze ans qu'il
le mena à la bataille de S. Quentin, où il combattit auprés de luy.
Cette participation de diſgrace adjouſta tant d'affection & de tendreſ-
ſe à l'eſtime qu'il faiſoit de ſa valeur, qu'il n'eut point de plus grande paſſion que de voir ſa fortune auſſi eſtablie que celle de ſes aiſnez :
& comme tous ſes ſentimens eſtoient ſuivis avec un extréme reſpect
dans ſa famille, il eut encore cette joye qu'au lieu d'en avoir jalouſie, tous ſes enfans contribuoient à une ſi juſte inclination. Il paya
vingt mille eſcus pour la rançon de ce cher fils, & luy ayant dés l'â-
ge de huit ans obtenu du Roy la ſurvivance de la Capitainerie de la
Baſtille, il y adjouſta encore dix ans aprés, l'an 1560. celle du Bois
de Vincennes. L'an 1561. il ſe ſignala au ſiege de Roüen, où il
commença ſon premier commandement comme Capitaine de 50. Lances des Ordonnances du Roy, & merita cette grace extraordinaire
& auſſi prématurée que le courage & la prudence qu'il témoigna,
d'eſtre fait Chevalier de l'Ordre du Roy avant l'âge de dix-huit ans
accomplis, il ſervit encore à l'approche de Paris par le Prince de
Condé, & ce fut là qu'il eut querelle avec un Eſcuyer de ce Prince,
qui garda ſon reſſentiment pour la premiere occaſion, qui peu de

jours aprés fe prefenta à la bataille de Dreux. Il y fit merveilles de combattre auprés de fon pere, où il fut enveloppé & tué d'un coup de Piftolet à la tefte par cet Efcuyer. Sa perte fut plus fenfible au Conneftable que celle de fa liberté, & accrut encore le déplaifir de toute fa maifon, qui luy fit des Funerailles magnifiques en l'Eglife de Montmorency, & on y porta en grande ceremonie toutes les Piéces honorables qui fervoient alors à la Pompe des Enterremens des grands Seigneurs. François de Montmorency Marefchal de France Gouverneur de Paris mena le deuil, & l'Epitaphe fuivante, luy ayant efté peu de temps aprés prefentée pour fa confolation par le Poëte Jodelle & non par Ronfard comme aucuns ont crû, il la trouva fi belle, qu'il la fit efcrire fur du Velin enrichy de plufieurs Trophées de miniature, avec la réprefentation du defunt, armé de toutes pieces gifant fur fon Tombeau, & aprés l'avoir fait enchaffer dans un Tableau, l'envoya mettre contre un Pilier à main droite le plus proche de la Sepulture de fon frere. Elle eft imprimée dans l'Hiftoire de la Maifon de Montmorency du S. du Chefne, qui luy donne pour brifeure de fes armes, la Croix de Savoye fur la Croix de gueules. C'eftoit celle du S. de Thoré fon frere aifné, & la fienne eftoit un croiffant d'argent chef de la Croix. Comme cette Hiftoire eft à prefent trésrare, & comme la Piece merite d'eftre plus publique; je la donneray icy, & j'y adjoûteray les infcriptions Latines qui n'ont point efté publiées. Je le fais d'autant plus volontiers que les Ligueurs jaloux de la gloire de cette Race fameufe en ont effacé quelques lignes que je reftabliray icy.

P ASSANT, *qui viens pour voir ma Sepulture*
Arrefte-toy, & lis cette Efcriture:
Incontinent tu pourras rétourner
En ta Maifon fans guere féjourner;
Car briévement fi tu en as envie,
Je te diray mes Parens & ma vie.
GABRIEL *fuis, qui de* MONTMORENCY
Portois le Nom quand je vivois icy:
Maifon qui eft des premieres de France,
Dont les Honneurs, la Gloire & l'Excellence,
De Race en Race & d'âge en âge a fait
Luire fon Nom vertueux & parfait.
De telle Race icy je pris mon eftre,
Laquelle a fait trois * *Conneftables naiftre,*
Et a produit en fertile abondance,
Maint Admiral & Marefchal de France;
Entre lefquels ANNE *fut le premier,*
Lequel changea le titre coutumier,
De fes Ayeux, qui par tout rénommez
PREMIERS BARONS *de France eftoient nommez.*
  Or ceftuy-cy pour fa rare vertu,
Pour bien fervir les Rois qu'il avoit veu,
Par fon Confeil, hardieffe & prudence,
Fut créé Duc & Pair en récompenfe.
Bien qu'il pût tout comme un fervant loyal,

* Il y a eu fix Conneftables de France, fix Marefchaux, trois Admiraux, &c.

Vers la grandeur de son Maistre Royal,
Oncq à ses fils ne donna Benefices,
Les destinant aux Martiaux services
Des Rois ; afin que leur cœur valeureux,
En imitant le pere genereux,
Par Armes fit florir la Rénommée
De leur Maison, sur toutes estimée.

De ce grand Duc je fus quatriéme fils,
N'ayant vingt ans ô mort ! quand tu me fis
Mourir prés Dreux au milieu des Allarmes,
Ja commandant à cinquante hommes d'Armes.
Là combattant pour l'honneur de mon Roy,
Je fus tué, ayant fait apparestre
Aux Ennemis combien pouvoit ma Dextre:
Comme j'avois d'un cœur vaillant & haut
Fait à Roüen quand on la prit d'assaut :
Comme à quinze ans je fis à la Journée
De saint Quentin, lors que la destinée,
Par un désastre aux François mal prospere,
Me fit, helas ! captif avec mon pere.
En ma Prison, où je fus longuement,
Je gouvernay mon fait si sagement,
Qu'en plusieurs lieux, l'Allemagne & la Flandre
Firent honneur à ma jeunesse tendre.

Or tout ainsi que mon Pere autrefois
Estant captif accorda deux grands Rois,
Qui des Chrestiens sous eux tenoient l'Empire,
Pour le repos du Peuple je desire,
Que la Prison où maintenant il est
Luy soit heureuse, & mette quelqu'arrest
Au grand brasier de la Guerre Civile *,*
Par un accord honorable & utile.

Dans mon Sepulcre encore j'ay horreur
De voir la France ardente de fureur,
Qui se combat & se tuë elle-mesme,
Estant tombée en tout danger extréme;
Que l'Estranger la voyant tourmenter
À la parfin ne la vienne dompter.

O Dieu ! Seigneur de toute créature,
Si l'Oraison d'une Ame qui est pure
Te vient à gré, prend de France pitié,
Et ces discors tournes en amitié,
Fay desarmer leurs mains de sang trempées,
Laisse roüiller au Fourreau leurs Espées:
Chasse la Guerre, & par ta grace fais
Fleurir par tout le bonheur de la Paix.

Or toy, Passant, qui as oüy ces choses,
Verse sur moy des œuillets & des Roses,
Puis en versant ces fleurs hors de tes mains,
Pense aux malheurs qui, viennent aux humains,
En Dieu sans plus ton esperance fonde,
Et ne t'arreste aux honneurs de ce Monde.

* Ce vœu s'accomplit par la Paix d'Orleans. 1563.

Sur les deux volets qui ferment ce Tableau, sont ces deux inscriptions en grosses lettres d'or, l'une au dehors & l'autre au dedans.

Deo immortali & Christo Gentium liberatori , salutem. Gabrieli Montmorantio Annæ Montm. Connestabilis filio , L. gravis armaturæ Equitum Præfecto , Juveni mirifica virtutis indole prædito. Franciscus Montm. Franciæ Marescallus frater primigenius , fratri incomparabili hoc Monumentum fraternæ pietatis ergò mœrens posuit , anno post natum Christum 1562. Cecidit in acie civili ad Marvillam juxta patrem 14. Kal. Janu. hoc eodem anno & ætatis suæ 20. fortissimè pugnans.

Posteritati Franciscus Montmorantius in honorem & memoriam Gabrielis Montm. fratris dulcissimi, suavissimæ conjunctionis præteritæ acerbissima recordatione affectus hoc Monumentum fieri curavit.

Le sieur de Brantosme luy donne sa place entre les Illustres de son temps par ce petit Discours , ensuite de ce qu'il dit de ses deux freres aisnez , mais il se trompe de le faire troisiéme fils. Il n'estoit que le quatriéme , & nasquit depuis le S. de Meru depuis Duc de Damville , Pair & Admiral de France. C'est ainsi qu'il parle de luy. „De ces deux Messieurs de Montmorency leur troisiéme frere fut M. „de Montberon , qui portoit ce nom à cause de la Baronie de Mont- „beron qu'on tient la premiere d'Angoûmois ; que feu M. le Con- „nestable avoit eu des biens du S. & Baron de Montberon [*il estoit* „*mal-informé*] ayeul de Madame de Bourdeille d'aujourd'huy , qui „est Chef du nom & armes de Montberon , Maison trés-illustre & „ancienne autant qu'il en soit en Guyenne [*le Comte de Fontaines* „*Chalendray en est encore & cette Maison, appellée en Latin* de Mon- „te *Berulphi, est issuë des anciens Comtes d'Angoulesme*] & voilà com- „me les Maisons se perdent aux vrais Heritiers pour le mauvais mé- „nagement des Peres. Il falloit bien dire que M. le Connestable esti- „moit ce nom & Baronie de Montberon, puis qu'ayant tant de belles „& grandes autres Terres, il ne vouloit que son troisiéme fils portât „autre titre que de Seigneur de Montberon. Certes le titre en est „beau , mais aussi celuy qui le portoit l'honoroit & l'illustroit bien „aussi ; car c'estoit un Seigneur des gentils de France & aussi accom- „ply , & qui promettoit autant de luy quelque chose de grand, s'il „eut vescu davantage. Il estoit trés-beau Gentil-homme , & disoit- „on, qu'il estoit le plus beau de ses freres , comme je le croy, pour „les avoir vûs tous & pratiquez. Il estoit brave & vaillant. „ Il fut pris jeune garçon prisonnier à la bataille de S. Quentin „avec M. son pere, en combattant vaillamment & secourant le pe- „re. Philippe le Hardy acquit le nom de Hardy, pour jeune garçon- „net qu'il estoit n'avoir jamais abandonné son pere le Roy Jean à la „bataille de Poitiers , & combattit vaillamment prés de luy, & fut „avec luy prisonnier. De mesme en fit M. de Montberon en cette „bataille prés du pere , & pour couronner sa vaillantise, il se tint si „prés du pere à la bataille de Dreux & l'assista toûjours si bien, que „combattant vaillamment, il fut tué prés du pere. Voilà une belle & „honorable fortune du fils , d'avoir ainsi montré au pere sa generosité

„sté pie & charitable avant mourir : aussi le pere le regretta fort,
„car il l'aimoit & le connoissoit fort genereux. Il ne pouvoit estre
„autre, car il estoit haut à la main & un peu superbe; mais sa gloi-
„re & superbeté estoit supportable, tant elle estoit belle & agréable :
„& qui a cette condition, faut qu'il se propose d'entretenir cette
„gloire toûjours par quelque acte genereux & nullement réprocha-
„ble, autrement il est perdu & faut qu'il s'aille cacher; ainsi que
„j'en ay veu plusieurs, ausquels quand un tel malheur arrivoit d'a-
„voir fait quelque poltronnerie avec leur gloire, n'ont pas esté bons à
„jetter aux chiens, mais ceux qui ont accompagné toûjours leur su-
„perbeté par leur vaillance, ont esté toûjours plus craints & esti-
„mez, & supportables les uns plus que les autres.

DU SIEUR DE LA BROSSE CHEVALIER
de l'Ordre.

Toutes les Histoires du temps parlent avec Eloge de ce Seigneur de la Brosse, qui fit également admirer sa valeur & sa
prudence en France & en Escosse, & que nous aurions compté parmy nos Mareschaux, si la Fortune n'estoit toûjours trop lente, ou
plûtost si elle n'estoit trop contraire à ceux, qui ont plus à esperer de
leur vertu que de leur naissance. Je ne puis pour le present rien
dire de celle de ce Seigneur de la Brosse, parce qu'il ne s'en trouve rien,
& parce que sa Maison fut esteinte avec luy en la personne de son fils,
qui fut aussi tué en cette sanglante journée. Il s'en faut prendre encore à l'abus qui commença en son temps, & qui continuë si fort
au nostre, que la plûpart des belles actions sont perduës pour les
familles, pour estre faites sous des Noms nouveaux & incertains, qui
sient plus mal à qui que ce soit, que le veritable surnom de sa Maison, de quelque titre de Marquisat ou de Comté qu'on les releve.
Comme nous sommes dans le siecle du monde le plus vain, je ne
doute point que nous ne voyons bien-tost à l'encan mille Noms très-
illustres, qui sont abandonnez à la venalité ou à l'ignorance des Auteurs, & il ne faut pour témoignage de cela que le Promptuaire Ar-
morial imprimé cette année; où il y a plus de fautes que de mots
& plus de mensonges que de veritez; & de l'Auteur duquel je ne
sçay si je dois plus admirer la temerité que l'ignorance.

Le sieur de Brantosme parle de ce Seigneur de la Brosse plus particulierement que personne dans cet Eloge, qu'il mesle à propos de
son merite dans le discours qu'il fait du Mareschal de Vieille-ville,
qui herita par sa mort du Baston du Mareschal de S. André, que le
„Duc de Guise, duquel il estoit créature, eut fait tomber, dit-il, au
„bon homme M. de la Brosse, s'il ne fût mort à la bataille de
„Dreux; car il l'aimoit & honoroit beaucoup. Aussi le meritoit-il,
„pour avoir esté un Chevalier d'honneur & sans réproche, & bien
„que mondit Seigneur de Guise fût un trés-grand Capitaine; si con-

Tome II.   M

„fultoit-il toûjours ce bon & honorable vieillard : qui eftoit à dire
„qu'il eftoit Capitaine trés-fuffifant, à mon gré & de beaucoup d'au-
„tres. C'eftoit le plus doux & gracieux homme de Guerre qu'on eut
„fçû voir, & qui commandoit auffi gracieufement & donnoit fes
„avis par paroles fi douces & fi benignes, qu'un-chacun l'en eftimoit
„davantage : bien au contraire de fon compagnon M. de Sanfac
„[*c'eft que tous deux avoient efté mis enfemble auprés du petit Roy*
„*François pour veiller à fa conduite & pour l'entretenir dans les belles*
„*Maximes, non en qualité de Gouverneurs, mais des Confeillers*] qui
„eftoit le plus bravant & rude à la Guerre & à la Chaffe qu'on vit
„jamais. De plus il avoit l'entretien fi honnefte & fi doux, duquel
„on faifoit fi bien fon profit, & eftoit fort humble à un-chacun.
„ Je me fouviens que le matin de la bataille de Dreux que c'eftoit
„de fort grand matin & qu'il faifoit un froid extréme, ainfi que
„l'on ordonnoit des batailles, ce bon homme vint paffer devant le
„S. de Beaulieu Capitaine de Galeres, & moy. Nous le faluafmes &
„luy oftafmes le chapeau fort reverencieufement. Il nous l'ofta auffi
„en nous difant, hé! comment, Meffieurs, en ce froid oftez-vous le
„chapeau. Nous luy répondifmes, à qui Monfieur le pouvons-nous
„ofter mieux qu'à vous, qui eftes l'un des honorables & anciens
„Chevaliers qui foit en cette armée? il nous répondit, helas ! Mef-
„fieurs, je ne fuis que des moindres, puis dit, je ne fçay que ç'en fe-
„ra aujourd'huy de cette bataille, mais le cœur me dit que j'y de-
„meureray. Auffi eft-ce trop vefcu pour mon âge, là où il me fait
„beau voir de porter la Lance & l'enfanglanter, où je devrois
„eftre retiré chez-moy à prier Dieu de me pardonner de mes offen-
„fes & jeuneffes paffées, & ainfi fe départit d'avec nous que M. de
„Guife le faifoit appeller, car il le vouloit toûjours confulter. Quand
„ils eftoient de féjour & qu'ils n'avoient rien à faire que paffer un peu
„le temps, vous les euffiez veu tous deux confommer une aprés-dif-
„née à joüer à la Renette du Tablier, & les y faifoit trés-bon voir
„& débattre leurs petits differens, quand ils en avoient en-
„femble, entremeflans toûjours quelques bons mots & devis trés-
„beaux & bons ; dont l'affiftance en faifoit bien fon profit. Tant y
„a que la mort devoit avoir épargné cet honorable vieillard pour un
„an au moins, afin qu'il fuft mort en un eftat qu'il meritoit trés-
„bien, que celuy de Marefchal de France : dont il en tiroit l'eftat
„& la penfion dés-lors qu'il fut élû avec M. de Sanfac [*Loüis Pre-*
„*voft*] pour eftre prés de la perfonne du Roy François II. enfin il
„mourut avec une trés-belle réputation en la bataille âgé de 80. ans ou
„prés. Cette mort luy fut plus honorable que cet eftat, s'il eut furvefcu.
„J'ay ouï dire qu'il fe mit fort tard au Meftier de la Guerre, voir,
„en l'âge de trente ans, auquel âge il apprit fi bien, qu'il fut Lieu-
„tenant Colonel de M. de Guife. Il fut Gouverneur de M. de Lon-
„gueville, forty de Madame de Longueville, depuis Reine d'Efcoffe
„[*François Duc de Longueville mort jeune*] & puis fut envoyé en Ef-
„coffe, où il fervit trés-bien.

En ce temps-là, quiconque meritoit d'eftre Marefchal de France, eftoit autant honoré que s'il l'eut efté, parce que le nombre en eftoit borné ; mais depuis les Minoritez, qui ont changé les interefts & le Gouvernement de l'Eftat, cette charge eftant plufieurs fois entrée en compenfation plûtoft qu'en récompenfe, & ayant efté multipliée felon toutes les occafions qui fe font prefentées, non feulement de réconnoiftre quelque fervice fort récommendable ou bien fort ré-commendé, mais encore de fatisfaire à l'ambition de quelque efprit rédoutable dans fon mécontentement ou par fes intrigues, on n'en limite plus le nombre. Auffi cette dignité commence-t-elle à fe de-firer autant pour les honneurs du Louvre que pour ceux des armées, & on a fort bien rencontré de dire en nos jours que fi ce n'eft plus une marque certaine d'un merite éminent, que d'eftre Marefchal de France, c'eft un témoignage de manque de faveur & de crédit que de ne l'eftre pas. Si bien que par la mefme raifon on feroit injuftice à ceux qui en font la fonction à la Guerre, & qui s'expofent à tou-tes fortes de perils pour y parvenir, fi on ne les en récompen-foit. Ceux-là tous comparables au vaillant Ajax, auroient droit de demander comme luy, qu'on jettât ce Bafton au milieu des ennemis, pour voir à qui les emporteroit des enfans de Mars ou de ceux de la fortune. Si Philippe de Torcy Seigneur de la Tour & de Lyndebeuf Gouverneur d'Arras, avoit terminé en bataille tant d'illuftres années, il auroit efté le vray Seigneur de la Broffe de noftre fiecle, pour avoir auffi long-temps vefcu, pour avoir mené la mefme vie & pour avoir merité la mefme récompenfe par la mefme réputation, de va-leur, d'experience dans les armes, de bonté & de probité. J'ay cru eftre obligé de rendre ce devoir à la memoire d'un fi grand Homme, en le citant icy pour exemple de ce que j'ay dit au commencement de cet Eloge touchant l'équivoque des furnoms, qui m'a empefché de fixer la Maifon & l'origine de ce Seigneur de la Broffe, pour révendiquer & rendre à la France, ce que l'Auteur de la Coro-na della Nobiltà d'Italia, donne à l'Italie, en attribuant fous le Nom de la Tour à un de la Maifon des anciens Turrians de Milan, tout ce que ce Seigneur de la Tour, du Nom de Torcy fit de ge-nereux & d'heroïque à la défenfe de Cazal, dont il eftoit Gouver-neur. Je ne puis que je ne me ferve encore de cette occafion de pro-pofer ce Chevalier fans réproche pour modéle & pour regle de leur conduite à tous les autres Gouverneurs des Places de Conquefte : & c'eft affez pour cela de dire qu'il a fi peu ufé du pouvoir de fe ren-dre le plus riche, qu'il eft mort à quatre-vingt ans le plus pauvre Gentil-homme de fa qualité, & qu'il a efté regretté comme pere par les Peuples qu'il gouvernoit.

DU SIEUR DE BEAUVAIS-NANGIS CHEVALIER
de l'Ordre.

NOus avons parlé en la page 366. du premier Volume de ce Nicolas de Brichanteau S. de Beauvais-Nangis, parmy les Chevaliers de l'Ordre, faits à Poiſſy le jour de S. Michel l'an 1560. mais comme le lieu ne me permettoit pas de. m'étendre beaucoup ſur ſon merite & ſur celuy de ſa Maiſon ; j'en parleray plus amplement au ſujet de cette mort honorable pour le ſervice de Dieu & de ſon Roy. Il eſtoit également ſage & vaillant , il entendoit la Guerre & avoit avec cela toutes les parties neceſſaires à un homme de Cour , & à un homme ambitieux comme luy. Antoine de Bourbon Roy de Navarre récompenſa ſes premiers ſervices de la charge de Lieutenant de ſa Compagnie de Gendarmes , & cela ſervit aſſez à l'eſtime de ce Gentil-homme, qui s'en tint fort honoré , mais qui ne prétendit pas que cela dût borner ſa fortune , juſques à ce qu'il s'apperçût que la faveur du ſieur d'Eſcars luy eſtoit un obſtable perpetuel. J'ay déja rémarqué en parlant de ce Roy, qu'il n'y a rien qui faſſe perdre à un Prince toutes ſes créatures , que de ſe laiſſer ſi abſolument gouverner par un ſeul ; car ſi ce n'eſt un Souverain qu'on ſoit obligé de ſervir comme ſon Sujet , il eſt bien ſenſible de dépendre des mauvais offices d'un Favory , qui eſt toûjours en garde contre la vertu & contre la réputation de ceux qui approchent de ſon Maiſtre , & qui ne doutant point qu'on ne le doive haïr par une juſte rétribution de l'averſion qu'il a pour les Perſonnes de merite , tâche plûtoſt à les éloigner qu'à les rétenir auprés de luy. Ceux qui gouvernent gagnent doublement à s'attirer cette ſorte de mal-contens , ils ſont bien aiſes de faire perdre une Perſonne de ſervice à un Prince qui leur eſt ſuſpect, ils ſe l'acquierent encore & l'attachent indiſpenſablement à leur party. Le Duc de Guiſe en fit autant à l'endroit de ce Seigneur de Beauvais , il menagea pour luy le dégouſt qu'il eut de la lenteur de ſon Maiſtre pour l'avancement des ſiens , & du credit du S. d'Eſcars , il le cajola, luy menagea un gracieux accueil à la Cour, luy fit donner une Compagnie d'Ordonnances, le choiſit pour eſtre l'un des principaux de ces Chevaliers de l'Ordre de l'an 1260. qui preſque tous eſtoient de la livrée de la Maiſon de Guiſe. Il ſervit le party Catholique avec beaucoup d'affection & de courage , & fut bleſſé à mort en cette bataille de Dreux avec le ſieur de Givry ſon frere uterin , & François & Roux de Billy ſes neveux, enfans de Loüis de Billy S. de Prunay le Gilon , Gouverneur de Guiſe , Lieutenant de la Compagnie de Gendarmes du Comte de Briſſac , & de Marie de Brichanteau ſa ſœur.

Cette Maiſon de Brichanteau , autrement appellée de Brichantel dans les vieux Titres que j'en ay vûs de l'an 1300. tire ſon Nom d'un fief en Beauce, mouvant de la terre de Villiers-le-Morhier prés Maintenon , appellé Brichantel dans les Aveux qui en ont eſté rendus par Jean de Brichantel à Philippe le Morhier S. de Villiers 1362.

le 1. de Septembre, & par Robert de Brichantel le 6. de Novembre 1389.
à Eſtienne le Morhier Chevalier. Ce Jean eſtoit fils d'un autre Jean
S. de Brichantel ou Brichanteau, qui vivoit avec Mabile ſa femme au
mois de Juin 1331. De Robert ſon petit fils ſortit Charles Seigneur
de Brichanteau, de Vertron, des Granges, &c. pere de Loüis S. de
Brichanteau qui épouſa Marie de Veres Dame de Beauvais-Nangis,
la Croix en Brie, &c. fille unique & heritiere de Jean de Veres &
de Marie de Couſtes. Elle ſe rémaria en ſecondes nôces à François
d'Anglure Vicomte d'Eſtauges, & laiſſa du 1. lit Nicolas S. de Beauvais-Nangis, Creſpin de Brichanteau Eveſque de Senlis, Geofroy
Chevalier de Malthe, Marie Dame de Prunay le Gilon, Geneviéve
Religieuſe au Moncel, & N.... de Brichanteau ſeconde femme de
Charles de la Grange S. de Montigny, Chevalier de l'Ordre du Roy,
pere du Mareſchal de Montigny. Nicolas de Brichanteau S. de Beauvais-Nangis, Chevalier de l'Ordre du Roy, Capitaine de cinquante
hommes d'armes, tué à Dreux, avoit pris alliance avec Jeanne d'A-
guerre, fille de Jean Baron de Vienne, & de Jacqueline de Lenoncourt, tante de Chreſtienne d'Aguerre Dame de Crequy, Comteſſe
de Sault. Il fut pere d'Antoine de Brichanteau, de Marie femme de
Claude de Beaufremont Baron de Senecey, Gouverneur d'Auxone,
Bailly de Chalon, Lieutenant general en Bourgogne, Chevalier de
l'Ordre du Roy, mere de Henry de Beaufremont & ayeule de Marie
Comteſſe de Fleix : & de Françoiſe de Brichanteau, qui a laiſſé entr'autres enfans de Loüis de l'Hoſpital S. de Vitry, les Mareſchaux
de Vitry & de l'Hoſpital. Antoine de Brichanteau Marquis de Nangis, Colonel du Regiment des Gardes, Chevalier des Ordres du Roy,
épouſa Antoinette de la Rochefoucaut fille de Charles S. de Barbezieux, de Linieres, Meillan, Charenton, &c. Chevalier des Ordres
du Roy grand Seneſchal de Guyenne, &c. & de Françoiſe fille de
l'Admiral Chabot. Leurs enfans furent Nicolas Marquis de Nangis,
Benjamin Abbé de Ste. Geneviéve de Paris & de Barbeau, Eveſque
& Duc de Laon Pair de France : Philippe de Brichanteau Baron de Linieres, qui de Claude de Meaux Bois-Boudran ne laiſſa qu'une fille,
Françoiſe Marie de Brichanteau morte ſans alliance : François Baron
de Gurcy qui a fait une branche qui dura encore : Philbert Abbé de
ſaint Vincent, puis Eveſque de Laon : Charles Chevalier de Malthe :
Antoine Abbé de Barbeau : Alphonſe Chevalier de Malthe tué comme ſon frere au ſervice de la Religion : Antoinette Dame de la Ro-
cheaimon, & Lucie de Brichanteau, femme de Claude de Renier
Baron de Guerchy. Nicolas de Brichanteau Marquis de Nangis, Baron de Meillan, &c. Chevalier des Ordres du Roy, fut marié deux
fois. Sa premiere femme fut Aimée Françoiſe de Rochefort, fille de
Jean S. de Croiſette & de Charlotte de Sautour ; & la ſeconde, de laquelle il n'eut point d'enfans, fut Catherine Hennequin fille d'Antoine S. d'Aſſy, Préſident aux Requeſtes, veuve de Charles de Balſac Baron de Dunes, & de Ceſar de Balſac S. de Gié. Du 1. lit naſquirent

François de Brichanteau Mareſchal de Camp, tué au ſiege de Gravelines 1644. ſans enfans de Marie de Bailleul : Charles premierement Abbé de Barbeau, depuis Marquis de Nangis, Meſtre de Camp
du Regiment de Picardie, auſſi mort ſans enfans de Catherine de Bouteiller de Senlis, fille de Jean le Bouteiller de Senlis Comte de Moncy, & d'Iſabeau de Prunelé : Antoinette de Brichanteau femme du
Marquis d'Eſco, & N.... de Brichanteau dernier fils, & chef de
cette illuſtre Maiſon, Marquis de Nangis, &c. qui a épouſé N...
d'Allongny fille de Loüis Marquis de Rochefort, Baron de Craon,
&c. Chevalier des Ordres du Roy.

DU SEIGNEUR DE GIVRY.

MARIE de Veres Dame de Beauvais & de Nangis eſtant veuve
de Loüis S. de Brichanteau, elle ſe rémaria en ſecondes nôces à François Saladin d'Anglure Vicomte d'Eſtauges S. de Givry, Conſeiller & Chambellan du Roy, Gouverneur de ſainte Manehout, lors
veuf d'Anne du Bec ſa premiere femme, fille de Jean S. de Bourry
Vicomte de Canny Caniel, & de Marguerite de Roncherolles ; de
laquelle il n'eut qu'une fille, Iſabelle d'Anglure femme de François de
Baudoche Baron du Moulin & de l'Eſtang. De ce ſecond mariage ſortirent ſix fils, dont il n'y en eut que deux qui laiſſerent poſterité,
le troiſiéme nommé Jacques, & le cinquiéme qui fut René d'Anglure S. de Givry, encore jeune & déja neantmoins Chevalier de
l'Ordre & Capitaine de cinquante hommes d'armes lors de cette bataille de Dreux, où il fut tué avec le S. de Beauvais Nangis ſon frere uterin, & où la mort termina les eſperances qu'on avoit legitimement conçûës de la valeur & de la vertu encore naiſſante de ce Seigneur, & néantmoins ſi eſtablie, qu'il eſtoit des premiers dans l'eſtime parmy tant de Perſonnes illuſtres de ſon temps. Il avoit eſté marié avec Jeanne Chabot fille de Guy Baron de Jarnac & de Loüiſe de
Piſſeleu, laquelle réprit une ſeconde alliance avec Claude de la Chaftre S. de la Maiſon-Fort Mareſchal de France. C'eſtoit une femme
fort ſuperbe & altiere, & qui ne prit pas ſeulement l'autorité dans ſa
maiſon, mais dans le Berry & l'Orleannois, dont le S. de la Chaſtre eſtoit
Gouverneur. Elle ſe rendit rédoutable par ſes vengeances, & ſi Anne d'Anglure S. de Givry ſon fils unique, qu'elle avoit élevé dans ſes
inclinations, n'eut déferé aux Conſeils de ſes amis, elle l'auroit veu
perir avec moins de gloire dans les querelles, où elle l'expoſoit tous
les jours, qu'il n'en acquit à ſa mort au ſiege de Laon, où il fut tué
l'an 1594. & on auroit moins régretté un temeraire, qu'on ne fit
un veritable vaillant, & qui eſtoit tout preſt à paſſer de la charge
de Mareſchal de Camp & de la Cavalerie legere de France à une plus
grande dignité ; tant par ſon merite que par le crédit de Philippe
Huraut Comte de Chiverny, Chancelier de France pere d'Anne Huraut ſa femme, de laquelle il eut un fils mort jeune l'an 1595.

nommé comme luy Anne d'Anglure. Il ne fera pas mal à propos de donner icy une raillerie d'importance du Roy Henry IV. à cette Marefchale de la Chaftre ; qui faifoit fon plus grand plaifir d'ufer de fa qualité, pour faire piece à la plufpart des Dames qui luy eftoient inferieures. Ce Prince l'ayant vûë à un bal de la Cour déja fort vieil-le & neantmoins veftuë de verd & fort parée, il luy dit à la for-tie, qu'il luy avoit d'autant plus d'obligation qu'aux autres, qu'elle avoit employé le verd & le fec pour eftre de là compagnie.

La Terre d'Anglure eft une Baronnie en Champagne, de laquelle fe furnommerent fes anciens Seigneurs, qui fe rendirent fi confidera-bles par leur Nobleffe & par leur réputation, que n'en reftant qu'u-ne feule fille heritiere, fon pere ne confentit à fon mariage avec un S. de S. Cheron, qu'à condition que les Seigneurs d'Anglure for-tans de cette alliance en prendroient le nom & les armes. Je n'en puis pas dire le temps pour n'avoir pas à prefent les Memoires que j'en ay recueillis fur Titres, mais il y a plus de trois cens ans. Pour la mefme confideration Jacques d'Anglure Vicomte d'Eftauges, fre-re aifné de René S. de Givry, duquel je viens de parler, ayant pour unique heritiere Antoinette d'Anglure, femme de Chreftien de Sa-vigny Gentil-homme Lorrain, Chevalier de l'Ordre du Roy S. de Rofne, &c. Lieutenant du Duc de Mayenne aux Guerres de la Li-gue ; il fubftitua fa terre d'Eftauges le 27. Aouft 1574. avec les nom & armes pleines d'Anglure à Charles Saladin leur fils aifné, qui eut pour frere Nicolas de Savigny Baron de Rofne tué au fiege d'Of-tende fans enfans. De Charles Saladin d'Anglure & de Marie Babou de la Bourdaifiere, eft forty le Vicomte d'Eftauges d'aujourd'huy. Nous avons encore de cette maifon d'Anglure la branche des Mar-quis de Sy, Barons de Bourlaimont, Princes d'Amblize, iffus de Colart d'Anglure S. de Bourlaimont, &c. frere puifné de Saladin S. d'Eftauges & fils de Simon d'Anglure S. d'Eftauges & de Bourlai-mont, &c. & d'Ifabeau du Chaftellet : lequel Colart époufa par contract du 26. Juin 1471. Marguerite fille de Jean Baron de Mont-morency, & de Marguerite d'Orgemont, tante du Conneftable de Montmorency.

DU SEIGNEUR DES BORDES.

IL eftoit toute l'efperance de la Maifon de la Plattiere en Niver-nois, qu'Imbert de la Plattiere Seigneur de Bourdillon, Marefchal de France fon oncle paternel avoit renduë des plus confiderables de la Cour par fes longs fervices dans toutes les Guerres de fon temps & par fes dignitez. Il devoit eftre l'heritier de fon Nom & de tous les grands biens, qu'il avoit amaffez dans fes emplois de Piémont, mais la mefme deftinée du Seigneur des Bordes fon pere, qui fut tué jeune en bataille, l'attendoit à la campagne de Dreux ; où il mou-rut en la fleur de fes ans. Ainfi il ne refta de toute cette race que

Françoise de la Plattierre Dame des Bordes, de Prie & de Fresnay, Baronne d'Espoisse, mariée l'an 1573. à Loüis d'Ancienville S. de Villiers aux Corneilles, Baron de Reveillon, Vicomte de Soully. Elle en eut Loüis d'Ancienville Marquis d'Espoisse, Vicomte de Soully, S. de Magneux, mort sans enfans de Claudine de Saulx, fille de Gaspar S. de Tavanes Marefchal de France : Claude d'Ancienville Baron de Reveillon, S. de Dormans, &c. N.... S. des Bordes pere d'une fille unique Comtesse de Maligny : & Anne d'Ancienville troisiéme femme d'Antoine de la Grange S. d'Arquian, Comte de Maligny, Vicomte de Soulangy, &c. Gouverneur de Metz & de Calais, frere du Marefchal de Montigny : dont deux fils, Achilles de la Grange Comte de Maligny qui a deux filles de N... d'Ancienville Dame des Bordes fa coufine germaine, & Henry de la Grange S. de Beaumont, appellé Marquis d'Arquian, Mestre de Camp du Regiment de Cavalerie & Capitaine des Gardes Suisses de M. le Duc d'Anjou, qui a plufieurs enfans de Françoise de la Chastre, fille de Jean-Baptifte S. de Brillebaut, & de Gabrielle Lamy, dont entr'autres une fille mariée à un grand Seigneur Polonois par la Reine de Pologne. Ainfi toute la fucceffion des Maifons de la Plattiere, Bourdillon & d'Ancienville, eft tombée dans celle de la Grange d'Arquian.

DU DUC DE NEVERS.

APRE'S avoir parlé de ceux qui furent tuez à la bataille de Dreux, dont il eft fait mention dans les Memoires de Caftelnau & dans la relation envoyée par la Reine à l'Evefque de Rennes en Allemagne, de laquelle j'ay fuivy l'ordre : il faut icy traiter de ceux qui y furent bleffez à mort ; dont le plus grand & le plus confiderable fut François de Cleves Duc de Nevers, Comte d'Eu & de Rhetel. Luy & Jacques de Cleves fon frere & fon heritier, mort fans enfans de Diane de la Marck, fille de Robert Duc de Boüillon, Prince de Sedan Marefchal de France, furent les deux derniers mafles de ce Nom illuftre, depuis joint & continué avec celuy de Gonzague jufques à noftre temps par la pofterité de Henriette de Cleves Duchefse de Nivernois & de Rethelois l'aifnée de leurs trois fœurs, femme de Ludovic de Gonzague & de Mantoüe. Cette Maifon de Cleves eftoit originaire d'Allemagne, & iffüe par mafles d'Adolphe Comte de la Marck, mort l'an 1347. qui avoit époufé Marguerite Comtefse de Cleves ; dont il prit le Nom avec tous fes defcendans depuis Ducs de Cleves & de Juliers, Comtes de la Marck, defquels le dernier fut le Duc Jean Guillaume qui l'an 1609. laiffa fa fucceffion à difputer entre les Maifons de Brandebourg, de Baviere-Neubourg, de Baviere-deux-Ponts, & d'Auftriche-Burgau, où fes quatre fœurs avoient efté alliées. La branche qui s'établit en France, fortoit d'Engilbert fecond fils de Jean Duc de Cleves & d'Ifabelle de Bourgogne,

gne Comtesse de Nevers, d'Auxerre, de Rhetel & d'Eu, à laquelle il succeda, & il se maria avec Charlotte de Bourbon fille de Jean Comte de Vendosme. Charles de Cleves Comte de Nevers leur fils aisné, épousa Marie d'Albret, & fut pere de François de Cleves premier Duc de Nevers, Comte d'Eu & de Rhetel, deux fois allié au sang de Bourbon par ses deux mariages, avec Marguerite de Bourbon, fille de Charles Duc de Vendosme sœur du Roy de Navarre & du Prince de Condé, & avec Marie de Bourbon Comtesse de S. Paul, Duchesse d'Estonteville, de laquelle il n'eut point d'enfans. Du 1. lit luy nasquirent les deux derniers Ducs de Nevers, la Duchesse Henriette leur sœur cy-devant nommée, Catherine de Cleves Comtesse d'Eu, Princesse de Porcien, depuis Duchesse de Guise; & Marie de Cleves, Marquise d'Isle, premiere femme de Henry de Bourbon Prince de Condé, qui n'en eut qu'une fille morte jeune.

. Le sieur de Brantosme rend de si grands témoignages du merite de ce Duc François envers la France, que je croy devoir rendre public l'Eloge qu'il luy donne en ses Memoires manuscrits, outre qu'il y comprend celuy de François son fils, qui ne donnoit pas de moindres esperances, sans le malheur de sa blessure mortelle, qu'il décrit plus particulierement qu'aucun Historien, & de laquelle il fut témoin pour s'estre trouvé à la mesme journée. ,,A cette bataille mesme, ,,[de saint Quentin] dit-il, M. de Nevers beau-frere de ces quatre ,,Princes de Bourbon pour avoir épousé Marguerite de Bourbon leur ,,sœur, s'y trouva : lequel aprés avoir combattu & fait ce que Prin-,,ce d'honneur & de valeur peut faire, & voyant devant ses yeux ,,une si miserable perte; fit sa retraite honorable dans la Fere, ral-,,liant tout ce qu'il pût des siens avec soy. Où il servit beaucoup le ,,Roy & toute la France, car avec si peu d'hommes qu'il ramassa, ,,il réfit encore un petit corps d'armée, & fit tenir l'ennemy en cer-,,velle & en bride, qui vouloit tirer plus avant; si bien qu'ayant ,,envoyé un Trompette vers le Prince de Piémont pour réconnoistre ,,les morts & récommender les prisonniers, comment, luy dit M. ,,le Prince, vous me venez icy parler de la part de M. de Nevers? ,,Vous estes un menteur, je vous feray pendre, il est mort, je le ,,sçay bien : mais quelque parole que luy put dire le Trompette, il ,,ne le put croire, le menaçant toûjours de le faire pendre. A quoy ,,se soûmit le Trompette s'il n'estoit vray; dont M. le Prince en de-,,meura ébahy & fasché, & dit à aucuns des siens, s'il est vray, com-,,me il le sçût tost aprés, le Roy de France n'a pas perdu tous ses ,,bons Capitaines, comme en voilà encore un des siens sur pied, qui ,,nous donnera encore bien d'affaires, & nous empeschera de faire ,,tout ce que nous eussions bien voulu. Ce témoignage d'un tel Prin-,,ce ne fut pas petit pour la valeur & suffisance de M. de Nevers, ainsi ,,qu'il le fit paroistre; car il fit toûjours bonne mine & teste si bien ,,à l'ennemy, que le Roy Henry eut loisir de rédresser une armée bon-

„ne & gaillarde, dont il l'en fit fon Lieutenant General : ayant au-
„paravant mis fi bel ordre & garnifons dans lès Places , que l'enne-
„my ne fit pas ce qu'il penfoit.

„ Voilà la grande obligation que le Roy & fon Royaume eurent à
„M. de Nevers , car fans luy , fa fageffe & valeur , tout fut allé
„mal. Ce ne fut pas le premier ny le dernier fervice qu'il fit à fon
„Roy , car eftant Lieutenant de Roy en Champagne , comme cer-
„tes il l'a trés-dignement & fidélement fervy en cette charge ; il fa-
„cilita fort le voyage d'Allemagne & le retour du Roy , & luy af-
„feura auffi fort fon chemin pour entrer au Pays de Liege : ayant
„mis en l'obéïffance de S. Majefté les Forts deffus la Riviere de Meu-
„fe comme Jametz & autres , qui fut caufe de la prife de Dinant &
„Bovines. Il fatigua fort auffi le fiege de Metz, fi bien qu'il empefchoit
„fort les courfes de l'ennemy qui eftoit devant , qui ne fe pouvoit
„eftendre guere au loin dans la France ny Champagne pour récou-
„vrer vivres , comme il eut bien fait fans les courfes ordinaires de
„M. de Nevers , qui eftoit quafi toûjours à cheval ou y envoyoit
„pour les empefcher ; fi bien que cela engendra une grande famine
„au camp de l'Empereur qu'il falloit qu'il y fit venir les vivres de de-
„là , qui n'y pût à la fin fournir. Il fervit auffi trés-bien le Roy à
„l'envitaillement de Marienbourg avec M. l'Admiral , qui eftant ve-
„nu joindre M. de Nevers en Champagne & leurs forces jointes en-
„femble envitaillerent cette Place , avec toutes les peines pourtant &
„tous les maux du monde, tous les froids & pluyes que jamais l'Hy-
„ver produifit ; car ce fut au commencement de Novembre , & à la
„barbe du Prince d'Orange , qui avoit une bonne armée de l'Empe-
„reur & Reine Marie pour l'empefcher , & menaçoit à tous coups de
„les combattre : mais M. de Nevers & l'Admiral firent ce coup-là
„fort heureufement , & fe retirerent de mefme. Qui fut une trés-bel-
„le execution , que le Roy admira fort , & tout le monde , puis
„qu'il fallut combattre le Ciel , qui eft une grande impoffibilité.

„ Tant d'autres exploits a fait ce Prince , qui ne fe peuvent efcrire
„par leur prolixité , & auffi que nos Hiftoires en parlent prou; car
„de toutes les Guerres l'Empereur n'a jamais pû enjamber fur fon
„Gouvernement , mais luy fouvent gagnoit fur fes terres. Il accom-
„pagna auffi M. de Guife & l'affifta bien à la prife de Thionville ,
„bref ce Prince a efté tant qu'il a vefcu trés-utile à fon Roy : auffi
„eftoit-il trés-fage & trés-bon Capitaine. Il ne pouvoit eftre autre-
„ment eftant iffu de cette grande Maifon de Cleves , où il y a
„eu de tout temps de trés-bons hommes de Guerre & grands Capitai-
„nes , comme de frais fut fon grand pere, Meffire Engilbert de Cle-
„ves , qui accompagna le Roy Charles VIII. au Royaume de Na-
„ples , & qui fut l'un des conducteurs des Suiffes à la bataille de For-
„nouë , qui les y fit fi bien & fi vaillamment combattre , luy à la
„tefte comme gentil Prince & vaillant Colonel. Luy & fon fils
„n'eftoient que Comtes d'une des nobles & grandes Comtez de Fran-

„ce, & M. de Nevers François de Cleves; duquel je parle, en fut
„le premier Duc, qui certes montroit bien qu'il eſtoit iſſu d'une
„trés-grande & trés-illuſtre Maiſon, car il eſtoit trés-grand, trés-
„riche, & trés-opulent, & avec cela trés-magnifique, ſplendide &
„trés-liberal s'il en fut oncques; dépenſant fort, tenant grande Mai-
„ſon, toûjours à la Cour & aux armées, un trés-beau & fort pai-
„ſible, grand joüeur, ne ſe ſouciant point de l'argent, & toute-
„fois ſa Maiſon tant bien reglée & allant trés-bien, que nul n'en
„partoit mal-content: & paroiſſoit bien par ſes grandes dépenſes
„qu'il y avoit un grand fond en cette Maiſon, comme depuis il a
„paru aux partages de Meſdames ſes filles. Avec tout cela un trés-
„homme de bien & d'honneur, & nullement coquin ny preſſant de-
„mandeur auprés ſon Roy; car à ce que j'ay ouï dire à ce grand M. de
„Vigenere & grand Favory, il s'eſt peu reſſenty des grands bienfaits
„de ſes Rois. Il épouſa en ſecondes nôces Madame d'Enguien ſa
„couſine du coſté de ſa feuë femme, & qui eſtoit auſſi couſine de
„feu M. d'Enguien, car elle eſtoit fille de M. de S. Paul, & de Ma-
„dame de Touteville, heritiere, il n'eut d'elle aucune lignée, mais
„elle eut de luy un bon avantage de ſa Maiſon.

„ Il mourut de ſa belle mort [_à Nevers le_ 13. _Février_ 1561.] &
„laiſſa ſon heritier M. le Comte d'Eu, que nous avons appellé ain-
„ſi & peu M. de Nevers; car il ne ſurveſquit gueres ſon pere. Il
„mourut à la bataille de Dreux par un trés-grand inconvenient, car
„ainſi qu'il alloit à la charge avec M. de Guiſe, il avoit prés de luy
„M. Blanq Enſeigne de M. de Guiſe, qui tenant ſon Piſtolet couché
„ſur le devant de la Selle de ſon cheval, M. de Nevers luy dit,
„mon compagnon tenez voſtre Piſtolet haut, car s'il délaſche vous
„m'en donnerez dans la cuiſſe. Il n'eut pas plûtoſt dit ce mot que le
„Piſtolet ſe délaſche & luy donna le coup qu'il craignoit: ſi ne
„laiſſa-t-il de combattre de toute furie & déſeſpoir, mais il fallut qu'il
„s'allât faire penſer. Aprés il mourut, dont ce fut grand dommage,
„car il n'eut rien dû à ſes braves Prédeceſſeurs, ainſi qu'il le pro-
„mettoit, tant par ſa belle façon, que par la pratique de Guerre
„qu'il avoit déja fait; car n'ayant pas quinze ans il fit le voyage de
„M. de Guiſe en Italie, en charge de deux cens chevaux Legers, de
„laquelle il s'en acquitta trés-dignement & puis la continua aux au-
„tres Guerres juſques à la Paix faite. C'eſtoit le plus beau Prince à
„mon avis que j'aye jamais vû, & le plus doux & le plus aimable,
„nous le tenions tel parmy nous, & lors qu'il s'en alla [1561.]
„épouſer, Madame, ſa femme en Eſpagne, fille à M. de Montpenſier
„[_Anne de Bourbon_] il y fut auſſi tout tel eſtimé, & admiré autant
„de ceux de la Cour que de tout le Pays. Ce fut trés-grande perte
„de ce Prince. Il laiſſa ſon jeune frere que nous appellions le Mar-
„quis d'Iſle, ſon ſucceſſeur & heretier, qui mourut auſſi fort jeune
„& avoit épouſé Mademoiſelle de Boüillon une trés-belle & hon-
„neſte Princeſſe, & qui l'eſt encore telle, bien qu'elle s'avance ſur

„l'âge, mais il ne luy fait encore aucun tort à sa beauté. [*Diane de* *la Marck, qui se remaria en secondes nôces à Henry de Clermont Comte de* *Tonnerre & en troisiémes nôces avec Jean Babou Comte de Sagonne : ce* *qui fit dire en son temps qu'elle avoit premierement épousé un Prince,* *puis un Gentil-homme & enfin un Vilain. C'estoit à cause que Laurent* *Babou son bisayeul estoit Notaire à Bourges, mais pour luy il estoit alors* *des mieux alliez de la Cour & l'un des mieux faits, des plus braves &* *des plus adroits Chevaliers de son temps.*] „Ce Prince qui s'appelloit „Jacques de Cleves, s'il eut vescu, bien qu'il fust de foible habitu- „de, si promettoit-t-il beaucoup de soy ; car il avoit en luy beau- „coup de vertu. Tous ces deux Messieurs de Nevers freres ne demeu- „rerent guere possesseurs de ces belles terres & grands biens que M. „leur pere leur laissa ; car estans ainsi morts jeunes, ils les laisse- „rent à Mesdames leurs sœurs, qui furent Mesdames de Nevers, de „Guise & Princesse de Condé, trois Princesses aussi accomplies de „toutes les beautez de corps à mon gré, comme d'esprit, qu'on ait „point vû ; si bien quand nous parlions à la Cour de ces trois Prin- „cesses, bien souvent nous les disions les trois Graces de jadis, tant „elles en avoient de ressemblance & comme de vray je les ay vûës „trés-belles, trés-bonnes & trés-aimables.

Par l'extinction des deux Branches illustres des Ducs de Cleves & de Nevers, il n'en demeura plus que trois, celle des Comtes d'A- remberg, finie en Marguerite de la Marck Princesse d'Aremberg, qu'elle porta en mariage à Jean de Ligne Baron de Barbançon : celle des Princes de Sedan Ducs de Boüillon, Comtes de Braine, &c. aussi esteinte quant aux masles par la mort de Henry de la Marck Duc de Boüillon, comte de Braine, Capitaine des cent Suisses de la Garde, pere d'une seule fille, Loüise de la Marck, femme de Maximilien Eschallard Marquis de la Boulaye ; dont le fils marié à l'heritiere de Saveuse Bouquinville a pris comme seul heritier de cette grande & illustre Maison, le nom & les armes avec la qualité de Comte de la Marck. La troisiéme & derniere branche, qui est demeurée en Al- lemagne, est celle des Barons, depuis comtes de Lumay. Voilà en peu de mots l'origine, le progrés & la decadence d'une Race des plus grandes & des plus fameuses de la Germanie, qui nous a don- né des Ducs & Pairs, & deux Mareschaux de France, qui se sont plus glorifiez de leurs services que de la grandeur de leur extraction, & qui ont crû se faire plus d'honneur de meriter les dignitez que de les dédaigner, & d'estre à charge à la Noblesse & à la Cour par des préten- sions de Principauté & de Souveraineté, qui ne sont pas seulement odieu- ses, mais nuisibles à l'Estat, & qui ne sont ny réconnuës ny souf- fertes au Parlement, où est la veritable Séance des Grands de ce Royaume, où l'on ne réconnoist de Princes que ceux du sang Royal & où suivant l'ordre ancien tous les Rangs se prennent selon l'ordre des Dignitez, des Fiefs, ou des Charges.

DU SEIGNEUR D'ANNEBAUT.

CLAUDE Seigneur d'Annebaut & de saint Pierre, Admiral & Marefchal de France, & Baron de Retz & de la Hunaudaye, de Saffré, &c. du chef de Françoife Tournemine fa femme, trés-noble & trés-riche heritiere, avoit rendu fa Maifon l'une des plus grandes & des plus confiderables de ce Royaume, tant par fes biens, que par fes grandes charges, qu'il ne devoit pas moins à fes fervices qu'aux bonnes graces du Roy François premier, qui le fit fon principal Miniftre & fon plus intime confeiller, depuis la difgrace du conneftable de Montmorency. Il luy confia particulierement l'adminiftration de fes Finances : & comme c'eft un Employ auffi fujet à l'envie du Public qu'à la haine des Particuliers, dont on ne peut avec Juftice fatisfaire tous les defirs intereffez ; il aima mieux luy facrifier fon bien que d'en amaffer de nouveau, & s'y gouverna avec tant d'integrité, que le Roy fon Maiftre compta parmy fes dettes la récompenfe de cent mille livres, qu'il luy ordonna en mourant, comme par maniere de reftitution des pertes, qu'il avoit fouffertes en cette charge. J'ay voulu rémarquer cela pour la rareté de l'exemple, car je ne fçay que luy, qui ait efté plaint avec reftitution d'avoir fait naufrage dans un lieu fi calme, & où tant d'autres ont toûjours pefché fi grande quantité de Perles & de richeffes. Nicolas de Harlay S. de Sancy ne fut pas fi heureux dans une plus grande ruïne, qu'on ne fçauroit exprimer fans qu'il en coûte à la memoire du plus grand de tous nos Rois ; fi ce n'eft que par une fauffe maxime, qui ne fera jamais en pratique dans une race fi heroïque & fi illuftre que la fienne, on ne le veuille blafmer d'avoir dédaigné de ménager dans la Surintendance, la reftitution de ce qu'il avoit employé pour la levée en Suiffe de cette armée fatale & heureufe : qu'il foudoya à fes dépens, qu'il commanda, avec laquelle il défit le Duc de Savoye, & qu'il amena fi à propos pour fauver l'Eftat d'une ruïne toute certaine ; qu'on peut affeurer que fans ce fecours opportun la fortune & la valeur de Henry IV. n'eftoient point capables de refifter à la puiffance de la Ligue. Eftant arrivé fur le point de la mort de Henry III. il fut le premier qui réconnut fon Succeffeur avec les dix mille Suiffes qu'il commandoit, & par fon exemple & par fes confeils il fortifia tellement le party Royal, qu'il triompha de celuy des Rebelles. Si ce fut pour réconnoiftre fes fes fervices que le Roy le fit Surintendant, il ne fe fervit de l'autorité de ce grand Employ que pour reftablir le crédit de fon Maiftre, & veilla fi peu à fes interefts, qu'ayant efté éloigné de la Cour pour une belle liberté de parler qui avoit efté agréable & utile au Roy pendant fes difgraces, & qui luy devint importune dans le repos de la Paix & dans la chaleur de fes amours : il ne fe trouva pas affez de bien pour fatisfaire à ce qu'il devoit en fon nom à diverfes perfonnes, qu'on pouvoit plûtoft appeller les Créanciers de l'Eftat que les fiens. Mais fi la

N 3

fortune luy osta tout ce qui pouvoit dépendre de son Empire , il eut plus de bonheur que l'Admiral d'Annebaut , auquel je l'ay comparé en la durée & en la splendeur de sa posterité , qui ne s'est pas moins genereusement soûtenuë par le triomphe d'une vertu hereditaire , que si elle avoit aussi également succedé en ses biens qu'en sa réputation.

Jean Seigneur d'Annebaut , Baron de Retz & de la Hunaudaye , Chevalier de l'Ordre du Roy , Baillif d'Evreux , qui a donné lieu à ce discours , à cause de la blessure mortelle qu'il reçût à la bataille de Dreux , esteignit dans son sang la posterité masculine de l'Admiral son pere. La Reine Marguerite l'appelle mary fascheux dans ses Memoires ; mais cela sert plus à sa loüange qu'il ne peut faire de tort à sa memoire , si on considere le peril , où estoit à la Cour de son temps , un trésor, du merite de celuy qu'il possedoit. Claude Catherine de Clermont heritiere de la branche de Dampierre , puisnée de la Maison de Clermont-Tonnerre , qu'il épousa après la mort sans enfans d'Antoinette de la Baume, Comtesse de Chasteauvilain sa premiere femme , estoit la plus belle , la plus spirituelle & la plus docte tout ensemble de toutes les Dames de la Cour , elle attiroit à elle tous les yeux & les vœux des plus Grands , & la fidélité conjugale estoit un joyau si rare & d'autre-part si brute & de si peu d'estime , qu'on n'en parloit que comme d'une piece hors-d'œuvre, qui n'avoit plus de nom parmy les vertus du siécle ; car on appelloit honnestes femmes dans le grand monde , toutes celles qui professoient la galanterie avec moins de scandale , qui sauvoient les apparences , & qui parmy diverses inclinations ménageoient adroitement la réputation & les bonnes graces de leurs maris. C'est ce qui rendit jaloux le S. d'Annebaut , qui se défioit encore qu'on ne fit valoir contre luy le malheur qu'il avoit d'estre begue , & que sa proye ne luy fut enviée par quelque beau diseur, qui ne troublât le repos du ménage : si bien que dans l'apprehension d'un mal , contre lequel il ne se pouvoit asseurer que par ses yeux & par une soigneuse observation , il contraignit beaucoup l'humeur enjoüée de cette Dame ; qui se désennuya de sa solitude sur les Livres , & qui se rendit sçavante en toutes les Langues , & mesme en la Latine , qu'elle parloit avec toute sa grace naturelle. Enfin son joug fut rompu par la mort de ce premier mary, qui la laissa Maistresse de sa liberté & Dame de la Baronnie de Retz ; qu'elle porta en mariage à Albert de Gondy Mareschal de France. Il la fit ériger en Comté , puis en Duché & Pairie , & de leur alliance sont issus les autres Ducs & les Cardinaux de Retz.

Le sieur de Brantosme cousin de cette Duchesse , parle fort honorablement du Seigneur d'Annebaut son mary , ensuite de l'Eloge de l'Admiral son pere , & dit qu'il fut trés-homme de bien & d'honneur & de valeur comme luy : ,, & qui en tous les lieux, où il s'est ,, trouvé, a trés-bien & vaillamment servy son Maistre, comme il fit

,,à la bataille de Cerizoles.
,,une compagnie de cinqua
,, de M. de Boutieres. Ledi
,, Courtisan si galante que p
,, un peu begue ; mais il et
,, de Religion & trés-brave
,,ni les Anciens. Il le mont
,,belle escarmouche , qui fu
,, & M. le Vidame de Cha
,, bord du fossé , son chev
,, Les Guerres civiles estant
,, ses jours, aussi vaillamme
,, sez : & vis M. de Guise
,, me je le viens de loüer.

Si je ne craignois de me
reflexions , je proposerois en
de la vanité & de la fragilité
ve de la verité du dire de cet
qu'elle est plus en danger &
te davantage. On dit que l
derniere production de la N
re de son alteration ny de sa
tunes de la Cour , on s'y co
nous croyons que c'est no
c'est à nostre destin que no
& nous ne considerons pas q
les Noms sont appellez la plu
pour répresenter un dernier pe
réputation. Les Seigneurs d'A
cipaux Gentils-hommes de la
une longue suite , je ne di
par les Registres publics & p
où l'on voit que de pere en
Chevaliers jusques à l'Admira
ploits , qui fit promouvoir
Evesque de Lisieux , son frere
laissa ,qu'un fils & une fille, t
posterité. La fille nommée A
quis de Salnes, 2. Jacques de
du costé paternel avec les ter
échûrent à Guillaume de Vieu
Vieux-Pont, & de Marie d'A
laume fut pere entr'autres enfa
pour fille unique Marie de Vie
1645. sans enfans de Bernard

Le respect que je dois à l

„à la bataille de Cerizoles. Qui à son retour quelque temps aprés eut
„une compagnie de cinquante hommes d'armes de la moitié de celle
„de M. de Boutieres. Ledit sieur d'Annebaut n'avoit pas la façon de
„Courtisan si galante que plusieurs autres, ny la parole, car il estoit
„un peu begue ; mais il estoit trés-homme de bien, d'honneur &
„de Religion & trés-brave : aussi tout begue est tel à ce qu'ont te-
„nu les Anciens. Il le montra en Piémont devant Fossan, à une trés-
„belle escarmouche, qui fut attachée là-devant par M. de Damville
„& M. le Vidame de Chartres & luy ; qui donnant jusques sur le
„bòrd du fossé, son cheval luy tomba & luy rompit une espaule.
„Les Guerres civiles estant venuës, il alla finir à la bataille de Dreux
„ses jours, aussi vaillamment & honorablement qu'il les avoit pas-
„sez : & vis M. de Guise se loüer fort de luy, tout de mesme com-
„me je le viens de loüer.

Si je ne craignois de me rendre ennuyeux par de trop frequentes
reflexions, je proposerois encore la Maison d'Annebaut pour exemple
de la vanité & de la fragilité des grandeurs du monde, & pour preuve de la verité du dire de cet Ancien que la fortune est de verre, &
qu'elle est plus en danger & plus preste à se casser, quand elle escla-
te davantage. On dit que le verre est le dernier effet de l'Art & la
derniere production de la Nature, parce qu'il ne se peut rien produire de son alteration ny de sa corruption, il en est de mesme des fortunes de la Cour, on s'y consomme pour un éclat de peu de durée ;
nous croyons que c'est nostre ambition qui nous y conduit, mais
c'est à nostre destin que nous obéissons, c'est luy qui nous y traisne,
& nous ne considerons pas que c'est un Théatre tragique, où tous
les Noms sont appellez la plûpart par la fortune & peu par la vertu ;
pour réprésenter un dernier personnage, d'où dépend pour jamais nostre
réputation. Les Seigneurs d'Annebaut estoient de tout temps des principaux Gentils-hommes de la Normandie, & j'en pourrois donner
une longue suite, je ne dis pas par des Titres domestiques, mais
par les Registres publics & par les Comptes des Guerres de nos Rois ;
où l'on voit que de pere en fils ils ont servy la Patrie en qualité de
Chevaliers jusques à l'Admiral, qui rendit ce nom fameux par ses exploits, qui fit promouvoir Jean d'Annebaut Abbé du Bec, depuis
Evesque de Lisieux, son frere à la Pourpre des Cardinaux, & qui ne
laissa qu'un fils & une fille, tous deux mariez & tous deux morts sans
posterité. La fille nommée Anne d'Annebaut épousa 1. Gabriel Marquis de Saluces, 2. Jacques de Silly Comte de Rochefort, & les biens
du costé paternel avec les terres d'Annebaut & de S. Pierre en Caux,
échûrent à Guillaume de Vieux-Pont S. de Challoué, fils de Jean de
Vieux-Pont, & de Marie d'Annebaut sœur de l'Admiral, lequel Guillaume fut pere entr'autres enfans de Gabriel de Vieux-Pont, qui eut
pour fille unique Marie de Vieux-Pont Dame d'Annebaut, morte l'an
1645. sans enfans de Bernard Potier S. de Blerancourt.

Le respect que je dois à la verité ne me permet pas de finir ce

Chapitre, où je me fuis fervy des Memoires du S. de Brantofme pour l'Eloge du S. d'Annebaut , fans avertir le Lecteur qu'il faut lire cet Auteur avec précaution, fur ce qu'il dit du Marefchal de Retz fecond mary de Claude-Cathérine de Clermont. Cette feconde alliance avec un homme de la premiere faveur ne luy ayant pas produit tous les avantages qu'il s'en eftoit promis pour luy & pour toute fa maifon à caufe de la parenté ; il a pris à tâche la memoire de ce Marefchal pour s'en venger , & c'eft luy qu'il veut citer pour exemple , foit qu'il le nomme ou qu'il ne le veuille que défigner , dans toutes les occafions où il veut donner fur les gens de fortune. Il eft vray que celle-cy fut grande pour un nom qui eftoit nouveau en France, mais pourtant illuftre en Italie & marqué des premieres Dignitez de la Ré- publique de Florence, long-temps auparavant qu'on connut les Gon- dis en ce Royaume. J'en pourrois parler plus amplement , fi le S. d'Hofier n'avoit publié les Rémarques qu'il a fait de cette Maifon , où il fait voir qu'elle a eu l'honneur de donner des femmes à celle des Medicis, d'où nous avons eu deux Reines, & aux autres principales Familles de la Tofcane. Cette extraction eftrangere , quoy qu'il fût né François d'un pere, qui fut Maiftre d'Hoftel du Roy, luy a fait imputer une partie du mauvais Gouvernement & de la mauvaife édu- cation des enfans de France ; mais on peut dire qu'il n'eut aucune part en l'un ny en l'autre , pour n'avoir efté ny Miniftre d'Eftat ny Gouverneur des Princes. Que fi la vie du Marefchal de Tavanes l'ac- cufe de quelques confeils violens au fujet de la faint Barthelemy, ceux qui fçavent le fecret du temps, s'appercevront bien que c'eft une adreffe pour réjetter fur luy ce qu'on doit attribuer à d'autres. Tout ce qu'on peut dire de ce Duc , c'eft qu'il fut fi adroit Courtifan que les changemens qui arriverent , fervirent plus à fa grandeur & à fa réputation qu'à fa ruïne , & que jamais homme de fa condition n'a efté plus heureux dans l'établiffement de fa pofterité , & n'a laiffé moins d'ennemis parmy les grandes Dignitez Ecclefiaftiques & tem- porelles , qui font demeurées comme hereditaires à fes defcendans. Claude-Catherine de Clermont le choifit parmy tous ceux de la Cour, qui la rechercherent après la mort du S. d'Annebaut fon premier ma- ry, & pour faire valoir ce choix il fuffit du merite de cette Dame ; que je prouveray par ce témoignage du celebre Daurat, qui l'hono- ra de cette Epigramme, où il la compare à l'Heroïne Camille.

AD BONARUM ARTIUM STUDIOSISSIMAM
Héroïnam Camillam Comitiffam de Retz.

Virgilio meruit celebrari Vate Camilla
Bellatrix, & opus Virgo imitata virûm.
Te plus laudaret Vates fi viveret idem,
Quæ certas doctis femina docta viris.
Corpore nobilior mens eft , fit clara Camilla
Marte virûm , tu fi clarior arte virûm.

Les

Les Ambeffadeurs Pol[...]
jou pour leur Roy, la R[...]
prete des Audiences qu'ell[...]
en Latin avec tant de g[...]
d'avoir qu'elle n'eftoit pa[...]
nement de la Cour & du [...]

DE CEUX QUI SE SIG[...]
Dreux, & [...]

JE me regleray plûtoft[...]
que par la Dignité d[...]
en cette bataille, & [...]
d'Antoine Baron d'Oraifon[...]
Compagnie de Gendarmes[...]
ayant efté abbatu par terr[...]
fi heureufement & fi genere[...]
vie, qu'il le dégagea de la[...]
il achera de combattre ju[...]
gueur d'Oraifon continua[...]
Guerres de la Religion , [...]
de Moncontour , il mou[...]
taine de cinquante homme[...]
ré S. d'Oraifon au Diocefe[...]
therine de Clermont-Lode[...]
Decembre 1542. Marthe [...]
de Jean Vicomte de Meill[...]
& principale heritiere de L[...]
d'Honorade de Berre. De c[...]
fon , Chevalier de l'Ordre [...]
Chambre, Vicomte de Cad[...]
valier de l'Ordre , Comte [...]
Camp des vieilles Bandes [...]
Juin 1583. avec Jeanne d'[...]
d'Arces Chevalier de l'Ord[...]
& d'Ifabeau de Sillans , qu[...]
de René de Grimouville S.[...]
toine d'Arces S. de la Baftie &[...]
le il s'allia par traité du 12.[...]
Ferrieres, de Preaux , &[...]
fortirent Elfias d'Oraifon C[...]
frere reçû Chevalier de Ma[...]

Les Ambaſſadeurs Polonois eſtans venus réconnoiſtre le Duc d'Anjou pour leur Roy, la Reine Catherine ſe ſervit d'elle pour interprete des Audiences qu'elle leur donna, & elle leur fit ſes réponſes en Latin avec tant de grace & d'élegance, qu'ils furent obligez d'avoüer qu'elle n'eſtoit pas moins la merveille du monde que l'ornement de la Cour & du Royaume de France.

DE CEUX QUI SE SIGNALERENT A LA BATAILLE DE Dreux, & premierement du S. d'Oraiſon.

JE me regleray plûtoſt ſelon l'ordre que garde le S. de Caſtelnau, que par la Dignité des perſonnes qu'il témoigne s'eſtre ſignalées en cette bataille, & pour cette raiſon je parleray premierement d'Antoine Baron d'Oraiſon, Vicomte de Cadenet, Lieutenant de la Compagnie de Gendarmes du Conneſtable de Montmorency; lequel ayant eſté abbattu par terre & ſon cheval tué ſous luy, il s'expoſa ſi heureuſement & ſi genereuſement tout enſemble pour luy ſauver la vie, qu'il le dégagea de la preſſe & le rémonta ſur ſon cheval, où il acheva de combattre juſques à ce qu'il fut bleſſé & pris. Ce Seigneur d'Oraiſon continua toûjours depuis à ſervir les Rois dans les Guerres de la Religion, & après s'eſtre encore trouvé à la bataille de Moncontour, il mourut Chevalier de l'Ordre du Roy & Capitaine de cinquante hommes d'armes. Il eſtoit fils d'Antoine Honoré S. d'Oraiſon au Dioceſe de Riez, Vicomte de Cadenet, & de Catherine de Clermont-Lodéve, & avoit épouſé par contract du 29. Decembre 1542. Marthe de Foix veuve de Claude de Grace, fille de Jean Vicomte de Meilles, & d'Anne de Villeneuve fille aiſnée & principale heritiere de Loüis de Villeneuve Marquis de Trans & d'Honorade de Berre. De ce mariage naſquirent François S. d'Oraiſon, Chevalier de l'Ordre du Roy, Gentil-homme ordinaire de ſa Chambre, Vicomte de Cadenet, &c. & André d'Oraiſon auſſi Chevalier de l'Ordre, Comte de Boulbon, S. de Soleillars, Maiſtre de Camp des vieilles Bandes Françoiſes, qui contraḉta mariage le 10. Juin 1583. avec Jeanne d'Arces, fille & préſomptive heritiere de Jean d'Arces Chevalier de l'Ordre du Roy, S. de la Baſtie & de Livarot, & d'Iſabeau de Sillans, qu'il avoit épouſée l'an 1559. après la mort de René de Grimouville S. de la Lande d'Airou : & petite fille d'Antoine d'Arces S. de la Baſtie & de Françoiſe de Ferrieres, avec laquelle il s'allia par traité du 12. Septembre 1507. fille de Jean Baron de Ferrieres, de Preaux, &c. & d'Anne Geofroy. De cette alliance ſortirent Elſias d'Oraiſon Comte de Boulbon, & Ceſar d'Oraiſon ſon frere reçû Chevalier de Malthe, l'an 1615. à l'âge de 16. ans.

D'ARMAND DE GONTAUT BARON DE BIRON,
depuis Mareschal de France.

LE fieur de Castelnau ne rémarque pas fans raison l'importance des fervices que rendit le S. de Biron à la journée de Dreux, dans la fonction de fa charge de premier Mareschal de Camp, toutes les Histoires luy doivent une bonne part de l'honneur de cette victoire, & s'il ne le nomme pas parmy ceux que le Duc de Guife loüa fi hautement, c'est qu'il luy estoit fufpect pour fa Religion, & qu'il le tenoit comme plufieurs autres pour un Politique. C'est ainfi qu'on appelloit ceux qui comme luy n'estoient pas fi zélez, qu'on ne les crût plus attachez à leur interest qu'ennemis de l'Herefie. Quoy qu'il en foit, c'estoit non feulement un grand Capitaine, mais un des premiers efprits de fon temps & qui fe pouvoit venter encore d'estre des plus illustres Seigneurs de France, pour estre iffu d'une race féconde en vaillans Chevaliers, dont je pourrois donner la fuite depuis l'an 1200. jufques à Jean de Gontaut fon pere Baron de Biron, envoyé en Ambaffade par François I. vers l'Empereur Charles V. & auprés du Roy de Portugal : & qui enfin mourut à Bruxelles l'an 1557. des bleffures qu'il reçût à la bataille de S. Quentin. Celuy-cy fut auffi tué au fiege d'Efpernay l'an 1592. à l'âge de 68. ans, & laiffa pour heritier principal de fes biens, comme de fa réputation, Charles de Gontaut Duc de Biron, Pair, Mareschal & Admiral de France, par la funeste mort duquel la terre de Biron rétourna avec fon ancien titre de Baronnie à Jean de Gontaut fon frere Marquis de S. Blancart, dont est iffu le S. de Biron d'aujourd'huy, marié avec une fille du feu Duc de Briffac. Encore que le difcours, que le S. de Brantofme a fait de ce premier Mareschal de Biron, foit fort long, je l'estime neantmoins fi neceffaire, pour les particularitez qu'il contient & pour la façon naïve & cavaliere tout enfemble de cet Auteur, qu'on peut dire plus que contemporain, pour avoir connu & converfé la plufpart de ceux dont il efcrit, que je m'affeure qu'on trouveroit à rédire que j'euffe perdu cette occafion de le publier : & je le feray d'autant plus volontiers que des perfonnes trés-capables, qui ont vû mon premier Volume, ont loüé cette maniere d'Histoire & m'ont encouragé à la pourfuivre dans le mefme ordre.

„Parlons maintenant de M. le Mareschal de Biron, lequel nous „pouvons dire tous, estre aujourd'huy le plus vieux & le plus grand „Capitaine de France. Nous le pouvons bien dire tel, puifque que M. „de la Noüe l'a ainfi baptifé en fon Livre ; car il s'entend trés- „bien en cette graine, & fes effets, fes proüeffes & fes vertus „nous le dépeignent tel. Il fut nourry Page de la grande Reine de „Navarre Marguerite de Valois, & rétint fi bien de fa noble nour- „riture, qu'avec ce qu'il estoit éveillé, d'un fort & gentil efprit, „fa nourriture le luy accrut davantage. Car une belle naiffance &

„une bonne nourriture ne ſçauroient eſtre enſemble, qu'elles ne ſa-
„çonnent bien les jeunes gens. Sortant de Page, il s'en alla aux
„Guerres de Piémont pour lors, auſquelles il s'adonna ſi bravement
„& vaillamment, qu'il y acquit une trés-belle réputation, & une
„grande Arquebuſade auſſi, dont toute ſa vie il a eſté eſtropié & boi-
„teux comme l'on l'a vû. M. le Mareſchal de Briſſac luy donna ſon
„Guidon de cent hommes d'armes, & tel Drapeau ne ſe donnoit le
„temps paſſé, & meſme d'un ſi grand Mareſchal que celuy-là, à jeu-
„nes gens qui n'euſſent fait de trés-ſignalées montres de leur valeur.
„Auſſi pour tout cela le Roy le fit Gentil-homme ordinaire de ſa
„Chambre, eſtant beau, grand & honorable, qui ne ſe donnoit à
„petites gens, comme l'on l'a vû depuis le donner. Le voyage de M.
„de Guiſe ſe fit [en Italie] où il eut une Compagnie de cent chevaux
„Legers, & les garda juſques à la Paix faite entre les deux Rois,
„& toûjours en trés-belle réputation de toûjours bien-faire.
„   La Guerre civile premierement s'émût, & y penſant au commen-
„cement eſtre avancé en quelque charge & honneur, il vit faire au
„Bois de Vincennes cinq ou ſix Chevaliers de l'Ordre, & luy ne le
„fut point, croyant bien l'eſtre & le bien meriter auſſi-bien, diſoit-
„il, & meſme y nomma le S. de Montpezat : lequel pourtant lors
„avoit eu plus grandes charges que ledit M. de Biron, car au voya-
„ge de Guiſe, il eſtoit grand-Maiſtre de l'Artillerie, & puis fut
„Lieutenant de M. de Guiſe de ſa Compagnie de Gendarmes, qui
„eſtoit un trés-grand honneur de l'eſtre d'un ſi grand Capitaine & le
„plus grand de la France. Voilà ce qu'on diſoit, pourquoy M. de
„Biron ne devoit eſtre dépit & envieux de l'honneur de M. de Mont-
„pezat. En cela, luy répondoit que les grandes charges quelquefois
„ne portoient pas tant de fruit de merites comme les faveurs : tel-
„lement que le voilà bien dépit, mutiné, & rongeant ſa colere le
„mieux qu'il put. Et notez que la principale occaſion pourquoy il
„n'eut cet honneur & ne faiſoit-on pas grand cas de luy, c'eſt qu'il
„eſtoit tenu pour fort Huguenot, & meſme qu'il avoit fait baptiſer
„deux de ſes enfans, ce diſoit-on à la Cour, à la Huguenotte : ce
„que les grands Capitaines d'alors, comme le Roy de Navarre,
„Meſſieurs de Guiſe, le Conneſtable & Mareſchal de S. André ab-
„horroient comme la peſte, & les Religieux & tout. Voilà pourquoy
„mondit S. de Biron eſtoit regardé de mauvais œuil, ſi qu'il réſolut
„de partir de la Cour & de ſe retirer en ſa Maiſon ; & pour ce ayant
„pris congé du Roy & des Grands, il vint trouver M. du Perron,
„aujourd'huy Mareſchal de Retz, qui commençoit lors à entrer en
„grande faveur du Roy & de la Reine, pour luy dire Adieu : ce qu'il
„fit en luy contant ſon mécontentement & la réſolution de vouloir
„ſe retirer chez ſoy. M. du Perron ſongeant en ſoy d'obliger cet hon-
„neſte & brave Gentil-homme, le pria de ne bouger encore, ainſi
„qu'il eſtoit botté & preſt à partir, & d'attendre un peu qu'il eut
„parlé à la Reine ; à laquelle il rémontra le mécontentement de ce

„ Gentil-homme , & qu'il eſtoit pour bien ſervir le Roy , & qu'elle
„ le devoit arreſter & contenter par belles paroles & promeſſes : leſ-
„ quelles ne manquoient jamais à la Reine , auſſi M. de Ronſard luy
„ dedia lors l'Hymne de la Promeſſe. Elle ne faillit donc à l'envoyer
„ querir , & parler à luy & l'arreſter. J'eſtois à la Cour alors , &
„ vis tout cela , & ſçais fort bien le myſtere.

„ Ledit S. de Biron ſe mit à ſuivre l'armée pour quelque temps ,
„ ſans charge aucune , & puis aprés fut donnée pour aſſiſter à M.
„ d'Auſſun , de Loſſes , & Chantemeſle , qui eſtoient lors grands Ma-
„ reſchaux de Camp : & luy eſtoit ſous eux pour quelque temps , mais
„ il en ſçavoit bien autant qu'eux. M. de Guiſe commença à le goû-
„ ter , bien qu'il fiſt toûjours quelque ſigne & dit quelque petit mot
„ Huguenot : & ne s'en pouvoit garder , mais ſecrettement , & mon-
„ trant une ſecrette affection à ce party. Il ſe ſervit enfin ſi capable en
„ charge qu'on ſe ſervit de luy , & pour ce de toute cette
„ Guerre ne bougea jamais de l'armée , & s'y opiniaſtra ſi bien qu'il
„ ne faillit à toutes les belles factions qui s'y firent , juſques à ce que
„ la Paix ſe fit , & eut la charge de mener en Languedoc & Pro-
„ vence les Regimens de Sarlabos le jeune & de Remole , avec quel-
„ que Cavalerie legere de Scipion Vimercat & de Centurion , Genois,
„ & autres pour y eſtablir ; qu'on ne vouloit bien recevoir , & prin-
„ cipalement en Provence , qui eſtoit du tout mutinée & ennemie
„ contre les Huguenots : mais M. de Biron y mit le Regiment de
„ Remole aux Garniſons qu'il y falloit , & y eſtablit un ſi bon ordre,
„ & Police & Paix , que le Roy & la Reine puis aprés y arrivans y
„ trouverent le tout ſi tranquille & quiet , qu'ils commencerent alors
„ à concevoir une grande opinion du S. de Biron , & le loüerent fort
„ & ſe contenterent extrémement de luy. Voilà ſon premier com-
„ mencement de grand avancement & de charge.

„ Durant la Paix il ſe pouſſoit toûjours , & s'entremeſloit des af-
„ faires le plus qu'il pouvoit , & en rercherchoit les occaſions : & pour
„ ce la Reine s'en ſervoit en aucunes.

„ La ſeconde Guerre civile vint aprés , & le ſiege de Paris , la ba-
„ taille de S. Denis & le voyage de Lorraine. M. de Biron ſe trouva
„ à la Cour ſi à propos , qu'il fut fait Mareſchal de Camp avec M.
„ le Vicomte d'Auchy , & M. de Monſtreuil Gouverneur d'Orleans.
„ Ces deux derniers eſtoient grands Perſonnages certes , & qui avoient
„ bien vû , & ſur tout M. le Vicomte d'Auchy [*Eſtienne de Con-*
„ *flans*] qui eſtoit à mon gré un des hommes de bien du monde. M.
„ de Biron qui eſtoit prompt & ſoudain vouloit eſtre crû le plus ſou-
„ vent , & luy & le Vicomte eſtoient le feu & l'eau , & quelquefois
„ ſe trouvoit-on bien des opinions de l'un & quelquefois de l'autre ,
„ mais pourtant tout alla bien pour nous en cette ſeconde Guerre. La
„ troiſiéme arrivée , M. de Biron ſe trouva encore à propos à la Cour
„ pour bien ſervir le Roy , & c'eſtoit ce qu'on diſoit de luy pour lors,
„ que l'on eut dit qu'il eut gagné la fortune pour l'avertir à l'heure

„precife, quand il faudroit venir à la Cour & y feroit bon pour y
„bien faire fes affaires & celles de fon Roy ; car quand il eut de-
„meuré deux ans en fa Maifon & qu'il venoit à la Cour , il arri-
„voit toûjours à la bonne heure pour luy. A cette troifiéme Guerre
„il y fut malheureux par deux fois , l'une au logis de Janfeneuil, &
„l'autre au petit Limoges, là où il fut fort blâmé de M. noftre Ge-
„neral, & tenions-nous en l'armée qu'il l'avoit menacé de luy don-
„ner des coups de Dague. Mais ce fut à M. de Biron de dire fes
„excufes le plus bellement qu'il put , car s'il eut parlé le moins du
„monde haut , Monfieur luy en eut donné , tant qu'il eftoit en co-
„lere contre luy , & luy réprochant qu'il eftoit Huguenot & en fa-
„vorifoit le party , & avoit fait ces fautes exprés pour luy faire re-
„cevoir une honte & luy faire couper la gorge & à toute fon armée.
„M. de Tavanes qui eftoit haut à la main & fort imperieux, parla
„bien auffi à luy, jufques à luy dire qu'il apprit fa leçon , & qu'il
„vouloit fe mefler de tout , & d'un Meftier qu'il ne fçavoit pas en-
„core, & qu'il luy feroit bien apprendre, & qu'il eftoit Huguenot
„& qu'il n'oyoit jamais la Meffe, & quand il y alloit, c'eftoit par
„forme d'acquit. Tout cela luy fut réproché au Confeil , & fut à
„M. de Biron à caler & fe taire , car il voyoit bien les gens avec
„lefquels il avoit affaire, & qu'il n'eftoit fi grand en grade & Ca-
„pitaine, comme il a efté depuis, & que pour eftre tel il faut fai-
„re autant de grands rebus, & des fautes & des grands pas de Clerc.
„Les Sciences ny les Arts ne naiffent pas avec nous , la pratique &
„l'eftude nous les donnent, & avant que les avoir nous faifons bien
„des incongruitez. Ceux pourtant qui vouloient excufer M. de Bi-
„ron , difoient qu'il n'avoit fi grande faute comme on le blafmoit,
„il y a encore force gens qui vivent aujourd'huy qui en fçavent prou
„fans que j'en parle, & auffi que les Hiftoires en traitent. Tant y
„a que M. de Biron fit trés-bien toûjours en cette expedition tant
„qu'elle dura, & mefme en la bataille de Moncontour ; n'ofant
„neantmoins paffer plus outre des commandemens de M. de Tava-
„nes, qui vouloit tout régenter & que tout paffaft par fes mains ,
„fon advis & fon œuil, comme bien luy appartenoit : & croy que
„M. de Biron ce qu'il a vû & pratiqué fous luy, ne luy a point
„nuit à fe faire ce qu'il a efté.
„ Cette bataille finie, il conduifit fort bravement & heureufement
„le fiege de S. Jean [*d'Angely*,] aprés lequel il fut employé à faire
„la Paix. Il fut dépefché avec M. de Theligny vers MM. les Princes
„& Admiral en Languedoc pour la traiter , & la mena fi bien &
„beau qu'elle fe fit , penfant tout le monde qu'elle ne feroit guere
„bonne, ferme & ftable, parce qu'elle eftoit mal affife & faite
„par un boiteux, le Pafquin en fut fait ainfi. Le boiteux eftoit M.
„de Biron, qui avoit efté un peu auparavant fait grand-Maiftre de
„l'Artillerie aprés la mort de M. de la Bourdaifiere. M. de Roiffy
„[*Henry de Mefmes*] qu'on appelloit Malaffife , un trés-grand ;

„habile & subtil personnage d'Estat, d'affaires, de Sciences & de
„toutes gentillesses, s'en mesla aussi. Voilà le sujet de Pasquin, com-
„me de vray de cette Paix en sortit deux ans aprés la Feste de S.
„Barthelemy ; pour laquelle festoyer fut envoyé mondit S. grand-
„Maistre de Biron querir la Reine de Navarre pour la Cour : la-
„quelle n'y voulut jamais venir que la ville de Leytoure ne fût ren-
„duë, & à elle. Luy aprés l'y conduisit pour traiter le mariage de
„M. le Prince de Navarre son fils & de M. sœur du Roy ; pour le-
„quel accomplir mondit S. grand-Maistre de Biron fut envoyé de
„Blois & dépesché pour aller querir M. le Prince. Je sçay ce qu'il
„me dit avant que de partir. Enfin il l'emmena bien & beau accom-
„pagné de toute la fleur des Huguenots, qui pensans tout braver &
„gouverner tout le monde, prirent là une fin miserable. Ceux qui
„en échapperent en blasmerent mondit S. de Biron, & luy en don-
„rent toute la coulpe ; disans qu'il les estoit tous allez amadoüer &
„répasser, pour les mener tous au marché de la Boucherie : & pour
„ce commencerent à débagouler contre luy, les uns l'appelloient
„Tonnelleur, parce que comme fait un Tonnelleur avec sa Ton-
„nelle aux Perdrix, il les avoit tous avec sa parole tonnellez &
„amassez. Les autres l'appelloient le faux Perdrieur, les autres Tiers,
„Fauconniers & Chasseurs connoissent ce mot. Les autres en par-
„loient en plusieurs sortes comme la passion les transportoit, mais
„tant y a, ç'a esté un trés-grand, valeureux, & trés-habile person-
„nage ; & si ne laissa-t-il pas pour toutes ces calomnies, soupçons
„& causeries, qu'il ne fût en grande peine à cette Feste : & bien luy
„prit d'estre brave & vaillant & asseuré, car il se retira dans son
„Arsenac, braqua force Artillerie à la Porte & autres avenuës, fit
„si belle & asseurée contenance de Guerre, qu'aucunes Troupes des
„Parisiens, qui n'avoient jamais en affaire avec un tel homme de
„Guerre, s'approchans à la Porte, il parla à eux si bravement, les
„menaçant de leur tirer force canonades s'ils ne se retiroient. Ce
„qu'ils firent aussi-tost, & n'oserent plus s'y approcher, ny rien
„faire à luy de ce qu'ils vouloient & qui leur avoit esté comman-
„dé ; car pour le seur il estoit proscrit comme les autres, que je
„sçay, ainsi qu'il me dit luy-mesme à son retour de Broüage, car il
„m'estoit fort bon Parent & amy, & me discourut fort de ce Mas-
„sacre. On disoit que M. de Tavanes qui ne l'aimoit trop, & le
„Comte de Retz non plus, luy presterent cette charité de proscrip-
„tion.
„ Aprés la furie totale de ce Massacre passée, le Roy l'envoya que-
„rir sur sa parole, & à fiat comme l'on dit, & le dépescha en
„Xaintonge dont il estoit Gouverneur, & par consequent du Pays
„d'Aunis ; pour faire sommer la Rochelle à vouloir réprendre sa
„premiere obéïssance au Roy, & la gagner par toutes les voyes de
„douceur. Il nous vint trouver en Broüage sur la rupture de nostre
„embarquement, & nous porta alors commandement du Roy de

„ luy affiſter , ſi les Rochellois ne ſe vouloient rémettre aprés avoir
„ eſſayé & tenté toutes douces voyes. Et y ayant envoyé vers eux
„ force honneſtes gens pour parlementer & meſme M. le Baron de
„ Tonnay Boutonne & M. du Vigean , qui n'y gagnerent rien , ſi-
„ non quelques coups d'eſpées que le S. du Vigean eut & emporta
„ pour ſa part , & fut laiſſé pour mort à la ruelle de ſon lit , à la
„ furie du dépit qu'ils eurent contre luy, de ce que luy Huguenot &
„ de la Religion, venoit parler contr'elle & ſon party. Ces douceurs
„ toutes faillies & déſeſperées , le Roy luy manda de bloquer la
„ ville, en attendant la grande armée pour l'aſſiéger à bon eſcient &
„ point à faux. D'eſcrire tout ce ſiege, il me ſemble que je l'écrirois
„ auſſi-bien qu'homme qui fût , car dés le commencement juſques à
„ la fin je n'en bougeay, moitié heureux, moitié malheureux; mais
„ je le remettray à la vie de noſtre feu Roy Henry. Pour le coup je
„ diray que M. de Biron fut malheureux en ce ſiege, car il s'y tra-
„ vailla & peina , fit tous les devoirs d'un grand Capitaine & d'un
„ bon grand-Maiſtre de l'Artillerie , & qui pis eſt, y reçût une gran-
„ de Arquebuſade. Toutefois la pluſpart des Aſſiégeans avoient opi-
„ nion qu'il s'entendoit avec ceux de dedans, & que luy & les ſiens
„ leur donnoient avis de tout ce qui ſe faiſoit au dehors : ce qui eſt
„ le plus grand abus du monde ; car s'il eut pris cette ville , il en
„ eſtoit Gouverneur, & poſſeſſeur de la plus forte & importante pla-
„ ce de la France : & luy qui eſtoit un Capitaine ambitieux, je vous
„ laiſſe à penſer s'il eut voulu échapper ce bon morceau s'il l'eut pu
„ prendre. Et ſi l'on eut voulu croire M. de Strozze, la ville eut eſté
„ priſe en la gagnant pied à pied, comme nous avons fait ſur la fin ;
„ mais on y alla ſi fort à la haſte & en précipitation des Aſſauts &
„ Batteries , qu'on n'y faiſoit jamais la beſogne qu'à demy : & ſi
„ vous diray bien plus, que pour l'envie qu'avoit ledit S. de Biron de
„ l'avoir , il en fut en grande peine & danger , ainſi qu'on pourra
„ ſçavoir par ce diſcours.

„ Sur le declin de ce ſiege, les Polonois preſſerent ſi trés-fort leur
„ nouveau Roy élû de s'en aller en Pologne, & luy propoſerent tant
„ d'affaires urgentes, qu'il n'eſtoit poſſible d'y pouvoir mettre ordre ſans
„ ſa Perſonne. Ce n'eſtoit pas ſeulement les Polonois, mais les Fran-
„ çois qui eſtoient envoyez, comme M. de Valence & le jeune Lanſ-
„ ſac, qui ne l'en ſollicitoient pas ſeulement, mais le Roy, & la Rei-
„ ne principalement : laquelle Reine éperduë de joye de ſon fils
„ Roy, luy ſembloit qu'il n'y ſeroit jamais , & pour ce luy manda
„ de faire une Capitulation à la Rochelle , quoy qu'il fût. Ceux de
„ dedans ne voulurent pas faire pour eux ſeulement, mais pour au-
„ tres villes, comme Montauban, Niſmes & autres , fors le pauvre
„ Sancerre ; qu'on vouloit bien comprendre , mais on trancha la
„ broche tout à trac pour eux , car on les faiſoit pris de jour à au-
„ tre la corde au col : & toutefois ces braves & déterminez tinrent
„ encore plus de cinq ſemaines aprés la Paix qui s'en enſuivit. La-

„ quelle faite , le Roy de Pologne leva le fiege de-là avec fon hon-
„ neur, ce qu'il defiroit plus que tout , & avec une Capitulation tel-
„ le quelle , mais tenant plus pourtant de l'ombre honorable qu'au-
„ trement.

„ Or durant tous ces Parlemens, qui durerent plus de quinze jours,
„ les Tréves faites , M. de Biron fit tout ce qu'il put pour détourner
„ le Roy & la Reine à n'entendre à aucune compofition, & que fur
„ la vie qu'on luy laiffât faire, qu'il l'auroit la corde au col dans un
„ mois ou le plus tard cinq femaines fans rien perdre ny hafarder ,
„ finon à faire de bons blocus. Cet avis & lettres ne porterent nul
„ coup pour cette fois, d'envie que la Reine avoit de voir fon fils
„ & l'envoyer prendre poffeffion de fon Royaume ; qu'on luy faifoit
„ fi beau, fi grand, fi riche, fi opulent & fi puiffant. D'en parler
„ au Roy de Pologne il n'eut ofé, car il avoit en ce plus d'envie
„ d'aller voir fon Royaume, ainfi que j'ay eu cet honneur luy en voir
„ difcourir avec un raviffement d'aife fi grand, qu'il fe perdoit quand il en
„ parloit ; mais quand il y fut , il changea bien d'opinion, car il
„ n'y trouva pas la féve du gafteau qu'il penfoit dans fon ame , &
„ eut mieux aimé la ville de la Rochelle que le Royaume de Po-
„ logne. Voilà combien penfant bien rencontrer en une chofe l'on
„ perd l'autre. M. de Biron , quand il voit qu'il ne peut venir au-
„ deffus du Roy, de la Reine, & du Roy de Pologne, fur ce fait
„ s'avife de broüiller d'ailleurs, & d'efcrire à M. le Cardinal de Lor-
„ raine & aucuns des Principaux du Confeil, qu'ils empêchaffent ce
„ levement de fiege & cette Paix, & qu'on luy laiffât faire feule-
„ ment, qu'un temporifement de fix femaines rendroit au Roy fa vil-
„ le de la Rochelle plus fujette à luy qu'elle ne fut jamais, comme
„ certes il eftoit vray. M. le Cardinal, qui eftoit un beau broüillon
„ d'affaires, fe met à faire menées là-deffus, & à gagner ceux du
„ Confeil pour divertir le Roy & la Reine de cette Capitulation &
„ Paix, & importunerent tant leurs Majeftez, & principalement la
„ Reine, qu'elle ne fçût trouver remede pour s'en dépeftrer, finon
„ d'écrire & mander par l'Abbé de Gadagne, en qui elle fe fioit du
„ tout, au Roy fon bon fils les belles menées & manigances que
„ traitoit M. de Biron contre luy, qu'il parlât bien à luy comme il
„ falloit, & des groffes dents comme on dit, & de mefme en ef-
„ crivit audit Cardinal & autres Meffieurs les beaux Confeillers de
„ ce fait, des lettres bien hautaines & menaçantes. Ce qu'il fçût
„ trés-bien faire, car de fa propre main il en fit les lettres comme
„ je le fçay, & fi braves & fi rigoureufes qu'ils furent tous eftonnez
„ & demeurerent courts ; fi qu'ils n'oferent plus en fonner un pe-
„ tit mot.

„ Quand M. de Biron, eftant fans y penfer un matin allé trouver
„ le Roy, & dans la Garderobe où le Confeil fe tenoit cette fois, qui
„ eftoit fort eftroit & garny de fort peu de gens, le Roy vous l'em-
„ poigne d'une façon, qui ne tomba pas à terre , comme l'on dit ;
car

car d'abord il luy donna ce mot : venez çà petit Galand, j'ay ſçû
„ de vos nouvelles, vous vous meſlez de faire des menées contre moy
„ & d'eſcrire à la Cour. Je ne ſçay qui me tient que je ne vous don-
„ ne de l'eſpée dans le corps & vous eſtende mort par terre, ou pour
„ mieux faire , que je ne vous faſſe donner des Commiſſaires pour
„ examiner & informer de voſtre vie & des traits qu'avez faits con-
„ tre le Roy & ſon Eſtat : & puis vous faire trancher la teſte. Hé !
„ vous appartient-il d'aller contre mes volontez & deſſeins ? Vous,
„ que je ſçay qui vous eſtes, ſans le Roy & moy que ſeriez-vous, &
„ vous vous oubliez. Vous voulez faire du Galand, vous voulez pren-
„ dre la Rochelle , ce dites-vous , dans un mois ou ſix ſemaines, &
„ voulez avoir l'honneur & m'en priver. Vous m'avez trop intereſſé
„ le mien petit Galand que vous eſtes, car vous ſçavez que la volon-
„ té du Roy, de la Reine, & la mienne n'eſtoient de venir à la pri-
„ ſe de cette Place, que m'aviez tant aſſeuré de la prendre en un rien,
„ fût par amour ou par force, ſinon ſur le point de la priſe. De peur
„ d'aucun affront à moy , je vins à Chaſtelleraut où je fis quelque
„ ſéjour, vous me mandâtes que j'eſtois trop loin & que je m'avan-
„ çaſſe à Poitiers , & que tant plus prés je m'approcherois, tant plus
„ j'intimiderois les Rochellois à ſe rendre , & que dés-ja ils bran-
„ loient. J'y fis là auſſi quelque ſéjour , tout à coup aprés vous me
„ mandâtes en diligence que je marchaſſe à Niort, ce que je fis , &
„ que le tout eſtoit en bon eſtat de ſe rendre , & que jamais il n'y
„ fit meilleur. J'y vins, je m'y arreſtay encore , & n'y voyant non
„ plus d'apparence qu'auparavant, pour fin il m'y fallut venir ſur
„ voſtre foy, & que je ſerois Maiſtre de tout, ce diſiez vous ; où j'y
„ eſtant je n'y trouvay encore rien preſt , non plus que quand j'eſtois
„ au commencement de mon voyage : & qui pis eſt, je n'y vis & n'y
„ trouvay aucuns préparatifs d'aucun ſiege. Vous m'avez fait demeu-
„ rer cy-devant cinq mois ; à cette heure que j'en puis ſortir à mon
„ honneur, vous me le voulez traverſer, & propoſez d'y demeurer &
„ l'emporter , & triompher de cet honneur par-deſſus moy. Je vous
„ apprendray à vouloir faire du grand Capitaine à mes dépens , &
„ ne l'eſtes pas aux voſtres.

„ Tant d'autres paroles faſcheuſes luy jetta-t-il , que jamais il n'oſa
„ répartir pour ſe parer, ſinon que tout doucement faire ſes excuſes
„ au mieux qu'il put. Autrement le Roy de Pologne luy eut fait un
„ mauvais tour, tant il eſtoit en colere contre luy , & ainſi ſe dé-
„ partit, & le Roy monté à cheval s'en va à Aymande. Le matin
„ j'eſtois à la porte de mon logis qui donnois à diſner à M. de Stroz-
„ ze & de la Noue : je vis paſſer M. de Biron ſeul à cheval : il
„ n'avoit que ſon Eſcuyer Baptiſte avec luy : je luy criay s'il vouloit
„ venir diſner avec nous, & auſſi-toſt il vint à moy & mit pied à
„ terre, & nous dit qu'il ne vouloit diſner, car il eſtoit tout faſché :
„ & nous prenant tous trois à part il nous dit , je veux vous faire
„ mes plaintes à tous trois comme à mes plus grands amis que j'ayé

Tome II. P

„icy. Le Roy de Pologne se vient de fascher à moy, dit-il, & par-
„ler à moy comme au moindre de ce camp, dont le cœur m'en cre-
„ve, & nous conta une partie de ce qui s'estoit passé; car il ne nous
„dit pas toutes les grosses paroles que le Roy luy avoit dites : mais
„ce fut un trés-grand Prince qui nous les dit le soir à M. de Strozze
„& à moy, qui estoit present, & que ce pauvre homme, usant de
„ces mots, luy avoit fait pitié. Du depuis le Roy de Pologne luy fit
„toûjours froide mine, & mesme à son retour de Pologne la Reine
„ayant mandé à tous les Princes, Seigneurs & grands Capitaines du
„Royaume de la venir trouver à Lyon, pour recevoir leur Roy &
„luy faire la reverence & luy faire entrée de son nouveau Regne :
„je vis quand il luy fit la reverence, mais il ne luy fit meilleure
„chere qu'à aucuns de nous autres; dont je sçay bien ce qu'il m'en
„dit; car il m'aimoit, & bien souvent me disoit des choses qu'il ne
„disoit à un autre.
„   Ce voyage seul ne luy fut à propos ny à souhait comme les au-
„tres, car le Roy partant de Lyon pour aller à Avignon, ne l'em-
„ploya à rien ny luy commanda de le suivre, surquoy il prit sujet de
„luy demander congé de s'en aller en sa Maison, qu'il luy donna
„fort facilement & aussi-tost : & y demeura tout le long de l'Hyver,
„& l'Esté jusques à la fin d'Aoust, que les nouvelles vinrent que M.
„de Thoré avoit fait sa levée de Reistres & s'en venoit en France.
„La Reine l'envoya querir par la priere de M. de Guise, qui ne
„vouloit avec luy autres Capitaines que M. de Biron & M. de Stroz-
„ze, pour bien estriller M. de Thoré & tous ses Reistres, disoit-il,
„s'ils se mesloient d'entrer en France par son Gouvernement ou par
„ailleurs. Je le vis arriver à la Cour & faire la reverence au Roy
„qui luy fit assez bonne chere. M. de Guise fait donc son voyage en
„la Champagne, n'y emmene que ces deux Capitaines qu'il vouloit,
„& vous estrilla si bien Messieurs les Reistres comme cela s'est vû,
„& l'honneur seul en demeura à MM. de Guise, de Biron & de Stroz-
„ze; bien que le Mareschal de Retz y fust, mais il y estoit allé en
„homme privé & non en Mareschal, n'y ayant aucune charge non
„plus que le moindre Gentil-homme de l'armée. De quoy un jour je
„l'entrepris, car sa femme estoit ma cousine germaine, & luy ré-
„montray que cela n'estoit pas beau, à luy qui estoit Mareschal de
„France de se trouver à une telle affaire en homme privé & n'exercer
„point sa charge, que jamais cela ne s'estoit vû. Il me répondit
„qu'il ne s'en soucioit point, mais qu'en quelqu'estat qu'il fust il put
„servir son Roy, & luy montrer que l'ambition ne le menoit point,
„mais l'affection qu'il portoit à son service. Et notez que le Roy ne
„l'aimoit pas, ny luy ny tous ceux qui l'avoient précipité à ce voya-
„ge de Pologne, & qui avoient aidé à trouver le moyen de le faire;
„car ce Mareschal alloit toûjours trois journées avant dans l'Allema-
„gne, pour luy préparer ses logis & les chemins & gagner les cœurs
„des Princes : & pour ce ledit Mareschal faisoit ce qu'il pouvoit pour

„se remettre en grace , aux dépens de sa vie , de sa charge & son
„honneur.

„ Cette défaite de M. de Thoré ensuivie au commencement que
„Monsieur se mutina contre le Roy son frere, la Reine qui ne desi-
„roit rien tant que d'appaiser le tout & de rendre les deux freres bons
„amis, envoya querir M. de Biron & venir vers elle pour luy assister
„à ce bon office & devoir ; dont s'en ensuivit la bonne réconcilia-
„tion , Paix , & entrevûë des deux freres, trés-agréable à tout le
„Royaume. Cette Paix se convertit en Guerre contre les Huguenots
„à cause de premiers Estats de Blois. M. de Biron fut envoyé vers le
„Roy de Navarre pour le convertir, mais rien moins, la Guerre se
„fait en Broüage par M. du Mayne Lieutenant du Roy en l'armée
„de Guyenne, il se prend. Cependant M. de Montpensier & M. de
„Biron traitent la Paix , qui fut faite à Bergerac ; aprés laquelle il
„fut fait Mareschal de France, & peu de temps aprés Lieutenant de
„Roy en Guyenne : là où il fit la Guerre au Roy de Navarre à bon
„escient , & luy donna de la peine , bien qu'il commençât lors
„d'estre grand Capitaine. Il avoit avec luy M. de la Noüe & luy fit
„tout plein d'affronts & galanteries ; si bien qu'à l'entrevûë de Cou-
„tras de M. frere du Roy , & Roy & Reine de Navarre, pour trai-
„ter la Paix qui s'ensuivit aprés , le Roy un jour devisant avec M.
„de Bourdeille mon frere , à qui il faisoit cet honneur de l'aimer &
„luy conceder toute privauté de parler à luy & de causer familiere-
„ment avec luy, tombant sur le propos de M. de Biron, de qui le-
„dit Roy estoit trés-mal-content & en disoit pis que pendre ; mon
„frere se mit à en dire beaucoup de bien. Mais dit le Roy, qu'a-t-il
„tant jamais fait que vous le loüez tant ? ce qu'il a fait , dit mon
„frere , Sire , quand il n'auroit jamais fait autre chose que fai-
„re conniller un Roy de Navarre, il a beaucoup fait. Et sçavez-vous
„ce qui en est cause ? c'est vous-mesme ; car si vous estiez bien uny
„avec vostre Roy & frere , vous feriez à tous la Loy & nous bra-
„veriez tous, où que nous autres petits compagnons, targuez & ap-
„puyez de l'autorité de nostre Roy & des charges qu'il nous donne,
„nous vous bravons & vous donnons la Loy. De fait, en cette Guer-
„re , M. le Mareschal de Biron , estant alors Lieutenant de Roy ,
„fit plus de mal audit Roy , que le Roy ne luy fist , & le fit soûte-
„nir en cervelle & s'acconniller & faire plus du cheval leger que du
„Roy : non pourtant qu'il luy emportât grand' chose du sien , di-
„soit-on. Que si ledit Mareschal y eut voulu aller à la rigueur , &
„luy eut fait du dommage, si luy fit-il toûjours bravement teste sans
„s'estonner , non pas seulement de le détourner de ses plaisirs de la
„chasse qu'il aimoit extrémement , & y allant le plus souvent quand
„l'envie luy en prenoit. Sur ce le Roy m'envoya à la Paix à Cou-
„tras , & au Fleix Maison du Marquis de Trans. Mais il ne laissa de
„haïr à mal mortel ledit S. Mareschal , car de capricieux à capri-
„cieux & de brave à brave mal-aisément la concorde y regne ; si que

„noſtre Roy aviſa de retirer mondit S. le Mareſchal de Guyenne par
„des plaintes que le Roy de Navarre luy fit, & rémontrances, qu'ils
„ne ſçauroient jamais bien compatir enſemble, qu'ils n'émeuſſent la
„Guerre, s'il demeuroit davantage prés de luy : & pour ce l'envoya
„querir pour venir à la Cour, où il luy donneroit meilleure récom-
„penſe.

„ Je le vis arriver un peu aprés les nôces de M. de Joyeuſe, & le
„Roy luy fit trés-bonne chere & y demeura quelque temps, juſques
„à ce qu'il fut envoyé en Flandre vers Monſieur, avec les forces
„qu'il y mena, tant de François que de Suiſſes : & les conduiſit bra-
„vement & heureuſement, & montra bien au paſſage de Gravelines,
„fort perilleux & ſcabreux, ayant en teſte le Capitaine la Mothe,
„Gouverneur, un trés-bon & brave Capitaine, François renegat,
„qu'il eſtoit un grand Capitaine ; ſans perdre un ſeul homme, non
„ſeulement là, mais aprés la feſte de S. Antoine à Anvers, qu'il ſe
„fallut defenger & ſortir d'un grand danger où il eſtoit engagé &
„eſcroüé. J'en parleray en la vie de Monſieur, & par conſequent
„dudit M. le Mareſchal, & de l'honneur qu'il y acquit en aucuns
„combats qu'il rendit & ſoûtint bravement. On l'accuſa qu'il avoit
„eſté l'Auteur principal de cette entrepriſe audit Anvers, par la ſol-
„licitation de la Reine Mere, qui ne ſe contentoit de voir ſon fils à
„demy Seigneur de cette ville & autres, & n'y commander que par
„l'organe du Prince d'Orange & autres Seigneurs des Eſtats. D'au-
„tres diſoient que mondit S. le Mareſchal aprés qu'il la ſçût, eſtant
„hors la ville & non plûtoſt, la réprouva & déteſta fort, & en ré-
„montra les inconveniens. Tant y a qu'il y perdit ſon ſecond fils
„le Baron de S. Blancard [*Jean de Gontaut*] dont ce fut grand dom-
„mage. Eſtans nos François tous tournez en France, Monſieur ne
„voulant encore quitter ſa part de ces Pays-bas, ainſi qu'il pré-
„meditoit ſon voyage, tant il eſtoit ambitieux & courageux, il vint
„à mourir.

„ Monſieur mort, la Ligue commence à ſe produire peu à peu, de
„laquelle on dit que M. le Mareſchal de Biron fut convié, voir, qu'il
„y entendit & preſta l'oreille, moyennant trente mille eſcus qu'on
„luy preſenta : & ſe trouva de vray à Bourg ſur mer chez M. de
„Lanſſac, où ſemblablement furent M. le Mareſchal de ſaint Luc,
„d'Aubeterre, de Luſſan, & de Lanſſac, qui mettoit la nappe &
„faiſoit le Feſtin. Là il ſe démeſla & traita-t-on de pluſieurs affaires,
„comme j'ay ſçû de la bouche d'un de ces Meſſieurs les Conviez. On
„dit que ce qui en fit perdre le gouſt audit M. de Biron, ce fut qu'on
„luy avoit promis les trente mille eſcus, & quand ce fut à les pro-
„duire & livrer, qu'on ne produiſit que des bagues, joyaux & pier-
„reries, dont il dit qu'il n'en avoit affaire, & que telles pieces ne
„donnent pas à manger ny à vivre. D'autres, & la plus ſaine part,
„diſent que certainement il ſe trouva en ce Feſtin, entendit leurs pa-
„roles & deſſeins, qu'il déſapprouva, & meſme, dequoy ils les fon-

„doient fur la Religion, & d'exterminer l'Herefie, dont il s'en mo-
„qua. Tant y a que le Roy aprés ne trouva point en cette Cour de
„meilleur ny de plus loyal Serviteur, ny nullement partial, finon
„de fa Majefté. Ainfi qu'il fit paroiftre en la charge de l'armée qu'il
„luy donna pour venir en Guyenne, où il s'acquitta trés-dignement,
„jufques à fe précipiter aux hafards & dangers, comme quand il eftoit
„jeune, & fe prefenter de mefme aux Efcarmouches, comme il fit
„au fiege de Marans, où il eut une grande Arquebufade dans la main.
„Jamais bon cœur ne peut mentir.

„ M. de Guife mort, il alla trouver le Roy bien à propos, lequel
„en avoit grand befoin, & qui le reçût auffi avec une grande joye,
„fecourut fon Maiftre en trés-grande neceffité, car quafi toute la
„France eftoit bandée contre luy. Ayant pris de longue main créan-
„ce parmy les gens de guerre tant François, qu'Eftrangers, qui
„tous l'aimoient & adoroient : ils les affeura & gagna fi bien, que
„voicy un grand coup; Celuy-cy, voir, le plus beau qu'il ait fait de
„fon temps pour matiere d'Eftat; Que voicy le Roy de Navarre
„fans aucune contradiction, de la voix & confentement de tous, mis
„en la place du feu Roy. [*J'interrompray icy le S. de Brantofme pour
dire une verité importante à l'Hiftoire ; c'eft qu'auparavant que de re-
connoiftre abfolument Henry IV. ce Marefchal procura une Affemblée
de tous les Principaux Chefs de l'Armée, qu'il harangua, & aufquels
il dit franchement, qu'encore qu'il ne put nier qu'ils ne deuffent tous
fervir ce Prince, qu'il ne laiffoit pas de croire qu'il leur eftoit permis
de penfer à leur intereft dans une conjoncture fi importante : & qu'ils y
eftoint d'autant plus obligez, qu'il connoiffoit le Roy pour un fin Béar-
nois, à la gratitude duquel on ne fe devoit fier que fur gages. Qu'il
avoit efté dés fa jeuneffe dans une indigence qui fe tourneroit en avarice, quand il feroit paifible poffeffeur du Royaume, & que ce qui
eftoit avarice en un particulier, fe pouvoit appeller ingratitude en un
Roy : il n'y avoit rien de moins affeuré que la récompenfe de leurs fervices. Il declara qu'il entendoit que le Roy luy donnât pour luy &
les fiens la Comté de Perigord, & les autres à fon exemple alloient mettre la France en pieces, quand le Baron de Sancy Colonel
general des Suiffes leur rémontra le tort qu'ils fe feroient de vouloir
vendre leur fidelité à un Souverain, à qui la condition des temps défendoit de leur rien refufer, & qui ne leur pouvoit rien accorder de fon
Domaine qui ne fût plus à leur honte qu'à leur profit, par le reproche qu'il leur pourroit faire, quand il fe voudroit fervir de fon droit,
de lui avoir impofé des conditions odieufes pour luy & onereufes à l'Eftat. Il adjoufta enfuite que c'eftoit par la mefme raifon de cette avarice
dont le Roy eftoit fufpect au Marefchal de Biron, qu'il fe falloit bien
garder de luy rien demander des fonds de fa Couronne ; puis que ne luy
appartenans point de proprieté, il feroit quitte de tous fes dons & promeffes, quand il plairoit à fon Procureur General. Le Marefchal feul
perfifta en fon deffein, & le Baron de Sancy en ayant averty le Roy,*

qui d'abord fut assez offensé des avantages qu'on prenoit sur sa foiblesse ; il le conseilla de ne point refuser au Mareschal, qui de fait en
obtint les Lettres en bonne forme, cette belle investiture, jusques à ce
qu'il pût user de son Privilege, comme l'autre avoit fait de l'occasion. Il
semble que ce grand homme ait eu quelque préscience du malheur dont
sa Maison estoit menacée, par la defiance continuelle qu'il témoignoit du
Roy, & dont il jetta innocemment de malheureuses semences dans le
cœur de son fils, qui s'en devoit servir pour sa conduite, s'il eût esté
aussi prudent que luy. Aussi disoit-il qu'il remarquoit en lui trop de
valeur & trop peu de prudence, & on vit des occasions où il retenoit
son courage & où il disoit qu'il ne falloit pas terminer la Guerre par
une seule bataille, & que le Roy ne demanderoit pas mieux pour n'a-
voir plus que faire d'eux.] ,, Quasi pareil trait que fit le Prince Bascha
,, aprés la mort de Sultan Soliman pour son successeur.

,, Si bien que tout le monde tient, & il est aisé à présumer, que
,, M. le Mareschal le fit Roy, comme il luy sçût, à ce que j'ay ouï
,, dire depuis une fois, bien dire & réprocher ; car les Catholiques le
,, voyans Huguenot l'eussent abandonné, & les Huguenots n'estoient
,, assez forts pour le mettre en ce siege : mais par l'industrie dudit
,, S. Mareschal, ils furent réduits & convertis d'obéïr à ce nouveau
,, Roy, tout Huguenot qu'il estoit, sinon par bon vouloir au moins
,, pour venger la mort du pauvre tréspassé, injustement massacré,
,, qu'il donnoit ainsi à entendre. Ce ne fut pas tout, car il le falloit
,, maintenir & conquerir les Places, & n'estre Roy qu'à demy ; à
,, quoy ledit S. Mareschal assista si bien à son Roy qu'avant mourir
,, il luy aida à en récouvrer de belles & bonnes, gagner la bataille
,, d'Yvry & sortir d'Arques & de Dieppe, comme j'espere de dire
,, en la vie de nostre Roy : & puis en réconnoissant la ville d'Esper-
,, nay, il vint à avoir la teste emportée d'une canonade, mort trés-
,, heureuse, si l'on veut croire Cesar, que la moins opinée est la meil-
,, leure. J'y mets aussi celle qui fait moins languir, mais disent au-
,, cuns Chrestiens on n'a loisir de se récommander à Dieu ny de le
,, prier pour son ame. Si tout Chrestien fait comme Dieu nous com-
,, mande, de nous tenir à toutes heures préparez, car nous ne sça-
,, vons à quelle heure le Larron viendra pour nous surprendre, & en
,, tous momens songer à Dieu & le prier, aussi est bonne & salutai-
,, re cette mort soudaine comme la plus languissante, si ay-je oüi
,, dire à un grand Personnage Théologien.

,, Et voilà dans les plus brefs mots ce que je peux dire de mondit
,, S. le Mareschal pour cette heure, jusques à d'autres endroits que
,, les occasions s'en presenteront, & puis dire avec verité que lors
,, qu'il est mort, il est mort un trés-universel ; fut pour les affaires
,, d'Estat, lesquelles il a traité & les a sçû aussi bien que Seigneur de
,, France. Aussi la Reine Mere, quand elle avoit quelque grande af-
,, faire sur les bras, l'envoyoit querir toûjours, fût en sa Maison ou
,, ailleurs, & avoit son grand recours à luy. Luy-mesme en gogue-

„ nardant il difoit qu'il eftoit un Maiftre Aliborum qu'on employoit
„ à tout faire , comme il eftoit vray : & s'entendoit avec elle trés-
„ bien en tout , fût pour affaires de Paix, fût de Guerre; aufquelles
„ il eftoit univerfel , & pour commander & pour executer. Il avoit
„ fort aimé la lecture , & la continua-t-il fort bien , dés fon jeune
„ âge il avoit efté curieux de s'enquerir & fçavoir tout , fi bien qu'or-
„ dinairement il portoit dans fa poche des Tablettes , & tout ce qu'il
„ voyoit & oyoit de bon , auffi-toft il le mettoit & écrivoit dans lef-
„ dites Tablettes. Si que cela couroit à la Cour en forme de Prover-
„ be, quand quelqu'un difoit quelque chofe, on luy difoit, tu as trou-
„ vé cela ou appris dans les Tablettes de Biron. Tant y a que tou-
„ tes ces belles & curieufes obfervations, avec fon gentil efprit , &
„ braves experiences & valeurs , l'ont rendu un des grands Capitai-
„ nes de la Chreftienté, je ne dis pas feulement de la France. Et ce
„ que j'ay vû plufieurs fois s'eftonner de luy, que luy qui n'avoit jamais
„ traité grandes affaires aux Pays eftrangers , ny moins efté Ambaf-
„ fadeur , pour le mieux entendre , comme un M. de Lanffac , de
„ Ramboüillet & le Marefchal de Retz & autres Chevaucheurs &
„ Cuiffinets, il en fçavoit plus que tous eux , & leur en eut fait le-
„ çon , tant de celles du dehors que du dedans du Royaume.
„ Il eftoit trés-vaillant, comme l'on l'a vû en bons endroits peril-
„ leux, en faire preuves manifeftes. Je luy vis faire un trait à la Ro-
„ chelle trés-digne de fa vaillance , le jour que nous commençâmes
„ le Fort de Coureille. Le foir venant & qu'on vouloit commencer à
„ fe retirer, voicy que nous vifmes fortir fur nous de la Porte S. Ni-
„ colas cinq à fix cens Arquebufiers conduits & foûtenus de quelques
„ vingt chevaux feulement ; d'entre lefquels s'en debanderent deux à
„ part fur le haut des vignes, convians à tirer un coup de Piftolet :
„ & c'eftoit Campet [*grand pere du Baron de Saugeon Capitaine des*
„ *Gardes de M. le Duc d'Orleans, de la Marquife du Rivau, &c.*]
„ que depuis on appella M. de Saugeon, un trés-brave & vaillant
„ Gentil-homme, comme il a bien montré depuis , & déterminé
„ avec cela. M. de Biron dit auffi-toft à M. de Strozze de faire mar-
„ cher quelques trois cens Arquebufiers, que M. de Guife trouvé trés
„ à propos menoit de fon Regiment bravement , & fut attaquer l'ef-
„ carmouche , qui ne dura guere pour l'amour de la nuit qui furvint ;
„ cependant M. de Biron ayant fait avancer à foy la compagnie de
„ M. de Savoye , que certes il faifoit trés-beau voir , il s'en va luy
„ feul, avec fon Efcuyer Baptifte , attaquer Saugeon qui s'eftoit mon-
„ té fur un trés-beau cheval d'Efpagne qu'il avoit eu de feu Flageac
„ gentil Soldat mort un peu avant. Ce cheval eut un coup dans le
„ corps dont il tomba foudain , & le Maiftre engagé , M. de Biron
„ courut auffi-toft à luy l'efpée au poing luy criant, rens toy. L'autre
„ le réconnut auffi-toft, Ah ! M. de Biron fauvez-moy la vie. M. de
„ Biron , luy dit , me connoiffez-vous , qui fuis-je ? Ah ! Monfieur
„ vous eftes M. de Biron & moy. je fuis Campet. Auffi-toft il fut fau-

»vé, & M. de Biron nous emmena gentiment son prisonnier, à
»nous autres qui estions à l'Infanterie : qui fut un grand honneur
»à ce General d'avoir pris le principal & le plus mauvais & vaillant
»homme de la troupe. Et je luy dis le premier, M. vous avez
»fait une chose aussi rémarquable & memorable & d'aussi heureuse
»& vaillante rencontre qu'il arriva il y a long-temps à General d'ar-
»mée, il faut qu'il en soit parlé à jamais. Il traita fort humaine-
»ment son prisonnier, car il n'estoit point Massacreur de sang froid,
»comme tout gentil Chevalier ne doit estre : mais M. nostre Gene-
»ral sçachant la prise dudit Saugeon, manda qu'on l'envoyât au
»Chasteau de Nyort pour prison ; dont bien luy servit de se sauver
»& d'en sortir par son bon esprit, car on l'eut fait mourir, d'au-
»tant qu'on le tenoit pour un fort résolu & déterminé Soldat pour
»faire un coup, & qu'il s'estoit venté qu'il ne mourroit jamais qu'il
»n'eut eu sa part de la vengeance du Massacre de Paris.

» Tel coup de vaillance, comme celuy-là de M. de Biron, porte
»sur soy quelqu'extraordinaire plus beau signal, qu'une infinité
»d'autres qui se font en foule. Avec cette vaillance, qui estoit née
»& acquise en luy, il avoit beaucoup de belles vertus, il estoit trés-
»magnifique, splendide, liberal & grand dépensier, fût en Paix, fût
»en Guerre ; si qu'un jour un sien Maistre d'Hostel luy rémontra le
»grand débordement de dépense qui se faisoit en sa Maison, & la
»grande superfluité de Serviteurs & de Valets & bouches inutiles
»qu'il y avoit, dont il se passeroit bien : & pour ce il falloit faire un
»reglement & casserie. Monsieur de Biron luy dit, sçachez donc
»premierement d'eux s'ils se peuvent passer de moy, car s'ils le peu-
»vent ou le veulent, je le veux bien Monsieur le Maistre ; mais je m'as-
»seure qu'après avoir parlé à eux qu'il faudra qu'ils demeurent.
»Voilà tout le reglement qu'il y fit. C'estoit le meilleur compag-
»non du monde & avec qui il faisoit le meilleur, & faisoit d'aussi
»bons contes quand il estoit en ses bonnes. Il nous donna un jour
»à M. du Gua, qui aimoit bien les bons mots & qui en disoit d'aussi
»bons, & à moy à dîner ; il nous en fit qui levoient la paille : en-
»tr'autres d'un Curé de S. Eustache, qui en son Sermon blasmoit les
»Jeusneurs & Jeuneresses de la Cour & de Paris. Il dit, leurs Col-
»lations sont si superfluës en friandises, potages, fruits de fours,
»confitures & autres mets delicats & mangers somptueux jusques à
»crever, & qui pis est, se lavent les mains, & disent Graces &
»Benedicité, voilà de terribles conséquences ; inferant par là que
»c'estoit totalement des Soupers & non des Collations : comme si
»on ne doit pas prier Dieu & rendre graces à Dieu aussi bien à la
»Collation comme au Disner.

» Un autre Curé détestant les Sorciers, qui se donnoient au Dia-
»ble pour avoir des poisons & morceaux venefiques, pour faire
»mourir les Personnes : il dit que sans se donner au Diable, il ne
»falloit qu'aller chez les Apoticaires & acheter de bons poisons
qu'il

»qu'il nommoit pa
»un rien on faisoit
»par parole pensee
» Le Pape Jules de
» fois venir la bande
»il y en a aussi bien
»en voulut aucuns v
»gaye & Mathurinesc
»Et faisant interroge
»& qui il estoit, il
»fit l'Annonciation à
»là après s'écria sou
»car alors j'estois Di
»autre.

» Tant d'autres con
»reschal, qui sont e
»dégarny, & nulleme
»les peschoit : & desq
»en les gayes humeurs
»toient, & quand il
»fort sujet, & à offen
»set, s'il n'en eut eu
» Lors que S. Jean
»ainsi que M. de Pil
»à la teste qui les c
»gens en dévalisoient
»aussi-tost & mit l'esp
»qui estoient en haye
»estropia une infinité.
»deux jours que vous
»quer, maintenant qu
»vous leur voulez cou
»faire déshonneur à v
»Je le vis une fois e
»venant au logis de
»choit & qu'il y avoi
»mes attendans leurs
»neral, comme cela
»fort beau Courtaut d
»escus, qu'ainsi qu'il
»aussi-tost la main à
»nazeaux au cheval qu'i
»soit si laid qu'il fit
»luy se plaindre que
»car autrement il eut
»estoit gasté & perdu p

,,qu'il nommoit par nom, & puis en donner à boire & manger, en
,,un rien on faisoit mourir qui on vouloit, sans se donner au Diable
,,par parole pensée entr'eux deux.

,,Le Pape Jules dernier, qui estoit fort bon compagnon, fit une
,,fois venir la bande *de gli Matti e Passarelli* qui sont à Rome, car
,,il y en a aussi bien qu'en France à S. Mathurin & autres lieux, &
,,en voulut aucuns voir de leur urine, qui luy sembloient de plus
,,gaye & Mathurinesque humeur, & de quel bois ils se chauffoient.
,,Et faisant interroger un particulierement devant luy, d'où il estoit
,,& qui il estoit, il répondit qu'il estoit ce mesme Ange Gabriel qui
,,fit l'Annonciation à la Vierge : l'autre sien compagnon qui estoit
,,là auprés s'écria soudainement, il en a menty, faites-le foüetter,
,,car alors j'estois Dieu le Pere, & j'en donnay la commission à un
,,autre.

,,Tant d'autres contes ramentevrois-je que je tiens dudit S. Ma-
,,reschal, qui sont encore plus sublimes, car il n'en estoit jamais
,,dégarny, & nullement communs, que vous n'eussiez dit là où il
,,les peschoit : & desquels il n'en estoit point chiche, quand il estoit
,,en ses gayes humeurs & en compagnie de personnes qui les escou-
,,toient, & quand il estoit hors de ses coleres ; ausquelles il estoit
,,fort sujet, & à offenser quelquefois, mais plus de paroles que d'ef-
,,fet, s'il n'en eut eu un grand sujet.

,,Lors que S. Jean [*d'Angely*] fut pris par honneste composition,
,,ainsi que M. de Piles & ses gens se retiroient, M. de Biron estoit
,,à la teste qui les conduisoit, on luy vint dire qu'aucuns de nos
,,gens en dévalisoient quelques-uns sur sa queuë. Il tourna teste
,,aussi-tost & mit l'espée au poing, & cuida tout tuër des troupes
,,qui estoient en haye deçà de-là, pour faire passer les autres & en
,,estropia une infinité. Ah ! Coquins, leur disoit-il, il n'y a pas
,,deux jours que vous ne les osiez pas regarder au visage ny les atta-
,,quer, maintenant qu'ils se sont rendus & sans force & résistance,
,,vous leur voulez courir sus, je vous tuëray tous, & apprendray à
,,faire déshonneur à vostre Roy, que l'on die qu'il a rompu sa Foy.
,,Je le vis une fois en la plus plaisante colere du monde, un jour
,,venant au logis de Monsieur, nostre General, ainsi qu'il s'appro-
,,choit & qu'il y avoit force chevaux de Seigneurs & Gentils-hom-
,,mes attendans leurs Maistres, qui estoient dans le logis de leur Ge-
,,neral, comme cela se fait aux Cours & aux armées, il y eut un
,,fort beau Courtaut d'un Gentil-homme qui valoit bien deux cens
,,escus, qu'ainsi qu'il s'approchoit fit semblant de luy ruër. Il mit
,,aussi-tost la main à l'espée, & coupa tout à trac d'un travers les
,,nazeaux au cheval qu'il n'y paroissoit que les dents, dont il parois-
,,soit si laid qu'il fit rire tout le monde. Le Gentil-homme vint à
,,luy se plaindre que sa colere fut passée, connoissant son humeur,
,,car autrement il eut bien trouvé à qui parler, & que son cheval
,,estoit gasté & perdu pour jamais, & qu'il en avoit refusé 200. es-

» cus. Quand vous en euſſiez refuſé mille, luy dit-il, je luy en euſ-
» ſe fait de meſme, car je n'ay qu'une bonne jambe, je ne la veux
» pas perdre : mais venez-vous-en en mon Eſcurie ; je vous en don-
» neray un qui le vaudra. Ainſi diſpoſoit-on de ce brave Seigneur
» quand ſa colere eſtoit paſſée, & certes on pouvoit endurer de luy,
» puis qu'il eſtoit ſi accomply Seigneur & Capitaine.

» Entre toutes ſes perfections de Guerre c'eſtoit l'homme du mon-
» de, qui réconnoiſſoit mieux une aſſiette & logement de camp &
» place de bataille. Il s'entendoit trés-bien à cartiſer & à en faire
» luy-meſme des Cartes & les deviſer à d'autres. Je l'ay vû connoiſ-
» tre mieux des Pays & contrées que pluſieurs autres Gentils-hom-
» mes de la Contrée, juſques à nommer des petits Ruiſſeaux qu'ils
» ne ſçavoient ny ne connoiſſoient pas. Ce n'eſt pas tout cela, car
» il a fait & façonné M. le Mareſchal de Biron ſon fils de telle ſor-
» te, qu'il n'en doit rien au pere, & la pluſpart du temps fait ſes lo-
» gemens, ſans voir les Pays & Contrées, ny ſans les réconnoiſtre,
» ains à vûë de Pays ; ſi bien que l'on peut dire aujourd'huy que
» c'eſt le plus digne Mareſchal de Camp qui fût en l'Europe. Ce n'eſt
» pas tout encore, car aprés noſtre Roy c'eſt le plus grand Capitai-
» ne de la Chreſtienté, le plus brave, le plus vaillant, & le plus haſar-
» deux que l'on voye. Tant de combats où il s'eſt trouvé depuis ces
» Guerres, en ſont foy, en la pluſpart deſquels il a toûjours eſté
» bleſſé, moitié peu, moitié beaucoup. Il eſt tel que l'on le peut
» dire Fée, & que toutes les Guerres & combats qu'autrefois les Pal-
» ladins de France & Chevaliers errans ont fait, n'approchent rien
» de ſes vaillances. Je les mets à les raconter par aucuns particuliers
» dans ſa vie que j'ay faite & celle de noſtre Roy d'aujourd'huy, leſ-
» quels tous joints enſemble, & qu'ils euſſent les moyens & les gens
» qu'ils diroient bien, ils pourroient, ce crois-je, conquerir toute
» l'Europe. Ce ſont eſté eux qui ont eſté les vrais fleaux de ceux de
» la Ligue, & commencent l'eſtre des Eſpagnols. Auſſi quand le Roy
» & tous parlent dudit Mareſchal à la Cour & à l'armée des Mareſ-
» chaux de France, ils ne donnent point de queuë à celuy-cy, ſi-
» non que M. le Mareſchal : & les autres, bien qu'ils ſoyent plus
» vieux que luy, la trainent longue comme une Pertuiſane. Ce n'eſt
» pas ſa vieilleſſe qui l'a rendu auſſi ſi grand Capitaine, car il ne
» ſçauroit avoir que 32. ans ; mais ce ſont ſes aſſiduelles prati-
» ques de Guerre & combats qui l'ont mis là. Encore avons-nous
» cette grande obligation à ce brave pere, de nous avoir laiſſé ce
» brave fils, lequel il dreſſa en ſes premiers rudimens, & luy don-
» na de ſi bonnes leçons, qu'aprés ſa mort il a pris ſa place, ſon
» nom, & rénom de plus grand Capitaine de noſtre France : qu'il
» aime & cherit ſi trés-tant, qu'il luy faut donner cette gloire de ne
» luy avoir fait de faux-bonds comme quelques-uns, mais l'avoir toû-
» jours bien défenduë par ſa brave eſpée, & luy avoir eſté trés-loyal ;
» ſinon ſur la fin de ſes jours, qu'il en pâtit, ainſi que j'en parle en

"ſa vie. O! grande perte & grand dommage pour toute la France,
"voir, pour toute la Chreſtienté, car il l'eut bien ſervie, qui toute
"d'une voix la plaint, & dit qu'il ne devoit point mourir ainſi, par
"le faux rapport qu'on fit de luy, diſoit-on. Sa mort eſt aſſez deſ-
"crite ailleurs, ſi en parleray-je encore en ſa vie aſſez à part. Ce
"Seigneur M. de Biron n'avoit garde d'eſtre autre que trés-brave &
"vaillant, eſtant fils d'un pere tel, & d'une mere trés-genereuſe
"[Jeanne heritiere d'Orneſan & de S. Blancart] de laquelle la pluſ-
"part de ſon exercice & plaiſirs, ſont plus à la chaſſe & à tirer de
"l'arquebuſe, qu'autres exercices de femmes, & avec cela une trés-
"vertueuſe & chaſte Dame chaſſereſſe.

"   L'exercice principal de mondit feu S. Mareſchal eſtoit la Guerre
"& n'aimoit rien tant que cela. Le fils en eſtoit de meſme & y
"eſtoit du tout addonné. J'ay ouï faire un conte que quand le Prince
"de Parme eſtoit à Caudebec, M. le Mareſchal d'annuy * dit & re-
"preſenta au Roy devant ſon pere, que s'il luy vouloit donner quatre
"mille Arquebuſiers bons & choiſis, & deux mille chevaux, qu'il
"luy empeſcheroit le paſſage. M. le Mareſchal le pere rabroüa ſur
"cela fort ſon fils devant le Roy, & luy dit que c'eſtoit un habile
"homme pour le faire, & s'y montra ſi difficultueux qu'il en rom-
"pit le coup. Le ſoir aprés il le prit à part, luy dit & luy rémon-
"tra qu'il ſçavoit bien qu'il eut fait ce coup ou qu'il fût mort; mais
"qu'il ne falloit tout d'un coup voir la ruïne d'un tel ennemy des
"François : car ſi tels ſont une fois tous vaincus & ruïnez, les Rois
"ne font jamais plus de cas de leurs Capitaines & gens de Guerre,
"& ne s'en ſoucient plus quand ils en ont fait, & qu'il faut toû-
"jours labourer & cultiver la Guerre, comme l'on fait un beau champ
"de terre, autrement ceux qui ſont Laboureurs & puis le laiſſent en
"friche, ils meurent de faim. Voilà que c'eſt, & un cœur genereux
"qui a une fois ſuccé le lait de Madame Bellonne, jamais il ne s'en
"ſaoule. Or d'autant que j'eſpere encore bien au long parler de ces
"braves Mareſchaux pere & fils, dans les vies de nos deux Rois
"Henry, derniers, & du fils à part, j'en fais la fin pour cette
"heure.

   Le meſme Auteur rémarque en l'Eloge du S. de Martigues, que
le Mareſchal de Biron pere ayant commandé à un Capitaine d'aller
ruïner une maiſon, luy en ayant demandé un ordre par eſcrit *de
peur d'en eſtre un jour recherché, ah! .... luy répliqua-t-il,
eſtes-vous de ces gens qui craignez tant la Juſtice? je vous caſſe, jamais
vous ne me ſervirez ; car tout homme de Guerre qui craint une plume,
craint bien une eſpée. Poſſible eut-il dit le mot pluſtoſt que penſé ; ſi
ay-je vû des bonnes eſpées craindre la Juſtice.* Il fait ſur ce ſujet le conte du Capitaine Mazeres, que j'ay rapporté en la page 389. du premier Volume. La parenté qu'il avoit avec la Maiſon de Biron, le
juſtifie en quelque façon, de ce qu'il a coulé adroitement de l'inno-

* Qui veut dire d'aujourd'huy

cence du dernier Marefchal ; duquel il parle avec un defordre qui témoigne fon regret d'une perte digne des larmes de toute la France. Je voudrois pouvoir appuyer fes fentimens , mais tout ce que je puis dire , & je le dois à la memoire de Henry IV. parce que le réproche en tomberoit plûtoft fur luy que fur fes Miniftres , qui ne pouvoient rien en fon temps fur la vie d'aucun de fes Sujets & fort peu fur leur Fortune, c'eft que , fi le Duc de Biron ne confpira contre fa Perfonne , on ne peut nier qu'il n'eût conjuré contre fon Eftat, & qu'il ne fût d'intelligence pour le mettre en pieces & l'abandonner en proye au Roy d'Efpagne & au Duc de Savoye fon prétendu beau-pere. Le Roy fut d'autant plus irrité de fa défection qu'il l'aimoit jufques au point d'avoir jetté les yeux fur luy pour le faire fon gendre , & pour luy faire époufer Catherine Henriette fa fille depuis Ducheffe d'Elbeuf ; afin de mieux affeurer fa Couronne au Duc de Vendofme, qu'il prétendoit rendre legitime par fon mariage avec la Ducheffe de Beaufort. Il découvrit ce deffein à Fontainebleau , peu de jours aprés la mort de cette Dame fa Maiftreffe , au S. du Vair lors Confeiller d'Eftat , en une Conference particuliere , aprés luy avoir confié fes regrets ; & l'ayant obligé de ne luy point celer ce qu'il en penfoit , *fi voftre Majefté , Sire* , luy dit-il , *eftoit un Duc de Tofcane , de Mantoüe , ou d'Urbin* [c'eft que l'Italie eft toute pleine d'exemples de cruauté, particulierement dans l'établiffement des Souverainetez, qui ont efté prefque toutes tyranniques dans leurs commencemens.] *je croirois qu'en faifant exterminer tous fes parens & amis d'iceux, elle pourroit avoir eftably des enfans non legitimes : mais eftant un Roy de France fi débonnaire, & foigneux de vivre comme fes Prédeceffeurs, elle eut couru grande fortune de perdre tout à fait l'Eftat, & peut-eftre la vie. Vous vous trompez , luy répondit le Roy, en France on s'accouftume à tout.*

Le Roy ayant perdu le moyen de faire regner le Duc de Vendofme , fongea à le rendre le plus grand du Royaume , & continuoit fon deffein de luy donner le Duc de Biron pour beau-frere ; mais foit qu'il n'y trouvât pas le mefme avantage, ou qu'il fût fafché de fe voir engagé par autorité à un party , qui ne pouvoit comme auparavant fatisfaire fon ambition : il fe laiffa follement flatter de l'efperance de pouvoir époufer la fille du Duc de Savoye, defcenduë par fes pere & mere du Roy François premier & de l'Empereur Charles V. Aprés l'avoir rendu capable de ce qu'on fouhaitoit de luy par un mécontentement fuggeré du peu de récompenfe de tant de grands fervices , le Comte de Fuentes principal acteur dans cette malheureufe confpiration , luy dépefcha le Ligueur Piccotté ; qui vint en Bourgogne , où le Duc de Biron pour mieux feindre le fit arrefter: & aprés avoir conferé avec luy tout à fon aife dans fa prifon , il le fit évader pour aller vers l'Archiduc , d'où il révint luy rendre réponfe à Orleans. Luy de fa part choifit pour fon Agent le S. de la Fin , & l'ayant envoyé en Lombardie , le Comte de Fuentes le fit fecrettement loger dans un Chafteau, où il ne fut fervy que par fes

gens, & luy-mefme s'y rendit enfuite avec le Duc de Savoye en perfonne, pour conclure ce malheureux Traité qui coufta la vie au Marefchal de Biron. C'est ainfi que le S. du Vair raconta cette Conjuration au S. de Peirefc Confeiller au Parlement de Provence qui en
drefla un Memoire, où il adjoûta que quatre mois auparavant la prife de ce Duc, un homme de Roüergue frere d'un Confeiller de Touloufe, qui plaidoit un Benefice à Aix, dit audit S. du Vair lors premier Préfident, que la Nobleffe s'eftoit affemblée en divers lieux de
fon Pays par les pratiques du S. de Biron & par l'entremife du Comte de Rieux, fous prétexte qu'on la violentoit & qu'on la contrai-
gnoit aux Tailles : & que la mefme partie eftoit dreffée pour tout le
Languedoc, la Guyenne & la Gafcogne. L'avis en fut donné au Roy
par le S. du Vair & depuis il fe trouva veritable. Le mefme fieur du
Vair rétournant de la Cour en Provence par Dijon, eut un long entretien avec le Secretaire du Duc de Biron : & comme il luy eut témoigné quelqu'eftonnement qu'un Seigneur de fon âge, fi grand &
fi eftably ne fe mariât point, il luy donna quelque lumiere de fes
deffeins par cette réponfe, ces Grands fe laiffent mettre à la tefte de
fi hautes entreprifes qu'ils ont peine à fe connoiftre. En effet ce Duc
de Biron qui eftoit d'un efprit fier & hautain & prefqu'ingouvernable,
ne fe plaifoit qu'aux chofes difficiles & prefqu'impoffibles, il envioit
toute la grandeur d'autruy, & la jaloufie qu'il portoit au Duc de Montmorency, à caufe de fa charge de Conneftable, s'eftendit jufques à
Loüife de Budos fa femme. Il luy fit parler de mariage, fon mary vivant, comme celuy qui croyoit devoir eftre fon fucceffeur, & la partie eftoit faite entr'eux, fi leur deftinée y eut confenty ; mais tous
deux moururent dans la fleur de leurs années & de leurs grands deffeins, & le Conneftable les furvefquit. J'ay crû que ces rémarques
feroient à propos au fujet que m'a donné le difcours du Marefchal de
Biron, de parler de la fin tragique du Duc fon fils, Pair, Marefchal
& Admiral de France, mort à Paris le 31. de Juillet 1602. & inhumé
en l'Eglife de faint Paul.

En imprimant cette feuille j'ay efté confeillé par une Perfonne de
qualité de me fervir de l'occafion, pour inferer cette Piéce manufcrite
touchant le Marefchal de Biron, tirée du Difcours Hiftorique de la
fortune & difgrace des Favoris depuis François I. jufques à Loüis XIII.
fait par un Politique Chreftien.

L'On peut commencer la Fortune du Duc de Biron dés celle de fon pere,
lequel quoy qu'il fuft né de qualité & avec des moyens, neantmoins
jufques-là fon Nom avoit efté peu connu : & le commencement de fa
Fortune fut d'eftre Guidon du Marefchal de Briffac en Piémont, &
aprés dans les Guerres des Huguenots il fervit fi dignement qu'il fut
Gouverneur de la Rochelle & Pays d'Aunis, Lieutenant de Roy en
Guyenne, grand-Maiftre de l'Artillerie & Marefchal de France.

Lors que le Roy Henry III. mourut, il fe trouva en fi grande confideration, qu'il fit résoudre toute l'Armée de réconnoistre pour Roy le Roy de Navarre, depuis Henry IV. moyennant qu'il luy promit le Comté de Perigord à luy & aux siens, ce qui découvrit son Ambiton déreglée. Se voyant en cette grande autorité, il ne songea plus qu'à élever le Baron de Biron son fils, & quoy qu'il fust jeune & sans experience ; neantmoins il fit une querelle d'Allemand à M. de Dampierre Mareschal de Camp, luy fit quitter la Charge, & en fit pourvoir ledit Baron de Biron, en qualité de Mareschal de Camp general. Et parce qu'il ne sçavoit pas la Charge, il travailloit jour & nuit pour luy, & luy en laissoit tout l'honneur ; ce qui mit ledit Baron de Biron en telle réputation & créance parmy les Gens de Guerre, que le Mareschal son pere ayant esté tué d'un coup de canon devant Espernay, le Roy le fit Admiral : & M. de Villars venant au service du Roy, il luy remit l'Admirauté & fut fait Mareschal de France.

Il estoit homme de grand cœur, hardy en ses entreprises, judicieux dans les combats, bon amy à qui il le promettoit ; mais d'un naturel fier & présomptueux, n'estimant rien que ce qu'il faisoit, sans pouvoir souffrir qu'on en fit part à d'autres : violent en ses Commandemens, & si peu intelligible, que bien souvent on avoit peine d'entendre & d'executer ce qu'il commandoit.

Il fut heureux en tous ses Combats, & s'est trouvé en peu où il n'aye eu de l'avantage & rapporté blesseure ou marque de sa valeur : ce qui procedoit, comme j'ay dit, de ce qu'il ne perdoit jamais le jugement dans le Combat. Il servit toûjours dignement pendant les Guerres, mais voyant le Roy resolu à la Paix, il crut suivant les instructions que son pere luy avoit laissé, que si la Paix estoit faite, il demeureroit sans aucune consideration : ce qui le détourna du chemin qu'il avoit jusques-là tenu.

L'on commença donc depuis de soupçonner, qu'aprés la reddition de Paris & pendant le siege de Laon, il avoit intelligence avec les Espagnols ; neantmoins apres la prise de Laon il alla en Bourgogne, qu'il reduisit la plus grande part au service du Roy, revint en Picardie, où en plusieurs Combats il eut avantage sur les Ennemis : & pendant le siege d'Amiens rendit de grands services. Et tout ce qui donna soupçon contre luy, ce fut que quand l'Archiduc vint pour secourir Amiens, il ne donna pas tout l'ordre qu'il estoit necessaire pour empescher le secours : & croit-on qu'il n'eust pas esté fasché que la Place eust esté secourüe, parce que cela eust retardé la Paix.

Peu aprés la prise d'Amiens, la Paix se fit, & le Roy, pour récompenser les services dudit Mareschal, le fit Duc & Pair, luy donna de grands appointemens, & n'attendoit que la mort du Connestable dés-ja fort vieil pour luy en donner la Charge : luy donna commission d'aller jurer la Paix avec l'Archiduc au nom du Roy d'Espagne, où il fut accompagné de quasi toute la Cour ; mais cela ne le contenta pas, car au lieu de réconnoistre tant de bien-faits reçûs du Roy, l'on dit qu'il continua le Traité commencé de long-temps avec le Roy d'Espagne.

Pendant que la Paix dura, il fut prés de deux ans dans son Gouver-
nement de Bourgogne, venant seulement faire quelque voyage dans la
Cour ; où il se trouva au commencement de l'an 1600. à l'arrivée du
Duc de Savoye : où il fut encore séduit par ledit Duc de Savoye, qui luy promit l'une de ses filles en mariage & la Comté de Bresse en appanage ; &
l'assister par le moyen des forces du Roy d'Espagne de le faire Duc de
Bourgogne, où les principales & plus fortes Places estoient à sa devotion.
Ces offres le tenterent, & si jusques-là il avoit escouté, il commença de
traiter tout de bon, par le moyen d'un nommé la Fin ; & tout ce qui luy
venoit en connoissance des affaires qui touchoient ledit Duc de Savoye,
il luy faisoit sçavoir toutes les nuits par la Fin, qui demeura deux mois
caché dans Paris sans qu'autre que luy en sçût rien.

Le Duc de Savoye estant de retour en son Pays, & n'ayant rien tenu de tout ce qu'il avoit promis au Roy, sa Majesté se résolut de l'attaquer : & parce que M. de Lesdiguieres estoit fort pratique de tous les
Passages de Savoye, & qu'il estoit Lieutenant General dans le Dauphiné, le Roy le fit Mareschal de Camp General dans son armée ; dont
le Duc de Biron fut mal satisfait, & le Roy pour le contenter, luy
donna une armée pour attaquer du costé de la Bresse.

Au mesme temps qu'il sçût que le Roy estoit entré en Savoye, il surprit par Petard la ville de Bourg en Bresse, & assiégea la Citadelle,
l'une des meilleures Places de la Chrestienté, mais fort mal pourvûë
d'hommes & de vivres. Il envoya demander le Gouvernement au Roy
quand il l'auroit prise, ce que le Roy luy refusa ; ce qui luy donna
grand mécontentement : & au lieu d'avancer la prise de la Citadelle,
il fut accusé d'avoir eu intelligence avec le Duc de Savoye pour luy donner moyen de la secourir ; dont le Roy ayant soupçon, le fit venir à
Lyon après la Paix faite, luy en parla : où le Duc de Biron avoüa
son mécontentement, & le Roy le luy pardonna.

Le Roy, pour luy donner toûjours de l'employ, l'envoya en Angleterre Ambassadeur extraordinaire, en l'an 1601. où la Reine d'Angleterre, accorte & fort avisée, luy donna quelques avertissemens sur les
bruits qui couroient qu'il traitoit avec le Roy d'Espagne ; mais il ne fit
pas semblant de l'entendre : & à son retour en France, le Roy l'envoya pour jurer la Ligue avec les Cantons des Suisses, où pendant le
voyage, la Fin qui traitoit en Savoye pour luy, soit qu'il fut mécontent
que le Baron du Lus eust plus d'intelligence avec ledit Duc de Biron que
luy, ou qu'il eut avis, que ce Traité s'avançoit, vint trouver le Roy
seul auprès de Fontainebleau, & luy découvrit tout ce qu'il sçavoit, remettant le reste à la Negociation du Baron du Lus.

Le Roy qui ne pouvoit croire cette ingratitude, envoya le Président
Jeannin trouver le Duc de Biron qui revenoit de Suisse, pour le faire venir à la Cour au retour d'un voyage que sa Majesté alloit faire à Poitiers ; ce qu'il refusa : & le Roy y renvoya d'Escures, en qui le Duc
avoit grande confiance, lequel enfin l'y fit résoudre, sur l'asseurance que
la Fin luy donna qu'il avoit vû le Roy, mais qu'il ne luy avoit rien dé-

couvert. Il arriva à Fontainebleau à la fin du mois de Juin 1602. où le Roy luy fit fort froid visage. Il regarda d'Escures sur la parole de qui il estoit venu ; lequel s'approcha & luy dit tout bas qu'il luy avoit bien dit qu'on luy avoit rendu de mauvais offices auprés du Roy.

Il fut arresté le soir, mené le lendemain à la Bastille, où son Procés luy fut fait. Il témoigna au commencement beaucoup moins de constance qu'on n'avoit esperé de luy, & se voyant hors d'esperance de grace, il témoigna plûtost un desespoir qu'une résolution digne de son cœur. Il eut la teste tranchée dans la Bastille, sa Duché fut perduë, & laissa sa Maison aussi peu élevée qu'elle estoit auparavant. Et sert d'exemple de la punition que Dieu fait de tous ceux qui attentent contre l'Estat.

DU SIEUR DE DAMVILLE DEPUIS MARESCHAL, puis Duc de Montmorency & Connestable de France.

JE parleray du Duc d'Aumale & du sieur de Martigues, en traitant les sieges de la Rochelle & de S. Jean d'Angely où ils moururent., & parce qu'il ne se trouve point d'occasion plus illustre en ces Commentaires Historiques pour donner l'Eloge du sieur de Damville, qui fit le plus grand coup de cette memorable journée de Dreux par la prise du Prince de Condé ; je me serviray de celle-cy & du témoignage que le Duc de Guise rendit de sa valeur, pour ériger le monument que je dois à une si illustre Memoire. Comme les Estats hereditaires ne sont jamais en plus grand danger que sous la jeunesse & la minorité de leurs Rois, il n'y a point aussi de temps plus perilleux pour les Personnes de la premiere qualité, comme plus exposées à tous les malheurs dont les Sujets d'un jeune Prince sont menacez. Quand les nouvelles fortunes ne leur devroient pas estre naturellement suspectes pour leur estre ruïneuses, il y a tant à craindre de la part de ceux qui gouvernent, & qui n'ont pas toûjours toutes les qualitez necessaires à leur employ, qu'il est comme impossible que tous les Grands ne forment divers Partis pour se maintenir, si on les veut destruire pour profiter de leur dépoüille, ou pour n'avoir point de Competiteur en l'autorité. Cette défense passe pour une vertu, quand elle succede heureusement, mais si elle ne réüssit, c'est un crime capital qu'on punit de toute la severité des Loix : & ainsi telle action merite la mort dans un temps, qui dans un autre fait le plus bel endroit du Panegyrique de quelqu'illustre criminel. Il falloit que cette reflexion servit de Prélude à ce que j'ay à dire de ce grand Connestable, que deux Rois ont poursuivy par des declarations contre son innocence, & enfin par le fer & par le poison, & qui conserva une Province à la France en se défendant des Persecutions qu'on luy fit sous le nom de ces deux Rois. Ceux qui prennent l'Histoire à la lettre, diront qu'il a esté rebelle, ceux qui examineront les circonstances & les conjectures du temps, soûtiendront au contraire qu'il fut le plus fidéle du Royaume, & ils en jugeront selon

lon l'esprit de ce grand Pere de l'Eglise, qui dit que la supposition d'I-
saac pour Esaü n'estoit point un mensonge, mais un Mystere. De mesme
peut-on dire que le Mareschal de Damville n'estoit point un revolté,
mais un bon François, duquel Dieu se vouloit servir, pour maintenir le Roy Henry le Grand dans son droit sur la Couronne, & pour
l'aider à rétablir un Royaume, que l'Heresie, & l'hypocrisie des Sujets,
le libertinage de la Cour & la mauvaise conduite des Rois & de leurs
Favoris, avoient rendu si miserable & si défiguré, que nostre Histoire ne nous fournit point d'exemple d'une pareille disgrace & d'une
si horrible décadence de vertu & de réputation.

Il estoit le second de cinq illustres fils, que le Connestable Anne
Duc de Montmorency eut de son mariage avec Madelaine de Savoye,
le Roy Henry second l'honora de son nom au Baptesme, & son pere luy donna le surnom de Damville, pour mettre difference entre luy
& son aisné ; qu'il égala en dignitez & en merite tant qu'il vesquit,
& qu'il surpassa après sa mort qui le rendit Duc de Montmorency.
Il commença de se signaler au voyage d'Allemagne, à la défense de
Metz, & aux Guerres de Picardie & de Piémont, & quoy qu'il ne se
passât point d'années depuis ses premieres armes jusques à la mort du
Roy Henry, qu'il ne reçût quelque nouvel honneur ; on peut dire qu'il
les merita tous, & qu'il n'y avoit point à la Cour un sujet plus digne de la faveur & de la réconnoissance de son Prince, car il estoit
en estime d'un des plus vaillants & du plus ferme & du plus adroit
Chevalier du Royaume. Son pere se démit entre ses mains de son
Gouvernement de Languedoc l'an 1563. deux ans après il fut créé
Mareschal de France, combattit en cette qualité à la bataille de S.
Denis l'an 1567. & se rendit si necessaire pour la défense de la Religion, qu'il avoit toûjours maintenuë dans son Gouvernement, que
le Roy estendit son autorité dans les Provinces voisines, & le fit Lieutenant General de ses armées en celles de Guyenne, Provence, &
Dauphiné, afin qu'elles ressentissent les mesmes effets de sa protection. Cela luy donna occasion de rendre plusieurs services au Pape
pour la conservation du Comtat d'Avignon, en réconnoissance dequoy sa Sainteté luy ayant envoyé une espée qu'il accepta avec la
qualité de Chevalier de l'Eglise, que le S. de Montluc briga pareillement, les Huguenots mortels ennemis de ce Mareschal de Damville, firent ces Vers qu'ils adresserent au Roy Charles IX. que je ne
fais point de difficulté de mettre icy ; parce qu'ils leur nuiront plus
qu'au Pape & à l'Eglise Romaine, si on veut prendre garde qu'ils
estoient dans les mesmes passions & qu'ils se comparent eux-mesmes
aux Juifs, qui détestoient la doctrine de JESUS-CHRIST, & qui
demandoient sa mort de crainte des Romains, pour faire perir par
crime d'Estat celuy qu'ils ne pouvoient convaincre en ses mœurs ny
en sa Doctrine.

l que maintenant voſtre Ordre ſoit en Guerre,
que le Pape en ait une de ſon coſté,
que voſtre Grandeur cede à ſa Primauté,
prend vos Chevaliers pour deffendre ſa Terre.
it-ce point aſſez de voir en voſtre Terre,
Antechriſt uſurper une Principauté,
d'eſclaver vos Loix deſſous la Papauté,
s faiſant adorer l'Apoſtat de S. Pierre.
tendons-nous encor ? ſinon que les Romains
nnent bien-toſt oſter le Sceptre de vos mains,
ur vous faire baiſer les pieds de ce grand Preſtre.
RE, s'il eſt ainſi, où eſt le Chevalier,
i ſe voudra venter d'avoir voſtre Collier,
voſtre S. Michel a Sathan pour ſon Maiſtre ?

d'armes entre le Mareſchal de Damville & Blaiſe de
olige de toucher icy quelque choſe de leurs differens,
r ſur ce ſujet, ſans rien oſter de la valeur du fameux
eſtoit l'homme du monde qui fardoit le plus ſa répu-
a rendre principalement agréable à la Cour ; où il ne
s aucun avantage, & où il ne put ſi bien faire avec
on éloquence, qu'on ne publiât de luy qu'il en diſoit
avoit fait, & on a témoigné la meſme choſe de ſes
en quatre mots Latins, *multa fecit, plura ſcripſit*. Il ten-
s à la réſiſtance, & qui l'eut laiſſé faire, il n'y auroit
veritable vaillant & de veritablement fidéle à la Reli-
atrie. Il voulut traiter le Mareſchal de Damville com-
& trouva en luy une perſonne ferme & fiere tout en-
traita luy-meſme d'Avanturier, & contre laquelle ne
ntreprendre à force ouverte, il ne put trouver d'autre
venger que par la voye de la Cour ; où il n'eſtoit pas
ndre ſuſpect un homme Puiſſant & qui dédaignoit les
iſances, qui n'eſtoit pas bien avec la Maiſon de Gui-
oit pour ennemy mortel René de Birague Garde des
ce. Il l'accuſa d'intelligence avec les ennemis, & le
ayant eſté averty, eſcrivit au Roy cette belle & forte

fidélité acquiſe en noſtre Maiſon par les longs ſervices de
Conneſtable, qui nous l'a laiſſée à toute noſtre Poſterité
heritage, fera que les impoſtures que Montluc m'a voulu
rendront tout autant menteur, que les effets feront foy du
dis cecy, SIRE, pour autant que j'ay eſté fidélement
:es jours paſſez le venerable Seigneur a envoyé vers voſtre
otonotaire de S. Crapas, autrement appellé d'Oxfort ; pour

vous faire entendre avec une infinité d'autres menteries qu'il a semées par vostre Cour, que les Ennemis de vostre Couronne avoient intelligence par mon moyen dans deux villes de mon Gouvernement, à sçavoir Toulouse & Narbonne, & qu'à cette cause ceux de cette ville avoient grande défiance & soupçon de moy; qui avois toûjours retenu M. de Joyeuse icy, pour donner plus de commodité aux Ennemis d'executer l'entreprise qu'ils avoient sur Narbonne. Et parce que cela est autant éloigné de la verité, comme sont les autres inventions avec lesquelles il veut couvrir son infidélité, il m'a semblé, veu les déraisonnables débordemens de ce temeraire imposteur, que je ne devois plus differer que avec l'Argument d'une telle consequence, reservant toûjours l'honneur, respect & obeïssance que je dois à V. M. luy promettre & asseurer, qu'en cet endroit & tout autre que ledit de Montluc a médit de moy, contre & au préjudice de mon honneur, il a menty & ment: ainsi que j'espere faire connoistre à V. M. & à tout le monde, avec l'integrité de ma conscience, & particulierement à luy, quoy qu'il me faille abaisser pour contendre avec un sien semblable, non avec paroles, dont il fait si grandes largesses, mais de sa personne à la mienne; surquoy je me reserveray à proceder par le voyes qui sont permises. Cependant je me veux promettre que le temps qui découvre toutes choses, rendra à un chacun ce qui lui appartient; mais d'autant, SIRE, qu'il s'agit de mon honneur & de vostre service: je vous supplie très-humblement esclaircir ce qui vous touche; car quant au mien, je luy feray bien sentir que je le prise & estime tout autant, comme il n'a guere tenu compte du sien. Commandez-nous donc que chacun vous aille rendre compte de sa Charge, & vous trouverez à tout le moins que je n'ay point rançonné vostre pauvre Peuple, je n'ay point violé leurs filles & femmes, je n'ay point touché à vos Finances, bref, je n'ay fait chose qui ne soit digne d'un homme de mon Extraction & bon Serviteur de V. M. & nous verrons lors si sa teste tient aussi bien que la mienne. Esperant ce bien de vous, je supplie le Créateur, SIRE, qu'il conserve V. M. en santé très-heureuse & longue vie. De Toulouse ce 27 Février 1570.

Vostre très-humble & trés-obéïssant
& fidéle sujet & serviteur,
H. DE MONTMORENCY.

Il dissipa par la force & par la prudence tous les desseins & les intelligences des Huguenots dans son Gouvernement, jusques en l'an 1573. que le Mareschal Duc de Montmorency son frere aisné ayant esté emprisonné à la Bastille avec dessein de le faire perir, pour les intelligences qu'il avoit avec le Duc d'Anjou frere du Roy, on le voulut comprendre, quoy qu'innocent, dans la mesme ruïne avec le reste de sa Maison dont il fut le restaurateur; de crainte que luy & ses freres ne se vengeassent de leurs ennemis: & comme on crut que les Huguenots qui le haïssoient, parce qu'il avoit si dignement ser-

vy contr'eux , ne refuferoient pas de contribuer à le chaffer de fa Province , on l'entreprit ouvertement. Il fe défendit premierement par
adreffe jufques à la mort du Roy Charles IX. & comme il eut fujet
d'appréhender que Henry III. gouverné par le mefme Confeil ne continuât les mefmes deffeins fur fa perfonne & fur fon Gouvernement,
fon devoir l'obligeant d'ailleurs d'aller affeurer le nouveau Roy à fon
arrivée de fon affection & de fon obéïffance, il voulut avoir feureté de
fa Perfonne , & au lieu de l'attendre à Lyon , il alla jufques à Turin ; où le Duc de Savoye, duquel il avoit l'honneur d'eftre coufin,
s'offrit d'eftre caution de fa fidélité : mais quoy que le Roy l'eut bien
reçû jufques à luy donner des Lettres d'Inveftiture du Marquifat de
Saluces , où le dernier Marquis avoit nommé pour Succeffeur après
fa mort fans enfans le Conneftable de Montmorency fon pere, comme eftant iffu de Jeanne de Saluces , femme de Guy de Neelle S.
d'Offémont & de Mello , fille de Thomas troifiéme Marquis de Saluces , & de Marguerite de Roucy : il fut confeillé de fe défier de
l'efprit couvert du Roy & des mauvais offices de fes ennemis. Il prit
le devant pour s'aller mettre en affeurance dans fon Gouvernement,
& n'y fut pas fi-toft, que le Roy le fuivit & prit le chemin d'Avignon , pour aller executer le deffein qu'on avoit concerté fur la fin
du Regne de Charles IX. fon frere , de l'en mettre dehors à force
d'armes.

Cette perfecution fi declarée , le contraignit à ne rien negliger ,
pour fe mettre à couvert d'une ruïne abfolument inévitable , & parce qu'on parloit en mefme temps de le pouffer & de faire la Guerre
aux Huguenots , il s'accorda avec eux pour une défenfe commune ,
& ce party fut appellé Politique , à caufe qu'il ne s'agiffoit pas tant
de la Religion que du falut de la Province & de fon Gouverneur. Il
fit une affemblée à Montpellier au mois de Novembre 1574. & fuivant les réfolutions qui y furent prifes , il publia le Manifefte fuivant
fous le nom de Declaration & Proteftation.

NOUS HENRY DE MONTMORENCY *Seigneur de Damville,*
Marefchal de France, Gouverneur & Lieutenant General pour le
Roy en Languedoc, defirant que chacun entende & connoiffe que le
parfait devoir & fidélité que nous avons au fervice de fa Majefté, au
bien & repos public de fes Sujets & de fon Royaume , nous a induit à
prendre les Armes contre les Oppreffeurs & Perturbateurs d'iceluy : à
cet effet declarons à tous Rois, Princes & Potentats de la Chreftienté,
amis, Confederez & Alliez de fa Couronne , & à tous fidéles Sujets de
S. M. de quelqu'eftat , qualité & condition qu'ils foyent , que ayans
réconnu depuis quatorze ans & peu après le decès du feu Roy Henry
de bonne memoire, le pauvre & défolé Royaume eftre en toutes fortes
affligé & oppreffé de Guerres Civiles & fondées fous le prétexte & dif-
ferend de la Religion, & que ce prétexte a fervy à la totale ruïne de
plufieurs des bonnes Villes , qui ont efté pillées & faccagées des En-

nemis plusieurs fois, comme la passion démesurée & insatiable de ceux qui ont esté les Auteurs de toutes miseres l'ont voulu entreprendre & executer.

Que l'impunité des Massacres & Assassinats, Emprisonnemens, élevations Populaires, Violemens de femmes & filles, brûlemens, saccagemens, & autres méfaits generalement, ont esté & sont tolérez en cedit Royaume, après ce cruel, perfide & inhumain Massacre fait de la pluspart de la Noblesse de France en la ville de Paris la journée de S. Barthelemy 1572. les pauvres Prisonniers ou Arrestez dans les Conciergeries de Paris, Bourdeaux, Lyon, Orleans, Roüen & autres villes, ayans esté bruslez, tuez & massacrez, outre une infinité de personnes de qualité, de femmes, d'enfans & autres Citoyens desdites villes, & leurs biens ravis par ceux qui aujourd'huy sont les plus honorez, gratifiez & respectez.

Que le Roy & son Royaume sont toûjours possedez, comme ils ont esté au temps des feux Rois ses freres, par les Estrangers, Conspirateurs de la totale subversion d'iceluy, des Princes du Sang & de la Noblesse, comme ils ont assez fait connoistre, les abandonnans aux Assauts des villes, & aux Combats & autres évenemens, comme bon leur a semblé, pour en faire perdre la memoire & s'emparer totalement de l'Estat & Couronne de France.

Que depuis le décès de son bon Roy Henry, la Noblesse a esté du tout déprisée en France, & ses mérites & vertus réjettez, & que l'on préfere à eux aux Charges & Estats de la Couronne ou de la Maison du Roy, les Estrangers, contre les Loix anciennes de l'établissement de cedit Royaume : & qui plus est, l'on baille lesdits Estats à aucuns qui ne sont Gentils-hommes & n'ont fait preuve par les armes de la moindre chose qui s'approche du merite de telles Charges; dont s'ensuit un extrême creve-cœur à une infinité de vieux Chevaliers, Capitaines François, pour les bons services de leurs Ancestres, qui n'ont épargné leurs vies & leurs biens, leurs enfans, parens & amis, & tout ce qu'ils avoient, pour le service du Roy, & le maintenir & conserver en son Estat. Qu'il faille en somme, que la pauvreté du monde qui servoit de bon exemple à tous autrefois & que la Cour de nos Rois soit maintenant si coûtumiere, au lieu d'y trouver les vertus, qui par le passé y estoient surabondantes en toutes choses; n'y ayant nul qui ne puisse juger que les désolations & calamitez que nous avons souffertes & souffrons, procedent de l'ire de Dieu sur le Peuple de France, totalement débordée, pour la subversion que ces Estrangers Administrateurs de l'Estat y ont introduite, & par le défaut de l'observation de l'ordre & de la regle, qui anciennement y avoit esté si bien ordonnée, que Province du monde ne se pouvoit égaler à la nostre : comme aussi, tant que la Police y a esté inviolablement gardée, elle a esté florissante & rénommée sur toutes autres Nations. Que depuis que le désordre & subversion y ont esté introduits par ces nouveaux Messagers avec les nouveautez, l'on y a voulu faire vivre les Sujets du Roy comme bestes brutes, sans doctrine ny observation de

R 3

la moindre chose qu'ils doivent ; les ayant privés des hommes doctes qui estoient és Universitez, par massacres ou par exil és Pays lointains ; souffert que l'Ecclesiastique, qui doit estre le premier exemple, n'estudie, ny professe, ny reside, ny s'exerce en chose qui concerne son devoir : que son insatiabilité en pluralité des Benefices ait plus de cours que jamais, que le pauvre, l'indigent orphelin, & autres œuvres de pieté soyent de luy réjettées & éloignées, qu'il puisse affermer ses benefices à qui que ce soit, & par mesme moyen renoncer & remettre la charge de son ame & de son troupeau, comme plusieurs le font, à leurs Fermiers & Entremetteurs. Principalement que les Elections ordonnées par les SS. Conciles & corroborées par les Ordonnances d'Orleans, ont esté cassées & revoquées pour la commodité des Estrangers ; qui ont estimé que difficilement seroient-ils élevez & appellez par le Peuple de France en aucunes charges & dignitez spirituelles ou temporelles.

Que depuis que la Justice s'administre à prix d'argent, & que l'on a toleré en France contre nos Loix, que le Président de Birague ait esté Chancelier de France, & que tant des doctes & suffisans hommes François, qui se pouvoient choisir & mettre en telles charges, en ont esté réjettez, nous n'avons que malheur, injustice & approbation de tous les Meurtres & Massacres, & Assassinats, qui ont esté executez & conspirez depuis qu'il est en ladite charge. Bref, que tous ses Edits n'ont tendu qu'à la subversion de la Noblesse, & de l'Estat de France, soit en les privant de leurs libertez, ou en érection d'Offices, en nouveaux tributs & malheureuses inventions, qu'il a trouvez avec quelques autres Estrangers & ses Supposts ; pour avec la substance des François maintenir comme il a toûjours fait, entr'eux une division & confusion, & sous icelle soudoyer & entretenir les armées levées à l'effet de l'execution de ses conseils : par le moyen desquels il n'a pas tenu à luy, ainsi qu'un-chacun sçait, qu'il n'ait fait créer un Estranger Lieutenant General pour le Roy en son Royaume, frustrant Monseigneur frere de S. M. de la promesse qui luy en avoit esté faite par le feu Roy ; à l'occasion dequoy, & du mécontentement que mondit Sieur avoit fait connoistre qu'il en avoit, il en est aujourd'huy captif, & tous ceux que l'on a pensé estre affectionnez au service du Roy, & à luy maintenir & garder ce qui justement luy appartenoit & à M. son frere, ou qui se seroient opposez à cette tyrannie, oppression & mauvais conseil, tant Princes du Sang, Officiers de la Couronne, que autres, ont esté executez à mort [la Mole & Conconas] & pillez, & sont détenus Prisonniers, [le Duc d'Alençon, le Roy de Navarre, les Mareschaux de Montmorency & de Cossé.] Ayant fait faire tout ce qu'ils auroient pû sous fausses persuasions & calomnies au mesme temps de l'emprisonnement des autres, pour nous faire tuer par le Comte de Martinengo & plusieurs autres ennemis, exprés emprisonnez ou massacrez par une élevation Populaire en cette ville de Montpellier : chose si vulgaire, que chacun en peut déposer ; toutefois c'est un fait particulier que nous n'entremeslerons en celuy-cy concernant le general, remettant en temps & lieu pour nostre régard le debat de cette affaire & de tout ce qui nous pouroit toucher, pour faire connoiſtre à S. M. que ſans occaſion cette malheureuſe prodition & conſpiration auroit eſté faite.

Or nous eſtans depuis nagueres acheminez au Pays de Piémont, au-devant de S. M. par ſon commandement, lors qu'il retourna de Pologne en ſon Royaume ; pour entendre ſes bons plaiſirs & luy donner avis, comme de Veniſe elle nous auroit eſcrit, des moyens qu'il y auroit lors de pacifier les troubles de ſon Royaume ſelon ſon inclination à un bon & ſeur eſtat pour ſon Royaume & le public, comme elle eſperoit faire con-noiſtre à ſes Sujets, aux Princes & Potentats Eſtrangers ſes amis & Alliez : ſadite M. nous auroit par diverſes fois de tant honoré, que de nous aſſeurer que cette tant ſincere & loüable intention ſienne, eſtoit d'y entrer par la Paix, & d'embraſſer l'union de ſeſdits Sujets d'une & d'autre Religion ; pour les faire reſſentir du bien & du repos qu'elle deſiroit, & qu'on ſe pouvoit promettre ce bien univerſel à ſon retour. Nous ayant cependant trés-expreſſément commandé, lors qu'elle eſtoit en la ville de Suze, de retourner en celuy noſtre Gouvernement, pour y atten-dre ceux qu'il luy plairoit y envoyer pour nous y aſſiſter à rechercher les moyens de ladite Pacification. Mais eſtant au pouvoir d'iceux meſmes, qui auroient conſeillé le feu Roy à l'oppreſſion & ruïne de ſon Eſtat, empeſ-chans l'effet de ſa déliberation, ils auroient continué, comme ils conti-nuent journellement, l'execution de leurs mauvais complots, conſumant entierement les Finances de France à l'entretenement d'une armée preſ-que toute compoſée d'Eſtrangers ; comme Suiſſes, Reiſtres & Piémon-tois. Une partie de laquelle eſt conduite en ce Pays de Languedoc par le ſieur d'Uzés, connu des François pour celuy qui ſous couleur de la Reli-gion Réformée, qu'il feignit de vouloir ſuivre par le paſſé, a ruïné, pillé & ſaccagé toutes les bonnes villes de cedit Pays, fait démolir & abat-tre les beaux Convents, Egliſes Cathedrales & Collegiales & prendre & ravir les joyaux qui y eſtoient, leſquels luy défaillans maintenant, par meſme moyen la Religion & la pieté, qu'il diſoit avoir embraſſée, luy ayant auſſi défailly, a accepté cette Charge ; afin de continuer avec ces op-preſſions & perturbations de la France la ruïne d'icelle.

D'autre coſté, ſans experience, eſt conduite une partie de ladite ar-mée par le Mareſchal de Retz, Eſtranger de ce Royaume ; auquel cet-te Charge, comme il eſt aiſé à juger, a eſté commiſe par la défiance qu'ont a de ceux de la Patrie, & qu'ils ne voudroient executer de ſi pernicieux actes pour la ſubverſion d'icelle. Surquoy ayant eſté fait pluſieurs rémon-ſtrances & exhortations, tant de la part des Princes du Sang, Officiers de la Couronne & Pairs de France, que de toutes les Provinces de ce Royaume, qui connoiſſent leur proche ruïne, celle du Roy & de ſon Eſtat, s'il n'y eſtoit promptement appoſé le remede à ce neceſſaire : com-me Officier de la Couronne, naturel François, & iſſu de la Tige des pre-miers Chreſtiens & Barons de France, qui toûjours ont eu devant les yeux la protection, conſervation & défenſe de leurs Rois & de leur Royaume & en ſinguliere récommendation, que nous deſirons avec l'aide de Dieu imiter en tout ce qui nous ſera poſſible : après avoir bien conſideré que ledit differend, qui eſt en ce Royaume pour le fait de la Religion , ne peut ny ne doit eſtre déterminé par les armes , ains par un ſaint Concile General ou National : que de meſme il eſt très-requis qu'il y ait un rétabliſſement de toutes choſes en leur premier eſtat , par une aſſemblée des Eſtats Generaux , ſeul remede de pacifier les troubles & la ſeule conſervation & maintien du Roy & de ſa Couronne , quoy que les Tyrans , Flatteurs ou Diſſimulateurs de la verité puiſſent dire au contraire.

Nous ayans d'icelle un extrême regret , de voir S. M. poſſedée par des perſonnes qui le reſpectent ſi peu , que publiquement ils s'aident de ſon Nom Sacré pour couvrir leurs mauvais deſſeins , intention , & inſatiable ambition : nous aurions embraſſé la commune protection , conſervation & défenſe de la Couronne , des bons & naturels Sujets , tant d'une que d'autre Religion , & de quelqu'eſtat , qualité ou condition qu'ils ſoyent , contre leſdits Eſtrangers , tous mauvais conſeils , Oppreſſeurs & Violateurs de l'Union & commun repos de cedit Royaume , auſſi de la liberté de Monſieur frere du Roy , du Roy de Navarre , de M. le Prince de Condé & autres Princes du ſang , Officiers de la Couronne, Seigneurs , Gentils-hommes , & autres Capitaines qui ſont exilez. Conſiderans ce que dit eſt , invoquans à noſtre ſecours & aide , tous Rois , Princes , Potentats de la Chreſtienté , amis & Conféderez de cette dite Couronne & tous les Sujets fidéles d'icelle : eſperans que Dieu nous ſera grace par les armes , de parvenir à un bon accord de la Religion , à l'union & reſtauration du Royaume en ſon premier eſtat , par la determination d'un bon Concile General ou National , ou par la déliberation & avis de l'aſſemblée generale des Eſtats de France. Notifians à tous les Sujets de ſadite Majeſté , de quelqu'eſtat , qualité & condition qu'ils ſoyent , & à toutes les Provinces , Villes & Communautez de ſon Royaume , qui nous voudront aſſiſter , favoriſer & aider en cette entrepriſe ſi juſte & ſi ſainte , pour le bien public de ſadite Majeſté & tout ſon Royaume , qu'ils ſeront conſervez , maintenus & gardez en toutes libertez de leurs conſciences , exercice de leur Religion , tant Catholique que Réformée , ſelon qu'il ſera particulierement aviſé en la prochaine aſſemblée generale par nous aſſignée en cette ville de Montpellier , & en la pleine & libre puiſſance de leurs Dignitez , Eſtats , biens , fruits , revenus & émolumens , tant Eccleſiaſtiques que autres , ſans exception de qui que ce ſoit : dés & à preſent comme pour lors avons pris , prenons & mettons ſous la protection & ſauvegarde du Roy & la noſtre : comme nous declarons que ſe rendans contraires à nous & à nos Commandemens pour ledit effet , leur ſera couru ſus comme ennemis de l'Eſtat & Couronne de France , & Perturbateurs de l'Union & repos public.

Le Mareſchal de Damville avec cette Declaration arme & ſe fortifie ſi puiſſamment par l'aſſiſtance des Seigneurs de Thoré & de Meru ſes freres , du Vicomte de Turenne ſon neveu , du Comte de Ventadour ſon beau-frere & de ſes amis , que le Roy & ſon Conſeil ne
ſe

se trouverent, ny assez puissans pour luy faire la guerre, ny assez heureux pour faire du moins une Paix plastrée, qui couvrit l'affront d'une entreprise si mal concertée entr'eux, & il se passa encore dans les Negociations des choses, qui ruïnerent toute la confiance qu'on doit avoir en la parole des Rois & de leurs Ministres, & qui aigrirent le mal au lieu de l'adoucir. L'année ensuivante le Duc d'Alençon frere unique du Roy & son présomptif heritier, cherchant à s'affranchir & à se venger en mesme temps des contraintes qu'il souffroit à la Cour, se joignit à ce party & s'en fit Chef, mais toutes les asseurances qu'il avoit données d'un parfait rétablissement des affaires de France, se terminerent en Négociations, où la Reine Catherine trouva ses avantages par la foiblesse de ce Prince, qui ne se soucia enfin que de ses interests. Aussi croyoit-on de luy, & cela se doit craindre de tous les fils de France, que leur condition met hors de peril, qu'il avoit fait comme ce Poisson amy de la Baleine, qui entre & sort fort librement du corps de ce Monstre & qui luy sert à en prendre d'autres qui le suivent. La Paix du 27. d'Avril 1576. ne s'executa de bonne foy que pour luy, & pour la liberté des Mareschaux de Montmorency & de Cossé ; on s'en voulut servir pour surprendre les autres, mais particulierement le Mareschal de Damville, qu'on avoit résolu de chasser à quelque prix que ce fust de Languedoc : & cela auroit réussi par le soin qu'il eut depuis la Paix de réprimer les entreprises des Huguenots, qui le réprirent en aversion comme auparavant, & qui l'auroient abandonné, si le Roy de Navarre n'eut menagé leur réconciliation pour le bien de l'Estat contre les Pratiques de la Ligue naissante. Cette récidive le tint toûjours depuis en défiance du Roy Henry III. & de ses Mignons, il rénonça à la Cour tant que ce Prince vivroit, & eut grand soin de sa Personne contre tous les attentats qu'on luy pourroit dresser : mais d'autre-part il demeura si ferme à la protection de la Religion Catholique, non seulement dans sa Province, mais encore dans le Comtat de Venaissin en faveur de l'Eglise Romaine, que le Pape Gregoire XIII. l'en rémercia par divers Brefs, où il témoigna prendre part à ses interests, jusques à s'offrir d'estre caution de la bonne volonté du Roy & de sa seureté, mais il craignit toûjours de s'engager dans un Labyrinte d'où il auroit eu beau réclamer la bonne foy & le crédit de sa Sainteté & se contenta de protester perpetuellement de la justice de ses procedés & de son respect envers son Prince : & à ce sujet on fit courir ces quatre Vers.

Cheminer en mon droit & abattre la rage
Des Tyrans élevez sous le Manteau du Roy,
Ce n'est pas violer la Foy que je luy doy,
Ny secoüer le joug de mon humble servage.

Le Roy eut depuis tout sujet de loüer sa conduite, quand la Ligue le contraignit à se réconcilier avec le Roy de Navarre, & réconnut qu'il n'avoit point de meilleur Serviteur que ce Mareschal, ny de Province plus asseurée à son service que le Languedoc ; qu'il tenoit auparavant pour perdu, selon les rapports qu'on luy faisoit & que le pauvre Prince croyoit si volontiers, qu'il n'y avoit point de nouvelle qui luy put estre si agréable, que celle de la mort de ce prétendu Rébelle.

Le sieur de Brantosme, quoy que partisan de la Maison de Guise, le justifie de ce réproche, & traite si exactement les entreprises qu'on fit contre luy & sa Maison, que j'aurois tort de ne me pas servir de l'autorité d'un témoin si considerable. Il commence son Eloge par la prison du Mareschal de Montmorency son frere & par la proscription de sa Maison, qui estoit ruïnée, s'il ne l'eut maintenuë, & fait voir que comme un autre Enée, il avoit Junon pour ennemie & tous les vents de la Cour contraires, dans des temps où les nuits de nos Jupiters estoient trois fois plus longues que leurs journées & où tous les conseils tenoient plus des tenebres que de la lumiere. ,,Or le Roy ,,Charles en mesme temps, ou pour mieux dire un peu auparavant ,,[*la prison du Mareschal Duc de Montmorency*] avoit dépesché M. ,,de Maugiron, & M. de Villeroy [*il s'excuse de ce reproche dans un* ,,*Traité qu'il en a fait exprés*] en Dauphiné & Languedoc, pour ,,prendre M. le Mareschal de Damville ou mort ou vif ; car dés-ja ,,M. de Meru [*Charles de Montmorency depuis Duc de Damville, Pair* ,,*& Admiral de France*] s'estoit sauvé avec les Huguenots, & M. de ,,Thoré [*Guillaume de Montmorency*] en Allemagne : qui fit penser ,,ser qu'ils estoient tous de la consente de la Molle & de Coconnas ; ,,mais il eut bon vent & sentit la fricassée de ladite entreprise, & ,,pour ce il se garentit trés-bien. Si bien que j'en vis de fort estonnez ,,nez à la Cour, lors que les nouvelles y vinrent qu'ils l'avoient ,,failly ; car les Entrepreneurs avoient fait l'affaire fort facile, & en ,,parloient fort diversement à la Cour : ce que j'escrirois bien icy, ,,mais cela seroit trop long.

,,Le Roy, pourtant, resta toûjours ferme en son opinion, ,,qu'aussi-tost qu'il seroit guery, il dresseroit une bonne grosse ,,Armeé vers le Languedoc, & feroit audit Mareschal de Damville ,,si ouverte Guerre & si à fer émolu, qu'il le ruïneroit & qu'il ,,l'auroit ou à mort ou à vie, ou du tout le chasseroit de-là ; mais la ,,mort le prévint & luy rompit son dessein : lequel le Roy Henry ,,son frere tournant de Pologne reprit, & tira vers Avignon pour ,,luy faire la Guerre, quoy qu'aucuns luy conseillassent à l'avene- ,,ment de son Royaume de pardonner à tout, & de faire la Paix. ,,Mais il en fut diverty, ce disoit-on, par la Reine Mere & M. le ,,Chancelier de Birague, depuis Cardinal, qui voulant mal de long- ,,temps audit Seigneur Mareschal, depuis qu'il soûtint & se banda ,,si fort pour Scipion Wimercat, contre le Seigneur Ludovic de ,,Birague son frere [*il y a des Lettres imprimées du Mareschal de*

Damville sur le sujet de cette querelle, par lesquelles il offroit de com-batre Birague] „ en leur querelle qu'ils avoient euë : & la luy
„ avoit gardée bonne jusques-là à la mode Lombarde, & pour ce
„ conseilla fort la Guerre en Languedoc contre luy. Mais le tout suc-
„ ceda mal, car M. le Mareschal comme désesperé eut recours à ce
„ qu'il put, & luy qui estoit trés-bon Catholique s'aida du secours
„ des Huguenots; qui luy aiderent si bien & l'assisterent de telle fa-
„ çon, que Aigues-Mortes pris au nez du Roy, fut besoin qu'il s'en
„ tournât en France pour se faire Sacrer & Couronner le Dimanche
„ gras. Il l'avoit esté ce mesme jour en Pologne, & pour ce reve-
„ roit fort ce jour.
„ Ce fut à M. le Mareschal de montrer sa sagesse & sa valeur de
„ Guerre qu'il avoit toûjours euë, aussi n'y manqua-t-il point, car
„ il se garda si bien lors, & s'est si bien gardé depuis, que pensant
„ le ruiner par de-là on luy a augmenté sa réputation, son bien &
„ sa grandeur, qui luy durent encore. Ce ne fut pas tout, car il y
„ vint à estre empoisonné, de telle façon que, s'il ne fût secouru
„ prestement & par bons remedes, il estoit mort, & de fait les nou-
„ velles vinrent au Roy qu'il estoit mort de ce poison. J'estois lors
„ en sa chambre, quand ces nouvelles luy furent apportées, & gar-
„ doit encore le lit d'une fiévre qu'il avoit euë plus de dix ou douze
„ jours; & nous avoit envoyé querir l'apresdisnée six ou sept que nous
„ estions, assez aimez de luy, pour causer avec luy & luy faire pas-
„ ser le temps. Il ne s'en émut autrement, & ne montra le visage
„ plus joyeux ny faschéé, sinon qu'il envoya le Courier à la Reine,
„ & ne laissâmes de causer avec luy. Ce Gouvernement de Langue-
„ doc fut aussi-tost donné à M. de Nevers, dont plusieurs en furent
„ trés-joyeux, car il estoit trés-genereux & trés-bon Prince. Vinrent
„ après nouvelles que ledit Seigneur Mareschal n'estoit point mort,
„ & tendoit peu à peu à guerison, laquelle tarda beaucoup à luy
„ venir.
„ Plusieurs disoient que s'il fût mort de ce poison, M. de Mont-
„ morency fût esté sentencié, quoy que j'aye dit par cy-devant que
„ M. sa femme [*Diane legitimée de France Duchesse d'Angoulesme sœur
du Roy*] „ l'avoit sauvé; mais on craignoit que ledit Mareschal
„ voyant son frere mort, qu'il eut joüé à la désesperade; craignant
„ qu'il ne luy en arrivât autant s'il estoit pris: & avoit un trés-grand
„ moyen de faire mal avec l'assistance des Huguenots, voir, du Roy
„ d'Espagne, qu'il eut pris. Dieu le voulut autrement, car M. frere
„ du Roy ayant pris les armes, & l'assistance des Huguenots, & de
„ M. le Mareschal de Damville par consequent, & fait après la Paix
„ avec le Roy, les uns & les autres y furent tous compris, & puis
„ la Paix rompuë: & Monsieur ayant quitté les Huguenots pour leur
„ faire la Guerre, M. le Mareschal se voulut tenir de la Paix avec
„ Monsieur; dont les Huguenots luy en voulurent trés-grand mal,
„ & le Roy grand bien, & luy en sçût trés-bon gré: & pour ce

„reçût de trés-bon cœur M. la Marefchale fa femme [*Antoinette de*
„*la Marck*] une trés-belle & honnefte Dame de la Maifon de Boüil-
„lon; que M. fon Mary luy avoit envoyé , pour luy réprefenter &
„réoffrir tout devoir , toute fervitude & obéiffance , que le Roy ac-
„cepta en trés-bonne part , & dépefcha madite Dame fort contente.
„Je la vis partir de Blois aux premiers Eftats , & me dit dans la
„chambre de la Reine , qu'elle s'en alloit trés-fatisfaite & contente
„du Roy , & que jamais elle n'en partit tant d'avec luy que cette
„fois : & qu'elle portoit à M. fon Mary dequoy fe contenter. Mais
„tout cela ne dura guere, car on luy dreffa la Guerre quelque temps
„aprés , & pour la feconde fois fe vint à s'accofter des Huguenots,
„qui difans qu'il les avoit laiffez , ne s'y voulurent fier ; mais le Roy
„de Navarre , qui eftoit leur Protecteur , entreprend cette Confé-
„deration & la réconfirme : car il voyoit bien que c'eftoit un grand
„& bon Capitaine , & trés-puiffant , & qui avoit de trés - grands
„moyens pour baftir & fortifier leur caufe.
„   Le voilà donc fi bien uny avec ce Roy , qu'il ne l'appelloit ja-
„mais que fon pere, l'aimoit & l'honoroit , & dés lors jufques à cet-
„te heure fe font fi bien tous entretenus & liez , qu'ils ne fe font ja-
„mais quittez , & ont couru leurs Fortunes mefmes enfemble. Auffi
„pour tels bons devoirs d'affiftances , d'amitiez , & de caufes , &
„pour la fuffifance grande qu'il a connu en luy , l'a fait fon Con-
„neftable [*par Lettres données à Vernon le* 8. *Decembre* 1593.] &
„au lieu de pere l'appella fon compere , à la mode du Roy Henry
„II. à l'endroit de fon pere [*Anne de Montmorency*] qui eft un
„grand honneur pour cette Maifon de Montmorency , qu'en 26. ou
„27. ans confecutivement , le pere & le fils ayent efté honorez de
„cette grande Charge.
„   Il eft vray que l'on dira , comme j'en ay ouï parler aucuns, que
„le pere a efté plus fidéle que le fils , pour n'avoir jamais porté les
„armes contre l'Eftat, & le Fils oüi ; auffi portoit le pere pour de-
„vife à l'entour de fon efpée de Conneftable ce mot ΑΠΛΑΝΟ'Σ, qui
„eft à dire fans fraude [*fans errer*] & trés-fidéle. Il y a bien auffi
„beaucoup de difference à n'eftre que défavorifé & envoyé de la
„Cour & vivre paifible en fa Maifon, & à eftre perfecuté de l'hon-
„neur, du bien , & de la vie , trois points qui défefperent les plus
„fidéles & obéiffans : & fi outre je fçay combien mondit S. le Ma-
„refchal a tafché de fe garentir à venir là , & combien de fois il a
„fait rechercher fes Rois & s'humilier à eux ; dont pour ce j'en ay
„veu à la Cour force allées, venuës & menées. Mais quoy, c'eftoit
„fon malheur & fon deftin , car il eftoit auffi des Profcrits de la S.
„Barthelemy, s'il s'y fut trouvé. Pour fin , il s'eft trés-bien fauvé
„jufques-icy en galant homme & trés-fage Capitaine , & eft main-
„tenant prés du Roy qui le fert trés-bien & trés-fidélement , & fa
„Patrie , & ferviroit encore mieux , fi on le vouloit croire & met-
„tre un reglement fur la Guerre ; qu'il a veu d'autrefois fi bien fai-

„re obferver par M. fon pere, duquel il a appris plufieurs autres bon-
„nes leçons, qu'ils fçauroit mieux faire pratiquer que Capitaine de Fran-
„ce ; car il n'y en a point qui le fçache mieux , ny qui foit en la
„Chreftienté aujourd'huy plus vieux Capitaine ny plus experimenté.
„Car dés-lors qu'il fut propre à porter les armes, il les porta auffi-
„toft , & a eu de belles charges pour les faire valoir , entr'autres il
„fut Colonel de la Cavalerie legere de Piémont, qu'il fit triompher
„bravement ; car outre qu'il eftoit de foy brave & vaillant, il avoit
„de bons Capitaines fous luy , & fur tout une belle & gaillarde jeu-
„neffe des Gentils-hommes de la France : car c'eftoit pour lors une
„maxime , qu'auffi-toft qu'ils commençoient à porter les armes , il
„falloit qu'ils allaffent trouver M. de Nemours ou M. de Damville,
„les deux pour lors Parangons de toute Chevalerie. Si je voulois je
„nommerois bien les bons & braves Capitaines , qui ont depuis for-
„ty des mains de ces deux Seigneurs & bons Capitaines , mais cela
„feroit trop long.
„   Entr'autres beaux Combats & bien fignalez qu'a fait M. de
„Damville , ce fut la défaite des Efpagnols au Pont d'Afture en
„Piémont, où il en demeura cinq cens morts eftendus fur la place,
„& non fans bien vendre leur mort ; car ces Gens-là en font trés-
„chers encheriffeurs Marchands , & luy cuiderent tuer fon Beau-
„frere M. de Ventadour [*Gilbert de Levis depuis Duc & Pair de*
„*France*] brave & vaillant Seigneur, qui fut bleffé à la mort. Il fit
„auffi cette belle efcarmouche devant Foffan, où il perdit fon
„Lieutenant, le Seigneur Paulo Baptifte Fregofe, & fa Cornette le
„jeune Ramboüillet [*Renaud d'Angennes frere de Charles Cardinal de*
„*Ramboüillet & de Nicolas Marquis de Ramboüillet*] vaillant jeune
„homme , qui entra fi avant dans la Porte qu'il y fut tué. Force
„autres auffi y furent tuez & bleffez , car il y faifoit bien chaud.
„Ledit Seigneur Paulo Baptifte avoit efté Lieutenant de M. de
„Nemours, mais d'autant que la Faveur de M. le Conneftable eftoit
„trés-grande alors , & qu'un-chacun y couroit , il le quitta pour
„avoir efté gagné de M. de Damville, & fut fon Lieutenant. C'eftoit
„un des bons Chevaux legers de fon temps, & luy en donnoit-on
„la réputation pour en avoir fait longuement l'eftat, car *il* eftoit
„dés-ja fort fur l'âge : & ainfi qu'on eftoit fur la retraite de cette
„efcarmouche, & entretenant M. de Damville & M. le Vidame
„[*de Chartres*] qu'il leur difoit qu'il en avoit veu de fort belles &
„chaudes en fon temps, mais n'en avoit jamais une fi fcabreufe que
„celle-là, & que puis qu'il avoit échappé celle-là, il en échapperoit
„bien d'autres , & auffi qu'en fa vie il n'avoit jamais efté bleffé ;
„achevant ce mot, voicy une canonade de la ville qui luy emporta
„la tefte. Telle avoit efté & fut la deftinée de ce bon vieillard, qui
„fut fort regretté de tous ceux du Piémont , & principalement de
„fon Capitaine M. de Damville : lequel toûjours s'eft fort plû de
„fe fervir des Italiens en fa Cavalerie legere, & fort auffi des Alba-

„nois : car en son Gouvernement estant rétiré & qu'on luy faisoit la
„Guerre, il en a eu toûjours & trouvé le moyen d'en faire venir,
„ & les a fort bien appointez & payez toûjours : aussi l'ont-ils bien
„servy & aidé à se maintenir.

„ Or d'autant que mon intention n'est pas de raconter tous les
„beaux exploits d'armes de nos Capitaines, je ne me veux esten-
„dre plus loin sur ceux dudit S. de Damville ; sinon que s'il a esté
„bon homme de Guerre, il a esté très-grand Cavalier en toutes
„vertus Chevaleresques, & un très-bon & adroit homme de cheval :
„aussi estoit-ce son principal exercice, & avoit ordinairement une
„grande quantité de très-bons & grands chevaux en son Escurie,
„qui sçavoient aller de tous airs, & luy qui les y sçavoit aussi mener
„très-bien. Il n'estoit possible voir un homme mieux à cheval que
„luy, fût ou à cheval armé, ou en pourpoint. Il faisoit ordinairement
„les plus belles courses du monde quand il couroit la Bague, fût
„ou avec son Roy ou avec d'autres ; mais il estoit si malheureux
„qu'il mettoit peu souvent dedans, à cause de sa veuë qu'il n'avoit
„trop asseurée [il estoit louche ;] mais ses courses valoient bien celles
„du dedans. S'il estoit là malheureux, il estoit bien autant heureux à
„ses Combats à cheval à donner coups d'espée ; car il falloit que ce-
„luy fût bien asseuré qui ne branlât sous son coup, tant il sçavoit
„bien & très à propos & à temps le donner, ou, ainsi qu'on disoit
„anciennement, assener. A l'entreveuë de Bayonne, le Mareschal
„de Retz en sçauroit bien que dire, car à un Ballet à cheval qui
„s'y faisoit, à combattre à l'espée, se venant aheurter avec mondit
„S. de Damville, il fut porté par terre devant les Reines & devant
„toute l'assistance du Camp ; si que la rumeur s'élevant soudainement
„& s'épandant, que c'estoit M. de Guise, qui lors estoit un jeune
„garçonnet, non encore de 15. ans, mais pourtant fort adroit &
„dés-lors fort rude au Combat, aussi bien que les plus âgez de beau-
„coup que luy : M. de Guise sa Mere estant sur l'Eschaffaut avec les
„Reines vint à entrer en si grand effroy & allarme de son fils, qu'elle
„en devint toute éperduë, mesme les Reines & toutes les Dames.
„Surquoy M. le Connestable entendant le bruit & l'effroy des Dames,
„accourut vers elles & se mit à crier, ce n'est rien, c'est le Perron,
„car ainsi s'appelloit-il de son surnom, avant qu'il eut atteint par
„faveur ces Grades qu'il a aujourdhuy : soudain la Mere commença
„à rasseurer & rasserener son beau & clair visage, qui venoit d'estre
„troublé & émeu de l'orage d'un tel effroy, & puis la Risée en
„courut fort parmy le Camp. [Il fait son profit de cette occasion,
& n'en manque aucune contre le Marechal de Retz, comme j'ay dès-ja
remarqué, quoy que cette rencontre fut assez ordinaire dans cette sorte
de combats, & luy-mesme en donne un exemple sur le champ d'un
Prince également vaillant & adroit aux armes.]

„Quelques deux mois aprés ce voyage, le Roy Charles celebra
„son Mardy gras au Louvre par une partie de courement de Bague,

„& de coup d'espé
„s'aheurta de mesm
„ d'un mesme & pa
„car il estoit un for
„faute de la Selle &
„Dont il en cuida a
„sçi que M. de Dam
„me par venterie,
„qu'eux deux, & le
„ville, & le Capita
„M. de Longuevill
„qui se fussent très-
„d'honnestes parole

On réconnoîtra
Connestable, à com
me on va viste à leur
pruntée, qui venge
Estats. Les bons Roi
ils sont l'Image de D
pas par proportion
raison qu'un bon per
tre, parce qu'il se
gere. Si le Cardinal
Damville estoit indi
chercher sa seureté
des armes, contre l.
tre le poison : & v
interests de Cour l'au
puis a esté réconnu
abandonné, pour son
ry le Grand, & par
Royaume. Cette res
de la France sur le
Damville, Admiral
table, qui se précip
une moindre faute,
quoy qu'elle fût san
d'aucune suite : je
nement & la gloire d
lices de son Royaum
grand Prince, le plus
le presentera jamais.
Louis XIII. luy en té
avec des pleurs, mais
re qu'on luy avoit f
louse, qu'il fit contre

„ & de coup d'efpées aprés par paffades de cheval. M. de Damville
„ s'aheurta de mefme avec M. de Longueville, qu'il porta par terre
„ d'un mefme & pareil coup ; mais pourtant ce ne fut pas fa faute,
„ car il eftoit un fort adroit Prince & bon Gendarme : mais ce fut la
„ faute de la Selle & des Sangles de fon cheval qui la firent tourner.
„ Dont il en cuida arriver une querelle, car M. de Longueville ayant
„ feû que M. de Damville s'en vouloit prévaloir aucunement, com-
„ me par venterie, le fit appeller au Pré-aux-Clers ; où il n'y avoit
„ qu'eux deux, & le Chevalier Batterefse Lieutenant de M. de Dam-
„ ville, & le Capitaine la Gaftine, vaillant Limoufin, Lieutenant de
„ M. de Longueville, tous quatre trés-vaillans & braves hommes, &
„ qui fe fuffent trés-bien battus, fans que M. de Damville le contenta
„ d'honneftes paroles, & ainfi fe départirent. J'en parle ailleurs.

On réconnoiftra par ce difcours de la vie & de la conduite de ce
Conneftable, à combien de perils les Grands font expofez, & comme on va vifte à leur ruïne, quand l'autorité eft dans une main em-
pruntée, qui venge fes querelles aux dépens des Princes & de leurs
Eftats. Les bons Rois ont des fentimens de Peres pour leurs Sujets,
ils font l'Image de Dieu, qui chaftie les hommes & qui ne les punit
pas par proportion aux fautes où ils tombent, & c'eft pour cette
raifon qu'un bon pere ne donne point fes enfans à corriger à un autre, parce qu'il fentiroit fur fon cœur les coups d'une main eftrangere. Si le Cardinal de Birague en avoit efté cru, le Marefchal de
Damville eftoit indigne de toute grace, quoy qu'il l'eut obligé de
chercher fa feureté dans fon Gouvernement contre la force ouverte
des armes, contre les confpirations fecrettes, contre le fer & contre le poifon : & s'il eut eu la joye de le faire perir, plufieurs par
interefts de Cour l'auroient loüé de la mort d'un criminel, qui depuis a efté réconnu par le mefme Roy, qui l'avoit condamné &
abandonné, pour fon plus fidéle Serviteur, qui fut l'appuy de Henry le Grand, & par luy récompenfé de la plus grande Dignité de fon
Royaume. Cette reflexion doit éternellement rénouveller les larmes
de la France fur le deftin de Henry Duc de Montmorency & de
Damville, Admiral & Marefchal de France, fils unique de ce Conneftable, qui fe précipita plûtoft par malheur que par inclination dans
une moindre faute, & qui fut accablée de toute la rigueur des Loix;
quoy qu'elle fût fans aucune perilleufe confequence & fans danger
d'aucune fuite : je diray encore quoy que le Roy y dût perdre l'ornement & la gloire de fa Cour, l'honneur de fa Nobleffe, les Delices de fon Royaume, & ce qui doit eftre encore plus cher à un
grand Prince, le plus augufte & le plus digne fujet de clemence qui
fe prefentera jamais. Je tiens de la bouche de feu M. le Prince, que
Loüis XIII. luy en témoigna fes regrets au lit de la mort, non pas
avec des pleurs, mais avec des fanglots, & qu'il le conjura de croire qu'on luy avoit fait violence en ce malheureux voyage de Touloufe, qu'il fit contre fon cœur, & où malgré fa réfolution il fe laif-

sa emporter à une foule de prétextes ou plûtoft de Preftiges d'Eftat, qui difparurent aprés cette funefte Tragedie, & luy laifferent un déplaifir cuifant, qu'il avoit jufques-là tenu caché dans fon feing. Ah! mon coufin, luy dit-il enfuite, ce n'eft pas regner, c'eft plûtoft eftre efclave de la Tyrannie, ou du moins eft-ce en fentir toutes les peines dans une Royauté legitime, que de n'entendre que des finiftres rapports & d'eftre toûjours en défiance de nos plus proches, de nos principaux Officiers, & de ceux que nous affectionnons, & de foûmettre & de regler toute noftre conduite fur des Phantômes de Politique, qui ne font bien fouvent que l'intereft d'autruy.

Ce Duc d'Offone fi rénommé pour fa generofité & pour la beauté de fon efprit, paffant un jour par le Languedoc, où le Duc de Montmorency le reçût & le traita avec la magnificence qui luy eftoit ordinaire, il le regarda fi fixement aprés les premiers complimens, qu'il l'obligea de luy demander civilement s'il trouvoit à rédire en fa perfonne, ouï, luy répondit-il, & c'eft que la nature s'eft trompée en vous : & comme il l'eut à deffein mis en peine de ce qu'il vouloit dire, c'eft, adjoufta-t-il encore, qu'elle croyoit faire un Roy & qu'elle n'a fait qu'un Duc. En effet il avoit tout ce qu'on peut defirer de grandes qualitez en un Souverain, & on n'en fçauroit former une idée plus achevée que fur ce parfait original de toutes les vertus ; car le feul défaut qu'il eut, de n'eftre pas affez précautionné contre les dangers de la Cour, eftoit une marque de l'innocence de fon ame, de la Juftice de fes procedés, & de fa candeur. Jamais Seigneur ne fut fi riche de fa naiffance & fi liberal, jamais on ne fut plus vaillant & plus benin, jamais on ne fut fi genereux avec fi peu d'ambition & de vanité ; car s'il aimoit les honneurs & les loüanges, il les meritoit & les payoit au poids de fa magnificence, c'eft affez de compter entre fes exploits, la victoire de Veillane, la délivrance de Cazal, ce grand combat naval contre les Rochellois & la prife de la Rochelle ; pour dire qu'il meritoit bien qu'on luy pardonnât un crime, qui ne fut autre chofe que de n'avoir pû fe défendre de la priere de M. le Duc d'Orleans, de luy prefter un azile dans fon Gouvernement, & de s'eftre laiffé perfuader que ce feroit un jour une action du dernier merite envers le Roy & la France, & digne de fa magnanimité, s'il ouvroit les bras à la Mere & au frere du Roy, lors préfomptif heritier de la Couronne, qui efperoient que fa protection ferviroit à la réünion de la Maifon Royale. Nous avons vû que fon pere rendit heureufement le mefme office au Duc d'Alençon & au Roy de Navarre, qu'il en fut loüé & récompenfé : & luy il en perdit la vie ; mais ce fut avec des fentimens fi heroïques, que fon fupplice fe peut compter au nombre de fes victoires.

Cette memoire eft fi chere, que je ne doute point qu'on ne me fçache gré de la comparaifon de ce Duc avec le Conneftable fon pere, & on trouvera encore moins eftrange que j'ay fi amplement parlé

d'eux,

d'eux , quand je diray que depuis plus de cent ans toute nostre Maison eſt née comme Domeſtique des Barons & des Ducs de Montmorency , & que nous avons eu ce bonheur pour toute fortune , avec celuy d'une fidélité hereditaire dans leurs Conſeils & dans l'intendance de leurs affaires, que juſques à preſent nous n'avons point eu d'autres Maiſtres ny d'autre ambition auſſi , que de nous rendre dignes d'un honneur, qui eſt ſi peu ordinaire chez les Princes & les Grands, & que nous eſtimons plus que toutes les richeſſes, avec leſquelles d'autres ſe ſont rétirez de leur ſervice. Cette conſideration ne m'empeſchera pourtant pas de rémarquer quelques défauts du dernier Conneſtable , car la qualité d'Hiſtorien m'oblige de dire les veritez de toutes les Perſonnes puiſſantes du ſiécle dont je traite , afin que cela ſerve d'exemple , & peut-eſtre meſme y trouvera-t-on quelque cauſe cachée de l'extinction de ſa poſterité maſculine. Il abuſa , comme tous les autres Grands de ſon temps , du Privilege de ſa condition , il fut fort indulgent à ſes paſſions , & eut plus d'eſtime que de fidélité pour Antoinette de la Marck ſa premiere femme , de laquelle il eut un fils Comte d'Offemont mort jeune ſans alliance , que le Roy Henry IV. avoit pourvû en ſurvivance du Gouvernement de Languedoc , & les Ducheſſes d'Angouleſme & de Ventadour. Il eut de ſon vivant pluſieurs Maiſtreſſes, tant à Avignon qu'en Languedoc, dont il laiſſa trois fils naturels & une fille qu'il maria au Baron de Perault : & aprés la mort de cette Dame il réprit une ſeconde alliance avec Loüiſe de Budos, fille de Jacques Vicomte de Portes , Chevalier de l'Ordre du Roy & Gouverneur du Pont S. Eſprit , & de Catherine de Clermont Montoiſon, Dame trés-illuſtre , mais dont il conſidera plus la beauté que l'extraction & les richeſſes. De ce mariage, qui ne dura que quatre ans, naſquirent Henry II. Duc de Montmorency & de Damville, & Charlotte Marguerite , depuis Ducheſſe de Montmorency , Princeſſe de Condé.

Eſtant veuf pour la ſeconde fois , il devint éperdument amoureux de Laurence de Clermont , tante maternelle de Loüiſe de Budos , fille de Claude de Clermont Baron de Montoiſon, puiſné de la Maiſon des Comtes de Tonnerre , & de Loüiſe de Rouvroy dite de S. Simon , fille de Jean S. de Sandricourt , & de Loüiſe de Montmorency de la Branche de Foſſeux. La vertu de cette Dame reſiſta ſi long-temps contre ſes pourſuites qu'il fut contraint de l'épouſer, mais la paſſion qu'en avoit toute la Maiſon de Montoiſon, par le conſeil de laquelle elle ſe conduiſoit , luy fit fermer les yeux à beaucoup de précautions qu'il falloit prendre pour arreſter par un mariage legitime , un amoureux inconſtant & qui ne cherchoit qu'à ſatisfaire ſes deſirs ſans s'engager de bonne foy. Ses Parens qui craignoient que ce grand party ne leur échapât , menerent toute cette affaire avec le Conneſtable , qui ne ſe ſoucioit guere de la forme : & de concert entr'eux ils firent venir un Preſtre non approuvé & d'un Diocéſe eſtranger , qui ſans aucune des ceremonies neceſſaires les maria dans une Chapelle privée. Aprés cela il obtint une Bulle du Pape du 18. Novembre 1599. qui le rendit abfous d'incefte à condition de rece-voir Penitence d'un Preftre commis par l'Evefque de Paris, avec dif-penfe pour les rémarier de nouveau. Ce mot de rémarier fonnant agréablement à fes oreilles, il s'imagina qu'il eftoit donc libre, & qu'il n'y avoit point de mariage, puis qu'un Sacrément & un in-cefte ne fe pouvoient trouver inféparablement dans une mefme action. Il crut qu'il en feroit quitte pour pleurer un peché, & defira moins un Confeffeur indulgent, que fevere & fcrupuleux ; que peut-eftre il choifit à deffein & qu'il fit nommer par l'Evefque de Paris. Il luy exaggéra tous les cas aggravans de ce mariage, & le Preftre, qui s'eftoit eftudié fur cette matiere, exaggéra auffi de fa part toutes les nullitez de leur contract, tant par Decret du Concile que par Ordonnance des Eftats de Blois, verifiée au Parlement, comme auffi pour avoir teu au Pape toutes leurs pratiques, outre que le Concile défendoit les Difpenfes au fecond degré. Le Conneftable adjouftant qu'il avoit efté induit par la Dame & fes proches, qu'il avoit horreur de ce qui s'eftoit fait, & que fi la Difpenfe le rémettoit en liberté d'en ufer ou non, qu'il aimeroit mieux comme bon Chreftien s'en abftenir que de s'en fervir, il reçût avec une joye ce favorable paffage de S. Chry-foftome, dont il rémercia fort fon Confeffeur, *non fine vitio eft, quod ignofcitur & non præcipitur :* & fur tout cela il fit faire un am-ple Memoire pour expofer au Pape, dont j'ay la minute, mais la Da-me qui en eut le vent, fit fi grand bruit & réclama fa bonne foy avec tant d'inftances, qu'il fut confeillé de fe délivrer de l'embarras de cette affaire par un nouveau contract de mariage, qui fut paffé à Beaucaire le 19. Juin 1601. où il confeffa avoir reçû d'elle 6000. ef-cus d'or, & luy conftitua 4000. livres de Doüaire, & moitié par fcrupule, moitié par dépit, fit divorce avec elle, & l'envoya de-meurer au Chafteau de Villiers-le-Bel ; où elle demeura jufques à fa mort : mais quoy qu'elle n'eut point eu d'enfans, elle trouva un fils en la perfonne du dernier Duc de Montmorency, qui par fa gene-rofité luy donna autant de bien qu'elle en fouhaita pour entretenir fa condition, & elle eut encore ce bonheur que fa vertu fut récom-penfée de la charge de premiere Dame de la Reine Anne d'Auftri-che. Elle mourut l'an 1654.

Le Conneftable de Montmorency rompit encore par intereft de Cour le mariage legitimement contracté l'an 1609. entre le Duc fon fils âgé de quatorze ans & Jeanne de Scepeaux Ducheffe de Beau-preau, Comteffe de Chemillé, &c. heritiere de plus de foixante mil-le livres de Rente, fille de Guy S. de Scepeaux, & de Marie de Rieux Ducheffe de Beaupreau, Comteffe de Chemillé. Le Roy Hen-ry IV. ayant fait fentir au Conneftable qu'il vouloit que leur fils, c'eft ainfi qu'il appelloit le jeune Duc de Montmorency, époufaft Ca-therine Henriette fa fille naturelle, Charles de Montmorency Duc de Damville, Admiral de France, qui croyoit cet autre mariage plus

avantageux pour son neveu, l'enleva à son pere & le fit marier dans
son Chasteau de Gonnor. Le Roy prenant à cœur la bravade de
l'Admiral, soupçonna le Connestable de cette intelligence, il luy
en fit mauvaise mine ; & sur cela il arriva que la doüairiere de Chemillé fit une réponse fiere à la demande de certaine somme de deniers qu'elle avoit promis pour acquitter quelques dettes. Cela fit dire au Connestable en colere qu'il luy rendroit sa fille, & le Roy
qui en fut averty presta son autorité pour ce divorce, & aussi-tost
rémit sus la proposition du mariage de sa fille avec des conditions
plus avantageuses, qui ne s'executerent point à cause du malheur de
sa mort. Alors la Reine demeurée Regente songea à moyenner cette
alliance pour la Princesse Marie Felice des Ursins sa cousine, fille de
Virginio Ursin Duc de Bracciano & de Fulvia Perretti de Montalte
niéce du Pape Sixte V. & petite fille de Paul Jourdain Ursin Duc de
Bracciano, & d'Elisabeth de Medicis fille de Cosme grand Duc de
Toscane : & par le contract qui fut passé en l'Hostel de Condé le
28. de Novembre 1612. on luy promis quatre cens cinquante mille
livres, dont la Reine paya cinquante mille escus. Ce mariage contracté en terre n'a produit des fruits que pour le Ciel & pour l'Eternité, par les disgraces qui l'ont suivy, mais dont ces deux epoux
ont heroïquement triomphé ; l'un par une mort également sainte &
tragique, & l'autre par un supplice volontaire plus long & plus cruel
sur les cendres de son mary, que ne fut celuy de cette autre Romaine
la Porcie de Brutus avec les charbons ardens. Elle a rénoncé au monde pour demeurer le reste de ses jours comme une chaste Tourterelle
perchée sur son tombeau, & n'attend plus d'autre joye que d'un excés de douleur, qui fasse fendre ce marbre pour se jetter dedans &
pour se réjoindre avec sa moitié.

Je ne sçay si je dois mettre au rang des défauts du Connestable de
Montmorency l'ignorance des Lettres, parce qu'il en fut recompen-
sé d'un sens naturel, poly & achevé dans les experiences des armes
& de la Cour, qui fit dire en sa faveur que les Sciences n'estoient
qu'un secours pour ceux qui ne naissent pas avec un esprit entierement
parfait. A peine sçavoit-il lire, & il écrivoit si mal que son seing
estoit plûtost une marque qu'un nom ; neantmoins il estoit si soigneux
de ce qui regardoit son bien & jusques à ses moindres affaires, qu'il
dictoit toutes ses lettres & qu'il les vouloit signer. J'en ay des témoignages par un nombre presque sans fin, qu'il faisoit l'honneur d'escrire
à mon bisayeul, à mon ayeul & à mon pere ; où j'admire l'ordre
qu'il gardoit dans son Domestique, pour ne rien ignorer de ce qui
concernoit non seulement ses interests, mais ceux du moindre de ses
Sujets, qui avoit récours à sa protection. Avec ce grand ordre il faisoit une trés-belle dépense, & ne marchoit point qu'il n'eût à sa
suite plus de trente Pages, tant de sa chambre que de son escurie,
grand nombre de Gentils-hommes & d'Officiers, sa Compagnie de
Gensdarmes & son Prévost de la Connestablie à la teste de ses Ar-

chers : mais avec cette dépense il ne sçût jamais connoistre ny argent ny monnoye , & pour marque de cela proposant un jour quelques ouvrages, pour lesquels on luy demandoit cinq cens livres, il dit en colere à l'Entrepreneur avec sa promptitude ordinaire, qu'il estoit un voleur, & qu'un autre s'y estoit offert pour trois cens escus. Le Roy Henry IV. le railloit assez souvent de son ignorance , mais il admiroit son bon sens, & on rémarque que sur le propos de ce grand dessein avorté par sa mort , il disoit que tout luy pouvoit réüsir par le moyen d'un Connestable qu'il avoit qui ne sçavoit point escrire, & d'un Chancellier qui ne sçavoit point de Latin, il croyoit ainsi du Chancellier de Sillery.

Jamais General d'armée ne fut si rigoureureux observateur de la Discipline militaire , toute la valeur du monde n'auroit pû sauver un Soldat qui l'auroit violée, ny quelqu'Officier que ce fut qui luy auroit manqué de respect. Son Prévost ayant fait pendre un Innocent , il ordonna contre luy la peine du Talion, & la Duchesse d'Uzés l'estant venuë supplier en personne à Montpellier de rendre ce malheureux à sa priere, il luy promit de le luy donner, & pendant qu'il disnoit avec elle il le fit pendre. La nouvelle luy en estant apportée à table, elle luy en fit ses plaintes avec quelque ressentiment , & luy se tint ferme sur sa parole qu'il luy avoit donnée de le luy rendre, ordonnant qu'il luy fut rendu, mais ce n'est plus luy, luy dit-elle en riant, pour ne se point fascher en vain, & luy, luy répondit, quelle difference faites-vous entre un pendard & un pendu? Il auroit traité de mesme un Mestre de Camp, dont je tais le nom, au siege de la Fere, pour avoir fait desordre en son village de Taverny, & souffert que ses Soldats eussent entrepris de forcer l'Eglise, où les Paysans s'estoient retirez ; si le Roy ne fût arrivé en personne, qui le pria de luy pardonner. Encore ne le fit-il pas sans reprocher à sa Majesté que c'estoit par cette Discipline seule, qu'il avoit appris à pratiquer en Piémont, que les François se pouvoient rendre capables de conserver les conquestes des Pays Estrangers, où ils ne se rendoient odieux que par leur licence. Il avoit cette qualité comme plusieurs autres du Connestable Anne son pere qu'il desiroit d'imiter en toutes choses , & mesme en sa mort ; mais comme l'occasion luy manquoit de pouvoir mourir pour la Religion , il sacrifia particulierement sa derniere année dans des sentimens & dans des fruits dignes de Pénitence , ne vacant qu'à des œuvres de pieté & de satisfaction, pour employer avec effet toutes les Absolutions qu'il fit venir de Rome. Il expira dans l'habit de S. François en la ville d'Agde le 1. jour d'Avril 1614. & voulut estre inhumé sans Pompe dans l'Eglise des Capucins de Nostre-Dame du Cran prés d'Aletz, qu'il avoit fondée.

CHAPITRE SEPTIÉME.

Prise de Tancarville par le S. de Castelnau.

ENCORE que le sieur de Castelnau parle assez sobrement de la prise de Tancarville, parce que ce fut sa conqueste : Cette Place estoit alors si importante pour le dessein qu'on avoit de chasser les Anglois de Normandie par la prise du Havre, que c'estoit par où on devoit commencer. On prenoit de grandes mesures pour s'en saisir, on ne croyoit pas que cela dût réüssir si fortuitement, & c'estoit une des principales affaires du Cabinet. Cela se justifie par les deux Lettres suivantes de la Reine au S. de Gonnor Intendant des Finances, dont la premiere nous apprend une fausse nouvelle de la Paix, qu'elle traitoit à Chartres avec beaucoup d'empressement, pour n'avoir plus d'affaires qu'en Normandie. Elle l'avoit negociée avec le Prince de Condé qui la souhaitoit autant qu'elle, mais l'Admiral qui n'en voulut point, renversa toutes les Propositions, & ce fut au Prince à attendre l'occasion de reprendre son autorité pour la faire malgré luy.

MONSIEUR DE GONNOR, *je vous envoye une lettre que le Mareschal de Vieilleville & le S. de Villebon m'écrivent de la résolution prise par eux pour recouvrer le Chasteau de Tancarville, en quoy ils ont besoin d'estre secourus de quelqu'argent, pour fournir aux frais qui y sont plusque necessaires, mesmement pour faire la réduction des Bandes dont la lettre fait mention ; à quoy je vous prie faire tout ce que vous pourez, de façon que la chose ne soit aucunement retardée. Ils demandent aussi quelque chose de l'Artillerie dont je vous envoye l'estat, faites venir à vous le Commissaire la Treille Lieutenant du S. d'Estrée à Paris, auquel j'en escris, & avec luy avisez sommairement de ce qu'il leur faut, que vous leur ferez quant & quant envoyer, & de tout les avertirez par cedit Porteur que j'y envoye ; desirant que cela se puisse avancer, afin que tant plustost on puisse s'attacher à Dieppe, où j'entens que Montgommery est entré : Priant Dieu, Monsieur de Gonnor, vous donner ce que desirez. De Chartres le 1. jour de Janvier 1562.* CATHERINE, *& plus-bas,* DE L'AUBESPINE.
Aprés est escrit de la propre main de la Reine. *La Paix est faite, mais n'en dites rien, & fournissez-vous de cent mille escus dans trois jours pour en envoyer le Reistre.* Puis est escrit de la main de l'Aubespine Secretaire d'Estat. *Pour ce que les choses arrestées icy, il faut aller en Normandie, je vous prie de donner ordre de faire provision de vingt-mille boulets & trois ou quatre cens milliers de poudre.* Puis de celle de la Reine. *J'envoye querir quatre Conseillers que je vous prie dire au premier Président qu'il me les envoye incontinent, pour ce que j'en ay affaire*

T 3

pour l'avis que je veux d'eux sur quelque point que je suis en difficulté.

MONSIEUR DE GONNOR, *à ce que j'ay veu par vostre lettre du 4. de ce mois, il n'y a pas grande apparence que le Mareschal de Vieilleville & le S. de Villebon ayent grand secours de vous, sur ce que je vous avois escrit pour l'execution des entreprises, qu'ils avoient en main pour le regard de Tancarville & Dieppe : & toutefois je vois y pourront-ils rien faire, s'ils ne sont aidez de vostre costé, tant pour le fait de l'équipage, que pour payer leurs François & en faire réduction. A quoy il est plusque necessaire pourvoir, & si vous avez moyen ou que vous le puissiez trouver, je vous prie que pour chose de telle importance vous faites tout ce que vous pourez. Il me souvient bien que je vous escris de plusieurs dépenses & provisions d'argent, mais c'est selon le besoin que j'en vois ; dont je vous laisse la discretion à faire qui doit aller devant ou derriere, mais ce sont choses forcées que vous connoissez aussi-bien que moy, & je sçay comme vous qu'en cela ne pouvons-nous pas tout ce que nous voudrions, neantmoins il ne faut pas demeurer en beau chemin, mais au contraire que vous tendiez tous vos sens pour nous aider à sortir de l'abisme où nous sommes, &c. De Chartres ce 9. jour de Janvier 1562.*

Ces ordres furent expediez au sieur de Gonnor sur l'instance qu'en firent par cette autre lettre les sieurs de Vieilleville & de Villebon, qui ne croyoient pas venir si facilement à bout du Chasteau de Tancarville.

MADAME, *estant moy Vieilleville arrivé en ce lieu, nous avons regardé ensemble ce qui nous est de besoin pour l'execution de l'entreprise du Chasteau de Tancarville, & quant à l'Artillerie nous en envoyons un estat à vostre Majesté. Quant aux Gens de Guerre, il y a dix-huit Enseignes de François, comprenant celles des Capitaines sainte-Colombe & la Barre ; desquelles moy Vieilleville pourray faire la revüë & en réduire une partie, mais vostredite Majesté sçait qu'il faut de l'argent pour les licencier, & semblablement pour entretenir celles desquelles on se veut servir : qui nous fait vous supplier très-humblement, Madame, y vouloir faire donner ordre ; car si nous sommes secourus diligemment, nous esperons faire quelque chose de bon. Nous ne parlons point aussi à vostredite Majesté de chevaux pour mener ladite Artillerie, parce que moy Villebon y pouray donner ordre en envoyant quelque peu d'argent, qui sera pour éviter la dépense d'en faire venir de plus loin, & pour accélérer les choses esquelles generalement vostredite Majesté ne peut estre servie selon son intention ; si l'on n'est secouru d'argent à mesme que la dépense se presentera. Madame, nous prions le Créateur vous donner en très-bonne & parfaite santé, très-longue vie. De Roüen ce 29. de Decembre 1562.*

Vos très-humbles & très-obéïssans
sujets & serviteurs , VIEILLEVILLE ,
D'ESTOUTEVILLE.

J'ay crû devoir donner ces témoignages de l'importance du service rendu par le S. de Castelnau en la prise de cette Place , de laquelle le Roy luy donna le Gouvernement & qui servit beaucoup à
la prise du Havre , tant pour brider les courses des Anglois , que
pour y préparer tout ce qui seroit necessaire à ce siege , dont il eut
le principal soin , & où il fit de grandes dépenses.

L'ADMIRAL DE CHASTILLON A JARGEAU.

LA victoire de Dreux ne nous avoit pas donné tant d'avantages
sur les Huguenots, qu'on ne crut plus expédient de faire la Paix
que de continuer la Guerre contr'eux ; car encore qu'ils eussent perdu une bataille, ils se glorifioient fort d'avoir en dequoy la soustenir ,
& d'estre encore en estat de prendre leur révenche & d'esperer de
nouveaux secours , tant d'argent de la part de la Reine d'Angleterre , que d'hommes du costé d'Allemagne : & ce qui les asseuroit encore plus , c'estoit la fermeté de l'Admiral, qui vouloit taster du Generalat & de l'honneur d'estre Chef de partie. Auparavant il avoit besoin du nom & de la personne d'un Prince du Sang pour ruër les premiers coups , mais la Guerre estant toute declarée , & ceux de la
Religion s'estans une fois éprouvé contre l'armée du Roy , il crut
que sa prudence & sa conduite rendroient les choses égales , & sur
cet interest d'honneur , il n'entendit aux propositions de Paix que
pour gagner temps & réconnoistre ses forces, & cependant fatiguer les
troupes du Roy, commandées par le Duc de Guise, qui escrivit de sa
main les nouvelles suivantes de son Camp de Messas le 17. de Janvier 1562. [selon le vieux stile] au mesme S. de Gonnor , au bas
d'une plus longue Lettre.

Je m'asseure qu'estes aussi-bien averty que moy de ce qui se passe à
autres sur les disputes de cet abouchement, & vois apparence qu'il se
faire, &, s'il plaist à Dieu, nous apportera quelque repos. Quant à
nouvelles, M. de Chastillon & ses Diables noirs [les Reistres]
à Jargeau & és environs, où s'y racoustre le Pont pour leur pas-
ser : & doute qu'ils se veulent mettre en lieu libre avec la commodité
de leur pouvoir retirer, s'ils en ont envie ; soit par accord ou autre-
ment ; sinon pour recevoir des forces fraisches de leur Nation , dequoy
on dit quelque chose : & encore qu'il n'y aye pas grande apparence
qu'ils doivent tourner du costé de Chartres [où estoit la Cour] si est-
ce que je ne laisse pour cela d'y envoyer demain M. de Cypierre assez
accompagné, pour garder ce que nous y avons de précieux, atten-
nos forces entieres. Il fait un extréme mauvais temps, & par tout
n'est que eau, sans cela je fusse plus avant, & aussi que nous som-
mes bien accommodez, ce qui retient nos pauvres Soldats, extréme-
ment pauvres & si mal vestus, qu'ils ne pouroient supporter deux de ces mau-
vaises journées, lesquelles je laisse un peu passer. Il dit encore dans la

Lettre qu'il eut bien voulu *avoir moyen de secourir les Espagnols* [de son armée] *à la necessité qu'ils ont , qui les contraint prendre plus grande licence sur le pauvre peuple; dont toutefois je ne laisse de les faire bien chastier.*

Pendant tous ces pourparlers de Paix, la Reine faisoit de l'argent en toutes manieres, tant sur le Clergé par l'aliénation pour cent mille livres de rente des Biens Ecclesiastiques, que par emprunts, soit pour contenter les Reistres du party Huguenot, car c'estoit le préalable de tous les Traitez, soit pour en faire venir d'autres d'Allemagne au service du Roy. C'est ce qui luy fait dire en une autre lettre du 19. Janvier audit S. de Gonnor, *pour fin de ma lettre, je suis toûjours aprés à desirer que vous ayez une bonne somme pour ces Reistres; car en une sorte ou autre, Paix, ou non, cela sera plusque necessaire, & me ferez service d'y penser à bon escient. Je sçay bien que vous avez dès-ja succé beaucoup de bourses, si est-ce qu'il faut sortir de cette boûë à quelque prix que ce soit.* Puis par un Billet de sa main à la fin de cette lettre elle luy mande encore, *Monsieur de Gonnor, il nous faut trente mille escus dans quatre jours pour envoyer en Allemagne, qu'il faut bailler pour la vente d'une levée de 4000. Pistoliers & 4000. Lanskenets; car nous avons entendu que la Reine d'Angleterre en fait autant, & ceux d'Orleans aussi : & vous sçavez ce que m'en avez toûjours dit, que en faisant ainsi, on leur rompra la leur, & il ne faut y perdre temps. Au reste l'Admiral & Reistres ont passé l'eau à Jargeau, s'il nous vient assieger, venez-nous secourir.* Le 22. du mesme mois elle luy escrivit encore , tant pour cette levée que pour l'avertir de son départ de Chartres pour Blois , afin de rendre le Roy Maistre de la Riviere de Loire au-dessus d'Orleans , & d'estre plus prés du Chasteau d'Onzain, où on avoit envoyé le Prince de Condé, avec lequel elle esperoit de pouvoir traiter plus facilement qu'avec l'Admiral, duquel elle commençoit à se défier. Comme aussi pour luy ordonner de faire trouver bon au Peuple de Paris, qui craignoit quelque malheur de l'absence du Roy, qu'on l'eut fait approcher de son armée.

MONSIEUR DE GONNOR, *le S. de Grandville* [Charles le Prévost S. de Grandville, depuis Intendant des Finances] *vous dira l'occasion de nostre partement de ce lieu, qui ne sera comme j'espere que pour le bien de ce Royaume & utilité du service du Roy Monsieur mon fils : vous priant faire toute diligence d'avancer en ce que vous pourrez le récouvrement des deniers, que vous sçavez nous estre tant necessaires, & le croire au demeurant de ce qu'il vous dira de ma part, tout ainsi que vous feriez moy-mesme. De Chartres le 22. Janvier 1562.* Aprés est escrit de sa main.

Je m'asseure que serez un peu en colere, quand vous entendrez que l'occasion pourquoy M. de Guise & tous ces Seigneurs ont esté d'avis avec moy que le Roy mon fils s'approche de son armée, pour la favoriser &
essayer

essayer d'achever ce qui semble prendre quelque bon commencement. Je m'asseure que au lieu de vous courroucer, que vous le serez trouver bon à tous ceux qui n'en auroient point d'envie. Et asseurez-vous que s'il y avoit danger pour la ville de Paris, que je ne faudray de leur ramener le Roy mon fils. Et vous prie faites nous trouver de l'argent pour envoyer en Allemagne & faire la levée que vous-mesme me dites avant partir. CATHERINE.

PASSAGE DE L'ADMIRAL EN NORMANDIE.

L'ADMIRAL se défiant toûjours des desseins que la Reine avoit de faire la Paix avec le Prince de Condé, faisoit mine d'y entendre de sa part, sans autre envie neantmoins que d'entretenir la Guerre : & comme il considera qu'il ne pouvoit pas long-temps subsister en campagne aux environs d'Orleans, qu'outre qu'il l'affameroit, il estoit important de faire diversion pour en empescher le siege, & que d'autre-part il n'avoit pas dequoy payer ses troupes qui murmuroient dés-ja, principalement les Allemands. Pour toutes ces raisons il se voulut éloigner, & les Anglois luy promettans de l'argent en Normandie, il se servit de ce prétexte pour resoudre les Reistres à y passer avec luy. Les Historiens Huguenots content la chose d'autre façon, mais ils ne le sçauroient excuser d'avoir rompu à dessein la Negociation qu'on luy proposoit, par ce voyage de Normandie, qui épouvanta fort la Reine & la mit en nouvelle peine de recommencer, après un mois de temps presqu'entier perdu à Chartres pour traiter, quoy qu'elle crut avoir mis les choses en bon estat. Voilà ce qu'elle escrivit de sa main au S. de Gonnor dans l'instant de cette surprise, à la fin d'une longue Lettre d'affaires de Finance, le 4. jour de Février, estant lors à Blois.

MONSIEUR DE GONNOR, *à l'heure que l'Admiral devoit envoyer Boucart & Esternay icy pour parler au Prince de Condé, & nous envoyions le S. d'Oysel & l'Evesque de Limoges pour parler au Connestable, ledit Admiral est party, & s'en va, avec quatre mille chevaux qu'il a, en Normandie. Si bien que nous ne sçavons plus où nous en sommes, sinon que M. de Guise va demain au matin assaillir le Portereau d'Orleans & le Pont. S'il le prend, ce que Dieu veuille, je crois qu'il y en aura qui se répentiront d'estre partis, & connoistront qu'il ne fait pas bon se moquer de son Roy. Je vous avertiray incontinent de ce qu'il en aviendra, afin que le disiez à ceux de Paris, que je vous prie, gardons d'estonner, si le Reistre approche de ce costé-là, car ils n'ont ny Gens de pied, ny Artillerie.* Ce voyage de Normandie fut autant avantageux à l'Admiral qu'il se le pouvoit promettre, & rendit son party si rédoutable, avec la perte qu'on fit peu après du Duc de Guise, qu'on doit tenir pour une singuliere grace du Ciel, la Paix qu'il donna à la France dans une si dangereuse conjoncture par le moyen du

Tome II.   V

Prince de Condé : qui tout Huguenot qu'il fut , ne pouvoit goûter l'alliance des Anglois ny la ruïne du Royaume , & qui n'eſtoit pas content auſſi que l'Admiral accrût tellement ſa réputation aux deſpens de ſa liberté , qu'on ne s'apperçût point de la perte d'une bataille & d'une perſonne ſi importante que la ſienne.

DE FRANCOIS DE SCEPEAUX S. DE VIEILLEVILLE,
Comte de Dureſtal , Mareſchal de France.

LA Reine Catherine de Medicis récompenſa en la perſonne du S. de Vieilleville , toutes les grandes qualitez qu'on peut rencontrer , & qu'on doit deſirer pour le merite d'un Sujet digne d'une des principales charges de la Couronne. Outre qu'il eſtoit d'illuſtre naiſſance , il eſtoit vaillant & tout plein d'eſprit & de conduite , & ſi parmy les emplois de la Guerre , il s'acquit le rénom de parfait Capitaine , il ne remporta pas moins de réputation de cinq illuſtres Ambaſſades , tant en Allemagne , qu'en Angleterre & en Suiſſe ; où ſa preſence fut trés-neceſſaire , tant pour l'importance des affaires qu'il y traita , que pour y conſerver l'eſtime de noſtre Nation , dans un temps fort broüillé & où le Gouvernement de la France eſtoit décrié parmy les Eſtrangers. Il eſt encore à loüer d'avoir eſté tout ſeul l'Architecte de ſa fortune , quoy que le S. de Brantoſme l'attribuë à la faveur du Mareſchal de S. André , d'avoir eu peu de part dans toutes les factions , de ne s'eſtre attaché qu'au Roy & à la Reine , d'avoir paſſé dans toutes les Dignitez par la ſeule récommendation de ſes ſervices , & de n'avoir point eu d'autre objet que le bien de l'Eſtat. Ce n'eſtoit plus guere la coûtume qu'on s'avançât à la Cour , ſans eſtre Allié des premieres puiſſances , où ſans prendre quelque party ; mais cela réüſſit encore une fois en ſa faveur par le bonheur qu'il eut de ſe trouver auprés du Roy , en meſme temps que la bataille de Dreux ſe donna , où mourut le Mareſchal de S. André & où fut tué le S. de la Broſſe : qui auroit emporté ſa charge par le credit du Duc de Guiſe duquel il eſtoit créature , & l'auroit fait préferer à ce Seigneur de Vieilleville , qu'il tenoit pour Politique. C'eſtoit ainſi qu'on appelloit ceux qui ne portoient pas les intereſts de la Religion avec cette paſſion véhémente qui troubloit le Royaume , & qui ne vouloient point de Paix avec les Heretiques ; quoy qu'on dût craindre des Alliances qu'ils avoient avec les Proteſtans d'Allemagne & avec les Anglois : dont il n'eſtoit que trop informé par ſes propres experiences dans ſes Ambaſſades , auſſi-bien que des deſſeins couverts de la Maiſon d'Auſtriche , qui vouloit Catholiquement profiter de noſtre déſunion, en allumant un feu qu'elle avoit eſteint dans l'Empire par un accommodement Politique avec les Princes Lutheriens.

Je devois faire cette obſervation auparavant que de me ſervir de ce que dit de luy le S. de Brantoſme , qui ſuivant le vent de la Cour de ſon temps le taxe de quelqu'intelligence avec les Huguenots , & ſem-

ble le vouloir blafmer de n'avoir pas couru fus au Prince de Condé,
qui fe retiroit en defordre avec toute fa famille après l'entreprife
manquée de le furprendre en fa maifon de Noyers , où il executoit
de bonne foy le Traité de Paix , pendant qu'on trâmoit fa perte &
la ruïne de toute fa Maifon contre la Foy publique. S'il eut efté capable de cette action , il auroit privé la pofterité de Françoife de
Scepeaux fa fœur de l'honneur qu'elle a eu de mefler fon fang avec
celuy de nos Rois , par le mariage de Claire-Clemence de Maillé à
prefent Princeffe de Condé, fille d'Urbain Marquis de Brezé , Marefchal de France , petite fille de Charles S. de Brezé ; & de Jacqueline Dâme de Thevalle , fille de Jean S. de Thevalle, Chevalier
de l'Ordre du Roy , Gouverneur de Metz , lequel eut pour mere cette Françoife de Scepeaux fœur du Marefchal de Vieilleville , qui produifit à la Cour ce Jean de Thevalle fon neveu & l'affectionna comme s'il eut efté fon propre fils. Voilà le feul défaut que trouve en
luy le S. de Brantofme , dans l'Eloge fuivant ; où il fait un grand
Difcours en faveur de l'Alliance avec les Suiffes & avec le Turc,
qui ne fert de rien à fon fujet & que j'ay rétranché comme inutile.

,, Aprés la mort dudit Seigneur Marefchal de faint André ; M. de
,, Vieilleville eut fa place de Marefchal de France , & fe trouva à la
,, Cour bien à point pour cela. Il y avoit long-temps qu'il n'y eftoit
,, venu , & avoit demeuré toûjours en fon Gouvernement de Metz ,
,, & par cas n'y avoit pas cinq femaines qu'il eftoit arrivé , & fi bien
,, à propos , que la Reine qui l'aimoit de long-temps ; luy fit tomber
,, ce gros morceau dans la gueule : bien que j'oüis dire depuis à feu
,, M. de Guife qu'il l'eut fait tomber à celle du bon-homme M. de la
,, Broffe , s'il ne fût mort à la bataille de Dreux , car il l'aimoit &
,, honoroit beaucoup [*fur cela il fait une digreffion du merite du S. de*
,, *la Broffe , rapportée cy-devant page* 89.] M. de Vieilleville eut
,, donc la fucceffion de cet eftat de M. le Marefchal de S. André , voyez
,, en cecy les accidens humains & les ordres de fortune : M. le Maref-
,, chal de S. André vivant , fut l'avancement dudit M. de Vieillevil-
,, le ; car il le fit Lieutenant de fes Gendarmes , le pouffa en hon-
,, neurs , le fit faire Chevalier de l'Ordre & Gouverneur de Metz , &
,, luy mort, le voilà parachevé en grandeur & fait Marefchal de Fran-
,, ce. On trouva eftrange qu'il le fût , & le fût plûtoft que penfé ;
,, non qu'il ne le meritât trés-bien , mais d'autant qu'on le tenoit
,, lors pour fort fufpect à caufe de la Religion nouvelle , & qu'il luy
,, avoit donné trop de pied & accroiffance à Metz , dont il s'en fût bien
,, paffé , & s'il eût voulu, il l'eut bien mife à plus petit pied & baffef-
,, fe : mais il la favorifoit , jufques-là auffi qu'il maria fa feconde
,, fille [*Jeanne de Scepeaux*] avec le Seigneur de Dueilly en Lor-
,, raine [*Orry du Chaftellet*] qui eftoit fort de la Religion : ce que
,, de ce temps fut trouvé fort eftrange; car lors ces mariages n'eftoient
,, communs enfemble , & pour ce ledit Marefchal fe rendit fufpect.

„ Quand M. le Prince de Condé se sauva de la ville de Noyers vers
„ la Rochelle & à la débandade avec M. l'Admiral & quelques autres
„ de la Religion, trés-foibles & écartez les uns aprés les autres, s'en-
„ tre-suivans comme pauvres perdus & égarez & comme dit l'Espa-
„ gnol, *como Moros disacciados*, & eux se disoient enfans d'Israël
„ quand ils sortoient d'Egypte : mondit Seigneur le Mareschal de Vieille-
„ ville, qui estoit pour lors à Poitiers, y envoyé par le Roy, laissa
„ passer ledit Prince à son bel aise & à sa barbe de dix lieües seule-
„ ment, bien que les S. du Lude & Montsalez, trés-vaillans Capi-
„ taines, luy demandassent congé de l'aller charger ; dont ils en eus-
„ sent eu bon marché, & jamais n'y fit meilleur pour les longues
„ & grandes traites qu'il avoit fait avec femme & enfans. Mondit
„ S. le Mareschal les empescha, & dit qu'il n'avoit cette charge du
„ Roy, & qu'il en attendoit le commandement, par un Courier qu'il
„ avoit envoyé vers luy, aussi-tost que ledit Prince luy avoit envoyé le
„ Capitaine la Trape, Gascon, brave & vaillant Gentil-homme & son
„ Enseigne : & luy avoit mandé qu'il ne s'émut autrement de sa
„ passade, car il avoit esté contraint de vuider sa Maison, l'y ayant
„ failly à prendre, & s'enfuïr & sauver en lieu de seure rétraite, qui
„ estoit à la Rochelle, d'où il luy manderoit plus au long de ses nou-
„ velles, & au Roy ; ne desirant que d'estre son trés-humble Servi-
„ teur & vivre en Paix & seureté, là où il pourroit en quelque coin
„ de la France.
„ J'estois pour lors à Poitiers, qui passois venant de la Cour en
„ poste, & vis cette Ambassade de la Trape, qui m'en conta da-
„ vantage, car il estoit fort mon amy. Ledit Mareschal prit en paye-
„ ment ces belles paroles, & empescha M. du Lude & Montsalez
„ avec une fort belle Noblesse de Poitou de monter à cheval,
„ ausquels il leur estoit fort de mal qu'ils ne démenassent les mains
„ à si bonne & belle occasion, qu'ils ne récouvreroient jamais, ainsi
„ qu'ils réconnurent trés-bien ; car ledit Prince ayant gagné la Ro-
„ chelle & assemblé ses forces d'Angoumois, Xaintonge & Poitou,
„ & le Comte de la Rochefoucaut leur Chef : il manda audit M. le
„ Mareschal, qu'il avoit tant fuy qu'il avoit pû & que terre luy avoit
„ duré, mais estant à la Rochelle, il avoit trouvé la Mer, & d'au-
„ tant qu'il ne sçavoit point nâger, qu'il avoit esté contraint de
„ tourner teste & de régagner la terre, non avec les pieds comme
„ il avoit fait en se retirant, mais avec les mains, & se défendre de
„ leurs ennemis. Ainsi ledit Prince récommença la Guerre comme
„ nous vîmes, laquelle luy fut la derniere, & ainsi il donna la venuë
„ & la baye audit S. Mareschal ; lequel n'en fut pour un long-temps
„ trop bien venu du Roy ny de Monsieur, pour avoir perdu là si
„ bonne occasion : & attribuoit-on toute la faute à ce qu'il favorisoit
„ fort sous main le party Huguenot. Ceux qui le vouloient excuser,
„ disoient qu'il estoit plus Politique que religieux, & qu'il ne vou-
„ loit rien troubler, mais pacifier tout, s'il eut pû. De ce temps-là

,, on se moquoit fort de ces Politiques , car quelque Police qu'on
,, eût voulu establir , lors qu'il plaisoit aux Huguenots & leur heure
,, estoit venuë de prendre les armes , ils se moquoient de la Police
,, & s'élevoient en pieds autant que jamais.

,, Si fut pourtant fort loüé ledit Mareschal en sa Negociation qu'il
,, fit à Roüen , y estant envoyé par le Roy pour y faire entretenir la
,, Paix & vivre un-chacun en repos, là où ils ne faisoient que petites
,, séditions & tumultes, autant par le mouvement du Peuple, que par
,, les instigations & poussemens de M. de Villebon leur Baillif ; qui
,, estoit fort Catholique & séditieux , mais vieux & ancien bon Ca-
,, pitaine , qui avoit esté tel estimé du temps des Guerres Estrangeres,
,, ausquelles il s'estoit trés-bien porté & nuit fort aux ennemis : aussi
,, l'appelloit-on Capitaine Boute-feu, si que l'on disoit depuis qu'il avoit
,, si bien appris & accoustumé à estre Boute-feu de ce temps-là, qu'il
,, ne s'en put désaccoûtumer, & pour ce mettoit en teste des Catho-
,, liques de faire toûjours quelques insolences. Dont sur ce mondit S.
,, le Mareschal entra un jour en differend avec luy dans son logis, où
,, il l'estoit venu trouver , & si avant , que mondit S. le Mareschal
,, perdant patience mit l'espée aussi en pleine Salle ; surquoy mondit
,, S. le Mareschal coupa une main audit bon homme M. de Villebon ;
,, dont sourdit une grande rumeur du Peuple, qui accourut en armes
,, pour se ressentir du tort que l'on avoit fait à M. leur Baillif, &
,, de fait il y cuida avoir de la sédition ; mais mondit S. le Mares-
,, chal ne s'estonnant point , fit teste & contenance avec ses Gardes
,, & paroles asseurées , que le tout s'appaisa, par le moyen aussi de
,, plusieurs Gens de bien de la ville point mutins. Non seulement ce
,, coup , mais avant que de partir de Roüen , il establit un si bon
,, ordre & police , qu'on ne tourna plus à tant de divisions , sédi-
,, tions & émûtes qu'il y avoit ordinairement en cette ville. Le Roy
,, & la Reine en eurent trés-grand contentement.

,, Ce Mareschal avoit acquis de tout temps la réputation d'estre bra-
,, ve & vaillant, aussi disoit-on à la Cour, *Chastaigneraye, Vieillevil-*
,, *le & Bourdillon sont les trois hardis compagnons.* Avec cette hardies-
,, se & vaillance il estoit homme de grandes affaires & gentil esprit &
,, fort fin , ainsi le tenoit-on à la Cour. Il fut envoyé en Ambassade
,, vers l'Empereur Ferdinand , dont il s'en acquitta trés-dignement ,
,, car les affaires le réqueroient , & c'estoit en partie pour ces villes
,, de l'Empire détenuës par le Roy, que les Allemands demandoient
,, toûjours. Il s'en rétourna avec fort grand contentement du Roy &
,, le sien propre, car il en rapporta un trés-beau & grand Buffet
,, d'argent doré que je luy ay veu. Il fut aussi envoyé vers Messieurs
,, les Cantons de Suisse , lesquels branloient un peu dans le manche
,, à quitter le Roy, tant par les menées de ce grand Roy d'Espagne,
,, qui les commençoit à gagner par trés-grandes offres , que pour
,, n'estre payez de leurs payes & pensions si long-temps dûës.
,, Mais M. le Mareschal traita si bien cette affaire , qu'il rompit le

„coup & rénoüa mieux que jamais l'alliance , ainsi que depuis sçût
„encore bien faire ce grand personnage M. de Belliévre [*depuis*
„*Chancelier de France ayeul du feu premier Président*] qu'on ne peut
„assez loüer ; qui lès régagna & remit , car encore ils récommen-
„çoient à branler.

„ Pour achever donc à parler de M. de Vieilleville , il eut un trés-
„grand honneur à la conservation de sa ville [*de Metz*] sur laquel-
„le jamais n'a manqué de veilles ny d'entreprises , entr'autres une qui
„fut faite par le Comte de Meghen Gouverneur de Luxembourg ;
„ayant gagné & corrompu trois Soldats , dont l'un estoit Caporal
„& l'autre Lanspessade , & ce durant la tréve & par consentement du
„Prince de Piémont , comme j'ay dit en son discours. Une autre
„entreprise fut aussi par le moyen du Chapitre des Cordeliers , qui
„avoit esté monopolé & arresté exprés en cette ville pour ce sujet.
„Il n'y a méchanceté qui ne se fasse sous la couverture de Religion sans
„craindre Dieu , aussi cela fut cause que ledit S. de Vieilleville avan-
„çât en la ville le Presche & la Religion Huguenotte , [*il y fut en-*
„*core obligé pour contenter les Protestans d'Allemagne & pour tenir les*
„*Huguenots en Paix de ce costé-là*] & la mit plus haut que devant
„de beau dépit qu'il eut : & porta à la sienne Catholique trés-mau-
„vaise vengeance pourtant , pour en avoir eu une telle estrette. Ce-
„la le fit bien aussi soupçonner autant de la Religion avec plusieurs
„autres traits que j'ay dit & point dit. Bien servit audit M. de Vieil-
„leville d'estre là sage & fin comme on le tenoit à la Cour , pour
„rendre à l'ennemy ce qu'il luy prestoit. Il bastit & traita l'entrepri-
„se de Thionville & M. de Guise l'acheva & la prit. Pour conclure
„ce M. le Mareschal mourut avec beaucoup de réputation en sa mai-
„son de Durestal , ainsi que le Roy y arrivoit & qu'il se préparoit
„de le bien festiner. [*Il y avoit dés-ja quelques jours que le Roy &*
„*la Cour estoient chez luy , & ce fut par des Gens de la Cour qu'il fut*
„*empoisonné le dernier de Novembre* 1571.]

  J'adjousteray icy au bonheur & aux bonnes qualitez du Mareschal
de Vieilleville , le choix qu'il fit d'un Secretaire habile & affectionné , qui a pris soin d'escrire sa vie : & je rémarqueray à cette occasion que tous les grands Seigneurs estoient curieux au temps passé de
s'acquerir des personnes qui leur rendissent cet office. On a quasi perdu cette coûtume & peut-estre aussi en a-t-on moins besoin que de
bons donneurs d'avis , qui ménagent des habitudes & des societez
avantageuses avec les Gens d'affaires , & qui se fassent rendre bon
compte de l'interest du credit du Maistre. Ce Secretaire du Mareschal
de Vieilleville fut Vincent Carlois , qu'il récompensa d'une charge
de Secretaire du Roy , & sans lequel on auroit perdu la memoire de
plusieurs grandes actions, que j'estime plus glorieuses à son Maistre, que
tous les titres dont il fut honoré , & qu'on pouroit douter qu'il eut
si bien meritez.

  C'est de luy que nous apprenons que François de Scepeaux fils de

René de Scepeaux S. de Vieilleville, & de Marguerite de la Jaille Dame de Mathefelon & de Dureftal, fut nourry enfant d'honneur de Loüife de Savoye Regente en France, Mere du Roy François I. & qu'ayant quitté fon fervice pour avoir donné de l'efpée dans le ventre à un fien Maiftre d'Hoftel, qui refufoit de luy faire raifon d'un foufflet qu'il en avoit reçû, il fe retira en Italie fous le Vicomte de Lautrec & qu'il combattit fous fa Cornette blanche à la prife & fac de Pavie. L'année mefme s'eftant mis fur les Vaiffeaux des Venitiens qui tenoient noftre party, il fut pris prifonnier avec le S. de Corniffon fon frere d'armes par le Prince de Monaco; avec lequel le S. de Lautrec, ayant fait traiter de fa rançon, pour l'eftime qu'il en faifoit, il refufa de fortir fans fon compagnon, réfolu de mander de l'argent de France, & par cette generofité excita tellement celle du Prince, qu'il le luy donna pour la feule fatiffaction d'avoir efté témoin d'une fi belle amitié. De-là il alla joindre l'armée au Royaume de Naples, & eut tant de bonheur à la prife par affaut de la ville de Melphe, que le Prince Jean Caracciol qui la défendoit s'eftant rendu fon prifonnier, il l'attira au party du Roy, qui depuis le fit Mareschal de France. Philippin Doria bridant au mefme temps le Port de Naples, Vieilleville qui avoit avec luy une ancienne amitié de Cour, accepta l'offre qu'il luy fit du commandement d'une de fes Galeres pour la premiere occafion, qui s'offrit peu après fur l'avis qu'on eut d'un deffein de nous combattre, qui fucceda mal au Viceroy de Naples. Vieilleville qui avoit choifi la Regente pour fa Galere en pourfuivit deux de l'ennemy qui fuyoient & en attaqua une, mais qui fe trouva affez forte pour le prendre luy-mefme avec la fienne après avoir efté long-temps accrochées. Elle l'emmenoit à Naples, & eftoit à la vûë du Port, quand elle découvrit que la premiere qui eftoit arrivée, avoit efté chaftie comme poltrone & fuyarde par la mort des Chefs qu'on fit pendre tout chaudement. Si bien qu'en eftant épouvantée & n'ofant aborder, il fe fervit fi à propos de l'occafion de cette frayeur, qu'il la revolta & reçût le ferment de ceux de dedans qu'il emmena, le Prince d'Orange qui avoit fait cette punition s'apperçût auffi-toft de cette revolte & rémonta l'autre Galere de nouveaux Officiers pour les pourfuivre, qui croyans n'avoir affaire qu'à une, parce que l'autre avoit mis bas les Voiles, s'approcherent hardiment pour la combattre, & s'en trouverent deux fur les bras, qui fe jetterent fur eux & les prirent: & ainfi Vieilleville qu'on croyoit mort ou pris, révint joindre Doria avec trois Galeres.

Le S. de Lautrec croyant cette action capable d'expier le plus grand crime, ne douta point qu'elle ne luy fit pardonner avec honneur celuy qu'il avoit commis à la Cour, où il le renvoya du fiege de Naples avec un récit fi avantageux, qu'il fut extraordinairement careffé du Roy, & du Dauphin, qui le demandoit pour eftre de fa maifon. Le Roy luy répondit qu'il le vouloit donner au Duc d'Orleans fon frere, pour luy eftre un exemple de vertu, & luy dit encore

lisez les lettres qu'on m'a escrites & ce qu'il a fait , quoy qu'il ne soit
pas si âgé que vous , si les guerres ne le devorent , il sera quelque jour
Connestable ou Mareschal de France. Aussi dés-lors témoigna-t-il autant d'estime de luy que du plus vieil & du plus experimenté Capitaine ; car il luy confia peu après l'ordre de se saisir d'Avignon, où il
l'envoya sur la nouvelle de la descente en Provence de l'Empereur
Charles V. Il mit ses gens en embuscade à un quart de lieuë de la
ville , alla avec une compagnie de gens d'élite heurter à la Porte ,
demanda à parler au Vice-Legat , & fit en sorte de le faire sortir
pour le prier de la part du Roy de ne point ouvrir ses Portes à l'ennemy. Le Vice-Legat l'ayant asseuré qu'il avoit mesme ordre du Pape , refusa neantmoins les Ostages qu'il luy demandoit , & sur cette
contestation il se saisit de la Porte , où ses Gens accoururent : & il
n'en coûta que douze hommes pour s'asseurer de cette Place , où il
ne fut fait autre desordre. De-là il fut envoyé visiter les Places de
Piémont , & à son retour en Anjou il se maria plus par inclination
que par interest que Renée le Roux , fille de Jean S. de Chemans,
& de Catherine de Saint Aignan , issuë d'une Branche puisnée de la
Maison de la Roche-des-Aubiers , l'une des plus Nobles de sa Province.

Jean de Laval S. de Chasteau-briant, qui le réconnoissoit pour estre
son Parent à cause de la Maison de Dinan, dont ils estoient issus,
estant obligé de résider en son Gouvernement de Bretagne , il le fit
son Lieutenant pour commander sa Compagnie de Gensdarmes, qu'il
mena aux sieges, de Perpignan, où il fut fait Chevalier , de Lan-
drecy , S. Dizier , Hédin , Teroüenne & autres occasions de la
Guerre de Picardie. Et sa réputation croissant parmy tant de sujets de
se signaler, on luy donna le soin d'appuyer par sa conduite le fameux
Duc d'Enguien , qui eut pour premier employ le commandement de
l'armée qui fit le siege de Nice avec le secours de Barberousse , l'an
1542. & quatre ans après il combattit avec le mesme Prince en la
celebre bataille de Cerisolles.

Henry second continuant pour luy la mesme estime du Roy François son Pere , l'envoya l'an 1547. à son avenement à la Couronne
confirmer la Paix avec Edoüard Roy d'Angleterre , & depuis cette
Paix rompuë il servit contre les Anglois , & entr'autres exploits qu'il
fit devant Boulogne , il dégagea le Duc d'Aumale abbattu d'un coup
de Lancé dans le front , il le rémonta , eut un cheval tué sous luy,
& dans une autre rencontre il en perdit encore deux. Le Mareschal
de S. André Favory du Roy , & qui cherchoit à s'attacher d'interest
ou d'amitié tout ce qu'il pouvoit gagner de grands Capitaines , luy
offrit alors la Lieutenance de sa Compagnie de Gensdarmes, qu'il accepta , & au retour du voyage de Guyenne où il accompagna le
Connestable , il la commanda l'an 1549. au siege de Boulogne, qui
fut suivy de l'Ambassade en Angleterre du Mareschal de S. André, qui
le mena avec luy l'an 1550. Deux ans après se fit le voyage d'Allemagne .

magne , &
de Luxembo
tant de succés
Metz, le Marc
de son armée.

de Guerre qu'il
n'estoit pas asse
Pont-à-Mousson
ciers & Soldats (
Chef qui sçait s'
force ouverte d
Enfin il adjousta
de la levée du si
pereur, qu'il av
valeur.

Le Roy le réco
ment des Places &
il y adjousta en m
vacante par la mo
sonne valut une ar
se conduisit de sor
par dépit le Gou
s'estima malheureu
voisin , qui avec l
ser à son préjudice
faire trèves avec lu
cette Proposition , c
que leurs Princes es
le Comte réconnoiss
re, qu'il luy renvoy
quinze cens homme
sein que ce Comte
Mais comme si to
sent dû estre que
fut encore plus
après avec le Gard
ce. En ayant eu a
fouïlla toute la Vil
ligieuses, & trouva
en Moine, qu'il réc
en avoit ainsi fait
feu en plusieurs end
Mephen, & aussi-to
Yffroy, qu'il alla g
quel arrivé de Thio
de sa vie de luy réve

magne , & il y continua ſes ſervices , auſſi-bien qu'aux Conqueſtes
de Luxembourg ; où il fit la charge de Mareſchal de Camp avec
tant de ſuccés , que le Roy l'ayant depuis mandé pour le ſecours de
Metz , le Mareſchal de S. André luy donna la Lieutenance generale
de ſon armée. Elle triompha par ſa conduite dans toutes les Parties
de Guerre qu'il fit en Lorraine contre les aſſiegeans , & comme il
n'eſtoit pas aſſez fort pour faire des ſieges , il montra par la priſe de
Pont-à-Mouſſon , du Seigneur Fabrice Colomne & de tous les Officiers & Soldats qui eſtoient dedans , combien vaut la perſonne d'un
Chef qui ſçait s'aider avec égal avantage dans les occaſions , de la
force ouverte des armes ou de l'adreſſe des Stratageſmes de Guerre.
Enfin il adjouſta à la gloire qu'eut le Roy de la défenſe de Metz &
de la levée du ſiege , la joye de voir ving-cinq Enſeignes de l'Empereur , qu'il avoit autant conquiſes par ſa prudence , que par ſa
valeur.

Le Roy le récompenſa trois mois aprés , l'an 1553. du Gouvernement des Places & des trois Eveſchez de Metz , Toul & Verdun ,
il y adjouſta en meſme temps la charge de Capitaine de Gensdarmes
vacante par la mort du S. de Humieres , & on peut dire que ſa perſonne valut une armée entiere dans un Poſte ſi conſiderable , où il
ſe conduiſit de ſorte qu'ayant obligé le Comte de Mansfeldt à quitter
par dépit le Gouvernement de Thionville , le Comte de Meghen
s'eſtima malheureux de luy avoir ſuccedé , & d'avoir affaire à un
voiſin , qui avec le bonheur perpetuel des armes fut en pouvoir d'u-
ſer à ſon préjudice d'une lettre qu'il luy avoit eſcrite pour le prier de
faire tréves avec luy. Carlois rémarque que ſon Maiſtre répondit à
cette Propoſition , qu'ils auroient mauvaiſe grace d'eſtre en Paix , vû
que leurs Princes eſtoient ſur pied avec deux puiſſantes armées , & que
le Comte réconnoiſſant ſa faute l'envoya prier de luy rendre ſa Let-
re , qu'il luy renvoya volontiers. Peu aprés il luy tua en campagne
quinze cens hommes , prit ſeize Drapeaux , & rompit le grand deſſein que ce Comte avoit fait ſur des troupes qu'il envoyoit aux champs.
Mais comme ſi tous les deſſeins de ce Gouverneur de Thionville n'euſſent dû eſtre que des ſujets de victoire à ce grand Capitaine , il
fut encore plus malheureux dans la pratique qu'il fit treize mois
aprés avec le Gardien des Cordeliers de Metz pour ſurprendre la Place. En ayant eu avis le jour meſme qu'elle ſe devoit executer , il
foüilla toute la Ville , il fut encore plus exact pour les Maiſons Religieuſes , & trouva au Convent des Cordeliers deux Soldats déguiſez
en Moine , qu'il réconnut à leurs habits. Il ſçût d'eux que le Gardien
en avoit ainſi fait entrer cinquante , qui devoient avec luy mettre le
feu en pluſieurs endroits , pour favoriſer la ſurpriſe par le Comte de
Meghen , & auſſi-toſt il fit fermer les Portes , excepté celle du Pont-
Yffroy , qu'il alla garder en perſonne ; où il attendit le Gardien , lequel arrivé de Thionville & contraint ſur l'aſſeurance qu'il luy donne
de ſa vie de luy réveler tout , luy confeſſa que les ennemis au nom-

bre de plus de 4000. n'estoient qu'à six lieuës de-là , pour venir à
neuf heures du soir escalader cette Porte du Pont-Yffroy. Il met douze cens hommes en diverses embuscades , il trompe les ennemis par
des feux qu'il fait allumer dans la Ville , ils accourent en desordre &
sont chargez avec telle furie , que quelque devoir qu'ils fassent de se
rallier, ils sont mis en déroute avec perte de onze cens cinquante-cinq
tuez sur la Place , & de quatre cens cinquante prisonniers.

Le Roy ravy d'une si grande nouvelle garda sa réconnoissance
jusques à l'arrivée en Cour du S. de Vieilleville; qu'il manda & qu'il
honora du grand Collier de son Ordre : & ce fut par son avis qu'il
fit bastir la Citadelle de Metz , dont il prit le soin à son retour.
L'an 1558. continuant toûjours les soins d'un Gouverneur fidéle &
experimenté , & voulant encore faire une action de grand Capitaine
par une Conqueste d'importance , il se proposa la prise de Thionville; qu'il fit si bien réconnoistre par un Allemand qui s'y enferma
huit jours entiers , qu'il asseura le Roy qu'elle ne dureroit que sept
jours contre ses attaques. Sur cette asseurance le Roy luy donne le
soin de la levée des troupes necessaires en Allemagne , il fit douze
mille hommes avec ce qu'il tira de sa Place & de ses Gouvernemens,
& il forma son siege ; mais le Duc de Guise qui vouloit récueillir
tous les honneurs , dûs à sa charge de Lieutenant General du Roy
dans toutes ses armées pendant l'absence & la prison du Connestable,
voulut aussi profiter de l'occasion , & luy manda qu'il differât la batterie à son arrivée. Il préfera l'avis du Mareschal de Strozze qu'il
avoit amené avec luy , à celuy du S. de Vieilleville, quoy que mieux
informé , & perdit du temps à battre du costé de la Porte de Luxembourg; où l'on donna un assaut en vain, & où le Mareschal de Strozze s'opiniastra jusques à s'y faire tuer. Le Duc de Guise aprés cela
sommant le S. de Vieilleville de la promesse qu'il avoit faite au Roy,
il s'excusa sur le mépris de son avis , & s'offrit encore de l'executer,
si on luy permettoit de changer la batterie à l'endroit qu'il avoit
marqué , & enfin le soin de tout luy ayant esté remis , il mena si
rudement les assiegez en quatre jours , qu'il obligea le Gouverneur
de luy envoyer demander composition sur la Bresche. Il en envoya
demander l'ordre au Duc de Guise, qui luy donna tout pouvoir, &
tout ce que les assiegez purent obtenir de luy , fut de sortir l'espée
au costé seulement. Cette conqueste ne devoit estre que le commencement d'un plus grand dessein dans le Luxembourg, mais les Espagnols profitans de l'éloignement du Duc défirent le Mareschal de Termes auprés de Gravelines , il fallut courir au secours de la Frontiere de Flandre , & en mesme temps se traita la Paix de Chasteau-
Cambresis. Le Roy voulut donner part en cette Négociation au S.
de Vieilleville, qui l'estoit venu saluër à Villers-costé-retz , & il luy
fit cet honneur de luy faire expedier un Brevet d'asseurance de la
premiere charge vacante de Mareschal de France; avec cette clause
expresse , que si dans l'année il n'en vaquoit une, il en créeroit une

supernumeraire en sa faveur, on qu'il joüiroit de tous les honneurs & émolumens de cet estat. Enfin il luy ordonna encore dix mille escus à son retour de la Paix de Chasteau-Cambresis, & ce fut la derniere marque de sa bonne volonté, parce qu'il mourut peu aprés.

La Reine Catherine devenuë Regente le rétint auprés de sa personne en qualité de son Chevalier d'honneur, pour estre plus souvent assistée de ses conseils, & aprés s'estre servie de luy pour dissiper la conjuration d'Amboise, elle l'envoya à Roüen pour appaiser le désordre arrivé pour le differend de la Religion. Il y rétablit la Paix, mit pareil ordre à Dieppe, & révint à la Cour à Orleans; où il eut congé de rétourner à son Gouvernement. Ce fut là qu'il reçût peu aprés la nouvelle de la mort du Roy François II. qui apporta de nouveaux changemens, pour lesquels il se fallut asseurer de l'Empereur, qui grondoit plus haut que de coûtume de la perte des trois Eveschez. Ce fut le principal sujet d'une Ambassade extraordinaire; pour laquelle fut choisi ce S. de Vieilleville, qui s'en acquitta si habillement avec l'Evesque de Rennes qu'il y trouva Ambassadeur ordinaire, qu'au lieu de Guerre il n'y fut parlé que d'amitié & d'alliance par le mariage du Roy avec une petite fille de l'Empereur; dont il jetta comme de son chef les premieres paroles. Il eut le mesme succés en une autre Ambassade qu'il fit à son retour auprés de la Reine d'Angleterre, qu'il détourna de donner secours aux Huguenots.

Pour tant de services le S. de Vieilleville fut créé Mareschal de France aprés la mort du S. de Saint André, & envoyé en cette qualité en Normandie, pour aviser à nettoyer cette Province des Anglois & des Huguenots qui y faisoient de grands desseins, & pour faire les préparatifs du siege du Havre, & cependant tenir la ville de Roüen en Paix. Ce fut dans cet employ qu'il prit querelle avec le S. de Villebon son parent, comme estant de la Maison d'Estouteville, dont estoit la Dame de Scepeaux son ayeule, & comme tels ils avoient bien vescu ensemble jusques à l'assassinat de Bois-Giraut Greffier de Roüen, auparavant proscrit pour Heresie, & lequel ayant esté pris, mis en prison & spolié de quatre mille escus, fut tué & jetté sur le pavé par les gens du S. de Villebon. Le Mareschal fort offensé qu'on eut procedé de la sorte, gourmanda fort en son particulier un Conseiller zelé, qui luy vint faire les excuses du S. de Villebon, & celuy-cy pour l'interesser dans son ressentiment, luy rapporta que le Mareschal avoit dit qu'il estoit indigne de sa charge. Quelques jours aprés le Mareschal rencontrant Villebon à l'Eglise, le mena disner chez luy en l'Abbaye de S. Oüen, & comme il ne se put tenir de dire qu'on l'accusoit à tort du fait de Bois-Giraut, il pria civilement qu'il n'en fut plus parlé, mort.... répartit le S. de Villebon, on a dit que j'estois indigne de ma charge, je maintiens en si bonne compagnie que ceux qui l'ont dit, en ont menty, & qu'il n'y a Lieutenant en France qui fasse mieux son devoir que moy. Le Mareschal

offensé se leve, le pousse, & luy dit qu'il aille vomir ses démentis
ailleurs ; mais le voyant mettre la main à l'espée, il tire la sienne
& d'un revers luy coupe la main droite qui tomba à ses pieds avec
l'espée. Les trois neveux de Villebon en l'emmenant ainsi plein de
de sang au Chasteau, crierent au Peuple qui s'émût, qu'on avoit
assassiné leur oncle, parce qu'il estoit ennemy des Heretiques, & en
mesme temps l'Abbaye de S. Oüen fut investie de Soldats & de Bourgeois meslez ensemble, & assiegée plus de vingt-quatre heures : mais
le Mareschal, le S. d'Espinay son gendre, le S. de Thevalle, &
leurs Domestiques, se barricaderent & firent bonne mine en attendant le secours du Comte Rhingrave & d'autres Seigneurs, qui
les vinrent dégager, & appaiserent le tumulte. Peu après se fit la Paix
d'Orleans où il assista, & sur le bruit des desseins de l'Empereur &
des Princes d'Allemagne sur Metz il y courut, puis à son retour fit
sa charge de Mareschal au siege & prise du Havre.

. Depuis il fut envoyé Lieutenant General des armées du Roy en
Poitou, qu'il maintint contre les Huguenots, & en cette qualité,
que quelques Histoires donnent au Duc d'Aumale, qui pourtant luy
laissa le commandement, il assiegea S. Jean d'Angely & moyenna la
réduction de cette Place avec le Capitaine de Piles. Le S. de Martigues y ayant esté tué, le Roy donna son Gouvernement de Bretagne au Mareschal, mais pour contenter le Duc de Montpensier qui
le voulut avoir, il le remit entre les mains du Roy. Alors se fit la
Paix d'Angers (l'an 1570.) pour l'execution de laquelle les quatre
Mareschaux de France ayans eu ordre de faire leurs chevauchées, il
eut pour sa part, la Bourgogne, le Bourbonnois, le Berry, l'Auvergne, le Lyonnois, le Vivarez, le Dauphiné & la Provence, &
dans toutes ces Provinces, mais principalement dans Lyon, qu'il reçût en l'obéïssance du Roy, il restablit la Religion Catholique, remit les Chanoines en leur Eglise, & congédia les troupes des Huguenots. Enfin il s'acquitta de cette commission avec tant d'honneur,
que le Pape en ayant l'avis, le pria de vouloir luy rendre le mesme
service dans le Comtat d'Avignon : où il se signala particulierement
par l'heureuse conqueste par force & par adresse tout ensemble de la
ville de Cisteron, qui estoit la Place, d'armes des Huguenots & des
Rebelles du Comtat. En mesme temps les affaires du Roy requerans
un homme de sa qualité & de son experience dans la Suisse, où nostre
alliance estoit en danger de se rompre avec la meilleure partie des
Cantons par les intrigues de la Maison d'Austriche, il fut mandé à
son retour à Lyon, & y reçût ses ordres ; qu'il executa avec une
prudence & une dexterité, des fruits de laquelle on peut dire que la
France jouït encore par la conservation dans nos interests d'un Peuple si necessaire, & qui ne fut jamais tant sollicité de rénoncer à
nostre amitié. Ce grand succés accrut son credit à la Cour, & le rendit si considerable auprés du Roy, qu'il attira sur luy l'envie de quelques Puissances malignes, qui le firent empoisonner, comme nous

avons rémarqué cy-devant. Voilà en peu de pages ce que le S. Carlois fon Secretaire a rémarqué de ce grand Homme en une Hiſtoire
de neuf livres, qui n'a point eſté imprimée & dont j'ay cru devoir
extraire tant de belles actions, pour ne le pas priver de la gloire
qu'il a meritée, ny du fruit d'un travail qui luy eſt ſi avantageux.

Le nom de Scepeaux à preſent finy & eſteint en la Ducheſſe de
Retz mere des Ducheſſes de Retz & de Briſſac d'aujourd'huy, n'eſtoit
pas de ceux qui faiſoient plus de bruit à la Cour du temps du Mareſchal de Vieilleville, quoy qu'ils ne le valuſſent peut-eſtre pas ny en
Antiquité, ny en Nobleſſe, ny en merite ; car il y a bien du haſard en l'opinion des Courtiſans, & il n'y a rien de plus inofficieux
que leur ignorance. Tout ce qui leur paroiſt nouveau leur ſemble
ignoble, & il ne ſe faut pas eſtonner, ſi pluſieurs d'entr'eux voudroient qu'on y eut pris tous ſes dégrés de Genealogie, pour le peu
de rang qu'ils tiendroient dans leurs Provinces, s'ils y eſtoient demeurez. Quand on ne vivoit que de ſon bien, on ne s'empreſſoit pas ſi
fort pour eſtre auprés des Rois, à moins que d'eſtre voiſins des lieux
de leur réſidence, & tous les Nobles, plus curieux alors du bien de
leur Patrie, que de leur fortune particuliere, ne ſe ſoucioient que de
paroiſtre ſelon leur qualité & ſelon le devoir de leurs Fiefs aux Guerres de leur temps. Que ſi la Paix eſtoit faite, ils rétournoient à leurs
Maiſons, & ſe déſennuyoient aux divertiſſemens de la Chaſſe ou bien
aux Tournois, qui ſe faiſoient en grande ſolemnité dans toutes les
occaſions de réjoüiſſance, qui ſe preſentoient chez les grands Seigneurs de chaque Province, quand ils marioient leurs enfans. Ils y
eſtoient tous bien venus comme parens, comme Vaſſaux ou comme
amis, & la neceſſité d'eſtre de toutes ces Feſtes ne les obligeoit pas
ſeulement à eſtre vaillans & adroits aux armes, mais encore d'eſtre
vèrtueux & de ne rien faire de dérogeant à leur qualité. C'eſtoit une
loüable coûtume, mais comme on y parloit des affaires d'Eſtat, elle
déplût à quelques-uns de nos Rois, à cauſe de certaines aſſociations
qui ſe faiſoient enſuite contre les nouveautez qu'on vouloit eſtablir
dans leurs Provinces, & on commença à la deſtruire par la défenſe des
Jouſtes & des Tournois ſous prétexte des accidens qui en arrivoient.
Ce fut le premier moyen de ruïner cette union, & depuis pour achever, on affranchit les Nobles du ſervice qu'ils devoient à cauſe de
leurs Terres, & ils conſentirent que les Rois impoſaſſent ſur leurs
Sujets dequoy fournir à la dépenſe de leurs armées, à condition de
recevoir à leur Solde ceux qui voudroient prendre les armes. Voilà
en peu de mots ce qui a eſteint le merite & la vertu des Nobles de
ce Royaume, & ce qui les a privez de la part qu'ils prenoient au
Gouvernement, & c'eſt auſſi ce qui a fait que pluſieurs noms ſont demeurez obſcurs, & que leur qualité n'a eſté enviée que pour eſtre
exempte des charges de l'Eſtat, plûtoſt que par aucune genereuſe émulation. De-là vient encore qu'on ne trouve plus comme autrefois la
ſuite & la ſucceſſion des Gentils-hommes dans les Rôles des Montres

& revûës dans les anciens Registres des Osts & Chevauchées , ny dans les comptes des Guerres , où est la veritable preuve de la bonne & ancienne Noblesse.

La Maison de Scepeaux neantmoins a eu toutes ces vieilles marques : elle se trouvoit aux assembles de Noblesse pour la conservation de ses Privileges , elle accompagnoit nos Rois dans leurs armées, & cela se justifie par l'appel de défaut de droit fait par les Nobles des Comtez d'Anjou & du Maine ; contre les prétensions de Charles de France Comte de Valois & d'Anjou, où ils sont tous nommez, & & entr'eux Macé de Scepeaux Chevalier , qui vray-semblablement fut pere d'Yvonnet de Scepeaux Escuyer , qui comme luy fut l'un des Procureurs nommez pour poursuivre leurs droits ou pour en traiter & compromettre. Il s'agissoit de l'aide pour le mariage de la fille du Comte , & le Roy ayant commis pour connoistre de ce differend l'Evesque de Soissons , le Chantre de Paris & Gautier d'Autresche Bailly de Senlis par Lettres de l'an 1301. Macé de Scepeaux est nommé le troisiéme entre les Députez de la Chastellenie de Laval. De luy descendoit Jean de Scepeaux aussi Chevalier , qui servoit le Roy Charles VI. dans ses armées avec un Escuyer à sa suite l'an 1394. selon le compte de Jean Chante-prime Trésorier des Guerres : & de celuy-cy sortirent autre Jean S. de Scepeaux homme d'armes de la compagnie de Charles d'Anjou Comte du Maine l'an 1460. & Yves de Scepeaux premierement Conseiller , puis Président & enfin premier Président au Parlement de Paris , mort l'an 1461. sans enfans de Charlotte de Beauvau. Jusques-là la Maison de Scepeaux estoit plus connuë par sa Noblesse que par ses biens, & mesme par ses alliances ; mais ce Jean S. de Scepeaux la réleva beaucoup par celle qu'il prit avec Louïse de la Haye fille de Jean S. de Passavant , de Chemillé & de Mortagne , & de Thomine de Dinan fille de Charles Baron de Chasteau-briant ; car elle eut pour freres Jean de la Haye pere de Loüis , duquel & de Marie d'Orleans nasquit Yoland de la Haye femme sans enfans de Loüis d'Armagnac Duc de Nemours : & Bertrand de la Haye pere de François & ayeul de Renée de la Haye, femme de Joachim de Montespedon Baron de Beaupreau, & mere de Philippe de Montespedon Duchesse de Beaupreau , femme de Charles de Bourbon Prince de la Roche-sur-Yon.

François S. de Scepeaux , de Mausson , Landivy & S. Brice leur fils , épousa, comme nous avons rémarqué, Marguerite d'Estouteville, & en eut Guy & René S. de Vieilleville. Guy fut marié avec Jeanne de Longwic , fille de Philippe S. de Givry , & de Jeanne de Baufremont , sœur de Claude Cardinal de Givry & de Jean de Longwic S. de Givry pere de Jacqueline , de laquelle & de Loüis de Bourbon Duc de Montpensier sont issus, Mademoiselle Duchesse de Montpensier , les Comtes Palatins Electeurs de l'Empire , les Ducs de Boüillon-Turenne , de la Trimoüille , &c. De cette alliance nasquit autre Guy S. de Scepeaux , qui laissa de Mathurine Anger de Crapado,

Guy III. S. de Scepeaux mort l'an 1605. âgé de plus de quatre-vingt ans & qui avoit épousé Charlotte de la Mauzeliere; dont Guy Comte de Chemillé & Robert S. de Mausson, &c. mort sans enfans. Guy IV. Comte de Chemillé, Duc de Beaupreau S. de Scepeaux mort l'an 1597. laissa veuve Marie de Rieux sa femme, fille de Guy S. de Chasteau-neuf & d'Anne du Chastel, & mere d'une fille unique, la derniere de sa Maison, Jeanne de Scepeaux Duchesse de Beaupreau, mariée à Henry de Gondy Duc de Retz.

René de Scepeaux S. de Vieilleville second fils de François contracta une alliance trés-illustre, mais qui apporta dans sa Maison une succession trés-fatale, car depuis prés de deux cens cinquante ans les Terres de Mathefelon & de Durestal, quoy que toûjours hereditaires, ont passé par filles en d'autres noms, & on en rémarquera icy jusques à dix depuis l'an 1393. que Jeanne de Mathefelon Dame de Partenay y succeda. Marie de Partenay sa fille les porta à Loüis de Chalon Comte d'Auxerre son mary, & d'eux vint Marguerite de Chalon, femme d'Olivier de Husson & mere d'Isabeau Dame de Mathefelon & de Durestal, alliée à Hector de la Jaille, dont François de la Jaille pere de Marguerite, qui eut deux maris, René du Mas S. de la Vaisousiere, & René de Scepeaux. Du premier lit nasquirent René, & Jean nommé à l'Evesché de Dol, successivement Barons de Mathefelon & de Durestal, & du second, François de Scepeaux aprés eux Baron de Mathefelon & de Durestal, qu'il fit ériger en Comté, & qui de Renée le Roux sa femme ne laissa que deux filles, Marguerite, & Jeanne de Scepeaux femme d'Orry du Chastellet Baron de Dueilly; de laquelle il n'est resté de posterité que par le mariage d'Anne du Chastellet sa fille, avec Charles Comte de Tourneille, qui en eut le Comte de Brione. Marguerite sa sœur aisnée Comtesse de Durestal, & en partie de la Rocheguyon & de Rochefort, épousa Jean Marquis d'Espinay, & en eut Claude Marquis d'Espinay mary de Françoise de la Rochefoucaut Dame de Barbezieux, & pere de Françoise Marquise d'Espinay Comtesse du Durestal & Baronne de Mathefelon & de Barbezieux, alliée à Henry de Schomberg Comte de Nanteuil, Mareschal de France; dont Charles de Schomberg Duc d'Halluin, aussi Mareschal de France, par la mort duquel sans enfans, la Comté de Durestal & ses autres biens sont eschûs à Jeanne de Schomberg sa sœur, femme de Roger du Plessis Duc de Liancourt.

DE JEAN D'ESTOUTEVILLE S. DE VILLEBON.

IL y eut peu de gens hors de Roüen, qui plaignissent le S. de Villebon, ny qui prissent part à sa querelle avec le Mareschal de Vieilleville, parce qu'il estoit le Gentil-homme de son temps le plus superbe, le plus ambitieux, & le plus mal-aisé à gouverner pour sa promptitude. Il estoit né riche & de grande Maison, & comme il

eut l'honneur de voir son sang allié à celuy de Bourbon, il briguoit tous les grands emplois, & faisoit assez bien sa Cour à ceux qui estoient fort au-dessus de luy ; mais il estoit insupportable à ses égaux, & à ceux-mesmes qu'il croyoit surpasser en condition & en merite. Il s'attacha principalement au Connestable de Montmorency, qui le rémit en la bonne grace du Roy après la prise de Teroüenne, dont il avoit le Gouvernement, & qu'il avoit assez mal munie, & continua de l'avancer dans les honneurs de la Cour & de la Guerre : & pour le réconnoistre de ses bienfaits, il luy fit donation entre-vifs pour luy & les siens, avec rétention d'usufruit sa vie durant, de la Vicomté de Monstreuil sur la Mer, & des Terres de Buires, Maintenay, Wailly, & Waben. Il fut Chevalier de l'Ordre du Roy, Capitaine de cinquante hommes d'armes, Bailly de Roüen, & Lieutenant General en Picardie, puis en Normandie en l'absence du Duc de Boüillon qui en estoit Gouverneur, & lequel estant suspect d'intelligence avec les Huguenots, se retira de la Province. Celuy-cy tout au contraire leur fit la plus cruelle Guerre du monde, & ne faisoit point de conscience de les exterminer par toutes sortes de voyes, poussé à cela par quelques-uns du Parlement de Roüen, qui vengeoient leurs querelles sous prétexte de Religion, & qui tenoient ses Domestiques en curée par le pillage de tous les prétendus Heretiques, pour l'entretenir dans ses passions. Ce fut le sujet de son differend avec le Mareschal de Vieilleville, & si pour lors il luy en cousta une main, il en perdit depuis la vie, de dépit qu'il eut de n'avoir pû faire trancher la teste au S. de Vimont Vicomte de Montivilliers l'un des Gardes du Mareschal de Montmorency. Celuy-cy croyant que le credit de son Maistre le sauveroit de la persecution que le S. de Villebon faisoit à ceux de la Religion, vint à Roüen pour quelques affaires le 11. d'Aoust, & veritablement apporta deux Pistolets, mais sans roüet, à cause de la défense des armes dans la ville. Le 14. jour, comme il estoit au Palais, Villebon envoya foüiller sa chambre ; où les deux Pistolets ayans esté trouvez, il le manda pour les venir réconnoistre, comme il fit, & à l'instant il fut arresté prisonnier. Son Procés luy fut fait dans le mesme jour, & luy mandé incontinent pour entendre sa Sentence, par laquelle il estoit condamné à estre aussi-tost décapité. Il en appella au Parlement, où il fut mené sur l'heure, mais le S. de Villebon s'estant résouvenu qu'il l'eut pû faire executer sans appel en qualité de Lieutenant de Roy, au lieu qu'il l'avoit condamné comme Bailly de Roüen, il courut en personne au Parlement pour dire qu'il entendoit l'avoir Jugé comme Lieutenant de Roy. La réponse de la Cour fut qu'elle estoit saisie, & comme par bonheur il estoit Feste le lendemain, le Jugement estant rémis au jour suivant, le Mareschal de Montmorency qui fut averty du peril du prisonnier, eut le loisir de le récommender, & il en fut quitte pour trois cens livres d'amende. Villebon outré de cela & ne pouvant rétenir sa bile, tomba
mala-

malade, & en mourut au bout de 24. heures, le Samedy 18. d'Avril 1564. C'est ce qui donna sujet à cette Epitaphe que luy firent les Huguenots.

Villebon qui du Ciel ne voulut approcher,
Qui servit en vivant tant seulement la terre,
Qui eut en sa poitrine un cœur fait d'un Rocher,
Est gisant enterré sous cette dure pierre.
Comme un Poëte agité d'esprit & de fureur,
Veut animer ses Vers d'une Ame plus hardie,
Dedans l'acte dernier déploye tout l'horreur,
Qui mortel doit fermer sa triste Tragedie.
Tout ainsi Villebon sur la fin de ses jours,
Bien qu'il n'y pensât pas, voulut faire une preuve
De son esprit, jouant un tragique Discours,
Assez élabouré pour un dernier chef-d'œuvre.
Rouen fut l'Eschafaut, élevé proprement
Pour du Peuple escoutant tirer les témoignages :
Le Vicomte Vimont, la Cour de Parlement,
Dieu, Villebon, la Mort, furent les Personnages.
Vimont trembla de peur, comme sentant la main
Du Voleur, qui attend en un mauvais passage ;
Mais il fut secouru par un Seigneur humain,
Qui tout plein de bonté luy donna le courage.
Estant presqu'échappé, la Cour qui échangea
La mort contre l'argent, luy donna délivrance,
Dieu qui sçait & voit tout peu après adjugea,
A Villebon la mort pour en prendre vengeance.
Villebon donc voyant sa mesme cruauté
Le venir fierement assaillir & combattre,
Du glaive qu'à Vimont il avoit appresté,
Avec sa propre mort il ferma son Theatre.
Rois, Princes, Potentats, Juges & Gouverneurs,
Apprenez maintenant que la Puissance est grande
Du grand Dieu qui se rit de vous & vos honneurs,
Puisque vous tous mourez si-tost qu'il le commande.

Il fut le dernier Seigneur de Villebon, de la Maison d'Estouteville, l'une des plus grandes & des plus illustres de Normandie, & sa Branche sortoit d'un puisné de celle des Seigneurs de Torcy.

CHAPITRE NEUVIÉME.

Du siege d'Orleans par le Duc de Guise.

L'ADMIRAL estant en Normandie, le Duc de Guise qui avoit à cœur le siege d'Orleans, que d'autres se seroient contentez de tenir bloqué pour suivre l'ennemy & pour empescher ses progrés, ne manqua pas de se venir planter devant, resolu de l'emporter : & croyant en venir à bout dans peu de jours, il fut d'autant plus confirmé dans cette esperance par le succés de l'attaque du Portereau, dont le S. de Castelnau parle en ce Chapitre, & de laquelle ce Duc luy-mesme mande ainsi la nouvelle au S. de Gonnor par une lettre originale.

MONSIEUR DE GONNOR, *j'arrivay Jeudy en ce lieu, & le lendemain avec environ quinze cens Arquebusiers François & Espagnols & douze cens Corcelets, je forçay le Portereau où il y avoit deux mille hommes sous douze Enseignes, desquels je défis un bon nombre, aucuns se voulans sauver se noyerent, & le reste s'est retiré dans la ville : & encore qu'ils se fussent retranchez & fortifiez beaucoup mieux que nous n'estions aux Faux-bourgs de Paris, ils ont esté assaillis si vivement, que je les ay contraint d'abandonner leur Fort. Et si j'eusse esté promptement secouru d'Artillerie, j'eusse dés-lors fait chose dont tout ce Royaume eut reçû un grand bien : toutefois, la grace à Dieu, nous avons beaucoup fait, & espere donner tel ordre à tout le reste de deçà, que tout le Pays jusques en Guyenne demeurera en seureté ; dont je vous ay bien voulu avertir, pour le plaisir que je m'asseure que vous en recevrez. Je ne vous feray plus longue Lettre que pour me récommender à vostre bonne grace ; Priant Dieu, Monsieur de Gonnor, vous donner ce que plus desirez. Du camp devant Orleans ce 7. jour de Février 1562. Après est escrit de sa main.*

Mon bon homme, je me mange les doigts de penser que si j'eusse eu hier six canons & pour en tirer deux mille coups, cette ville estoit à nous. Ils n'ont aucun Parapet qui vaille en l'Isle & ne l'ont garny que de tonneaux, ils n'ont pas 400. Soldats bons, le demeurant Gens de la ville & cinq Enseignes d'Allemans, qui ont sorty jusques hors la ville pour se venir rendre ; un effroy désesperé parmy eux. Je ne puis faire mieux que d'essayer de gagner le Pont qu'ils coupent, ce qui n'est mal-aisé, mais j'employeray le Peuple à fortifier le Portereau pour y laisser 1500. hommes en garde, rompant le Pont à Jargeau qu'il ne s'en aille sortir de ce costé-là. Si l'on me donne loisir je le feray, sinon je seray contraint prendre autre party. Mandez-moy vostre opinion mon bon homme.

Vostre bien affectionné amy,
FRANÇOIS DE LORRAINE.

La Reine eût mieux aimé qu'on eut poursuivy l'Admiral en Normandie, pour luy empescher la communication avec les Anglois, pendant qu'elle traiteroit d'autre-part avec le Prince de Condé, qui n'estoit point ny en estat ny en volonté de refuser un accommodement ; mais voyant qu'il ne manquoit qu'à des canons & des munitions d'Artillerie qu'Orleans ne fût pris, croyant que cela hasteroit le Traité, elle escrivit aussi de sa part au S. de Gonnor à la priere du Duc de Guise, pour faire venir le tout en diligence.

Monsieur de Gonnor, *je vous ay cette aprésdisnée dépesché un Courier, pour vous avertir que nous avons besoin de dix canons & toute leur sequelle, & ne me souvenant si je vous ay mandé ce que c'est, j'entens qu'il y ait quant & quant quatre mille boulets & quarante milliers de poudre. A quoy je vous prie sur tous les services que vous me sçauriez jamais faire, faire faire extrême diligence, & n'y perdre un seul quart-d'heure par le chemin de la Riviere jusques à Montargis, & mettre tant de Chevaux après les Batteaux qui les apporteront nuit & jour, que l'on les fasse voler, s'il est possible : qui est tout ce que j'adjousteray à mon autre dépesche, après vous avoir asseuré que, si nous avions lesdits canons à Orleans, j'estimerois que bientost vous en auriez nouvelles, qui vous seroient fort agréables : priant Dieu, Monsieur de Gonnor, vous avoir en sa sainte Garde. Escrit à Blois le 8. jour de Février 1562.*

CATHERINE, & plus bas, DE L'AUBESPINE.

Ce jour-là mesme asseurément il se passa quelque chose, qui la mit en doute du Duc de Guise, & qui luy fit connoistre qu'il vouloit prendre Orleans auparavant que d'entendre à aucun Traité ; si plûtost elle ne se défioit qu'il ne vouloit point de Paix du tout : car on ne sçauroit autrement interprêter cette addition à une lettre du lendemain 9. de Février, signée ROBERTET, touchant le voyage de la Cour à Paris du Cardinal de Guise. *Je vous envoye le Cardinal de Guise, afin de faire passer l'Edit des cent mille francs* [on ne parloit pas encore par millions] *& quant à ce que m'avez mandé par Verdun* [Trésorier des Guerres] *je suis bien-aise que les avez si bien disposez & gardez qu'on ne le rébroüille. Et quand je vous verray, je vous diray comme les choses sont. Brûlez cette lettre & ne m'alleguez point, & pour faire la Paix comme me mandez, il faut par necessité que je demeure icy ; car il survient cent choses, qu'estant loin de l'armée, pour l'amour de M. de Guise tout se perdroit.* Sur ces entrefaites le Mareschal, de Brissac qui voyoit avec un extrême regret les conquestes de l'Admiral en Normandie, sans avoir moyen de s'y opposer, crioit au secours, tant par le S. de Castelnau, qu'il avoit dépesché exprés à la Cour, d'où il fut envoyé au camp du Duc pour le persuader de lever le siege, que par des Lettres continuelles ; où il rémontroit le peu d'importance de la prise d'Orleans en comparaison du salut d'une Province. Le Duc neantmoins demeura ferme dans sa résolution, pour son honneur, & fit ensorte de faire prendre patience à la Reine, sur l'esperance qu'il luy donna d'enlever les Isles d'Orleans que les assiegez avoient fortifiées ; luy promettant par une lettre du 16. de luy renvoyer le S. de Castelnau dés le jour-mesme, lequel l'asseura qu'il avoit vû ce Duc en disposition d'executer son entreprise. Ce fut sur cette asseurance, & neantmoins toûjours dans la pensée de faire la Paix, que la Reine escrivit de sa main ce qui suit au S. de Gonnor au bas d'une lettre du 17. de Février. *Je n'ay* plus de vos nouvelles depuis que *Maleras* [General des Finances] *eſt venu* , & *ce Porteur me dit ce que luy aviez commandé. Et quant à nos nouvelles* , M. *de Guiſe doit demain faire belle peur à Orleans. Boucart* & *Eſternay ſont avec le Prince de Condé* , & *les noſtres* [l'Eveſque de Limoges & le S. d'Oyſel] *avec* M. *le Conneſtable* , *qui m'a depuis qu'ils ſont avec luy envoyé le Secretaire dudit Prince pour réſoudre la vûë* , & *preſſe fort Madame la Princeſſe que je le faſſe. Je croy qu'elle a belle peur de nous voir ſi prés d'elle ſans ſon congé* , *mais quand demain nous aurions Orleans* , *je ſçay bien que pour chaſſer les Eſtrangers il nous faut la Paix* , *que je deſire* ; *mais nous l'aurions à bien meilleure condition tenant la ville. Mes récommendations au Cardinal de Guiſe* , *mais que tous deux ayez fait* , *venez-vous en enſemble. Haſtez le canon* , *car cela les fera haſter.* C A T H E R I N E.

L'attente de ce canon ſi long-temps differé par le S. de Gonnor, qui vouloit qu'on levât le ſiege pour aller joindre en Normandie le Mareſchal de Briſſac ſon frere, fit perdre du temps au Duc de Guiſe devant Orleans : auſſi ſe plaint-il en ſa Lettre du 16. à la Reine, que ledit S. de Gonnor *luy fait de maigres réponſes.* Cela rétarda la priſe de la ville, & contribua innocemment peut-eſtre au malheur qui arriva de la bleſſure mortelle du Duc, qui auroit pû éviter ce moment fatal qui favoriſa le deſſein du malheureux Poltrot.

✕✕✕

CHAPITRE DIXIÉME.

Le Duc de Guiſe aſſaſſiné par Poltrot.

J'ADJOUSTERAY au recit que le S. de Caſtelnau fait de la bleſſure du Duc de Guiſe, ce que la Reine elle - meſme en manda au Cardinal de Guiſe ſon frere, par cette Lettre du lendemain de ce malheureux accident ; qui renverſa tous ſes deſſeins de Paix & de Guerre, & qui empeſcha qu'Orleans ne ſut forcé, comme il eut eſté ſans aucun doute, tant par la valeur & l'experience de ce grand Capitaine, que pour eſtre mal-fortifié & ceux de dedans déſeſperez de le pouvoir défendre.

MON COUSIN, *tout à cette heure je viens d'eſtre avertie* , *comme hier au ſoir environ ſix heures* , *rétournant mon Couſin le Duc de Guiſe voſtre frere des tranchées* , & *ayant dés-ja répaſſé la petite riviere de Loyret pour ſe retirer en ſon logis à cent pas de-là* , *luy eſtant ſeulement accompagné du* S. *de Roſtaing* [Triſtan de Roſtaing depuis Chevalier des Ordres du Roy, pere du Marquis de Roſtaing] *un Paillard eſtant derriere une haye bien monté luy donna un coup de Piſtolet au haut de l'épaule du coſté droit* , *qui a paſſé tout au travers. Qui m'eſt l'extréme* & *déplaiſant ennuy que vous pouvez penſer* ; *ayant* néantmoins fçû quant & quant que la balle eſt paſſée outre : & pour ce premier appareil jugent les Chirurgiens que le coup n'eſt pas mortel, qui me donne quelque confort ; d'autant meſmement qu'il ne touche point aux os ny entre dedans le coffre. Dequoy il a fallu que je vous aye averty pour m'en condouloir avec vous, & vous prier, mon Couſin, avertir le Mareſchal de Montmorency & le S. de Gonnor, auſſi tous les bons Serviteurs du Roy Monſieur mon fils, à ce que pour cet inconvenient il n'arrive là aucun deſordre : & de voſtre coſté envoyer là en toute diligence tout le ſecours de Chirurgiens & autres aides que vous luy pourrez faire. Priant Dieu, mon Couſin, vous donner ce que deſirez. De Blois le 19. Février 1562. Ce qui ſuit eſt de ſa main.

Mon Couſin, encore que l'on m'aye aſſeuré que le coup de voſtre frere n'eſt mortel, ſi eſt-ce que je ſuis ſi troublée que je ne ſçay que je ſuis ; mais je vous aſſeure bien que je mettray tout ce que j'ay au monde & de credit & de puiſſance pour m'en venger, & ſuis ſeure que Dieu me le pardonnera.

Voſtre bonne Couſine,
CATHERINE.

Cette Lettre fut accompagnée de la ſuivante pour le ſieur de Gonnor.

MONSIEUR DE GONNOR, vous ſçaurez par ce que j'eſcris à mon Couſin le Cardinal de Guiſe le malheureux inconvenient advenu à mon Couſin le Duc de Guiſe, d'un Paillard qui luy a donné un coup de Piſtolet en paſſant : qui eſt une méchanceté ſi execrable que j'ay horreur d'y penſer, & que j'eſpere que noſtre Seigneur en fera la juſte vengeance que un cas ſi ſceleré merite. Pour cela ne délaiſſez pas de haſter & diligenter les préparatifs dont je vous ay eſcrit, & encore plûtoſt les avancer : & au demeurant vous employer par-de-là à empeſcher que cet inconvenient n'amene point de deſordre. Priant Dieu, Monſieur de Gonnor, vous donner ce que deſirez. De Blois le 19. Février 1562. Aprés eſt eſcrit de ſa main.

Je ſuis ſi faſchée que je ne ſçay ce que je vous dois dire, ſinon qu'il me coutera tout ce que a le Roy mon fils pour ſçavoir qui a fait faire cette méchanceté, pour m'en venger, & s'il empiroit, ce que Dieu ne veuille, ou qu'il ne pût ſi-toſt commander ; je me delibere envoyer querir voſtre frere [le Mareſchal de Briſſac] & laiſſer le Mareſchal de Vieilleville en Normandie. Pour l'honneur de Dieu gardez que ce Peuple de Paris ne s'eſtonne, & faites haſter le canon. Vous diriez que Dieu nous veut du tout punir, car nous eſtions preſts à nous aboucher enſemble.

Le Cardinal de Guiſe rétournant de Paris en diligence à la premiere nouvelle qu'il en eut, reçût à Chartres la lettre de la Reine, & comme on ne réjette aucun ſujet d'eſperer dans l'appréhenſion

d'une perte capitale, comme eſtoit celle du Duc de Guiſe pour toute ſa Maiſon, il fut bien aiſe que le S. d'Alluye Secretaire d'Eſtat,
l'aſſeurât auſſi de ſa part que la bleſſure fut ſans danger, par cette
autre lettre, dont il fit part au S. de Gonnor pour s'en réjoüir comme luy.

MONSEIGNEUR, *comme je me veux condouloir avec vous de
l'accident ſurvenu à Monſieur voſtre frere par une trop damnable
& deteſtable façon, auſſi pour vous faire l'office de trés-humble Serviteur que je vous ſuis, vous veux-je bien avertir, comme n'ayant pas
quatre heures que je l'ay laiſſé & veu, M. de Caſtellan & Meſſer
Vincence m'ont aſſeuré qu'il n'en aura que le mal, & qu'il n'eſt en
aucun danger de mourir. Si vous le voyiez, vous ne le trouveriez point
changé de viſage, ny de ſa conſtance & réſolution accouſtumée. Or,
Monſeigneur, ayant cette aſſeurance des Medecins & des Chirurgiens
qui le panſent, il faut eſperer qu'il n'en aura que le mal, & loüer
Dieu au reſte, de ce qu'il nous l'a reſervé pour cette fois: lequel je
ſupplie, Monſeigneur, après vous avoir preſenté mes trés-humbles récommandations à voſtre bonne grace, vous donner en parfaite ſanté, trés-
bonne & longue vie. De Blois ce 19. jour de Février 1562. Voſtre trés-
humble & trés-obéïſſant Serviteur.* ROBERTET.

Voicy la Lettre du Cardinal au S. de Gonnor.

MONSIEUR DE GONNOR, *je vous fais ce petit mot en haſte,
pour vous dire que paſſant par cette ville de Chartres, j'y ay
rencontré ce Courier qui eſt à mon frere Monſieur le Cardinal de Lorraine; par lequel j'ay receu avis certain que graces à Dieu la bleſſure
de Monſieur mon frere Monſieur de Guiſe, n'eſt ſi dangereuſe, comme
nous craignions au commencement, & que les Chirurgiens qui ſont prés
de luy promettent de le remettre bien-toſt en ſanté avec l'aide de Dieu:
dont je vous ay bien voulu faire part, pour l'aiſe que je m'aſſeure en
recevrez; vous priant de le communiquer au Prévoſt des Marchands &
autres qu'aviſerez. Et afin qu'ils n'en faſſent doute, je vous envoye la
lettre que m'en a eſcrite Monſieur d'Alluye pour la leur montrer: me
récommandant en cet endroit de trés-bon cœur à voſtre bonne grace, &
priant Dieu, Monſieur de Gonnor, vous donner bonne vie & longue.
De Chartres ce 21. Février 1562. Voſtre entierement bien bon Amy.*
LOÜIS CARDINAL DE GUISE.

Charles Cardinal de Bourbon depuis réconnu pour Roy par ceux
de la Ligue ſous le nom de Charles X. frere du Prince de Condé,
mais fort affectionné au party Catholique, témoigna auſſi beaucoup
de regret de la bleſſure de ce Duc ſon Couſin. Il l'envoya viſiter &
adreſſa ce compliment à la Ducheſſe de Guiſe ſa femme.

MADAME, *ayant entendu la bleſſure de Monſieur voſtre mary, je n'ay voulu faillir vous dépeſcher ce preſent Porteur pour l'envoyer viſiter & vous pareillement ; pour vous ſupplier de croire que Dieu le préſervera pour ſon ſervice & pour la neceſſité de ce pauvre Royaume. Encore que l'acte a eſté meſchant & malheureux , je me fie tant en Dieu qu'il guerira bien-toſt en dépit de ſes Ennemis. Si ma preſence luy pouvoit ſervir, je ne faudrois d'y aller, & luy faire auſſi volontiers ſervice que Parent & Amy qu'il ait en ce monde : me récommendant, Madame, trés-humblement à voſtre bonne grace, prieray le Créateur vous donner bonne vie & longue. Voſtre trés-humble Couſin à vous faire ſervice , CHARLES CARDINAL DE BOURBON.*

MORT DU DUC DE GUISE, SON ELOGE ET LES
Epitaphes faites par ceux des deux Partis.

LA mort de ce Heros eſt un ſi grand ſujet, qu'il faudroit un Volume entier pour m'en acquitter, mais faute de champ pour ſatisfaire à tout ce qu'on doit à une Memoire ſi glorieuſe, c'eſt aſſez de dire, qu'il a eſté le plus grand Prince en toutes ſortes de qualités Politiques ou Militaires, qui ſoit ſorty du ſang de Lorraine. Car c'eſt faire entendre en un mot, en propoſant pour exemple une Race ſi genereuſe & ſi féconde en fameux Chefs de Guerre & en hommes d'Eſtat, qu'il ne le cedoit à aucun de tous ceux de ſon temps, & que ſi le Conneſtable Anne de Montmorency l'avoit précedé en âge & en dignité ; qu'il l'avoit depuis égalé de telle ſorte, qu'il eſtoit digne de lui ſuceeder au Nom & à la Charge du premier Capitaine de leur ſiécle : & d'un ſiécle qui fit un effort pour produire en chaque Monarchie, je ne diray pas les plus vertueux, ny les plus Chreſtiens, mais les plus illuſtres, les plus habiles, les plus victorieux & les plus vaillans Princes, les plus excellens Generaux & les meilleurs Officiers d'Armée, qu'on puiſſe rémarquer dans nos Hiſtoires. J'ay dés-ja parlé de luy en pluſieurs endroits de celle-cy, où je ne me ſouviens point de l'avoir accuſé d'autre défaut que de celuy d'ambition, encore eſtoit-ce une ambition ſuggerée en ce qu'elle put avoir de condamnable, & la condition des temps voulut que le Cardinal de Lorraine ſon frere ayant joint la querelle de la Religion aux intereſts de ſa Maiſon, ce Duc y demeurât engagé par une neceſſité également indiſpenſable du coſté de l'Eſtat & de ſa Famille. Ces deux conſiderations reglerent toute ſa conduite, & il l'appuya de tant de prudence & de tant de valeur, qu'on ne ſçauroit dire qu'il ait rien entrepris, qu'on ne pût attribuer principalement au beſoin de la Foy & au ſervice de la Patrie, qui ne faiſoient qu'une meſme cauſe. C'eſt pourquoy il eut de ſon coſté tous les Catholiques du Royaume, & le Conneſtable meſme s'y joignit avec toute ſa Maiſon contre ſes plus Proches, quelqu'émulation, pour ne pas dire inimitié qu'il y eut entr'eux : & pour la mesme raison les Heretiques, qui composoient l'autre partie de l'Estat, le prirent en haine jusques à machiner sa mort. Delà vient que si les uns le loüerent selon ses merites, les autres le blasmerent de toute l'estenduë de leur aversion, & de la licence & de l'habitude qu'ils avoient contractée de deschirer & de mettre en pieces la réputation de leurs Ennemis par toutes sortes de Libelles, Si bien qu'il ne se faut pas étonner, si estant Chef de party, ils l'ont plus maltraité que personne ; mais comme tout ce qu'ils ont publié contre luy, n'est que trop convaincu d'emportement, de fureur & de calomnie, je n'estime pas qu'on luy puisse dresser un plus illustre Mausolée que de tous leurs Libelles : & je suy en cela ce noble sentiment qui luy fit dire à la mort, qu'il avoit obligation à cette main ennemie, qui luy avoit ouvert le ciel par une playe si precieuse.

Lancelot Carles Evesque de Riez qui l'assista dans sa maladie, a fait un beau recit de ses dernieres paroles, qui fut traduit en Latin par Jean le Vieil dit Vetus Docteur de Sorbonne, & par luy envoyé à Trente au Cardinal de Lorraine, qui le fit imprimer à Bresse en Italie. C'est pourquoy je ne me serviray point icy d'une Piece qui est si publique, & je me contenteray de dire qu'on ne sçauroit mourir avec une résignation, qui porte plus d'asseurance d'une bienheureuse immortalité. Il employa tous ses derniers momens pour satisfaire à ce qu'il devoit à son salut & à sa réputation tout ensemble, il conseilla la Reine qui vint de Blois pour le visiter, il consola sa femme, le Cardinal de Guise son frere & ses amis, & donna au Prince de Joinville son fils aisné, qu'il avoit amené au siege pour y faire ses premieres armes, des instructions trés-importantes pour sa conduite. Il le conjura principalement de ne garder aucun ressentiment de sa mort, & de ne s'en résouvenir que comme d'un exemple de la vanité de toutes les Grandeurs de la terre, qui l'en devoit détacher entierement pour ne l'attacher qu'au service de Dieu, & du Roy: & ces paroles d'un pere mourant pour la défense de la Foy, valoient bien les conseils de ces Prédicateurs zélez, qui souleverent depuis son esprit par des prétextes de Religion, qui luy firent croire que le chemin où il se perdit estoit le chemin de son pere.

Il mourut en son camp au siege d'Orleans le sixiéme jour de sa blessure le 24. de Février à onze heures du matin, & merita des larmes & des Funerailles Royales & publiques. On luy fit diverses Epitaphes, dont je ne rapporteray icy que ceux que j'estime n'avoir point esté imprimées, hors celuy de Ronsard, & je mettray les Latines les premiers.

NE

NE SACRUM HOC ET RELIGIOSUM MONUMENTUM
prætereunto superstites.

HIC enim situs est D. ille Franciscus Lotharingius Guisiæ Dux,
Galliæ Prorex, Patritius, Magnus sacræ ac Regiæ domûs Ma-
gister, Pater Patriæ, antiquæ & Catholicæ Religionis Propugnator
invictissimus: qui cum nec Alexandro Magno nec Cæsare Julio consimili
morte functis inferior, post innumerabiles devictis toties hostibus Triumphos, postque cæsos, fugatos in Druydum agro perduelles, sub piis Caroli IX. Regis adolescentis auspiciis, castris Aureliæ positis, Gallico
præesset exercitui, nullis anteà bellicis casibus eripi potuisset; dolò tandem perditissimi unius Sicarii, à Principibus factionum præmiis excitati,
in insidiis delitescentis, ab urbis obsessæ exploratione redeundo, dextra
in scapula triplici globo uno ictu aversim publico in itinere trajectus,
incredibili omnium orbis Christiani Gentium mœrore consternati, animi
supremi prius sanctè discretèque dictatis judiciis, interiit.

DE CÆDE FRANCISCI LOTHARENI GUISII DUCIS.
Carmen lugubre Joannis Veteris.

MILITIÆ Princeps qualem non prisca tulerunt
Sæcula, non multis deinceps labentibus annis
Ulla ferent, æque fama & virtute potentem:
Militiæ Princeps; quo non tam strenuus alter,
Aut ductare acies hostemque lacessere campo,
Aut terrere foris urbes, intusve tueri:
Militiæ Princeps, quo Francia Vindice nuper
Gens invicta stetit, quo sese attollere posthac,
Et potis adversas fuerat contundere vires:
Militiæ Princeps, cui si superesse dedissent
Fata diù, terris pacem bonus ille dedisset:
Proh dolor! ante diem, Aureliæ pro mœnibus urbis,
Non dejectus equo, non vi, non cominus hastis,
Non forti dextra, non marte petitus aperto,
Glande sed infecta, lateri quam perfida dextro
Læva per insidias latronis in intima torsit
Viscera, procubuit! non robore militis ullo,
Non equitum telis, violentam incurrere mortem
Posse videbatur, primus se opponeret illis
Usque licet, paribus seu agmina jungere signis
Et conferre manum, validas seu sternere turmas
Visus erat, captis seu pellere Turribus hostem.
Nempe mori Guisium Virtus, nisi fraude, vetabat,
Qualiter Æacidem memorant, quia merserat undis
Infantem mater Stygiis; nisi Dardanus imo
Fixisset talo, numquam lætalia ferri
Vulnera passurum. Sic vis invicta duorum,
Tandem victa dolo est, sic Graiûm murus Achilles
Quo sine, fata, capi Trojam Priamumque, negabant;
Sic Guisius, Franci columen, tutela, salusque
Imperii, sine quo gentemque urbemque rebellem
Vix frangi & meritas scelerum dependere pœnas

Rebamur , medio sancti conamine belli
Cæsus obit : sed enim Herois nece Græcia magni
Non prostrata jacet , vehementius illa resurgit ,
Unius Manes multorum ultura cruore.
Te verò infelix , ô Gallia , Principis hujus
Quo niti tantum poteras , quo fidere tantum ,
Nil funus , nil quæ circumstant damna movebunt ?
Tot vexata malis , acres nec concipis iras ?
Nec metuis procerum Capiti , ne tollere cunctos
Parricida paret , tum duram imponere legem
Servitiique jugum , timidis cervicibus ausit ?

PROSOPOPÉE DU DUC DE GUISE PAR RONSARD.

A Moy qui ay conduit en France tant d'armées ,
Issu de ces vieux Rois des terres Idumées ,
A moy qui dés jeunesse aux armes ay vescu
Des ennemis vainqueur & non jamais vaincu :
A moy qui fus la crainte & l'effroy des Batailles ,
Qui pris & qui garday tant de fortes murailles :
A moy qui le Soldat aux combats animay ,
A moy qui ay l'Anglois dans sa Mer renfermé ,
A moy qui ay fait teste aux Peuples d'Allemagne ,
A moy qui fus l'effroy de Naples & d'Espagne ,
A moy qui sans fléchir d'une invincible foy ,
Fus Serviteur de Dieu , de France , & de mon Roy :
A moy de qui le Nom au monde se voit estre
Tel qu'il ne peut jamais augmenter ny décroistre :
Ne dressez un Tombeau par artifice humain ,
Et tant de Marbre dur ne polissez en vain.
Pour Tombe dressez-moy de Metz la grande ville ,
Les grands murs de Calais & ceux de Thionville ,
Et dessus le Trophée en deux lieux soit basty
De l'honneur que j'acquis à Dreux & à Renty.
Gravez-y mes Assauts , mes Combats & mes Guerres ,
Fleuves , Forests & Monts , Mers , Fontaines & Terres
Qui tremblerent sous moy , & des Peuples vaincus
Pendez-y les Harnois , les Noms & les Escus :
Puis , afin que ma Gloire icy soit accomplie ,
Assemblez sur mon corps la France & l'Italie ,
Et toutes ces Citez qui sentirent les coups
De ma Dextre invaincuë , & m'enterrez dessous.
Je veux pour mon sepulchre une grande Province ,
Qui fus un grand Guerrier , un grand Duc , un grand Prince :
Car un petit Tombeau n'est pas digne d'avoir ,
Celuy qui l'Univers remplist de son pouvoir.

J'adjoûteray donc à ses Trophées comme je l'ay promis, pour y
representer entre les Ennemis captifs, la calomnie vaincuë & terras-
sée, les pieces que les Huguenots publierent contre sa Memoire ; &
par lesquelles ils se rendirent complices de la plus infame de toutes
les perfidies. Aussi ce Duc n'oublia pas de dire peu aprés sa blesseure,
que ces nouveaux Evangeliques ne manqueroient point de trouver
dans la sainte Escriture dequoy sanctifier ce lasche assassinat, & nous
verrons comme ils comparerent le siege d'Orleans à celuy de Be-

thulie. Quelques-uns d'entr'eux neantmoins , & les plus habiles, n'insulterent pas tant à cet illustre Mort, qu'ils n'avoüassent la perte que la France avoit faite, & ce seront les premiers dont je rapporteray les Vers.

DUCIS GUISII EPITAPHION.

FRANCISCE hîc Lotharinge jaces , prudentia & armis
Inter præcipuos gloria prima Duces.
Aumala prima Ducem , te Guisia deindè recepit ;
Auxisti Patriam , laude , opibusque domum ;
Usquè adeò ut Regum te gratia blandè foveret ,
Staret & imperiis Francia sæpè tuis.
Te Metis agnoscit defensorem atque patronum ,
Porrigis hîc victas Carole Quinte manus.
Si qua est gestarum præclarè gloria rerum ,
Guysius hic nusquam prætereundus erit.
O vitam egregiam , nisi finis iniqua fuisset !
At miser ex triplicis vulnere glandis obit.
Numinis hæc spreti , hæc civilis præmia Belli ,
Et tanti infestum constitit esse Piis.

Le Chancelier de l'Hospital qu'on soupçonnoit d'estre Huguenot ayant fait cette reflexion Politique sur la mort de ce Duc, où il paroissoit un peu trop neutre , cela donna sujet aux deux Pieces que je donne ensuite de la sienne.

Hunc Belli rabies civilis , & abstulit æstus ,
Dignum post tantos fato meliore Triumphos ,
Dignum venturis qui nobis esset in annis
Præsidio , contra Francorum nominis hostes
Perpetuos. At tu mea dormis Gallia , nec tot
Orba viris Ducibusque domestica vulnera sentis ,
Æmula nec Regni circunspicis arma potentum ?

RESPONSE.

Bellica non Virtus Mavortis , sed dolus hostis
Omne nefas animo volventis sustulit illum ,
Nec dignus potuit fato meliore perire ;
Cum Christi , divorum nomine , concidit , atque
Monstrorum domitor veluti Tyrinthius Arcas
Attigit æthereas justis hac arte Triumphis.
Nec pia debebant ingratè facta sileri ,
Quæ tantas inter divos meruere coronas.
Exequias ergo defuncti Manibus hujus
Quem dignum vocitas , magè digno carmine solve.
Sic quoque dicam , non mea dormis Gallia , cum tu
Invisam superis Gentem subvertere tentas ,
Nec tua sunt hæc funera , sed probrosa quietis
Funera , quæ Reges vocitant ad bella potentes.

RESPONSE AUX DEUX.

Vous qui le reprenez, vous vous faites accroire
Qu'il n'a pas assez dit ou bien qu'il s'est troublé :
Ce qu'il a dit n'est pas comme il vous a semblé
Pour le loüer, mais bien pour en faire memoire.
Ce seroit s'abuser de cuider donner glaire
A un Prince de qui la Vertu a semblé
A celle sans laquelle Ilion a tremblé,
Non pour faire dix Vers, mais pour faire une Histoire.
Une autre chose y a que vous ne sçaviez pas,
Quand vous avez tous deux parlé de son trépas,
Le donnant à la Guerre, ou le donnant au crime
Et à l'art incognu d'un Ennemy caché ;
C'est que le Ciel marry contre nostre peché
A voulu des François la plus sainte Victime.

DE MORTE GUISII.

Dum putat Aurelias turres evertere nuper
    Guisiades, sanctis dum fera facta parat :
Ecce metu posito constans Poltrotius, inquit,
    Unius hoc Regnum morte levare juvat.
Sic Fabii patriæ, Decius sic profuit urbi,
    Sic mea mors hujus morte futura levis.
Dirus Holofernes Judæis dum parat olim
    Excidium, Judith amputat ense caput :
Quasque Piis pœnas Aman furcasque parabat,
    Est cito in auctorem pœna retorta suum.
Dixit, & exemplo mira Poltrotius arte
    Guisiadem celeri vulnerat actus equo.
Vos hæc vos, inquam, maneant exempla Tyranni,
    Est vindicta Dei tarda, futura tamen.

DE GUISIO.

Quis laudare potest Judith Holoferne perempto,
    Si tua nex vitæ Dux Guisiane datur ?
Illa dolo occidit, cum nemo conscius esset,
    At necis autorem creditur esse Deum.
Scilicet ille sui populi decreverat hostem,
    Feminea ulcisci dum jacet illa manu.
Quis neget hunc etiam auspiciis cœlestibus usum,
    Qui salus tanta liberat haste suos ?
Hæc paria : hinc distant : Judith de cæde triumphat,
    Morte necem hic diris terminibusque luit.

Guisiadem peteret cum summum dextra tyrannum
    Bis decepta igni deficiente fuit,
Sed misso tandem trajectum pectora plumbo
    Pallenti letho tradidit exanimem.
Quod prius haud potuit cœptis imponere finem
    Tentabat Domini cœlipotens animum.
At quantus victricis honos & gloria dextræ
    Gallia qua tanto libera marte fuit.

SONNET ITALIEN.

Chiaro e tremendo in Francia e Iughilterra
  Fu il Duca vostro, assai piu ch'i non scrivo,
  E con la sua virtu pose sot 'terra
  L'honor di molti Heroi celebre e divo.

Ma pur mentre ch' vi visse, in straccio e in guerra
  Tenne quei Regni, hor che di vita è privo
  Lieta vive e tranquilla ogni lor terra.
  Che dunq è meglio che sia morto o vivo ?

Ahi quante volte l'huom s'allegra e duòle,
  Senza mirar si nascon questi affetti
  Piu di ragion che da carnal desio !

Vinca'l ver dunq e come chiaro sole
  Risplenda in noi, e noi di figli eletti
  Acquettiansi al voler del sommo Iddio.

TRADUCTION DU MESME TEMPS.

Illustre & admirable en France & Angleterre,
  Le Duc de Guise fut & redouté bien fort :
  Et avec sa vertu a esté mis en terre,
  De plusieurs grands Seigneurs l'honneur & le support.

Mais tant qu'il a vescu, en tumultes & guerre
  Ces Royaumes tenoit, & ores que la mort
  L'a pris, paisiblement fut l'une & l'autre terre.
  Lequel donc est meilleur qu'il vive ou qu'il soit mort ?

Ah ! que l'homme souvent a joye ou passion,
  Sans bien examiner si cette affection
  Luy vient plus de raison que de desir charnel.

Vainque donc verité, & faisons au surplus
  Qu'elle réluise en nous comme de Dieu éslûs ;
  Nous assujettissans au veüil de l'Eternel.

Je commenceray les Pieces qu'on fit en François par un Quatrain d'une maniere, qui estoit en ce temps-là fort en usage, où il ne paroist point de sens, parce que les mots ont rapport à ceux qui sont au-dessous, & pour les mieux faire entendre je les joins ensemble d'un trait.

  Henry, Poltrot, Les Pervers ;
  M'éleva, m'occit, me pleurent,
  L'orgueil, la Hante, & les vers,
  Me nuit, me fuit, me demeurent.

Z 3

Le Libelle qui suit avoit pour titre, des quatre *Tyrans Gaulois*, & je le donne icy sous le mesme titre, afin qu'on admire davantage la liberté qu'ils puisoient dans leur nouvelle Religion de juger mesme des jugemens de Dieu & d'exercer leurs passions sur les personnes des Rois.

HENRY, François, Guise, & Antoine,
Ont mise la France en grand' peine,
Guise, Antoine, Henry, François
Ont fort travaillé les François.
François, Guise, Antoine, Henry
Ont du tout la France appauvry,
Henry, François, Antoine & Guise
Ont toûjours tourmenté l'Eglise ;
Mais tous quatre pour leurs méfaits
Par la mort ont esté défaits.
* Henry voulant voir la France ardre,*
Par les yeux sa vie on vit perdre :
Puis François, oh ! quelle merveille ,
Dieu le tua par une oreille.
Antoine dissipant la Gaule
Mourut blessé en une espaule.
Aprés Guise leur Boutefeu
Tomba par jugement de Dieu.

Henry au milieu des Tournois
A Paris rendit les abois.
Antoine les bons pourchassant
Devant Roüen mourut pissant.
François & Guise à Orleans ,
Guise dehors , François dedans.
Chacun d'eux sentirent la main
De Dieu sur leur chef inhumain ;
Car ils avoient fait entreprise
De ruïner du tout l'Eglise.
* Lors contre l'humaine esperance*
France récouvra délivrance ,
Et soudain en Paix fut remise
Du Fils de Dieu la pauvre Eglise.
* Ainsi Dieu sçait bien dissiper*
Ses ennemis & les frapper ,
En prenant des siens la défence
Et les gardant par sa Puissance, &c.

Comme ils ne haïssoient pas moins mortellement le Cardinal de Lorraine frere du Duc de Guise , ils firent cet Echo sur les Guerres civiles de France , par lequel ils luy souhaittoient aussi son Merey ou Poltrot pour en estre défaits.

Dis moy Echo de qui l'ambition
En France mit si grande émotion ,
Qui entre nous le fer sanglant éguise ? Guise.
* Ce fut donc luy qui commença ces maux ,*
Quand son audace outragea les Vassaux
De son Seigneur & du nostre à Vassi ? Si.
* Que vouloit-il estre aprés avoir fait*
Tel mal en France , ayant du tout défait ,
L'Estat du Roy en si grand desarroy ? Roy.
* Qui a rendu ces hauts pensers si vains,*
Qui a payé ses superbes desseins ,
Qui ont couvert nos Campagnes de morts ? Morts.
* N'a-t'il appris par cet évenement*
Son Cardinal de ne plus méchamment
Par tels effets se pourchasser rénon ? Non.
* Donc s'il ne change , & si toûjours poursuit ,*
Un payement pareil aussi le suit ,
Et comme luy sera atteint aussi. O si.
* Et si la mort avoit exterminé*
Ce malheureux à nostre malheur né ,
Nous irions-nous de la Paix ressentans ? Cent ans.
* Ne sont encore , en France demeurez ,*
Quelque Scevole ou quelques bons Merez ,
Qui en cestuy vengent nos maux passez ? Assez.

Dieu veuille donc en adreſſer la main,
Si dextrement contre ce loup Lorrain,
Que de ce coup naiſſe en France la Paix. Paix.

Le ſieur de Brantoſme a fait ſon principal Heros de ce grand Duc de Guiſe, & outre le Diſcours particulier qu'il fait de luy, il en parle encore en divers endroits de ſes Memoires; où l'on réconnoiſt aſſez viſiblement qu'il eſtoit tout de cette Maiſon de Lorraine, qui a reçû de ſa genereuſe amitié la meſme réconnoiſſance qu'elle a long-temps meritée de toutes les Plumes les plus illuſtres par le bel uſage qu'elle faiſoit de ſa faveur. Je trahirois la generoſité de cet Auteur, ſi aprés m'eſtre ſervy de ce qu'il a dit des autres Grands, je ſupprimois icy celuy qu'il a pris plus à cœur; mais comme il eſt fort long, à cauſe de pluſieurs digreſſions qui ſervent de peu à ſon ſujet, & qui ne font rien pour la memoire de ce Duc, je les rétrancheray pour les employer plus à propos en leur place, comme j'ay déja fait en quelques endroits; afin de ménager les eſpaces qui ſont neceſſaires pour achever mon deſſein. Je ne me ſerviray neantmoins que de ſes termes & de ſes propres paroles, & la piece n'en paroiſtra que mieux ordonnée.

ELOGE DU DUC DE GUISE
par le S. de Brantoſme.

„CE grand Duc de Guiſe duquel nous voulons parler, fut grand
„certes, & le faut appeller Grand parmy nous autres, auſſi-
„bien que pluſieurs des Eſtrangers ont appellé des leurs par ce ſur-
„nom & titre: & ainſi que moy-meſme j'ay vû les Italiens & Eſ-
„pagnols pluſieurs fois l'appeller *el gran Ducque di Guiſa*, y *el gran*
„*Capitan di Guiſa.* Si que je me ſouviens qu'à l'entrevûë de Bayon-
„ne & grands & petits faiſoient un cas ineſtimable de feu M. de
„Guiſe ſon fils qui eſtoit encore fort jeune, & ne l'appelloient au-
„trement que *el Hijo del gran Ducque di Guiſa*, & entroient auſſi en
„grande admiration de Madame de Guiſe ſa femme, autant pour ſa
„grande beauté & belle grace que pour porter titre de femme de M. de
„Guiſe, & ne l'appelloient que *la muger de aquel grand Ducque di*
„*Guiſa*, & pour ce luy portoient un grand honneur & reſpect: &
„ſur tout ce grand Duc d'Albe qui ſçavoit bien priſer les choſes &
„les Perſonnes qui le valoient. Or tout ainſi qu'on loüe & admire
„fort un excellent Artiſan & bon Ouvrier qui aura fait un beau Chef-
„d'œuvre, mais davantage & plus celuy qui en aura fait pluſieurs;
„de meſme faut loüer & eſtimer ce grand Capitaine dont nous par-
„lons, non pour un beau chef-d'œuvre de Guerre, mais pour plu-
„ſieurs qu'il a fait. Et pour les principaux, faut mettre en avant &
„admirer le ſiege de Metz ſouſtenu, la bataille de Renty, le voya-
„ge d'Italie, la priſe de Calais, Guines & Ham, celle de Thion-
„ville, le camp d'Amiens, & en la Guerre civile les priſes de Bour-

„ges, & Roüen, la bataille de Dreux, & puis le siege d'Orleans.

„De vouloir escrire & specifier menu par menu tout cela, ce se-
„roit une chose superfluë, puisque nos Historiographes en ont assez
„remply leurs Livres; mais pourtant qui considerera la grande force
„qu'amena ce grand Empereur devant Metz, dont jamais de pa-
„reille il n'en peupla & couvrit la terre, la foiblesse de la Place,
„qui n'avoit garde d'estre la quarte partie forte comme aujourd'huy;
„qui considerera aussi la grande prévoyance dont il usa pour la mu-
„nitionner, y establir vivres & munitions, reglemens polices & au-
„tres choses necessaires pour soutenir un long siege; qui mettra aus-
„si devant les yeux le bel ordre de Guerre qu'il y ordonna, la belle
„obéïssance sur tout qui luy fut renduë d'une si grande Principauté
„& Noblesse, Capitaines & Soldats, sans la moindre mutination
„du monde ny le moindre dépit; puis les beaux combats & les bel-
„les sorties qui s'y sont faites: qui considerera tout cela & tant
„d'autres choses qui seroient longues à specifier, & puis la belle,
„douce clemence & benignité qu'il usa envers ses ennemis demy-
„morts & morts, & mourans de faim, de maladies, de pauvretez
„& de miseres, que leur avoit engendré la terre & le ciel. Bref,
„qui voudra bien mettre en ligne de compte tout ce qui s'est fait en
„ce siege, dira & confessera que ce fut le plus beau siege qui fut ja-
„mais, ainsi que j'ay oui dire à de grands Capitaines qui y estoient;
„fors les assauts, qu'on n'en livra jamais; bien que l'Empereur le
„voulût fort: & pour ce en fit un jour faire le bandon pour en
„donner un general, auquel M. de Guise se prépara si bravement
„& y mit un si bel ordre avec tous ses Princes, Seigneurs, Gen-
„tils-hommes, Capitaines & Soldats, & se presenterent tous si dé-
„terminément sur le rempart à recevoir l'ennemy & soûtenir la bré-
„che, que les plus vieux, braves & vaillans Capitaines de l'Empe-
„reur voyans si belle & asseurée contenance des nostres, luy con-
„seillerent de rompre cette entreprise d'assaut: ce qui fâcha pour-
„tant fort l'Empereur, mais pour l'apparence du danger éminent il
„crût ce conseil.

„A propos de cette clemence, courtoisie, douceur & misericor-
„de usée par ce grand Duc à ces pauvres Gens de Guerre, voyez de
„quelle importance elle servit quelque temps aprés à nos François
„au siege de Theroüenne; à laquelle un rude assaut estant donné,
„& nos Gens par luy forcez & emportez, estans prests à estre tous
„mis en pieces, comme l'art & la coûtume de la Guerre le permet:
„ils s'aviserent à crier tous bonne Guerre, bonne Guerre Compag-
„nons, souvenez-vous de la courtoisie de Metz. Soudain les Espa-
„gnols courtois qui faisoient la premiere pointe de l'assant, sauve-
„rent les Soldats, Seigneurs & Gentils-hommes sans leur faire aucun
„mal, & les reçurent tous à rançon. Ce grand Duc par sa clemen-
„ce sauva ainsi la vie à plus de six mille personnes. Ce siege fut ce-
„lebre, & noté par cette courtoisie & par la naissance de la Reine
„Mar-

„Marguerite de France Reine de Navarre née le 20. de Juin 1553.
„ Or fi ceux de dedans Metz n'eurent occafion de montrer leurs
„ courages & valeurs à foûtenir les affauts , fort attriftez de n'en re-
„ cevoir pour mieux montrer leurs valeurs , ils en prirent bien d'eux-
„ mefmes à affaillir les ennemis ; car à toutes heures ils faifoient des
„ plus belles forties du monde , qui valoient bien des foûtenemens
„ d'affauts , & donnoient bien à fonger & à croire aux ennemis que
„ s'ils fuffent allez à eux aux affauts , autant de perdus y en eut-t'il
„ eu. Ces faillies fe faifoient , & à pied jufques à fauffer les tranchées
„ fouvent , & à cheval , bien loin encore de la ville , & fur tout fur
„ le camp du Marquis Albert , à qui M. de Guife en vouloit , pour
„ avoir fauffé la foy donnée au Roy , & avoir défait M. d'Aumale
„ fon frere & pris prifonnier : aufſi le paya-t-il bien , car il ne ré-
„ tourna pas la quarte partie de fes Gens ; dont l'Empereur ny les
„ Efpagnols ne s'en foucierent guere , pour aimer peu les Traiſtres :
„ auſfi qu'il ne s'eſtoit donné à l'Empereur que par contrainte. Ain-
„ fi alla ce fiege , qui commença la Vigile de la Touſſaints ainfi que
„ porte la vieille Chanfon , faite pour lors par un Avanturier de
„ Guerre François , qui commence ainfi , *le Vendredy de la Touſſaints,*
„ *le Duc d'Albe & fa Compagnie , eſt arrivé de la Germanie à la belle*
„ *croix de Meſſan , &c.* Ce fut à ce jour à cette belle croix , où
„ fut faite cette belle efcarmouche , qui dura quaſi tout le jour , ſi bien
„ foûtenuë des noſtres , & attaquée par le Duc d'Albe & le Marquis
„ de Marignan , avec une élite de 3000. Arquebufiers Efpagnols
„ choifis , & d'un Bataillon venant à prés de 10000. Allemands qui les
„ foûtenoient. Il n'y alla rien du noſtre que tout bien , fors quelque
„ petite tuërie & bleſſure de nos Capitaines & Soldats. Il ne fe pou-
„ voit faire autrement , car en telles feftes il y a toûjours des coups
„ donnez & reçûs , & puis le nombre des autres devoit fuffoquer les
„ noſtres de leur haleine. Ce fiege dura depuis ce jour jufques à Jan-
„ vier environ le 20. au plus. L'Empereur s'en leva de-là fort à re-
„ gret & grand creve-cœur , car il avoit promis aux Allemands , pour
„ fe faire mieux aimer d'eux que par le paſſé , de remettre Metz ,
„ Toul & Verdun à l'Empire , & les y revoir mieux que jamais : ce
„ qu'ils defiroient plus que chofe du monde , car elles leur eſtoient
„ de bonnes clefs ; mais fa bonne deſtinée luy faillit-là. Ce fut ce
„ que dit très-bien M. de Ronfard parlant de ce fiege & ville.

Car le deſtin avoit fon OULTRE * *limité*
Contre les nouveaux murs d'une foible cité.

* A caufe de
fa Devife.
plus ultra.

„ Or entr'autres beaux traits que j'ay ouï raconter & rémemorer
„ qu'aye fait M. de Guife leans , je mets les combats à part , ce fut
„ celuy touchant la courtoifie qu'il fit à l'endroit de D. Loüis d'A-
„ vila , General pour lors de la Cavalerie legere de l'Empereur , à
„ qui un Efclave More ou Turc ayant dérobé un fort beau cheval

„d'Eſpagne, ſe ſauva avec luy dans Metz & s'y jetta. D. Loüis ayant
„ ſçû qu'il s'eſtoit allé jetter leans, envoya un Trompette vers M.
„ de Guiſe, le prie de luy rendre par courtoiſie un Eſclave qui luy
„ avoit dérobé un cheval d'Eſpagne, & s'eſtoit aller jetter & refu-
„ gier dans ſa ville, pour le punir de ſon forfait & larcin, ainſi qu'il
„ le meritoit ; ſçachant bien qu'il ne le refuſeroit, pour le tenir
„ Prince valeureux & genereux, & qui ne voudroit pour tous les
„ biens du monde réceler & ſoûtenir des larrons & méchans. M. de
„ Guiſe luy manda que pour luy envoyer l'Eſclave il ne pouvoit, &
„ en avoit les mains liées par le Privilege de la France, de temps
„ immemorial là-deſſus introduit, qu'ainſi que toute franche qu'elle
„ a eſté & eſt, elle ne veut recevoir nul Eſclave chez ſoy, & tel
„ qu'il ſeroit, quand il ſeroit le plus Barbare & Eſtranger du monde,
„ ayant mis ſeulement le pied dans la terre de France, il eſt auſſi-
„ toſt libre de toute Eſclavitude & Captivité, & eſt franc comme en
„ ſa propre Patrie ; & pour ce, qu'il ne pouvoit aller contre la fran-
„ chiſe de la France : mais pour le cheval, il le luy renvoyoit de
„ courtoiſie. Beau trait certes, & montroit bien ce grand Prince
„ & grand Capitaine qu'il ſçavoit encore plus faire que la Guerre,
„ comme certes il faut qu'un grand Capitaine ſoit univerſel.
„ Or je ne parle plus de ce ſiege de Metz, car il eſt ailleurs aſſez
„ eſcrit. Pour le regard de la bataille de Renty, c'eſt une choſe aſſez
„ certaine & publique, que M. de Guiſe en fut le principal auteur de
„ la Victoire, autant pour ſa belle conduite & ſageſſe que pour ſa
„ vaillance. C'a eſté le premier & le ſeul des noſtres, qui a commen-
„ cé à bien réconnoiſtre & eſtriller les Reiſtres, & M. ſon fils le der-
„ nier & ſeul. A cette bataille le Comte de Wiſenfur avoit amené à
„ l'Empereur 2000. Piſtoliers, qu'on appelloit Reiſtres, par ce di-
„ ſoit-on qu'ils eſtoient noirs comme de beaux Diables, & s'eſtoit
„ venté ledit Comte & promis à l'Empereur, qu'avec ſes Gens il
„ paſſeroit par-deſſus le ventre à toute la Gendarmerie & Cavalerie
„ Françoiſe : ce qui donna à l'Empereur quelque fiance de gagner,
„ mais il arriva bien autrement ; car ils furent bien battus. Poſſible ſi
„ M. de Guiſe eut eſté hors de-là, qu'ils nous euſſent pû donner une
„ pareille eſtrette, que d'autres Reiſtres nous donnerent à la bataille
„ de S. Quentin, car ce furent eux cinq cens Lances de Bour-
„ guignons tous conduits par le Comte d'Egmont qui nous défirent.
„ Poſſible, comme on diſoit lors, s'ils euſſent eu affaire & à parler
„ à M. de Guiſe, ils euſſent eſté de meſme eſcot qu'à Renty, enco-
„ re qu'il y eut de trés-bons, braves, & vaillans Capitaines ; ſi bien
„ qu'il y eut du malheur pour eux & de l'heur pour M. de Guiſe,
„ que force Gens alors ſouhaitoient qu'il fût eſté là, car certes quand
„ on a appris & accoûtumé à battre quelques Gens une fois, deux
„ fois, l'on y eſt heureux une autrefois, ainſi que M. de Guiſe le
„ fut à la bataille de Dreux.
„ Aucuns l'ont blaſmé d'avoir rompu la Tréve ſi avantageuſe pour

„la France , mais qui la rompit , finon le Pape Paul IV. & le Roy
„Henry pour le fécourir. On tenoit pour lors que le Pape, de Theatin
„qu'il avoit efté auparavant & grandement auftere & reformé, de-
„vint fi ambitieux qu'il fe propofa d'avoir les biens des principaux
„Seigneurs de Rome, comme des Colomnes & aucuns Urfins, & de
„fait en fit emprifonner aucuns & fe faifit de leurs biens ; dont il en
„fortit une fi grande rumeur , qu'eux ayans récours à l'Empereur ,
„mirent le Pape en tel détroit, qu'il fut affiegé une fois dans le Caftel
„S. Ange, qu'il fallut qu'il le gagnât & à point. Eftant pouffé de
„fon ambition par quelque droit prétendu par les Papes fur le Royaume
„de Naples à le ravoir, & auffi que de tout temps les Caraffes, dont
„le Pape eftoit, ne font trop bons amis des Efpagnols : toutes ces
„chofes accumulées enfemble animerent le Pape d'envoyer au fecours
„à noftre Roy, & luy envoya fon neveu le Cardinal Caraffe,
„qui avoit efté auparavant Capitaine fervant bien le Roy en Tof-
„cane, Legat, & luy porta une efpée & un Chapeau.
„   Lequel tout plein de bonne volonté & pouffé de cette ambi-
„tion du paffé de fes Prédeceffeurs, qui avoient délivré aucuns
„Papes de leurs oppreffions, garenty de la Tyrannie d'aucuns &
„remy en leurs Sieges, mit une groffe armée fur pied, & en fit
„M. de Guife fon Lieutenant General pour un fecours fi faint :
„encore tenoit-on que noftre Roy avoit averty l'Empereur de fe
„défifter à ne donner telle oppreffion au Pape. Que pouvoit donc
„faire M. de Guife, que d'obéïr à fon Roy & prendre une telle
„Charge fi fainte ? luy en eftant trés-digne & de plus grande que
„celle-là. Ce ne fut donc pas luy qui rompit la Tréve, encore lors
„débattoit-on que feu M. l'Admiral Gouverneur de Picardie fut le
„premier qui la rompit, par l'entreprife qu'il fit fur la ville de Doüay,
„qu'il faillit à prendre & y entrer de nuit une Vigile des Rois qu'on
„crioit le Roy boit, fans une vieille qui donna l'allarma & éveilla
„la garde & le guet à force de crier. Ayant failly celle-là, il rétour-
„na à Lens en Artois, qu'il ne faillit pas & y entra dedans ; où
„furent commis des pilleries & paillardifes, que les ennemis fçûrent
„bien reprocher, & fur ce prendre fujet d'en avoir leur révenche
„& à faire la Guerre à leur tour. Tant d'autres propos s'alleguoient
„là-deffus pour difputer de cette rupture de Tréve & de qui elle ve-
„noit, ou de nous ou de nos ennemis, que je m'en remets aux plus
„clair-voyans & bien-fçachans.
„   M. de Guife conduit donc ce faint fecours bravement & fage-
„ment au Pape, & fi à propos, qu'il contraint le Duc d'Albe à luy
„donner la Paix. Le Pape pourtant plante là & noftre Roy & M.
„de Guife : laquelle Paix vint auffi fort à propos, car la bataille de
„S. Quentin perduë, M. de Guife fut envoyé querir pour reftaurer la
„France. Parquoy après avoir long-temps féjourné fon armée faine
„& entiere par de-là en Italie, & luy avoir fait perdre ce coup-là,
„le nom que long-temps s'eftoit attribuée du Cymetiere des François,

„la rompt & la partage en trois. L'une il l'emmene avec luy, &
„la mieux choisie pour les Gens de pied dans les Galeres de France
„qui le vinrent querir : la seconde la donne à M. d'Aumale son
„frere pour la rétourner avec toute la Cavalerie, qu'il conduisit cer-
„tes trés-bien, trés-sagement & trés-heureusement par le Pays des
„Grisons, où il acquit trés-grand honneur : la troisiéme demeura
„avec M. le Duc de Ferrare, dont j'en parle ailleurs. Ce n'est pas
„tout que de conduire & avoir des armées, mais il les faut conser-
„ver, & qui les peut rendre & rétourner au logis saines & entieres,
„le Capitaine en est digne d'une trés-grande loüange, ainsi que fit
„ce coup-là M. de Guise : qui estant aussi-tost arrivé en France si
„bien à point, & non en secours de Pise comme l'on dit, une joye
„s'émut par tout de luy, & de luy par tout une voix s'épandit tel-
„le, qu'on disoit, & l'a ainsi escrit aussi ce grand M. le Chancelier
„de l'Hospital dans un de ses Poëmes Latins sur ce sujet & de la pri-
„se de Calais, *Or c'est à ce coup que cet homme nous remettra & re-*
„*stituera la chose publique toute revirée & contournée à rébours d'un*
„*gond à l'autre.* On dit outre cela, s'en est fait, & jamais de nul
„temps ne verra-t-on la Fortune de France rélevée, & demeurera
„méprisée & pour jamais couchée en terre. Cela se disoit & écrivoit
„alors, comme j'ay vû.
„   Cette gloire puis aprés, ainsi prophetisée de tant de bouches, en
„demeura à M. de Guise par la prise de Calais, qui fut du tout in-
„opinée à tout le monde. J'ay ouï dire que feu M. l'Admiral fut le
„premier inventeur de cette entreprise, & que durant la Tréve il
„avoit envoyé réconnoistre cette Place par M. de Briquemaut, qui
„fut défait à la S. Barthelemy, mort certes par trop indigne de luy
„& des bons services qu'il avoit faits d'autrefois à la Couronne de
„France, & que c'estoit un vieux Chevalier d'honneur & homme
„de bien.
„   Il est vray qu'il estoit fort zelé à sa Religion, mais pour cela
„il ne devoit mourir, ains estre pardonné pour ses grands ser-
„vices. Luy donc ayant bien connu la Place, déguisé, ce disent au-
„cuns, en fit ce rapport à M. l'Admiral, & la rendit si facile à pren-
„dre, que M. l'Admiral en fit là-dessus des Memoires fort beaux &
„en projetta le dessein & en tira le plan, & de tout en discourut au
„Roy, qui y prend goust & en reserve l'execution à la premiere
„bonne occasion : si bien que M. de Guise venu, il s'en ressouvient
„& dépesche vers Madame l'Admirale, car M. l'Admiral estoit pri-
„sonnier de S. Quentin, le petit Feuquieres, nourry de feu M. d'Orleans,
„trés-habile, brave, & vaillant Gentil-homme & ingenieux; pour
„luy faire voir dans les coffres & papiers de M. l'Admiral, s'il n'y
„trouveroit point tous ces Memoires. Ce qu'il fit & les ayant rap-
„portez au Roy, il les confera à M. de Guise, à quoy M. de Gui-
„se y rapporta une trés-grande difficulté, voir du tout une impossi-
„bilité & nulle apparence de raison, aller assieger une telle place

„aprés une si grande perte de Bataille avenuë , & mesme en plein
„corps d'Hyver & en cette assiette. Ce que M. l'Admiral vouloit en
„ses Memoires, d'autant qu'en Hyver , l'Anglois se fiant en la Mer
„& aux eaux, qui régorgent & enflent plus lors qu'en Esté , ils n'y jet-
„toient grand nombre de Gens, & la Garnison estoit fort petite au
„prix de la grosse qu'ils y jettoient l'Esté , la voyant foible à cause
„des eaux basses.

„ Aucuns disoient que M. de Guise le disoit à fort bon escient &
„par raison , & à la verité, autres pour rendre la chose ainsi diffi-
„cile , afin que par aprés la prise il en acquit plus de gloire & triom-
„phât mieux. On dit aussi que M. de Senarpont Sous-lieutenant de
„Roy en Picardie , un trés-bon Capitaine, faisoit la chose fort faci-
„le pour l'avoir bien fait réconnoistre. Tant y a que le Roy voulut
„que M. de Guise tentât cette Fortune, & luy commanda résolument
„d'y aller avec l'armée qu'il luy donna : ce qu'il fit. De dire main-
„tenant la façon, ce seroit chose superfluë , puisque nos Histoires en
„disent assez ; mais faut rémarquer & admirer, qu'en moins de huit
„jours il força les deux Forts du Port de Nieulay , du Risban , &
„emporta la ville, que nous avions tenuë paravant si forte & im-
„prenable , que depuis deux cens dix ans que les anciens François la
„perdirent, jamais les autres qui vinrent aprés , nos Rois , n'ose-
„rent pas songer seulement à l'attaquer , non pas de la voir. Aussi
„les Anglois furent si glorieux , car ils le sont assez de leur naturel,
„de mettre sur les Portes de la ville, que lors que les François assie-
„geront Calais, l'on verra le Plomb & le Fer nager sur l'eau comme le
„liege.

„ Leur quolibet manqua là, encore que l'on dit que leur grand
„Prophete & Devin Merlin prédit qu'il se prendroit , lors qu'il vien-
„droit un Estranger regner en Angleterre , & qu'une Reine de leur
„Pays se marieroit avec un Estranger, & que ce seroit sous le Regne
„& la force d'un grand Roy, qui vengeroit le sang épandu & la dé-
„faite miserable des François à la bataille de Crecy sous Philippe de
„Valois : qui la perdit , bien que ce grand Chevalier sans réproche
„& vaillant Mre. Jean de Vienne la défendit si bien en un an durant
„assiegée , que luy & les siens furent réduits à manger les Rats, les
„Chats & les Cuirs de Bœufs ; encore qu'elle ne fût forte lors de la
„centiéme part comme elle est aujourd'huy. Ce fut un Roy Philippe
„qui la perdit sous la Reine sa femme, un Roy Henry la réprit. Du
„depuis nostre Roy Henry d'aujourd'huy perduë , & le Roy Philip-
„pe , ce mesme, aprés l'avoir perduë, l'a régagnée; & puis aprés en
„un rien nostre grand Roy Henry la réeut , & en un trait de plu-
„me , par le Traité de Paix qu'il fit avec l'Espagnol. Il faut bien di-
„re qu'il y ait là, comme en d'autres choses, quelques secrets Divins
„ou fatalitez, que nous n'entendons pas.

„ M. de Guise demanda au Roy ce Gouvernement pour le Capitai-

„ ne Gourdan [*Giraud de Mauleon fait Chevalier de l'Ordre du S. Es-*
„*prit l'an 1585.*] & le fit là Gouverneur, que plufieurs trouverent
„ eftrange qu'il y fut preferé à plufieurs Capitaines & Chevaliers de
„ l'Ordre, & mefme M. de Senarpont auteur à demy de l'entreprife,
„ qui s'en fuffent tenus fort honorez & bien contentez. Ce qui en fit
„ murmurer aucuns, qu'un feul Capitaine de Gens de pied fût en ce-
„ la preferé à eux, mais M. de Guife y proceda en cela en grand &
„ charitable Capitaine ; car M. de Gourdan y perdit une jambe d'un
„ coup de canon, & eftoit bien raifon qu'il fût récompenfé ainfi :
„ car puis qu'il n'avoit plus les deux faines & entieres pour aller ail-
„ leurs chercher fortune, il eftoit bien raifon qu'il s'arreftât & de-
„ meurât là où il en avoit perdu une ; auffi pour dire vray, que c'eftoit
„ un trés-bon Capitaine, vaillant, trés-fage, & trés-fidéle homme
„ de bien, ainfi que tant qu'il a vécu il l'a bien montré en la garde
„ qu'il a fi bien continuée jufqu'à fa mort, que jamais on n'y a rien
„ fçû entreprendre ny mordre. Encore que la Reine d'Angleterre eut
„ une trés-grande envie de le corrompre & de la ravoir, jufques à
„ luy en avoir prefenté, durant ces plus grands troubles qu'un-cha-
„ cun faifoit fes affaires, eftans Maiftres comme Rats en paille, cent
„ mille Angelots ; mais il luy manda qu'il aimoit mieux fon honneur
„ que tous fes tréfors, & qu'elle les gardât pour d'autres, qui les ai-
„ moient plus que la bonne réputation. M. d'Efpernon en eut auffi
„ grande envie du temps du torrent de fa Fortune, & que rien ne luy
„ échappoit de fes mains, mais tout y tomboit. Le Roy le manda
„ plufieurs fois pour ce Traité, luy manda de le venir trouver, com-
„ me je vis, à Paris, & dit que puifque le Roy fon pere luy avoit
„ donné ce Gouvernement & l'avoit preferé à plufieurs Grands plus
„ que luy, qu'il le fupplioit bien fort qu'il y mourut, puifque fi peu
„ il avoit à vivre. Le Roy ne l'en preffa pas plus & eft mort ainfi
„ qu'il l'avoit dit, l'ayant laiffé à fon neveu [*le S. de Vidoffan*]
„ avec plus de trente mille livres de rente qu'il avoit là à l'entour ac-
„ quis & dans cette Comté d'Oye, & deux cens mille efcus en bour-
„ fe, que tout à coup il a perdu, & ville & vie ; non pas l'honneur ;
„ car il le porta fur le Rempart, & y demeura pour jamais haut éle-
„ vé en gloire immortelle, & la vie s'en alla en combattant trés-
„ vaillamment. Et qui fut le plus grand honneur qui luy eut fçû ar-
„ river, pour beaucoup de raifons qui fe peuvent là-deffus fonger, au-
„ trement, s'il eut furvefcu il n'eftoit pas bien.
„ M. de Guife ayant pris Calais & voyant que ce n'eftoit pas tout
„ & qu'il falloit bien achever la partie de la victoire, il prit par for-
„ ce Guines, une forte place, où il y avoit dedans un trés-bon & vail-
„ lant Capitaine, le Milord Gray, & Ham, & conquefta toute la
„ Comté d'Oye. Bref il acheva de chaffer les Anglois hors de Fran-
„ ce, de long-temps fi empiétez, qu'on ne les avoit pû chaffer ny
„ déplacer aucunement, bien qu'on les eût fort battus fouvent &
„ chaffez d'ailleurs ; fi bien que c'eftoit un vieil Proverbe parmy nous,

„que quand nous voulions méſeſtimer un Capitaine & homme de
„Guerre, on diſoit, on ne chaſſera jamais les Anglois hors de Fran-
„ce. Quelle gloire doit avoir donc M. de Guiſe de les avoir chaſſez ?
„Quelque temps aprés il alla aſſieger & prendre Thionville, ville
„certes du tout imprenable, autant pour l'artifice & fortification qui
„y eſtoient que pour leur naturel; pour eſtre entournée de Palus &
„Mareſts de la profonde Moſelle, & pour quinze cens hommes de
„Guerre qu'il y avoit dedans. Qui en voudra voir la façon comme
„elle fut aſſiegée & priſe, & en combien peu de temps, liſe les Me-
„moires de M. de Montluc: tellement que j'ay ouï dire, que quand
„les nouvelles en vinrent au Roy, il en demeura tout ébahy, ne le
„pouvant aiſément croire; de vray, qui a vû la Place comme moy,
„s'en eſtonnera grandement.

„ La ſeconde ſecouſſe de la France, aprés celle de Saint Quentin
„fut la déronte de Gravelines, qui fut grande, & telle que le Roy &
„ſes Sujets jetterent auſſi-toſt l'œil ſur Monſieur de Guiſe, comme
„ceux qui demandoient d'eſtre rélevez par luy d'une telle cheute: qui
„fit teſte ſi aſſeurée, que l'ennemy s'arreſta court. Aprés vint le voya-
„ge & camp d'Amiens, qu'on appelloit ainſi pour lors, d'autant que
„le Roy s'y campa à l'entour avec une fort belle & groſſe armée prés
„de trois mois, & le Roy Philippe prés de-là avec la ſienne, trés-
„belle & forte auſſi, & la rétrancha fortement, & ſongeant s'il li-
„vreroit encore bataille, & ſi le ſort luy en ſeroit auſſi heureux qu'aux
„deux autres, mais il s'arreſta court, diverty par aucuns de ſes
„vieux & ſages Capitaines, diſans que le temporiſement en ſeroit
„plus expedient que le haſard; puiſque M. de Guiſe eſtoit ſi coutu-
„mier à eſtre victorieux en tous ſes exploits, que poſſible il pour-
„roit eſtre là de meſme. Je l'ay ouï ainſi dire à quelques Eſpagnols,
„& que meſme ils furent trés-joyeux, & penſoient déja eſtre au-deſ-
„ſus de nous, quand ils eurent nouvelle en leur Camp qu'il avoit
„eſté tué, ou pour le moins fort bleſſé du Baron de Luxebourg:
„qui fut un bruit faux, mais pourtant la joye en fut démenée &
„ſolemniſée en leur camp. Ce Baron de Luxebourg eſtoit un des
„Reiſtre-Meſtres du Duc de Saxe venu au ſervice du Roy avec de
„grandes forces, & des Principaux; qui eſtoit brave & vaillant &
„haut à la main: qui un jour que M. de Guiſe faiſoit la viſite du
„camp, fut ſi outrecuidé, ou pour mieux dire, tenté de vin, ainſi
„qu'il le confeſſa, de luy tenir quelques paroles fâcheuſes, voir, de
„luy tirer ſon Piſtolet: mais M. de Guiſe prompt mit la main à
„l'eſpée auſſi-toſt & luy en fit tomber ſon Piſtolet & la luy porta à
„la gorge. Qui fut eſtonné ce fut ce Baron. M. de Montpezat qui
„ſuivoit lors M. de Guiſe & eſtoit prés de luy, faiſant de l'officieux
„mit auſſi-toſt la main à l'eſpée pour le tuër : M. de Guiſe s'écria
„auſſi-toſt, tout beau, Montpezat, vous ne ſçavez pas mieux tuër
„un homme que moy, ne le tuërois-je ſans vous ? Allez, dit-il au
„Baron, je vous pardonne l'offenſe particuliere que vous m'ayez fai-

„te, car je te tiens à ma mercy ; mais pour cela que tu as fait au Roy,
„au General, & au rang que je tiens icy comme Lieutenant de Roy,
„c'eſt au Roy à y voir & en faire la Juſtice, & ſoudain commanda
„qu'on le menât priſonnier : ce qui fut fait. Et M. de Guiſe prend,
„ſans autrement s'émouvoir, cent bons chevaux & ſe promene par
„le camp & par le quartier des Reiſtres, & avertit ſous-main les Ca-
„pitaines de cheval & de pied d'eſtre en cervelle, s'il en bougeoit au-
„cuns ; mais au diable le Reiſtre qui bougea : meſme le Duc de Sa-
„xe accompagné de ſes Reiſtre-Meſtres, le vint trouver pour ſçavoir
„de luy en toute douceur que c'eſtoit. Qui en trouva le trait trop in-
„ſolent & point digne d'un homme de Guerre, attribuant pourtant
„le tout au vin qu'il avoit trop bû, que ledit Baron luy-meſme con-
„feſſa ; dont ſur ce fut pardonné & ſortit de priſon quelques jours
„aprés & renvoyé du camp : qui pourtant rétourné en ſon Pays fai-
„ſoit quelques menaces, mais il avoit affaire à un vaillant homme
„qui ne s'en ſoucioit gueres.

„ Aprés toutes ces expeditions & voyages faits, la Paix generale
„ſe fit entre les deux Rois, & pour récompenſe des ſervices faits à
„la France par ce grand Capitaine, le Roy pouſſé par M. le Con-
„neſtable & d'autres qui n'aimoient trop alors la Maiſon de Guiſe,
„avoit réſolu de les chaſſer tous de ſa Cour & les renvoyer en leurs
„maiſons. S'il ne fût mort, cela eſtoit arreſté, car je le tiens & ſçais
„de fort bon lieu. Grand exemple certes pour ceux qui ſe fient en la fa-
„veur des Rois & aux grands ſervices qu'ils leur ont faits, qui pen-
„ſans pour l'amour d'eux eſtre bien avant en leurs graces & s'en te-
„nir bien aſſeurez, pour un rien en ſont privez & éloignez du tout,
„& qui pis eſt courent fortune de leur vie ; comme feu M. de Guiſe
„dernier, ainſi que j'eſpere eſcrire en ſa vie.

„ Le Roy Henry mort, & le Roy François ſecond luy ayant ſuc-
„cedé, Monſieur de Guiſe, comme oncle de la Reine, fut mieux
„que jamais en ſa grandeur, car luy & M. le Cardinal ſon frere eu-
„rent toute la charge & Gouvernement du Royaume, comme trés-
„bien leur appartenoit pour en eſtre trés-dignes & trés-capables. Ce
„ne fut pourtant ſans de grandes envies & calomnies, car le Roy
„de Navarre Antoine, comme premier Prince du Sang, voulut avoir
„cette autorité. Cela eût eſté bon ſi le Roy eût eſté Pupille & Mi-
„neur, mais il eſtoit Adulte & Majeur, & pour ce le Roy eſtoit li-
„bre de choiſir & tenir prés de ſoy ceux que bon luy ſembloit, &
„meſme de ſi proches, & oncles du coſté de ſa femme. Quant à
„M. le Conneſtable, luy qui le vouloit faire aux autres, à luy fut fait,
„& pour ce renvoyé à ſa maiſon, ou plûtoſt que de luy-meſme il
„s'y en alla ſans ſe le faire dire, ainſi qu'il eſtoit trés-ſage, & qu'il
„ſçavoit bien eonnoiſtre le temps & s'y accommoder.

„ Le Roy François vint à mourir à Orleans, là où il montra qu'il
„n'eſtoit poſſedé de ſi grande ambition, pour s'impatroniſer du Royau-
„me de France & s'en faire à demy Roy, comme l'on crioit

                                                              tant

»tant de luy par quelques méchantes langues , ou du tout s'y faire
»Viceroy , ou gouverner le Roy & son Royaume & en faire à son
»bon plaisir ; mais il les fit tous mentir. S'il eut voulu cela , il luy
»eût esté plus que trés-facile , car il eut pû se saisir du Roy de Na-
»varre , le Prince de Condé estoit dés-ja en prison , de M. le Con-
»nestable , & de tous ceux qui estoient là accourus aux Estats , à luy
»suspects , & comme il luy eut plû : car il avoit toute la Cour à sa
»devotion , comme je le sçay & l'ay vû , que sept ou huit jours aprés
»la mort du Roy il alla en Pelerinage à Clery , & à pied , il em-
»mena quasi toute sa Cour avec luy , & la Noblesse , & demeura le
»Roy si seul , & sa Cour si seule , que l'on en murmura & entra en
»jalousie , je le sçay. De plus , il y avoit quinze à vingt Compag-
»nies de gens de pied , tous bons , asseurez & prouvez Soldats , retournez
»du siege du Petit-lit , tous à sa devotion , qu'il avoit mis dans Or-
»leans , & entroient en garde tous les soirs , qui eussent fait trem-
»bler , non pas la Cour seulement , mais toute la France. Qui l'eut
»donc empesché que par la fumée des Arquebusades de ces braves
»Soldats il n'eut disposé du Roy à son bon plaisir , & des autres
»comme il eut voulu ? Par le dehors d'Orleans il avoit mis tout à
»l'entour & aux environs quasi toutes les Compagnies d'Ordonnan-
»ces & des Gens-d'armes , desquels il eut disposé aussi comme il luy
»eut plû , fors de quelques-unes , comme de celles de M. le Con-
»nestable , de Messieurs ses enfans , de M. l'Admiral , du Roy de Na-
»varre & quelques autres : mais la majeure part qu'il avoit les eut
»emporté à l'aise , aussi qu'il les avoit logées en tels lieux , que si
»elles eussent branlé & bougé le moins du monde , elles estoient trous-
»sées. Il n'y eut eu grand' peine , car la plus grand' part des mem-
»bres des Gens-d'armes estoient fort à sa devotion à cause de la Re-
»ligion Catholique , qu'ils commençoient à voir venir en branle ,
»pour la nouvelle qui s'élevoit : & aimoient fort M. de Guise , par-
»ce qu'on le connoissoit fort bon & zelé Catholique jusques à la
»mort & qu'ils voyoient bien que si le Roy de Navarre se rendoit
»Regent , qu'on tenoit dés-ja pour suspect de la Catholique Reli-
»gion , qu'il en arriveroit de grands troubles en France , comme
»l'on vit aprés. Car il ne faut point douter que si dés-lors on eut
»joüé des mains basses en ce lieu d'Orleans [*cette particularité est*
estrange pour le S. de Brantosme , qui se fait beaucoup de tort en cet
endroit où il se découvre trop , aussi-bien qu'il fait ailleurs , contre la
Loy Salique] »comme il estoit aisé , nous n'eussions vû les troubles
»& Guerres qui se sont vûës.
»   Ces deux moyens donc , l'un du prétexte & défense de la Reli-
»gion Catholique , & l'autre des forces que M. de Guise avoit à sa
»disposition , estoient trés-grands pour se faire trés-grand , & pour
»attirer toute la France à son Party : & par ainsi se fut saisi de la
»personne du Roy , & [*cecy est terrible pour un Gentil-homme de la*
condition de cet Auteur & justifieroit fort l'entreprise d'Amboise] »eus-
»sions vû possible la France plus heureuse qu'elle n'a esté & qu'elle

„ n'eſt, ainſi que j'en ay ouï pluſieurs diſcourir alors, & depuis plu-
„ ſieurs grands Seigneurs, grands Capitaines & perſonnes de grandes
„ qualitez. Meſme M. le Cardinal ſon frere l'y pouſſoit fort, mais
„ il n'y voulut jamais entendre ; diſant qu'il n'eſtoit du droit & de
„ la raiſon d'uſurper le droit & autorité d'autruy : mais pourtant,
„ pour choſe de telle importance cela ſe pouvoit faire juſtement, ain-
„ ſi eſtoit trop conſcientieux ce coup-là ce bon & brave Prince. M.
„ le Cardinal ſon frere, tout Eccleſiaſtique qu'il eſtoit, n'avoit pas
„ l'ame ſi pure, mais fort barboüillée : que s'il fût eſté auſſi plein
„ de valeur comme M. ſon frere, & qu'il en avoit la volonté, il en
„ eut levé la Banniere & s'en fut fait chef de party. Mais de nature
„ il eſtoit fort timide & poltron, même il le diſoit, & rien ne le fit
„ partir ce coup-là de la Cour que la poltronnerie ; ayant eu pourtant
„ un grand creve-cœur & dépit, quand ſortant de la ville il oyoit
„ crier parmy les ruës, Adieu M. le Cardinal, la Meſſe eſt feſſée. Je
„ luy ay ouï dire ſouvent que s'il avoit eu la vaillance & le courage
„ de M. ſon frere, qu'il fût auſſi-toſt tourné en ſon logis & eut fait
„ en cela parler de luy.

„ Voilà donc comment M. de Guiſe fit mentir tous ceux qui le di-
„ ſoient brûler d'ambition & prétendre à eſtre Roy ou y approcher.
„ On en diſoit bien de meſme, quand il alla en ſon voyage d'Italie,
„ que quand il auroit conquis aux dépens du Roy ſon Maiſtre le
„ Royaume de Naples, il s'en feroit Roy. Telles perſonnes diſcou-
„ roient le plus par paſſion que par raiſon ; car outre la crainte &
„ défenſe de Dieu, jamais de ſoy-meſme n'eut ſçû ſe maintenir en
„ titre de Roy ſans ſon Roy Souverain ; bien qu'il eut prétenſion ſur
„ le Royaume d'en demeurer Viceroy dans le Royaume & d'en joüir
„ de quelques Terres. Il l'eut bien voulu & ſon Roy ne luy eut ja-
„ mais refuſé, mais de vouloir eſtre Roy, ce ſont abus.

„ On murmura auſſi que quand il vint d'Italie il ſouffrit d'eſtre ap-
„ pellé Viceroy, nom inutie en France. Jamais il ne pourchaſſa ce
„ titre, ce fut le Roy qui le luy donna de ſon propre mouvement & le
„ voulut ainſi, mais il ne le garda guere & ſe plût davantage d'eſtre
„ appellé Lieutenant General du Roy par toute la France, que d'au-
„ tre nom. Voilà l'ambition donc de ce Prince, qu'on a tant crié aprés luy
„ d'en avoir de grande dans ſon ame. Il l'avoit comme un courageux
„ & genereux Prince qu'il eſtoit, mais non pas qu'il la voulut avan-
„ cer ſur ſon Roy ny ſur ſon autorité jamais, mais ſur d'autres Rois
„ & Princes il n'en faut douter, & crois que s'il eut vécu il eut fait
„ belle peur à l'Angleterre, car il luy en vouloit & y avoit de beaux
„ deſſeins ; car je le ſçay, pour luy en avoir ouï parler ſourdement,
„ quand il eſtoit en ſes devis plus privez : non pas qu'il s'en ventoit
„ trop, car il eſtoit trés-ſobre en venterie, & avoit toûjours plus
„ d'effet que de vent, mais on connoiſſoit bien à ſes prononcez à
„ demy & à ſes geſtes, & meſme qu'il donnoit de ſes doigts ſur la
„ main, quand il avoit quelque choſe de bon à conter & eſclorre là-
„ deſſus.

„ Pour une autre preuve du peu d'ambition qu'avoit M. de Guife
„ fur le Royaume de France, & du peu de volonté qu'il eut jamais de
„ le rémuër & broüiller, je feray ce conte : qu'aprés le Sacre du
„ Roy Charles IX. Il prit congé de luy & de la Reine, qui le pria bien-
„ fort de demeurer, & s'en alla à Guife pour y faire quelque féjour
„ & paffer fon temps avec fes amis, j'eftois lors avec luy, réfolu
„ de ne partir de long-temps. Il n'y eut pas demeuré quinze jours,
„ que le Roy & la Reine luy manderent & prierent fort de rétourner,
„ & qu'il eftoit là fort neceffaire. Il s'excufa fort fur les affaires de fa
„ Maifon & fa réfolution de ne vouloir plus tant faire eftat de la Cour
„ comme il avoit fait, bien feroit-il toûjours preft d'expofer fa·vie
„ pour fon fervice, & la luy porter quand il en auroit affaire. Sur ce
„ la Fefte-Dieu s'approche, dont le bruit court, & en donne-t-on
„ l'allarme au Roy & à la Reine, que les Huguenots vouloient ce
„ jour-là troubler la Fefte & Proceffion, & y faire des defordres &
„ infolences grandes. Et pour ce leurs Majeftez s'en vont à Paris &
„ logent en l'Abbaye de S. Germain ; parce que le Roy n'y avoit pas
„ encore fait fon entrée, comme les Rois le temps paffé obfervoient
„ cette coûtume & fcrupule. Soudain leurs Majeftez en avertirent M.
„ de Guife & le prierent d'y venir en hafte, car elles avoient befoin
„ de fa prefence plus que de pas un de la France. Je vis pour un jour
„ arriver trois Couriers coup fur coup l'un aprés l'autre, car il me
„ faifoit lors cet honneur, bien que je fuffe fort jeune, de m'aimer
„ pour l'amour de mon oncle de la Chaftaigneraye. Sur ce je luy vis
„ dire ce mot, fi c'eftoit pour un autre fujet je ne partirois, mais
„ puis qu'il y va de l'honneur de Dieu je m'y en vais, & qui vou-
„ dra entreprendre, j'y mourray ne pouvant mieux mourir.

„ Enfin il partit en fi grand' hafte, qu'en deux jours, fur fes che-
„ vaux & nous fur les noftres, il arriva précifément fur la Vigile de
„ la Fefte, fi tard qu'il n'alla point trouver le Roy, & demeura à
„ coucher à l'Hoftel de Guife. M. d'Entragues, gentil Cavalier certes
„ & qui vit encore, qui lors fuivoit mondit S. de Guife, s'en peut
„ bien réfouvenir, car il y eftoit & moy auffi fain & gaillard, qu'a-
„ lors, le lendemain au matin, le bruit épars par la ville de la ve-
„ nuë de M. de Guife, le Peuple qui eftoit un peu eftonné, ne faut
„ pas demander s'il s'en réjoüit & s'il réprit cœur. La plûpart de la
„ Nobleffe de la Cour, fors quelque petit nombre de celle du Roy
„ de Navarre & la grande des Huguenots du Prince de Condé, vint
„ à fon lever & en grande quantité ; qu'il faifoit beau voir & mon-
„ troit bien qu'il eftoit encore beaucoup aimé & honoré en la Fran-
„ ce. Aprés l'avoir toute faluée & rémerciée courtoifement, car il
„ eftoit trés-courtois & trés-propre pour gagner le cœur de tout le
„ monde, outre fes valeurs & vertus, il monta à cheval pour aller
„ au lever du Roy ; là où je luy vis avoir une fort belle & affeurée
„ façon, & toute autre que tout autre Prince qui fût lors en France.
„ Il eftoit monté fur un Genet noir qu'on appelloit le Moret, che-

„val fort propre pour cela, car il eſtoit fort ſuperbe, & meſme ſur
„un pavé, avec une grande houſſe de velours noir en broderie d'ar-
„gent, luy veſtu d'un pourpoint & chauſſe de ſatin cramoiſy, car il
„aimoit fort le rouge & incarnat & avant qu'il fût marié, je dirois
„bien la Dame qui luy donna cette couleur, un ſaye de velours noir
„bien bandé de meſme, comme on portoit de ce temps-là, & la ca-
„pe de velours de meſme & bandée de meſme, ſon bonnet de ve-
„lours noir à une plume rouge fort bien miſe, car il aimoit les plu-
„mes, & ſur tout une fort belle & bonne eſpée au coſté avec ſa da-
„gue; car ce matin il s'en fit porter de ſon cabinet trois, & des
„trois il choiſit la meilleure, car je le vis & l'ouïs dire que pour le ſer-
„vice & l'honneur de Dieu il ſe battroit ce jour-là fort bien. Bref il
„eſtoit fort bien en point, & faiſoit trés-beau voir ce grand hom-
„me & Prince paroiſtre parmy trois ou quatre cens Gentils-hommes,
„ny plus ny moins qu'on voit un grand & épais cheſne paroiſtre
„comme l'honneur d'un bocage parmy les autres arbres paſſant. Par
„la ville, le Peuple s'y aſſouloit avec une ſi grande preſſe, qu'il de-
„meura prés d'une grande heure avant qu'arriver au logis du Roy,
„tant la preſſe empeſchoit le chemin, & la clameur & la voix du
„Peuple applaudiſſoit ſa venuë, par une joye extréme qui démontroit
„la fiance & l'aſſeurance que l'on avoit de luy. Ainſi accompagné
„entra ce Prince au logis du Roy, & ce qu'on nota là ſinguliere-
„ment, ce fut que l'on diſoit lors le Roy de Navarre Roy & pere
„des Gaſcons, à cauſe qu'il eſtoit marié au Pays; mais M. de Guiſe
„l'emporta ce coup-là, car il en avoit en ſa ſuite deux fois plus,
„tant Gentils-hommes volontaires que Capitaines & Gens de cheval
„que de pied, entretenus & caſſez, qui le réconnoiſſoient encore
„tous à la Cour comme aux Guerres paſſées pour leur General. Pour
„venir au point, les Proceſſions, tant de la Cour que de la ville, ſe
„firent & ſe paracheverent fort devotieuſement, ſans deſordre ny
„tumulte ny inſolence aucune, à l'accoûtumée, & tous diſoient
„d'une voix, que ſans la preſence de M. de Guiſe, il y eut eu des
„inſolences & débordemens, auſquels dés le ſoir & du matin avoit
„trés-bien pourvû, & parla à Meſſieurs de la ville les principaux.
„Que ſi l'on eût branlé le moins du monde, il y eut eu de la fo-
„lie & eut-on trés-bien joüé des mains, & les Huguenots s'en fuſ-
„ſent trouvez trés-mauvais marchands.

„ Le Colloque de Poiſſy s'enſuivit, où ce Grand, bon & Reli-
„gieux Prince voyant des nouvelletez eſtranges pour la Religion ar-
„river & s'introduire, s'en alla de dépit en ſes Maiſons de Cham-
„pagne & de Lorraine; d'où il ne bougea que la Guerre civile s'ac-
„commença à émouvoir, & ce ſix ou ſept mois aprés. Il fut envoyé
„querir par le Roy & la Reine auſſi-toſt, & paſſant par Vaſſy ar-
„riva l'émeute & le deſordre que les Huguenots alors & depuis ont
„tant appellé, crié & rénommé le maſſacre de Vaſſi. [*Ce qu'il en
„dit eſt imprimé page* 760. *du premier Volume.*] L'armée du Roy ſe

„dreſſa contre les Huguenots , là où ne faut pas douter qu'il ne s'y
„épargna pas non plus qu'aux autres précedentes Eſtrangeres , car
„c'eſtoit ſon gibier , c'eſtoit ſa vraye manne, qu'il aimoit le plus &
„où il ſe dilectoit autant qu'à la Guerre. Quand Blois , Bourges &
„Roüen furent pris, les deux de force , & l'autre par compoſition ,
„qui fut Bourges , la compoſition fut trés-bien gardée & les Capi-
„taines & Soldats qui voulurent ſervir le Roy trés-bien reçûs & traitez.
[*Ce qu'il dit icy de la priſe de Roüen eſt en ſon lieu page 8 3 4. du premier Volume.*]

„ Les Huguenots vinrent ſe planter devant Paris, je ne diray point
„pour l'aſſieger , car hormis la campagne qu'ils avoient libre d'un
„coſté , & nous auſſi de l'autre , ils eſtoient auſſi à l'eſtroit & en
„ſiege pour la Guerre que nous ; toutefois je croy bien que ſans là
„preſence de M. de Guiſe , comme on le diſoit , ils euſſent fait quel-
„que grand effort : & meſme le jour qu'ils vinrent réconnoiſtre nos
„Faux-bourgs de fort bonne façon , j'en parle ailleurs , ce Prince
„y ſervit bien là. Après avoir fait devant quelque ſéjour ſans grand
„effort de guerre , car le temps n'y fut tant occupé comme en Tré-
„ves & parlemens , ils partent par un grand matin & prennent le
„chemin de Normandie ; tant pour joindre quelques Anglois , que
„pour toucher de leur Reine quelque piece d'argent pour payer leurs
„Reiſtres venus nouvellement. Noſtre armée les ſuivit deux jours
„après conduite par M. de Guiſe , bien que M. le Conneſtable y fût
„& en eut la principale Charge comme à luy dûë , mais le bon hom-
„me eſtoit toûjours malade , comme j'ay dit parlant de luy. Les Hu-
„guenots ne voulurent que faire leur chemin ſans s'arreſter ny enten-
„dre à bataille ny combat , toutefois M. de Guiſe les pourſuit & les
„preſſe tellement qu'il les y contraint d'y venir : en quoy il fut fort
„eſtimé , car comme lors j'oüis dire , c'eſt un trait d'un trés-grand
„Capitaine , quand il contraint & mene ſon ennemy là de le faire
„combattre en dépit de luy. Auſſi , comme j'ay ſçû depuis de M. de
„la Noüe , M. l'Admiral le ſçût trés-bien dire & en loüer ce grand
„Capitaine , car bien qu'il n'eut autre envie que de gagner le lieu de
„ſa retraite : il conſidera qu'en la faiſant il ſeroit impoſſible que ce
„grand Capitaine le ſuivant , le preſſant & l'importunant & donnant
„ſur la queuë , que par quelque ſurpriſe en débande des ſiens , il n'en
„arrivât de la confuſion & deſordre , comme il arrive ſouvent en tel-
„les retraites qui ſe font ſi loin , comme celle-là ſe devoit faire. Par-
„quoy il trouva le meilleur & le plus expedient de s'arreſter, tourner
„teſte , & tenter le haſard de la bataille.

„ Ils prirent le Chef M. le Conneſtable , mirent à mal M. d'Au-
„male qui le ſecondoit , eſtant porté par terre & une épaule rom-
„puë , menerent le reſte au deſordre, au meurtre & à la fuite. J'en
„eſcrirois bien l'exploit , mais il eſt aſſez amplement eſcrit par nos
„Hiſtoriographes , & ſur tout par M. de la Noüe qui y eſtoit des plus
„avant enfoncez ſelon ſa coûtumiere valeur , qui en dit force gentil-

„les particularitez. Tant y a que cette bataille perduë M. de Guife,
„qui faifoit toûjours alte & tenoit ferme en attendant fon bien à
„ point , gagna tout ce qui eſtoit perdu & le reſtaura , & revint à
„belle victoire trés-ſignalée. Il y en eut pluſieurs qui s'ébahirent ,
„voir en murmurerent fort , que lors que ce grand Capitaine vit ce
„grand Conneſtable & ſa bataille perduë , qu'il ne l'allât ſecourir
„ preſentement ; ce qu'il ne fit , car il n'eſtoit pas temps : mais bien
„ l'épiant & l'occaſion , il chargea ſi à propos ſur le reſte des forces
„Huguenottes fraiſches qui n'avoient encore rien fait , & meſme leur
„Infanterie , qu'il fit réſuſciter tout en un coup ce que nous tenions
„dés-ja pour tout mort & enterré. Car il me ſouvient , comme y eſtant,
„qu'aprés qu'il eut vû joüer tout le jeu de perdition de la bataille ,
„& le deſordre & fuite des noſtres à la pourſuite confuſe & vauderoute
„qu'en faiſoient les Huguenots, luy qui eſtoit à la teſte, tournant les yeux
„qui çà qui là : il commanda à ſes Gens de s'entr'ouvrir pour paſſer
„un peu aiſément , & traverſant quelques rangs il ſe mit à aviſer à
„ſon aiſe , voir ſe hauſſant ſur ſes Eſtriers , bien qu'il fût grand, de
„haute & belle taille & monté à l'avantage pour mieux mirer : &
„cela fait & connu que ſon temps approchoit , il rétourne , il re-
„garde encore un peu , mais en moins de rien & puis tout à coup
„il s'écria, allons compagnons, tout eſt à nous , la bataille nous eſt
„gagnée , & puis donnant fort haſardeuſement s'en enſuivit le gain
„total de la victoire. Ce que ſçût trés-bien dire M. l'Admiral à la
„mode d'Annibal , aprés qu'il fut Maiſtre de M. le Conneſtable &
„de ſa bataille gagnée , & qu'on l'applaudiſſoit, ah ! dit-il, je vois
„là une nuée qui bien-toſt tombera ſur nous à noſtre trés-grand dom-
„mage. Auſſi lors que M. de Moüy trés-brave & trés-vaillant Capi-
„taine commença la premiere charge , il eut commandement de
„M. l'Admiral de ne point donner à l'Avant-garde qu'il ſçavoit con-
„duite de M. de Guiſe, mais de l'eſſuyer & paſſer devant, & fondre
„comme un foudre à la bataille. Ce qu'il ſçût trés-bien faire , car
„lors qu'on le vit venir , chacun de l'avant-garde ſe douta auſſi-toſt
„que le jeu y eſtoit préparé , & M. de Guiſe luy-meſme le tint pour
„certain , & s'y mit preſt pour recevoir le choc & donner auſſi à
„eux, & dit le voicy à nous ; mais tout à coup les viſmes fourvoyer
„de leur chemin que prétendions , & deſcendre & couler en bas; là
„où ils firent la raflade qui y fut & que nous voyions à noſtre aiſe
„de l'avant-garde , qu'aucuns diſoient qu'il devoit ſecourir ſon com-
„pagnon en ſon adverſité , mais depuis on connut à plein que tout
„eſtoit perdu s'il eut party & branlé. M. l'Admiral meſme & autres
„grands Capitaines le ſçûrent trés-bien dire, mais pour ne luy vouloir
„ceder tant de gloire , comme ils ne vouloient , ils diſoient que
„c'eſtoit un trait plus d'un fin & ruſé Capitaine , que non pas d'un
„zelé & curieux de la ſalvation de ſon compagnon M. le Con-
„neſtable.
„
„ A quoy , à tout cela , ſçût trés-bien répondre & dire mondit

„fieur de Guife, en une Harangue qu'il fit à la Reine Mere un mois
„aprés ladite bataille, à Blois, qu'elle y mena le Roy Charles, &
„ce fut le jour aprés de leur arrivée, que mondit S. de Guife, ainfi
„que la Reine vouloit difner, & que ce fage & refpectueux Prince
„luy eut donné la ferviette, il luy demanda fi apresdifner il luy plai-
„roit luy donner audience. La Reine eftonnée de ce mot, Jefus mon
„Coufin, luy dit-elle, que me dites-vous? je le dis, Madame, dit
„M. de Guife, parce que je voudrois bien vous réprefenter devant
„tout le monde tout ce que j'ay fait depuis mon département de Pa-
„ris, avec voftre armée que me donnâtes en charge avec M. le
„Conneftable, & vous prefenter auffi tous les bons Capitaines, &
„Serviteurs du Roy & de vous, qui vous ont fidélement fervy, tant
„vos Sujets, qu'Eftrangers & des Gens de cheval & de pied. Et en
„telle Compagnie il arrive devant la Reine qui avoit achevé de dif-
„ner. Aprés luy avoir fait grande reverence, comme il fçavoit trés-
„bien fon devoir, il luy alla difcourir tout le fuccés de fon Voyage
„depuis fon partement de Paris, & venant fur la bataille de Dreux,
„il la difcourut & réprefenta fi bien & fi au vif, que vous euffiez dit
„que l'on y eftoit encore. A quoy la Reine y prit un trés-grand plai-
„fir: fe mit fort fur les loüanges de M. le Conneftable, de M. d'Au-
„male, de M. le Marefchal de S. André, & du bon homme M. de
„la Broffe, & puis fur tous les autres tant morts que vivans, loüa
„fort les François, loüa les Efpagnols, encore qu'ils n'euffent fait fi
„grand cas qu'on eut bien dit, mais auffi ne fut leur faute & n'eu-
„rent fujet de grand combat; mais leur bonne mine affeurée qu'ils
„firent toûjours, trés-bien ferrez & rangez en leur ordre & difcipli-
„ne vieille militaire, fervit beaucoup. Sur tout il loüa fort les Suiffes
„pour leur grand combat rendu, foûtenu & opiniaftré, & pour s'eftre
„ralliez par affez de fois aprés leur défaite & grande perte de leurs
„Compagnons, & rétournez aux mains: le tout fi bien réprefen-
„tant, que ceux qui n'y avoient efté, maudiffoient de n'y avoir efté
„& eftre loüez fi bien de leur General.
„   Une chofe fit-il que l'on trouva eftrange, qu'il loüa force Capi-
„taines, & de Grands, que l'on fçavoit trés-bien qu'ils avoient gen-
„timent fuy; dont la Reine & aucuns de fes plus privez luy en de-
„manderent aprés la caufe & la raifon: il dit que c'eftoit une For-
„tune de Guerre, laquelle poffible ne leur eftoit jamais avenuë, ny
„aviendroit auffi, que pour une autre fois ils fe corrigeroient affez &
„auroient courage de faire mieux. Mais pourtant il paffoit affez lege-
„rement fur leurs loüanges, autant comme il pefoit bien celles-là
„de ceux qui avoient trés-bien fait; fi bien qu'il eftoit trés-aifé à
„juger là où il flattoit & là où il difoit vray. Sa Harangue dura
„affez long-temps, qu'un-chacun oyoit fort attentivement fans le
„moindre bruit du monde, & auffi qu'il difoit fi bien, qu'il n'y avoit
„nul qui n'en fût ravy; car c'eftoit le Prince qui difoit des mieux
„& auffi éloquent, non point d'une éloquence contrainte ny fardée,

mais naïve & militaire avec sa grace de mesme : si bien que la Reine Mere dit aprés qu'elle ne luy avoit jamais vûë si bonne. Cela
fait , il presenta tous les Capitaines à la Reine , qui luy vinrent
tous les uns aprés les autres faire la reverence , & elle qui pour lors
estoit en ses beaux ans, en ses beaux esprits , & belles graces, les
reçût fort gracieusement : & fit à M. de Guise réponse, que bien
qu'elle eut sçû paravant par ses lettres & autres qu'il luy avoit envoyé, toutes choses ; si est-ce qu'elle avoit encore reçû un extréme plaisir par le rapport de sa propre bouche , & qu'à jamais le
Roy & elle luy devoient cette grande obligation de bataille gagnée,
& à tous les bons Capitaines, qu'elle rémercia d'une fort bonne
grace , comme elle sçavoit trés-bien dire , & les asseura d'une trés-
grande réconnoissance là où l'occasion se presenteroit ,voir , la ré-
chercheroit-elle plûtost avant. Si bien qu'un-chacun se retira trés-
content de cette Princesse & de leur General. Quant à moy , je ne
vis jamais mieux dire que dit lors ce Prince , & en eut fait honte
» à M. le Cardinal son éloquent frere s'il y fût esté.
» Deux jours aprés il partit , & s'en alla devant Orleans , là où fut
» sa rencontre malheureuse , pour y estre mort pour l'honneur de Dieu,
» le soûtien de la Foy, de sa Loy & le service de son Roy: & ne faut
» point douter que s'il n'y fût point esté tué, qu'il n'eut pris la ville
» contre l'esperance du Roy & de la Reine & de tout son Conseil ;
» qui le voulurent divertir pour croire cette Place du tout imprena-
» ble , tant pour sa Forteresse que pour les bons hommes qui estoient
» dedans. Mais ils changerent d'opinion quand ils eurent vû en moins
» d'un rien les deux Faux-bourgs forcez & pris , le Portereau enlevé ,
» & les Tourelles gagnées , & nos gens avancez sur la moitié du Pont ,
» & les deux Isles prestes à estre renduës & nous y loger à leur dom-
» mage & occasion de perte de la ville. Si bien que j'ouïs dire un jour
» à mondit Seigneur. Laissez faire , avant qu'il soit un mois nous
» sommes plus prés d'eux qu'ils ne pensent : & ne le disoit point par
» venterie , car il n'estoit nullement bavard ny venteur.
» Helas ! sur ce beau dessein en s'en rétournant le soir à son logis,
» il fut blessé par ce Maraut de Poltrot , qui l'attendoit à un carre-
» four & luy donna à l'épaule par le derriere, de son Pistolet chargé
» de trois balles. Ce Maraut estoit de la terre d'Aubeterre , nourry
» & élevé par le Vicomte d'Aubeterre , lors qu'il estoit fugitif à Ge-
» néve Faiseur de Boutons de son Mestier , comme estoit la Loy là
» introduite qu'un-chacun d'eux eut métier & en vesquit tel Gentil-
» homme & Seigneur qu'il fût : & ledit d'Aubeterre , bien qu'il fût
» de Maison , estoit de celuy de Faiseur de Boutons. Moy en passant
» une fois à Genéve , je l'y vis fort pauvre & miserable. Depuis il
» fut pris à la sédition d'Amboise & condamné comme les autres ,
» mais M. de Guise à la priere de M. le Mareschal de saint André luy
» fit pardonner & sauver la vie ; ce qu'il sçût trés-bien réconnoistre
» aprés , car il suscita , prescha & anima ce Poltrot de le tuër :

[voyez

[voyez ce que
& le presenta
» de Lyon pou
» fessé & presch
» de Soubise fut
» par les Siennois
» y ayant charg
» grande peine ,
» Et Poltrot ve
» presenté à M.
» reçû de luy &
» se de l'avoir en
» pour ce en fit
» dudit Poltrot ,
» là où plusieurs
» qu'ils disoient e
» pour la meilleur
» avoit mandé &
» qu'il se donnât
» s'excusa ansi so
» ce malheureux q
» dédire des men
» put-il tant purg
» coûta la vie pa
» mort, en son
» ces mots , & v
» lant bien entend
» nuit fort , quand
» & ne l'ay point
» fait faire ; mais
» avons perdu un
» sieurs s'estonnere
» paroles, il alla
» il s'en fût bien
» D'autres diso
» me que M. de
» l'ouverture , on
» dent de M. de S
» je parle de luy a
» quoy ne faut poi
» ledit Chastellier
» & qu'il luy env
» part qu'il le ve
» pour luy apporte
» la Religion ; à
» répresenter mond

[*voyez ce que j'ay écrit sur ce sujet page 770. du premier Volume*]
" & le presenta à M. de Soubise son beau-frere qui estoit Gouverneur
" de Lyon pour les Huguenots: Tous deux l'ayans encore à part con-
" fessé & presché, le dépescherent vers M. l'Admiral, en quoy M.
" de Soubise fut accusé ingrat de force gens ; car ayant esté deferé
" par les Siennois de plusieurs choses qu'il avoit fait en Toscane,
" y ayant charge du Regne du Roy Henry, & prest à estre en
" grande peine, M. de Guise interceda pour luy.
"   Et Poltrot venu à Orleans aprés la bataille de Dreux, & s'estant
" presenté à M. l'Admiral avec des lettres de M. de Soubise, fut bien
" reçû de luy & dépesché ; surquoy mondit S. l'Admiral fut fort accu-
" sé de l'avoir envoyé faire le coup. M. l'Admiral s'en excusa fort, &
" pour ce en fit une Apologie répondante à toutes les dépositions
" dudit Poltrot, que j'ay vûë imprimée en petite lettre commune :
" là où plusieurs trouvoient de grandes apparences en ses excuses,
" qu'ils disoient estre bonnes. D'autres les trouvoient fort palliées, &
" pour la meilleure & principale, fut verifié que mondit S. l'Admiral
" avoit mandé & averty mondit S. de Guise quelques jours avant,
" qu'il se donnât garde, car il y avoit homme attitré pour le tuër. Il
" s'excusa aussi fort, quand il envoya prier la Reine de ne faire mourir
" ce malheureux qu'il ne fut premierement confronté à luy, pour le faire
" dédire des menteries qu'on disoit de luy. Pour fin, jamais ne se
" put-il tant purger qu'il ne fût fort accusé & soupçonné ; ce qui luy
" coûta la vie par aprés comme j'espere dire. Aussi M. de Guise en sa
" mort, en son Harangue qu'il fit, sans le nommer il l'en taxa par
" ces mots, & vous qui en estes l'auteur je le vous pardonne, vou-
" lant bien entendre M. l'Admiral, disoient aucuns. Un mot aussi luy
" nuit fort, quand il disoit souvent ; Je n'en suis l'auteur nullement
" & ne l'ay point fait faire, & pour beaucoup ne le voudrois avoir
" fait faire ; mais je suis pourtant fort aise de sa mort, car nous y
" avons perdu un trés-dangereux ennemy de nostre Religion. Plu-
" sieurs s'estonnerent comment luy, qui estoit fort froid & moderé en
" paroles, il alla proferer celle-là qui ne luy servoit de rien & dont
" il s'en fût bien passé.
"   D'autres disoient que M. l'Admiral l'avoit sçû par un Gentil-hom-
" me que M. de Soubise luy avoit envoyé devant, pour luy en faire
" l'ouverture, on disoit que c'estoit Chastellier-Portaut grand confi-
" dent de M. de Soubise & habile homme que j'ay connu privément,
" je parle de luy ailleurs, que l'on n'eut jamais pris par le bec. A
" quoy ne faut point douter qu'il n'y prit goust, & qu'il emboucha
" ledit Chastellier de dire à M. de Soubise que cela se tint fort secret,
" & qu'il luy envoyât le Galant, mais non pas qu'il luy dit de sa
" part qu'il le venoit trouver pour faire le coup, mais seulement
" pour luy apporter ce mot de créance qu'il avoit desir de bien servir
" la Religion ; à quoy il n'avoit autre zéle, ainsi que le sçût bien
" représenter mondit S. l'Admiral audit Poltrot ; car aprés qu'il luy

Tome II.   C c

eut répresenté ses lettres & que mondit S. l'Admiral les eut lûës devant luy : il luy dit , c'est M. de Soubise qui m'écrit & me mande comme vous avez grande envie de bien servir la Religion, vous
soyez bien venu, servez-là donc bien. M. l'Admiral n'avoit garde,
disoit-on , de se confier en ce Maraud malotru & traistre , car il
sçavoit bien que mal luy en prendroit, s'il estoit pris & découvert ,
& que tels Marauds & traistres en leur déposition gastent tout & se
débagoulent & disent plus qu'il n'y en a quand ils sont pris. Voilà pourquoy M. l'Admiral fut-fin & astut d'user de trés-sobres paroles à l'endroit de ce Maraud, mais usant de celle-là il faisoit comme le Pasteur, auquel les Veneurs ayant demandé s'il avoit vû le
Cerf qu'ils chassoient , luy qui l'avoit garanty dans sa grange sous
bonne foy, il leur dit & cria tout haut , afin que le Cerf qui estoit
caché l'entendit , qu'il ne l'avoit point vû , en le jurant & l'affir-
mant , mais il leur montroit avec le doigt & par autres signes là
où il estoit caché , & par ainsi il fut pris.

Or ce Poltrot partit d'Orleans & vint trouver M. de Guise, qui
par un beau semblant, ou pour mieux dire vilain & faux, luy dit
que connoissant les abus de la Religion prétenduë Réformée , il
avoit quitté tout à plat , & pour ce l'estoit venu trouver pour la
changer & vivre en la bonne, & servir Dieu & son Roy. M. de
Guise qui estoit tout bon , magnanime & genereux , le reçût fort
bien & amiablement ainsi qu'estoit sa coûtume , & dit qu'il estoit
bien venu , & luy fit donner un logis, le commandant aux Fouriers,
& mangeoit souvent à sa table; si que je le vis une fois venir ainsi
disner que M. de Guise luy demanda s'il avoit disné , luy dit que
non , & commanda luy faire place , ce qui fut fait. Toutes ces
courtoisies jamais ne luy amolirent le cœur qu'il n'acceptât un cheval d'Espagne de M. de la Mauvissiere [*c'est Michel de Castelnau
Auteur de nos Memoires*] qui lors estoit avec le Camp [*il y avoit
esté envoyé de la Cour*] Gentil-homme de bonne part & fort rénommé depuis pour la Pierre Philosophale avec M. de Savoye qu'il
trompa de plus de cent mille escus. Il fut rendu six-vingts escus
que M. de Soubise luy avoit donnez. On disoit que ç'avoit esté M.
l'Admiral , mais il estoit trop habile pour faire ce coup , aussi ledit Poltrot ne l'avoüa pas. Il accompagna souvent M. de Guise
avec tous nous autres de son logis jusques au Portereau, où tous les
jours mondit S. alloit , & pour ce cherchoit toûjours l'occasion
opportune jusques à celle qu'il trouva, où il fit le coup : car elle
estoit fort aisée, d'autant que le soir que mondit Seigneur tournoit,
il s'en venoit seul avec son Escuyer ou un autre, & cette fois avoit
avec luy M. de Rostain , & venoit passer l'eau du Pont S. Mesmin
dans un petit Bateau qui l'attendoit tous les soirs , & ainsi passoit
avec deux chevaux : & s'en alloit en son logis qui estoit assez loin.
Estant sur un carrefour qui est assez connu , & trop pour la perte
d'un si grand homme , l'autre qui l'attendoit de guet-à-pens luy

luy donna le
de Guise se se
me devoit cel
cœur se retira
Chirurgiens de
bout de huit jo
Si faut-il que
fort expert en
des paroles pr
gneur pour le
grande à d'au
d'autant, dit-
& qu'il ne vou
la Divine bon
& qu'il en sero
de s'adonner à
gion & le saint
ler Dieu, aima
cela, & me
l'eut guery , ce
Ce bon & br
cela fut cause
M. de Serre,
Commissaire de
fications & Mag
& qui avoit vû t
& Toscane , &
beaucoup de so
rémontra qu'il
seroit un grand
reau en son logi
au lieu de la gra
d'aller passer a
de 4. à 500.
tre Roy , il en
car un-chacun
serons bien de
c'est assez, ces
service du Roy,
Pont eut esté fai
pagné nostre Ge
tions allé faire l
ainsi , luy trés-
coup : lequel sç
quer que par cet
il fut pris , ou P

„luy donna le coup & puis se mit à crier, prenez-le, prenez-le. M.
„de Guise se sentant fort blessé, pancha un peu, & dit seulement, l'on
„me devoit cela, mais je crois que ce ne me sera rien, & avec un grand
„cœur se retira en son logis ; où il fut aussi-tost pansé & secouru des
„Chirurgiens des meilleurs qui fussent en France, mais il mourut au
„bout de huit jours.

„ Si faut-il que je dise ce mot , que M. de S. Just d'Alegre estant
„fort expert en telles cures de playes par des linges & des eaux &
„des paroles prononcées & meditées , fut presenté à ce brave Sei-
„gneur pour le panser & guerir , car il en avoit fait l'experience
„grande à d'autres. Jamais il ne le voulut recevoir ny admettre ,
„d'autant , dit-il , que c'estoient tous enchantemens défendus de Dieu,
„& qu'il ne vouloit autre cure ny remede que celuy qui provenoit de
„la Divine bonté & des Chirurgiens & Medecins ordonnez d'elle ,
„& qu'il en seroit ce qu'il luy plairoit , aimant mieux mourir que
„de s'adonner à tels enchantemens prohibez de Dieu. Voilà la Reli-
„gion & le saint scrupule qu'avoit ce bon Prince à ne vouloir offen-
„ser Dieu, aimant mieux mourir que de l'offenser en cela. Je vis tout
„cela , & me dit M. de S. Just qui estoit mon grand amy , qu'il
„l'eut guery , ce qui est fort à noter.

„ Ce bon & brave Prince pour épargner 1200. francs à son Roy ,
„cela fut cause de sa mort , car il me souvient que le bon homme
„M. de Serre , qui lors estoit Financier en cette armée & grand
„Commissaire des vivres, Secretaire du Roy, Surintendant des Forti-
„fications & Magazins de France , un trés-habile homme de son Meitier
„& qui avoit vû toutes les Guerres de France de son temps en Piémont
„& Toscane , & que M. de Guise aimoit fort , & en qui il avoit
„beaucoup de soulagement : ce bon homme donc M. de Serre luy
„rémontra qu'il devoit faire r'habiller le Pont de S. Mesmin , qui
„seroit un grand soulagement pour luy en allant & venant du Porte-
„reau en son logis , & pour toute sa Noblesse qui l'accompagnoit ,
„au lieu de la grande peine , fatigue & grand tour que nous faisions
„d'aller passer au Pont d'Olivet , & que ce ne seroit qu'à l'appetit
„de 4. à 500. escus ; M. de Guise luy dit , épargnons l'argent de nos-
„tre Roy , il en a assez affaire ailleurs , tout luy est bien de besoin ,
„car un-chacun le mange & le pille de tous costez : nous nous pas-
„serons bien de ce Pont , & moy-mesme que j'aye mon petit Bateau,
„c'est assez, ces 500. escus seront bien besoin ailleurs pour un autre
„service du Roy, qui importera plus que celuy-là. De sorte que si ce
„Pont eut esté fait à l'appetit de peu, nous eussions toûjours accom-
„pagné nostre General par le Pont jusques à son logis , & ne fus-
„sions allé faire le tour & passer à la débandade à Olivet : & par
„ainsi , luy trés-bien accompagné , ce Maraud n'eut jamais fait le
„coup : lequel sçût trés-bien dire qu'autrement il ne l'eut osé atta-
„quer que par cette occasion , qui certes estoit fort aisée. Pour fin
„il fut pris , ou par la volonté de Dieu ou qu'il n'eut le cœur & l'a-

„vis de se sauver , car il courut toute la nuit , & pensant estre loin
„du camp pour le moins de dix lieües, il s'en trouva prés de deux.
„Il confessa tout , & moy-mesme je parlay à luy. Il avoüa toûjours
„M. de Soubise & d'Aubeterre l'avoir suscité & presché , pour quant
„à M. l'Admiral , il varioit & tergiversoit , tant en ses interroga-
„tions , comme en ses dires de la gehenne & de sa mort ; il fut ti-
„ré à quatre chevaux.

„　Si faut-il que sur ce je fasse ce petit conte de moy. Ayant quel-
„que differend & querelle avec le S. d'Aubeterre [*c'est sans doute*
pourquoy il le traite si mal, & il n'est pas assez secret pour cacher la
cause de leur inimitié, qui paroist malgré luy en quelques endroits de ses
Memoires , je n'en diray point davantage , parce que leur differend est
de ceux qu'il ne faut point reveler] „encore qu'il eut épousé ma nié-
„ce : M. du Maine le soûtint contre moy sur un sujet qui seroit long
„à dire , & que cela ne vaut pas le parler. J'en fis le conte à M. de
„Guise , & luy dis que n'eusse jamais pensé que son frere M. du Mai-
„ne eut soûtenu Aubeterre ; duquel le pere avoit fait tuër son pere ,
„contre moy qui n'avois esté que son Serviteur & de sa Maison , &
„que lors qu'il fut tué je portois les armes pour luy , & pleuray &
„regretay fort sa mort. M. de Guise trouva ce trait fort estrange &
„guere bean , & me dit que ce nom d'Aubeterre devoit estre pour
„jamais trés-odieux à la Maison de Guise. Encore depuis M. du
„Maine l'associa avec luy en la Ligue , mais l'autre la luy donna
„bonne , car dans six mois il le quitta à plat & se moqua de luy ,
„& bien employé.

„　Voilà la vie & la mort de ce grand Prince décrite le plus som-
„mairement que j'ay pû , & si sa vie a esté admirable , sa mort a esté
„autant regretable par toute la Chrestienté , car des plus grands jus-
„ques aux plus petits elle fut pleurée , regretée & celebrée de toutes
„sortes d'honneurs , que l'on doit à un tel & si grand Prince Chres-
„tien. J'en escrirois les superbes obseques qui en furent faites en Fran-
„ce , que j'ay vûës , & autres Pays estrangers , que j'ay ouï dire ,
„mais cela ne serviroit de rien. En quoy faut noter que si sa mort
„fut fort regretée en ce coup-là , elle fut aprés bien vengée à la S.
„Barthelemy , & bien autrement que celle de M. son fils dernier ,
„dont l'on n'en sçauroit dire une vengeance pour un seul double , ny
„sur les auteurs , conseillers & executeurs qui se promenent par tout
„la teste levée , dont l'on s'estonne fort: encore plus qu'il n'y en a
„aucune apparence de vengeance ; si ce n'est qu'on se veuille aider
„de la Devise de leur grand bisayeul , le bon & brave Roy René de
„Sicile , qui avoit pour Devise pris deux Bœufs labourans la terre ,
„avec ces mots , *passo à passo* , comme voulant dire & inferer que
„pas à pas mornes & lents on parvenoit enfin à son œuvre & be-
„sogne : ainsi que fit à ce coup M. de Guise ce brave fils , qui six ans
„aprés ou plus se vengea comme il falloit de tout à la S. Barthele-
„my. Aucuns Huguenots les plus passionnez ne regreterent point le

„bon Prince que je dis , & d'autant plus grande estoit sa gloire en-
„vers Dieu & les hommes Catholiques. Si en eut-il aucuns, Hugue-
„nots d'honneur , & mesme plusieurs Gens de Guerre & de braves
„Soldats, qui le regreterent fort & en dirent grands biens, comme
„j'ay vû. Plusieurs composerent plusieurs beaux tombeaux en son hon-
„neur , & le premier qui en fit, fut ce grand M. le Chancelier de
„l'Hospital, aussi grand Poëte que Senateur. Je le vis aussi-tost qu'il
„fut fait. Il estoit donc tel en mots fort brefs , mais pourtant de
„grande substance estoient-ils pleins.

> *Quem non bellorum rabies, non hostilis ensis*
> *Abstulit in mediis versantem sæpe periclis,*
> *Hunc infirma manus scelerato perdidit astu*
> *Æternis justo redimitum Marte coronis.*

„Il fut aprés ainsi traduit.

> *Celuy que la fureur des Guerres plus cruelles,*
> *N'y le glaive ennemy aux dangers n'a osé,*
> *Par la debile main d'un traistre est emporté,*
> *Couronné justement des gloires immortelles.*

„Le Latin emporte le François. Il y eut aussi M. d'Aurat grand
„Poëte Latin & Grec, qui en fit un , mais pour sa prolixité je ne le
„mettray icy tout au long , sinon les quatre premiers Vers & der-
„niers, qui sont.

> *Fortia si fas est sua fortibus acta referre,*
> *Inque suas laudes testibus esse sibi.*
> *Fas mihi Guisiadæ , qui bella tot inclita gessi,*
> *Vero quæ feci fortiter ore loqui.*

> *Fraude perit Virtus , quia non nisi fraude perire*
> *Vera potest Virtus ; si tamen illa perit.*
> *Sed non illa perit cujus laus usque superstes*
> *Fraude vel invita , vel manet invidia.*

„ Or pour réprendre ces mots de M. d'Aurat parlant des vaillances
„de ce grand Prince, il ne faut dire autrement qu'il n'en ait esté
„remply autant que Prince du monde, ainsi qu'il les a fait paroistre
„en tous les combats où il a jamais esté, si hardiment toûjours, plus
„que le moindre Gendarme & Soldat du monde : car naturellement
„il estoit fort ambitieux toûjours, tout jeune qu'il fut : & là où
„l'ambition entre dans l'ame d'un jeune homme , il faut qu'il se ha-
„sarde par tout pour la faire valoir. Ainsi qu'il fit au voyage &
„à la Conqueste de Luxembourg par M. d'Orleans, là où il fut bles-

„fé d'une grande Arquebufade par trop fe hafarder. Puis à l'Affaut de
„Laumellina; en eut auffi une à la guerre de Boulogne, il s'avança & en-
„fonça fi avant dans la meflée du combat, qu'il eut un grand coup de
„Lance entre l'œil & le nez, & entra fi avant qu'elle s'y rompit & en
„rapporta un gros tronçon, qui eftoit fi bien joint & attaché à la
„tefte; que j'ay ouï dire au bon homme M. Nicolas Lavernot trés-
„experimenté Chirurgien, qui aida à le panfer, qu'il luy fallut met-
„tre le pied contre la tefte pour en tirer de grande force le tronçon,
„dont il endura beaucoup de douleur & en cuida mourir, comme
„de fait on le tint mort long-temps: mais avec fon bon courage il
„en échappa, car il laiffoit faire aux Chirurgiens tout ce qu'ils vou-
„loient. Auffi le panferent-ils fi bien qu'il eut la vûë & la vie fauve,
„qui fut un grand cas qu'il ne la perdit & l'œil & tout, mais il l'a-
„voit auffi beau & bon qu'auparavant, & jamais ne parut & en rien
„a efté difforme. Comme certes c'eftoit un beau Prince de belle fa-
„çon & apparence, & qui fentoit bien fon grand & vaillant homme
„de Guerre, & qui eut toûjours fait peur à fon homme, qui l'eut
„voulu attaquer. [*Sur cela il parle de l'entreprife de le faire tuër par
ceux de la Conjuration d'Amboife, & raconte l'hiftoire du Capitaine Ma-
zieres rapportée fol. 388. du premier Volume.*]

„En cette mefme Conjuration fut pris le S. de Caftelnau de Bigor-
„re [*Caftelnau Chaloffe, dont il eft traité page 386. du mefme tome*]
„duquel j'ay parlé cy-devant. Il fut executé comme les autres. Quelques
„trois ans aprés, vint à la Cour à la fuite de M. le Prince un fien neveu,
„que l'on nommoit le Capitaine Bonnegarde, que j'ay connu gentil
„Soldat & brave. Il fe ventoit en quelques endroits qu'il vengeroit
„la mort de fon oncle Caftelnau, & qu'il tuëroit M. de Guife. Il le
„fçût, & fans aucunement s'en effrayer, il fe le fit montrer pour le con-
„noiftre, & l'ayant bien vû & contemplé, il ne dit autre chofe, fi-
„non, il ne me tuëra jamais. Au bout de quelques jours il luy fit fai-
„re le guet quand il s'en iroit au Parc de S. Germain luy feul avec
„un autre fe promener. Son Efpion luy vint dire un jour comme il
„eftoit feul entré dans le Parc avec un autre Capitaine avec luy. Sou-
„dain M. de Guife va aprés & prend avec luy le jeune la Broffe,
„trés-brave & trés-vaillant Gentil-homme, fils du bon homme M.
„de la Broffe [*il s'appelloit Jacques de la Broffe*] vray Chevalier
„d'honneur & fans reproche. Tous deux ainfi s'en vont fans autre
„compagnie, non pas d'un feul Page ny Laquais, aprés leurs hom-
„mes: ils les trouverent qu'ils avoient fait leur tour d'allée qui s'en
„rétournoient: M. de Guife ne fit que dire, voicy nos, ne bougez
„que je ne bouge, & va droit à eux d'un vifage affeuré & qui mon-
„troit ce qu'il vouloit. Ce fut Bonnegarde & fon compagnon qui
„firent place & donnerent paffage à M. de Guife, & fe mirent à cofté
„en oftant leurs bonnets, les faluans fort reverencieufement. M. de Guife
„aprés avoir un peu arrefté paffe outre, & puis tourne fon petit pas
„aprés les autres, fans s'émouvoir & dire autre chofe que nous en

„avons prou fait, la Brosse, mon homme ne me tüera pas jamais,
„il est plus respectueux, bon & courtois que l'on ne me l'avoit rap-
„porté ; mais je vous jure, s'il ne m'eut salué, je l'eusse tué tout roi-
„de, cependant qu'eussiez tué le vostre : pour ce coup il faut estre
„un peu sage , ils n'emportent rien du nostre & ne nous tüeront ja-
„mais. M. le Prince sçût le trait qu'il trouva trés-beau , & en fit
„toutes les excuses du monde à M. de Guise, & que c'estoit de faux
„rapports que l'on luy avoit fait. M. de Guise ne luy fit autre répon-
„se, sinon luy dire, quand ce mauvais voudra il me trouvera toû-
„jours. Aucuns s'estonnerent que M. de Guise ne le tua, mais il ré-
„pondit qu'il estoit plus vengé par si humble satisfaction que s'il l'eut
„tué ; par laquelle l'autre montroit qu'il n'eut tenu tels propos, ou
„bien qu'il s'en répentoit, ou bien n'osoit faire ce qu'il s'estoit ven-
„té : aussi qu'il valoit mieux songer & aviser à tüer un homme qu'une
„beste feroce.

„ A la bataille de Renty il avoit pour son Lieutenant M. de S. Pha-
„le [*Anne de Vaudray Bailly de Troye*] lequel pour s'estre avancé
„ & party plûtost qu'il ne falloit , M. de Guise alla à luy de colere
„ & luy donna un grand coup d'épée sur sa Salade pour le faire ar-
„rester. Cela luy fascha fort & luy dit, comment Monsieur vous me
„frappez , vous me faites tort. M. de Guise ne s'y amusa pas autre-
„ment & alla au plus pressé, & comme aprés la bataille on luy dit
„que S. Phale se sentoit offensé de ce coup & le vouloit quitter. M.
„de Guise dit, laissez-le faire, je le contenteray, & le trouvant en la
„Tente du Roy , il luy dit devant tout le monde. M. de S. Phale
„vous vous tenez offensé d'un coup d'épée que je vous donnay hier,
„parce que vous vous avanciez trop , il vaut trop mieux que je vous
„l'aye donné pour vous faire arrester en un combat où vous alliez trop
„hasardeusement, que si je vous l'eusse donné pour vous y faire aller
„ & avancer en le refusant poltronnement ; si bien que ce coup, à le
„bien prendre , vous porte plus d'honneur que d'offense : & voicy
„tous ces Messieurs ces Capitaines qui m'en peuvent estre témoins ,
„qui admirerent tous ces beaux mots & cette belle satisfaction, par
„quoy vivons , dit-il , comme devant : ce qui fut fait. M. de
„Guise le dernier me fit ce conte à la Cour, lors que Bussy &
„S. Phale eurent querelles ; son bon homme de pere S. Phale y
„vint pour assister son fils.

„ Maintenant il est temps de faire une fin à ce Discours de ce
„grand Duc de Guise, qui a vescu & est mort, comme j'ay dit,
„chargé plus de gloire & de dettes, qu'il laissa à Madame sa femme
„ & à Mrs. ses enfans, que de Finances ; car il devoit plus de deux cens
„mille escus quand il est mort. Et le rétranchement de la dépense
„que Madame de Guise fit à ses enfans, principalement aux deux
„plus jeunes M. du Maine & M. le Cardinal de Guise depuis qu'il
„fallut qu'elle les mit au College de Navarre, où ils demeurerent
„quelques années pour estudier : M. de Guise encore jeune pour sui-

„vre fon Roy & fa Cour , fallut qu'il tint train & maifon , mais
„non fi grande comme il a fait depuis , encore qu'il ne fe fut ac-
„quitté de fes dettes ; car cinq ans auparavant qu'il mourut , il me
„dit qu'il devoit plus de deux cens cinquante mille efcus , bien qu'il
„eut époufé Madame fa femme de la Maifon de Nevers , fort riche
„& belle heritiere , & eut récueilly la fucceffion de M. le Cardinal
„de Lorraine fon oncle , qu'un chacun penfoit trés-belle & bonne.
„Mais mondit Seigneur de Guife me dit aprés fa mort , que je luy
„difois & faifois la guerre qu'il feroit à cette heure fort riche &
„qu'il payeroit fes dettes aux dépens de la fucceffion nouvelle ; il
„me jura qu'il luy avoit laiffé autant de dettes que M. fon pere ,
„& pour ce , qu'il vouloit vendre du bien pour s'en ofter , car elles
„l'importunoient par trop. Voilà pourquoy il vendit la Comté de
„Nanteuil l'une de fes bonnes pieces à M. de Schomberg.

La mort du Duc de Guife renverfa tous les grands deffeins qu'a-
voit le Cardinal de Lorraine fon frere , de le faire Chef du Party
Catholique en France , & de lier une forte correfpondance avec le
Pape & toute la Maifon d'Auftriche ; qu'il prétendoit engager par
fes propres interefts à occuper en Allemagne les forces des Princes
Proteftans de la Germanie , & en Angleterre celles de la Reine
Elifabeth , en menageant le Mariage de la Reine d'Efcoffe Marie
Stuart fa niéce avec l'Archiduc Charles l'un des fils de l'Empereur.
Cette grande affaire eftoit en Negociation , quand il reçût cette mau-
vaife nouvelle , qui d'abord ébranla fort fa conftance & qui fut la
ruïne des affaires d'Efcoffe ; pour le fecours de laquelle il réfolut de
continuer & de hafter la conclufion de ce Mariage : & c'eft le fujet
principal de la lettre fuivante qu'il efcrivit à Bernardin Bochetel
Evefque de Rennes., Ambaffadeur de France auprés de l'Empereur.

Monsieur de Rennes, *j'ay efté quelque temps fans vous ef-*
crire , eftant détenu du jufte deuil que j'avois de la perte de M.
mon frere , & bien qu'entre nous deux il y eut une parfaite amitié fra-
ternelle , comme vous fçavez ; fi eft-ce que cela ne me l'a point fait tant
regreter pour quelque affeciion particuliere que je luy euffe , que pour
le bien public & le fervice de Dieu & du Roy , aufquels il eftoit en ce
temps-cy grandement neceffaire. Toutefois je m'en fuis finalement refolu
comme de chofe venant de la main de Dieu , de laquelle je vous prie
vous condouloir avec fa Majefté Cefarée ; luy baifant trés-humblement
les mains de ma part. Et outre ce vous luy pourrez dire que j'ay reçû
depuis peu de jours des nouvelles de la Reine d'Efcoffe, qui me mande avoir
eu fa part de la Rebellion que font maintenant métier de faire les Sujets
à leurs Princes , & que un Comte de Huntley & fes enfans avoient fait
fous-main telle affemblée de Gens, qu'elle eftoit fort en grand danger , fi elle
n'en eut efté avertie : mais que cette pratique découverte , elle donna fi
bon ordre à lever promptement des Gens, qu'elle en eut affez pour leur don-
ner bataille , en laquelle Dieu-mercy la force luy demeura ; ayant fait
faire

faire des *Vaincus* telle punition , qu'elle se rétrouve en son premier repos : faisant tout ce qui luy est possible pour réduire ses Sujets dévoyez
au saint chemin de l'Eglise, en laquelle elle veut vivre & mourir. Comme vous pourrez voir par la lettre qu'elle m'en escrit de sa main le 30.
Janvier, laquelle je vous envoye, afin que vous la montriez à Sa Majesté & la copie de la lettre qu'elle escrit au *Pape*, dont elle fait mention
par sadite lettre ; laquelle vous me renvoyerez, & supplierez S. Majesté de m'excuser si je prens la hardiesse de l'empescher de tout cela : &
que c'est le desir que j'ay de voir ladite *Dame* alliée de luy, qui le me
fait faire, m'asseurant que je ne sçaurois porter d'elle témoignage qui
luy soit plus agréable, que luy sera celuy de cette bonne devotion qu'elle a de vivre en l'observance des *Commandemens de l'Eglise*. Vous aurez
bien entendu la mort de feu Monsieur le *Cardinal de Mantoüe*, & l'extrême maladie de *M. de Seripande*, qui me gardera vous faire la presente plus longue ; priant le *Créateur* vous donner, Monsieur de Rennes, entierement ce que mieux desirez. De Trente ce 16. jour de Mars
1562.

Vostre bon frere & amy ,
C. Cardinal de Lorraine.

Aprés est escrit de sa main. *Il nous vient deux Legats nouveaux*
[à la place des Cardinaux de Mantoüe & Seripande] *les Cardinaux*
Moron & Navagier.

Ce luy fut peut-estre un nouveau sujet d'affliction qu'en mesme
temps de cette perte, qui fut encore accompagnée de celle du
Grand Prieur son frere, il fût privé de l'honneur qu'il croyoit meriter de succeder au *Cardinal de Mantoüe* ; mais le *Pape* vouloit en
ce grand Employ de personnes confidentes & qui ne pussent pas
porter dans les Cours Estrangeres le secret de sa conduite. Il est
public que le *Cardinal de la Bourdaisiere* parla au *Pape* en sa faveur,
mais nous apprendrons par la lettre originale de ce *Cardinal* à l'E-
vesque de Rennes, qu'il n'en avoit aucune charge de luy, & qu'il
l'entreprit de son chef. Je la donne icy d'autant plus volontiers qu'il
y est parlé de la mort du *Duc de Guise* & qu'elle sert à l'Histoire du
Concile.

MONSIEUR, tout ce que j'ay à dire sur la vostre du 22. Février
que je reçûs hier, est qu'encore que ce me soit trés-grand plaisir
d'avoir souvent de vos lettres, si serois-je plus marry que n'eussiez plus
d'égard à vostre commodité qu'à mon desir. Si les *Contemplatifs* veulent
donner quelque jalousie au *Pape* de cet abouchement [que la Reine Catherine sollicitoit avec l'Empereur & le Roy de Hongrie] & Colloque : je ne pense pas que S. Sainteté soit pour y prendre pied. Je pense vous avoir autrefois escrit comme je luy ay pieça & souvent dit, que
si elle en sçait bien user, le *Cardinal de Lorraine* & les *François* seront

venus au Concile pour le grand bien de la Chreſtienté & Religion, hon-
neur & gloire du Pape , & eſtabliſſement de ſa grandeur & autorité.
J'en ay dit les moyens , que je cuide eſtre ſi bien fondez qu'il n'y a point
de réponſe. Vray eſt que l'un des principaux eſtoit un ſecours gaillard à
noſtre France , & en temps opportun , & je ſuis aſſeuré que le profit eut
ſurmonté la dépenſe. Surdo cecini , ce que j'impute à mes debiles rai-
ſons ou mauvaiſe façon de les dire , comme auſſi fais-je ce que je tentay
Dimanche dernier parum feliciter. Le ſoir précedent eſtoit arrivée la
nouvelle de la mort du Cardinal de Mantoüe. Le lendemain matin nous
fiſmes deux Legats avant que d'aller à la Meſſe. Le temps eſtoit bien court,
& eſtois avec ma grande chappe avec les autres Card:naux, attendant le Pa-
pe , qui ne nous avoit fait intimer aucune Congregation , & n'eſtions aſ-
ſemblez que pour aller à la Meſſe ; aprés laquelle il couroit quelque
bruit qu'il pourroit avoir une Congregation : qui ſe devoit ſelon la coûtu-
me , quand elles ſe font ainſi à l'improviſte , intimer aprés l'Agnus Dei,
par le Maiſtre des Ceremonies , mais elle fut faite ſans aucune intimation
en la Sale où le Pape ſe reveſt , idque devant la Meſſe. A vous dire
la verité , je ne l'euſſe pas aiſément crû ſi je ne l'euſſe vû , & euſſe gagé
que ſi ſoudainement l'on eut dépeſché une choſe de telle importance com-
me il me ſembloit : qui fut cauſe que poſtpoſant toutes hontes & reſpeЄts
je fis tant que j'eus audience de noſtredit S. Pere avant qu'il vint en la
Sale où nous l'attendions : & luy récorday ce que je pus & ſçûs pour
l'induire à ſuperſeder pour quelques jours , & au cas qu'il ne vouluſt
commettre cette charge à M. le Cardinal de Lorraine , qu'au moins il ſe
contentaſt de ceux qui eſtoient-là , ſans le faire préceder de tant de Gens.
Je le trouvay ſi réſolu , qu'il n'y eut ordre de le faire changer de propos.
Je n'avois nulle charge de ce faire de mondit S. le Cardinal , & ce que
j'en diſois n'eſtoit que pour le Public & le ſervice de ſa Sainteté.

Nous ſommes icy merveilleuſement troublez de la nouvelle qui eſt ve-
nuë de Veniſe de la mort de M. de Guiſe , où il me ſemble qu'il y a peu
d'apparence ; car la Seigneurie n'en eſcrit rien à ſon Ambaſſadeur , mais
ſeulement un particulier, accuſant lettres de France du 23. ſans dire de
quel lieu , & dit qu'il eſtoit trépaſſé le 21. [ce fut le 24.] c'eſt cho-
ſe eſtrange que mondit S. le Cardinal n'en eut rien eu le 6. ny le 7. qui
ſont 13. jours francs , & aujourd'huy c'eſt le 19. qu'il n'eſt rien venu du
Legat ny du Nonce. Si Dieu nous vouloit tant punir , nous pourions ce
me ſemble dire aЄtum eſt & de la Religion & de l'Eſtat , & de tous
les Gens de bien. Je voudrois bien avoir ce bien que de vous voir , mais
à ce que je vois je n'en ſuis preſt , car à ce ſoir M. l'Ambaſſadeur m'ap-
porta lettres du Roy & de la Reine , qui m'ordonnent de prendre les aſ-
faires en main , juſques à ce qu'ils ayent pourvû d'un Ambaſſadeur en
la place de M. de l'Iſle qui a à la fin obtenu ſon congé , toutefois n'a
encore argent pour ſatisfaire aux dettes qu'il a faites icy. J'entens que
c'eſt M. d'Eſcars qui luy ſuccede , mais il n'eſtoit encore à la Cour où
l'on l'avoit mandé. Quant aux Commandes , il n'y a homme qui ſoit plus de
voſtre avis que moy , qui dis tout haut que ſi S. Pierre deſcendoit icy ,

je suis asseuré qu'il ne seroit d'avis de m
les Abbayes en titre : & ne vois point q
& si ne sçay si ce ne seroit moins mal j
Commande, que de le bailler à des Moin
il y auroit peut-estre grand mal d'en anne
les engraisser, & aussi contraindre de ré
ter honneste moyen de vivre. Ils en diront
té his moribus multum detrahit dignita
ayent dequoy se maintenir dignement &
Tout ce que j'en dis est sauf meilleur jugen
& du Concile, mais qui me voudroit cro
ne valut quinze ou vingtmille francs. J
chant que ne faites trésor de mes lettres. N
tre Don Loüis d'Avila, vous devez mieu
icy ce qu'il y vient faire. J'enteins que c'es
dre les Vasselages en récompensant l'Eglise
gagne quant au revenu, mais perd beaucou
dispense de marier le Prince [Charles d'Esp
ne d'Austriche veuve de l'Infant de Portu
cette lanternerie [l'Empire] des Indes. Vo
je me vais très-affectueusement recommender
nostre Seigneur, Monsieur, qu'il vous doint
De Rome ce 12. de Mars.

Vostre plus af

PHIL. CARDINA

Il adjouste du lendemain 13. qu'on atter
de Guise & que d'Avila estoit arrivé à Sie

Le Cardinal de Lorraine estant allé diger
ne, il luy arriva encore une disgrace qu'il tint
j'apprens d'une lettre du 21. du mesme mois d
par J. de Morvillier Evesque d'Orleans au n
son neveu. *Monseigneur le Cardinal estoit all*
à dix milles d'icy pour se désennuyer, & esto
& M. d'Evreux ; hier matin estant allé se p
ses Gentils-hommes & autres de sa suite s'exerc
chers. Les uns qui estoient déja au-dessus firen
ou se joüans, quelques pierres. L'une qui esto
un lieu fort estroit le petit Romanoch, & luy n
veau ; de sorte qu'il s'en alla roulant aval jusq
cette nuit : dont ledit Seigneur s'est fort attrist
le cas qui est de soy miserable, ce luy est présa
avint en sa presence.

DE JEAN DE MEREY DIT POLTROT, ASSASSIN
du Duc de Guise.

Quelque perte que fit la France en la mort du Duc de Guise, celle des Huguenots fut sans comparaison plus grande par la juste indignation qu'ils attirerent sur leur Party, en se glorifiant d'un meurtre dont ils pouvoient profiter mesme en le détestant; mais leur aveuglement estoit si estrange (je parle des Zélez) & leur passion si furieuse, qu'il n'y avoit point de crime qu'ils n'honorassent, pourvû qu'on s'en servit contre les Catholiques, & ils se l'envioient les uns aux autres, pour meriter quelques Eloges de leurs confreres. Le vieil Testament & la Loy de rigueur n'ont point d'exemples de cruauté que les Ministres de ce temps-là ne preschassent, & comme ils estoient puissans en paroles, & fort considerez par les Protecteurs de leur nouvelle Eglise, c'est un miracle qu'il ne se soit trouvé qu'un Poltrot parmy tant d'esprits plus foibles que meschans, qui s'abandonnoient à leur conduite, & qui n'estoient pas moins persuadez du merite des assassinats, que ces miserables de l'Orient qui venoient tuër jusques dans leurs Tentes nos anciens Conquerans de la Terre Sainte, & qui s'estimoient bien-heureux de se faire assommer & égorger sur de si illustres Victimes. Toutes les Religions sont sujettes à ces excés, & la nostre mesme n'en fut pas exempte au temps des Guelphes & des Gibellins, & depuis encore au temps de la Ligue; car ce prétexte est si puissant qu'il brise tous les liens du sang & de la nature, & qu'il destruit toutes les Loix de la societé civile, en élevant Autel contre Autel. Il ne se faut donc pas estonner si Lucrece a dit par un esprit de devination, que la Religion a enfanté les actions les plus execrables. En effet c'est un glaive dans la main d'un furieux que la parole de Dieu en la bouche d'un Prédicant de nouvelle opinion, & mesme d'un Prédicateur qui n'a point de Mission d'en-haut, qui est choisi par un party d'Estat, qui n'a que de la passion & de l'interest & point de charité.

La conspiration de Poltrot ne se fit point avec participation de l'Admiral de Chastillon, du Comte de la Rochefoucaut, & des Sieurs de Soubise & de Feuquieres, & je doute mesme avec beaucoup de raison que le S. de Brantosme n'y ait adjoûté pour complice le S. d'Aubeterre, à cause de la haine qu'il portoit à son fils, quoy que mary de sa niéce. Cela ne se peut croire de Personnes de cette qualité, & il est si mal prouvé par les interrogatoires du Meürtrier, qu'il est aisé de voir qu'il n'avoit autre dessein en les accusant, que de s'avoüer des Chefs d'une Faction qui avoit les armes à la main: & peut-estre que Theodore de Beze & quelques autres Ministres, qui faisoient leur Guerre à part & qui l'avoient induit, luy avoient proposé cet expedient pour estre traité en prisonnier de Guerre s'il estoit pris, & mesme luy avoient promis de le faire révendiquer avec protestation de répresailles. Il estoit de leur interest de n'estre pas seuls Auteurs d'une si méchante action, & d'y engager tous les Huguenots ensemble, & c'est dequoy ils vinrent à bout, principalement envers le Vulgaire ignorant & passionné pour leur Doctrine, par le soin qu'ils prirent de loüer en toutes sortes de Langues la malheureuse main & la detestable memoire de cet Assassin ; dont ils firent un Martyr de la vieille Loy, faute de trouver des exemples dans la nouvelle. Ainsi ils attirerent sur tout leur Party la haine d'une conjuration particuliere, qui fut si cruellement expiée en la sanglante journée de la saint Barthelemy ; de laquelle la Maison de Guise ne se pouvoit pas mieux défendre, que par les preuves d'une complicité universelle de la part de tous les Huguenots, qui parut par les Libelles & les Pasquils que les uns composerent & que tous les autres avoüerent ensuite, contre la memoire du Duc de Guise & en la loüange de Poltrot. J'en ay deja donné quelques-uns au Traité précedent, & en voicy d'autres que j'ay recueillis des Manuscrits du temps, mais je n'oserois dire que cette premiere piece qui porte pour titre *Poltrotus Meræus Adriani Turnebi*, soit d'un si fameux * Auteur. Quoy qu'il en soit, si le sujet répugne à une réputation si justement establie d'ailleurs par de plus dignes Ouvrages, il est neantmoins executé d'une sçavante main & d'un stile qui a beaucoup de rapport au sien. C'est un témoignage que les plus grands Esprits ne sont pas exempts des derniers emportemens, quand ils se laissent engager dans les partis d'Estat & de Religion.

> Vincimur & vinci demum suavissima res est,
> Si quando meritis cumulum conceât honorum :
> Carminibus nedum virtutis gloria crescat,
> Ampla suis satis, externa ornamenta recusans.
> Nec spectata tibi laus est, cum fortiter illud
> Conscisti æterna facinus memorabile fama,
> Lilia dum cultis inerunt, flos aureus hortis,
> Nulla tamen potior veterum medicina malorum
> Nomine quam clari quæ vindicis hæret in uno.
> Fors etiam irarum cum deflagraverit æstus
> Res ubi non odiis sed se spectabitur ipsa,
> Conspicuus fulvo stabit MERÆUS in auro,
> Atque idem ornabit, salvam qui præstitit urbem,
> Sublatoque, moram pacis qui sustulit, hoste.
> Interea quò nos pietas invitat eamus,
> Si qua magna levi cantetur arundine virtus.
> Jam Liger & Rhodanus visi manare cruenti
> Cædibus, ante alios luctu jam Sequana magno
> Fluxerat, & lacrimis & rivo sanguinis auctus
> Ibat, in excidio claræ mæstissimus urbis
> Præcipites multos invitus sorbserat amnis,
> Inque suas animas illi effudêre sepulchris :
> Sed neque Aquitano deerant sua fata Garumnæ.
> Jam Vaccæa minor cædes, jam nulla videri,
> Omne locis cunctis scelus est, mors omnibus una

D d 3

* A propos de la piece à la loüange de Poltrot imputée au docte Turnebus, il faut rémarquer qu'elle est attribuée au Sr. de Mondoré excellent Poëte du temps & passionné Huguenot, & inserée parmy ses œuvres.

Ante oculos , omnis fuit immiserabilis ætas ,
Nil veniæ in sexu. Jam corpora Matronarum
Cædem inter mediam fœde attrettata jacebant.
Nec minus interea effusis exultat habenis
Impietas , neque jam quò progrederetur habebat ,
Nescia consuevisse Dei immutabile numen ,
Quo graviore ruant casu, quos perdere fontes
Ulciscique velit , scelerumque exposcere pœnas ,
Altius evettos sinere interdumque fovere ,
Carpentes tenuem non longi temporis usum.

Indignum passim Druidum lata arva cruorem
Ebiberant , steterat Deus hinc & fortis & ultor ,
Illinc imbecilla Deûm portenta recentum
Tratta ferunt , sequiturque Ducem sua quemque juventus,
Ter Collignius illatis haud segniter armis
Cuntta metens , veluti maturas ignis aristas
Limite ter lato vastum patefecerat æquor ,
Quaque ruit , simul & strages horrorque sequuntur.
Relligio sed prisca malis evitta ferendis
Acriter instabat , vel formidabilis hosti
Summa fuit. Differre videt se sola potentem
Mænia quæ Ligeris dextro lavit ardua cursu ,
Cæsaris Aureli de nomine ditta vetusto.
Illa meis semper mora fatalisque meorum
Obstitit incœptis , age nunc , ait , illa petenda
Et vertenda solo , meritas dent sanguine pœnas ,
Quas pridem invisi fato effugêre coloni ,
Dum novat ille ferus , qui præsidet Oceano , res ᾳ
Infirmoque Duci trepidatur in urbe relitta ,
Ardeat , eversæque cinis vestigia cælet.
Nec mora. Continuo positis ad mænia castris
Undique convenêre acies. Jam fulmina belli
Apta globis aderant immanibus æra vomendis.
Quid moles , quid saxa juvant , operumque labores ?
Obvia quæque ruent vasto concussa fragore.
Omnia constabant , rerum successus alebat
Spes hominis. Jam jam potitur quia posse videtur.
Hattenus ire Deo visum est , satis esse pericli
Intentasse metum , pater & tutela suorum est :
Plettendique modo contentus , parcere novit ;
Post etiam , si se peccando accendere pergant ,
Durus & exattis acri cum fænore pænis
Extremum facinus suprema falce recidens.
Fama erat ad Rhodanum nullis auttoribus errans.
Vana quidem , sed & hæc casus præsaga futuri ,
Immanem cecidisse feram , cum forte valeret ,
Ut numquam , ni sana demas si mente furorem ,
Nemo diù est odiis visus superesse suorum ,
Et metus unius patriæ decedit amori.
Incensis animis venalem sanguine laurum
Fidentes manibus juvenes & pettore quærunt ,
Servatæ ut patriæ sibi quisque reposcat honorem.
Ut semel æthereos afflavit spiritus ignes ,
Quo terras cælumque pater jubet omne moveri ,
Accepitque Deum venientem pettore toto
Mens invitta , viæ ratio quæcumque daretur
Certa sequi , secura sui , quis quicque sequatur

Exitus ; inflantis tamen haud ignara pericli ,
Subflitit , & fecum rationem exegit agendi.
Ergo alacris , fleterat castris quæ proxima , fylvam
Solus adit , fola terrarum , Rex magne , tuorum
Scamna pedum genibus fupplex infiflit & orat.
Qui paces & bella cies , ô lenis & asper ,
Utcunque est hominum meritus furor aut tua terras
Perdere fine patens nullo indulgentia parcit ,
Dexter adesse velis , precibufque advertere noftris ,
Votaque multorum ne me averferis in uno.
Quo finis ufque mali caput hoc , caufamque tumultus
Hoftilem rabiem rebus ftimulare fecundis ?
Nuper ab ignotis venientem accepimus oris ,
Ante alios omnes noftrorum in munera Regum
Spe fidei , & falfa virtutis imagine capti ,
Scilicet ut procerum fuprema fede locatus ,
Verteret in patriæ funus miferabile vires ,
Regibus aufus homo decus invidiffe coronæ ,
Et vetus in Gallos immittitur hoftis Iberus.
Inque tuos etiam Deus infertur honores ,
Indignata piis recidivos furgere cultus ,
Teque tuofque aditu templorum arcere parata ,
Et patria excuffos toto procul orbe fugare.
Ille gravis præda , civili & cæde cruentus
Impius , & patriæ natus non fydere faufto
Mœnibus excidia obfeffis poftrema minatur.
Quin etiam ad pænam miferos depofcere cives
Aufus , ut irarum finem facturus in illis :
Et faciet ; fed non quo fe difcrimine jactat
Improbitas , fi conatus tua numina numquam
Sunt fruftrata pios , neque me fpes ultima fallet.
Nobilis arx operum toties novitate tuorum
Sceptri etiam Vindex , mediis erepta Britannis ,
Virgine Amazonia , & Divûm auxiliaribus armis ,
Nunc etiam premitur objecta malorum ;
Quæque prius fovit jam non fua devovet arma.
Et trahitur puer in miferi fpectacula cafus ,
Ni tua cura vetat cæforum addendus acervis ,
Aut Dominum faltem in patrio experturus alumno.
Hoc pretium patrii natus candoris habebit ?
Eft dudum meritis ea merces reddita magnis
Alter ut alterius non fit nifi fanguine tutus.
Unde mihi audendi folito majora cupido ?
Si mente illudens recti obverfatur imago ,
Qualia fæpè leves animos infomnia fallunt ,
Hanc bonus erroris procul à me difcute nubem :
Mecum anima hæc habitet , donec tua dona repofcas.
Sin fatis attritis exercent viribus urbes
Arma diù miferas , fatis eft fi fanguinis hauftum ,
Et placet hic aliquem bellis accedere finem :
Si favor ifte tuum tanto dignatur honore
Me quodcunque mihi eft operæ , uni ferviat omne
Id tibi , ne quoquam potiùs laudere miniftro.
Nil parvum Duce te mihi mens meditatur & audet.
Hofte animi fatis eft uni & virtutis in uno.
Dic modò ne vivat , jam faxo definet effe ;
Si facis aufpicium , atque favens tua juffa fecundas.

Talibus orantem lux circunfulserat ingens
Igneus, & calefacta vigor per membra cucurrit ;
Tum sese suprà attolli nec sistere terra,
Jam præter solidum magnus lætusque videri
Ipse sibi & pulchræ incendi virtutis amore ;
Invidia infælix licet adversère canenti.
Quoque necem possis minus addubitare tyranni
Auctori placuisse Deo, dedit ipse tremendi
Fulminis haud minimam, quo disjicit omnia, partem,
Scintillam aëriis elisi nubibus ignis,
Intrepidumque animum, atque audentem in vulnera dextram.
Te sequor, ò, quocumque vocas, sequor ecce vocantem
Te pater, & gressum assurgens cum voce tetendit.
Jam sublimis equo sedet, & fatale coruscans
Fulmen habet dextra, jam non idem ille, sed Heros,
Mox etiam fato divinum in nomen iturus.
Optat aprum horrentem vastatoremque locorum
Ante sibi ora dari, sed nec mora longa secuta est,
Præterit. Ille oculos quantumne intentus oberret,
Conjicit, & jactum vox est comitata per auras
Haud hominem illa sonans. Deus hostem ulciscitur hostis.
Audito magis attonitus quam saucius ictu
Stratus humi ruit, ac læto clamore ruinam
Excipiunt colles, subjectaque collibus arva :
Rettulit & Ligeris, breviumque Ligellus aquarum.
Per valles simul ac vox est accepta sonantes,
Tessera pacis uti, quam lato est Gallia fine
Esse Dei ultoris, subiit grave fulmen, & hostis
Exemplo posuère animi, manibusque remissis
Tela cadunt hostes jam deficientia victos.
Oppidaque accepère suum liberrima Regem,
Nec salvo est populo major quam Rege voluptas :
Publicaque unius lætum testata quies est.
Et tenebris melius sôles nituère fugatis.
Quid tot tamque diù bellis opus ? unius hausto
Sanguine consumptis, tot iniqua cæde litatum est.
I nunc pupillo violens obtrudere tutor
Jura Magistratus perverso more capessens.
Quid dolus & nomen speciosum obtendere pacis
Profuit ? auditum impuro scelus excidit ore,
Stare fide ut cupiat nulla se lege teneri.
Et stomachare aliquis deprensum cassibus hostem
Esse suis, qui cum fidei spes nulla relicta est,
Insidiis fraudes elusas, artibus artes.
Sancta quid illa minis toties agitata tuorum
Seditio ? sanctosne dolos monet esse verendos ?
Sanctum erat eversos animos committere fratrum,
Armare infensos natorum in funera patres ;
Nos contra infando capiti retulisse nefandum est :
Interdicta piis sanctæ compedia fraudis,
Nec dolus infido pars est virtutis in hoste.
Quid ? legum eversor, belli quæ jura reliquit ?
Quocumque ille modo pereat mihi, jure perempti
Laturus titulum, atque crucem & ludibria ventis.
Terreat exemplo quemcumque novare juvabit,
Quisquis opes Regum, & fasces sperarit iniquos,
Quique Deo regni socios adjunxerit ullos,

Conflictos

Confictos ratus haud ulla ratione Gigantas
Dum Jovis arma movent , Ætnæ subiiffe caminos.
Hæc tibi grata , memor magnis fervata periclis
O juvenum quondam fortiffime , libera per te ,
Pacis , & affertæ pietatis munere florens
Gallia , quæ poterat merita pro laude canebat.
Salve anima illuftris , novus alti fplendor Olympi ,
Aftrorum in numerum , fuerat genus unde , reverfa :
Vindice te terris virtus invifa reluxit.
Fama feret quantum haud alium , meruiffe fuperftes ,
Invidiæ domitrix , ipfaque ætate virefcens.
At tu , fumme Pater , qui tela manufque tuorum
Dirigis , & Vatum calamos , da vivere natum
Carmen ab obfcuro , atque oculis manibufque teneri ,
Plurimus ut maneat MERÆUS in ore nepotum.
Auctorem magnorum operum te quicquid ubique eft ,
Sentiat , & placidum malit , quam horrere tonantem.

Un nommé Hollutius, qui eftoit fans doute quelque Docteur eftranger lors demeurant à Orleans , fit auffi un Poëme Latin pour fervir de Tombeau à Poltrot, mais dont il emprunta tout l'ordre, les penfées & l'invention de celuy-cy ; finon qu'il le finit ainfi par le mépris qu'il doit faire de fes tourmens en comparaifon de la gloire, dont il joüit au Ciel & qu'il a laiffée à fon nom fur la terre.

Vixiffes utinam , Poltrote , fed abfque periclo ,
Præclarum facinus difficile eft facere.
Quas laudes , quos amplexus , quæ gaudia ferres ,
Quas grates cœtus folveret ifte tibi ?
Sed quamquam tua anhelantum vis folvit equorum
Membra quater fœdis fingula vulneribus ,
(Vnà Politrâtus nunc diceris atque Meræus ,
Vulnera multa ferens , præmia multa merens)
Et fervata tibi de te tua Patria pœnas
Sumpfit virtutis carnificina tuæ.
Macte tamen , macte , ô generofe , illuftribus actis
Præmia fydereis funt tibi mille locis.
Qui vicit moriens & mortis origine cæfa
Et patriæ & vitam mille dedit populis ,
Æternum vivit , nam falfæ incommoda lucis
Æterna mutat luce volente Deo.
Sic neque præteritos pofcam tibi flebilis annos ,
Nec gemitu decorem funus inane meo :
Quippe vetat fleri vitæ tua prodiga virtus ,
Nam potior vita mors tibi vifa tua eft.
Sed quando pietas virtufque faceffere juffa eft ,
Nec fua habet noftris præmia temporibus ,
Conceptis verbis femper tua facta fequemur ,
(Verba quidem factæ funt velut umbra rei)
Inque tuas laudes juga parvula Vallinorum
Accipient urbis annua vota meæ.
Illic læta tua dicemus carmina morte ,
Quæ virtutis erunt nobilis ara tuæ

E e

Les Pieces qui suivent sont de differens Auteurs.

DE MERÆO ANTISTROPHE.

Guisiadem dare te letho mens improba suasit,
Meræe, non miseræ verus amor Patriæ.

Ces deux Vers rétournez ont un sens contraire.

ÆNIGMA DE GUISIO, ET MERÆO.

Mille unum servant, unus mille enecat, unus
Servat mille, unus vivere mille facit.

INTERPRETATIO.

Armis mille hominum, & cura servata fideli
Cogit mille homines en tua vita mori :
Unius illa tamen rapitur telo, unica quantum
Profuit hæc tua mors, vivere mille facit.
Mille homines servant te, concidis unius ictu
Vita mori, tua mors vivere mille facit.

DE MEREY.

Quand ce brave Poltrot au supplice estendu
Encourageoit sa chair à prendre patience,
L'amour saint du Pays fut alors entendu
En pitié consoler ainsi son innocence.
Mon cher enfant, par qui la Paix rétourne en France,
Qui n'a d'un si haut fait autre bien attendu,
Ne souffrant ce tourment contre ton esperance,
Le loyer t'en sera és deux Mondes rendu.
Un jour ne sera plus la France opiniastre,
Alors elle te sera mere & non plus marastre,
Te faisant vivre entier à la posterité :
Hyppolit revesquit qui fut ainsi traité,
Mais sus au Ciel, mon fils, Dieu t'ouvre la barriere
Et voicy les chevaux pour fournir la carriere.

Cessez, Romains, cessez de loüer vos Brutus,
Qui tuant les Tyrans vous mirent en la Guerre :
Car nostre bon Merey par ses nobles vertus
Tuant l'Archi-tyran a mis la Paix en terre.
Mais la Reine honorant du tyran la sequelle,
Semble avoir entrepris de le ressusciter ?
Non, non, elle hayt trop cette Race cruelle,
Et veut en ce faisant des Merez susciter.

Autant que sont de Guisards demeurez,
Autant y a en France de Merez.

DE POLTROT.

Que te semble, Passant, de ce corps déhaché ?

De ce corps tout sanglant çà & là attaché ?
Ce n'est n'y d'un Brigand ny d'un Meurtrier la montre ;
Ains du plus juste & saint qui en ce temps se montre.
C'est le corps de Poltrot, qui tant s'évertua,
Que le Tyran tueur des Chrestiens il tua ;
Voire le fier Tyran, qui tenoit en souffrance
Le Roy mineur, sa Mere, & tout le Sang de France.
Cet insigne Tyran qui avec les malins,
Remplit de toutes parts la France d'orphelins,
Cuidant par ce moyen charpenter une eschelle,
Pour monter sur le Roy qu'il tenoit sous son aîle.
Ja ja sa main cruelle attouchoit la Couronne,
Qui de Charles le chef aujourd'huy environne,
Il avoit ja au poing son glaive tout tranchant
Pour meurtrir sans pitié & la mere & l'enfant ;
Mais Dieu dardant le bras de sa haute Puissance,
Fit tantost tomber bas une telle arrogance :
Quand il transmit Poltrot qui luy osta la vie,
Et luy donna la mort qu'il avoit desservie.
A tous pervers remit maints glaives au fourreau,
Alors vint sur les champs ce mot de Paix tant beau,
Alors les Ennemis à s'accoller se prindrent,
Car le coup de Poltrot fit qu'amis-ils devindrent.
Ainsi ce détranché mit par son grand malaise,
Le Roy & tout son Sang & la France à leur aise.
Rebelle Parlement tu cuidois bien cacher
Et esteindre son nom le faisant débacher,
Mais en dépit de toy son rénom fleurira,
Dieu en sera loüé, & l'Eglise en rira.

J'obmets icy grand nombre d'autres Pieces, & mesme des Balades, & des Chansons dont quelques-unes portent le nom de Cantitit Troupeau, pour faire un Miracle de ce Massacre, & un Martyre de la punition par Justice d'un Scelerat. Mais plûtost pour fasciner les yeux & les oreilles d'un Peuple leger, & pour le détourner de jetter la vûë sur son Supplice & de voir la foiblesse de sa derniere conduite. Pour dire la verité de ce Jean de Merey dit Poltrot, Angoumois de Nation, c'estoit un temeraire enyvré du zéle d'une Religion récente, comme d'un vin nouveau, & qui passa long-temps pour fol parmy ceux de son Party, qui joignoient d'autres interests à celuy de leur conscience, & lesquels comme tel luy donnerent des Commissions dangereuses, où il se fit connoistre capable de tout entreprendre. Il s'estoit venté qu'il tüeroit le Duc de Guise, & partit de Lyon dans ce dessein, que les Vers attribuez à Turnebus & plusieurs autres disent qu'il conçût subitement, sur ce qu'il avoit entendu dire au Duc que dans trois jours il forceroit Orleans & mettroit tout à sac. Il en demeura d'accord dans sa déposition & cela se prouve encore par ces quatre Vers de la Chanson d'Orleans.

Cette Pistole estoit de poudre bien chargée,
Trois balles estoient dedans sans aucune dragée,

Qu'il fit forger à Lyon tout exprés,
Pour faire un si beau coup aprés.

Il estoit chargé de quelques ordres du S. de Soubise Gouverneur de Lyon, pour l'Admiral, & passa de son camp à Orleans, d'où le S. d'Andelot l'envoya servir d'Espion dans l'armée du Duc de Guise ; auprés duquel il contrefit le transfuge & le converty, jusques à ce qu'il trouva occasion d'executer son entreprise. Theodore de Beze & quelques autres Ministres, avec lesquels il l'avoit concertée, ne luy en promirent pas moins de gloire que Judith en remporta de la mort d'Holoferne ; mais n'est-il pas vray que si Dieu luy eut inspiré cette pensée & que s'il eut guidé sa main, qu'il auroit aussi conduit ses pas dans sa rétraite, qu'il l'auroit affranchy de la frayeur qui saisit les Parricides, & qui le posseda de telle sorte, qu'aprés avoir deux jours presqu'entiers tenu les champs pour se sauver, il se vint enfin faire prendre au lieu mesme où il avoit commis cet Assassinat ? & peut-on douter que l'Esprit de Dieu l'eut tellement abandonné dans les fers qu'il eut esté obligé de paroistre, comme il fit, tremblant devant ses Juges & si vacillant en ses dépositions, qu'il fut impossible d'en tirer aucune lumiere ? Quelle comparaison d'Orleans avec Bethulie, de la Personne de Poltrot avec celle de Judith, & d'un criminel qui ne peut avec un excellent cheval d'Espagne, & sans estre poursuivy, échapper la Justice Divine & humaine, avec une Heroïne qui vient à pied d'une ville assiegée dans la Tente d'Holoferne, qui rétourne sur ses pas sans peur & sans autre escorte que de sa vertu, porter à ses Citoyens la nouvelle de leur délivrance avec celle de la mort de leur ennemy, & qui joüit longues années de l'honneur de sa victoire. Les Huguenots ne pouvoient pas mieux montrer qu'ils estoient possedez d'un mesme esprit de vertige, tant dans l'application que dans l'explication des lieux de l'Escriture sainte, que d'avoüer & de loüer cette action, quand eux-mesmes l'auroient fait faire, & quand elle leur auroit esté avantageuse ; mais il est faux que l'Admiral, la Rochefoucault & tant d'autres Chefs de leur Party ayent esté de cette conspiration, il est bien plus vray qu'elle fut tramée par Theodore de Beze, & neantmoins la vengeance s'en répandit depuis sur eux qui s'en estoient justifiez & sur une infinité d'autres qui en estoient innocens. Poltrot fut condamné par Arrest du Parlement, executé à Paris l'an 1562. le 18. de Mars, à estre tiré à quatre chevaux, & les cartiers de son corps brûlez & réduits en cendres. Plusieurs Personnes de la Cour ayans eu la curiosité d'assister à son supplice, Leonor de Humieres femme de Guillaume de Montmorency S. de Thoré, cinquiéme fils du Connestable, laquelle s'y trouva avec d'autres Dames, en fut tellement effrayée, qu'elle s'évanoüit & mourut incontinent aprés.

DE TRISTAN DE ROSTAING CHEVALIER DES
Ordres du Roy.

CE Seigneur de Rostaing qui fut present à la blessure du Duc de Guise, estoit plus connu à la Cour que dans les armées, quoy qu'il fut homme de cœur ; mais il avoit trop d'esprit pour ne pas prendre le poste le plus convenant à la condition d'un cadet d'une Maison noble, mais pauvre, qui avoit besoin de vivre long-temps & d'épier toutes les bonnes heures de la Fortune pour s'établir. Il se contenta d'avoir suivy à la Guerre & à la conqueste de la meilleure partie du Luxembourg Charles de France Duc d'Orleans son Maistre, troisiéme fils du Roy François premier, auprés duquel il avoit esté élevé, & qui sans autre récommendation que de son merite & de son esprit l'avoit fait Maistre de sa Garde-robe, & luy avoit encore procuré la Lieutenance de Roy en Bourbonnois & haute & basse Marche. Non content de toutes ces Marques de la réconnoissance de ses bons services, le mesme Prince luy fit épouser Françoise Robertet petite fille de Florimond Secretaire d'Estat, Baron d'Alluye, de Bury & de Brou, S. de la Guerche, de Villemonble, &c. & fille unique de François Robertet Bailly du Palais, & de Jacqueline Huraut Dame de Mincy & de Ville-menon : & en faveur de cette alliance il luy donna le 9. de Janvier 1544. le jour mesme de son contract de mariage, la somme de vingt mille livres. L'année suivante ayant perdu son jeune Maistre, il eut dessein de se retirer en Forests d'où il estoit originaire, où comme puisné il n'avoit que des Terres peu considérables avec la Chastellenie de Sirieu-le-Comte, en laquelle il avoit succedé à Jean de Rostaing son pere ; & y ayant mené sa femme qui estoit aussi glorieuse qu'elle estoit riche & belle : s'estant apperçû qu'elle dédaignoit mesme de vouloir mettre pied à terre pour entrer dans aucune de ses Maisons. Comme il estoit homme prudent, il ne l'en pressa point, mais pour s'en venger agréablement, il ordonna au Cocher de passer outre, & la mena descendre aux petites Mestairies, qui faisoient autrefois tout le bien de la Maison des Robertets, auparavant qu'ils se fussent avancez par la faveur de Pierre Duc de Bourbon S. de Beaujeu, Comte de Forests, qu'ils servoient dans sa Chambre des Comptes de Montbrison. Aprés luy avoir ainsi fait connoistre, sans se fascher autrement, qu'il luy avoit fait honneur de l'avoir recherchée, il consentit trés-volontiers à rénoncer avec elle à ce petit Pays, plus illustre par les Fables de l'Astrée & par la beauté de la petite Riviere de Lignon, que par la magnificence des Chasteaux des plus nobles Maisons : & tous deux révinrent à la Cour ; où il continua si bien de se rendre considerable, que la Reine Catherine de Medicis en fit un de ses principaux Confidens & choisit sa femme pour estre sa Dame d'honneur.

Il eut grande part à la Negociation de la Paix qui se traitoit durant le siege d'Orleans, où la Reine l'avoit envoyé pour en confé-

rer avec le Duc de Guife peu de jours avant fa bleſſure , mais parce
qu'il vouloit prendre cette ville auparavant , il le rétint auprés de
luy , promettant de le renvoyer le 17. de Février , comme j'ay cy-
devant rémarqué par une de ſes lettres. Il l'amuſa à deſſein juſques au
18. qu'il le mena devant Orleans , & en rétournant le ſoir avec luy
il fut aſſaſſiné par Poltrot , qui avec les ombres de la nuit s'eſtoit
encore couvert de celle de deux noyers. Le S. de Roſtaing n'eſtoit
point en équipage d'homme de Guerre pour n'avoir autre employ
que d'Envoyé de la Reine , il eſtoit ſur un Mulet incapable d'atteindre à la courſe un Meurtrier monté à l'avantage : toutéfois nous apprenons du récit de la mort du Duc fait par Lancelot Carle , qu'il
le pourſuivit juſques à ce que l'ayant perdu de vûë , il crût eſtre encore plus neceſſaire auprés du Duc de Guiſe , demeuré ſeul ainſi
bleſſé par les chemins pour aider à le conduire à ſon quartier. Je
fais cette rémarque , parce que l'Auteur Huguenot de la Chanſon
ſur la mort du Duc a impoſé malicieuſement à ſa memoire dans ce
couplet.

> *Monſieur de Roſtain vaillant homme de Guerre ,*
> *De la grand' peur qu'il eut cheut de ſa Mule à terre ,*
> *Et le Guiſard s'écria haut & loin ,*
> *O le beau révencheur de foin.*

Il l'a ainſi traité en haine de l'affection qu'il avoit à la Religion
& de la faveur qu'il avoit auprés de la Reine, qui le fit Chambellan
des Rois ſes enfans , Lieutenant General au Gouvernement de l'Iſle
de France, Capitaine des Chaſteaux de Melun & de Fontainebleau ;
& enfin pour derniere marque d'honneur , le Roy Henry III. le créa
Chevalier de l'Ordre du S. Eſprit au 5. Chapitre tenu l'an 1582. Il
eut pour freres, Antoine de Roſtaing S. de Vauchette marié à Marguerite de Pierre-vive, qui fut ſon aiſné, Matthieu de Roſtaing premierement Prieur de Surieu , puis Abbé d'Aiſnay, & Jacques de Roſtaing Eveſque de Mande , grand Aumoſnier de la Reine , qui mourut l'an 1585. Du mariage de Triſtan Marquis de Roſtaing , avec
Françoiſe Robertet naſquirent , Charles Marquis de Roſtaing, Marguerite & Anne de Roſtaing. Marguerite fut mariée trois fois , 1.
à Gilbert de Levis Baron de Couſan mort ſans enfans , 2. à Philbert des Serpens S. de Gondras , 3. à Pierre Baron de Flageac, dont
entr'autres enfans Marguerite de Flageac femme en 1. nôces de Chriſtophle Comte d'Apcher, & en 2. d'Emanuël de Cruſſol Duc d'Uzés,
& Loüiſe de Flageac alliée à Chriſtophle Marquis d'Alegre. Anne
de Roſtaing eut deux maris , le premier fut René d'Eſcoubleau S. de
Sourdis & de la Chapelle-Bertrand , &c. qu'elle épouſa par contract
du 24. de May 1581. duquel elle eut pluſieurs enfans , fils de François d'Eſcoubleau S. de Sourdis & de la Borderie , & de Marguerite
de Melun Dame de la Chapelle, de Courtery , &c. mariez l'an 1549.

le second fut Jacques de la Veuhe S. de Montignac. Ces deux filles eurent une sœur aisnée, connuë à la Cour sous le nom de Mademoiselle de Rostaing fille d'honneur de la Reine Catherine, estimée la plus belle & la plus vertueuse de son âge, laquelle estant morte au mois d'Octobre 1579. fut pleurée de toutes les Muses Latines & Françoises de son temps.

Charles Marquis de Rostaing épousa Anne Huraut, fille de Philippe S. de Chiverny Chancelier de France, & d'Anne de Thou, veuve de Gilbert de la Trimoüille Marquis de Royan, & est encore vivant, pere de Loüis & François de Rostaing & d'une fille Marquise de Lavardin.

DU SIEUR DE FEUQUIERES.

LE Sieur de Feuquieres, qu'on voulut rendre complice de l'assassinat du Duc de Guise, n'estoit coupable que de trop de zele pour la nouvelle Religion qu'il avoit embrassée, & comme son esprit & sa valeur le rendoient également necessaire dans les emplois de la Guerre & dans les conseils de son party, c'est ce qui l'en rendit suspect, outre qu'il n'estoit pas mal-aisé de faire charger qui l'on eut desiré, par un Meurtrier estonné comme fut Poltrot, qui ne fit autre chose que dire & dédire. Il s'en justifia par escrit comme les autres accusez, & continua de servir dans toutes les Guerres des Huguenots en qualité de Mareschal de Camp jusques au mois de May 1569. qu'il mourut d'une fiévre chaude au siege de la Charité. Porpeliniere rémarque en cet endroit, *moins de cent Catholiques y moururent, & de Protestans bien peu. Vray est que deux Chefs & Gentils-hommes signalez laisserent le monde au grand regret de toutes les Troupes, Feuquieres Picard, récommandé pour une merveilleuse dexterité d'esprit, nommément à réconnoistre les Places, asseoir commodément un camp, & autres graces qui le rendoient assez signalé, Dully gendre du Mareschal de Vieilleville, &c.* On l'appelloit ordinairement le jeune Feuquieres, pour mettre difference entre luy & Loüis de Pas son frere aisné, veritable Seigneur de Feuquieres, de Mazancourt & de Rosieres, Vicomte de Jumancourt, Maistre d'Hostel du Roy. Il n'avoit rien à la Seigneurie de Feuquieres, ayant eu pour son partage celles de Martinsart & d'Arcy ; mais parce qu'il y avoit plus de trois cens ans que ses Ancestres, jadis Seigneurs de Pas en Artois, possedoient cette Terre, il aima mieux paroistre sous un nom dés-ja connu par les services de Jacques de Pas son pere, Maistre d'Hostel des Rois François I. Henry II. François II. & Charles IX. Gouverneur de Corbie : qui estoit fils d'Antoine de Pas S. de Feuquieres, & de Jeanne de Chastillon. Il eut pour sœur Antoinette de Pas femme de Charles de Broüilly S. de Mévilliers, de laquelle sont issus les Marquis de Piennes heritiers de la Duché d'Halluin : & il épousa Jeanne de Madaillan fille de Guillaume S. de Montataire, & de

Jeanne de Marcouville, de laquelle il eut Loüis de Pas S. de Feuquieres & ce Seigneur de Feuquieres le jeune nommé Jean de Pas mort
jeune & sans enfans. Loüis son frere aisné prit alliance avec Anne
fille de Charles S. de Mazancourt, & de Jeanne du Chastel Vicomtesse de Courval. Loüis de Pas S. de Feuquieres & de Mazancourt
leur fils unique, Chambellan du Roy Henry IV. fut tué pour son
service à la bataille d'Yvry, & laissa de son mariage avec Madelaine
de la Fayette tante maternelle du Pere Joseph le Clerc dit du Trem-
blay Capucin, confident intime du Cardinal de Richelieu, Manasses Comte de Pas, Marquis de Feuquieres, Gouverneur de Verdun
& de Toul, Lieutenant General dans les trois Eveschez, General
d'armées, qui abjura l'Heresie pour rentrer en l'obéïssance de l'Eglise. Anne de Pas sa sœur, Dame de Rosieres, eut pour mary Daniel
S. d'Hardoncourt, dont Henry d'Hardoncourt S. de Rosieres, Gouverneur de Marsal, qui de Claude Barbe d'Ernecourt sa femme n'a
qu'une fille unique mariée au Comte de Nançay aisné de l'illustre Maison de la Chastre. Manasses Comte de Pas épousa Anne Arnaud fille
d'Isaac S. de Corbeville, Intendant des Finances, & en a eu entr'autres enfans Isaac Comte de Pas, Marquis de Feuquieres, Gouverneur de Verdun, Lieutenant General pour le Roy en l'Evesché de
Toul, Mareschal de Camp, marié avec Anne Loüise de Grammont sœur paternelle du Mareschal, & fille d'Antoine Comte de Grammont, de Guiche, & de Louvigner Chevalier des Ordres du Roy,
Gouverneur de Navarre, & de Claude de Montmorency-Bouteville :
François de Pas Abbé de Beaulieu : Charles Comte de Pas, Mestre
de Camp de Cavalerie, & Louis de Pas Chevalier de Malthe.

LE JEUNE DUC DE GUISE SUCCEDE AUX
Charges de son Pere.

LES. de Castelnau rémarque bien que la Reine continua à Henry de Lorraine Duc de Guise les Charges de François son pere,
mais il ne dit rien du mécontentement qu'eut le Connestable, qui
prétendoit que celle de Grand-Maistre de France qu'il avoit tenuë,
& dont le Mareschal de Montmorency son fils aisné avoit esté pourvû en survivance, leur devoit estre renduë. Nous avons fait voir en
la page 325. du premier Volume, que ce fut la principale cause de
la division de ces deux grandes Maisons, qui depuis se réconcilierent pour le bien de la Religion ; mais cette playe se r'ouvrit au sujet
de cette nouvelle disposition qu'en fit la Reine en faveur du jeune Duc.
Le Connestable ne trouvoit pas mauvais qu'elle réconnut en la personne du fils tous les merites du pere, mais il regardoit cette Charge comme un bien dont on l'avoit dépouillé luy & sa Maison, &
qui faisoit la principale dot de la Mareschale sa Bru, fille naturelle
legitimée du Roy Henry : & il croyoit avoir assez merité de ce nouveau Regne, à la prise de Bourges & de Roüen, à la bataille de
Dreux

Dreux, où il perdit un de ses fils, & où il fut prisonnier ; & enfin par la Paix d'Orleans qu'il avoit heureusement negociée, comme nous verrons cy-aprés, pour esperer qu'on luy fit droit sur une si juste pré-tension. La Reine de son costé prit pour prétexte qu'elle ne pouvoit rien refuser au Sang encore fumant du Duc de Guise, cela ne le con-tenta point ; il quitta la Cour & se retira chez luy ; mais comme on avoit necessairement affaire de sa Personne & de son experience pour la prise du Havre, & comme luy-mesme en connoissoit la con-sequence, on le rémanda, & il se radoucit & se contenta pour lors qu'on réçût sa démission du Gouvernement de Languedoc en faveur du S. de Damville son second fils. Le Cardinal de Lorraine eut peur que ce mécontentement ne rénouvellât la vieille querelle dans un temps où sa Maison n'eut pas esté si forte qu'auparavant, par la per-te qu'elle fit en mesme temps du Duc de Guise & du Grand Prieur General des Galeres ses freres. Cela se voit par cette lettre qu'il es-crivit de Trente à l'Evesque de Rennes.

Monsieur de Rennes, je suis attendant des nouvelles de la réponse qui aura esté faite sur ce dont je vous ay escrit par Ville-mur, ne vous pouvant mander d'autres nouvelles de ce Concile ; sinon que nous sommes tous bien faschez du long séjour que fait M. le Cardi-nal Moron en son voyage, car cependant nous sommes à perdre le temps en l'attendant. Quant à celles de France, la Reine m'a envoyé un de ses Gentils-hommes, pour me dire à bouche tout plein de choses de sa part, que vous entendrez cy-aprés par le Président de Birague, qui passera par ce lieu pour s'en aller trouver sa Majesté [Imperiale] de la part de ladite Dame, pour luy tenir les propos que vous sçaurez à son arri-vée. Ledit Gentil-homme m'a dit que la Reine prend une grande peine pour rémettre les choses ; que M. le Prince de Condé est à la Cour se comportant doucement, & que l'Admiral & ses freres sont en leur Mai-son. M'ayant dit en outre une chose, que comme mon amy domestique je ne vous veux pas celer : c'est que M. le Connestable n'ayant pû obte-nir la grande Maistrise par-dessus M. de Guise mon neveu, a demandé congé de se retirer en sa Maison ; ce qu'il a fait avec quelque mécon-tentement dont je suis fort marry : mais l'on espere qu'il n'y sera gue-re, & que le Roy & la Reine estans à Fontainebleau le pourront ren-voyer querir, & que par ce moyen il rétournera à la Cour. Ledit Gen-til-homme a passé par Lyon, & dit que l'on commence fort à y accom-moder les choses pour la rémettre bien en l'obeïssance : qui est ce que je vous puis mander pour le present ; Priant le Créateur, aprés mes bon-nes récommendations, vous donner entierement, Monsieur de Rennes, ce que mieux desirez. De Trente ce 4. jour de May 1563.

Vostre meilleur frere & amy,
C. Cardinal de Lorraine.

Le voyage du Préſident de Birague eſtoit pour faire agréer à l'Empereur la tranſlation du Concile de Trente.

CHAPITRE ONZIÉME.
De Jacques de Savoye Duc de Nemours.

J'AY dés-ja parlé de ce Duc au Volume premier de ces Memoires Hiſtoriques page 774. ſur le deſſein qu'il fit d'enlever le Duc d'Orleans frere du Roy ; mais puiſque le S. de Caſtelnau traite dans ce Chapitre ſes exploits du Lyonnois & de Danphiné , je ferois tort à la Memoire d'un ſi grand Prince , de ne pas donner ſon Eloge , aprés avoir rendu le meſme devoir à tant d'autres Illuſtres de ſon temps. Je croy meſme y eſtre d'autant plus obligé, que ſans offenſer pluſieurs de ſa condition, l'on peut dire qu'il s'en trouve peu de pareils , & qu'il eſt à propos d'en faire un Exemple en noſtre Siécle : auſſibien ſemble-t'il que toutes ces belles qualitez de valeur , de gentilleſſe & de beauté d'ame , ſoyent en danger d'eſtre bien-toſt preſcrites pour ne plus vaquer qu'à des paſſions d'intereſt , qui obſcurciſſent beaucoup l'éclat de la Cour de nos Rois autrefois ſi brillante , & qui font un lieu de commerce du meſme Théatre , où les Anceſtres de noſtre Nobleſſe Françoiſe joüoient jadis de ſi glorieux Perſonnages pour meriter de l'eſtime & des honneurs. Je ne veux point taxer aucun de nos Grands en particulier , mais je ſuis obligé de dire qu'on faiſoit autrefois toute autre profeſſion de generoſité : on ſacrifioit tout à l'honneur, on ne s'approchoit des Princes que pour cela , & ſi on ſe rendoit importun, c'eſtoit pour les Dignitez, ce n'eſtoit point pour les dépoüiller de leurs Domaines, ny pour leur demander la dépoüille de leurs Peuples. On ne ſçavoit en ce temps-là ce que c'eſtoit du Meſtier des Finances, où j'ay honte de dire que des Perſonnes de la premiere qualité ſont à preſent plus verſées, que ſi elles avoient eſté élevées à la Banque, & ſi elles avoient pris leurs degrés à la Place du Change. On ne ſe méſallioit point encore, les filles de bonne Maiſon eſtoient ſi peu délaiſſées, qu'elles avoient le choix des partis, & on ne voyoit point entrer dans le Louvre en accolade avec des armes illuſtres, des chiffres de boutique ou de groſſiers Rebus & des marques de ſervitude & d'ignominie, plus propres au Char de triomphe de la Fortune qu'à l'ornement de la Cour. Quand on faiſoit autrefois des Tournois ſolemnels & quand on tenoit des Pas d'armes & de Chevalerie, on y meſloit les Armoiries de ſes alliances, pour faire voir qu'on n'avoit goute de ſang qui ne fût noble. C'eſt la raiſon pour laquelle on exige encore cette preuve pour les milices Chreſtiennes & pour les Ordres de Chevalerie, & on eſt ſi ſevere dans cette obſervance en Allemagne, qu'il n'eſt pas permis à un Souverain d'épouſer une ſimple Demoiſelle, ny à un Gentil-homme de ſe marier à une Roturiere, sans que leurs enfans patissent de leurs més-alliance. Nous n'en avons que fort peu d'exemples en ce Royaume, sinon depuis cent ans, mais cela s'est rendu si commun par la necessité qu'on a introduite du luxe & de la vaine dépense, qu'il ne sera pas possible dans l'autre Siécle de faire les seize cartiers, je ne dis pas des Gentils-hommes, mais des plus grands Seigneurs & mesme des Princes & des Rois, sans qu'on trouve des Noms, non seulement ignobles, mais peut-estre odieux & infames, en paralelle avec des Empereurs & des Monarques, & concurrens avec eux en l'ordre de la generation de quelque Grand. C'est une verité constante & on peut encore moins nier que les enfans participans également des bonnes & mauvaises qualités des peres & des meres, cet abus ne puisse estre la cause du peu qui resteroit de valeur & de vertu en ceux qui doivent naistre tous genereux pour estre dignes de leur rang. L'Oracle appella autrefois Cyrus Mulet, comme fils d'un pere Persan & d'une fille du Roy des Medes, parce que le Mulet participe de deux natures; & à cause de cela on peut appeller Mestifs, comme on fait aux Indes les enfans d'un Espagnol & d'une Indienne, ceux qui naissent d'un pere Noble & d'une mere Ignoble. Cela se réconnoist dans le nouveau Monde au visage de ces Mestifs, & il faut appréhender que cela ne se réconnoisse quelque jour au nostre, non pas au visage, mais au cœur de nos Nobles, & qu'on ne le lise dans la décadence de leur Posterité, par le malheur qu'attire sur les Familles la possession de ces biens mal-acquis, qu'ils préferent indignement à l'honneur d'une alliance illustre & genereuse.

Je ne croyois pas que ma plume me dût emporter si loin, mais je ne l'ay pû rétenir dans la préparation où j'estois entré, pour donner le caractere de ce veritable parangon de tous nos Paladins & de nos Preux du temps passé, d'un Prince, qui n'avoit rien que de grand dans sa Naissance & dans ses alliances, dans ses actions, & dans toute sa conduite, qui estoit liberal, dépensier, magnifique au de-là de tous ceux de sa condition, & qui ne tranchoit du Grand que quand il s'agissoit de faire quelque chose pour l'avancement de la Noblesse qui se donnoit à luy, & dont il avoit un grand nombre à sa suite; qu'on pouvoit dire estre l'élite de tout ce qu'il y avoit à la Cour de Gentilshommes braves & bien-faits. Il passoit pour l'un des plus vaillans & pour l'un des grands Capitaines de son âge, & joüissoit de cette réputation avec si peu de fierté, qu'elle ne luy estoit point enviée comme à ces demy-braves, qui ne parlent que de batailles & de combats & qui n'ont aucun talent pour se faire valoir en temps de Paix. C'estoit celuy qu'il paroissoit cherir davantage, & il sembloit bien luy convenir; que si l'on ne l'avoit vû les armes à la main à la Guerre & dans les Tournois, on l'auroit crû plus propre aux delices & aux divertissemens qu'à ces glorieux travaux; car il y avoit beaucoup d'inclination, outre qu'il estoit le plus beau Prince du monde & le plus galant : mais comme j'ay dés-ja dit autre part il ne fut pas toûjours le plus fidéle. Le témoignage qu'il en donna à Françoise de Rohan Duchesse de Lodunois , autrement appellée Mademoiselle de la Garnache , est le plus grand réproche qu'on luy puisse faire , & sans les troubles qui survinrent , où la Maison de Rohan & luy prirent des partis differens , on l'auroit pû contraindre à luy garder la foy. C'est le seul réproche qu'on luy pût faire , & qui n'empescha pas qu'il ne fut encore trés-bien venu avec les plus grandes Dames , & peu s'en fallut qu'il n'épousât la Reine Elisabeth d'Angleterre , qui en fut éprise comme les autres au seul récit qu'on luy fit de luy comme du plus accomply de son Siécle. Enfin aprés avoir long-temps défendu sa liberté contre les liens du mariage , luy & Anne d'Est veuve du Duc de Guise ne se purent défendre d'en subir le joug. Il fut bien-aise de se pouvoir venter d'avoir triomphé de la résolution qu'elle avoit faite parmy ses regrets, de ne se jamais rémarier aprés une perte qui ne se pouvoit récouvrer , & qui ne se pouvoit mesme assez pleurer dans le cours entier de sa vie : & elle de son costé ne voulut point rénoncer à une Conqueste d'autant plus glorieuse , qu'elle enlevoit aux beautez de la Cour par son reste de charmes , celuy qui jusques alors n'avoit pû se fixer à ceux d'aucun autre objet , & qui avoit eu le credit d'estre impunément inconstant , ou d'user de rigueur envers les premiers du Royaume. Aprés ce mariage qui luy apporta un mélange d'interests avec la Maison de Guise , il devint autant homme d'Estat qu'il avoit esté homme de plaisir , mais Dieu luy envoya en ce monde la punition des delices & des délits de sa jeunesse , les goûtes le tourmenterent presque toûjours , & si elles le firent mourir en langueur, il en souffrit toutes les douleurs avec une patience digne de rappeller le merite du zele, qu'il avoit toûjours eu pour la défense de la Religion. Le Marquis d'Urfé en fait un exemple de Constance dans ses Epistres Morales , où l'on voit les derniers éclats d'une vertu mourante, mais mourante dans un combat contre la vanité des grandeurs du monde , dont la gloire luy demeura toute entiere.

L'Histoire de la Maison de Savoye estant à present sous la Presse, je m'abstiendray de rien dire des Ancestres & de la posterité de ce Prince, ayeul du Duc de Nemours d'aujourd'huy ; pour ne point entrer dans la moisson du Sieur de Guichenon qui en est l'Auteur , & qui a traité ce riche sujet avec un succés aussi digne de la réputation qu'il s'est acquise par ses autres Ouvrages, que du choix qu'a fait de luy cette seconde Perle que la France a donnée à la Savoye, la Duchesse d'aujourd'huy. J'aime mieux aussi ménager l'espace qui me reste pour mettre icy le Discours que le S. de Brantosme a fait de ce Duc, qui est un de plus galants de ceux qu'il a laissez dans ses Memoires; dont j'affecte de prendre tout ce qu'il y a de plus digne de voir le jour, selon les occasions qui s'en presentent dans mon dessein.

„Ce Prince dit Jacques de Savoye, fut en son temps un des plus „parfaits & accomplis Princes , Seigneurs & Gentils-hommes qui

»furent jamais , il faut librement avec verité franchir ce mot fans
»en eſtre répris, ou ſi l'on l'eſt, c'eſt trés-mal à propos : qui l'a vû
»le peut dire comme moy. Il a eſté un trés-beau Prince & de trés-
»bonne grace, brave & vaillant, agréable, aimable & accoſtable,
»bien diſant, bien eſcrivant, autant en Rime qu'en Proſe, s'habil-
»lant des mieux : & toute la Cour en ſon temps , au moins la jeu-
»neſſe, prenoit tout ſon Patron de ſe bien habiller ſur luy ; & quand
»on portoit un habillement ſur ſa façon, il n'y avoit non plus à re-
»dire que quand on ſe façonnoit en tous ſes geſtes & actions. Il eſtoit
»pourvû d'un grand ſens & d'eſprit , ſes diſcours beaux , ſes opi-
»nions en un conſeil belles & recevables. De plus tout ce qu'il fai-
»ſoit, il le faiſoit ſi bien & de ſi bonne grace & de ſi belle adreſſe,
»ſans autrement ſe contraindre, comme j'en ay vû qui le vouloient
»imiter ſans en approcher, mais ſi naïvement, que l'on eut dit que
»tout cela eſtoit né avec luy. Il aimoit toutes ſortes d'exercices , &
»ſi y eſtoit ſi univerſel qu'il eſtoit parfait en tous. Il eſtoit trés-bon
»homme de cheval, & trés-adroit & de belle grace, fût ou à pi-
»quer ou rompre la Lance, ou courir la Bague & autre exercice pour
»plaiſir ; & pour la Guerre bon-homme de pied à combattre à la
»pique, & à l'eſpée à la Barriere, les armes belles en la main. Il
»joüoit trés-bien à la Paume, auſſi diſoit-on les revers de M. de
»Nemours, joüoit bien à la Balle, au Ballon, ſautoit, voltigeoit,
»danſoit, & le tout avec ſi bonne grace, qu'on pouvoit dire qu'il
»eſtoit trés-parfait en toutes ſortes d'exercices cavalereſques ; ſi bien
»que qui n'a vû M. de Nemours en ſes années gayes il n'a rien vû,
»& qui l'a vû le peut baptiſer par tout le monde la fleur de toute
»Chevalerie. Et pour ce fort aimé de tout le monde & principale-
»ment des Dames, deſquelles, au moins d'aucunes, il en a tiré des
»faveurs & bonnes fortunes plus qu'il n'en vouloit, & pluſieurs en
»a-t'il refuſé qui luy en euſſent bien voulu départir.
»   J'ay connu deux fort grandes Dames, des belles du monde, qui
»l'ont bien aimé & qui en ont brûlé à feu découvert & couvert, que
»les cendres de diſcretion ne pouvoient tant couvrir qu'il ne parût.
»Pluſieurs fois leur ay-je vû laiſſer les Veſpres à demy dites pour
»l'aller voir joüer où à la Paume ou au Ballon en la baſſe-cour des
»logis de nos Rois. Pour en aimer trop une & luy eſtre fort fidéle,
»il ne voulut aimer l'autre qui pourtant l'aimoit toûjours. Au com-
»mencement du Roy Henry, il s'en alla voir l'Italie avec M. le Ma-
»reſchal de Boüillon, que le Roy Henry envoya vers le Pape ſe con-
»gratuler avec luy de ſon avenement à la Couronne & luy preſter
»obédience, ainſi que c'eſt la coûtume ordinaire de nos nouveaux
»Rois ; mais j'ay ouï dire à des François & Italiens ſur le lieu, que
»ce Prince eſtoit admiré & aimé de toutes les Dames de ce Pays-là.
»J'ay ouï conter que dans Naples une fois, dans cette ville meſme,
»un jour de Feſte-Dieu & en la Proceſſion, ainſi qu'il y marchoit,
»luy fut preſenté par un Ange de la part d'une Dame un trés-beau

Bouquet de fleurs : lequel Ange comparut artificiellement & defcendit d'une fenestre & s'arresta trés-bien à propos devant luy, & de mesme luy presenta aussi, avec ces mots, soit presenté à ce beau & valeureux Prince le Duc de Nemours.

Il fit ses jeunes Guerres en Piémont, par deux ou trois voyages qu'il y fit, & en France au siege de Boulogne, de Metz & bataille de Renty & autres belles factions, en représentation d'un trés-brave, vaillant & trés-hardy Prince, ayant charge de chevaux Legers & Gendarmes, & puis en Italie de Gens de pied : en estant Colonel de toutes les Bandes qu'y mena M. de Guise, j'en parleray ailleurs. Au retour, il fut Colonel General de la Cavalerie legere, dont il s'en acquitta trés-bien & dignement : & mesme au voyage d'Amiens, estant logé à Pont-dormy prés de l'ennemy, qu'il alloit éveiller souvent ; & ne parloit-on que des courses de M. de Nemours pour lors. La Paix estant faite, le Roy d'Espagne en fit grand cas, & sur tout M. de Savoye son bon Cousin qui le commença à aimer extrémement, tant pour ses vertus que pour la privauté qu'il prit aussi-tost avec luy, se joüant avec luy comme s'ils n'eussent jamais bougé d'ensemble : & la plûpart du temps alloit toûjours en croupe derriere luy à cheval ; & sans autre ceremonie sans qu'il se donnât garde y montoit d'une telle disposition, qu'il estoit plûtost monté qu'il en sçût rien ; dont il estoit si aise que rien plus. Aussi depuis se sont-ils aimez toûjours & se sont trés-bien accordez de leurs partages ensemble, sans avoir noise autrement : & de plus M. de Savoye luy donna sur la fin de ses jours Montcallier en Savoye pour s'y retirer. Si M. de Savoye estoit bon Espagnol, M. de Nemours estoit trés-bon François, ne s'estant jamais trouvé broüillé sur l'ébranlement de l'Estat de France : encore qu'il ne tint à aucuns qu'on ne luy en jettât le chat aux jambes, comme on dit, [*il parle de l'entreprise d'enlever le Duc d'Anjou que j'ay traitée fol. 774. du premier Volume.*]

J'espere faire tout au long ce conte en la vie du Roy Henry III. car je le sçay fort bien pour avoir esté en ce temps-là à la Cour. Tout cela se passa & n'en fut autre chose jusqu'à ce que la premiere Guerre vint, & qu'il fut envoyé querir [*en Savoye*] pour avoir besoin de sa suffisance à bien servir le Roy, ce qu'il fit : & pour ce fut envoyé Lieutenant de Roy vers le Lyonnois, Forests, Maconnois & Dauphiné ; là où il empescha fort les Huguenots de par-de-là à ne faire si bien leurs besognes, comme ils les faisoient para-vant : & fit une grande défaite vers la Forest de Sillan sur le Baron des Adrets & ses compagnons, & les eut encore plus tourmentez sans une grande maladie qui luy survint, qui le mena tellement & le mit si bas, qu'on ne vit jamais personne si proche de la mort. Mais enfin avec beaucoup de peine de tant de maux il se rémit & rentra en sa convalescence premiere ; surquoy la Paix entrevint, & fut Gouverneur du Lyonnois, Forests & Beaujolois

„par la mort de M. de S. André. Aprés les seconds troubles arrive-
„rent ; & la journée de Meaux ; où M. le Prince de Condé , M.
„l'Admiral & autres Grands de la Religion estoient venus avec 1500.
„chevaux & bien armez pour presenter une Requeste au Roy, quelle
„presentation de Requeste , disoit-on lors , le Pistolet à la gorge.
„Le Roy pour lors n'avoit autres forces avec luy , sinon sa Maison
„& 6000. Suisses , qui par cas estoient arrivez bien à propos par la
„sollicitation de Messieurs mesmes de la Religion , à cause de l'arrivée
„& passage du Duc d'Albe en Flandre , j'en parle ailleurs.

„   Il y eut pour lors un trés-grand & vieux Capitaine, qui opina
„qu'il falloit que le Roy demeurât à Meaux & envoyât querir secours,
„mais M. de Nemours débattit fort & ferme qu'il falloit gagner Pa-
„ris , pour beaucoup de raisons bien pregnantes qu'il allegua, que je
„laisse à songer aux mieux discourans sans que je les touche : & pour
„ce il fut crû , disant que sur la vie il meneroit le Roy sain & sau-
„ve dans Paris. La Charge luy en fut aussi-tost donnée de par le
„Roy , envers qui M. de Nemours usant doucement de sa Charge,
„comme le Marquis del Guast fit à l'endroit de l'Empereur à la jour-
„née de Tunis , comme j'ay dit en son lieu , le pria de se mettre
„au mitan de ses Suisses : & luy se mit à la teste, marchans si ser-
„rez & en si bon ordre de bataille , sans jamais le perdre , que les
„autres ne les oserent jamais attaquer , bien qu'ils les costoyassent
„toûjours , pour en voir & prendre la moindre occasion du monde
„pour les charger : & par ainsi & en telle façon & ordre, le Roy
„se sauva dans Paris sans aucun desordre. Ce qui fit dire au Roy que
„sans M. de Nemours & ses bons comperes les Suisses, sa vie ou sa
„liberté estoit en trés-grand bransle. C'est une retraite celle-là , &
„des belles, en plein jour , nom de la façon que M. de Montluc en
„donna l'instruction à M. de Strozze & à tous Gens de Guerre , de
„faire les leurs de nuit. Voilà pourquoy il faut estimer celle-cy par-
„dessus beaucoup d'autres , & mesme ayant toûjours les ennemis en
„vûë ; mais quels ennemis ? des braves , des vaillans & déterminez
„qui fussent en France.

„   Bien-tost aprés, la bataille de S. Denis se donna , où ce Prince
„fit trés-bien , comme il avoit toûjours fait en toutes les autres où
„il s'estoit trouvé. De-là en hors au voyage de Lorraine , il mena
„l'avantgarde avec M. de Montpensier , & ne tint pas à luy
„qu'on ne donnât la bataille à Nostre-Dame de l'Espine : & si ce
„pauvre Prince estoit la plûpart du temps tourmenté de ses goutes,
„mais son brave & genereux cœur le soûtenoit toûjours. Helas ! el-
„les l'ont tant tourmenté depuis , qu'elles l'ont mis à la fin dans le
„cercueil , & ne m'estonne pas si Lucien l'appelle la Reine des ma-
„ladies , pour la tyrannie qu'elle exerce sur les Personnes , ainsi que
„fit celle-là sur ce brave Prince , & si tyranniquement , qu'avant
„quelques années qu'il mourut , il n'avoit quasi membre des siens
„principaux qui ne fût perclus ; fors la langue, qui luy demeura en-

„core si bonne & si saine, qu'ordinairement on en voyoit sortir les
„plus beaux mots, les plus belles Sentences, les plus braves dis-
„cours & les plaisantes rencontres. Ah! que ce brave Hector estoit
„bien changé de celuy qui avoit esté autrefois le plus accomply Prin-
„ce du monde. Helas! ce n'estoit pas celuy-là, qui à la Guerre
„combattoit si vaillamment & remportoit de si belles victoires, dé-
„poüilles & honneurs de ses ennemis.

„ Ce n'estoit pas celuy-là contre qui ce brave Marquis de Pescaire
„du temps des Guerres de Piémont, qui estoit certes un brave & ge-
„nereux Prince aussi, qui ayant sçû la rénommée des vaillances &
„beaux combats de ce Prince, se voulut éprouver contre luy pour en
„augmenter davantage sa gloire : & pour ce en toutes gentillesses
„de Cavalier l'envoya défier un jour luy & quatre contre autant ou
„davantage, à donner coups de Lances à fer émoulu, fût ou pour
„l'amour des Dames ou pour la querelle generale. Le combat fut
„aussi-tost accepté & le Trompette pris au mot, par quoy M. de Ne-
„mours paroist devant Ast où estoit le Marquis, qui se presenta à
„nostre Prince en fort belle contenance ; laquelle bien qu'elle fût
„trés-belle, ne paroissoit pas tant que celle de nostre Prince. S'estans
„donc mis tous deux sur le rang & en carriere, coururent de fort
„bonne grace, & si rudement qu'ils en rompirent leurs Lances, &
„les esclats s'en allerent fort haut en l'air sans s'endommager l'un
„l'autre. Aprés la course leverent leur visiere & s'entr'embrasserent
„fort courtoisement avec une merveilleuse admiration de l'un & de
„l'autre, & se mirent à deviser ensemble cependant que les autres
„faisoient leurs courses. Ce fut M. de Classé fils de M. de Vassé [il
„estoit troisiéme fils d'Antoine de Vassé dit Gronguet S. de Vassé Baron
„de la Rochemabile Chevalier de l'Ordre du Roy & frere de Jean S. de
„Vassé pere de Lancelot S. de Vassé Chevalier des Ordres du Roy, dont
„est issu le Marquis de Vassé.] qui courut aprés contre le Marquis
„de Malespine, lequel rompit sa Lance sur le S. de Classé, & en
„perçant son Haussecol entra bien demy-Lance dedans, dont le jeu-
„ne Seigneur fut fort blessé & en mourut quelques jours aprés. Cou-
„rut aprés le Capitaine Manets Lieutenant de M. de la Rochepozay,
„contre lequel courut Don Albe Capitaine Espagnol, qui donna un
„coup de Lance au col dudit S. du Manets, duquel il mourut qua-
„tre jours aprés. Le dernier M. de Moncha Enseigne de M. de Pi-
„nars, de l'âge de cinquante bonnes années, courut ; contre le-
„quel se vint presenter le Comte Caraffe neveu du Pape pour lors,
„auquel le S. de Moncha donna si grand coup de Lance, qu'il luy
„perça le bras & le corps de part en part, de sorte que sa Lance
„se montroit outre par derriere plus de quatre pieds, dont le Sei-
„gneur Comte demeura mort sur le champ. Et ainsi se démela le
„combat par victoire douteuse, & chacun se retira.

„ Les Espagnols qui en parlent, en content d'autre diverse sorte,
„& disent qu'ils n'estoient que trois contre trois. Il y avoit M. de
Ne-

Nemours, M. de Navailles Basque son Lieutenant, gentil Capi-
"taine, Cheval leger, & M. de Vassé. De l'autre costé estoit M. le
"Marquis D. George Manriquez de Lara, y el Capitan Milord, ce
"nom dénote qu'il estoit Anglois, que les Espagnols tenoient pour
"un trés-bon Capitaine. Ce combat se fit auprés des murailles d'Ast,
"& avant avoient fait un concert de ne tirer point aux Chevaux, &
"qui en tuëroit un, payeroit cinq cens escus à son compagnon. Cette
"condition se pouvoit faire & accomplir pour plusieurs raisons que je
"diray. M. de Nemours & M. le Marquis coururent les deux pre-
"miers & firent trois courses. Les Espagnols disent que le cheval de
"M. le Marquis fuit toûjours la carriere & qu'il ne put faire nulle
"belle course, sinon qu'une fois il blessa un peu au bras M. de Ne-
"mours ; mais c'est au contraire, car ce fut celuy de M. de Ne-
"mours qui fuit toûjours la lice, d'autant que M. le Marquis s'estoit
"accommodé d'un fort grand panache & sa Salade si couvert de pa-
"pillottes que rien plus, ainsi que les Plumassiers de Milan s'en font
"dire trés-bons & ingenieux Maistres, & en avoit donné un de mes-
"me au chanfrin de son cheval. On disoit qu'il l'avoit fait à poste,
"si bien que le cheval de M. de Nemours s'approchant de celuy du
"Marquis, fut ombrageux de ces papillottes, qui luy donnoient aux
"yeux, & à cause de la lueur du cheval tournoit toûjours à costé &
"fuyoit trés-poltronnement la lice & la carriere. Et par ainsi M. de
"Nemours, par la poltronnerie de son cheval, faillit aux beaux &
"bons coups qu'il avoit ordinairement accoûtumé faire, comme cer-
"tes cela est arrivé souvent & le voit-on encore, qu'un cheval pol-
"tron fait grand tort à la valeur de son Maistre. Aussi quelquefois un
"cheval fol, bizarre & de mauvaise bouche fait son Maistre plus vail-
"lant qu'il n'est ou ne veut estre, car il l'emporte dans la meslée des
"ennemis en dépit de luy, là où il faut qu'il combatte malgré luy, ainsi
"que j'ay connu un brave Gentil-homme, à qui son cheval qui estoit
"un beau Roussin blanc, fit un tel trait à la bataille de Dreux.
" Pour donc tourner à nostre conte, les Espagnols disent que M. de
"Nemours tua le cheval de M. le Marquis, & que suivant le pache
"fait M. de Nemours luy envoya aussi-tost aprés le combat les cinq
"cens escus, mais M. le Marquis comme trés-courtois les luy ren-
"voya. Ce qui est faux, car M. de Nemours estoit trop bon Gendar-
"me pour faillir l'homme & aller au cheval, aussi qu'il avoit le cœur
"trop genereux, & liberal s'il en fut oncques, pour réprendre les
"cinq cens escus, il les eut plûtost donnez aux Trompettes du Mar-
"quis. Voilà pourquoy il se faut rapporter pour toute la verité du
"combat à ce que les François en ont vû, dit & escrit, ainsi que
"j'en ay vû un petit Traité en Espagnol, imprimé, & comme aus-
"si aucuns à moy-mesme me l'ont ainsi débattu. Il n'est non plus
"rien de ce qu'ils ont dit de M. de Navailles, qui combattit contre
"Manriquez de Lara, lequel perça de part en part l'espaule de mon-
"dit S. de Navailles, dont il mourut quelques jours aprés, car il mou-

„rut au voyage de M. de Guise en Italie pour avoir trop couru la
„poste, comme j'ay dit ailleurs. Le Capitan Milord se battit contre
„le S. de Vassé lequel mourut, bien celuy-là comme j'ay dit, mais
„les Espagnols & François sont discordans du nom de celuy qui le
„combattit. Voilà comment il y a de grands abus aux dires & escri-
„tures des Gens, mais il faut que les Espagnols ne perdent point
„leur coûtume de se bien venter, & qui d'eux-mesme ne se veulent
„jamais abaisser, & ont toûjours la venterie & le premier honneur
„en la bouche.

„   Pour parachever à parler de M. de Nemours, je dis que ce fut
„un trés-grand dommage que la santé de son corps ne put accom-
„pagner sa belle ame & son courage, car entre les belles preuves
„qu'il a faites durant sa belle disposition, de ses valeurs & vertus,
„il en eut bien fait paroistre encore des plus belles, s'il eut vescu
„plus longuement & bien sain ; car il n'avoit pas cinquante ans,
„que c'est le tout, quand il mourut. En quoy j'ay noté une chose,
„que depuis cent ans, je ne veux point parler de plus haut, tous
„ceux qui ont porté ce titre & nom de Duc de Nemours, ont esté
„trés-braves, vaillans & hardis & grands Capitaines, tant ce disoit-
„on, ce nom & titre est heureusement fatal en vaillance & prouës-
„se à ceux qui le portent. De ces Ducs de Nemours il y eut premie-
„rement, Loüis d'Armagnac qui mourut au Royaume de Naples,
„Gaston de Foix qui mourut à la bataille de Ravenne, le pere de
„M. de Nemours duquel je parle maintenant, qui fut un trés-hom-
„me de bien & d'honneur & de grande valeur & trés-bon François :
„aussi estoit-il proche Parent du Roy François, qui l'aimoit & prisoit
„fort, & aimoit mieux suivre le party du Roy que celuy de l'Empe-
„reur, dont mieux luy en prit qu'au Duc Charles de Savoye son fre-
„re. Puis M. de Nemours duquel je viens de parler : & pour bien fi-
„nir, M. de Nemours son fils qui est aujourd'huy, qui n'a rien dé-
„généré de ses Ayeux, car il est trés-brave, vaillant & de sage
„conduite & résolution. [*Il mourut jeune & sans alliance, & eut*
pour Successeur Henry de Savoye son frere, pere des trois derniers Ducs
de Nemours.]

CHAPITRE DOUZIÉME.

NEGOCIATION DE LA PAIX AVEC LES HUGUENOTS
concluë devant Orleans.

J'AY dés-ja rémarqué qu'aussi-tost la bataille de Dreux gagnée,
la Reine Catherine chercha les moyens d'en profiter par un
Traité de Paix avec les Huguenots, qui les détachât d'avec les
Anglois ; lesquels il estoit important de déloger du Havre de Grace, auparavant qu'ils prissent racine en Normandie, afin que ce

Royaume pût rentrer en son premier repos. Elle partit exprés de Paris pour aller à Chartres, & s'attacha passionnément & de bonne foy à cette Negociation, à laquelle elle trouva le Prince de Condé si disposé de sa part, qu'elle auroit esté plûtost terminée sans le voyage de l'Admiral en Normandie, qui pensa tout rompre ; mais elle ne ne cessa point d'esperer tant que le Prince persisteroit, comme il fit toûjours, dans le dessein de faire la Paix. On verra dans ce Chapitre icy que la Reine & luy y procederent avec sincerité, & je le prouveray par leurs Lettres mesmes, que j'ay transcrites sur leurs Originaux, & sur lesquelles je poursuivray autant succintement que je pourray l'Histoire de ce traité, commencé à Chartres, continué à Blois, & enfin executé au camp devant Orleans. La premiere de ces lettres de la Reine qui suivent toutes escrites au S. de Gonnor Surintendant des Finances, servira à faire voir que la capitale de nos affaires estoit de chasser l'Anglois, & c'estoit pour cela que le S. du Bois d'Ennebourg estoit venu de Normandie à la Cour.

Monsieur de Gonnor, aprés que vous aurez ouï le S. du Bois d'Ennebourg present Porteur, vous connoistrez encore mieux que je ne desire pas sans grande occasion que mon cousin le Mareschal de Brissac vostre frere se trouve en Normandie le plûtost qu'il sera possible, à quoy je vous prie tenir la main, & croire que luy ny vous ne sçauriez faire service plus agréable, ny en occasion plus à propos que celle-là ; Priant Dieu, Monsieur de Gonnor, vous avoir en sa garde. Escrit à Chartres le 1. jour de Janvier 1562. Aprés est escrit de sa main. Faites dire à Me. Henry Lancier qu'il envoye incontinent 1200. Lances, & luy faites bailler de l'argent, car l'on en a affaire necessairement. Je ne sçay encore si nous aurons la Paix, mais les choses sont en meilleur train que quand estes party, & jusques à ce que ce soit fait ou failly vous n'aurez de mes nouvelles. Mes récommendations à la bonne grace du Roy mon fils & de son frere.

CATHERINE, & plus bas, DE L'AUBESPINE.

Monsieur de Gonnor, trouvant les choses en tel estat qu'approchant le Roy Monsieur mon fils d'icy, il y a grande apparence que son service & ses affaires se portent beaucoup mieux, je luy escris presentement de s'en venir avec toute sa suite & son équipage : & pour autant que la plus importante affaire que nous ayons est d'avoir argent, & que je sçay combien vostre presence & demeure là pour quelque temps est necessaire à cette fin ; je vous prie n'en partir que vous n'y ayez donné tel ordre que nous en ayons le secours & service, que nous attendons de vostre sage conduite & dexterité. Cependant ne laissez de nous envoyer le Trésorier de l'Espargne & ceux des Finances, dont vous vous pourrez passer, afin qu'ils nous puissent satisfaire és choses qui s'offriront. Priant Dieu, Monsieur de Gonnor, vous donner ce que desirez. De Chartres ce 3. jour de Janvier 1562. Ce qui suit est de sa

main. *Je vous prie, haftez-vous de nous trouver la fomme que vous ay dés-ja mandée, & donner ordre que bien-toft en ayons d'autre ; car ou Paix ou Guerre il nous faut faire argent, pour fatisfaire à tous nos Gens de Guerre. Faites prier Dieu & envoyez quelques aumofnes aux Convens de femmes & des hommes & aux prifonniers, afin que Dieu nous ofte de tous ces maux.*
CATHERINE, *& au bas*, DE L'AUBESPINE.

La fuivante eft du Prince de la Roche-fur-Yon , Prince fort fage & bien intentionné , qui avoit grande part à cette negociation.

MONSIEUR DE GONNOR, *j'ay reçû la lettre que m'efcriviez par voftre Secretaire Provoft, auquel j'ay fait entendre l'efperance bonne en quoy nous fommes de la Paix, de quelle affection la Reine s'employe pour y parvenir, & la difpofition en laquelle fe trouve M. le Prince de Condé, comme il en rend témoignage par lettres qu'il a efcrites, de s'y conformer, & induire Madame la Princeffe d'y moyenner de fa part ce qu'elle pourra : m'affurant que M. de Guife de fa part eft en pareille volonté, mefme fi bien avec mondit S. le Prince qu'ils ne defirent que la réduction de toutes chofes au bien & repos de ce Royaume, ainfi que plus au long vous rendra compte ce Porteur. Me récommendant de bien bon cœur à voftre bonne grace, je prie le Créateur vous donner, Monfieur de Gonnor, en fanté, heureufe & longue vie. De Chartres ce 10. jour de Janvier 1562. Voftre affectionné amy, fur qui avez toute puiffance.* CHARLES DE BOURBON.

Ce Billet qui fuit eft encore de la propre main de la Reine au deffous d'une lettre efcrite de Chartres le 11. de Janvier pour les affaires de Normandie.

MONSIEUR DE GONNOR, *j'ay entendu tout ce que m'avez mandé par ce Porteur, & vous aurez la réfolution qu'avons prife fur tout. Au refte nous fommes en termes d'affembler le Prince de Condé, le Conneftable, le Cardinal fon frere [le Cardinal de Bourbon] & M. de Guife en quelque lieu, & attendons la réponfe pour fçavoir s'ils y voudront laiffer venir le Conneftable pour choifir le lieu. Voilà à quoy nous en fommes, qui me femble bon commencement. Mandez m'en voftre opinion, & faites dépefcher voftre frere incontinent qu'il fera à Paris [le Marefchal de Briffac] afin qu'il s'en aille en Normandie, car tout fe perd s'il n'y va, & que ne luy envoyiez de l'argent pour les Gens de pied François : & faites diligence de cent mille efcus.*
CATHERINE.

Autre Billet de la main de la Reine du mefme lieu de Chartres le 13. Janvier 1562.

Monsieur de Gonnor, *souvenez-vous le plûtost que vous pourrez des cent mille escus pour les Reistres, car ils sont d'accord, pourvû qu'ils ayent neuf vingt-mille escus qu'il faut vistement trouver: & pour ce que nous en voulons aller à la fin de ce mois au Havre, faites diligence de nous apprester trente canons & vingt-mille boulets & quatre cens milliers de poudre. Afin qu'il n'y aye faute, que le tout soit prest au trentième de ce present mois: & si ne le pouvez trouver dans Paris avec ceux que ferez fondre, envoyez par tout où vous sçavez qu'il y en ait, & le faites mener audit Paris pour le faire mener par eau, & si n'y faites la diligence qui est necessaire pour le bien & repos entier de ce Royaume, je penseray que n'avez plus d'envie de l'y voir. M. d'Estrées se recommende à vous, car il se meurt.*
       Catherine.

A la fin d'une autre longue lettre du 15. du mesme mois touchant les desseins qu'on avoit en Normandie, & les munitions & le payement des Garnisons de Metz, où l'on craignoit du costé de l'Empire, & de la ville de Calais, où l'on se défioit de la Reine d'Angleterre, elle luy mande encore, *Nous allons de jour en jour toûjours en meilleure esperance de pacifier les choses, dont bien-tost je vous feray sçavoir plus claires nouvelles; mais à quelque point que nous tombions, il faut faire de necessité vertu en matiere d'argent.* Et après encore est escrit de sa main. *L'on m'a dit que si voulons trouver secours d'argent de Paris, qu'il faut tout exterminer & ne faire jamais Paix, ce que je trouve impossible & d'une mauvaise volonté, & j'ay vû vostre opinion que je trouve bonne; mais c'est le tout de le pouvoir faire au contentement d'un-chacun, afin qu'ils ne recommençassent une autre fois cette danse qui nous coute si cher.*   Catherine.

Comme elle s'apperçût que l'Admiral & ceux de son intelligence tiroient les choses en longueur, & comme peut-estre elle se défia que le Duc de Guise & ses Partisans pouvoient estre dans le mesme dessein; estant d'ailleurs bien asseurée des bonnes intentions du Prince de Condé: elle résolut de s'approcher plus prés du Chasteau d'Onzain où il estoit prisonnier, afin qu'eux-deux pussent plus adroitement negocier par les ordres qu'elle feroit tenir de leur part à la Princesse de Condé & au Connestable, qui avoient mesme passion pour la Paix. Pour cette raison elle vint à Blois le 23. de Janvier, où elle continua de faire voir le Prince de Condé; mais comme tout estoit disposé à l'accommodement & les députez choisis de part & d'autre, l'Admiral partit sans dire mot pour la Normandie, & le Duc de Guise forma le siege d'Orleans, qu'il eut bien voulu prendre avant qu'on eut fait la Paix, afin qu'elle fut plus avantageuse au Roy, & plus glorieuse pour luy: & quoy que d'abord la Reine eut mieux aimé traiter, elle se rendit enfin à ses raisons, esperant par ce moyen ou emporter la ville ou haster l'abouchement proposé. Sur ces entrefaites fut assassiné le Duc de Guise, dont la mort apporta un trés-grand changement, car cela differa la prife d'Orleans; la Reine fe trouvá fans argent pour continuer la Guerre, pour laquelle le crédit & le nom du Duc de Guife eftoient de grande importance : & comme il eftoit mal-aifé de luy donner autre Succeffeur en réputation & en experience que le Marefchal de Briffac qui eftoit en Normandie, c'eftoit pour un point d'honneur, qui confiftoit en la prife d'Orleans, abandonner une Province entiere à l'Admiral, qui s'y eftoit rendu le plus fort & contre lequel le Marefchal de Vieilleville ne pourroit faire autre chofe pour tout fervice, avec le peu de forces qu'il avoit, que de conferver la ville de Roüen. Toutes ces confiderations la presferent d'autant plus de fouhaiter la Paix & de la preffer avec le Prince de Condé, qui de fa part n'ayant aucune intelligence avec les Anglois, qu'on avoit joint au party qu'il tenoit fans fa participation, & craignant de voir le Royaume en proye aux Eftrangers, qui nous menaçoient de toutes parts, ne voulut tirer autre avantage que de fortir à fon honneur de la Guerre, où il s'eftoit engagé, & fe contenta d'obtenir conformément au prétexte de la prife des armes, l'exercice libre d'une Religion dans laquelle il avoit efté abufé, fans demander autre caution que la parole du Roy & la foy d'un traité, & fans avoir aucune penfée d'entretenir un party dans l'Eftat. C'eft pourquoy la Reine le trouva encore mieux difpofé que devant à cet abouchement, neceffaire pour convenir des moyens de la Paix, & les lettres fuivantes feront foy de fa conduite dans une fi extréme necesfité des affaires du Royaume.

Monsieur de Gonnor, *J'envoye le Commis du Tréforier de l'Extraordinaire en toute diligence devers vous, pour vous faire entendre que je me trouve en la plus grande peine qu'il eft poffible, d'autant qu'il n'y a pas un fol pour fatisfaire à cent mille parties fi preffées, que je ne fçay comment y fatisfaire ny en venir à bout; car de s'attendre aux deniers venans des Decimes de Bourges, il n'y en a pas encore un denier levé, & cela eft fi long que c'eft une pitié. Et pour cette caufe je vous prie de nous renvoyer ce Porteur en toute diligence avec une bonne fomme d'argent, comme la chofe la plus neceffaire qu'il fe peut faire, ainfi que j'ay donné charge à ce Porteur vous dire de ma part; Priant Dieu, Monfieur de Gonnor, vous avoir en fa fainte & digne garde. Du camp de S. Mefmin* [prés d'Orleans] *ce 4. jour de Mars* 1562. Ce qui fuit eft de la main de la Reine.

Je vous prie, envoyez-nous de l'argent, car autrement vous ferez défefperer voftre frere [le Marefchal de Briffac qu'on avoit mandé de Normandie] *qui fera demain icy, & moy auffi; car nous n'avons pas un fol, & les Soldats qui ne s'épargnent point pour faire fervice, font en trés-grande neceffité. Au refte je vous veux bien avertir que nous fommes au milieu du Pont, & que incontinent que l'Artillerie fera arrivée, fi nous n'avons la Paix que j'efpere, entrerons dans la ville, Dieu aidant elle arrivera Samedy, & Dimanche M. le Prince de Condé &*

Connestable doivent parler ensemble au dessous du Portereau dedans un Batteau au milieu de l'eau : & le fais venir icy, où il arrivera Samedy bien gardé, & le loge à saint Mesmin accompagné de dix Enseignes de Suisses. Ce qui succedera je ne faudray vous en avertir, en attendant que mon cousin le Cardinal de Bourbon aille à Paris, pour faire entendre le tout à la Cour & à la Ville. Et cependant disposez toutes choses de façon que l'on trouve bon ce que avons le plus besoin d'avoir, qui est la Paix. Le Prince de la Roche-sur-Yon a esté voir par l'opinion de nous tous le Prince de Condé à Amboise, lequel m'a mandé qu'il a tiré de luy qu'il se contenteroit, pourvû que les Gentils-hommes ayent liberté de Conscience en leurs maisons, & seureté de leurs vie & bien, & du passé & de l'avenir. Si cela est ainsi, je croy que Paris & tout le Royaume seroient contens, mandez m'en vostre opinion.

CATHERINE.

AUTRE LETTRE DU MESME JOUR.

MONSIEUR DE GONNOR, *ce qui me garda vous renvoyer le Courier, fut que vostre Secretaire vous portoit toutes nouvelles de mon intention sur ce qui s'offroit, & depuis n'avons cessé, voyans comme nous sommes abboyez de tous costez, à regarder les moyens comme l'on pourroit arrester ce mal : & à la fin sommes tombez sur un point, que M. le Prince de Condé & M. le Connestable se verront sur un Batteau au milieu de l'eau ; pour aviser ensemble par quel bout on pourroit commencer à faire ce bien à ce Royaume, en quoy il semble que chacun montre très-bonne volonté. Mais pour ce que la chose est de grand poids, comme vous sçavez, avons résolu avant que d'y entrer plus avant, après qu'ils auront parlé ensemble, que mon Cousin le Cardinal de Bourbon ira un tour en diligence par de-là, pour rendre ceux de Paris capables de l'estat & de la disposition des choses, & recueillir d'eux ce qui s'en pourra tirer sur l'occurrence de la chose, à quelque point qu'il plaise à Dieu la tourner. Car à la verité nous sommes au but qu'il faut à ce coup prendre une finale résolution d'en sortir par un chemin ou par autre ; dont j'avertis le premier Président & ceux de la Ville, lesquels je vous prie dextrement préparer, afin que arrivant mondit Cousin, il le trouve tant mieux disposez à ce qui sera necessaire. J'attens demain icy vostre frere, qui me sera un grand plaisir, & quoy qu'il y ait, faites provision d'argent ; priant Dieu, Monsieur de Gonnor, vous donner ce que desirez. Du camp de S. Mesmin prés Orleans le 4. jour de Mars* 1562.

CATHERINE, & *plus bas*, DE L'AUBESPINE.

Le Prince de la Roche-sur-Yon rend aussi témoignage des bonnes intentions du Prince de Condé, auprés duquel il negocioit pour la Reine.

MONSIEUR DE GONNOR, *j'ay reçû vos lettres à mon retour d'un lieu, où je vous ay bien souhaité, & comme j'en partois, M. de Lymoges y est arrivé ; vous asseurant que toutes choses sont si bien acheminées au point que desirez, qu'elles me donnent meilleure esperance que jamais du repos qui nous est necessaire : ayant parlé seul à seul à un petit homme* [le Prince de Condé] *qui a si grande envie de voir une fin à ces troubles, que s'accommodant à tout, ne desire rien plus que de faire très-humble & fidéle service à son Maistre & à la Reine sa Mere ; de sorte qu'il ne tiendra point à luy que n'ayons bien-tost une bonne Paix. Suppliant le Créateur nous en faire la grace, & qu'il vous doint, Monsieur de Gonnor, bonne & longue vie. De Blois ce 5. Mars 1562. Celuy sur qui avez toute puissance,* CHARLES DE BOURBON.

La suivante est de la Reine.

MONSIEUR DE GONNOR, *je reçûs hier vostre lettre du 8. de ce mois par le Commis du Tréforier de l'Extraordinaire, par laquelle je sçûs la provision que vous avez envoyée icy des 26000. & 16000. livres qui se doivent prendre à Bourges, que j'estimois estre en attendant mieux que ne promettez : mais comme j'ay vû par celle que m'a apportée le Capitaine Valfeniere, vous trouvez vos Marchands réfroidis de bailler deniers. Si c'est pour les nouvelles qu'ils ont de la Paix, ils ont de bonnes Espies, car je vous avise que je la tiens comme faite, & en sommes si avant, qu'il n'y a plus de difficulté : mais c'est à cette heure que nous avons plus affaire d'argent pour décharger ce Royaume de tant de sang-suës qui le succent jusques à la mort. Par cette Paix, le Roy Monsieur mon fils demeure le Maistre, les forces & les Estrangers vuident son Royaume, & nous baillons le moins que nous pouvons, mais beaucoup plus que je ne voudrois ; sans le besoin & la necessité où nous sommes, & pour éviter pis, voyant ce Royaume en danger auquel il est. Je m'asseure, à ce que je vous en ay toûjours ouï dire, que vous ne le trouverez que bon, puisque le Roy demeure débout comme il fait. Or pour bien achever tout, il faut de l'argent ; qui me fait vous prier y faire toute diligence & ne partir point de-là que vous n'ayez autres nouvelles de moy, & en amasser le plus que vous pourez, sans y perdre une seule heure de temps, & souvent m'en faire sçavoir des nouvelles. Priant Dieu, Monsieur de Gonnor, vous donner ce que desirez. Du camp de S. Mesmin prés Orleans le 12. jour de Mars 1562.* Après elle escrit de sa main.

Je ne sçay comme vous trouverez la Paix, vû que le Roy demeure le plus fort, & que les villes sont renduës, & nous promet-on de chasser les Anglois en ratifiant le Traité seulement. C'est, s'il m'en souvient bien, ce que m'avez toûjours dit comme il la falloit faire, & au demeurant en avoir le meilleur marché que l'on pourroit. Ce que avons mis peine, mais encore n'avons nous pas ce que je voudrois, mais tout le Conseil dit qu'il en faut sortir, puis que nous demeurons les Maistres. Ce

que

que l'on leur accorde ; c'est en chaque Baillage un Presche, & le Roy choisira le lieu, & aux Villes qu'ils tiennent aussi, disans sans cela ne les pouvoir faire rendre : & nous remis en leurs biens, honneurs & estats. Anuit nous nous assemblons pour aviser des seuretez. Cela fait, j'espere que tout se mettra en execution, & commencerons par cette ville d'Orleans, & renvoyer les Reistres qu'ils ont. Mandez m'en vostre opinion, autrement je penseray que avez changé d'avis depuis que ne vous ay vû. Ne parlez pas encore à personne des conditions, car j'ay toûjours peur qu'ils ne nous trompent ; encore que le Prince de Condé leur a declaré que s'ils n'acceptent ces conditions & s'ils ne veulent la Paix, qu'il s'en viendra avec le Roy mon fils & se declarera leur ennemy, chose que je trouve trés-bonne. Disposez toûjours ceux où vous estes à la trouver bonne, veu la necessité en quoy nous sommes.

    C A T H E R I N E.

Le jour précedent on estoit comme d'accord de toutes les conditions, surquoy la Reine envoya encore ce Billet de sa main au mesme S. de Gonnor ; où nous apprenons qu'il y avoit un party à la Cour contre la Paix.

Je m'asseure que ne vous sçaurois mander une meilleure nouvelle que c'est que je tiens presque asseuré que la Paix est faite, & par ce que verrez que j'en escris au Mareschal de Montmorency [Gouverneur de Paris] de ma main, ne vous en feray rédite : & seulement vous asseureray que sans argent les Reistres nous demeurent sur les bras, & ne les pouvons faire sortir du Royaume. Je dis les nostres, & tout le reste de nos forces si mal-content & les Soldats de voir la Paix, encore qu'ils soyent entretenus, s'ils ne sont payez ; que j'ay peur qu'ils fassent quelque grande machination avec les bons Solliciteurs qu'ils ont. Mandez-moy si nous en envoyerez, ou ce que en pouvons esperer, car cecy achevé, le Roy mon fils & moy nous en allons à Paris, pour rémercier tous ceux de la Cour & de la Ville de ce qu'ils ont fait pour luy.

    C A T H E R I N E.

Le Connestable de Montmorency qui avoit traité cette Paix si avantageuse & si necessaire avec le Prince de Condé, escrivit aussi cette bonne nouvelle au mesme S. de Gonnor son cousin.

*M*ON C O U S I N, *j'ay donné Charge à la Porte* [Gentil-homme du Mareschal de Montmorency son fils] *present Porteur, de vous aller voir & dire aucunes chofes de ma part, dont je vous prie le croire, & vous asseurer que je me porte bien, & autant à vostre commandement que parent ny amy que vous ayez. Priant Dieu qu'il vous doint, mon Cousin, en bonne santé ce que plus desirez. De S. Mesmin prés Orleans le 14. jour de Mars 1561.* Ce qui suit est de sa main. *Mon Cousin la Paix est faite, que je suis seur vous trouverez bonne, vû la pauvreté de ce Royaume. C'est vostre bien bon Cousin* MONTMORENCY. Il adjoute encore. *Je vous avise, mon Cousin, que tout crie, vive France d'icy à Bayonne.*

   Tome II.   H h

Cet autre Billet de la Reine eſt au bas d'une lettre du 16. du meſme mois. *Quant à ce que me mandez de mettre juſques à un Concile, il y eſt dans la let-tre Patente, & me ſemble que nous y avons fait tout ce qu'il eſt poſſible de fai-re pour contenter tout le monde, & vous aſſeure que ce n'a pas eſté ſans crier. Je vous y ay ſouhaité pour m'aider, mais puis qu'elle eſt faite & qu'on la trou-ve bonne à Paris, Dieu ſoit loüé.* J'adjouſteray à cecy cet extrait d'une plus grande lettre du 18. eſcrite par le Mareſchal de Briſſac au meſme S. de Gon-nor ſon frere, pour quelques particularitez touchant cette Paix. *A mon ar-rivée en ce camp j'ay trouvé les affaires tout autrement diſpoſées que je ne pen-ſois, car aprés que les propos de la Paix furent entamez, ainſi que vous pou-rez avoir déja entendu, M. le Conneſtable eſt retourné de deçà, qui a repris le Commandement de l'armée, comme il eſtoit bien raiſonnable. Le Gouvernement de Normandie a eſté donné à M. de Montpenſier, & le ſien de Touraine, An-jou & le Maine [ce Mareſchal eſperoit l'un ou l'autre] à M. de Boüillon* Auparavant Gouverneur de Normandie, mais qui eſtoit ſuſpeſt à cauſe de la Religion;] *voyant par là que j'eſtois icy inutile, & auſſi que je me trouvois indiſpoſé, j'eſtois déliberé de m'aller repoſer à Briſſac pour trois à quatre mois, & le plus grand regret que j'euſſe eſtoit de partir ſans vous voir : toutefois la Reine me fit avant-hier tant d'honneur de me venir viſiter, & m'a aſſeuré de me rendre content; qui eſt cauſe que je ſuis encore demeuré. Je croy que la-dite Dame vous aura averty en quelle façon les Articles de Paix ont eſté ac-cordez, qui ſont quaſi conformes à ce qu'ils ont toûjours demandé. On n'attend plus pour en faire l'entiere réſolution, que la venüe de M. l'Admiral, qui doit eſtre bien-toſt à Orleans.*

Il ne venoit pas tant pour ſouſcrire à cette Paix, que pour s'y op-poſer, & la Reine connut bien alors combien luy valoit la perſonne du Prince de Condé dans le party contraire; car s'il ne l'eut empor-té par ſon autorité ſur les raiſons & ſur le crédit de l'Admiral, & s'ils n'euſſent eu qu'un meſme intereſt, ils alloient mettre la France au pire eſtat où elle eut jamais eſté réduite. La Reine ſe défiant haſtoit autant qu'elle pouvoit l'entier accompliſſement de cette Paix, afin qu'on ne s'en put dédire, & elle ne craignoit pas moins que le Parlement & le peuple de Paris n'y fuſſent contraires; comme en effet il s'y trouva de grandes difficultez, qui auroient favoriſé les deſ-ſeins que l'Admiral eut de la rompre, ſans le bon ordre qu'elle ap-porta pour la faire publier au camp, & pour en préparer la publi-cation au Parlement de Paris. Voicy des témoignages de l'importan-ce de cette Paix, & de ſes ſoins.

MONSIEUR DE GONNOR, *ſuivant la dépeſche que je fis hier à mon Cou-ſin le Mareſchal de Montmorency & à vous, j'envoye par de-là le S. de Loſſes avec les lettres Patentes ſéelles & expediées, pour ſelon voſtre avis les preſenter à la Cour avec ce que je leur en eſcris, que vous verrez, & entendrez dudit S. de Loſſes tout ce que je luy ay donné charge de leur dire. Vous priant l'avertir, conduire, dreſſer & ſeconder en cette affaire, comme vous connoiſ-trez qu'il ſera beſoin & à propos, & le croire tout ainſi que vous feriez moy-meſme. Priant Dieu, Monſieur de Gonnor, vous donner ce que plus deſirez. Du camp prés Orleans le 20. jour de Mars 1562. Et plus bas de ſa main. Je vous prie de faire de façon que cecy ne retarde rien, car je voy que, s'il y a difficulté qu'elle ne ſoit paſſée comme la Patente eſt, ſans diminuer ny augmen-ter, nous ſerions ruïnez, car leur camp eſt icy auprés; & ſi la Paix ſe rom-poit, l'on mettroit en haſard, & la perſonne du Roy mon fils, & toute cette armée & la ville de Paris, où difent qu'ils iront, fi l'on ne paffe ce que le Roy & fon Confeil leur a accordé.* CATHERINE.

La fuivante efcrite au mefme S. de Gonnor eft du Conneftable de Montmorency.

MON COUSIN, j'ay reçû la voftre que m'avez efcrite, & vous avifé quant à ce que m'avez mandé, que l'argent que vous nous avez envoyé en pofte eft arrivé icy, & quant à l'autre que vous faites venir par voiture, que j'ay donné charge à ce Porteur de le faire tourner du cofté de Montargis; où j'ay efcrit pour le conduire en bonne & feure efcorte par Gien, afin qu'il n'en puiffe arriver inconvenient fur l'arrivée des Reiftres. Au demeurant je vous prie de tenir la main que la publication de la Paix fe faffe par de-là [à Paris] comme elle a efté ce jourd'huy icy en la prefence de M. le Prince de Condé & de tous les Gentils-hommes, qui font venus ce jourd'huy en ce lieu faire la reverence à la Reine; car la longueur ne peut porter que préjudice, d'autant qu'ils ne voudroient débander ny rompre leur armée, que premierement toutes chofes felon les folemnitez réquifes ne foyent paffées à Paris, & que la celerité eft de trés-grande importance, à caufe des nouvelles qui nous furviennent de tous coftez. Par quoy vous voyez que quoy qu'on faffe le rétif, vous ne fçauriez faire fervice plus à propos fur ce qui fe prefente, que d'en avertir la Reine pour y donner ordre, comme la chofe plus neceffaire pour le bien du Royaume, comme vous dira cedit Porteur. Priant Dieu, mon Coufin, qu'il vous doint en parfaite fanté ce que plus defirez. De S. Mefmin ce 21. jour de Mars 1562. Voftre bien bon Coufin, MONTMORENCY.

MONSIEUR DE GONNOR, vous fçaurez par ce que j'efcris à mon Coufin le Marefchal de Montmorency, le contentement que m'a rapporté le S. de Loffes de la réfolution prife en la Cour de Parlement fur la publication des lettres Patentes, en quoy je fçay ce que vous avez bien fait, & comme j'ay toûjours efperé de voftre affection droite & fincere envers le fils, la mere & le Royaume, chofe que je n'oublieray jamais. Ayant avifé pour fatisfaire ceux de de-là faire demain au point du jour partir mes Coufins le Cardinal de Bourbon & Duc de Montpenfier pour eftre Vendredy au foir à Paris, & le lendemain faire la publication; qu'il vaut mieux eftre faite pluftoft aujourd'huy que demain; & vous prie tenir toutes chofes preftes à cet effet : trouvant bon que pour le contentement des Préfidens & Gens du Roy vous leur faffiez bailler le quartier de leurs Penfions, dont ils font inftance. J'efcris auffi, fuivant ce que le S. de Loffes m'a dit, à la Cour & au premier Préfident, pour les avertir de l'allée defdits Princes par-delà, & fi ay fait une lettre particuliere à ladite Cour en voftre faveur pour voftre entrée & voix déliberative en ladite Cour, que vous pourrez bailler, quand il fera à propos. Priant Dieu, Monfieur de Gonnor, vous donner ce que defirez. Du camp devant Orleans le 25. jour de Mars 1562. Aprés elle efcrit de fa main.

Je vous prie leur dire comme je fuis contente, quelque neceffité que le Roy mon fils aye, que je veux qu'ils foyent payez, pour voir le devoir qu'ils font à ce qui concerne le bien & repos de ce Royaume : & vous prie leur dire demain au matin, avant que les Princes foyent arrivez, afin que de meilleure volonté ils paffent tout. Je croy qu'il nous faudra trouver de quoy payer leurs Reiftres, fi voulons qu'ils fortent du Royaume; mais il n'en faut encore dire mot, car fi je puis je n'en feray rien. CATHERINE.

J'ay fait voir en l'autre Volume traitant la reftitution, demandée par l'Empereur des Villes & trois Evefchez de Metz, Toul & Verdun, que la neceffité de conferver une fi importante conquefte contribua beaucoup à cette Paix d'Orleans : & comme j'ay promis sur ce sujet, en la page 799. du premier Volume, de donner la lettre que la Reine en escrivit à l'Evesque de Rennes Ambassadeur du Roy en Allemagne, je m'en acquitteray icy pour d'autant plus justifier ce traité.

MONSIEUR DE RENNES, *avant que répondre aux deux lettres que j'ay reçûës de vous de mesme date, l'une par Flandre, & l'autre par le S. de Saint Bonnet, je veux vous avertir qu'aprés plusieurs allées & venuës, & que nous avons tenté tous moyens pour sortir hors des troubles où nous estions : nous n'avons sçû mieux faire pour la necessité du temps & les dangers grands & évidens qui nous menaçoient, tels que la Couronne du Roy Monsieur mon fils s'en alloit fort ébranlée par la venuë de tant d'Estrangers, dont ce Royaume est si fort remply dés-ja, que d'autres que nous voyons préparez à y entrer, que de passer par où vous verrez en la lettre de la résolution qui en a esté prise ; de laquelle je vous envoye copie, afin que vous en sçachiez par le menu ce qui en est. Qui est chose faite par l'avis de tous les Princes du Sang, de M. le Connestable, & de tous les autres Seigneurs du Conseil, bastie sur les fondemens que M. de Guise en avoit, peu aprés la bataille, déja assis & projettez avec M. le Prince de Condé ; à la poursuite & execution de quoy à sa mort il nous exhorta & admonesta fort expressément, comme l'extrême besoin & grande necessité nous y a aussi forcez & menez : joint le Conseil que tous nos amis nous en ont donné, plûtost que de nous voir perdre & ruïner du tout, comme nous en estions en chemin. Et mesme qu'en ce faisant nous avons certaine esperance, & s'il se peut dire, asseurance, que les Anglois se retireront & délaisseront ce qu'ils y ont occupé : qui est chose de telle importance, qu'elle ne traîne pas aprés elle moins d'inconvenient que de la désolation de Paris & perte entiere de toute la Normandie ; joint à elle aussi la menace de ceux de l'Empire pour le respect de Metz, Toul & Verdun. Ce que vous pourrez dextrement faire entendre à l'Empereur & au Roy des Romains aussi, leur faisant bien toucher ce qui nous a menez là, en attendant que nostre Seigneur nous fasse la grace que d'un bon Concile, nous soyons consolez de ce dont nous avons tant de besoin, à l'honneur de Dieu & repos de ce Royaume : qui est tout ce que je cherche, & pour à quoy parvenir, j'ay fait ce que jamais mere, demeurée chargée d'un Roy jeune, en temps si troublé & si fascheux, sçauroit faire ; sans pardonner à toute sorte de travail, danger, & autres expediens que j'estimois y pouvoir servir ; entre lesquels n'a esté épargné celuy des armes, comme chacun a vû, dont ce Royaume a souffert trés-grand dommage. Mais puis qu'il a pleu à Dieu, il a esté besoin s'en contenter, & remettre tout à sa bonté & grande misericorde, qui a la fin a eu & aura pitié de nous.*

Vous avisant au surplus, que j'ay entendu par vosdites lettres, bien au long, ce que vous avez fait & appris au voyage de mon cousin le Cardinal de Lorraine à Inspruch, dont il m'a escrit bien particulierement, & la disposition bonne en quoy il a trouvé lesdits Sieurs Empereur & Roy des Romains au bien du Concile, & affection envers nous : & semblablement le déplaisir qu'ils ont des levées qui se font par de-là au dommage de ce Royaume ; lesquelles je connois bien qu'ils ne veulent pas faire semblant de connoistre, & si bien ils leur déplaisent comme vous dites, montrent bien qu'ils ne veulent pas déplaire à ceux de de-là. Qui me fait d'autant plus loüer & remercier Dieu du bien de Paix qu'il luy plaist nous donner ; pour le respect duquel j'ay mandé à ceux que j'avois dépesché pour nos levées, ne passer pas outre : comme je m'asseure aussi que cette nouvelle retiendra ceux, qui se rémuoient pour les autres. Mais je suis toûjours aux escoutes, pour sçavoir si cette déliberation prise par l'Empire touchant le récouvrement de Metz, Toul & Verdun, passera jusques aux effets, dont on continuë à me donner des allarmes, bien que n'ayons pas encore fait réponse à ce Gentil-homme dudit Empereur qui en apporta les lettres. Ce qui a esté remis à quand nous serons à Amboise auprés du Roy mon fils ; vous priant cependant y éclairer de prés pour m'en donner avis & de toutes nouvelles desdits Empereur & Roy des Romains , mesmement en quelle déliberation ils continuëront pour le fait du Concile. Ce qui suit est en chiffre.

A ce que j'ay entendu par la réponse de mondit Cousin le Cardinal de Lorraine , il a mis bien avant les fers au feu du mariage de la Reine d'Escosse avec l'Archiduc Charles tiers fils de l'Empereur, & semblablement senty ce qu'il a pû pour celuy de l'une des filles du Roy des Romains ; la premiere desquelles est pour l'Espagne comme il faut croire , & de l'autre nous sera aisé , ainsi que je voy , d'en faire alliance pour le Roy mon fils. Chose à quoy nous sommes pour entendre, sans montrer parler de la premiere, afin de n'irriter personne, & en chose aussi dont j'estime bien que ne serions guere satisfaits : & suis pour en escrire par la premiere dépesche audit sieur Cardinal, suivant ce qu'il attend de moy ; dequoy j'ay bien voulu vous avertir , afin que vous sçachiez tout ce qui se passera en cela entre nous , semblablement du mariage du fils aisné dudit Roy des Romains avec ma fille [la Reine Marguerite:] Pour là-dessus voir & sentir comme les choses continuëront là où vous estes, & y faire dextrement l'office convenable à chose de telle importance selon les occasions : essayant pour cela retenir lesdits deux Princes & ce qui est de leur devotion en autre devoir & respect en nostre endroit & ce qui touche le bien de ce Royaume, qu'ils n'ont esté par cy-devant, non en apparence, mais en effets, & balancer par là toutes autres intentions qui y voudroient estre contraires , tant du costé d'Espagne que d'ailleurs : & semblablement tenir la Reine d'Angleterre en branle , qui n'aura pas trop agréable ledit mariage d'Escosse. Mais il faut que tout d'une main j'en fasse encore un , s'il est possible , qui est celuy de la fille unique du Duc de Cleves , avec mon fils d'Orleans [depuis Roy Henry III.] desirant qu'aprés vous estre bien enquis s'il n'y a qu'une fille , vous regardiez d'en faire ouvrir comme de vous-mesme les propos , ainsi qu'il vous semblera plus à propos. Ce que vous ne sçauriez mieux faire, qu'aprés avoir sçû de quelle main ledit Duc de Cleves se laisse manier , soit du Roy des Romains ou autre de ses Parens & Amis , & en cela me donner quelque lumiere, qui m'y puisse dresser & conduire au point que je desire. Continuant tout soin & devoir de me tenir avertie de ce que en aurez appris , & de toutes autres choses, & sur tout , comme cette Paix qui est chose faite pour l'extréme necessité du temps , sera reçuë de leurs Majestez. Priant Dieu, Monsieur de Rennes, vous avoir en sa garde. Escrit au camp prés d'Orleans le 26. jour de Mars 1562.

C A T H E R I N E, *& plus bas*, DE L'AUBESPINE.

En execution du traité de Paix, la ville d'Orleans quitta les armes & ouvrit ses Portes par les ordres du Prince de Condé, encore qu'il n'eut pas encore esté verifié ; parce qu'il estoit important que nos voisins tant d'Allemagne que d'Angleterre, qui nous préparoient de grands troubles, fussent persuadez de la verité de cette pacification ; qu'on vouloit rompre non seulement du costé des Huguenots , mais encore de celuy de quelques Catholiques, qui n'en goûtoient pas la necessité, & mesme le Parlement de Paris & quelques autres qui réfusoient la Verification. Cela obligea la Reine d'avoir récours à Christophle de Thou premier Président , qu'elle avoit fraischement fait pourvoir de cette Charge par la mort de Gilles le Maistre , & pour ce sujet elle luy envoya des lettres de Pension , comme nous verrons par cette lettre du Chancelier de l'Hospital au S. de Gonnor, qui continuera à nous instruire des affaires de cette Paix.

MONSIEUR, *j'ay trouvé voſtre Secretaire en ce lieu, qui m'a porté la ra-tification à ſéeller & les lettres de Penſion de M. le premier Préſident, ce que j'ay fait. Demain s'il plaiſt à Dieu j'iray trouver les Roy & Reine à Amboiſe. J'euſſe bien voulu que nous euſſions pris le chemin de Fontainebleau, mais ce ſera pour aprés la Feſte, ainſi que l'on dit. Nous ſommes eſté à Or-leans, que nous avons trouvée ſans Gardes & ſans armes, & les Citoyens, ainſi qu'ils diſoient, bien déliberez de vivre en Paix. Dieu veuille que ce ſoit ain-ſi par tout, car nous en avons bien beſoin, vû les appareils grands de nos Voi-ſins; qui pourront ceſſer, quand ils nous verront bien d'accord. La venuë de M. le Mareſchal voſtre frere adoucira les Anglois, qui maintenant parlent autre langage, mais nous ſoupçonnons qu'ils ſe ſentent fortifiez des Allemands. Dieu nous doint ſa grace & ſa Paix, & à vous, Monſieur, trés-bonne & longue vie. De Blois ce 3. d'Avril 1562.*

Voſtre humble & affectionné Serviteur & Amy, DE L'HOSPITAL.

Voicy encore deux Billets de la main de la Reine Catherine au deſſous de deux lettres, qu'elle eſcrivit au meſme S. de Gonnor le 13. & 27. du meſme mois d'Avril; où l'on voit par l'appréhenſion qu'elle avoit des difficultez qu'on faiſoit pour l'execution du traité de Paix, de quelle conſequence il eſtoit de l'entretenir pour le bien du Royaume.

MONSIEUR DE GONNOR, *vous verrez les lettres que le Roy mon fils envoye à la Cour de Parlement, pour l'occaſion qu'entendrez par leſ-dites lettres; à quoy je vous prie tenir la main, & dire au premier Préſident de ma part, que d'autant que je l'ay mis où il eſt, & qu'il ſçait la fiance que j'ay en luy, qu'il faſſe de façon en cecy que nous ne rétournions en un plus grand trouble, & que ce que l'on fait à Paris ne ſoit cauſe d'empeſcher que ceux qui tiennent encore la ville, [d'Orleans où les Huguenots eſtoient en-core les plus forts, quoy qu'ils euſſent mis bas les armes,] ne la veulent ren-dre, & en dire autant au Prévoſt des Marchands, afin que l'on ne faſſe plus de Maſſacres. Et le plûtoſt qu'ils y donneront ordre, ſera le meilleur pour le ſer-vice du Roy mon fils. J'eſpere vous voir & eux auſſi dans quinze jours pour le plus tard. Je vous prie cependant que on faſſe de façon, que l'on n'empeſche l'execution de la Paix.* CATHERINE.

Ce dernier Billet nous apprendra qu'encore que lé Roy fût dans Orleans, la Reine n'eſtoit pas encore guerie de la peur de la Guerre civile, comme en effet, ſi elle n'eut gagné le Prince de Con-dé, l'Admiral & les Miniſtres, les Huguenots mécontens de la Paix l'auroient récommencée & continuée : & c'eſt d'eux qu'elle veut parler icy.

Je trouverois bon voſtre avis que m'a dit Gravier, mais je viens d'avoir avertiſſement comme les Gens, que l'on vouloit faire venir à Metz, ne ſont en-core licenciez, qui me fait douter de cette capitulation qui a eſté faite. Je crains que tout cela ſoit fait avec mauvaiſe intention, & qu'ils ſeroient bien-aiſes, que l'on rompit la Paix; pour achever s'ils ont quelque mauvaiſe vo-lonté, & pour les en engarder & les faire ſortir [les Reiſtres venus au ſervi-ce des Huguenots] je voudrois bien que l'on obſervaſt par tout ſi bien l'Edit, que s'ils ont envie de faire le jeu, ſe connoiſſe que c'eſt pour autre occaſion que pour l'obſervation de l'Edit; & pour cette occaſion, je vous prie trouver l'ar-gent à quelque prix que ce puiſſe eſtre, afin de leur en envoyer. Et j'eſpere vous voir Vendredy, & vous diray mon opinion qui n'eſt pas loin de la voſtre.
CATHERINE.

Le Prince de Condé servit la Reine avec beaucoup de fidélité dans tous ses soupçons, & en voicy des marques par ses lettres à Antoine de Croy Prince de Porcien, qui avoit ordre de luy, de faire incessamment avancer les Reistres sur la Frontiere, pour les mettre hors de France.

MON NEVEU, pour les occasions que je viens d'entendre du rétardement que les Reistres font aux environs de Fontainebleau, où la Reine a eu avertissement qu'ils ont fait beaucoup de dégasts ; sa Majesté m'ayant commandé d'envoyer pour en sçavoir la verité : j'ay avisé de dépescher en diligence le Capitaine la Roche avec cette lettre, & par icelle vous prier rémontrer à M. le Mareschal de Hessen & aux Reitmestres, le mécontentement que justement elle auroit, si les bruits que l'on a fait courir d'eux, estoient veritables : & que pour cette occasion ils ayent à s'éloigner le plus qu'ils pourront de ces quartiers-là, vù qu'il n'y a plus de riviere à passer qui les puisse rétarder, ainsi que plus particulierement vous dira ledit Porteur, lequel vous croirez tout ainsi que feriez moy-mesme. Priant Dieu, mon Neveu, après m'estre récommandé à vostre bonne grace, qu'il vous doint ce que plus disirez. Escrit à Chenonceau ce 18. d'Avril 1563.

Vostre plus affectionné Oncle & parfait amy à jamais, LOUÏS DE BOURBON.

Vous leur direz qu'ils ne seront si-tost sur les confins de la Frontiere, qu'ils auront asseurance de leurs payemens, & qu'ils sont maintenant Pensionnaires de sa Majesté & consequemment ses Serviteurs.

MON NEVEU, il faut que je vous dis que la nouvelle, dont la Reine a esté avertie ce jourd'huy du retour des Reistres, l'a autant ennuyée pour la frayeur qu'elle en a pris, que autre que l'on luy eut sçû rapporter, ainsi que par sa dépesche vous pourrez plus au long & particulierement entendre. Et pour ce que telles façons peuvent plus servir à rallumer le flambeau d'une nouvelle Guerre, qu'à fortifier l'establissement d'une Paix, je vous prie, mon Neveu, suivant ce que presentement j'escris à M. le Mareschal de Hessen, persuader à luy & à tous les Reitmestres, qu'ils soyent contens d'obéir à la priere que sa Majesté leur fait, attendant que l'on ait donné ordre à leur payement, & qu'ils ne s'arrestent point à quelques petites pointilles, comme à l'asseurance qu'ils doivent ce me semble avoir des bons offices esquels je m'employeray, non seulement en cet endroit, mais toute ma vie pour eux, soit en general soit en particulier. Esperant que n'oublierez rien du devoir ; après m'estre affectueusement récommandé à vostre bonne grace, je prieray le Créateur vous donner mon Neveu, ce que plus desirez. Escrit à S. Germain en Laye ce 12. jour de May 1563.

Vostre plus affectionné Oncle & bon amy, LOUÏS DE BOURBON.

MON NEVEU, j'ay esté fort marry d'entendre que les faux rapports, desquels nos communs ennemis se sçavent tant artificieusement aider pour dénigrer ma réputation à l'endroit de ceux qui l'ont en bonne estime, ayent eu telle efficace envers M. le Mareschal de Hessen & sa compagnie, que cela les doive réfroidir de cette bonne volonté, dont ils ont toûjours fait si ouverte démonstration : mais comme en toutes ses actions passées il s'est montré autant lent & tardif à croire & se laisser gagner aux poursuites & persuasions par lesquelles ils le cuidoient pratiquer, que leurs ruses & astuces estoient vives & promptes ; aussi ne peut-il entrer en ma fantaisie qu'il y veuille maintenant plûtost prester l'oreille & adjouster foy à telles impostures, qu'alors que les apparences en estoient plus grandes. Ce que je vous prie de ma part leur rémontrer, & au demeurant les asseurer, que tant s'en faut que tels bruits soyent veritables, [les Mécontens de la Paix dans le party Huguenot difoient qu'il eftoit gagné par la Reine , & d'intelligence avec elle pour renvoyer les Reiftres fans argent, & les Catholiques de la Cour, qui eftoient faſchez de le révoir en fa place & qui l'aimoient mieux à la tefte d'un party ennemy, appuyoient cette créance, quoy que d'autre part ils effayaffent de le rendre toûjours fufpect à la Reine] que dans peu de jours l'on connoiftra combien je fuis ferme & folide en mes déliberations. *Et fi les chofes ne font auffi foudainement executées comme les efprits font boüillans & chauds, & les fantaifies de beaucoup de Perfonnes foudaines, & que je confeffe qu'il feroit befoin ; fi ne faut-il point que cette impatience foit fi violente, qu'elle nous faffe fortir des limites de raifon, pour entrer au chemin du defefpoir. Et à ce propos, mon Neveu, je vous diray, fi les Reiftres font dés-ja délogez pour s'acheminer en Allemagne, & que voftre commodité puiffe permettre que faffiez un voyage en cette Cour, je feray fort aife que ce foit avec bonne & honorable compagnie, & le plûtoft qu'il vous fera poffible, attendu le murmure des troubles qui commence à s'émouvoir, ainfi que ce préfent Porteur vous fçaura plus amplement déduire & rendre bon compte du furplus de mes autres nouvelles. Vous priant continuer à fouvent me faire part de tous les avertiffemens qui tomberont entre vos mains, & cependant croire que voftre venüe par-deçà ne vous fera point fi infructueufe, que vous n'en rapportiez une honorable réconnoiffance de vos merites par leurs Majeftez & une augmentation d'affection entiere de ceux qui vous font parfaitement amis ; au rang defquels vous ne ferez pas marry, fi je me promets tenir l'un des premiers lieux ; l'efperance que j'ay de vous voir bien-toft me gardera d'en efcrire davantage ; finon après m'eftre récommendé de bien bon cœur à voftre bonne grace, prier Dieu vous donner, mon Neveu, avec la fienne trés-fainte ce que plus defirez. Efcrit au Bois de Vincennes le 14. jour de Juin 1563.*

Voftre plus affectionné Oncle & parfait amy
pour jamais, LOUIS DE BOURBON.

Le Prince de Condé ne fongeoit plus qu'à demeurer inféparablement attaché au fervice du Roy & de l'Eftat, fur la promeffe que la Reine luy avoit faite, & qui le rendit fi ferme à la réfolution de la Paix, qu'il auroit à la Cour le mefme rang, & la mefme place avec pareille autorité dans les Confeils qu'avoit le Roy de Navarre fon frere, & qu'il feroit confideré comme premier Prince du Sang durant la jeuneffe & Minorité du Prince de Navarre fon Neveu, depuis Roy fous le nom de Henry IV. Si elle luy eut tenu fa parole, comme il eftoit à fouhaiter pour le bien de la France, s'il n'eut changé de Religion, du moins auroit-il empefché qu'on en fit un party d'Eftat, & peu à peu le zéle des Novateurs qui s'irritoit par la réfiftance, fe fut temperé : mais quand on eut tiré de luy le fervice qu'on en avoit defiré pour la réprife du Havre, & qu'on l'eut ainfi commis contre les Anglois ; foit qu'on l'en crut plus foible par la perte d'une alliance fi confiderable, & par l'affoibliffement de fon crédit envers les Princes Proteftans d'Allemagne, qui ne furent guere contens de la Paix ; on ne luy donna pas la part qu'il efperoit au Gouvernement : & comme il s'apperçût qu'on pouroit bien entreprendre contre fa Perfonne, puis qu'on ne craignoit point de le mécontenter, parce qu'il y a des ufages de Politique qui permettent qu'on fe défaffe de ceux qui font à craindre ; ce fut le fujet des nouveaux troubles, dont nous parlerons en leur lieu.

LIVRE

·LIVRE CINQUIÉME·

CHAPITRE PREMIER.

DES INTERESTS ANCIENS DES ANGLOIS
contre la France.

E premier Chapitre du cinquiéme Livre des Memoires du S. de Castelnau, m'invite à donner en peu
de mots l'origine de cette haine & inimitié ancienne des François & des Anglois, qui a duré jusques à
nostre temps, sur des prétentions qui nous ont coûté
une mer de sang, qui ont pensé ruïner la France, &
qui ont enfin fait perir la Maison Royale d'Angleterre. Tout le monde sçait, & cela se justifie par la Table Genealogique imprimée page 402. du premier Volume de ces Memoires,
que depuis l'an 1066. que Guillaume le bastard Duc de Normandie
conquesta cette Couronne, jusques à Henry VII. qui défit & tua
Richard III. l'an 1486. tous les Rois d'Angleterre estoient François
d'extraction, parce que Mahaut fille unique du Roy Henry I. laquelle mourut l'an 1167. laissa pour legitime heritier d'Angleterre &
de Normandie Henry II. son fils, dés-ja Comte d'Anjou, de Touraine & du Maine, & grand Seneschal de France, à cause de Geofroy
Comte d'Anjou son pere. Celuy-cy se maria avec Alienor Duchesse
de Guyenne & Comtesse de Poitou, répudiée par le Roy Louïs le
jeune, & par ce moyen se trouva plus riche & plus puissant en France que nos Rois, & de leur Vassal devint leur ennemy, comme l'autre Henry son Ayeul. Jean dit sans Terre l'un de ses enfans usurpa sa
Couronne & ses Duchez sur Artur son neveu, veritable heritier du Roy
Richard son Oncle, le prit prisonnier & l'estrangla, & par cette
forfaiture, pour laquelle son Procés luy fut fait par les Pairs de
France comme Vassal, l'an 1202. il perdit les Terres qu'il possedoit en ce Royaume; dont le Roy Philippe Auguste se rendit Maîs-
tre par force d'armes : & il fut encore ensuite dépoüillé de l'Angleterre pour sa cruauté par ses propres Sujets, qui réconnurent & cou-
ronnerent pour Roy, Louïs de France fils aisné de Philippe Auguste :
mais par un sentiment de pitié suggeré par le Pape, duquel Jean se rendit tributaire, les Barons du Royaume le rappellerent, & Henry III,

son fils eut encore ce bonheur avec celuy de luy succeder , de mettre en scrupule le Roy Saint Louïs , qui pour joindre un droit moins odieux que celuy des armes & de la confiscation à la possession de la Duché de Normandie , & des Comtés de Poitou, d'Anjou, Touraine & Maine , transigea avec luy , & luy inféoda de nouveau l'an 1258. la Guyenne, pour la rétenir en Duché & Pairie de France de luy & de ses Successeurs. Ainsi il rémit les Anglois en ce Royaume, d'où l'on les avoit chassez avec tant de difficultez , & où ils formoient tous leurs desseins , & sa posterité porta la peine de ce trop de Justice ; car Edoüard II. fils d'Edoüard I. & petit fils de ce Roy Henry III. prétendit la Couronne de France à cause d'Isabelle sa mere fille du Roy Philippe le Bel , & l'on sçait combien il en coûta au- Roy Philippe de Valois & au Roy Jean son fils , dont l'un fut défait à Crecy l'an 1346. & perdit la ville de Calais , & l'autre fut pris prisonnier à la bataille de Poitiers l'an 1356. après avoir perdu la ville de Guines l'an 1352.

Le droit d'Edoüard sur la Couronne de France ne merite d'estre icy réprésenté que pour faire voir l'injustice des Anglois en cette prétention , & pour faire connoistre combien il estoit important d'éloigner de nous une Nation querelleuse , naturellement ennemie de la nostre , & qui s'aidoit de toutes sortes de moyens & de prétextes pour nous subjuger. Robert Abbé de la Celle réprochoit à un Prélat d'Angleterre que ses compatriotes tenoient toutes leurs inclinations de l'Elément qui les environnoit , c'est-à-dire, qu'ils estoient fiers , orgueilleux , inconstans & mutins , & c'est ce qu'ils ont toûjours témoigné dans leur Gouvernement tant Ecclesiastique que Seculier , & dans leur conduite avec leurs Voisins , mais principalement avec nous ; & si leur humeur fascheuse ne leur avoit autant soulevé des Provinces, qu'ils estoient capables d'en conquester autrefois par une fierté, que l'exercice continuel des armes avec le mépris de la mort avoient érigé & façonné en valeur , peut-estre aurions-nous succombé dans une juste cause. Le Roy Philippe le Bel laissa de son mariage avec Jeanne Reine de Navarre trois fils tous successivement Rois , Louïs Hutin , Philippe le Long , Charles le Bel , & une fille , Isabelle femme d'Edoüard II. Roy d'Angleterre , mere d'Edoüard III. qui se persuada qu'il devoit heriter de la Couronne de France par la mort de ses Oncles au préjudice de Philippe de Valois. On allegua contre luy la Loy Salique, qui exclud les femmes & leurs descendans de cette succession ; mais on pouvoit avec autant de raison soûtenir que nostre Nation estant libre , & originairement conquerante & non conquise, s'estant donné des Rois par élection & ne les ayant point reçû par force , comme les autres Peuples, qui ne peuvent estre dominez par les Femmes qu'en vertu de ce droit de conqueste , elle estoit en pouvoir d'élire, en tant que besoin seroit, un Prince de la Race de Hugues Capet, qu'elle avoit autrefois élevé au Trône Royal , & de décider pour jamais en cette occasion, qui ne s'estoit point encore pre-

fentée , la queſtion qui pouroit naiſtre à l'advenir pour la ſucceſſion
à la Couronne en ligne Collaterale. Ainſi c'eſtoit aſſez de dire à
l'Anglois qu'on ne vouloit point de luy , & en effet cette raiſon fut
eſtimée ſi forte , que je ne me ſouviens point d'avoir lû qu'on eut
examiné ſon droit, comme on pouvoit faire avec avantage.

Car, comme il eſtoit neceſſaire pour ſa validité, que la Couronne
put tomber en quenoüille, il falloit abſolument qu'il fut le plus proche heritier de Charles le Bel le dernier des trois Rois morts ſans enfans, & cela eſtoit ſi faux, qu'on ne ſçauroit nier que Blanche de
France fille dudit Charles , née l'an 1328. & morte ſeulement en
l'an 1391. laquelle épouſa Philippe de France Duc d'Orleans , fils
puiſné de Philippe de Valois , ne dût eſtre ſon heritiere. En pareil
cas Jeanne de France fille de Philippe le Long , qui la maria avec
Eudes IV. Duc de Bourgogne , auroit dû prétendre ſa ſucceſſion contre Charles le Bel ſon Oncle , ou du moins ſes enfans & Louïs Comte de Flandre fils de Marguerite ſa ſœur , auroient-ils eu plus de droit
que l'Anglois. Enfin il en auroit eſté de meſme à l'égard de Jeanne
de France fille du Roy Loüis Hutin , & comme telle heritiere du
Royaume de Navarre, qu'elle porta à Philippe Comte d'Evreux; duquel & de ſes enfans la cauſe auroit eſté plus favorable , puis qu'ils
avoient l'honneur d'eſtre Princes du Sang , luy eſtant petit fils de
Philippe le Hardy fils de ſaint Louïs : le Roy d'Angleterre eſtant
au contraire non ſeulement Eſtranger , mais encore le plus éloigné
pour l'ordre de la Succeſſion , comme on connoiſtra encore mieux par
la Table Genealogique qui ſuit.

PHILIPPE LE HARDY ROY DE FRANCE FILS
de S. Louïs épouſa 1. Iſabelle d'Arragon , 2. Marie de Brabant.

1. lit.			1. lit.
PHILIPPE le Bel Roy de France, épouſa Jeanne Reine de Navarre,	CHARLES Comte de Valois , épouſa Marguerite de Sicile.		LOUÏS de France Comte d'Evreux , épouſa Marguerite d'Artois.
Louïs X. dit Hutin , Roy de France & de Navarre. PHILIPPE IV. dit le Long , Roy de France & de Navarre. CHARLES le Bel Roy de France & de Navarre.	ISABELLE épouſa Edoüard II. Roy d'Angleterre.	PHILIPPE VI. dit de Valois Roy de France.	PHILIPPE Comte d'Evreux , Roy de Navarre par ſon Mariage avec Jeanne de France.
JEAN I. Roy de France mort enfant. JEANNE de France Reine de Navarre épouſa Philippe Comte d'Evreux. JEANNE épouſa Eudes IV. Duc de Bourgogne. MARGUERITE ép. Louïs de Flandre Comte de Nevers. BLANCHE de France , femme de Philippe de France Duc d'Orleans.	EDOUARD III. Roy d'Angleterre.	JEAN Roy de France. PHILIPPE de France Duc d'Orleans épouſa Blanche de France.	CHARLES II. Roy de Navarre , &c.
CHARLES II. Roy de Navarre. PHILIPPE Comte de Bourgogne , &c. LOUÏS de Male Comte de Flandre.			

Voilà le premier droit prétendu ſur la Couronne de France par

les Anglois , & la premiere raison pour laquelle Edoüard III. prit
les armes & le titre de Roy de France ; droit sans aucun fondement,
& pour mieux dire, prétexte de nous broüiller par une Nation, qui se
gouvernoit par caprice , & qui executoit comme une chose juste tout
ce qui luy tomboit dans la pensée. Pour marque de cela Henry IV.
usurpateur d'Angleterre sur l'infortuné Richard , prit mesmes armes
& mesmes qualitez , quoy que l'une & l'autre Couronne, ou du moins
la France , qui n'avoit aucune part à une défection des Anglois faite
en Angleterre , ne dût réconnoître pour Rois, si la prétention d'E-
doüard III. eut esté legitime , que les descendans de Lionel de Cla-
rence frere aisné de Jean Duc de Lanclastre son pere. Henry V. fils
de ce Henry IV. ayant épousé Catherine de France fille d'un Roy
fol , Charles VI. & d'une Mere enragée , qui luy donnerent la succession du Royaume par contract de Mariage ratifié par une Faction
rebelle qu'on qualifia du nom d'Estats , crût accumuler un nouveau
droit ; mais s'il estoit insoutenable , comme on n'en peut faire de
difficulté par la question dés-ja jugée en faveur de Philippe de Valois,
contre Edoüard pour l'exclusion des filles , n'est-il pas veritable que
l'ayant fondé sur le résultat & la ratification de ces prétendus Estats,
il réconnut les Estats de France & leur autorité ? lesquels ayans esté
Juges par consequent legitimes en la premiere cause , leur jugement
devoit tenir lieu de Loy pour l'advenir , mais d'une Loy inviolable
par les autres Estats futurs , qui s'est observée sans aucune contestation par la succession à la Couronne de la Maison d'Orleans, de celle d'Angoulesme dite de Valois , & enfin de celle de Bourbon. Et
cette derniere ayant affaire avec un puissant party révolté sous les plus
puissans de tous les prétextes , & appuyé du Roy d'Espagne , qui
avoit deux filles , l'Infante Elisabeth & Catherine depuis Duchesse de
Savoye , de la sœur des trois derniers Rois & qui se pouvoient dire
leurs Heritieres , fut-il jamais parlé de faire l'Infante Reine de France,
à autre condition que de luy faire épouser le Roy qui seroit élû ? enfin quoy que Catherine de Medicis , qui avoit plus de crédit
& plus d'esprit qu'Elisabeth de Baviere femme de Charles
VI. & qui eut encore eu plus de droit en un dessein qu'on peut dire
plus juste en apparence , n'eut pris part à la Ligue que pour faire
succeder les enfans de Claude de France sa fille & du Duc de Lorraine au Royaume, au lieu de Henry IV. qu'elle haïssoit : elle ne l'osa
pas mesme proposer , & Dieu se declara pour la Loy de l'Estat dans
le succés qu'il donna aux affaires de France.

Ce droit de Henry V. fondé sur son Mariage, fut pourtant le seul
dont il se voulut appuyer & le seul encore sur lequel Henry VI. son
fils se fit réconnoistre Roy de France par ceux de la Faction de Bourgogne ; mais si nous demeurons d'accord qu'il fut soûtenable , il faut
de necessité qu'on nous accorde pareillement que ce Henry VI. seul
issu dudit Mariage & Edoüard Prince de Galles aussi son fils unique,
ayans esté défaits , tuez & dépoüillez par Edoüard Duc d'Yorck ,

ce droit s'éteignit dans leur fang, & que la Couronne eftant dévoluë par conquefte dans une autre Branche, ces Conquerans ou ces Ufurpateurs ne pouvoient rien prétendre à celle de France. Si on oppofe à cela que Henry VIII. qui réleva le party de la Maifon de Lanclaftre contre celle d'Yorck, eftoit fils de la mefme Catherine de France veuve de Henry V. Je répondray qu'outre que fon fecond Mariage avec Ouwin Tender eftoit fi peu legitime & fi formellement contraire à la Loy d'Angleterre, que cet Ouwin fut condamné à mort & executé pour l'avoir ofé contracter, la Couronne n'eftoit promife qu'aux defcendans de ladite Catherine & de Henry V. lequel mefme rénonça à fa prétenfion de Roy, par la qualité qu'il prit de Regent en France en execution de fon contract. Henry VII. époufa Elifabeth heritiere des Droits de la Maifon d'Yorck, pour n'avoir plus de competiteur aprés en avoir fait décapiter les reftes, & fut pere de Henry VIII. & ayeul de la Reine Elifabeth, laquelle non plus que la Reine Marie Stuart fa coufine de laquelle font iffus les derniers Rois, ne fe pouvoit prévaloir de ce contract inofficieux, & lequel au contraire décide la queftion, du Mariage de Henry V. avec Catherine de France. Neantmoins les Rois d'Angleterre ont trouvé nos Fleurs de Lys fi belles, & le titre de Roy de France fi avantageux, qu'ils ne les ont jamais voulu quitter, quoy que cette prétention eut ruiné l'Angleterre, & tellement affoibly le Roy Henry VI. qu'aprés avoir efté chaffé de France, il fut défait & pris par Edoüard à la bataille de Tewkesbury l'an 1472. Edoüard fon fils unique tué, & luy mis à mort dans fa prifon.

Le mefme Henry VI. chaffé de France perdit, par droit de Guerre la Guyenne, que le Roy Charles VII. conquit fur luy, & il ne refta aux Anglois de tout ce qu'ils avoient poffedé en ce Royaume que la ville de Calais & le Comté de Guines, qu'ils furent fi foigneux de conferver pendant les longues & fanglantes Guerres civiles entre les Maifons de Lanclaftre & d'Yorck, & nos Rois fi religieux en l'obfervation de Paix que nous avions avec eux, qu'ils les garderent jufques en l'an 1557. c'eft-à-dire plus de deux cens ans. Ils efperoient toûjours rentrer par cette porte dans leurs anciennes prétentions, & y ayant depuis joint le prétexte de la Religion par la protection des Huguenots, il faut avoüer qu'ils auroient mis cette Couronne en nouveau peril, fans le bonheur qui nous en rendit Maiftres auparavant la naiffance de ce nouvel intereft. Le Duc de Guife reftablit nos affaires & noftre réputation par cette conquefte aprés la malheureufe journée de S. Quentin, dont elle eftouffa le bruit & principalement à Rome, où l'on fe divertit utilement des nouvelles de toute la Chreftienté, par l'adreffe qu'ont les Italiens de profiter de leur loifir, & rendre leurs fuffrages confiderables aux Eftrangers. Voicy ce qu'Odet de Selve Préfident au grand Confeil lors Ambaffadeur à Rome, fils du premier Préfident au Parlement de Paris, en efcrivit à Bernardin Bochetel Abbé de Saint Laurent Ambaffadeur en Suiffe depuis Evefque

le Rennes. *La bonne nouvelle de la prife de Calais a grandement ré-*
oüi le Pape & tous les Serviteurs du Roy en ce lieu, & dit fa Sainte-
é que l'une des principales caufes du grand plaifir qu'elle a de ladite
prife, eft pour ce qu'elle eft de fi grande importance, qu'elle contrepoife
toutes les victoires que le Roy Philippe à euës fur nous par cy-devant, &
que à l'occafion d'icelle M.M. les Legats de Sa Sainteté avec l'aide de Dieu
auront moyen de conduire & réduire ces deux Princes à quelques bons
termes de Paix : de laquelle il dit avoir tant de defir, que fans avoir
égard à fa vieilleffe, il n'épargnera aucun travail ny peine pour les y fai-
re parvenir. Cette lettre eft du 2. Février 1557. par autre du 19. du
mefme mois, Jerofme de la Rovere efcrit audit S. de faint Laurent,
les prifes de Calais & de Guines ont bien donné à parler au monde &
grande allegreffe aux Serviteurs du Roy, & fi a fait fa Sainteté grande
démonftration de réjouïffance, & attend tous les jours des nouvelles de
l'embarquement de fes Neveux & auffi du Legat Caraffe.

Les chofes fuccederent au defir du Pape, par la Paix qui s'en
enfuivit l'année d'aprés, & on réconnut à la mort de Marie Reine
d'Angleterre premiere femme du Roy d'Efpagne, qui mourut dans
le mefme temps, & avec laquelle on perdit l'efperance du reftabliffement de la Religion en fon Royaume, où Elifabeth fa fœur acheva
va de l'abolir, que Dieu avoit favorifé avec nos interefts ceux de
toute l'Eglife. Calais auroit efté l'Arfenal. & la Place d'armes des Heretiques de ce Royaume, il auroit efté leur réfuge, & les Anglois
n'auroient pas efté moins rédoutables qu'aux Siécles précedens, par
le party qu'ils auroient entretenu dans l'Eftat, & qu'ils auroient rendu affez puiffant pour partager la Couronne, & pour faire valoir les
vieilles prétentions de leurs Princes. Leur alliance avec le Roy d'Efpagne nous valut cette Place, prife de bonne Guerre, & qu'on jugea fi importante, qu'on ne fe foucia que de la conferver en ce fameux Traité du Chafteau-Cambrefis, duquel elle rétarda long-temps
la conclufion, comme je rémarque par les lettres de nos Députez au
Roy, dont j'ay eftimé à propos de rapporter quelques extraits. Celle-cy eft de Cercamp le 21. Octobre 1558.

Sur la Corfegue * *qui eftoit auffi de la nouvelle Conquefte, nous leur*
avons rémontré comme elle eft de voftre ancienne Patrimoine, le droit
que vous avez à Gennes, & tout ce que nous fçavons fur ce appartenir
à la fortification de voftre caufe, avec le tort que les † *Genévois vous trou-*
vent ; neantmoins ils font toûjours demeurez obftinez, qu'il ne fe pouvoit
faire Paix fans la reftituer, & nous au contraire, que vous ne le feriez
point. Ils ont paffé outre à Calais, dont ils difent autant, mais
nous leur en avons fort roidement coupé la broche, & rémontré
qu'il eft voftre & de voftre Couronne : que s'ils avoient opinion de l'a-
voir par ce Traité, qu'ils nous le diffent franchement ; afin qu'il ne fe
perdit plus icy de temps. Ils ont allegué la préfcription de la joüiffance des
Anglois, les Traitez paffez entre vous & eux, que encore il eft d'Ar-

* L'Ifle de Corfe.   † Genois.

tois , & que leur Maistre y avoit plus de droit que vous : mais si à la fin
ont-ils remis cela à disputer aux Ambassadeurs Anglois qui sont tous ar-
rivez , disans que nous les contenterions , & qu'ils ne peuvent faire Paix
sans eux ; estant par Traitez & par Alliance si estroitement liez , qu'ils
ne peuvent rien faire en telle chose l'un sans l'autre. Vous croirez , SIRE ,
s'il vous plaist , qu'ils n'ont pas eu sur ce faute de réponse , le réfrein
de laquelle a toûjours esté que vous donnerez aussi-tost vostre Couronne que
Calais ; sans oublier la dénonciation de la Guerre que vous a faite la Rei-
ne dudit Pays , les dommages qu'elle vous a fait tant en Bretagne que Nor-
mandie. Et à fin de compte , SIRE , le Duc d'Albe ayant esté cette
aprésdisnée mandé de leur Roy pour aller ce soir le trouver , emporte
tout cela pour le luy faire entendre & audit S. de Savoye , & là-dessus
rétourner avec la résolution.

 Du 23. Octobre aprés le rétour du Duc d'Albe. Eux persistans toû-
jours qu'il ne sera plus possible s'accorder sans laisser Calais , & que les
Anglois soyent contens , & nous au contraire , tellement que demain ils
nous devoient faire parler à eux , nous oïrons ce qu'ils voudront dire : &
doutons , SIRE , que ce point là accrochera tout le reste , s'ils demeurent
aussi opiniastrez qu'ils nous trouverent ; car avec le bon droit que vous y
avez , en avons un particulier , qui est que vous ne le pouvez , ny voulez
laisser , ny remettre en vostre Royaume des fascheux ennemis qu'ils vous
ont toûjours esté , & que nostre Seigneur vous aimant tous deux , avoit
mis entre vous une belle limite de la Mer , pour jamais ne vous fascher
l'un l'autre , s'ils estoient aussi contens que vous. La journée de demain nous
éclaircira , SIRE , de beaucoup de choses , surquoy se pourra faire fon-
dement de ce qui se pourra & devra esperer de cettedite assemblée ,
dont vous serez incontinent averty par homme exprés , &c. J'obmets
plusieurs lettres desdits Ambassadeurs touchant leurs Conférences avec
les Anglois ; pour ne donner que ce qui se passa de plus essentiel , &
les occasions où on parla de l'affaire plus à fonds , comme celle dont
il est fait mention en cette lettre du 26. du mesme mois.

 Lesdits Anglois disent que Calais leur appartient , le prenant par le
Traité de Bretigny , par lequel le Roy Jean le leur cede & délaisse , al-
léguans l'execution dudit Traité , qu'il en fit faire luy estant en France , où
il fut deux ans , maintenans qu'il estoit libre de sa Foy : aussi la jouïs-
sance de deux cens ans & plus , par laquelle ils prétendent Prescription ,
en laquelle ils n'ont point esté interrompus. Sur quoy nous disons ledit Trai-
té nul , d'autant qu'il est certain que ledit Roy ne fut jamais libre , puis
qu'il mourut en leur Pays , où il fut contraint rétourner pour acquitter sa
Foy , n'ayant pû satisfaire à ce qu'il avoit promis. Quant à ladite Pres-
cription , qu'elle n'a point lieu entre Princes , & quand elle l'auroit , que
nous n'avons jamais esté dix ans sans Guerre avec eux , qui estoit assez
d'interruption : & par ce n'avoient rien audit Calais , qui estoit de vostre
ancien. Cette lettre porte ensuite , que sur cette difficulté ayant esté
parlé de s'en rapporter à des Juges neutres & non suspects. *Nous Car-*
dinal de Lorraine & Connestable avons pris à part le Duc d'Albe & le

S. *Ruy Gomez*, *lesquels d'eux-mesmes nous ont ouvert propos du regret qu'ils avoient de voir cette affaire en si mauvais chemin*, *& qu'il falloit y trouver quelque expedient*; *en quoy nous les avons priez nous aider*: *& aprés avoir pensé quelque temps*, *nous ont dit qu'il ne se pouvoit faire que la possession dudit Calais nous demeurât*, *aussi ne seroit-ce vostre satisfaction que lesdits Anglois l'eussent*, *mais qu'il falloit trouver quelque Personnage neutre confident aux deux Princes*, *qui le tiendroit en seureté*, *jusques à ce que par les Juges convenus fut decidé à qui il seroit rendu*; *nommans pour lesdits Juges les six Electeurs de l'Empire*, *les Venitiens*, *les Rois de Pologne*, *de Portugal & de Dannemark*, *ou l'un d'eux avec son Conseil*. *Et quand nous avons voulu sçavoir qui seroit ce Confident*, *ils nous ont nommé le Roy d'Espagne leur Maistre*, *disans que vous vous devez bien fier de luy*, *que si vous vouliez il vous bailleroit pour la seureté une autre de ses Places de Frontiere*. *Ce que nous leur avons réjetté fort loin*, *disans qu'il ne seroit raisonnable que vous fussiez dépossedé*; *dequoy ils montrent estre bien fort estonnez*, *& persistent avec grandes démonstrations de passion à dire qu'ils ne sçauroient donc qu'esperer de cette Negociation*. Sur ces entrefaites arriva la mort de la Reine d'Angleterre femme du Roy d'Espagne, lequel dans la pensée d'épouser Elisabeth sa sœur & son heritiere, & desirant continuër l'alliance avec les Anglois, continua de demeurer ferme en cet interest de Calais; dissimulant neantmoins luy & ses Députez la mort de cette Reine, comme nous verrons par cette lettre des Ambassadeurs du Roy.

SIRE, *hier au soir bien tard le S. Ruy Gomez arriva d'Arras se trouvant hors de fiévre & en bonne santé*, *qui nous fut grand plaisir*, *pour l'esperance que nous avons que sa personne servira grandement à avancer l'affaire pour laquelle nous sommes icy*; *en quoy il a toûjours montré fort bonne volonté*, *& sçavons aussi qu'il y a grande puissance*. *Sur quoy nous prenions argument de croire que la réponse d'Angleterre estoit venuë*, *joint que hier environ dix heures du soir l'Aubespine* [Claude de l'Aubespine S. de Hauterive Secretaire d'Estat, l'un de nos Députez] *fit découvrir un Courier qui en estoit arrivé en extréme diligence*, *dont toutefois l'on ne put sçavoir l'occasion*. *Mais ce matin nous avons senty quelque bruit que la Reine d'Angleterre estoit morte*, *ce qui se celoit le plus que l'on pouvoit*, *toutefois nous avons usé de toute dexterité pour en sçavoir la verité*, *& comme Madame de Lorraine & les Seigneurs Espagnols revenoient de la Messe environ midy*, *nous nous sommes trouvez dedans le Cloistre*, *& de propos en propos sommes tombez à leur faire sentir que nous avions quelque nouvelles de Calais & de Dieppe*; *sur quoy moy Cardinal de Lorraine ay fait confesser audit S. Ruy Gomez*, *que si elle ne l'estoit qu'elle ne pouvoit vivre*. *Autant en a dit le Duc d'Albe à moy Connestable*, *& qu'il y a huit ou dix jours qu'ils sçavoient qu'elle estoit Hydropique*, *& déja l'enflure montée jusques à l'estomac*. *De sorte*, *SIRE*, *que nous ne faisons point de doute que cette nouvelle ne soit vraye*, *car ils disent que déja Madame Elisabeth estoit entrée dedans Londres*, *où le Conseil & les Seigneurs estoient allez au-devant*, *abandonnans la Reine à l'extrémité*, *& que le Peuple crioit aprés elle Hosanna*; *leur ayant fait entendre qu'elle ne vouloit rien changer en la Religion*, *dont vous jugerez*, *SIRE*, *ce qu'il vous plaira*. *Cela nous est aussi d'autant plus confirmé*, *parce que moy Mareschal de S. André ayant déliberé aller coucher à Dourlens pour y prendre demain medecine*, *me suis trouvé dans l'Eglise*, *ainsi*

que

t S. Ruy Gomez y entroit, qui me voyant botté a voulu sçavoir où
& luy ayant dit l'occasion de mon voyage, me pria de ne bouger, & que
nture pourrions-nous tous nous trouver ensemble cette apresdisnée ; qui
es évidens qu'il est quelque chose de cette nouvelle : joint que l'Evesl
ly & l'Ambassadeur Wotton, pour cuider couvrir le jeu, sont aujour-
nus à la Messe dedans l'Eglise, faisans la meilleure mine qu'ils pou-
& il y a plus de trois semaines qu'ils sont toûjours en leur chambre.
e moy Connestable leur en ay touché quelque mot, ont répondu qu'ils ne
ient point, mais bien qu'elle estoit fort malade. Nous avons sçû d'ail-
IRE, qu'incontinent que le Roy d'Espagne sçût cette nouvelle, il en-
rir le Comte d'Arondel, qui s'achevoit de guerir à Arras, & l'a dé-
diligence à Dunkerque pour répasser audit Pays : qui sont toutes
ur croire qu'il y a quelque ménage de ce costé-là, & que tous ses Ser-
uy feront bon besoin. Aucuns disent que le Comte de Feria avoit esté
là à deux fins ; l'une pour le fait de Calais, & l'autre, sçachant que
estoit mal, essayer de pratiquer le mariage de luy Roy d'Espagne, &
Dame Elisabeth ; mais le temps découvrira ce qui y est de caché : &
nne conscience qu'il a toûjours dit, ne pouvons croire qu'il y entende.
, SIRE, que ledit S. Ruy Gomez a dit à moy Cardinal sur la fin de
oos, qu'il falloit achever ce qu'estions venus faire icy, & que si cette
Angleterre estoit vraye, ils feroient aux Anglois tour d'amy. Nous
SIRE, ce qu'ils voudront dire, car nous demeurons toûjours en
iere résolution de ne nous declarer plus avant, s'ils ne nous résolvent
uand du fait dudit Calais, &c. Du 25. Novembre 1558.

lle du lendemain ils avertirent le Roy que les Espagnols ne
pas que si la Reine d'Angleterre n'estoit morte, qu'elle ne
ong-temps vivre ; mais qu'ils avoient un Traité perpetuel
Anglois, que jamais leur Maistre ne romproit, bien s'of-
à moyenner l'accommodement. La nouvelle estant ensin
comme on eut besoin de sçavoir les intentions de la nou-
e, on prorogea les suspensions d'armes, & le lieu du Trai-
ngé, pour plus de commodité de l'Abbaye de Cercamp à
Cambresis ; où jour fut pris pour la premiere assemblée au
de Février ensuivant, & le 9. y arriva pour Elisabeth le Mi-
ume Howard, substitué en la place du Comte d'Arondel. Ce-
t charge expresse de ne rien relascher de la prétention de sa
Calais, & nos Ambassadeurs de leur part demeurans fermes
tenir, on chercha des expediens, & ils proposerent ce-
Anglois comme de leur chef, comme ils manderent au
e lettre du 12. Février. *Nous leur avons fait une ouvertu-*
rée par une rémonstrance que nous voyions la Reine d'Angle-
non mariée, ne sçachant où sa Couronne estoit pour tomber,
nous prétendions beaucoup ; [à cause du Mariage de Marie
le Dauphin] *dont n'avions point encore voulu parler, ny*
autres droits & querelles que nous avions contr'elle. Que
ts neantmoins qu'elle seroit pour prendre bien-tost marry, qui
nas par avanture sa volonté : aussi qu'elle seroit pour avoir
ée : que le Roy, Dauphin [François II.] *jeunes comme ils*
t pour en avoir aussi bien-tost, dont se pourroit faire allian-

K k

', par où toutes querelles se pourroit assoupir ; & estimions que le Roy
ostre Maistre ne nous désavoüeroit point de leur dire qu'il sera content,
venant que ledit Seigneur Roy Dauphin son fils ait une fille de ladite
Reine Dauphine sa femme , & ladite Dame Reine d'Angleterre un fils,
n faire le Mariage , & lors bailler en dot à sadite fille ladite ville de
Calais : aussi si ladite Dame Reine d'Angleterre avoit une fille & le
Roy Dauphin un fils, en les mariant que ladite Dame Reine d'Angle-
erre baillast en dot à sadite fille les Pensions & arrérages, & quittast
outes querelles, tant du titre de Reine de France que autres en faveur
ludit Mariage ; qui seroit le moyen de faire cesser toutes querelles. Et
'il avenoit que lesdits Prince & Princesse n'eussent point d'enfans & ne
'y put mettre fin par ce moyen, que nous serions contens remettre à tel.
Arbitres que le Roy d'Espagne voudra nommer, pourvû qu'ils ne soyent
suspects, la decision du differend dudit Calais ; pour nos droits bien enten-
dus estre, pour mesme temps qu'il fut composé de la restitution de Boulogne, qui sont huit ans, restitué, s'il est trouvé qu'il se doive faire : nous
demeurans cependant en possession & en bonne Paix & intelligence avec
les Anglois ; qui estoient partis si raisonnables, qu'ils pouvoient bien voir
que nous ne sçaurions cheminer de meilleur pied. Le Milord promit en
escrire à la Reine sa Maistresse , & comme cependant on ne laissoit
pas de parler toûjours de Calais parmy les entretiens de la Paix, nous
apprendrons par l'extrait d'une autre lettre du 16. de Février de quelle importance cette Place estoit de part & d'autre.

Le Cardinal rendant compte au Roy d'un entretien du jour précé-
dent avec le Duc d'Albe chez la Duchesse de Lorraine Mediatrice,
venans , dit-il , aux particularitez , où je luy faisois voir que ce que
vous faites en la restitution de M. de Savoye estoit un si grand bien, &
telles preuves de vostre bonne & sincere volonté au bien & repos public,
il me répondit que ce n'estoit que vous décharger de dépense , vous acquerir le Seigneur de ce que vous rendiez , & retenir neantmoins le
mesme moyen de leur mal-faire & la seureté plus grande de vostre Esta
de ce costé-là. Et que si nous trouvions bon, il pensoit qu'il ne seroit poin.
désavoüé de ne parler plus des termes déja mis en avant pour achemine:
& asseurer cette Paix, & entrer en un tout nouveau party qui appai
seroit toutes choses ; qui est, qu'ils se contenteroient de leur part que la
Bresse, Savoye, & tout ce que vous tenez du Piémont devant ces der
nieres Guerres vous demeure, & que en faisant la Paix vous restituye:
à chacun tout ce que vous avez pris & occupé depuis ces dernieres Guer
res : qui est à dire Calais, qu'il nous nomma expressément. J'estime bie.
que si on venoit à prester l'oreille à son ouverture ainsi generale, qu'.
ne penseroit pas y oublier Metz, Toul & Verdun, dont toutefois il n
parla point, aussi ne luy en voulus-je rien dire. Par là pouvez-vous ju
ger combien ils estiment Calais & de quelle importance ils le tiennen
De tout cecy, SIRE, l'on peut inferer deux choses, la premiere con
bien Calais leur est à cœur, m'ayant plusieurs fois dit & repeté qu'.
vaudroit donc mieux que vous le missiez en dépost, que de souffrir qu

pour cela la Paix ne se fist point : & moy au contraire, que puis qu'ils n'y avoient interest que comme un tiers, que moins s'en devoient-ils soucier. L'autre, qu'il semble que ledit S. de Savoye diminuë en quelque chose de sa saveur, & qu'il fasche à leur Maistre de continuer ainsi longuement la Guerre pour luy : ou bien qu'ils seroient en quelque opinion, puis qu'ils parlent de vous laisser ainsi ses Pays, de luy faire épouser la Reine d'Angleterre en retirant Calais, confessans & disans clairement qu'il ne faut pas qu'ils abandonnent les Anglois, lesquels, s'ils ne tiennent en leur protection, ils connoissent bien que vous pouriez ruïner & y perdroient trop.

La réponse de la Reine Elisabeth fut, selon une lettre du 3. de Mars 1558. qu'elle ne pouvoit à son honneur & le contentement de son Peuple, avec lequel depuis le plus haut estat jusques au plus bas elle avoit pris avis & Conseil, s'accommoder à faire aucun accord avec vous, SIRE, si vous ne la restituez en ce que vous avez pris & occupé cette derniere Guerre ; & qu'ils auroient bien poisé & consideré les partis, qui leur avoient esté dernierement mis en avant ; mais ne pouvoient autrement s'accorder, & n'y avoit rien, SIRE, vous retenant Calais, qu'ils demandoient avec raison & justice, & que vous ne pouvez leur refuser qu'avec déraison & injustice, qui les put contenter : pour le récouvrement duquel tous ses Sujets offroient dépendre & vies & biens, & avoient déliberé mettre tout ce qu'ils pouvoient de forces pour le récouvrer, sommans & requerans les Espagnols en vertu des Traitez mutuels qu'ils ont ensemble, de leur assister comme ils doivent en cette Guerre. Moy Cardinal de Lorraine leur ay dit la charge qu'avions en cet endroit de Vostre Majesté, qui est de ne vous départir point ludit Calais. Aussi n'aviez-vous Serviteur qui ne mist plûtost sa vie en hasard, que de vous conseiller de le laisser, ny sujet qui ne baillât aussi tout ce qu'il a vaillant, que de s'y consentir. Que moy Connestable venois fraischement devers Vostre Majesté & que je leur pouvois porter plus recent témoignage de vostre intention quant à ce point. Sur quoy je leur ay, SIRE, très-bien fait entendre combien seriez très-aise de vivre en Paix & amitié avec ladite Dame Reine d'Angleterre ; mais quant au fait de Calais, qu'elle ne devoit pas s'attendre que vous le luy rendiez ainsi ; bien que le temps & les moyens proposez y pouroient faire quelque chose. Qu'ils sçavoient bien comme je parlois toûjours clairement à eux, & selon cela, venant nouvellement devers Vostre Majesté, où il vous avoit pleu me confirmer ce que en cet endroit vous avez toûjours dit : je le voulois bien asseurer que autrement on ne vous ostera point Calais ; si on ne vous oste quand & quand la Couronne de dessus la teste, & que de moy, je mettrois plûtost ma teste sur la table, que de vous conseiller ny pas un de vos Servuteurs, ausquels vous avez fait cet honneur vous fier de cette Negociation, d'en faire autrement, & estoit chose résoluë. L'opiniastreté des Anglois semblant rendre ainsi la Paix impossible, la Duchesse de Lorraine, Espagnole de party, & qui recevoit leçon du Roy Philippe, fit mine de s'aviser de l'expedient, de ruïner Calais [c'est ce que les Es-

gnols euſſent bien ſouhaité pour leur intereſt contre l'une & l'autre Cou-
nne] & que le territoire nous en demeurât juſques à la deciſion du
fferend ; mais nous n'y vouluſmes point entendre , & croyans le
raité rompu ſur ce ſeul Article , les Députez manderent au Roy de
tenir preſt pour la Guerre.

Enfin les Eſpagnols , qui juſques alors avoient ſoûtenu le menton aux
nglois , craignans de perdre pour leur intereſt celuy d'une Paix
omme réſoluë à leur égard & qui leur eſtoit fort avantageuſe , ils fi-
nt enſorte de les faire condeſcendre à un expedient , qui leur conſer-
it leur droit , & en voicy l'hiſtoire ſelon cette lettre de nos Am-
ſſadeurs , qui fit réſoudre le Roy à accepter ce moyen , qui nous fut
autant plus avantageux , que les Anglois firent leur Traité en par-
culier , au lieu de le rendre commun avec les Eſpagnols , qui demeurent déchargez de la garentie.

IRE , ſur l'eſperance que *Madame de Lorraine* nous donna hier , de nous
faire aujourd'huy entendre un moyen qu'elle avoit pris pour rénoüer & ac-
lérer ce negoce , elle nous a aſſemblez apreſdiſner avec les Sgrs. Eſpagnols , &
après avoir demandé aux uns & aux autres , ſi nous avions penſé depuis noſtre
rniere aſſemblée aucun expedient , par lequel on put contenter les Anglois , &
r là oſter l'obstacle & difficulté , qui ſembloit eſtre à l'avancement de cette Paix.
r quoy luy ayant eſté répondu que de noſtre part nous nous eſtions eſtendus en
la , autant que nous avions pu , & quaſi plus que nous n'avons charge de Voſtre
ajeſté , nous la ſupplions de penſer que nous ne pouvons paſſer outre : elle a
meuré quelque temps à faire entendre le déplaiſir qu'elle avoit de laiſſer per-
cette occaſion , & après eſt entrée à dire qu'elle prioit que l'on l'excuſât , ſi
r le zele qu'elle avoit de faire ſervice à vos deux Majeſtez , elle nous en decla-
it un qu'elle penſe d'elle-meſme ; pour voir ſi on en pouroit contenter leſdits An-
is. Qui eſtoit que *Calais* demeurât ainſi qu'il eſt , c'eſt-à-dire en vos mains , & que
us accordiſſiez le leur rendre abſolument à la fin de ſix ou quatre ans , ou au-
terme qu'il ſeroit adviſé ; ſans le remettre après à aucun jugement , & que
n leur baillât quelque ſeureté de l'effet de ladite reſtitution , qu'elle nous
ioit de penſer ſi nous aurions cet expedient agréable. Nous nous ſommes levez ,
RE , pour conferer enſemble , & luy avons fait réponſe après l'avoir remer-
e de ſon affection , que cette ouverture eſtoit bien éloignée de l'inſtruction que
us avions de Voſtre Majeſté , qui penſoit avoir ſi bon droit audit Calais , qu'il n'a-
it point fait de difficulté d'accorder le faire juger au bout du temps , comme
euré de la juſtice de ſa cauſe , & par ainſi qu'il luy demeuraſt , que à cette
ure c'eſtoit une nouvelle condition , qui vous excluoit du tout dudit Calais , &
oſe dont ne luy pouvions rien dire , ſans en ſçavoir voſtre bon plaiſir ,
ant pour cette cauſe beſoin que nous vous en eſcriviſſions : mais afin que ce
t eſtre plus clairement , il nous ſembloit raiſonnable qu'il luy plut entendre
s Sgrs. Eſpagnols ce qu'il leur ſembloit de ladite ouverture , & comme la rece-
oient leſdits Anglois , auſſi quelle ſeureté ils demandoient. Là-deſſus leſdits
rs. Eſpagnols ſe ſont levez auſſi , & communiqué enſemble peu de temps , car ils
voient bien ſçavoir leur rôle , puis qu'ils avoient compoſé la farce , & ont
it à ladite Dame les meſmes remercimens de la peine & ſoin qu'il luy
aiſoit prendre pour ce bien commun ; luy diſant que quant à eux ils s'eſtoient
ujours entremis de faire entendre aux Anglois les choſes que l'on leur avoit
opoſées , & fait envers eux tous offices pour les amener à la raiſon , comme
feroient de nouveau volontiers de ce moyen : mais que pour ne perdre temps ,
afin qu'ils leur puſſent plus ouvertement parler de cette affaire , il ſembloit
ur eſtre beſoin que nous leur diſſions réſolument ſi nous le trouvions bon , auſſi

dans quel temps, & les seuretez, & que cela devoit venir de nous. Y adjoustant qu'il estoit necessaire sçavoir aussi ce que nous voudrions faire du Fort d'Aimoulth en Escosse, qui avoit esté fortifié par les Escossois, & que c'estoit un point que lesdits Anglois vouloient vuider quand & celuy dudit Calais, pour le faire raser, comme fait contre le Traité dernier. Là-dessus nous avons encore communiqué ensemble, & supplié ladite Dame nous assister en ladite communication, pour la cuider instruire de ce qu'elle avoit à leuren répondre ; mais elle a voulu mesler les uns avec les autres, où nous leur avons dit que nous ne leur en pouvions rien résoudre sans vostre intention : pour laquelle les priions estre contens nous donner demain tout le jour, esperans que dedans Vendredy matin nous aurons sur ce vostre réponse, ce qu'ils ont accordé.

SIRE, pour vous faire brief recueil de tout ce pourparler, il en résulte quatre points, le premier qu'il vous plaise considerer, si vous aurez agréable d'accorder absolument la restitution dudit Calais aprés le temps, quel temps vostre bon plaisir sera que l'on y prenne, si on ne peut à huit, si vous vous contenterez de sept ou six ans : si le fait demeure accroché pour cette Place d'Aimoulth, qu'ils montrent avoir fort à cœur, ce qu'il vous plaira que l'on en fasse : & quant aux seuretez, qu'ils demandent pour l'effet de ce qui sera promis, quelles on les pourra bailler ; pour sur iceux & par Courier frais, nous faire en toute diligence sçavoir vostre intention, que nous desirons avoir par escrit, parce que ce sont coups de Maistres, dans Vendredy au matin, s'il vous plaist ; pour leur faire connoistre que nous ne cherchons non plus la longueur qu'eux. Et là-dessus nous ne craindrons point de vous dire seulement, & supplier, SIRE, mettre en consideration que ce vous est un moyen ouvert d'avoir huit ans de Paix. Quant aux seuretez, nous avons senty qu'ils mettront en avant que les bonnes villes de vostre Royaume s'obligent à l'accomplissement de ladite restitution aprés le temps, comme il a esté autrefois fait en semblable cas ; qui est un assez doux chemin, s'il en faut bailler. Il y a plus, que nous croyons & en avons ouï quelque chose, qu'ils ne veulent par ce Traité toucher aucunement aux autres querelles & prétentions, qui sont entre les Anglois & vous, ny pour le costé de France, Angleterre, ny Escosse, ains que chacun demeurera en ses actions jusques aprés ladite restitution : qui ne nous semble que bon. Sur quoy vous prendrez telle résolution qu'il vous plaira, estant asseuré, SIRE, que quelque chose qu'il vous plaise sur ce nous commander, & à quoy vous vous élargissiez, nous ne laisserons toutefois de gagner à l'avantage de vostre service tout ce qu'il nous sera possible, selon que nous y sommes tenus pour l'honneur qu'il vous plaist nous faire de vous fier en nous de chose si importante que celle-cy. Du 8. Mars 1558.

Le Roy agréa les conditions, & envoya aussi-tost nouveaux pouvoirs à ses Ambassadeurs pour conclure ce Traité ; dont les articles furent accordez avec ceux d'Angleterre, sans qu'ils y voulussent appeller les Espagnols, parce qu'ils commençoient à s'en défier. La Piece est peut-estre assez publique, mais elle ne se peut pas donner plus à propos en aucun lieu, puis qu'il s'agit de faire voir nostre bonne foy & de justifier la France de l'inexecution d'une chose promise sous des conditions que les Anglois violerent, & par ce moyen encoururent la peine par eux-mesmes decernée contre l'un ou l'autre des Infracteurs.

ARTICLES ACCORDEZ ENTRE LES DÉPUTEZ
du Roy de France, Roy & Reine Dauphine & Reine d'Escosse,
& ceux de la Reine d'Angleterre, avec l'intercession & du consentement des Députez du Roy Catholique d'Espagne, en la presence aussi de Madame la Duchesse Doüairiere de Lorraine & de
Milan, & de M. le Duc de Lorraine son fils.

PREMIEREMENT, qu'il y aura entre lesdits Seigneurs Roy Trés-Chrestien, Roy & Reine Dauphine, Roy & Reine d'Escosse, & ladite Dame Reine d'Angleterre, leurs Royaumes, Pays, Estats & Sujets, bonne,
parfaite & inviolable Paix, amitié & intelligence.

Pour à laquelle parvenir & estreindre plus fermement cette dite amitié, à
esté accordé que durant le temps & terme de huit ans prochains venans, à
compter du jour & date du present Traité, ledit S. Roy Trés-Chrestien demeurera en la possession paisible de la ville de Calais, ses appartenances & dépendances, & de tout ce qu'il a conquis deçà la Mer sur la feuë Reine Marie d'Angleterre sa sœur en ces dernieres Guerres. Et a promis & promet ledit S. Roy Trés-Chrestien, tant en son nom propre, comme au nom du
Roy Dauphin son fils, leurs Hoirs & Successeurs, se faisant fort de luy &
promettant luy faire cecy approuver & ratifier dedans deux mois de la date
du present Traité, que ledit temps finy & expiré, se départira & désistera
de ladite possession, & délaissera, rendra & restituera à ladite Dame Reine
d'Angleterre, ses Hoirs & Successeurs à la Couronne d'Angleterre, ladite
ville de Calais avec ses appartenances & dépendances, prise par ledit Roy
Trés-Chrestien sur les Anglois durant cette derniere Guerre, en l'estat &
fortification qui sont de present, & celle qui y sera faite pour la garde d'iceux
jusques au jour de ladite restitution, sans rien démolir ny ruïner, ladite ville de Calais garnie de trois Canons, trois demy-Canons, trois bastardes &
sept moyennes. Et que pareillement luy laissera & rendra la pleine possession
& jouïssance de tout ce de la Comté de Guines, terre d'Oye, & de toutes
lesdites choses conquises deçà la Mer dessus lesdits Anglois en cette dite derniere Guerre, avec les Chasteaux, Forteresses, Seigneuries, Jurisdictions &
Souverainetez, au mesme estat & nature que les Rois d'Angleterre les ont
tenuës devant le commencement de la derniere Guerre. Bien entendu, que
quant ausdits Chasteaux & Forteresses, ledit S. Roy ne sera tenu plus avant
que de les livrer en tel estat & fortification qu'ils sont de present, & celle
qui sera faite pour la garde d'icelles jusques au jour de ladite restitution comme dessus, le tout de bonne foy & sans fraude.

Pour la seureté & accomplissement des choses dessusdites, baillera ledit S.
Roy Trés-Chrestien le plûtost que faire se pourra, sept ou huit Marchands
Estrangers sans plus, non Sujets ny justiciables de sa Majesté, mais resséans
hors de ses Pays & Royaumes, & bien solvables & convenibles, qui s'obligeront en la meilleure forme que faire se pourra, avec rénonciation *beneficii
ordinis & excussionis*, payer la somme de cinq cens mille escus sol à ladite
Dame Reine d'Angleterre ou ses Hoirs & Successeurs à la Couronne. Laquelle somme sera au lieu de peine, au cas que ledit S. Roy Trés-Chrestien,
ou en défaut de S. Majesté ses Successeurs Rois de France, ledit terme es-
cheu, fussent dilayans ou refusans faire ladite restitution : laquelle peine d'a-
mende payée ou non payée, demeureront neantmoins lesdits Seigneurs Roy
Trés-Chrestien & Dauphin, leurs Hoirs & Successeurs, obligez à ladite
restitution suivant leur foy & promesse.

Et pour ce qu'il sera difficile trouver Marchands, qui veulent demeurer
si long-temps obligez de si grosses sommes, est accordé qu'il sera loisible audit S. Roy Trés-Chrestien de changer d'an en an, si bon luy semble, & rénouveller lesdits Cautions d'autres Marchands Estrangers au nombre comme

deſſus , auſſi réſſéans hors des Pays & Royaumes dudit S. Roy & autre part,
juſticiables, ſolvables & convenibles : leſquels s'obligeront en la maniere deſſuſdite , & avec ladite rénonciation *beneficii ordinis & excuſſionis*. Sera ladite Dame tenuë les accepter au lieu des premiers, qui en ce faiſant demeu:e-
ront déchargez envers elle : & tout ce ſans innovation de ce Traité : & juſques à ce que ledit Seigneur Roy Trés-Chreſtien ait trouvé & fourny les
Cautions de la qualité ſuſdite , ſera tenu bailler Oſtages ſuffiſans aſſez pour
ladite ſomme de 500000. eſcus ; & tels qu'ils ſeront accordez en faiſant le
Traité , & icelles baillées , ne pourront leſdits Oſtages eſtre arreſtez ny ré-
tenus.

Eſt auſſi accordé que durant ledit temps de huit ans , leſdits S. Roy &
Reine Dauphine , & ladite Dame Reine d'Angleterre , leurs Hoirs & ayans
cauſe ne pouront innover , entreprendre ny attenter aucune choſe de force , directement ou indirectement l'un à l'encontre de l'autre, leurs Pays ,
leurs Royaumes & Sujets au préjudice du preſent Traité : & au cas
qu'il y eut aucune innovation ou attentat pendant ledit temps de la part de
ladite Dame Reine d'Angleterre ou les ſiens par l'autorité , commandement
ou aveu d'icelle , leſdits Seigneurs Roy Trés-Chreſtien, Roy & Reine Dauphine , demeureront quittes & abſous des foy, promeſſes & conventions cy-
deſſus contenuës , & pareillement les Oſtages & Marchands obligez pour la-
ditte ſomme de 500000. eſcus déchargez & délivrez de leur foy & obligation ;
ſans que l'on leur en puiſſe demander aucune choſe en leurs Perſonnes ny
biens , ny pour ce les arreſter ny moleſter en quelque maniere que ce ſoit.
Et reciproquement , au cas qu'il y eut aucune innovation ou attentat pendant
ledit temps de la part deſdits S. Roy Trés-Chreſtien , Roy & Reine Dauphine ou les leurs , par autorité , commandement ou aveu de eux ou d'aucun
d'entr'eux , leſdits S. Roy Trés-Chreſtien , Roy Dauphin , leurs Hoirs &
Succeſſeurs , ſeront tenus , avenuë ladite innovation ou attentat , ſe départir incontinent de la poſſeſſion & jouïſſance de ladite ville de Calais & de tous
autres lieux deſſuſdits deçà la Mer par ledit S. Roy pris deſſus les Anglois,
& les rendre incontinent à la maniere deſſuſdite , & en faute de ladite reſtitution , ſeront les Marchands & Oſtages tenus de payer ladite peine de
500000. eſcus , *rato manente pacto*. Et en cas que aucuns des Sujets de l'un
coſté & de l'autre s'avançaſſent de leur autorité privée d'entreprendre ou
attenter l'un ſur l'autre au préjudice de ces preſens Traitez , ſeront punis
comme infracteurs de la Paix ſelon l'exigence du cas.

Pour davantage oſter occaſion de troubles & mieux eſtablir la Paix & amitié , eſt auſſi accordé que la fortification au lieu d'Aimoulth , ſitué audit Royaume d'Eſcoſſe & ſur la Frontiere d'iceluy , & toute autre choſe
innovée & qui ſe innovera avant la Publication de ce preſent Traité de la part
deſdits S. Roy Trés-Chreſtien , Roy & Reine Dauphine au préjudice du
Traité fait prés Boulogne au mois de Mars 1549. entre leſdits S. Roy Trés-
Chreſtien & le Roy Edoüard dernier decedé de bonne memoire , ſera démolie & abbatuë , & le tout réparé & remis au premier eſtat. Auſſi, ſi depuis
ledit temps & avant la Publication de ce preſent Traité , leſdits Anglois
ayoient de leur part uſurpé aucune choſe ſur ledit Royaume d'Eſcoſſe & autrement fortifié & innové à la Frontiere au préjudice dudit Traité , ſera de
leur part démoly & abbattu , & le tout reſtably de bonne foy & ſans fraude.

Et quant aux autres droits , actions , querelles prétenduës tant par leſdits S.
Roy Trés-Chreſtien, Roy & Reine Dauphine & ladite Dame Reine d'Angleterre reſpectivement l'un à l'encontre de l'autre , pour quelque cauſe & occaſion que ce ſoit , elles leur demeureront ſauves & reſervées ; & pareillement leurs défenſes & exceptions au contraire : eſperans que pendant ledit temps
Dieu donnera quelque moyen , avec lequel tous les differens & prétentions
qu'ils peuvent avoir les uns contre les autres, ſe pouront vuider amiablement.

Bien entendu toutefois que les Articles cy-deſſus arreſtez n'auront aucun
lieu, ſinon en tant que le Traité de Paix, qui eſt de preſent en terme [*qui fut*

conclu le 3. Avril aprés Pasques 1559.] entre lesdits Députez desdits Seigneurs Rois Trés-Chrestien & Catholique , soit conclu & arresté entr'eux. Fait au Chasteau-Cambresis le 12. jour de Mars 1558.

Sur ces Articles fut dressé le Traité, qui fut signé au mesme lieu le 2. jour d'Avril 1559. aprés Pasques , & qui ne contient pas davantage en substance, quoy que plus estendu. La Reine d'Angleterre croyant profiter davantage de la protection du party Huguenot en France que de la restitution de Calais , & voulant se servir de l'occasion qu'elle crut avoir de s'emparer de la Normandie par la commodité du Havre de Grace , qui luy fut mis entre les mains par maniere d'Ostage, ne se soucia pas de garder le Traité; qu'elle viola non seulement en France par cette entreprise & par le secours d'hommes & d'argent qu'elle envoya à l'Admiral , mais encore en Escosse , où elle souleva les Heretiques & fit assieger & prendre la fortéresse du Petit-lit. Ainsi nous demeurasmes possesseurs en bonne foy de la ville de Calais & du Pays réconquis , où elle perdit tous ses droits , & de sa part elle y rénonça tacitement par la Paix concluë à Troyes au mois d'Avril 1564. à laquelle le S. de Castelnau eut bonne part , & depuis encore il eut l'adresse de la porter à rendre nos Ostages , comme ayant eu tort de les retenir depuis l'infraction. Neantmoins elle tascha depuis de rentrer dans sa prétention & de la faire goûter au Roy dans des conjonctures qui luy estoient favorables , à cause de nos troubles de la Religion, où elle pouvoit prendre grande part. On devoit craindre qu'elle ne nous fist Guerre ouverte , & elle nous offroit la Paix, mesme avec Ligue offensive & défensive envers & contre tous; mais on considera toûjours que tout cela ne valoit point Calais , & qu'il estoit doublement dangereux de donner un pied en terre ferme à nos anciens ennemis , & de plus à des Heretiques, qui auroient toûjours un party dans l'Estat , pour réveiller leurs vieilles querelles quand ils voudroient , & qu'il estoit plus important que jamais , de renfermer avec leur nouvelle Doctrine de-là la Mer. C'est pourquoy on aima mieux se résoudre de l'avoir pour ennemie , si on ne la pouvoit fléchir autrement , que d'acheter par une mauvaise Politique une Alliance, qui nous seroit ruineuse à l'avenir , & qui auroit rendu odieux le nom & la memoire de ceux, qu'un interest present & purement particulier auroit engagé à rendre un si mauvais office à la Patrie. Comme cette affaire estoit de la derniere importance pour le bien de la Religion & de l'Estat, j'adjousteray encore icy ce qui fut répondu au Conseil du Roy , à la proposition de cette restitution, que fit de sa part Thomas Smith son Envoyé ; auquel on rémontra , & que l'on convainquit de l'infraction du Traité de Paix par sa Maistresse.

Le sieur de Smith Envoyé de la Reine d'Angleterre, accompagné du S. de Norrey Ambassadeur de ladite Dame, Resident en France, vint le 29. jour d'Avril 1567. trouver le Roy à S. Maur-des-Fossez ; auquel il fit

entendre

entendre que voyant la Reine sa Maistresse les huit ans passez, dedan.
lesquels par le Traité dernierement fait au Chasteau-Cambresis entre
feu Roy Henry son pere & ladite Dame, Calais luy devoit estre rendu
elle avoit dépesché le S. de Winter son Vice-Admiral, & ledit S. Smit.
aussi, pour venir audit Calais en demander la restitution : auquel lie.
ils n'auroient trouvé personne qui les auroit ouïs ; de sorte que suivant l.
charge qu'il avoit de sa Maistresse, il auroit passé outre, & venu dever.
S. Majesté la requerir en vertu dudit Traité de la restitution de ladit.
Place & ses appartenances, comme de chose juste & raisonnable.

La réponse du Roy fut, qu'il s'ébahissoit grandement de cette demande
d'autant qu'il avoit toûjours estimé, & tenoit pour certain, vû les cho-
ses passées depuis ledit Traité, qu'elle n'y avoit plus rien, & luy sem-
bloit qu'il n'en falloit plus parler ; mais seulement de l'entretenement de
la bonne Paix & amitié qui estoit entr'eux ; en laquelle S. Majesté de-
siroit continuer, & faire connoistre à ladite Dame sa Maistresse l'envie
qu'il a de luy demeurer bon & parfait frere & amy. Que neantmoin.
s'il ne se contentoit de cette réponse & en vouloit sçavoir les raisons plu.
particulieres, il feroit entendre à son Conseil ce que ledit Ambassadeu.
luy avoit dit, & luy-mesme y seroit ouï s'il vouloit ; auquel on luy en.
satisferoit plus amplement.

Là-dessus se retirerent lesdits Ambassadeurs, & ayant le Roy com-
muniqué aux Princes de son Sang & Seigneurs de sondit Conseil là as-
semblez, fut avisé entendre plus particulierement dudit S. de Smith ce
qu'il avoit à dire : lequel retourné qu'il fut commença à rémontrer, que
par ledit Traité le Roy comme Successeur à cette Couronne estoit tenu
rendre ladite ville de Calais, laquelle il avoit charge de sa Maistresse
luy demander, & le sommer d'y satisfaire. Et allégua plusieurs rai-
sons pour conforter ladite demande, toutes fondées sur ledit Traité ; en-
tr'autres, que si on vouloit prétendre quelque innovation faite audit Trai-
té, c'estoit du costé du Roy que l'on y avoit commencé, alléguant les
Armoiries d'Angleterre prises par la Reine d'Escosse, vivant le Roy
François son mary, & qu'il avoit toléré : aussi que sadite Maistresse
avoit plusieurs lettres interceptées, par où se verra que les Capitaines &
Gens de Guerre François, qui estoient lors en Escosse, n'avoient pas seu-
lement charge de conserver ledit Pays, mais d'entreprendre sur le Royau-
me d'Angleterre ; par où elle prétend l'innovation premiere estre du costé
du Roy.

Il fut répondu par M. le Chancelier, que ledit Traité bien entendu,
il se voyoit clairement qu'elle estoit déchûë de ce qu'elle prétendoit audit
Calais, & en ce qu'il porte que celuy, qui commencera à attenter par
armes, est exclus & privé de tout droit, qu'il estoit clair & sans diffi-
culté que se saisissant du Havre de Grace, elle estoit tombée en la peine
dudit Traité. De fonder l'innovation de nostre costé pour les Armoiries
prises par ladite Reine d'Escosse, c'estoit chose qui ne regardoit point le Roy
& ne le touchoit aucunement, qu'il faudroit qu'ils s'en adressassent à
lle, si raison y avoit : & encore quand il faudroit commencer de ce temps-

là à régarder qui auroit failly le premier, il se trouveroit que ce seroit ladite *Dame Reine d'Angleterre*, d'autant que l'on sçavoit bien le secours, faveur & assistance, de Gens, d'argent, Artillerie & munitions, qu'elle avoit envoyé audit Pays, pour défendre les *Escossois* lors ses Sujets désobéïssans, & pour lesquels chastier & rémettre en obéïssance, S. Majesté avoit envoyé ses forces par de-là, & non à autre occasion; en quoy ils furent empeschez par l'armée, que y avoit par Mer & par terre ladite *Dame Reine d'Angleterre*, qui mesme tint la ville du *Petit-Lit* longuement assiegée : par où elle faisoit ouverte declaration d'hostilité & contravention audit Traité, & par ce moyen perdoit le droit que ledit Traité de *Cambresis* luy laissoit sur ledit *Calais*. Quant aux lettres interceptées, quand il y en auroit de cette substance, que non, d'autant que le Roy n'eut jamais cette intention, ce seroit un fondement qui ne seroit assis que sur opinion, & ledit Traité parle clairement quand il dit par armes, ainsi qu'il s'est vû que du costé de ladite *Dame Reine d'Angleterre* elle a fait audit *Pays d'Escosse*, & depuis au *Havre de Grace*, & à *Roüen* mesme, où beaucoup de ses Sujets furent trouvez à la réprise de ladite ville de *Roüen*. M. le Chancelier pouvoit encore dire touchant la prise des armes d'Angleterre par *Marie Stuart*, que cela estoit compris au dernier article du Traité, sous le nom des droits, actions & querelles reservées par iceluy, & que quand elle ne les auroit pas écartellées ou parties avec les siennes, comme prétendant la Couronne d'Angleterre, qu'elle l'avoit pû comme premiere Princesse du Sang & la plus proche heritiere de cette Couronne, & mesme sans autre prétention, comme celle qui estoit descenduë des Rois d'Angleterre, & que tant s'en faut qu'on s'en dût plaindre, que c'estoit faire honneur au Sang Royal d'Angleterre, mais comme *Elisabeth* n'estoit pas legitime, cela luy touchoit fort au cœur, & j'ay rémarqué que ce fut la cause capitale de leur inimitié & du Martyre de cette Infortunée.

Pour davantage justifier audit S. Smith ce qui regarde le fait d'Escosse, Sa Majesté voulut que l'Evesque de Valence luy touchât particulierement ce qu'elle en sçavoit, comme celuy qui fut lors envoyé & demeura par de-là jusques à la résolution des choses : lequel declara que la principale occasion pour laquelle il y alla, estoit pour oster à ladite Dame Reine d'Angleterre le soupçon qu'elle disoit avoir des forces de France, offrant si elle vouloit en faire retirer ses Gens, de faire revenir les François qui y estoient, aprés que l'obéïssance y seroit renduë; laissant seulement nombre suffisant & necessaire pour la garde des Places fortes : mais comme long-temps auparavant elle avoit traité avec les Escossois tumultuans, elle ne voulut recevoir aucune condition, jusques à ce que finalement elle les réduisit avec la faveur desdits Escossois & l'armée grosse qu'elle y avoit, dedans le Petit-Lit, & les y tint assiegez l'espace de deux mois, & jusques au Traité qui y fut fait; par où ils furent contraints de rétourner, & laisser ledit Pays en la puissance desdits Rebelles. Lequel Traité ne fut neantmoins point ratifié par ledit S. Roy François, d'autant que lesdits Escossois devoient envoyer devers Sa Majesté dedans certain temps aprés, ce qu'ils ne firent, & cependant intervint son décès; de maniere que ladite Reine d'Angleterre, quand bien il luy pouroit servir, ne s'en sçauroit aider, n'ayant pas esté approuvé du Prince, par la mort duquel nous demeurons déchargez de ce qui concerne ledit Royaume d'Escosse.

Le S. de Smith laissant à part ledit fait d'Escosse, retourna toûjours sur l'obligation dudit Traité de Cambresis, disant que le Roy ne se pouvoit raisonnablement excuser de la restitution de ladite ville de Calais; d'autant que ce qu' ladite Reine d'Angleterre avoit fait, s'impatronisant dudit Havre de Grace, n'avoit esté que pour le bien de ses affaires, & le luy conserver és troubles, dont son Royaume estoit travaillé, faisant en cet endroit l'office que les Princes & amis doivent à leurs voisins jeunes & en affliction, comme elle avoit assez declaré par plusieurs escrits qu'elle avoit fait publier: insistant toûjours à la restitution, & davantage à la peine de 500000. escus portez par ledit Traité en cas de refus. A quoy luy fut répliqué qu'elle avoit fort mal fait paroistre en l'execution de cette sienne Publication qu'elle eut cette intention; car comme il eut pleu à Dieu pacifier ce Royaume, & un-chacun retourné en l'obéissance accoûtumée du Roy, elle avoit esté requise se départir dudit Havre & en retirer ses forces: pour lequel effet furent envoyez par Sa Majesté plusieurs bons Personnages devers elle, mais au lieu d'y satisfaire, elle en fit sortir tous les François qui estoient dedans, renforça la Garnison, qu'elle y avoit, de plus grand nombre d'hommes, d'artilleries & munitions presqu'incroyables, & telles, de toutes armes, équipages de Chevaux & autres provisions de vivres, qu'elle laissoit assez à penser qu'elle n'avoit pas seulement volonté de se contenter dudit Havre, mais d'estendre ses aisles plus avant, se laissant entendre qu'elle le gardoit seulement en attendant que l'on luy eut fait raison dudit Calais. Faisant tacitement connoistre par là, qu'elle voyoit bien avoir du tout perdu ledit Calais, & en vouloit faire un nouveau dudit Havre; où elle s'opiniastra tellement, que le Roy fut contraint y envoyer une armée, qui tint ledit Havre longuement assiegé, non pas trop estroitement, en esperance qu'elle se réconnoistroit & les choses y passeroient plus doucement: ce qui ne profita de rien, de sorte que Sa Majesté y fit marcher M. le Connestable & ses principaux Capitaines, en intention de les suivre en Personne; mais il avança tellement l'affaire que ceux de dedans, qui estoient en nombre de six mille hommes, se voyans prests d'estre forcez, s'accommoderent à le rendre; en quoy ils furent, pour le respect de ladite Dame Reine, de laquelle le Roy a toûjours eu l'amitié en récommendation, gracieusement & favorablement traitez. Par où tout le monde peut juger, si elle a raison de venir à present demander ledit Calais, qui est un vray heritage & patrimoine de la Couronne de France, détenu comme chacun sçait, sans autre droit que de la force; que ce n'est rien du leur, ny conqueste faite sur eux, mais chose remise en son ancienne & naturelle obéissance, fort éloignée d'eux; que Dieu a divinement borné & séparé de nous, ayant voulu par le succés des choses, ainsi que dit est cy-dessus, passées, oster toute occasion à l'advenir de querelles & Guerre entre les deux Nations, & asseurer le moyen de faire durer perpetuellement entr'eux la bonne Paix & amitié qui y est: que S. Majesté desire conserver de sa part, encore qu'il y eut assez d'occasion de demander à ladite Reine récompense des grands frais & dépenses qu'il a esté contraint de faire pour le récouvrement dudit Havre, & autres dommages par luy soufferts, dont il ne veut faire autre instance, mais à tout cela préferer l'amitié de ladite Dame, laquelle le Roy s'asseure qu'ayant bien consideré toutes ces raisons, demeurera toute satisfaite, & en non moindre desir de la conserver, & bonne intelligence de sadite Majesté.

Ne fut aussi oublié faire entendre audit S. de Smith, que ledit Traité porté que l'on ne pourra retirer, supporter ny favoriser les Sujets l'un de l'autre sans contravention dudit Traité, & que ladite Dame Reine d'Angleterre sçait bien ce qu'elle a fait à l'endroit des Escossois, & aussi combien de François elle a retenus & recelez en son Royaume, fugitifs & proscrits de ce Royaume, sans qu'elle les ait jamais voulu rendre suivant ledit Traité; quelqu'instance & interpellation qui luy en ait esté faite de la part de S. Majesté, qui sont toutes choses qui empirent sa cause, comme il est aisé à juger.

Voilà les juftes raifons de la confervation de Calais & du Pays réconquis , aufli-bien que la réunion des Duchez de Normandie & de
Guyenne , Comtés d'Anjou, Touraine , Maine, & autres Terres de
l'ancien Patrimoine des Rois d'Angleterre en France , pour lefquels
on a tant répandu de fang l'efpace de plus de quatre cens ans , &
qui ont enfin aidé à payer les frais de l'injufte invafion de cette Couronne par les Anglois, toûjours plus animez à continuër cette cruelle Guerre que leurs Princes mefmes ; contre lefquels ils ne fe révol-
toient ordinairement que fous ce prétexte, qu'ils ne pourfuivoient pas
leurs droits contre nous. C'eft l'intereft de cette Nation fiere & bel-
liqueufe de faire des Conqueftes au dehors , parce que n'eftant capable d'aucun repos , elle agiroit contr'elle-mefme , comme nous avons
vû par toutes les Guerres civiles qu'elle a foufertes, depuis que nous
l'avons chaffée de la terre ferme : & c'eftoit le noftre aufli fous les
Regnes paffez, de l'empefcher d'y réprendre pied ; parce qu'elle ne
veut fouffrir de prefcription qu'au de-là de fa memoire , & qu'elle
regle toute fa conduite fur des motifs prefens, qui tinrent toûjours le
Roy Henry IV. en défiance de la Reine Elifabeth parmy toutes les
affiftances qu'il recevoit d'elle. Aufli faifoit-elle toûjours paroiftre Calais & fon Port dans la Carte de fes defeins , mais quelque befoin
que Henry le Grand eut de fon amitié dans une jufte Guerre qui luy
permettoit de l'achêter au poids de l'or, il ne luy fut jamais poffible
d'en fouffrir la propofition, & il aima mieux qu'elle tombaft par ufur-
pation entre les mains des Efpagnols, qui auroient moins de droit de
la retenir. Elle en fit de grandes inftances au Duc de Boüillon , au
S. de Sancy & au S. du Vair Ambaffadeurs de France, qui la prioient
de fecourir cette Place contre l'Efpagne, croyant en avoir meilleur
marché dans le peril où elle eftoit, vû mefme qu'elle ne la demanda
enfin que comme Oftage des avances qu'elle faifoit ; mais quoy que
les deux premiers fuffent Huguenots, le S. de Sancy ne s'eftant converty de long-temps aprés, & que cette Place pût fervir quelque jour
aux interefts de leur party , entre les mains d'une Princeffe, qui eften-
doit par tout où elle pouvoit le titre de Protectrice de la Foy, celuy
de l'Eftat prévalut par leur fidélité ; & j'ay appris par tradition du
S. du Vair que le S. de Sancy qui eftoit fort libre en paroles , s'emporta jufques à luy répondre *Mardi, Madame, feriez-vous fi folle que*
de croire que le Roy vous voulut donner Calais. Cela la piqua fort ,
mais il eut l'adreffe de l'appaifer , & comme depuis elle eut témoigné qu'elle fe contenteroit de Boulogne, qui lors eftoit fort foible, le
Roy qui prévoyoit la confequence de voir les Anglois en terre ferme
autrement qu'Auxiliaires , fit dire à cette Reine ces propres mots,
qu'il aimeroit mieux recevoir un foufflet du Roy d'Efpagne qu'une chique-
naude d'elle. On la contenta fur d'autres articles , aufquels elle voulut joindre en faveur des Huguenots de France, que le Roy leur donnaft une affeurance par efcrit de fa Protection particuliere ; ce que
le Duc de Boüillon & le S. de Sancy promirent de luy faire fçavoir ;

maïs le Grand Tréforier qui en faifoit la propofition en ayant demandé ladvis au S. du Vair qui eftoit bon Catholique, il luy dit ingenuëment que fon Maiftre ne recevroit pas cette récommendation dé
meilleure part que la Reine feroit la fienne pour les Catholiques d'Angleterre ; à quóy le Tréforier ne put que repliquer : & en effet il
eftoit perilleux de fouffrir cette communion d'interefts entre les Religionnaires de France & ceux de la Grand'Bretagne, qui continua aux
dernieres Guerres du Duc dé Rohan, & qu'on n'eut pas fi aifémenç
terminées, fi les Anglois euffent eu où defcendre pour fa défenfe ou
pour faire diverfion.

CHAPITRE SECOND.
Du Siege du Havre de Grace.

SI la prife de Calais fut eftimée capable de reftablir nos affaires fi
ébranlées par la perte de la bataille de S. Quentin, & fi fa confervation fut le feul fruit de la Paix de Chafteau-Cambrefis, qui nous
coûta plus de trois céns Placés, que nous rendifmes aux Efpagnols & à
leurs Alliez, pour le feul bonheur d'avoir mis les Anglois hors de
nos Frontieres ; on doit certainement loüer la prudence de Catherine de Medicis, d'avoir pour le mefme intereft fait le Traité d'Orleans, & appaifé une Guerre civile, pour en prévenir une eftrangere
qui fe formoit en Normandie. Quoy qu'il femblât que nous euffions
changé d'ennemis, & que la Maifon d'Auftriche nous dût eftre plus
rédoutable à caufe d'une plus grande puiffance, fi eft-ce qu'il eftoit
refté une terreur judicieufe des Anglois, & que leur nom fonnoit encore, comme autrefois à Rome celuy d'Annibal, aux oreilles des
Sages du Confeil, & de tous ceux qui fçavoient avec quel fuccés Henry V. Roy d'Angleterre entra en Normandie par un Port & par une
Porte moins confiderable que le Havre, quand il la conquefta fous
Charles VI. & à bien examiner les temps on ne trouvoit pas que cette Nation pût moins profiter de nos divifions pour la Religion,
qu'elle avoit fait alors des inimitiez d'entre les Maifons d'Orleans &
de Bourgogne, & que le party des Huguenots ne fût autant à craindre que celuy des Bourguignons. C'eft pourquoy la Reine fit plus fagement de réconcilier le Roy avec fes Sujets, que de les pouffer à
bout fous prétexte d'autorité, & de les contraindre à n'efperer de
falut, que d'une protection de nos ennemis, qui les auroit peut-eftre
contraints à réconnoiftre ce titre vain, mais fatal, de Rois de France, prétendu par les Anglois, depuis que Robert d'Artois Prince du
Sang & profcrit par Philippe de Valois fon beau-frere, eut perfuadé
le Roy Edoüard III. de l'ufurper, pour effayer à former une Faction dans
l'Eftat. Les Huguenots avoient livré le Havre à la Reine d'Angleterre, & il falloit bien qu'elle eût d'autres deffeins que de les fecourir

implement , puis qu'elle facrifioit à cet intereft fon droit de reftitution en la ville de Calais & au Comté de Guines ; fi bien que c'eftoit
un coup d'Eftat de fe fervir de cette occafion de conquefter de nouveau par la prife d'une Place , les prétentions qu'Elifabeth avoit fur
tant d'autres encore plus importantes , defquelles elle eftoit déchûë
par cette invafion & par cette infraction tout enfemble d'un Traité
folemnel, faite à la vûë des Efpagnols , & par eux-mefmes condam-
née, quelqu'intereft qu'ils euffent de fouhaiter qu'il nous reftât en ce
Royaume dequoy nous occuper & dequoy faire une diverfion importante de nos forces.

Je ne fçaurois m'empefcher de donner fur ce fujet une lettre du
Roy François II. à Jacques Bochetel S. de la Foreft , Agent de fes
affaires aux Pays-Bas , beau-pere du S. de Caftelnau , puis qu'elle
fert à juftifier ce que j'ay dit de cette infraction réconnuë par les Efpagnols mefmes , au fujet des entreprifes qu'elle fit en Efcoffe : &
parce qu'elle fert encore de pronoftique de la perte de fes droits fur les
villes de France.

MONSIEUR DE LA FOREST , *par voftre lettre du* 14. *de ce mois, j'ay fçû
les avis que vous avez eu de l'entreprife qu'a déliberé faire la Reine
d'Angleterre , & ne doute point qu'elle n'ait fort mauvaife volonté ; mais
je ne fçay fi elle fera fi oubliée que de fe laiffer aller à une chofe, dont
elle ne rapportera que honte & dommage, s'il plaift à Dieu, & fi fera
une playe à la Chreftienté, qui luy coutera par avanture plus qu'elle ne penfe. Car, fi ce que le Roy Catholique mon bon frere m'a fait dire de l'intention qu'il a de me favorifer en tout ce qu'elle entreprendra au préjudice des
Traitez, a lieu, je m'affeure que bien-toft elle fera bien loin de fon compte, fi
elle vient à la rupture; dont elle me veut perfuader qu'elle eft bien éloignée
& ne defire que la Paix : & toutefois elle fait tant & de fi grands
préparatifs [contre l'Efcoffe] qu'il y a grande apparence que ce n'eft
pas à bonne intention. De ma part je me mets en tout le devoir qu'il eft
poffible pour luy lever l'occafion de jaloufie, qu'elle dit avoir des forces que
j'ay en Efcoffe , & nourrir cette Paix , & fais plus que je ne devrois
pour l'affeurer. Je verray fi mon indulgence & l'honnefteté dont j'ufe en
toutes chofes y pourra fervir , pour le moins me fera-ce une juftification
devant Dieu & les hommes, que ce repos public n'aura pas efté interrompu que à mon trés-grand regret : vous priant, Monfieur de la Foreft , faire tout ce que vous pourrez pour découvrir & fçavoir toûjours
des nouvelles , & m'avertir du temps que le S. de Glajon fera party
pour paffer en Angleterre , & s'il eft poffible, comme il aura efté dépefché, & quelle efperance ceux de de-là ont de fon voyage ; priant
Dieu, Monfieur de la Foreft , vous avoir en fa garde. Efcrit à Amboife le* 23. *jour de Mars* 1559.

FRANÇOIS, & *plus bas*, DE L'AUBESPINE.

Cette infraction fit le principal article de l'inftruction de l'Evefque

de Rennes envoyé Ambaſſadeur en Allemagne incontinent aprés, laquelle j'ay rapportée toute entiere page 802. &c. du premier Volume ;
où l'on verra que loin de rechercher des differens avec cette Reine,
nous voulions intereſſer tous les Princes Chreſtiens en la manutention
de la Paix : afin d'accommoder plus aiſément le divorce de la Religion
en ce Royaume par la voye du Concile ou autrement. Mais Eliſabeth
préfera à tous autres intereſts celuy de profiter de la Rebellion des
Heretiques d'Eſcoſſe, qu'elle pratiqua pour faire perdre cette Couronne
au Roy François II. & luy mort, elle continua les meſmes deſſeins en
France par les Huguenots contre Charles IX. ſon frere, & ſe fit livrer
le Havre, comme nous avons rémarqué, réſoluë de le défendre à force ouverte, comme elle fit ; mais avec ſi peu de ſuccés par le bonheur
de la Paix d'Orleans & de la réconciliation du Prince de Condé avec
la Reine, qu'elle fut obligée de réconnoiſtre que ce Royaume eſt invincible, pourvû que ceux qui le gouvernent, ayent la prudence de
le tenir en union. En voicy un exemple de la derniere importance,
ſi on fait reflexion ſur l'eſtat miſerable où il eſtoit, ſuivant ce qu'en
eſcrit le S. de Caſtelnau, & ſelon les lettres meſmes de la Reine auparavant ce Traité, & ſur l'eſtat floriſſant où il ſe trouva incontinent aprés ; tous ceux qui conſpiroient à ſa ruine s'expoſans genereuſement pour ſa défenſe ſous la conduite du Prince ; excepté l'Admiral & le S. d'Andelot, qui trouverent des excuſes pour ne point
porter les armes contre ceux qui les avoient aſſiſté, & dont ils ſe défioient d'avoir encore beſoin.

Pour continuër à faire voir que cette conqueſte fut la plus glorieuſe & la plus utile de toutes celles de ſon Siécle, pour les avantages
qu'on en tira, & principalement pour la conſervation de Calais ; je
donneray icy les témoignages que j'en ay réceuillis dans les Memoires manuſcrits de l'Ambaſſade de Bernardin Bochetel Eveſque de Rennes : & je commenceray par ce que le Cardinal de Lorraine luy en
eſcrivit de Trente, au deſſous d'une lettre du 17. d'Aouſt. *Je me ré-*
jouïs avec vous de la priſe du Havre, dont je m'aſſeure que la Reine
n'aura failly de vous donner advis, mais je m'en réjouïs, comme l'une
des plus heureuſes victoires que nous euſſions reçuës ; car par ce moyen
la Reine d'Angleterre a perdu ſon droit de Calais, comme vous pouvez
penſer. La lettre ſuivante dudit Eveſque de Rennes à la Reine nous apprendra que l'Empereur fut dans le meſme ſentiment.

Madame, il y a huit jours que nous ſommes en ce lieu, où le Couronne-
ment de Hongrie [de Maximilien fils de l'Empereur & ſon Succeſſeur]
ſe doit faire bien-toſt [il ſe fit le jour de Noſtre-Dame de Septembre ;] encore
que toutes les difficultez ne ſoyent bien appointées. Quant à celle de l'élection,
on dit qu'ils en ſont d'accord ; c'eſt-à-dire qu'il ſe prendra un expedient par où
il ne ſe fera préjudice aux prétentions des Eſtats du Pays, ny auſſi à celle du
Prince. Il ſe diſpute maintenant ſur la création du Palatin. Il y a en ce lieu
1500. à 3000. Chevaux du Pays en ordre, 2000. hommes de pied Allemands,
& quelques 3. ou 4000. Chevaux de la Nobleſſe de Bohéme & d'Auſtriche, ceux-
là neantmoins ſans armes, pour donner moins d'ombrage aux Turcs. Devant

que partir de Vienne, je reçûs la lettre de Voftre Majefté du dernier jour de Juillet. Plus de douze jours auparavant, l'Empereur m'avoit dit la nouvelle de la prife du Havre ; neantmoins luy en allant lors rendre compte de la part du Roy & de la voftre ; Madame, il montra en recevoir plaifir comme d'une bien agréable nouvelle, & luy-mefme me dit le premier qu'il s'en réjouiffoit d'autant davantage, que par ladite victoire le Roy demeuroit dépeftré de la querelle de Calais. Je luy répondis que c'eftoit bien chofe toute claire & manifefte ; comme Sa Majefté jugeoit trés-bien ; neantmoins que j'eftois trés-aife qu'il m'en avoit fi franchement declaré fon avis ; lequel je ferois entendre au Roy & à vous, Madame : & luy s'en fouviendroit bien toûjours ; s'il luy plaifoit. Il me repliqua qu'il n'en pouvoit dire que ce qu'il en penfoit ; & qu'il le jugeoit voirement ainfi. J'efcrivis à Voftre Majefté non par ma derniere dépefche, mais par ma précedente, ce que j'avois appris de l'Affemblée, qui s'eftoit tenuë à Vienne par les Députez des Princes Catholiques. Depuis j'ay fçû d'où il le falloit fçavoir, qu'ils ont avifé de propofer au Pape feulement les deux articles de la Communion fub utraque, & du Mariage des Preftres. Quant aux autres deux des biens de l'Eglife & de la difference des viandes ; ils n'en parleront point pour cette heure. Le Roy des Romains doit bien-toft envoyer fes enfans en Efpagne, dont luy demandant l'autre jour ce que pour la verité je vous en pourois efcrire, il répondit qu'il penfoit de les envoyer, mais qu'il n'eftoit pas encore réfolu du temps, & qu'incontinent qu'il le feroit, il m'en avertiroit. Ils fe vont embarquer à Gennes ; fi la caufe du Marquis de Final, s'appointe, finon à Nice. Vous aviferez, s'il feroit bon les inviter à paffer par France. Je croy qu'ils ne l'accepteroient pas pour la longueur du chemin ; mais l'offre ne feroit qu'honnefte. Par les lettres que M. le Cardinal de Lorraine m'efcrit, je voy qu'il fait fon compte de venir bien-toft par-deçà ; encore que je ne voye pas que de ce cofté ils puiffent eftre fi-toft prefts, comme je croy que Voftre Majefté mefme jugera par ce que M. du Croc luy portera ; neantmoins il en pourroit bien avenir autrement, mefmement fi la Reine d'Efcoffe fe réfout de prendre l'Archiduc Charles, car j'ay depuis penfé qu'en ce cas-là ils feront contens que mondit S. le Cardinal vienne plûtoft. Cette lettre eft du dernier jour d'Aouft 1563.

Cette nouvelle fut auffi reçûë avec beaucoup de joye par toute l'Italie pour l'intereft de la Religion, felon cette autre lettre du Cardinal de la Bourdaifiere au mefme Evefque.

MONSIEUR, *je n'ay point eu de vos nouvelles depuis Venife. Il y a dés-ja deux jours que la nouvelle de la prife du Havre de Grace court icy. Elle eft venuë de Piémont du 6. de ce mois, & eft un que M. de Genéve Nonce de N. S. Pere en Savoye & maintenant eftant à Trente, a laiffé là : qui dit que le Duc en avoit eu la nouvelle par un S. de la Chaffaigne party de noftre camp, & adjoufte beaucoup de particularitez que fçavez dés-ja, fi elles font vrayes, comme j'efpere qu'elles fe trouveront. Toutefois voyant que cet avis vient de Turin, & que le Duc eftoit à Rivoli, & n'en voyons autre rencontre ; bien qu'il dife que le mefme jour l'allegreffe s'en fit par le commandement dudit Duc. Il m'a femblé eftre le meilleur d'en attendre la confirmation, avant que en rendre les graces folemnelles & les démonftrations d'allegreffe que Sa Sainteté vouloit commander. Sur l'heure qu'elle eut l'advis, elle m'envoya un Camerier avec la lettre & d'autres en Banque, pour la publier. Elle dit que les Anglois font fortis fans armes, bagues fauves, & que la Reine demeure forclofe de fon droit de Calais, lequel ils ont quitté. Je ne penfe* fe pas qu'ils euffent Procuration d'elle, & me fuffiroit bien que les Chefs demeuraffent prifonniers jufques à ce que nous euffions nos Oftagès ; que l'on m'écrit de France s'eftre voulu fauver, & avoir efté repris en Mer & eftroitement ferrez à Londres. Nous attendons icy M. le Cardinal de Lorraine au commencement du prochain, s'il continuë en fon propos, comme je croy qu'il fera, s'il ne venoit quelque chofe de noftre Cour, qui le retardât, dont je ne voy pour cette heure aucune apparence. Je me récommende trés-affectueufement à voftre bonne grace ; priant à noftre Seigneur, Monfieur, qu'il vous doint longue & bonne vie. De Rome ce 13. d'Aouft,

Voftre plus affectionné frere & ferviteur,
PH. CARD. DE LA BOURDAISIERE.

La France a la principale obligation de ce grand exploit à l'expe-rience & à la valeur du Conneftable & du Marefchal de Montmo-rency fon fils aifné, duquel je parleray plus amplement ailleurs, com-me du Marefchal de Briffac, mais je me ferviray de l'occafion, que me donne le S. de Caftelnau, pour les éloges de quelques autres qui s'y fignalerent, dont le premier en ordre eft le fieur de Richelieu.

DU SIEUR DE RICHELIEU BLESSE' A MORT
au fiege du Havre, & de fa Maifon.

JE me fuis mépris dans le Sommaire du Chapitre fecond de ce V. Livre * des Memoires du fieur de Caftelnau, où je l'ay appellé le Moine de Richelieu, le confondant avec Antoine fon frere, connu fous ce Nom dans les Hiftoires de fon temps, à caufe qu'il jetta le Froc pour prendre les armes ; où il ne fe fignala pas moins par fes grands fervices, par fes emplois, & par l'honneur qu'il eut comme luy d'eftre fait Chevalier de l'Ordre du Roy, & de meriter auffi le titre de vaillant Capitaine. Celuy-cy nommé François du Plef-fis, & plus communément furnommé Richelieu, quoy qu'il n'en pof-fedât pas la Terre, qui appartenoit à fon frere aifné, eft le pre-mier qui contribua à rendre ce Nom illuftre par fa valeur & par fa prudence ; car ce fut tout le partage qu'il tira d'une Maifon noble & ancienne, mais jufques à luy pauvre de biens & de Dignitez, quoy qu'affez heureufe en alliances, & fertile en Hommes illuftres. Il fit fes premieres armes en Piémont, qui eftoit en fon temps la plus parfaite efcole de Guerre de toute l'Europe, & s'y acquit tant de réputation, qu'il fut à fon retour fait Meftre de Camp des Bandes Françoifes. Il fervit en cette qualité à deux cens francs de gages par mois, aux fieges de Bourges, de Roüen & du Havre de Grace, où il fut bleffé à mort, & fut regretté du Roy & de toute la Cour, comme celuy qu'on avoit dés-ja deftiné Gouverneur de cette Place importante, & qui commençoit une fortune fi confiderable, qu'il

Tome II.   M m

* Corrigé en cette Edition.

pouvoit efperer de ne la borner que par les premieres Dignitez de la
Guerre. Il ne fut point marié non plus que le Moine de Richelieu
ſon frere, & la poſterité de ſa Maiſon fut continuée par Louïs du
Pleſſis S. de Richelieu leur aiſné, Lieutenant de la Compagnie de
cinquante Hommes d'armes d'Antoine de Rochechoüart S. de Saint
Amant, Seneſchal de Toulouſe ; lequel ayant cinq fils & cinq fil-
es de Catherine Dame de Barbazan & de Faudoas ſa femme, maria l'aiſnée nommée Françoiſe à ce Louïs du Pleſſis S. de Richelieu,
qui en eut entr'autres enfans François du Pleſſis, & Louïſe femme de
François S. du Cambout, Baron du Pont-Chaſteau, dont ſont iſſus
les Marquis de Coeſlin, la Ducheſſe d'Eſpernon & la Comteſſe de
Harcourt. François S. de Richelieu ne ſe rendit pas moins récommendable que ſes oncles, par les ſervices qu'il rendit dans les Guerres de
la Religion au Roy Charles IX. ſous la conduite du Duc d'Anjou
depuis Roy Henry III. qui le prit en affection, le mena avec luy en
Pologne, le fit à ſon rétour Grand Prévoſt de France, & depuis
l'honora de l'Ordre du S. Eſprit, pour récompenſe d'une fidélité inviolable, qu'il luy témoigna en des conjonctures aſſez dangereuſes
dans une décadence d'autorité, qui rendoit les autres Officiers aſſez re-
ſervez. Il continua la meſme affection au Roy Henry IV. & comba-
tit dans toutes les occaſions où ce grand Prince ſe trouva depuis ſa
ſucceſſion à la Couronne juſques en l'an 1590. qu'eſtant tombé malade au ſiege de Paris, il ſe fit porter à Gonneſſe, où il mourut le 10.
de Juillet. Si pauvre pour ſa condition, qu'il fallut engager ſon grand
Collier de l'Ordre pour fournir aux frais de ſes Funerailles, & qu'il
auroit eſté le dernier Seigneur de Richelieu ; ſi Suſanne de la Porte ſa
femme n'avoit reſtably ſa Maiſon par le bon ménage, dont elle ſuppléa
au deſordre, où il laiſſa ſes affaires & par le ſoin qu'elle eut de l'éducation de leurs enfans. Amador de la Porte Grand Prieur de France
dit un jour à feu M. le Prince par maniere de réproche du peu de
gratitude du Cardinal de Richelieu ſon neveu, qui n'aimoit pas à
charger ſa memoire des obligations qu'il avoit contractées en ſa jeuneſſe, qu'il avoit fort aſſiſté ſa ſœur dans ſa viduité, que c'eſtoit luy
qui avoit amené ce Cardinal encore enfant à Paris, où il l'avoit entretenu au College, & qu'il croyoit par ce bon office de Parent avoir
jetté à ſes dépens les premiers fondemens d'une Fortune, qui le rendit
le plus grand & le plus rédoutable de tous les Hommes aprés les Rois.
Je ne rémarque pas cela pour bleſſer ſa memoire, mais pour faire
voir qu'il ſuffit d'une belle naiſſance & des hautes inclinations pour
rélever les Maiſons les plus ruïnées.

Ce Cardinal eut deux freres aiſnez, le premier fut Henry du Pleſſis
S. de Richelieu Mareſchal de Camp, Gentil-homme fort ſage &
trés-digne de profiter de la faveur de ſa Maiſon & qui diſoit de ſon
frere, qu'il avoit des deſſeins de grandeur capables de renverſer l'Eſtat, s'ils ne luy ſuccedoient. Il fut tué en duel par le Marquis de Themines fils du Mareſchal, & ne laiſſa point d'enfans de N... Guiot

Dame d'Anſac ſa femme. Le ſecond fut Alphonſe Eveſque de Luçon, depuis Chartreux, & enfin Cardinal & Archeveſque de Lyon, Grand Aumoſnier de France. Leurs ſœurs furent Françoiſe du Pleſſis Dame du Pont de Courlay, mere de Marie de Vignerot Ducheſſe d'Aiguillon & de François de Vignerot Marquis du Pont de Courlay, General des Galeres, pere d'Armand, qui a pris le Nom & les Armes de du Pleſſis, à preſent Duc de Richelieu, &c. & Nicole du Pleſſis femme d'Urban de Maillé Marquis de Brezé, Mareſchal de France. Celuy-cy pour eſtre iſſu de la plus grande Maiſon de Touraine, & qu'on peut dire encore des plus anciennes & des plus illuſtres du Royaume, n'eut pas toute la déference que demandoit l'autorité & l'humeur altiere du Cardinal de Richelieu ſon beau-frere à ceux qui luy appartenoient, & il luy manqua de complaiſance juſques au point de luy dire en face qu'il avoit épouſé ſa ſœur, mais ſans autre conſideration que de ſa beauté : & dans le dépit de ſe voir réprocher le Gouvernement de Calais ; il en rendit le Brevet, dont le Comte de Charrots profita. Il ne laiſſa pas de luy donner d'autres emplois, mais dont il s'acquita toûjours d'une maniere ſi indépendante, que le Cardinal ſe contenta de travailler principalement à la grandeur d'Armand de Maillé ſon fils unique, qu'il fit Duc de Fronſac & Admiral de France, & de Claire Clemence de Maillé ſa fille ; qu'il maria avec Louïs de Bourbon lors Duc d'Enguien à preſent Prince de Condé. M. le Prince défunt n'eut pas tant d'égard à la puiſſance de l'oncle, qu'il ne voulut eſtre informé de la Nobleſſe de la Niéce, auparavant que de traiter de cette alliance, & il apprit avec joye, dans la neceſſité où il ſe trouva de chercher une ſeureté avec un homme terrible dans ſes reſſentimens, que la Maiſon de Maillé avoit toutes les qualitez qu'il pouvoit deſirer, pour ſe défendre contre la cenſure du Vulgaire, qui juge preſque toûjours temerairement de la conduite des Princes, & qui par ignorance ou par malice voulut qu'il y eut de la diſproportion entre ce Mariage icy & ceux des autres Princes du Sang.

C'eſt ce que j'ay trouvé à propos de refuter icy, & parce qu'il ne me ſeroit pas permis de faire une aſſez longue digreſſion, pour donner juſques à vingt degrés de generation, je me contenteray d'une obſervation trés-ſinguliere & dont on ne trouvera point d'exemple, je ne dis pas en aucune Maiſon de France, mais de toute l'Europe, qui ſervira à l'antiquité & à la valeur hereditaire de ceux de Maillé, jadis Seigneurs de cette Terre en Touraine, à preſent érigée en Duché & Pairie ſous le nom de Luynes. Je l'ay puiſée dans un Auteur contemporain, imprimé dans le livre de *Geſta Dei per Francos*, qui nous apprend qu'il y a plus de quatre cens ans, qu'en un combat de Girard de Bideffore Grand-Maiſtre des Templiers contre les Sarraſins ; un jeune Chevalier de cet Ordre, Jakelin de Maillé Tourangeau de Nation, ce ſont ſes propres termes, tout armé en blanc, fit tant de merveilles à la teſte d'une Compagnie qu'il commandoit, que ces Infidéles croyans qu'il y avoit de la Divinité dans fa valeur, le prirent pour le S. George des Chreſtiens, & furent touchez de tant de reſpect, que de le ſupplier de ſe vouloir rendre, promettans de le renvoyer ; mais quoy qu'il fut reſté ſeul de toute ſa troupe, & quoy qu'il ne pût long-temps reſiſter à la fatigue d'un ſi long combat, au milieu de tant de corps morts qui l'environnoient de toutes parts, il leur fut impoſſible de fléchir ſon courage ; ſi bien que cet Hiſtorien dit qu'aprés avoir fait de la pouſſiere de l'eſpace de terre qu'il occupoit, qui eſtoit un chaume dont le bled avoit eſté fraiſchement couppé, il fut enfin accablé & eſtouffé de la multitude, qui tomba ſur luy, & que l'admiration de ſa vaillance rendit ſuperſtitieuſe, juſques au point de ramaſſer avec religion tout ce qui ſe trouva de cette poudre arroſée de ſon ſang, pour s'en frotter le corps, croyans par ce moyen attirer quelque portion de ſa valeur. Enfin il y en eut un entr'autres, qui dans la paſſion d'avoir un heritier de ce merite luy coupa dequoy le pouvoir ſuſciter en ſa femme. Cela ne ſe peut faire entendre plus honneſtement, & d'autre part je ne pouvois pas oublier un ſi horrible témoignage d'eſtime. Ce fut en memoire de ce genereux Chevalier que le nom de Jacquelin ſe continua long-temps dans cette Maiſon, qui depuis prit plus ordinairement celuy de Hardoüin, familier en la branche des Aiſnez de cette race, qui perit en Françoiſe fille aiſnée & heritiere de François Baron de Maillé, de Rochecorbon, de la Haye en Touraine, de la Mothe Sͭᵉ. Heraye, & de Pont-Chaſteau, Vicomte de Tours & de Broſſe, & de Marguerite de Rohan ; laquelle épouſa Gilles de Laval S. de Loüé, & eut une ſœur nommée Françoiſe comme elle, femme de Françcois de Batarnay S. du Bouchage, de laquelle ſont iſſus Mademoiſelle Ducheſſe de Montpenſier, les Ducs de Guiſe, de Joyeuſe, &c. à cauſe de Marie de Batarnay ſa petite fille, femme de Guillaume Vicomte de Joyeuſe, Mareſchal de France.

Hardoüin de Maillé frere puiſné de François, fils de Hardoüin S. de Maillé, & d'Antoinette de Chauvigny Dame de Chaſteau-roux, Vicomteſſe de Broſſe, &c. épouſa Françoiſe heritiere de la Tourlandry, à condition d'en prendre par luy & ſa poſterité le nom & les armes, & de luy eſt iſſu le Marquis de la Tourlandry & de Jaleſnes qui en eſt le Chef, & qui a pour puiſnez les Marquis de Carmen en Bretagne & les Sieurs de Chedruë, de la Gueritaude & du Flotté deſcendus du mariage de Juhez de Maillé, S. de Ville-Romain avec Iſabeau de Chaſteau-brient : lequel Juhez fut fils de Hardoüin S. de Maillé mary de Petronelle d'Amboiſe, & eut pour frere Hardoüin cy-devant mentionné, allié avec Antoinette de Chauvigny, & pour ſœur Marie de Maillé femme de Pean de Maillé III. du nom S. de Brezé, avec lequel elle continua la poſterité des Seigneurs de Brezé, deſcendus de Pean de Maillé frere d'autre Hardoüin S. de Maillé, qui vivoit il y a plus de trois cens ans. Il épouſa Jeanne heritiere de la branche aiſnée de la Maiſon de Brezé en Anjou, dont le nom s'eſt continué juſques à Loüis de Brezé Comte de Maulevrier, Baron du Bec-Creſpin & de Mauny, S. de la Varenne, de Planes, Nogent, Annet, Breval, Montchauvet, &c. Grand Seneſchal de Normandie, qui de Diane de Poitiers Ducheſſe de Valentinois n'eut que deux filles, Françoiſe de Brezé femme de Robert de la Marck Duc de Boüillon, Prince de Sedan, Mareſchal de France, & Louiſe de Brezé femme de Claude de Lorraine Duc d'Aumale. Par ce mariage de Pean de Maillé, la Terre de Brezé entra dans ſa Maiſon ; où elle a continué juſques à la mort du Mareſchal de Brezé, qui en eſtoit iſſu au dixiéme degré, & qui a eu pour heritiere unique la Princeſſe de Condé ſa fille. De cette branche de Maillé-Brezé ſont encore iſſus les Seigneurs de Benehart & de Fleury, par Pean de Maillé ſecond fils de Gilles S. de Brezé, qui fut triſayeul de René de Maillé S. de Benehart, lequel de Dorothée Clauſſe ſa femme heritiere de Fleury, laiſſa Henry, Nicolas Baron de Fleury, & Deniſe de Maillé femme de François Barthon Vicomte de Montbas mort l'an 1653. Henry de Maillé Marquis de Benehart, épouſa Françoiſe de la Barre Dame des Hayes de Brion, & du Chaſteau Seneſchal, & mourut l'an 1654. pere de René de Maillé à preſent Marquis de Benehart, de deux autres fils & de deux filles.

Voilà en peu de mots quelle eſt la condition de la Maiſon de Maillé, & aprés cela je ne feindray point de dire qu'elle n'eſt pas inferieure à celle de Beauvau, dont eſtoit la quinte ayeule de noſtre Roy, Iſabelle de Beauvau femme de Jean de Bourbon Comte de Vendoſme, & qu'elle eſt plus illuſtre ſans comparaiſon que celle de Monteſpedon, dont eſtoit Philippe de Monteſpedon femme de Charles de Bourbon Prince de la Roche-ſur-Yon, Princeſſe fort ſuperbe, quoy que deſcenduë d'un Waſt de Monteſpedon Flamand de nation, Valet de Chambre de Jean de France Duc de Berry, & que pluſieurs autres, qu'il ſeroit ſuperflu de nommer. Ce n'eſt pas que nos Princes du Sang ne fuſſent trés-glorieux ſur cet article de Mariage, & qu'ils ne preferaſſent tellement l'honneur à l'intereſt ; qu'on rémarque de Charles I. Roy de Sicile Duc d'Anjou qu'il répondit en colere à la propoſition, que luy fit faire un Pape trés-illuſtre, de donner une de ſes filles à un ſien neveu, qu'encore que ſa Sainteté euſt les pieds rouges, cela ne rendoit pas ſa race digne d'alliance avec le trés-illuſtre Sang de France.

Il eſt encore à propos de juſtifier la Memoire du celebre André du Cheſne contre ceux, qui pour avoir vû ou ſimplement entendu qu'il avoit fait deſcendre le Cardinal de Richelieu du Roy Loüis le Gros, ſe ſont écriez contre ſa fidélité, comme ſi c'eſtoit un honneur impoſſible à un Gentil-homme. Il devroit ſuffire de les renvoyer à ce qu'a ſi curieuſement rémarqué l'illuſtre Michel de Marolles Abbé de Villeloin au premier Volume de ſes Memoires, où il apprend, comme par une neceſſité preſqu'indiſpenſable, qu'il n'y a quaſi point eu d'homme vivant il y a cinq cens ans, qui n'ait eſté un ſecond Adam ;

& cela fe juftifieroit, fi on pouvoit continuër & rendre entier ce grand
& vafte deffein des deux freres jumeaux les Sieurs de Sainte-Marthe dé-
funts , de donner au Public la defcente par femmes de tous nos Rois ;
on y verroit , dis-je , qu'il eft fi croyable qu'un fimple Gentil-homme puiffe fortir d'un Roy , qu'il y a peu de Vilains , s'il eft permis
d'ufer de ce mot fans choquer des Perfonnes , qui valent fouvent
mieux que des Nobles mal-inftruits , qui ne foyent defcendus du
Grand Charlemagne , & je m'en rapporte à la pofterité , fi par le
mefme abus , qui fait rechercher en mariage par les Perfonnes de
condition des Monftres de naiffance , & qui laiffe les filles de bonne
maifon en proye à des Gens de Fortune , il ne fe trouvera pas bien-
toft plus d'Ignobles iffus du Sang Royal , que de grands Seigneurs?
puis que c'eft affez d'une mere Noble dans toute une Genealogie ,
pour communiquer à fes defcendans l'avantage qu'elle aura eu de fortir de toutes les plus illuftres Races du Royaume. Outre la nouveauté de l'invention qui émut cette rumeur , il arriva une occafion au
Cardinal de Richelieu de proteger Gafpard de Courtenay S. de Ble-
neau en quelque affaire qui touchoit fon honneur , & fur ce que ce
Miniftre dit publiquement, qu'il eftoit Prince du Sang , & fon parent,
on crût qu'il tiroit cette parenté de Louïs le Gros, qui eut pour dernier fils Pierre de France S. de Courtenay ; mais il ne la prenoit pas
de fi loin , comme celuy qui n'ignoroit pas qu'ils eftoient coufins du
3. au 4. degré , luy eftant petit fils de Françoife de Rochechoüart,
& ledit S. de Courtenay arriere-petit fils de Claude de Rochechoüart,
fœur de Françoife. Cela donna fujet à quelqu'un de dire que Louïs
le Gros avoit efté bien nommé , puis que le Cardinal en eftoit iffu.

C'eft par les Maifons de Dreux branche du Sang Royal, de Bar-
le-Duc, de Luxembourg , & de Chafteau-vilain , que le S. du Chefne a tiré cette defcente de nos Rois , & pour cette raifon le Cardinal de Richelieu luy ordonna d'en faire imprimer les Hiftoires Genealogiques , en un Volume avec la fienne ; afin qu'il parut comme par l'effet du Cylindre, qu'il eftoit l'extrait d'un nombre prefqu'infiny des Rois, d'Empereurs & de grands Princes , dont chacun avoit
fourny fa portion de fon eftre. Il fut heureux dans cette rencontre,
comme dans les autres deffeins de fon Miniftere, de trouver le plus
excellent Auteur en ce genre d'efcrire, qui nâquit dans tous les âges
de cette Monarchie , & en l'honneur duquel je ne feindrois pas de
dire, que je m'eftimerois plus glorieux de fucceder à fa réputation, qu'à
tous les titres & à toute la grandeur de ce Cardinal. Il fut en ce
choix-là mieux confeillé que dans celuy, qu'il fit de Scipion Du Pleix
pour efcrire fon Hiftoire ; car s'il fe fut fervy de la mefme plume
pour fa Genealogie , nous ferions réduits à la mefme neceffité d'en
donner une nouvelle plus veritable ; pour rendre à tant de Familles
du nom de du Pleffis , ce qui leur auroit efté dérobé pour illuftrer celle-cy : & ce qui luy feroit refté ne paroiffant qu'en defordre, la
Nobleffe du Cardinal de Richelieu feroit demeurée autant douteufe,

qu'il l'a bien eſtablie en s'attachant inſéparablement à la verité. Ce n'eſt pas qu'il n'y ait de l'art & de l'adreſſe pour rélever de medio-cres commencemens , mais cela eſt plus à ſon avantage, que ſi ſon travail eſtoit moins paré ; & il a fait en cela comme cette excellente Ouvriere , qui avec des fleurs communes ne laiſſoit pas par ſon ar-rangement , de faire des bouquets tout autrement beaux à la vûë, que toutes les autres de ſon Meſtier. Il s'eſt fort eſtendu dans les endroits favorables , & s'eſt reſſerré de telle ſorte en quelques autres , qu'il eſt bien-aiſé de voir, où il a eſté obligé d'obéïr à ce que deſiroit un homme ſi puiſſant : comme quand il a ſupprimé la ſuite des aiſnez, parce que leur décadence faiſoit un membre, qui n'avoit point de rap-port aux autres. J'aime mieux croire qu'il l'ait obligé à faire deux François du Pleſſis d'un ſeul , moins pour avoir un degré de plus, que pour profiter de l'honneur de deux illuſtres alliances, contractées par ce ſeul François , l'une avec la Maiſon de Laval , l'autre avec celle des le Roy , deſquelles toutes deux il vouloit deſcendre, Il l'avoit dés-ja dit page 648. de l'Hiſtoire de la Maiſon de Montmorency, en parlant du mariage de ce François du Pleſſis avec Guionne de Laval ; les Sieurs de Sainte-Marthe l'avoient auſſi rémarqué dans l'Hiſtoire Genealogique de la Maiſon de France ; & comme le Cardinal s'en eſtoit tenu fort honoré, il ne luy voulut pas permettre de s'en dé-dire , quand il eut apperçû par les titres de ſa maiſon qu'il s'eſtoit trompé à ce double mariage. Je me ſuis défié de cela , ſur ce que dans les preuves il ne donne aucun titre juſtificatif, que François du Pleſſis prétendu troiſiéme du nom fut fils de ladite Guionne, & meſ-me il s'abſtient d'en donner un qu'il énonce ſimplement page 43. de l'Hiſtoire de du Pleſſis, & qu'il auroit mis tout entier auxdites preuves, ſinon qu'il avoit fait contre ſon deſſein. *Toutefois* , dit-il en cet en-droit, *le contentement qu'il eut de cette alliance ne fut pas de longue du-rée ; car Guionne de Laval ſon épouſe mourut ſur la fin de l'an* 1494. [peut-eſtre n'a-t'il pas voulu dire préciſément le temps] *ayant veſcu avec luy l'eſpace de cinq ans , & le laiſſa chargé d'un fils & de trois filles en bas âge. Le fils appellé François du Pleſſis III. du nom fut dé-ſigné par luy Succeſſeur de ſes Terres.* [Cela n'a qu'une rélation équi-voque avec ce qui ſuit] *& aux filles nommées , Aimée , Jeanne & Renée du Pleſſis , il ceda pour leur portion tous les biens maternels tant preſens qu'à venir ; de quoy il paſſa tranſaction avec Loüis de Laval S. de Brezé leur oncle le* 14. *jour de Février enſuivant.*

Aſſeurément qu'il n'eſt aucunement parlé dans cette tranſaction , de François du Pleſſis , comme fils de cette Guionne de Laval , & que c'eſt à deſſein que le S. du Cheſne a fait cette équivoque, où peut-eſtre perſonne n'a pris garde ; mais pour joindre la verité à ma con-jecture, puis qu'aſſeurément ces trois filles eſtoient nées de ce mariage, voyons ſi François a pû eſtre leur frere uterin. Le contract du ma-riage de François ſon pere avec Guionne de Laval , ſelon le S. du Cheſne , tant en l'Hiſtoire de la Maiſon de Montmorency & de Laval page 648. que par les preuves de celle du Pleſſis page 132. où il le rapporte par extrait, fut paſſé à Loudun le 25. jour de Janvier 1589. ce n'eſt pas à dire qu'il ait eſté conſommé ſi-toſt, mais pour ne point perdre de temps, poſons qu'il l'ait eſté le premier de Février enſuivant, n'eſt-ce pas bien employer quatre années de mariage, s'il eſt vray qu'il ait tant duré, que de mettre trois enfans au jour ? Je dis quatre années, parce que les années commençoient à Paſques, & par cette meſme raiſon il s'en trouveroit encore moins de quatre, pour ce que le S. du Cheſne ne jugeant du temps de la mort que par celle de la tranſaction, il eſt plus que vray-ſemblable qu'elle n'eſt que long-temps depuis, & elle n'eſt pourtant que du 14. Février 1494. trois mois avant l'an 1495. & par conſequent devant les quatre ans expirez de ce mariage, & peut-eſtre long-temps depuis la mort de cette Guionne.

Or François du Pleſſis n'en ayant pû naiſtre, ne faut-il pas conclure que ce François eſt ſuppoſé, & que le meſme François prétendu ſon pere ſe rémaria en ſecondes nôces, & à ce propos je croy me ſouvenir d'avoir rémarqué ſur preuves faites pour l'Ordre par le Grand Prévoſt de Richelieu ſon petit fils, que le contract de mariage entre François du Pleſſis & Nicole le Roy eſt du dernier de Mars 1506. auquel temps ce prétendu François le fils ne pouvoit à toute rigueur avoir que quinze ou ſeize ans, s'il avoit eſté l'aiſné des enfans de Guionne de Laval (c'eſt pourquoy au lieu de rapporter ce contract, qui eſtoit fort conſiderable, vû la Nobleſſe de l'alliance qui donna lieu à l'Hiſtoire de la maiſon de Dreux, parce qu'elle en deſcendoit, le S. du Cheſne ſe contente de mettre aux preuves page 134. *Contract de Mariage entre François du Pleſſis, S. de Richelieu, de la Vervoliere & de Becay, & Anne le Roy fille aiſnée de Guion le Roy S. du Chillou, le dernier de Mars......* ſupprimant à deſſein l'année) j'alleguerois cent autres raiſons, s'il en eſtoit beſoin pour la ſuppreſſion de ce degré, & pour faire voir que le Cardinal de Richelieu n'eſtoit point deſcendu du mariage de Guionne de Laval avec François du Pleſſis, lequel eſtoit encore jeune & en puiſſance de ſon pere l'an 1589. qu'il l'épouſa, & auroit eu un fils marié l'an 1506. par conſequent il faut ſupprimer pareillement tout le livre entier fait en Eſpagnol par un Portugais nommé Ville-Real, depuis brûlé pour le Judaïſme à Lisbonne, fameux Plagiaire, qui le copia ſur le S. du Cheſne, pour faire deſcendre le Cardinal de Richelieu par l'alliance de Laval des Rois de Caſtille & de Portugal, & qui ne laiſſa pas de profiter d'une bonne penſion. Cette faſcheuſe contrainte a bien donné de la peine au S. du Cheſne, & c'eſt la raiſon pour laquelle il n'a point rapporté quantité de titres & de contracts de mariage, dont la date auroit contredit ſon deſſein, ou plûtoſt celuy du Cardinal de Richelieu, qui l'obligea de ſouſtenir ce qu'il avoit dés-ja avancé par ſurpriſe dans l'Hiſtoire de Montmorency, qui avoit eſté ſuivy par les ſieurs de Sainte-Marthe, & qui eſtoit eſtably dans la créance commune.   Ainſi

Ainſi pour revenir à François du Pleſſis dit de Richelieu, bleſſé à mort au ſiege du Havre, qui m'a donné ſujet de faire cette rémarque, il eſtoit fils de François du Pleſſis & de Nicole le Roy, trés-veritablement iſſue de Louis le Gros par Alix de Dreux, Princeſſe du ſang Royal, mariée l'an 1398. à Guillaume le Roy S. de Chavigny l'un de ſes anceſtres, & ſes ayeuls furent, non François du Pleſſis & Guionne de Laval, mais François du Pleſſis, & Renée Eveillechien ſa femme : & ce François dernier nommé fut le premier Seigneur de Richelieu & de Becay par donation teſtamentaire de Louïs Clerembaut, frere de Perrine de Clerembaut ſa mere, femme de Geofroy du Pleſſis Eſcuyer S. de la Vervoliere, fils de Sauvage, & petit fils de Guillaume S. du Pleſſis Chevalier, auquel commence la preuve du Grand Prévoſt, que le S. du Cheſne rémonte de quatre degrez, & juſques en l'an 1201. la piece eſt ſi belle & ſi doctement travaillée, que je ne ſçaurois m'empeſcher de dire que le Cardinal de Richelieu devoit à ſon Auteur plus de réconnoiſſance, qu'il n'en a rendu à des Ouvrages de moindre prix & de moins de durée, qui ont chatoüillé ſon oreille comme la Muſique, & qui ne contribueront à l'éternité de ſa memoire, que pour faire avoüer à la poſterité, qu'il y a plus de haſard que de merite en la fortune des lettres ; car tout grand Homme qu'il fut, & quoy que le plus ſçavant de la Cour qu'il gouvernoit, nous avons vû que de beaucoup de Gens qu'il a avancez, les Flatteurs ou les Plaiſans ont eſté les plus heureux.

DE JEAN D'ESTRÉES GRAND-MAISTRE
de l'Artillerie.

JE n'ay pas aſſez particulierement examiné la difference qu'il y a entre pluſieurs maiſons d'Eſtrées, ainſi nommées de diverſes Terres, pour dire déterminément de laquelle eſtoit iſſu ce grand Homme, dont le pere s'établit en Boulenois, par l'alliance qu'il prit avec l'heritiere de la Cauchie. C'eſt aſſez de dire que Raoul d'Eſtrées Mareſchal de France ſous le regne de S. Loüis, & qui eut l'honneur d'épouſer une Princeſſe du Sang de la Maiſon Courtenay, ne rendit pas ſon nom plus celebre que celuy-cy, qui prit alliance dans la Maiſon de Bourbon par ſon mariage avec Catherine de Vendoſme fille de Jacques S. de Bonneval, Bailly de Vermandois fils naturel de Jean de Jean de Bourbon Comte de Vendoſme, que ſon merite rendit ſi conſiderable dans cette maiſon, qu'on luy fit autant de bien, & qu'on luy procura autant d'honneurs, que s'il eut eſté legitime. Il prit pour femme Jeanne heritiere de Rubempré, & de trois filles qu'il en eut, cette Catherine de Bourbon dite de Vendoſme fut l'aiſnée ; laquelle ayant l'honneur d'appartenir de parenté au Roy de Navarre, & au Prince de Condé, le S. d'Eſtrées ſon mary s'attacha particulierement à eux & ſe laiſſa aller à la nouvelle Religion, dont on rémarque qu'il fut le premier, qui la profeſſa publiquement en Picardie,

yant ofé prefter la Maifon de Cœuvres qu'il avoit acquife, pour y
uire le Prefche. Il ne laiffa pas d'eftre fidéle au Roy dans les Guerres
es Huguenots, & de continuër contr'eux-mefmes la fonction de fa
Charge de grand-Maiftre de l'Artillerie, comme témoigne le S. de
Brantofme, qui luy a donné la place qu'il meritoit entre les Illuftres
e fon temps par l'Eloge fuivant.

Monfieur d'Eftrées a efté l'un des dignes hommes de fon Eftat depuis, qui ait efté poffible jamais, fans faire tort aux autres, & le
plus affeuré dans les tranchées & batteries ; car il y alloit la tefte
levée, comme fi ce fut efté dans des champs à la chaffe, & la plufpart du temps y alloit à cheval, monté fur une grande Haquenée
allezane qui avoit plus de vingt ans, qui eftoit auffi affeurée que le
Maiftre, car pour quelques Canonades & Arquebufades qui fe tiraffent dans la tranchée, ny l'un ny l'autre n'en baiffoient jamais la
tefte, & fi fe montroit par-deffus la tranchée la moitié du corps,
car il eftoit grand & elle grande. C'eftoit l'homme du monde qui
connoiffoit mieux les endroits pour faire une batterie de Place, &
l'ordonnoit le mieux, auffi eftoit-ce l'un des confidens que M. de
Guife fouhaitoit auprés de luy, pour faire conquefte & prendre villes, comme il fit à Calais. C'a efté luy qui le premier nous a donné ces belles fontes d'Artillerie que nous avons aujourd'huy, & mefme de nos canons qui ne craindroient de tirer cent coups l'un aprés
l'autre, par maniere de dire, fans rompre, ny fans éclater, ny caffer,
comme il en donna la preuve d'un au Roy, quand le premier effay
s'en fit ; mais on ne les veut gourmander tous de cette façon, car
on en ménage la bonté le mieux qu'on peut. Avant cette fonte nos
canons n'eftoient de beaucoup fi bons, mais cent fois plus fragiles,
& fujets à eftre fouvent rafraifchis de vinaigre & autres chofes, où
il y avoit plus de peine, & qui plus débauchoit de la batterie.

Celle qui fut faite devant Yvoy ne donna tant de peine, comme
j'ay ouï dire à M. de Guife, que ce fut la plus belle & plus prompte
batterie qu'il avoit vû ny ouï, & en loüoit fort M. d'Eftrées; qui
avoit ordinairement fon fait & fon attirail fi lefte quand il marchoit,
que jamais rien n'y manquoit, tant il eftoit provident & bien expert en fa charge. Sur tout il avoit de trés-bons Canoniers bien juftes,
& luy-mefme les y dreffoit & leur montroit. Il avoit auffi de trés-
bons Commiffaires, dont entr'autres ont efté, Boiffompierre qui
eftoit dans Sienne eftant affiegée, & la Foucaudie petit homme Huguenot, & M. l'Admiral pour ce l'aimoit fort, & s'en aida & s'en
trouva bien en fes Guerres. Tant d'autres bons y a-t'il eu que je ne
nommeray point, & la plûpart Huguenots, qui avoient imité leur
General, mondit fieur d'Eftrées qui l'eftoit fort. Si ne laiffa-t'il
pourtant de bien fervir fon Roy au fiege de Roüen aux premieres
Guerres, comme je vis. C'eftoit un fort grand homme, & beau
& venerable vieillard, avec une grande barbe qui luy defcendoit
trés-bas, & fentoit bien fon vieux Avanturier de Guerre du temps

paſſé, dont il avoit fait profeſſion, où il avoit appris d'eſtre un peu cruel.

Feu mon pere & luy avoient tous deux eſté nourris Pages de la Reine Mere, & tous alloient ſur les Mulets de ſa littiere ; leſquels, à ce que j'ay ouï dire à mon pere & audit M. d'Eſtrées, elle a bien fait foüetter, quand ils faiſoient aller les Mulets d'autre façon qu'elle ne vouloit, ou qu'ils euſſent bronché le moins du monde. Mon pere alloit ſur le premier, M. d'Eſtrées ſur le ſecond, & puis tous deux ſortans de Page les envoya de-là les Monts à la Guerre. Enfin ce bon vieillard mourut en ſa Maiſon trés-rénommé Capitaine l'année des ſecondes Guerres [1567.] & ſon eſtat fut donné à M. de la Bourdaiſiere, qui avoit donné ſa fille en mariage au jeune Marquis d'Eſtrées ; qui eut occaſion de ſe plaindre pour n'avoir eu l'eſtat de ſon pere, qui l'avoit trés-bien dreſſé : mais ne le garda guere, car il mourut bien-toſt aprés en réputation d'un brave & ſage Gentil-homme, & fort homme d'honneur. Et quand il n'eut eſté autre que pere de ce brave M. de Sagonne, il a eſté beaucoup & digne à loüer d'avoir engendré un ſi brave & vaillant jeune homme que celuy-là & autant parfait en toutes vertus & valeurs ; dont j'eſpere en parler ailleurs. Aprés M. de la Bourdaiſiere, vint en cette charge M. de Biron, duquel je parleray ailleurs.

On dit que le bon homme M. de Caillac mourut quaſi de regret de n'avoir eu la place de M. d'Eſtrées aprés ſa mort, duquel il avoit eſté Lieutenant, & en eſtoit trés-digne pour l'avoir bien & vaillamment exercée en toutes les Guerres Eſtrangeres, principalement en Piémont & à la bataille de Ceriſolles : comme certes tout le monde à la Cour & aux armées diſoient qu'il la devoit avoir, & qu'on luy avoit fait tort à ſa valeur & à ſes ſervices paſſez. Aprés M. de Biron vint M. de la Guiche qui le meritoit bien, & eſtoit un trés-brave & vaillant Capitaine, comme il l'a montré en pluſieurs endroits, & pour ce le Roy Henry III. l'aimoit, & le connoiſſoit tel ; aprés que M. de Biron fut fait Mareſchal il donna cette charge audit M. de la Guiche trés-brave & vaillant Seigneur. Aprés luy l'a eſté M. de S. Luc, trés-gentil & accomply Cavalier en tout s'il en fut un à la Cour, & qui eſt mort au ſiege d'Amiens trés-regretté, & en réputation d'un trés-brave, vaillant & bon Capitaine. Luy mort M. d'Eſtrées a ſuccedé à ſa place comme le meritant bien, car il l'entendoit bien, comme l'ayant bien appriſe de ſon brave pere. Ainſi quoy qu'il tarde, le droit & la verité rencontrent leur tour, car on luy avoit fait tort qu'il n'eut cette charge aprés la mort de ſon pere, enfin la verité & le droit ont vaincu là pour luy.

Du mariage de Jean d'Eſtrées & de Catherine de Bourbon ſortit Antine Marquis de Cœuvres, depuis auſſi grand-Maiſtre de l'Artillerie, marié avec Françoiſe Babou de la Bourdaiſiere, & pere de François Annibal d'Eſtrées Mareſchal, & nommé Duc & Pair de France ; du-

quel & de fa pofterité je traiteray plus amplement à la fin de ce livre parmy les alliances de la maifon des Bochetels, auffi-bien que de
celle de Gabrielle Duchefle de Beaufort & de fes autres fœurs.

✠✠✠

CHAPITRE TROISIÉME.

DU CAPITAINE CHARRY, ET DE SARLABOS
Meſtre de Camp fait Gouverneur du Havre.

LEs longues Guerres entre France & Efpagne avoient aguerry tant
de Gentils-hommes & de fimples Soldats des vieilles Bandes
Françoifes, qu'il eft bien mal-aifé de découvrir, qui eftoient ceux que
leur feule valeur éleva aux principales Charges de nos armées, mais
principalement ceux des Pays de Guyenne, de Languedoc & de Bearn,
d'où il vint quantité de braves Hommes, qui obfcurcirent par de nouveaux Noms, l'éclat de plufieurs plus anciens & auparavant plus connus. Il faut avoir récours aux Auteurs contemporains pour parler felon leur merite de ceux, qui n'ont point laiffé de pofterité, qui ait
herité de leur réputation & qui l'ait continué ; & comme ce qu'en a rémarqué, le S. de Brantofme en a fait ample mention dans les Memoires manufcrits des grands Hommes de fon temps, j'emprunteray ce
qu'il a dit de ces deux icy, après avoir rémarqué que Charry eftoit
Gentil-homme de Nivernois, & Sarlabos originaire de Languedoc : lequel outre le Gouvernement du Havre, reçût l'honneur d'eftre Chevalier de l'Ordre du Roy, comme j'ay réconnu par quelques lettres
de luy à la Reine, où l'on voit le Collier autour de fes armes, qui
eftoient une plante de trois branches de Laurier avec une bordure de
Fleurs-de-Lys, qu'il portoit pour brifure, ou par conceffion pour
récompenfe de fes fervices. Il paroift par fon ftile & par fes difcours
qu'il eftoit homme fort entendu & de bon fens. Pour Charry c'eftoit
un fecond Montluc en valeur & en orgueil, & qui l'auroit pû eftre
en Dignitez, s'il ne fe fut fait de trop grands ennemis pour l'atteindre. J'ay rapporté au premier Volume l'hiftoire de fa mort en traitant l'éloge du S. d'Andelot page 378. comme l'a efcrit ledit S. de
Brantofme, qui parle ainfi de luy en fon Traité des Colonels.

» Le Capitaine Charry vint aprés en noftre Camp, mandé de Gaf-
» cogne par M. de Montluc avec les Troupes Gafconnes & Efpagno-
» les, & amena un brave & grand Regiment de Gafcons venant à
» trois mille hommes ; qui fut un bon fecours, & propre pour faire
» lever le fiege de Paris [*quand le Prince de Condé y vint d'Orleans*]
» encore qu'il ne nous nuifit trop. M. de Guife fit de grandes caref-
» fes & faveurs audit Charry, tant pour fa valeur, que parce qu'il
» avoit fuivy la Cour un peu avant ; car je luy ay vû fuivre avec le
» petit Capitaine Calverat, tous deux enfemble, n'ayans chacun que
» deux Chevaux, un Valet & un Laquais. Il commença à l'avancer

& luy donner la premiere charge d'attaquer le Faux-bourg d'Orleans ;
»où il s'en acquitta certes trés-dignement , car en moins d'un rien
»l'emporta : auſſi eſtoit-il un trés-digne homme pour l'Infanterie.
»M. de Montluc le loüe aſſez dans ſes Commentaires, ſans que je le
»loüe davantage. La Paix ſe fit aprés , & mit-on les Compagnies
»dans les Garniſons ainſi que l'on aviſa , qui n'y demeurerent gue-
»re , car il fallut aller aſſieger le Havre : lequel fut emporté certes
»avec un trés-grand heur , & Dieu-mercy la peſte grande qui s'eſtoit
»miſe dedans. Paravant on avoit envoyé Remolle en Provence pour
»y eſtablir la Paix, que l'on donna à M. de Biron, qui avoit ce Re-
»giment, pour luy faire eſcorte avec quelque Cavalerie , & ce fut-là
»ſon premier avancement dudit M. de Biron.

» Il y emmena auſſi en Languedoc le Regiment du jeune Sarlabos ,
»qu'on luy donna aprés la Paix , car avant il n'avoit qu'une Com-
»pagnie, mais parce qu'il avoit eſté eſtropié devant le Fort de ſain-
»te Catherine à Roüen à un bras, d'une Arquebuſade que pourtant
»un de ſiens luy donna, ce diſoit-on. Je le vis bleſſer eſtant à l'eſ-
»carmouche & menant ſes gens vaillamment : auſſi c'eſtoit un vail-
»lant & gentil Capitaine, & le fit-on Meſtre de Camp, & ſon Re-
»giment ordonné pour Languedoc. Ces deux freres Sarlabos ont eu
»l'eſtime d'avoir eſté deux fort bons Capitaines de Gens de pied ,
»mais l'on eſtimoit plus le jeune. L'aiſné pourtant fut Gouverneur
»du Havre, pour y avoir trés-bien haſardé ſa vie à la repriſe. Il avoit
»eu une trés-groſſe querelle auparavant avec le Capitaine Lagot, qui
»fut tué à la priſe de Poitiers, faite par M. de S. André. Ce Lagot
»eſtoit un homme fort haut à la main, ſcabreux, fort brave & vail-
»lant. Sçachant que M. de Guiſe le vouloit accorder avec Sarlabos,
»& eſtant devant luy, il alla inventer & dire qu'il auroit reçû dudit Sar-
»labos en Eſcoſſe , un coup de baſton , & que pour ce il ne ſçau-
»roit accorder qu'il ne ſe fuſt battu avec luy , & eut tiré du ſang.
»M. de Sarlabos diſoit , juroit , & affirmoit qu'il ne l'avoit jamais
»frappé, & autres Capitaines diſoient de meſme, qui avoient vû le
»differend ; ſi bien que M. de Guiſe dit là-deſſus, il paroiſt bien
»que cet homme eſt brave & vaillant, & a grande envie de ſe bat-
»tre, puis qu'il a vû que Sarlabos luy a voulu faire toutes les hon-
»neſtes ſatisfactions du monde, & nioit l'avoir frappé, & que je vou-
»lois accorder avec ſon total honneur : il eſt allé inventer & me
»perſuader, qu'il avoit reçû ce coup de baſton, pour fuir du tout l'ac-
»cord que beaucoup d'autres de ſes compagnons n'euſſent pas refuſé.
»On diſoit que ledit Lagot le fit autant pour ce ſujet, que pour ce
»que ledit Salabos fut pourvû de ce grade , dont il emportoit un
»dépit & extréme jalouſie, le penſant bien meriter auſſi-bien que
»luy : & pour ce de gayeté de cœur ſe vouloit battre contre luy &
»en faire vacquer l'Eſtat, comme il le penſoit. Et comme il le dé-
»daignoit, & comme auſſi il préſumoit beaucoup de ſoy, ainſi qu'il
»avoit certes raiſon ; car pour lors il eſtoit certes en réputation

„ d'eſtre un trés-vaillant Capitaine, ſa façon & ſes effets l'ont mon-
„ tré. Son jeune frere ſucceda à luy, lequel eut depuis le Gouver-
„ ment de Caën en Normandie, par la faveur de M. de Cypierre,
„ qui aimoit Lagot. Du depuis en cette Guerre de Ligue fut Gou-
„ verneur d'Alençon, & fut aſſiegé & pris par le Roy fort aiſément.

CHAPITRE QUATRIÉME.
DE L'ARREST FAIT DE LA PART DU ROY
par le S. de Caſtelnau des Ambaſſadeurs d'Angleterre Trokmarton & Smyth.

IL ne faut point rendre d'autre raiſon de cette entrepriſe, aſſez hardie, mais pourtant neceſſaire par le ſuccés qui en arriva de la Paix avec l'Angleterre, que les mauvais offices de Nicolas Trok- marton, plûtoſt explorateur, qu'Ambaſſadeur de cette Couronne en France, duquel la Reine ſe plaint en une de ſes lettres à l'Eveſque de Rennes, rapportée page 782. &c. du premier Volume, comme de l'Auteur de tous les troubles de l'Eſtat, & avec un reſſentiment qu'elle ne manqua pas de faire éclater, quand la priſe du Havre luy donna moyen de voir venir la Reine d'Angleterre, de la défier s'il eſtoit beſoin, & de la mettre à pis faire. Toute ſa Politique eſtoit de nous traverſer ſourdement par le moyen du party Huguenot, & aprés nous avoir minez, de nous exterminer & mettre la France au meſme eſtat, où elle avoit commencé à réduire l'Eſcoſſe; qu'elle avoit remplie de deſordre & de confuſion, afin que la Reine Marie Stuart ne fut pas ſeulement occupée chez elle à ménager les reſtes de ſon autorité, mais qu'elle dépendit abſolument d'elle, comme elle fit par noſtre foibleſſe & faute d'aſſiſtance de noſtre part : car ſans luy faire la Guerre, elle la ruina, la mit en priſon & la fit mourir. Elle n'oſoit agir plus ouvertement de crainte de quelque mauvais ſuccés, ſi elle s'engageoit plus avant dans la Guerre, qui donnât cœur aux Catholiques Anglois, qu'elle vouloit opprimer peu à peu; c'eſt pour- quoy il ne falloit point feindre avec elle, rien n'eſtant plus capable de la tenir en ſon devoir, que de la traiter de hauteur elle & ſes Mi- niſtres, comme fit le Conneſtable avec ceux du Havre, & comme fit la Reine avec Trokmarton & Thomas Smyth; dont l'un fut arreſté comme ennemy, & l'autre ſous un prétexte en apparence plus honneſte; parce qu'on luy fit croire que c'eſtoit le ſeul moyen de le mettre en ſeureté contre le reſſentiment de toute la France, qui ne pouvoit plus diſſimuler tant d'actes d'hoſtilité de la part d'Eliſabeth. Ainſi n'y ayant que luy d'Ambaſſadeur, ſon compagnon n'eſtant au- tre qu'un Miniſtre de diviſion & un veritable Eſpion, l'honneur de l'Ambaſſade fut ſauvé, quoy qu'on l'eut violé en Angleterre en la per- ſonne de Paul de Foix noſtre Ambaſſadeur, réconnu pour tel en ce

Royaume, où il fut tenu comme prisonnier durant le siege du Havre, au lieu que Smyth estoit venu en France sans passeport, sans donner communication de son pouvoir, & dans un temps qui le devoit rendre suspect d'autre dessein que de celuy de traiter de Paix. Le sieur de Castelnau qui eut charge de les arrester tous deux, s'acquitta si bien de ses ordres en cette occasion, qu'il leur fit connoistre leur tort & les disposa à rénouveller l'alliance plûtost qu'à la troubler, & ce fut luy qui jetta avec eux les premiers fondemens du Traité de Troyes, dont il entretint toûjours depuis la continuation par sa sage conduite, en qualité d'Ambassadeur auprés de leur Reine durant tous les Regnes de Charles IX. & de Henry III. & par ce moyen il empescha que les Huguenots ne tirassent d'Angleterre le secours, qu'ils ne cessèrent jamais d'en esperer & qu'il eut toûjours le bonheur de divertir.

CHEUTE D'ANGEREUSE DE LA REINE
Catherine.

CETTE cheute de la Reine, dont parle le S. dé Castelnau, troubla fort la Cour, dans l'appréhension qu'on eut qu'elle ne manquât à ses enfans, lors qu'elle estoit plus necessaire pour le restablissement du Royaume; car le Roy n'ayant que treize ans accomplis & n'estant pas capable de gouverner, il estoit indubitable qu'on auroit fait difficulté de laisser une autorité entiere au Prince de Condé que sa Religion rendoit suspect, & qu'il ne se résoudroit pas d'y souffrir de Compagnons, estant le seul Prince du Sang qui y pouvoit prétendre, comme le premier aprés le Roy de Navarre. C'eut esté un prétexte de rénouveller la querelle de l'Heresie, où les Princes Protestans d'Allemagne n'auroient pas manqué de prendre plus de part que jamais, pour la défense d'un droit si apparemment juste, & qui auroit ouvert un beau chemin aux Reistres & aux Lanskenets, pour revenir en France. Il sembloit que Dieu eut permis comme un présage de cette mort, qu'elle eut fait declarer le Roy majeur, mais on contestoit cette Declaration de majorité, laquelle vray-semblablement ne se pouvoit ou ne se devoit faire qu'au Parlement de Paris: qui estoit mal-content qu'elle eut esté faite à Roüen, parce que ce n'est pas seulement comme Parlement, mais comme la Cour des Pairs, que ce droit luy appartenoit privativement à toute autre; si bien que c'estoit plûtost un sujet de division qu'un remede pour cette perte, & qu'on eut grand interest à la santé de cette Princesse. Le mesme accident arriva en mesme temps au Roy des Romains, comme nous apprenons de cette lettre du Roy à l'Evesque de Rennes.

MONSIEUR DE RENNES, *attendant plus ample dépesche de moy suivant ce que je vous ay dernierement escrit, & répondu à ce que le S. du Croc nous apporta; je vous diray que je viens de re-*

cevoir la lettre que vous m'avez escrite du 26. d'Aoust, par où j'ay entendu les difficultez qui ont rétardé le voyage de Hongrie, & le retour de l'Archiduc Ferdinand, aussi la cheute du Roy des Romains, dont je suis trés-marry : & d'autant plus que j'estois affligé de semblable ennuy pour la Reine ma Mere, tombée de sa Haquenée, dont elle fut blessée, mais comme elle negligea les remedes, estimant que ce ne fut rien, le temps luy a fait connoistre & sentir que le coup estoit plus grand & plus faschtux. Car il a fallu la saigner & inciser la teste, dont elle a porté grande douleur, & moy une extrème déplaisir, comme vous pouvez penser ; mais graces à Dieu elle en est du tout dehors, dequoy j'ay bien voulu vous avertir incontinent, pour ne vous laisser en peine des nouvelles qui seront allées jusques-là. Priant Dieu, Monsieur de Rennes, vous avoir en sa garde. Escrit à Meulan le 19. jour de Septembre 1563.

CHARLES, & plus bas, DE L'AUBESPINE.

Le Cardinal de Lorraine donne le récit de cette cheute dans la suivante au mesme Evesque.

MONSIEUR DE RENNES, j'ay reçû vos lettres de Presbourg du 14. de Septembre, & encore que les eussiez faites en haste comme vous m'escrivez, si m'avez-vous bien fait grand plaisir de m'avoir fait entendre la convalescence de l'Empereur & la bonne santé du Roy des Romains : & suis bien-aise que leur ayez presenté mes lettres, & que le Couronnement de Hongrie aye esté fait. Je n'ay rien entendu de cet inconvenient de feu dont vous m'escrivez. [Il en est parlé autre part en traitant de ce Couronnement] Je suis venu en cette ville, où j'arrivay Mercredy, pour m'acquiter de la promesse que j'avois faite à N. S. Pere de luy venir baiser les pieds. Il m'a fait si bon & honneste accueil, & me fait tant de démonstrations de contentement qu'il a de ma venuë & de la bonne volonté qu'il me porte, que tous les honneurs, faveurs, & bon traitement dont il se peut aviser, il les me fait de si bon cœur, que j'ay grande occasion de m'en contenter, & de m'en tenir bien fort son tenu & rédevable : & de tous Messieurs de nostre College, qui me font aussi toutes les caresses & honnestetez qu'ils peuvent. Et ce qui me donne plus de satisfaction, est que je trouve Sa Sainteté si prompte & de si bonne volonté à favoriser les affaires du Concile, & en si bon desir de voir que l'on y fasse une bonne réformation, que je ne pense point qu'il y ait un seul Prélat au Concile, qui en soit en meilleure volonté que luy : & ne tiendra point à luy que tout ne s'y passe comme tous les bons desirent. Qui me fait esperer que nous y ferons encore quelque chose de bon, & que Dieu nous fera la grace d'en avoir bonne issuë, comme nous en avons bien besoin pour le repos & tranquillité de toute la Chrestienté. Quand je partiray d'icy, où je ne feray que le moins de séjour que je pourray, je ne faudray de vous avertir bien au long de tout ce que j'y auray fait, pour le faire entendre à S. M. Imperiale. Je reçûs hier lettres du Roy dattées à Meulan le 22. du mois passé, par un Courier

exprés

exprés qu'il m'a dépesché pour m'avertir que la Reine est guerie du mal
qu'elle a eu ; qui n'a pas esté sans danger de sa vie, d'une chûte qu'el-
le fit un peu auparavant de dessus sa Haquenée au partir de Gaillon pour
aller à Vernon : & n'est venu ledit Courier pour autre effet. Aussi eus-
se esté grande pitié, si elle nous fut faillie en ce temps-cy, & devons bien
loüer Dieu de sa guerison. Ils s'en venoient au Chasteau de Madrid, &
croy de-là à Paris, pour aprés s'acheminer devers Lyon. Je croy que
vous aurez bien esté averty de ce que dessus, toutefois je n'ay voulu fail-
lir de vous en dire ce mot : Priant le Créateur vous donner entierement,
Monsieur de Rennes, ce que mieux desirez. De Rome ce 2. jour d'Octo-
bre 1563.

Monsieur de Rennes quant aux Mariages dont m'écrivez, je vous as-
seure que le Pape fera toûjours ce que nous voudrons. Pour le costé d'Es-
cosse, ce sera selon la volonté de sa Cesarée Majesté.

Vostre bon frere & amy,
Ch. Card. de Lorraine.

CHAPITRE CINQUIÉME.

LA DUCHESSE DE GUISE ET SES ENFANS
demandent Justice contre l'Admiral, qu'ils accusent de
la mort du Duc de Guise.

LA Duchesse de Guise ne pouvoit pas représenter le Personnage
de Valentine de Milan Duchesse d'Orleans sur un Theatre qui
ressemblât mieux à celuy du Regne tragique de Charles VI. la conjoncture estoit pareille, sinon que Jean Duc de Bourgogne avoüoit
publiquement le meurtre du Duc d'Orleans, & que Gaspard de
Colligny protestoit n'avoir aucune part en celuy du Duc de Guise,
dont il n'estoit que soupçonné ; & comme on devoit craindre que
cette inimitié capitale entre deux Maisons, toutes deux Chefs de Party, ne causât les mesmes désordres & ne mist l'Estat au mesme danger d'estre envahy, la Reine s'y trouva fort empeschée. Elle ne
craignit pas sans raison que nos Voisins faschez de nous voir en
Paix n'eussent aidé sous main à disposer la Maison de Guise à demander Justice de cet assassinat, afin de mettre les Catholiques &
les Huguenots en défiance, en mesme temps que le Pape, l'Empereur,
le Roy d'Espagne, les Ducs de Savoye, de Ferrare & autres Princes,
dont le Cardinal de Lorraine auroit uny les intentions à mesme fin,
promettoient toute sorte d'assistance au Roy pour l'interest de la Religion, & que ce ne fut une ruse pour engager le Roy dans une nouvelle Guerre & pour rompre la Paix qui se traitoit avec les Anglois.
Et en effet elle avoit assez de sujet de douter d'une si prompte affection

de la part de l'Empereur, qui tout récemment nous demandoit les trois Eveschez & qui se servoit de l'occasion de nos Troubles, où il ne nous avoit point assisté, & de celle du Roy d'Espagne ; dont les Ministres, le Cardinal de Granvelle & l'Ambassadeur Chantonay son frere, ne taschoient qu'à nous broüiller, pour nous ruïner par nous-mesmes. Ainsi elle ne pût pas mieux faire que de demeurer neutre entre deux Factions, toutes deux rédoutables, dont la haine luy estoit commode, pourveu qu'elle en pût toûjours estre l'arbitre, & qu'elle seule les pût commettre l'une contre l'autre, & les tenir dans le respect, selon que la raison d'Estat ou la regle de ses interests demanderoient la Guerre ou la Paix ; car la Guerre luy estoit quelquefois expédiente, & elle y gagna des deux costez par là la perte des Chefs Catholiques, dont l'autorité luy estoit suspecte, & par celle des Huguenots. Ce fut par son adresse que ce grand differend, qui ne pouvoit estre jugé, ne trouva point aussi des Juges en France, & que ce feu demeura couvert sous les cendres de la dissimulation. Jean de Morvillier Evesque d'Orleans l'un des Ministres d'Estat en escrit ainsi à l'Evesque de Rennes dans les deux lettres suivantes, qui précederont celle de la Reine, comme premieres en date.

MONSIEUR MON NEVEU, *nous avons conferé M. de Villaines & moy ensemble sur ce que m'avez escrit de vostre retour. Nous ne pouvons estre d'avis que vous l'accélériez qu'on ne voye premierement l'issuë des choses qui sont de present en termes, esquelles ne se fera rien que ne soyez employé avec vostre honneur. Vous estes en bonne opinion envers la Reine, elle se fie de vous, pour l'honneur de Dieu un peu de patience : & si vous puis asseurer que, si aviez esté deux jours par-deçà, voyant l'estat des choses, vous jugeriez plus heureux ceux qui en sont loin que prés. Vous aurez entendu par la Saussaye toutes les nouvelles, le monde est encore au mesme estat. On se trouve en grande peine par le differend de la Maison de feu M. de Guise avec M. l'Admiral, il y a beaucoup de Gens qui seroient bien-aises de voir trouble. La Reine fait ce qu'elle peut afin d'y obvier, la pauvre Dame y veille & travaille incessamment. On ne pensoit estre icy que sept ou huit jours, mais je croy que les affaires nous retiendront jusques à la fin de ce mois. Je prie Dieu, Monsieur mon Neveu, vous donner ce que desirez. De Paris le 13. Decembre 1563. Vostre bon Oncle & Serviteur,* J. DE MORVILLIER EVESQUE D'ORLEANS.

MONSIEUR MON NEVEU, *j'ay reçû vos lettres du 7. du mois par la Saussaye, il n'y a lieu pour le present de demander vostre congé, ny permission pour trois mois, car on estime vostre presence-là plus necessaire qu'elle n'a encore esté. M. le Cardinal de Lorraine, comme avez pû entendre, est arrivé en sa Maison de Vic, & a escrit à la Reine que, si le Roy & elle ne s'acheminent bien-tost en Lorraine, il leur viendra baiser les mains, desirant leur rendre compte de tout son* *voyage, mefme de la conclufion du Concile ; dont il fe lo*ü*e fort. Il m'a fait l'honneur de m'en efcrire affez amplement. Je voy des opinions diverfes en cela, & croy que les Princes auprés defquels vous eftes s'y font trés-fagement gouvernez, pour gratifier aux deux partis & n'offenfer perfonne. Le Pape, à ce que l'on nous efcrit de Venife, avoit efté en extrémité de maladie ; mais on m'efcrit que cette heureufe conclufion le réjo*ü*iroit tant, qu'elle le rémettroit en bonne fanté. Quant à nos affaires, ils fe vont me femble pacifiant, je ne fçay fi c'eft le froid qui tempere noftre colere, ou que les maux nous rendent moins temeraires que n'eftions devant que les fentir. Le Roy & la Reine font to*ü*jours en peine pour les difcords de Meffeigneurs de Guife & M. l'Admiral, la caufe ne trouve point de Juges, ledit S. Admiral recufe tous les Parlemens, les autres le grand Confeil. Tout le Confeil du Roy horfmis quatre ou cinq demeurent recufez d'une part ou d'autre. Là deffus vous pouvez penfer comme la Reine fe trouve empefchée. On attend des nouvelles d'Angleterre, lefquelles ven*ü*ës on ne féjournera plus icy, car on fçaura la réfolution ou de la Paix ou de laiffer les chofes comme elles font. J'ay efté fi tard averty de cette dé-pefche, que je n'ay loifir vous faire plus longue lettre. Vous pouvez eftre affeuré que fi je trouve moyen de vous retirer de-là avec la bonne grace du Roy & de la Reine, je ne laifferay paffer l'occafion, ne doutant pas que vos affaires requierent voftre prefence. Je me récommende trés-af-fectueufement à voftre bonne grace ; & prie Dieu, Monfieur mon Ne-veu, vous donner en fanté l*ö*ngue vie. De Paris le 29. Decembre 1563. Voftre meilleur Oncle & amy,* J. DE MORVILLIER EVESQUE D'ORLEANS.*

M*ONSIEUR DE RENNES, nos deux dernieres dépefches font des 12. & 19. du paffé, que j'ay envoyées en Suiffe, & efcrit au S. de la Croix, qui y eft là noftre Ambaffadeur, qu'il les vous faffe plû-toft porter par homme exprés, qu'elles ne vous foyent rendu*ë*s bien-toft & bien feurement. Vous ayant par icelles fait fi ample réponfe à vos pré-cedentes dépefches, & donné fi bonne inftruction de l'eftat des chofes de deçà, qu'il me refte pour le jourd'huy bien peu à y adjoufter. Et fera feulement ce mot de lettre, pour vous dire, qu'aprés plufieurs requeftes propofées, tant par ma Coufine la Ducheffe de Guife, que par le S. de Chaftillon Admiral de France, fur le fait de leur differend, & infinies récufations propofées par les uns & les autres, tant contre les Cours de Parlement de ce Royaume que contre le grand Confeil, & mefme con-tre les premiers & principaux du Confeil du Roy mondit S. & fils ; tel-lement qu'il fe peut dire que luy & moy eftions demeurez tous feuls pour leur faire droit fur leurfdites Requeftes & differend : le Roy mondit S. & fils a efté contraint pour le poids & importance de l'affaire, de re-tenir à luy & à fa Perfonne la connoiffance dudit differend, & de le tenir en eftat, fufpens & furféance pour le temps & terme de 3. ans, ou tel autre temps qu'il luy plaira, felon que fes affaires le pourront por-ter. Et pour ce que je ne fais point de doute qu'il n'y ait infinies Per-*

fonnes, qui difcourent, efcrivent, & donnent avis de cet Arreft en tou-
tes parts, mais la plûpart hors de la verité, les uns pour ne l'avoir en-
tendu qu'à demy, & les autres pour fervir à la diverfité de leurs paf-
fions : je me fuis avifée de vous envoyer un difcours de tout ce qui s'eft
paffé au fait dudit differend, depuis le premier jour que la Juftice en a
efté demandée & ouverte, jufques à la date dudit Arreft ; afin que
vous ayez moyen d'en faire entendre la verité à l'Empereur & au Roy
des Romains mes bons freres, & s'ils avoient efté abreuvez de particula-
ritez contraires au contenu dudit difcours, vous leur leviez tout ce qu'ils
s'en pouroient eftre imprimé de mauvaife opinion, & par ce moyen
leur faffiez connoiftre dequel pied & affection marchent ceux qui, pour
défavorifer nos actions, ne craignent point de leur en déguifer le plus qu'ils
peuvent la verité ; m'affeurant que celuy dont je vous ay efcrit par ma
lettre du 12. [Granvelle Chantonay Ambaffadeur d'Efpagne folio 784.
du premier Volume] n'aura rien oublié de fon artifice accoûtumé fur
une telle occafion : & je feray toûjours bien-aife de vous pouvoir donner
dequoy le faire paroiftre tel qu'il eft.

Nous fommes après à faire un party pour payer à nos créanciers,
tant du grand party de Lyon que autres, tout ce qui leur eft dû de paf-
fé, afin de nous décharger d'une fi lourde & pefante dette en huit ou
neuf ans. Ce que nous pourrions bien plûtoft faire, mais nous avons avi-
fé qu'en faifant ce premier acquit, il eftoit bien neceffaire de referver
autre bonne fomme, pour employer au rachat du Domaine & des aides
aliénez ; afin d'augmenter & récroiftre d'autant le revenu ordinaire du
Roy mondit S. & fils. Nous avons d'autre part accordé aux Gens d'E-
glife le remeré qu'ils nous ont demandé, afin de pouvoir racheter dans un
an le Domaine, qui a efté aliené de leurs Eglifes, pour nous décharger des
Eftrangers, qui eftoient en ce Royaume, & fatisfaire aux dépenfes de
nos derniers troubles, & de la réduction & conquefte du Havre de
Grace fur les Anglois. De façon que s'il plaift à Dieu que le repos, qui
eft pour le prefent eftably en ce Royaume, & que j'y veux conferver
avec ma propre vie s'il eft befoin, fe continuë ; je m'affeure tant du bon
ordre que je mets peine de donner à toutes chofes, que j'auray moyen de
fortir le Roy mondit S. & fils de toutes fes dettes, & de luy rendre de-
dans peu d'années telle augmentation en fon revenu ordinaire par le ra-
chat des chofes fufdites, qu'il fe trouvera auffi riche & à fon aife que
ait efté autre de fes Prédeceffeurs. Ayant bien voulu vous en toucher ce
petit mot par la prefente, afin que vous fçachiez que nous ne perdons
point de temps és Provifions qui font neceffaires en nos affaires, & que
vous en puiffiez parler & répondre, où & quand vous connoiftrez l'oc-
cafion le requerir. Priant Dieu, Monfieur de Rennes, qu'il vous ait en
fa fainte garde. Efcrit à Paris le 12. jour de Janvier 1563.

CATHERINE, *& plus bas,* BOURDIN.

DE L'ALIENATION FAITE DES BIENS DE L'EGLISE
pour cent mille escus de rente.

A PROPOS de cette aliénation des biens de l'Eglise mentionnée en la lettre précedente, & de laquelle parle aussi le S. de Castelnau en ce mesme Chapitre, je rémarqueray icy que ce fut Artus de Cossé S. de Gonnor, lors Surintendant des Finances & depuis Mareschal de France, qui donna cet avis. Cela se justifie par cet extrait d'une lettre de la Reine escrite à Blois le 12. de Février 1562. *Sur les entrefaites du voyage de mon Cousin le Cardinal de Guise, le General Malras est arrivé, qui nous a bien au long declaré tout ce que luy avez dit & donné charge touchant le moyen de récouvrer deniers en vendant pour cent mille escus du Domaine de l'Eglise, &c.* Celle-cy du Duc de Guise au mesme S. de Gonnor fera voir que la résolution en avoit esté prise entr'eux quelques mois auparavant.

MONSIEUR DE GONNOR, *je m'asseure que l'arrivée à Paris de M. le Cardinal mon frere sera cause que MM. de la Cour de Parlement feront publier l'Edit de l'aliénation du temporel de l'Eglise, & pour cette occasion je vous prie avoir souvenance de ce que je vous dis dernierement, la Reine estant à Rambouillet, pour faire nommer en la Commission M. Viallart, à ce qu'il y soit employé pour l'un des Commissaires de la ville de Paris. Vous le connoissez tant Homme de bien & bon serviteur du Roy, que je ne m'estendray à vous en dire davantage; Priant Dieu, apres m'estre recommendé à vostre bonne grace, vous donner, Monsieur de Gonnor, ce que plus desirez. Du Camp devant Orleans le 17. Février 1562.*

Je vous prie mander à M. Viallart ce qu'il aura à faire, & s'il vous ira incontinent trouver à Paris.

Vostre bien affectionné amy,
FRANÇOIS DE LORRAINE.

Ce fut peut-estre icy la derniere lettre du Duc de Guise, qui le lendemain fut blessé à mort, & depuis on changea le prétexte de cette aliénation sur ce que la Paix se fit. On dit alors que c'estoit pour aider à mettre les Reistres hors de France, & pour en chasser les Anglois & faire le siege du Havre, & le Chevalier de Sevre fut envoyé à Rome pour avoir le consentement du Pape environ le 15. de Mars. Le Clergé en gronda un peu, & on ne se soucia que de radoucir les Principaux; dont plusieurs firent le profit de leurs Familles aux dépens de l'Eglise, & leur en firent avoir si bon marché, que cela fut cause de faire solliciter la faculté de rachat qu'on obtint; mais pour laquelle il fallut faire des Syndics, tous Gens de bon appetit, qui rendirent le remede pire que le mal.

DU MARESCHAL DE BRISSAC.

JE me suis reservé à ce Chapitre icy pour parler de Charles de Cossé Comte de Brissac, Mareschal de France, mort à Paris l'an 1563. à l'âge de 57. ans : encore qu'on le tint dans les Pays Estrangers pour estre beaucoup plus vieil ; à cause du long-temps qu'il avoit fait parler de luy, & de ce grand nombre de beaux exploits, qui luy acquit dans ses premiers commandemens le titre de grand Capitaine, que toutes les Histoires luy donnent. Je joins à cet Éloge celuy de Pere de tous les autres grands Capitaines de son temps, car il n'y en a point eu aprés luy qu'il n'ait commandé & qui n'ayent appris la Guerre sous luy, & c'estoit la derniere marque d'honneur & de valeur tout ensemble d'avoir servy sous ses ordres, & d'avoir esté employé aux Guerres de Piémont ; où il demeura Viceroy jusques à la Paix de Chasteau-Cambresis. S'il eut esté aussi curieux des biens que de sa réputation, il en pouvoit amasser dans cette portion de Souveraineté plus qu'aucun Seigneur du Royaume, quand mesme il auroit voulu épargner les Peuples de son Gouvernement, pour ne profiter que de ce qui luy pouvoit appartenir par droit de conqueste : mais cette passion n'estoit point encore à la mode, ou bien on n'avoit pas le secret de piller les Provinces sans passer pour tyran & pour Infracteur des Loix de l'ancienne Chevalerie. Aussi rémarqueray-je de luy une chose presqu'incroyable dans nostre Siécle, que le Piémont & les Places qu'il avoit conquises dans le Milanois n'eurent point cette joye ordinaire à tous les Estats, qu'on rend par les Traitez à leurs Princes naturels, parce qu'il falloit perdre un Gouverneur si genereux & qui avoit eu ce bonheur comme inconcevable dans une Guerre continuelle avec ses voisins, de faire multiplier le Pays au lieu de le deserter selon les maximes injustes de la Politique, d'y entretenir l'abondance, & de l'enrichir des dépoüilles des ennemis & de luy donner part à la gloire de ses progrés. Il ne fut pas seulement regretté, il fit encore regretter tous nos François ; qu'il avoit toûjours fait vivre dans une telle Discipline, qu'ils n'avoient rien tant en horreur que ces défauts d'insolence & d'impudicité dont on les accuse, pour rendre leur domination insupportable aux Estrangers. C'estoient des Lions dans les combats, c'estoient des Agneaux chez leurs hostes, & il s'en fit un telle union d'esprits & d'inclinations, qu'il n'y avoit point de difference entre le François & le Piémontois, qui se plût tellement à nos coûtumes & à nostre langue, qu'il auroit oublié la sienne, si nos Cavaliers ne l'eussent conservée pour l'amour des Dames. Ce n'estoient que Tournois & courses de Bagues, ce n'estoient que Bals & Ballets, & toute sorte de gentillesses & de galanteries, qui charmoient également les maris & les femmes, sans que la feste fût troublée d'aucune jalousie. Le Mareschal seul avoit la liberté de faire des Maistresses, & on le pardonnoit autant au besoin qu'on avoit de luy & à la protection qu'on en tiroit, qu'à l'inclination qu'il avoit à l'amour depuis sa jeunesse.

C'eſtoit le vice du temps & le ſeul défaut de ce grand Homme, qui en fut chaſtié ſur ſes dernieres années par le ſupplice des Gouttes, qui l'affligerent juſques à ſa mort, que les Huguenots attribuerent à des derniers excés, qui ſervirent de ſujet à une Epitaphe de dix Vers qu'ils publierent, ſur lequel fut depuis fait par imitation celuy du S. de Manas, rapporté dans un Auteur Burleſque.

La terre de Briſſac anciennement nommée Brocheſſac, & appartenante aux Sieurs de la Varenne puiſnez de Brezé, fut acquiſe par René de Coſſé ſon pere Grand-Pannetier de France, Gentil-homme fort eſtimé ſous les Regnes de Charles VIII. duquel il fut premier Pannetier, Loüis XII. & François I. qui le choiſit entre tous ceux de ſa Cour pour Gouverneur de ſes enfans, qu'il accompagna en Eſpagne, quand on les donna pour Oſtages de la délivrance de leur pere. Il eut cet avantage avec celuy de ſon merite & de ſa vertu, de faire une alliance trés-conſiderable par le mariage qu'il contraſta avec Charlotte Gouffier fille de Guillaume S. de Boiſy, & de Philippe de Montmorency, ſœur d'Artus Gouffier Grand-Maiſtre de France, de Guillaume Gouffier S. de Bonnivet Admiral, & d'Adrien Cardinal, Eveſque d'Alby, Legat en France, couſine germaine d'Anne de Montmorency, auſſi grand-Maiſtre & Mareſchal & depuis Conneſtable de France, qui contribua de ſa faveur pour l'aggrandiſſement de ſes enfans, qui furent, ce Mareſchal de Briſſac: Artus ſon frere S. de Gonnor, Comte de Secondigny, Grand-Pannetier & Surintendant des Finances & depuis Mareſchal de France ſous le nom de Coſſé, duquel nous parlerons au ſujet de ſa priſon: & Philippe de Coſſé Eveſque de Coutance & Grand-Aumoſnier de France: Prélat auſſi illuſtre par les lettres & par l'amour des Lettrez, que ſes freres le furent dans la profeſſion des armes. Ce René eſtoit frere puiſné de Jean S. de Coſſé en Anjou, qui de Lionne du Four n'eut qu'une fille, Françoiſe Dame de Coſſé femme de Jacques S. du Plantys, dont Renée Dame du Plantys & de Coſſé, &c. qu'elle porta à René S. de Sanzay ſon mary qui en eut pluſieurs enfans. Leur pere fut Thibaut S. de Coſſé, Gouverneur du Chaſteau & Comté de Beaufort en Vallée, pour Jeanne de Laval veuve de René Roy de Jeruſalem & de Sicile, Duc d'Anjou, laquelle pour récompenſe de ſes ſervices, luy fit don de la Terre de Beaulieu en Vallée, depuis échüe en partage audit René de Coſſé ſon fils, qui en porta le titre auparavant qu'il acquit celle de Briſſac, dont le Mareſchal donna le nom à ſa fille naturelle. Nous apprenons des Memoires de Pierre de ſaint Julien, que ce Thibaut avoit épouſé Felice de Charno fille de Huguenin de Charno & de Jeanne de ſaint Julien.

Voilà ce que je puis donner de ſuite par degrez de cette illuſtre Maiſon, faute d'en avoir vû tous les titres, mais je pourois apporter aſſez de preuves de l'Antiquité du Nom, pour faire avoüer qu'elle n'a pas beſoin de rien emprunter des Coſſa du Royaume de Naples, qui n'ont guere de conformité de nom avec elle, & qui ſont entierement differens en armes, & pour conferver à la France l'honneur qui luy appartient d'avoir donné la naiffance à une fi genereufe Race. Ce n'eft pas que je croye qu'ils ayent tiré leur nom de la Seigneurie de Coffé en Anjou, il eft bien plus vray-femblable qu'elle ait efté ainfi appellée d'eux, parce qu'il la poffedoient, & qu'ils fuffent iffus d'un puifné des Seigneurs de Coffé au Pays du Maine, qui eftoit de la dépendance des Ducs d'Anjou, lequel eftant venu à leur fervice fe feroit habitué dans cette Province, & dont la pofterité ayant perdu la memoire de fon extraction, qui ne fe pouvoit conferver que par les Titres & papiers demeurez au pouvoir de leurs aifnez, fe feroit laiffé perfuader qu'elle n'eftoit qu'une mefme Famille avec les Coffa d'Italie. J'attribuë cette invention à René S. de Sanzay fils de Françoife Dame de Coffé, qui en a bien voulu faire accroire d'autres pour la Maifon de Sanzay, comme je diray autre part, & qui fans dépendre du temps non plus que de la verité, donna pour oncle à fa mere Jean Coffa, aliàs de Coffé Comte de Troye, Baron de Grimaut, &c. comme heritier duquel il prit qualité de Comte de Troye; quoy que ce Jean eut laiffé fix enfans, qui eurent pour Heritiers teftamentaires les S. de Virieu en Foretz du nom de Fay, encore iffus de la pofterité de ce Jean Coffa, comme plufieurs autres en grand nombre, par Chifole Coffa fœur de Gafpar & de René feuls enfans mafles dudit Jean Coffa Comte de Troye & morts fans enfans. En ce temps-là on n'avoit point la methode de dreffer les Genealogies fur les Titres, on fe contentoit de traditions & de contes de vieilles pour fuppléer au défaut de la memoire, à peine fçavoit-on fon grand pere par les regles; & au deffus de cela on recevoit pour veritable tout ce qu'il plaifoit à certains faux Antiquaires & veritables Vifionnaires, tels que Jean le Maire de Belges, l'Auteur du Roman du Chevalier du Cygne, compofé en faveur de la Maifon de Cleves, Forcatel Jurifconfulte, Auteur du Montmorency Gaulois, frere Eftienne de Lufignan grand Impofteur, & Jean le Feron, lequel je n'accuferay que de legere créance, & qui prefta fon nom comme Roy d'armes à plufieurs Genealogies faites à plaifir, comme fit à fon exemple Bernard de Girart S. du Haillan, Genealogifte de l'Ordre du S. Efprit. Il ne fe faut donc pas s'eftonner fi dans un temps fi plein d'ignorance la Maifon de Coffé fe laiffa confondre avec celle des Coffa d'Italie, qui comme elle s'attacha au fervice des Ducs d'Anjou Rois de Naples & les fuivit en France, & fi pour cette raifon elle a negligé de rechercher fon origine dans les Provinces d'Anjou & du Maine, où elle eut pû rencontrer des Anceftres plus confiderables.

C'eft par cette Tradition que le S. de Brantofme commence le Difcours qu'il a fait du Marefchal de Briffac parmy les grands Capitaines de fon temps; lequel je donneray icy, parce que l'autorité d'un Efcrivain contemporain de cette qualité eft plus avantageufe que tout ce que j'en pourois efcrire : outre qu'il a une maniere fort agréable

is le recit des actions publiques & de la conduite particuliere
Heros. C'est ainsi qu'il parle de celuy-cy.

ut que je parle à cette heure du grand Mareschal de Brissac,
e Charles de Coffé. M. le Mareschal de Brissac fut Noble en
e vertu & de race. J'ay ouï dire que ses prédecesseurs estoient
yaume de Naples, & vinrent en France, & le bon Roy Re-
Sicile les y mena, autres disent le Roy Charles VIII. & le:
& favorisa fort, si bien que de succession en succession, & de
n fils, sont esté toûjours Gouverneurs du Chasteau d'Angers,
belle Forteresse de France, fors depuis cette Guerre de la Li-
jue le Comte de Brissac aujourd'huy Mareschal de France la per-
façon qu'on la trouve aux Histoires de nostre temps. Ce grand
hal dont je veux parler, fut nourry & élevé avec MM. le Dau-
c d'Orleans enfans de France, desquels Madame de Brissac,
:s-sage & vertueuse Dame, estoit Gouvernante en leur enfan-
é de Mesdames. Sur tous les deux il fut fort aimé de M. le
in, si bien qu'à venir croistre grand, & l'estat de sa Mai-
ssé, il fut son premier Gentil-homme de sa Chambre, d'au-
sent son premier Escuyer, qui estoit lors bien plus grand estat
estimé qu'aujourd'huy. La chanson le confirme, *mon Escuyer*
je vous la récommende. C'estoit une fille de la Cour belle & hon-
& de bonne Maison, comme j'ay dit ailleurs ; que je ne
:ray point, encore qu'il n'y a point de danger, car il ne
t qu'en honneur. Estant donc M. le Dauphin mort, cet Es-
Brissac ayant avec grand regret laissé le corps mort de son
: en son cercueil, part droit vers le camp d'Avignon, réso-
enger la mort de son Maistre sur les ennemis de tout ce qui
: tomber à la mercy du tranchant de son espée, & pardon-
eu, tant qu'il auroit la vie au corps. Ce malheur luy servit,
ible il se fut amusé par trop prés de son Maistre & à sa fa-
comme j'ay vû aucuns ; si qu'il n'eût esté ce brave Capitai-
l a esté depuis. Ce desir donc de vengeance avec son cœur
& ambitieux, le poussa si bien aux perils de la Guerre, les
ant & recherchant en tant de hasards, que bien-tost il acquit
m parmy les François, d'un trés-brave & vaillant Gentil-
:. Si bien que guidé aussi de la Fortune, il eut beaucoup de
& honorables charges les unes aprés les autres.

t une Compagnie de Chevaux legers, de Gendarmes, fut
d General de la Cavalerie legere en France, fut Colonel Ge-
e l'Infanterie Françoise devant Perpignan. Il luy arriva certes
e disgrace à Vitry, sur la défaite, desordre & fuite de ses
ix legers, mais il s'en sçût fort bien démêler & faire sa ré-
e Loup, tournant toûjours visage, ainsi que M. du Bellay
n ses Memoires, lequel il faut plûtost croire que Paolo Jo-
ertes la deroute & le desordre y fut grand, mais non tel que
aolo Jovio, & faut plûtost croire M. du Bellay. Tant y a

II.   P p

„en toutes les charges qu'il a euës, il s'en eſt ſi bien acquité, qu'on le
„tint depuis pour un vaillant Capitaine. Ses memorables actes en fi-
„rent la preuve, leſquels je ne m'amuſeray point à eſcrire, car on
„les voit aſſez en nos Hiſtoires Françoiſes, & ſur tout dans les Me-
„moires de M. du Bellay & de M. de Montluc. Ses actes, dis-je;
„ont eſté tels & ſi hauts, qu'ils le firent Mareſchal de France, non
„ſans faveur pourtant, que je ne dis pas [*il entend celle du Conneſ-*
„*table de Montmorency ſon couſin*] & Lieutenant de Roy en Pié-
„mont : & là il acheva à ſe faire un trés-grand Capitaine, & tel
„qu'on l'a rénommé parmy nous & les Nations Eſtrangeres. Il y
„garda trés-bien & trés-ſagement ce que ſon Roy luy mit entre les
„mains, ce qui eſt avenu trés-rarement à nos Capitaines François
„en nos conqueſtes de de-là les Monts : mais fit bien mieux, car il
„alla prendre ſur autruy & le joignit au noſtre; encore que durant
„ſa charge il y ait eu de grands Capitaines de l'Empereur, ſes Lieu-
„tenans à Milan & Piémont, auſquels il a bien fait teſte, & des
„meilleurs Capitaines particuliers & Soldats, car la fleur des Impe-
„rialiſtes y accouroit, comme celle des noſtres y accouroit auſſi. Les
„trois grands Capitaines furent Ferdinand de Gonzague, le Duc
„d'Albe, & le Duc de Seſſa, ſans en compter d'autres. Vertu con-
„tre vertu ſe fait bien plus paroiſtre. Il ne les a jamais craint, &
„laiſſé ſes entrepriſes pour eux, & leur a donné beaucoup d'affaires.
„   Quand la Guerre de Parme s'entreprit, Don Ferdinand eſtoit
„lors Gouverneur de l'Eſtat de Milan. On l'accuſoit pour lors que
„que c'eſtoit luy qui fit l'entrepriſe ſur la mort & la penderie de Pier-
„re Louïs Farneze, ce fut une horrible eſtrette. C'eſtoit un homme
„qui entendoit bien les tours de paſſe-paſſe, non de Maiſtre Gonin,
„mais de Machiavel. Il fit attraper les braves Soldats que M. de Briſ-
„ſac envoyoit & faiſoit couler file à file au commencement de cette
„Guerre, qui s'alloient jetter dans Parme & dans la Mirande, &
„les fit tous aſſaſſiner & jetter dans l'eau, ou aſſommer ſelon qu'on
„les rencontroit; encore que ce fut en bonne Paix, dont il en fut
„fort blâmé : toutefois pour ſes raiſons il alleguoit qu'il n'eſt pas
„permis ſous titre de bonne Paix faire acte d'hoſtilité, encore qu'il ſoit
„caché & en cachette mené.
„   Il ne le garda guere ſans qu'il ne luy fut bien-toſt rendu, car
„eſtant empeſché devant Parme, le Roy mande à mondit S. le Ma-
„reſchal d'ouvrir la Guerre à outrance en Piémont, pour faire dé-
„mordre Parme. Il ne demanda pas mieux, car il luy en vouloit dés
„la mort de M. le Dauphin ſon Maiſtre, de laquelle il eſtoit fort ac-
„cuſé, comme j'ay dit. Parquoy auſſi-toſt commandé, auſſi-toſt fait,
„& luy raſle Quiers & Saint Damian en un rien : ce qui fit démor-
„dre & ſauver Parme; car ledit Don Ferdinand en ayant eſté aver-
„ty, & que s'il ne venoit en Piémont M. le Mareſchal le luy pren-
„droit tout, voir Milan pour un beſoin, comme on dit; il s'en
„retourna, ayant pourtant laiſſé devant Parme quelques Gens de Guer-

„ re fous le Marquis de Mus & autres Capitaines, tant Papiftes qu'Im-
„ periaux ; qu'on ne craignit guere pourtant , & fallut tout quitter
„ tout. Par ainfi Parme fut en repos & feureté. De ce qui fe fit
„ aprés entre M. de Briffac & Don Ferdinand , j'en remets les curieux
„ au Livre de M. de Montluc & autres. Tant y a que l'autre n'em-
„ porta rien fur M. de Briffac , mais luy beaucoup fur l'autre , tant
„ la fortune luy fut heureufe de bien garder le fien & d'en prendre en-
„ core fur l'autruy : ainfi qu'il fit quand il prit quelque temps aprés
„ Yvrée , paffage trés-opportun pour entrer au Duché de Milan &
„ Italie , & qu'il conquefta le Val d'Aoufte , & la ville de Bielle ,
„ dont les Habitans fe rendirent à luy de peur & volontairement ,
„ ayans fçû la prife d'Yvrée , en le priant de vouloir entretenir leurs
„ Privileges & Franchifes ; ce qu'il leur accorda fort liberalement :
„ & fit bien mieux , car au lieu que les Efpagnols leur faifoient payer
„ tous les ans 20000. efcus de tribut , il les en déchargea de dix &
„ les quitta pour les autres dix , ce qu'ils promirent avec trés-grand
„ aife , & luy jurerent toute fidélité. Ainfi faut-il traiter doucement
„ fes Sujets nouvellement conquis , comme fit le Roy Louïs XII. ceux
„ de Milan , & le Roy Henry ceux de Sienne , les Siennois , dis-je ,
„ qui luy garderent auffi toute fidélité jufques à l'extremité.
„ Cette conquefte de M. de Briffac ne fut pas petite à fon Maiftre ,
„ non moins fut auffi celle de Cafal & du Marquifat de Montferrat ,
„ comme Saint Salvador , Valence , & force autres Places : & qui
„ plus eft , venant le Duc d'Albe là-deffus & menaçant & promet-
„ tant de réprendre dans un rien une grande partie du Piémont , M.
„ de Briffac s'y oppofa fi bien & y mit un fi bon ordre à tout fon
„ Pays & fes Places , que l'autre ayant une armée de plus de trente
„ mille hommes , ne put rien gagner , mais démordit Sanjac qu'il tint
„ affiegé trois femaines ; tant ce Marefchal y avoit bien pourvû & de
„ bons & de vaillans hommes & de toutes autres munitions de Guer-
„ re , mieux certes & plus prudemment & fagement que quelques
„ Gouverneurs de Provinces que nous avons vû , qui par faute d'or-
„ dre ont perdu à leurs Maiftres de trés-bonnes Places , comme nous
„ avons vû vers ces temps. Aprés que le Duc d'Albe défaffiegea Sanjac ,
„ M. le Marefchal ne fut pas plus heureux au fiege de Coni ,
„ à beau jeu beau retour , & ainfi fe rendoient la Jument , mais on
„ difoit alors que Coni eftoit une Place fatale contre les François ,
„ qui du temps du Roy François avoit efté affiegée fort & ferme &
„ faillie , & fi n'y avoit que Gens de la ville & des environs , car ils
„ s'eftoient faits Neutres : & de mefme le Roy Henry. Par ainfi ce
„ que les Aftres ont prédeftiné , les Hommes avec leur grand effort
„ n'y peuvent rien.
„ Or M. le Marefchal ayant pris Valence , la fit démanteler , mais
„ l'Efpagnol pour l'importance qu'elle avoit à caufe de fa vicinance
„ qu'elle avoit prés de Milan , la réprit & fortifia fi bien par aprés ,
„ que M. de Guife tirant vers l'Italie avec fon armée & celle de M.

„ de Briſſac, qui y eſtoit auſſi en perſonne, eut quelque peine de la ré-
„ prendre. Dans laquelle M. de Briſſac mit Franciſque Bernardin gen-
„ til Capitaine, avec une bonne Garniſon, qui fatiguoit fort, &
„ Alexandrie qui en eſtoit prés, & Milan non guere loin. Et ainſi
„ que M. le Mareſchal eſtoit ſur le point d'executer de belles entre-
„ priſes ſur les Places de l'Eſtat de Milan, voir ſur Milan meſme,
„ voicy le déſaſtre venu de la bataille de S. Quentin. Alors fallut à
„ M. le Mareſchal envoyer au Roy la moitié de ſes meilleures forces,
„ tant Françoiſes que Suiſſes & Allemandes, pour ſecourir le plus
„ preſſé & le plus important. Voilà comment l'occaſion belle ſe per-
„ dit de tomber ſur Milan.

„ La Paix s'en enſuivit, tous aprés ces beaux deſſeins de Guerre pri-
„ rent congé de ce grand Capitaine, qui au lieu de conquerir des
„ Places, en fallut rendre aucunes, qui nous avoient tant couté, &
„ au lieu d'en fortifier, en fallut démolir & abattre aucunes, qui fu-
„ rent de grandes pitiez & commiſerations à luy. Je paſſay lors en
„ Piémont qu'il faiſoit démanteler Veillanne, & luy allay faire la
„ reverence, le trouvant ſur le grand chemin : & me montrant cette
„ démolition, il me dit quaſi la larme à l'œil, *Voicy de beaux chefs-*
„ *d'œuvres, où nous nous amuſons maintenant, aprés tant de peines, de*
„ *morts & de bleſſures depuis trente ans.* Je tiens de feu M. le Comte
„ de Briſſac ſon fils, qu'aprés la mort du Roy Henry, ſi ce fut eſté
„ en conſideration d'autre que de Madame de Savoye, il n'eut jamais fait
„ cette reſtitution ; mais il l'aimoit & honoroit ſi trés-tant, pour
„ beaucoup de raiſons que je dirois bien, qu'il banda les yeux à ſon
„ ambition & au bien public.

„ De-là en avant il s'en vint en France, où il fut honorablement
„ recueilly du Roy François II. qui eſtoit lors à Rambouillet, où je
„ le vis arriver, & fut récompenſé du Gouvernement de Picardie, &
„ puis de l'Iſle de France & Paris ; où il mourut, non tant chargé
„ d'années, car il n'avoit pas que 57. ans, comme caſſé de maladies,
„ & ſur tout de gouttes, qui le tourmenterent pluſieurs années avant
„ que de mourir. Encore le vis-je devant Orleans aprés la mort de M.
„ de Guiſe, que le Roy & la Reine avoient envoyé querir pour com-
„ mander à l'armée qui eſtoit-là, avec tous ſes maux tenir cette meſ-
„ me grace & façon de grand Capitaine qu'il s'eſtoit ſi bien acquiſe :
„ & le faiſoit encore trés-beau voir, mais le temps ne luy en dura
„ guere, car auſſi-toſt la Paix ſe fit. C'eſt grand dommage quand ces
„ grand Capitaines s'envieilliſſent & meurent.

„ J'ay ouï diſcourir à pluſieurs honneſtes gens, qui diſent que ſi M. le
„ Mareſchal a fait de belles choſes en Piémont, & que s'il y a ac-
„ quis le nom & titre de grand Capitaine, qu'il faut bien qu'il en
„ rémercie auſſi l'aſſiſtance des bons & grands Capitaines qu'il avoit
„ avec luy, comme ſa valeur & prudence, car un ſeul ne peut four-
„ nir à tout. Il eſt vray, mais un chef brave & vaillant & prudent
„ peut beaucoup aux factions de Guerre, comme cela s'eſt vû en plu-

»sieurs Histoires , & comme la Fable nous montre d'une bande de
»Cerfs conduits par un brave Lion & courageux leur chef , qui dé-
»fit une troupe de Lions conduite par un Cerf. Mais que devoit fai-
»re M. le Mareschal , luy chef & Lion commandant une armée de
»Lions qu'il a eu toûjours avec luy , & à eux commandé ? comme
»à Messieurs de Vassé , de Chavigny , de Terride , d'Ossun , de
»Gondrin , de la Mothe-Gondrin , de Gourdon , de Montluc , de
»Francisque Bernardin , de Salvoyson , de Gordes , de Bellegarde pe-
»re & fils , de Renoüard , le Comte de Gesne , de Briquemault , de
»Tende , Bedene Albanois , Messieurs de Cental les deux freres , &
»l'Evesque & tout , qui avec sa Crosse & Mitre tenoit rang de bon
»Capitaine , de Maugiron , de Gordes , d'Annebaut , de M. de Dam-
»ville Colonel de la Cavalerie legere [*depuis Duc de Montmorency*
»*Connestable de France*] de Clermont , de Renoüard , de Biron , de
»Ventadour , de M. de Bonnivet & Vidame de Chartres , Colonel
»de l'Infanterie Françoise , de Furcy de celle des Suisses , de Caillac
»Maistre de l'Artillerie , de Birague , Seigneur qui estoit fort crû en
»conseil , Ludovic , Charles , & M. le Président de Birague depuis
»Chancelier & Cardinal , qui de ce temps-là valoit bien un homme
»d'espée , le Capitaine Moret Calabrois , Jean de Turin , San-Pietre
»Corse , Colonels ; bref une infinité d'autres si trés-bons & braves
»Capitaines , qui tous seroient aujourd'huy dignes d'estre Generaux
»d'armées , non pour garder ou conquerir un Piémont , mais tout
»un Royaume. Si je les voulois nombrer , je n'aurois jamais fait , sans
»compter force autres Capitaines particuliers , tant de Chevaux le-
»gers que de Gens de pied , comme les Capitaines S. André , les
»deux la Molle freres , les deux Richelieu freres [*François & An-*
»*toine du Plessis dit le Moine de Richelieu, desquels il a esté parlé cy-*
»*devant*] les deux Isle freres , les deux Villemaigne & Taix cousins ,
»de Gourdan , de Montmas , les Capitaines Bourdeille , Autefort , Ro-
»quefeuille , Aunoux , les deux Riviere-Puitailler , Muns , Buno ,
»Estauges , Bacillion , Cobios , la Chasse , Montluc le jeune , M. le
»Baron de l'Espic Mestre de Camp. Bref une milliasse d'autres , que je
»n'aurois jamais achevé à compter ; lesquels Capitaines estoient si
»unis , & accompagnez de si bons Soldats , si braves & vaillans , qu'on
»n'eut sçû lesquels trier les uns parmy les autres , tant la fleur du grain
»y estoit belle & nette.
»
»   Je mets à parts les Princes & grands Seigneurs , comme M. d'En-
»guien & de Condé freres , de Nemours , d'Elbeuf , de Montmo-
»rency , d'Aumale , & autres Grands , qui accouroient en poste aussi-
»tost en Piémont , quand ils sçavoient que ce Mareschal devoit faire
»quelque journée , comme dit l'Espagnol. Lesquels tous , comme j'ay
»vû , tant grands que petits , rendoient si grand honneur & respect
»à ce General , comme si ce fut esté un Prince du Sang ou autre. Aus-
»si luy s'en faisoit bien accroire , & s'en prévaloit un peu par trop
»sur eux ; car il tenoit si grand rang & autorité , que j'ay vû plu-

„fieurs s'en mécontenter ; & dire que le Roy ne la tenoit pas fi
„grande & leur eftoit plus familier , & que pour un fimple Gentil-
„homme c'eftoit trop. Aucuns difoient qu'il falloit qu'il le fit ainfi
„eftant en Pays eftranger ; & que parmy les Eftrangers il falloit ainfi
„faire valoir & autorifer fon Roy ; afin qu'ils y priffent exemple à
„le mieux refpecter : & aussi qu'il en voyoit faire de mefme aux Lieu-
„tenans de l'Empereur fes voifins , & qu'il n'eftimoit pas moins fon
„Roy que eux leur Empereur. Si avoit-il belle façon à tenir ainfi fa
„réputation , & fa Profopopée comme l'on dit , que plufieurs ne s'en
„mécontentoient point ; car il eftoit trés-beau Seigneur , de fort
„bonne grace en tout ce qu'il difoit , commandoit & faifoit : par-
„loit bien , mais peu , ce qui déplaifoit fort à aucuns. J'ay ouï dire
„à ceux qui l'ont vû , bien fouvent on les voyoit joüer aux Efchecs
„M. de Bonnivet & luy depuis le difner jufques aux fouper , fans pro-
„ferer une vingtaine de paroles. Voilà une grande taciturnité.

„ Tout cela luy changea quand il fut en France & à la Cour , car
„il fe rendit plus accoftable , familier & affable : auffi j'ay ouï dire à
„M. de Lanfac , qui eftoit un vieux Regiftre de la Cour , que le feu
„Roy François I. difoit que tels Grands de fon Royaume , quand
„ils arrivoient à la Cour , ils y eftoient venus & reçûs comme petits
„Rois ; c'eft-à-dire , qu'il n'y avoit que pour eux du premier jour à eftre
„reverenciez , honorez , careffez & recherchez , tant des Grands que
„d'un-chacun de la Cour : le fecond jour qui eftoit le lendemain ,
„comme Princes eftoient venus , commençans un peu à decliner en
„leurs accueils , honneurs , & careffes : le troifiéme jour ils n'eftoient
„plus que Gentils-hommes , qui décheoient du tout de leur grand bien
„veniatis & de leurs honorables entrées , & eftoient réduits & reglez
„au petit pied , comme le commun des Gentils-hommes. J'ay vû fou-
„vent telles experiences , & s'en voit tous les jours , les Courtifans
„qui l'ont pratiqué & vû pratiquer m'en fçauroient bien que dire. Je
„vis arriver mondit S. le Marefchal à Cour , qui eftoit lors à Ram-
„boüillet , comme j'ay dit cy-deffus , qui fut fort bien reçû du Roy
„François II. & bien embraffé , & careffé , & refpecté de M. de Gui-
„fe , qui lors gouvernoit tout , & de tout le refte de la Cour , tant
„des Seigneurs que des Dames , fort honoré & admiré : & luy fans
„s'eftonner faifoit fort bonne mine & montroit grande grace , com-
„me il l'avoit certes ; mais pourtant au bout de quelques jours , il
„éprouva le Proverbe du Roy François que je viens de dire. Car la Cour
„a cela de ne faire cas que des grands Favoris , & les autres ont beau
„eftre accomplis de toutes les valeurs , & honneurs du monde, *niente* ;
„fi bien que ce grand Marefchal , qui eftoit le premier en Piémont ,
„fallut qu'il endurât en France & à la Cour , beaucoup de compag-
„nons prés de foy , & encore bien-aife.

„ Il arriva fort bien accompagné de force Gentils - hommes & Ca-
„pitaines de Piémont , bien fâchez d'avoir quitté où ils fe trouvoient
„le mieux. Il les faifoit tous beau voir & eftoient fort braves & bien

„en point , mais non si proprement que les Courtisans , qui d'eux-
„mesmes sont Inventeurs des façons de s'habiller , ou bien merveil-
„leux imitateurs de celles qu'on leur porte. Je parle autant pour les
„Gentils-hommes que pour les Dames. Voilà pourquoy nous trou-
„vions un peu grossierement habillez ces Gentils-hommes Piémon-
„tois , & sur tout trouvions fort à rédire sur les hautes & grandes
„plumes en leurs bonnets. Ils voulurent faire au commencement la
„mine d'estre rogues & bravaches & hauts à la main, mais bien-tost
„cela leur passa, dont il me souvient que trois mois après leur arrivée,
„un jour à Orleans, où les Estats se préparoient, estant dans un jeu de
„Paume , deux Gentils-hommes de M. de Randan, dont il en avoit
„nourry un Page, qui s'appelloit Pussay , de la Beausse [de la Mai-
„son de Languedoue] & n'y avoit que six mois qu'il l'avoit jetté hors
„de Page , arriverent deux Capitaines de Piémont estans-là avec M.
„de Brissac , qui estans entrez là-dedans, dirent par une arrogance
„Piémontoise aux autres , que c'estoit assez joüé & qu'ils vouloient
„joüer : les autres firent réponse qu'ils vouloient achever leur Partie,
„qu'ils ne quitteroient point le jeu ; surquoy le jeune de la Rivie-
„re Puy-Tailler qui estoit l'un des deux voulut mettre l'espée au
„poing. Les autres deux Pussay & son compagnon coururent à leurs
„espées qui estoient sous la corde, & Pussay entreprit la Riviere,
„& le mena & promena si bien & si beau, qu'il le laissa sur la pla-
„ce, blessé de trois ou quatre coups d'espée, sans en recevoir aucun,
„dont il en avoit deux sur la teste, qui luy parurent toute sa vie. L'au-
„tre chassa l'autre hors du Jeu de Paume, qui estoit couru au logis
„de M. de Brissac, pour avoir secours de quelques-uns qui menaçoient
„de tuër tout ; mais ils ne trouverent personne sinon la Riviere
„blessé : dont ses compagnons furent bien marris , & se mirent
„après à la chasse des autres. M. de Randan en ayant eu le vent, alla à
„eux trés-bien accompagné, quasi de la plussart des galands de la Cour,
„car il gouvernoit paisiblement Messieurs de Guise , arriva à eux,
„qui les fit retirer plus viste que le pas en leur logis ; dont n'en fut
„autre chose. Nous allâmes le soir quatre ou cinq que nous estions
„voir souper M. de Guise ; où il y avoit M. de Nemours , M. de
„Rochefoucaut, M. de Randan son frere, Messieurs de Givry, Gen-
„lis & force autres Galands de la Cour & qui disoient des mieux le
„mot. M. de Randan en fit le conte en pleine table , & luy qui
„estoit des mieux disans & de la meilleure grace, ne sçut point en-
„richir le conte, de malheur. Je vous vous jure que je n'ay jamais
„vû foüetter homme, comme ce la Riviere & les Capitaines bravaches
„du Piémont le furent ce coup-là de paroles, & comment des jeu-
„nes Pages les avoient estrillez, & que les autres avoient là oublié
„leur Palestrine Piémontoise. De rire, on ne vit jamais tant rire, ny
„dire mieux le mot à l'envy l'un de l'autre. Madame de Guise & au-
„tres Dames avec elle en rioient bien aussi. M. de Guise qui estoit
„sage & moderé, rioit bien aussi un petit sous son bonnet, & blâ-

» moit fort les deux Capitaines de Piémont de leur témerité , d'a-
» voir voulu chaffer deux jeunes Gentils - hommes de leur jeu : ce
» qu'un Prince n'eut pas voulu faire , ny luy-mefme. Par ainfi fe
» paffa la foupée aux dépens des deux Capitaines de Piémont. Ce Ca-
» pitaine la Riviere depuis fe rendit un trés-bon Capitaine , & tel ,
» qu'aux troifiémes troubles eftant Capitaine des Gardes de Monfieur,
» & Capitaine de Chevaux legers , fit fort la Guerre en Xaintonge
» aux Huguenots de-là , & eut belle réputation & fortune ; mais
» aprés leur avoir fait beaucoup de maux , ils l'attraperent prés de
» Xaintes, dans les Taillis du Doüet , en une embufcade qu'ils luy
» avoient dreffée , & fut tué d'une grande Arquebufade. Puffay qui
» l'avoit fi bien eftrillé, fut aprés aux premiers troubles, l'un des En-
» feignes Colonels de M. de Randan, où il fe fit beaucoup fignaler,
» & quelque temps aprés fe battit en eftocade à Joinville , qui eft à
» M. de Guife, contre le S. de Kerman Breton [*Jean de Plufquel-*
» *lec dit de Carmen ou Kerman*] qu'il bleffa fort heureufement d'un
» grand coup fur la tefte , & luy point. Ce S. de Kerman eftoit un
» jeune Gentilhomme , brave , vaillant & des riches Gentils-hom-
» mes de Bretagne , lequel fe noya dans la Seine prés Paris en fe
» baignant avec M. de Guife, qui fe penfa noyer luy-mefme le pen-
» fant fauver , eftans tous deux fort jeunes.

» Pour rétourner encore à M. de Briffac , il faut noter une chofe
» de luy digne à prifer, qu'en Piémont parmy fa grande grandeur &
» fes grands refpects, jamais par tout il ne fe fit appeller Monfieur,
» fans queuë : comme nous avons vû plufieurs en France , qui abu-
» fans un peu de leur grandeur permettoient fort bien , voir le com-
» mandoient, qu'ils ne fuffent appellez que Monfieur , fimplement ,
» en leurs Gouvernemens & lieux où ils avoient autorité. Par tout le
» Piémont on ne difoit autrement que M. le Marefchal. Bien eft-il
» vray qu'en fa maifon, aucuns y eftans difoient bien Monfieur feu-
» lement , comme en demandant que fait Monfieur, ou bien où eft
» Monfieur, & autres interrogations qui fe font, mais hors le logis
» toûjours ce mot fe proferoit M. le Marefchal : auffi faut-il ainfi
» parler, car à nul n'appartient d'eftre appellé en France fimplement
» Monfieur, que le premier Prince du Sang aprés le Roy. Meffieurs
» de Guife & le Conneftable de Montmorency l'ancien ont fait tout de
» mefme, car il fe difoit toûjours M. de Guife, M. le Conneftable,
» & à leur imitation force autres Princes & Seigneurs en faifoient de
» mefme. Nous avons vû de tout cela les experiences. Pour fin M.
» le Marefchal acheva en France & à la Cour fes jours caducs & ma-
» ladifs , toûjours en grandeur, comme il fe l'eftoit acquife ; car il
» entroit toûjours aux affaires & confeil , & faifoit-on grand cas de
» fes opinions. J'ay vû la Reine mere de fon temps , encore vigou-
» reufe, qu'elle avoit fes bonnes jambes & qu'elle aimoit fes longs
» promenoirs , elle toûjours aller à pied, & faire aller M. le Maref-
» chal toûjours à cheval fur un petit cheval fauve, le plus doux & pofé
» &

!, da-
jeu : ce
ainfi fe
Ce Ca-
& tel ,
nfieur,
tonge
mais
és de
s luy
y qui
s En-
naler,
eft à
quel-
d'on
it un
tom-
n fe
en-

iofe
ir &
ur,
bu-
om-
nt ,
it le
ft-il
feu-
eft
ogis
ainfi
ment
fieurs
ut de
table,
nt de
n M.
ma-
ir il
s de
gou-
ongs
laref-
pofe
& &

„ & le plus beau que je vis jamais & plus propre pour cela : &
„ luy eftant toûjours prés d'elle & à fes coftez, elle parlant à luy &
„ luy demandant fes avis. De mefme en faifoit-elle à M. le Connef-
„ table, qui eftoit un grand honneur à eux , & une grande bonté à
„ elle ; car les gouttes de l'un & de l'autre ne pouvoient accompag-
„ ner la belle difpofition de la Reine. Lefquelles gouttes à la fin em-
„ porterent ce grand Marefchal au trefpas , comme j'ay dit.

„ Il eut une belle & honnefte femme , qui eftoit Madame la Ma-
„ refchale , heritiere de la maifon d'Eftelan , grande , bonne & ri-
„ che maifon de Normandie. [*Charlotte d'Efquetot , fille de Jean S.*
„ *d'Efquetot , & de Madelaine le Picart Dame d'Eftelan & du Mef-*
„ *nil*] laquelle il aima & traita fort bien , mais non de telle façon
„ que j'ay vû plufieurs D'ames tenir cette maxime n'eftre bien traitées
„ de leurs maris , quand ils vont au change & leur oftent le tribut
„ qu'ils leur doivent pour le donner aux autres. Si bien que j'ay vû
„ fouvent faire plufieurs & folles interrogations entr'elles , fon mary
„ la traite-t'il bien ? où bien fon mary la traite tant mal. Ceux qui
„ oyent ces paroles & interrogations, qui n'entendent point leur jar-
„ gon difent & répondent , JESUS, ouï , il la traite tant bien , il
„ l'aime fort & jamais ne la frappe ny bat. Ce n'eft pas cela qu'on
„ veut dire ny qu'on entend ; c'eft à fçavoir s'il ne va point coucher
„ avec d'autres. Ainfi ay-je vû jargonner plufieurs de nos Dames fur
„ ce point. De forte qu'il faut tenir cette maxime entre les Dames ,
„ que quiconque le mary foit , qu'il n'aille au pourchas ailleurs , il
„ eft trés-bon mary, encore qu'il la traite mal d'ailleurs de quelques
„ autres façons. Voilà pourquoy M. le Marefchal de cette façon ne
„ traitoit pas bien fa femme , mais pourtant en tout autre traitement,
„ d'honneur, de refpect & bonne chere, il n'y manquoit point ; &
„ quand elle venoit en Piémont il luy rendoit tout bon traitement :
„ & puis quand elle eftoit groffe , il eftoit fort aife qu'elle s'en ré-
„ tournât foudain en France faire fes couches ; car il y avoit fait plu-
„ fieurs belles amies , comme en Piémont la beauté n'y manque point.
„ Entr'autres la Signora Novidalle l'une des belles Dames à mon gré
„ qui fut de par de-là , & de la meilleure apparence & grace : &
„ d'autant qu'elle fe voyoit amie du General & Lieutenant de Roy ,
„ d'autant fe faifoit-elle valoir , & montroit quelque majefté plus que
„ les autres. Auffi pour telle & pour quafi Princeffe M. le Marefchal
„ la faifoit paroiftre , tant en refpects , honneurs , qu'en pompes
„ d'habits & autres fomptuofitez , jufques aux Danfes & Mufiques ; fi
„ bien avoit fa bande de Violons la meilleure qui fût en toute l'Ita-
„ lie , où il eftoit curieux de l'envoyer rechercher & la trés-bien ap-
„ pointer : defquels en ayant efté fait grand cas au feu Roy Henry & à la
„ Reine , les envoyerent demander à M. le Marefchal pour appren-
„ dre les leurs qui ne valoient rien , & ne fentoient que petits Re-
„ becs d'Efcoffe au prix d'eux. A quoy il ne faillit de les leur en-
„ voyer , dont Jacques Marie & Balthazarin eftoient les Chefs de la

Tome II.   Q q

„Bande, & Balthazarin depuis fut Valet de Chambre de la Reine,
„& l'appelloit-on M. de Beau-joyeux, comme j'en parle ailleurs.
„Pour en parler vray, ce Marefchal fe montra fomptueux & grand
„en tout fon gouvernement, car enfin pour un Lieutenant General
„de Roy, il faut qu'il foit univerfel & general en tout.

„ Il eut de cette belle Novidalle une fille trés-belle comme la me-
„re [*Abbeffe d'Eftival*] laquelle fille fut voüée à Dieu, & voilée
„d'un voile à cacher fa grande beauté pour n'en faire envie au mon-
„de ; mais jamais ne s'eft-elle pû cacher fi bien qu'on ne la voye &
„réconnoiffe pour trés-belle, & que fes yeux clairs & luifans ne
„tranfpercent tout, ny plus ny moins qu'on voit le Soleil percer de
„fes rayons & entrer dans une chambre, quoy que les feneftres foyent
„bien clofes & ferrées de vitrages. Mondit S. le Marefchal eut auffi
„une autre fille naturelle, je ne fçay de qui, laquelle nous avons
„vûe à la Cour ; qu'on nommoit Beau-lieu, belle & honnefte De-
„moifelle. Il eut auffi un fils baftard devant que d'aller en Piémont.
„[*Il s'appelloit Artus de Coffé.*] On m'en a bien nommé la mere que
„je ne nommeray point, car elle eft de trop grande eftoffe. Il le fit
„Evefque de Coutance, & eftoit un trés-honnefte & agréable Prélat,
„& d'efprit & de fçavoir. Il fucceda à cet Evefché à fon oncle, fre-
„re dudit M. le Marefchal, & mourut ainfi qu'il s'en alloit eftre
„Cardinal. Il eftoit auffi un fort fage & trés-honnefte Prélat, & de
„fort belle apparence & de bonne grace comme fon frere aifné, &
„de cette mefme beauté & taille. Je parle ailleurs de ces deux Mef-
„fieurs fes fils & de Mefdames fes deux filles & de leurs vertus.

Les enfans de Charles de Coffé Marefchal de France, Comte de
Briffac, & de Charlotte d'Efquetot, furent Timoleon de Coffé Comte de Briffac, grand-Panetier & grand-Fauconnier de France, duquel
je traiteray plus amplement au fujet du fiege de Mucidan où il fut tué :
Charles Duc de Briffac : Diane de Coffé morte fans enfans de Charles Comte de Mansfeld : & Jeanne de Coffé Dame d'Eftelan femme
de François d'Efpinay S. de Saint Luc, grand-Maiftre de l'Artillerie de
France, mere du Marefchal & ayeule du Marquis de Saint Luc,
Comte d'Eftelan. Charles de Coffé Duc de Briffac, Pair, grand-Panetier & Marefchal de France, fut marié deux fois. 1. à Judith heritiere d'Acigné, fille de Jean S. d'Acigné, de Fontenay, &c. Baron de Coetmen, & de Jeanne du Pleffis Dame de la Bourgogniere.
2. à Loüife d'Oignies fille de Loüis Comte de Chaunes, & d'Antoinette de Raffe qui n'en eut point d'enfans. Du premier lit fortirent
François de Coffé Duc de Briffac, Pair & grand-Panetier de France,
pere du Duc de Briffac d'aujourd'huy, de la Marefchale de la Mail-
leraye, & de Dame Marquife de Vezins, à prefent rémariée au
S. de Chaufferaye, & de Biron : & Charles de Briffac Marquis d'A-
cigné mort fans enfans d'Helene de Beaumanoir Vicomteffe du Beffo,
Baronne du Pont & de Roftrenan.

Je donneray icy par occafion quelques lettres du Marefchal de

Brissac à Bernardin Bochetel Abbé de Saint Laurens , lors Ambaſſadeur du Roy en Suiſſe, depuis Eveſque de Rennes , par leſquelles
il luy donne avis de ſes exploits en Piémont.

Monsieur, *je vous remercie de trés-bon cœur des nouvelles que m'avez*
eſcrites par Marſeille preſent Porteur, & vous prie me tenir ſouvent aver-
ty de ce que vous pourrez apprendre de nouveau de voſtre coſté ; car outre que
ce me ſera grand plaiſir, vous pouvez bien penſer que le ſervice du Roy ne s'en
portera que mieux. De ma part je feray le ſemblable en voſtre endroit, ſi eſt-ce
que ce ne ſera pas maintenant que j'uſeray de revenche envers vous ; car depuis
la priſe d'Yvrée & de Mazin, dont je vous ay averty, nous n'avons fait autre
choſe par-deçà que de fortifier ce lieu où nous ſommes encore ; ainſi que ledit
Marſeille vous fera plus amplement entendre : qui ſera cauſe que m'en remet-
tant ſur luy je feray fin par mes récommendations de bien bon cœur à voſtre
bonne grace ; Priant Dieu vous donner, Monſieur, entierement ce que deſirez.
De Santia ce 23. de Janvier 1554.

Voſtre entierement meilleur amy , Brissac.

Monsieur, *Vous devez maintenant ſçavoir la Priſe que nous avons faite*
ces jours paſſez de Valſenieres. Depuis j'ay fait rafraiſchir quatre ou
cinq jours nos pauvres Soldats, qui tous en avoient grand beſoin pour la peine
endurée devant ledit lieu, où jamais la pluye ne nous a laiſſé ny jour ny nuit.
A cette heure je m'en vais devant Queraſco, eſſayer d'en avoir pareille raiſon
que dudit Valſenieres ; pour faire en quelque choſe fructifier la dépenſe du Roy
en ce Pays & ne la point laiſſer inutile. Voilà l'eſtat de nos affaires. Je vous
prie mandez-moy des nouvelles de delà, quand vous en aurez la commodité : &
aprés m'eſtre ſur ce récommendé à voſtre bonne grace, noſtre Seigneur vous doint,
Monſieur, en ſanté bonne & longue vie. De Quiers ce 26. Avril 1557. La
ſouſcription eſt pareille à la précedente.

Monsieur, *par voſtre Secretaire preſent porteur j'ay receu vos lettres,*
& veu par celle de M. l'Eveſque de Terracine que m'avez envoyée, l'avis
qu'il vous a donné, duquel je vous rémercie ; ayant ſur l'heure dépeſché exprés
à Caſal pour cet effet. Au reſte voſtre Secretaire eſt icy arrivé ſi à propos qu'il
a veu prendre Queraſco d'aſſaut, dont il vous fera le diſcours, & vous dira
au ſurplus de mes nouvelles ; auquel m'en remettant, je me vois récommender à
voſtre bonne grace, priant noſtre Seigneur qu'il vous donne, Monſieur, trés-
bonne & longue vie. De Bene ce dernier jour d'Avril 1557. Meſme ſouſcription.

On voit à ſon ſeing qu'il eſcrivoit fort mal & qu'à peine formoit-il
ſes lettres , & il avoit cela de commun avec les plus grands Hommes de ſon temps.

DU MARESCHAL DE BOURDILLON.

J'Ay dés-ja parlé de ce Mareſchal nommé Imbert de la Plattiere
Gentil-homme de Nivernois , au Chapitre de la reſtitution des
Places de Piémont page 805. &c. du premier Volume , & en ce
ſecond icy fol. 95. au ſujet du S. des Bordes ſon neveu & ſon heritier mort à la bataille de Dreux. Il ne me reſte donc icy ſinon à rémarquer qu'ayant eſté premierement Eſcuyer du Roy Henry II. lors
Dauphin , comme le S. de Briſſac l'avoit eſté de François Dauphin
frere aiſné de ce Prince , il parvint par les meſmes voyes & par le

mefme merite aux mefmes honneurs & dignitez , de Capitaine de cinquante , puis de cent hommes d'armes , de Chevalier de l'Ordre, de Lieutenant General pour le Roy en Piémont , & enfin de Marefchal de France. Mais il y eut cette difference entr'eux , que l'un continua de fe fignaler en cette qualité dans les armées , & que l'autre luy ayant fuccedé la premiere année de la Paix , mourut l'an 1567. au commencement de la feconde Guerre ; fi bien qu'il faut avoit récours à l'Hiftoire du Roy Henry II. pour y voir fes exploits d'armes en qualité de Lieutenant de François de Cleves Duc de Nevers en fon Gouvernement de Champagne & aux Guerres de Luxembourg , de Lorraine & de Picardie , où il fe fignala autant par fon courage que par fa conduite. Le Roy Henry fon Maiftre l'envoya en Piémont aprés la Paix de Chafteau-Cambrefis pour la garde des Places réfervées par le Traité ; mais comme elles dévoient eftre renduës au Duc de Savoye dans un certain temps , au bout duquel il eut ordre exprés d'y fatisfaire ; on ne laiffa pas de blafmer fon obéïffance , & le regret qu'on y eut fit dire que le Duc & la Ducheffe avoient aidé à l'y difpofer par des prefens. Enfin , foit qu'il eut fait fa paction particuliere avec eux & qu'il eut voulu profiter de l'occafion , ou qu'ils luy en euffent témoigné une réconnoiffance gratuite, il eft vray qu'il révint à la Cour avec beaucoup de bien : & la Reine confiderant fes longs fervices & fon experience , le récompenfa de la charge de Marefchal , qui vaqua peu aprés par le decés du Comte de Briffac ; pour rémplir fa place d'un autre luy-mefme, comme il auroit efté fans doute, fi la mort n'eut terminé les efperances qu'on avoit de fa fidélité. Il eftoit fils de Philbert de la Plattierre Chevalier, S. des Bordes , Bailly & Capitaine de Meulan , mort le 24. de Septembre 1499. auparavant Philbert de la Plattierre auffi S. des Bordes fon pere.

CHAPITRE SEPTIÉME.

Voyage du Roy par toute la France.

L'AUTORITE' du Roy eftoit tellement déchûë par les defordres qui avoient troublé la France depuis la mort de Henry II. que la Reine ne pouvoit la rétablir plus adroitement que par ce voyage du Roy ; tant pour le faire réconnoiftre par tous fes Peuples, que pour obliger la Nobleffe de chaque Province de fe rendre à la Cour & de fe rémettre en fon devoir , & appaifer par ce moyen les reftes des vieilles factions, fur l'exemple qu'on prendroit en l'obéïffance du Prince de Condé , qui donnoit toutes fortes de preuves d'affection & de fidélité au fervice du Roy. Jean de Morvillier Evefque d'Orleans donna avis de cette réfolution à l'Evefque de Rennes fon neveu, Ambaffadeur en Allemagne par cette lettre.

Monsieur mon Neveu, *je n'ay pas grande chose à vous escrire depuis le partement de Plumelet. Nous sommes icy venus faire la Feste, & en partirons sur la fin de cette semaine pour aller à Châlons, de-là à Bar, où nous pourrons arriver environ le 15. de ce mois. Nous sommes encore sur les arremens de la Paix avec les Anglois & ne sçavons qu'en esperer ; toutefois cela ne peut plus guere traisner. Messieurs de l'Aubespine & de Limoges sont en Berry, M. de la Forest* [Jacques Bochetel Beau-pere du S. de Castelnau] *icy, servant son Cartier.* [De Maistre d'Hostel du Roy] *La deliberation du Roy est de visiter son Royaume, & passant en chacune Province redresser la Justice & remedier aux desordres ; qui sont grands à la verité : & chacun jour entend-on chose qui déplaist de quelque costé ; à quoy l'on pourvoit le mieux que l'on peut. M. le Mareschal de Brissac est decedé depuis huit jours, & le pauvre M. de Selve* [Odet de Selve Ambassadeur à Rome, fils de Jean premier Président au Parlement de Paris] *il y a environ un mois ; auquel j'ay très-grand regret, car c'estoit un vertueux homme & bon serviteur du Roy. Monsieur mon Neveu, je me recommende très-affectueusement à vostre bonne grace & prie Dieu vous donner en santé longue vie. De Troyes le 3. d'Avril 1564.*

Vostre meilleur Oncle & Amy, J. de
Morvillier Evesque d'Orleans.

DE LA PAIX ENTRE FRANCE ET ANGLETERRE.

LA Reine Catherine ayant heureusement donné la Paix à la France & réduit le Havre au pouvoir du Roy, il ne luy restoit plus rien à appréhender, sinon que l'Angleterre nostre ancienne ennemie ne continuât à nous brouiller dans le ressentiment d'une perte si récente & si importante tout ensemble : mais elle fit si bonne mine que la Reine Elisabeth qui se faisoit craindre durant nos troubles, la craignit à son tour, quand elle nous vit en estat de porter la Guerre jusques chez elle ; après l'avoir chassée de nos Frontieres, & de luy dresser quelque dangereuse partie avec la Reine d'Escosse & les Catholiques Anglois, dont elle estoit toûjours en défiance. Le sieur de Castelnau fut fort employé dans ce Traité, & il en fait le récit si ponctuellement, que je n'ay rien à y adjouster que les deux lettres du Roy & de la Reine à l'Evesque de Rennes.

Monsieur de Rennes, *je vous ay fait faire ces jours passez réponse à tout ce qui s'estoit receu de vous, & ne sera ce petit mot de lettre que pour vous avertir que ayant longuement traisné la Negociation qui s'estoit commencée entre mes Députez & ceux de la Riene d'Angleterre ma bonne sœur pour le fait de la Paix, elle s'est à la fin, par la grace & volonté de Dieu, terminée par une si bonne, honneste & gracieuse réconciliation, que un-chacun de nous a grande occasion d'en louër & remercier Dieu & de s'en tenir content. Vous serez part de cette nouvelle à l'Empereur & au Roy des Romains mes bons freres, pour l'aise que je sçay qu'ils en recevront ; tant pour le respect de l'amitié qu'ils me portent, que pour le desir qu'ils ont de voir une Paix universelle en toute la Chrestienté. Ayant mis fin à un si bon œuvre, j'acheveray plus gaillardement mon voyage de Bar-le-Duc ; où je m'achemineray dès demain, ayant sçeu que ma Sœur de Lorraine est en telle disposition de sa santé, qu'elle y sera pour les premiers jours. Je n'ay pour cette heure dequoy vous faire la presente plus longue ; laquelle partant je finiray en priant Dieu, Monsieur de Rennes, qu'il vous ait en sa sainte garde. Escrit à Troyes ce 13. jours d'Avril 1564.*
CHARLES, *& plus bas,* Bourdin.   Q q 3

Monsieur de Rennes, *vous verrez par la lettre que vous escrit le Roy Monsieur mon fils, l'heureux succés qu'a pris la Negociation de la Paix d'entre nous & les Anglois : en quoy les choses se sont si doucement conduites & maniées, qu'un-chacun de nous a grande occasion d'en loüer Dieu. Et encore qui je desire, pour lever l'opinon à la Reine d'Angleterre que l'on se veuille avantager du Traité, que les conditions n'en soyent point encore semées de nostre part ; si considere-je bien qu'il est raisonnable d'en faire part à l'Empereur & au Roy des Romains mes bons freres, pour estre la démonstration qu'ils nous font de leur amitié, trop ouverte pour leur celer un tel fait. Le Sommaire donc dudit Traité est, que sans parler aucunement de Calais, un-chacun des Princes demeure en ses droits, noms, raisons, actions & prétensions, & en ses exceptions & défenses. Les quatre Genils-hommes qui avoient esté envoyez par de-là pour Ostages de la peine de 500000. escus à faute de la restitution dudit Calais dedans le temps contenu au Traité du Chasteau-Cambresis, nous sont renvoyez, & le Roy mondit S. & fils fait bailler à la Reine d'Angleterre, d'honnesteté & courtoisie, six-vingt mille escus, à sçavoir 60000. dedans six semaines, auquel temps nous sont renvoyez deux desdits Gentilshommes, & autres 60000. escus six semaines aprés & au mesme temps les deux autres Gentilshommes nous seront rapportez deçà la mer. Voilà en peu de paroles tout le principal suc dudit Traité ; car le demeurant ne sont que les mesmes Articles du Traité précedent dudit Chasteau-Cambresis : & chose M. de Rennes, dont vous régarderez de parler à mesdits bons freres le plus modestement & sagement qu'il vous sera possible, & point à autres, que en termes honnestes & generaux, pour la consideration de ce que je vous en escris cy-dessus.*

Au demeurant, vous sçavez l'esperance que mesdits bons freres ont toûjours donnée de me résoudre à ce prochain mois de May du fait du Mariage du Roy mondit S. & fils. Et encore que mon intention ne soit pas de rien haster en cela, ny que vous vous avanciez de leur en parler, mais seulement écouter ce qu'il vous en voudront dire ; si est-ce que si vous entendez quelque chose de leur intention & déliberation, je serois bien aise que vous m'en avertissiez incontinent. Vous les observerez en cela le plus que vous pourrez sans parler de rien, car puis qu'ils m'ont toûjours fait dire que j'eusse patience jusques à ce temps-là, il me semble que ce sont eux qui doivent commencer les premiers. Priant Dieu, Monsieur de Rennes, qu'il vous ait en sa sainte garde. Escrit à Troyes ce 13. *jour d'Avril* 1564.

Catherine, *& plus bas,* Bourdin.

Les Commissaires du Roy pour traiter cette Paix furent Jean de Morvillier Evesque d'Orleans, Conseiller du Roy en son Conseil Privé, & Jacques Bourdin S. de Villaines, Chevalier, aussi Conseiller audit Conseil Privé & Secretaire d'Estat : & ceux de la Reine d'Angleterre Nicolas Trokmarton Chevalier, Gentil-homme de sa Chambre & son Conseiller, & Thomas Smyth aussi Chevalier, son Conseiller & Ambassadeur Resident en France. Ce sont les qualités qu'ils prennent dans ce Traité qui est trop public, pour estre rapporté icy en son entier.

LE S. DE CASTELNAU MOYENNE ENVERS LA Reine d'Angleterre a délivrance des Ostages qu'elle avoit pour la restitution de Calais.

Encore qu'il ne fût point parlé dans cette Paix du droit prétendu sur Calais par la Reine d'Angleterre, il luy estoit si important qu'il eft fans doute que c'eftoit y renoncer tacitement, que de n'en faire aucune mention ; mais on n'en peut pas alléguer une plus forte preuve que la délivrance de nos Oftages, qui fut ftipulée verbalement, & pour laquelle on promit par maniere de compenfation la fomme de fix-vingt mille efcus. Laquelle compenfation fe peut interpréter comme une fatisfaction faite à la Reine d'Angleterre, non feulement pour demeurer quitte envers elle des cinq cens mille efcus d'or fol promis par le Traité de Chafteau-Cambrefis, en cas qu'on refufât de luy rendre Calais, mais pour une récompenfe de cette prétenfion : & il paroift affez qu'elle en demeura d'accord en rélafchant ces Oftages fans aucune condition. C'eftoit l'Article qui luy fembloit le plus dur & fur lequel elle fit plus de difficulté, & comme elle n'y eftoit point obligée par efcrit, le S. de Caftelnau rendit un trés-grand fervice de l'y difpofer doucement & adroitement comme il fit. Les premiers Oftages qu'on devoit mettre entre les mains de la Reine d'Angleterre par le Traité de Chafteau-Cambrefis, furent Frederic de Foix Captal de Buch, Louïs de Sainte Maure Marquis de Nefle, Comte de Laval, Gafton de Foix Marquis de Trans, & Antoine du Prat Prévoft de Paris, S. de Nantoüillet. Les trois premiers furent depuis changez, & le quatriéme demeura ; auquel on donna pour Compagnons les Sieurs du Moy, de Palaifeau & de la Ferté : & tous quatre voyans que la Reine d'Angleterre avoit enfraint la Paix crûrent eftre libres de leur Serment & fe voulurent fauver, pour ne pas attendre la fin d'une longue Guerre, telle que fembloit devoir eftre celle, qui alloit commencer entre France & Angleterre par la prife du Havre, & par l'intelligence des Anglois avec les Huguenots.

Cet Antoine du Prat eftoit fils d'Antoine du Prat, Chevalier de l'Ordre du Roy, S. de Nantoüillet, Precy, &c. Prévoft de Paris, & d'Anne d'Allegre Dame de Viteaux, & petit fils d'Antoine du Prat S. de Nantoüillet, premier Préfident au Parlement de Paris, puis Chancelier de France, & enfin aprés la mort de fa femme fucceffivement Evefque d'Alby, Archevefque de Sens, Cardinal & Legat en France. Il eut la premiere obligation de fa fortune à Nicolas Bohier fon coufin germain, Baron de Saint Ciergue, General des Finances, fils d'Aftremone Bohier, & de Beraude du Prat, lequel Nicolas avoit époufé Catherine Briçonnet, fille du Cardinal, Miniftre d'Eftat fous Charles VIII. & de Raoullette de Beaune fa femme, & eftoit comme le Cardinal du Prat fon coufin, iffu de la ville d'Iffoire en Auvergne, d'où eft pareillement fortie la maifon des Barrillons leur alliée, par Jean Barrillon S. de Murat en Auvergne, Secretaire du Roy, trifayeul d'Antoine Barillon S. de Morangis, Confeiller d'Eftat ordinaire, & de feu Jean Jacques Barillon Préfident aux Enqueftes du Parlement de Paris. Antoine du Prat Oftage en Angleterre époufa Anne de Barbançon fille de François S. de Canny, & d'Antoinette de Vafieres, & petite fille de Michel de Barbançon, & de Perone de Piffelen sœur d'Anne de Piffeleu Duchesse d'Estampes. De leur mariage nasquit Michel-Antoine du Prat, Marquis de Nantoüillet, duquel, & de Marie Seguier fille de Pierre S. de Sorel, Président au Parlement, & de Marie du Tillet, est issu Antoine du Prat à present Marquis de Nantoüillet.

Le sieur de Palaiseau Ostage en Angleterre avec le S. de Nantoüillet, s'appelloit Esprit de Harville, ainsi surnommé à cause de la terre de Harville prés Yenville en Beausse, de tout temps possedée par ses ancestres. Il fut Chevalier de l'Ordre du Roy & Colonel des Legionnaires de Normandie, & prit une alliance digne de son Sang par le mariage qu'il contracta avec Catherine de Levis fille de Jean de Charlus, & de Françoise de Poitiers tante de Diane de Poitiers Duchesse de Valentinois, & petite fille de Loüis de Levis S. de la Voute, & de Blanche Comtesse de Vantadour, Dame de Charlus. Claude de Harville aprés luy S. de Palaiseau & Baron de Ninville, fut Chevalier des Ordres du Roy, Capitaine de cinquante hommes d'armes & Gouverneur de Calais, & épousa l'an 1579. Catherine des Ursins, fille de Christophle Marquis de Trainel, Chevalier des Ordres du Roy, & de Madelaine de Luxembourg, fille d'Antoine de Luxembourg Comte de Brienne, &c. & de Marguerite de Savoye. Il en eut Antoine Marquis de Palaiseau pere du Marquis de Palaiseau & de Trainel, substitué au nom & aux armes des Ursins, qu'il doit porter conjointement avec ceux de Harville, de la Marquise de Fosseux-Montmorency, & de la Comtesse d'Orval. Esprit de Harville, eut pour pere & mere Fiacre de Harville S. de Palaiseau, Baron de Ninville, & Renée de Rouville, fille de Guillaume S. de Rouville, & de Loüise de Graville : pour ayeuls Guillaume de Harville Chevalier S. de Palaiseau, & Anne de Couttes : & pour bisayeul Guillaume de Harville tué à la bataille d'Azincourt l'an 1415. premier S. de Palaiseau à cause de Jeanne le Brun sa femme d'une trés-illustre & ancienne maison. De Mathurin de Harville frere de Fiacre & second fils de Guillaume, & de Claude de Rouville sa femme sœur de Renée, sont issus les S. de la Grange du Bois, & les S. de Mellimont & de la Pereuse leurs puisnez.

BAPTESME DU FILS DU DUC DE LORRAINE.

LA Maison de Lorraine se voyant puissamment establie en France ne trouva point de moyens plus asseurez pour s'y maintenir, que de s'allier dans le Sang Royal, comme elle fit par le mariage de François II. avec la Reine d'Escosse niéce de ceux de Guise, & par celuy de Charles Duc de Lorraine avec Claude de France fille du Roy Henry II., duquel il sortit un fils nommé Henry, en memoire de son ayeul maternel, par le Roy Charles IX. son oncle; dont la naissance apporta une joye inexprimable à tous ses parens, mais particulierement au Cardinal de Lorraine son cousin, comme il témoigne par cette lettre à l'Evesque de Rennes. MONSIEUR

MONSIEUR DE RENNES, j'ay receu vos lettres du 16. ayant receu bi
grand plaisir d'avoir par icelles entendu la bonne santé de sa Majesté. E
quant aux bruits qui sont par-de-là comme vous dites, je vous puis asseurer qu'
n'en est rien, car je vous en eusse averty, comme je vous veux bien faire, qu
devant hier bien tard retourna par devers moy le S. de Manne, dépesché du Ro
& de la Reine pour m'avertir entr'autres choses qu'il auroit pleu à Dieu don
ner à Madame de Lorraine un beau fils, dont je suis merveilleusement aise &
m'en réjouis avec vous : m'asseurant que vous ne serez moins joyeux que mo
de voir le chef de ma Maison & de mes Armes du Sang de France, pource qu
sera occasion aux Huguenots de ne nous dire plus Princes Estrangers. Le Ro
& la Reine estoient à Monceaux en très-bonne santé, déliberez de s'en aller
Nancy pour estre au Baptesme de ce fils, & y arriver vers ce Noël ; me com
mandant de m'y trouver, soit que le Concile fût parachevé ou non. A quoy je m
suis résolu d'obéir, mais après la fin du Concile, car j'espere qu'elle sera a
plus tard dedans le 9. de Decembre, & partir le jour mesme ou le lendemai
pour m'en aller, ainsi que j'en donne avis presentement à S. M. par les lettre.
que vous trouverez cy-dedans pour luy presenter ; vous priant m'en faire fair
réponse, & du Paquet que je vous envoyay dernierement dedans celuy de se
Ambassadeurs qui sont icy. Et d'autant que je pouray estre party de ce lieu aupara
vant que vous me pussiez faire tenir icy ladite Réponse, je vous prie l'envoye
à M. Bourdin pour me la garder, & encore que je sois en France ne laisser a
m'escrire là de vos nouvelles : & vous me ferez aussi grand plaisir que je vous
puis asseurer qu'elles seront toûjours les très-bien venuës en mon endroit, pour
l'amitié que je vous porte & le desir que j'ay toûjours eu de vous faire plaisir.
Et pour ce que la Reine m'a envoyé un Reglement que le Roy a fait sur son
Conseil d'affaires, auquel il luy a pleu me faire ce bien que d'avoir souvenance de
m'honorer tant, que j'ay occasion d'estre de plus en plus desireux de luy faire très-
humble service, & me réjouir avec mes Amis de la bonne volonté qu'il luy plaist
me continuër, comme je fais avec vous, Monsieur de Rennes, qui avez toujours esté de mes plus affectionnez, & que je tiens bien aussi pour l'un de mes
meilleurs Amis : je vous ay bien voulu envoyer une copie dudit Reglement, afin
que vous le voyez, comme chose que je trouve merveilleusement bien ordonnée,
& qui vous satisfera bien fort. Et sur ce je prie le Créateur vous donner Monsieur de Rennes, entierement ce que mieux desirez. De Trente ce 24. jour de
Novembre 1563.

Vostre meilleur Amy,
C. CARD. DE LORRAINE.

Monsieur de Rennes, m'ayans dit les Ambassadeurs de l'Empereur qu'il dépe-
schent un Courier par devers S. M. je luy ay adressé mon Paquet ; de sorte que par
ses mains vous recevrez la presente. Vous voulant bien encore asseurer que
nous paracheverons bien-tost le Concile au contentement de tous les Princes, bien
& grand profit de toute la Chrestienté ; ayant le Roy mandé à ses Ambassadeurs
qu'ils rétournent en ce lieu, puis qu'il est résolu qu'on n'y parlera plus de chose
qui soit contre ses droits & Privileges, ainsi qu'il a esté declaré par les Peres
à mon très-grand contentement, dont je vous puis bien asseurer.

Autant que la naissance de ce Prince fut avantageuse à la Lorraine, autant pensa-t'elle estre pernicieuse à la France, pour le dessein
conçû par la Reine Catherine son ayeule de le faire regner à l'exclu-
ion de Henry IV. legitime heritier de la Couronne aprés Henry III.
esté seul de ses enfans & sans esperance de posterité. Ce fut dans cet-
e pensée & dans la créance que le Duc de Guise n'y prendroit point
l'interest de son chef, mais comme Serviteur du Duc de Lorraine,

qu'elle baftit la Ligue ; où elle enrôlla toutes fes créatures, & qu'elle l'engagea dans cette grande entreprife , & mefme dans celle des Barricades, où elle eut la principale part. Mais il crût devoir profiter du peril où il s'engagea , & dans lequel ayant efté tué, la Reine mourut peu aprés de regret & de confufion d'avoir mis l'Eftat en proye pour troubler en vain l'ordre de la fucceffion, d'avoir commis fon fils dans des inimitiez immortelles avec fes Sujets , & malheureufement hafardé la Religion pour l'avoir fait fervir de prétexte à un intereft particulier. Comme cette Princeffe ne negligeoit aucune occafion , elle voulut faire fervir celle du Baptefme de ce Prince au deffein qu'elle avoit d'une entrevûë d'elle & du Roy des Romains. Auparavant elle la defiroit generale avec le Pape & les principaux Potentats de l'Europe ; & comme cela eftoit impoffible autrement qu'en idée , elle fe détermina à celle-cy pour faire une liaifon d'amitié par des alliances avantageufes à ce Prince , & qu'elle croyoit capables de nous le rendre plus amy que de l'Efpagne, dont elle ne fe défioit pas moins que des Huguenots. Il falloit bien qu'elle en efperât un grand avantage , car la chofe luy tenoit merveilleufement au cœur, comme je rémarque par grand nombre de lettres à l'Evefque de Rennes noftre Ambaffadeur, où je réconnois que le voyage de Lorraine fondé fur le fujet de ce Baptefme, ne s'entreprenoit principalement que pour cet abouchement icy, pour lequel il fut réculé l'efpace de plus de trois mois ; & que Chantonay Miniftre d'Efpagne en fit tant de bruit aux oreilles de fon Maiftre , de l'Empereur , & de ce Roy des Romains, qu'il n'en fut autre chofe : le Roy Catholique trouvant mauvais que nous fiffions des amis en Allemagne , fuffe pour fervir à la défenfe de la Foy , & pour troubler le commerce des Huguenots avec les Princes Proteftans. Entre toutes ces lettres de la Reine à l'Evefque de Rennes , j'ay choifi les deux fuivantes , & je diftribueray les autres fur d'autres fujets, aufquels elles appartiennent davantage.

Monsieur de Rennes, *j'ay receu vos deux dernieres dépefches, par lefquelles j'ay efté bien aife d'entendre les particularitez des chofes qui s'offrent & occurrent au lieu où vous eftes, & que ce foit au plus prés du defir & contentement de l'Empereur & du Roy des Romains mes bons freres, aufquels je fouhaite la mefme profperité en leurs affaires, que je fçaurois faire aux noftres-mefmes ; tant je leur porte de fincere amitié , & fais d'eftat & d'eftime de leur vertu. Vous me ferez plaifir fi-toft que les deux Mariages de Florence & de Ferrare [avec deux des filles de l'Empereur] feront accordez, de m'en avertir ; encore que je tienne des-jà la chofe pour refoluë, ayant veu ce que m'en mandez par la derniere de vofdites lettres qui eft du 1. de ce mois. Si par mefme moyen vous pouvez encore découvrir quelque chofe davantage & de plus particulier , de l'intention de mondit bon frere l'Empereur fur le fait de cette entrevûë des Princes que vous n'avez pû faire jufques icy, je m'affeure que vous n'oublierez pas à m'en donner avis continuellement. Je fuis en quelqu'efperance que le Roy des Efpagnes mon bon fils ne s'y rendra par trop difficile , toutefois je ne m'en veux rien promettre avant le temps , & que bien à point , & ne faudray fi j'y voy quelque feureté de vous efcrire incontinent. [le refte eft en* chiffre] *Je vous ay mandé par mes lettres des* 12. *&* 29. *du passé, que j'eusse bien desiré que vous eussiez trouvé une honneste occasion d'aller faire un voyage vers l Roy des Romains mon frere ; pour luy faire l'ouverture des propos contenus e la dépesche que vous a portée la Saussaye, & moyenner en tout ce qui vous se roit possible l'entrevuë de luy & de nous, si la Generale ne s'accorde, comme i y pourra avoir de la difficulté : & que pour luy donner moyen de se servir de l commodité de nostredit voyage de Lorraine, je remettrois & differerois nostre dit voyage jusques à ce que j'eusse eu réponse de vous. Et pour ce que j'ay v par la derniere de vosdites lettres, que ledit Roy des Romains ne s'attend à Vienn que pour la fin du mois de Février prochain, & que je ne sçay si vous aurez p avec le gré de l'Empereur mon bon frere entreprendre de l'aller trouver ; je fai grand doute que je ne pourray pas avoir réponse de vous si-tost que je le desire & de differer nostre partement pour ledit voyage de Lorraine, plus avant qu le* 15. *dudit mois de Févrir, il ne se peut faire ; pour la necessité que a le Roy Monsieur mon fils d'aller visiter Lyon & la Provence, qui requierent grande ment sa presence, pour confirmer ce qui y a esté estably de repos & pacification.*

Il est vray que je pourray bien faire durer nostre voyage de Lorraine, s'i en est besoin, de cinq ou six semaines, & par ainsi ne l'entreprenant que le 15 *dudit mois prochain, & le faisant traisner ledit temps de cinq ou six semaines vous aurez prou de loisir de negocier ladite entrevuë & de m'en mander des nouvel les avant que nous soyons-là, encore que vous n'eussiez vû ledit Roy des Romain qu'à son arrivée audit Vienne : laquelle je pense bien qu'il pourra haster. Pui que l'Empereur luy renvoye toutes choses, & qu'il ne veut plus rien dépesche sans luy en quelque sorte que ce soit. Je vous prie mettre peine de m'éclaircir d son intention le plustost qu'il vous sera possible ; can si je ne dois rien esperer d nostre entrevuë particuliere, j'avanceray nos voyages, qui nous importent grandement. Nous sommes encore sur le fait de la Paix d'entre nous & la Reine d'Angleterre, aux mesmes termes & difficultez, pour la restitution des Gen tils-hommes François qui leur avoient esté baillez pour Ostages, que je vou ay escrit cy-devant ; n'y ayant esté rien avancé depuis, & n'estant survenu d'ailleurs chose d'importance és affaires du Roy mondit S. & fils, dont je n vous aye donné bien ample advis par ma dépesche du* 12. *de ce mois. Priant Dieu Monsieur de Rennes, qu'il vous ait en sa sainte garde. Escrit à S. Maur de Fossez le* 28. *jour de Janvier* 1563.*

C*ATHERINE, *& plus bas,* B*OURDIN.

M*ONSIEUR DE RENNES, il ne faut point que je vous di*e *combien m'a esté agréable la dépesche que vous m'avez faite par ce Porteur, parce que c'est chose que vous mesme sçaurez bien juger par l'honneste réponse que vous avez euë du Roy des Romains mon bon frere, sur l'ouverture que vous luy avez faite de ma part. En quoy je le voy proceder si sincerement, & avec une si ouverte démonstration de l'affection qu'il porte au Roy Monsieur mon fils & à moy, que j'ay juste occasion de m'en loüer & de luy en devoir une bien grande obli- gation, & aussi d'esperer beaucoup de ce que vous luy avez proposé de par moy ; car s'il ne tient qu'à tenir la chose secrette, vous le pourrez asseurer qu'il n'y a que trois seules Personnes en ce Royaume, dont je suis l'une, qui le sçache, & ausquelles je m'en laisse jamais entendre. De l'occasion, elle est telle qu'elle ne se peut souhaiter plus grãde ny meilleure ; ayans à traiter, comme nous avons, de si grands Mariages, ou l'entrevuë des personnes est souvent desirée & necessaire avant que par- venir à la conclusion. Et quant au lieu & au temps, je m'y accommo-*

deray toûjours felon que mondit bon frere avifera pour le mieux , & la difpofition de fes affaires le pourra permettre , en eftant avertie d'heure, comme vous fçavez qu'il eft neceffaire pour difpofer nos voyages felon cela.

Je vous avois efcrit de Lorraine, pour eftre le lieu qui me fembloit le plus à propos ; mais depuis que vous m'euftes mandé par voftre lettre du 15. du mois paffé , que mondit frere avoit de la befogne taillée en Bohéme & Auftriche pour tout le mois prochain : je confidere qu'il feroit bien mal-aifé de conduire la chofe au point que je defire , que ce ne fut que fur la fin de l'Efté prochain. Au moyen dequoy en attendant de vos nouvelles, je n'ay pas craint de m'obliger tellement audit voyage , après les remifes, dont j'ay continuellement ufé depuis deux ou trois mois en ça envers mon fils & ma fille de Lorraine ; car ma premiere promeffe eftoit d'eftre à la Fefte de Noël dernier pour y faire les Rois : que tout ce que j'ay peu faire a efté de remettre noftre arrivée devers eux pour le plus long terme à la prochaine Fefte de Pafques ou incontinent après. Mais cela n'eft pas pour de rien empefcher l'execution de noftre deffein , car foit là où ailleurs, je trouveray toûjours prou de moyen & de couleur de m'y trouver, avant que perfonne fçache mon entreprife & fans en donner aucune fufpicion : & par ainfi tout le negoce gift en ce que mondit bon frere voudra réfoudre du premier point , qui eft celuy de noftre entrevûë ; car s'il l'a agréable & veut qu'elle fe faffe , qu'il choififfe le temps & le lieu , & je m'y accommoderay, m'affeurant qu'en faifant ladite élection de lieu, il aura égard que ce foit de ceux qui feront les plus proches de nous , comme il eft raifonnable. Vous luy ferez entendre ce que je vous en mande, & tirerez de luy fa derniere réfolution fur cette affaire, s'il vous eft poffible ; que je defire comme luy demeurer fi fecret entre luy & moy, qu'il ne s'en puiffe rien découvrir avant le temps. Il eft vray que je n'entens pas en difant cela , luy ofter la liberté d'en communiquer avec l'Empereur Monfieur mon bon frere , prévoyant bien que mal-aifement voudroit-il faire une telle entreprife fans fon avis, confeil & contentement ; mais c'eft à luy à en ufer felon fa prudence, & de vous dire s'il luy femblera que vous ayez à faire en cela quelqu'office envers ledit Empereur pour y fatisfaire , ainfi que fi c'eftoit moy-mefme qui le vous ordonnât.

Et pour ce que j'ay vû par le difcours de vos communs propos , qu'il defireroit bien que le Roy Catholique des Efpagnes mon beau-fils fût de la partie : il faut que je vous die que luy ayant fait entamer quelques propos fur le fait de l'entrevûë generale des Princes avec le Pape , & défaillant celle-là, d'une particuliere ; pour effayer fi je le pourrois attirer à l'une ou à l'autre : il m'a mandé par le S. Don Francifque d'Albe, qui eft venu par-deçà réfider fon Ambaffadeur , qu'il n'a autre plus grand defir que de voir le Roy Monfieur mon fils & moy, pour l'amitié qu'il nous porte , & le contentement que ce luy feroit de joüir d'un tel plaifir ; mais pour ce qu'il feroit mal-aifé que cela fe fift fans en mettre en foupçon & jaloufie les autres Princes Chreftiens : il me

prioit avant que s'en résoudre, que je luy fisse entendre quelle utilité j'esperois qu'il put réussir de ladite entrevuë au bien & repos de la Chrestienté , ou à ce qui est de l'establissement de la Religion. A quoy j'ay
fait réponse quant au premier point , qui est l'utilité publique & repos
universel ; que j'espérois , si le demeurant de la Chrestienté voyoit que
par ladite entrevuë generale les trois plus grands Princes de la terre se
fussent confirmez en leur mutuelle amitié & bienveillance : il n'y auroit plus de Prince de quelque qualité qu'il fût , qui osât entreprendre
par un nouveau mouvement d'armes de troubler quelque endroit que ce
fust de la Chrestienté, au repos & en la tranquillité qui y est si necessaire , qu'il n'y a celuy desdits Princes qui ne doive travailler à la conserver de tout son pouvoir : & par ainsi , estant la Chrestienté délivrée
de cette crainte, chacun auroit occasion de vivre heureux & content.

Quant à ce qui appartient à l'establissement de la Religion , qui est
mis en avant pour la seconde occasion de ladite entrevuë. Que nous avons
assez experimenté en ce Royaume , le peu de profit que y avoient fait
les armes, & ce qui en estoit sorty de perils & de calamitez ; qui nous
devoit faire assez sages pour ne rien changer de l'Edit de Pacification,
par le moyen duquel toutes choses ont esté réduites & ramenées en cedit
Royaume sous l'obéissance du Roy Monsieur mon fils , & en leur premiere tranquillité : & de chercher autre remede pour le restablissement de
ladite Religion que celuy qui y peut apporter une bonne & serieuse réformation , ce seroit se tromper. Laquelle réformation, au jugement de beaucoup de gens de bien & de bons Catholiques , n'a pas esté faite telle au
Concile, que l'on en puisse esperer grande guerison au mal qui est present , & ne se peut esperer au défaut dudit Concile , d'autre endroit que de
l'entrevuë generale desdits Princes : lesquels , comme vous l'avez tres-
bien rémontré a mondit bon frere, pourroient estans ensemble , ployer le
Pape à plusieurs choses raisonnables, ausquelles il s'est montré fort dur
jusques icy ; pour le faire ceder à l'autorité de si grands Princes bien
unis.

Que toutes ces considerations-là avoient esté les motifs pour lesquels j'avois
desiré & fait procurer ladite entreveuë generale. Et quant à la particuliere , je m'asseurois que ledit S. Roy Catholique mon Beau-fils ne
trouveroit jamais estrange , que moy qui suis belle-mere, desire &
procure d'avoir ce contentement avant que mourir, de voir & mon Gendre
& ma fille, & la meilleure partie de tous mes enfans ensemble , & si bien
unis d'amitié & alliance , que j'aye occasion de loüer & remercier
Dieu , de m'avoir fait un si grand bien. Le S. Don Francisque le doit
avertir de tout ce que dessus , & ayant sçeu quelle sera la réponse ,
ne faudray de la vous mander pour en faire part à mondit bon frere, comme je me délibere faire de tous mes autres desirs & intentions. Cependant vous luy ferez ce discours, afin qu'il sçache en quels
termes je suis de ladite entreveuë , & ce qui s'y est passé entre ledit
Roy Catholique mon Beau-fils & moy jusques à present ; surquoy
seray toûjours bien-aise d'entendre son bon avis & conseil. Mais soit

que ledit S. Roy Catholique mon beau-fils veuille estre de la partie ou non, ce me sera un tel contentement de pouvoir voir ledit Roy des Romains mon bon frere, que vous le pouvez bien asseurer que c'est le plus grand de tous mes desirs. Et encore, Monsieur de Rennes, que je m'asseure que estant mondit bon frere arrivé auprés dudit S. Empereur, vous n'aurez oublié de leur parler de nouveau de la procedure qui a esté commencée à Rome contre ma sœur la Reine de Navarre, & pareillement de ce qui concerne l'execution des choses, qui ont esté ordonnées au Concile, pour en tirer leur avis & opinion : si le vous récorderay-je encore à ce bout de lettre, & vous asseureray que vous me ferez service bien agréable de m'en mander des nouvelles le plûtost que vous pourrez.

Le Roy Monsieur mon fils a fait voir depuis l'arrivée de mon Cousin le Cardinal de Lorraine les Decrets du dit Concile, en pleine compagnie de son Conseil, appellez les quatre Présidens de sa Cour de Parlement & ses Advocats & Procureur General ; par l'avis desquels il s'est trouvé tant de choses contraires à son autorité, & préjudiciables aux libertez & privileges de l'Eglise Gallicane, qu'il a esté avisé & résolu que la chose se surseoira encore pour quelque temps. Cependant nous verrons comme ledit S. Empereur, & mondit bon frere, qui ont leurs Estats divisez comme nous pour la diversité des opinions en la Religion, en useront, pour aprés y prendre meurement une bonne résolution.

Nous sommes encore aprés nostre Traité d'Angleterre, auquel il s'est presenté jusques icy des difficultez, car tout ainsi que leurs Députez voudroient bien en traitant, faire préjudice au droit de Calais, qui nous est acquis par l'infraction qu'ils ont faite avec les armes du Traité de Chasteau-Cambresis : nous prenons garde à nous en défendre, & ne voulons rien faire & accorder, qui pour l'avenir nous y puisse préjudicier. Il est vray qu'ils ont un gage, qui sont les quatre Gentils-hommes qui leur avoient esté baillez pour Ostages ; lesquels encore qu'ils soyent tenus de les nous renvoyer dés le jour de l'infraction, ils ne veulent rendre sans leur bailler une somme d'argent, qu'ils insistent d'avoir bien grande, & jusques à 500000. escus : & nous ne leur avons rien voulu bailler du tout jusques à present. Toutefois je me suis enfin résolüe pour un bien de Paix de leur offrir jusques à 120000. escus ; ayant consideré que nos Marchands qui ont à trafiquer ordinairement par la Mer, recevront en peu de temps, pour le danger des Pirates & pour la difficulté qu'ils sont de se mettre en Mer pour la continuation du commerce de leur Marchandise, plus de perte que ne monte ladite somme : qui leur sera délivrée, non pour le respect de la délivrance desdits Gentils-hommes, mais par forme de present. Trokmarton qui a negocié le dernier, dépesche en Angleterre pour en envoyer à la Reine sa Maistresse le discours, & pense bien que au retour de son Courier nous serons résolus de ce qui se devra esperer de toute cette Negociation, dont vous serez averty incontinent. Priant Dieu, Monsieur de Rennes, qu'il vous ait en sa sainte garde. Escrit à Fontainebleau le 28. jour de Février 1563.

Vous aurez l'affaire du Comte de Petillan pour récommendée, pour le

favoriſer en ce qu'il demande &. qui eſt raiſonnable , comme un Servi-
teur de cette Couronne , honoré de l'Ordre , & qui eſt compris au Traité
de Paix.

CATHERINE ; *& plus bas* ; BOURDIN.

L'intention de la Reine en cette entrevûë avec le Roy des Romains
eſtoit de lier une particuliere amitié avec luy ; afin qu'il empeſchât
par le credit , qu'il avoit ſur les Princes Proteſtans d'Allemagne , qu'ils
ne priſſent plus de part que de raiſon en nos affaires : comme auſſi
pour tous deux enſemble trouver moyen d'obtenir du Pape , & à ſon
defaut convenir entr'eux de quelques expediens , pour ſatisfaire la plûpart de ceux de l'opinion nouvelle , qui ſe fuſſent contentez de la Communion du Calice ; que ce Roy des Romains demandoit avec tant
d'inſtance qu'il en fut ſuſpect , & du mariage des Preſtres. Elle vouloit auſſi taſcher à le rendre plus attaché à nos intereſts qu'à ceux
d'Eſpagne , en traitant avec luy le mariage du Roy Charles IX. ſon
fils avec l'une de ſes filles & de la Princeſſe Marguerite de France
avec le fils aiſné de ce Roy. Cette penſée luy vint ſur le peu de fruit
qu'on dût eſperer du Concile pour la réünion des Heretiques à l'obéïſſance de l'Egliſe , comme nous verrons au Chapitre ſuivant au Traité
du Concile.

CHAPITRE NEUVIÉME.

PROCEDURES FAITES A ROME CONTRE
la Reine de Navarre.

IL eſt amplement parlé de la citation de Jeanne d'Albret Reine de
Navarre Mere du Roy Henry IV. tant en ſon Eloge page 862.
&c. du premier Volume de ces Memoires Hiſtoriques , qu'au traité
des mauvais offices des Eſpagnols envers la France durant les premiers
troubles de la Religion folio 783. &c. du meſme Tome , où je renvoye le Lecteur. Comme auſſi à la lettre du Cardinal de Lorraine à
la Reine Catherine eſcrite de Trente le 14. de Novembre 1563. donnée par feu M. du Puy dans les Memoires du Concile , où il témoigne
que les Peres furent mal-contens de cette entrepriſe du Pape , faite
dans un temps qui demandoit plus de moderation que de rigueur , &
auquel l'Egliſe eſtant aſſemblée pour les beſoins du monde Chreſtien ,
rien ne preſſoit ce Pontiſe d'en venir à cette extrémité , ſinon qu'il
ait voulu plûtoſt faire un acte d'interruption , qui eſtoit de la premiere qualité , pour maintenir ſon autorité ar-deſſus le Concile , &
en laiſſer un titre dans les Archives Romaines. Il avoit les Docteurs
de de-là Monts pour défenſeurs de cette prétenſion , que les Prélats &
les Ambaſſadeurs d'Allemagne & de France conteſtoient , & il ſe fit
des Sermons tous entiers dans les Chaires publiques & en preſence

des Peres du Concile en faveur de l'autorité Papale , qui ne servirent qu'à en rendre le joug rédoutable, au lieu que Jesus-Christ dit luy-mesme qu'il est doux & leger : & c'est ce qu'on devoit prescher sur ce fameux Théatre de Trente , pour rappeller au Bercail de l'Eglise des Brebis égarées & toutes prestes à se perdre au grand déshonneur de leur Pasteur qui auroit à en rendre compte au Maistre du Troupeau. Il semble aussi qu'il estoit trés-dangereux de vouloir entreprendre par maniere de récrimination , sur ce qu'on demandoit la réformation des Ecclesiastiques , de réformer les Princes temporels & de les chicaner sur leurs droits , ou mesme sur de veritables usurpations autorisées d'une longue jouïssance. Ce devoit estre l'affaire d'un meilleur Siécle, & il falloit appréhender de donner des prétextes à des Princes, qui d'ailleurs estoient assez sollicitez par leurs interests , par plusieurs de leur Conseil , & par leurs Sujets de la nouvelle opinion , d'ordonner d'une Religion commode, dont ils demeureroient Protecteurs. Ils avoient devant les yeux l'exemple de Henry VIII. Roy d'Angleterre, qui avoit joint à ses titres celuy de *Pontifex Maximus* à l'imitation des Empereurs Payens , lequel, quoy qu'il n'eut pris l'Encensoir que pour donner de l'odeur à ses Sacrileges & à sa mauvaise vie, ne laissoit pas d'avoir des admirateurs parmy les Politiques, qui n'envisageoient que le present , & qui ne consideroient pas que ce feu profane tiré du brasier de sa luxure & de son impudicité, consumeroit un jour tout son Royaume. Je ne m'estendray point icy sur le pouvoir des Papes, je me contenteray de dire qu'il ne doit avoir d'autres bornes que celles de la charité , & qu'ils en doivent user selon les besoins de l'Eglise & de la Religion les obligent d'estre plus fermes ou plus accommodans : mais que dans cette espece icy , le Pape Pie IV. ayant transféré son autorité au Concile, qui estoit principalement assemblé pour rémedier à l'Heresie , il y avoit de la passion & de la précipitation tout ensemble d'agir avec tant de vigueur contre la Reine de Navarre , sujette & alliée de la Couronne de France , qui devoit prendre sa protection contre le droit d'Interdit, duquel nous n'avons que de funestes exemples , & dont la consequence devoit estre rédoutable à tous les Princes.

RETOUR DU CARDINAL DE LORRAINE
du Concile de Trente.

LA PUBLICATION DUDIT CONCILE
REFUSE'E EN FRANCE.
ABOUCHEMENT PROPOSE' ENTRE LE PAPE
& les Princes Catholiques.

LA seconde lettre de la Reine Catherine à l'Evesque de Rennes rapportée cy-devant, témoigne le peu de satisfaction qu'on eut en France du Concile de Trente, pour plusieurs choses qui y avoient esté décretées contre les Droits du Roy & les Privileges de l'Eglise Gallicane. Le Cardinal de Lorraine avoit esté à ce Concile tout plein de bons desseins, mais y ayant trouvé plus d'opposition qu'il n'avoit prévû ; & plusieurs choses estant arrivées, comme la mort du Duc de Guise son frere & la Paix d'Orleans, qui le mit en soupçon que les Huguenots, contre lesquels il vouloit venger cette mort, ne s'en prévalussent, il donna les mains à plusieurs Articles : croyant qu'il estoit plus à propos de les passer & de les faire recevoir en France par son credit, pourvû que d'ailleurs on la pût purger de l'Heresie, dont elle estoit infectée. C'est ce qu'il se promettoit d'une Ligue entre les Princes Catholiques, dont on jetta les fondemens avec luy, peut-estre avec plus d'intention de le fléchir & de le surprendre, que d'en venir à l'execution : & en tout cas il crût que les bonnes graces & l'amitié du Pape & de la Cour Romaine luy seroient necessaires, pour le ressentiment avec lequel il revenoit en France contre les Heretiques, qu'il vouloit commencer d'entreprendre par la publication du Concile, pour laquelle on convint de faire interceder les Ambassadeurs des Princes Catholiques. Voilà en peu de mots, si je n'y adjouste l'offre qu'on luy fit de le faire Legat en France avec l'autorité presque toute Papale, ce qui le fit relascher de cette fermeté, qui l'avoit si long-temps rendu rédoutable, qui luy fit haster son retour, & passer legerement sur toutes les difficultez des derniers articles, qui estoient les plus importans, qu'on proposa en foule & qui furent accordez de mesme, avec tant de succés pour les Ministres du Pape, que ce Cardinal luy-mesme entonna les dernieres acclamations ordinaires à la fin des Conciles. Il luy en cousta un peu d'avoir esté si viste, il ne se trouva pas assez fort pour obliger le Parlement à loüer sa conduite & à recevoir les Statuts du Concile, & les Huguenots en firent mille railleries. Il est vray que la Reine ne voyant pas que le Concile nous dût estre fort avantageux, ne se soucia guere de le voir plus long-temps durer & que croyant faire davantage pour ramener les Huguenots, par quelque expédient, qui ne pouvoit pourtant estre que dangereux, lequel elle esperoit trouver avec le Roy des Romains, elle conseilla mesme au Cardinal de Lorraine qui l'y avoit disposée, d'aider à le rompre ou à le conclure, & de s'en revenir. Cette lettre escrite en chifre à l'Evesque de Rennes servira à prouver ce que je dis du dessein de cette Conference pour cet accommodement, qu'elle croyoit devoir estre fort agréable au Roy des Romains, qui ne se soucioit guere non plus qu'elle qu'il en coutât quelque chose à la Religion, pour accorder aux Protestans, desquels il avoit besoin pour la succession à l'Empire, quelques points desquels il convenoit avec eux & qu'il avoit sollicitez en leur faveur, & principalement la Communion sous les deux especes & le Mariage des Prestres.

Tome II.

Monsieur de Rennes, *depuis mon autre lettre escrite j'ay avisé que je ne dois rien celer au Roy des Romains mon bon frere touchant cette entrevuë, laquelle j'ay veritablement desirée & desire ; mais vous l'asseurerez que mon intention & le but où je tend, n'est autre que de voir si nous, qui sommes les plus Grands & puissans Princes Chrestiens, assemblez ensemble, pourrons convenir & nous accorder d'un bon moyen autre que celuy des armes pour la pacification & repos de la Chrestienté. Dequoy sçachant que sa volonté & la mienne sont du tout conformes en cela, j'espere qu'il pourra réüssir le fruit que luy & moy desirons. Encore que le Pape & le Roy d'Espagne se rendissent difficiles, nous pourions lors travailler à les y persuader, & s'il se trouvoit quelqu'empeschement à ladite entrevuë ; j'espere que sur les occasions qui se vont offrir entre luy & nous [du voyage de Lorraine] telles que vous le sçavez, j'auray ce bien de le pouvoir voir, & l'Empereur aussi. Ce que je desire d'autant plus, que lors nous pourions luy & moy aviser du moyen necessaire pour ladite Pacification, & pour la moderation de l'aigreur qui est aujourd'huy parmy nos Peuples pour les differences de la Religion : car chacun est assez éclaircy, ce me semble, du peu d'esperance que l'on doit avoir de l'issuë de ce Concile. Et pour ce que je seray bien-aise de pouvoir sçavoir quelle sera son intention sur le fait de ladite premiere entrevuë, & au défaut d'icelle de cette seconde, observez-le je vous prie si soigneusement en ses réponses, & regardez dextrement & de propos à autre à l'approfondir si avant, que vous m'en puissiez éclaircir par vostre premiere dépesche. Car selon l'asseurance que je pourray prendre de sa volonté, je me conformerois de tout avec luy, au bien repos commun de la Chrestienté, & specialement de nos Peuples & Sujets. Vous estes sage, & remets à vostre prudence de vous restreindre & estendre en cette affaire, ainsi que par le discours que vous en aurez avec mondit bon frere vous connoistrez estre à faire pour le bien du service du Roy Monsieur mon fils. Priant Dieu, Monsieur de Rennes, qu'il vous ait en sa sainte garde. Escrit à Monceaux le 9. jour de Novembre 1563.*

Catherine, *& plus bas,* Bourdin.

L'Evesque de Rennes luy fit cette réponse le 6. Decembre ensuivant.

Madame, *il est arrivé incommodément que trois semaines devant que la Saussaye soit arrivé icy, le Roy des Romains en estoit party, & de l'aller trouver sans en alléguer quelqu'occasion à l'Empereur, je n'eusse fait plaisir ny à l'un ny à l'autre, & m'a semblé encore plus éloigné de vostre intention d'en dire à l'Empereur la vraye occasion. D'autre-part s'attendant icy l'Evesque d'Ischia, il est bien requis pour satisfaire au commandement de vos Majestez, que je ne sois absent lors qu'il y sera. Au demeurant, Madame, j'escris bien amplement au Roy ce que l'on dit en cette Cour de la venuë dudit Evesque d'Ischia* [c'estoit pour moyenner l'entrevuë des Rois Catholiques avec le Pape, ou plûtost pour en faire la mine & pour satisfaire à l'expédient, dont le Pape & le Cardinal de Lorraine estoient convenus, pour autorifer la conclusion du Concile] *par où il me semble sous correction, qu'estant divulgué que vous avez mis les propos en avant la premiere, qu'on en faſſe entendre tou voſtre intention, non ſeulement au Roy des Romains, mais auſſi à l'Empereur qui ſera le moyen que j'iray trouver le Roy des Romains auſſi-toſt que l'Eveſque aura fait icy; où je pourray ſonder ſa volonté & les moyens qu'il aura de vous entrevoir, qui eſt choſe dont je croy qu'il ne ſera aucunement aliené. Mais je ne voy pas, quand bien il y ſera le mieux diſpoſé du monde, q, ſans quelque nouvel accident cela ſe puiſſe ſi-toſt faire; car ils ont tant d'affai res és Pays de deçà, que ſi l'occaſion d'une Diette Imperiale ne les en tire ils n'en peuvent partir de long-temps; dont il ne ſe parle point encore: neant moins je croy bien qu'elle ſera plûtoſt preſte que l'occaſion que vous attendez Mais ce que je crains plus en cet endroit, eſt que l'Empereur ne trouvera jai mais bonne cette entrevuë du Roy des Romains & de vous; à laquelle auſſi ne faut pas faire eſtat que l'Empereur ſe trouve: car ſoyez aſſeurée que l'Empereur ne ſera jamais content, qu'il y ait plus d'intelligence entre vous & ledit Ro des Romains que le Roy d'Eſpagne ne voudroit, ny que ledit Roy d'Eſpagne a occaſion d'en prendre jalouſie. Neantmoins, je croy qu'il n'eſt que bon d'en mettr de bonne heure les propos en avant, mais le plus ſecrettement qu'il ſera poſſibl Le temps en pourra puis apporter les moyens, & peut-eſtre plûtoſt qu'on ne penſeroi Quand j'auray parlé à luy, j'en pourray peut-eſtre eſcrire quelque choſe davantage*

Cependant je voy une difficulté en cecy, que doreſnavant le pere & le fi ne ſeront plus enſemble, ou bien rarement, tellement que voſtre Ambaſſadeu n'aura moyen de voir le Roy des Romains; ſinon quand il s'offrira bien expreſ ſe occaſion de l'aller trouver, & telle que l'Empereur la trouve bonne: qui n s'eſt pas preſentée à grande peine une fois l'an depuis que je ſuis en cette Char ge. Il faudra donc que V. Majeſté la faſſe naiſtre le plus ſouvent qu'il ſera poſ ſible, car l'Ambaſſadeur ne le peut pas bien faire. J'ay ſçû depuis quelque. jours qu'on avoit eſcrit de Rome que le Nonce de ſainte Croix y avoit eſté dé peſché pour la diſpenſe du Mariage d'entre le Roy & la Reine d'Eſcoſſe [arti fice des Eſpagnols, dont il eſt traité page 553. du premier Volume] don neantmoins ces Princes ne m'ont jamais fait aucun ſemblant, ny aucun de leur Serviteurs: bien m'en ont parlé quelques Ambaſſadeurs, qui ſont en cette Cour Si c'eſt choſe du tout fauſſe, je croirois qu'il ſeroit requis d'en parler à l'Em pereur & au Roy des Romains. Voſtre Majeſté verra ce qu'elle aura à me com mander là-deſſus. Monſeigneur le Cardinal de Lorraine m'a mandé devan qu'il eut nouvelle de l'accouchement de Madame de Lorraine, qu'il eſcrivoi à l'Empereur pour ſçavoir ſa volonté, s'il viendroit par-devers luy in continent le Concile finy, ou bien s'il remettroit le voyage d'icy à quatre mois, & cependant feroit un tour en France; puis auſſi-bien que le Roy des Romains n'eſtoit pas icy, & qu'il jugeoit qu'en ſon abſence l'affaire pour le quel il venoit [du Mariage du Roy avec ſa fille] ne ſe pouvoit bien trai ter. Je preſentay les lettres à l'Empereur, & luy dis de bouche ce que mondit Seigneur le Cardinal m'eſcrivoit. Cependant, la nouvelle dudit accou chement eſt venuë, & ſur icelle mondit Seigneur le Cardinal m'eſcrit qu'il va trouver le Roy ſuivant ſon commandement. Je croy qu'il en eſcrit autant à l'Empereur. J'ay retenu tous ces jours la Sauſſaye, attendant que l'Empereur ſur ce que deſſus me fit entendre ſa réſolution; jugeant que c'eſtoit choſe dont V. Majeſté ſeroit volontiers avertie, pour ce que d'icelle on pourroit compren dre quand ils ont envie de beſogner ſur le fait de ces Mariages. [de France & Eſcoſſe avec Auſtriche.] Neantmoins l'Empereur a fait réponſe à la pre miere lettre ſans m'en rien communiquer, & je croy qu'il fera de meſme à la ſeconde. Vous ſçavez, Madame, que l'Empereur nous remit à la premiere dé peſche qu'il recevroit de Martin de Guſman. Je ſçay qu'il en eſt venuë une il y a quinze jours, & pour ce qu'il y a d'autres affaires, comme ces mariages de Ferrare & de Florence, qui dépendent de la meſme dépeſche; j'entens que l'Empereur a dit à l'Ambaſſadeur de Florence qui alloit parler de ſon affaire, que cette dépeſche ne contenoit rien, mais ſeulement ſe remettoit à une autre, que ledit Guſman avoit faite peu de jours auparavant, laquelle n'eſtoit encore

arrivée. Je demeure toûjours en opinion, que si l'Empereur s'opiniastre à at-
tendre la résolution d'Espagne sur le mariage de la premiere, devant qu'en
traiter avec le Roy, nous attendrons tous beaucoup. Je n'entens point, Ma-
dame, ce que par vostre précedente me mandez, que jusques à ce que les en-
fans du Roy des Romains soyent en Espagne, ils ne peuvent avoir ladite
résolution. Je croy bien que ce ne sera encore si-tost, mais cela ne m'a jamais
esté dit icy. Je ne sçay s'ils vous l'ont fait dire par autre moyen.

Avec cette lettre il envoya ce Billet du mesme jour 6. de Decembre 1563.

Je croy qu'il ne sera mal-aisé à la Reine d'avoir avec le temps bonne & estroi-
te intelligence avec le Roy des Romains, mais c'est chose qui se doit conduire
par offices mutuels, & par communication privée; laquelle si la Reine commen-
ce, je croy que l'autre y correspondra : car au demeurant, tout ce que je puis
dire & faire en cet endroit, si la Reine ne m'en donne témoignage par les effets,
est peu de chose, voir rien du tout. Je croy qu'il ne faut pas craindre ce que
m'avez d'autrefois escrit, qu'il ne se peut rien faire avec luy qui ne se sçache
en Espagne. Cependant s'il plaisoit à la Reine m'envoyer un mot de lettre de
créance de sa main, par où le Roy de Romains connût que je suis de ceux en
qui elle se fie, mon service seroit de beaucoup plus grande efficace en cet
endroit.

Puis que je suis entré si avant dans le sujet de cette entrevûë, je
le traiteray icy tout entier comme un Secret du Cabinet qu'il faut
démesler. Pour cela il faut sçavoir qu'outre qu'il n'y avoit rien à
esperer du Concile pour la réconciliation des Heretiques avec l'E-
glise, tous les Princes ayans des interests differens, qui divisoient les
suffrages de leurs Ambassadeurs, & le Pape ayant plus de voix par
la plus grande quantité d'Evesques Italiens, qu'il avoit dans une dépendance absoluë de ses Ministres au Concile ; peu s'en fallut qu'au
lieu de réformer l'Eglise, pour le seul besoin de laquelle on s'estoit
assemblé, l'on ne réformât les Princes mesmes. Comme nos Rois
ont les plus beaux Droits, & nostre Eglise Gallicane les plus grands
Privileges, ils y hasardoient davantage, & plusieurs paroissans plus
animez à leur défaite qu'à celle des erreurs du temps, nous estions
en peril de tout perdre pour nostre peine d'avoir provoqué le Concile. C'est ce qui nous le fit negliger à dessein, la Reine prenant
pour prétexte suivant le conseil du Cardinal de Lorraine, qu'on en
termineroit plus en un abouchement du Pape avec l'Empereur, le
Roy de France, le Roy des Romains, le Roy d'Espagne & autres
Princes Catholiques, qu'on n'en pourroit décider en grand nombre
de Sessions du Concile. Le Nonce du Pape sainte-Croix mentionné
en la lettre précedente, qui avoit ordre exprés de troubler la Paix
des Huguenots, prit la Reine au mot, croyant que cette entrevûë
opereroit une Ligue contr'eux, & à tout hasard il en fit courir le
bruit, pour d'une façon ou d'autre nous mettre en une nouvelle
Guerre de Religion : puis pour confirmer davantage ce soupçon il
alla à Rome, afin de disposer le Pape à cette entrevûë, dont il avoit
jetté les premieres paroles avec le Cardinal. Cela éclata de sorte,

que le Roy fut obligé d'escrire à l'Evesque de Rennes la lettre rapportée par le S. du Puy parmy les Memoires du Concile page 539. où il se justifie de ce bruit de Ligue. J'ay l'original de cette lettre que je m'abstiens de donner icy, puis qu'elle est imprimée, & qu'il n'y a rien à réformer, sinon qu'au lieu d'Evesque d'Aquila, il faut lire d'Ischia : & j'y joins celle de la Reine de mesme date, parce qu'elle n'est pas publique. Mais auparavant je donneray celle de l'Evesque de Rennes, qui leur donna l'advis de ce qu'on publioit de cette prétenduë Ligue, elle traite de quelques autres affaires qui appartiennent à l'Histoire du temps & qui sont assez curieuses. Sa date est du 11. d'Octobre 1563.

SIRE, ma derniere depesche estoit du 28. du mois passé. Nous sommes encore en cette Diette de Hongrie, où le Pays a accordé à l'Empereur une contribution pour deux ans de 200000. ducats par an & un present à leur nouveau Roy [Maximilien Roy des Romains son fils] de 100000. ducats. L'Empereur veut la contribution pour plus d'années ; non tant pour ce qu'il n'espere bien ce terme-là expiré de la faire continuer, que pour ce que pour cet effet il luy seroit necessaire de revenir icy, ce qu'il ne fait pas volontiers : & ceux du Pays de l'autre costé, font le terme ainsi court, afin qu'il les revienne visiter au bout desdits deux ans. Encore ont-ils fait instance entr'autres choses, que tous les ans il vint tenir une Diette au Pays, mais il s'en excuse sur les affaires de ses autres Provinces. Il s'y traite maintenant d'un nouvel ordre de Justice pour défendre la pauvre Noblesse de l'oppression des Grands, dont il y a toûjours infinies plaintes ; car estant l'Empereur contraint pour la division du Pays, de laisser tant de licence aux Grands qu'ils en veulent, pour les entretenir en sa devotion, ils en abusent si extraordinairement, que les foibles en sont oppressez & tyrannisez extrémement. A quoy tant que le Royaume sera ainsi divisé, il sera mal-aisé de trouver remede. Il y a plus cette autre affaire d'importance à démesler, dont ils viendront aussi peu à bout ; c'est qu'ayant ce Royaume esté en continuelle Guerre & division depuis si long-temps, il y a plusieurs des Grands lesquels une, deux & trois fois sont sautez d'un Party à l'autre ; quand il s'en est rebellé aucun de l'Empereur, si bien on a confisqué ses biens, ils n'ont neantmoins esté donnez à personne, pour l'esperance qu'il y avoit de régagner le Seigneur : mais il se trouve que les biens de la plûpart des pauvres Gentils-hommes qui les ont suivis, comme d'hommes de moindre respect, ont esté confisquez & donnez en récompense à ceux qui perdoient du leur de l'autre costé. Maintenant ayans esté restituez les Grands en leurs biens, les Gentils-hommes, qui par mesme moyen ont eu grace quant à leurs Personnes, font instance de ravoir aussi leurs biens ; rémontrans qu'ils ont suivy les Grands par force, comme il se trouve estre veritable, & pour se sauver d'estre brûlez & saccagez, & sont assistez de ceux lesquels ils ont suivis à cela, comme l'on peut estimer. Il y a grande contradiction de la part de ceux qui tiennent leurs biens. Il seroit aisé de trouver en cette difficulté ce que veut la raison & la justice, mais le mal est que si avec le contentement des Parties la chose ne s'accommode, il y a danger qu'elle ne soit cause de plus grands troubles & inconveniens au Pays.

Le Prince de Transilvanie a toûjours eu en cette Cour un Ambassadeur depuis que nous sommes rétournez d'Inspruck. Il est vray qu'il s'absenta au temps du Couronnement. Il traite fort secrettement avec le Roy des Romains, & ne s'en peut sçavoir autre chose, sinon que dudit Ambassadeur on entend qu'il a bonne esperance, que sondit Prince accommodera ses affaires avec le Roy des Romains, & obtiendra en Mariage une de ses sœurs. Je croy que c'est le plus sagement qu'il puisse faire. Je sçay, comme j'ay escrit par cy-devant, que l'on a grande esperance en cette Cour que ledit Prince ne vivra pas, & me doute que tout cecy n'est que préparer & faciliter une entrée en son Pays au cas de sa mort : autrement je ne pense pas qu'il fût possible que ces Princes consentissent en aste du monde qui fut pour luy confirmer l'Estat qu'il tient.

Les enfans du Roy des Romains partiront pour tout ce mois pour s'aller embarquer à Gennes ou à Nice. La difficulté qui estoit pour la confirmation du Roy des Romains à Rome, est accommodée ; ne s'estant laissé ployer le Roy des Romains, à proferer ny faire proferer en son nom, aucunes paroles que de reconnoissance spirituelle en l'endroit de sa Sainteté, & ayant mis du tout hors le mot d'Obédience.

L'autre jour estant avec le Roy des Romains, il me dit qu'on faisoit d'estranges discours de la dépesche de Vienne à Rome du Nonce résident auprés de Vostre Majesté & autres propos là-dessus, pour tirer de moy ce que j'en sçavois ; mais comme je n'en sçay rien en effet, aussi ne luy en pus-je dire autre chose, sinon pour ce qu'il s'écrit de Rome, que ledit Nonce est dépesché de Vostre Majesté pour parler d'une Ligue pour la défense de la Religion Catholique & oppression des Adversaires d'icelle : qu'il y avoit fort peu d'apparence que ce fust pour une telle cause, montrant assez Vostre Majesté n'avoir intention de manier l'affaire de la Religion par cette voye-là, comme on avoit assez vû que ce n'estoit pas la meilleure. Neantmoins je croy qu'il en est en peine & en soupçon, non qu'il improuvât ladite Ligue pour l'égard de la Religion, comme aucuns d'autrefois ont soupçonné de luy, comme pour ce que les bruits seulement de telles Ligues mettent incontinent l'Allemagne sens-dessus-dessous, & broüillent les affaires & l'union de l'Empire.

SIRE, je reçûs devant hier la lettre de Vostre Majesté du 19. du passé, par laquelle il me semble avoir eu un grand heur d'avoir en mesme instant sçû la nouvelle de la maladie & de la guerison de la Reine. Quant à la pratique du mariage d'Escosse avec le Prince d'Espagne, dont Vostre Majesté veut que je travaille à découvrir ce qui s'en peut découvrir ; je ne luy en puis escrire pour cette heure autre chose, sinon que l'autre jour faisant entendre à l'Empereur de la part de Monseigneur le Cardinal de Lorraine, que ledit Seigneur ne sçavoit autre chose de ladite Pratique, & n'en croyoit aussi rien, sa Majesté me dit que l'occasion de ce bruit estoit, que le Pape ne sçachant rien de ce que ledit S. Cardinal en avoit negocié avec luy, entretenoit ladite pratique avec l'Espagne ; mais depuis sa Sainteté l'avoit laissée, & estoit en volonté d'aider & avancer celle-cy. Quant à moy je ne sçaurois croire que l'Empereur ne l'aime mieux pour son fils que pour l'autre, & pour ce je ne croy point qu'il nous veuille tromper. Je ne dis pas que ne puissions estre tous trompez ensemble, mais il est mal-aisé que j'en découvre plus par-deçà de ce que l'Empereur & le Roy des Romains en découvriront.

MONSIEUR DE RENNES, le Roy Monsieur mon fils vous escrit du fait de cette entrevüe que le Pape a prise en main, qui n'est pas chose de si peu d'importance, qu'il ne soit bien besoin d'observer soigneusement quels offices feront ceux que sa Sainteté députera & envoyera envers un-chacun à cette fin. Et c'est pourquoy je desire que vous en parliez au Roy des Romains mon bon frere, d'autant que outre qu'il vous en parlera franchement & ouvertement ; nous serons bien-aises après avoir entendu son intention sur cettedite affaire, de marcher avec luy d'un mesme pied, & de nous accommoder & conformer à tout ce qu'il jugera ou estimera necessaire pour le bien & repos de la Chrestienté. Nous vous envoyons aussi dequoy justifier l'opposition que ont faite au Concile nos Ambassadeurs ; afin que vous rendiez capables l'Empereur & ledit Roy des Romains des causes qui les y ont meu, & que ce qu'ils ont fait *n'eſt que pour faire rétraſter les Legats & Peres ce qu'ils ont propoſé & mis en avant pour abroger les anciens Droits, Privileges & Autoritez des Empereurs & Rois, & en traitant la réformation des Princes, paſſer legerement ſur celle des Eccleſiaſtiques, ainſi qu'ils ont fait juſques à preſent. Vous nous manderez en quelle part meſdits bons freres auront pris le contenu eſdits Articles ; car leur touchant en beaucoup de choſes, encore que ce ne ſoit pas tant que à nous : j'eſtime qu'ils ne les voudront pas laiſſer paſſer, ſans y faire porter de leur part le remede, qu'ils eſtimeront neceſſaire pour la conſervation de leurs Autoritez : & je ſeray bien-aiſe de ſçavoir quel il ſera. Priant Dieu, Monſieur de Rennes, qu'il vous ait en ſa ſainte garde. Eſcrit à Monceaux le 9. jour de Novembre 1563.*

Je ne vous veux point celer que je deſire de ma part ladite entrevûë, ſi eſt-ce qu'il ne ſera pas beſoin que vous en faites rien connoiſtre au lieu où eſtes ; ſinon d'autant que eux l'auront agréable, ſurquoy vous mettrez peine de tirer dextrement leur intention.

CATHERINE, & plus bas, BOURDIN.

Le Roy luy avoit dés-ja mandé la meſme choſe touchant l'entrepriſe faite par le Concile ſur l'autorité des Princes & luy en demandoit les ſentimens de l'Empereur & du Roy des Romains. Il y ſatisfit par cette lettre du 10. Novembre, que j'ay crû important de mettre icy, parce qu'elle concerne les droits du Roy, encore qu'elle trouble en quelque façon l'ordre de la matiere que je traite ; mais elle ne laiſſera pas de l'éclaircir, puis qu'elle appartient au differend ſur lequel on propoſa l'entrevûë

SIRE, je reçûs hier la lettre qu'il vous a plû m'écrire du 20. du mois paſſé, je n'ay pû encore voir l'Empereur & le Roy des Romains pour me congratuler avec eux de la part de Voſtre Majeſté ſuivant ſon commandement, de ce Couronnement de Hongrie, & les remercier auſſi de l'aiſe qu'ils ont montré recevoir du récouvrement du Havre : & ſera pour ce jourd'huy ou demain. Les enfans du Roy des Romains partirent devant hier, [pour Eſpagne] & ne font eſtat d'arriver plûtoſt à Nice qu'au commencement de Janvier ; où ils ſe doivent incontinent embarquer. L'Empereur m'a dit, comme j'eſcrivis à Voſtre Majeſté & depuis le Roy des Romains, qu'ils deſcendroient en paſſant és Ports de Voſtre Majeſté & me ſemble aux propos de leurs Conducteurs, que leur intention eſt de coucher toûjours en terre le long de cette coſte, d'autant que la commodité des Ports y ſera. Quant à la pourſuite que fait icy l'Ambaſſadeur de Savoye, pour eſtre favoriſé de l'Empereur au récouvrement de ſes Places, j'eſcrivis à Voſtre Majeſté ce que ledit Ambaſſadeur, & depuis l'Empereur, m'en avoit dit : & pour ce que je n'ay nulle connoiſſance de ce qui s'en eſt paſſé entre Voſtre Majeſté & M. le Duc de Savoye, je n'ay pû rien répondre du fait particulierement ny audit Ambaſſadeur, ny à l'Empereur meſme. Doreſnavant s'il vient à propos j'en parleray conformément à ce qu'il plaiſt à Voſtre Majeſté m'en mander. Cependant elle aura eu les lettres que l'Empereur luy en avoit dés-ja eſcrites avant qu'il m'en parlât.

Quant aux griefs & avis de l'Empereur ſur les Articles de la réformation, leſquels Voſtre Majeſté deſire que je récouvre pour les luy envoyer, ils ne m'ont point eſté communiquez autrement par eſcrit, ſinon que j'en ay eſté ſouvent en

propos & avec l'Empereur & avec ses Conseillers : mais Monseigneur le Cardinal de Lorraine en aura eu à mon avis communication de ses Ambassadeurs. Cependant j'escriray à Vostre Majesté ce que j'ay appris de l'intention de l'Empereur en ce fait. Les Articles de réformation qui ont esté minutez au Concile, sont, comme Vostre Majesté sçait, divisez en deux parties; l'une qu'ils appellent la réformation de l'Estat Ecclesiastique; l'autre des Seculiers. Quant à celle de l'Estat Ecclesiastique; la cause de l'Empereur est bien diverse de celle de Vostre Majesté, car Vostre Majesté a en sa protection & tutelle toute l'Eglise Gallicane, & peut tout d'une vûë connoistre ce qui est utile ou non à ladite Eglise. L'Empereur ny son Conseil ne se mesle aucunement de gouverner l'Estat Ecclesiastique en Allemagne, mais en laisse faire aux Prélats, qui sont tous Princes chez eux, ainsi que bon leur semble; en sorte que combien qu'en plusieurs endroits ces Articles ne luy pleussent point, si a-t'il estimé que c'estoit aux Princes Ecclesiastiques de l'Empire à alléguer leurs griefs au contraire, non à luy. Mais quant à la réformation des Seculiers, il s'y oppose en tout & par tout, & les causes particulieres qu'il en a allégué à la lecture des Articles se peuvent comprendre : lesquels en plusieurs lieux privent le Souverain de toute autorité sur l'Estat Ecclesiastique, en ce mesme qui concerne leur Temporel, & des subventions, lesquelles en ses necessitez luy en sont dûës. L'Empereur dit qu'il ne veut user de ce mot de protester, mais seulement declarer, si les Peres du Concile passent outre en cette matiere, qu'il entend se reserver ses droits & ses raisons au contraire : qui me semble une trés-bonne interprétation du mot protester à ceux qui ne sçavoient que c'est. Au demeurant l'Empereur & ceux de son Conseil à qui j'en ay communiqué, tiennent que Vostre Majesté a eu trés-grande raison de protester, comme elle a fait, contre aucuns points de la réformation Ecclesiastique, & montrent qu'ils eussent fait de mesme, s'ils eussent eu mesme cause qu'est la nostre. J'espere que Vostre Majesté aura reçu ma dépesche du 20. du mois passé, par laquelle j'ay escrit bien au long ce qui se passoit entre le Pape & l'Empereur pour le fait du Concile : chose qui continuë toûjours, combien que l'Ambassadeur d'Espagne importe toûjours l'Empereur pour faire rayer la clause proponentibus Legatis; ce que je ne puis penser qu'il fasse, comme aussi je l'entens de bon lieu. J'ay par cy-devant escrit à Vostre Majesté comme le Prince de Transilvanie depuis 4. mois a eu icy un Ambassadeur. Ce qu'il y a fait est tenu merveilleusement secret. Il est maintenant party d'icy depuis peu de jours, s'estant laissé entendre que les affaires de son Maistre estoient en trés-bon chemin de s'accommoder. La maladie dudit Prince continuë, & croy quant à moy que l'honneste langage, que l'on tient maintenant, ne tend qu'à ce que j'ay par cy-devant escrit.

Le bruit continuant toûjours que cette entrevûë proposé par la Reine tendoit à une Ligue des Princes Catholiques contre les Protestans & les Huguenots, comme quelques-uns de nos voisins auroient bien desiré, moins par zele de Religion, que pour nous voir ruïner par de nouvelles Guerres civiles, elle s'en justifie fort amplement par cette autre lettre.

Monsieur de Rennes, *la réponse que j'ay à vous faire à la dépesche que la Saussaye nous a apportée de vostre part, se résout en deux ou trois points principaux; desquels je prendray pour le premier celuy qui concerne le fait de l'entrevûë : de laquelle je confesse avoir fait solliciter le Pape, mais non que ç'ait esté en intention de nous accorder par ensemble, de maintenir & faire bien & estroitement observer ce qui aura esté déterminé au Concile, ainsi que l'on en fait courir*

rir

rir le bruit au lieu où vous estes. Qui n'est pas moins dire en paroles con
vertes, que de faire une Ligue pour le fait de la Religion : & si l
dépesche de l'Evesque d'Ischia est conçuë en ces termes, & qu'il negoci
ladite entrevuë à cette fin ; vous asseurerez toûjours l'Empereur mon bo.
frere & le Roy des Romains que ce sera tout au contraire de madite in
tention. Car je ne voy pas Dieu mercy si peu clair aux affaires du mon
de, que je n'aye bien pû prévoir, que si l'on parloit de ladite Ligue, c
n'estoit pas seulement du tout empescher l'effet de ladite entrevuë, ma
aussi me rendre odieuse à la plûpart des Princes de la Chrestienté, qu
ne sçauroient trouver bonne une telle negociation : & moy aussi peu qu
eux ayant, comme il me semble, par les calamitez de nostre Guerre pas
sée, par trop connu, que ce n'est pas par la force des armes que se doi
faire l'establissement de la Religion, pour vouloir voir rénaistre en ce
Royaume sur cette mesme occasion un nouveau trouble : auquel j'ay dé
le commencement contrarié en tout ce qui m'a esté possible ; & ne l'ayam
pû empescher, j'ay eu prou de peine & difficulté de nous en sortir ; &
d'establir la generale pacification & tranquillité qui est aujourd'huy en
cet Estat ; où je le veux conserver de tout mon pouvoir, & jusques à
y employer ma propre vie, s'il en est besoin. Et pour ce que par la dé
pesche que vous a portée ledit la Saussaye, vous aurez sçû assez amplement
l'intention pour laquelle j'ay desiré ladite entrevuë generale ; je ne vous
en feray icy aucune rédite, m'asseurant que vous l'avez déja fait si
clairement entendre à mesdits bons freres, que avant l'arrivée dudit Eves
que d'Ischia ils en auront esté éclaircis, & sçauront, que si j'ay procu
ré ladite entrevuë, ç'a esté pour ce qu'estant du tout éloignée de l'opi
nion des armes, j'ay desiré pour le peu de fruit qui s'est esperé du Con
cile, que tous ensemble nous puissions d'un commun accord, moderer par
quelques doux & gracieux moyens l'aigreur qui est aujourd'huy parmy
les Peuples, pour les differends de la Religion : m'estant toutefois toû
jours proposé d'avoir agréable pour le regard de ladite entrevuë, ce que
mesdits bons freres jugeront s'en devoir faire pour le mieux. [Tout ce
qui suit est en chifre.]

Quant à nostre entrevuë particuliere, qui est le second point, je seray
bien-aise de sçavoir en quelle volonté & disposition vous en aurez trouvé
mondit bon frere le Roy des Romains, & s'il jugera à propos de se ser
vir de la commodité de nostre voyage de Lorraine ; que je rémettray &
differeray jusques à ce que j'aye eu sur ce réponse de vous, ainsi que je
vous ay escrit du 12. de ce mois. Il est vray que je seray bien-aise que
ce soit le plûtost que vous pourez, pour ce que le Roy mondit Seigneur
& fils a quelque progrés à faire, qu'il ne peut longuement rétarder,
principalement du costé de Lyon & de la Provence, pour confirmer ce
qui y a esté establi de pacification. Or quant à l'occasion de nostredite
entrevuë, elle est telle, qu'il me semble qu'elle ne se peut desirer meileu
eure pour la faire trouver bonne à l'Empereur mondit bon frere, & le
ver à tous les Princes Chrestiens ce qu'ils en pouroient imprimer de jalou
e & de suspicion ; de sorte que si mondit bon frere le Roy des Romains

y veut proceder de mesme pied que je fais , & que ses affaires ne l'en détournent : je m'en puis avec raison promettre ce que j'en desire pour nostre commun contentement: Ce seroit avec cela le moyen de l'asseurer tellement d'une bonne & mutuelle intelligence entre luy & nous , que nous ne serions plus qu'une mesme volonté. Ce que vous mettrez peine de luy persuader, autant qu'il vous sera possible , & sur tout , de l'asseurer que tant s'en faut qu'il soit rien du bruit que l'on a semé par de-là, que le Nonce de sainte Croix a esté à Rome pour la dispense du mariage du Roy mondit Seigneur & fils avec la Reine d'Escosse , qu'il ne m'est jamais tombé en l'entendement d'y avoir seulement pensé : comme aussi ne voudrois-je pour rien du monde me départir du propos que je luy ay fait tenir de l'alliance du Roy mondit S. & fils , tant que je sçauray qu'il l'aura agréable , & tant je fais d'estat & d'estime de son amitié : avec ce que je ne suis pas Princesse qui porte une chose au cœur & l'autre en la bouche , ainsi que je luy feray toûjours connoistre par effet. Ce sont artifices de ceux qui ne taschent qu'à s'opposer malicieusement à l'establissement d'une si seure amitié. [le Cardinal de Granvelle & le S. de Chantonay son frere] ainsi que je m'asseure qu'il le sçaura bien considerer, pour y adjouster foy legerement. Et afin, Monsieur de Rennes, que vous sçachiez l'occasion qui m'a gardé depuis quelques mois en çà de luy faire continuer les propos de ladite alliance, ç'a esté pour ce que m'ayant fait entendre par l'Archevesque de Treves qu'il desire nous donner sa premiere fille , il m'a prié que j'aye patience jusques à ce que ses enfans soyent en Espagne : auquel temps il est résolu de poursuivre le Roy d'Espagne mon beau fils de se declarer sur le fait du mariage du Prince avec sadite premiere fille , afin d'en tirer sa résolution ; laquelle entenduë il regardera à s'en résoudre de sa part & à m'en avertir. Qui est, Monsieur de Rennes, ce que j'attends, & dont toutefois vous ne serez pas semblant que je vous aye rien escrit, parce qu'il desire que cela soit tenu si secret, qu'il ne passe par autres mains que celles dudit Archevesque de Treves, qui m'a fait la susdite dépesche de sa part. Je vous envoye une lettre que je luy escris de ma main propre, qui est seulement pour luy témoigner l'asseurance que j'ay de vous & de vostre fidélité , telle que de moy-mesme ; afin qu'il ne fasse difficulté d'adjouster entiere foy à tout ce que vous luy direz de ma part , & de vous commettre seurement ce qu'il me voudra faire entendre de la sienne , ainsi qu'il est necessaire entre bons & seurs amis. Je regarderay aux moyens que je pouray faire naistre d'icy pour vous donner occasion d'aller devers luy, quand il sera absent de l'Empereur mon bon frere , comme vous y aviserez aussi de vostre part : & me semble que vostre derniere dépesche ne sera pas hors de propos , pour commencer à luy faire connoistre, comme privément & librement je luy fais part de nos affaires , & le semondre à nous y correspondre, s'il y porte autant que moy de bonne affection. [icy finit le chifre] Nous estions en bons termes de la Paix avec la Reine d'Angleterre , sans le fait des Gentils-hommes François qui luy ont esté baillez pour Ostages ; que nous demandons nous estre renvoyez quittes de leur foy, puis que le *Traité de Paix* a esté enfreint de sa part qui le porte ainsi. Son Ambassadeur, qui est celuy qui a pouvoir de traiter, a fait difficulté d'en rien accorder ny resoudre, & sur cette occasion a dépesché devers ladite Reine sa Maistresse, dont il attend réponse dedans cinq ou six jours. De ce qui en réüssira vous en serez des premiers averty : Priant Dieu, Monsieur de Rennes, qu'il vous ait en sa sainte garde. Escrit à Paris ce 29. jour de Decembre 1563.

CATHERINE, & plus bas, BOURDIN.

Le Roy des Romains répondant toûjours de pareille affection au dessein que la Reine avoit de cette entrevûë, la chose traisna neantmoins jusques à la maladie de l'Empereur Ferdinand premier son père, lequel estant mort le 25. de Juin 1564. & luy devenu Empereur, il s'en excusa sur les affaires qui luy survinrent, ou plustost c'est que ses interests changerent. Auparavant il se conduisoit avec plus de Politique que de Religion en qualité de Roy des Romains & de Roy de Bohéme, afin d'estre paisible en l'une & en l'autre qualité, & de n'estre point suspect aux Protestans d'Allemagne & de Bohéme pour lesquels il demandoit la Communion du Calice, que la Reine Catherine eut volontiers obtenuë à nos Huguenots de France, & le Mariage des Prestres : & le tout pour les avoir favorables en la succession à l'Empire, où estant parvenu, il fit tant l'empesché, qu'il fut impossible de renoüer la partie faite avec luy de cet abouchement, & on n'eut plus autre chose à negocier avec luy que les Mariages du Roy avec Elisabeth d'Austriche sa seconde fille, & de là Princesse Maguerite sœur du Roy avec le Prince Rodolphe d'Austriche son fils aisné. Voilà sommairement ce qu'on verra plus amplement dans les trois autres lettres qui suivent, lesquelles j'ay choisies entre plusieurs, parce qu'elles servent beaucoup à l'Histoire du temps.

MONSIEUR DE RENNES, j'ay reçû les trois dépesches que vous avez faites dés 25. Mars, 8. & 15. d'Avril dernier passez ; par le contenu desquelles j'ay bien entendu tout ce que durant ce temps-là s'est offert au lieu où vous estes, digne d'estre sçû de nous : & vous prie aussi-tost que le jour aura esté arresté pour la tenuë de la Journée Imperiale, vous m'en donniez avis, comme aussi ordinairement de la disposition de l'Empereur mon bon frere, laquelle beaucoup de gens publient autre que je ne desirerois pour le bien de la Chrestienté. Et encore que j'aye bien consideré ce que m'en avez mandé par la derniere de vosdites lettres, si ay-je grande occasion d'en avoir des nouvelles le plus souvent que je pourray, & de lieu mesmement si certain que le vostre, qui est celuy où je m'arreste plus seurement. Vous m'écrivez que le Cardinal Moron qui avoit esté destiné Legat vers mondit bon frere, est demeuré à Rome, mais vous ne dites point si la Bulle du Concile luy a esté envoyée, ce qu'il a déliberé d'en faire, & quelle résolution il a prise là-dessus : me souvenant bien de ce que le Roy des Romains vous respondit sur ce que vous luy en dites du commencement ; mais ne sçachant si luy & mondit bon frere l'Empereur seront demeurez en cette premiere opinion, vous me ferez plaisir de m'avertir par vostre premiere dépesche de tout ce que vous en aurez appris, & que vous pouvez juger de leur intention en cet endroit.

J'ay esté merveilleusement aise d'entendre le discours des propos que vous avez eus avec le Roy des Romains mon bon frere, [ce qui suit est en chifre jusques à l'autre *.] sur le fait de nostre entrevüe particuliere, & de ce qu'il ne s'en montre moins desireux que moy : qui me fait esperer, puis que nous n'avons en cela luy & moy qu'un mesme desir & intention, que s'offrant l'occasion, nous ne perdrons le moyen d'en venir à l'effet. Mais dépendant cette execution de la commodité dudit Roy des Romains mon bon frere, je remets à vous qui estes sur le lieu, de traiter avec luy, lors que vous connoistrez qu'il sera temps, & de vous conduire & gouverner par son avis en ce qu'il en faudra dire & declarer à l'Empereur mon bon frere, & ne vous avancer de luy en parler, sinon d'autant que ledit S. Roy des Romains le vous conseillera *. Cependant nous acheverons nostre voyage de Lyon, pour y passer la meilleure partie de l'Esté, & de-là donner jusques en Dauphiné, & s'il est besoin en Provence ; avant lequel temps je m'attend bien estre résolüe de ce qui se devra faire en cet endroit. Je ne trouve point mauvais que vous ayez fait entendre à mesdits bons freres en quels termes j'ay esté avec le Roy Catholique des Espagnes mon beau fils touchant l'entrevüe generale des Princes, & au défaut de celle-là d'une particuliere ; car aussi-bien, quand vous en eussiez voulu reserver quelque chose, le pouvoient-ils sçavoir de la part dudit S. Roy Catholique & les voulant faire participans, non seulement de mes actions, mais jusques à mes desirs & intentions propres ; je ne craindray jamais à me communiquer avec eux franchement & librement. Et encore que je sois demeurée avec bien peu d'esperance de ladite entrevüe generale, & que je ne me promette guere mieux de la particuliere ; si seray-je bien-aise d'entendre ce que ledit Empereur vous répondra sur ladite entrevüe generale : comme aussi sur ce qui concerne le fait de la Reine de Navarre ; dont vous luy avez si sagement & vertueusement répondu ; que je vous puis asseurer que le Roy Monsieur mon fils & moy avons grande occasion de vous en loüer & de vous en sçavoir fort bon gré. J'ay fait redépescher depuis trois mois en çà le S. de Danzay en Dannemark, où comme vous sçavez il a ordinairement residé nostre Ambassadeur, pour moyenner en tout ce qu'il pourra la Pacification d'entre le Roy de Dannemark & celuy de Suede : & encore que je sçache que l'Empereur mondit bon frere y aura plus de pouvoir & d'autorité que nous, prenant la chose en main comme il fait, si seray-je bien-aise que par l'office qu'y fera ledit S. de Danzay, l'on connoisse que tant s'en faut que nous voulussions aider à nourrir un feu, qui fust pour troubler le repos de la Germanie, que au contraire nous desirons nous employer de tant qu'il nous sera possible à l'esteindre, & à conserver en ladite Germanie une generale tranquillité.

J'attendray ce que me manderez du succez des Mariages, dont vous m'avez fait mention par vosdites lettres & de toutes les autres particularitez y contenües. [Ce qui suit est en chifre enfermé entre deux Asterisques.] * Et vous diray quant à celuy du Roy Monsieur mon fils, qu'il me semble que vous avez à vous y gouverner suivant le contenu en ma lettre du 19. & 23. du passé ; qui est d'écouter ce que l'on luy en voudra dire : découvrant toûjours le plus soigneusement & dextrement qu'il vous sera possible, tout ce que vous connoistrez servir à vous éclaircir de leurs intentions, & si le Cardinal d'Auguste aura quelque charge de ce dont vous m'avez escrit ; pour sçavoir s'il est possible quelle elle sera à la verité. Chantonnay est allé en Espagne, si de-là il passe vers l'Empereur mondit bon frere, il y aura plus d'apparence que ce sera luy qui en apportera la responce, comme vous me mandez l'avoir entendu de bon lieu *. Et si vous en pouvez tirer quelque chose de plus particulier, ne faillez je vous prie de m'avertir incontinent, comme aussi de tout le demeurant de ce que je vous mande cy-dessus. Priant Dieu, Monsieur de Rennes, qu'il vous ait en sa sainte garde. Escrit à Dijon le 23. jour de May 1564.

CATHERINE, & plus bas, BOURDIN.

MONSIEUR DE RENNES, j'ay esté bien-aise d'entendre par vostre lettre du 24. du passé, que je viens presentement de recevoir, comme les choses sont passées par de-là touchant la reception de ce qui s'est fait au Concile, & les autres nouvelles que vous m'écrivez; pour le plaisir que ce m'est entr'autres, de voir que le fascheux bruit que l'on a fait courir par-deçà de la mort de l'Empereur, soit vain & non veritable: duquel aussi j'eusse eu tres-grand ennuy & déplaisir, pour la perte qu'eut fait toute la Chrestienté, d'un si vertueux & sage Prince. [Chifre jusques à l'autre *.] Quant à ce que le Roy des Romains vous a dit de la Diette Imperiale qu'il faut tenir, & ce que à ce propos il s'est laissé entendre de nostre entrevuë, je m'asseure que prudent & avisé comme vous estes, vous vous estes en cela conduit & porté suivant ce que je vous ay devant escrit: car je n'y sçaurois avoir trop d'affection, & cela venant de luy, j'auray à grand plaisir, que aux occasions qui s'en presenteront, vous entendiez le plus clairement que vous pourrez où cette affaire est pour tomber; pour m'en donner avis. Et sçachez que nous faisons compte de ne bouger de ce Pays pour tout le mois d'Aoust, & jusques au commencement de Septembre; dedans lequel temps, si nous avions nouvelles de la résolution qu'il y prendra, je pourrois sans bruit ne détourner le dessein, & dresser nostre voyage conformément & à propos au lieu où nous devrions avoir ce contentement*. Voulant bien vous avertir au demeurant, que graces à Dieu, nos affaires continuent à se bien porter, & les choses de ce Royaume à se restablir au bon & heureux chemin que je leur sçaurois desirer. Priant Dieu, Monsieur de Rennes, vous donner ce que plus desirez. De Cremieu le 12. jour de Juillet 1564.

CATHERINE, & plus bas, DE L'AUBESPINE.

MONSIEUR DE RENNES, vostre lettre du 12. de ce mois que je reçûs hier m'a grandement satisfaite & éclaircie de beaucoup de choses que je desirois sçavoir attendant le retour du S. de Morette, que j'estime ne pouvoir plus guere tarder à venir; ayant vû par icelle la résolution que l'Empereur prend sur le fait de la Diette Imperiale, & l'apparence qu'il y a que ce pourra estre bien-tost*. Or puis que vous tenez pour résolu qu'il n'a pas moins d'envie que moy de l'entrevuë, & que entre luy & vous il ne s'en parle plus que comme d'une chose dont il ne faut plus faire de doute: je me persuade d'avoir ce contentement, & pour estre éclaircie du temps, ay hasté le retour de ce Porteur vostre homme, pour vous avertir que nous sommes acheminez de nostre voyage jusques en ce lieu & allons en Avignon & de-là en Provence; pour après prendre le chemin de Languedoc, s'il ne s'offre occasion qui nous puisse faire changer ou abreger ledit voyage. Estant pour cette cause necessaire, qu'il sçache dedans le jour de la S. Michel au plus tard la résolution, qui aura esté prise pour la tenuë de ladite Diette, où ce sera, & si ledit Empereur demeure toûjours en cette opinion de ladite entrevuë; afin que suivant cela j'accommode ce voyage, pour redresser & approcher du lieu où elle se devra faire. Dont je ne veux perdre l'occasion, mais je desire bien quand & quand avoir vostre opinion sur l'utilité qu'il vous semble qui en pourra sortir, & me gouverner en cette affaire en tout & par tout avec vostre bon conseil. D'autant qu'il me semble récueillir de vos lettres, qu'il y a moins de chaleur és démonstrations que fait à cette heure ledit Empereur, en ce qui nous regarde, qu'il ne vous en donnoit d'esperance son pere vivant. Et afin que j'aye en cela claire lumiere, je vous prie que sans faillir j'aye un homme de vous devant, & au plus tard ledit jour S. Michel; d'autant que sur sa venuë je remettray la résolution de nostre voyage.

J'ay au demeurant bien consideré ce que vous m'escrivez de la précedence, & la façon dont vous en avez usé, qui est conforme à ce que je vous en ay dernierement escrit. Et pour ce que je voy que vous craignez, que arrivé que sera l'Ambassadeur d'Espagne, s'il ne veut séoir aprés vous, on pouroit luy vouloir bailler siege à part, chose qui ne nous seroit moins préjudiciable: & pour cette cause n'entend le Roy Monsieur mon fils, ny moy, que vous la souffriez

Tt 3

en quelque sorte que ce soit, & en fassiez la mesme démonstration que vous seriez s'il s'efforçoit d'avoir le premier lieu ; ayant assez dequoy vous défendre quant à cela, joint l'asseurance que ledit S. Empereur vous a toûjours donnée, de vous respecter plus en cet endroit que ne faisoit sondit pere *.

Quant au fait de San-Petre Corse [il en est parlé page 790. du premier Volume] nos actions sont tant hors de soupçon pour ce regard, que l'Ambassadeur d'Espagne qui est icy, montre en avoir tout contentement, & ne nous mettons pas en peine d'en faire aucune excuse ; d'autant que la conscience en est si nette, que Dieu & les hommes en demeureront par tout bien édifiez : & ne vous en sçaurions plus clairement escrire, & à la verité, que j'ay fait par cydevant, trés-marrie que cet homme mal-content se soit ainsi oublié. Ayant au demeurant entendu les autres nouvelles que vous m'escrivez du Duc Auguste [de Saxe] dont j'avois dés-ja eu avis d'ailleurs & desire singulierement que l'inconvenient ne puisse estre plus grand que de la blessure, pour la perte que ce seroit d'un si bon Prince, & le trouble qui en pourroit venir en la Germanie. Pour fin de ma lettre, je vous diray que graces à Dieu les affaires du Roy Monsieur mon fils vont de bien en mieux, & n'avons rien qui tant nous travaille que la Peste ; dont Dieu nous gardera s'il luy plaist : lequel je prie vous donner ce que plus desirez. Escrit à Valence le 2. jour de Septembre 1564.

CATHERINE.

Aprés est adjousté en chifre. Depuis cette lettre signée, le Courier de M. de Ferrare est arrivé, par lequel j'ay reçu vostre lettre du 21. du passé, attendant en bonne devotion le S. de Morette : vous priant que par l'homme que vous me renverrez, je puisse sçavoir aussi le temps que l'Empereur voudroit faire ladite entrevûë, & semblablement en quels termes est le Mariage de sa fille aisnée avec le Prince d'Espagne ; car par les avis que j'ay d'Espagne, il semble qu'ils le tiennent pour résolu. DE L'AUBESPINE.

Je ne me serois pas si fort estendu sur le sujet de cette entrevûë, sinon que les lettres que j'ay rapportées servent à l'Histoire du temps, & que l'entreprise estoit grande pour une femme de vouloir faire tomber les choses de la Foy en un accommodement, au mépris d'un Concile si celebre, & composé de tout ce que l'Eglise avoit de plus excellens Docteurs. Il le faut pardonner au regret qu'elle eut du peu de fruit que les Estats troublez des Heresies du temps en receurent, à cause d'un Party puissant qui ne s'attacha principalement qu'aux interests de la Cour Romaine, & qui mal à propos comme je pense, veu le peu qui restoit de Religion dans les conseils des Princes, voulut donner atteinte à leurs droits, à leur anciens usages ; & à ceux de leurs Eglises. C'estoit une partie faite à dessein, pour en nous privant de nos esperances, nous porter à rompre de nous-mesmes le Concile & à en demander la conclusion : & j'apprens que ce fut le Cardinal de Lorraine luy-mesme qui proposa cet expédient, par un fragment de la minute d'une lettre escrite à la Reine par l'Evesque de Rennes, qui est de sa propre main, dont j'extrairay cet Article qui touche le Concile. Quant au Concile. j'avois en somme charge [du Cardinal de Lorraine] de luy rémontrer [à l'Empereur [qu'il estoit mal-aisé de faire grand fruit, pour la multitude des Evesques Italiens, qui empescheroient toûjours une serieuse réformation, mesmement si elle touchoit aucunement le Pape & le Siege Apostolique, ny d'y obtenir du consentement mesme des autres Nations, les

: requifes pour retenir les reliques des Catholiques , comme
fub utraque , le Mariage des Prestres & autres telles ,
ndées par les Allemands. Et pour ce , que fa Majesté con-
illeur ne feroit point d'y mettre une fin avec le moins de fcan-
ife Catholique qu'il feroit possible , & aviser s'il y auroit
d'accommoder les Princes & les Provinces de ce qu'elles
de tant qu'il leur en peut estre accordé la confcience faine.
: vouloit pas celer que le Pape luy offroit la Legation de
'envoyer d'autres Legats aux autres Provinces approuvez
agréables aux Princes : qui avec toute autorité pourvoyoient
ofes. Si toutefois ces moyens ne plaifoient , qu'il faudroit
: embraffaffent d'autre affection les affaires du Concile qu'ils
u'ils y foutinffent & fecouruffent bien ceux qui ont envie
L'Empereur répond par moy qu'il rémercie infiniment
ardinal de ce qu'il luy communique fi franchement de tout
mais quant à finir le Concile ainfi précipitamment , fans y
é à loifir toutes les chofes pour lefquelles il eft affemblé ,
prouver , & eft bien marry que le Pape , par quelques
y a dés-ja tafché. Pour le regard de fa Legation de Fran-
ie ne luy peut mieux confeiller que luy-mefme , & que
, l'Empereur jugera que fera le meilleur , tant pour le
que pour celuy de fa Patrie. Sur ce que mondit S. le
eilloit auffi de fon voyage à Rome, où il eftoit appellé par
répond de mefme. Voilà ce que porte ce fragment qui
du 9. d'Aouft 1563. par M. du Croc, & qui eft en-
par cet acte en Latin trouvé parmy les Memoires de
nnes , contenant la réponfe réfoluë dans le Confeil
ür les propofitions du Cardinal de Lorraine.

area Majestas *Dominus noster clementissimus* , benevolè
R^{mus}. *Dominus Cardinalis de Lotharingia* , quæ ut ipfius eft
u *Christianam ftudium* , Majeftati fuæ Cæfareæ de prefenti re-
ftatu , primò per *Epifcopum Chanadienfem* benevolè nuncia-
um per *Oratorem Regis Chriftianiffimi* R^{mum}. *Epifcopum Redo-
curavit. De quibus omnibus , quod idem R^{mus}. Dominus Car-
s fuam Cæfaream certiorem reddiderit , Majeftas fua Cæfarea
o Cardinali gratias agit , & ad rependendum hoc officium mu-
volentiæ ftudiis promptam paratamque voluntatem offert.
Majeftati fuæ Cæfareæ moleftiffimum , fanctiffimum D. N. vel
tantoperè ftudêre Concilio quam celererrimè finiendo , ut
s vias , & nefcio quibus artibus id confequi tentaverit.
tjeftati fuæ Cæfareæ imprimis , quod in rebus divinis tantum
filia humana privataque commoda , ut iis illa quæ ad gloriam
publicam fpectant , turbari & impediri necesse fit ; nam quò
per avios calles affequi humana noftra inftituta , eò minùs
ibus à Deo optimo maximo nobis funt exfpectanda : fua qui-
ftas hactenùs omni ftudio egit , ne Concilium longis ambagibus
raheretur , fed quantum fieri poffet promoveretur , & ad fi-
Quandoquidem obfervatam eft hujufmodi moram & longa Sef-
rbi Chriftiano magnum præbere fcandalum , & plurimum no-

cere Ecclefiis, quæ tandiù debito Epifcoporum & Paftorum fuorum folatio ca-
rêre coguntur ; præfertim cum ipfi Epifcopi & Paftores fine utilitate publica-
tantoperè fatigari videantur. Sed Majeftas fua Cæfarea non ita voluit aut ftu-
duit promovere progreffum Concilii, ut præcipiti curfu ad finem raperetur, fed
debito modo ac ordine abfolveretur, non priufquam omnia quorum caufa Synodus
conveniffet, pertractata ac conclufa fuiffent, nulla re in dubio relicta vel fi-
lentio præterita, quæ declarationem & definitionem requireret. Quis enim non
cerneret præproperum Concilii exitum potiùs abruptionis & diffolutionis quam
conclufionis fpeciem habiturum, ac fatiùs futurum fuiffe quod Concilium num-
quam fuiffet cœptum? cum nulla neceffitas tantam feftinationem urgeat.

Et quoniam idem Rᵐᵘˢ. Dominus Cardinalis oftendit fibi ob hanc caufam à
fummo Pontifice oblatam effe Legationem in Gallia, cum illis facultatibus ut
de rebus pofitivi juris juxta confcientiam difponere poffit ; quam Provinciam
putet Pietas ejus Rᵐᵃ. publicæ utilitatis caufa fibi effe non detractandam, quate-
nus Cæfareæ Majeftatis voluntas accedat, petitque fibi proptereà à M. fua Cæ-
farea quid fieri velit benignè fignificari : Majeftas fua C. novit Rᵐᵘᵐ. D. Car-
dinalem ea effe prudentia ac rerum ufu præditum, quod M. fua C. in hifce re-
bus Ecclefiafticis extra profeffionem M. fuæ conftitutis non poffit quicquam con-
fulere aut monere, in quo Rᵐᵘˢ. Dominus Cardinalis non rectiffimè perfpiciat
quid factu opus fit : & maximè in hoc negotio acceptandæ vel repudiandæ le-
gationis fibi à Pontifice delatæ, M. fua C. non dubitat quin Pietas ejus Rᵐᵃ.
pro fua prudentia & rerum Gallicarum cognitione, optimè fit perfpectura quid
Regno Galliæ magis expediat. Quicquid enim confilii Pietas ejus Rᵐᵃ. cœperit,
id Cæfarea M. facilè approbabit, & Regno Franciæ utiliffimum effe judicabit,
quia omninò perfuafum habet Cæfarea M. five diffolvatur Concilium, five inte-
grum maneat Pietatem ejus Rᵐᵃᵐ. pro fua fumma in patriam pietate & exi-
mia prudentia eas rationes fecuturam, quas ad reftaurandam, propagandam &
confervandam in Gallia Religionem Catholicam maximè idoneas effe cognoverit,
aliifque Prælatis, ut & ipfi publicam falutem fedulò curent, autorem & im-
pulforem fore.

Id quod M. fua Cæfarea ad nuntiata dicti Rᵐⁱ. Domini Cardinalis benevolè
refpondendum habuit ; cui M. S. Cæfarea, pro ea qua Pietatem illius Rᵐᵃᵐ.
complectitur fingulari benevolentia, quovis loco & tempore magnoperè cupit
gratificari. Actum penultima Julii anno Domini 1563.
SING KMOSER.

Voilà des marques du radouciffement du Cardinal de Lorraine
avec le Pape, qui avoit tant appréhendé fon arrivée & fa prefence au
Concile, où il n'avoit eu rien de plus fufpect que fes deffeins, & qui
enfin ne trouva point d'expédiens pour fortir de cette grande affaire
que par fes confeils. Car ce fut luy qui propofa la clofture du Concile, & l'entrevûë des Princes Chreftiens ; que le Pape reçût avec
joye & qu'il accompagna de toute forte d'efperances de fatisfaction
pour le Roy & de réconnoiffance pour ce Cardinal, qui ne penfoit
qu'aux moyens d'une Ligue Catholique, & qui fe ménageoit principalement pour cela les bonnes graces du Pape. Ceux qui le blafme-
ront de ce procedé, auront de la peine à montrer qu'il put mieux faire, parce que tous les bons deffeins de nos Prélats & de nos Ambaffadeurs eftoient trop foibles contre les divers interefts des Princes &
contre les Pratiques des Miniftres du Pape, qui s'oppofoit à beaucoup de chofes, qu'il vouloit qu'on ne tint que de fon autorité. L'Empereur luy-mefme eftoit un Prince affez incertain dans fa conduite,

le

le Roy des Romains son fils estoit un indifferent qui s'accommo.loit à tout : & pour le Roy d'Espagne , il avoit des interests si vagues & si particuliers, qu'il sembloit inutile de chercher aucunes mesu es avec ses Ministres ; si bien que l'Empereur nous manquant & la ré-formation des Princes seculiers se poursuivant au Concile aux dépens du Roy plus que de tout autre Monarque , comme celuy qui avoit les plus beaux droits , il estoit comme necessaire de donner dans le pié-ge qu'on nous avoit dressé ; de consentir à la fin & à la conclusion du Concile , & de traiter du reste de nostre crédit avant que de le perdre tout entier, pour des paroles & des promesses de faveur de la part du Pape. Or que l'Empereur fut gagné , en voicy la preuve par une minute de lettre au Roy de la propre main de l'Evesque de Ren-nes , qui n'est point datée , mais qui doit estre du mois d'Octobre 1563.

SIRE, j'ay par cy-devant escrit à Vostre Majesté comme l'Ambassadeur de M. le Duc de Savoye envoyé en cette Cour depuis peu de temps pour y résider , m'avoit communiqué l'instruction de ce qu'il estoit, comme il disoit, venu ne-gocier par-deçà ; qui contenoit en somme , qu'il devoit supplier l'Empereur de la part de sondit Maistre d'interceder tant envers Vostre Majesté que le Roy d'Espagne pour la restitution de ses autres Places suivant le Traité de la Paix. Devant-hier l'Empereur m'envoya querir, & me fit entendre que suivant la-dite Requeste, il en avoit escrit à Vostre Majesté & au Roy d'Espagne aussi, dont il me vouloit avertir : me priant suivant l'instance que luy en avoit faite ledit Ambassadeur, que de mon costé je fisse en cette affaire tous les bons offices que je pourois. Je répondis que combien que mondit S. de Savoye n'eut besoin d'Intercesseur envers Vostre Majesté pour ce qu'il avoit d'affaires avec elle , si est-ce que j'estimois qu'elle ne prendroit cette intercession qu'en très-bonne part, comme toutes autres choses qui viendroient jamais de sa Majesté.

De ce propos nous entrâmes sur les affaires du Concile. Quelque temps au-paravant l'Empereur m'avoit dit, que pour la reverence du Concile, il n'a-voit voulu user de Protestation pour se défendre de cette belle réformation, mais qu'il n'avoit laissé de commander à ses Ambassadeurs , de faire des remonstran-ces qui vaudroient bien autant ; sans toutefois montrer autrement trouver mau-vais que les Ambassadeurs de Vostre Majesté eussent pris cet autre chemin. Je l'escrivis à M. du Ferrier , afin qu'il m'instruisit par le menu des causes & de la forme de cette Protestation, dont je ne sçavois encore rien de particulier que par le rapport du Nonce mesme, & d'autant que j'en pouvois juger par la lecture des Articles de la réformation. Ledit S. Président là-dessus m'en a es-crit si bien & si particulierement, que venant puis à rémontrer le tout à l'Em-pereur suivant sa lettre , il s'est demeuré capable qu'il ne s'estoit rien fait en cet endroit qui ne fust necessaire. Mais au demeurant l'Empereur est gagné du Pa-pe , & à ce que j'entens de très-bon lieu, il a donné sa parole , de ne mettre plus aucun empeschement à la fin & résolution du Concile : ayant eu promesse , que ce que luy & les autres Catholiques d'Allemagne demandent leur estre accor-dé en leurs Pays, se dépeschera par le Pape. Et depuis peu de temps l'Am-bassadeur d'Espagne Résident au Concile, qui tend comme l'on sçait à faire du-rer ledit Concile, se persuadant que l'Empereur aussi continuoit en cette vo-lonté, a dépesché un Courier, qui apporta quatre ou cinq minutes de Protesta-tions, lesquelles toutes, comme j'entens , concernoient la clausule proponenti-bus Legatis ; c'est-à-dire, tendoient afin d'obtenir qu'il fust déclaré par le Con-cile, que les Princes & autres aussi peuvent proposer ce qui leur semblera loi-sible par les mains des Legats : qui est comme l'on peut penser, un beau moyen

de faire durer le Concile long-temps. L'Empereur, comme j'entends, a
répondu qu'on ne luy avoit donné aucune occasion de rien protester, que ce qu'il
avoit voulu estre proposé & rémontré au Concile, l'avoit esté, & le seroit
comme on luy promettoit ; dont il avoit dés-ja declaré de se contenter. J'entends
que ledit Ambassadeur escrivoit estre asseuré que les Ambassadeurs de Vostre
Majesté en ladite Protestation se joindroient avec luy, mais comme j'escris à
M. le Président du Ferrier, il faut bien qu'ils considerent devant, si l'inten-
tion de Vostre Majesté est d'abreger ou prolonger le Concile ; car si c'est de l'a-
breger, comme j'entendois estant à Trente, il n'y a rien plus contraire que
se joindre à ladite Protestation. L'Empereur long-temps auparavant avoit dis-
puté de cette matiere avec le Legat Moron à Inspruch, & à la fin s'estoit con-
tenté que ledit Legat luy promettoit que les Legats proposeroient tout ce qu'il
voudroit estre proposé : & afin que cette façon de faire ne préjudiciât aux
Princes & Conciles à venir, qu'à la fin de ce Concile il seroit fait une Decla-
ration, que les Princes ont droit de proposer tout ce que bon leur semble. Les
Espagnols maintenant voudroient faire avancer cette Declaration, pour ce que
leur Maistre veut que le Concile dure encore. L'Empereur qui a affaire du Pa-
pe en plusieurs sortes, & qui voit ne pouvoir rien obtenir par la voye du Con-
cile, & que par celle du Pape on luy promet plus qu'il ne demande, est content
de gratifier le Pape, à cela s'adjoint que le Roy des Romains a toûjours esté
d'avis qu'on finît le Concile, parce qu'il est désagréable aux Protestans : &
d'autre costé fait semblant de servir le Pape en cecy, qui luy a accordé plus
qu'il ne vouloit pour le fait de sa confirmation ; laquelle neantmoins ne se dé-
peschera qu'à la fin de Novembre, que le Concile sera rompu ou jamais. Ainsi,
SIRE, chacun fait ses affaires, & le Public n'est en aucun respect, sinon en-
tant qu'il concerne le particulier. Au demeurant nous sommes encore en cette
Diette, & en avons encore pour tout le mois, comme l'on dit. Quand elle pren-
dra fin j'escriray amplement à Vostre Majesté tout ce que j'y auray appris.

Tant d'intrigues nous font voir combien il y avoit de difference
entre la Doctrine & la Politique du Concile de Trente, où l'on peut
dire que le Saint-Esprit présida aux Articles de la Foy, & que l'esprit
du monde présida de mesme aux interests des Souverains. Aussi n'estoit-
ce pas une matiere pour cette sainte Assemblée, comme j'ay dés-ja
dit, & ce fut un artifice pour éluder la réformation des mœurs qui
sont dés-ja assez reglées par les Canons des autres Conciles. Quoy
qu'il en soit, encore que la France fit difficulté de le recevoir, ce
n'est pas qu'elle ne souscrivit d'affection à tous les Decrets concernans la Religion : mais comme elle avoit reçû atteinte en ses Privileges Ecclesiastiques, qui est une chose de fait, dont on ne juge point
par le droit ny par l'équité & par l'usage, elle craignit de se faire
tort de s'y soûmettre par une acceptation publique. C'est ce que témoigne cet extrait d'une lettre de Jean de Morvillier Evesque d'Orleans à l'Evesque de Rennes son neveu, par lequel je finiray ce Chapitre.

Au régard de l'aliénation de vostre temporel de Rennes, je pense bien que
n'estes en meilleure condition que plusieurs autres. Ce qui a empesché les assigna-
tions des Rentes a esté, que le Clergé a constitué des Syndics pour poursuivre le
rachat qui a esté obtenu, mais lesdits Syndics ont tellement embrouillé l'affaire,
& réduit à telle confusion, que la Medecine augmentera le mal la moitié plus
grand qu'il n'estoit. Quant à nos nouvelles, il semble que les humeurs freneti-
ques se réfuscitent avec le Printemps. Les uns se sont émûs de la conclusion du

Concile, & se persuadoient que M. le Cardinal de Lorraine revenoit en intention de faire recevoir le Concile, contraindre par force tous les Sujets du Roy à l'observation d'iceluy, & abroger l'Edit [de Pacification] Les autres desiroient aussi que cela s'executât ainsi; de sorte que de part & d'autre les esprits sembloient disposez à tout mal. Ledit S. Cardinal à sa venuë a fait profession devant le Roy, la Reine & tous les Princes & Seigneurs du Conseil, qu'il estoit autant éloigné de trouble que Sujet du Roy, qu'il ne venoit que pour aider à maintenir la tranquillité publique & obéir au Roy. Bien desiroit, que comme il est permis à ceux de la nouvelle Religion suivre la Doctrine de leurs Ministres que les Catholiques pussent aussi en toute liberté observer la Doctrine qui leur est baillée de l'Eglise. Et quant à l'observation de l'Edit, voyant à l'œil que le temps ne permettoit pas de rien alterer ny innover, luy-mesme conseilloit au Roy le faire observer, & que le premier qui le violeroit fust bien chastié. On a envoyé quérir les Présidens de la Cour & Gens du Roy pour voir les Decrets du Concile, ce qu'ils ont fait, & la matiere mise en déliberation, le Procureur Général proposa au Conseil, que quant à la Doctrine ils n'y vouloient toucher & tenoient toutes choses quant à ce point pour saintes & bonnes, puis qu'elles estoient déterminées en Concile general & legitime. Quant aux Decrets de la Police & réformation, y avoient trouvé plusieurs choses dérogeantes aux droits & prérogatives du Roy & Privileges de l'Eglise Gallicane, qui empeschoient qu'elles fussent reçuës ny executées. L'issuë de ladite déliberation fut, que les Evesques iroient dans leurs Dioceses faire leur devoir, & par effet executer les Ordonnances du Concile, conformément aux anciens Conciles & Constitutions de l'Eglise. Au reste on regarde à tenir chacun en asseurance que le Roy ne veut rien innover quant à l'Edit, afin d'oster la défiance conçuë d'une part & d'autre. M. le Cardinal de Lorraine est allé à Rheims visiter son troupeau. On nous a dit que le Pape enverra bien-tost au Roy ledit Concile pour le faire recevoir, & voudrois qu'il ne se hastât pas tant, car telles Ambassades nous broüillent, & n'en advient aucun fruit au corps ny à l'ame. Le Roy partira bien-tost d'icy, va faire Pasques à Châlons en Champagne & incontinent aprés Pasques à Bar, pour le Baptesme du petit fils de M. de Lorraine. La Reine eut volontiers différé ce voyage pour la cause que sçavez, [de l'abouchement qu'elle traitoit avec le Roy des Romains] mais elle avoit tant asseuré Madame de Lorraine Mere dudit S. de Lorraine, qu'elle ne l'ose pas remettre sans que lesdits S. & Dame se fussent tenus trop méprisez, y ayant déja quatre mois qu'elle leur avoit promis d'aller en Lorraine, puis on a translaté ledit voyage à Bar, où ils ont fait leurs provisions. Je feray le voyage. Depuis ma lettre escrite M. de Villaines & moy avons obtenu de la Reine pour vous mille escus en don, &c. De Fontainebleau ce 3. Mars 1563.

Vostre meilleur Oncle & Amy,
J. DE MORVILLIER EVESQUE D'ORLEANS.

CHAPITRE DIXIÉME.

Voyage du Roy & de la Reine à Lyon.

L'IMPORTANCE de la ville de Lyon, qu'on vouloit asseurer contre les entreprises du party Huguenot, qui y estoit le plus fort & plus animé qu'en toute autre Province, contribua principalement à ce grand voyage du Roy; que la Reine hasta d'autant plus qu'on commençoit à se défier d'elle, & qu'on faisoit courir le bruit qu'elle vouloit rompre l'Edit de Pacification. L'arrivée des Ducs de Savoye & de Ferrare aida beaucoup à cette créance, avec ce qu'on publioit de l'assemblée des Rois Catholiques avec le Pape, des Ambassades qu'on avoit reçûës, & du retour du Cardinal de Lorraine; qui sembloit avoir tout ménagé, pour sous prétexte de faire recevoir le Concile de Trente en ce Royaume, faire une Ligue de Religion. Tout cela donna de grands soupçons aux Huguenots, mais qui n'empescherent pas que le Roy n'entrât en grande Pompe & avec grande apparence de Paix dans cette ville, où tout parut assez calme, comme la Reine escrivit à l'Evesque de Rennes par cet extrait d'une longue lettre du 27. jour de Juin 1564. *Nous sommes arrivez en cette ville il y a déja dix ou douze jours, où graces à Dieu nous avons trouvé les volontez de tous les Habitans si bien disposées à l'obéissance du Roy mondit Sieur & fils & de ses commandemens, & à s'accommoder doucement les uns avec les autres, que le Roy mondit S. & fils en demeure avec grande & juste occasion fort satisfait & content. Le Milord Hunsdon qui est Cousin germain de la Reine d'Angleterre est arrivé depuis trois jours en çà, accompagné du Milord Stanley fils aisné du Comte Darby & de plusieurs autres Seigneurs du Pays d'Angleterre, qui a fait jurer au Roy mondit S. & fils l'observation de la Paix avec ladite Reine sa Maistresse, & luy a presenté de sa part l'Ordre la Jarretiere pour plus grande démonstration & confirmation de leur mutuelle amitié. Ils ont esté fort favorablement & honorablement accueillis, caressez & traitez, depuis qu'ils sont entrez en ce Royaume, comme il se continuera toûjours jusques à leur rembarquement. Nous attendons dans la fin de ce mois M. & Madame de Savoye, & quasi au mesme temps M. le Duc de Ferrare, qui vient trouver le Roy mondit S. & fils en cette ville, pour l'envie qu'ils ont de luy baiser les mains. Je vous laisse à penser si cela se fera sans que nous nous en révenchions envers eux par tous les plus honorables accueils & caresses qu'il nous sera possible, & une entiere démonstration du plaisir que le Roy mondit S. & fils recevra d'une si amiable visitation.*

Quelque mine qu'elle fit de vouloir entretenir la Paix, le S. de Castelnau semble demeurer d'accord qu'elle estoit alors fort ébranlée par la Maison de Lorraine, & cela ne pût estre si caché que les Huguenots ne s'en apperçûssent, & qu'ils n'en entrassent en soupçon, comme ils témoignerent par des nouvelles en rime Prosaïque, adressées sous le nom de Jean Philoglutius Docteur de Sorbonne à Me Pandolphe Verunculius Bachelier, du 9. Juillet 1564. dont j'extrairay ce qui sert à ce sujet.

I.

In nostra urbe Regina	*Sed Rex semper dicit altè,*
Se ostendit multum bona,	*Quod vult conservare strictè,*
Et videtur ad placitum	*Et promittit non fracturum,*
Velle mutare Edictum :	*Puto quod non erit verum.*

Ducs de
e qu'on
es Am-
raine ;
ecevoir
ligion.
n'em-
rande
com-
e lon-
te vil-
evé les
y mon-
douce-
meure
Hunf-
depuis
Comte
i a fait
e Rei-
ur plus
nt efté
depuis
rs juf-
r M.
Fer-
pour
i cela
us ho-
mon-
niable

S. de
ranlée
les Hu-
npçon,
adref-
à Me
trairay

2.

Nam ego multa video
Quæ vix dicere audeo,
Sed præstat ea tacere,
Et parumper exspectare
Reginæ novum decretum
Adversus Regis Edictum.
Hoc nobis est pollicita
Credo quod faciet ita :
Hoc nobis satis est notum
Per recens suum adventum.

3.

Huguenoti Lugdunenses
Non amplius portant enses,
Neque ivere per viam
Regi futuri obviam :
Sed .... Genuenses,
Florentini & Lucenses,
Antè eum exiverunt
Et eum comitaverunt.
Hoc benè fecit prudenter
Catherina Regis mater,
Nam in quibus fiduciam
Poneret quàm in patriam ?

4.

Indè pro consuetudine,
Tuba est clamatum mane,
Ut Huguenoti cessarent
Nec amplius predicarent ;
Undè funt valdè territi.
Nam putabant Huguenoti
Quod Rex eos non turbaret,
Sed contrarium apparet,
Et non funt ubi putabant
Neque de hoc diffidebant.

5.

Verum ipsi nihil audent,
Et Papistæ eos rident ;
Quoniam Regina Mater
Ita gubernat potenter :
Quod benè eis indicat
Nam in urbe ædificat,
Duas bonas Turres fortes
Ad retrahendum milites,
Quos ad urbis præsidium

Fecit venire Lugdunum.
Sed benè fecit amplius
Quod est illis molestius,
Quia vult Nemorum Ducem
Urbis habere Regimen.

6.

Præterea hic dicitur
Quod plurimi exspectantur,
Alphonsus Dux Ferrariæ
Et Cosmus Dux Florentiæ,
Cum Principe Philiberto.
Ipsi huc venient citò,
Et tunc Regina mutabit
Edictum, & non timebit,
Illud frangere apertè ;
Nam habet de sua parte
Omnes Reges Catholicos
Adversus istos iniquos.

7.

Per Deum si hoc Edictum
Non est celeriter fractum,
Sed servetur in Gallia,
Actum est de Ecclesia,
Et oportet quod Facultas
Rescribat litteras multas
Ad Papam, & hunc moneat
Sedulò manum teneat,
Ut Regina hoc Edictum,
Omninò reddat irritum :
Nam si diù habet cursum,
Marmita cadet deorsum.

8.

Aliud est quod timemus
In hac urbe multum triste,
Nam hic moriuntur peste.
Regina eam non timet
Quia Pestis est ipsamet,
Neque hinc est abitura,
Quin omnia relictura
Sit, sicut ipsa decrevit.
Dudum totus Clerus novit
Quantum ipsa vult curare
Ecclesiam sustinere :
Jam jam nobis est cognitum
Et Huguenotis molestum.

Parmy ces nouvelles, il est parlé de l'accouchement de la Bellé de L..... l'une des filles de la Reine, à propos de quoy il sera bon de rémarquer que depuis la Paix d'Orleans, le Prince de Condé estant demeuré à la Cour, il ne crut pas pouvoir mieux faire pour lever tous les soupçons qu'on pouroit avoir de luy, que de se jetter dans les plaisirs du temps & d'y faire une Maistresse. La Reine qui crut que ce seroit un lien pour le retenir, ne fut pas faschée que cette Demoiselle d'une des premieres Maisons du Royaume, souffrist ses

œux & ſes ſervices ; ne croyant peut-eſtre pas que cette amitié dût
aſſer la galanterie ; mais ſoit que la fille ne pût reſiſter à la qua-
ité à & la raiſon d'Eſtat jointes enſemble, ou bien à l'eſtime de ce
Prince, ou qu'elle eſperât de l'épouſer un jour, comme l'on dit qu'il
uy avoit promis, au cas que Leonor de Roye ſa femme qui eſtoit
d'une ſanté déſeſperée, vint à mourir, comme il arriva l'année meſme : elle ne put long-temps tenir contre l'ambition & contre l'a-
mour, & tout fut révelé par la naiſſance de ce fils pendant le voyage
de Lyon. C'eſt ainſi qu'en parle ce Libelle.

1.

Puella illa nobilis
Quæ erat tam amabilis,
Commiſit adulterium
Et nuper fecit filium.
Sed dicunt matrem Reginam
Illi fuiſſe ......
Et quod hoc patiebatur
Ut Principem lucraretur.
At multi dicunt quod pater
Non eſt Princeps, ſed eſt alter,
Qui Regi eſt à Secretis,
Omnibus eſt notus ſatis.

2.

Contra hanc tamen Regina
Se oſtendit tantùm plena
Cholera, ac ſi neſciſſet
Hoc quod Puella feciſſet,

Et dedit illi cuſtodes
Superbos nimis & rudes,
Mittens in Monaſterium
Quærere refrigerium.
Sed certè pro tam levi re,
Sic non deberet tractare,
At excuſare modicum,
Tempus, perſonam & locum,
Aliis non ſit taliter
Quæ faciunt ſimiliter.

3.

Pridiè venit nuncium
Puellum eſſe mortuum,
Et fuit magna jactura
De tam pulchra creatura,
Quæ nunc eſt cum cœlitibus
Rogans Deum pro patribus,
Es ut Patri ſit melius.

La Reine s'offenſa d'autant plus de ce déſordre arrivé dans ſa Maiſon, qu'il fut ſi public, qu'on ne le put celer, mais le temps appaiſa tout & depuis la Demoiſelle ſe maria. Les trois derniers Chapitres
de ce Livre ne traitans que des affaires d'Escoſſe & d'Angleterre, dont
j'ay amplement parlé en l'Hiſtoire de Marie Stuart au premier Volume, j'y renvoye le Lecteur, qui trouvera l'éclairciſſement des intereſts de la Reine Eliſabeth & des Rebelles d'Ecoſſe dans le Mariage
de cette Reine avec le Comte de Lennox.

LIVRE SIXIÉME.

CHAPITRE PREMIER.

DE L'ENTREVUE DU ROY ET DE LA REINE MERE
avec la Reine d'Espagne à Bayonne.

QUELQUE amitié que la Reine portât à Elifabeth Reine d'Espagne fa fille, ce n'eftoit pas le feul plaifir de la voir qui luy fit fouhaiter cette entrevûë, elle vouloit jetter les fondemens d'une Ligue Catholique pour s'en fervir dans le befoin, & découvrir quels pouroient eftre les deffeins du Roy Philippe fur les avis qu'il avoit d'un party de Religion qui fe formoit aux Pays-Bas. Auparavant il eftoit bien-aife de nous voir tant de troubles en France, & il ne nous rendoit que des offices d'une feinte commiferation, mais ce changement d'affaires luy fit prendre une autre conduite dans la crainte qu'il eut de quelqu'intelligence entre les Huguenots de France & les Gueux de Flandre, c'eft ainfi que l'on appella ce nouveau party, & que pour mieux demeurer en Paix on ne permit aux Huguenots de l'aller broüiller chez luy. C'eft ce qui luy fit accorder cette entrevûë de la Reine fa femme, qu'il avoit jufqu'alors éludée, dans l'intereft qu'il eut d'accroiftre par ce moyen les foupçons qu'on avoit de cette Ligue; qu'on croiroit concluë foit qu'elle fe fift ou non, & qui obligeroit nos Religionnaires à veiller à leur feureté dans ce Royame, plûtoft que de prendre part à ce qui fe pafferoit en fes Eftats. La Reine Catherine eut bien defiré qu'il eut efté de la Partie comme il luy avoit long-temps fait efperer, mais fans autre deffein que de l'amufer, & de l'engager fur cette efperance à tenir la rigueur aux Huguenots : & fans cette confideration il n'eut pas mefme confenty au voyage de la Reine fa femme, qu'il accorda comme par grace à l'importunité du S. de Saint-Sulpice Ambaffadeur du Roy & Chevalier de fon Ordre, lequel en efcrivit cette lettre à l'Evefque de Rennes.

MONSIEUR, *combien que je vous aye efcrit depuis que je fuis icy par plufieurs & diverfes fois, felon que les affaires qui fe prefentoient me donnoient l'occafion de ce faire; fi eft-ce que je n'ay jamais reçu aucune réponfe de vous : mais ce nonobftant je vous ay bien voulu faire entendre par celle-cy la bonne nouvelle que j'envoye prefentement au Roy & à la Reine. Qui eft qu'ayant propofé il a quelques jours à leurs Majeftez Catholiques, le defir que ladite Dame avoit de les voir, felon l'exprés commandement qu'elle m'en avoit fait : aprés avoir furmonté non fans grandes altercations plufieurs difficultez, que ceux-cy faifoient naiftre d'heure à autre, pour le defir qu'ils avoient que le tout*

fuſt conduit à leur honneur & avantage : enfin ils m'ont accordé & réſolu que
la Reine d'Eſpagne iroit à Bayonne voir le Roy & la Reine, & y arriveroit
au meſme temps que leurs Majeſtez s'y trouveroient. Au ſurplus, l'on dit icy
que l'on dreſſe une grande armée, mais je croy que les effets n'en ſortiront tels
que le bruit en eſt grand ; laquelle il a déliberé employer contre le Turc, pour
entreprendre tant qu'il pourra contre luy, ou pour mettre en ſeureté tous ſes
Pays & ſecourir la Corſe : qui eſt tout ce que je vous puis eſcrire pour le pre-
ſent ; ſinon qu'aprés m'eſtre humblement recommendé à voſtre bonne grace,
je prie Dieu vous donner, Monſieur, en parfaite ſanté bien-heureuſe & lon-
gue vie. De Madrid ce 22. jour de Janvier 1564.

Voſtre entier Amy & Serviteur,
SAINT-SULPICE.

Ainſi de ce grand deſſein de l'abouchement de tous les Rois Catholiques, il ne réüſſit que celuy-cy, qui couſta beaucoup à la France pour les magnificences qu'on fit à Bayonne, & plus encore par
les défiances qu'en conçûrent les Huguenots, qui ne negligerent rien
pour pourvoir à leur ſeureté. La Ligue y fut braſſée, & la difficulté
fut de ſçavoir qui commenceroit, chacun voulant y engager ſon
Compagnon, la Reine d'Eſpagne n'ayant aucun pouvoir de rien réſoudre de ſon chef : & la Reine Catherine, quoy qu'en apparence gagnée par la Maiſon de Lorraine, déliberant encore juſques à ce qu'elle eut pris ſes meſures avec le Roy des Romains, ſoit pour accommoder le differend de la Religion, ou pour rompre par ſon moyen
les Pratiques qu'on pouroit faire en Allemagne.

DU CARDINAL DE GRANVELLE.

CEUX qui jugent des Miniſtres d'Eſtat par leurs actions ou par
leurs grandes entrepriſes, & qui loüent toutes leurs mauvaiſes
qualitez, pourvû qu'ils ſubſiſtent dans leur crédit, donneront le premier lieu à Antoine Perrenot, fils de Nicolas Perrenot S. de Granvelle, natif de Nozeroy, d'où il ſe vint habituer à Bezançon, homme
de baſſe naiſſance, que ſon bel eſprit & ſon heureuſe experience dans
les affaires éleverent à la Charge de Secretaire d'Eſtat de l'Empereur
Charles V. & de Comte Imperial avec faculté de battre Monnoye
d'or & d'argent. Son plus grand ſoin fut de laiſſer ſes enfans capables de continuër ſa réputation dans le Miniſtere, & cela luy ſucceda ſi avantageuſement par l'inſtruction qu'il donna à celuy-cy, & à
Thomas Perrenot S. de Chantonay ſon frere, que l'Eſpagne s'eſt ven-
tée encore de n'avoir point eu de plus grands Politiques ny de plus
affectionnez Partiſans. J'adjouſteray encore qu'elle n'eut pas un plus
ſçavant homme ny un plus excellent Orateur que ce Cardinal ; mais
tant s'en faut que je luy donne l'éloge de Défenſeur de la Foy & de
Protecteur de la Religion qu'il feignit pour motif de ſa conduite dans
le Gouvernement des Pays-Bas, que je croy n'eſtre obligé de parler icy de luy que comme du premier Auteur des progrés de l'Hereſie,

par

par la rigueur de son Administration , & par son orgueil , qui luy attirerent la haine des Peuples & de tous les Grands de Flandre , & qui obligerent le Roy Catholique à l'en retirer. J'ay fait voir au premier Volume de ces Memoires par les lettres de la Reine Catherine , en traitant des mauvais offices des Espagnols envers la France durant nos troubles de la Religion , que luy & Chantonay son frere attisoient le feu plûtost que de l'éteindre, comme ils auroient dû, s'ils eussent esté si bons Catholiques qu'ils vouloient paroistre , & qu'ils nous vouloient voir consumer pour entreprendre sur cette Couronne. Et aprés cela dirons-nous pas avec raison ? que l'interest de la Foy qu'il professa si hautement & avec tant de violence, ne fut autre chose qu'un prétexte pour opprimer ce qui restoit de grands Seigneurs aux Pays-bas , qui se prévaloient de leurs services & de leur qualité contre un homme nouveau. Certes ce ne fut sans beaucoup de raison que le Chancelier de Bourgogne , plus prudent que les Flamands qui se réjoüissoient de la succession de leur Prince à la Couronne d'Espagne, leur dit que ces feux de joye ne se pouvoient autrement appeller que les premieres flammes de l'embrasement futur de leur Patrie , sous la Tyrannie des Gouverneurs , & d'un Gouvernement estranger. C'est ce qu'ils éprouverent principalement sous le Cardinal de Granvelle & sous le Duc d'Albe , qui ne fut que le vengeur de ses querelles & l'executeur de ses desseins & de ses Maximes. L'Inquisition qu'il voulut maintenir estoit plûtost pour servir au crime d'Estat qu'au crime d'Heresie , & ce fut pour la rendre plus generale , qu'il s'avisa de troubler l'estat Ecclesiastique par de nouvelles créations d'Eveschez en plusieurs villes, afin d'en faire autant de Sieges d'Inquisition , & qu'il en fût le Chef par sa qualité d'Archevesque de Malines qu'il fit ériger en sa faveur. Comme c'estoit contrevenir aux Privileges & aux libertez des Peuples, il les émut, & dans cet emportement de passion, il en rendit plusieurs capables des nouvelles opinions qu'ils embrasserent comme par dépit. A cela servit beaucoup le mécontentement des Grands, qui s'y estans opposez en vain & se voyans également menacez de l'autorité qu'il exerçoit dans le Pays, & du crédit qu'il avoit dans le Conseil du Roy Catholique , appuyerent ce Party pour leur seureté plûtost que par principe de conscience; car on sçait bien que leur Religion ne dépend ordinairement que de leur interest. De ce desordre est née la République de Hollande qui doit la premiere Statuë à ce Cardinal parmy ceux qui l'ont mise en liberté. Tout ce qu'on peut dire pour sa défense , c'est que si on ne l'eut rappellé qu'il eut pû achever ce qu'il avoit entrepris , & qu'il auroit poussé les Grands à bout ; mais quoy que cela soit douteux , peut-on nier qu'il n'eut tort de porter les choses à cette extrémité de causer une Guerre civile & de commettre l'Estat & la Religion pour une querelle particuliere ? & trouvera-t'on qu'il soit permis à un Ministre , de broüiller les affaires au point qu'il soit seul capable de les rétablir , sans qu'on le puisse convaincre d'entreprendre contre son Maistre , &

fans le taxer d'une ambition pernicieufe à fon Eftat, par laquelle il fe
rendroit plus neceffaire que luy-mefme. Ainfi j'oppoferay à la loüange de fa fermeté le blafme d'une opiniaftreté malheureufe, j'attri-
buëray plûtoft à fon orgueil qu'à fon affection au fervice de fon Prince le mauvais traitement qu'il fit aux Peuples, & les differens qu'il
eut en fon nom avec les Nobles, & je maintiendray qu'il eut moins
de Religion que de Politique dans fon deffein d'Inquifition, qu'il inftitua plûtoft pour faire des Heretiques que pour les défaire; afin d'entretenir pour ce befoin des Tribunaux & des Prifons hors des formes
& des ufages de la Juftice ordinaire, d'où l'on ne put réclamer les
Loix, ny les Privileges du Pays, ny fes Juges naturels, & où le
malheur d'eftre fufpect par trop de merite, de bonnes qualitez, &
peut-eftre de trop d'amour pour fa Patrie, put eftre plus cruellement
expié que le plus noir de tous les crimes, par le Gouverneur eftranger qui la voudroit opprimer. Il me femble que la qualité de Cardinal qui le devoit attacher aux interefts de l'Eglife, luy devoit par
confequent infpirer un zele general & non particulier pour les feuls
Pays qu'il gouvernoit, & qu'il devoit déployer toute la puiffance de
fon Maiftre pour pourfuivre l'Herefie par tout où elle s'élevoit. Au
moins ne pouvoit-il refufer des offices de charité aux Eftats qui en
eftoient tourmentez, s'il eut eu des fentimens auffi Chreftiens que
Politiques; mais nous voyons tout au contraire, & je l'ay juftifié
par les lettres originales de Catherine de Medicis, qu'il ne faifoit de
vœux que contre nous, & qu'il employoit tous les talens de fon efprit pour noftre ruïne, par les intelligences qu'il nourriffoit avec les
Huguenots, & par les mauvais offices qu'il nous rendoit auprés de
fon Maiftre, & de tous les Princes, dont nous implorions le fecours
dans une extrémité capitale pour noftre Religion. Tout cela n'a pas
empefché qu'il n'ait efté l'homme de fon temps le plus loüé, &
mefme par les plus illuftres plumes du Siécle, & cela n'empefchera
peut-eftre pas qu'il ne le foit encore à l'avenir, par l'habitude qu'on
a prife de tout fouffrir aux Perfonnes publiques, jufques à foûmettre
la Religion aux interefts qu'ils profeffent. Je rémarqueray encore de
luy une chofe affez confiderable, c'eft qu'il fe foit donné tout entier
aux affaires du Siécle & aux Emplois feculiers, & qu'à peine l'ait-on
vû dans la fonction de tant de dignitez Ecclefiaftiques, qui ne fervirent qu'à luy fournir de titres pour paroiftre plus grand dans le
monde. Il fut Chanoine & Archidiacre de Befançon fans réfider, &
Evefque d'Arras fuivant l'Empereur : il affifta au Concile de Trente
comme Ambaffadeur, fut Archevefque de Malines, faifant l'office
de Miniftre d'Eftat aux Pays-Bas; d'où eftant rappellé peu aprés il
garda fa Dignité prés de vingt ans : on le fit enfuite Cardinal, Viceroy de Naples & Chef du Confeil d'Italie pour le Roy Catholique,
où il fe fignala par la perfecution qu'il fit à l'Archevefque de Naples : & enfin Archevefque de Befançon, où il n'a fait de réfidence
qu'aprés fa mort, arrivée à Madrid le 21. de Septembre 1586. à

l'âge de soixante & dix ans. Encore ordonna-t'il d'estre inhumé dans l'Eglise des Carmes de cette ville auprés de son pere plûtost que dans sa Cathedrale avec ses Prédecesseurs. Aussi préfera-t'il le nom de Cardinal de Granvelle à celuy de Malines, de sainte Sabine, & de Besançon, comme celuy qui avoit toûjours esté plus attaché aux titres temporels, & il finit en pleine Cour & dans le maniment des affaires, comme il avoit vescu. Avec un succés qui me feroit dire pour conclusion qu'il auroit esté le plus fortuné de son Siécle ; si la Philosophie mesme des Payens nous défendant de croire un homme heureux avant sa mort, le Christianisme ne nous donnoit un juste scrupule de l'estat de celuy qui doit répondre de la fonction d'un si grand mélange de Dignitez, & qui doit justifier tant de Maximes devant Dieu : qui veut que les Rois regnent par luy, & qui ne souffre pas impunément que la Politique entreprenne contre la Providence, dans laquelle il dispose du Gouvernement des Royaumes. Je me suis servy de l'occasion de parler de luy que me donne le S. de Castelnau, parce qu'il fut la premiere cause des troubles des Pays-Bas & des executions sanglantes, dont j'auray à traiter dans la continuation de ces Memoires.

CHAPITRE SECOND.

DU DIFFEREND ENTRE LE CARDINAL
de Lorraine & le Marefchal de Montmorency.

AVEC L'HISTOIRE DE LA CONJURATION
DE LA MOLLE ET DE COCONNAS.

QUOY que les deux Maisons de Lorraine & de Montmorency parussent de long-temps mal-affectionnées l'une pour l'autre, comme celles qui prétendoient à la premiere autorité qu'ils avoient disputé entr'elles depuis le Regne de Henry II. elles ne se commirent jamais si ouvertement qu'en cette rencontre de l'Entrée du Cardinal de Lorraine dans la ville de Paris, dont le Marefchal de Montmorency estoit Gouverneur. Jusques-là la prudence & l'autorité du Connestable son pere avoient retenu le ressentiment qu'il avoit d'avoir esté dépoüillé de la Charge de Grand-Maistre de France, qui luy devoit appartenir aprés luy, mais le voyant absent avec la Cour qu'il avoit suivy, & l'occasion se presentant de venger son injure en maintenant le devoir de sa charge, & de montrer au Cardinal qu'il estoit en estat de le faire obéïr aux Edits du Roy, qui défendoient le Port d'armes dans la Ville : il crut que ce luy seroit un affront d'endurer qu'il en voulut triompher, & qu'il s'estimât exempt d'une Loy qui ne souffroit point d'exception. Il luy fit dire civilement qu'il ne le recevroit point avec cet équipage guerrier, & le mépris qu'il en fit l'obligea d'au-

tant plus de se commettre à l'extremité, qui fut de répousser la force par la force, & de se mettre en devoir de faire main basse sur ses
Gens, s'ils n'eussent souffert qu'on les désarmast : comme il fut fait
sans autre perte que d'un des siens qui se voulut mettre en défense, &
dont le Cardinal qui n'estoit pas si vaillant, quoy que plus violent que
ses freres, fut si épouvanté, qu'il s'alla cacher dans une Boutique de
la ruë aux Fers, auprés de laquelle l'affaire se passa. On le mena ensuite à sa Maison de l'Hostel de Cluny, où il fut quelques jours sans
se montrer, & enfin il se retira de nuit en son Archevesché de Rheims,
pour mediter plus en seureté des desseins de vengeance, non publique comme esperoient ses amis ; mais secrette & de Cabinet, telles
que sont celles de ceux de sa condition, quand ils peuvent faire une
affaire d'Estat de leur querelle particuliere. Cette avanture fut publiée
par toute l'Europe & les Huguenots ne l'oublierent pas dans leurs Libelles, & principalement dans une plainte qu'ils font faire au Cardinal du peu de secours qu'on luy prestoit pour l'execution de ses desseins, où il parle ainsi.

Mesme Paris entier, duquel le Comperage
Envers mon frere & moy obligeoit le courage,
Me délaisse du tout. Je le puis voir ainsi
Quand prés S. Innocent me fit Montmorency
Descendre de vistesse & gagner une Porte,
Ma garde desarma, & mit à pied ; de sorte
Qu'elle ainsi mise en blanc grand des-honneur en a
Et ....
Ah ! que j'ay de dépit qu'en abaissant ma corne
Il me fit en public recevoir telle escorne,
Sans que de se mouvoir nul homme fit semblant
En toute la Cité, & que d'un cœur tremblant
A luy le lendemain j'envoyay me soûmettre ;
Le requerant vouloir octroyer & permettre
Me retirer armé, de crainte des Mutins.
Ce que de luy encor tant brave je n'obtins,
Ains m'en allay de nuit, emmenant un bon nombre
Des miens ; si qu'en fuyant avois peur de mon ombre.
Oh ! quel estois-je lors, ô combien different
Estoit Charles nouveau, de ce Charles Parent
De l'épouse à François ! Oh que cette nuit coye
Differoit du plein jour auquel remply de joye,
Je condamnay en Roy, inique & déloyal
A la cruelle mort le juste Sang Royal.

Quoy que cette action fust diversement prise selon les divers interests du temps, plusieurs des plus indifferens blasmerent le procedé
du Cardinal, de s'estre commis à faire bravade ou à recevoir affront
d'un Seigneur qui n'estoit pas son amy, & qu'il auroit obligé à s'aider des Parens & des amis qu'il avoit dans le party Huguenot, si
cette querelle se fut poursuivie par les armes. C'estoit mettre la France en danger sous un nouveau prétexte, dont l'Heresie eut profité, &
faire tomber sur luy le réproche de cette division, si elle n'eut esté

appaifée par la Reine, qui les réconcilia au rétour de la Cour à Moulins : mais les Grands ont cette malheurenfe inclination d'oublier
tous les bien-faits & de rendre leurs haines immortélles. Cela les
contraint quelquefois à faire des partis dans l'Eftat ; & à s'accommoder à leurs interefts felon que leurs ennemis font bien ou mal auprés de Rois, & bien fouvent ils fe perdent dans les deffeins qu'ils
font pour fe venger. Le Cardinal de Lorraine réfolut dés-lors la perte du Marefchal de Montmorency, & aprés qu'il luy eut échappé
à la S. Barthelemy, il trouva moyen de le rendre coupable de la
confpiration du Duc d'Ahjou, qui coûta la vie à la Molle & à Coconnas, & de le mettre au mefme danger avec toute fa Maifon par
fa détention & par la profcription de fes freres.

Puis que nos Memoires ne vont pas fi avant que je puiffe atteindre
par mes Commentaires à cette prétendué confpiration, qui eft un
des évenemens plus rémarquables du Régne de Charles IX. je la traiteray tout au long dans ce Chapitre, où j'ay refervé l'Eloge de ce
Marefchal, fils aifné du grand Conneftable Anne de Montmorency
& filleul du grand Roy François qui luy donna fon nom. Je puis dire
en l'honneur de ce Seigneur que fa Maifon ne produifit jamais un
plus digne fujet pour les premieres Dignitez de l'Eftat, qui luy ont
efté comme hereditaires, & qu'outre cette valeur naturelle à tous les
Montmorencis, il eut encore toutes les belles qualitez qu'il faut feindre en un Prince & en un Heros pour le rendre entierement accomply, comme la generofité, la magnificence & la gentilleffe, avec une
franchife d'ame & une conduite fi égale, qu'il merita cet honneur fingulier d'eftre pleuré à fa mort comme le dernier des François. Autant que l'âge & l'autorité du pere le rendoient fevere, autant le fils
paroiffoit-il aimable ou plûtoft admirable pour fa douceur, obligeant
neceffairement ceux, qui fe plaignoient de l'aufterité de l'un, à fe loüer
de l'extréme bonté de l'autre, comme celuy qui n'abufoit point de
fa grandeur contre le refpect & l'eftime qu'il devoit au merite des
Lettres & des armes, qui honoroit & careffoit les Doctes & les braves de fon temps, & qui fe glorifioit autant de leur amitié que de
la bonne grace des Rois, dont il ne vouloit profiter que pour la partager avec eux. Il eut tant de Juftice dans le plus fort de la faveur
de fon pere, comme a fort bien rémarqué le S. du Chefne en l'Hiftoire de la Maifon de Montmorency, que le Roy Henry II. l'ayant
réveftu de la dépoüillé de François S. de la Rochepot Marefchal de
France fon oncle Gouverneur de Paris & de l'Ifle de France & Capitaine de cent hommes d'armes, il ne voulut pas confentir qu'on pût
réprocher à une Fortune fi jufte qu'elle eut fait violence aux loix de
l'Eftat, & dés-lors il fit voir fa prudence & fa moderation tout enfemble par le crédit qu'il eut de faire pourvoir de ce Gouvernement
l'Admiral de Chaftillon fon coufin, jufques à ce qu'il eut atteint l'âge
de le tenir & qu'il s'en fût rendu digne dans le commandement de
la Compagnie de Gendarmes, avec laquelle il fe fignala en la con-

queſte de Luxembourg & au memorable ſiege de Metz. S'il n'eut pas
le meſme ſuccés à la défenſe de Theroüenne aprés le S. d'Eſſé qui y
fut tué ſur la bréche, il n'y acquit pas moins d'honneur pour s'eſtre
expoſé à tous les perils de la guerre. Il y fut pris les armes à la main,
& depuis mis à cinquante mille eſcus de rançon ; & le Roy conçût
de ſi grandes eſperances de ſes ſervices, qu'aprés l'avoir honoré du
Collier de ſon Ordre à ſon retour, il le mit en poſſeſſion du Gouvernement de l'Iſle de France, & fit la principale affaire de ſon eſtat
du mariage de ce Seigneur avec Diane de France, lors veuve d'Hora-
ce Farneſe Duc de Caſtro & depuis Ducheſſe d'Engouleſme ſa fille legitimée : pour lequel il eut beſoin de tout ſon credit en Cour de Rome, à cauſe des difficultez dont je parleray cy-aprés.

L'ayant envoyé en Italie pour ce ſujet, il ſervit à la répriſe du Port
d'Oſtie ſur les Eſpagnols, en faveur du Pape, & depuis il combattit
à la bataille de S. Quentin & merita ſa part en l'honneur de la conqueſte de Calais. Il fut l'année meſme honoré de la Charge de Grand-
Maiſtre de France en ſurvivance du Conneſtable ſon pere, & ayant
eu pour Competiteur le Duc de Guiſe, qui conſerva ſa prétenſion
juſques au regne de François II. qui ne fut pas ſi favorable à la maiſon de Montmorency, & qui donna tout pouvoir à celle de Lorraine : ſon pere le contraignit de ceder ſon droit au Duc, & de recevoir pour récompenſe le Baſton de Mareſchal ; pour ne pas tomber
dans une inimitié plus ouverte avec les premieres Puiſſances du temps.
Il y conſentit à regret & c'eſt ce qui luy fit negliger la fonction &
les honneurs de cette Charge, tant dans les armées que dans le Conſeil durant la premiere Guerre de la Religion ; où ſon courage l'engagea également avec l'intereſt qu'il eut de faire voir que le zele de
la foy & le ſervice de ſon Prince eſtoient plus puiſſans que ſon reſſentiment & que l'affection qu'il devoit, hors l'intereſt public, au
Prince de Condé, duquel il avoit l'honneur d'eſtre allié, & à l'Admiral de Chaſtillon ſon couſin. Il ſervit aux ſieges de Bourges, de
Roüen & du Havre, aux batailles de Dreux & de S. Denis où ſon
pere fut tué, & enfin l'inclination qu'il avoit aux armes & au ſervice des Rois ne luy auroit fait perdre aucune de toutes les occaſions
de nos Guerres civiles ; ſi ſa prudence n'eut eſté encore plus neceſſaire aux beſoins de l'Eſtat que ſa valeur ; ſoit dans les plus importantes Ambaſſades qui eſtoient celles d'Angleterre, où il fut deux
fois & où la Reine Eliſabeth l'honora de la livrée de ſon Ordre de
la Jarretiere, que le Conneſtable ſon pere avoit auſſi portée, & luy
donna la qualité de trés-haut, trés-puiſſant & trés-noble Prince :
ſoit pour maintenir la Paix & l'union dans ſon Gouvernement. Il s'en
acquita avec applaudiſſement de tous les Ordres & de tous les Peuples,
& combien que Paris fût fort partagé dans ce malheureux temps de
trouble & de confuſion, il y maintint un calme qu'il ne dût qu'à
l'adreſſe qu'il avoit de ménager tous les eſprits & de les rendre capables d'obéïſſance ſous le commandement d'un vray pere de la Pa-

trie. Ses ennemis l'attribuerent à l'indifference de la Religion & luy donnoient le nom de Politique, c'eſt-à-dire de demy Huguenot, car on vouloit pour eſtre parfait Catholique qu'on eut un zele impatient, qu'on ne ſouffrit ny Paix ny Tréves avec les Heretiques & qu'on fut encore dans le party de ceux de Guiſe. Or comme leurs differens avoient mis leurs Maiſons mal enſemble, ce luy fut une neceſſité de ne ſe pas tellement aliéner des Chaſtillons & des autres Seigneurs qui eſtoient ſuſpects à la Cour, qu'il demeurât ſans amis contre la haine du Cardinal de Lorraine, qui le comprit dans la proſcription de la S. Barthelemy. Il l'évita prudemment par ſa retraite en ſon Chaſteau d'Eſcoüen, où ayant eſté averty de ce maſſacre, & de la quantité de pauvres miſerables qui ſe ſauvoient en deſordre par les champs, il envoya ſes Gardes & ſa Compagnie de Gendarmes pour les récueil- lir & pour favoriſer leur fuite, & meſme fit donner par charité de l'argent & des habits à ceux qui n'en avoient point, & qui ſe tra- hiſſoient eux-meſmes par leur nudité qui les expoſoit à la diſcretion des Paſſans.

Cette charité fut loüée de tout ce qu'il y avoit de Catholiques ſans paſſion, mais elle ſervit à ſes ennemis pour juſtifier les ſoupçons qu'ils avoient donné de luy, & ce fut dans la neceſſité de ſe mainte- nir qu'il fut contraint de s'appuyer de la protection de Monſieur le Duc d'Alençon, depuis Duc d'Anjou, frere du Roy. Tout eſtoit peril pour luy hors de ce danger, car c'eſt ainſi qu'on doit appeller la premiere créance auprés d'un Prince de cette qualité dans un temps de factions & ſous un Roy défiant & rédoutable dans ſa colere, com- me Charles IX. gouverné par une Mere, qui vouloit regner ſeule ſous ſon nom, qui ſe ſervoit de la Maiſon de Lorraine, & qui avoit Li- gue offenſive & défenſive avec elle contre le Duc ſon propre fils. Ce Duc eſtoit de ſon chef autant ambitieux qu'il eſtoit rétenu de court par ſa Mere, qui ſe ſervoit de la recherche qu'il faiſoit de la Reine d'Angleterre, quoy que de ſon conſentement & ſous les Ordres du Roy, pour l'accuſer de vouloir Regner ; ſi bien que ne ſe croyant pas en liberté, il réſolut de s'y mettre & de ſe ſervir pour cela du par- ty des Huguenots & de celuy des malcontens. Le Mareſchal Duc de Montmorency ne trouvant point de ſeureté ailleurs qu'en courant ſa Fortune, pour ne point demeurer expoſé à la mercy du Cardinal de Lorraine ſon ennemy capital, s'engagea à le ſuivre avec le Mareſchal de Coſſé ſon couſin, & la partie eſtoit ſi forte qu'aſſeurément la Reine auroit eſté forcée de donner ſatisfaction à ce Prince ; ſi trop de jeunes gens n'euſſent eu part au Secret, qui aiderent à le décou- vrir par leur indiſcretion & par leur mauvaiſe conduite. Or comme en ce temps-là le Roy ſe mouroit & que la Reine craignoit que M. le Duc d'Alençon ne fût conſeillé de prétendre à l'autorité & meſme à la Couronne au préjudice du Roy de Pologne ſon frere, qui eſtoit rédoutable aux ennemis de la Maiſon de Guiſe, parce qu'il la favo- riſeroit, & qui de plus eſtoit hay pour le Maſſacre de la S. Barthe-

lemy, dont il avoit efté le principal Auteur : elle fe fervit de ce qu'elle avoit appris des mécontemens du Duc fon fils, & des diverfes propofitions qui luy avoient efté faites, pour ourdir fur cela le deffein
formé d'une Conjuration, qui luy donnât fujet de s'affeurer de fa Perfonne, & de celle du Roy de Navarre. Elle les retint fous bonne garde au Bois de Vincennes jufques à la mort du Roy, fans pourtant
les declarer Prifonniers ; cependant elle répandit par tout le bruit de
cette confpiration, pour laquelle elle fit arrefter les Marefchaux de
Montmorency & de Coffé, & pour lever tout fujet d'en douter, elle
immola à cet intereft d'Eftat deux Favoris du Duc, la Molle & Coconnas, dont le dernier ayant efté pratiqué dans fa prifon fut amené devant le Roy, qu'il croyoit fléchir en fa faveur, comme on luy
avoit fait croire, mais ce n'eftoit que pour perfuader ce Prince, &
pour l'animer davantage, & ce qu'il dit dans l'efperance d'obtenir fa
grace, fervit à fa condamnation. M. le Duc d'Alençon luy-mefme
trahit fa caufe & fes Domeftiques dans l'appréhenfion qu'il eut, &
celuy qui fit mieux le perfonnage d'un Roy opprimé, mais incapable de démentir fon caractere, fut Henry IV. lors Roy de Navarre.
Ce n'eft pas qu'il ne crût qu'il eftoit perdu, & ce fut dans cette penfée qu'il fut accufé, felon que j'ay appris de quelques Memoires,
d'avoir confeillé à Monfieur de faire le malade, pour obliger la Reine
à le venir voir, & fous prétexte de luy vouloir dire tous deux quelque chofe en particulier, faire retirer ceux de fa fuite & l'eftrangler.
Sa raifon eftoit celle de leur falut, l'occafion de la mort du Roy preft
à expirer, le crédit que le temps donneroit à leurs amis, & que la
mefme Politique, par laquelle elle rénonçoit aux Loix de la nature
& du fang, pour faire perir fon propre fils & fon gendre, les difpen-
foit pour une plus forte confideration que n'eftoit celle de regner,
d'avoir horreur d'une action qui fauvoit à l'Eftat deux Princes, qui luy
eftoient neceffaires, par la mort de celle qui en troubloit le repos &
qui en caufoit la ruïne. Il n'en eut pas le courage, non plus que la
difcretion de le taire quelque temps aprés, & c'eft la caufe de cette
haine mortelle & implacable de Catherine de Medicis contre le Roy
de Navarre ; pour laquelle elle ne feignit pas d'eftre de la confpiration contre fon propre fils Henry III. & de broüiller l'Eftat, quand
elle le vit fans enfans, pour empefcher que Henry IV. ne luy fucce-
dât, & pour mettre en fa place Henry Duc de Lorraine fon petit
fils à caufe de fa fille.

Le procés de la Molle & de Coconnas fut inftruit avec toutes les
adreffes, dont on fe peut fervir dans un pouvoir abfolu, comme eftoit
celuy de la Reine, & comme on avoit befoin de fang pour perfuader le Peuple, il ne fut pas impoffible de facrifier à un fi grand intereft deux Favoris d'un Prince, qui avoit tant de fujets de mécontentement, qui eftoit perfuadé qu'on le vouloit faire mourir, qui
fçavoit l'Hiftoire terrible de l'infortuné Don Charle d'Efpagne, & qui
croyoit avoir des preuves certaines que le Roy Catholique avoit efté
consulté

ce qu'el-
erses pro-
le dessein
le sa Per-
onne gar-
ourtant
bruit de
haux de
ter, elle
: & Co-
t ame-
e on luy
nce, &
stenir sa
-mesme
eut, &
incapa-
Navarre.
tte pen-
noires,
a Reine
x quel-
rangler.
oy prest
que la
nature
dispen-
egner,
qui luy
epos &
que la
le cette
le Roy
onspira-
t, quand
luy succe-
son petit

toutes les
me estoit
r persua-
rand in-
méconn-
rir, qui
e, & qui
voit esté
consulté

consulté pour emprunter de luy les mesmes prétextes, & de plus que le Pape en avoit levé le scrupule pour l'interest de la Religion, en haine du mariage qu'on traitoit entre luy & la Reine d'Angleterre. Que pouvoient faire ses Serviteurs pour ne point entendre ses plaintes, pour ne point prendre part à un peril qui les menaçoit, & au mesme expedient pour s'en mettre à couvert, qui estoit la suite? si on avoit dessein sur la vie de leur Maistre, le pouvoient-ils accuser sans en accroistre les malheureux motifs & sans se rendre les instrumens de sa perte? mais quelle seureté encore pour ceux qui auroient esté capables de cette lascheté, si Coconnas, qui d'abord en confessa tant dans l'attente de sa grace, ne laissa pas d'estre décapité; & n'estoit-ce pas s'exposer à la honte du supplice ou au réproche éternel de la calomnie & de l'infidélité; faute de pouvoir prouver des crimes, qu'il estoit de l'honneur de la France de cacher plûtost que les approfondir? S'il est vray que le Duc d'Alençon eut de mauvais desseins, comme il en estoit assez capable par sa mauvaise éducation, ce ne furent que des projets & des songes de malade, & il ne résulte rien de vray dans tous les Interrogatoires & les confrontations, sinon qu'il méditoit une rétraite de la Cour, soit en Flandre ou en Languedoc auprés du Mareschal de Damville avec le Roy de Navarre. Encore est-il plus justifié que prouvé que le Mareschal de Montmorency estoit du sentiment contraire, que par plusieurs fois il rompit la partie, mais bien qu'il avoit promis à Monsieur de ne le point abandonner. Celuy qui le chargea le plus fut la Molle, qui estoit assez brave Gentil-homme, mais un esprit emporté de sa faveur, & qui dans la naissance des esperances qu'il avoit pour l'advenir, vouloit faire comparaison avec les plus Grands, & avec le Mareschal de Montmorency mesme, lequel le connoissant tel & que son Maistre ne faisoit rien qu'il ne luy communiquast, s'abstint de prendre tant de part aux conseils du Duc, & fit si bien qu'on ne le peut convaincre que d'estre son serviteur & qu'on ne le put emprisonner que par soupçon.

Il y a des Memoires manuscrits qui portent pour preuve de cela, que la Molle estant un jour avec luy en un conseil de son Maistre, où l'on devoit traiter des moyens de le faire regner à l'exclusion du Roy de Pologne, quand Charles IX. seroit mort, il se leva sur ses pieds sans sujet & regardant en face le Duc de Montmorency, *quoy mort* ..... luy dit-il, *pensez-vous que si nostre affaire réüssit, je souffre que vous me devanciez, il faut que vous sçachiez que je suis le fils aisné de mon Maistre, que je suis Gentil-homme comme vous, & que mon Maistre me peut faire aussi grand & voir plus que vous, & enfin que je ne prendray jamais Loy de vous.* Le Duc de Montmorency qui estoit aussi sage que l'autre estoit évaporé, luy répondit d'abord assez doucement, mais voyant qu'il continuoit ses insolences, sans qu'il luy en eut donné aucun sujet, & que le Duc d'Alençon n'avoit pas le credit de le faire taire, il se retira dépité, & l'occasion se perdit. La

Reine plus fine ne perdit point de temps, elle fit arrester le Duc de Montmorency qu'elle ne put convaincre non plus que le Mareschal le Coffé, puis la Molle, Coconnas, Pierre de Grantrye Maistre l'Hostel du Roy, Conseiller d'Estat, Laurens du Bois S. de saint Martin des Pierres, & François de Tourtay fils d'un Capitaine, qui fut pendu, quoy qu'il dit estre Noble : & elle donna des Gardes au Duc d'Alençon & au Roy de Navarre.

Joseph de Boniface S. de la Molle fut le premier interrogé le 11. d'Avril jour de Pasques 1574. par Christophle de Thou premier Président, sur 21. Articles envoyez de la part du Roy, qu'il nia tous, ou dont il dit ne rien sçavoir, & principalement *quel estoit le jour que M. le Duc & le Roy de Navarre devoient partir & s'absenter de la Cour, & si c'estoit le Mardy ou le Jeudy de la Semaine Sainte ou le jour de Pasques, où estoit le Rendez-vous, & si le S. de Chasteaubardeau Gentil-homme d'Auvergne* [qui estoit au Vicomte de Turenne] *s'y devoit trouver? Quels propos il luy a tenu avant qu'il partist, avec un sien frere bastard, en quel lieu, Sedan ou autre devoit aller le Duc? ceux qui le devoient accompagner ou le joindre? qui sont ceux qui sont allez à Sedan ou qui en ont apporté lettres, quelle réponse un Gentil-homme nommé la Vergne* [donné par le grand Prieur au Duc d'Alençon pour Gentil-homme de sa Chambre] *en a rapporté de M. de Boüillon & de sa femme. Quel nombre de Gens ils devoient fournir. Ceux de la Cour hommes & femmes qui sçavent ce dessein. Ce qu'on vouloit faire aprés le départ, où l'on devoit dresser l'armée; les Princes & Gentils-hommes qui s'y devoient trouver. Quels du Royaume ou Princes Estrangers les devoient assister; quelles nouvelles ils ont de la Noüe & de Montgommery, du costé de Languedoc & de Dauphiné. Enfin si M. de Mande* [Regnaut de Beaune depuis Archevesque de Bourges & de Sens, Chancelier du Duc d'Alençon] *a dit à M. le Duc que puis que le Roy de Pologne estoit couronné Roy, qu'il ne réviendroit plus & qu'il ne pouvoit faillir de l'estre.*

On trouva d'abord plus de facilité auprés d'Annibal de Coconnas Piémontois de nation, qui crut qu'il en seroit quitte pour confesser tout ce qu'on luy demanderoit; puis qu'on le menoit au Bois de Vincennes devant le Roy pour l'interroger, & qu'on avoit besoin de sa déposition, afin de le rendre persuadé d'une conspiration qu'on vouloit venger sous son nom. Ce fut un artifice dont on usa pour le surprendre, & pour le succés duquel il falloit en bonne loy de Politique qu'il perit, comme il fit avec le regret d'avoir joüé le plus lasche personnage de la Tragedie. Il crut que ce luy estoit une grace particuliere d'estre interrogé par le Roy, & il répondit franchement selon les Articles cottez icy par chifre selon l'ordre. 1. *Qu'il estoit âgé de 40. ans ou environ, qu'il fut requis du S. de la Molle de vouloir suivre M. le Duc, quand le Roy partit de S. Germain pour venir à Paris, & que leur dessein estoit de s'en aller une nuit ou de jour donner de teste en la maison de la Vergne, de-là à la Ferté. où ils devoient trouver le Prin*

ce de Condé & le S. de Thoré avec un bon nombre de Chevaux ; de-là
à Sedan : & pour faire tel voyage, que le S. de Boüillon avoit envoyé
un Gentil-homme pour leur servir de Guide, & que le Roy de Navarre
devoit accompagner M. le Duc. 2. Que M. de Montmorency en estoit,
ainsi qu'il a pû entendre par la Nocle & la Molle. 3. Que leur dessein
estoit de se joindre avec le Comte Ludovic [de Nassau.] Et sur ce il
répondant répondit à ceux qui luy en parloient, & mesme à Montagu,
la Vergne, & la Molle, que le Comte Ludovic alloit en Flandre pour
son particulier : & sur ce luy fut répondu que le Comte Ludovic avoit
promis estant à Blamont de se venir joindre avec les troupes de France &
semblablement le Duc Christophle. 4. Que M. le Duc en avoit parlé audit Comte. 5. Qu'il n'a porté aucunes Ambassades dudit Comte à M. le
Duc, mais est vray que parlant avec le Comte, il luy a loüé grandement
la vertu de M. luy répondant ledit Comte qu'il l'avoit par un Vase
vuide : & sur ce il répondant dit audit Comte, que pensez-vous faire,
pensez-vous ruïner la France & l'Espagne à un coup ? vous sçavez que
quand vous avez eu des Chefs de grand entendement & de valeur, &
des Villes principales de ce Royaume ; que ce n'a pas esté vostre pouvoir
de ruïner la France : comme le voudrez-vous faire à cette heure que n'a-
vez ny Villes ny Chefs : ledit Comte Ludovic luy répondit qu'il n'avoit
point faute de Chefs & des plus grandes Villes.

6. Que veritablement il fut trois heures au soir en la Chambre de M.
le Duc, le soir qu'il arriva à S. Germain, mais ne vit entrer autres parler à M. le Duc que M. de Thoré, pendant que M. de Turenne & la
Molle se promenoient en la chambre. 7. Que la Molle est de la partie depuis l'émotion de S. Germain, & a dit de luy-mesme qu'il y a peu
d'hommes de qui le Roy se puisse fier ; & le supplie envoyer querir le
Comte de Retz le plûtost qu'il pourra. 8. Ne sçait que dire si le Mareschal de Cossé en estoit, & cuide qu'ils le vouloient laisser auprés du Roy.
9. Que le Conseil a esté tenu deux fois au logis de la Nocle, & y assista
luy répondant une fois, & l'autrefois on le fit retirer au Cabinet, & la
fois qu'il y fut on parla à un Gentil-homme que le S. de Boüillon avoit envoyé pour guide, & au Capitaine Luynes, lequel on dépeschoit pour aller trouver le Mareschal de Danville, & de-là en Provence vers le S.
de Carces, pour leur parler du fait que dessus. 10. Que le Capitaine Beau-
champ n'estoit pas de la partie, si non que la Molle le menoit, & que és
Ruës de la Plastriere & Grenelle, vieils Augustins & le Pellican, y
avoit plus de cent cinquante Chevaux, ainsi qu'il a entendu, lesquels la plus
grande part réconnoissoient ledit la Molle : & a dit luy-mesme qu'il a
vû M. le Duc pleurer avec tous les regrets du monde, ayant donné à
entendre au Roy & à la Reine qu'il avoit machiné contr'eux ; & cela
fut comme la résolution se faisoit. 11. Qu'il croit que ceux de Montmorency persuadoient Monsieur le Duc. 12. Qu'au Conseil estoient Turenne,
la Molle, Montagu, ledit répondant, le Gentil-homme envoyé par le
S. de Boüillon, la Nocle, & le Capitaine Luynes, tous lesquels persuadoient ledit S. Duc de partir. 13. Que leur intention estoit de faire

rdre le Royaume. 14. *Qu'un nommé Bodin* [le celebre Jean Bodin uteur du livre de la République , de la Demonomanie. &c. Lieu-nant General des Eaux & Forests à la Table de marbre, & Grand Maistre des Eaux & Forests de l'Appanage du Duc d'Anjou] *Secre-taire a dit à il déposant, qu'ils avoient secours d'Anglois & d'Allemagne , & a dit davantage que M. le Duc a eu moyen de récouvrer une dé-pesche, que le Roy avoit faite ou en Pologne , ou en Espagne , ou à Rome ; où ledit S. Duc a pris le soupçon qu'il a en partie. 15. Que M. le Duc se fut trouvé ceint d'une grande Armée en Languedoc , & que la Treve de Languedoc a esté faite pour faire joindre ceux de Lan-guedoc , de Xaintonge & de Poitou ensemble : & que leur esperance estoit que le Roy feroit une armée , & que le Mareschal de Cossé seroit General . & esperoient trahir le Roy. 16. Que le jeune la Mollé y estoit. 17. Que le S. de Thevalle Gouverneur de la ville de Metz se condes-cendoit au party , & sçait qu'il est sorty de Metz des armes pour armer 4000. hommes de pied & en sort tous les jours : & est ce qu'il a dit.*

Le lendemain 13. d'Avril le Duc d'Alençon & le Roy de Navarre, contre lesquels on prit droit sur cette ample & obligeante déposition de Coconnas, donnerent leur declaration ; parce que leur qualité les exemptoit de répondre en Justice dans les formes ordinaires , l'un comme un enfant bien obéïssant qui fait une Confession generale, & tout prest de fournir à sa Mere tout ce qu'il luy plairoit de crimes, pour faire perir tous ses Serviteurs & tous ses amis ; l'autre comme un Roy captif en sa personne ; mais toûjours libre en sa Di-gnité , & qu'on peut dire avoir fait le Procés à cette Reine envers la posterité , au mesme temps qu'elle croyoit travailler au sien. Je les ay toutes deux copiées sur le propre original du Procés , & on y verra des particularitez trés-dignes de l'Histoire.

MONSIEUR *le Duc a dit que suivant ce qu'il avoit parlé à la Reine, de tendre au Mariage de la Reine d'Angleterre , & ayant montré la volonté qu'il en avoit à M. l'Admiral estant arrivé à Blois , & sçachant qu'il avoit quelque connoissance en Angleterre : cela fut l'occasion qu'il commença à le hanter & parler à luy davantage , ce qu'il n'eut fait sans cette occasion. Et entrant davantage en propos , ledit Admiral luy montrant la volonté de luy servir en cette affaire , & mesme luy parla fort des Guerres de Flandre , & la volonté qu'il avoit de s'y employer , & que cela pourroit servir pour la grandeur de Monsieur ; auquel il sembloit que cela concernoit bien fort le service du Roy , & que ses affaires s'en devoient mieux porter. Qu'du Voyage de Mezieres il avoit un nommé Rapiere qui est encore à luy , auquel le Gast , comme il estoit demeuré à Paris , luy prit un cheval , combien qu'il ne luy eut fait aucun dé-plaisir : & voyant que celuy-là estoit auprés de luy , & qu'il n'avoit donné occasion pour son particulier à personne de luy faire déplaisir , il pensoit que ce fust par un dépit ou une façon estrange. Qui fut cause qu'il commença à le ré-connoistre , & qu'il ne luy voulut pas tant de bien qu'il avoit voulu par le passé : & fut cela fait à Paris, ainsi qu'il luy semble , & lors ledit S. estoit au Voyage de Mezieres , quand le Roy s'alla marier. Et depuis , estant revenu à Paris se promenant avec Thoré & Sevre en la ruë S. Antoine , vit le Gast accom-pagné de Larchant , Belleville , Sommercy & autres, qui estoient au Roy de Pologne , qui passerent au devant dudit S. & sembla à Thoré que c'estoit par*

une façon de Bravade qu'ils luy faiſoient, parce qu'ils eſtoient mal enſemb.
& ne ſe portoient pas grande amitié l'un à l'autre, ſe prirent le Gaſt &
Thoré de paroles enſemble, toutefois pour reverence de luy ils ſe ſéparerent
& les choſes demeurerent en cette façon.

Dit Monſieur que eſtant malade à Blois, la Molle lequel il avoit aupara
vant veu venant de Provence avec le Comte de Tende, luy fit la Reverence
& le tint à ſon ſervice, & là fut le premier lieu, où il dit à la Molle qu'i
vouloit qu'il luy fît ſervice. Lors le Roy eſtant déſ-ja party de Blois, demeur.
avec Monſieur, la Molle, pendant le temps que M. fut là. Après que M
fut guery, il fut trouver le Roy à Vaujour, & demeura ledit la Molle au
prés ledit S. trois ou quatre jours à Blois : & comme il fut retourné, ledit S. fu
averty que le Roy de Pologne avoit eu quelque mal-contentement dudit L
Molle, qui l'avoit autrefois ſervy, combien qu'il ne fut couché en ſon Eſtat
dont ledit S. fut marry de voir perſonne auprés de luy mal-agréable au Ro
de Pologne ſon frere. N'eſtima que cela vint du Roy de Pologne, mais de quel
ques-uns qui luy portoient inimitié, & quand il eut eſtimé que le Roy de Po
logne en eut eu mauvais contentement, il ne l'eut pas voulu tenir avec luy a
ſon ſervice, ny le ſoutenir en choſe du monde contre la volonté du Roy de Pologne; ſurvint quelques querelles eſtant à Bourgeuil entre Corny & le Gaſt, Cor
ny eſtant au S. de Thoré, lequel Thoré dit à M. de Boüillon qu'il portât le Gaſ
en crouppe, & que luy il porteroit Corny, & lors ils verroient l'ébat l'un d
l'autre. Le Gaſt dit qu'il ne voulut aller en crouppe, & voyoit bien que c'eſtoi
un Appel, que luy dreſſoit ledit Thoré par la ſuppoſition d'un des ſiens, & que s'i
vouloit luy-meſme s'adreſſer à luy ſans luy preſenter un autre, qu'il eſtoit tou
preſt. De fait les choſes demeurerent-là.

En ce meſme temps Lignerolles eſtant à la Chambre de la Reine; commença
à compter audit S. ſes fortunes, & comme il avoit beaucoup d'ennemis, &
qu'on luy avoit preſté des charitez envers le Roy de Pologne & autres, & fut
longuement à en diſcourir, faiſant beaucoup d'offres honneſtes audit S. tellement que la Reine voyant les longs propos qu'ils avoient enſemble, appella ledit S. & luy demanda quels propos ledit Lignerolles luy avoit tenus ; à
quoy il fit réponſe qu'il ne luy avoit tenu autres propos que communs, craignant luy en faire tort, & y en eut quelques differens entre luy & le S. de Villequier, qui toutefois furent appaiſez & accordez enſemble devant le Roy de
Pologne. Ce fait cela appaiſé en avertit le S. de la Guerche ; & ſe reſſentant
alla chercher Lignerolles qui fut tué, dont ledit S. fut fort déplaiſant. A dit
que M. l'Admiral eſtant à Paris plus de deux mois avant qu'il fut bleſſé, ledit de Thoré ſollicita fort ledit S. de l'amitié dudit Admiral, & luy faiſoit ſouvent des récommendations de la part dudit Admiral : & fut lors qu'il eut connoiſſance dudit Thoré. Et le jour que l'Admiral fut bleſſé à la main d'un coup
d'Arquebuſe, ledit S. luy fit des récommendations de la part dudit Admiral,
& luy dit qu'il eſtoit fort bleſſé & n'eſperoit vie, & luy feroit un bon ſervice
Auſſi ledit S. envoya vers l'Admiral tant le S. de Maiſon que le S. d'Eſternay,
pour luy faire des récommendations & le conſoler : auſſi firent le Roy & la
Reine ; & le jour qu'il fut tué, ledit S. dit qu'il ne dormit toute la nuit, ne
ſçachant toutefois ce qui devoit avenir, mais voyoit un rémuëment & ne ſçavoit à quelle fin c'eſtoit : & ledit jour ledit S. de Thoré luy vint dire que
c'eſtoit grand' pitié de ce que l'Admiral avoit eſté ainſi tué, & que de ſa part
il en avoit ſauvé quelques-uns, & prioit ledit S. le trouver bon, & que luy-
meſme ſe complaignoit audit S. qu'on l'avoit voulu tuër : voulant ledit de Thoré donner des impreſſions audit S. de tenir le Party de ceux qui avoient eſté du
coſté dudit Admiral. Et depuis ledit de Thoré a continué en ces propos tant en
ſa preſence qu'abſence, par Gens qu'il a envoyez vers ledit S. meſme eſtant au
camp à la Rochelle, ledit S. de Thoré luy a envoyé trois ou quatre fois un Gentil-homme qui eſtoit audit de Thoré, nommé Bournonville, pour eſſayer par
tous moyens le diſtraire de l'amitié qu'il portoit au Roy de Pologne ſon frere &
le ſéparer de l'armée, & luy eſcrivoit des choſes des plus eſtranges du monde
pour le faire condeſcendre à ſes affections.

Y y 3

Pendant lequel temps, le S. de la Noüe estant sorty de la Rochelle & ayant esté sept ou huit jours prés du Roy de Pologne, pour montrer la défiance qu'il en pouvoit avoir dudit de la Noüe, fit tant par ses menées qu'il parla audit S. en un champ, & que un jour trouvant ledit S. à cheval allant aux tranchées avec le Roy de Pologne, ledit S. de la Noüe commença à arrester ledit S. & luy dit qu'il desiroit parler à luy avec plus grand loisir qu'il n'avoit pour lors. Luy dit ledit S. que ce seroit quand il voudroit, & depuis trouva ledit S. de la Noüe, où il luy tint plusieurs propos pour essayer le distraire du devoir & volonté qu'il avoit toûjours porté au Roy & à la Reine sa Mere, & s'éloigner de leur presence, avec grand nombre de paroles & des plus belles persuasions qu'il se pouvoit aviser : & mesme le S. de saint Jean s'offroit de faire grandement accompagner ledit S. & d'estre de la Compagnie ; à quoy il ne se voulut accorder. Depuis le retour de la Rochelle, Thoré a toûjours continué, & a dit que la chose dont luy parla la Noüe, estoit d'une Requeste que l'on vouloit presenter au Roy, qui estoit la plus belle du monde, & depuis dernierement que le Roy de Pologne estoit par-deçà à Paris avec la Reine, sur la fin du mois d'Octobre dernier.

A dit aussi qu'estant à Blamont avec le Roy de Pologne, le Comte Ludovic, avec le Duc Christophle & le Duc de la petite Pierre, firent la reverence audit Roy de Pologne & à la Reine, envoya ledit S. le S. de la Molle vers le Comte Ludovic pour le saluër de sa part : lequel S. Ludovic luy fit réponse, ainsi que ledit S. de la Molle luy dit, qu'il seroit toûjours prest à luy faire tout le service & plaisir qu'il pouroit, & plusieurs offres honnestes. Et de fait ledit S. Ludovic vint vers ledit S. en sa chambre, pour luy dire que luy & le Duc Christophle avoient congé du Comte Palatin de rétourner la Paix & tranquillité en ce Royaume : à quoy il fit réponse qu'il n'en estoit besoin, & que le Roy & la Reine en avoient bonne volonté. Et a dit que ledit S. de Thoré estoit à Chantilly le jour que le Roy alla à la chasse, ledit S. luy fit compagnie, & ayant mal à l'épaule il se mit au lit, où estant, les S. de Montmorency, les S. de Thoré, Meru, Vicomte de Turenne & la Molle, se trouverent tous ensemble en sa chambre, & lors ledit la Molle dit audit S. voilà M. de Montmorency, ses freres & Vicomte de Turenne, l'on vous a tenu cy-devant plusieurs propos, maintenant vous aviserez quel conseil vous en devez prendre, & le tira ledit de la Molle à part pour luy dire lesdits propos ; luy disant vous estes conseillé par gens de jeune barbe, voilà M. de Montmorency, parlez à luy, il vous conseillera, il est bien avisé. Commença ledit S. à parler audit S. de Montmorency des propos qui luy avoient esté tenus, des mal-contentemens, des défiances & des soupçons de la requeste dont luy avoit parlé la Noüe que l'on devoit presenter au Roy : & demanda ledit S. audit S. de ce qui luy en sembloit.

Sur ce ledit S. de Montmorency dit à Monsieur, vous devez bien penser à cette requeste, & si vous la presentez, vous pourrez aigrir le Roy & la Reine, vous ne ferez rien pour vous ; & ne fut d'avis de la presentation de ladite requeste, ny qu'il s'en meslât aucunement : & luy tint quelques autres paroles pour l'en déconseiller. Et dit qu'à Soissons il avoit oublié à nous dire que depuis qu'il eut escrit la lettre à la Noüe, qui fut portée par la Molle, ledit S. de Thoré, Vicomte de Turenne & autres entrerent en défiance dudit de la Molle & ne voulurent plus parler aussi en la presence dudit de la Molle, comme ils avoient accoustumé de faire à S. Germain en Laye qu'ils delibererent de plusieurs choses : & leur faction estoit de se trouver en compagnie pour enlever ledit S. Duc avec eux. Et estoit comme il luy semble le premier Dimanche de Caresme que l'on devoit prendre les armes, dont averty ledit S. tant qu'il put récula ledit jour : & n'avoit autres Personnes que de la part dudit la Noüe, de Thoré & des autres de leur faction ; sinon que de prendre un jour certain, & fut fort marry ledit de la Noüe de ce qu'il disoit que Guitry s'estoit trop amusé, ainsi qu'il disoit. Autrement ne le sçait, & se devoient trouver, ainsi qu'il entendoit, à Montfort-l'Amaury. Et luy dit le Roy de Navarre qu'il

ſtroit ce qu'il voudroit , mais qu'il n'en diſt rien , & luy dit , le Prince de Condé fera ce que je voudray. A dit que le Samedy voyant l'alarme que l'on donnoit
au Roy & à la Reine , & que l'on diſoit que ceux qui avoient fait l'entrepriſe
de S. Germain , s'approchoient ; ne pouvant entrer en ſon cœur de ſe diſtraire
d'avec le Roy , & eſtre cauſe du grand mal qui en pourroit avenir en ce Royaume , appella la Molle , lequel luy avoit pluſieurs fois demandé congé un jour ou
deux auparavant pour s'en aller en Provence ; lequel il luy auroit refuſé pluſieurs fois , & enfin auroit eſté contraint luy donner : & luy parla de cette entrepriſe , le tenant ſeur & fidéle qu'il devoit luy en donner ſon avis lors pour
les obligations qu'il avoit eüës de luy : & luy declarant ce qu'il ſçavoit , ledit de la Molle luy dit qu'il en falloit avertir la Reine , & ſur l'heure ledit de
la Molle prit ledit S. par le bras & luy dit , je vous prie, allez vers la Reine
& luy dites ce que vous en ſçavez , je m'aſſeure qu'elle s'en trouvera ſatisfaite.
Ce qu'il fit & ſe mit à table , & aprés ſon ſouper manda la Reine. Le Roy ſe
trouva au Cabinet , auquel il dit ce qu'il avoit dit à la Reine , dont le Roy &
la Reine en furent fort contens , & montrerent en cela leur bonté , & dirent
qu'ils oublioient tout le paſſé.

A dit qu'il luy avint fort bien de le dire à la Molle , & non en parler auſdits de Thoré , Vicomte de Turenne , ny à autres , car s'il leur en eut parlé ,
au moyen qu'ils l'y avoient embarqué , ils ne luy euſſent donné ce conſeil. A dit
qu'eſtant à S. Germain en Laye ledit S. dit à M. de Montmorency , M. de
Thoré ne parle point à vous , y a-t'il quelque different entre vous ? ne ſçachant
le dit S. pourquoy ils ne parloient enſemble ; à quoy ledit S. de Montmorency dit
que le S. de Thoré eſtoit fol , qu'il luy falloit laiſſer paſſer ſes folies , & qu'il
n'eſtoit toûjours bien ſage. A dit qu'aprés l'entrepriſe de S. Germain découverte , le Roy s'aviſa d'envoyer le S. de Torcy vers le S. de Guitry : lors le Vicomte de Turenne pria ledit S. de l'envoyer avec le S. de Torcy ; ce que le Roy
trouva bon. Eſtant de retour ledit Vicomte de Turenne dit audit S. qu'il avoit
vû la plus belle troupe & compagnie qu'il avoit oncques vûë , qui eſtoient fort
affectionnez à ſon ſervice , diſant auſſi qu'il ne perdit l'occaſion de les employer ,
& que s'il perdoit cette occaſion , il ne la pouroit récouvrer une autre fois :
& uſa de beaucoup de perſuaſions pour faire trouver bon audit S. ce qu'il diſoit ,
qui ne s'y vouloit accorder , luy diſant pluſieurs choſes pour le faire condeſcendre , dont on pouroit faire une Bible de tous les propos qu'il luy diſoit ,
& fit tant par ſes belles paroles , qu'il fit accorder audit S. ce qu'il luy
demandoit. Lors ledit S. dit , encore qu'il s'y fut accordé , qu'il vouloit que
la Molle entendiſt ſa réſolution , ſçachant bien que la Molle ne feroit rien
que ce qu'il trouveroit bon , encore qu'il eut autre opinion ; pour les obligations qu'il avoit eüës dudit S. à quoy fut fort inſiſté par ledit de Turenne , diſant qu'il n'en falloit rien communiquer audit de la Molle , & qu'il les avoit
déja une fois trompez , & qu'il ne ſe falloit point fier à luy , parce qu'il parloit à tout plein de gens , & qu'il craignoit que la choſe fut découverte. Toutefois ledit S. voulant que ledit S. de Molle en fut averty , & eſtant venu ledit
de la Molle , ledit Vicomte de Turenne & luy entrerent en quelques propos &
paroles l'un contre l'autre ; enfin furent ſéparez & départis par le commandement dudit S. qui les fit embraſſer. Lors fut la concluſion priſe que ledit S. Duc
partiroit le Samedy de Paſques au ſoir , dont il faiſoit grande difficulté , parce qu'il vouloit faire ſes Paſques , & qu'il fut trouvé mauvais ſon partement
eſtre fait ce jour-là , parce qu'il ne vouloit faire choſe contraire à ſa Religion,
& plûtoſt mourir que de la changer : & ſe devoit rendre à Moret qui eſt à M.
le Prince de Condé ; où ſe devoit pareillement trouver ledit Prince de Condé :
& avoit averty ledit Prince de Condé par le S. de Chaſteaubardeau de ladite réſolution , eſtant auſſi averty par ledit S. de Montagu , par lequel luy fut dit de
la part dudit S. Prince de Condé , ſoit que ledit S. Duc partit devant ou aprés
la Feſte , que neantmoins ledit S. Prince partiroit. A dit que la Molle a eſté
de ceux qui l'ont perſuadé à ſe retirer pour pluſieurs perſuaſions qu'il luy diſoit.
A dit que la Molle qui a eſté bon amy du Comte Coconnas dit audit S. que ledit

Coconnas le fuivroit où il voudroit & qu'il avoit envie de luy faire fervice; au moyen de quoy ledit S. manda ledit Coconnas, qui parla à luy deux fois en la Maifon du S. de la Nocle : lequel luy dit la promeffe telle que deffus. En rélifant ce que deffus, eft fouvenu audit Seigneur qu'un nommé Bois-breton apporta à la Cour la requefte, dont il a parlé cy-deffus. Nous a dit & affirmé en parole de Prince, que ce que deffus eft la verité.

La dépofition fuivante du Roy de Navarre, eft un veritable manifefte de toute fa conduite à la Cour de France, & un réproche tacite à la Reine des mauvais offices qu'elle luy rendoit ou qu'elle luy procuroit, contre le refpect qu'on devoit à fa qualité de Roy, & de premier Prince du Sang de France.

MADAME, *je m'eftime très-heureux du commandement qu'il vous plaift de me faire, encore que par droit je ne fois obligé de répondre qu'à Vos Majeftez; fi ne craindray-je devant cette Compagnie & toutes autres Perfonnes que vous trouverez bon, difant verité, de vous faire paroiftre mon innocence, & la méchanceté de ceux qui pourroient avoir menty. Or afin que je commence dés mon enfance à vous témoigner ma vie & mes effets paffez, je vous diray, Madame, que le Roy mon pere & la Reine ma mere en l'âge de fept ans me conduifirent en voftre Cour, afin de me rendre auffi affectionné à vous bien & fidélement fervir, comme le feu Roy mon pere; qui n'a voulu autres témoins de ce qu'il vous eftoit, que fon fang & la perte de fa propre vie : laquelle fut trés-prompte pour moy, qui dés-lors demeuray fous l'obéiffance de la Reine ma mere. Laquelle continua à me faire nourrir en la Religion qu'elle tenoit, & voyant qu'aprés le decés du feu Roy mon pere il falloit qu'elle me fit connoiftre & aimer de mes Sujets, elle me voulut mener en fes Pays. Ce qui fut fait à mon trés-grand regret, me voyant éloigné du Roy & du Roy de Pologne, defquels outre que nos âges eftoient quafi égaux, je recevois tant d'honneur, que le lieu du monde où je me plaifois le plus, eftoit d'eftre en leur compagnie. Aprés avoir demeuré quelque temps en fes Pays, elle s'achemina pour rétrouver Vos Majeftez jufques à Nerac; où eftant, il arriva un Gentil-homme de M. le Prince de Condé, qui luy fit entendre que leurs ennemis eftans les plus forts, Vos Majeftez s'eftoient bien réfolus fans doute de fe défaire de ceux qui portoient les armes, afin que plus aifément ils puffent exterminer les femmes & les enfans, & par ce moyen ruïner du tout noftre Maifon : & que cela il le fçavoit pour le certain de bonne part, & dans quatre ou cinq jours qu'il feroit à la Rochelle avec fa femme & fes enfans. Ce qui l'émut tellement à pitié, que craignant que le mefme malheur luy avint, elle fe délibera de les aller trouver à la Rochelle, où elle me mena; & mon oncle dreffant fon armée, elle m'envoya avec luy, où tous ceux qui y font venus de voftre part pour traiter la Paix, vous ont pû témoigner le defir que j'avois d'eftre auprés de Vos Majeftez pour vous faire très-humble fervice, entr'autres Meffieurs de Cros, de Brion, & de Boify, qui furent députez pour ce fait, vous l'ont pû affeurer.*

Aprés

Aprés la Paix faite , il se commença de mettre en avant le mariag
e Madame voſtre fille , duquel je m'eſtimay trés-heureux pour me vo
approcher de vos Majeſtez, lequel mariage n'eſtant du tout réſolu , e
us vint trouver pour achever de le conclure , & me laiſſa en attendan
t ſes Pays ; où bien-toſt aprés elle m'envoya querir, comme auſſi firer
s Majeſtez par Perqui , lequel vous a pû dire le plaiſir que ce me fu
avoir ce commandement : comme je le montray m'acheminant tro
urs aprés , ayant eu vingt accés de fiévre tierce. Aprés m'eſtre ach
iné ſept ou huit journées , je ſçûs la mort de la Reine ma mere , q
'eut eſté une excuſe aſſez valable de m'en rétourner, ſi j'en euſſe eu er
e : toutefois je m'acheminay un jour aprés avec la meilleure troupe de m
rviteurs que j'avois pû aſſembler , & ne fus content que je ne ſuſſe ar
é prés de vos Majeſtez, où toſt aprés ces nôces avint la S. Barthelemy
furent maſſacrez tous ceux qui m'avoient accompagné ; dont la plû
rt n'avoient bougé de leurs Maiſons durant les troubles. Entre les au
s fut tué Beauvais , lequel m'avoit gouverné dès l'âge de neuf an
nt vous pouvez penſer quel regret ce me fut voyant mourir ceux qu
ient venus ſous ma ſimple parole , & ſans autre aſſeurance que les let
s , que le Roy m'avoit fait cet honneur de m'eſcrire que je le vinſ
uver : m'aſſeurant qu'il me tiendroit comme frere. Or ce déplaiſir m
tel , que j'euſſe voulu les racheter de ma vie , puis qu'ils perdoient l
r à mon occaſion , & meſme les voyant tüer juſques au chevet de m
je demeuray ſeul d'amis & en défiance. En ces peines Thoré, leque
t piqué de la mort de ſon couſin , & ſe voyant deſeſperé, ſe vin
dre avec moy , me rémettant devant les yeux l'indignité que j'avoi
üë & le peu d'aſſeurance que je pouvois attendre pour moy-meſme
ant l'honneur & bonne chere que vous, Madame, & le Roy voſtr
& le Roy de Pologne , faiſiez à ceux de Guiſe : leſquels non con
de ce qu'ils avoient voulu faire au feu Roy mon pere & à M. l
nce mon oncle , triomphoient de ma honte ; non toutefois qu'il m'e
t jamais en l'intention, de vous eſtre autre que trés-fidéle & trés-affection-
Serviteur. Ce que j'eſperois vous faire paroiſtre à la Rochelle , où je
réſolu de vous bien & fidélement ſervir , & de ſuivre de ſi prés le
de Pologne , qu'il vous put témoigner le fonds de mes intentions.
r eſtant ſi prés de luy, je fus averty par pluſieurs de mes bons amis,
l'on vouloit faire une ſeconde S. Barthelemy, & que M. le Duc &
n'y ſerions non plus épargnez que les autres. Outre le Vicomte de
nne me dit qu'il avoit ſçû pour certain de la Cour, que M. de Vil-
y apportoit la dépeſche pour faire l'execution , & que ſi ma femme
t accouchée d'un fils que le Roy avanceroit ma mort. Meſme quel-
-uns de mes Gentils-hommes furent avertis de leurs amis, qui eſtoient
l. de Guiſe , qu'ils ſortiſſent de leur quartier pour aller au leur ; par-
'il ne faiſoit pas ſeur pour les miens : & auſſi le Gaſt me venant
, diſoit tout haut que la Rochelle priſe , on feroit parler tout autre-
t des Huguenots & des nouveaux Catholiques. Vous pouvez penſer ,
n ayant eu tant d'avertiſſemens , & meſme de luy , en qui le Roy

ſome II.   Z z

de Pologne se fioit entierement, disant ces choses; s'il n'y avoit pas juste occasion de le croire. Toutefois ayant promis au Roy de Pologne que si j'entendois quelque chose pour le service du Roy & le sien, je l'en avertirois, comme je fis, l'allant trouver le soir à son Cabinet, luy faisant entendre comme le tout se passoit : m'asseura qu'il n'en estoit rien. Dequoy il m'asseura, & dés-lors il me promit tant d'amitié, que me séparant de cette frayeur, je cessay de faire garde à mon logis, comme j'avois esté contraint de faire pour l'asseurance de ma vie. Depuis ne perdis aucune occasion de me tenir auprés de luy, pour faire preuve que je n'avois rien plus cher que ses bonnes graces. En ce temps-là le camp fut rompu, & nous révinsmes de la Rochelle vous trouver, où il ne s'est parlé que du départ du Roy de Pologne, lequel vos Majestez furent conduire jusques à Vitry; où j'eus avertissement de plusieurs endroits que l'on vouloit tuër le Roy, ce que je ne voulus jamais croire, ensemble M. le Duc & moy, & faire le Roy de Pologne Roy. Toutefois faisant entendre ce que j'avois appris à M. le Duc, il me dit qu'il en avoit eu beaucoup d'avis & d'appareils, & que M. de Guise faisoit assemblée à Joinville pour faire l'execution de cette entreprise : & moy estant à la chasse, je trouvay dix ou douze chevaux avec armes, comme fit le Guidon de M. le Prince de Condé, qui en trouva quarante ou cinquante en ce mesme équipage; qui estoit assez pour nous faire croire quelque chose. Toutefois le Roy de Pologne estant arrivé à Vitry, où je ne faillis à luy dire tous les bruits qui couroient de luy, lequel m'asseura qu'il n'en sçavoit rien, & que si j'estois en doute là de Messieurs de Guise, que je ferois bien de demeurer auprés du Roy, & l'aller trouver à Nancy pour prendre congé de luy; ce que la Reine me fit commander par le Roy.

Le Roy partit de Vitry pour aller à Châlons, où j'allay avec luy; où estant luy demanday congé pour tenir la promesse que j'avois faite au Roy de Pologne, d'aller prendre congé de luy à Nancy, ce qu'il me refusa, & me commanda me tenir prés de luy. Sept ou huit jours aprés avoir esté à Châlons, je sçûs le départ du Roy de Pologne & me fut asseuré qu'à son dernier Adieu, oubliant l'amitié & bonne chere qu'il m'avoit promis, il ne se souvint de vous supplier, Madame, que vous m'eussiez en vostre protection; mais au contraire il vous récommenda M. de Guise, afin que par vostre moyen il fut fait Connestable : ce que je ne voulois nullement croire, mais estant vos Majestez de retour à Rheims, vous me fites une si maigre mine, & commençastes-là d'avoir une telle défiance de moy, que cela me fit penser qu'il en estoit quelque chose. En ce mesme temps M. de Thoré arriva, lequel ne fut seulement fâché me voir en cette peine, mais me la continua; me disant que c'estoit chose trés-certaine que demeurant à la Cour, je ne devois attendre que beaucoup de mécontentement, & que ma vie n'y estoit trop asseurée. De-là vos Majestez allerent à Soissons, où vous continuastes encore plus les méfiances que vous preniez de moy, sans vous en avoir donné une seule occasion : qui m'estoit un extrême ennuy. Là les Capitaines des Garde commencerent à venir tous les jours dans la chambre de M. le Duc & le

mienne, & regarder deſſous nos lits pour voir s'il n'y avoit perſonne, &
commandaſtes qu'il ne coucheroit en ma Garderobe qu'un ſeul Valet de
chambre pour me ſervir : & meſme me levant le matin pour me trouver à voſtre lever, Madame, comme j'avois accouſtumé, choquant à
voſtre porte, vous dites que l'on me répondit que vous eſtiez chez le
Roy. Toutefois vous parliez à la Chaſtre & à quelques autres, de
qui il ne me ſouvient des noms, qui avoient eſté les Principaux executeurs de la S. Barthelemy, & du tout Serviteurs de M. de Guiſe ; qui
me fit croire que vous deſiriez plus vous ſervir de ceux de cette maiſon, que
de ceux qui ont cet honneur de vous eſtre plus proches, & plus fidéles Serviteurs. Le lendemain ne me voulant de rien rébuter de ce que je ſçavois venir de vous, je rétournay encore pour vous trouver en voſtre
chambre, de laquelle vous eſtiez ſortie pour aller chez le Roy ; où penſant
entrer, vous commandaſtes que l'on me dit que le Roy dormoit, encore
que paſſant par la Salle, pluſieurs Gentils-hommes, meſme de ceux de
mon Gouvernement, y euſſent vû entrer cinq ou ſix du Conſeil : ce que
ſçachant, je choquay à la porte, & lors vous me fiſtes répondre que le
Roy ne vouloit pas que j'y entraſſe, qui me fuſt une grande honte, meſme eſtant connu de tous les hommes qui le virent.

Cela eſtoit ſuffiſant de me mettre en une extrême peine, n'ayant jamais rien ſçû qui importaſt à voſtre ſervice, que je n'en euſſe averty le Roy
de Pologne, comme il vous a témoigné de la Rochelle & de Vitry : & vous,
Madame, eſtant à Rheims, ayant ouï parler de quelque requeſte que
l'on vouloit preſenter à Vos Majeſtez, je ne faillis incontinent de le vous
dire ; qui ne meritoit pas vous mettre en défiance de moy, mais au contraire vous convioit à vous y fier. Et voyant que mes ennemis avoient
telle part auprés de Vos Majeſtez, que pour nul de mes effets vous ne
pouvez perdre la défiance qu'à grand tort avez priſe de moy ; j'ay crû
que les bruits que l'on faiſoit courir que l'on nous vouloit mal-faire, eſtoient
veritables. En cette peine, M. le Duc qui n'en avoit pas moins, me contoit les deſdains que l'on luy faiſoit, & je luy dis les miens en la preſence de Thoré. De-là Vos Majeſtez allerent à Chantilly, & de-là à
S. Germain ; où vinrent les nouvelles que l'on avoit failly à prendre la
Rochelle : & fut dit tout haut que, ſi elle eut eſté priſe, l'on eut mis
Monſieur de Montmorency priſonnier, & que l'on eut executé ſur nous
la mauvaiſe volonté que l'on nous porte. Et voyant les grandes méfiances que Vos Majeſtez avoient de nous, s'accroiſtre tous les jours, & re-
cevans beaucoup d'avertiſſemens tous nouveaux que l'on nous vouloit mé-
faire ; cela fut cauſe que M. le Duc ſe réſolut pour s'oſter de ce danger
& pour l'aſſeurance de ſa vie, de s'en aller : où je luy promis de l'accompagner, & de-là m'en aller en mon Pays, tant pour ma ſeureté,
que pour donner ordre en Bearn & Navarre ; où pour mon abſence je
ne ſuis nullement obéi. Et lors que nous eſtions pour l'aſſeurance de nos
vies ſur le point de nous abſenter de la preſence de Vos Majeſtez, il avint
que vous en fuſtes avertis, & vous nous appellaſtes en voſtre Cabinet ;
où nous vous diſmes tout ce que nous ſçavions. Alors vous nous aſſeuraſtes

de nos vies, & nous dîsles que le Roy donneroit ſi bon ordre, que nous n'aurions cy-aprés occaſion de nous plaindre.

Depuis eſtans aux Fauxbourgs S. Honoré, nous euſmes les meſmes alarmes qu'auparavant, meſme que l'on diſoit qu'on nous vouloit mener au Bois de Vincennes priſonniers. Alors le Vicomte de Turenne arriva de la part où Vos Majeſtez l'avoient envoyé, lequel nous confirma les meſmes occaſions de peur & crainte, & nous répreſenta devant les yeux le dan-ger où nous eſtions de nos vies : qui fut cauſe que M. le Duc m'envoya dire par la Vergne & Montagu qu'il eſtoit réſolu pour ces meſmes rai-ſons de ſe retirer. Ce qu'entendant je me déliberay de partir pour l'ac-compagner , & de-là me retirer en mes Pays pour les meſmes raiſons que j'ay cy-devant dites. Voilà, Madame, tout ce que je ſçay, & vous ſupplie trés-humblement de conſiderer, ſi je n'avois pas juſte & appa-rente occaſion de m'abſenter, & qu'il plaiſe au Roy & à vous me vouloir doreſnavant faire tant de bien & honneur que de me traiter comme eſtant ce que je vous ſuis, & qui n'a autre volonté que vous eſtre à tous deux trés-humble, trés-fidéle & trés-obéïſſant Serviteur. Signé , HENRY.

Voilà une declaration qui ſent bien mieux le Roy, que celle du Duc d'Alençon ne ſent celle d'un fils de France, auſſi ne s'en ſervit-on pas pour faire le procés aux Priſonniers, & je ne m'en ſers moy-meſ-me que pour adjouſter à l'honneur que merita ce grand Prince pour eſtre ſorty de tant de combats & de dangers par ſa valeur, celuy de s'eſtre conſervé des perils d'une Cour ennemie, & d'avoir maintenu ſa dignité dans une occaſion comme celle-cy, où l'on employa toute ſorte de moyens pour faire d'un deſſein de rétraite la plus horrible Conſpiration qu'on pût imaginer. Je diray encore pour luy faire per-dre, comme au Duc d'Alençon, le ſouvenir de ce qu'il eſtoit, par l'ap-préhenſion de ce qu'on pouvoit entreprendre contre luy : & c'eſt ce qui me fait dire que cette affaire eſt la plus grande qu'ait eu ce Prin-ce, & celle qui dût plus que toute autre contribuer au nom de Grand, parce qu'elle n'appartient qu'à luy & qu'il n'a l'obligation de s'en eſtre tiré qu'à ſa ſeule fermeté & à la grandeur de ſon courage. La Reine de ſon coſté ne voulut pas en recevoir le démenty , tant parce qu'il y alloit de ſon honneur, que parce qu'il falloit une raiſon pour, le Roy eſtant mort , lequel elle ſçavoit ne pouvoit échapper de ſa ma-ladie , retenir comme Priſonniers le Duc d'Alençon & ce Roy juſ-ques au retour du Roy de Pologne. C'eſt pourquoy elle joignit à la confeſſion de Coconnas la dépoſition d'Yves Brinon, accuſateur plû-toſt que témoin, comme il paroiſt par ce qu'il dit le jour ſuivant 14. du mois d'Avril.

YVES *de Brinon âgé de 40. ans ou environ, aprés ſerment par luy fait, à dit qu'il y a environ trois ſemaines qu'il s'adreſſa à luy un Serviteur de la Nouë qui a eſté autrefois à luy dépoſant, qui luy dit qu'il avoit avertiſſement pour donner au Roy, d'un Gentil-homme nommé Beaufenyn, qui avoit eſté au feu Admiral & eſtoit de preſent Eſcuyer de M. le Duc : lequel alloit & venoit*

par le commandement dudit S. Duc vers les ennemis du Roy, traitant des me-
nées & pratiques. Lors le dépofant s'adreffa à un nommé le S. de Grand-champ
[Guillaume de Grandrye Chambellan du Duc] & luy dit en la maifon, où
eftoit logé le Comte de Coconnas & la Molle prés le bout du Pont S. Mi-
chel, qu'il avoit un homme qui pouvoit faire fervice au Roy & découvrir les
menées de fes ennemis. Le S. de Grand-champ luy dit qu'il n'eftoit pas befoin
de fe hafter, mais attendre & voir quelles iffuës prendroient les affaires. Quel-
ques jours aprés ledit dépofant en fon logis dit audit S. de Grand-champ que le
Perfonnage qui luy donnoit l'avertiffement, eftoit proche de s'en aller vers la
Nouë, & qu'il eft à luy, dit qu'il fe vouloit fervir de luy pour le fervice du
Roy. Lors ledit de Grand-champ répondit audit dépofant, qu'il laiffaft cette
entreprife, & qu'il n'y alloit que de la vie, pour ce qu'il ne pourroit jamais ap-
procher jufques au Roy pour luy donner l'avertiffement : mais qu'il l'affeuroit,
s'il vouloit tenir le party de M. le Duc, qu'il luy feroit donner tel eftat en fa
maifon qu'il voudroit, & le feroit participer au butin de 400000. efcus à la
prife d'une ville qui eftoit auffi bonne que Rouen. Lors le dépofant paffa outre
en fon propos, attendant de découvrir dudit Grand-champ autres chofes. Aprés
frequentant ordinairement avec ledit de Grand-champ, il vit ordinairement que
plufieurs Gentils-hommes & autres venoient parler à luy & à un nommé la No-
cle, qui eftoient ordinairement enfemble avec le Comte Coconnas & le S. de Gran-
trye, & ne vouloit ledit la Nocle que ledit dépofant entendit de leurs affaires;
efquelles eftoit entremeflé un nommé la Vergne avec le Vicomte de Turenne. Le-
dit S. de Grand-champ ayant depuis opinion que ledit dépofant luy pourroit fer-
vir en quelque chofe, luy commença à dire le Dimanche précedent le Dimanche
des Rameaux, eftans fur les Remparts prés le Moulin à vent des petits Champs,
que le Roy avoit envoyé querir une difpenfe pour faire mourir le Duc, & qu'il
déliberoit s'en reffentir & échapper le danger; ce que ledit de Grand-champ af-
firma eftre vray audit dépofant : & auffi continuant de jour à autre, communi-
quoit des affaires fecrettes audit dépofant, lefquelles il traitoit en confeil de
M. le Duc és maifons de la Nocle & de la Molle, & ce qui eftoit délibéré au-
dit confeil, eftoit aprés rapporté entr'eux. Tellement qu'ils adjouftoient leurs
opinions, & faifoient eftat qu'aprés qu'ils auroient impatronifé M. le Duc du
Royaume de France, ils tiendroient pour eux les villes qu'ils auroient prifes
pendant la Guerre, faifant auffi eftat d'exterminer le Roy, la Reine, & tous
ceux de la Maifon de Guife, s'affocians de la Maifon de Montmorency & du S.
de Strozzy : lequel avoit promis audit S. de Grand-champ douze Compagnies
de Gens de pied pour les Guerres qui fe prefenteroient, dont il en avoit déja
délivré une Commiffion à un nommé Berthencourt pour le Capitaine Tourtay.
Et lors que M. le Duc venoit à Paris tenir fon confeil fur lefdites affaires, ils
y venoient fous couleur de venir gouverner certaines Dames de la Cour. Et ce
qui avoit efté arrefté audit confeil, eftoit rapporté audit dépofant par ledit S.
de Grand-champ, tous les propos & machinations qui fe traitoient efdits lieux
audit temps, fans qu'il y eut encore réfolution du temps de l'execution, à cau-
fe d'une fomme de douze cens mille livres qui eftoit affectée au voyage : & que
l'on attendoit M. de Mande Chancelier de Monfieur le Duc.

Depuis ont pratiqué certains Italiens, fans qu'on les luy nommaft, qui avoient
promis donner 6000. efcus audit S. Duc, dont il en donnoit 2000. pour le paye-
ment d'aucuns hommes, qui eftoient retenus pour le fait de l'execution, 1000.
efcus pour ledit la Nocle, & 1000. pour le S. de Grantrye, qui promettoit par
un Secretaire qu'il difoit avoir, de convertir l'argent en or, pour fournir aux
frais, qu'il conviendroit faire en toutes les Guerres. Et avoient entr'eux dépar-
ty les Eftats de France, Grantrye pour Grand-Maiftre, la Nocle pour Grand-
Chambellan, la Molle Maiftre de la Garderobe, M. de Montmorency Lieute-
nant General. Ledit dépofant voyant que le terme de leur execution préparée
approchoit, voulant en avertir fa Majefté, ledit jour des Rameaux au matin,
s'en alla vers M. le premier Préfident pour luy communiquer de cette affaire,
lequel S. premier Préfident confeilla audit dépofant s'en aller vers le Roy, &

l'inſtruire de tout. Ce que ledit dépoſant fit auſſi-toſt, délibérant s'adreſſer à M. le Procureur General, ſelon que ledit S. Préſident luy avoit dit, pour en parler au Roy : & ne trouvant ledit dépoſant ledit S. Procureur General, s'adreſſa premierement à un Medecin du Roy nommé Vigor, pour le preſenter à S. Majeſté, lequel Vigor n'en tint compte. Depuis alla à un Maiſtre des Re-queſtes nommé le S. de Lignerac, lequel en fit auſſi difficulté. Finalement trou-va le S. de Chocances Gouverneur de Beauvais ; auquel ledit dépoſant dit qu'il avoit quelque choſe de conſequence à dire au Roy : ce que ledit S. de Chocances alla annoncer à S. Majeſté, à laquelle incontinent ledit dépoſant ſe preſenta aprés la Meſſe du Roy, & ainſi qu'il eſtoit preſt à diſner, luy dit il dépoſant qu'il avoit choſe de grandeſſe & conſequence à dire pour le ſervice de Sa Majeſté; lors le Roy luy répondit qu'il attendit juſques aprés le diſner. Aprés lequel diſner ledit dépoſant avec ledit S. de Chocances ſe preſenta au Roy qui ne l'ouït. Lors s'en révint il dépoſant à Paris, pratiquant toûjours avec ledit de Grand-champ pour découvrir de luy ce qui ſe traitoit, & voyoit pluſieurs allées & venuës que luy communiquoit ledit de Grand-champ. Finalement le Mercredy de la Se-maine Sainte eſtant découvert un de la Porte S. Antoine, qui donna quelque-ſoupçon deſdites menées, iceux Conſpirateurs furent eſtonnez, & commence-rent à réſoudre de leur fait. Diſans toutefois que ores que le Roy en fut aver-ty, comme il eſtoit déja par un Seigneur, qui luy avoit mandé qu'il eſtoit hors de ſa puiſſance de pouvoir donner ordre eſtant le plus foible : le Jeudy abſolu au ſoir ledit S. premier Préſident envoya querir ledit dépoſant en ſon logis, le-quel dépoſant tout auſſi-toſt ſe transporta vers ledit S. Préſident ; par lequel luy fut commandé en preſence du S. de Lanſſac & de M. le Procureur General d'aller le lendemain trouver le Roy au Bois de Vincennes, pour l'informer au vray de ce qui ſe machinoit par ſes ennemis. Ce que ledit dépoſant fit au ſortir du logis dudit S. premier Préſident.

Alla trouver ledit S. de Grand-champ, lequel le retint à la Collation, pen-dant laquelle ledit de la Nocle arriva accompagné d'un nommé Mathain & deux autres, deſquels ledit dépoſant ne ſçait les noms; leſquels ſe mirent à table : & aprés commanda ledit de la Nocle, que tous Serviteurs ſortiſſent de la chambre, & que ledit Tourtay bailleroit bien à boire. Eſtans ſortis leſquels Serviteurs, ledit de la Nocle va jurer & blaſphémer, appellant le S. de Montmorency Pol-tron & dépitant contre luy ; pour ce qu'il diſoit que ſa longueur avoit eſté cauſe de rompre l'entrepriſe, & que s'il ne luy eut tenu le bec en l'eau, il y avoit long-temps que l'entrepriſe eut eſté executée, vû la juſte occaſion qu'en avoit M. le Duc & les Conſpirations qui eſtoient faites contre luy. Premierement que depuis deux ..... on avoit conſpiré à le faire mourir, joint auſſi que depuis l'effroy de S. Germain le Roy avoit envoyé vers le Pape, pour avoir diſpenſe de le faire mourir & le Roy de Navarre : & qu'ils avoient occaſion de ſe plain-dre, vû que l'on avoit donné en appanage au Roy de Pologne ſon frere un mil-lion de livres de rente, & en toutes les Charges honorables de France & autres du tout diſpoſé à ſa fantaiſie, & qu'il demeuroit comme Eſclave. Et que Lan-guedoc, Provence, Guyenne, Dauphiné, Picardie, & une partie de Norman-die luy tendoient les mains pour ſe rendre à ſa devotion. Bref qu'il falloit, quoy qu'il fuſt, executer promptement, & que ledit de la Nocle venoit de la Cour; où il avoit vû en la Chambre de la Reine de Navarre, que la Reine Mere avoit parlé audit Roy de Navarre aigrement de toutes ſes entrepriſes : lequel Roy de Navarre avoit tenu bon en pleurant, & que ladite Dame luy dit qu'il n'eſtoit pas temps de diſſimuler, & que la Molle & Coconnas eſtoient priſonniers, qui avoient tout declaré. Devoit ledit de la Nocle partir le lendemain pour aller au Bois de Vincennes, pour faire enlever ledit S. Duc, & fut envoyé par ledit S. de Grand-champ coucher chez la Dame de Chauſſey ſa ſœur en la ruë de Sei-ne. Le lendemain matin, qui eſtoit le Vendredy-Saint, il dépoſant alla trou-ver le Roy ; auquel il declara amplement ce qu'il ſçavoit de ladite Conſpira-tion : lequel Sieur Roy luy promit envoyer forces à Paris pour prendre les coupables.

Il déposant estant de retour à Paris rencontra en ladite ruë de Seine ledit de la Tourtaye, auquel demandant des nouvelles, il luy dit que ledit de la Nocle les avoit laissez pour aller trouver la Molle ; qui luy avoit mandé qu'il avoit reçû des nouvelles de M. le Duc : & estoit ledit de la Nocle party de bon matin. Ayant laissé il déposant ledit de la Tourtaye, alla trouver ledit S. de Grand-Champ, qui estoit logé au logis du S. Comte de Ventadour ruë de Seine ; où il trouva ledit S. de Grantrye son frere, & un nommé le S. de Rouzieres pere dudit Tourtaye, & un nommé Bourgoing. Ledit de Grand-Champ demanda audit déposant ce qu'il avoit appris, lequel luy dit qu'on estoit bien en alarme, mais peut-estre que ce ne seroit rien : & peut-estre qu'après disner il leur résoudroit du tout. Lors ledit de Grand-Champ dit qu'il ne falloit plus attendre ; ains se tenir prest pour suivre ledit S. Duc, qui avoit bon rendez-vous à Sedan. Lors ledit S. de Grandrye dit qu'il ne partiroit point, mais qu'il demeureroit pour apprendre ce qui se passeroit par-deçà, pour leur en mander des nouvelles, & qu'il ne devoit craindre, d'autant qu'il n'avoit jamais communiqué ausdits S. Duc & Roy de Navarre de ses affaires, mais qu'il les avoit seulement entenduës par eux ; desquels il s'asseuroit bien qu'il ne le declareroient point, parce qu'ils estoient tous hommes résolus. Lesquels de Grand-Champ, de Grandrye & autres, alloient disner au logis dudit de Grand-Champ à la Corne de Cerf en la ruë des Maressts ; où ils attendoient ledit déposant jusques à une heure après midy, pensant les faire prendre, comme il avoit promis au Roy : lequel S. Roy n'envoya aucunes forces, comme il avoit promis, & depuis ledit de Grand-Champ est eschappé, & est ce qu'il dit.

Le mesme jour fut ouï Antoine de S. Pol Maistre des Requestes, sur ce qu'il avoit ouï dire de cette Conspiration à Laurens du Bois Escuyer S. de Saint Martin des Pierres son neveu, qui par plusieurs fois luy en avoit parlé, & avoit témoigné souhaiter qu'il ne se trouvast pas à Paris le jour qu'elle devoit éclater. Et depuis luy avoit dit, *que les choses avoient pris quelque longueur au moyen de la venuë de M. de Montmorency, qui taschoit par tous moyens à appaiser les affaires. Que l'on avoit fait quelque découverte, mais que tout cela n'y feroit rien ; car on avoit trouvé quelques lettres du Roy d'Espagne, qui conseilloit au Roy de faire mourir son frere, & autres lettres du Pape qui pardonnoit le meurtre qui feroit fait en sa Personne.* Ledit du Bois prisonnier à la Conciergerie nia rien sçavoir, sinon qu'il y avoit des Malcontens & apparence de Guerre, qui l'auroit résolu de prendre employ avec le S. de Lusson Capitaine des Gardes du Corps ; surquoy estans confrontez, dit que par maniere de discours il avoit dit, *que l'on pourroit prendre le Roy, & que l'on se tuëroit dedans Paris. Que Grand-Champ avoit dit le Samedy devant les Rameaux, qu'il voudroit estre mort, & que l'on avoit mandé quelques lettres au Roy touchant le fait de S. Germain ; mais que M. de Montmorency estoit à la Cour, qui estoit sage Personnage & pouvoit composer tout cela. Et que ledit de Grand-Champ luy dit qu'il y avoit des lettres du Pape & du Roy d'Espagne : comme aussi qu'il ne vouloit estre ny à la Ville ny à la Cour, au moyen dequoy il en avertit ledit de S. Pol.*

Tourtay interrogé le mesme jour dit que son pere estoit Capitaine pour le Roy & avoit en Charge en l'Artillerie, que depuis dix ans il l'avoit suivy, & servy le S. de Grand-Champ de Secretaire en son Ambaffade de Turquie : & avoüa avoir eu des lettres pour porter de fa part au Roy, à la Reine, & aux Sieurs de Sauve & de Fontaines, qui furent lûës par le Lieutenant civil en fa prefence, & que s'il fçavoit rien de la Confpiration, il vouloit eftre tiré à quatre chevaux.

Pierre de Grantrye Maiftre d'Hoftel ordinaire du Roy âge de 43. ans répondit fur les cas à luy impofez, qu'il avoit efté huit ans & plus Ambaffadeur pour le Roy aux Grifons, qu'à fon retour il y avoit 4. ou 5. mois il s'arrefta à fa Maifon en Nivernois, qu'il en partit au commencement de Carefme, & arriva à Paris le Dimanche des Brandons, que le Roy vint de S. Germain pour le trouble qui y arriva le jour précedent, qu'il avoit fouvent beu & mangé avec le S. de Grand-Champ fon frere, comme freres doivent faire entr'eux ; finon depuis que ledit de Grand-Champ s'eftoit allé loger au Faux-bourg S. Germain, pour eftre plus prés du S. Strozzy Colonel de l'Infanterie Françoife, qui luy avoit promis douze Compagnies de Gens de pied, dont les deux Tourtais pere & fils devoient avoir chacun une, qu'il l'avoit moins vû. Que le Vendredy Saint aprés avoir affifté au Service en l'Eglife de S. Euftache, en allant aux Pardons, il alla difner avec luy, où fe trouverent les deux Tourtais, & un jeune homme nommé Bourgoing de Nivernois, homme d'armes de la Compagnie du Roy de Pologne, qui briguoit auffi une Compagnie : & enfuite arriva un jeune homme nommé Brinon, pour rendre réponfe de quelqu'argent dont il avoit charge : mais qu'il ne fut aucunement parlé des affaires publiques, non plus que du trouble qu'on difoit eftre arrivé le jour mefme au Bois de Vincennes, comme il apprit à fon retour, & que le Roy avoit mandé qu'on fermaft les Portes de Paris & qu'on arreftaft les Batteaux. Brinon luy eftant auffi-toft confronté foûtint, l'avoir trouvé avec le S. de Grand-Champ le matin du Vendredy Saint à l'Hoftel de Ventadour, où l'on tint les propos portez en fa dépofition, qu'il fçavoit la Conjuration, & devoit demeurer à Paris, pour voir ce qui s'y pafferoit : fur quoy il avoüa, *qu'à la verité il fe doutoit & s'eft apperçû par les déportemens & paroles, que tenoient ledit de Grand-Champ fon frere, la Nocle le jeune, & Montagu, qu'ils faifoient quelques entreprifes pour aider à M. le Duc, & quelquefois leur a oüi dire qu'il eftoit à craindre que le Roy ne fuivit l'exemple du Roy Catholique, qui n'avoit pardonné à fon feul fils, & qu'il avoit envoyé querir difpenfe à Rome pour ce fait. Au furplus a dit qu'à la verité, eftant aux Grifons il s'eft employé à diftiller & faire tranfmutation des métaux, & en fçait le Secret & la recepte, laquelle il ne veut communiquer à autre qu'au Roy, ou à ceux qu'il luy plaira commander, & a moyen de luy faire gagner deux millions d'or tous frais faits tous les ans, en mettant par le Roy cent mille efcus en argent, pour avoir en deniers un million d'or tous les ans : & que tous les mois on tirera le gain, & toutes les femaines fi l'on veut, & que le pere du Comte Charles luy a voulu donner cinquante mille efcus pour faire le Secret, & ne l'a voulu, mais l'a refervé au Roy.*

In-

Incontinent aprés on confronta Tourtay à Brinon qui maintint fa dépofition veritable, & Tourtay ajoûfta feulement à ce qu'il avoit confeffé, *que à la verité la Nocle, le Jeudy au foir environ la moitié du fouper arriva de la Cour tout botté; & dit que l'on fit retirer les Serviteurs, & eux eftans retirez, ledit de la Nocle dit tout haut par une grande frayeur blafphémant le nom de Dieu, que ce gros Poltron de Montmorency avoit rompu leur entreprife qui avoit efté faite: & que Monfieur fe trouveroit en danger de fa perfonne, parce qu'il eftoit en mauvais ménage avec le Roy. Et que l'on avoit découvert que le Roy le vouloit faire mourir, comme ledit de la Nocle luy dit autrefois, & qu'il avoit trouvé une dépefche par laquelle le Pape le difpenferoit de ce faire: & lors la compagnie fut fort eftonnée, comme fi les cornes leur fuffent venuës à la tefte: & lors ledit Grand-Champ dit que c'eftoit un grand malheur que ces divifions-là, & que le Roy avoit bien befoin de fes bons Serviteurs. Et a dit que, fi on le veut mettre en liberté & luy bailler lettres du Roy répondantes à celles que ledit de Grand-Champ luy avoit baillées pour porter au Roy, qu'il fe fera fort de faire venir ledit S. de Grand-Champ, qui eft à la Montagne entre Nevers & Auxerre, & s'il ne le trouvoit qu'il s'en rétournera & qu'on luy baille telle compagnie qu'on voudra: & veut eftre mis en quatre quartiers s'il ne le trouve.* Le S. de l'Aubefpine Secretaire d'Eftat, duquel Grandrye & Grand-Champ eftoient coufins germains, & qui veilloit à leurs interefts, n'avoit garde qu'il n'empefchaft que cette propofition de Tourtay fut acceptée, & c'eft peut-eftre ce qui couta la vie à ce Miferable, car à la verité voilà jufques icy fort peu de preuves contre luy pour le condamner à la mort: ou bien il faut conclure à la mefme peine contre tous les Domeftiques de Gens de qualité, qui s'engagent dans les partis de Cour, s'ils ne décelent leurs Maiftres d'abord qu'ils les voyent dans quelque intrigue. Il en dit un peu davantage dans la violence des tourmens de la queftion; mais ce n'eftoit que des ouï dire, fur lefquels on ne pouvoit prendre droit: fi bien que toutes les procedures rouloient fur la dépofition de Brinon, qui pouvoit eftre fufpecte dés ce temps-là, comme elle le fera fans doute à la pofterité, & fur ce que declara Coconnas; à quoy on ne doit pas avoir trop d'égard, fi on fait reflexion fur tout ce qu'un Italien peut faire pour fauver fa vie. Je croy avoir appris dans le Pays qu'il n'y a guere d'Innocens qui n'avoüent d'eftre criminels dans l'efperance de leur falut, & qu'il n'y a guere de Criminels auffi qui ne fouffrent toute forte de gehennes, fi leur vie dépend de leur confeffion. C'eft ce que témoignera icy Cofmo Rogieri, duquel nous parlerons cy-aprés; qu'on fçavoit eftre l'un des principaux du Secret & qui avoit manqué de fidélité à la Reine, qui l'avoit mis auprés du Duc pour luy fervir d'Efpion. Coconnas au contraire dit tout ce qu'on voulut & il crût y eftre encore plus obligé par le Prélude trop favorable en apparence pour n'avoir point efté concerté, de fon interrogatoire du Jeudy 15. d'Avril, qui commence ainfi.

Tome II.   A a a

Avons fait venir *Annibal de Coconnas prifonnier, & aprés ferment par luy fait*, luy avons rémontré qu'il a demandé pour parler au Roy, qui l'a ouï & a efté fort content de ce qu'il luy a dit : *& depuis le Roy a envoyé aufdits Commiffaires ce qu'il a dit pour luy rélire. Aprés lecture d'icelle, a dit qu'il a ainfi depofé devant le Roy & y perfevere* ; en adjouftant à l'Article faifant mention de M. Montmorency, par lequel il a dit au Roy que ce qu'il en a pû entendre eftoit par la Nocle. A dit que fe promenant le *Vicomte de Turenne & M. de Montagu dedans le Jardin du Bailly du Palais un des jours de la Semaine Sainte, & luy femble que ce fut le Jeudy Abfolu*, ledit S. Vicomte dit en la prefence dudit Montagu & de il depofant, que M. de Montmorency ne feroit point de faute de fuivre M. le Duc. Et que puis nagueres, eftant ledit S. de Montmorency au Bois de Vincennes, rencontrant M. le Duc en fon chemin, luy dit tout bas en l'oreille, *Monfieur, je ne vous faudray jamais*, & dit ledit S. Vicomte de Turenne que ledit S. de Montmorency luy avoit depuis confirmé, & donné charge d'affeurer derechef ledit S. fous le Signal qu'il avoit parlé en l'oreille à luy, & qu'il luy avoit dit des propos defquels il le prioit fe fouvenir & affeurer. Nous a dit que depuis le Baptefme du fils de M. de Longueville, qui fut fait au Chafteau de Trie, il fut averty, & luy femble que ce fut par M. de Beauvais, & croit que Madame de Damville luy en parloit, qu'il y avoit une Confederation promife & fignée entre ledit S. Duc & ledit S. de Montmorency; dequoy il avertit le Roy de Pologne, duquel il eftoit Capitaine des Gardes en ce temps-là. Et en ce qui concerne *Bodin Secretaire*, qu'il fe recorde & eft bien affeuré avoir ouï dire à la Nocle, à la Molle & autres, que Bodin eftoit allé vers l'Ambaffadeur d'Angleterre depuis huit ou dix jours en çà pour le prier de favorifer cette entreprife ; dequoy ledit Ambaffadeur les auroit affeurez par ledit Bodin, qu'en envoyant par eux un Gentil-homme vers ladite Reine d'Angleterre, elle ne faudroit à les favorifer de Gens & d'argent, qu'ils s'en tinffent pour affeurez.

La Molle tiré de prifon incontinent aprés, nia ce que M. d'Alençon avoit dit de luy, & dit qu'il ne pouvoit juger fi le Seing mis à fa prétenduë declaration eftoit de fa main. Et fur ce qu'on luy demanda, s'il connoiffoit un nommé de Luynes : *dit qu'ouï, qu'il eft Gentil-homme & a époufé une fienne Parente*, qu'il n'a efté dépefché par M. le Duc, mais par le Roy en Provence, qu'il ne fçait s'il a porté lettres de M. le Duc, mais que de fa part il a efcrit par ledit S. de Luynes à fes parens & amis de fes affaires. Que ce fut l'un des jours de la Semaine Sainte, qu'il s'en rapportera à ce que M. le Duc fon Maiftre dira en fa prefence & non autrement, ny à la Nocle & à Coconnas. *Ledit la Molle nous a dit en fe retirant, qu'il eftoit preft recevoir la mort là-deffus, quand il plaira au Roy*, & fur tout ce qu'il luy plaira, que tous fes predeceffeurs font morts à fon fervice, & que la Maifon, dont il eft, a toûjours fait fervice au Roy : & quant à luy il a eu trois coups d'arquebufes en ces Guerres dernieres, & fupplie trés-humblement le Roy de fe fouvenir des fervices qu'il luy a faits par le paffé, & encore a moyen de faire, s'il plaift au Roy l'y employer, comme auffi fidéle Serviteur qu'il eut jamais en fon Royaume, & en cette volonté vivra & mourra. Il nia enfuite avoir ouï parler de rien à Chantilly. Confeffa avoir efté envoyé par Monfieur vers le Comte Ludovic, le Roy de Pologne & la Reine eftans à Blamont & luy avec eux ; mais ne luy avoir dit autre chofe, finon que M. fe récommendoit à luy, & qu'il le serviroit de bon cœur aux affaires de Flandr

Après fut mandé Coconnas, lequel enquis si la Molle avoit esté present, quand M. le Duc luy dit qu'il s'en falloit aller, répond que ce fut le Mardy ou Mercredy de la Semaine Sainte en la Maiso de la Nocle, & que M. s'appuyant sur ses épaules & le caressant lu dit, *M. le Comte, il nous en faut aller,* & *pleuroit amerement, tell* ment qu'une larme appelloit l'autre. *Et la douleur qu'il avoit procedoi* ainsi qu'il disoit, au moyen qu'on avoit rapporté au Roy & à la Rein qu'il avoit machiné contr'eux. Et nous a dit que c'est certainement cela, que lors la conclusion fut de partir le Vendredy, Samedy ou Dimanch ne sçauroit dire quel jour certainement. Que la Molle y estoit present ave le Vicomte de Turenne, la Nocle, Montagu & un Gentil-homme qu l'on disoit avoir esté envoyé par le S. de Sedan. *Interrogé pourquoy* n'en avertit le Roy, répondit qu'il avoit averty le S. de Fontaines pour faire parler au Roy, mais ne put trouver moyen d'en parler à Sa Ma jesté, aussi qu'il craignoit fort l'indignation du Roy & de la Reine, qui par loient de luy ainsi que d'un chien, parce qu'il avoit laissé le service d Roy de Pologne, lequel il a servy huit ans sans luy avoir donné la va leur de bien pour luy acheter un chapeau, & estoit ainsi qu'il dit mena cé d'estre jetté dans l'eau : & que quand il a voulu parler pour le ser vice du Roy il n'a esté escouté. Je ne sçay pas, si on demanda à c pauvre Comte la lettre qui suit, mais soit que la peur de la mort l' obligeast, elle sert à justifier qu'il estoit capable de tout pour se tire du danger, & qu'on se servoit aussi de toute sorte de moyens pou rendre les accusez coupables. Il l'escrivit de sa prison & l'envoya a Roy.

SIRE, *dernierement je dis à Vostre Majesté que le Gouverneur de Met* [le sieur de Thevalle] *n'estoit point mal-agréable au party contraire. De puis je me suis mis en memoire, & me souvient d'avoir oui dire que le Gouver neur de Metz avoit fait de belles & grandes offres au dessusdit party contraire & à mon peu de jugement, me semble que telles paroles furent dites devant l logis de la Nocle, en presence du Gentil-homme que M. de Bouïllon avoit en voyé, & de Montagu. Vray que ne me souvient qui fut celuy qui dit les paro les, neantmoins elles furent dites, & par mesme moyen j'entendis les pratiques de Mezieres, desquelles j'ay déja averty Vostre Majesté.*

SIRE, *ne laissez de remedier à cecy pour fiance que vous ayez à la Citadel le dudit Metz, parce que beaucoup de fois les Gouverneurs des villes ont moyen de corrompre les Soldats des Citadelles par la conversation qu'ils ont ensemble : & sur ce particulier pourra Vostre Majesté y pourvoir sans vous émouvoir le Gouverneur. Pour ne donner soupçon à ceux qui tiennent des Gouvernemens, pour ne rendre personne en désesperance, pourra Vostre Majesté avertir le Gouverneur de vostre Citadelle de Metz, casser tous les Soldats qui sont ma riez en ladite ville, & faire garder que ses Soldats hantent le moins qu'ils pourront en ladite ville : & aussi que le Gouverneur de la Citadelle fasse sem blant d'avoir des soupçons de quinze jours en quinze jours; parce que le Soldat qui voudroit mal-faire entrant en soupçon, ou luy ou son compagnon découvriront le fait, vû que pareilles pratiques n'a-t'on jamais pratiqué envers pas un Sol dat. Et pour exemple, SIRE, je vous mets en avant la derniere pratiqué que le Prince d'Orange avoit dernierement dans la Citadelle d'Anvers, ayant dé-*

ja gagné quelques Espagnols naturels, lesquels font profession d'estre fidéles à Dieu & à leur Roy, & aussi d'estre Catholiques.

SIRE, souvenez-vous qu'à cette Frontiere vous y devez prendre garde, vû les pratiques qui s'y font & la rétraite qui s'y devoit faire. Le soir auparavant que M. de Guise partit de cette ville, je l'allay voir en son logis, & suppliay prendre garde du costé de Sedan, parce que sçavois que par le moyen de Sedan & Jametz avoit-on retiré la plus grande part & les meilleurs Soldats de la Frontiere, les mettant du costé & au service du party contraire. Je suppliay audit S. de Guise de laisser un homme fidéle en cette ville ; & que je l'avertirois de tout ce que je pourois apprendre pour le service de Vostre Majesté fust que j'estois frustré de vos bonnes graces, & que je ne pourrois approcher de vous : comme je m'asseure que ledit S. de Guise vous en fera foy comme Prince veritable.

SIRE, depuis que M. de Guise a parlé au S. de Boüillon, ledit S. de Boüillon a envoyé un Gentil-homme avertir vostre party contraire, qu'ils ne devoient en sorte du monde entrer en soupçon pour les propos & asseurances qu'il avoit donnez à M. de Guise, que tout ce qu'il a fait c'est pour asseurer mieux les affaires, & que l'on devoit pour cela s'acheminer & se rendre audit Sedan : & pour ce vous ne devez adjouster foy à leurs belles paroles, que vous ne pourvoyez cependant au plat Pays de la Champagne, en faire retirer les vivres & fourages dans les villes, & ce qui ne se pourra retirer dans lesdites villes y mettre le feu ; pour ce qu'il est meilleur avoir une Province ruinée que perduë.

SIRE, ils tascheront à se fortifier en ce coin de la Frontiere pour faire prendre envie aux Allemands d'entrer en ce Royaume, & aussi qu'aisément ils se pourroient rendre Maistres de quelques Rivieres particulieres, mesme de la Riviere de Marne : chose qui seroit grandement préjudiciable, mesme à vostre ville de Paris, pour les vivres & autres commoditez qui arrivent de ladite Riviere. Et pour ce que les Guerres civiles amenent les ennemis de tous costez, & ne sçavez à qui vous fier, vous devez prendre garde aux lieux les plus suspects, comme seroit ladite Frontiere, & aussi à Vitry-le-François, lequel est en belle assiette, commandant à une Riviere, en Pays fertile, & dés-ja prest à mettre en défense. Si c'estoit une Guerre estrangere, ils ne viendroient pas si avant en vostre Royaume, mais en Guerres civiles aisément s'y pouront jetter dedans : & pour ce, SIRE, vous y devez mettre garnison, ou démolir celle qui y est faite ; ce qui n'est pas peu en ce temps-icy, & a-t-on vû comme Sancerre a fait, qui est au milieu de vostre Royaume : qui n'est pas de telle importance qu'est ledit Vitry, tant pour estre voisine de l'Allemagne, comme aussi que la fortification seroit telle, qu'elle se rendroit imprenable, & aussi qu'elle commande à ladite Riviere.

SIRE, il seroit bon que vous eussiez un homme fidéle qui demeurast audit Sedan, pour vous avertir, tant des Pratiques que l'on a eües en France, comme de celles qu'ils ont en Allemagne. S'il me vient autre chose en memoire qui vous puisse servir, je ne feray faute de demander moyen de vous en avertir ; suppliant trés-humblement Vostre Majesté de croire que vous n'avez jamais eu de plus fidéle Serviteur que je vous suis, ne désirant rien en ce monde que de vous faire trés-humble service. Et pour clorre la bouche à ceux qui vous pouroient médire de moy, & vous donner suspicion de ma fidélité, je vous fais offre de vous mettre mes deux freres entre vos mains pour vous donner plus grande asseurance, combien j'ay envie de vous faire trés-humble service, & exposer ma vie & ce que Dieu m'a donné en ce monde pour faire chose qui vous soit agréable ; priant Dieu, &c.

La peur de mourir est la plus estrange de toutes les yvresses, & peu s'en faut que je ne dise qu'elle est plaisante en un Courtisan, comme estoit ce Comte Piémontois, pour tant de Personnages qu'il emprunte & dans lesquels ils se veut déguiser à la mort. C'est-là qu'il faut bien souvent quitter le masque de la Valeur & de la Vertu, pour représenter cet homme foible que l'on estoit sous l'habit d'un Heros, & pour découvrir à la Posterité le triste succés d'une vie pleine d'inquietudes & de justes sujets de dégousts, qui paroist belle aux Gens de Cour, & qui en essuyent tous les travaux & toutes les fatigues avec plus d'austerité, qu'on n'en peut souffrir dans le Cloistre le plus rigoureux. Tous leurs desseins sont bornez dans l'espace d'une vie dont le cours est incertain, mesme selon la nature, qu'ils ne laissent pas de violenter plus par engagement que par un vray courage dans tous les perils qui se presentent, mais s'il faut mourir de sens froid, s'il faut parler de l'ame & non plus des levres, ils ne sçauroient plus trouver aucun reste de cette fierté, qu'ils tiroient de leur fortune ou de leurs vaines esperances, & ils s'abandonnent à tous les expediens qui peuvent contribuer à leur salut, deussent-ils trahir leur réputation, s'il s'agit d'un crime d'Estat & servir de témoins contre leurs prétendus Complices. C'est ce que fait icy Coconnas, qui supplée aux preuves d'une déposition concertée pour le besoin qu'on avoit de persuader le Roy, afin de le rendre vengeur des interests de son frere & de son successeur, par cette lettre icy, où il contrefait mal à propos & malheureusement pour luy le Conseiller fidéle, & par laquelle il acheve de rendre coupables, non seulement d'un dessein de rétraite, mais de l'entreprise formée d'une Guerre civile, le Duc d'Alençon son Maistre, le Roy de Navarre, & tous leurs Serviteurs & leurs amis. Aussi continua-t'on de pousser l'affaire, & se servit-on de ce témoignage pour interroger de nouveau le Roy de Navarre avec plus de formalité de Justice; puis qu'on y appella pour y estre presens avec la Reine Catherine & le Cardinal de Bourbon, le Chancelier de Birague, le premier Président de Thou, le Président Hennequin & autres Commissaires de la Cour de Parlement, qui se transporterent en sa chambre le Dimanche de Quasimodo 18. Avril 1574. devant lesquels il répondit sur la lecture des charges.

QU'IL a eu certain avertissement que le Roy de Pologne avoit donné charge à un nommé du Gast de le tuër, & que l'on devoit faire une S. Barthelemy, & ce qui le mit en doute davantage; c'est qu'on retiroit ses Gentils-hommes d'auprés de luy, & que ceux de M. de Guise leur disoient qu'ils n'estoient en seureté & les retiroient de leur costé : & combien que le bruit en fust commun, manda le contraire à la Noüe & autres de par-delà. Aprés le siege de la Rochelle levé, vint trouvir Vos Majestez, où fut commencé à parler du voyage de Pologne. Le Roy s'achemina à Vitry, & lors on fit courir un bruit qu'on vouloit tuër le Roy, & que ceux de Paris avoient escrit qu'on ne laissât aller le Roy de Pologne, lequel ils vouloient avoir pour leur Roy, & n'avoit lors il déposant que vingt Soldats & quelques Gentils-hommes pour toute sa suite : & ainsi qu'il alloit aux champs, trouva dix Gentils-hommes qui le suivirent ayans Corcelets; ne sçait à quelle intention sinon pour le tuër. En ce temps eut avertissement par quelqu'un, que le S. de Montmorency avoit mandé qu'on vouloit faire quelque chose à M. le Duc & à luy, & pour cet effet M.

de Guife faifoit amas de gens. Fut à Châlons avec le Roy, n'ayant avec luy que Bethune & un autre, & demanda congé au Roy pour s'en venir, mais ne le put avoir. Le Roy alla à Rheims & il le fuivit, & lors que Sa Majefté alloit à la chaffe ou autres quelques affaires, appelloit quelques Gentils-hommes & non luy qui parle; dont fut fort fafché, & commença-t'on à faire gardes aux Portes. S'enquit à M. le Duc qui vint vers luy que c'eftoit, lequel luy dit qu'il n'en fçavoit rien. A Soiffons eut opinion grande & apprehenfion, parce qu'il vit que la Reine partit en fecret, & M. de Guife & autres, qui avoient fait la S. Barthelemy, & que lors Thoré ny Turenne n'avoient parlé à luy; finon que l'on luy avoit dit à la Rochelle, que l'on vouloit tuër le Roy.

A dit qu'il avoit grand regret à ceux qui furent tuez le jour S. Barthelemy, qu'il avoit amenez avec luy pour affifter à fon mariage, & qu'il voudroit avoir répandu fon fang pour eux. Audit temps heurta plufieurs fois à la porte du Roy, & luy fut dit que la Reine & M. le Chancelier y eftoient, & outre luy fut dit que le Roy ne vouloit qu'il y entraft : & auparavant avoit efté refufé d'y entrer, dont il fut infiniment fafché; tellement qu'il s'en alla aux champs, & le foir révint : & ce qui le mit en plus grand foupçon eftoit, que la Reine difoit tous les jours plufieurs propos à M. le Duc. Et fut infiniment courroucé qu'on luy refufoit la porte de la Chambre, & luy en dit M. le Duc tout de mefme, tellement qu'ils penferent à efcouter & ne fçavoient que penfer. De-là le Roy alla à Chantilly, & depuis à S. Germain, où il entendit que l'on difoit que fi la Rochelle eut efté prife, qu'on n'eut pas laiffé un de ceux de la Religion, & tel eftoit le bruit commun : ce qui le mit encore en plus grand foupçon qu'auparavant. Et lors Thoré, qui autrefois luy en avoit parlé, s'adreffa à luy, & dit qu'il voyoit bien qu'on les vouloit tuër. A dit qu'il fut parler au Roy, & qu'on luy vouloit prefenter une requefte, à la prefentation de laquelle plufieurs devoient affifter, & la requefte eftoit pour luy demander juftice de ceux qui avoient efté tuez le jour S. Barthelemy.

Et a dit à la Reine qu'il aimeroit mieux mourir que d'avoir penfé à luy faire rendre compte de l'adminiftration du Royaume. Et qu'on manda querir 1200. Suiffes, & ce qui le fit entrer en grande défiance plus que devant, c'eftoit que la Reine avoit commandé chercher en fa chambre & celle de M. le Duc, & mefme on regardoit fous les lits, pour fçavoir s'il y avoit aucuns cachez : & parce qu'il en parla à la Reine, elle luy dit qu'elle avoit occafion faire cela. Difant il qui parle à M. le Duc que s'il affiftoit à la requefte, il y affifteroit auffi. Dit qu'à S. Germain Turenne, Thoré & la Molle donnoient mauvais confeil à M. le Duc : que le Roy de Pologne avoit prié Sa Majefté de faire M. de Guife Conneftable. En ce temps fut dit auffi à il qui parle, que le Roy n'avoit parlé de luy à fon partement. Au retour de Rheims, voyant que la Reine luy faifoit quelque mine, eftant à S. Germain, Thoré luy dit que le bruit eftoit que M. l'Admiral avoit voulu gagner M. le Duc & luy qui parle, lequel Admiral & tous ceux de la Religion eftoient à leur commandement, & que la Reine réculoit d'eux ceux de la Cour. Et auparavant ne s'en eftoit voulu aller, combien qu'auparavant on luy en eut parlé. Et dit qu'on le vouloit tuër, & mefme l'on dit que fi la femme d'il qui parle, avoit un enfant, qu'on tuëroit il répondant pour mettre le Royaume és mains de fon enfant. Cela le mit en grand foupçon, luy qui eft jeune. Outre luy dit Thoré que fi M. & il répondant en avoient autant fait que M. de Guife en avoit fait à Vantabren, qu'on en feroit la Juftice. Lors on commença à avertir la Nouë auffi, que l'on difoit qu'on ne vouloit pas faire M. le Duc Lieutenant General, tellement que M. le Duc s'en délibera aller pour fauver fa vie, & avoit déliberé envoyer demander quel déplaifir il avoit fait à leurs Majeftez & quand la Reine demanda à M. le Duc & à il dépofant s'ils s'en vouloient aller, luy dirent que non. Dit que la Reine fe cachoit d'eux, & mefme ne leur a communiqué aucunes lettres, combien que les aucunes ne fuffent de confequence : & quelquefois quand il fe trouvoit à la reception des Paquets, elle les rémettoit à une autre fois, pour les voir quand il feroit abfent. Ne luy a auffi communiqué aucune chofe de fon Gouvernement, mais c'eft cachée d'eux, combien qu'elle communiquaſt les lettres aux autres Gouverneurs, tellement que ſes Lieutenans ne luy ont envoyé aucunes Perſonnes.

A dit qu'on luy a dit pluſieurs fois qu'on mettoit des Compagnies de Garniſons en ſon Gouvernement ſans luy en avoir parlé. A dit que M. le Duc ny luy n'ont jamais voulu ny penſé attenter és perſonnes de Leurs Majeſtez, quelque choſe qu'on ait voulu dire, mais que ceux qui ſont prés du Roy & en ſa chambre, ont dit que tant qu'il y auroit de la Race de Bourbon, qu'il y auroit toûjours guerre ; mais ne leur a dit par cy-devant, de peur qu'on eut ſoupçon ſur eux. A dit que la Vergne & Montagu ont dit à M. le Duc & à luy qu'on les menoit au Bois de Vincennes pour les mettre Priſonniers, & qu'on avoit demandé conſeil au Roy d'Eſpagne qui a fait mourir ſon fils, pour ſçavoir comme on feroit mourir M. le Duc & luy : & ſur ce délibera Monſieur partir le Mardy de la Semaine Sainte derniere pour ſauver ſa vie. Rompit il qui parle le coup, qui fut remis le Samedy de Paſques. Rémontra il qui parle, que s'ils s'en alloient le dit jour, l'on diroit que ce ſeroit de peur de faire leurs Paſques, tellement que ce ſeroit excuſé pour les faire tuër : toutefois fut arreſté qu'ils s'en iroient audit jour pour ſauver leurs vies ; a dit que le Vicomte de Turenne vouloit mal à la Molle, parce qu'il avoit découvert l'entrepriſe de S. Germain, & diſoit Turenne, que ſi la Molle le ſçavoit, qu'ils ne pouroient rien faire. Toutefois a dit que la Molle ne luy en a parlé, mais le Vicomte de Turenne a dit que la Molle a eſté le premier qui en a parlé devant la Rochelle, & que le Vicomte de Turenne diſoit, que puis que la Molle en eſtoit la derniere fois, que cela eſtoit fait. A dit que jamais il n'a eſté avec M. le Duc à Paris pour le regard de cette entrepriſe, mais que ſa délibération eſtoit d'aller à Sedan, & aprés vouloit faire une bonne Paix, rétablir chacun en ſes Eſtats, & rémontrer qu'ils ne vouloient attenter à la perſonne du Roy ny à autres, quelque choſe qu'on ait voulu dire. A dit que le bruit commun eſtoit que M. le Duc & luy eſtoient morts, & M. de Montmorency priſonnier. A dit auſſi qu'à Vitry on diſoit que M. de Montmorency avoit averty Leurs Majeſtez de tout cela, & voudroit que ceux qui l'y ont embarqué fuſſent pendus, & que ſon couſin le Prince de Condé fuſt icy. A dit que jamais M. le Duc ny luy n'ont eſté employez à la Rochelle, ny affaire du Royaume ; a dit que le Vicomte de Turenne luy en a parlé le premier, & que l'on diſoit que M. de Guiſe a tant gagné ſur la Reine, qu'on avoit oſté à luy qui parle, ſon autorité. A dit qu'il n'y a pas un de ſes Gentils-hommes qui luy en aye parlé, & que ſes gens n'en ſçavoient rien, & eſt ce qu'il a dit.

Pour continuer à tirer plus de preuves de cette Conſpiration & pont la rendre plus certaine & plus publique, Tourtay fut condamné à eſtre pendu & à ſouffrir auparavant la queſtion pour avoir plus ample révelation du fait & des Complices. Son Arreſt luy fut leu par Jean Neveu Clerc au Greffe le 24. du mois en preſence de Pierre Hennequin Préſident, lequel l'ayant admoneſté de dire verité, il dit avoir tout révélé ce qu'il avoit ſçeu, & qu'il ne l'avoit appris que de la Nocle & Grand-champ : que c'eſtoit d'eux qu'il ſçavoit *que M. le Duc s'en vouloit aller à Sedan trouver le Duc de Boüillon, & de-là vers le Comte Ludovic pour aller en Flandre. Qu'il a oüi dire que M. de Montmorency eſtoit de la partie, & ceux de ſa maiſon, mais ne les a oüi ſpécifier : & a oüi dire à la Nocle qui le diſoit à Grand-Champ, que M. le Duc ne vouloit que les uns ſçuſſent rien des autres. Que à Nocle & la Molle s'en alloient avec Monſieur, & faiſoient eſtat de paſſer à une des Maiſons de ceux de Montmorency & de-là à Sedan.* Eſtant à la gehenne il perſiſta & ne dit autre choſe, ſinon que l'on disoit que la Molle devoit emmener Monsieur en Flandre, & que M. le Mareschal de Montmorency & Damville estoient à la devotion de Monsieur & l'a ouï dire à la Nocle & Grand-Champ. Que la Nocle disoit que M. le Duc avoit 200000. livres qu'il avoit épargnées, & que M. de Mande luy avoit fait un méchant tour de les avoir employez en cette ville à interest, pour empescher la commodité de son Maistre. Qu'on disoit que quand Monsieur seroit à Sedan, ils pourroient récouvrir six cens mille livres, & que l'Ambassadeur d'Angleterre leur avoit presté argent : que la Mareschale de Retz menoit Monsieur en son coche chez la Molle : qu'un nommé Chaumont Gouverneur d'Auxerre vint en cette ville par le moyen de la Molle & la Nocle qui faisoient les menées, & fut presenté à M. le Duc qui luy donna un Estat de Gentilhomme servant, & s'asseura de luy pour la ville d'Auxerre, qui estoit un passage selon qu'il a ouï dire à Grand-Champ : comme aussi que Grandrye son frere devoit estre Surintendant des Finances de Monsieur, parce qu'il promettoit par une industrie qu'il avoit de convertir l'argent en or, & par ce moyen soudoyer son armée & qu'il devoit aller en Suisse besogner de cette science. Enquis si un nommé Cosme Italien sçavoit quelque chose, dit qu'il y a un Italien, homme noir, qui n'a le visage bien-fait, qui joue des Instrumens, qui a quelquefois chausses rondes & quelquefois de taffetas & toûjours de noir habillé, & est ledit Italien puissant homme qui frequente & est chez la Nocle, mais ne sçait s'il sçait quelque chose de l'entreprise.

Cet Italien est le Cosmo Rogieri, duquel j'ay dés-ja parlé, que la Reine elle-mesme avoit mis auprès du Duc son fils sous prétexte de luy enseigner la langue Italienne, mais en effet pour servir d'Espion ; sur l'avis ou sur la peur qu'elle eut qu'il se dressoit un party pour le préferer en la succession du Royaume après la mort de Charles IX. au Roy de Pologne son frere & pour s'opposer à son retour en France. Il avoüa depuis à quelqu'un, qu'aprés avoir donné quelques avis à la Reine, il decouvrit que la Partie seroit si forte pour la haine qu'on avoit conçüe de la S. Barthelemy & pour la cruauté dont ce Prince estoit suspect, outre que par ce moyen la Reine & la Maison de Guise devroient encore gouverner ; que ne doutant pas qu'elle ne deut réüssir par une mutuelle Conspiration des Grands, des Secretaires d'Estat & de plusieurs du Parlement, il se résolut de suivre la fortune de son Maistre. Il en fut encore plus persuadé, quand après luy avoir révélé le Secret qu'il avoit avec la Reine, le Duc luy confia tous ses desseins & se servit de luy pour amuser sa Mere de quelques menus rapports de peu de consequence, par lesquels il s'entretenoit avec elle & penetroit dans ses sentimens. Un personnage de cette importance luy donna grande part en l'affaire ; mais la Reine ayant tout découvert le fit arrester prisonnier comme les autres, & luy fit faire son Procés ; avec peu de succés neantmoins, parce qu'il soûtint bravement la question ordinaire & extraordinaire sur plus de quatre-vingt Chefs, & mesme sur plusieurs que luy-mesme

me

me avoit révélez, sans vouloir rien dire, tant de la Conspiration, que pour les Medailles charmées qu'il estoit accusé d'avoir faites, l'une du Roy Charles pour le faire mourir, & les deux autres pour le Duc d'Alençon & pour la Molle son Favory, qui les portoient au chapeau & qui devoient servir à entretenir entr'eux une amitié inviolable : mais qui en effet devoient faire perir la Molle, qui sur cette frivole asseurance tranchoit du grand incompatiblement avec tout le monde, & bien-loin de trouver des amis dans sa disgrace, eut pour témoin contre luy son propre Maistre & ce bon amy ; comme si nos Fleurs de Lys envoyées du Ciel, à ce qu'on dit, n'avoient pas une vertu d'enhaut contre les charmes. S'il est vray que Cosme en débitât, il en garda un fort bon contre la corde & qui luy réüssit de Florentin à Florentine. Catherine de Medicis le vouloit voir pendre & il ne le voulut pas, & toute la satisfaction qu'elle eut, fut de le voir à la chaisne, où il n'eut autre peine que du voyage de Marseille : il y fit des amis qui obligerent le Capitaine de sa Galere à le loger chez luy, & jamais sa maison ne fut si frequentée pour sa consideraton que pour celle de cet illustre Forçat, qui en fit une Academie de Mathematiques & d'Astrologie Judiciaire, & qui avoit un Garde, qui sembloit plus luy estre donné par honneur, que pour l'observer, & pour empescher qu'il n'échappast.

Aprés la question donnée à Tourtay, on luy confronta la Molle qui nia de le connoistre, & qui dit que toute sa déposition n'estoit que dés ouï dire ; puis Grandrye qui declara qu'il estoit son ennemy mortel, pour avoir toûjours conseillé à Grand-Champ son frere de le chasser de sa maison & de son service, & confessa bien qu'un jour disnant chez la Nocle, M. d'Alençon y arriva avec la Vergne, mais qu'il ne luy parla que de la surdité de son oreille & des tâches qui luy estoient restées de sa petite Verolle. Tourtay mené en la Chapelle des prisonniers, se réconcilia & adjousta à ses dépositions qu'il avoit ouï dire à la Nocle & à Grand-Champ par plusieurs fois qu'ils se faisoient forts de M. le Mareschal de Montmorency, que M. le Duc & le Roy de Navarre devoient aller à Sedan prendre M. de Boüillon, & aprés aller trouver le Comte Ludovic pour aller en Flandre, & ce fait M. le Duc devoit épouser la Reine d'Angleterre, dont *l'Ambassadeur luy avoit presté cinq ou* 6000. *livres, comme il luy semble.* Au pied de l'eschelle il dit ne sçavoir autre chose, & qu'il estoit déliberé de partir le jour qu'il fut pris pour avertir le Roy : & enfin quoy qu'il eut toûjours rémontré qu'il estoit Gentil-homme, il fut pendu, & aprés on luy coupa la teste & fut son corps mis en quatre quartiers.

Le 27. du mois la Molle confronté à Coconnas nia tout ce qu'il avoit dit en sa déposition, & nonobstant son procés luy fut fait comme coupable *de Conjuration & Conspiration contre l'Estat du Roy & son Royaume*, & ordonné qu'il seroit mis à la question, ce qui fut executé le 30. d'Avril en presence de Pierre Hennequin Président au Parlement. Sur le refus qu'il fit de rien avoüer, estant pris par les Questionnaires dit, *faites ce qu'il vous plaira, & qu'il avoit eu plusieurs*

Tome II. B b b

ups d'Arquebuses au service du Roy, & que M. de Montmorency &
nus les Huguenots estoient ses ennemis. Que s'il eut sçû quelque chose en
a Conscience, il se fut sauvé, & que son Maistre le faisoit mourir. Qu'il
e sçait point ceux de la Conspiration, qu'il n'a jamais pensé à donner
les figures faites par Cosme à Monsieur. En le dépoüillant on luy trou-
a un *Agnus Dei* au col, & estant attaché aux boucles, enquis pourquoy il avoit fait ses Pasques le Jeudy Saint & non le Dimanche; il
répondit que c'estoit pour éviter la presse : & aprés avoir souffert le
petit treteau, promit de dire ce qu'il sçavoit. Délié & mené auprés
du feu, il dit *que s'il devoit endurer mille morts, il ne sçavoit autre cho-*
se que ce qu'il avoit dit, s'écriant pauvre la Molle n'y a-t'il point de
moyen d'avoir grace, je ne demande autre chose que d'estre enfermé
dans un Convent & prier Dieu le reste de ma vie. Qu'il supplioit de
dire au Roy qu'il ne fust executé, & que sa pauvre race ne fut désho-
norée, disant, Messieurs, M. le Duc mon Maistre m'ayant obligé cent
mille fois, me commanda sur ma vie & sur ce que j'avois de plus cher
en ce monde, que je ne disse rien de ce qu'il vouloit faire, & que luy
tinsse la foy, & s'il se vouloit fier en luy, luy dit oüi Monsieur, s'il
ne faisoit chose contre le Roy, & qu'on avoit envoyé querir son procés
en Espagne pour le faire mourir, & qu'on n'attendoit autre chose, mais
qu'estant hors d'icy, il le rémontreroit au Roy & à la Reine. Interrogé
qui devoit aller avec Monsieur, a dit la Nocle & le Comte Coconnas
s'en devoient aller avec luy & n'en sçay autres. Rémontré que Grandrye
devoit faire transmutation de Metaux en or pour payer ceux qui iroient
avec Monsieur; a dit qu'on le disoit, & que le Mardy ils parlerent luy, Co-
connas, la Molle, Turenne & Montagu ensemble en la maison de la
Nocle, & que Luynes ny Chasteaubardeau n'y estoient : & depuis a
dit que de Luynes y arriva sur la fin avec Chasteaubardeau, & M.
dit à Chasteaubardeau qu'il allât dire à M. le Prince de Condé qu'il s'en
alloit, & envoya Luynes en Languedoc vers Monsieur le Mareschal de Dam-
ville pour l'en avertir : & dit qu'il n'a vû aucunes lettres que Monsieur ait
envoyées audit Damville, & qu'il ne fut parlé du Comte de Carces.

Interrogé quelle compagnie y estoit quand Monsieur parla de cette delibe-
ration? a dit que Thoré & Turenne sont cause de cela, qui sont venus
plusieurs fois en cette ville avec un nommé Brey tenter Monsieur & rompoit
il répondant le coup, disant à Monsieur que ces Gens icy le vouloient perdre,
le priant de ne le faire. Et depuis ils dirent à Monsieur que il répondant
n'estoit fidéle & qu'il disoit tout au Roy : & depuis se cachoient de lui
quand ils vouloient parler. Quant à l'entreprise de S. Germain, il le
dit à la Reine si-tost qu'il le sçut, & parce qu'il voyoit, qu'on se
défioit de lui, il demanda congé au Roy & à la Reine pour se retirer :
& que Thoré & Turenne le vouloient tuër. Rémontré qu'il avoit des
Images de cire en sa maison, qui avoint deux trous en la teste? a dit
que non. Interrogé que c'est de l'Image de cire, que l'on dit avoir trouvée
en sa maison? a dit, ah! mon Dieu, si j'ay fait Image de cire pour
le Roy, je veux mourir. Interrogé des Figures d'or qui sont à son chapeau,
a dit qu'il n'en sçait rien.

Derechef attaché aux boucles & anneaux, a dit qu'il ne sçait que ce qu'il a dit, a esté remis le petit tretteau & admonesté de dire verité, u dit, Messieurs, je ne sçay autre chose sur la damnation de mon ame, je ne sçay autre chose devant le Dieu vivant sur ma damnation. Vray Dieu Éternel, mon Dieu, je ne sçay rien si l'Image de cire a esté faite pour le Roy ou pour la Reine. Interrogé où est ladite Image de cire & si Cosme luy a apporté? a dit que ladite Image de cire est pour aimer sa Maistresse qu'il voudroit épouser, laquelle est de son Pays, & qu'on la voye, on verra que c'est la figure d'une femme, & que ledit Cosme a ladite Image, & que ladite figure a deux coups dedans le cœur, & que ainsi la baillera. Interrogé que c'estoit la maladie du Roy? a dit, faites moy mourir, si le pauvre la Molle y a jamais pensé, & a supplié qu'on fasse venir Cosme, lequel dira que ce n'est autre chose que cela. Interrogé où est ladite Image de cire, a dit que Cosme l'a & est faite pour une femme, & n'a donné charge audit Cosme de faire autre chose, & que ledit Cosme luy a baillé ledit coup au cœur. Interrogé pourquoy il luy bailloit ledit coup, a dit qu'il ne sçait. Luy a esté baillé de l'eau & a dit qu'on l'oste & il dira la verité.

A esté mené devant le feu & admonesté de dire la verité de cette Image de cire, a dit, je rénie mon Dieu, & qu'il me damne éternellement, si c'est pour autre chose que ce que j'ay dit. Interrogé que c'est que Monsieur vouloit faire aprés qu'il se seroit retiré. A dit qu'il n'en sçait autre chose & supplié qu'on ne le tourmente plus, & qu'il en a dit la verité en sa conscience : & en pleurant s'est mis à genoux, disant sur la damnation de mon ame je n'en sçay autre chose. A dit que si le Roy luy vouloit donner la vie, qu'il feroit mourir ce méchant Thoré qui est cause de tout, & a supplié qu'on demande la grace au Roy pour luy. On le r'habilla ensuite & faisant plusieurs Oraisons fut pris par le Bourreau, lié & mené en la Chambre de la Tournelle.

Annibal de Coconnas en avoit assez dit par ses dépositions & dans sa lettre pour s'exempter de la gehenne, si l'on n'eut fait dessein sur la foiblesse qu'il avoit témoignée, de tirer de luy par la frayeur des tourmens tout ce qui pouvoit servir à representer cette Conspiration la plus noire du monde : & le principal article estoit de rendre les Conjurez convaincus d'avoir causé la maladie du Roy ; parce qu'on en parloit tout autrement au désavantage des premieres Personnes de l'Estat. On avoit pour ce sujet mis la Molle à la torture, qui est un moyen de faire quelquefois de la personne la plus innocente, la plus criminelle, & on crut que celuy qu'on n'en rendroit que Complice, seroit moins obstiné que celuy qu'on vouloit faire croire en estre l'Auteur. C'est pourquoy l'on voulut qu'il fut mis à la question, & estant mandé pour cela, il dit d'abord que le Roy vouloit qu'il mourut. Et adjouste le Procés que *remontré que le Roy veut qu'on fasse Justice, a dit qu'en récompense des services qu'il a faits au Roy, il veut qu'il meure, & n'a regardé au visage d'homme du monde, quand il en a parlé librement au Roy, & a dit faites-moy cet honneur que de parler au Roy pour quelque chose qui luy importe. Admonesté de dire la verité comme les choses se sont passées?* a dit, *sont cecy les paroles que le Roy m'a promis?* [cela est confiderable , si on y veut faire reflexion] *qu'il est Gentil-homme estranger , & qu'on luy fasse couper la gorge en quelque part : je suis de grande Maison, afin que je ne serve de spectacle.* Il dit en-fuite, *qu'il avoit révélé au commencement que M. le Duc s'en vouloit al-ler & ceux qui l'emmenoient , & s'il eut voulu se taire,* [cela est en-core rémarquable] *on ne fut venu à bout de cette matiere.*

Rémontré *que lors que M. le Duc seroit enlevé , l'on devoit faire une charge au Bois de Vincennes, a dit qu'il est mort, & qu'il l'asseure que le Roy le veut , & veut que Dieu refuse son ame & la damne éternel-lement, s'il y avoit entreprise contre le Roy , & que M. le Duc avoit eu une tremeur d'un Paquet qu'il a vû : & quand il dit à Monsieur qu'est cecy Monsieur?* il dit *que l'on avoit dit au Roy qu'il avoit conspiré con-tre luy , & que Monsieur pleuroit, ainsi qu'il l'a dit au Roy.* Rémontré *qu'il a dit par le Procés qu'il ne se faisoit rien en secret qu'ils n'en eussent copies,* a dit *qu'il a dit au Roy qu'il se gardât des Clercs & Commis des Secretaires , & que pour un escu on avoit d'eux ce qu'on vouloit.* Inter-rogé *que c'est de l'Image de cire , a dit qu'il n'en scait rien , & que Cosme & la Molle s'entretiennent comme les doigts de la main.* Interrogé *s'il scait qu'on ait fait quelques Portraits ou Caractères contre le Roy, a dit que non, & qu'il en parloit en bas à un Capitaine de cette ville, qui luy a dit qu'ils avoient rompu toutes les Bagues de la Molle , & avoit demandé audit Capitaine s'ils avoient rompu une grosse Bague com-me le doigt., & que s'il y avoit quelque chose on le trouveroit-là.* Il dit *encore que quant à attenter à la Personne du Roy il n'en entendit ja-mais parler.* Interrogé *s'il scavoit aucune chose de la figure de cire , a dit que non , & que s'il y a homme qui en scache quelque chose, c'est Cosme.* Admonesté *de dire la verité , dit qu'il a dit la verité & qu'il n'en scait autre chose , & que l'on fait perdre aujourd'huy un bon Ser-viteur du Roy.*

A esté depuis pris par les Questionneurs, & en le dépoüillant a esté trou-vé qu'il estoit grevé , au moyen dequoy luy a esté baillé les Menottes. A dit qu'il ne scait autre chose & supplie que le Roy ait pitié de luy , & s'il est possible que le Roy veuille perdre aujourd'huy un si bon Serviteur. Aprés il fut lié & pris par le Bourreau & mené en la Chapelle, où estant avec la Molle il l'exhortoit tantost de songer à ce qu'ils pou-roient dire de plus pour le service du Roy , & tantost ils se plai-gnoient de leur genre de mort & de la honte qu'on faisoit à leurs Maisons, qui estoient grandes & illustres. Ils jetterent aussi quelques paroles de ressentiment contre les Grands , de dépit qu'ils avoient de porter seuls la peine d'une faveur si fatale que celle de leur Maistre : & Coconnas frappant du pied en terre, dit, *Messieurs, vous voyez que c'est, les petits sont pris & les Grands demeurent qui ont fait la faute, il faudroit s'attaquer à eux qui veulent troubler le Royaume, qui sont M. de Montmorency, Thoré, Turenne, & le S. de Boüillon. Ils en vou-*

loient fort tous deux à la maison de Montmorency, mais ils ne la purent charger que d'ouï dire fans preuve.

En la Place de Gréve, aprés le cry, la Molle admonesté de dire la verité, dit qu'il ne sçavoit autres choses & supplioit que ses dettes & ses Serviteurs fussent payez. Et derechef admonesté sur l'eschaffaut de décharger sa conscience, dit *que ce qu'il avoit dit estoit veritable & n'avoit chargé personne à tort, que Grantrye, Grand-Champ & la Nocle sçavoient la Conspiration, & que Cosme n'en sçavoit rien; mais que Grantrye le sçavoit, ce qu'il repeta deux fois. Aprés il fut décapité; & Coconnas ensuite, qui dit qu'on avertit le Roy qu'il y avoit plusieurs grandes entreprises qu'il ne sçauroit spécifier, & combien que le Roy ait eu opinion qu'il fut méchant; neantmoins auroit volonté de luy faire de grands services, comme il avoit fait. Qu'il croyoit que les Grands sçavoient l'entreprise, mais ne sçavoient si Grantrye en estoit.* Ses dernieres paroles furent qu'on payast ses pauvres serviteurs & qu'on priast Dieu pour luy.

Voilà le plus succintement que j'ay pû le récit de cette Tragedie, qui se joüa sur le Théatre de la France pour des raisons d'Estat plus fortes que le crime qu'on prouva à toute peine, n'estant grand; puis qu'on ne peut conclure à toute rigueur sur tant de dépositions tant pratiquées, qu'extorquées à la torture, sinon que le Duc d'Alençon & le Roy de Navarre se vouloient retirer de la Cour dans la crainte d'estre assassinez. Mais parce qu'on craignoit qu'ils ne fissent un party de Malcontens, la Reine les voulut rendre odieux par cette execution, & préparer le retour du Roy de Pologne son fils aprés la mort de Charles IX. elle n'avoit pas de moindres desseins pour la perte du Mareschal de Montmorency; mais outre qu'on ne trouva point assez de charges pour le convaincre, le Mareschal de Damville, les sieurs de Thoré, & de Meru ses freres prirent les armes pour sa liberté avec tous leurs amis, & le Duc de Montmorency d'autre-part se fiant en son innocence demandoit qu'on luy fist son Procés & avoit presenté requeste au Parlement. La mort de Charles IX. survint, la Reine rémit l'affaire à l'arrivée du nouveau Roy, qu'elle posseda encore plus absolument que son Prédecesseur, & qui fut encore plus animé à la ruïne des restes du party, mais qui se rendit si puissant par la retraite du Duc d'Alençon assisté du Mareschal de Damville, qu'il fut contraint de faire la Paix, qui fut concluë le 27. d'Avril 1576. par laquelle il fut promis qu'on délivreroit de prison le Duc de Montmorency & le S. de Cossé aussi Mareschal de France son cousin, & que le Roy leur donneroit des Lettres d'innocence, qui seroient verifiées au Parlement. Celles du Mareschal de Montmorency que j'ay en original, portent qu'à son arrivée en France, il trouva *prisonnier en son Chasteau de la Bastille son trés-cher & trés-amé beau-frere François Duc de Montmorency, & n'en ayant peu apprendre aucune cause, tant de la Reine que des Princes du Sang, du Chancelier & autres principaux Officiers de la Couronne, qui attesterent par serment que le feu*

Roy ne leur avoit declaré qu'il y eust aucune charge contre luy : aprés avoir surfis sa délivrance sans pouvoir rien découvrir, & l'ayant enfin voulu ouïr : il auroit appris qu'il auroit esté arresté sur de faux rapports de ses ennemis secrets ; c'est pourquoy ne le pouvant retenir davantage sans injustice, il le remet en liberté & le restablit en sa réputation, biens & honneurs.

Il survesquit deux ans à sa délivrance, & continua si heureusement la réputation qu'il s'estoit acquise, que Paris pleura sa perte comme celle d'un veritable pere de la Patrie. Aprés sa mort arrivée le 6. May 1578. à 7. heures du matin, en son Chasteau d'Escoüen, où il s'estoit fait porter aprés la maladie qui le prit en soupant au Louvre : & par son Testament du 5. du mesme mois, il ordonna sa Sepulture auprés du Connestable son pere dans l'Eglise de Montmorency. La Pompe de ses funerailles fut si belle & si Royale, qu'il s'en imprima un livre entier que j'ay eu autrefois, mais qui s'est perdu & qui est si rare, que ne l'ayant peu récouvrer, j'y suppléeray par un Memoire manuscrit contenant la marche du Convoy, dont j'ay l'original. Le corps fut apporté dans un Chariot couvert d'un grand Poile de velours noir, croisé de blanc aux armes de Montmorency, depuis Escoüen jusques à l'Eglise de Nostre-Dame de Montmorency, qui estoit tenduë du deuil & où se rendit l'assemblée, suivy de plus de cinq cens chevaux tant Gentils-hommes qu'Officiers de la Maison tous en deuil, & aprés les prieres ordinaires on commença à marcher selon l'ordre suivant depuis cette Eglise jusques à celle de S. Martin, qui est Collegiale & Paroissiale & le Siege du premier Doyen rural né du Diocese de Paris.

P REMIEREMENT, *douze des Habitans de Montmorency vestus de noir, ayans un Baston noir en main pour faire place par les ruës & conduire les Pauvres.*

Les Crieurs de Paris qui aiderent à conduire les Pauvres.

Les Mendians.

Les Eglises Paroissiales du Duché de Montmorency.

Les cent Pauvres Chaperon avallé avec leurs Conducteurs.

Les cinquante Pauvres avec leurs Conducteurs.

Les Officiers des Terres dudit Seigneur.

Les Porteurs de Torches des villes du Gouvernement de l'Isle de France.

Les Envoyez des villes dudit Gouvernement.

Les Gouverneurs desdites Villes.

Le Corps de la ville de Paris.

Les Archers, Lieutenant, Prévost des Mareschaux, tenans Bastons en main, les Chefs avec le Chaperon sur l'Espaule & le Bonnet en teste.

La Maison & Officiers, les menus Chaperon avallé.

Les Gentils-hommes servans, Chaperon en forme.

Les Maistres d'Hostel, Chaperon en forme, le Baston à la main.

Les Doyen & Chanoines de S. Martin.

Les Prieurs & autres Dignitez.

Les Abbez Commendataires Mitrez, Crosses & autres.

Le Cheval de bataille conduit par deux Escuyers ayans le Chaperon en forme, deux Pages devant la teste du Cheval, ayant le Chaperon avallé & les bras croisez, & deux Laquais derriere ledit Cheval, les bras croisez & nuë teste, le Bonnet en main.

Les Esperons portez par le Capitaine Hercules.

Les Gantelets portez par M. de Guitry [Antoine de Chaumont.]

La Lance portée par M. Chauvincourt.

L'Espée portée par M. de saint Simon de Raffe. [François de saint Simon S. du Plessier de Raffe , &c. Bailly & Gouverneur de Senlis.]

L'Escu des armes porté par M. de Macquelines [N.... de Garges.]

La Cotte d'Armes portée par M. de Pouilly [Vaudetar Persan.]

L'Armet tymbré porté par M. de Hedouville Sandricourt.

Le Penon porté par M. de Hus [de la Maison de Dampont en Vexin.]

La Couronne Ducale portée par M. de Condé.

Les Trompettes ayans le Chaperon avallé.

Le Guidon porté par M. de Jagny.

L'Enseigne portée par M. de Condécourt.

M. d'Oraison Lieutenant de la Compagnie de cent hommes d'Armes , ayant un Baston noir en main. [François S. d'Oraison , Vicomte de Cadenet , fils d'Antoine aussi Lieutenant du Connestable Anne de Montmorency, duquel il est parlé fol. 105. de ce second Volume & de Marthe de Foix.]

Le S. de Bras marchant entre deux rangs pour les Ceremonies.

Le Cheval d'honneur conduit par deux Escuyers comme devant , avec deux Pages & deux Laquais.

Les deux Herauts.

Le Manteau de l'Ordre d'Angleterre porté par M. de Liencourt , lasché.

Le Collier de l'Ordre d'Angleterre porté par M. de Varicarville.

Le Manteau de l'Ordre de S. Michel porté par M. de Sandricourt.

Le Collier de l'Ordre de saint Michel porté par M. de Mery [Claude d'Oragemont.]

Le Prélat officiant avec ses Assistans.

Les Cardinaux & Evesques.

Le Corps porté par six Gentils-hommes ; sçavoir M. de Pommeuse, Brasseuse, Fontaine-Baschet , de Malegenestre , de Villars , & d'O.

La Cornette portée par M. de Moncy le jeune [Philippe le Bouteiller de Senlis pere de Jean le Bouteiller de Senlis Comte de Moncy] *à la main gauche dudit corps sur le devant.*

Le Baston de Mareschal porté par M. de Palaiseau [Esprit de Harville S. de Palaiseau depuis Chevalier des Ordres du Roy , ayeul du Marquis de Palaiseau] *à main droite dudit corps sur le derriere.*

Les quatre coings du drap d'or portez par M. d'Estrade....

Le premier Grand Deuil adextré par.....

Un Gentil-homme pour porter sa queüe ayant le Chaperon en forme.

Le second Deuil adextré par.....

  ayant un Gentil-homme pour porter sa queüe.

Le tiers Deuil adextré par....

  ayant un Gentil-homme pour porter sa queüe.

Messieurs les Mareschaux de France.

M. de Brienne.

M. le premier Président.

Messieurs du Conseil Privé du Roy.

Messieurs de la Cour de Parlement , Chambre des Comptes , & autres de la Justice , avec les Chevaliers & Seigneurs.

Messieurs les Seigneurs , Gentils-hommes , Parens & Amis & Alliez du Defunt.

Estans arrivez à l'Eglise, on assit les Pieces d'honneur, qui furent appellées à l'offrande aprés le Deuil avec les Gentils-hommes qui les portoient par les Herauts , mais dans un ordre contraire à celuy de la Marche; sçavoir aprés le troisiéme Deuil & les quatre Seigneurs, qui avoient porté les coings du drap d'or, ceux qui avoient porté le Baston de Mareschal, la Cornette, &c. Aprés l'Offrande fut faite l'Oraison Funebre, puis la Messe achevée on descendit le corps dans la Cave, & alors les Maistres des Ceremonies & les Herauts appellerent derechef toutes les Pieces d'honneur, les quatre Seigneurs tenans toûjours jusques à la fin les coings du drap d'or. Aprés le cry fait les Envoyez du Roy & des Princes furent conduits en Ceremonie au lieu où le disner estoit préparé, aprés lequel un Evesque dit les Graces & fit l'exhortation accoustumée; on jetta sur la table un tapis de Deuil, qui fut couvert de chandeliers noirs, & le Maistre d'Hostel vint rompre son Baston & congedier l'assemblée.

On fit en mesme temps graver deux Epitaphes Latines qui suivent & qui furent apposées à un Pillier proche de sa Sepulture, lesquelles ayans esté arrachées au sac de Montmorency pendant les Guerres civiles par la haine que le party de la Ligue portoit à la memoire de ce Duc & à l'honneur de sa Maison; je les rendray au Public dans cette Histoire, afin qu'il joüisse éternellement de l'honneur qu'il merita par ses vertus & par ses Services d'estre estimé le plus digne Heros de son Siécle.

D. O. M. & *Memoriæ æternæ*, *Viri fortissimi ac excellentissimi Francisci, magni illius Annæ Connestabilis Filii Primogeniti, Ducis Montmorentii, Franciæ Paris & Marescalli primi, Francisci I. Francorum Regis suscepti, Henrici II. Generi, Francisci II. Caroli IX. & Henrici III. Regum Læviri, Insulæ Franciæ Proregis, eximiæ bonitatis, virtutis, justitiæ, censuræ: omnibus rebus Pacis Bellique Eruditissimi atque Instructissimi: Regum, Regni, Patriæque amantissimi: Francorum penè ultimi. Magdalena Sabauda Mater optima & sapientissima, Diana Franca uxor pientissima, Henricus, Carolus & Willelmus Fratres carissimi, P. D. Q. C.*

Vixit annos XLVIII. Menses IX. Dies XIX. Pridiè Nonas Maii M. D. LXXIX. F. M. I.

D. M. S. *Franciscus Duc Momorantius, magni illius Annæ Connestabilis Primogenitus, Henrici II. Galliarum Regis optimi ex Filia in legitimis habita Gener generosissimus & gratissimus, Caroli IX. & Henrici III. etiam in Privatis & Secretioribus Negotiis Comes & Consiliarius fidissimus, Franciæ Par & Marescallorum Primus longè Dignissimus, Fortissimus & Magnanimus, Insulæ Franciæ Præfectus Prudentissimus, legibus non minus ornatus quam armis decoratus, ad utrumque tempus & Pacis & Belli aptissimus, bonarum Artium & Scientiarum conjunctione inter Nobiles Clarus; Litteratorum Fautor præcipuus, Vir Humanissimus, Gratissimus, Officiosissimus, de Optimis quibusque optimè meritus, veritatis ac justitiæ cultor eximius, æqui & recti exactissimus & constantissimus Observator, inclitus Heros, Mitissimus & Munificentissimus, memoria, judicio, consilio, facundia, aliisque animi*

mi

mi dotibus Infignis, fapientiæ, probitatis, candoris ac finceritatis admirandæ, Regno Patriæque magis quam fibi natus : Poft multiplices gravefque pro Regno & Patria, domi forifque exantlatos labores, difficultates, ærumnas, atque inde graviffimè conflictatus oppreffufque malis, vix ulla corporis fui parte valens ; fed mente fana, obiit tandem: cum non exceffiffet annum XLVIII. menfes novem, dies XIX. Ecoami, apud Magdalenam Sadaudam Matrem Cariffimam, in caftiffimæ & fuaviffimæ Conjugis Dianæ Principis ingenuæ & in maritum Piiffimæ ulnis, Pridiè Nonas Maii anno Domini M. D. LXXIX. Chriftiani hominis muneribus religiofiffimè defunctus, maximo totius Galliæ luctu, & ingenti Proborum omnium dolore, nunquam non rebus Gallicis defiderandus.

Laurentius Joubert Medicus addictiffimus
mœrens M. H. P. C.

Le Préfident de Thou adjoufta encore cette belle Epitaphe aux témoignages avantageux qu'il rend de luy dans fon Hiftoire.

Ultimus Hectoridum pietate infignis & armis
FRANCISCUS *jacet hic, quo Gallia tota fepulchro.*

Il n'eut qu'un fils mort jeune avant luy de Diane legitimée de France fa femme, Princeffe d'un cœur & d'une prudence toute heroïque, & à laquelle la Maifon de Bourbon auffi-bien que tout le Royaume de France font obligez de la confervation de la Couronne, par la réconciliation qu'elle moyenna de Henry IV. lors Roy de Navarre avec le Roy Henry III. qui luy donna les Duchez d'Angoulefme & de Chaftelleraut, le Comté de Ponthieu, & le Gouvernement de Limoufin. L'affection qu'elle avoit pour fa maifon luy fit tendrement aimer Charles de Valois fils naturel du Roy Charles IX. fon frere, qui luy fut redevable de fa vie & de fa fortune ; car eftant prifonnier d'Eftat & en danger d'eftre convaincu d'intelligence avec le Marefchal de Biron, elle empefcha qu'on ne luy fit fon procés, & s'emporta jufques-là de rémontrer au Roy que fon Sang ne feroit pas plus épargné que celuy de ces Prédeceffeurs en la perfonne de fes enfans naturels, s'il eftoit l'Auteur d'un exemple, où il avoit tant d'intereft. Elle le maria avec Charlotte de Montmorency niéce de fon mary & laiffa fes enfans heritiers de tous fes biens & de l'Hoftel d'Angoulefme, qu'elle avoit bafty à Paris. Elle y mourut l'an 1609. & fut inhumée dans fa Chapelle en l'Eglife des Minimes, où l'on voit fon tombeau de Marbre décoré des Armes de Farnefe & de Montmorency, fur lequel elle eft réprefentée à genoux avec cette Epitaphe.

P*IIS Manibus Memoriæque Dianæ Franciæ, Duciffæ Engolifmenfis, Chriftianiffimi Regis Henrici II. natura Filiæ, & in jura Liberorum natalium afcriptæ ; quæ cum Horatii Farnefii Ducis Caftrenfis*

Tome II.   C c c

in obsidione Hedinia cæsi paucis diebus uxor, postmodum Francisco Mom-
morantio illustrissimæ Familiæ Principi elocata, susceptoque ex eo unius
diei & longi mœroris filio vidua relicta diù superstes fuerit : cum alia-
rum virtutum concursu, tum integra pudicitiæ fama insignis, cultuque
in Deum Regemque imcomparabili. Cujus vel maximum documentum de-
dit sub initia civilis Belli, cum deposito apud illam fidei Pignore inter
duos potentissimos Reges, Henricum III. & ejus mox successorem Hen-
ricum Navarrorum Regem mutua concordia atque amicitia stabilita est.
Et tandem ut quod acerbo proh casu perdiderat adoptione resarciret ;
moriens Franciscum Valesium ex Regia Stirpe Pronepotem sibi hæredem
ex asse instituit, eique incertæ mortalium vitæ memor Ludovicum fra-
trem non minùs virtutis quam sanguinis substituit. Obiit Octogenaria major
anno salutis suprà mille sexcentos undè vigesimo III. Nonas Januarii.

Si ce mariage de Diane de France avec le Mareschal Duc de Montmorency fut avantageux & glorieux tout ensemble selon le monde,
on a justement douté qu'il ait esté agréable à Dieu, pour avoir esté
contracté avec plus de violence que de Justice, au préjudice d'un engagement d'affection & de parole de la part du Mareschal avec Jeanne de Halluin fille d'Antoine S. de Piennes & de Mainelers, & de
Loüise de Creve-cœur, & fille d'honneur de la Reine ; que sa Noblesse, sa vertu.& sa beauté rendoient digne de son alliance. Le
Connestable son pere qui ne sçavoit rien de leurs amours en fut d'autant plus affligé, que le Roy luy offroit sa fille. C'est ce qui l'obligea
d'employer tout le credit & l'autorité du Prince pour rompre ce
prétendu mariage, & cette affaire devint la plus grande de la Chrestienté, par le concours des desseins que le Pape avoit de pratiquer
l'alliance de cette Princesse, dés-ja veuve d'un Italien petit fils du Pape, avec un autre Italien son neveu : & en effet c'estoit le seul moyen
de mettre la maison des Caraffes à l'abry de tant d'orages qui tomberent sur elle aprés la mort de ce Pontife, dont la Statuë servit de
Phantosme à traisner par les ruës à la Canaille Romaine, & fit pitié mesme à Pasquin son plus grand ennemy quand il vivoit. Ce seul
interest du Pape fit toute la difficulté de la dispense qu'on luy demanda, & que le S. de Montmorency fut envoyé à Rome pour la solliciter, le Roy ne croyant pas que le Pape dût rien refuser à sa consideration, dans un temps si favorable que celuy de la Ligue, qu'ils
traitoient ensemble contre l'Espagne.

J'ay les Originaux de toutes les procedures, qui commencerent par
l'Interrogatoire des deux amans, fait au Louvre le 5. d'Octobre 1556.
par le Cardinal de Lorraine accompagné de l'Evesque de Soissons,
de l'Archevesque de Vienne, de l'Evesque d'Orleans, du S. du Mortier Conseiller d'Estat & de M. Pierre Seguier Président en la Cour de
Parlement, devant lesquels Jeanne de Halluin la premiere appellée,
dit estre âgée de 19. à 20. ans, dit connoistre Mre. François de
Montmorency depuis le commencement du Regne du Roy, qu'y

avoit 5. ou 6. ans qu'il luy avoit parlé de mariage au Palais de Paris ou à S. Germain, *ou leurs propos furent qu'il la prenoit à femme & elle répondit qu'elle le prenoit à mary. Bien dit qu'auparavant il luy en avoit plusieurs fois parlé, mais ne le vouloit accepter, parce qu'elle le voyoit bien fort jeune, & aussi qu'elle craignoit que M. le Connestable le trouvât mauvais; à quoy il répondit qu'il attendroit si long-temps, & qu'il luy seroit si obéissant, qu'il le luy feroit trouver bon: & qu'elle ne l'eut point declaré, si ledit S. de Montmorency n'en eut parlé à cause du mariage de Mad. de Castre.* Elle dit encore n'avoir reçû aucun don ny present en nom de mariage, & que tout s'estoit passé en paroles, sans témoin & sans qu'elle en eut parlé à aucun parent. Qu'il luy en avoit escrit durant sa prison, mais qu'elle avoit brûlé les lettres, *qu'il en avoit continué les propos depuis son retour & mesmement en l'Abbaye de Vauluisant dernierement qu'il y estoit: & mesme le jour d'hier au logis de M. le Connestable; il luy repeta encore lesdits propos, & la pria ne se fascher point.* Elle adjousta ne sçavoir que ledit mariage *fust clandestin & défendu, & qu'elle pensoit bien qu'il se put marier, quoy qu'il eut pere & mere, parce que le mariage est de Dieu, & les ceremonies de l'Eglise.* Au surplus elle s'en rapporta au S. de Montmorency & signa sa réponse. Celle de ce Seigneur fut toute pareille, & après avoir dit estre âgé de 26. ans, il avoüa tout, jusques à luy avoir encore promis le soir précedent de l'épouser en luy parlant de la peine où il estoit; sinon qu'estant enquis si ayant pere & mere il ne sçavoit pas qu'il ne pouvoit contracter mariage sans leur consentement, il dit, *que quand il fit cette folie, il ne consideroit pas toutes ces choses-là, & que l'âge ne le portoit pas, & s'il avoit à le faire à cette heure, il y penseroit davantage.* Enquis si de tout ce que dessus il se voudroit rapporter à ladite Demoiselle & la croire de ce qu'elle en dira, a dit qu'oüi, & qu'il l'estime si femme de bien, qu'elle ne dira que la verité. Il dit de plus que ce fut luy qui le premier parla de ce mariage & signa.

Ces dépositions furent envoyées à Rome avec tout ce qu'on put ramasser d'autoritez de l'Escriture Sainte & des Peres contre les mariages faits sans le consentement des Parens, & le Pape reçût le tout assez benignement d'abord, fit grand accueil au S. de Montmorency & luy promit toute sorte de satisfaction: mais il feignoit, ou bien il n'avoit pas encore pensé à cette occasion d'allier sa maison à celle de France, qui luy fit tirer l'affaire en longueur, pour en favoriser les moyens. Ainsi il le retint long-temps à Rome, le rémettant de Congregation en Congregation, tant que le jeu estant découvert, & le Roy & le Connestable frustrez de leur esperance de son costé, ne voulans pas avoir le démenty d'une chose qui n'auroit tant éclaté qu'à leur désavantage, ils firent dresser un Edit fait exprés & qui fut publié & verifié, par lequel les mariages clandestins furent declarez nuls: & d'autre part on se servit de l'autorité pour faire quitter prise à la pauvre Demoiselle; qu'on enferma au Convent des Filles-Dieu à Paris , & laquelle dans la crainte d'eſtre plus mal-traitée, & dans le deſeſpoir du ſuccés de ſes eſperances , ſe laiſſa encore perſuader que le S. de Montmorency avoit eu diſpenſe du Pape , ſur cette lettre qu'on luy fit eſcrire de Rome & qui luy fut portée par François de la Porte , S. d'Autreville , Gentil-homme du S. de Montmorency, accompagné de Jacques Benoiſt Lage-Baſton , Maiſtre des Requeſtes de l'Hoſtel du Roy & premier Préſident en la Cour de Parlement de Bourdeaux , & Jacques Veau Secretaire du Roy & Tréſorier des Guerres , garnis de Germain le Charron & Eſtienne du Neſmes Notaires au Chaſtellet. Auſquels l'ouverture du Convent ayant eſté faite en vertu d'une lettre ſignée de la propre main du Roy, ils firent venir la Demoiſelle , à laquelle la Porte rendit ſa lettre, ainſi tranſcrite en l'Original du procés verbal, dont je l'ay extraite avec les réponſes.

MADEMOISELLE DE PIENNES, *ayant connu l'erreur où j'eſtois tombé ſans y penſer , & eſtant déplaiſant d'avoir offenſé Dieu , le Roy , Monſeigneur & Madame la Conneſtable ; j'ay fait entendre à noſtre Saint Pere le Pape comme les choſes ſe ſont paſſées entre nous deux , & demandé de cela pardon à Sa Sainteté, lequel m'a de ſa bonté & clemence accordé , & en tant qu'il eſtoit beſoin diſpeuſé , pour me remettre en ma premiere liberté : dont je vous ay bien voulu avertir. Et auſſi pour nous oſter tous deux hors des malheurs & peines où nous ſommes , je me départs de toutes les paroles & promeſſes de Mariage qui ſont paſſées entre nous deux , deſquelles par ladite Diſpenſe nous demeurons déchargez , & vous en quitte ; vous priant bien fort faire le ſemblable en mon endroit , & prendre tel autre Party pour voſtre aiſe, que bon vous ſemblera. Car je ſuis reſolu n'avoir jamais plus grande ny plus particuliere communication, ny intelligence avec vous ; non pas que je ne vous aye en eſtime de ſage & vertueuſe Demoiſelle , & de bonne part , mais pour ſatisfaire à mon devoir & éviter les malheurs & inconveniens qui nous en pourroient avenir : & ſur tout pour donner occaſion à Sa Majeſté & à meſdits Seigneurs & Dame d'oublier l'offenſe que je leur ay faite ; tant pour le réparer , que eſſayer me rendre digne de leurs bonnes graces ; que pour ſatisfaire à ce que je leur dois par commandement de Dieu : auquel je ſupplie vous avoir , Mademoiſelle de Piennes , en ſa ſainte & digne garde. De Rome ce 5. Février. Celuy que trouverez preſt à vous faire ſervice ,* MONTMORENCY.

La Porte luy ayant dit avoir ordre de la luy faire lire tout haut , elle le fit en preſence des Notaires qui en avoient pris copie collationnée pour lire avec elle , & cela fait la Porte luy dit encore , *Mademoiſelle tout ce que j'ay à vous dire, vient de la part de M. de Montmorency , & le vous diray , s'il vous plaiſt, pour ce qu'il m'a commandé & donné charge d'ainſi le faire. Vous avez veu par ſa lettre, que maintenant vous avez lûë , combien il eſtime avoir grandement offenſé Dieu , le Roy , Monſeigneur le Conneſtable ſon pere & Madame la Conneſtable ſa mere , pour raiſon des propos de mariage, qui pourroient avoir eſté entre luy & vous, ſans les en avertir & ſans leur conſentement : & que luy reconnoiſſant depuis la faute que en ce il avoit commiſe & la voulant réparer : auſſi conſiderant que vous n'en eſtiez point venus tant avant enſemble, que ce fuſſent bien choſes réparables & qui ſe pouvoint diſſoudre par la puiſſance de noſtre S. Pere le Pape : a ſupplié trés-humblement Sa Sainteté de luy pardonner l'offenſe, qu'il avoit commiſe par les propos de mariage d'entre vous , & le diſpenſer & luy & vous de vous pouvoir marier ailleurs, quand bon vous ſemblera ; ce que noſtre ſaint Pere le Pape a fait , & par ce moyen remis M. de Montmorency & vous en vos premieres libertez , comme il vous eſcrit par ſa* lettre que vous ay prefentement baillée & à cette caufe, & luy eftant difpenfé, & par fa difpenfe libre & en fa premiere liberté de fe marier ailleurs que avec vous, quand bon luy femblera : je vous declare par fon commandement qu'il vous quitte de tous propos & promeffes de mariage, qui pourroient cy-devant en façon quelconque avoir efté entre vous deux, & vous prie & requiers de fa part, que vous ayez pareillement à me declarer, fi vous ne l'en quittez pas auffi de la voftre.

A quoy par ladite de Piennes, ayant les larmes aux yeux & en pleurant, a efté dit & répondu, en telles paroles. M. de la Porte, j'aime beaucoup mieux que la rompture des promeffes de M. de Montmorency & de moy vienne de fa part que de la mienne. Il montre bien par les propos, que me tenez maintenant de fa part, qu'il a le cœur moindre qu'une femme, & n'eft pas ce qu'il m'avoit tant de fois dit, qu'il perdroit plûtoft la vie que changer de volonté. Il m'a bien abufée, je voy bien qu'il aime mieux eftre riche que homme de bien. Et par ledit de la Porte ont efté fur ce dits tels mots. Mademoifelle, M. de Montmorency vous eftime vertueufe & de bonne part, comme il vous efcrit, il eft auffi de fon cofté de bonne & ancienne maifon, bien nourry, & ayant fon honneur en recommendation, & n'offenfe en rien fon honneur en vous quittant ; d'autant que en ce faifant il répare une grande offenfe, qu'il avoit faite par les promeffes de mariage entre vous : & d'autant qu'il fait cette réparation de faute par l'autorité & difpenfe de N. S. Pere le Pape, comme auffi M. de Montmorency vous efcrit par fa lettre que je vous ay maintenant baillée, ce vous fera & à l'un & à l'autre plus d'avantage d'eftre remis en vos premieres libertez par cette difpenfe, & en la bonne grace de vos Parens, que autrement : & à cette caufe regardez, Mademoifelle, s'il vous plaift, de me faire réponfe.

A quoy par ladite Damoifelle en pleurant comme deffus, ont efté dits tels mots, Hé ! M. de la Porte quelle réponfe voulez-vous que je faffe ? M. de Montmorency a-t'il bien eu le cœur de m'efcrire une telle lettre ? & par ledit de la Porte à ce luy a efté dit & répondu en tels mots. Mademoifelle, il vous mande par les lettres, que je vous ay prefentement baillées de fa part, les caufes pourquoy il le fait ainfi, qui font fort raifonnables : à cette caufe dites-moy, s'il vous plaift, Mademoifelle, fi tout ainfi que M. de Montmorency par la lettre que je vous ay prefentement baillée, vous quitte des promeffes de mariage, qui pouroient cy-devant avoir efté entre luy & vous, de voftre part vous l'en quittez auffi ? & par ladite de Piennes fur ce point a efté répondu en telles paroles. M. de la Porte, puis que le vouloir de M. de Montmorency eft de me quitter des promeffes de mariage d'entre luy & moy, & que maintenant il me quitte, je ne veux & ne puis empefcher qu'il ne faffe ce qu'il luy plaira, & ne puis avoir volonté contraire à la fienne. Et par ledit de la Porte ont en cet endroit, & auffi fur ce point, efté dites à ladite Demoifelle de Piennes telles paroles. Mademoifelle, M. de Montmorency vous fait ce quittement, parce qu'en vous faifant les promeffes de mariage, qu'il dit avoir efté entre luy & vous, il avoit offenfé, comme je vous ay dit, & pour ce que par la difpenfe que N. S. Pere le Pape luy a octroyée de telles promeffes, & de laquelle il vous a efcrit par la lettre, que je vous ay maintenant baillée, M. de Montmorency eft remis en fa premiere liberté, & toute telle qu'il avoit auparavant qu'il vous eut fait aucunes promeffes de mariage : & auffi que le Pape eft noftre Superieur, & a bien pû bailler telle difpenfe ; ce que Sa Sainteté n'eut fait, fi ce eut efté chofe déraifonnable : il vous prie fuivant ce qu'il vous efcrit, le quitter, comme de fa part il vous quitte.

Et à ce par ladite de Piennes a efté fait réponfe en telles paroles. M. de la Porte, puis que M. de Montmorency me quitte maintenant des promeffes de mariage, qui ont efté faites entre luy & moy, s'il eftoit fils de Roy, ou Prince, m'ayant efcrit ce qu'il m'a efcrit par fa lettre, que vous m'avez maintenant baillée, je ne le voudrois époufer, & l'en quitte. Toutefois je m'émerveille de la façon dont il m'efcrit par cette lettre, que me venez de bailler prefentement, & ne puis bonnement croire qu'il l'aye efcrite ; veu qu'il avoit bien accoutumé de m'efcrire d'autre langage & d'autre ftile. Et par ledit de la Porte ont efté fur

ce dits tels mots. Mademoiselle, je vous promets que j'ay veu escrire par M.
de Montmorency & de sa propre main, toute la lettre que je vous ay maintenant
baillée de sa part. Et par ladite Dame de Piennes ont derechef esté dits tels mots
audit de la Porte, oui, mais M. de Montmorency ne me souloit point ainsi
escrire : ce qu'elle ne disoit pas pour douter qu'il n'en eut fait de sa propre
main & l'escriture & le seing, mais pour signifier seulement que par icelle let-
tre ledit S. de Montmorency luy escrivoit en substance des choses qu'il n'avoit
point accoustumé, & qui estoient fort éloignées de celles qu'il luy souloit escrire.
Et ce fait ladite de Piennes a demandé à ladite assistance, si on n'avoit plus af-
faire d'elle, & par ledit de la Porte a esté dit que non, & ainsi que ladite as-
sistance vouloit sur ce soy départir de ladite de Piennes, & prendre congé d'elle,
icelle de Piennes a dit telles paroles audit de la Porte. M. de la Porte, je vous
prie faire mes humbles récommendations à la bonne grace de M. de Montmoren-
cy & de M. de Damville, & encore que vous m'ayez maintenant vû pleurer ;
je vous prie de dire à M. de Montmorency que ce n'est pas de regret que j'aye
de luy, puis que son vouloir est tel qu'il m'escrit par la lettre que vous m'avez
maintenant baillée, & que ne le puis contre son vouloir retenir : & à tant la-
dite de Piennes s'est retirée.

Le S. de la Porte ayant requis Acte de tout ce que dessus en bonne forme, les Notaires le dresserent le 21. & le lendemain le déli-
vrerent, aprés en avoir fait la lecture de mot à mot à la Demoiselle de
Piennes, laquelle en presence des mesmes Témoins y consentit &
confirma le tout : mais parce que toute cette rénonciation de mariage pouroit estre estimée fondée sur ce que François de Montmorency luy mandoit avoir obtenu dispense, & que c'estoit imposer au
Pape, on envoya encore à Rome par le S. de la Porte un acte, comme cette Demoiselle le quittoit respectivement de ses promesses, &
cet Acte avec l'Edit des mariages clandestins fait exprés, servit pour
justifier l'Acte de refus demandé par le S. de Montmorency en partant de Rome ; duquel nous parlerons aprés avoir donné les Memoires de ce qui s'y passa. La matiere est assez importante pour traiter
la chose tout au long, & cela est si bien démeslé avec les intrigues,
que le Pape y mesla pour ses interests, que je m'asseure qu'on y prendra plaisir pour la concurrence de tant d'opinions débattues par les
uns de bonne foy, & par d'autres selon qu'ils avoient connoissance
des desseins particuliers du Pape & des interests de sa maison. Voicy
la rélation de ce qui se fit depuis le retour du S. de la Porte, telle
qu'elle fut escrite par le Docteur de la Haye, & envoyée au Connestable.

Depuis l'arrivée de M. de la Porte, par lequel Messeigneurs le Cardinal
du Bellay, & de Montmorency, reçurent la dépesche qu'il avoit pleu au Roy
& à M. le Connestable leur envoyer, & mesmement le consentement de Made-
moiselle de Piennes, avec le double de l'Edit publié contre les mariages clandes-
tins. Par commun avis de mesdits Seigneurs fut avisé de faire traduire en lan-
gue Italienne l'instrument dudit consentement en ce qu'ils jugeroient estre plus à
propos pour induire N. S. Pere à la concession de la dispense, dont Sa Sainteté
continuoit toûjours nous donner esperance, & l'envoyer à Messeigneurs les
Cardinaux de Pise [Scipion Rebiba] & Reoman, afin que joint aux opinions,
que les Theologiens sur ce Députez avoient mises par escrit & données ausdits

Cardinaux , Sa Sainteté ſe réſolut d'autant plûtoſt à l'expédition d'icelle , &
voyant que nonobſtant les diligences que l'on faiſoit, fondées en raiſons & en preuves par les opinions ſuſdites , favoriſées encore du ſuſdit conſentement, que ledit Cardinal de Piſe ne ſe rémuoit & ne diligentoit cette affaire , ſinon en paroles , fut rémontré à Sa Sainteté par le ſuſdit S. de Montmorency , en preſence de M. l'Ambaſſadeur , comme il avoit commandement exprés du Roy & de
mondit S. le Conneſtable de s'en retourner en France , pour aſſiſter & eſtre preſent au Gouvernement qu'il avoit pleu à Sa Majeſté luy donner ; afin qu'il n'a-
vint aucun deſordre par cet endroit , pour ce que pour plus travailler les ennemis de Sa Sainteté & de Sa Majeſté, la Guerre eſtoit ouverte de ce coſté-là ; les
Ambaſſadeurs licenciez & retournez chacun vers leurs Princes : choſe qu'il
ne vouloit faire ſans la bonne licence & exprés conſentement de Sa Sainteté, laquelle continuant, comme avoit fait auparavant, montrer la volonté qu'elle diſoit
avoir en cette expédition, pria ledit S. de Montmorency de ne ſe partir pour
deux jours , pendant leſquels le vouloit dépeſcher : faiſant dés-lors entendre
auſdits Cardinaux de Piſe & Reoman de luy en venir referer ce qu'ils en avoient
trouvé. A quoy ledit S. de Montmorency voulut bien obtemperer pour l'obéiſ-
ſance qu'il a toûjours portée à ſadite Sainteté, de laquelle les Prieres avoit toûjours pris pour commandemens , ſollicitant & faiſant ſolliciter par toutes diligences à luy poſſibles leſdits Cardinaux de ſe trouver devant Sa Sainteté, en eſtat
de pouvoir referer ce qu'ils avoient recueilly des ſuſdites opinions.

Et pour ce qu'on connoiſſoit ledit Cardinal de Piſe aſſez tardif, fût pour
crainte d'aborder Sa Sainteté ou bien pour quelqu'autre ſien deſſein , fut aviſé
pour le ſtimuler davantage d'envoyer l'Abbé de S. Ferme au Cardinal Caraffe &
au Conſervateur de Naples , pour leur faire entendre la déliberation que mondit
S. de Montmorency avoit priſe de s'en retourner en ſuivant ce qui luy eſtoit
mandé, & que mondit S. le Conneſtable ne prendroit à plaiſir de le voir rétourner ſans ſa diſpenſe. Meſme que par la lettre qu'il en eſcrivoit aux ſuſdits Seigneurs, il ne ſe pouvoit contenter des longueurs, dont uſoit Sa Sainteté, commandant expreſſémeut audit S. de ſaint Ferme par une autre ſienne de luy faire entendre d'où elles pouvoient proceder : & qu'il eſtoit tout certain qu'il ſeroit encore plus mal-content , quand il entendroit la continuation d'icelles longueurs
& difficultez, ſans avoir égard ny à la Requeſte que le Roy en faiſoit, ny aux
merites de mondit S. le Conneſtable , & vû auſſi que depuis ſix mois Sa Sainteté en avoit octroyé une ſemblable, de laquelle pouvoit montrer le double. Dont
ledit Cardinal Caraffe ne fit autre ſemblant, ſinon qu'il répondit audit Saint
Ferme qu'il pouvoit ſçavoir, que le Pape alloit aux affaires qui touchoient ſa
conſcience ſi conſiderement , que bonnement l'on ne l'en oſoit preſſer, & que
neantmoins ne faudroit , trouvant la commodité, d'y faire tout devoir. Et par
ledit S. Conſervateur fut répondu que le Pape ſe faiſoit un grand tort de differer cette affaire davantage , & d'uſer de telles longueurs qu'il faiſoit : requerant ledit Saint Ferme de luy vouloir laiſſer le double qu'ils avoient récou-
vert de la diſpenſe, que le Pape avoit concedée en ſemblable cas, avec les lettres
qu'en eſcrivoit mondit S. le Conneſtable audit S. de ſaint Ferme ; voulant bien
faire entendre à Sa Sainteté que ce n'eſtoit en ce temps qu'il devoit mal-conten-
ter mondit S. le Conneſtable & luy diminuër la devotion, qu'il a toûjours portée
au S. Siege , & particulierement à N. S. Pere & à ſa maiſon. Et en meſme
temps ſurvint ledit Cardinal de Piſe , auquel le Conſervateur , en preſence dudit Saint Ferme , refera ce que deſſus , le priant affectueuſement de le dire &
rémontrer au Pape, l'exhortant de ne laiſſer perdre l'occaſion que Sa Sainteté
avoit de gratifier mondit S. le Conneſtable , qui avoit bien moyen de le réconnoiſtre , & auſſi de ſe ſouvenir là où il connoiſtroit qu'on luy fit mauvais traitement & réconnoiſſance de ſes merites. Choſe que promit vouloir faire ledit
Cardinal.

Et de fait Jeudy dernier , luy & ledit Reoman , après une Congregation que
Sa Sainteté eſt accouſtumée faire , ſe preſenterent à Sa Sainteté appareillez à
faire la rélation de ce qu'on avoit trouvé par leſdites opinions , deſquelles Sa

Sainteté avoit encore voulu voir quelques-unes : & combien que Sa Sainteté ne dût plus differer, pour les réiterées promesses qu'elle en avoit faites, & sollicitée non seulement par ledit S. de Montmorency, mais encore par mondit S. le Cardinal du Bellay, qui ordinairement ou luy en parloit ou luy en escrivoit, & que ledit Cardinal Reoman luy rémontrast que nous nous faschions grandement de telles longueurs & difficultez, & que avions récouvert le double d'une dispense que Sa Sainteté en avoit cy-devant concedée en semblable fait, si s'excusa-t'elle sur l'heure fort tardive, & sur le travail de la susdite Congregation, rémettant l'entiere résolution, & ce fut au Mardy ensuivant, ainsi que ledit Cardinal de Pise dit audit Abbé de Saint Ferme, pour ce que Sa Sainteté avoit déliberé le Samedy suivant faire Consistoire public pour donner les Chapeaux aux Cardinaux nouveaux, & que le Dimanche se celebreroit Messe Papale, & le Lundy se feroit Consistoire pour les affaires du saint Siege : envoyant toutefois querir dés l'heure M. le Dataire pour entendre comme cette dispense avoit esté expediée ; s'émerveillant de cela, & encore plus de ce qu'elle estoit tombée en nos mains ; à quoy fut répondu par ledit S. Dataire, qu'elle avoit esté accordée en pleine signature, & par Sa Sainteté mesme ; dont se pouvoit souvenir, estant de telle nature Sa Sainteté qu'elle voyoit & vouloit entendre plus que nul de ses Predecesseurs ce qui se faisoit en sa signature. Dont demeura toute estonnée Sa Sainteté, demandant audit S. Dataire quel moyen il y avoit de retracter ladite dispense, chose que ledit S. Dataire luy dit ne se pouvoir faire, d'autant qu'elle estoit dés-ja entre les mains des Parties, & qu'en vertu d'icelle ils estoient mariez.

Et voyant ledit S. de Montmorency que cette affaire alloit toûjours en longueur, rétourna luy-mesme Samedy dernier à sadite Sainteté la suppliant trés-humblement luy vouloir donner permission de s'en pouvoir aller, pour ce qu'il ne devoit ny ne pouvoit avec son honneur plus demeurer à Rome sous ombre de la dispense qu'il demandoit, estant appellé de Sa Majesté & de mondit S. le Connestable pour les causes susdites, & ne le vouloir retenir davantage ; & d'autant plus que Sa Sainteté en devoit estre résoluë, ayant cy-devant concedé semblable grace en sa pleine signature. A quoy Sa Sainteté répondant, luy dit qu'elle ne vouloit qu'il se partit sans ladite dispense, & que pour vaquer à cela, elle differeroit le Consistoire de Lundy & postposeroit ses propres affaires ; voulant employer tout ce jour-là & un autre, s'il en estoit besoin, pour cette expedition : envoyant dés-lors querir lesdits Cardinaux de Pise & Reoman, en la presence desquels Sa Sainteté réitera la volonté qu'elle disoit avoir de le dépescher ; non pas stimulée pour l'exemple de ses Predecesseurs, ny sous ombre qu'il se trouvoit une dispense dépeschée en semblable cas par Sa Sainteté, laquelle disoit n'avoir jamais entenduë, mais avoir esté en cela circonvenuë, n'estimant pas qu'elle luy eut esté jamais proposée : mais seulement pour l'envie qu'elle avoit de le renvoyer satisfait au contentement du Roy & de M. le Connestable, qu'elle confessoit l'en avoir requis avec toute la soumission à eux possible. Et pour résolution ordonna lors audit Cardinal de Pise de faire intimer ladite Congregation, y appellant tous les Theologiens & Canonistes, qui avoient esté ouïs & donné leurs opinions sur cette matiere. Et ainsi se départit mondit S. de Montmorency de Sa Sainteté, autant satisfait qu'il eut sçû desirer, se retirant vers mondit S. le Cardinal du Bellay, pour luy referer cette déliberation & avec luy prit résolution d'aller visiter lesdits Cardinaux Mignanelle, Cesis & Armagnac : ce qu'il fit dés le soir mesme : & le lendemain qui estoit le Dimanche, entendant ledit S. de Montmorency, que non seulement les susdits Cardinaux assisteroient à ladite Congregation, mais aussi plusieurs autres, les voulut visiter particulierement jusques en leurs maisons ; afin d'adjouster à sa juste supplication tout le devoir, submission & réconnoissance qu'on pouvoit desirer d'un tel Seigneur qu'il est. Et de fait commença à voir outre les susdits du Bellay, Armagnac, Pise, Reoman, Mignanelle & Cesis, qui estoient ceux, qui seulement devoient estre presens à ladite Congregation, Messieurs les Cardinaux Medicis, Carpy, Pacieco, Trani, Sarracin, Araceli, & Alexandrin,

drin, que l'on appelloit ces jours paſſez Fra Michel : qui tous, & meſme leſdits Pacieco & Carpy, dirent ingenuëment audit S. de Montmorency que Sa
Sainteté le pouvoit & devoit faire, eſtans tous de cette opinion, qu'ils eſtimoient
bonne & ſainte & approuvée des Theologiens & Canoniſtes, & miſe en uſage,
quand le cas y eſt eſcheu, par les Prédeceſſeurs de N. S. Pere & par Sa Sainteté meſme : adjouſtant ledit Cardinal Carpy qu'il eſtoit intervenu audit S. de
Montmorency, comme il fait à pluſieurs autres, auſquels leur grandeur & preſence leur nuit ; car s'il ne fuſt point venu, ou bien qu'il euſt eſté un pauvre
homme tout deſchiré, il fuſt dés-ja dépeſché.

Il eſt vray que ledit Fra Michel tenoit toûjours que le Pape ne le pouvoit
faire, alleguant Quos Deus conjunxit homo non ſeparet, & que ſi les Prédeceſſeurs de Sa Sainteté & Sa Sainteté meſme l'avoient fait ils auroient fait
mal, & qu'un mal ſe doit plûtoſt réparer que multiplier, ſe rapportant neantmoins à ce que par Sa Sainteté & les autres Theologiens en ſeroit decidé, pour
ce qu'il ne vouloit eſtre tout ſeul en ſon opinion. Voilà en ſomme ce qui ſuccedé juſques à l'heure de ladite Congregation, où ſe trouva mondit S. de Montmorency, faiſant compagnie à ſadite Sainteté depuis ſa chambre juſques au lieu
où eſtoient congregez MM. les Cardinaux ; d'où aprés avoir ſalué Sa Sainteté &
toute l'aſſiſtance, ſe départit, attendant ce qui ſe feroit en ladite Congregation, qui ſera narré cy-aprés.

Le réſultat de cette Congregation fut envoyé à la Cour de France, comme
il s'enſuit ſous le titre de bref Extrait de ce qui s'eſt dit & fait en la premiere
Congregation, laquelle fut faite pour la diſpenſe du mariage de Monſeigneur de
Montmorency, où préſidoit le Pape, accompagné de tous les Cardinaux, où
furent auſſi appellez pluſieurs Theologiens & Canoniſtes pour déliberer touchant
cette affaire.

Le Pape commença & propoſa l'Argument du fait preſqu'en cette maniere:
Mes freres & enfans, je vous ay bien voulu aſſembler pour entendre de vous
une choſe, laquelle n'eſt pas de moyenne importance ; à ſçavoir, ſi le mariage contracté par paroles de preſent peut eſtre deſlié par noſtre puiſſance : & notez
bien ce que je dis ; car il n'eſt point icy queſtion ou de paroles de futur ou de
ſimple promeſſe. Nous demandons ſi le mariage contracté par paroles de preſent,
qui eſt vray mariage, vray Sacrement ſelon l'avis des plus Saints Theologiens,
s'il peut eſtre deſlié & rompu par nous, j'entens où la conjonction charnelle n'eſt
point intervenuë. Puis adjouſta cecy, & ne vous amuſez, je vous prie, aux
faits & exemples de nos Prédeceſſeurs, que je proteſte ne vouloir enſuivre, ſinon d'autant que l'autorité de l'Eſcriture & la raiſon des Theologiens vous in-
duira à ce faire. Il dit encore ce qui s'enſuit : je ne fais doute que mes Prédeceſſeurs & moy n'ayons pu faillir quelquefois ; non ſeulement en ce fait, mais
en pluſieurs autres, & toutefois nous ne ſommes du tout à condamner ; car
Dieu conduit tellement ſon Egliſe qu'il luy cache pour un temps pluſieurs choſes,
leſquelles puis aprés il révele : ce que Chriſt luy-meſme nous a aſſez inſinué,
comme quand il diſoit à S. Pierre, ce que je fais maintenant tu ne l'entends
pas, mais tu l'entendras puis aprés. Et en un autre lieu il diſoit, j'ay beaucoup
de choſes à vous dire, leſquelles vous ne pouvez comprendre pour cette heure,
mais l'Eſprit qu'envoyera mon Pere en mon Nom vous enſeignera tout. Qui
ſçait donc maintenant ſi ce que Dieu a laiſſé inconnu le paſſé aux autres touchant l'indiſſolubilité du S. Mariage, il le veut maintenant declarer par nous?
parquoy taſchez, mes freres & enfans, à ce que vous m'aidiez en cette affaire, & ſans vous arreſter à ce qu'a fait un tel & tel de mes Prédeceſſeurs, comme j'ay déja dit, voyez, s'il n'eſt point vray qu'ils n'ayent aſſez entendu ce que
nous voulons maintenant rechercher touchant cette indiſſolubilité du Mariage.

Cecy achevé, il adreſſa ſa parole à l'Archeveſque Couſance autrefois Nonce en
la Cour de l'Empereur, & luy commanda de déliberer, lequel fit tout ſon effort à montrer que tel mariage ne ſe pouvoit aucunement défaire ; auquel le
Pape fit pluſieurs démonſtrances d'avoir trés-agréable ſon opinion : qui pouſſa
ledit Archeveſque à dire encore beaucoup plus qu'il n'avoit pas déliberé, com-

me il appert affez tant par fes Efcritures, que par les Conferences qu'il en avoit tenuë, par tant de fouf-ris, de clinemens d'œils, de tefle, & par certains frappemens de mains : adjoufta encore de dire cecy tout haut, que ledit Archevefque avoit fait bien entendre cette affaire.

Aprés luy parla l'Evefque Antoniellus, homme fort ancien & venerable, lequel fut d'avis tout contraire à l'autre, & en peu de paroles donna & prouva cette conclufion, que le Pape pouvoit ce dont il eftoit queftion ; auquel le Pape fit réponfe, qu'il ne le remerciroit déja de tant de Puiffance qu'il luy vouloit donner en cette part. Et pour ce que ledit Evefque s'eftoit aidé de quelques lieux de S. Thomas, le Pape adjoufta de dire cecy, que S. Thomas avoit pû dire plufieurs chofes eftant jeune, lefquelles il avoit puis aprés rétractées, eftant venu à meilleure connoiffance, adjouftant cette autorité de S. Paul, quand j'eftois petit je parlois comme un petit, mais quand je fuis devenu homme, j'ay délaiffé ce qui eftoit d'enfant. Il adjoufta puis aprés de dire cecy : ce n'eft pas fans caufe que je vous donne cet avertiffement, mais afin que nul de ceux qui auront à déliberer, ne faffe fondement de telles autoritez dudit faint Thomas, lefquelles il auroit dites en jeuneffe.

Aprés celuy-cy délibera M. le Sacrifte, lequel fut de mefme avis avec l'Evefque Antoniellus, à fçavoir que le Pape pouvoit & devoit rompre tels mariages, quand la caufe eftoit raifonnable : & pour ce qu'en fes preuves, qui furent affez longues & non moins doctes, il luy avint de dire quelque chofe du Docteur Durant touchant l'affaire du mariage, que nous ne recevons pas ; ce qu'il recitoit feulement comme de l'autre, & non qu'il vouluft défendre fon opinion, le Pape comme dés-ja offenfé de fa déliberation, fe courrouça fort contre luy, comme s'il eut efté Auteur ou Défenfeur de l'erreur de Durant. Et où ledit Sacrifte fe voulut excufer envers Sa Sainteté, il luy ferma la bouche avec injures & grandes menaces, difant par plufieurs fois qu'il meritoit eftre chaftié, & qu'en particulier il luy diroit davantage. Ce qui intimida tellement les autres, que plufieurs d'eux penferent de changer du tout leurs déliberations.

Vint aprés un autre Evefque de l'Ordre de l'Archevefque Coufance, lequel fut prefque en tout de l'avis de celuy-cy, finon qu'il fembla vouloir dire fur la fin, que la chofe eftoit fort douteufe, fi le Pape pouvoit ou non ce dont eftoit queftion, & que les raifons tant pour l'une que l'autre part n'eftoient démonftratives ny neceffaires, mais feulement Topiques.

Aprés luy délibera un des Penitenciers, lequel entre plufieurs autres chofes qu'il mit en avant touchant cette affaire-cy, adjoufta de dire que les Mariages clandeftins eftoient nuls, & que jamais n'avoient efté en ufage, fpécialement au Peuple de Dieu : ce qu'ayant entrepris de prouver, fut interrompu du Pape, lequel ne le voulut ouïr davantage, mais s'en moqua.

Le General des Auguftins, & aprés luy le General Sanctorum Apoftolorum, donnerent leurs avis, lefquels furent feulement differens en cecy, que le dernier fembla vouloir défendre plus formellement, qu'en chofes fi douteufes il n'oferoit lier la puiffance du Siege Apoftolique, qu'elle ne put tout ce dont il eftoit queftion ; vû que déja plufieurs autres Pontifes moins Saints & Sçavans avoient ufé de cette autorité. Adjouftant encore cecy, que le Pape feroit beaucoup pour fon Eglife, d'ordonner un canon par lequel il declareroit tous Mariages clandeftins eftre nuls. Ce que le Pape difoit auffi vouloir faire, encore que dés-ja il eut auffi affirmé ce femble le contraire, fouftenant que tels mariages eftoient vrais mariages, & aufquels les hommes ne pouvoient rien innover. Ces fept-là feulement délibererent pour ce jour, refervant les autres pour eftre ouïs une autre fois.

Soudain que fut finie la Congregation, qui fut aprés les 24. heures, & que chacun fe départoit, vous euffiez connu à l'œil, fuft des Cardinaux ou Prélats qui y avoient efté, le mal-contentement que chacun rapportoit d'avoir leans comparu ; de forte que fans autre intelligence de ce qui s'y eftoit fait, l'on pouvoit comprendre qu'il n'y eftoit point moins de trouble furvenu, qu'il intervient ordinairement entre les Brebis, quand leur Pafteur eft feru & bleffé : car chacun ſe partit fort eſtonné, quaſi la larme en l'œil, l'un deçà l'autre de-là, ſans pouvoir dire ou referer à quelqu'amy ou Serviteur qu'il put avoir, comme ce fait eſtoit paſſé & quelle réſolution y avoit eſté priſe. Le Sacriſte de la Chapelle du Pape, homme ancien plus blanc que l'Albaſtre, de vie exemplaire, plein de vertus, prudence & magnanimité, fut bien rabroüé en ſon opinion, & quaſi pour heretique reputé & jugé de N. S. Pere s'en ſortit l'œil en terre, fort eſtonné & ſans pouvoir dire une ſeule parole, comme fit auſſi l'Eveſque de ſainte Croix: & generalement tous les Prélats, Theologiens & Canoniſtes qui y avoient eſté appellez. Quant aux Cardinaux, je diray bien que plus de ſix, quelque devotion qu'ils puſſent avoir au ſervice du Roy, & particulierement à Monſeigneur le Conneſtable, n'en ſçûrent dire nouvelles; & moins ne ſçûrent parler à nul de ceux à qui cette affaire touchoit & l'avoient en recommandation. De maniere que chacun ſe retira tout troublé d'avoir connu comme le Pape s'eſtoit maintenu & avoit procedé en cette affaire: qui fut cauſe que pour en avoir certaine connoiſſance, nous faire retirer devers M. le Cardinal du Bellay, & le ſuivre juſques en ſa maiſon; là où peu aprés arriva Monſeigneur de Montmorency, ayant depuis la Congregation finie pris congé de Sa Sainteté & baiſé le pied d'icelle ſans grande ceremonie & propos ſur ce tenus entr'eux, ſinon que Sa Sainteté luy accorda gracieuſment ſon congé, luy diſant qu'il avoit vû le commencement qu'il avoit donné en ſon affaire, à quoy il eſperoit mettre fin par le moyen d'une, deux ou trois autres Congregations, & qu'il demeuraſt en bonne eſperance: dont ledit S. de Montmorency rémercia Sa Sainteté, luy diſant qu'il laiſſeroit pour en attendre la réſolution M. Derdois Secretaire du Roy & de M. le Conneſtable, qui expreſſément avoit eſté envoyé par-deçà, comme Sa Sainteté avoit pû entendre.

Et ainſi que commençoit mondit S. le Cardinal du Bellay à narrer à mondit S. de Montmorency comme ce fait eſtoit paſſé, ſurvint un Gentil-homme, envoyé de la part de M. le Conſervateur de Naples, pour faire entendre à meſdits S. le Cardinal du Bellay & de Montmorency qu'ils n'euſſent cette affaire pour déplorée, & qu'il eſperoit aller trouver N. S. Pere & luy faire réconnoiſtre en quelle maniere il avoit procedé en ce fait. Dont ne firent pas grand cas; & neantmoins envoyerent l'Abbé de ſaint Ferme devers ledit S. Conſervateur pour luy dire de leur part, que puis qu'ainſi eſtoit que Sa Sainteté y avoit procedé à telle façon, qu'ils en devoient eſperer plûtoſt mauvaiſe iſſuë que bonne, ils prenoient patience; luy voulant toutefois bien faire entendre que mondit S. de Montmorency n'en avoit pas ſi grand beſoin que l'on pourroit bien penſer, car puis quelques jours le Roy avoit fait publier un Edit en ſon Parlement à Paris, qui y avoit eſté reçû, par lequel Sa Majeſté annulloit tous les Mariages clandeſtins en la forme & maniere qui eſtoit contenuë audit Edit, que ledit Abbé luy montra & leut parole pour parole, & que ſi bien juſques à preſent l'on luy l'avoit montré, ç'avoit eſté par l'advis dudit S. Cardinal, qui deſiroit que leſdits S. le Conneſtable & de Montmorency euſſent & obtinſſent cette grace de N. S. Pere & que ſeulement à luy ils luy en euſſent l'obligation: & qu'il ſe voit bien que moins de choſe que cela ſut cauſe de faire retirer l'Allemagne & l'Angleterre de l'obeïſſance qu'ils portoient au S. Siege. Dont ledit S. Conſervateur fut fort eſtonné, priant ledit de Saint Ferme luy vouloir laiſſer ledit Edit, afin de le faire entendre à Sa Sainteté & aux ſiens, & qu'ils connuſſent l'erreur qu'ils faiſoient d'ainſi proceder en cette affaire, dont pouvoit bien ſortir le S. de Montmorency, ſans autre diſpenſe que celle de ſon Ordinaire; qui ſans autre doute la luy pouvoit conceder, puis que la volonté du Prince eſtoit conforme à cela, & que le conſentement de Mademoiſelle de Piennes apparoiſſoit.

Et ſoudain mondit S. le Conſervateur fit appeller M. le Dataire, par lequel fit entendre à Meſſeigneurs les Cardinaux Caraffe & de Piſe, d'autant que luy-même n'y pouvoit aller, qu'il s'ébahiſſoit grandement de la maniere de proceder de Sa Sainteté & qu'il n'eut jamais crû qu'elle eut voulu faire le Juge & Partie en cet endroit, & qu'elle n'eut eſtimé que le S. Eſprit fuſt auſſi-bien en la *teste d'autruy que en la sienne, déprisant l'opinion d'un-chacun, avec peu de Dignité d'elle & de ceux ausquels commandoit parler & donnoit commission de librement dire ses vœux sans mal respect ou faveur aucune, & que pour moins d'occasion que la presente, par la pertinacie du Cardinal Caïetan, l'Allemagne estoit és termes tels que un-chacun voyoit, sans grande esperance d'amendement, si ce n'est par la seule grace de Dieu. Et qu'ils considerassent bien la teneur dudit Edit, en vertu duquel avec la Censure de la Sorbonne, & l'autorité de l'Ordinaire, sans autre Dispense de Sa Sainteté, mondit S. de Montmorency pourroit se rendre libre & prendre telle femme que bon luy sembleroit : & qu'ils ne faillissent de le bien faire entendre à Sa Sainteté & pour ce que l'heure estoit fort tardive, & qu'on estimoit que Sa Sainteté fust fort faschée de ce fait, fut avisé par le Cardinal Caraffe qu'on n'en parlast autrement pour ce soir à Sa Sainteté.*

Et le lendemain suivant fut referé à Sa Sainteté l'opinion dudit S. Conservateur, à laquelle ne répondit outre, sinon qu'elle avoit toûjours tenu ledit Conservateur pour l'un de ses meilleurs & plus fidéles Serviteurs, le remerciant du bon récors qu'il luy donnoit : & comme il ne devoit estimer qu'elle ne voulut accorder ladite Dispense pour ce qui estoit intervenu en la Congregation précedente, car ce qu'elle en avoit fait n'estoit pour en exclurre mondit S. de Montmorency, mais seulement afin qu'on connut qu'elle voulut bien que chacun entendist que ce fait avoit esté bien consideré, sans y prester aucune faveur, le priant vouloir faire traduire ledit Edit en langue Italienne. Ce qui se fait par M. le Dataire, qui se montre autant affectionné à cette affaire qu'on sçauroit desirer. En ce mesme instant mondit S. de Montmorency, aprés avoir pris congé de M. de Guise, Cardinal Caraffe, & Duc de Palliano, s'est retiré chez mondit S. le Cardinal du Bellay, là où se sont trouvez Messieurs les Cardinal d'Armagnac, Mareschal Strozzy Ambassadeur, & Archevesque de Vienne, en la presence desquels mondit S. de Montmorency a requis M. le Cardinal du Bellay luy referer à la verité tout ce qui s'estoit passé sur son fait en ladite Congregation ; afin d'aviser ce qu'il auroit à faire, & de le faire entendre au Roy & à mondit S. le Connestable, & qu'ils pussent demeurer satisfaits des diligences que a fait en cet endroit mondit S. de Montmorency. Et pour ce que mondit S. le Cardinal du Bellay a fait bien entendre & par le menu comme ce fait estoit passé, ainsi que cy-dessus est déduit ; je n'en feray autre recit, sinon qu'il a semblé bon aux susdits Seigneurs, pour crainte qu'ils ont que Sa Sainteté ne passe outre au préjudice dudit S. de Montmorency, d'en faire une secrette Proteste en presence d'un Notaire Apostolique & dudit Abbé de saint Ferme : qui a esté redigée par escrit, ainsi qu'il plaira à mondit S. le Connestable de faire voir par son Conseil, & regarder si elle sera bien ; car où ainsi ne sera, nous sommes toûjours en temps de la corriger, suivant la requeste & permission que ledit S. de Montmorency en a faite.

La protestation dont il est fait mention sur la fin de ce recit fut dressée en la maison du Cardinal du Bellay le 23. de Mars 1557. & Jean le Sane Notaire & Secretaire Apostolique & de la Rote, Clerc du Diocese d'Autun, fit refus de la recevoir, dont il donna Acte où elle est contenuë, en presence d'Estienne Boucher Clerc du Diocese de Troyes, Abbé Commendataire de S. Ferme Ordre de saint Benoist, Diocese de Basas, Secretaire du Roy, de Pierre Strozzy Mareschal de France, & d'Odet de Selve Ambassadeur à Rome, de Firmin Derdois Secretaire du Roy & de M. le Connestable, & d'Isaac Chantereau Clerc. Par lequel le S. de Montmorency declare que depuis cinq ans & davantage s'estant par chaleur de jeunesse engagé d'amitié envers Demoiselle Jeanne de Halluin dite de Piennes, & contracté ma-

vec peu de
mission de
pour moins
Allemagne
endement,
eneur du-
torité de
icy pour-
icy qu'ils ne
re estoit
ait, fut
ir à Sa

nserva-
dit Com-
merciant
ne veu-
regation
dit S. de
e chacun
veur, le
fait par
sçauroit
pris con-
iré chez
Cardinal
Vienne,
dinal du
ladite
ndre au
des di-
ce que
mme ce
, sinon
la Sain-
secrette
erme :
de faire
, nous
on que

recit fut
1557. &
Clerc du
e où elle
iocese de
Benoist,
chal de
in Der-
Chante-
ois cinq
nitié en-
acté ma-

riage par paroles de present, sans consentement du Roy & de ses pere & mere : depuis ce temps-là le Roy & son pere ayans résolu son
mariage avec Diane de France, il seroit venu à Rome par leur ordre, pour avoir Absolution & dispense du Pape, depuis quatre mois
qu'il en auroit toûjours sollicité Sa Sainteté & mesme justifié sa demande par une dispense par elle accordée en cas pareil. Surquoy il
auroit esté amusé d'esperances, & remis à une Congregation de Theologiens & Canonistes appellez le 23. de ce mois avec les Cardinaux,
Archevesques, & Evesques, sous prétexte de rendre la chose plus
juridique ; mais en effet, comme il auroit appris de bonne part, pour
nuire à son dessein, contre les promesses du Pape, qui auroit favo-
risé les opinions pour sa Partie adverse, quoy que non requerante, fait
mauvaise mine & maltraité ceux qui concluoient à son Absolution,
& donné toutes sortes de preuves de luy estre contraire. C'est pourquoy ayant advis de la rénonciation de la Demoiselle de Piennes :
il proteste contre tout ce que le Pape pourroit ordonner à l'advenir
contre la liberté qu'il prétend de se pouvoir marier, & demande l'en-
registrement des Suppliques par luy presentées à cette fin à Sa Sainteté,
comme aussi de la dispense par luy accordée en cas pareil.

J'adjousteray encore icy le recit cy-dessus demandé au Cardinal du
Bellay, qui rend un fidéle compte de toute cette intrigue de Cour de
Rome.

*Hier M. de Montmorency ayant pris ses congés, me pria de luy don-
ner en passant à disner, & y convia Mess. les Cardinal d'Armagnac,
Mareschal Strozzi, de Vienne & de Selve, nous remercia fort gracieusement de tant de peines que nous avions prises pour luy en son affaire en
faveur de M. le Connestable, & s'offrant à toute réconnoissance & service ; & nous priant luy vouloir enseigner en quel estat il délaissoit sadite affaire, afin qu'il en put rendre compte à mondit Seigneur, mesmement de ce qui s'estoit le soir précedent fait en la Congregation generale :
je me mis à luy en faire le recit comme le plus ancien, prenant l'aide
de M. le Cardinal d'Armagnac aux occurrences, & aussi du Docteur
la Haye, qui avoit esté entre les autres Docteurs. La substance est
telle.*

*Nostre S. Pere ayant declaré à tout le College là assemblé pour cet
effet & pour un autre affaire sienne, qu'il estoit question d'un mariage auquel il ne vouloit aller à yeux fermez, dit le cas estre tel. Un Personnage noble & grand, & vrayment toûjours devotieux au S. Siege, ainsi
qu'il avoit entendu dés le temps qu'il estoit in minoribus, & pour cette raison luy avoit porté bonne intention ; qui estoit le Connestable de France, homme de grande autorité envers le Roy son trés-cher fils, & Princeps sui Consilii, avoit icy son fils, qui s'estoit montré & modeste
& honneste, & fort vaillant au service de l'Eglise, voir, plus que l'age
n'eut montré. Ce jeune homme s'estoit marié par paroles de present à une
jeune fille, noble vrayment & de bonne maison, & dont les parens &
ceux de son sang avoient bien servy leur Prince ; mais depuis le pere luy*

avoit trouvé un plus grand party , au moyen dequoy il defiroit la diffo-
lution de ce mariage. Or en ce mariage , dit-il , n'y a point de con-
fommation charnelle , & au refte a efté mariage parfait & juridiciaire-
ment declaré pour tel , par Acte auquel l'Archevefque élû de Vienne icy
prefent [Charles de Marillac] non folùm interfuerat , verùmetiam
præfuerat , & fuerat judex. Pour venir à l'éclairciffement de ce doute ,
j'ay ordonné ces jours paffez , que bon nombre de Perfonnages fçavans ,
tant en droit Canon qu'en Theologie , y eftudiaffent , & qu'ils vinffent
refolus de leurs opinions fur l'interpretation de ce paffage de S. Mathieu ,
quos Deus conjunxit homo non feparet ; à fçavoir s'il entend feule-
ment de mariage confommé par cohabitation , ou auffi de mariage non
confommé. Je n'ignore que les Papes mes Prédeceffeurs n'ayent donné
affez de Difpenfes là-deffus , ils font devant Dieu pour en rendre compte.
S'ils ont d'avanture failly , je ne veux les enfuivre , par ignorance le
pouroient-ils avoir fait , & ce Siécle-là pouroit n'avoir bien connu
ce que les autres Siécles vont ouvrans , felon la parole de JESUS-CHRIST ,
fcietis autem poftea , &c. non poteftis omnia portare modò , &c.
Veniet Paracletus , &c. Et pour ce qu'il fe dit que j'ay donné une dif-
penfe en cas femblable , je ne voudrois pas que cela fut pour porter pré-
judice à la matiere , car Dieu fçait que je ne l'ay jamais entenduë. En
fignature y a une tourbe de gens , Prélats , Réferendaires & autres, qui
crie qui deçà qui de-là , un Pape décrepit ne peut entendre bien par le
menu à toutes chofes : quant à moy , je protefte ne l'avoir jamais en-
tenduë , & fi y a plus , que quand j'aurois comme homme erré en une
chofe ou autre , je ne voudrois y perfeverer. Vous oirez ce qu'en diront
les Docteurs , & puis après nous y aviferons par enfemble. Voilà en fub-
ftance les propos de noftre Saint Pere.

Entrez que furent les Docteurs , il ordonna que les Theologiens , pour
la dignité de la fcience , opinaffent les premiers , & entr'autres un Ar-
chevefque à caufe de fon degré Archiepifcopal. Le refte eft déduit par le
Docteur la Haye , qui entra comme dit eft avec les autres.

Or ne put achever le Penitencier de S. Pierre fon opinion , pour ce
que fouftenant qu'un mariage clandeftin n'eft point mariage , & ayant al-
legué là-deffus des raifons affez extraordinaires & fubtiles , & à mon
jugement trés-bien fondées , ayant protefté qu'il ne prendroit rien que de
la Fontaine des Saintes Efcritures : & parla fort hautement , rémemo-
rant fa converfation avec le Pape , quand il eftoit à Venife , & parlant
de merveilleufe liberté. Le Pape donc difant qu'il paffoit trop avant en
cela , & que c'eftoit une opinion extravagante , il demeura interrompu.
Maintenant il m'eft venu rechercher d'achever fon opinion , & veut fou-
mettre fa tefte. Nous verrons au prochain jour. Et eft à noter que ceux
qui venoient à opiner puis après fe trouvans fi intimidez , prierent le
Docteur la Haye de parler le premier , pour leur ouvrir la porte d'af-
feurance , & pour récogner l'Archevefque de Couche ; fçachans bien par
la Conference qu'ils avoient eu par enfemble , qu'il eftoit mieux armé que
nul autre. Et de fait , je fuis affeuré qu'envers Juges équitables il le con-

fondra & le portera par terre. Il a donné son vœu dès-ja par escrit, qui est ce que j'ay pû digerer tous ces jours passez avec son aide, dont cy-dedans se trouvera la copie, amplifiée de ce que j'en avois cy-devant envoyé.

Item, est à noter, que le jour précedent ce bon Archevesque m'estoit venu rémercier d'avoir entendu que j'avois défendu l'honneur du Caïetan envers le Pape, mesme en cette matiere qu'il avoit traitée sur S. Thomas, & m'avoit ouvertement declaré l'opinion dudit Caïetan estre bonne & sainte, comme déja plusieurs autres fois m'avoit fait la semblable declaration. L'Evesque de Theano m'en avoit dit autant, mais j'en faisois peu de compte pour son ignorance, toutefois lors il parla doctement, Ergo, par bouche d'autruy, & se révolta, comme avoit fait l'Archevesque, Le semblable fit le General des Augustins, qui non seulement m'avoit par deux fois asseuré de son opinion, mais baillée par escrit, signée, comme aussi avoient fait plusieurs autres. Et quant ausdits seings, je les avois tirez au nom du Cardinal de Pise, & puis les luy avois envoyez, estant par luy semons de ce faire; car si je les eusse voulu retenir, j'eusse tout gasté, & aussi qu'ainsi les Docteurs de ce irritez eussent toûjours pû dire que pour nouvelles allégations trouvées ils auroient changé de sentimens.

Item, est à noter que M. le Connestable me devra avoir pour excusé que je l'aye tant asseuré. Je l'ay fait pour ce que l'Ambassadeur, le Cardinal d'Armagnac, Lanssac, & M. de Montmorency mesme, ont vû les asseurances que le Pape leur a toûjours données, qu'il desiroit plus que nul de nous cette expedition à la satisfaction de M. le Connestable: & que ce qu'il faisoit, c'estoit pour voir la chose estant si divulguée & entre si grands Personnages, il iroit trop de son honneur, s'il la passoit sous les bancs. A moy en particulier, je sçay qu'il m'en a toûjours dit encore davantage, mais au pis aller il a toûjours dit & publié qu'il suivroit les opinions, que Dieu inspireroit en ces Theologiens si élûs & si choisis. Or de vingt Theologiens je me trouvois le seing de dix-sept, & qui de plus en plus m'asseuroient. Les trois demeuroient ambigus, tous les Canonistes asseurez: que pourois-je plus douter de l'effet de la chose, ayant affaire à un Pape si Saint, si ancien, si juste, si docte? & qui me demandera que je pense de l'issuë, j'ay dit à M. de Montmorency presens tous les Sieurs dessusdits, que ou le Pape fera acte de Pape & de bon Juge, ou de Tyran. Si de Juge, la chose est seure; car se faisant telles brigues que l'on voudra au contraire, nous avons toûjours tous les Canonistes, & des Theologiens de trois les deux: si de Tyran, ce que je ne veux jamais croire, en ce cas je ne sçaurois qu'y répondre.

Le Pape a remis à Congregations plus restraintes, esquelles seront le Doyen & les plus anciens après luy, & les Cardinaux de profession de Droit & de Theologie, & a dit qu'il y en aura bien encore pour deux Congregations, lesquelles il intimera le plûtost qu'il pourra, voilà ce qu'il dit à l'issuë de la Congregation susdite. Par là quelqu'un pourroit juger qu'il voudroit gagner temps; ou pour attendre quelqu'avertissement de

France ou d'ailleurs, ou pour quelque dessein de deçà. Ce que je laisse aux plus clair-voyans ; tant y a que pour le moins a-t'il jusques icy en apparence satisfait à ceux qui veulent empescher cette dispense, & desormais doivent le tenir pour quitte, & est sur ses pieds de la depes- cher. Car luy, qui a eu & qui a entre les mains toutes les opinions par escrit, peut bien voir que le nombre des veritables excede encore beau- coup les autres, & si a vû qu'il y en a qui n'ont ployé le genou à menaces ny à exemple de ce qu'ils ont vû devant leurs yeux. En quoy il peut juger, quand il laissera les vœux libres, combien il luy sera aisé de conclure à la bonne voye. Je dis au partir au Cardinal Caraffe, vous devez desormais sçavoir si je suis évisceré Serviteur du Pape & des siens. Je vous dis sur ce fondement que je voudrois m'estre aujourd'huy rompu un bras, & que Sa Sainteté ne se fust trouvée en cette Congre- gation. Sur sa réponse j'eusse donné mon interprétation fondée sur l'hon- neur de sadite Sainteté, qui m'est cher comme ma propre vie ; mais Sar- monnette de sa grace se mit entre-deux par force & violence, & avec la braverie & menace que j'ay dite aux Ministres du Roy. Dieu le luy pardoint, ce n'est pas la premiere qu'il a faite.

Sortant de-là je dis un mot plus haut & plus pregnant au Commis- saire de Benevento, dont il demeura demy mort, car là où ce mot de injustice & violence court par Pays, c'est pour estonner les Gens. In- continent il renvoya aprés moy, je luy envoyay M. de Saint Ferme, qui pourra déduire cette action & les subsequentes.

Je suis assez content que le Pape connoisse par démonstrations ce que j'en ay en l'estomach, & si je ne craignois empirer le service du Roy par autres signes que par démonstrations de mines, je me ferois enten- dre. Sçachant, vû le lieu où Dieu m'a mis, ce que je luy dois & à sa justice, je m'y gouverneray comme il m'inspirera.

J'obmettois que parlant au Pape en la Chaire avant la Congregation, pour le disposer, il me dit entr'autres propos que le Connestable devoit remercier Dieu que son affaire fust tombée sous son Pontificat, & non pas de quelqu'autre Pape qui ne luy fust semblable. Quelle asseurance sur ce fait & instant propre pouvois-je prendre plus grande ? de manie- re que je m'assis en tel repos d'esprit que de chose faite.

Aprés que les Docteurs furent retirez, le Pape vint à récharger sur le Sacriste, qui nous avoit voulu oster un Sacrement. Je l'excusay tout haut, encore qu'interrompu d'aucuns, disant qu'il avoit seulement cité l'Auteur sur le commandement qu'ils avoient de ne laisser rien derriere, mais par mesme moyen avoit dit quant à ce qu'il avoit escrit ne l'approuver. C'est une sainte personne, meure, vertueuse, sage & sçavante, & a dés- ja fait cet estat sous quatre Papes en grandissime réputation, & a ce mal que continuellement il a eu la Couronne de France devant les yeux, comme s'il en eut reçû un Chapeau ou grands Benefices. Il confessoit Pa- pe Julio qui le reveroit, & luy rompoit de grands coups en faveur des affaires du Roy, qui se feroit honneur de luy faire quelque bien ; car il est vieil & pauvre, & tout le College luy en sçauroit gré.

N'est

N'est à oublier qu'aprés avoir esté dit par le Pape que mariage non consommé est Sacrement, que aux Papes n'appartient toucher aux Sacremens : il va dire, qu'il nous vouloit avertir qu'il avoit déliberé & résolu, toutefois cum consilio Fratrum, *de faire un Decret pour declarer à l'avenir nuls tous mariages clandestins. Or s'il n'a puissance de dispenser, moins l'a-t'il d'annuller.*

Au soir bien tard me vint trouver un Personnage intime du Cardinal de Naples, me récommandant quelqu'affaire qu'a son Maistre, & aprés s'estre condolu avec moy de l'Acte de cette Congregation, & du tort que tout le Palais crioit se faire à M. le Connestable, me pria ne vouloir croire ny penser que son Maistre y eut peché ny coulpe : & qu'ainsi fust, cette faute s'estoit faite depuis que sondit Maistre estoit Cardinal, & que plus ne se pouvoit dire qu'il aspirast au mariage de la Duchesse de Castre. Et que quant à luy il pouvoit estre témoin que aux offres qui en avoient esté proposées au Marquis pere dudit Cardinal tous ces jours passez, & les rémonstrances qui luy avoient esté faites combien ce luy seroit plus grand avantage que d'un Chapeau, il y avoit toûjours fermé l'oreille : m'adjoustant ledit Personnage, que si j'entens d'avanture qu'autres partis se rémettent maintenant en avant, de ladite Dame pour quelqu'autre parent du Pape, j'aye à tenir que ce ne sera de la volonté du Marquis, qui ne voudroit à un si homme de bien qu'est le Connestable faire un tel tort, quand il y devroit gagner un Royaume. Me conjura fort ledit Personnage, qui est bon & honneste & fort mien, que cela demeurast en moy, de peur qu'il en fust ruïné ; car ce qu'il en faisoit, c'estoit pour la pure justification de son Maistre, craignant que j'en prisse quelque opinion sinistre.

Nostre bon Archevesque me vient d'envoyer faire ses excuses, & se trouve bien estonné d'avoir fait l'erreur qu'il a faite. Il dit qu'un jour m'en rendra compte. Le pauvre Cardinal de Ara-Celi se trouva fort estonné au partir de la Congregation, il ne voudroit se révoquer, & aussi ne pouroit honnestement, car il a baillé son opinion signée, & parmy ce est homme de bien, & a sang au Roy. Je le reverray.

Le lendemain de la Promotion M. de Guise m'envoya querir pour le trouver en Belveder, & me demanda mon avis de cette Promotion faite, & quelle démonstration en devroit faire, & aussi qu'il me sembloit pour en obtenir une autre. Me demanda aussi de quelques autres matieres presentes. Je luy dis sur le tout selon la capacité de mon esprit en toute sincerité ce qu'il m'en sembla. Arriva M. de Montluc, qui luy dit que puis qu'il estoit question de la conclusion des affaires, il luy sembleroit bon que M. le Cardinal d'Armagnac & moy y fussions appellez. Ledit Seigneur luy dit que c'estoit bien dit, & que si je vouloit il viendroit aprés disner en mon logis qui est prochain, & y feroit venir les autres. Je ne voulus accepter cette gracieuseté, puis aprés luy réprenant ce propos, je luy dis que je me doutois fort que M. le Cardinal d'Armagnac ny moy n'estions pas grands Guerriers, & qu'aussi-bien quant à moy en particulier, il sçavoit que le Roy avoit accordé au Pape que je ne ser-

Tome II.   E e e

virois plus icy à la découverte pour les causes prétenduës : & que par les dernieres M. le Connestable m'avoit de par le Roy interpreté la façon de m'y gouverner ; qui estoit que l'Ambassadeur me fit communiquer par Polices ou par Secretaires sans en faire démonstration en public. Mondit Sieur de Guise dit qu'il estoit vray, & à cette cause il m'envoiroit communiquer de tout & prendre mon avis sur tout par homme qui seroit le plus à propos : toutefois je n'en oüis oncques puis parler.

La presence du Duc de Guise à Rome, & la jalousie d'autorité qui estoit entre luy & le Connestable, donna d'autant plus de lieu de douter qu'il traversoit de sa part cette dispense, que c'estoit pour faire un mariage trop avantageux à la maison de Montmorency pour les interests de la sienne. Luy & le Cardinal son frere avoient une estroite alliance avec le Pape Paul IV. & toute la maison des Caraffes, ils avoient esté les principaux Auteurs de la rupture de la Tréve avec l'Espagne en leur faveur, & le Connestable y avoit resisté. C'est pourquoy il y avoit apparence qu'ils faisoient agir le Pape, & que si d'euxmesmes ils ne luy avoient proposé de demander Diane de France pour quelqu'un de ses neveux, qu'ils luy firent esperer de la pouvoir obtenir par le moyen des difficultez qu'il feroit à la dispense, & qu'ils luy firent gouster l'appuy que ses parens en recevroient. Ainsi ils n'eussent pas seulement rompu un mariage de grande importance à la maison de Montmorency, mais ils en auroient fait valoir un autre avec une maison trés-noble, mais inégale en biens & en grandeur. Le Roy & le Connestable ne creurent pas se pouvoir mieux venger du peu de cas que le Pape avoit fait de leur récommendation, que de passer outre au mariage en vertu de l'Edit contre les mariages clandestins, & la feste ne s'en fit qu'avec plus de magnificence & de ceremonie à l'arrivée du S. de Montmorency au mois de May 1557. la Cour estant à Villers-Costeretz où il fut avisé au Conseil du Roy de faire faire une Declaration par escrit au S. de Montmorency pardevant les premieres personnes dudit Conseil, comme il n'y avoit point entre luy & la Demoiselle de Piennes de mariage veritablement contracté par paroles de present, mais seulement une stipulation entr'eux de le faire croire, pour tascher par ce moyen de le faire agréer au Connestable son Pere. Et voicy la copie de cette Declaration que j'ay en original.

L'AN 1557. aprés Pasques & le 23. jour d'Avril, à Villers-Costeretz au *logis de Monseigneur le Cardinal de Sens, Garde des Seaux de France, où estoient mondit S. le Cardinal, Mess. l'Evesque d'Orleans, du Mortier & d'Avanson, Conseillers du Roy en son Conseil Privé, & de Lagebaston premier President de la Cour de Parlement de Bourdeaux & Maistre des Requestes de l'Hostel dudit S. est comparu Messire François de Montmorency Chevalier de l'Ordre, Gouverneur & Lieutenant General pour le Roy en l'Isle de France ; ausquels il a dit luy avoir esté commandé par le Roy de venir devers eux. Et lors mondit S. le Cardinal a dit comme ce matin ledit S. Roy luy avoit aussi commandé d'ouir ledit S. de Montmorency en la Compagnie des dessusdits, pour entendre la verité du fait du prétendu mariage entre ledit S. de Montmorency &*

Mademoiselle de Piennes : & l'interrogeant sur ce, auroit répondu, que pour donner plus certaine connoissance du fait, & à ce que lesdites choses ne fussent autrement entenduës & interprétées que à la verité & comme elles sont, il avoit redigé par escrit le fait ; qui est tout ainsi qu'il l'avoit dit au Roy : lequel ledit S. de Montmorency a baillé à mondit S. le Cardinal signé de sa main, estant de telle teneur.

Messieurs, *pour donner à entendre au Roy, auquel a plû vous commettre pour entendre par le menu l'affaire dont est question, vous en diray ingenuëment la verité & comme les choses sont passées. C'est qu'il y a quatre ans ou environ, que la fortune porta que la ville de Therouenne, où je m'estois allé mettre dedans pour le service de Sa Majesté, fut prise par les Gens de l'Empereur, & moy constitué prisonnier, & détenu trois ans en captivité de prison. Et pour ce que auparavant j'avois fait amitié avec Mademoiselle de Piennes la jeune, suivant laquelle avions escrit durant ladite prison l'un à l'autre plusieurs lettres d'amitié : & estant de retour, je la trouvay en mesme volonté : de maniere que n'ayant amitié pour lors à autre Demoiselle, je n'en faisois aussi semblant que à elle seule. Et sur ce, & bien-tost après, il fut tenu quelque propos de me marier, dequoy ladite Demoiselle & moy en parlasmes souvent, & en façon que la voyant fâschée du bruit qui couroit que je m'allois marier ; pour la contenter, je luy dis qu'il y auroit bon remede : c'est qu'il falloit dire pour le plus expedient que nous nous estions tous deux promis mariage, & par paroles de present, & que par ce moyen avec le temps nous ferions condescendre Monseigneur & Madame la Connestable à nostre volonté ; & qu'il falloit tenir ce propos, quand l'on nous en parleroit : qui a esté cause que quand nous fusmes enquis du fait que dessus, nous tinsmes mesme langage, baillant & disant pour dés-ja fait ce que nous avions desir & volonté de faire. Qui est la vraye & pure verité du fait comme il est passé : & comme il est vray-semblable, dés-lors que je luy ay escrit que je la quittois, la priant de faire le semblable, elle n'en a fait aucune difficulté.*

Surquoy, Messieurs, je vous supplie croire qu'il est ainsi & en asseurer le Roy ; & luy donner entendre que ce que j'ay fait de l'avoir ainsi dit, ce n'a esté que pour suivre la promesse & avis que nous avions pris ensemble ; pensant par ce moyen, comme j'ay dit cy-dessus : & pour ne venir au point contre mon premier dire, & confesser que j'avois donné à entendre plus que n'estoit, j'ay poursuivy envers N. S. Pere la dispense ; estimant que nostredit Saint Pere ne me la refuseroit, comme en pareil cas luy & ses Prédecesseurs ont souvent accordé à d'autres, qui n'estoient de plus grande qualité que moy. Mais après avoir vû les menées qui à ladite affaire se sont faites, de maniere que les choses alloient en grande longueur, je m'en suis venu au Roy & à mondit S. le Connestable declarer la verité du fait, qui est telle que dessus, en témoin de quoy j'ay faite & signée la presente. Signé, F. DE MONTMORENCY.

Et pour ce que lecture du contenu cy-dessus a esté faite par deux fois audit S. de Montmorency en la presence des dessusdits, mondit S. le Cardinal a interrogé par Serment ledit S. de Montmorency, si ledit papier qu'il a baillé cy-dessus inseré, estoit signé de sa main & contenoit verité : lequel a répondu que le contenu audit papier estoit veritable, & qu'il l'avoit fait & signé de sa main. Et l'interrogeant encore par mondit S. le Cardinal sur ledit fait, a dit qu'il alla à Rome par l'exprés commandement du Roy, en intention seulement de luy faire service au fait de la Guerre, comme il a fait par quatre mois ou environ, ayant esté aux prises des Places & Forts d'Ostie & autres, & sans qu'il pensast ny eust volonté aucune de demander à N. S. Pere ladite dispense : & dés-lors auroit mandé au Roy & à mondit S. le Connestable par le S. de Morette Gentil-homme ordinaire de la Chambre dudit Seigneur que, s'il leur plaisoit l'ouïr & entendre la verité du fait, qu'il leur feroit connoistre que les choses estoient telles qu'il n'avoit besoin d'aucune dispense, ny de la grace de nostredit S. Pere, toutefois n'estant certain du vouloir du Roy & dudit S. Connestable, & pour ne

mber en cet inconvenient de venir confeſſer la verité, & par ce moyen dire le
ntraire de ce qu'il avoit dit : il avoit par conſeil d'aucuns ſes amis pourſui-
y ladite diſpenſe ; par laquelle, s'il l'eut obtenuë, la faute qu'il avoit faite
ut eſté couverte : mais ayant vû la longueur en laquelle l'affaire eſtoit tirée,
l s'en ſeroit venu devers le Roy & ledit S. Conneſtable confeſſer la verité, com-
me il a dit cy-deſſus. Et les choſes ſuſdites a affirmé par Serment par luy preſté
& la preſence des deſſuſdits, contenir verité. Fait les ans & jour que deſſus.
Signé, J. CARDINAL DE SENS. GUILLART. J. DE MORVILLIER EVESQUE D'ORLEANS,
D'AVANSON, BENOIST LAGEBASTON.

Il n'en fut autre choſe tant que le Pape & le Roy veſquirent, ſoit que le Mareſchal de Montmorency en fit depuis quelque ſcrupule, & qu'il attribuaſt le peu de ſuccés de pluſieurs groſſeſſes de ſa femme, qui n'eut qu'un enfant vivant, de pluſieurs qu'elle conceut, & qui mourut incontinent aprés, ou pour quelqu'autre raiſon, il eut derechef recours au S. Siege & envoya une Supplique au Pape Pie IV. aprés la mort de Paul, dont j'ay le Memoire original ; par laquelle il expoſa comme par ſurpriſe d'amour il s'eſtoit cy-devant engagé de parole de mariage avec la Demoiſelle de Piennes, à condition neantmoins d'y faire conſentir ſon pere & non autrement : ce que n'ayant pû obtenir, ladite Demoiſelle l'auroit librement quitté de ſa promeſſe tant de vive voix que par declaration en Juſtice, ſignée d'elle en preſence de témoins, en laquelle elle auroit perſiſté juſques aujourd'huy : & luy ſe ſeroit marié, & neantmoins à cauſe des aſſertions par luy faites demandoit abſolution à cautele, & que la Commiſſion fut adreſſée à l'Eveſque de Paris : le Pape Pie IV. qui n'avoit pas les meſmes intereſts de ſon Prédeceſ-ſeur, n'y apporta point tant de façon & luy envoya une bonne & am-ple diſpenſe, dont l'Eveſque de Viterbe Nonce de Sa Sainteté en France donna avis au Conneſtable ſon pere par cette Lettre, que j'ay en original. La ſuſcription eſt à *Monſignore Illuſtriſſimo & Excellen-tiſſimo Monſignore il Conneſtabile.*

MONSIGNORE *Illuſtriſſimo & Excellentiſſimo mandai l'altro giorno all Excellenza V. una lettera di noſtro Signore in riſpoſta di quelle che lei haveva ſcritto à Su Santità, la quale mi ha dopoi mandato la bolla della diſpen-za per Monſignor Mareſchial ſuo figliuolo ; che terro appreſſo di me ſin alla venuta qua di V. Excellenza per poterglela preſentare io medeſimo. In tanto ho voluto dargli ne adviſo, & per farli reverenza con queſta occaſione, & per-che lei conoſca da queſto ſegno eſſer veriſſimo quello che io gli ho detto piu volte della ſtima grande in che lei ſi trouva appreſſo Su Santità ſi per il valore, & virtu ſua, oltra l'altre ſue rare qualità ; ſi anche per il zelo che ella moſtra circa le coſe della Religione. Nel che ſi come N. Signore ſi promette da lei ſem-pre ogni buon officio, coſi piaceſſe a Dio che la medeſima ſatisfaxióne Su Santi-tà haveſſe da qualche un de ſuoi. Che ſara il fin della preſente doppo havergli baſtiate le mani & pregatogli lunga felicità. Di Orliens il di ultimo di Novem-bre 1560.*
Di V. Excellenza.

Humiliſſimo ſervitore il Veſcovo di Viterbo

Cette diſpenſe mit ſa conſcience en repos & ne changea pas le ſort de son mariage, qui continua d'estre sterile ; mais qui servit beaucoup pour le tirer du peril, dont il estoit menacé dans sa prison, selon que rémarque le S. de Brantosme au discours qu'il fait de luy. Je l'ay reservé icy, parce qu'il traite à fonds l'histoire de son differend avec le Cardinal de Lorraine qui sert de sujet à ce Chapitre, & parce qu'on corrigera mieux quelques fautes qu'il a faites en certains endroits.

» Monsieur de Montmorency le fils aisné [du Connestable] a esté » un brave & vaillant Seigneur, il le montra dans Theroüenne, où il » s'alla jetter de son bon gré pour y attendre le siege, & y mena une » belle jeunesse Françoise ; où là à toutes les occasions il se presenta » bravement aux combats & aux assauts. Si bien qu'aprés la mort de » M. d'Essé Lieutenant General du Roy, il fut élû par le consente- » ment de tous à tenir sa place, parce qu'ils l'en connoissoient digne : » & pour ce ne s'en répentirent, car il s'acquitta trés-dignement & » vaillamment de sa charge, & tint encore dix ou douze jours. La- » quelle fallut enfin rendre & ceder à la force, comme j'en parle ail- » leurs. Forcé Gentils-hommes furent reservez pour prisonniers de » Guerre, desquels M. de Montmorency fut le principal, qui tomba » comme de droit entre les mains de M. le Prince de Piémont Lieu- » tenant de l'Empereur, qui le traita fort bien, à cause qu'il avoit » cet honneur de luy appartenir à cause de bastardise ; mais pourtant » luy fit tenir longuement prison ; en laquelle il ne perdit temps. A » quelque chose sert malheur, car ne sçachant que faire, & par fau- » te d'autre passe-temps & occupation, il se mit à estudier & lire les » Livres, que luy, qui auparavant, à ce que j'ay ouï dire, avoit dédai- » gné bien fort la lecture, à la mode des Seigneurs & Nobles du temps » passé, s'y pleut tant cette fois, qu'il n'avoit autre affection que cel- » le-là. Si bien qu'il fit fort son profit, car outre qu'il eut de soy l'es- » prit & entendement trés-bon, il le façonna encore mieux par cette » lecture, dont toute sa vie il s'en est ressenty, & l'a-t'on tenu pour » une aussi bonne teste que Seigneur de France.

» Au retour de cette prison, il fut éperduëment amoureux de Ma- » demoiselle de Piennes l'une des filles de la Reine, aussi belle, aussi » honneste & aussi accomplie qu'il y en eut en France, & d'aussi bon- » ne maison : & ainsi que M. le Connestable luy avoit moyenné & » pourchassé le mariage entre luy & Madame la Duchesse de Castre, » veuve du Duc de Castre qui mourut à Hédin dans la mine, & fille » naturelle du Roy Henry, mais pourtant legitimée : & comme le » pere la luy annonça, & le jour des nôces, M. de Montmorency luy » fit réponse qu'il ne pouvoit entendre à celuy-là, d'autant qu'il avoit » promis à Mademoiselle de Piennes. Qui fut estonné, ce fut le bon- » homme de pere, qui eut plus de recours à ses larmes & à une tristesse » grande de cœur, qu'à une aspre colere contre le fils ; non toutefois » sans une rémonstrance bonne & juste : & ainsi qu'il vit le fils persister » en son dire & en son opinion, il s'avisa de luy faire changer d'air

„& l'envoyer en Italie ; pour voir si en chan
„il changeroit de volonté & d'opinion, trot
„race, *Cœlum non animum mutant qui trans*
„vont outre mer & par de-là muent bien d'a
„ny de volonté. Estant à Rome l'occasion s
„tie, qui importoit pour le service du Pape
„là où il alla & acquit beaucoup d'honneur
„rétourna en France ; où par oubly de ses
„me la Duchesse de Castre, au grand con
„qui fut cause sur ce sujet que le Roy fit l'E
„core, contre les enfans qui promettent m
„tement des peres & meres. M. de Montm
„à ce mariage autant pour obéïr au pere
„sort, autant que pour un si bon & haut
„ En plusieurs autres bons endroits il s'est
„bien fait paroistre sa valeur, comme au vo
„siege de Metz, à la prise de Calais ; &
„endroits, & sur tout à la bataille de S. D
„réputation d'avoir tenu ferme & rasseuré
„aucunement, & aresté aucuns Fuyards. E
„propos, qu'il fut un des principaux Aute
„de la bataille, mettant à vauderoute aucu
„le Prince de Condé : ce qui apporta un
„si peu d'Infanterie que M. le Prince avoit
„te un peu en desordre ; laquelle pour n'a
„ce & M. l'Admiral, marchoit pourtant c
„che avec nos gens de pied Catholiques
„s'éprouva trop en cette bataille, ny ne
„que de cette façon : car M. d'Andelot avo
„leur Infanterie pour l'entreprise de Pont
„M. le Prince, mais trés-bien menée pa
„gentil Soldadin & brave Capitaine, nou
„bandes Espagnoles que les Françoises. J'e
„ Or outre que M. de Montmorency fut
„avisé Capitaine, & fort Politique, & po
„alla faire le tour de son Royaume, il le
„de France & de Paris : & là il montr
„conduite, car ayant trouvé ce Peuple d
„toit que de la Guerre civile, encore gra
„mutin, séditieux, groüillant & boüilla
„d'envie d'épandre toûjours du sang, qui
„mettre son poux encore fort agité ; il
„ores par temporisement, & ores par rig
„bien & si beau, qu'il le rémit en sa pre
„ce des Edits du Roy. Il le rendit sou
„gand de Chevrotin de Vendosme ; do

„grand contentement, & ne fut le service si petit que tout le Royau-
„me ne s'en ressentit. Car plusieurs Villes jettoient l'œil sur l'exem-
„ple de Paris, qu'il contint ainsi par tel devoir & crainte, que à
„leur nez & dans les ruës, il fit cette bravade à M. le Cardinal de
„Lorraine, qui voulut entrer en armes nonobstant sa défense, & le
„chargea tellement devant eux, qui auparavant crioient tant vive
„Guise & qui honoroient tant ce nom, que quiconque eut touché le
„moindre de leurs Valets, ils se mettoient tous en armes & faisoient
„une sédition & massacre sans aucune consideration. Et là se faisant
„tel affront au Chef de la maison, Monsieur son fils [*du Duc de*
„*Guise*] jeune enfant encore, au Diable l'un des Habitans qui osa
„groüiller, rémuër, ny sonner le moindre mot du monde ; mais
„plus grand fut le respect qu'on luy porta, & la crainte qu'on eut
„de luy. Ainsi à cet exemple se doivent faire plusieurs Gouverneurs
„de nos Villes & Provinces.

„ J'estois lors à la Cour à Arles en Provence venant d'Espagne,
„lors que ces nouvelles arriverent. Le Roy, la Reine, M. le Con-
„nestable, en furent émûs & attristez, mais aprés avoir ouï les rai-
„sons de part & d'autre, l'on avisa d'appaiser les choses tellement
„quellement. On en parloit diversement selon les raisons & passions
„des deux parties, & par la bouche des parties. Ceux de M. le Car-
„dinal disoient qu'il y avoit long-temps que le Roy François II. luy
„avoit donné ses Gardes, & permission & toutes franchises de les te-
„nir & mener prés de soy à la Cour & par tout, dés la sédition d'Am-
„boise que je vis la faire dresser, & en fit son Gentil-homme servant,
„la Chaussée, Capitaine. Le Roy Charles luy confirma ladite per-
„mission, & l'ay vû long-temps la pratiquer à la Cour, mais non
„pourtant qu'elle marchast en armes quand le Roy marchoit, com-
„me du temps du Roy François, car il avoit lors tout credit ; ny
„aussi qu'ils portassent armes dans le logis du Roy, mais l'espée seu-
„lement. Ceux de M. le Mareschal disoient qu'il estoit bien vray tout
„cela, mais si le Roy le vouloit ainsi & l'enduroit & l'en dispensoit,
„que ce n'estoit à luy à l'en dispenser ; car ce que le Souverain fait,
„le Sujet ne le peut faire. Que si le Roy peut dispenser de la Loy de
„laquelle il est l'Auteur, il ne s'ensuit pas pourtant que le Gouver-
„neur ou Magistrat le puisse faire ; estant regle infaillible, qu'il appar-
„tient seulement à celuy qui ordonne les Loix, de les casser ou d'en
„donner Privilege : & celuy qui luy-mesme est sous l'autorité de la
„Loy, encore qu'il en soit Ministre, il ne peut rien ordonner ou
„permettre au contraire de ce qu'elle commande : car il faut noter,
„que le Roy avoit défendu toutes armes à feu, & en avoit fait un
„Edit, que j'ay vû observer fort estroitement & rigoureusement contre
„ceux qui alloient à l'encontre ; & lors que nous tournasmes de Mal-
„the, il nous falloit cacher & rompre tous les fusts de nos belles Ar-
„quebuses que nous y avions porté, & les empaqueter qu'on ne les
„vit point.

„ Ceux de M. le Cardinal difoient que M. le Marſechal le chargea „ſans dire gare, ny ſans premierement l'avoir averty qu'il ne vint à „Paris en armes, & qu'il ne luy ſouffriroit, vû l'Edit du Roy qu'il „vouloit faire obſerver en ſon Gouvernement, duquel il eſtoit reſpon- „ſable. Ceux de M. le Mareſchal diſoient qu'il ne faut point d'aver- „tiſſemens à ceux qui doivent obéïr au Roy & à ſes Loix, car la „publication des Loix eſt aſſez ſuffiſante pour avertir un-chacun de ſon „devoir, encore que M. le Mareſchal l'eut aſſez crié haut ſouvent, „que s'il ſe meſloit d'entrer en ſon Gouvernement armé, qu'il le char- „geroit, & meſme qu'il en avoit averty le Roy à Châlons, à Bar, „à Maſcon & à Lyon, que s'il entroit ainſi avec ſes armes en ſon „Gouvernement, qu'il l'eſſayeroit auſſi de déſarmer ſa Garde : à quoy „le Roy ne fit aucune réponſe, montrant aſſez par ſon taire qu'il ſe „contentoit. Auſſi qu'on ſçavoit les menées que faiſoit ledit S. Cardi- „nal avec M. le Prince de Condé pour le retirer de la Religion, & „faire quelque nouveau party à part, en luy voulant donner en ma- „riage ſa niéce Mademoiſelle de Guiſe, luy venant de frais à eſtre „veuf, ou bien la Reine d'Eſcoſſe ſon autre niéce ; à laquelle le Prin- „ce tendoit fort l'oreille. Ce qui fut eſté un grand coup & bonheur „pour cette trés-honorable Reine, pour la délivrer des maux, mi- „ſeres, tourmens & martyres qu'elle endura puis aprés. Et de fait, „diſoit-on, cela ſe fut fait, ſi l'entrepriſe eut eſté à vive force pourſuivie, „mais elle ne ſe débatit que d'une aile ; ou bien que le deſtin ne le vou- „lut, ou que les Miniſtres en détournerent le Prince & furent vain- „queurs ſur le Cardinal ; ou du tout qu'il aimaſt mieux la beauté pro- „chaine & ſa voiſine de Mademoiſelle de Longueville, l'une des belles „Princeſſes de ſon temps, que d'attendre ſi long-temps l'autre plus „éloignée. Voilà ce que l'on en diſoit pour lors à la Cour, toutefois „ſur ces pourparlers de la Reine d'Eſcoſſe, l'on en crût ou on en ap- „préhenda quelque choſe : & M. le Mareſchal de ſon coſté en eſtoit „alteré, en allarme, & en jalouſie de ſon Gouvernement ; diſant „connoiſtre aſſez M. le Cardinal pour un grand broüillon, ainſi „qu'aucuns de ſes Compagnons diſoient, & meſme M. le Cardinal „Vitelli, que j'ay vû d'autrefois bon François & Penſionnaire du Roy „Henry II. luy réprocha à Rome, & qu'il broüilleroit & découſe- „roit plus de beſogne, que tous les Cardinaux du ſaint Siege ne ſçau- „roient coudre. Voilà ce qui donnoit à M. le Mareſchal fort à ſon- „ger en ſoy, & à eſpier ſon Gouvernement, & ſur tout la ville de „Paris, qui eſtoit pour lors fort Guiſarde & pluſieurs Villes eſtoient „au guet & en ſentinelle, je dis les broüillonnes & ſéditieuſes alors ; „pour voir quel rémuëment feroit le Cardinal à ſa venuë à Paris : „ſi bien qu'elles en demeurerent fort eſtonnées & en frayeur, quand „elles ſçûrent ce qui arriva puis aprés.

„ Ceux de M. le Cardinal diſoient encore que pour éviter ce grand „affront qu'il reçût dans Paris, il luy devoit avoir fait fermer les „Portes, qui ne luy fut eſté ſi grand que l'autre, & en fut eſté

quitte

» quitte, trouvant viſage de bois, de s'en rétourner en arriere. Ceux de
» M. le Mareſchal diſoient que de fermer les Portes à un déſobéïſſant,
» que c'eſtoit l'Office d'un Gouverneur Coüard, qui n'a puiſſance, ny
» conduite, ny courage de tel trait, pour faire ceder la déſobéïſſance
» des Rebelles à l'autorité de la Loy : mais les Gouverneurs ſages, vail-
» lans & vertueux, qui entendent & où & quand, & en quelle oc-
» caſion il faut legitimement uſer de l'autorité du Roy contre les In-
» fracteurs de la Loy, les menent & aſſujettiſſent au lieu, où ils ſe
» ventent avoir plus de puiſſance ; pour à jamais faire perdre leur
» credit, comme il fit en pleine ruë de Saint Denis. Davantage, ſi
» porte luy euſt eſté fermée, M. le Cardinal au lieu de ſe plaindre
» de la honte, il eſtoit bien aſſez préſomptueux pour ſe venter & di-
» re, ah ! qu'il a eu belle peur que j'entraſſe dans ſa ville, & que
» je luy fiſſe contrecarre à ſon autorité qu'il y a, comme certes je
» l'euſſe fait, ſi j'y fuſſe entré, & luy euſſe bien oſté ſon credit & luy
» euſſe bien taillé de la beſogne ; mais il n'avoit garde le Galant de
» m'y laiſſer entrer. Une autre fois j'y entreray bien ſans luy, je la
» luy garde bonne, & tant d'autres venteries qu'il eut pû alleguer là-
» deſſus. Voilà pourquoy M. le Mareſchal fit trés-bien d'uſer de la
» façon qu'il uſa.
» Le S. de Ruffec Gouverneur d'Angouleſme ferma la porte à M.
» de Montpenſier qui alloit pour la mette entrer les mains de Mon-
» ſieur ou un autre pour luy en prendre la poſſeſſion, parce que par
» accord fait le Roy la luy avoit donnée. Ledit S. de Montpenſier de-
» meura à la Porte qu'il trouva fermée, & luy fit-on parler par-deſſus
» la muraille, que M. de Ruffec n'y eſtoit point, lequel pourtant faiſoit
» parler le truchement. Il fut contraint s'en rétourner à Poitiers, d'où
» il eſtoit venu, trouver la Reine, à laquelle il conta tout. Il ſem-
» bla en eſtre aucunement faſché & dépité, & eſtois dans la cham-
» bre, quand il en faiſoit rapport à la Reine, qui l'aſſeura que le
» Roy luy en feroit raiſon ; mais aprés avoir un peu ſongé à ſoy,
» il dit, Madame, j'en auray bien la raiſon ſans que le Roy & vous,
» vous en mettiez en peine. Il luy ſemble m'avoir fait un affront &
» opprobre de m'avoir fermé la Porte, de m'avoir fait parler par-
» deſſus la muraille, & par une vieille, ſans avoir eu le courage de
» comparoiſtre, mais comme Poltron & craintif il s'eſt caché & fait
» dire qu'il n'y eſtoit pas. Tels traits ſe font par tels Gens qui le reſ-
» ſemblent, car s'il fut eſté brave & genereux, il devoit eſtre mon-
» té à cheval avec ſes gens & venir parler à moy en brave & aſſeu-
» rée contenance, & me dire tout à plat & en paroles, ſuſt ou mo-
» deſtes ou audacieuſes, que je n'entrerois pas ; car ainſi doivent pro-
» ceder en telles actions les braves & vaillans Capitaines, & parler
» en Lions, & non cachez comme Renards dans leurs tanieres ; mais
» en quelque part qu'il ſoit je l'auray bien. On trouva que M. de Mont-
» penſier diſoit fort bien en cela, & pluſieurs à la Cour diſoient qu'il
» eſtoit bien mieux à un gentil Cavalier & brave Capitaine uſer de tel-

Tome II.   F f f

les façons Cavaleresques que Poltronesques ; encore que ledit Ruffec eut réputation d'aucuns de valoir quelque chose. Au bout de
quelque temps le Roy le pria d'oublier le tout, mais il y eut force
difficultez, que je me passeray bien de dire ; mais pourtant, quand
la Reine emmena la Reine sa fille en Guyenne au Roy de Navarre
son mary, jamais M. de Montpensier ne le voulut voir ; non pas
mesme entrer dans Coignac, où il estoit Lieutenant de Roy au Pays :
autrement que s'il se presentoit devant luy, il luy donneroit de la dague dans le sein ; parquoy la Reine fut contrainte de peur de scandale, de commander audit S. de Ruffec de partir & de s'en aller.
Ainsi parla M. de Montpensier, & ainsi aussi M. le Mareschal de
Montmorency ne voulut point fermer les Portes à M. le Cardinal,
estimant cet acte d'un Gouverneur craintif & poltron, de ne se faire craindre & respecter autrement que de fermer une Porte.

De cet affront y eut M. le Prince qui en fut fort fasché [*il estoit
lors en intelligence avec le Cardinal*] & pour ce envoya un Gentil-
homme à M. le Mareschal pour luy en parler. M. de Montpensier
fit de mesme, qui en prit plus au vif l'affirmative, d'autant que M.
le Cardinal luy avoit fait entendre que cela touchoit à tous les Princes de France, & aussi-bien à M. de Montpensier qu'à luy : & pour
ce luy envoya un double de lettre fait de sa main, qu'il prioit de
la signer & l'envoyer à M. le Mareschal. Elle estoit un peu altiere
& assez brave, car ne faut douter qu'elle avoit esté bastie de bonne maniere, & escrite d'encre bonne & bien noire ; puisqu'elle venoit d'un fort habile Artisan grandement offensé, aussi que M. de
Montpensier avoit esté fort gagné. Mais M. le Mareschal luy répondit trés-pertinemment, & qu'il sçavoit bien qu'elle difference il
falloit mettre entre les Princes du Sang & Estrangers : que quant
à luy il, le réconnoistroit toûjours & le respecteroit en toutes choses, mais quant aux Princes Estrangers, il les réconnoistroit en ce
qu'il luy plairoit, n'estans plus en France que luy. Cela s'adoucit
un peu par les providences & sagesses de la Reine, mais non pou-
tant qu'il n'en restast quelque dent de lait, & mondit S. le Cardinal ne brassast à mondit Seigneur le Mareschal sous couvert tout ce
qu'il pouvoit de sinistre, jusques à ce qu'il fut un des principaux
Solliciteurs de sa prison avec une Dame de la Cour & fort broüillon-
ne, que je ne nommeray point. Elle m'a dit l'y avoir du tout poussé, & est assez grande & fort partiale de la maison de Guise, &
fort ennemie de celle de Montmorency ; sur le sujet qu'on le luy fit
accroire estre l'un des principaux Auteurs d'avoir fait prendre les armes pour le Mardy Gras, & persuadé à Monsieur & au Roy de
Navarre faire les rémuemens que le Comte de Coconnas & la Molle déclarerent.

J'en parleray à part dans le discours de Monsieur, moy estant à la
Cour & comme le sçachant bien. On se donna donc la garde, que
pour un matin M. le Mareschal de Montmorency & M. le Mareschal

„de Coffé furent encoffrez & faits prifonniers au Bois de Vincennes,
„& puis par un beau matin menez par les Gardes Françoifes & Suif-
„fes tabourins battans dans un Coche à Paris dans la Baftille, où ils
„demeurerent prés d'un an & demy, & n'en bougerent jufques à ce
„que Monfieur s'en alla de la Cour la premiere fois malcontent, &
„qu'il prit les armes : qui les demanda & les voulut avoir avant tou-
„tes chofes pour le traité de Paix, & en fortirent fans autre proce-
„dure de procés.
„
„   On difoit à la Cour que fans Madame de Montmorency fa fem-
„me, que le Roy fon frere aimoit uniquement, auffi-toft qu'il révint
„de Pologne, il eut fait faire le procés à mondit Seigneur le Maref-
„chal, car on difoit qu'il avoit quelques preuves contre luy, & que
„M. le Marefchal de Coffé, qui aimoit quelquefois à caufer, dit, je ne
„fçay pas ce que M. le Montmorency peut avoir fait, mais quant
„à moy, je fçay bien que je n'ay rien fait pour eftre prifonnier avec
„luy, finon pour luy tenir compagnie, quand on le fera mourir &
„moy avec luy, qu'on me fera de mefme que l'on fait bien fouvent
„à de pauvres diables, que l'on pend pour tenir compagnie feulement
„à leurs compagnons, encore qu'ils n'ayent rien méfait. Or il fe
„fauva ainfi cette fois, comme il fit auffi au maffacre de Paris, car
„il eftoit profcrit : mais il s'en eftoit allé deux jours devant à la Vo-
„lerie, qu'il aimoit bien-fort. Or foit que ce foit qu'on luy en vouluft
„tant, je n'en fçay que dire ; finon que je l'ay connu pour un fort
„homme d'honneur, de bien & de valeur, & qui eftoit bon Servi-
„teur du Roy & l'a bien fervy. Les paffionnez luy en vouloient, par-
„ce que c'eftoit un Seigneur fort Politique & fage, & qui ne vou-
„loit nullement aimer les broüillons ny les féditieux.

J'oubliois à dire de la Ducheffe d'Angoulefme fa femme, qu'elle
nafquit d'une Demoifelle de la ville de Cony en Piémont ; de laquelle le Dauphin depuis Henry II. eftant devenu amoureux au voyage
qu'il y fit avec le Conneftable de Montmorency, fes gens mirent le
feu de nuit à fa maifon, & le peril en permettant l'accés à tout le
monde, ils y accoururent en grand nombre, crians, *falva la Dona*, &
l'ayans prife la menerent au Dauphin.

DE LA MORT DE DON CHARLE PRINCE
d'Efpagne.

L E récit de la confpiration de la Molle & de Coconnas & les
Interrogatoires des Accufés faifant plufieurs fois mention de la
tragique mort du Prince Don Charle, c'eft une matiere qui merite
d'autant plus d'eftre traitée, qu'on en a parlé diverfement, que c'eft
un incident des temps dont j'efcris l'Hiftoire, & que j'eftime pouvoir garentir la verité de ce que j'en rapporteray icy, pour l'avoir
puifé dans des Memoires de la premiere importance. On a voulu jufques à prefent mettre en doute laquelle des deux Divinités du Cabi-

et d'Espagne , la Religion ou la Politique , avoient dresse
e cette mort, & chaque party a eu ses Défenseurs ; mais pe
e le donne à la Politique , c'est-à-dire aux interests de Ph
Loy d'Espagne & des Chefs de son Conseil, lesquels voyar
ne haine irréconciliable entre le pere & le fils, ne manqu
le joindre les conseils violens, aussi-tost qu'ils sentirent que l
re en estoit capable, & qu'il n'avoit point d'horreur d'enter
er de son fils unique comme de son ennemy. L'antipath
stoit entre ces deux Princes, leur donnant de justes inquiet
eur fortune dans le changement de Regne , ils ne firent
crupule d'immoler l'Heritier du Royaume à leur conservatic
prétexte de celle du pere & de l'Estat, & ils y meslerent er
e de la Religion : mais ce qui doit paroistre admirable, c
obligerent le Prince à justifier tous ces soupçons par sa cond
la necessité où ils le réduisirent de penser à tous les moye
venger du mépris qu'on faisoit de sa dignité. Il n'y a point
Roy qu'on ne rendist ainsi criminel, & nous n'avons que trop
ples , pour faire voir que cela a toûjours succedé à ceux, qu
voulu pousser dans cette malheureuse extrémité , & princi
sous un Roy Politique, comme estoit Philippe II. qui n'estoi
entestement de se voir un fils naturellement ambitieux & hauta
voroit en esperance tous ses Royaumes, qui estoit en âge d
qui pouvoit desirer que son pere fust tenté de la mesme pe
dication de ses Estats, executée en sa faveur par l'Empereu
V. son pere ; mais qui couvoit un grand mécontentemen
qu'il avoit pris pour luy Elisabeth de France fille du Roy I
qui luy avoit esté promise par le Traité de Chasteau-Cam
& pour laquelle il avoit eu une forte passion, qui joignit ai
ces du pere une furieuse jalousie.

Tant de considerations obligeant son pere à faire la plu
affaire de son Estat de l'observation de sa conduite , il ne
rien du déplaisir qu'il ressentoit de la rupture de son mariaj
peu de part qu'on luy donnoit au Gouvernement de tant d
nes, qui ne luy fut rapporté, & peut-estre avec exagérati
me c'est la coûtume de ceux qu'on employe à la perte des
de cette qualité, parce que le peril qu'ils courent, les re
contre la vie de celuy qu'ils espient. C'est pourquoy le Re
tant toûjours de plus en plus mal, selon que ses soupçons cr
& le fils tenant d'un courage fier contre toute l'autorité du
contre toutes les ruses de ses Ministres, leur més-intelliger
si publique & si connuë, que les Nobles des Pays-Bas male
Gouvernement, le firent solliciter de vouloir estre leur Chef
réleva encore le cœur, & comme on s'en défia, son pere
de luy Don Jean d'Austriche son frere bastard, qui s'insim
plus en ses bonnes graces , qu'on luy donna ouvertemen
sujets de déplaisir, pour avoir plus de sujet de faire le :

auſſi-bien que luy, & de luy propoſer de ſe venger. Ce qu'il fit tant
de fois, & avec tant de proteſtation d'eſtre pour Don Charle envers
& contre tous, qu'enfin il luy échappa de dire, qu'il avoit un grand
ennemy ; ce qu'ayant répeté pluſieurs fois, & Don Jean l'ayant toûjours preſſé de le nommer, Ne voyez-vous pàs, luy dit-il enfin, que
je ſuis le plus miſerable homme de ma qualité qui fut jamais, qu'on
me traite comme un eſclave, qu'on ne me donne aucune part aux
affaires, qu'on me prive à deſſein des Emplois, où je pourois me rendre capable de la Succeſſion qui me regarde, & que mon pere aprés
m'avoir oſté la Reine qui m'eſtoit promiſe, ſemble encore me vouloir faire perdre avec ſes bonnes graces le rang & l'autorité qui m'appartient auprés de luy. Un Prince de ſon humeur & de ſon eſprit ne
ſçauroit traiter un fils de telle ſorte, ſans le mettre en défiance de ſa
liberté ou meſme de ſa vie, & pour la conſervation de l'une ou de
l'autre, je voy bien qu'il faut que je me délivre de ſes mains, & que
je me retire vers mes bons amis de Flandre, qui depuis ſi long-temps
réclament ma protection.

Cela découvert, & le Roy ne doutant plus que ſon fils ne fuſt
capable de tout entreprendre, il ſe réſolut de le prévenir, & en délibera ſecrettement avec D. Ruy-Gomez de Silva ſon principal Miniſtre Prince d'Eboli, D. Chriſtoval de Moros, & un autre, qui firent en apparence tout ce qu'ils peurent pour fléchir ſa colere, mais
cela ne ſervit qu'à l'irriter davantage. Il propoſa de l'empriſonner &
la difficulté fut de trouver un homme, qui l'oſaſt arreſter & expoſer
ſa Fortune au reſſentiment de ce Prince, s'il ſortoit de priſon, ou
quand il ſeroit Roy. Philippe ſe détermina luy-meſme à cela, & ſçachant que Don Charle avoit fait faire des reſſorts particuliers aux ſer-
rures de ſa Chambre, que perſonne n'ouvroit que luy, & qu'il avoit
autour de ſon chevet des Piſtolets & d'autres armes, il acheta le ſecret de la ſerrure d'un Valet de Chambre qu'il corrompit, & qui
luy découvrit le lieu où les armes eſtoient, un jour de grand matin
qu'il vint faire ouvrir la Porte ; d'où il alla l'eſpée à la main tirer
le rideau du lit du Prince avec Ruy-Gomez & quelques autres. Il luy
dit avec ſa gravité ordinaire qu'il n'eut pas à branſler ſeulement, &
qu'il apprit que ce qu'il en faiſoit, n'eſtoit que pour ſon bien, qu'il
eſtoit important de temperer l'emportement d'une jeuneſſe trop violente, & que le pere fut ſage pour luy & pour ſon fils. Aprés cela
on le déſarma, & l'ayant fait habiller, le Roy luy dit que pour ſa
ſatisfaction & pour accommoder un peu ſes affaires, il deſiroit que
pour quelque temps il demeuraſt entre les mains de D. Ruy-Gomez,
auquel il le laiſſa en garde & changea tous ſes Officiers & Serviteurs.

Le Prince ſe voyant en cet eſtat, ne put rétenir ſon courage contre le Roy ſon pere. Il eſclata en menaces contre Ruy-Gomez &
tous ceux du Conſeil ſecret, leſquels en eſtans alarmez, ne ceſſe-
rent d'importuner leur maiſtre de les ſortir d'une ſi grande affaire,

& n'oublierent pas de luy faire valoir le bien public avec leur seureté particuliere, s'il sortoit de-là autrement qu'avec une ample declaration de son innocence & avec la bonne grace de son pere, c'est-à-dire, qu'il s'en pouvoit tirer par adresse ou par la faveur de quelque party, capable de renverser l'Estat : & comme ils sçavoient bien sans doute que Philippe s'estoit trop engagé, pour se réconcilier avec un fils d'un ressentiment si rédoutable, ils luy donnerent la moitié de la peur, & continuans toûjours à luy en rendre la garde plus difficile & la sortie encore plus dangereuse, ils luy dirent enfin qu'il le falloit mettre en liberté, s'il estoit innocent, & que s'il estoit coupable, qu'il usast des remedes qu'il y vouloit apporter. Ils entendoient par là luy donner obliquement conseil de luy faire son procés, & c'est aussi ce qu'il entendit si-bien, qu'il ne fut plus en peine que de trouver des prétextes, qui au lieu de déshonorer sa Memoire, pussent faire admirer sa Justice, & sa Religion, comme s'il l'eust plûtost sacrifié au bien de son Estat & à la Religion, qu'à la défiance qu'il avoit de ses desseins & à la jalousie de la familiarité, qu'il avoit avec la Reine sa femme. Il assembla nombre de Casuistes & d'Inquisiteurs, il leur exagéra la consequence de la rétraite, que le Prince méditoit aux Pays-Bas, il l'interpreta au désavantage de la Foy Catholique par l'intelligence prétenduë avec les Heretiques : & comme cette sorte de Juges est ordinairement assez implacable, & comme ils purent d'autre-part assez connoistre par la procedure du Roy, qu'on ne va pas si avant contre un Prince de cette qualité, sans en estre venu aux dernieres résolutions, celle de l'assemblée fut, qu'on le pouvoit punir en sa vie : & pour essuyer les larmes du pere, soit qu'elles fussent de la nature ou de la Politique, on le compara à Dieu, qui pour le salut du Genre humain n'avoit pas pardonné à son propre fils. On ne jugea pourtant pas à propos de declarer qu'on en eut ainsi déterminé, mais pour avoir sujet d'imputer sa mort à une langueur, contractée dans le dépit de sa détention, par le refus qu'il auroit fait de manger ; on luy donna durant quatre mois un Poison lent, qui fut répandu sur ses viandes en tous ses répas, & qui insensiblement luy fit perdre les forces & enfin la vie l'an 1568. veille de saint Jacques 24. de Juillet.

L'Histoire de cette cette mort est décrite bien au long en une Piece manuscrite, appellée le Diogenes, qui est de prés de mille Vers, laquelle on fit courir sous le Regne de Henry III. pour l'exciter à venger la Memoire & les Manes de la Reine Elisabeth sa sœur : laquelle ayant appris qu'elle avoit esté commise en son honneur parmy les faux rapports de Ruy-Gomez, en fit d'autant plus de bruit, qu'elle crût que la jalousie avoit plus contribué à la perte du Prince, que l'interest d'Estat & de Religion, & qu'elle se tenoit asseurée sur sa vertu. Le Roy accrut ses soupçons sur le ressentiment qu'elle témoigna ; & le mesme Conseil l'ayant comme résolu aux mesmes extrémitez avec elle, il arriva malheureusement qu'un Marquis del Poz

zo eſtant amoureux d'une fille de la Reine entroit toutes les nuits en
ſon quartier pour aller voir ſa Maiſtreſſe. Cela découvert, on en fit
un grand myſtere au Roy, dont on luy laiſſa tout le ſoin de ſe faire
éclaircir : auſſi donna-t'il ordre à certains Gentils-hommes de ſe déguiſer en gueux & d'aller comme tels dormir ſous la Halle, qui répondoit aux feneſtres de l'appartement de la Reine. Ils le virent deſcendre tout veſtu de blanc, ils le ſuivirent, ils le réconnurent, &
en continuant de l'obſerver, il arriva par malheur qu'un jour de ré-
jouïſſance qu'on couroit la Bague devant les feneſtres de la Reine,
elle laiſſa ſans y penſer tomber un mouchoir que ce Marquis ramaſſa.
Cela fortifia de ſorte les ſoupçons, qu'on ne l'épia plus que pour le daguer,
comme on fit, ſortant une nuit de ſon rendez-vous, en criant, *aqui muere
el traedor*. Il n'en fut autre bruit, parce que la Reine n'y prit aucune part ; mais on jugea auſſi mal de ſon ſilence que de ce qu'elle
avoit dit avec chaleur de la mort du Prince : & peu de jours aprés
la Ducheſſe d'Albe ſa premiere Dame d'honneur & qui eſtoit comme
ſa Gouvernante, vieille Matrône fort ruſée, vint un matin éveiller
cette Reine, pour luy dire que les Medecins trouvoient à propos qu'elle prit une petite Medecine pour ſe décharger d'un peu d'humeurs, qui
l'auroient empeſchée de porter ſon fruit à terme. Sa réponſe fut, qu'elle ſe porta jamais mieux, & qu'elle ne pouvoit groſſe comme elle eſtoit & ſans neceſſité ſe ſoûmettre au haſard d'un Remede ; & la
Ducheſſe inſiſtant qu'il ne falloit point paſſer la Lune ſans cette Pur-
gation : le Roy, qui ne couchoit pas loin de-là, y vint avec ſa Robe
de chambre, voulut ſçavoir officieuſement quel eſtoit leur differend,
& d'abord donna le tort à la Ducheſſe, qui n'en fut que plus obſti-
née & joüa ſi bien ſon Perſonnage, que non ſeulement elle le mit de
ſon opinion, mais qu'elle l'obligea de conteſter avec la Reine juſques à luy dire enfin, que puis qu'il importoit à l'Eſtat, qu'il falloit
qu'elle obeït. Aprés cela il prit le breuvage de la main de la Ducheſſe, le preſenta à la Reine & deux ou trois heures aprés elle ſe
plaignit de trés-grandes douleurs, parmy leſquelles elle mourut en ac-
couchant d'une fille, qui avoit tout le crane de la teſte brûlé, le 3.
d'Octobre 1568. à l'âge de 23. ans. Comme on ne put étouffer le
ſoupçon du Poiſon, & comme d'autre-part ſa vertu exemplaire dé-
truiſoit tout ce qu'on pouvoit dire contre ſon honneur, il courut un
Libelle en Eſpagne qui l'accuſoit de Lepre, & c'eſtoit joindre malicieuſement la Calomnie au Parricide, pour intereſſer ce qui reſtoit de
la Race de Valois en France.

L'Auteur des geſtes des Seigneurs de Dietrichſtein, où il débite pluſieurs choſes particulieres en mauvais ordre & encore en plus mauvais
Latin, raconte tout autrement la mort du Prince Charle, & donne
pour garand un récit manuſcrit, dreſſé ſuivant l'ordre du Roy Philippe II. par Adam de Dietrichſtein Ambaſſadeur d'Allemagne, pour en
avertir l'Empereur ſon Maiſtre. C'eſt plûtoſt une Apologie qu'une Hiſtoire, où il donne pour premiere & principale raiſon de ſa diſgrace

le Sacrilege qu'il voulut commettre dans la neceffité de faire fon Jubilé, en demandant à fon Confeffeur de luy donner une Hoftie non confacrée, pour ne point communier veritablement & pour n'eftre point obligé en confcience de fe réconcilier avec fon pere. Il dit encore qu'il tenta toute forte de moyens de fe faire mourir, quand il fe vit arrefté, & le bon homme montre bien qu'on ne fe mettoit en aucun devoir de l'en empefcher dans la naiveté de fa narration, puis que c'eftoit toute la liberté qu'on luy donnoit dans fa prifon. Enfin il fouftient qu'il s'affoiblit tellement par la faim, que le jour de la Madeleine il s'apperçût que fa mort approchoit ; ce que fon Medecin luy ayant confirmé aprés luy avoir tafté le poux, Dieu le fecourut au mefme inftant de tant de graces, pour le faire répentir fructueufement des emportemens de colere & de fes autres paffions de jeuneffe, & pour recevoir dignement tous les Sacremens de l'Eglife, qu'il n'eut plus de penfees que pour l'Eternité, & qu'il prédit le jour de fa mort, defirant incontinent aprés d'eftre réveftu des habits de S. François & de S. Dominique. Cela s'executa en grande Pompe & avec grande démonftration de Religion le jour de fes Funerailles, qui fe firent royalement à S. Laurens de l'Efcurial, où fe fit fon Apothéofe ; qui me fait reffouvenir de ce que répondit Caracalla en faveur de fon frere Geta, qu'il avoit fait mourir, *Divus fit dum non fit vivus*.

DES SIEURS DE LA MOLLE, DE LUYNES, DE Grand-Rye, de Grand-Champ & autres compris au Procés de la Molle & de Coconnas.

JE croy que le Lecteur me fçaura gré de l'informer fur le fujet de la Confpiration, fi amplement traitée en l'Eloge du Marefchal de Montmorency, de la qualité & de la perfonne de Jofeph de Boniface S. de la Molle, & de quelques autres qui en furent fufpects ou accufez. La maifon de Boniface eft originaire de Provence ; & ce que j'en puis donner par mes Memoires, eft que Jean de Boniface Chevalier, Seigneur de la Molle, Confeigneur de Colobrieres, époufa Honorade de Benaud, fille de Jean de Benaud Chevalier, S. de Villeneuve, & de Catherine de Villeneuve, fille d'Arnaudet de Villeneuve Baron des Arcs, & d'Honorade de Bachis, & fœur de Loüis de Villeneuve premier créé Marquis de Trans par le Roy Loüis XII. au mois de Juillet 1506. il en eut pour enfans Jofeph de Boniface S. de la Molle, mort fans alliance à la bataille de Cerifolles, Jacques aprés luy S. de la Molle, François qui époufa Anne de Fourbin, fille de François S. de Solliers, & de Catherine d'Anjou, dont Paul, Jean-Loüis & François de Boniface Commandeur de l'Ordre de Malthe & Anne de Boniface. Le dernier fils de Jean & de Catherine de Benaud fut Jean Chevalier de Malthe, & Marcelline leur fille unique fut mariée par contract du 27. de Septembre 1527. avec Antoine de Pontevez S. de la Foreft, dont Pierre de Pontevez S. d'Ammirat,

rat , &c. Jacques de Boniface S. de la Molle époula 1. N... de
Brinçon & en eut Joseph tué à la bataille de S. Quentin ; il fe remaria à Marguerite de Pontevez fœur de Jean Comte de Carcès Senefchal & Gouverneur de Provence , fille d'Honoré de Pontevez S.
de Flaffans , & veuve de Pierre de Villeneuve S. d'Efpinoufe , dont
elle avoit deux enfans Seigneurs d'Efpinoufe & de Tertone, qui ont
laiffé pofterité. De ce fecond mariage nafquirent deux fils & trois filles , Blanche femme du S. de la Bardonenche & mere de deux filles
mariées à N.... de Thoard S. de Beaucoufe & N... alliée à N...
Roux S. de Gaubert : Marguerite de Boniface époufa Claude de Rodulf S. de Limans fœur d'Anne de Rodulf , femme d'Honoré d'Albert S. de Luynes & mere du Duc de Luynes Conneftable de France.
Elle n'en eut qu'une fille Marguerite de Rodulf femme de Denis de
Puget de la ville d'Avignon qui n'en eut point d'enfans , & de fon
mariage avec N... de Gaubert S. de Neoles , elle eut une autre fille , alliée à François d'Arcuffia S. d'Efparron. Enfin la troifiéme fille
nommée Sybille fut mariée par difpenfe avec Paul de Boniface fon
coufin , & d'eux font iffus les autres Seigneurs de la Molle. Antoine
de Boniface S. de la Molle fils aifné de Jacques & de Marguerite de
Pontevez ; ne fut point marié , & fut tué à Colobrieres par fes Sujets,
& Joseph fon frere , fi connu à la Cour fous le nom du jeune la Molle , eft le pauvre Gentil-homme, dont nous avons décrit l'Hiftoire &
la fin Tragique, qui fut le plus bel homme de fon temps & le plus
infortuné , pour n'avoir peu fe conduire avec affez de prudence dans
fa faveur auprés du Duc d'Alençon. Il le porta fi haut avec les premieres Perfonnes ; qu'il ne fut plaint que du Peuple, qui eut compaffion de fa jeuneffe & de fa beauté. On luy fit deux Epitaphes, l'une
Françoife & l'autre Latine, de laquelle tout le jeu eft fur le mot de la
Molle , pour l'accufer d'avoir efté mol & effeminé,

Les plus heureux portoient envie,
Aux felicitez de ma vie,
Mais maintenant que je fuis mort,
O que fortune eft variable !
Il n'y a nul fi miferable
Qui vouluft envier mon fort.

EPITAPHIUM JOSEPHI BONIFACII MOLÆI.

VOS ego Veneres Cupidinefque,
Vos ego Charites venuftiores,
Et quidquid tegit ampla Regis aula,
Melliti ; lepidi atque mollioris ;
Vos adjuro ego , flete Mollicellum.
Periit molliculus , Molæus ille
Qui vos toto animo peribat olim,
Quem vos toto animo magis periftis.
Periit molliculus Molæus ille ,
Qui fi mollitiem fuam fecutus

Tome II.   G g g

Nullam malitiam novam paraffet,
Hoc nihil gratius elegantiufque.
Verum dum malè miles excitatus
Claffcum Patriæ fonat molleftus,
Anceps, mobilis, anne mollis effet
Moliturque fuis mifer ruinam,
Mollis mole fua mifer perivit :
Vos tamen Veneres Cupidinefque,
Vos tamen Charites venuftiores
Et quidquid tegit ampla Regis aula
Melliti, lepidi atque mollioris
Mellitum, lepidum, atque mollicellum
Flete molliter ; ut mifellus hic, qui
Vobis vivere molliter folebat
Mortuus fibi molliter quiefcat.

Jofephus Bonifacius à Mola capite diminutus fuit Lutetiæ in Gravia annô D. 1574. Die 30. Aprilis.

DU SIEUR DE LUYNES, DU CONNESTABLE
fon fils & de fa Maifon.

HONORE' d'Albert, connu à la Cour fous le nom de Capitaine Luynes, foupçonné de la Confpiration de la Molle fon coufin, n'eut pas feulement le bonheur d'échapper par le moyen du voyage qu'il fit fort à propos en Languedoc, où il demeura en feureté auprés du Marefchal de Damville, mais il eut encore l'honneur de s'en purger avec tant d'éclat & de bonne fortune, par le celebre combat qu'il fit au Bois de Vincennes en prefence du Roy Henry III. & de toute fa Cour contre le Capitaine Panier Exempt des Gardes du Corps, qui luy avoit réproché ce crime, dont la réparation le mit en credit. Ce n'eft pas qu'il n'euft fait de plus grandes actions à la Guerre, mais elles ne firent pas tant de bruit, & il eftoit expedient pour l'honneur de fes enfans, qu'il fit quelque chofe d'extraordinaire, qui juftifiaft leur condition & le merite de leur pere contre la calomnie de ceux, qui les ont traitez d'Eftrangers & des Perfonnes nouvelles. Il fervit premierement le Roy en qualité de Capitaine dans l'Ifle de Corfe & par lettres du Roy le 17. Juillet 1565. où il eft qualifié l'un de fes Gentils-hommes fervans, qui eftoit alors une Dignité confiderable & qui ne fe donnoit qu'aux Perfonnes de qualité aprés de grands fervices, il fut honoré d'une Compagnie des Gens de pied au Regiment entretenu de Sarlabos, vacante par la mort du Capitaine S. Martin. Il fut depuis Capitaine de Chafteau-Dauphin, Chevalier de l'Ordre du Roy, qui adreffa fa Commiffion au Prince Dauphin pour luy donner le Collier, & enfin Capitaine de deux cens hommes de pied, qu'il leva par ordre du 29. Octobre 1573. pour fervir fous luy au fiege de la Rochelle ; il paroift par des lettres du Marefchal de Damville du 29. May 1571. qu'il eftoit alors Colonel des Bandes Françoifes & Maiftre de l'Artillerie pour le Roy en Languedoc, &

par une Requeste par luy presentée au mesme Mareschal, qui contribua beaucoup à son avancement, contre les Consuls & Habitans de Beaucaire, pour quelque émotion contre le Procureur du Roy, il se qualifie Chevalier de l'Ordre du Roy, Capitaine & Viguier du Chasteau, Ville & Viguerie de Beaucaire, & expose qu'il y avoit six ans qu'il estoit pourvû de cette Charge. Le Duc d'Alençon le créa son Conseiller & Chambellan ordinaire l'an 1575. & le Roy Henry III. luy donna pour dernier employ le commandement du Pont Saint-Esprit & autres Places rémises en son obéïssance és Dioceses de Viviers & d'Uzés par lettres du 10. Mars 1577. Il continua de servir le Roy Henry IV. & peu aprés son testament qu'il fit le 6. Février 1592. il mourut à Melun au retour d'un voyage qu'il fit à la Cour, pour presenter Charles son fils au Roy & le faire recevoir Page de sa Chambre. Il prend qualité en ce testament de Seigneur de Luynes, de Brante, de Cadenet, & de Mornas, Chevalier de l'Ordre du Roy, comme aussi en son contract de mariage du 6. Mars 1573. avec Anne de Rodulf fille d'Honoré S. de Limans & du Bourguet Chevalier, & de Françoise de Benaud, fille de Jean de Benaud, S. du Castellar, & de Jeanne de Lubieres, & petite fille de Benaud S. de Jean de Villeneuve, & de Catherine de Villeneuve sœur du premier Marquis de Trans, comme j'ay dit en traitant de la maison de la Molle : & c'est par cette alliance qu'il se trouva Parent au 3. degré du S. de la Molle.

Cette maison de Benaud originaire du Diocese de Vabres en Languedoc, où elle possedoit la Seigneurie de Castellar, s'habitua en Provence par le mariage de Jean de Benaud avec Catherine de Villeneuve, & Jean leur fils y continua ses alliances par celle qu'il prit par contract du 18. Juillet 1521. avec Jeanne de Lubieres, fille de Loüis de Lubieres, & de Susanne de Dampierre, fille de Miles de Dampierre S. de Plancy, d'Ancy-le-Franc, &c. laquelle avoit épousé en premieres nôces Pierre d'Orgemont S. de Cerbonne Conseiller & Chambellan de Charles VIII. d'eux nasquirent Galeas mort sans posterité, Baptiste, Antoine de Benaud S. de Lubieres marié à Marguerite de Corlieu, autre Baptiste S. du Castellar, & Françoise de Benaud femme d'Honoré de Rodulf S. de Limans, lors veuf de Madelaine de Glandevez, fille d'Antoine S. de Cujes, & de Marguerite de Villemus, fils d'Estienne de Rodulf S. de Limans & de Lirac Conseigneur de Mornas, de Cadenet, &c. lequel par son testament du 27. Mars 1521. qualifie Madelaine de Ceve sa femme, fille de puissant homme Jean des Marquis de Ceve [trés-illustre Maison d'Italie,] Seigneur de saint Tropez & Conseigneur d'Antibe. Ledit Estienne fils de Charles, & petit-fils de Pierre Rodulf, dit Baron Chastelain d'Yeres pour le Roy l'an 1455. & de Pelissene d'Albisse. Voilà en peu de mots les alliances, qu'apporta en la maison d'Albert le mariage d'Anne de Rodulf avec le S. de Luynes, qui le rendit Parent des Marquis de Trans, du nom de Villeneuve, des ieigneurs de la Molle , & des plus grands Seigneurs de Provence

Quant au nom d'Albert , il eft illuftre dés long-temps , & on peut donner au feu Conneftable de Luynes une veritable fuite d'Anceftres par titres Originaux depuis l'an 1454. le 10. de Novembre que tefta noble Thomas d'Albert Damoifeau S. de Bouffargues, Bailly de Viviers & de Valence pour le Roy , où il fait mention de noble Panille Chapelle fa femme, de Hugues fon fils aifné , de Jean l'Aifné, Jean le Jeune, de Pierre & Claude, qu'il inftituë heritiers chacun en la fomme de quinze cens florins, de Jacques Chanoine , de Charles Religieux, de Catherine & de Delfine, tous fes enfans. Hugues l'aifné de tous S. de Bouffargues & de Sagries , fut marié par fon pere l'an 1451. à Catherine de Malingres fille de Jean S. de Goenzac, par contract du 10. Novembre. Jacques d'Albert S. de Sabran & de Sagries fils de celuy-cy, époufa l'an 1492. Douce de Sarras fille de Jacques S. de Fontareches, & de Marie de Perolet, & fit fon teftament le 17. de Mars 1528. par lequel il inftituë fon heritier Leon d'Albert fon fils aifné , & legue à Loüis fon fecond fils, à Antonie fa fille, & au Pofthume qui pourroit naiftre de fa femme. Leon fon fils fut le premier Seigneur de Luynes, tant à raifon du mariage qu'il contracta le 21. de Septembre 1535. avec Jeanne de Segur fille d'Antoine S. de Luynes , & de Jeanne de Glandevez, que par donation à eux faite par Loüife de Segur tante de Jeanne , de la portion qui luy appartenoit en la terre de Luynes, appellée en Latin *de Leono*, au terroir de la ville d'Aix. Il fut Capitaine de Gens de pied & mourut à la bataille de Cerifoles l'an 1544. il eut pour heritier Honoré d'Albert S. de Luynes fon fils, qui a donné fujet à ce difcours de la maifon d'Albert , que j'ay fait pour oppofer à ce qui s'eft publié par un pur efprit de haine ou d'envie contre la Nobleffe du Conneftable de Luynes & de fes freres à caufe de leur faveur.

Du mariage d'Honoré d'Albert avec Anne de Rodulf nafquirent Charles d'Albert Duc de Luynes, Honoré d'Albert Duc de Chaunes, & Leon d'Albert Duc de Luxembourg , Loüife femme d'Antoine de Villeneuve Baron des Baux, & N...... femme du S. du Vernay rémariée en fecondes nôces à Henry de la Marck du Boüillon. Charles d'Albert S. de Luynes eut le bonheur de gagner les bonnes graces du Roy Loüis XIII. & de profiter en mefme temps & en un jour de la principale dépoüille de Concino Concini Marquis d'Ancre Marefchal de France , que la faveur de la Reine mere Marie de Medicis avoit élevé au Miniftere , comme auffi de toute fon autorité. Il eft vray que le peu de bien que fon pere laiffa , l'obligea comme fes freres à paroiftre à la Cour avec affez peu de dépenfe pour faire douter de fon extraction, & à pratiquer de petits moyens pour fe réléver , qui le firent mefme méconnoiftre à ceux qui fe pouvoient fouvenir de l'avoir vû Page de la Chambre de Henry IV. mais ce n'eft pas d'aujourd'huy que la Fortune de la Cour furprend tout le monde dans fes inclinations, & qu'elle fe dérobe de ceux qui la cherchent pour se donner à de jeunes gens, qu'elle veut avoir l'honneur d'avoir mis au monde. Celuy-cy servoit au Roy dans les plaisirs de sa Fauconnerie & le gouvernoit si doucement & avec si peu d'esclat, que le Mareschal ne s'en apperçût, que quand il fut en estat de le perdre, il luy dit alors ces propres mots, *Monsour de Louynes, je m'apperçoy bien que le Roy ne me sa pas bonne mine, ma vous m'en répondrez.* C'est ce qui l'encouragea necessairement à sa perte, par la necessité d'éviter la sienne, & il en vint d'autant plus facilement à bout, que son enemy le méprisoit, & qu'il trouva des Personnes résoluës pour l'execution dangereuse d'une entreprise, dont il devoit profiter sans se hasarder, & sans y contribuer autrement que du consentement du Roy, qu'il manioit à son gré. Il le rendit susceptible de tous les moyens qu'il luy proposa, comme d'arrester le Mareschal au Louvre, ou de l'aller assieger dans son petit logis, ou en cas de fuite le suivre dans les Provinces, ou le faire suivre, pendant que le Roy seroit dans Meaux, comme dans une Place de seureté, ou bien de mener sa Majesté à Soissons, & là declarer rebelles ceux qui assiegeoient cette ville. Enfin la résolution fut de le faire tuër, & le coup ayant manqué le Dimanche 23. Avril, fut remis au lendemain qu'on l'executa; mais le Roy en eut de la frayeur, jusques à douter s'il estoit en seureté dans le Louvre & à envoyer demander une rétraite chez elle à la Comtesse de Soissons, en cas qu'il en eut besoin, ce qu'elle luy promit, & en mesme-temps le premier Président luy tenoit prest d'autre-part un Carrosse à six Chevaux, selon qu'il luy avoit mandé par le Travail. Tout cela ne se fut point passé sans que le Maresohal en eut l'avis, s'il n'eut cru estre au-dessus de toutes les défiances, & s'il n'eut consideré tous ses ennemis de Cour, comme des petits chiens, qui n'aboyent que de loin, & Luynes luy-mesme comme le plus foible Adversaire, qu'il put avoir dans la Charge, où il estoit auprés du Roy. C'est pourquoy il se contentoit de luy faire peur de fois à autre, sans dessein de luy faire autre mal, & l'autre ne sçavoit par où l'entreprendre, si le Colonel d'Ornano son allié ne l'y eut encouragé.

Le Mareschal d'Ancre tué, Luynes parut sur le Théatre comme le principal Acteur de la Tragedie, & il récueillit toutes les pieces de ce Colosse, terrassé avec l'applaudissement des Peuples; par l'adresse qu'il eut pour fortifier son party, de rappeller au Conseil du Roy & en la conduite des affaires, tous ceux qui en avoient esté éloignez, & qui se dévoüerent à tous ses interests. Le principal fut de s'asseurer de la confiscation du Mareschal, & pour cela il fallut faire faire le Procés à sa veuve, parce qu'ils estoient séparez de biens & que toutes leurs acquisitions s'estoient faites en son nom. La haine de toute la France contre son mary servit à la probabilité de tous les crimes qu'on imposa à cette miserable, dont le plus veritable estoit la mort de Prouville Sergent Major de la Citadelle d'Amiens, qu'elle avoit fait assassiner: & par son supplice il devint Marquis d'Ancre, dont il changea le nom odieux en celuy d'Albert, qui estoit celuy de sa maiion, & pour rélever celuy de Luynes, il fit enfuite ériger fous ce mefne nom la Comté de Maillé qu'il acquit, en Duché & Pairie de France. Il joignit à ce titre celuy de Connestable, fous lequel il entreprit la Guerre contre les Huguenots, moins par le zele de Religion peut-estre, que pour estre armé & pour tenir en crainte la Reine Mere & fes Partifans, qu'il avoit contraint à la Paix aprés la déroute du Pont de Sé. Les commencemens de cette Guerre furent affez heureux pour le commettre mal à propos au fiege de Montauban, où la Fortune commença à le trahir par ce mauvais fuccés, qui donna fujet à fes ennemis de blafmer fa conduite. En mefme-temps fon quartier ayant efté enlevé, il eut un double dépit de l'injure & des mauvais offices qu'il reçût à cette occafion, dont il demeura malade à Monheurt le 3. de Decembre 1621. & auffi-toft on fit courir le bruit de fa mort, qui fe répandit jufques à fes propres oreilles, & qui l'obligea d'efcrire à fa femme une lettre de quatre lignes dans le plus fort de fon mal, qui fe convertit en fiévre pourprée, fuivie d'une fauffe crife & de plufieurs convulfions depuis le 12. jufques au 15. qu'il tomba dans une pâmoifon, qui le fit fi bien croire pour mort, que tous les Poux de la faveur l'abandonnerent & fes Domeftiques mefmes; n'eftant refté auprés de luy que l'Abbé Rufcellaï, & quatre pauvres Valets de ceux qui n'avoient encore rien fait avec luy. Il ne révint de cette extrémité aprés une demi-heure, que pour avoir le regret de fentir cette douleur avec celles de la mort, qui l'emporta le mefme jour fur les trois heures aprés-midy. L'Abbé Rufcellaï ne l'ayant quitté que pour aller manger un morceau, trouva tout le refte de fes meubles pillé & emporté & qu'à toute peine luy avoit-on laiffé le drap fur lequel il eftoit expiré. On ne s'eftonne pas qu'un Favory frappé du foudre de la difgrace foit abandonné de tout le monde, mais qu'un Miniftre d'Eftat, qu'un Connestable mourant de maladie dans fon armée, ait efté tellement délaiffé, c'eft dequoy faire voir que la Fortune ne donne guere d'établiffemens folides, que les grandeurs qu'elle diftribuë ne fe poffedent qu'en fonge, & qu'on n'en reçoit rien de plus fenfible que les défiances & les inquietudes, qu'il faut fouffrir pour la confervation d'un bien qu'on ne goûte pas & qui n'a de douceur que pour de faux amis. Le Roy l'ayant pleuré d'abord contre l'opinion de tous ceux de la Cour, qui croyoient qu'il commençoit à s'en laffer, & ne voyant que luy qui en fut touché, il refferra fes larmes avec quelque confufion de n'entendre pas une feule parole en faveur de la Memoire d'un homme, que tout le monde luy loüoit durant fa vie, comme les Heros de l'Eftat. Et cependant le corps du mort demeura tellement dépoüillé de toutes les marques de grandeur qu'on devoit à fa condition, qu'on le mit dans un Cercueil de bois pour le porter à Blaye; encore le couvroit-on d'un tapis verd, faute d'un drap mortuaire: & j'aurois honte de dire icy que que ceux qui le conduifoient, joüoient aux cartes fur cette Biere pour fe défennuyer, fi ce n'eftoit un exemple de la derniere qualité pour fervir aux mépris des vanités du monde.

Quelques particuliers se plaignirent de son ingratitude, d'autres le firent passer pour avare, pour ambitieux & pour interessé, toutefois luy doit-on ce témoignage que le Public n'eut pas grand sujet de haïr son Gouvernement, pour n'en avoir senty ancune violence qui soit considerable. On accuse l'Evesque de Luçon depuis Cardinal de Richelieu, qu'il avoit relegué, d'avoir fait quelques-unes des Pieces qui coururent contre luy, & particulierement d'avoir fait imprimer l'Histoire de Don Jean Roy de Castille, pour comparer au Connestable de Luna, dont la fin fut aussi tragique que sa Fortune avoit esté rélevée, le Connestable de Luynes, qui luy estoit égal & presque un autre luy-mesme en crédit & en dignité, aussi-bien que de nom; mais quand il luy eut succedé au Ministere, d'autres le firent r'imprimer contre luy-mesme. Le Duc de Luynes épousa par contract du 11. de Septembre 1617. Marie de Rohan fille d'Hercule Duc de Montbason, Pair & grand Veneur de France, & de Madeleine de Lenoncourt, rémariée six mois aprés sa mort à Claude de Lorraine Duc de Chevreuse, Pair & grand-Chambellan de France. De cette alliance est né Loüis d'Albert Duc de Luynes, que ses vertus ne rendent pas moins considerable, que toutes les grandes Dignitez de son pere.

Honoré d'Albert Seigneur de Cadenet, second fils d'Honoré S. de Luynes, fut par la faveur de son frere fait Mareschal de France & marié avec Charlotte d'Ailly Comtesse de Chaunes, Dame de Raineval, de Piquigny, &c. fille & Heritiere unique de Philbert Emanuël d'Ailly, Baron de Piquigny, Vidame d'Amiens, & de Loüise d'Ognies Comtesse de Chaunes. Le Roy en consideration de ce mariage érigea en Duché & Pairie la Comté de Chaunes. Il l'honora aussi du Gouvernement d'Auvergne, & ensuite de celuy de Picardie durant l'absence du Duc d'Elbeuf. De trois enfans masles sortis de son mariage qui ont pris les nom & armes d'Ailly, Henry-Loüis d'Albert dit d'Ailly, aprés luy Duc de Chaunes, n'a laissé que des filles de Françoise de Neuville de Villeroy sa femme. Le second nommé Charles Duc de Chaunes, est mort sans alliance, & le troisiéme aussi nommé Charles à present Duc de Chaunes a épousé N..... le Feron fille de Jerosme le Feron Président au Parlement, & de N.... Servient.

Leon d'Albert frere puisné de Charles Duc de Luynes & d'Honoré Duc de Chaunes, fut premierement Seigneur de Brante, Chevalier des Ordres du Roy, Conseiller en ses Conseils, Gouverneur de la Bastille, & Capitaine Lieutenant de deux cens Chevaux legers de la Garde du Roy, & enfin Duc de Piney, autrement appellé Luxembourg par ses Lettres d'érection en Duché & Pairie de France, par son mariage accordé au Louvre le 6. de Juillet 1620. avec Marguerite-Charlotte de Luxembourg, fille de Henry Duc de Luxembourg, Prince de Tingry, & de Madeleine de Montmorency; à condition de prendre par luy & par ses descendans, fils ou filles qui succederont au Duché, les nom & armes de Luxembourg. Il n'eut ny l'esprit ny la conduite de ses freres, & la mesme Fortune qui l'avoit élevé manquant à le soûtenir, il tomba dans le desordre & laissa sa maison ruïnée à sa mort arrivée le 25. de Novembre 1630. Son fils porte qualité de Duc de Luxembourg, & sa veuve est encore vivante & rémariée à Henry de Clermont puisné de Tonnerre. Voilà tout ce que j'ay pu donner de cette maison d'Albert ou de Luynes, que j'ay crû estre obligé de défendre contre les Libelles, qui nous restent depuis la faveur du Connestable, pour rendre à la verité le témoignage & le devoir d'un fidéle Historien.

DES SIEURS DE GRAND-RYE ET DE GRAND-CHAMP.

PIERRE S. de Grand-Rye ne se put si bien justifier d'avoir eu part aux desseins du Duc d'Alençon, qu'on ne le put mettre au mesme danger de la Molle & de Coconnas, mais il en sortit par le credit de Sebastien de Laubespine Evesque de Limoges son Oncle, frere de Magdeleine de Laubespine sa mere. Pour Guillaume de Grand-Rye S. de Grand-Champ son frere, il se trouva si embroüillé dans toutes les pratiques de Cour, qu'on ne l'eut jamais pû sauver, s'il eut esté pris. Ils estoient issus d'une Famille noble de Nivernois, où est la Terre de leur nom, en la Paroisse de Besnes, & rapportoient leur origine à un Guy S. de Grand-Rye dés l'an 1373. pere d'autre Guy autrement appelé Guyonin, dont le fils aisné fut Guillaume S. de Grand-Rye & de Besnes l'an 1440. duquel & de Eugene Bongars fille de Philbert Bongars S. d'Arcilly, & de Guyonne de Salles, nasquit autre Guillaume Seigneur desdits Lieux, mary de Jacquette Aubery, fille de Guillaume S. des Barreaux, & de Martine Durant. Il mourut le 30. d'Octobre 1521. & fut inhumé en sa Chapelle de Moulins-Angilbert. De six Enfans qu'il eut, l'aisné fut Albert S. de Grand-Rye, de Besnes, de Niry, de Monceaux, & de Cuirs, Pere de ces deux freres icy, & d'Antoinette de Grand-Rye femme de Guillaume Tenon S. de Nanvignes & de Fontfays, de laquelle sont issus les autres Seigneurs de Nauvignes & par femme le S. de Challudet, Vicomte de la Sablonniere.

Les Sieurs de Grand-Rye & de Grand-Champ appellez à la Cour par ceux de l'Aubespine leurs Parens, furent employez dans les Conseils, Pierre l'aisné fut Ambassadeur pour le Roy aux Grisons, & s'estant jetté dans les curiositez de la Chymie, il crut avoir trouvé le secret d'affiner les Metaux, dont il promit de servir le Duc d'Alençon dans sa retraite: mais sa Science ne luy produisit qu'une malheureuse Prison, & tous ses grands projets s'en allerent en fumée avec le reste d'une assez belle Fortune & une partie de ses biens. Il épousa Anne de Marreau fille de Jean S. de Pully, &c. Prévost d'Orleans & Maistre des Requestes de la Reine & d'Anne Testu, sœur de Sebastien de Marreau S. de Pully, & d'Hector S. de Ville-
regis.

regis. Il en eut deux enfans , Pierre , & Henriette de Grand-Rye,
femme de Jean de Montfoy Chevalier de l'Ordre du Roy S. de Bertry, &c. Vicomte d'Armes & de Clamecy. Pierre S. de Grand-Rye,
de Besnes , Chevannes , &c. épousa Elie de Terrieres de Marry Dame de Saulieres & d'Iouleaux , fille de François S. de Pisons , & d'Anne de Marry ; dont Elisabeth Dame de Grand-Rye , &c. fille unique , qui laissa de son mariage avec Paul Damas S. de Clecy & de
Montmorts, Baron de la Clayette, Jean Leonor Damas Baron de la
Clayette , mort sans enfans d'Anne de Chanlecy , Antoine Damas
S. de Besnes & de Grand-Rye , & Françoise Damas Religieuse.

Guillaume de Grand-Rye dit de Grand-Champ, S. de la Montagne
& de Monceaux , fut destiné à l'Estat Ecclesiastique , mais il quitta
son Abbaye pour prendre les armes ; où il se signala en qualité de Capitaine des Bandes Françoises , comme il fit encore à la Cour par la
beauté de son esprit , qu'il cultiva assez heureusement parmy les belles lettres. Il fut long-temps Ambassadeur à Constantinople & ayant
joint de nouvelles experiences à celles qu'il avoit acquises dans ses
autres emplois , il flatta son ambition de plusieurs esperances, qui luy
manquerent de la part de la Reine Catherine. C'est ce qui l'attacha
au service du Duc d'Alençon, qui le fit son Chambellan , & dans le
dessein de se venger & de satisfaire son ambition , il aida beaucoup
à le rendre malcontent, se mit du party Huguenot & s'engagea des
plus avant dans l'intrigue de la Molle & de Coconnas : mais il eut
l'adresse de se retirer des premiers, & de sauver sa teste par la fuite,
quand il vit que tout estoit découvert , & depuis il ne s'osa jamais
fier à la Reine. C'estoit un homme fort violent , mais j'ay pourtant peine à croire qu'il ait esté l'auteur d'une lettre qui luy est adres-
sée, & qui courut sous le nom de Grand-Champ, que peut-estre on
emprunta comme celuy du plus irreconciliable de tous ses ennemis ,
pour luy imposer les plus grands crimes, dont l'esprit humain puisse
estre capable. Je ferois difficulté de la donner icy , si ce qu'il y a
de calomnie ne servoit à faire connoistre la fureur de ce miserable
temps , & s'il n'estoit important de divulguer tous les secrets veritâ-
bles ou faux qui concernent nostre Histoire, parce que tout y sert ,
& que tous les jours on trouve dequoy prouver ou impugner ce qui
s'est dit & escrit de tous costez dans la chaleur des partis.

MADAME, *il y a quelque temps que M. de Beauville revenant*
de devers Vos Majestez, me pressa fort de dire le nom de ceux
qui m'avoient dit dernierement que j'estois à Lyon, que Vostre Majesté me
faisoit garder une corde pour me donner l'Ordre à mon arrivée à la Cour:
me disant que nommément vous le vouliez sçavoir. Or puis qu'ainsi est que
j'ay esté averty de ce qui m'estoit propre & necessaire de sçavoir pour la
conservation d'une des choses de ce monde que je tiens la plus chere , je
ne nommeray jamais celuy duquel j'ay receu un si saint & fidéle avertis-
sement. Seulement je diray que ce sont des Chrestiens Catholiques , qui

ſçavent de vos nouvelles , & de l'eſtat & trafique de France. Auſſi ,
Madame , j'ay reçû une Lettre & un Paſſeport par l'Ambaſſadeur des
Ligues , envoyez d'Avignon par M. Brullart Secretaire d'Eſtat , que
Voſtre Majeſté me faiſoit eſcrire pour l'aller trouver à Lyon ; pour l'envie
qu'aviez de parler à moy & à m'employer à voſtre ſervice. Mais ayant auparavant entendu de ceſdits Catholiques des choſes non moins épouvanta-
bles que déteſtables à tous ceux qui font profeſſion de la vertu , & ne pouvant entrer en mon courage de les vous mettre par eſcrit ; toutefois ſçachant de long-temps qu'eſtiez curieuſe de ſçavoir & apprendre les choſes
qui ſe paſſent en voſtre preſence : je vous diſcourray ſeulement les moindres & plus ſupportables de celles que j'ay entendüës par les ſuſdits Catholiques , qui m'épouvanterent ſi extrémement , que depuis j'en ay gardé l'un des principaux Cantons du Rhoſne. Et ſur ce Voſtre Majeſté ſera
avertie qu'ayant fait une ſi heureuſe rencontre deſdits deux hommes &
ſçavans Catholiques , l'un me connoiſſant il y a environ 21. ans , & l'autre depuis la journée de la trahiſon , [la ſaint Barthelemy :] car il y
a environ 29. ans que j'ay eſté Courtiſan ſans Courtiſanner qu'à ſuivre
l'Art militaire : & après leur avoir fait entendre mon voyage , le peu
de contentement & la mauvaiſe eſperance que j'en avois , & les voyant
qu'ils eſtoient aiſes de me faire rébrouſſer chemin ; nous-nous miſmes tous
trois en une chambre.

　Leſquels commencerent premierement à me dire , hé, comment vous
pourriez vous fier à la Reine Mere ? vû les Tragedies qu'un-chacun de
nous ſçait qu'elle a joüées , voir, entre vous & nous , & ne faut point que
les uns ny les autres penſions que ce ſoit pour aucune Religion ; car la
bonne Dame n'en a nulle , toutefois elle craint Dieu comme tous les Diables. Et au reſte il faut croire certainement qu'elle eſt cauſe de tous les
malheurs , qui ſont avenus en noſtre pauvre Monarchie , pour la haine irréconciliable qu'elle porte à noſtre Nation ; de laquelle entierement elle
ſe veut venger à quelque prix que ce ſoit , & toûjours ſous prétexte de
Religion. Or nous ſçavons que d'autre coſté elle a commis pluſieurs ſortes
de trahiſons. Premierement , elle fit empoiſonner le feu Seigneur d'Andelot , & depuis le feu Cardinal de Chaſtillon ſon frere & la feuë Reine de Navarre. Puis elle fut cauſe ſeule du maſſacre de toute la France du jour de la S. Barthelemy. Puis elle fit empoiſonner M. le Duc ſon
fils , qui toutefois en fut quitte pour avoir le Pourpre : puis le Duc de
Longueville : auſſi le Duc de Boüillon , dont ſon Medecin fut pendu à
Sedan , & avec eux le Duc d'Uzés ; tous trois ayans eſté feſtoyez en un
Banquet à Poitiers , au retour du ſiege de la Rochelle : & quand on luy
rapporta la mort dudit Duc d'Uzés , ſoupçonnée eſtre avenüe par priſe de
Poiſon , tout le ſervice qu'elle a fait à ſon Chevalier d'honneur , ce fut
de dire , hé ! qui eut voulu empoiſonner ce bon-homme là ? Mais aupara-
vant toutes ces choſes-là avoit fait empoiſonner le Prince de Porcien.

　Auſſi faut-il que vous entendiez une choſe , me dirent-ils , que peu de
gens ſçavent , à tout le moins pluſieurs l'ignorent ; que du temps que le
camp eſtoit devant la Rochelle , le feu Roy Charles , qui eſtoit fort af-

fectionné à la chasse, comme chacun sçait ; un jour se courroucant à ses Veneurs & à ses Chiens, vous , Madame, estant avec luy, luy dites, hé ! mon fils, il vaudroit mieux vous courroucer contre ceux qui font mourir tant de vos fidéles Serviteurs devant la Rochelle ; non pas à vos Veneurs & à vos Chiens. A quoy le Roy vous répondit & M... Madame qui en est cause que vous , par le V... vous estes cause de tout , & s'en allant vous laissa : dont Vostre Majesté fut fort courroucée , & en gemissant vous en allastes à vostre chambre : où en voyant quelques-unes de vos femmes les plus familieres , vous pristes à dire , j'ay toûjours bien dit que j'avois affaire à un fol, duquel je ne viendrois jamais à bout. Et depuis ce temps-là vous , Madame, cherchastes tous les moyens dont vous pustes aviser de le faire empoisonner ; & ainsi me le disoient ces bons Catholiques ; de façon que du temps que Sa Majesté devoit aller conduire le Roy de Pologne son frere jusques à Metz , il fut averty de la part de trois Personnages qu'ils me nommerent, que si Sa Majesté y alloit, elle n'en réviendroit jamais , & qu'on luy avoit déja préparé le morceau Italianisé. Laquelle chose il crut facilement ; à cause que le Roy son frere differoit toûjours son partement , dont Sa Majesté craignoit tant plus fort : de façon qu'elle luy manda qu'il falloit que l'un d'eux allast en Pologne , car ainsi l'avoit-il promis. Or le Roy de Pologne estant résolu de partir , vous , Madame, luy dites , mon fils allez , allez hardiment & vous tenez toûjours prest & me laissez faire, car vous n'y demeurerez guere. Et depuis Vostre Majesté fit si bien qu'elle gagna le feu S. de la Tour , luy faisant entendre ou autre pour vous, que le feu Roy vostre fils estoit en volonté de le faire mourir , afin que plus aisément il joüit de sa femme. Ce que ledit la Tour crut facilement, d'autant qu'il sçavoit bien que ledit feu Roy aimoit fort sa femme , & facilement accorda de donner le poison à sadite Majesté : & tout aussi-tost après prit son chemin en Anjou , afin de n'estre en rien soupçonné ; aussi que sadite Majesté languit assez long-temps après la prise de sadite Medecine. Et depuis vous , Madame, fistes empoisonner le feu Seigneur de la Tour ; tant pour faire Justice de son inhumanité , que pour empescher qu'il ne put rien découvrir d'une telle laschetê contre tout droit de nature , si ainsi est.

Toutefois lesdits Catholiques me le disoient ainsi , & davantage ces mots , & comment vous pouvez-vous fier à celle, qui n'a épargné ses propres enfans , ny ceux qui de long-temps luy ont fait tant de services ? Ayez souvenance de la Tragedie qu'elle a joüée au Duc de Montmorency & Mareschal de Cossé , lesquels ont fait tant de services à la Couronne de France , pensez-vous estre plus respecté qu'eux ny leur maison, qui est des mieux alliée de France ? Tenez-vous pour asseuré qu'elle ne demande que toute la ruïne de la Monarchie , soit en general ou particulier , témoin ce qu'elle répondit à deux Dames Duchesses, qui luy dirent un jour , certainement, Madame, c'est grande pitié d'ainsi ruïner la Noblesse de France & tant d'autre Peuple, comme l'on voit journellement ; car vous ne pouvez faire tüer quinze Huguenots qu'il ne meuré

Tome II.   H h h 2

ix Papiſtes, & ſont toûjours vingt-cinq François; dont Voſtre Majeſ-
é répondit, ha! ma Couſine, ne vous ſouciez point de cela, car il y a
ſſez de Gens en Eſpagne & Italie pour peupler la France, en cas qu'il
n'y eut perſonne, car c'eſt auſſi une meſchante race que les François. Or
mettez-là voſtre argent je vous en prie, me diſoient ces bons Catholiques.
Auſſi ne ſçavez-vous pas bien que quelque temps auparavant que le feu
Roy Charles mourut, qu'elle envoya quinze cens mille eſcus à Don Jean
d'Auſtriche, pour faire approcher ſon armée de Mer à la Provence; afin
que ſi le Roy Henry ne pouvoit revenir de Pologne, que ledit Don Jean
demeuraſt Viceroy en France: promettant, ſi ſadite Majeſté venoit à
mourir, faire tomber la Monarchie entre les mains du Roy d'Eſpagne,
voulant par ce moyen fruſtrer M. le Duc ſon fils, & montrant ſa trés-
bonne & amiable nature. Au reſte, me dirent-ils, qui eſt celuy d'entre-
vous & nous qui ne croye, que ſi cette bonne Dame eut ſçeu tant
faire par ſes menées que d'attraper le Prince de Condé & le Mareſchal
de Damville, qu'elle n'eut failly à les faire mourir; & M. le Duc
& le Roy de Navarre & tous les Princes du Sang, de quelque Religion
qu'ils euſſent eſté, avec tous ceux de la Maiſon de Montmorency, juſques à tous leurs Parens & Alliez? car elle avoit déliberé de ruïner
entierement tous ceux qu'elle craignoit eſtre vrayment affectionnez à la
Couronne de France: qui de vray ne ſont que Baſtards, de ſe laiſſer
ainſi mener par le nez comme Buffles contre tout ordre Divin & Humain.

Or, Madame, entendant telles paroles, voire, beaucoup plus énormes
ſans comparaiſon, je ne ſçavois que répondre, ſinon que je ne le croyois
pas. Mais encore, commencerent-ils à me dire, n'avez-vous pas entendu la recompenſe que cette Preude femme fit faire à un pauvre malheureux, par lequel avec le moyen de feu l'Aubeſpine, elle fit tüer
le feu S. de Chavigny Baſtard du feu Roy de Navarre, & aprés avoir
fait le coup & l'avoir remercié, luy dit qu'il fit ce que luy diroit ledit de
l'Aubeſpine, lequel luy donna un Mandement adreſſant à un des Lieutenans
du Prévoſt de l'Hoſtel, pour recevoir deux mille eſcus pour ſe mettre en équipage, en attendant un Gouvernement ſur la Frontiere pour la ſeureté de
ſa perſonne: comme penſant dés-ja eſtre au tiers Ciel pour n'avoir jamais eu deux mille ſols enſemble, & s'eſtant adreſſé audit Lieutenant,
lequel avoit eu le mot du guet auparavant, le fit eſtrangler en ſa Garderobe, & le ſoir venu le fit jetter dans un Sac en l'eau. Voilà la récompenſe qu'elle fait à ſes Serviteurs. Auſſi, Madame, ils me dirent
que vous envoyaſtes querir il y a environ quinze ou ſeize mois un Ma-
gicien fort rénommé juſques en Italie; duquel aprés avoir entendu pluſieurs choſes qui ne vous plurent guere, luy baillaſtes congé, & luy fiſtes
preſent de deux mille eſcus & d'une belle Haquenée de voſtre eſcurie,
afin qu'il s'en allaſt plus à ſon aiſe: & luy baillaſtes un Guide à deux
chevaux, qui avoit charge de Voſtre Majeſté de le mener paſſer par le
Bois de Monceaux pour luy montrer voſtre maiſon, & que là il le dé-
peſchaſt tout outre & qu'il rapportaſt les deux mille eſcus & qu'il rame-
naſt ladite Haquenée, & qu'il auroit cinq cens eſcus pour ſa peine: ce

que le Galant fit volontiers, d'autant qu'il estoit coûtumier d'executer pour vous telles entreprises, & quatre ou cinq jours aprés que le bruit vint à la Cour que le Philosophe dont est question avoit esté tué & volé par les Brigands, vous, Madame, vous pristes à rire, disant par ma foy c'estoit un grand fol, car il a prédit ce qui devoit avenir aux autres & n'a sçû connbistre ce qui devoit avenir à luy-mesme.

Et aussi me dirent que Vostre Majesté avoit marchandé avec un nommé le S. Camille & le S. de Chars & plusieurs autres, pour faire empoisonner ou tuër le Prince de Condé, & aussi, que d'autre costé vous aviez employé plusieurs personnes de toutes qualitez pour faire empoisonner ou tuër le S. Mareschal de Damville. Aussi, Madame, me dirent ces bons Catholiques, que vous avez souffert Prescher l'Athéisme en plusieurs endroits de la Cour, & que lors que l'aveugle qui estoit Prestre, Sorcier, fut brûlé à Paris, il confessa devant les Principaux du Parlement qui l'interrogerent, que vous, Madame, estiez la premiere enrôlée de toute sa Legion [cela fait grand tort à la probabilité de tout ce qu'il dit ailleurs contre cette Princesse] de laquelle il estoit le Colonel General en l'absence de Sathan. Aussi me dirent-ils tant d'autres choses si execrables, que je perds tout cœur & courage d'entrer jamais en la France, jusques à ce qu'il plaira à Dieu de me faire si heureux de me voir une fois en ma vie l'un des Capitaines de vos Gardes : & lors vous pourrez asseurer, Madame, que si jamais Princesse fut bien gardée, & fut-ce la Reine d'Escosse, Vostre Majesté le sera : car j'ay toûjours esté, suis & seray, trés-fidéle, avec la grace de mon Dieu à tous ceux & elles à qui le promets. De Lausanne le troisiéme mois de la quatriéme année aprés la trahison. GRAND-CHAMP.

Ce Guillaume de Grand-Rye fut marié trois fois, sa premiere femme fut Marie Bataille, fille du sieur de la Chaume, de laquelle il ut Charles de Grand-Rye Religieux à S. Benigne de Dijon, Marie ussi Religieuse à Dijon, & Françoise de Grand-Rye femme du S. du ...on Gouverneur de Sevre, depuis appellé Bellegarde. La seconde fut Claude de Beaumont fille de Charles S. de Varenne, & la troisiéme ....de Bellefons dont il n'eut point d'enfans. Du 2. lit nasquirent Josias, Guillaume S. de Ferrieres sans posterité de Jeanne Bolacre, & Judith de Grand-Rye mariée 1. à Jacques Balzy, 2. à ...an du Cleroy S. de Maison-neuve. Josias de Grand-Rye S. de Chauvances, épousa Olivé de Montfoy sœur de Jean S. de Bertry, Chevalier de l'Ordre du Roy, allié à Henriette de Grand-Rye sa cousine. Et en eut quatre enfans, Pierre S. de Chauvances, premier Capitaine & Major du Regiment de Langeron, qui de Claude du Pin, ...le de Claude S. de Ferrieres & de Jeanne Bolacre eut N.... de Grand-Rye, Guy S. de Chauvances, Roger S. de Ferrieres, Jeanne ...mme de N.... de Blosset S. de saint George, N.... femme du S. Romanes de la maison des Orges & N.... alliée au S. de Grand- ...au. Lazare de Grand-Rye second fils S. du Mont aussi Capitaine &

Major du Regiment de Langeron , n'a eu de Catherine
à femme, fille de Jean S. de Jauges, & de Catherine de
è , que N.... de Grand-Rye fille unique Dame du Mo
le Grand-Rye troifiéme fils de Jofias, Chevalier S. de C
Chevreches , Baron de Surionne, Vicomte d'Armes &
Capitaine des Gardes de la Porte de M. le Duc d'Orlea
Elifabeth de Remond de la maifon d'Arnicourt; dont un
Anne Roger de Grand-Rye Baron de Cuncy, &c. mort
Chambre de M. le Duc d'Orleans 1652. Enfin Jeanne de
auffi fille de Jofias, époufa Charles du Cleroy S. de Mar

DU MARIAGE DE CHARLES IX. AVEC ELIS
d'Auſtriche.

CE mariage s'accomplit à Mefieres le 27. Novembre
puis que le S. de Caftelnau ne me donne que cette
pour en traiter la Negociation, j'employeray fur ce fuje
res originaux de cette grande affaire , dont la principale
dûë à Bernardin Bochetel Evefque de Rennes, plûtoft
Fourquevaux , qui n'y eut d'autre-part, finon que la chol
foluë & l'Evefque de Rennes de retour , il fut envoyé de
en paffer le contract avec Adam de Dietrichftein Con
l'Empereur. Jamais affaire ne traifna fi long-temps & ne
verfée , à caufe de la jaloufie que le Roy d'Efpagne eut
liance, de crainte qu'elle ne nous rendit trop bons amis a
reur Maximilien, lors Roy des Romains, qu'il vouloit
divorce avec la France au fujet de la reftitution de Met
Verdun ; pour quand il luy plairoit nous l'attirer fur les
Princes de l'Empire. De s'oppofer directement à un fi g
ge pour la fille de cet Empereur, c'eftoit manquer ouvertem
tion qu'il luy témoignoit, c'eft pourquoy il s'avifa d'une
qui fut des deux filles qui eftoient à marier, en demander
fils , d'en prétendre le choix comme aifné de la maifon
moyen traifner l'affaire en longueur, ou en tout cas,
qu'au lieu de la fille, le Roy époufaft feulement la fœur de
quoy que veritablement il n'eut aucune penfée de mar
Don Charle, duquel il ne fongeoit qu'à fe défaire pour
dont nous avons parlé , & qu'il le propofaft encore
Reine d'Efcoffe, avec moins de deffein de rien conclure,
pefcher de fe rémarier en France , & d'y rapporter cet
qu'elle y avoit dés-ja jointe par fon alliance avec le F
fecond. Toutes ces intrigues paroiftront dans les Lettr
que j'ay récueillies pour fervir à cette Hiftoire , & que
ray avec le plus d'ordre que je pourray , pour traiter c
tion par purs Originaux & fans y rien adjoufter du mie
j'en ay affez donné d'éclairciffemens en d'autres lieux ,

né quelques autres lettres touchant le mefme fujet. La premiere nous apprendra qu'on parla neuf ans entiers de ce mariage auparavant qu'il fuft conclu.

MONSIEUR DE RENNES, hier je reçûs voftre lettre du 13. de Mars venuë par la voye de Suiffe, & ce jourd'huy celle du 11. par le chemin de Flandre, par lefquelles j'ay connu que vous eftes bien & feurement averty des chofes qui paffent-là : & répondant à la derniere, je vous diray que la teneur de la lettre que l'Ambaffadeur à Rome de l'Empereur luy efcrit, dont avez fait cet extrait, eft le mefme langage que je tins audit D. Juan Manriquez, & la propre Negociation qu'il a fait icy. Par où m'eft confirmée de plus en plus une opinion que j'avois découverte, que ledit Manriquez n'avoit pas efté dépefché pour une condoleance feule ; pour eftre Perfonnage prés de fon Maiftre fort aimé du Prince Charles : joint les autres argamens que j'avois d'ailleurs, que l'on pouffoit fort à cette roüe-là de ce cofté icy. [La Maifon de Guife] Chofe que je ne voudrois point voir pour l'importance de l'Eftat de ce Royaume, & à cette occafion defire-je, Monf. de Rennes, fur la fiance que j'ay en vous, & au devoir que ceux qui font employez au fervice du Roy Monfieur mon fils doivent, que vous faffiez dextrément tout ce que vous pourrez, pour éclaircir le fait de ladite pratique de ce mariage de la Reine d'Efcoffe ma fille & le Prince Charles, par tous les moyens que vous fçaviez bien faire ; pour incontinent & à toute heure que vous en fçaurez quelque chofe, m'en avertir par lettres particulieres, que vous mettrez en chiffre dedans le Paquet de l'Aubefpine : me touchant par le menu les tenans & aboutiffans de ce que vous en découvrirez. Ce qui fervira à m'y faire voir clair, & avertie que j'en feray, me donnera moyen de mieux remedier à ce qui fera neceffaire.

Par voftre premiere lettre, j'ay fçû quelle eft l'efperance du Concile du cofté de de-là, qui m'en fait avoir bien peu d'ailleurs, encore qu'il foit venu un bruit que le Pape y a dés-ja dépefché fes Legats. Ce font remedes en apparence & peu en effet, d'autant que je ne voy point que les autres y cheminent guere plus franchement. Quant à moy, vous aurez vû par ma précedente dépefche comme nous tenons nos Ambaffadeurs & Prélats prefts à cette fin, quand on verra que ce fera à bon efcient : & ne fe trouvera perfonnes mieux difpofées à chercher ce bien tant neceffaire, que nous, felon auffi le befoin que nous en avons, qui n'eft pas petit.

J'ay confideré ce que m'écrivez des propos qui courent par de-là, du mariage de la fille du Roy de Bohéme, [Maximilien depuis Empereur,] & du Roy Monfieur mon fils, en quoy comme prudent & fage vous vous eftes gouverné, fans en parler ny réponfe fans en avoir charge : & parce que c'eft un party que je n'ay jamais que bien defiré, pour plufieurs confiderations ; vous ne fçauriez rien faire qui me foit plus agréable que de faire dextrément & comme de vous-mefme entendre à ceux, qui peuvent faire valoir cette pratique, que vous eftimez que ce party ne feroit trouvé

que bon, & que par ce mesme moyen se pourroit faire le mariage de la seconde fille nostre au fils du Roy de Navarre, qui est un Prince seul,
grandement riche & si bien apparenté qu'il est; le pere tenant le lieu en
ce Royaume qu'il fait, & estant entre luy & moy telle & si grande amitié
& intelligence qu'il y a. Mais si lesdites choses venoient à cette fin, on desire-
roit singulierement que lesdites deux filles demeurassent auprés de la mere, & que l'on se gardast bien de les laisser transporter ny nourrir ailleurs : conduisant cela avec telle dexterité, qu'il ne se connoisse point
que nous en eussions trop d'affection, parce qu'il y a assez de temps
entre cy & les effets, & il ne seroit ny honneste ny raisonnable que cela se découvrit en vain. Je suis seure que ce sera une nouvelle qui ne leur déplaira pas trop ; mais il faut que ce soit comme partant
de vous, & sans qu'il paroisse que vous en ayez aucun avis d'icy, où
il ne s'offre dequoy vous faire plus longue lettre ; n'y estant rien survenu
depuis le partement du S. de Vieilleville. Priant Dieu, Monsieur de
Rennes, vous donner ce que plus desirez. De Fontainebleau le 11. jour
d'Avril 1561.

CATHERINE, & plus bas, DE L'AUBESPINE.

MONSIEUR DE RENNES, par les lettres que m'avez escrites des 15. & 22.
Avril, 6. 8. 13. & 20. du passé, je n'ay point veu qu'il se soit avancé
grande chose au fait du Concile, ny que le Canobio, par lequel on en esperoit
une si ample & totale résolution du Pape, ait rien apporté, que si general, que
je n'y puis connoistre autre chose que longueurs, remises & prolongemens, qui
se sont tant continuez jusques icy, que je ne sçay plus que m'en promettre, ny
pour quand nous en pouvons esperer l'effet, le fruit, & l'utilité, qui est si necessaire au bien, union & repos de la Chrestienté. J'attendray en bonne devotion
cette plus ample dépesche, que Sa Sainteté doit faire audit Empereur, aprés
avoir ouy D. Juan d'Aialle : & si c'est avec aussi peu de résolution, qu'il s'est
veu par ses autres precedentes dépesches ; si je pense que l'on ne veut paistre le
monde que d'apparence, & à nous, qui sommes les plus proches du peril, faire
consommer le temps inutilement ; il me semble que j'en auray grande & juste
occasion : qui est tout ce que je vous puis dire & répondre pour cette heure, quant
au fait dudit Concile. Et venant à l'autre point de vosdites dépesches, qui est
celuy de l'instance que le S. de Vieilleville & vous, avez faite envers le Roy
de Bohéme, pour persuader l'Empereur d'envoyer par-deçà un Ambassadeur,
attendu le long-temps qu'il y a que le Roy Monsieur mon fils vous tient auprés
de luy, comme à la verité il est bien honneste & raisonnable, & qu'il s'est toujours observé & correspondu entre grands Princes Amis : je vous diray que
c'est chose qui a esté de long-temps considerée, & ne fussions pas à cette heure
à vous révoquer, n'eust esté que nous avons connu que vostre presence par de-là,
avec une si honneste couleur que celle du fait dudit Concile, n'est pas sans fruit
& utilité au service du Roy Monsieur mon fils. Au moyen dequoy il est necessaire
que vous demeuriez là encore quelque temps ; ce que je m'asseure que vous ne
plaindrez point, puis que c'est sur une si bonne occasion. Ledit S. de Vieilleville
n'est point encore arrivé, aprés son retour, & qu'il nous aura rendu compte de
tout ce qu'il aura appris en son voyage, je vous feray faire une si ample dépesche sur les particularitez qui auront besoin de réponse de nostre costé. [le
reste est en chiffre.]

Cependant j'ay à vous avertir que j'ay veu le discours que me faites des propos que vous avez tenus au Roy de Bohéme sur le fait des mariages, dont vous
avois escrit, & encore que ce que luy en avez dit ait esté comme de vous-mesme,

& si refervément, qu'il aura peu d'occafion de penfer qu'une telle ouverture vien-
ne d'autre que de vous & de l'affection que vous avez de le voir eftroitement lié
d'amitié & alliance avec cette Couronne ; si eft-ce que j'euffe bien desiré, que ne
fuffiez pas allé vers luy expreffément fur cette occasion, & que vous euffiez
attendu en luy communiquant d'autres affaires, à faire tomber ce propos-là comme
chose inopinée, à laquelle vous n'euffiez jamais penfé auparavant : & craig-
nant que vous eftimiez que ce que vous en ay eferit, ait efté pour le desir que
j'aye aufdits mariages ; je vous veux bien dire que pour le bas âge du Roy mon-
dit sieur & fils, je n'ay encore penfée de le marier, ny obligée là ny ailleurs,
& n'eft ce que je vous en ay mandé à autre fin, que pour voir, si en mettant
lefdits deux Partis en avant comme de vous-mefme, vous pourrez rompre les
autres qui font en termes. Qui eft ce qu'il faut que vous ayez toûjours devant
les yeux, & venant ledit Roy de Bohéme à réprendre lefdits propos, vous
vous gardiez bien de luy donner à connoiftre, que l'on vous en ait jamais eferit,
ny que l'ouverture, que vous luy en avez faite, ait efté que de la feule affection
que vous luy portez. Autrement vous entendrez affez que ce ne feroit pas feu-
lement avancer ce que nous avons envie, & que vous travailleriez de réculer,
mais d'un affectionné Amy en faire fon Ennemy, & avec affez mauvaife occasion
perdre tout à coup ce que nous penfons avoir acquis en fon endroit, d'affeurance
& de reftabliffement de bonne & parfaite amitié ; de forte, Monf. de Rennes,
que vous devez prendre garde, que en voulant faire l'un, vous ne gaftiez rien
en l'autre. Mais comme vous, qui eftes fage & avifé, le fçaurez bien faire pru-
demment & confidérément, fans luy rien dire du transport des filles, ny d'autres
particularitez ; si ce n'eftoit à propos, que vous viffiez clairement, qu'il ne
s'en put offenfer pour l'avenir ; Vous mettrez peine de fçavoir, s'il y aura autre
occasion du mauvais ménage, qui eft entre l'Empereur & luy, que celle que vous
m'avez eferite par voftre lettre du 13. & si la Guerre d'entre le Roy de Po-
logne & Mofcovite fera pour tirer outre, & auffi si l'Ambaffadeur de Ferrare
aura rien propofé pour marier fon Maiftre avec l'une des filles dudit Empereur ;
afin de m'avertir de toutes lefdites particularitez, comme de toutes autres cho-
fes que vous en eftimerez dignes, ainfi foigneufement que vous continuez ordi-
nairement. Priant Dieu, Monfieur de Rennes, qu'il vous ait en fa fainte gar-
de. Efcrit à S. Germain des Prezlez Paris le 6. jour de Juin 1561.
CATHERINE, *& plus bas,* BOURDIN.

Du 17. Juin 1563.

MADAME, *depuis ma derniere qui eftoit du 3. de ce mois, l'Empereur a*
pris foudaine réfolution de s'en aller en Auftriche, & de-là en Hongrie
pour le Couronnement de fon fils ; furquoy luy eftant allé rémontrer l'autre jour
combien ce foudain partement apporteroit de défaveur aux affaires du Concile,
& que quant à moy, me fouvenant de ce qu'il m'avoit dit, qu'il ne partiroit
de ce lieu jufques à ce qu'il verroit ledit Concile si bien acheminé, que fa demeu-
re n'y feroit plus réquise, ou les chofes si défefperées, que prefent ny abfent il
n'y pourroit plus fervir de rien : je l'interpretois que Sa Majefté en défefpe-
roit entierement ; car tout y eft en auffi mauvais eftat, voir, en pire qu'il n'a-
voit encore efté par cy-devant. Comme en effet M. le Cardinal de Lorraine luy
avoit eferit fraifchement, fe complaignant que la liberté du Concile, avec
grand fcandale eftoit toûjours empefchée, & de nouveau qu'on avoit envoyé à
Rome pour avoir leur avis fur un Article de la Doctrine de l'Ordre ; lequel
les Legats ne vouloient autrement laiffer paffer. Il me répondit qu'il eftoit
voirement réfolu de partir bien-toft, & que fes affaires le preffoient si fort, qu'il
ne pouvoit plus differer ; ayant affaire en Hongrie pour les Contributions du
Pays, qui depuis quatre ans en çà ont efté intermifes, & auffi pour le Cou-
ronnement de fon fils. Mais qu'il avoit donné charge si ample à fes Ambaffa-
deurs, qu'ils n'avoient que faire d'attendre plus autre inftruction de luy, quel-

que chofe qui put furvenir ; voulant trouver bon tout ce qu'ils feroient de commun advis avec M. le Cardinal de Lorraine & l'Ambaffadeur d'Efpagne. Je luy répliquay que fa demeure en ce lieu n'eftoit pas feulement neceffaire, pour la commodité d'inftruire ordinairement fes Ambaffadeurs, mais pour donner cœur & affeurance aux gens de bien, de faire & parler librement, fe voyans fi prés d'eux un Empereur, qui promettoit tenir bien la main à leur liberté, & refréner ceux qui la voudroient en aucune maniere violer. Il me dit là-deffus qu'il efperoit en ce fien voyage faire une chofe qui feroit de plus grand profit, que ne feroit fon plus long féjour icy : & puis me dit ce qu'il avoit intention de faire, me faifant neantmoins promettre que je n'en dirois rien jufques à ce qu'il eut ouï M. le Préfident Birague. Veritablement ce n'eft pas chofe de petite importance pour le bien du Concile, fi l'effet s'en enfuit. Je ne laifferois de l'efcrire à Voftre Majefté pour la promeffe que j'ay faite, s'il importoit au fervice du Roy, auquel je fuis plus obligé qu'à cette nouvelle promeffe, de le fçavoir plus aujourd'huy que demain. Ce fera pour le prochain ordinaire, cependant ledit S. de Birague viendra.

Voftre Majefté aura efté pareillement avertie par M. de Lanffac, comme la chofe paffa entre luy & l'Ambaffadeur d'Efpagne, pour raifon de leurs Séances. On a efcrit icy que ledit Ambaffadeur d'Efpagne ne voulut accepter le lieu, que les Legats luy offroient entre les Ambaffadeurs Ecclefiaftiques, fuivant l'Ordonnance qui eftoit venuë de Rome ; non que la chofe ne fut bien plus à fon avantage, mais pour ce qu'il voyoit que ladite Ordonnance ne tendoit qu'à la diffolution du Concile : & que d'autant que M. de Lanffac en parla & protefta plus roidement & plus vertueufement, d'autant l'eut-on plus volontiers executée ; car c'eftoit le moyen de venir à la diffolution d'autant plus aifément, que s'il ne s'en fut pas foucié, chofe qui a efté trouvée merveilleufement eftrange, & de l'Empereur qui en a efté ainfi averty, & de tout le monde.

Le Duc de Baviere avoit réfolu de conceder dedans fon Pays à fes Sujets la Communion fub utraque, puis que le Concile & le Pape avoient tenu fi peu de compte de fes rémonftrances, fi dedans le terme fufdit ledit Concile & Sa Sainteté ne fe réduifoient : chofe qui a fort ému le Pape, comme Voftre Majefté aura à mon avis efté avertie. Les Legats du Concile ont envoyé par-devers luy un Docteur, pour le perfuader de furféoir encore cette fienne réfolution, & y ont auffi employé l'Empereur. S'ils luy promettent de faire paffer bien-toft la chofe par le Concile, je croy qu'il fe contentera de differer encore, mais s'ils le trompent, je croy que ce fera toûjours tant pis.

Les Rois de Dannemarck & de Suede fe font attachez à la Guerre bien afprément, & font de grandes levées en Allemagne, celuy de Dannemarck par le moyen de fon beau-frere le Duc de Saxe, l'autre par le moyen du Landgrave fon beau-pere, qui luy a rétenu, comme l'Empereur a avis, les Reiftres de France ; neantmoins le Duc de Saxe & le Landgrave font déplaifans de cette Guerre, & tant par l'exhortation de l'Empereur que d'eux-mefmes, fe veulent employer à la Pacification. Autre rémuëment ny foupçon de Guerre n'y a-t-il pour cette heure en Allemagne, mais fi celle-là continuoit, il y auroit bien danger que le mal ne s'eftendift jufques aux Partifans, que lefdits Rois auront en Allemagne.

J'efcrivois à Voftre Majefté par la derniere, comme de jour à autre on attendoit un Courier de Rome, qui apportaft la réfolution fur le fait de la confirmation du Roy des Romains ; mais en effet le Pape continuë à faire le difficile, dont on fe mécontente fort en cette Cour. Je ne fçay fi l'Empereur eftant party d'icy, chofe qui ne fera en rien défagréable à Rome, Sa Sainteté fe montrera plus traitable ; car ils difent icy que c'eft chofe nouvelle, que le Roy des Romains promette obédience, & que fon pere ny fes Prédeceffeurs ne l'ont jamais fait : toutefois ils infiftent toûjours là-deffus à Rome. Les Ambaffadeurs de Gennes traitent icy avec le Marquis de Final pour la reftitution de fon Pays, par le moyen de l'Efpagnol, que le Roy d'Efpagne a envoyé pour cet effet. Devant qu'ils foyent d'accord, l'Empereur ne veut voir ny ouïr lefdits Ambaffadeurs.

La vraye occafion qui hafte l'Empereur à partir d'icy, [d'Infpruch] eft que le petit Roy de Tranfilvanie eft en tel eftat de fa Perfonne, que l'on efpere bien peu de vie en luy. Il eft fujet au mal caduc & à tous les excés qui empirent ce mal-là ; dont on ne le peut aucunement divertir. Il luy en vint dernierement de fi eftranges accidens, que la nouvelle fut icy qu'il eftoit mort, mais incontinent aprés on fçût le contraire : neantmoins tous s'accordent qu'il eft impoffible qu'il vive. Ce Royaume-là, de la volonté de ceux du Pays, fans doute viendra au Roy des Romains, mais de l'autre cofté, je ne fçay fi le Turc laiffera paffer la chofe ainfi ; & s'il les veut empefcher, fi du cofté de deça, ils ont les moyens de s'en defendre. Quand nous ferons en Auftriche, nous y pourrons voir plus clair. Je croy auffi que l'Empereur s'éloigne du Concile, efperant avoir plus ai-fément raifon du Pape en cette confirmation du Roy des Romains ; qui eft une caufe qui le mene d'autant davantage, qu'il voit que fon fils ne s'en foucie pas beaucoup.

Martin de Gufman eft retourné de Vienne, & n'emmene plus le fils du Roy des Romains, le partement defquels eft remis à cet Automne, c'eft-à-dire à mon advis jufques à ce qu'il vienne quelque meilleure refolution fur le mariage du Prince avec la fille aifnée du Roy des Romains : car je me voy confirmé de tous endroits que ledit Gufman n'en a rien traité. Je ne fçay quelle réponfe l'Empereur a faite à M. le Cardinal de Lorraine touchant les mariages mis en avant par luy, mais cette Cour parle fort de donner au Roy la dernière fille de l'Empereur, comme je l'ay auffi efcrit à mondit S. le Cardinal. Elle eft d'auffi bonne maifon que les autres, mais pour voftre intention, Madame, qui eft à mon avis, d'affeurer quelqu'amitié avec le Roy des Romains, il y a bien grande différence. Je ne fçay fi d'avoir vû qu'on s'eft fi facilement accordé à la feconde, fait efperer à l'Empereur que nous reculerions bien encore de cet au-tre degré.

J'ay reçû la lettre de Voftre Majefté du 18. jour de May, vous pouvez bien, Madame, demeurer en repos que je n'ay feulement penfé à ouvrir la bouche du mariage de Monfieur avec la fille du Duc de Cleves ; car j'ay compris affez clairement l'intention de Voftre Majefté par ce qu'il vous a plû m'en efcrire, comme je croy que Voftre Majefté entendit par ma réponfe. Et quand bien ledit Duc de Cleves n'euft eu un fils, fi n'y a-t'il perfonne à qui je puiffe parler d'une telle affaire qu'au Roy des Romains, qui n'a pas efté icy depuis Carefme-Pre-nant.

De Trente le 28. Juin 1563.

MADAME, incontinent que M. le Préfident de Birague à eu congé de l'Em-pereur & s'eft mis en chemin pour fuivre fon voyage vers le Roy des Ro-mains, me trouvant affez de temps pour faire un tour jufques icy [à Trente] & me rendre puis à Vienne auffi-toft comme l'Empereur ou bien-toft aprés : m'y en fuis venu fuivant ce que je vous efcrivis par ma derniere ; tant pour fçavoir fi M. le Cardinal de Lorraine auroit à me rien commander touchant les affaires, qui fe prefentent à traiter avec l'Empereur, dont Voftre Majefté luy a donné la charge ; que pour bien entendre l'eftat de ce Concile, afin de mieux fervir à faire tous les offices auprès de l'Empereur, qui feront pour y amander les chofes, qui vont, à ce que j'entens, encore affez mal, pour en rien efperer de bon ny de remede à nos maux ; comme Voftre Majefté eft trop bien avertie par tant de fi grands & fi dignes Miniftres qu'elle a icy. Ledit S. de Birague vous aura fait le difcours de la réponfe qu'il a euë de l'Empereur fur le princi-pal point de fa charge, qui eftoit la tranflation du Concile.

Quant au fait des mariages, j'efcrivois à Voftre Majefté par ma derniere ; qu'il ne m'avoit efté rien communiqué de la réponfe, que l'Empereur en avoit faite à M. le Cardinal de Lorraine, laquelle j'ay fçuë depuis, tant par ce que mondit S. le Cardinal m'en efcrivit incontinent, que par ce que l'Empereur en dit au-

dit S. de Biragut & à moy : par où il est assez clair que vous ne pouvez avoir la premiere, sinon en cas que le Prince d'Espagne ne la prenne, & n'est plus entier ny raisonnable de faire instance au contraire ; puis que non seulement nous avons dés-ja acquiescé à cela, mais aussi que l'ouverture mesme du mariage de la seconde est venüe de nous. Mais de l'autre costé aussi, je ne sçay pas s'il y auroit beaucoup de réputation pour le Roy de se contenter de cette réponse & se reserver au refus des Espagnols. Et pour ce, je penserois, sous correction, qu'il seroit bon pour sortir de ce passage assez mauvais, d'estreindre la pratique en cette façon, les presser de vous accorder la premiere, si la chose est encore entiere, sinon la seconde ; sans plus parler de la premiere ny attendre davantage ce que le Roy d'Espagne voudra faire en cet endroit, comme il me sembloit que c'estoit vostre intention en la lettre qu'il vous plût m'escrire du 26. de Mars, & dire franchement que tout ainsi que vous ne voulez pas empescher ny vous opposer à ce qui est commencé à se traiter entre le Roy d'Espagne & eux, ains plûtost l'avancer ; aussi qu'il y auroit peu de réputation pour le Roy d'estre remis à se reserver luy-mesme au refus d'un autre : & pour ce, qu'ils soyent contens de cette heure de donner réponse résolüe de l'une ou de l'autre. De-là il arrivera, ou qu'ils vous accorderont la premiere, comme vous desirez, voyans que la pratique va si froide de l'autre costé, ou bien la seconde ; auquel cas il ne faut pas craindre, si le Roy d'Espagne prend la premiere, que n'y puissiez bien toûjours revenir, & avec plus de réputation, que si de cette heure vouliez dépendre de ce qu'il fera. Quant à moy, je ne suis pas du tout hors d'esperance que sans plus differer ils ne vous accordent la premiere, comme on les peut presser de faire, & ne le peuvent refuser, s'ils jugent le pouvoir faire sans donner raisonnable occasion au Roy d'Espagne de se plaindre : comme ce n'est aussi vostre intention ; car je vois de jour à autre qu'il se parle plus froidement dudit mariage d'Espagne : & ce que je vous écrivis, se verifie maintenant, que les Espagnols ont toûjours pensé & pensent au mariage d'Escosse. D'un autre costé, il y en a qui soupçonnent que ce Prince-là est dés-ja lié ailleurs ; surquoy j'ay noté que l'Empereur nous dit l'autre jour, qu'il ne tenoit au Roy d'Espagne ny à luy que ledit mariage ne fut dés-ja arresté ; par où il sembloit qu'il tint aux parties.

Davantage, il faut noter un autre mystere en la réponse de l'Empereur, qu'il ne veut pas que laissiez d'esperer l'aisnée, ny que le rangiez à vous accorder la seconde, avant qu'il soit résolu de la volonté du Roy d'Espagne : chose qui ne vous vient à propos, ny pour la réputation du Roy, ny mesme pour le contentement du Roy d'Espagne : & y procedant comme dessus, il semble que l'on échapperoit assez bien de ces deux inconveniens.

J'escrivois à Vostre Majesté par madite derniere que l'Empereur en ce sien voyage feroit une chose, laquelle, comme il disoit, réviendroit plus au profit & avancement du Concile, que sa plus longue demeure à Inspruch ; dont il me fit lors promettre que je n'escrirois rien, que premierement il n'eut oüi M. le Président de Birague, c'est que les Princes Ecclesiastiques, les Electeurs, & le Duc de Baviere envoyent leurs Députez par-devers luy à Vienne, pour aviser de commun avis aux choses, qui seront réquises pour la reformation des Eglises Catholiques, & entretenement en la Religion Catholique de leurs Peuples ; pour les proposer & demander de commun consentement en ce Concile : dont il pourra bien réüssir quelque fruit, car je ne doute qu'ils demanderont des choses, qui seront aussi propres pour la France comme pour eux. Mais à ce que je vois, ils en ont eu le vent à Rome, & pour ce parle-t'on maintenant de parachever le Concile en deux Sessions ; esquelles M. le Legat Moron promettoit l'autre jour à M. le Cardinal de Lorraine, de faire dépescher tout ce qui a esté proposé par les Princes pour le fait de la réformation. Si ne se peuvent-ils tant haster, que l'Empereur ne leur ait taillé de la besogne devant les deux Sessions faites, laquelle les pourra encore entretenir plus long-temps qu'ils ne pensent.

Quand je fus party d'Inspruch, on y parloit d'intimer une Diette Imperiale, ce qui ne se differera plus guere, mesme s'il y a apparence de rémuëment és af-

faires de Hongrie; l'Ambassadeur de Gennes, qui estoit venu pour appointer avec le Marquis de Final, s'est retiré sans rien faire ny avoir Audience de l'Empereur; ayant trouvé ledit Marquis résolu de ne venir à autre composition, que faire executer la Sentence qu'il a euë en sa faveur. L'Espagnol qui a esté envoyé pour negocier cet appointement, dit que ledit Ambassadeur reviendra avec plus ample instruction; mais on voit bien par ce qu'il a negocié, que les Espagnols ne trouvent pas bon que la chose s'accommode par la Sentence & autorité de l'Empereur: ce qui rendra les Gennois plus durs, ensorte que je me doute que l'on en viendra au Ban Imperial, chose qui tirera bien plus de consequence qu'il ne semble.

Du 29. Juillet 1563.

MADAME, je m'en allay d'Inspruch à Trente sur le temps du partement de l'Empereur, pour les causes que je vous écrivis dudit Trente. Cependant arriva audit lieu M. du Croc, lequel M. le Cardinal a envoyé par-deçà avec moy (nous y arrivasmes il y a huit jours) me donnant charge de dire plusieurs choses de sa part à l'Empereur & au Roy des Romains, tant sur le fait des mariages de France, que sur celuy d'Escosse, en la presence dudit S. du Croc, & aussi touchant le Concile: dont je rendray compte bien ample à Vostre Majesté, incontinent que j'auray retiré leur réponse, lesquelles ledit S. du Croc vous portera avec les Peintures que vous desirez avoir. Cependant je vous diray seulement que le Roy des Romains dit avoir escrit si expressément au Roy d'Espagne, pour entendre sa résolution du mariage de sa fille aisnée avec le Prince d'Espagne, qu'il en aura le si ou non bien-tost; montrant quant à luy avoir pareil desir qu'à Vostre Majesté, ainsi nous en sommes accrochez-là, & ne pouvons refuser d'attendre cette belle réponse; s'il ne vous plaisoit y proceder comme j'escrivis de Trente.

J'ay reçû icy la lettre de Vostre Majesté du 23. de Juin, qui accuse la mienne du 3. dudit mois seulement, & la précedente accusoit celle du 15. d'Avril. Entre ces deux j'ay dépesché trois autrefois, neantmoins je ne pense pas que les dépesches se soyent perduës; mais seulement que pour la maladie de M. Bourdin & l'absence de M. de l'Aubespine le compte s'en soit perdu. Depuis aussi ma dépesche du 3. de Juin, j'ay dépesché une autre fois du 17. d'Inspruch; par où je vous avertissois de la soudaine déliberation de l'Empereur, de venir en ces Pays, & des occasions d'icelle; & depuis du 27. de Trente, laquelle je mis és mains de M. de Lanssac. J'ay trouvé icy l'Empereur embesogné avec les Députez des Princes Catholiques pour le fait du Concile, de laquelle Assemblée je vous escrivis de Trente ce qui en réüssira. Vostre Majesté le sçaura puis.

Vostre Majesté aura esté avertie d'ailleurs du combat par Mer qui a esté entre les Rois de Dannemark & de Suede, où celuy de Dannemark a esté rompu, perdu cinq ou six navires & quantité de Gens, entre lesquels il y a plusieurs de ses principaux Serviteurs prisonniers. L'Empereur a commis à l'Electeur de Saxe, au Landgrave de Hesse, au Duc Henry de Brunswick, & au Duc de Meckelbourg, de trouver les moyens

de les accorder : & pour cet effet s'assemblent entr'eux à Brunswick ;
mais le nouveau feu qu'a excité le Duc Eric de Brunswick, qui s'est mis
aux champs avec de grandes forces & a assailly l'Evesque de Munster,
broüille tout cela ; pour ce que le Landgrave, qui est le principal de ces
Mediateurs, pour estre beau-pere du Roy de Suede, demeure à la maison en grande peine & doute, comme m'a dit le Roy des Romains, que
le Duc Eric ne luy fasse de la fascherie. Au demeurant, quel est le dessein du Duc Eric, personne n'en voit encore rien. Depuis peu de jours
on a icy avis que le Duc de Cleves s'est avancé avec mille chevaux au
secours dudit Evesque de Munster.

On se prépare en cette Cour pour le Couronnement de Hongrie, qui
doit estre celebré avec fort grande Pompe & Triomphe, & aussi avec
forces, pour le voisinage des Turcs, qui s'assemblent de l'autre costé, plus
comme l'on estime pour se donner garde, que sous couleur de ce Couronnement on ne mette des forces ensemble pour les assaillir, que pour faire
mal les premiers. Le jour dudit Couronnement est assigné au 20. du mois
prochain. Le petit Roy de Transilvanie a icy un Ambassadeur, qui negocie avec le Roy des Romains seulement, & dit-on que les affaires d'entr'eux se pourront accommoder pour jamais, par le moyen d'un mariage
d'une des filles de l'Empereur. Ce seroit l'avantage de l'une & de l'autre
partie ; neantmoins on s'attend bien que ce Prince ne la fera pas longue,
pour les causes que j'écrivis à Vostre Majesté par dépesche du 17. du
passé. Les Députez de l'Empereur & des Venitiens, qui sont assemblez
il y a long-temps pour le fait de Marran & de la Navigation, ne se
peuvent, comme l'on dit, en aucune sorte accorder. Neantmoins l'Assemblée
n'est encore rompuë. L'Ambassadeur de Venise dit que, si ils ne s'accor-
dent-là, il espere qu'on composera plus aisément icy de tout avec Sa
Majesté, que là avec ses gens.

LETTRES DE L'EVESQUE DE RENNES A LA REINE
du 9. Aoust 1563.

MADAME, Monseigneur le Cardinal de Lorraine à mon partement
de Trente me donna charge de parler de sa part de trois affaires,
toutes d'importance à l'Empereur & au Roy des Romains, l'une du mariage du Roy, suivant ce que luy en aviez mandé par M. du Croc, l'autre du mariage d'Escosse. [De l'Archiduc Charles avec Marie Stuart]
& le tiers de l'estat du Concile. Des deux premieres en presence dudit S.
du Croc, comme je fis encore de la troisiéme. Je vous rendray compte de
toutes les trois l'une aprés l'autre.

La charge que j'eus sur la premiere, fut suivant l'escrit qui sera en ce
Paquet, que l'Empereur voulut avoir aprés que je luy eus le tout exposé de bouche ; lequel devant passer outre, Vostre Majesté, s'il luy plaist,
se fera lire. Ce qu'à la fin dudit escrit je remets à la memoire de l'Empereur, est que je luy avois declaré de bouche avec le demeurant, que
mondit S. le Cardinal luy faisoit entendre, que le Roy & vous, Mada-

me, defiriez merveilleufemeent qu'il fe réfolut de vous accorder l'aifnée, chofe que je ne voulus puis mettre par efcrit & luy en dit la raifon qu'il trouva bonne; car voyant que fur ce point-là il avoit répondu encore douteufement, il me fembla peu convenable d'en mettre rien par efcrit fans plus certaine affeurance, que le Roy en deuft eftre fatisfait; dont neantmoins j'avois, comme je luy dis, fort bonne efperance. Devant que faire aucune réponfe il tint noftre efcrit huit jours entiers, puis nous envoya querir, & fit fa réponfe de bouche telle que vous la verrez par efcrit, tant fur le mariage du Roy que fur celuy d'Efcoffe. Mais pour n'embroüiller rien, je ne parle pour cette heure que de celuy du Roy, fur le fait duquel je ne luy répliquay rien pour l'heure, mais pris temps à y penfer; le fuppliant cependant de nous donner fadite réponfe par efcrit: ce qu'il nous promit & le fit depuis. Le lendemain nous rétournafmes par devers luy, & luy rémontray qu'il nous laiffoit incertains du temps, que M. le Cardinal de Lorraine viendroit traiter avec luy & le Roy des Romains dudit mariage, qui eftoit neantmoins le principal de ce que luy avois propofé. Il me répondit que je pouvois aifément confiderer qu'il ne pouvoit faire autrement, jufques à ce que la réfolution d'Efpagne fur le mariage de l'aifnée fut venüe, car devant cela n'en pouvoit-il traiter avec nous, & de deviner quand elle viendroit, cela ne pouvoit-il faire, bien la follicitèroit-il le plus qu'il feroit poffible: & déja en avoit donné bien expreffe charge à Martin Gufman fon Ambaffadeur, le renvoyant dernierement en Efpagne: il eft vray que Gufman eftoit homme d'âge, & qu'il luy avoit baillé une Littiere pour faire fon voyage, enforte qu'il ne fe falloit pas promettre grande diligence de luy; combien qu'il ne put guere plus tarder à arriver là, eftant party d'Infpruch, il y a environ un mois.

Je repliquay que Sa Majefté avoit affez entendu par voftre premiere réponfe que voftre intention n'eftoit d'empefcher ny vous oppofer aucunement au mariage du Prince d'Efpagne, puis qu'il s'en eftoit parlé devant qu'on parlaft du Roy, comme j'eftimois qu'il ne feroit honnefte; adjouftant à cela toutes les plus expreffes paroles que je pus, de l'amitié & amour fraternelle & refpect convenable que le Roy vouloit toûjours porter au Roy d'Efpagne; mais que pour cela auffi, il n'eftoit fous correction befoin que le Roy fut remis aux réfolutions d'Efpagne: car s'il plaifoit à Sa Majefté, elle pourroit nous dire le temps que mondit S. le Cardinal la viendroit trouver; dont eftant averty le Roy d'Efpagne, fi cependant il ne la certifioit de fa volonté, il ne fe pourroit plaindre, fi elle en traitoit lors avec nous. Il me refufa tout à plat de faire cela, montrant n'avoir pas fort agréable ce que je luy en avois dit; & que devant toutes chofes il luy falloit attendre ladite réfolution d'Efpagne: que perfonne ne pouvoit trouver eftrange qu'il préferaft ce party-là, pour l'intereft que toute la maifon y avoit, & que le Roy mefme l'avoit dés-ja trouvé bon. Je luy repliquay une autre fois ce que je luy avois déja dit, qu'il ne penfaft point que l'intention du Roy ny la voftre fuft d'empefcher que le mariage d'Efpagne ne vint à effet; puis que les propos

en avoient esté les premiers , & que je ne pensois qu'il eut rien ouï de
moy, s'il luy plaisoit de bien considerer , qui tendît là ; mais aussi que
personne ne pouvoit trouver estrange , si nous desirions qu'en toutes choses
la réputation de nostre Maistre fust conservée : & que pour dire la verité,
il sembleroit à beaucoup de gens qu'on voulust rémettre la chose bien au
long. Je fais , me répondit-il , les choses ensorte qu'on ne me peut justement réprendre , au demeurant j'en laisse dire & penser à chacun ce
qu'il veut. Si nous n'avions envie, luy répondis-je , SIRE, de voir cette affaire conduite à bonne fin , chose qui doit estre agréable à Vostre
Majesté, nous craindrions moins les longueurs & rétardemens, qui y peuvent intervenir & y amener des difficultez , & ce que pour cela nous
ré.nontrons à Vostre Majesté, elle le doit pour cette cause prendre en bonne part. Il nous dit là-dessus que les choses ne seroient pas si longues comme nous pensions , & qu'il esperoit bien y donner bon ordre. Nous en
sommes demeurez-là , mais vous sçaurez s'il vous plaist , Madame, que
ce jour-là , devant que venir à l'Empereur , ayans esté vers le Roy des
Romains & luy ayans rémontré ce que dessus , il nous dit qu'il trouvoit
juste & raisonnable que l'on arrestast du temps, que l'on en viendroit traiter en la sorte que nous demandions , & que pour sa part il y consentoit.

Or quant à cette résolution d'Espagne, je tiens, ou qu'elle ne viendra
de bien long-temps, ou qu'elle sera que le Prince d'Espagne prendra la
premiere ; car s'il ne la veut , ils ne le diront jamais clairement en Espagne, plûtost en tiendront-ils l'Empereur en esperance, encore qu'il n'en
veuille rien faire à la fin : & tant qu'il aura la moindre esperance du
monde de ce costé-là , il ne se faut pas attendre qu'il besogne avec vous.
En sorte que ce que vous pouvez attendre de meilleur de ladite résolution,
est qu'elle venuë on traite de la seconde ; ne pouvant rien venir par où on
puisse traiter de la premiere si-tost que vous desirez. Si nous n'eussions
jamais declaré de nous contenter de la seconde , ils auroient respect de ne
nous tenir en cette longueur , de peur de demeurer entre deux selles le
cul à terre; car ne voyant aucune certitude du costé d'Espagne, ils craim-
droient de perdre le Roy , qui raisonnablement se pourroit fascher d'en
estre remis là , au moins s'en sentir désobligé de sa demande, pour n'y
revenir , sinon au cas que bon luy sembleroit. Et où le Roy voudroit estre
plus patient que tout cela , si ne pourroit-il se contenter du refus qu'ils
font aujourd'huy, de declarer quand ils entendent traiter. Comme en effet , quand on les en presse, ils n'ont point de plus belle réponse que de dire ,
que le Roy s'est dés-ja contenté qu'ils s'y gouvernent ainsi, encore que je
ne le veuille entierement confesser de tant qui est venu à ma connoissance
de cette affaire. Mais au moins ils vous tiennent obligez à la seconde, &
se tiennent asseurez qu'au pis aller vous la prendrez , & vous nourris-
sent neantmoins de l'esperance de la premiere ; afin que vous ayez patience,
d'attendre, & qu'en faisant concurrence avec le Roy d'Espagne, vous avanciez leur marché. Tout cecy consideré, si on voit qu'il ne vienne point de résolution d'Espagne de quelque temps, & qu'ils fassent toûjours semblant
de

de l'attendre ; il semble estre requis pour sauver la réputation du Roy,
de ne parler plus de la premiere, encore que n'ayez intention d'en quit-
ter l'esperance : aussi-bien les propos n'en servent de rien que de la faire
plûtost prendre à l'autre, & faire connoistre à ceux, qui ont ouï parler
de ces mariages, & à ces Princes mesmes, que le Roy ne la demande
plus depuis qu'il a sçû que les propos du mariage d'Espagne ont esté les
premiers, mais seulement demande la seconde, montrant ne vous soucier
de l'esperance qu'ils vous donnent de l'autre, ny vous y attendre : &
là-dessus toutefois ne vous haster d'en traiter, & attendre ce que le temps
apportera, qui vous pourra apporter ce que desirez, sans danger de per-
dre tant de réputation en cette concurrence, & ne vous peut rien oster de
ce que vous pouvez au mieux aller obtenir aujourd'huy. Car ce que je
vous ay d'autrefois escrit, que si ces mariages ne s'asseuroient avant que
le mariage d'Escosse fut fait, il seroit toûjours en la puissance du Roy
d'Espagne de vous broüiller, je ne le puis plus nullement craindre, at-
tendu la teneur de la lettre que l'Empereur a depuis escrite de sa main
à mondit S. le Cardinal, laquelle j'estime plus que tous les traitez du
monde. Aussi si la résolution d'Espagne vient qu'il prennent la premiere,
car, comme j'ay dit, elle ne peut estre autre, vous traiterez le lendemain
du mariage de la seconde, & ne vous en pouvez excuser.

Quant au mariage d'Escosse, Vostre Majesté verra aussi par mon escrit
ce que j'en dis à ces Princes de la part de mondit S. le Cardinal. Je dis
davantage de bouche, que mondit S. le Cardinal avoit quelques indices
& avis que le Roy d'Espagne prétendoit audit mariage pour son fils ; ce
qu'il déconseilloit le plus qu'il pouvoit à la Reine d'Escosse : chose que je
ne voulus pas mettre par escrit, comme l'Empereur aussi le trouva bon.
Sur le fait du partage de l'Archiduc Charles, je voulus rémontrer, sui-
vant ce que mondit S. le Cardinal m'avoit enchargé, qu'il viendroit bien
à propos pour ledit mariage, que l'Empereur laissast à sondit fils la Com-
té de Ferrette & le Pays d'Auxois [d'Alsace] & ce qu'il a en ces
quartiers-là prés du Rhin ; mais il n'en voulut seulement ouïr parler,
disant que les partages de ses enfans estoient faits, & ne s'en pouvoit plus
rien changer. Le Roy des Romains nous dit puis que l'Archiduc Ferdi-
nand n'y consentiroit pas, à qui ledit partage est destiné avec le Comté
de Tirol. Au demeurant vous verrez la réponse que l'Empereur nous a
baillé par escrit sur tout ce fait-là, à laquelle je me remets.

Quant au Concile, j'avois en somme charge de luy rémontrer qu'il
estoit mal-aisé de faire grand fruit pour la multitude des Evesques Italiens,
qui empescheroient toûjours la serieuse réformation, mesmement si elle
touchoit aucunement le Pape & le Siege Apostolique, ny d'y obtenir,
du consentement mesme des autres Nations, les choses qui sont requises
pour retenir les reliques des Catholiques, comme la Communion sub utra-
que, le mariage des Prestres, & autres telles, qui sont demandées par
les Allemands : & pour ce Sa Majesté considerast, si le meilleur seroit
point d'y mettre une fin avec le moins de scandale de l'Eglise Catholique
qu'il seroit possible, & aviser s'il y auroit d'autres moyens d'accommoder

Tome II. K k k

les Princes & les Provinces de ce qu'elles demandent , de tant qu'il leur en peut eftre accordé la confcience faine. Surquoy il ne vouloit pas celer que le Pape luy offroit la Legation de France, & d'envoyer d'autres Legats aux autres Provinces , approuvez du Concile , & agréables aux Princes , qui avec toute autorité pourvoient aux fufdites chofes. Si toutefois ces voyes ne plaifoient pas , qu'il faudroit que les Princes embraffaffent d'autre affection les affaires du Concile qu'ils ne faifoient, & qu'ils y foutinffent & fecourulfent bien ceux qui ont envie de bien-faire , mefmement le Roy Catholique. L'Empereur répond par moy, qu'il rémercie infiniment mondit le Cardinal de ce qu'il luy communique fi franchement de tout ce que deffus ; mais quant à finir le Concile ainfi précipitamment, fans y avoir parachevé à loifir toutes les chofes pour lefquelles il eft affemblé : il ne le peut approuver , & eft bien marry que le Pape, par quelques voyes indirectes y a déja tafché. Pour le régard de fa Legation de France , que perfonne ne luy peut mieux confeiller que luy-mefme , & que ce qu'il en fera , l'Empereur jugera que fera le meilleur, tant pour le bien de l'Eglife que pour celuy de fa Patrie. Sur ce que mondit S. le Cardinal fe confeilloit auffi de fon voyage à Rome , où il eftoit appellé par le Pape , il luy répond de mefme.

Du 19. Aouft 1563.

MADAME , *M. du Croc partit d'icy le 10. de ce mois, par léquel je vous efcrivis fort amplement ce que nous y avons fait fuivant la charge que M. le Cardinal de Lorraine nous avoit donnée. Depuis que je n'ay ny ouï, ny dit un feul mot touchant ces affaires-là , encore que depuis cinq ou fix jours il foit arrivé un Courier d'Efpagne ; à la venuë duquel on dit qu'ils ont réfolu en cette Cour d'envoyer les enfans du Roy des Romains par de-là à ce mois de Septembre. Les Députez des Princes Catholiques, qui eftoient icy affemblez, pour ce que je vous ay par cy-devant efcrit , ont mis fin à leurs confultations. J'allay avant hier devers l'Empereur , pour fçavoir ce qu'il vouloit que je vous en efcriviffe , puis que par fon commandement je vous avois efcrit la caufe de ladite affemblée. Il me répondit que lefdits Députez fe retiroient par-devers leurs Superieurs , pour leur rapporter ce qu'ils avoient icy avifé par enfemble, & que plûtoft que leurfdits Superieurs l'euffent ratifié, il ne fe pourroit dire qu'ils euffent rien fait. Cependant j'entens d'ailleurs qu'ils ont avifé de propofer quatre chofes au Pape, de la conceffion defquelles dépend la confervation des reliques des Catholiques qui font en Allemagne, & fe peut efperer la réduction d'une partie des autres , comme ils difent. L'une eft la Communion fub utraque , l'autre le mariage des Preftres ; au moins tolerer ceux qui font dés-ja mariez : la tierce, de remettre la retention des biens Ecclefiaftiques à la confcience de ceux, qui les ont occupez ou les tiennent par l'occupation de leurs Prédeceffeurs; la quatrième, laiffer auffi à la confcience & devotion des hommes , la difference des viandes.*

Le jour mefme je demanday à l'Empereur s'il avoit vû les Articles de réformation dreſſez par les Legats, pour eſtre propoſez au Concile ; qui me répondit qu'il eſtoit après : ſeront-ils dis-je, SIRE, conformes à ce que Voſtre Majeſté deſire & attend de ce Concile. De ce que j'ay vû encore, me répondit-il, ils y mettent plus qu'il n'eſt beſoin, & des choſes dont l'execution n'eſt pas ſeulement difficile, mais du tout impoſſible en Allemagne. Il faut faire les choſes qui profitent & dont il puiſſe réüſſir du fruit, & non celles dont on peut plûtoſt craindre le contraire, encore que d'elles-meſmes elles ſoyent bonnes. Voir, diſoit-il, qu'il y a des Points qu'aucuns des Allemans plûtoſt que recevoir ſe feroient Turcs. Je voulus venir ſur le particulier, mais il me dit que ce n'eſtoit en un endroit ſeul deſdits Articles, mais quaſi en tous. J'avois rémarqué dedans leſdits Articles, qu'ils révoquent les Privileges que prétendent la plûpart des Chapitres d'Allemagne, de ne recevoir en leur nombre, les uns que des familles de Comtes ou de plus Grands, les autres de Barons & Gentils-hommes de bien anciennes Maiſons ; ce que luy rémettant en memoire, il me répondit, cela en eſt, mais il y en a bien d'autres.

Lundy prochain doivent partir l'Empereur & le Roy des Romains, pour aller à Presbourg, qui eſt la plus prochaine ville de Hongrie ; où ſe tiendra la Diette & fera le Couronnement. L'Empereur y doit arriver le jour meſme par eau, le Roy des Romains trois jours après. L'Empereur n'y veut entrer en aucune ceremonie, de peur d'eſtre contraint d'y endurer incommodité, s'eſtant depuis le partement d'Inſpruch toûjours trouvé indiſpoſé, & le prenant quelquefois des foibleſſes ; qui montrent qu'il ſe doit doreſnavant plus ſoigneuſement garder qu'il n'a fait par le paſſé. Il s'avance auſſi comme j'entens, pour ce qu'il y a encore quelques petites difficultez au fait de ce Couronnement ; auquel, comme j'ay d'autrefois eſcrit, les Eſtats de Hongrie ne veulent proceder enſorte, qu'ils préjudicient au droit prétendu par eux de l'Election du Roy, ny l'Empereur auſſi au droit de Succeſſion. Leſquelles choſes ſe diſoient accommodées par le Roy des Romains, mais il s'entend que les Eveſques y rémuent je ne ſçay quoy de nouveau qui s'accommodera aiſément par la preſence de l'Empereur. Les Turcs ſe ſont faits forts en campagne juſques à 15000. ou 16000. chevaux, comme l'on dit ; mais ils ne ſont ſi prés, ny en tel nombre, que l'on craigne qu'ils puiſſent troubler la feſte. Cependant toutefois ils volent tous les jours les Bagages des Seigneurs de Hongrie qui viennent à ce Couronnement. L'Empereur & le Roy des Romains y ſeront accompagnez de prés de dix mille bons chevaux Allemands, & de quelques Compagnies de pied que donne ce Pays ; car les Hongrois pour ne dégarnir les Places, n'y ameneront point ou peu de forces.

L'Archiduc Ferdinand arriva hier de Bohéme, dont il a amené 1200. ou 1500. chevaux. On dit icy, que le Duc Eric après avoir rançonné de quelque ſomme d'argent l'Eveſque de Munſter, s'eſt mis avec ſa troupe au ſervice du Roy de Dannemarck ; enſorte que cet orage ſera diverty d'Allemagne. Le Duc de Parme eſt attendu en cette Cour, pour quelle occaſion on ne ſçait. Je penſerois que ce ſeroit pour le mariage de ſon fils ; n'eſtoit que j'entends d'ailleurs que M. le Duc de Ferrare luy donne *fa fœur* , *&* que le *Roy d'Efpagne a fait ce mariage.*

Du 26. Aouft 1563.

MADAME, *nous penfions, comme je vous efcrivis il y a huit jours, que Lundy dernier nous nous acheminerions à la Diette de Hongrie* , *neantmoins le voyage fe va encore differant de jour à autre ; dont on dit eftre la caufe aucunes difficultez que mettent en avant les Prélats de Hongrie* , *au fait de ce Couronnement. On a envoyé un Gentil-homme par-devers eux en diligence, au rétour duquel on fe doit réfoudre. Je n'entens pas quelles font lefdites difficultez, mais j'ay toûjours eftimé ceux que l'on en nomme les Auteurs, les plus feurs Serviteurs que l'Empereur ait en ce Pays-là : & pour ce je me doute qu'il n'y a rien d'importance* , *ny qui puiffe apporter plus de mal que le rétardement de peu de jours. L'Archiduc Ferdinand qui eftoit allé devant a efté revoqué icy. Le Roy des Romains revenant l'autre jour de la chaffe , tomba d'un coche de Hongrie qui verfa fur le Pavé , bien lourdement , enforte qu'il fe bleffa en un bras & une jambe, dont il a gardé deux ou trois jours le lit , & garde encore la chambre. Il n'y a point toutefois, Dieu mercy , de plus grand mal.*

J'efcrivis dernierement à l'Empereur ce que Voftre Majefté fentoit & difoit des Articles de la réformation. A la fin j'entens de bon lieu, car depuis il ne s'eft offert d'occafion de le voir, que Sa Majefté fafchée & ennuyée de tant de traverfes & fubterfuges, dont on ufe continuellement au fait de ce Concile , délibere de ne s'en rompre plus la tefte , voyant que ce feroit peine perduë , & laiffer aller les chofes comme elles pourront : difant auffi que d'autant moins fe foucie-t'il de ce qui s'y fera, qu'il n'en veut obferver que ce que bon luy femblera. Il vient icy des avis de Rome & de Savoye, qu'il fe negocie bien avant du mariage de la Reine d'Efcoffe avec le Prince d'Efpagne , & mefme de Rome , qu'il eft tout conclu ; dont je ne fçay pas ce que l'Empereur croit : car comme je vous efcrivis par M. du Croc qui le vous aura auffi rapporté , l'Empereur nous dit qu'il fe tenoit affeuré de la volonté du Roy d'Efpagne eu cet endroit. J'envoyay hier à M. le Cardinal de Lorraine les portraits du Prince Rodolfe fils aifné du Roy des Romains , [dont on traitoit le mariage avec Marguerite de France] *& de la feconde fille. Je n'ay pû encore avoir celuy de l'Archiduc Charles , qui refte des quatre, que mondit S. le Cardinal a demandez au Roy des Romains , & me doute qu'ils ne me le veulent pas bailler. L'Empereur ne fe peut ravoir & donne tous les jours de nouveaux fignes qui font craindre de luy. Dieu veuille le maintenir & conferver longuement.*

RESPONSES DE LA REINE A L'EVESQUE DE RENNES.

Monsieur de Rennes, *il y a quelques jours que je reçûs vostre lettre du 29. Juillet, par où vous me faisiez entendre l'arrivée du S. du Croc avec vous à Vienne, & sommairement la charge qu'avez euë de mon cousin le Cardinal de Lorraine, & ensemble les autres nouvelles qui s'offroient. Depuis est arrivé ledit du Croc avec les vostres du 9. d'Aoust, duquel & par le contenu en vosdites lettres, nous avons sçû par le menu quelle estoit ladite charge, que vous aviez de mondit cousin le Cardinal, & la réponse que vous avez euë de l'Empereur sur le mariage du Roy Monsieur mon fils; dont je n'ay jamais moins pensé, estimant qu'il n'y prendra aucune résolution qu'il ne soit certain du costé d'Espagne. Or comme vous dites, il y va de la longueur & de la réputation, mais sur ce que nous y devrons faire prendrons bien-tost résolution & en serez incontinent averty : vous ayant cependant bien voulu faire ce mot pour vous faire sçavoir la reception des vostres, & le contentement que nous avons du bon avis que vous nous y donnez. Nous avons sçû aussi par vostredite derniere lettre ce que vous avez dit du mariage d'Escosse, & en quels termes en sont les choses; dont le temps nous donnera toute lumiere. Semblablement ce que ledit S. Empereur vous dit du fait du Concile, & les autres choses que avez découvertes & verifiées, dont j'ay esté trés-aise d'estre éclaircie.*

Hier je reçûs vostre lettre du 19. dudit mois d'Aoust, par laquelle j'ay entendu la fin des consultations des Princes Catholiques assemblez avec l'Empereur, & ce qu'elle a produit; ayant grand plaisir qu'ils fassent proposer au Concile les quatre points où ils sont demeurez, pour voir qu'elle résolution s'y prendra : & vous prie, s'il y a rien davantage, mettre peine de le sçavoir pour m'en tenir avertie, ensemble des autres nouvelles qui s'offriront, comme vous avez fait jusques icy : Priant Dieu, Monsieur de Rennes, vous avoir en sa garde, de Meulan le 14. jour de Septembre 1563.

Catherine, *& plus bas*, DE L'AUBESPINE. Le seing de la Reine est escrit à grande peine, parce qu'alors elle estoit malade de sa cheute de cheval, dont nous avons parlé.

Monsieur de Rennes, *je n'adjousteray rien à la lettre que le Roy Monsieur mon fils vous escrit pour ce qui concerne la réponse des trois vostres dernieres, parce qu'il y satisfait bien particulierement [le reste est en chiffre] seulement vous diray, quant au voyage que mon cousin le Cardinal de Lorraine vous a mandé qu'il iroit bien-tost faire par-devers l'Empereur Monsieur mon bon frere, qu'il me semble qu'il faudroit que ce fust, ou pour le fait du mariage de la Reine d'Escosse avec l'Archiduc Charles, ou pour celuy du Roy mondit S. & fils. Or quant à celuy du Roy mondit S. & fils, je me suis résoluë d'en faire surséoir toute l'instance, jusques à ce que je sçache à laquelle des deux filles je me devray arrester, & que la réponse d'Espagne soit venuë, qui ne peut estre comme vous sçavez, qu'aprés que les enfans du Roy des Romains mon bon frere y seront arrivez. Et quant au mariage d'Escosse; je suis avertie de fort bon lieu qu'elle est bien avant en termes avec le Prince d'Espagne, & m'asseure qu'il ne tiendra que du costé dudit Espagne qu'il ne se fasse, dont je pense qu'il est bien mal-aisé que l'on n'ait eu quelque vent au lieu où vous estes, & qu'il ne vous soit aisé de découvrir ce qui en sera. A quoy je vous prie mettre peine, & pour l'importance dont nous seroit ledit mariage : car j'en parle à vous comme à Serviteur, que je sçay n'avoir rien si cher & recommandé que le service de son Maistre avancer, & promouvoir autant qu'il vous sera possible celuy qui se traite avec ledit Prince Charles; pour estre à mon jugement ce que je dois le plus desirer en cet endroit, & où il iroit moins d'interests pour nous. Vous vous y employerez selon vostre accoûtumée prudence, & me ferez sçavoir souvent de vos nouvelles. Priant Dieu, Monsieur de Rennes, qu'il vous ait en sa sainte garde. Escrit à Paris ce 20. jour d'Octobre 1563.*

Catherine, *& plus bas*, BOURDIN.

Je joindray à ces Lettres icy les cinq suivantes de Jean de Morvillier Evesque d'Orleans, du Président de Birague, & du S. de Lanssac, au mesme Evesque de Rennes, parce qu'elles servent à ce sujet
& à l'Histoire du temps.

MONSIEUR MON NEVEU, *j'arrivay hier en ce lieu, où j'ay trouvé vos
lettres du 14. de ce mois. Monseigneur le Cardinal de Lorraine m'a aussi
communiqué ce que vous luy avez escrit. Ledit Seigneur envoye le S. de Villemur vers l'Empereur pour les causes contenuës par son instruction, laquelle il
a charge vous communiquer entierement & se conduire par vostre conseil. Mais
ledit Seigneur desire comme il m'a dit, que sur l'affaire, qui touche le mariage
du Roy avec la fille du Roy des Romains, vous n'escriviez particulierement à
la Reine la réponse que fera l'Empereur ny les propos qu'il vous aura tenus
sur ce point, ains que par vos lettres vous rémettiez à ce que ledit S.
Cardinal en fera entendre à Sa Majesté; car puis que la Reine luy fait cet honneur de luy écrire qu'il parachève de conduire ladite affaire, il veut bien s'en acquitter, s'il luy est possible, au contentement de ladite Dame, & luy rendre
compte de son devoir. Quand il m'en a parlé, je luy ay répondu qu'en mon avis
n'avez besoin de record en cela, & que de vous-mesme auriez toute consideration du respect qui luy doit estre déféré, dont il m'a dit qu'il estoit assez assu-
ré. Neantmoins m'a-t'il prié de vous faire entendre sa volonté.
Nostre Session, qui estoit au 22. de ce mois, a derechef esté prorogée, & devons
cependant aviser à beaucoup de points concernans le fait de la réformation.
Quand M. le Cardinal Moron sera de retour, on commencera les Congregations.
A ce que j'ay vû de Rome, le Pape est merveilleusement irrité contre mondit S.
le Cardinal de Lorraine, & dit qu'il se fait, Capo di parte, pour ruiner le
Siege Apostolique. Voilà comment le pauvre Seigneur est traité de tous costez,
les Huguenots le tiennent pour leur plus grand ennemy, le Pape ne l'aura moins
odieux, s'il persevere à parler de réformation. Somme, que la verité sera toûjours
chassée, voir, seulement son ombre. J'ay vû icy je ne sçay quels Articles, qu'on
dit avoir esté résolus en une Diette ou Synode que les Ministres d'aucuns Princes d'Allemagne ont tenu, où il y a des choses qui me semblent fort éloignées de
leurs premieres opinions, & ne me puis persuader que ces choses soyent ainsi
passées que je les ay vûës, que je n'en aye plus asseuré témoignage : parquoy
je vous prie me mander ce qu'en aurez entendu, undè nova istæc processit Re-
ligio. On a eu icy lettres de Piémont d'une Conspiration faite contre M. de Savoye, laquelle est pour engendrer grande Tragedie. Ce qui me déplaist le plus,
c'est qu'on accuse ceux de nostre Nation pour estre principaux Auteurs. Si n'estes
déja informé du fait, vous le serez par ledit S. de Villemur, ainsi que l'avons
entendu. Vous aurez eu vostre Charron [Secretaire de l'Evesque de Rennes]
mais je me défie de vos deniers, ne m'ayant semblé à sa mine si bien garny. Il
fut à Venise un jour ou deux, & se montra fort leger en ses propos, qui se
rapporterent tous à M. le Cardinal, & s'y publia un Livre qu'il apporta, contenant plusieurs petits Traitez faits depuis nos Troubles, specialement la déposition faite par celuy qui donna le coup de pistolet à feu M. de Guise, & la réponse de M. l'Admiral sur chacun point, avec une lettre qu'il a écrite à la Reine sur ce fait. Mondit S. le Cardinal voulut voir ledit livre qu'il m'a depuis
rendu, & me dit lors qu'il vous avertiroit de ne commettre audit Charron
chose secrete ny de consequence pour la legereté qui est en luy. Vous en userez
selon vostre prudence, & s'il ne vous en a escrit, n'en faites autre semblant audit Charron. Je répondis à M. le Cardinal, quand il m'en parla, que ne luy
commettiez rien du tout, & que pensiez vous en estre défait, mais qu'on vous
l'avoit renvoyé. Monsieur mon Neveu, je me récommende trés-affectueusement
à vostre bonne grace ; Priant Dieu, vous donner ce que plus desirez. De
Trente le 23. Avril 1563.*
Vostre meilleur Oncle & amy. J. DE MORVILLIER EVESQUE D'ORLEANS.

MONSIEUR MON NEVEU, j'ay bien confideré ce que m'écriviez tant fur la réponfe que l'Empereur a faite à M. le Cardinal de Lorraine, fans vous en avoir rien lors ny depuis communiqué, que fur le fait dont ledit Seigneur doit premier ouvrir les propos ; dont auffi ne vous a rien mandé. Quant au premier point, ledit Seigneur bien-toft après avoir reçu voftre derniere lettre, me dit qu'il s'ébahiffoit que l'Empereur ne vous avoit rien dit de la réponfe qu'il vous faifoit par lettre, & qu'il apperçevoit par ce que luy écriviez qu'en eftiez un peu fcandalifé. Je ne vous fçaurois éclaircir d'où cela procede, & ne penfe pas que l'Empereur vous l'ait celé pour défiance qu'il ait de vous ; mais je ne fçay fi ledit S. Cardinal l'auroit fait prier que ce qui fe traiteroit en cette affaire ne paffaft que par luy. Il vous peut fouvenir de ce que je vous en efcrivis de fa part. Les Grands font ordinairement jaloux de leur autorité, quelque fidélité qu'on leur porte, ils ne fe peuvent affeurer. Du fecond point, je ne vous puis rien dire du tout, car mondit S. le Cardinal ne m'en a rien communiqué, ny vous ne m'avez mandé dequoy il eft queftion. Je fçay bien qu'il y a une pratique en avant d'une entrevuë ou abouchement, du Pape, de l'Empereur, du Roy accompagné de la Reine, & du Roy d'Efpagne ; & femble que M. de Savoye s'entremette plus qu'autre en cela, fous main toutefois. Je voudrois que la Reine ne fe laiffaft facilement induire à croire telles chofes faciles ny poffibles, & quand elles feroient de facile execution, nous en recueillerions le moindre fruit. M. d'Alegre qui eft à Rome, a charge, non pas d'en parler premierement, mais, fi on luy en parle, d'y prefter l'oreille, & je me doute que le Pape eft de tout bien averty par le Nonce qu'il a en France, & nous fera, comme de coutume, jouer le Badin à fon profit & réputation & au contraire à nous ; me doutant fi on luy en parle, qu'il montrera n'en tenir pas grand compte. Mais fi le Roy d'Efpagne paffe à Gennes pour aller en Flandre, comme il eft bruit qu'il veut à cet Automne, vous verrez que le Pape le recherchera de le voir. Tout ce que deffus n'eft que difcours, dont ne ferez autre compte, fi n'en avez meilleur fondement. Bien vous prié-je n'en parler & brufler ma lettre. Mais quoy qu'il y ait de l'un & de l'autre point, il me femble qu'en devez faire moins de compte que d'une veffie, & fur tout n'y faire pas fondement pour voftre congé ; car ce font chofes obfcures, defquelles ne voyez la caufe, & de l'avanture connoiftrez-vous la fçachant, qu'il n'y a mépris ny défiance de vous. Davantage, fi l'on vous fait tort, cela ne procede ny du Roy ny de la Reine, lefquels vous ayans-là pour bon & utile, quand encore les autres ne vous y voudroient ; fi vous doit-il fuffire pour y demeurer. Vous avez affez d'autres caufes quand voudrez demander congé. Je penfe que M. de la Foreft [Frere de l'Evefque de Rennes] eft de cette heure à la Cour. Je voudrois y eftre auffi pour donner un peu d'ordre à mes affaires qui vont affez mal. Nous avons des lettres de France du 2. de ce mois par l'Homme de M. de Lanffac qui eft de retour. M. Bourdin eftoit malade de la Goutte, & la Reine avoit envoyé querir M. de l'Aubefpine, lequel en mon avis ne fe haftera pas, s'il n'eft bien contraint. M. le Conneftable avoit la goutte à Paris, mais il devoit, incontinent qu'il pourroit cheminer, venir trouver le Roy ; & s'il faut, aller affaillir le Havre, on dit qu'il fera Chef de l'armée. Je me recommende très-affectueufement à voftre bonne grace, & prie Dieu, Monfieur mon Neveu, vous donner longue vie. De Trente le 12. de Juin 1563.

Voftre meilleur Oncle & amy. J. DE MORVILLIER EVESQUE D'ORLEANS.

MONSIEUR, j'arrivay Dimanche 27. du prefent en cette ville ; & le jour enfuivant je ne pus rien faire, eftant le Roy & la Reine occupez à la fefte des nôces d'une de fes Demoifelles, qu'ils ont mariée à un Gentil-homme de ce Pays de Hongrie ; mais hier & aujourd'huy j'ay efté ouï & défefché de leurs Majeftez, & viens à cette heure de prendre congé : ne me reftant qu'à avoir les lettres, que Sa Majefté fait faire en Latin, pour ne s'eftre trouvé icy un Secretaire François, comme j'ay entendu, lefquelles j'auray ce foir ou demain au matin pour le plus tard, & je me mettray en chemin demain fans faute, pour *vous faire entendre la réponse que j'ay euë de Sa Majesté, mesmement sur le fait du Concile & transport d'iceluy , lequel, comme vous sçavez, l'Empereur nous dit estre hors de propos d'en parler, pour ce qu'il estoit bien asseuré que les Allemands n'y viendroient point, que premierement ne leur fussent accordez leurs Articles , au moins aucuns d'iceux qui sont impossibles : le Roy m'a dit qu'il pourroit bien estre qu'à present ils n'y viendroient point , combien qu'il n'en est pas asseuré ; mais qu'il est bien asseuré que si du commencement il eut esté mis plus avant en Allemagne, les Allemands y fussent tous venus. Disant davantage , que l'Empereur à sa venuë en ce lieu , trouvera quant au fait de la Religion des choses qu'il ne sçait encore , & telles, que si N. S. Pere & Messieurs du Concile n'y pourvoyent de leur costé, mieux qu'ils n'ont fait jusques à present, leurs Majestez seront contraintes d'y pourvoir d'eux-mesmes, pour la conservation de leursdits Estats & Sujets : & pense bien que le Roy nostre Maistre sera contraint d'en faire autant, & se pourroient bien accorder ensemble à faire les choses si bonnes & si honnestes, que les uns eussent occasion de se contenter, & les autres par raison ne s'en pussent plaindre , encore que peut-estre ils n'en fussent pas trop contens. Sa Majesté m'a dit , mais que vous soyez icy, qu'il en parlera avec vous bien au long , ensemble d'autres choses. Et ne sçachant que vous dire autre chose pour cette heure , je me récommenderay de bien bon cœur, à vostre bonne grace ; Priant le Createur , Monsieur , qu'il vous doint bonne santé , longue & heureuse vie. De Vienne ce dernier jour de Juin 1563.*

　　Vostre trés-affectionné prest à vous faire service , RENATO DA BIRAGO.

　　A cette lettre il adjousta le Billet en chiffre qui suit. *Quant au fait des mariages , Sa Majesté, sans que je luy parlasse ny de l'une ny de l'autre , me dit qu'il n'avoit pas opinion de rien faire avec le Roy Catholique , & qu'il desiroit contenter la Reine & luy bailler l'aisnée ; à quoy je répondis, selon qu'est l'intention de la Reine : & luy me repliqua , qu'il sçavoit bien par M. le Cardinal la bonne volonté de la Reine, qu'elle se vouloit accommoder à tout, pour faire plaisir à l'Empereur & à luy , mais que pour me parler franchement, il avoit escrit deux fois au Roy Catholique qui ne luy avoit fait réponse , au moins qui vaille. De maniere qu'il luy avoit escrit pour se licencier , & ne pouvoit encore asseurer la Reine , mais qu'il avoit bonne esperance & desiroit grandement la contenter & le Roy aussi ; ausquels il se sentoit bien-fort obligé : avec plusieurs autres propos si bons, que n'en sçaurions desirer davantage. Sa Majesté me parla aussi de la lettre de laquelle vous parla l'Empereur , qui avoit esté escrite aux Protestans , & me dit qu'il avoit moyen d'entendre tout ce qu'en ensuivroit, & le vous feroit sçavoir , & que tant en ce fait qu'en tous autres , il employeroit toute sa puissance pour le bien du Roy & de son Royaume.*

M ONSIEUR, *depuis mes autres lettres j'ay ce matin par mon Laquais reçû les vostres & presenté à M. le Cardinal le Paquet que vous luy adressez , à quoy il ne vous fait point de réponse , pour ce qu'il estoit sur son partement ; mais il m'a commandé de vous faire ses récommendations & vous dire qu'estant à Padoüe, il m'adressera un Paquet pour vous faire tenir, par lequel il escrira amplement à l'Empereur. Cependant il vous prie baiser de sa part trés-humblement les mains à Sa Majesté, vous avisant que l'on nous mande de Rome que les Ministres du Roy Catholique poursuivent la dispense pour le mariage du Prince son fils* [le Prince Don Charle] *avec la Princesse sa sœur* [Jeanne d'Austriche fille de l'Empereur Charles V. veuve de Don Jean Infant de Portugal, que le Roy son frere vouloit marier à son fils, croyant que par sa prudence, elle le réduiroit à luy estre plus obéïssant, mais le Prince avoit aversion pour cette alliance.] *Je serois bien-aise qu'il fut vray, afin que nous n'eussions point d'empeschement en ce que nous desirons pour nostre Maistre, dont je vous prie me mander ce que vous en sçavez, ensemble de la venuë par icy du Comte de Lune , & de sa déliberation. J'ay par les lettres du Roy du 17. jour de Février commandement derechef de me comporter en nostre rang & de n'y souffrir aucune innovation à nostre préjudice, ny y accepter nulle composition.*

pôsition. Il est vray que Sa Majesté n'avoit encore vû ce que mondit S. le Cardinal luy a mandé sur ce propos depuis le retour de la Cour de l'Empereur. Je suis attendant la réponse & ce qui me sera commandé. Et à tant je feray fin par mes trés-humbles récommendations à vostre bonne grace, suppliant le Créateur vous donner, Monsieur, en parfaite santé trés-longue vie. De Trente ce 23. jour de Mars 1562.
Vostre humble amy à vous faire service, LANSSAC.

Monsieur, vous pouvez penser le grand aise & plaisir que j'ay d'avoir eu mon congé, mais il me déplaist bien que ne soyez retourné à temps, pour vous avoir pû voir avant mon partement : & à défaut de ce, je vous offriray tout ce que j'auray jamais de puissance pour vous faire service; vous suppliant estre certain de ma bonne volonté en tous les endroits qu'il vous plaira m'employer. Aussi vous veux-je bien supplier & raménteuvoir le plûtost que vous pourrez au Roy & à la Reine, les Peintures des deux Princesses filles du Roy des Romains, m'asseurant que vous ferez trés-grand plaisir à leurs Majestez, & encore que je sois bien certain que vous ayez les affaires de nostre Maistre en assez bonne récommendation ; si vous veux-je bien récommender de luy aider à avoir la plus belle des deux, afin qu'il aye si bonne cause de se contenter, que nous ne voyons plus en France deux Reines à un coup. Et à tant je feray fin, me récommendant toûjours humblement à vostre bonne grace, priant le Créateur vous donner, Monsieur, en parfaite santé, trés-longue vie. De Trente ce 5. de Juillet 1563. Vostre humble amy à vous faire service, LANSSAC.

LE Roy d'Espagne qui ne vouloit point marier son fils, tant pour ne le point émanciper, à cause des défiances qu'il avoit de luy, que pour ne luy point donner trop de crédit & pour ne l'appuyer d'aucune alliance, tint toûjours l'affaire en longueur, jusques à ce que ce Prince estant mort, & la Reine Elisabeth l'ayant suivy peu aprés, il se rémaria luy-mesme à la fille aisnée de l'Empereur Maximilien II. à laquelle il avoit promis ce fils malheureux, qui dans la passion de regner & dans ses amours, trouva un Rival perpetuel en la personne de son pere. Ainsi le Roy fut contraint d'executer la promesse qu'il avoit faite de prendre la seconde, en cas que la premiere fut mariée en Espagne, & au lieu d'Anne il épousa Elisabeth d'Austriche fille de l'Empereur, & de Marie d'Austriche fille de Charles V. Princesse de mediocre beauté & qui sous l'apparence d'une simplicité Allemande cachoit des vertus, qui éclaterent si vivement dans la sainte conduite de son veuvage, que je suis obligé de dire qu'aucune des Reines qui l'ont précedé, quelque loüange qu'on leur donne, ne l'a égalée ny en modestie, ny en douceur, ny en pieté. J'y adjoûsteray encore la patience de souffrir sans murmure que son mary continuast ses amours avec Marie Touchet sa concubine. Elle eut de luy une fille unique Marie Elisabeth de France qui mourut à l'âge de six ans l'an 1578. & elle se retira à Vienne, pour y vivre avec plus de repos à l'abry des Princes de sa maison, qu'elle n'auroit fait en France parmy les troubles de la Religion, & dans les embarras d'une Cour molle & voluptueuse, où sa vertu auroit esté, sinon en peril, du moins sans consideration. Elle ne voulut entendre à aucun autre party que celuy qu'elle avoit perdu, & mourut le 22. de Janvier 1592. au

Convent des Filles de sainte Claire de Vienne qu'elle avoit fondé.

Dans la mesme année 1563. que la Reine Catherine pressoit le mariage du Roy Charles IX. elle le fit declarer Majeur au Parlement de Roüen, comme nous avons rémarqué, & pour le rendre capable de la conduite, qu'il devoit tenir tant dans le Gouvernement de son Royaume que dans son domestique, elle luy dressa à Gaillon une maniere d'instruction digne de l'esprit & des belles connoissances de cette Princesse, & que je crois estre obligé de mettre icy, pour servir aux autres Rois & pour faire voir encore contre tout ce qui s'est publié contr'elle, qu'elle a eu de trés-bonnes intentions ; dont elle a donné des marques plus veritables qu'on n'en a pû récouvrer pour blasmer sa Politique sur diverses occasions. Ce n'estoit point une feinte devote, qui taschast de surprendre le Public par des grimaces, comme fit Henry III. son fils, qui pecha également dans l'excés du trop & du trop peu de Religion. Elle eut pourtant toûjours le bonheur de se servir avantageusement de ce prétexte tant qu'elle le put maintenir ; mais au reste, quoy qu'elle eut vacillé en quelques conjonctures, comme celle du Colloque de Poissy, & quand il seroit vray que sur la fausse nouvelle de la perte de la bataille de Dreux, elle eust dit par maniere de désespoir, Hé! bien, si nous n'allons à la Messe, nous irons au Presche : enfin quand bien elle auroit voulut mettre les choses de la Foy en accommodement, ce n'estoit que pour ceder au temps, & en attendant un rétablissement d'autorité, qui luy donnast lieu de restituer les choses en leur premier estat. Elle y crut estre parvenuë par la Paix d'Orleans & par la réprise du Havre, & ce fut dans cette pensée qu'elle travailla à cette Instruction, qui est une Piéce de trés-bon sens, & toute puisée sur ses propres experiences. C'est pourquoy je la donneray icy, comme l'une des plus rares entre toutes celles que j'ay récueillies pour enrichir cette Histoire ; où je croy qu'on trouvera bon que je me sois servy de toute la liberté d'un Historien, pour donner sans passion tout ce qui s'est fait & publié dans le Siécle dont je traite.

LETTRE DE CATHERINE DE MEDICIS
à Charles IX. son fils peu aprés sa Majorité, pour luy servir d'Instruction dans la conduite de son Estat.

MONSIEUR MON FILS, *vous ayant dés-ja envoyé ce que j'ay pensé vous satisfaire à ce que me dites avant que d'aller à Gaillon, il m'a semblé qu'il restoit encore ce que j'estime aussi necessaire pour vous faire obéïr à tout vostre Royaume, & réconnoistre combien desirez le revoir en l'estat, auquel il a esté par le passé durant les regnes des Rois, Messeigneurs vos Pere & Grand-Pere. Et pour y parvenir, j'ay pensé qu'il n'y a rien qui vous y serve tant, que de voir qu'aimiez les choses reglées & ordonnées & tellement policées, que l'on connoisse les desordres qui ont esté jusques icy par la Minorité du Roy vostre frere, qui empeschoit que l'on ne pouvoit faire ce que l'on desiroit. Cela vous a tant*

dépleu , que incontinent que avez eu le moyen d'y remedier & le tout
regler par la Paix que Dieu vous a donnée , que n'avez perdu une seule
heure de temps à restablir toutes choses selon leur ordre & la raison ,
tant aux choses de l'Eglise & qui concernent nostre Religion : laquelle
pour conserver & par bonne vie & exemple tascherez de remettre tout
à icelle , comme par la justice conserver les bons , & nettoyer le Royaume des mauvais , & recouvrer par là vostre autorité & obéissance
entiere. Encore que tout cela serve , & soit le principal Pilier & fondement
de toutes choses ; si est-ce que je cuide que vous voyant reglé en vostre
Personne & façons de vivre , & vostre Cour remise avec l'honneur & Police
que j'y ay veuë autrefois , que cela sera un exemple par tout vostre
Royaume , & une connoissance à un-chacun du desir & volonté que
avez de remettre toutes choses selon Dieu & la raison.

Et afin qu'en effet cela soit connu d'un-chacun, je desirerois que
prissiez une heure certaine de vous lever, & pour contenter vostre Noblesse , faire comme faisoit le feu Roy vostre Pere ; car quand il prenoit
sa chemise & ses habillemens , entroient tous les Princes , Seigneurs ,
Capitaines, Chevaliers de l'Ordre, Gentils-hommes de la Chambre, Maistres-
d'Hostel & Gentils-hommes Servans entroient lors , & il parloit à eux
& le voyoient ; qui les contentoit beaucoup. Cela fait, s'en alloit à ses
affaires , & tous sortoient hormis ceux qui en estoient & les quatre Secretaires. Si faisiez de mesme , cela le contenteroit fort , pour estre chose
accoustumée de tout temps aux Rois vos Pere & Grand-Pere. Et après
cela que donnassiez une heure ou deux à ouïr les Dépesches & affaires,
qui sans vostre presence ne se peuvent dépescher : & ne passer les dix-
heures pour aller à la Messe, comme on avoit accoutumé au Roy vostre
Pere & Grand-Pere, que tous les Princes & Seigneurs vous acompag-
nassent , & non comme je vous vois aller , que n'avez que vos Archers : & au sortir de la Messe, disnez s'il est tard , ou sinon, vous
promenez pour vostre santé , & ne passez onze heures que ne disniez.

Et après disner , pour le moins deux fois la semaine, donnez audience, qui est chose qui contente infiniment vos Sujets , & après vous retirer & venir chez-moy ou chez la Reine , afin que l'on connoisse une
façon de Cour ; qui est chose qui plaist infiniment aux François pour
l'avoir accoustumé. Et ayant demeuré demi-heure ou une heure en Public ,
vous retirer ou en vostre estude, ou en privé, où bon vous semblera : &
sur les trois heures après-midy vous alliez vous promener , à pied où à
cheval ; afin de vous montrer , contenter la Noblesse , & passer vostre
temps avec cette jeunesse à quelque exercice honneste , sinon tous les
jours , au moins deux ou trois fois la semaine , cela les contentera beaucoup, l'ayant ainsi accoustumé du temps du Roy vostre Pere, qu'ils aimoient
infiniment.

Et après cela souper avec vostre famille , & l'après souper deux fois
la semaine tenir la Salle du Bal ; car j'ay ouï dire au Roy vostre grand-
pere qu'il falloit deux jours pour vivre en repos avec les François , &
qu'ils aimassent leur Roy, les tenir joyeux & occuper à quelque exercice.

Pour cet effet, souvent il falloit combattre à cheval & à pied, courre la Lance, & le Roy vostre pere aussi, avec les autres exercices honnestes, esquels il s'employoit & les faisoit employer : car les François ont tant accoustumé, s'il n'est Guerre, de s'exercer, que qui ne leur fait faire, ils s'employent à d'autres choses plus dangereuses. Et pour cet effet au temps passé les garnisons des Gensdarmes estoient par les Provinces, où la Noblesse d'alentour s'exerçoit à courre la Bague ou tout autre exercice honneste : & outre qu'ils servoient pour la seureté du Pays, ils contenoient leurs esprits de pis faire. Or pour retourner à la Police de la Cour du temps de vostre grand-pere, il n'y eut eu homme si hardy d'oser dire dans sa cour injure à un autre ; car s'il eut esté oüi, il eut esté mené au Prévost de l'Hostel.

Les Capitaines des Gardes se promenoient ordinairement par les Salles & dans la cour. Quand l'aprésdisnée le Roy estoit retiré en sa chambre, chez la Reine, ou chez les Dames, les Archers se tenoient ordinairement aux Salles parmy les degrez & dans la cour, pour empescher que les Pages & Laquais ne joüassent, & tinssent les Berlans, qu'ils tiennent ordinairement dans le Chasteau où vous estes logé avec blasphemes & juremens, chose execrable : & renouveller les anciennes Ordonnances & les vostres, mesme en faisoient faire punition bien exemplaire, afin que chacun s'en abstint. Aussi les Suisses se promenoient ordinairement à la cour, & le Prévost de l'Hostel avec ses Archers dans la Bassecour & parmy les Cabarets & lieux Publics, pour voir ce qui s'y fait & empescher les choses mauvaises, & pour punir ceux qui avoient delinqué : & sa personne & ses Archers sans Halebarde entroient dans la cour du Chasteau, pour voir s'il y avoit rien à faire : & luy montoit en haut, pour se montrer au Roy & sçavoir s'il luy veut rien commander.

Aussi les Portiers ne laissoient entrer personne dans la cour du Chasteau, si ce n'estoit les enfans du Roy, les freres & sœurs, en Coche, à Cheval, & Littiere. Les Princes & Princesses descendoient dessous la Porte, les autres hors la Porte. Tous les soirs depuis que la nuit venoit, le Grand-Maistre avoit commandé au Maistre d'Hostel de faire allumer des Flambeaux par toutes les Salles & passages, & aux quatre coins de la cour & degrez des Falots. Et jamais la Porte du Chasteau n'estoit ouverte que le Roy ne fust éveillé, & n'y entroit ny sortoit personne quel qu'il fust : comme aussi au soir, dés que le Roy estoit couché, on fermoit les Portes & mettoit-on les clefs sous le chevet de son lit. Et au matin, quand on alloit couvrir pour son disner & souper, le Gentilhomme qui tranchoit devant luy, alloit querir le couvert, & portoit en sa main la nef & les couteaux desquels il devoit trancher devant luy. L'Huissier de Salle, & aprés les Officiers pour couvrir. Comme aussi quand on alloit à la viande, le Maistre d'Hostel y alloit en personne, & le Pannetier, & aprés eux c'estoient enfans d'honneur & Pages, sans valetaille, ny autre que l'Escuyer de Cuisine. Et cela estoit plus seur & plus honorable aussi.

Et l'aprés-soupée, quand le Roy demandoit sa collation, un Gentil-homme de la chambre l'alloit querir, & s'il n'y en avoit point, un Gentil-homme servant, qui portoit en sa main la Coupe : & aprés luy venoient les Officiers de la Panneterie & Echançonnerie. Aussi en la chambre n'entroit jamais personne, quand on faisoit son lit : & si le Grand-Chambellan ou premier Gentil-homme de la chambre n'estoit à le voir faire, y assistoit un des principaux Gentils-hommes de ladite chambre, & au soir le Roy se déshabilloit en la presence de ceux, qui au matin estoient entrez, qu'on portoit les habillemens. Je vous ay bien voulu mettre tout cecy de la façon que l'ay veu tenir au Roy vostre pere & grand-pere, pour les avoir veu tous aimez & honorez de leurs Sujets : & en estoient si contens, que pour le desir que j'ay de vous voir de mesme, je pense que je ne vous pouvois donner meilleur conseil, que de vous regler comme eux.

Monsieur mon fils, aprés vous avoir parlé de la Police de la Cour, & de ce qu'il faut pour rétablir tous ordres en vostre Royaume, il me semble qu'une des choses la plus necessaire, pour vous faire aimer de vos Sujets, c'est qu'ils connoissent qu'en toutes choses avez soin d'eux, autant de ceux qui sont prés vostre personne, que de ceux qui en sont loin. Je dis cecy, parce que vous avez vû comme les Malins avec leurs méchancetez, ont fait entendre par tout que vous ne vous souciez de leurs considerations, aussi que n'aviez agréable de les voir. Et cela est procedé des mauvais offices & menteries, dont se sont aidez ceux, qui pour vous faire haïr, ont pensé s'établir & s'accroistre ; & que pour la multitude des affaires, & negligence de ceux à qui faisiez les commandemens, bien souvent les dépesches necessaires, au lieu d'estre bien-tost & diligemment responduës, ne l'ont pas esté ; mais au contraire ont demeuré quelquefois un mois ou six semaines, tant que ceux, qui estoient envoyez de ceux qui estoient en charge des Provinces pour vous, ne pouvans obtenir réponse, aucuns s'en sont sans icelles retournez : qui estoit cause, que voyant telle negligence, ils pensoient estre vray ce que les Malins disoient.

Qui me fait vous supplier que doresnavant vous n'obmettiez un jour, prenant l'heure à vostre commodité, que ne voyiez les dépesches de quelque part qu'elles viennent, & que preniez la peine d'ouïr ceux qui vous sont envoyez. Et si ce sont choses, dont le Conseil vous puisse soulager, les y envoyer, & faire un commandement au Chancelier pour jamais, que toutes les choses, qui concernent les affaires de vostre Estat, qu'avant que les Maistres des Requestes entrent au Conseil, qu'il aye à donner une heure pour les dépescher, & aprés faire entrer les Maistres des Requestes & suivre le Conseil pour les parties. C'est la forme que durant les Regnes des Rois, Messeigneurs vostre pere & grand-pere, tenoit M. le Connestable & ceux qui assistoient audit Conseil. Et les autres choses qui ne dépendent que de vostre volonté, aprés, comme dessus est dit, les avoir bien entenduës, commander les dépesches & réponses selon vostre volonté aux Secretaires, & le lendemain avant que rien voir de nouveau, vous les faire lire & commander qu'ils soyent envoyez sans délay. Et en ce faisant n'en viendra point d'inconvenient à vos affaires, & vos Sujets

connoiſtront le ſoin qu'avez d'eux, & que voulez eſtre bien & promptement ſervy. Cela les fera plus diligens & ſoigneux, & connoiſtront davantage combien voulez conſerver voſtre Eſtat, & le ſoin que prenez de
vos affaires. Et quand il viendra, ſoit de ceux qui ont charge de vous
ou d'autres, des Provinces, pour vous voir, prendre la peine de parler à
eux, leur demander de leur charge, & s'ils n'en ont point, du lieu d'où
ils viennent, qu'ils connoiſſent que voulez ſçavoir ce qui ſe fait par voſtre Royaume, & leur faire bonne chere : & non pas parler une fois à
eux, & quand les trouverez en voſtre chambre ou ailleurs, leur dire
quelque mot. C'eſt comme j'ay vû faire à voſtre pere & grand-pere, juſques à leur demander, quand ils ne ſçavoient dequoy les entretenir, de
leur ménage ; afin de parler à eux & leur faire connoiſtre qu'il avoit
bien agréable de les voir. Et en ce faiſant, les menteuſes inventions, qu'on
a trouvées pour vous déguiſer à vos Sujets, ſeront connuës de tous : & en
ſerez d'eux aimé & honoré ; car retournans à leurs Pays, ſeront entendre la verité : ſi bien que ceux, qui vous ont cuidé nuire, ſeront connus
pour meſchans, comme ils ſont auſſi.

Je vous diray que du temps du Roy Louïs XII. voſtre ayeul, qu'il
avoit une façon, que je deſirerois infiniment que vous vouluſſiez prendre,
pour vous oſter toutes importunitez & preſſes de la Cour ; & pour faire
connoiſtre à tous, qu'il n'y a que vous qui donne les biens & honneurs,
vous en ſerez mieux ſervy, & avec plus de faveur. C'eſt qu'il avoit ordinairement en ſa poche le nom de tous ceux qui avoient charge de luy,
fuſſe prés ou loin, grands ou petits, ſomme de toutes qualitez. Comme
auſſi il avoit une autre Rôle, où eſtoient eſcrits tous les Offices, Benefices
& autres choſes qu'il pouvoit donner, & avoit fait commandement à un
ou deux des principaux Officiers en chaque Province, que quelque choſe
qui vaquaſt ou avint de confiſcations, aubaines, amendes, & autres choſes pareilles, que nul ne fut averty, que premierement ceux, à qui il en
avoit donné la charge, ne l'en avertiſſent, par lettres expreſſes, qui ne
tombaſſent és mains des Secretaires ny autres que de luy-meſme : &
lors il prenoit ſon Rôle & regardoit ſelon la valeur qu'il voyoit par iceluy ou qu'on luy demandoit, & ſelon le rôle qu'il en avoit en ſa poche,
il le donnoit à celuy qui bon luy ſembloit & luy en faiſoit faire la dépeſche luy-meſme : & ſans qu'il en ſçût rien, il l'envoyoit à celuy à qui il
le donnoit. Et ſi de fortune quelqu'un eſtant averty aprés luy venoit demander, il le refuſoit ; car jamais à ceux qui demandoient il ne donnoit,
afin de leur oſter la façon de l'importuner. Et ceux qui le ſervoient ſans
laiſſer leurs Charges, ſans le venir preſſer à la Cour & dépendre plus
que le don ne vaut bien ſouvent, il les récompenſoit des ſervices qu'ils luy
faiſoient. Auſſi eſtoit le mieux ſervy Roy, à ce que j'ay ouï dire, qui
fut jamais ; car ils ne réconnoiſſoient rien que luy, & ne faiſoit-on la
cour à perſonne, eſtant le plus aimé qui fut jamais : & prie à Dieu
qu'en faſſiez de meſme, car tant qu'en ferez autrement aux Placets ou
ou autres inventions, croyez que l'on ne tiendra pas le don de vous ſeur ;
var j'en ay ouï parler où je ſuis.

Je ne veux pas oublier à vous dire une chose que faisoit le Roy voftre grand-pere, qui luy conservoit toutes Provinces à sa devotion. C'estoit qu'il avoit le nom de tous ceux qui estoient de Maison dans les Provinces, & autres qui avoient autorité parmy la Noblesse, & du Clergé, des Villes & du Peuple : & pour les contenter & qu'ils tinssent main à ce que tout fut à sa devotion, & pour estre averty de tout ce qui se rémuoit dans lesdites Provinces, soit en general ou en particulier, parmy les maisons privées ou Villes, ou parmy le Clergé, il mettoit peine d'en contenter parmy toutes les Provinces une douzaine ou plus, ou moins, de ceux qui ont le plus de moyen dans le Pays, ainsi que j'ay dit cy-dessus. Aux uns il donnoit des Compagnies de Gensdarmes, aux autres, quand il vaquoit quelque Benefice dans le mesme Pays, il le leur donnoit, comme aussi des Capitaineries des Places de la Province, & des Offices de Judicature, à chacun selon sa qualité : car il en vouloit de chaque sorte qui luy fussent obligez, pour sçavoir comment toutes choses y passoient. Cela les contentoit de telle façon, qu'il ne s'y rémuoit rien, fut au Clergé ou au reste de la Province, tant de la Noblesse que des Villes & du Peuple, qu'il ne sçût : & en estant averty, il y remedioit selon que son service le portoit, & de si bonne heure, qu'il empeschoit qu'il n'avint jamais rien contre son autorité ny obéïssance qu'on luy devoit porter. Et pense que c'est le remede que vous pourrez user, pour vous faire aisément & promptement bien obéïr, & rompre toutes autres Ligues, accointances & menées, & remettre toutes choses sous vostre seule puissance.

J'ay oublié un autre point, qui est bien necessaire que mettiez peine, & cela se fera aisément, si le trouvez bon. C'est qu'en toutes les principales villes de vostre Royaume, vous y gagniez trois ou quatre des principaux Bourgeois & qui ont le plus de pouvoir en la ville, & autant des principaux Marchands, qui ayent bon credit parmy leurs Concitoyens, & que sous main, sans que le reste s'en apperçoive, ny puisse dire que vous rompiez leurs Privileges, les favorisant tellement par bien-faits & autres moyens, que les ayez si bien gagnez, qu'il ne se fasse ny dise rien au Corps de Ville ny par les maisons particulieres que n'en soyez averty. Et quand ils viendront à faire leurs élections pour leurs Magistrats particuliers selon leurs Privileges, que ceux-cy par leurs amis & pratiques, fassent toûjours faire ceux, qui seront à vous du tout : qui sera cause que jamais Ville n'aura autre volonté que la vostre, & n'aurez point de peine à vous y faire obéïr; car en un seul mot vous le ferez toûjours en ce faisant.

Au dessous est escrit de la main de la Reine.

Monsieur mon fils, vous prendrez la franchise dequoy je le vous envoye, & le bon chemin, & ne trouverez mauvais que je l'aye fait escrire à MONTAGNE, *car c'est afin que le puissiez mieux lire, & comment vos Prédecesseurs faisoient.*

CHAPITRES III. IV. V. & VI.

DE L'ENTREPRISE DE MEAUX ET DE LA SECONDE
Guerre avec les Huguenots.

LE fieur de Caftelnau traite fi particulierement la découverte &
la conduite de l'entreprife de Meaux, à caufe de la part qu'il y
eut, qu'il ne me refte rien à adjoufter à ce qu'il en dit, & à ce que
j'en ay remarqué dans l'Abregé de fa vie ; parce qu'il rendit en cette
occafion le fervice le plus important qu'on put attendre de fa prudence
& de fa fidelité ; c'eft pourquoy je me contenteray d'en donner le
fujet, & je rémarqueray icy fuccintement que le Cardinal de Lorraine & toute fa maifon rentrans en leur premiere autorité, & les
Huguenots eftans de leur part bien avertis de la Ligue, qu'on braffoit
contr'eux prefqu'à découvert depuis l'entreveuë de Bayonne : ils crurent eftre obligez pour leur feureté de fe garder de furprife, & de
s'unir plus eftroitement avec leurs Alliez, & fur tout avec ceux des
Pays-Bas qui eftoient de leur opinion, & qui eftoient menacez du
mefme peril par l'arrivée du Duc d'Albe avec des forces qui perfua-
doient affez que cet homme cruel n'avoit efté choifi pour fucceder à
la Ducheffe de Parme, que pour agir avec une plus entiere autorité.
C'eft ce qui caufa la reprife des Armes avec le dépit qu'eut le Prince
de Condé, de fe voir fans credit aprés toutes les promeffes de la Reine,
& aprés qu'on l'eut défabufé de tout ce que le Cardinal de Lorraine
avoit fait pour gagner fon amitié, & qu'il eut reconnu qu'au lieu
d'entrer en défiance du paffage du Duc d'Albe par la France, la
Cour fe moquoit des rémonftrances que luy & l'Admiral en firent,
& qu'on en avoit une fecrette joye, & qu'on fe moquoit de luy,
comme s'il n'eut fçû ny les affaires ny les interefts du Royaume. Le
Sceau de la prétenduë union du Prince avec le Cardinal devoit eftre
fon mariage avec la Reine d'Efcoffe, & cependant il pouvoit bien
eftre averty que le mefme Cardinal fon oncle la propofoit à l'Archiduc Charles d'Auftriche fils de l'Empereur, & qu'on en parloit encore pour le Prince d'Efpagne ; mais foit que ce ne fuft que pour l'a-
mufer qu'on l'entretint de cette efperance, ou qu'il doutaft qu'on luy
vouloit faire perdre fon credit dans fon party, pour les ruïner l'un &
l'autre avec plus de facilité, il s'éloigna enfin peu à peu, & la
Cour ne le réclamant point, il fe laiffa régagner entierement par les
Huguenots, qui de leur cofté firent courir diverfes Piéces pour le détourner de cette alliance. J'ay choifi entr'autres ce qui en eft efcrit
dans l'Epiftre du Coq à l'Afne, où aprés avoir dit qu'on voudroit
eftre délivré des reftes de la maifon de Lorraine, auffi-bien que du
Duc de Guife, l'Auteur adjoufte.

Pour

Pour cela le Cardinal brigue
Trafiquer une fausse Ligue,
Avec le Prince de Condé
Mais qui a esté échaudé,
Il doit bien redouter l'eau chaude.
Le Cardinal est plein de fraude,
Et voulant assurer sa vie,
Il fait au Prince avoir envie,
D'épouser la Reine d'Escosse,
Et toûjours de promesse fausse
Il paist ce Prince débonnaire :
Qui enfin ne s'en pourra taire ;

Ayant assez de témoignage
De ce Tygre affamé de rage,
Qui deux fois a juré sa mort ;
Mais Dieu l'a délivré du tort
Que ces Guisards luy vouloient faire,
Ils faisoient mener cette affaire
Par deux Moinesses Sœurs du Prince,
Qu'il seroit Roy d'une Province,
Et épouseroit l'Heritiere
D'Angleterre, & la Doüairiere
De France leur belle Niéce,
N'est-ce pas une belle Piece ?

Cette affaire manquée, le Prince de Condé rentra en ses premiers soupçons contre le Cardinal, qu'il voyoit reprendre pied en Cour & dans la haute confidence de la Reine, & se voyant aussi peu consideré qu'il croyoit devoir estre considerable ; persuadé d'ailleurs d'une communion d'interests entre France & Espagne contre ceux de la Religion : il se laissa emporter à la résolution non seulement de se défendre, mais de faire cette entreprise. C'estoit une voye pour abréger les affaires, de mettre ainsi le Roy de son costé contre la Cour : le le Duc de Bourgogne & le Duc d'Orleans n'eurent en vûë que ce seul avantage sous le Regne de Charles VI. & ce fut sur leur exemple qu'on dressa cette partie, qui manqua de succés par le bon genie du S. de Castelnau. On ne sçauroit dire asseurément comment les Huguenots en auroient usé, si le coup eut réüssi ; mais la Cour est en possession de qualifier de pareils attentats de crime de Leze-Majesté au premier chef, & de conspiration contre la personne du Roy. On a beau dire qu'on l'ait voulu enlever à un party, qui abusoit de son nom & de son autorité pour la ruïne de son Estat, quand cela seroit vray, c'est estre coupable que de n'avoir pas esté assez heureux, à cause de la consequence de tels desseins : qui dégenerent enfin en Guerre civile, parce qu'ils broüillent toutes les humeurs du Royaume, & qu'on a comme necessairement besoin de ce feu ou plûtost de cette fiévre dans ce corps Politique, aussi-bien que dans le corps humain, pour consommer toutes les superfluitez. Outre le danger, il faut quelquefois de grandes saignées, jusques à ce qu'un traité de Paix rétablisse toutes choses & abolisse la memoire des accidens qui ont causé le mal. C'est ce qui arriva ensuite de cette affaire de Meaux, qui se passa au mois de Septembre 1567. les Huguenots eux-mesmes par désespoir commencerent la Guerre, & d'une faction qui sembloit petite en comparaison des forces du Roy, & qu'on eut crû defaite & ruïnée par sa seule découverte, il en sortit une armée capable de soûtenir sans canon une bataille contre celle du Roy aux Portes de Paris le dixiéme le Novembre 1567. d'en soûtenir la perte & de se faire donner la Paix à coup d'espées.

CHAPITRE SEPTIÉME.

DE LA BATAILLE DE S. DENIS ET DES PERSONNES
Illuſtres qui y moururent ou qui s'y ſignalerent.

IL n'y a que des François capables dans la chaleur d'un party de s'expoſer au haſard, que les Huguenots tenterent à cette celebre jour-née de S. Denis, de recevoir une bataille ſans canon & avec peu d'In-fanterie, & de faire teſte plûtoſt que de quitter un poſte qu'ils ne pou-voient long-temps garder, à une armée Royale pourvûë de bonnes & vieilles troupes, & de tout ce qui eſt neceſſaire pour une pareille oc-caſion. On auroit ſujet de douter en celle-cy de la prudence du Prin-ce de Condé, de l'Admiral de Chaſtillon & des autres Chefs, ſi on ne conſideroit que toutes leurs forces eſtoient compoſées d'une No-bleſſe ramaſſée qui avoit fait un effort qu'il falloit employer, & laquelle il eſtoit beſoin de commettre & d'engager ; de crainte qu'elle ne ſe diſſipaſt ſans rien faire, faute d'équipage & de ce qui eſtoit neceſſaire à ſa ſubſiſtance. Il faut encore conſiderer qu'ils n'avoient point de Ba-gage ny de ce grand attirail, dont la perte ſeule décide bien ſouvent de l'honneur de la bataille en faveur de celuy qui le gagne, & en ef-fet ils le conteſterent aux Catholiques, comme ils avoient fait à Dreux, pour n'avoir eu autre avantage que de demeurer Maiſtres du champ, qui leur couſta beaucoup plus de gens, outre la perte du Conneſtable de France : & le lendemain ils révinrent dans le meſme champ en or-dre de Guerre pour nous défier une ſeconde fois, & pouſſerent juſ-ques dans les Barrieres de Paris.

Lancelot du Voiſin S. de la Popeliniere donne l'honneur d'avoir commencé cette fameuſe bataille à Pierre du Bec S. de Vardes, qui commandoit avec le S. de Genlis au quartier d'Aubervillier, & qui engagea les deux armées par une ſanglante attaque, qui fit rémuër & qui ébranla tous les corps de part & d'autre, ſoit pour le charger ou pour le défendre. Luy & Charles du Bec Baron de Bourry ſon frere aiſné, avoient amené & fourny la meilleure partie de l'Infanterie Hu-guenotte, outre le grand nombre de Volontaires, tant du Vexin que de la Normandie, qui les ſuivit à cauſe de la réputation hereditaire qu'ils avoient dans cette Province. Il y avoit moins de zele que de mauvaiſe humeur & de mécontement dans les intereſts de ces deux freres, qui eſtoient poſſedez d'un eſprit d'ambition, & qui croyans eſtre en droit de compter les premieres Charges parmy leurs Préten-ſions, & n'ayans pas le credit qu'ils eſperoient à la Cour, crurent qu'il falloit eſtre de party. Ils s'engagerent dans celuy-cy avec Jacques de Mornay S. de Buhy leur beau-frere, mary de Françoiſe du Bec leur ſœur, qui eut de luy entr'autres enfans Philippe de Mornay S. du Pleſſis, demeuré ſeul dans une Religion que ſes oncles n'avoient professée que par prétexte, & dont ils se rétracterent aprés en avoir essuyé toutes les disgraces, par l'exhortation de Philippe du Bec leur frere puisné successivement Evesque de Vannes & de Nantes, depuis Archevesque & Duc de Rheims, & l'un des Prélats associez à l'Ordre du S. Esprit, personnage de grande Doctrine, & qui jouït jusques en l'an 1605. de l'honneur d'avoir esté des plus considerables entre les Peres de l'Eglise Gallicane, qui assisterent au Concile de Trente. Ils estoient enfans de Charles du Bec S. de Bourry, &c. Chevalier de l'Ordre du Roy & Vice-Admiral de France, & de Madeleine de Beauvillier Saint-Aignan, issuë par femmes de tout ce que les maisons de Hus-son-Tonnerre & de la Trimoüille avoient de plus illustres alliances. Et on rémarque de ce Charles du Bec que commandant l'armée navale de France, un éclat de Soleil le rendit en un instant aussi noir qu'un Ethiopien, sans qu'on pût jamais le rémettre en sa premiere carnation. Jean du Bec son pere Vicomte de Canny & S. de Bourry, fils de Guillaume & de Catherine de Brillac, ne luy donna pas de moindres parentez par le mariage qu'il contracta avec Marguerite de Roncherolles, fille de Charles Baron de Hugueville & du Pont-Saint-Pierre, & de Marguerite heritiere de la grande & ancienne maison de Chastillon-sur-Marne. C'est. tout ce que je rémarqueray icy de l'extraction de ces deux freres, que j'ay traitée plus amplement dans l'Histoire du Mareschal de Guebriant à cause de Renée du Bec sa femme : qui a continué la réputation & la Memoire de ce grand homme par tant de services & de glorieux travaux, que le Roy n'a pas seulement satisfait aux suffrages de tous ses Sujets, mais encore aux vœux & à l'estime de tous les Pays, où son merite a éclaté pendant son Ambassade extraordinaire pour la conduite de la Reine de Pologne en ses Estats, par la récompense de la charge de Dame d'honneur de la Reine future. René du Bec Marquis de Vardes & de la Bosse Chevalier des Ordres du Roy & Gouverneur de la Capelle & du Pays de Tierasche, son pere, fils de Pierre S. de Vardes, qui a donné sujet à ce discours, & de Loüise de Chanteloup Dame de la Bosse, restablit sa maison des pertes qu'elle avoit souffertes, & se rendit capable de soustenir par ses biens & par la réputation qu'il acquit dans toutes les Guerres de Henry le Grand, la grandeur & le poids de l'aisnesse de son nom & de ses armes, qui luy eschût par l'extinction de la posterité masculine de Charles du Bec Baron de Bourry son oncle. Il fut marié en premieres nôces à Helene d'O, veuve de François de Roncherolles S. de Maineville, l'un des chefs du party de la Ligue, tué à la bataille de Senlis, fille de Charles S. de Franconville & de Baillet, & de Madeleine de l'Hospital de Vitry. Sa seconde femme de laquelle il n'eut point d'enfans, fut Isabelle de Coucy, la derniere d'un Nom si celebre dans nos Histoires, Marquise de Vervins. Du premier lit sortirent Jean du Bec tué en Italie : René Marquis de Vardes : Renée du Bec mariée à Jean-Baptiste Budes Comte de Guebriant, Mareschal de France, & Claude du Bec Marquis de la Boſſe. De René du Bec & de Jacqueline de Beuil Comteſſe de Moret ſont iſſus, René François du Bec Capitaine des cent Suiſſes de la Garde du Corps du Roy, Lieutenant General en ſes armées, mariée à N..... Nicolaï fille de Jean Nicolaï Marquis de Gouſſainville premier Préſident en la Chambre des Comptes à Paris, & de Marie Amelot : & Antoine du Bec Comte de Moret, Lieutenant General pour le Roy en ſes armées, tué d'un coup de canon au ſiege de Gravelines le 13. d'Aouſt de cette année 1658.

DE THIMOLEON DE COSSE' COMTE DE BRISSAC.

POUR parler des Perſonnes illuſtres, qui ſe ſignalerent à la bataille de S. Denis, & dont je n'ay point encore traité les éloges, il faut commencer par le brave Thimoleon de Coſſé, qui eſt le premier en ordre dans le détail qu'en donne le S. de Caſtelnau, & qui merite le meſme rang parmy les vaillans de ſon Siécle. Il l'eſtoit de telle ſorte, que ſon âge le diſpenſant de toute la prudence neceſſaire à un Officier General, on peut conclure en ſa faveur que jamais jeune Seigneur ne s'acquit plus d'eſtime, & ne la paya d'un ſang ſi genereux, que celuy qu'il répandit à l'âge de 23. ans contre les Huguenots au ſiege de Mucidan en Guyenne au mois de May 1569. tous les Hiſtoriens en parlent avec éloge, mais aucun n'en a eſcrit ſi particulierement que le S. de Brantoſme, qui l'a connu & frequenté, & qui s'eſt pleu à en tracer le portrait dans le diſcours ſuivant.

» Le Roy gratifia M. le Mareſchal de Briſſac de l'eſtat de Colonel
» des Bandes de Piémont [aprés que le Prince de Condé s'en fut de-
» mis pour prendre poſſeſſion du Gouvernement de Picardie] pour ſon
» fils aiſné le Comte de Briſſac, encore qu'il fut bien jeune ; mais
» ayant eſté nourry, élevé & inſtruit d'un tel Prince ſi grand Guer-
» rier, il s'en rendit bien-toſt capable. Son pere luy fit donner pour
» nom de Bapteſme Thimoleon, encore qu'il ne fuſt nom Chreſtien,
» mais Payen, toutefois à l'exemple des Italiens & des Grecs, qui ont
» emprunté la plûpart des noms Payens & n'en font aucun ſcrupule.
» De ſçavoir les raiſons pourquoy le pere luy donna ce nom plûtoſt
» qu'un autre, ne ſe peut dire, & meſme d'autrefois en privé en
» avons conferé enſemble ledit Comte & moy. Car il y a eu tant de
» braves & vaillans Capitaines, tant Grecs que Latins, deſquels les noms
» eſtoient plus propres audit Comte, & les faits & geſtes plus dignes &
» grands à luy imiter, que Thimoleon meſme. Meſme que ledit Comte
» ne le trouvoit ſi beau que d'un Scipion, Ceſar, Annibal, & une in-
» finité. De façon qu'il avoit cette opinion, que ſon pere luy avoit
» donné ce nom par humeur, & venant à lire la vie de Thimoleon,
» elle luy pleut & pour ce en impoſa le nom à ſon fils ; préſageant
» qu'un jour il luy ſeroit ſemblable : & certes pour ſi peu qu'il a veſ-
» cu, il luy a reſſemblé quelque peu, mais s'il eut veſcu, il ne luy eut
» pas reſſemblé en ſa retraite ſi longue & temporiſement ſi tardif &

» si longue abstinence de Guerre, ainsi que luy-mesme le disoit sou-
» vent, qu'il ne demeureroit pas pour tous les biens du monde retiré
» si longuement que fit ce Thimoleon.
»
» Estant en âge d'estudier & d'apprendre, M. le Mareschal luy don-
» na Buchanan Escossois, l'un des doctes & sçavans Personnages de
» nostre temps ; pour son ame je n'en parle point, il l'a montré à
» l'endroit de la pauvre Reine d'Escosse. Ce Buchanan instruisit si bien
» son disciple, qu'il le rendit assez sçavant pour un homme de Guer-
» re. Il eut un fort honneste Gentil-homme de Gouverneur, qui fut
» M. de Sigognes, qui a esté depuis Gouverneur de Dieppe. Madame
» la Mareschale sa mere, de la maison d'Estelan en Normandie, fort
» sage & spirituelle Dame, fut en mesme curiosité que le pere pour le
» faire instruire, & bien souvent avoient le mary & la femme contesta-
» tion pour cette instruction ; mais M. le Mareschal l'emporta, di-
» sant à sa femme qu'elle instruisit ses filles, Diane & Jeanne, l'une
» Comtesse de Mansfelt & l'autre Dame de saint Luc, toutes deux
» fort sages, honnestes, vertueuses, trés-habiles & sçavantes filles &
» Dames. Mais Madame de saint Luc en a emporté le dessus, encore
» qu'elle fut la puisnée ; aussi l'aisnée n'eut tant de loisir pour mettre
» en maturité ses vertus comme l'autre : & ce Comte appelloit cette
» sœur, Jeanne, & l'aimoit plus que l'autre, & M. de Guise à son
» imitation l'appelloit ma sœur Jeanne, ou Jeanne tout simplement.
» Or le Comte de Brissac estant sous le foüet & gouvernement de
» ses Maistres, tout jeune qu'il estoit, il montra quelque chose de gen-
» til & de grand au jour, & prest à porter les armes pour sa premie-
» re Guerre, il vit le siege de Roüen & ce qui se fit devant Paris aux
» premieres Guerres, car je n'appelle pas cela siege, ceux de dehors
» estans quasi plûtost assiegez qu'assiegeans. En ces deux factions on
» notoit toûjours en ce jeune homme une fort grande curiosité d'ap-
» prendre & de sçavoir quelque chose, & se tenoit sujet à M. de Guise,
» qui luy en sçavoit bon gré : & bien souvent voyois-je M. de Guise
» luy parler & luy montrer, & luy faire force caresses. Aussi M. de
» Brissac luy avoit commandé de se tenir sujet à ce grand Capitaine,
» & épier ses actions & apprendre à l'imiter ; si bien que M. de Gui-
» se l'en estimoit beaucoup de cette soûmission, & disoit souvent, car
» je l'ay vû, ce jeune homme sera un jour un gentil garçon & homme de
» Guerre : & en quoy il le prisoit le plus, c'estoit qu'il ne s'amusoit
» point en petites choses & follastreries, ainsi que les enfans d'honneur
» comme luy qui estoient avec le Roy Charles : & encore que plu-
» sieurs fussent plus vieux que luy, ne venoient que fort peu souvent
» aux tranchées, & luy tous les jours y estoit & voyoit tout, & n'a-
» voit peur de rien.
» Ayant vû ces deux factions, fallut qu'il alloit faire sa charge de
» Colonel, & alla trouver M. de Nemours, qui estoit Lieutenant Ge-
» neral du Roy vers Lyonnois, Forests & Dauphiné, & se fit une en-
» treprise pour surprendre Lyon par la menée & surprise de M. de

„Soubife tres-habile homme ; mais c'eſtoit pour attraper les Gens du
„ Roy Catholiques : ſi bien qu'elle eſtant double , elle ſe tourna à
„la confuſion des noſtres, deſquels en eſtant prés de quatre cens
„ſur le Baſtion de S. Juſt, auquel ſe baſtiſſoit la trâme, ceux de de-
„ dans commencerent à joüer leur jeu & à mener les mains & à tirer
„ſur les noſtres , qui rendirent du combat autant qu'ils purent ; dont
„ il demeura aucuns ſur la place , & autres furent répouſſez du haut
„ du baſtion en bas : dont le Comte de Briſſac, qui avoit mené luy-
„ meſme ſes gens, fut contraint d'en faire de meſme & de ſe préci-
„ piter. Cette ſi mauvaiſe curée pour le commencement , n'empeſcha
„ pas pourtant qu'en tous les lieux puis aprés qu'il en pouvoit trouver
„ l'occaſion, qu'il n'en eut ſa révenche, & tout jeune garçon qu'il
„ eſtoit , donnoit à tout le monde une trés-admirable & bonne opi-
„ nion de luy. La Paix s'en enſuivit, nous fiſmes le voyage de Mal-
„ the ; où il n'avoit point charge autrement, mais pourtant on luy
„ déferoit, au moins aucuns, gratuitement : car nous eſtions tous &
„ à nous & à nos volontez & à nos dépens, dont j'en ay parlé aſſez.
„ La ſeconde Guerre civile vint , comme j'ay dit cy-devant, & il
„ commanda à trois Regimens, mais toûjours en titre de Colonel Ge-
„ neral des Bandes de Piémont, & ne le faut croire autrement ; & qui
„ le voudroit débattre, certes s'il eſt de ce temps, il montreroit qu'il
„ n'eſtoit pour lors nourry par les Bandes en cette Guerre : & les Ban-
„ dons ſe faiſoient de par luy Colonel General des Bandes de Pié-
„ mont. J'ay vû cela mille fois. Les deux armées tant d'un coſté que
„ d'autre, firent peu de factions, ſinon le ſiege de Paris, où le Com-
„ te de Briſſac en pluſieurs eſcarmouches commença à ſe faire valoir,
„ puis à la bataille de ſaint Denis ; où il fit trés-bien , & aprés au
„ voyage de Lorraine : où s'aidant quelquefois de ſon Infanterie, quel-
„ quefois de ſa Compagnie de Gendarmes & de la Nobleſſe volontai-
„ re de la Cour, alloit à la Guerre & rétournoit toûjours avec une
„ bonne fortune & réputation. Entr'autres factions il defit dans ſaint
„ Florentin en Champagne deux Compagnies de Huguenots, l'une de M.
„ de Tors de la maiſon noble de Montberon en Angoumois, brave, vail-
„ lant & gentil compagnon de Guerre, ainſi que ſes braves Prédeceſ-
„ ſeurs ; l'autre du Baron de Biron , brave & vaillant auſſi & fort ha-
„ bile Huguenot, & ce à la teſte de toute l'armée Huguenotte, & ſi
„ n'avoit pas la moitié d'hommes que les autres. Et outre cela fallut
„ forcer le Bourg gardé de plus trois cens Arquebuſiers & deux cens
„ Gendarmes Huguenots.
„ La petite Paix ſe fit, qui ne dura pas guere, & la troiſiéme Guerre
„ ſe ſuſcita , en laquelle nulle occaſion ne ſe preſenta de mener les
„ mains, que ledit Comte ne s'y trouvaſt, & s'y fit ſignaler, & quand
„ elle luy manquoit, il la ſçavoit bien aller querir fût de loin , fût de
„ prés, où il falloit. A la bataille de Jarnac , lors qu'il fallut faire la
„ charge de ſon Eſtat de Colonel , il la fit trés-bien ; mais dévant
„ & aprés qu'il vit qu'il n'y eſtoit point neceſſaire , il fit toûjours

„faction d'hommé de cheval, & ne fit comme M. de Taix tuër fes
„beaux chevaux, car il voyoit bien que jamais on ne préfumeroit de luy
„qu'il s'en voulut aider pour s'enfuïr : chacun de l'armée le jugeant
„trés-mal propre pour faire ce trait, & auffi que de fon cofté il
„s'affeuroit bien de fon cœur & de fa réfolution. Parquoy, cette ba-
„taille faite, & qu'il n'y avoit nulle apparence de plus combattre en
„bataille rangée, il monta à cheval pour fuivre la victoire, laquel-
„le certes il pourfuivit trés-bien. Il y en avoit aucuns qui dirent, &
„y en peut avoir encore, qu'il ne le devoit pas faire, les Efpagnols
„feront de cet avis, ains qu'il fe devoit toûjours tenir lié & obligé
„en fa charge, de peur de quelqu'inconvenient nouveau : mais ce
„jeune homme eftoit fi ardent au combat, qu'il eut mieux aimé de
„faillir en fa charge par faute d'ordre & de devoir, que de manquer
„en aucune faction par faute d'ardeur & de courage qui le menoit.
„Car il faut dire que c'eftoit le jeune homme qui aimoit autant à
„manier fon efpée & en tirer du fang, & un peu trop certes, ainfi
„que je l'ay vû, & aucuns de nous autres fes amis qui luy difions :
„car il eftoit trop cruel au combat, & à y aller & à tuër ; & ai-
„moit cela, qu'avec fa dague il fe plaifoit de s'acharner fur une per-
„fonne & à luy en donner des coups, jufques-là que le fang luy ré-
„jalliffoit fur le vifage. Cas eftrange pourtant, que ce brave Brif-
„fac qui fe montroit doux par fon vifage beau, delicat & feminin,
„eftoit dans le cœur fi cruel & alteré de fang ; bien au contraire du
„vaillant Strozze, qu'à voir fon vifage quafi barbare, réfrogné &
„noiraud, n'eftoit guere remply de cruauté, fuft ou de fes mains
„ou par la guerre, ainfi que je l'ay connu tel : & peu fouvent
„luy ay-je vû commander à fon Prévoft de camp de rigoureufes
„Juftices, mais pourtant il en fit une, qui furpaffa toutes celles
„que fit jamais Briffac; car aprés la troifiéme Guerre, à la troifiéme
„Paix faite, que le Roy fe retira à Angers & que les troupes qui
„eftoient en Guyenne fallut qu'elles répaffaffent la Riviere de Loire,
„ledit M. de Strozze voyant fes Compagnies embaraffées par trop de
„Garces & Putains des Soldats, & ayant fait faire plufieurs Bandons à
„les chaffer, & voyant qu'ils n'en faifoient rien : ainfi qu'on les
„paffoit fur le Pont de Sée, il en fit jetter pour un coup plus de
„huit cens de ces pauvres créatures, qui piteufement crians à l'aide
„furent toutes noyées par trop grande cruauté : laquelle ne fut ja-
„mais trouvée belle des nobles cœurs, & mefme des Dames de la
„Cour, qui l'en abhorroient & eftrangement l'envifagerent long-temps
„de travers. Je fçay bien ce que je luy dis devant & aprés, mais
„perfuadé & preffé d'aucuns de fes Meftres de Camp [& mefme de
„Coffains] & Capitaines, il fit faire ce coup, & peu s'en fallut,
„fi l'on n'y eut mis ordre, que force Soldats amis de leurs Garces ne
„s'amutinaffent. Du depuis ledit Strozze s'en répentit fort, comme il
„me dit, s'excufant fur la police qu'il falloit obferver. Si eft-ce que
„luy ny les autres ne firent guere bien leur profit depuis, & tout

„ainſi qu'ils avoient aimé & pourchaſſé la mort de ces pauvres créa-
„tures, de meſme Dieu leur envoya la leur, qui bien qu'il défende
„fort ce vice de Paillardiſe, il abhorre ce vilain genre de mort : car
„poſſible aucunes ſe fuſſent converties & euſſent ſervy Dieu, comme il
„s'en eſt vû force, & ledit Strozze la paya auſſi depuis. Que les Meſtres
„de Camp Eſpagnols fuſſent un peu allé faire ce trait à leurs Eſpag-
„nols, qui leur permettent leurs Garces ſans leur oſer rien dire ; au-
„trement ils révolteroient tout le monde : car ils les aiment ; trai-
„tent & cheriſſent comme Princeſſes, ainſi que je l'ay eſcrit ailleurs.
„Quand le Duc d'Albe paſſa en Flandre pour la révolte, il le leur
„permit comme ils vouloient, & la Police pour elles n'en alla pas plus
„mal, auſſi s'y ſçavent-ils mieux & plus ſagement conſerver que nous
„autres : toutefois cette cruauté que je viens de dire ſe devoit mieux
„moderer.

„ Pour tourner encore à ce brave Briſſac, M. l'Admiral le voyant
„ſi chaud à la Guerre, car ordinairement il eſtoit ſur ſes bras ou
„des ſiens, comme prophetiſant bien-toſt ſa mort, il diſoit un jour,
„je le veux tel & ainſi courageux, car il ne durera gueres, & bien-
„toſt nous le perdrons & ne l'aurons plus ſur nos Gens qu'il vient
„à toute heure fatiguer. Auſſi ne faillit-il pas, car venant au ſiege
„de Muſſidan, & Monſieur, ſon General, ne le voulant & tenant
„cette place indigne d'y envoyer ſes Colonels, tous deux y alloient
„à l'envy l'un de l'autre : & le Comte s'appreſtant pour l'aſſaut ar-
„mé de toutes pieces, car il ne dédaignoit nullement les Armes,
„qui en vouloit à bon eſcient, il eut un coup à la teſte prés les
„deux yeux, encore qu'il eut ſon caſque trés-bas & fut fort couvert.
„Il en mourut un bon Soldat Perigourdin qui eſtoit dedans, qu'on
„appelloit Charbonniere, lequel avoit eſté à moy & eſtoit de ma
„Compagnie, & eſtoit un des meilleurs & plus juſtes Arquebuſiers
„qu'on eut ſçeu voir : & ne faiſoit autre choſe leans, ſinon qu'é-
„tant aſſis ſur un Tabouret, & la pluſpart du temps y diſnoit &
„ſouppoit, regardant par une canonniére, ne faiſoit que tirer inceſ-
„ſamment. Il avoit deux Arquebuſes à roüet & une à méche, &
„ſa femme & un Valet prés de luy, qui ne luy ſervoient que de
„charger ſes Arquebuſes, & luy de tirer ; ſi bien qu'il en perdoit
„le boire & manger. Il fut pris, M. frere du Roy le voulut voir,
„& pour avoir tué un ſi grand Perſonnage, commanda qu'il fuſt pen-
„du. J'avois grande envie de le ſauver, mais je ne pus, encore que
„je l'euſſe fait évader une fois par une feneſtre, mais il fut repris ;
„bien que j'euſſe un tres-grand regret dudit Comte : car je l'aimois
„beaucoup, auſſi m'aimoit-il, mais en cela qu'en peut, mais un
„Soldat, puis qu'il fait l'office de Soldat. Il eſt bien vray quand il
„ſe vente du coup & s'en glorifie, un tel dépit & une telle venterie
„faſchent, & tel mépris, & pour ce la penderie en eſt trés-bonne
„ou le maſſacre ; en quoy le Soldat y doit eſtre bien aviſé de ne ſe
„venter de tels coups, car cela vient à conſequence pour luy : ainſi

„ſi qu'on dit d'Alexandre & de deux Soldats, qui ſe ventoient d'avoir
„tué Darius, leſquels il fit mourir: ainſi que fit le Marquis del
„Guaſt, qui fit pendre le Soldat qui avoit tué François Marquis de
„Saluces. Il y a une infinité d'autres exemples tant du paſſé que des
„noſtres. On diſoit auſſi que ce Soldat avoit tué l'aiſné Pompadour
„auparavant, lequel eſtoit un trés-brave & vaillant Gentil-homme
„& que le Comte de Briſſac aimoit bien-fort: & ledit Pompadour
„avoit commandé audit Soldat, & l'aimoit, & l'avoit mené à Ma-
„dere. Voilà comment nous ſommes bien ſouvent bien traitez de
„ceux que nous aimons.

„　Ainſi mourut le Comte de Briſſac, & croy que s'il eut veſcu, il
„eut changé de nom, & en eut pris d'autre plus grand que de Com-
„te, ainſi que je l'ay vû diſcourir bien ſouvent par nous autres gar-
„çons, quand nous diſcourions enſemble. Il ne ſe projettoit pas
„moins que d'un Royaume, fuſt en quelque part que ce fuſt, &
„avoit réſolu d'en conquerir quelqu'un, fut en Levant, fut en Oc-
„cident, ou poſſible dans le cœur de ſa Patrie, & n'eſtoit nulle-
„ment dépourvû de deſſeins & d'entrepriſes. Bref, il eſtoit trés-ambi-
„tieux, & en aucuns lieux où il ne devoit ſans reſpect à ſes amis. Il
„avoit aimé mon frere d'Ardelay autant qu'amy qu'il eut. Il avoit ré-
„ſolu, s'il fut ſorty du ſiege de Chartres, de ſe battre contre luy, où
„qu'il quittaſt l'Enſeigne blanche du Regiment des Gaſcons, dont
„il eſtoit Colonel & avoit eſté ſucceſſeur du Regiment de Montluc.
„Certes trés-digne & galant jeune homme, qui aima mieux quitter
„ſa charge que ſon Enſeigne Colonelle, ny que d'obéir à autre
„Colonel; puis que tel il avoit eſté élû de ſon pere, & en eſtoit par-
„ty de Gaſcogne, comme je le vis. Certes ſi mon frere ne fut mort
„en ce ſiege, il ne faut point douter qu'ils ne ſe fuſſent battus, car
„il n'eut pas quitté ce qui luy avoit eſté donné de ſon Roy, & le
„tenoit dés-ja en main: meſme que ledit Comte me le diſoit ſou-
„vent, car il m'aimoit fort. Il ne faut point mentir, j'en ſuis bien
„marry, me diſoit-il, quand voſtre frere ſera ſorty de-là, nous nous
„batterons s'il ne quitte cela: & en riant je luy répondis, il n'en
„faut pas douter; mais de quoy vous importe cela, vous n'aurez
„rien à faire en France touchant voſtre Eſtat, vous n'eſtes que Co-
„lonel du Piémont. Mais après ſe découvrit qu'il avoit gagné M. de
„Strozze, & l'avoit fait jurer que jamais il n'y auroit qu'eux deux
„Colonels ny d'Enſeignes blanches en France que les leurs: ce que je
„trouvay trés-mauvais à M. de Strozze, car il faiſoit grand eſtat de
„mondit frere & luy eſtoit obligé, & je ſçay bien ce que j'en dis au-
„dit S. de Strozze. Or l'un & l'autre n'eurent pas grand' peine d'en
„quereller mondit frere, car il mourut à Chartres trés-vaillamment
„& courageuſement, y ayant eſté tué pour le ſervice de ſon Roy &
„la protection de ſa place, qui luy avoit eſté donnée en garde ſous
„le commandement de M. de Lignieres Lieutenant du Roy leans,
„trés-vaillant & trés-ſage Capitaine. Or il ne ſe faut ébahir ſi M. de

„Strozze fit ce trait à mon frere, auquel, comme j'ay dit, il eſtoit obli-
„gé, puis qu'ils en firent un pareil à ſon beau-frere M. de Tende,
„certes trés-digne, ſage & vaillant Capitaine & qui avoit ſervy trés-
„fidélement & vaillamment le Roy aux premieres Guerres en Pro-
„vence, pour lors ne l'appelloit-on que M. le Comte de Sommeri-
„ve.
„ En cette troiſiéme Guerre il amena au Roy trois mille hommes
„de pied Provençaux auſſi bons Soldats, auſſi-bien armez que l'on
„eut ſçû voir, & portoit l'Enſeigne blanche, & entra ainſi dans le
„camp. Qui fut dépité, ce fut le Comte de Briſſac, & ayant ga-
„gné M. de Strozze pour ſerment fait de long-temps entr'eux, en fit
„parler au Comte de Sommerive, le rémontra à ſon General, luy en
„demandant raiſon, & qu'il ne pouvoit plus ſupporter à ſa vûë ce
„Drapeau blanc pour tout. Ayant eſté remis de jour en jour & ne
„pouvant plus patienter, il envoya un jour un de ſes Meſtres de
„Camp, que l'on appelloit le Gros la Berthe, appeller ledit Comte de
„Tende, & luy dire qu'il l'attendoit au bout du grand Parc de Ver-
„tueil, qu'on appelloit la Tremblaye, en Angoumois, qui eſt au
„Comte de la Rochefoucaut, où pour lors eſtoit Monſieur & toute ſon
„armée; mais cet appel ne ſe put faire ſi ſecrettement, que le Mar-
„quis de Villars ſon oncle n'en ſçût le vent, & qu'il ne courut aprés
„ſon neveu, qui alloit réſolu, & force autres. Voir, Monſieur s'y
„achemina, ſi bien que les défenſes du combat furent faites, & la
„partie rompuë; à quoy puis aprés Monſieur y remedia: qui fit
„que le Comte de Briſſac haut à la main, mutin, bravache, bra-
„voit, menaçoit qu'il quitteroit ſon eſtat, ou le Drapeau blanc ne
„paroiſtroit plus. Enfin le tout bien peſé & diſputé que nul plus grand
„affront & dépit n'eſt à un Colonel General, que de voir un autre
„ſe vouloir parangonner à luy & porter cette Enſeigne blanche, &
„fut arreſté que ledit Drapeau ſe plieroit: M. le Comte de Tende ſouf-
„frant cela impatiemment; & ne voulant, luy qui s'eſtoit vû pre-
„mier en ſoy & n'eſtre commandé que de ſoy-meſme, encore qu'il
„ne commandaſt ſeulement à cette Infanterie, mais à cette belle
„Cavalerie qu'il avoit amenée de Provence, obéïr au Comte de Briſ-
„ſac ny à ſon beau-frere M. de Strozze, ne ſe plut guere à l'armée,
„& toſt aprés ramena la plus grand' part de ſes gens.
„ Voilà la contention qui fut entre ces deux Grands, & tout pour
„un morceau de taffetas blanc. Il en avoit fait de meſme quaſi un
„peu auparavant à M. de Sarlabos le jeune, qui avoit emmené ſon
„Regiment étably en Languedoc, en l'armée, le plus beau auſſi
„qu'on eut ſçû voir & le mieux en point & auſſi complet. Il y eut
„auſſi de la contention grande, mais le tout s'appaiſa par la volon-
„té du Roy en faiſant évanouïr cet arbre blanc. Il y eut beaucoup
„de perſonnes qui blaſmerent M. de Strozze d'avoir eſté adjoint &
„complice en ce fait au Comte de Briſſac contre ſon frere, qui avoit
„épouſé ſa ſœur la Seignore Clarice Strozze, l'une des belles & hon-

„ neftes Dames de France , & qui n'aimoit rien tant que fon frere ;
„ mais lors elle eftoit morte un an avant ou plus, au furplus, qui eftoit
„ la plus altiere femme du monde , & qui l'eut fçû bien réprocher
„ par après à fon frere , fi elle eut efté vivante. Voilà pourquoy il
„ eut tort de fe bander ainfi contre fon beau-frere , encore qu'il laif-
„ faft joüer tout le jeu au Comte de Briffac : Toutefois, puis que luy
„ eftoit Colonel General de France, M. de Briffac n'y avoit pas beau-
„ coup à voir, mais en cela il avoit gagné M. de Strozze , & le pof-
„ fedoit, comme je l'ay vû & s'y laiffoit fort aller. Pour quant à M.
„ de Sarlabos , encore qu'il fuft un grand homme pour les gens de
„ pied, & qu'il euft gagné fes charges par la valeur ; fi eft-ce qu'un
„ chacun difoit qu'il ne fe faifoit point de tort d'obéïr à M. de Stroz-
„ ze & M. de Briffac, Seigneurs de fi bonne part & fi bon lieu, de
„ merite & valeur qu'ils eftoient. Enfin j'en vis faire tant de difputes,
„ qu'elles feroient trop longues à efcrire. Je m'en remets à ceux qui
„ les oüirent de ce temps-là, ou qui les purent oüir alléguer. Enfin le-
„ dit Sarlabos quitta ce Drapeau blanc , ainfi la raifon le vouloit de
„ luy , mais non du Comte de Sommerive, difoit-on lors. Voilà des
„ ambitions que ce brave Comte avoit en ces chofes-là ; qu'il y pou-
„ voit bien avoir, puis qu'il voloit bien plus haut, mais il ne vouloit
„ rien laiffer paffer devant luy, qui luy touchaft le moindre fcrupule de
„ fon honneur. Certes s'il eut vefcu, il fut efté un trés-grand Perfon-
„ nage, trés-grand, dis-je, en toutes façons.
„ Outre fes belles vertus & vaillances de Guerre , il avoit de trés-
„ belles parties de Courtifan, pour bien paroiftre en tout. Il eftoit
„ trés-beau & avoit le vifage feminin , & fi pour cela il eftoit hom-
„ me en tout. Il avoit fa mine fort douce. J'ay vû que tout un temps
„ en fon jeune âge nous l'appellions Pigeon , d'autant qu'il avoit fa
„ petite façon douce & benigne comme un Pigeon. Il fçavoit toute
„ forte d'exercices, & en tout il eftoit fort adroit, comme à bien ti-
„ rer des armes, qu'il avoit appris de Jules Milanois , & puis rendu
„ parfait par Aymard enfant de Bourdeaux, qui pour avoir demeuré
„ dix ans en Italie n'avoit fon pareil. Il joüoit fort bien à la paume,
„ il eftoit bon à la lutte, encore qu'il fe montraft trés-foible ; mais
„ il fçavoit l'adreffe fi bien, qu'il en portoit par terre de plus grands,
„ plus hauts & plus robuftes que luy. Il en avoit appris l'adreffe d'un
„ François qu'on appelloit Colle, qui eftoit venu en la Cour de Fran-
„ ce exprés pour s'éprouver , dont on n'en vit jamais un pareil : &
„ n'en déplaife aux Bretons, car il en portoit par terre tant qu'il en
„ venoit , tant il eftoit adroit, & avoit ainfi dreffé ce Comte. Il dan-
„ foit des mieux qu'on en avoit jamais vû à la Cour, car outre la dif-
„ pofition trés-grande qu'il avoit, il avoit la plus belle grace que ja-
„ mais Courtifan ait eu. Depuis nul n'y a pû atteindre, fors le jeune la
„ Molle, ainfi que je l'ay vû juger à Seigneurs & Dames de la Cour.
„ Encore la Molle n'y avenoit qu'affez prés, & n'eftoit ledit Comte
„ propre pour une feule danfe, comme j'en ay vû aucuns nés & adroits

»les uns pour l'une, les autres pour l'autre, mais ce Comte estoit
»universel en toutes, suft pour les bransles, pour la gaillarde, pour
»la Pavanne d'Espagne, pour Canaries, bref pour toutes.

»   Il me souvient qu'aprés la seconde Guerre civile & durant la pe-
»tite Paix, le Roy Charles vint à estre malade à Madrid. Un jour
»aprésdifner il commanda à tout le monde de se retirer, puis com-
»manda à M. de Strozze & Brissac de demeurer. Il luy fit donner un
»Luth par Laman jeune homme Chantre de sa chambre & trés-bon
»joüeur de Luth, & dit audit M. de Strozze qu'il en joüast, car c'estoit
»le Seigneur & Gentil-homme de France qui en jouoit le mieux, &
»puis commanda à M. de Brissac de danser sous luy, qui n'y faillit
»point. Car ce Prince sur tout vouloit estre obéï, si bien que l'un &
»l'autre n'y faillirent de joüer & danser, & principalement la Gail-
»larde & les Canaries, qui pour lors avoient grande vogue. Le Roy
»prit son plaisir à tel spectacle & à telle joye assez long-temps, &
»puis dit à aucuns que nous estions là, mais fort peu, & le Roy
»m'avoit commandé de demeurer entr'autres Capitaines & Gentils-
»hommes que nous estions peu là restez ; voilà comme aprés que j'ay
»tiré du service de mes deux Colonels à la Guerre, j'en tire du plai-
»sir à la Paix. Et cettes il avoit raison, car c'estoit une belle chose
»que de voir ces deux Colonels si parfaits en deux tels divers exer-
»cices.

»   Quant aux vertus de l'ame de ce Comte, il estoit sçavant & lisoit toû-
»jours peu ou prou. Il parloit bien en soy de grands discours & des-
»seins. Il l'aimoit l'amour & si la faisoit fort gentiment & accorte-
»ment. Il aima à la Cour une trés-grande Dame Princesse veuve, cer-
»tes une trés-honneste & belle Dame. Elle luy fut implacable, d'au-
»tant qu'elle ne se vouloit marier, & luy pour avoir son cœur trés-
»haut, ne tendoit pas moins qu'à un trés-haut & grand mariage : &
»aussi que cette Dame abhorroit par trop le Sexe masculin & par trop
»aimoit le sien ; si que le Comte désesperé du fruit de ses amours,
»se résolut d'escalader en pleine Cour du Roy la chambre de sa Maif-
»tresse, qui ne le haissoit pourtant trop, & passer par la senestre,
»& la nuit entrer dedans & en joüir ; fust par force ou par amour.
»Et certes elle ne fut esté par trop gastée de se laisser vaincre à un si
»doux & brave ennemy que celuy-là, mais elle en sçût le vent par
»quelqu'un qui luy découvrit, & pour ce la Partie en fut rompuë,
»& remise par ledit Comte, où il eut pû prendre l'occasion. Voyez
»quelle autorité de courage & présomption de soy. La Dame pour
»cela ne luy en fit mauvais semblant & mourut quelque temps aprés.
»Le Comte aima autres honnestes Dames, & mesme une fort hon-
»neste Dame de Guyenne mariée & grande, que j'ay connuë, &
»trés-belle & fort aimable, mais il n'y parvint que des yeux : aussi
»n'eut-il grand loisir de la servir, & depuis M. de Strozze prenant
»ses erres l'aima & estant veuve la voulut épouser ; mais il mourut
»sur cette volonté. Cette Dame fut ainsi sujette à estre aimée des Co-
»lonels.

» Il faut maintenant finir son tableau , lequel j'ay fait au plus pe-
» tit Volume que j'ay pû ; d'autant que l'œuvre merite un plus par-
» fait & suffisant ouvrier, possible en parleray-je ailleurs. Bref ce
» Comte de Brissac a esté un des plus parfaits & accomplis Seigneurs
» que j'aye point vû en nostre Cour. Je n'en ay jamais vû qui en leur
» jeunesse n'aye fait ou en sa vie quelque tour de sottise, mais jamais
» celuy-là n'en a fait à la Cour. Ordinairement & de coûtume on fait
» la guerre aux jeunes gens au commencement de leur avenement, &
» les harceler ; mais jamais on ne s'est adressé à luy pour joüer de
» ces tours, tant il estoit gentil, faisant & disant toutes choses de
» bonne grace & à propos : & aussi mal-aisément il souffroit en jeu,
» quand on le vouloit piquer ou par trop agacer, & estant venu en
» plus haut âge, il n'en falloit point parler. Il avoit trés-bonne espée
» tranchante. Je connois un trés-brave & vaillant Gentil-homme de
» nostre Cour : une fois estant en devis parmy nous autres, & quand
» nous discourions de M. de Bussy [*Bussy d'Amboise*] il y eut quel-
» qu'un qui allegua M. de Brissac, & luy demanda quel il estimoit
» le plus des deux. Il répondit, le Comte de Brissac ; d'autant
» que je ne crains nullement Bussy & ay craint M. de Brissac. Cette
» rodomontade estoit belle, faisant tant pour celuy-là que pour le
» Comte.

Le mesme S. de Brantosme fait cette difference entre ces deux Illustres, que jamais Bussy n'eut esté si grand Capitaine, & qu'il estoit
plus querelleux que le Comte de Brissac. Il eut pour heritier Charles
de Cossé depuis Duc de Brissac, Pair, Mareschal, & Grand-Panetier de France son frere puisné, comme j'ay rémarqué au discours du
Mareschal de Brissac leur pere : & il eut cet honneur avec celuy d'estre
regretté comme le Seigneur de son Siécle de la premiere esperance, que
le Roy l'estima digne d'une Sepulture Royale, & fit apporter son corps
de Mucidan à Paris, pour estre inhumé en grande Pompe dans la
Chapelle d'Orleans en l'Eglise des Peres Celestins, où on luy appendit
ces Épitaphes parmy ses trophées.

Sous ce Tombeau gist ce preux Chevalier,
Thimoleon cet heureux Capitaine,
Dit de Brissac, ce ferme Bouclier,
Et Protecteur de l'Eglise Romaine ;
Duquel l'ardeur & constance hautaine,
Le cœur Vaillant & le Noble courage
En sa tendreur s'est montré martial.
Lors qu'il poursuit l'Ennemy plein de rage,
Et pour son Roy, pour le Sceptre Royal,
Pour son Pays, pour la Foy Catholique,
S'est hazardé tant que d'un coup fatal
Est mort tué par un lasche Heretique.

Suis-je *mort ? ouy , non , je suis vif encore ,*
Puis que mon nom bruit & court en tous lieux.
Le Roy mon corps prés ses Princes decore ,
Dieu mon esprit a rendu glorieux.

Le Poëte Jodelle luy donna aussi ce distique Latin.

Hæc tibi do , struitur dum Cippus marmore , donis
Marmora forte putes cedere prisca meis.

L'Illustre Mademoiselle des Roches Madeleine Neveu , l'honneur
de son Sexe , aussi-bien que de la Province de Poitou , fit une Elegie
de prés de trois cens Vers sur la mort de ce Seigneur , où elle remarque qu'il n'avoit que seize ans lors de l'entreprise de Lyon , dont il est
parlé dans son Eloge : & continuant à parler de ses Exploits , elle
adjouste.

Combien devant Paris t'estois montré vaillant ,
Assailly du mutin ou bien en l'assaillant.
Chartres connoist assez , Vallery a fait preuve
Comme en ton corps menu la forte main se treuve ,
Toy seul de trois fleaux as l'Ennemy battu ,
Par le sage conseil , Fortune & la Vertu.
Consolant , Perigueux , Jazeneuil & les Ances ,
Connoissent de Brissac les grandes excellences ,
Ainsi ta grand' Vertu , ton bras victorieux ,
Remplit d'Ombres mutines le grand barcq stygieux

Je parleray au Livre septiéme de Philippe Strozzy Colonel General de l'Infanterie Françoise , mentionné par le S. de Castelnau avec
Thimoleon de Cossé parmy ceux qui se signalerent en cette bataille
de S. Denis , & pour suivre l'ordre que je me suis proposé , je donneray icy les Eloges des Comtes de Sault , de la Suze & autres Chefs
du party Huguenot , nommez par ledit S. de Castelnau dans ce septiéme Chapitre de ses Memoires.

DE FRANCOIS D'AGOULT DE MONTAUBAN
& de Montlaur Comte de Sault.

Ce Comte de Sault le plus grand Seigneur de Provence , fut aussi
l'un des plus grands Capitaines de son temps , & la Religion fit
une grande perte en sa personne , quand aprés avoir long-temps servy nos Rois , il se laissa gagner à la nouvelle opinion & au party des
Heretiques ; qu'il appuya puissamment , & pour lequel il fut tué avec
Jean d'Agoult son frere à la bataille de S. Denis. Il estoit vaillant ,
genereux , magnifique & de grand esprit , il aimoit les Lettres , &
ce fut en sa consideration , qu'Antoine du Pinet S. de Noroy ra-

maſſa dans ſon Traité des Villes & Fortereſſes du monde, des Traditions badines touchant l'origine de la maiſon de Sault, pour en faire un Roman plus incroyable que les Apologues & les entretiens des
hommes avec les beſtes, & par lequel la réputation de cet Auteur
auroit eſté ruïnée, s'il ne l'avoit défenduë par la Traduction des Oeuvres de Pline. Je ne croy pas que la Poëſie permit de pareilles ficctions, tant celle-là tient du merveilleux & de l'incroyable, auſſibien que la Fable du Berold de Saxe, prétendu anceſtre des Ducs de
Savoye, & du Ferry Borſtelſtickel que le Hableur de Thevet fait le
premier chef de la maiſon illuſtre des Chabots : & c'eſt une choſe eſtrange qu'il en couſte toûjours l'honneur à quelque fille de Roy ou d'Empereur pour fondement d'une fauſſe tranſmigration. Tout ce qu'on
peut dire pour excuſer du Pinet, c'eſt qu'il eſcrivoit dans un temps
où l'on débitoit des Phantoſmes pour ayeux à ceux, qui ayant perdu
la memoire de ceux dont ils eſtoient iſſus, fourniſſoient pour les habiller des Traditions & des contes de vieilles, dont les Flateurs fai
ſoient des Myſteres avec les alluſions, qu'ils cherchoient dans le nom
& dans les armes des familles ; ne ſçachans pas que les Armoiries &
les Surnoms ont leur terme borné, & ne ſe défians pas qu'il ſuccederoit à un Siécle ignorant un autre Siécle aſſez éclairé, tel qu'eſt le
noſtre, pour penetrer juſques dans les Pays eſtrangers, où ils ont
eſté chercher les premiers Heros de chaque Race. Celuy que du Pinet a choiſi pour celle d'Agoult, eſt un Hugues Prince de Tric, Eſtat
imaginaire dans la Pomeranie, que ſa valeur & ſa beauté rendirent
digne de l'amour de l'Infante Valdugue, fille du Roy Valdugue de
Pomeranie, qui en eut un fils, que cette Priſonniere faiſant deſcendre d'une feneſtre, pour le mettre entre les mains d'un Païſan, qui le devoit porter à ſa nourrice, une Louve ſurvint qui le ravit malgré ſa
réſiſtance & l'emporta dans ſa taniere avec ſes Louveteaux. Elle l'alaita juſques au lendemain que le Roy la trouvant à la chaſſe, la
pourſuivit, la tua avec ſes petits, & trouva l'enfant enveloppé dans
de riches draps ; lequel il fit baptiſer, &. ayant découvert l'Hiſtoire
de ſa naiſſance, le rendit legitime par le mariage de ſa fille avec le
Prince Hugues, qu'elle laiſſa veuf peu de temps aprés, & qui eſtant
allé faire la Guerre aux Grecs, ſe rémaria avec la fille de l'Empereur
de Conſtantinople, où il s'habitua & en eut pluſieurs enfans. Wolf,
c'eſt-à-dire Loup, de Tric ſon fils du premier lit, ainſi nommé en
memoire d'un ſi merveilleux accident, épouſa Sidrac fille du Roy de
Ruſſie, & ſon fils aiſné du meſme nom, ayant pris alliance avec une
Princeſſe de Saxe, vint avec Berold de Saxe au ſervice du Roy d'Arles [*de Bourgogne*] & conquit la Terre & Vallée de Sault en Provence, où il baſtit le Chaſteau d'Agoult, qui ſervit de ſurnom à ſa poſterité, qui quitta celuy de Tric. Il adjouſte que le Pays de Sault luy fut
inféodé l'an 1200. Voilà un beau pot pourry d'Hiſtoire, dé Chronologie, & de Coſmographie tout enſemble, & le tout fondé ſur ce
que les armes d'Agoult ſont, non-pas une Louve, comme elles au

roient dû eftre , mais un Loup avec les marques de fa mafculinité ,
& fur ce que quelques-uns de cette maifon fe furnommerent diverfement dans les Titres Latins *de Agouto & de Triis* , à caufe de la terre de Trez, ancien partage des Vicomtes de Marfeille, qui leur efchût
par mariage.

Ce François d'Agoult icy , Comte de Sault , n'eftoit point de la
maifon d'Agoult , dont il ne portoit le nom que par fubftitution ap-
pofée au teftament de Raimond d'Agoult S. de Sault fon grand oncle,
le 12. Avril 1503. en faveur de Loüis de Montauban fon pere, neveu dudit Raimond, à caufe de Loüife d'Agoult fa mere, femme d'Antoine de Montauban S. de faint André. Il eftoit de fon chef iffu des
Seigneurs de Montauban en Diois, fortis par maftes des anciens Comtes de Die, par les Seigneurs d'Aix en la Comté de Die fes anceftres ;
fi bien que de tous coftez il defcendoit de Maifons très-illuftres : &
c'eft la raifon pour laquelle il fe furnomma d'Agoult & de Montauban. Il y adjoufta enfuite pour troifiéme furnom celuy de Montlaur,
par la condition de fon mariage avec Jeanne de Vefc , fille de Jean
Baron de Grimaud & de Caromb , S. de Savigny-fur-Orge , &c. &
de Fleurie de Montlaur & de Maubec Dame de Montfort : & François-Loüis fon fils aifné pour la mefme raifon fe furnomma d'Agoult,
de Vefc , de Montlaur, & de Montauban ; qu'il laiffa à Loüis fon
fils dernier Comte de Sault , qui inftitua heritiere principale de tous
fes biens Chreftienne d'Aguerre fa mere , laquelle par fon teftament
du 13. Avril 1609. les laiffa avec fubftitution d'aifné en aifné , avec
obligation de porter les mefmes furnoms à Charles, Sire de Crequy,
Prince de Poix , fon fils du premier mariage, depuis Duc de Crequy,
Pair & Marefchal de France. Celuy-cy ayant époufé Madeleine de
Bonne , fille de François Duc de Lefdiguieres , Pair & Conneftable
de France , il accorda pareillement que François fon fils aifné prendroit le nom & les armes de Bonne conjointement avec les autres ,
& c'eft pour cela qu'il fe furnomme aujourd'huy de Bonne , de Crequy , d'Agoult , de Vefc , de Montlaur & de Montauban, Duc de
Lefdiguieres , Comte de Sault , &c. Il fera bon d'avertir le Lecteur
pour rendre raifon de tant de Titres, que celuy de Crequy n'eft auffi
que par fubftitution dans la maifon de ce Duc , qui n'en eft iffu
que par femmes ; à caufe d'Antoine de Blanchefort dit de Crequy fon
ayeul, heritier de la maifon de Crequy, par répreſentation de Marie
de Crequy fa mere , fille de Jean, Sire de Crequy, & de Marie d'A-
cigné , & femme de Gilbert de Blanchefort, maifon illuftre en
Roüergue, S. de faint Janvrin & de fainte Severe, fils de François de
Blanchefort S. de faint Janvrin , & de Renée de Prie.

A propos du nom de Vefc , je rémarqueray qu'il y a faute dans
toutes les Editions des Memoires de Philippe de Commines , où le
Favory de Charles VIII. eft appellé Eftienne de Vers. Il faut lire de
Vefc, & cet Eftienne dans la premiere origine de fa fortune fut Valet
de chambre du Roy, & d'ailleurs homme d'efprit mediocre ; fi ce n'eft
qu'on juge de luy par le fuccés de fes entreprifes & de fon ambition,

plû-

plûtost conduites par les destinées que par sa prudence ; il entassa
tant de titres l'un sur l'autre, qu'il rendit sa maison la plus riche de
son temps. Il fut Senechal de Beaucaire, d'où il estoit originaire, &
de Nismes, puis Président en la Chambre des Comptes, puis successivement Duc de Nole & d'Avelin, Comte d'Ascoly & de la Tri-
palde au Royaume de Naples, Baron de Grimaud, de Chasteau-Re-
nand, & de Chasteau-neuf de Mazan, S. de Caromb, de sainte
Hippolyte, de Suzette, de Chasteau-neuf, de Redortier; &c. Charles de Vesc son fils épousa Antoinette de Clermont-Lodéve, & fut
pere de Jean de Vesc Baron de Grimaud & de Caromb, &c. S. de
Savigny-sur-Orge, marié avec Fleurie de Montlaur & de Maubec,
dont Fleury Baron de Grimaud mort sans enfans de Diane de Clermont-Tallard, Jeanne de Vesc Comtesse de Sault, &c. qui porta le
nom & les biens de Vesc dans la maison d'Agoult.

Puis que je suis entré si avant dans le discours de la maison d'A-
goult, les divers changemens qui y sont arrivez à raison des substitutions ordinaires dans les Pays de droit escrit, qui ont fait passer la
Terre de Sault de branche en branche, m'invitent d'en donner les
éclaircissemens au Public. Raimond d'Agoult S. de Sault mort sans enfans de Blanche de Tournon, & duquel j'ay dés-ja parlé, frere de
Loüise mariée avec Antoine de Montauban, dont la posterité prit les
nom & armes d'Agoult, eut pour sœur aisnée Jeanne d'Agoult, qui
épousa Antoine René de Bouliers Vicomte de Reilhane, & fut in-
stituée heritiere par son frere en partie des biens de la maison de Sault,
consistante aux Baronies de la Tour-d'Aiguez, de Mison, de Volone, &c. Elle en eut François & Eleonor de Bouliers Dame de Mison & de Volone, femme de Suffren de Rame S. du Poet. François
de Bouliers Vicomte de Reilhane, Baron de la Tour-d'Aiguez testa
l'an 1511. & laissa de Catherine de Clermont-Lodéve rémariée en 2.
nôces à Honoré d'Oraison Vicomte de Cadenet, duquel elle eut quatre enfans, Françoise de Bouliers Dame de la Tour-d'Aiguez, femme d'Antoine de Bouliers S. de Cental, Vicomte de Démont, dont un
fils unique Jean-Loüis-Nicolas de Bouliers S. de Cental, Vicomte de
Démont, Baron de la Tour-d'Aiguez, riche & puissant Seigneur en
Provence, mais encore plus farouche, qui mourut *ab intestat* le 27.
Septembre 1584. le dernier de sa maison. Il ne se voulut point marier, & sur ce que quelques-uns de ses amis le convioient de disposer de sa succession ; il jetta une épaule de mouton rostie à ses chiens
qu'il avoit exprés assemblez : pour faire voir qu'il ne se soucioit pas,
mais plûtost qu'il desiroit, que ses biens fussent ainsi en curée à ses
proches, & qu'ils s'entremangeassent à qui en auroit, comme il arriva : mais enfin la belle maison de la Tour-d'Aiguez eschût au Comte de Sault.

Raimond, Jeanne & Loüise d'Agoult, estoient enfans de Guillaume d'Agoult S. de Cippieres, frere de Fouques S. de Sault mort sans
enfans legitimes, lequel il prédeceda ; ce Fouques avoit épousé

Tome *II.*   O o o

Jeanne de Beaurains, qui le quitta en haine de fon concubinage, doublement adulterin avec Marie Saure de la ville de Marfeille, femme de Jean Vincent, de laquelle il eut Fouquet Vincent, qu'il appelle fon filleul dans un de fes teftamens du 2. Novembre 1481. par lequel il luy donne la terre de Volone, & aprés la mort de ladite Saure fa mere celle de Ronhes, à la charge de prendre Nom & Armes d'Agoult, comme il fit, chargeant le Loup d'Agoult d'un collier d'Argent, & l'inftituë heritier en tous fes biens au défaut de Raimond d'Agoult S. de Cippieres fon Neveu. Il y fait auffi mention de Loüis de Juftas, qu'il avoit marié avec Marie fa baftarde, qui luy porta la Seigneurie de Reilhanette: & auquel par autre teftament de l'an 1489. il légua la Seigneurie de Montfort. De ce mariage nafquit Jeanne de Juftas, femme d'Helion de Glandevez S. de Greoulx. Par un troifiéme teftament de l'an 1492. il légue à Triftan fon fils naturel 2000. Florins, & le fubftituë en toute fa fucceffion à Guillaume S. de Cippieres fon frere, & à Raimond d'Agoult S. de Sault fon Coufin. Il eut pour Sœurs Clemence, femme de Jean de Brancas de la ville d'Avignon, Catherine femme de Gouin Baron de la Garde-d'Aymar, Jeanne alliée à Antoine de Forcalquier S. de Vians, Jeannette mariée à Pierre de Meullion S. de Ribbiers Diocefe de Vabres, & Phanette d'Agoult: & fucceda à Raimond d'Agoult S. de Sault mort fans enfans de Loüife de Beauvau, fon coufin comme fils de Fouquet d'Agoult S. de Forcalqueyret, de Montfort & de Vergons, frere aifné de Raimond, autrement appellé Agoult d'Agoult fon pere, S. de Barret, de la Tour-d'Aiguez & de Volone, marié à Loüife de Glandevez. Lequel Fouquet avoit époufé Phanette d'Agoult, fille de Raimond S. de Sault, Vicomte de Reilhane, Comte de Giraffe, grand-Chambellan de Sicile, & de Beatrix d'Agoult Dame de Forcalqueyret & de Mus, feule heritiere avec Ifabelle fa fœur aifnée Dame de Trez, de Raimond d'Agoult S. de Trez, chef du nom & armes d'Agoult, comme fils de Raimond d'Agoult S. de Trez, Forcalqueyret, Mus, &c. Fils de Refortiat & petit-fils de Raimond d'Agoult S. de Trez, mary de Galburge de Sabran Dame de Forcalqueyret, fils aifné d'Ifnard d'Agoult dit d'Entravennes, S. de Sault & de Trez, & de Douceline de Pontevez, & frere d'Ifnard d'Agoult & d'Entravennes dit de Pontevez à caufe de fa mere, auffi-bien que Fouquet fon frere, qui herita de la Seigneurie de Pontevez, & en continua le nom & la pofterité, comme nous dirons cy-aprés.

Cet Ifnard d'Agoult dit d'Entravennes, mary de Douceline de Pontevez, prit le nom d'Entravennes à caufe de fa mere, & pour mettre difference entre luy & Raimond d'Agoult fon frere aifné, nommé avec luy dans un titre de l'an 1203. par lequel Bermond Abbé de faint André quitte à Raimond d'Agoult & à fes hoirs, la Seigneurie du Puy-faint Martin appartenant en propre à l'Eglife de fainte Marie de Sault avec faculté d'y baftir un Chafteau, moyennant & en échange de douze efcus de cens qu'il avoit ailleurs. Ce que Raimond d'Agoult

& Ifnard d'Entravennes fes fils confirmerent. Cet Ifnard d'Entravennes acheta l'an 1225. la Seigneurie de Roffilhon, de Guy Vicomte
de Cavaillon, & l'an 1250. Ifnard de Pontevez foy difant fils de noble Ifnard d'Entravennes d'Agoult en fit hommage à Charles Comte
d'Anjou & de Provence, comme auffi de la troifiéme partie de la
ville d'Apt. Deux ans après il fit le mefme hommage, comme auffi
de la moitié du Chafteau d'Agoult ; où il eut pour heritier Ifnard
d'Entravennes dit d'Agoult fon fils, & de Briande Artaude, fille de
Guillaume S. d'Aix en Diois, qui luy fucceda avant l'an 1255. que
Beatrix fa femme luy permit de vendre ce qui luy appartenoit *in valle
Veranica*, ce qu'il fit l'an 1257. à *Vice-dominus*, élû Archevefque d'Aix.
Il eut de cette Beatrix, que j'eftime avoir efté Dame de Rians, Ifnard d'Entravennes S. d'Agoult & de la Vallée de Sault, qui l'an
1291. fe rendit Vaffal de Charles II. Roy de Sicile pour la Terre de
la vallée de Sault, qu'il difoit ne devoir réconnoiftre d'aucun Seigneur
temporel, & ce en réconnoiffance des bien-faits, qu'il avoit reçû de ce
Prince, & moyennant deux mille livres Provençales, qu'il promit de
rendre, en cas qu'on prouvaft qu'elle fut mouvante de l'Empire. Il
eut pour enfans Raimond d'Agoult S. de Sault, & comme je croy,
Ifnard d'Agoult dit d'Entravennes S. de Trez & d'Ollieres, tant par
l'induction que je tire du nom d'Ifnard continué en luy & en fa pofterité, que par la portion qu'ils eurent tous en la Seigneurie d'A-
goult, de la vallée de Sault, & de Roffilhon, outre que par des lettres de la Reine Jeanne de l'an 1344. en faveur de Reforfat d'Agoult
touchant fa part de Roffilhon, Ifnard de Pontevez eft qualifié fon bifayeul. Cet Ifnard d'Agoult dit d'Entravennes tefta à Marfeille le 12.
de May 1306. & fait mention dans fon teftament de Degane d'Uzés
fa femme, de Frere Raimond-Geofroy fon frere Religieux de faint
François à Marfeille, de Raimond-Geofroy, Agoult, Ifnarder, &
Reforfat, fes enfans encore jeunes, & d'Ermenjarde fa fille, qui depuis époufa Ifnard Feraud dit de Glandevez S. de Glandevez. De luy
& de Maragde de Lers-de-Montfrin, font iffus les Seigneurs d'Ollieres & de Rochefueil, du nom & armes d'Agoult jufques à noftre temps.

Raimond d'Agoult S. de Sault, &c. frere dudit Ifnard d'Entravennes, fut Senefchal de Provence, & époufa Helione des Baux, dont
deux fils, Fouques & Raimond d'Agoult. Fouques d'Agoult S. de Sault,
&c. époufa Alix des Baux, & en eut autre Fouques II. S. de Sault,
Vicomte de Reilhane, Marquis de Cotron, & grand-Senefchal de
Provence, mort fans enfans, & Raimond S. de Sault Comte de Ge-
raffe, Vicomte de Reilhane, duquel & de Beatrix d'Agoult heritiere de Trez & de Forcalqueyret nafquirent Madeleine d'Agoult, muet-
te & infenfée, & Phanette d'Agoult Dame de Forcalqueyret, &c.
femme de Fouques d'Agoult defcendu de Raimond frere puifné de
Fouques I. lequel Raimond S. d'Olle, de Barret, Montfort, &c.
époufa Clemence de Morges, & en eut ledit Fouques mary de Beatrix, Raimond, Reforfat S. de Vergons & Marguerite femme de

Boniface de Vintimille. De Fouques & de Beatrix iffit Raimond d'A-goult S. de Sault, &c. mort fans enfans de Loüife de Beauvau, & lequel eut pour heritier Fouques fon coufin S. de Sault aprés luy, fils de Raimond ; par la mort duquel fans enfans legitimes, les biens de la maifon tomberent à Raimond fon neveu dernier du nom d'Agoult S. de Sault, qu'il fubftitua aux enfans de Loüife fa fœur, femme d'An-toine de Montauban, mere de Loüis d'Agoult & de Montauban, qui de Blanche de Levis, fille de Gilbert Comte de Ventadour, & de Jac-queline du Mas laiffa François d'Agoult de Montauban & de Mont-laur, créé premier Comte de Sault, Jean d'Agoult tué avec luy à la bataille de S. Denis, & Gilbert d'Agoult mort fans alliance. De François Comte de Sault & de Jeanne de Vefc, nafquirent François-Loüis, Jacques d'Agoult S. de Forcalqueyret & de faint André, qui mourut au combat d'Arques, & Marguerite d'Agoult alliée à Hubert S. de Vins. François-Loüis d'Agoult, de Vefc, de Montlaur & de Montauban Comte de Sault, fut marié avec Catherine d'Aguerre, veuve d'Antoine Sire de Crequy, & fille de Claude d'Aguerre Baron de Vienne, & de Jeanne de Hangeft. De cette alliance fortirent Loüis d'Agoult, de Vefc, de Montlaur & de Montauban dernier Comte de Sault de fa maifon, mort à Paris fans alliance le 1. Fé-vrier 1609. Philippe d'Agoult Baron de Grimaut mort l'an 1608. fans enfans de Marie de Montlaur, & Jeanne d'Agoult mariée l'an 1602. à François de la Baume Comte de Monrevel, privée de la riche fuc-ceffion de Sault, par le teftament de Loüis fon frere, en faveur de Chref-tienne d'Aguerre fa mere, qui en difpofa en faveur du Marefchal de Crequy fon fils du 1. lit, à la charge du nom & des armes d'Agoult, de Vefc, de Montlaur & de Montauban, comme nous avons dit cy-devant.

Aprés avoir donné affez fuccintement l'Hiftoire & la fuite Genea-logique des Seigneurs depuis Comtes de Sault ; il eft comme necef-faire de parler des Seigneurs de Pontevez & Comtes de Carces, qui n'ont pas efté moins grands en biens & honneurs : ils eftoient certainement iffus de mafle en mafle de la maifon d'Agoult, & c'eft la raifon du quartier d'Agoult au 2. & 3. de leur efcu écartelé au 1. & 4. de Pontevez, pris par Fouques d'Entravennes & d'Agoult, l'un des enfans d'Ifnard d'Entravennes S. de Sault, & de Douceline de Pontevez. Il herita de cette Terre, dont il prit le nom, & époufa la fille de Guillaume S. de Codignac, de laquelle il eut Barral S. de Pontevez, & Guillaume de Pontevez dit de Codignac, S. de Codi-gnac & de Carces, pere de deux filles uniques Mathilde & Beatrix de Codignac : Guillemette de Pontevez femme de Reforfat S. de Trez, & Maragde alliée à Geofroy Confeigneur de Trez frere de Reforfat, vivantes 1270. Barral S. de Pontevez, époufa Barrale des Baux Da-me de Seillans, laquelle tefta 1307. & fut pere de Fouques S. de Pontevez, mary de Marguerite Porcellet, dont Barral S. de Pon-tevez, & Fouques de Pontevez S. de Codignac, de Carces, &c. duquel les defcendans ont continué le nom de Pontevez jufques en nos jours dans les Branches des Comtes de Carces & des Vicomtes de Bargemme. Cette petite rémarque fervira pour la correction de ce que Cefar Noftradamus a dit de cette Maifon dans fon Hiftoire de Provence ; où il s'eft fort trompé, en ce qu'il a efcrit des Maifons d'Agoult & de Pontevez. Si le feu S. de Peirefc n'eut point eu de trop vaftes deffeins, & s'il fe fut contenté de réduire en une Hiftoire de fon Pays tant de beaux Memoires qu'il avoit récueillis, je n'aurois pas efté obligé à ce long difcours, dont je tiens la plus grande partie des Titres, que j'ay extraits de quelques Volumes de fes Manufcrits.

DE NICOLAS DE CHAMPAGNE COMTE
de la Sufe.

C'Est une chofe fort confiderable, que ce Comte de la Sufe fils d'un pere Catholique & d'une Maifon de tout temps fort affectionnée à la Religion, comme on réconnoift par les grandes Fondations de fes anceftres, fe foit fait Huguenot, qu'il foit mort en cette malheurenfe journée de faint Denis, pour la défenfe de ce party, & que Louis Comte de la Sufe fon fils s'eftant fait tuër vingt ans aprés à la bataille de Coutras contre les Heretiques, fes enfans foyent rétombez dans le mefme aveuglement de leur ayeul, avec tant de bonnes qualitez, qui leur eftoient comme hereditaires. On ne fçauroit faire reflexion fur une révolution fi furprenante, fans demeurer convaincu, que la Foy eft un don de Dieu, qu'il ne doit ny à noftre vertu ny au merite de nos Peres, & que fi nous ne le cultivons avec beaucoup de foin, & fi nous n'en faifons le capital de tous nos interefts, nous l'expofons à un fi grand peril parmy les interefts du monde. J'ay peut-eftre dés-ja rémarqué, & je ne le puis dire trop de fois, que ce ne fut point le zele de la Religion qui fit tant de grands Seigneurs Huguenots, mais le feul mécontentement du gouvernement de l'Eftat & de la grandeur de la maifon de Guife ; car ce n'eft plus le vice de noftre Nobleffe depuis long-temps de glofer fur les chofes de la Foy, & ç'a toûjours efté celuy des ambitieux & des malcontens de fe fervir de toute forte de prétextes pour faire un party, quand ils l'ont crû expedient pour leur feureté ou pour leur fortune. S'il dure long-temps, les familles entieres s'y joignent pour divers motifs, & on y contracte des alliances, comme l'on fit en celuy-cy, qui fervent à entretenir l'union, & l'engagement. Ainfi Nicolas de Champagne ayant époufé Françoife de Laval qui eftoit Catholique, elle éleva fes deux fils dans fa Religion, & Perrinelle fa fille ayant efté mariée avec Jacques Comte de Montgommery qui eftoit Huguenot, ce Comte fit révenir à l'Herefie les enfans de Loüis Comte de la Sufe fes neveux, & on maria Loüis de Champagne fon fils avec Charlotte de la Rochefoucaut, fœur du Comte de Roucy & coufine du

Prince de Condé, qui le confirma encore dans la nouvelle opinion.

La maison de Champagne-la-Suse ne me fournit pas moins de sujet, que celle d'Agoult, que je viens de traiter, tant pour sa Nobleſſe & ſa grande antiquité, que pour la prétenſion qu'elle a d'eſtre iſſuë des anciens Comtes de Champagne & de Brie; à cauſe de la conformité du Nom, qu'elle appuye à preſent par les Armes de ces anciens Comtes, leſquelles elle a ſubſtituée à celles des Seigneurs de Champagne, qui eſtoient de Sable fretté d'argent au chef d'argent à un lion iſſant de gueules armé, lampaſſé & couronné d'azur. C'eſt une queſtion de noſtre temps, dont je diray mon opinion pour contenter la curioſité de ceux, qui ſont en peine d'une nouveauté ſi conſiderable: & pour cela il faut rémonter à ſon origine & à ſa ſource, c'eſt-à-dire juſques à Hubert ſurnommé de Arnaitto & de Arnaulto dans le Cartulaire de l'Abbaye de ſaint Aubin d'Angers, qui nous apprend qu'il avoit épouſé Eremburge de Vihers, fille ou ſœur d'Alberic de Montmorency, que Geofroy Griſegonelle ſon couſin Comte d'Anjou, avoit mené en ſon Pays, où il luy donna cette Terre de Vihers environ l'an 980. laquelle Eremburge qualifiée couſine du Comte Fouques fils de Griſegonelle, ſe remaria en ſecondes nôces à Hervé S. de Sablé dit Raſorius, qui en eut deux fils Raoul & Bernier, tuez à la bataille de Pontlevoy. Ce nom de Arnaitto a favoriſé beaucoup le deſſein de faire deſcendre la maiſon de Champagne des anciens Comtes, à cauſe de la ville d'Arnay en Champagne, qu'on ſuppoſe avoir eſté le partage de ce Hubert: lequel on fait fils d'Eudes I. Comte de Chartres; mais j'y trouve des difficultez conſiderables & que je puis dire invincibles. La premiere eſt que ce Hubert ne ſe trouve point parmy les enfans d'Eudes I. & de Berthe de Bourgogne, la ſeconde, que le nom de Champagne n'entra jamais dans les qualitez dudit Eudes I. & qu'il n'eſtoit point encore eſtably en ſurnom, outre qu'alors les noms des Terres ne ſervoient point encore de ſurnom aux Familles, mais bien aux perſonnes ſeules qui les poſſedoient. La troiſiéme eſt, que comme fils d'Eudes I. & comme eſtant de la maiſon de Champagne, il n'auroit pû épouſer Eremburge de Montmorency fille ou ſœur d'Alberic, laquelle ſelon le S. du Cheſne en l'Hiſtoire de Montmorency auroit eſté ſa couſine au 2. ou 3. degré: mais il s'y rencontreroit encore une autre impoſſibilité, en ce que Hubert fils de cet Hubert icy, auroit encore épouſé ſa couſine au 3. degré ſelon le Manuſcrit de ſaint Aubin dés-ja cité, qui dit qu'elle eſtoit fille d'Iſembard S. de Beaufort & de Pithiviers, &c. qui de ſon coſté eſtoit fils d'Helviſe, qui auroit eſté ſœur du prétendu Hubert I. comme fille d'Eudes I. Comte de Chartres, &c. Or on ſçait aſſez combien on évitoit alors de marier les parens enſemble, pour le peril du répude, toûjours fondé ſur la proximité du ſang, & alors ſi ordinaire.

J'ay gardé pour derniere raiſon que Hubert ny ſon fils du meſme nom, ne s'eſtoient point appellez de Champagne, quoy qu'ils en

euſſent plus de droit comme plus proches de la ſource ; mais j'ay
dit auſſi que ce n'eſtoit point encore la mode, & ſi c'eſtoit celle de
prendre celuy de ſa Terre , comme ceux qui ſçavent un peu d'antiquité n'en doutent pas, pourquoy un troiſiéme Hubert arriere-petit-
fils d'un prétendu Comte de Champagne , qui ne s'appelloit pourtant encore que Comte de Troyes , ſe ſeroit-il aviſé contre la coûtume de ſe ſurnommer de Champagne? Pour rendre cela plus plau-
ſible & pour ſe défendre en meſme temps de ce que la Baronie de
Champagne ayant eſté toûjours poſſedée par ceux de cette Maiſon,
on leur objecteroit avec une autorité qui ne ſouffre point de réponſe , qu'ils ont tiré leur nom de cette Baronie , qui pour avoir un
nom équivoque avec la Comté de Champagne n'eſt pourtant pas la
meſme choſe ; on ſouſtient, au moins en ay-je vû quelques Memoires, que le nom ancien de la Baronie de Champagne eſtoit Parcé,
qui eſt encore celuy de la paroiſſe, où elle eſt ſituée. Je voudrois de
bon cœur que cela fut veritable, mais la maiſon de Champagne a
plus d'intereſt de s'en tenir à l'autorité du Cartulaire de ſaint Aubin
& de la maintenir, que de la vouloir impugner par une prétenſion,
dont on ne ſçauroit, ce me ſemble, perſuader que des Ignorans ; au
lieu que s'aidant de la verité , je ne voy point de maiſon en France
avec laquelle elle ne puiſſe conteſter d'Antiquité & de grandeur ,
non plus par l'avantage d'une tradition, dont on ne ſçauroit rien
croire que par complaiſance , mais par bons titres , à commencer
par celuy-cy de ſaint Aubin d'Angers, qui remonte ſon origine à plus
de ſix cens ans. C'eſt luy qui nous apprend , que Eremburge de
Montmorency ou de Vihers, fille ou ſœur d'Alberic, couſin de Fouques Comte d'Anjou , lequel Alberic le S. du Cheſne dit avoir eſté
fils de Bouchard I. S. de Montmorency, épouſa en premieres Nôces
Hubert de Arnaitto ou de Arnaulto , perſonnage qui devoit eſtre
fort conſiderable, puis que le Comte Fouques le choiſit pour mary
de ſa couſine , & lequel j'eſtimerois quant à moy puiſné des Comtes
du Maine , pour des raiſons que je donneray en quelqu'autre occaſion. Il en eut un fils nommé comme luy Hubert, & qui fut ſurnommé Raſorius , parce qu'il avoit eſté élevé jeune par Hervé S. de
Sablé dit Raſorius, ſecond mary de ſa mere ; qui en eut deux enfans,
Raoul bleſſé à mort, & Bernier de Sablé tué à la bataille de Pontlevoy : où demeura auſſi Hubert Raſorius leur frere uterin ; laiſſant
ſa femme groſſe d'un fils, *qui poſtea nominatus eſt Hubertus de Cam-*
pania, dit ce Cartulaire, qui la fait fille d'Iſembard S. de Pithiviers,
&c. qu'il ſurnomme *de Bellovedere*. Mais pourquoy prit-il le nom de
Champagne? en voicy la raiſon en peu de mots, tirée du meſme Cartulaire, qui nomme *Curtem Campiniaci inter Sartam & Meduanam* ,
c'eſt-à-dire proprement la Maiſon, dont dépendoit une grande Plaine
frontiere d'Anjou & du Maine , qui pour cela s'appelloit *Campania*
ou bien *Campaniacus ager* , donné par le Comte Fouques à Alberic de
Montmorency S. de Vihers ſon couſin , lequel par ſon ordre la bail-

la en mariage à Eremburge : & parce qu'elle en fut en differend aprés la mort de ses enfans avec les Religieux de Saint Aubin, qui en possedoient une moitié, & qui prétendoient l'hommage & la proprieté de celle, dont elle joüissoit, & dont elle traita avec eux selon cet acte du Cartulaire, qui est plûtost une rémembrance qu'un veritable titre : Hubert son petit fils qui s'en mit en possession, s'y confirma davantage par le surnom de Champagne ; qu'il prit & qu'il a laissé à ses successeurs en cette Terre, qui s'étend dans la Paroisse de Parcé, où estoit l'ancienne Maison de Champagne, à present presque toute ruïnée & démolie, & qui est le lieu appellé dans cette rémembrance *Curs* ou *Cors Campiniaci*, & dans la Paroisse d'Avoise, où est le Chasteau de Pescheseul, devenu la Maison Seigneuriale de la Baronie de Champagne. Voilà mon opinion touchant l'origine du surnom de Champagne, porté par les Comtes de la Suse, & je l'estime tout autrement veritable que celle que je refute, parce qu'elle convient à l'usage du temps, à la Topographie de la Baronie de Champagne, & à la notice ou rémembrance de l'Abbaye de saint Aubin.

Cet Hubert troisiéme du nom & premier du surnom de Champagne, épousa Elisabeth heritiere de Mathefelon en Anjou, & en eut Hucbert IV. S. de Champagne, de Mathefelon & de Durestal, & c'est luy sans doute qui sous le nom de *Hubertus de Campagnia*, fut present à une donation faite à l'Abbaye de Fontevraut l'an 1112. par Pierre S. de Chemillé. Augustin du Pas dit avoir vû un titre de l'Abbaye de saint Aubin, où sa femme est appellée Agnés de Bretagne, par lequel ils fonderent le Prioré de Goüys. Quoy qu'il en soit, il fut pere de Hugues Seigneur de Champagne & de Mathefelon, auquel plusieurs Memoires donnent deux femmes, dont la premiere fut Jeanne de Sablé & la seconde Marguerite. Du premier lit sortit Thibaud S. de Mathefelon & du second le S. de Champagne. De Thibaud sont sortis les autres Seigneurs de Mathefelon & de Durestal, dont la posterité a duré jusques en l'an 1400. & de son frere puisné, que les Memoires appellent Brandelis & qui continua le nom de Champagne, sortit Fouques, & de luy Jean S. de Champagne, mary d'Isabeau de Bazeilles dite en Latin *de Baziligis*, fille de Fouques de Bazeilles, & d'Ænor de Mathefelon ; il en eut deux fils, Jean & Brandelis. Jean surnommé le bon ménager n'eut point d'enfans, & Brandelis aprés luy S. de Champagne, épousa Jeanne Dame de la Reauté & de Tacé, & fut pere de Jean III. Seigneur de Champagne, &c. la femme duquel Ambroise de Crenon a esté mal surnommée de Craon jusques à present, par tous ceux qui ont traité des Genealogies. Elle n'estoit point fille de Jean de Craon S. de la Suse, mais de Baudoin de Crenon Chevalier, Bailly de Touraine S. de Crenon & de Brouassin, & de Marie sœur de Jean, Sire de Bueil, Comte de Sancerre, Admiral de France ; lequel Baudoin de Crenon est inhumé dans le chœur de l'Eglise de Mansigné au Diocese du Mans sous un tombeau élevé de pierre, où l'on voit sa statue gisante avec un trou dans le

genoüil

genoüil pour marque de la playe, dont il mourut en bataille : & Marie de Bueil sa femme a pareillement sa sepulture avec son Effigie dans le chœur du Prioré de Chasteaux-l'Hermitage , où ses armes paroissent parties avec celles de Crenon , qui sont comme à Mansigné de de gueulles semé de Fleurs-de-Lys d'or.

De Jean de Champagne & d'Amboise de Crenon Dame de Brouassin , nasquirent Jean Sire de Champagne , Baudoüin de Champagne S. de Brouasson, de la Mothe-Achart, &c. par donation de Marie de Bueil son ayeule, Pierre de Champagne S. de Parcé qui continua la posterité, Brandelis , Thibaut , Hardoüin , ainsi nommé par Hardoüin de Bueil Evesque d'Angers son grand-oncle, & Loüis de Champagne , tous quatre tuez à la bataille de Verneuil contre les Anglois, & six filles , l'une Abbesse du Ronceray à Angers , & des autres mariées aux Seigneurs de Chemiré, d'Ingrande, de la Musse, de Varennes du surnom de l'Enfant , & de Villiers. Jean S. de Champagne l'aisné de tous , épousa Marie de Sillé , depuis rémariée au S. de la Floceliere , & en eut Jean S. de Champagne mort jeune , & Anne de Champagne , qui de René de Laval dit de Raix , S. de Raix & de la Suse , laissa Jeanne de Laval femme de François S. de Chauvigny , Vicomte de Brosse, mere d'André de Chauvigny , dont partie de la succession rétourna dans la Maison de Champagne par sa mort sans enfans de Loüise de Bourbon.

Pierre S. de Champagne troisiéme fils, S. de Parcé, de Bailleul , du Plessis-Tacé, d'Avoise, de la Vaucelle, Long-champ-Saint-Leonard de Durestal, Lezigné, Donfront en Passais, Ravant, &c. Prince de Montorio au Royaume de Naples , & Chevalier de l'Ordre du Croissant de la création , faite par le Roy René l'an 1448. fut son Viceroy à Naples, comme il paroist par cette Epitaphe de l'Eglise de saint Martin de Parcé.

OV moi d'Octobre pour enseigne ,
Mil quatre cens quatre vint six ,
Pierre vray Seigneur de Champaigne ,
Fut cy sous mis sans contredits :
Lequel pour ses hauts faits & dits
En Paix a maintenu la gent ,
Aux bons Roys René & Loüis
Ou Pays de Naples fut Regent.
Le vingt & deuxiéme à grands pleurs
Enterré fut devant nos yeux.
Sta Ferme Champagne. *
Vous suppliant grands & petits
Luy donner un De profundis.
Afin qu'il repose o Dieu. Amen.

* C'estoit sans doute son cry de Guerre.

Ses enfans & de Marie de Laval, fille de Thibaut S. de Loué, & de Jeanne de Maillé , furent René de Champagne. Jean de Champagne né à Parcé le 16. Avril 1445. mort sans alliance. Baudoüin aussi né à Parcé le 15. Mars 1446. Gouverneur de la Vicomté de

Tome II.   P P P

Beaumont, mort sans enfans de Marie de la Grezille. Pierre né à Parcé le 9. Juillet 1448. inhumé en l'Eglise de saint Oüen prés saint Denis en France, Brandelis de Champagne, qui a fait la branche des Comtes de la Suse, qui sera traitée en son rang, né à Fontenay le 12. de Novembre 1451. Guy S. de Ravant, dont la posterité sera déduite aprés celle de Brandelis, né à Parcé le 8. Juin 1454. la fille nommée Jeanne nasquit à Montsabert le 22. Aoust 1447. & eut de Guillaume S. de Tucé son mary, Baudoüin S. de Tucé mort sans enfans, & Jean de Tucé S. de Courtilloles.

René Sire de Champagne épousa Julienne de Beanmanoir, fille de Guy S. Lavardin, & de Jeanne d'Estouteville, depuis rémariée à Robert l'Advocat S. de l'Angevinaye, auquel elle porta la Seigneurie de saint Leonard de Durestal, & de Lesigné. Il eut d'elle, Jean mort jeune, Pierre S. de Champagne, & Anne femme de George de Chasteanbrient S. des Roches-Britaut, mere de Loüis & ayeule de Philippe S. des Roches-Baritaut, mary de Hardoüine de Champagne sa parente cy-aprés nommée. Pierre S. de Champagne prit alliance avec Anne de Fourmentieres, fille de Guy S. de Fourmentieres, & de Françoise de Laval-Boisdauphin. Ils eurent pour enfans Jean S. de Champagne, Jean de Champagne le jeune S. de la Reanté mort sans lignée de Jeanne de Champagne de la branche de Ravant, & Renée femme de Nicolas le Clerc S. de Juigné. Jean S. de Champagne, de Parcé, de Pescheseul, d'Avoise, & de Bailleul, &c. Chevalier de l'Ordre du Roy, autrement appellé Grand Jean de Champagne à cause de sa belle taille, eut encore le Nom de grand Godet, parce que demeurant ordinairement en sa belle maison de Pescheseul, où passe la Riviere de Sartre, il y faisoit jetter tout ce qu'il pouvoit attraper de Huguenots, disant par raillerie qu'il les vouloit faire boire dans son grand Godet. Peu s'en fallut qu'il n'y fit boire aussi Anne de Laval sa femme, fille de Jean S. de Boisdauphin, & de Renée de Saint Mars, pour le soupçon qu'il avoit de sa Religion, tant il estoit zelé Catholique, mais il y avoit bien de l'humeur parmy son zele, comme on jugeroit assez par sa conduite particuliere, si je disois tout ce que j'en sçay. Il vivoit en trés-grand Seigneur, & fit admirer sa magnificence au Roy Charles IX. quand à son voyage d'Anjou, il le receut à Pescheseul. Il n'eut qu'une fille unique heritiere de tous ses biens, Hardoüine de Champagne qui épousa Philippe de Chasteaubrient S. des Roches - Baritaut son cousin & fut mere d'une seule fille, Philippe de Champagne & de Chasteaubrient, femme en 1. nôces de Gilbert S. du Puy-du-Fou & en 2. de Henry des Boüës Baron de Cotenan. Du 1. lit sortit René S. du Puy-du-Fou, mary de Madeleine de la Touche & pere de Gabriel Marquis du Puy-du-Fou à present Baron de Champagne & de tous les autres biens de cette Branche aisnée de la maison de Champagne, qui de Magdeleine de Belliévre sa femme a deux filles, Magdeleine du Puy-du-Fou, qui a épousé le Marquis de Mirepoix, chef du Nom & des Armes de Levis, & Marie non encore mariée.

Brandelis de Champagne cinquiéme fils de Pierre & de Marie de Laval, fut Seneschal du Maine, Conseiller & Chambellan du Roy, Capitaine de cent hommes d'armes, S. de la Suse, de Basouges & de Broüassin, & contracta mariage le 18. Avril 1485. avec Renée de Varie fille de Guillaume S. de l'Isle-Savary en Touraine, & de Charlotte de Bar-Baugy. Baudoüin de Champagne leur fils unique, S. de la Suse, &c. Conseiller & Chambellan des Rois Loüis XII. & François I. mort le 24 Juin 1560. fut S. de la Chapelle Rainssoüin, par son alliance avec Jeanne fille d'Olivier S. dudit lieu; de laquelle il eut Nicolas & Hardoüine de Champagne, mariée à Louis de Vieux-Pont Baron du Neuf-bourg & de Hugueville. Nicolas de Champagne créé Comte de la Suse l'an 1566. est celuy qui a donné sujet à ce discours, à cause de sa mort à la bataille de S. Denis en 1567. en l'âge de quarante & un an. Il laissa trois enfans à Françoise de Laval, qu'il épousa le 26. May 1547. sa femme, qui furent, Loüis, Brandelis, & Perrinelle de Champagne Dame de Basouges, alliée à Jacques Comte de Montgommery, dont Marie de Montgommery femme de Jacques de Durfort, Marquis de Duras. Loüis de Champagne Chevalier des Ordres du Roy, Comte de la Suse, Baron de Broüassin, la Chapelle-Rainssoüin, &c. Capitaine de cinquante hommes d'armes, né au mois de Janvier 1555. & tué à la bataille de Coutras l'an 1587. fut accordé le 2. Mars 1572. avec Madeleine de Melun fille de Charles S. de Normanville, & de Marie de Luré, petite-fille de Loüis de Melun; dont le pere Charles de Melun S. de Nantoüillet, des Landes & de Normanville, grand-Maistre de France, eut pour femme Philippe de Montmorency, tante du Connestable Anne Duc de Montmorency. Il eut d'elle Loüis & Catherine d'Amaury-Goyon Marquis de la Moussaye. Loüis de Champagne Comte de la Suse, Baron de Broüassin, &c. a laissé de son mariage avec Charlotte de la Rochefoucaut fille de Charles de Roye & de la Rochefoucaut Comte de Roucy, & de Claude de Gontaut de Biron un fils & une fille, le fils Gaspard de Champagne Comte de la Suse a épousé Henriette de Colligny, fille de Gaspar Duc de Chastillon, Mareschal de France, & d'Anne de Polignac, & n'a point d'enfans. Brandelis de Champagne second fils de Nicolas Comte de la Suse, eut en partage la Seigneurie de Villaines, que le Roy érigea en Marquisat pour récompense de ses services, & le fit Chevalier de ses Ordres & Capitaine de cinquante hommes d'armes. Il épousa Anne de Feschal heritiere de Thuré, fille de Jean Baron de Thuré, & de Charlotte Anger de Crapado. Elle se rémaria en secondes nôces à Urban de Boüillé Comte de Créance, dont un fils Philippe Comte de Créance. Du premier lit nasquit l'an 1617. Hubert de Champagne Marquis de Villaines, allié premierement à Loüise d'Arconna, qui luy a laissé une fille, 2. à Catherine Fouquet dite de la Varenne, de laquelle il a plusieurs enfans.

Puis qu'il ne reste plus à traiter que la branche des Seigneurs de

Ravan, depuis Vicomtes de Neuvillette, pour achever toute la Genealogie de Champagne , je rémarqueray que Guy de Champagne sixiéme fils de Pierre , & de Marie de Laval , eût pour son partage avec la Seigneurie de Ravan , celles de la Roche-Simon & de Vilaines en Anjou, que son pere avoit acquises de N .... de Saint-Pere S. de Clin-champ. Il fut Colonel de six cens hommes de pied , & mourut des blessures qu'il reçût à la bataille de Pavie à l'âge de 70. ans , laissant entr'autres enfans de Jeanne de la Gresille sa femme , Christophle de Champagne S. de Ravan & de Bonne-fontaine, qui se trouva en sa jeunesse à la bataille de Ravenne , & se maria par inclination à Françoise de Patffeniou, l'une des filles de la Reine, native d'Allemagne ; dont François & Anne de Champagne , femme de Jean de Champagne S. de la Reauté son parent. François de Champagne S. de Bonne-fontaine & de Ravan, obtint du Roy Henry IV. pour réconnoissance de ses services dans ses armées , l'érection en Baronie de sa terre de la Roche-Simon , l'an 1594. avec union de celles de Bonne-fontaine & de Villaines , & devint Vicomte de Neuvillette par l'alliance qu'il prit avec Renée de Karadreux, fille de Joachim Vicomte de Neuvillette, & de Madeleine de Maridor, fille de Jean de Maridor S. de la Freslonniere, & de Marguerite de Maulay Dame de Bretefains. Leurs enfans furent , Claude, Madeleine, & N .... de Champagne femme de N .... le Bigot S. de Linieres Garguessale. Claude de Champagne Vicomte de Neuvillette , Baron de la Roche-Simon , épousa Claude de Riant fille de Gilles S. de Villeray , Président au Parlement , & de Madeleine Fernel , & en eut Claude Vicomte de Neuvillette, mort sans posterité de Marie du Crochet de la Pouterie , & Christophle de Champagne Baron de Neuvillette , Mareschal de Camp, aussi mort avant son frere, sans enfans de Madeleine Robineau, qu'il avoit épousée par contract du 29. Février 1635. fille de Guy Robineau , & de Marie Maugarny. Par l'extinction de cette derniere branche de la maison de Champagne , la Vicomté de Neuvillette est eschûë à Brandelis de Morel S. d'Aubigny prés Falaise , comme fils aisné de Thomas de Morel S. d'Aubigny, & de Madeleine de Champagne mentionnée cy-dessus, qui laissa de son mariage outre ledit Brandelis, N .... de Morel S. de Courbonnet pere d'une fille, femme de N .... de Saffré-Vimont S. de d'Escauville : N .... de Morel S. de Putanges, Vicomte de Falaise, Escuyer de la Reine, qui de N .... Catinal a eu Achilles de Morel S. de Putanges , Capitaine au Regiment des Gardes , & N .... de Morel S. de Barou , Escuyer de la Reine. Les filles furent Anne de Morel, femme d'Auguste le Herisy Capitaine d'Escadre , S. Pontpierre, dont une fille Jacqueline de Morel, femme de René de Maunourry. N .... de Morel seconde fille, épousa N .... de Nolan S. de Champeaux & de Coüillarville. N .... de Morel fut mariée à N .... de la Cour S. de Maletot, & la quatriéme N .... de Morel quatriéme fille, a eu pour mary N .... Malet S. des Doüaires. Thomas de

Morel avoit pour pere & mere Ravan de Morel S. d'Aubigny &
Gabrielle de Riant sœur de Gilles , & fille de Denis aussi Président
au Parlement , & de Gabrielle Sapin. Enfin Brandelis de Morel
Vicomte de Neuvillette , a de Jacqueline du Museau de Pravillé
sa femme , Antoine & Achilles de Morel , & deux autres fils &
deux filles.

Ainsi par l'extinction des branches des anciens Barons de Mathé-
felon & de Durestal , des Seigneurs de Champagne , & des Seigneurs
de Ravan , Vicomtes de Neuvillette , il ne reste plus de masles de
ce nom illustre de Champagne , que le Comte de la Suse qui n'a point
d'enfans , & le Marquis de Villaines , tous deux issus de Nicolas de
Champagne Comte de la Suse , l'un demeuré dans l'opinion de son
pere & de son bisayeul , & l'autre dans celle de tous ses ancestres.

DU SEIGNEUR DE BOUCHAVANNES.

LE Seigneur de Bouchavannes , l'un des chefs du party Huguenot nommé par le S. de Castelnau aprés le Comte de la Suse ,
estoit Antoine de Bayencourt , le dernier masle d'une trés-illustre
Maison de Picardie , fils de Pierre de Bayencourt , S. de Bouchavannes , Gouverneur de Dourlens , & de Jeanne de Calonne , & frere d'Isabelle de Bayencourt femme de Charles de Lamet S. du Plessié-
sur-saint-Just , de Pinon , de Bussy , &c. & de Michelle de Bayencourt alliée à Gabriël de Montmorency S. de Bours. Il épousa Jacqueline de Haplaincourt , & n'en ayant point d'enfans , il choisit
pour heritier de son nom & de ses armes Josias de Lamet son neveu ;
auquel il laissa à cette condition par donation du 18. Aoust 1570.
les Seigneuries de Bouchavannes , de Quincy , de Curson & de Wez.
De ce Josias dit de Lamet & Bouchavannes estoit issu le S. de Bouchavannes tué à la bataille d'Honecourt.

D'ANTOINE DE CLERMONT D'AMBOISE,
Marquis de Renel.

LA puissance . & la grandeur des Maisons ne dépend point de la
prudence humaine , & tous les soins qu'on prend de les élever,
ne servent bien souvent que pour faire réconnoistre à la posterité, que
c'est en vain qu'on travaille dans le monde à laisser de grands biens
à ses successeurs , & qu'encore qu'un puissant Ministre d'Estat ou Favory y employe toute sa faveur & son credit, il arrive presque toujours, que sa posterité dans la suite des temps rentre dans le mesme
ordre , si elle ne retombe plus bas que n'estoit la condition de son
premier estat. Ce Seigneur de Clermont d'Amboise n e donne sujet
de faire voir cette verité dans l'occasion qui se presente de parler de
luy , à cause du changement de sa Religion qu'il abandonna , pour
employer contre l'Eglise les biens & le nom d'Amboise, si fameux en

titres Ecclefiaftiques , qu'il poffedoit & qu'il portoit par fubftitution du Cardinal d'Amboife. Il eftoit fils de René de Clermont S. de faint George , & de Françoife d'Amboife fa feconde femme, Marquife de Ref-nel , fille & heritiere de Jacques d'Amboife S. de Buffy & de Ref-nel , & d'Antoinette d'Amboife : laquelle Françoife d'Amboife ayant époufé en fecondes nôces Charles de Croy Comte de Porcien , en eut Antoine de Croy Prince de Porcien, lequel eftant un des principaux chefs du party Huguenot , y entraifna cet Antoine de Clermont d'Amboife , & Antoine de Clermont d'Amboife , dit le jeune , fes freres uterins , dont le dernier, à qui le nom de Moine de Buffy de-meura , fut bien-aife de quitter le froc, pour prendre les armes & pour fe marier.

Cette maifon de Clermont tire fon nom du Bourg de Clermont en Anjou , qu'elle a poffedé jufques à prefent d'aifné en aifné , & cela ne juftifie pas feulement qu'elle eft illuftre de nom & d'armes , mais encore qu'elle eft auffi ancienne qu'aucune de ce Royaume : car c'eft une marque infaillible de la derniere antiquité d'emprunter fon nom d'une terre confiderable. Et c'eft dequoy fe venter d'avoir fon furnom du mefme temps qu'on commença d'en introduire l'ufage en France, c'eft-à-dire, dans le dixiéme Siécle : fous lequel il eft à propos de ré-marquer que les Maifons fe diviferent de telle forte , que plufieurs enfans d'un mefme pere fe furnommerent chacun de fa Seigneurie, fans garder aucune marque de leur extraction, parce que les armoi-ries n'eftoient point encore inventées , & parce que depuis environ l'an 1100. qu'on commença de s'en fervir , jufques vers l'an 1200. elles n'eftoient point propres à toute une famille ny à plufieurs fre-res , mais feulement à la Terre principale & à celuy qui la poffe-doit. C'eftoit une verité trés-conftante & dont j'ay fait une épreuve certaine fur les vieux Séaux , & c'eft encore la raifon pour laquelle nous voyons que les maifons de Dreux, de Bretagne, de Courtenay & autres , iffuës du Sang Royal de France , ne portoient point les Fleurs de Lys, demeurées particulieres à nos Rois , jufques au temps de Philippe Augufte. Ainfi tel pouvoit eftre fils de Duc , de Comte & de Vicomte , qui eftoient les feules Dignitez de ce Royaume, le-quel eftant appanagé d'une Terre en prenoit le nom , comme je fe-rois voir par un nombre infiny d'exemples , & ainfi tel de nos Gen-tils-hommes François qui vient d'une extraction Souveraine , peut eftre puifné d'une Maifon, qu'il ne connoift plus pour fource de la fienne, par cette difference de nom & d'armes , qui devant fervir d'ordre & de regle pour l'avenir , a mis tel défordre au paffé , qu'il eft trés-mal-aifé de découvrir les anciennes origines, fans un grand & heureux amas de titres, pour les prouver & pour donner la fuite des Mai-fons.

Ce fera pour ce fujet , qu'aprés avoir eftably l'antiquité du nom de Clermont, je me contenteray d'en continuer la Genealogie depuis Loüis S. de Clermont, que fa Nobleffe & fes fervices rendirent digne

d'eftre l'un des Chevaliers de l'Ordre du Croiffant l'an 1448. lors de
fon inftitution par le Roy René de Sicile , Duc d'Anjou. Il époufa
Marie Malet dite de Graville, fille de Jean Malet S. de Graville, de
Montaigu & de Marcouffis. Il fut pere de René S. de Clermont & de
Gallerande marié deux fois. De fa premiere femme qui fut Perrette
fille de Michel S. d'Eftouteville, & de Marie Dame de la Rocheguyon,
nafquirent Loüis S. de Clermont & de Gallerande , & René S. de
faint George , dont la pofterité fera traitée en fon ordre , Avoyné
femme de Jacques de Pellevé S. de Cully & d'Aubigny, & Jeanne de
Clermont Abbeffe de la Trinité de Poitiers. Du fecond mariage avec
Jeanne de Thoulongeon , fille de Claude Chevalier de la Toifon, &
de Guillemette de Vergy, fortirent François de Clermont S. de Traves , Claude de Clermont dit de Thoulongeon, Chriftophle de Clermont Abbé de la Corneille, René mort jeune, Jeanne femme de Charles de Coüé S. de Fontenailles , Mathie Chanoineffe & Aumofniere
de Remiremont , Chatherine Religieufe à Bonlieu , & Renée Religieufe à fainte Claire de Pont-à-Mouffon. François de Clermont S.
de Traves , époufa l'an 1527. Helene Gouffier , & en eut , comme
nous avons rémarqué au traité du Vidame de Chartres , François de
Vendofme fon fils du premier lit , Helene de Clermont, appellée la
Belle de Traves, fille d'honneur de la Reine, femme d'Antoine S. de
Grammont, duquel & de fa pofterité nous avons pareillement parlé.
Claude de Clermont dit de Thoulongeon , frere de François , n'eut
auffi qu'une fille de Perrone de la Chambre fa femme , Charlotte de
Clermont & de Thoulongeon , morte fans enfans de fes trois maris,
Jacques de Vienne S. de Commarin , Theophile de Grammont S. de
Mucidan fon coufin , & Claude de la Croix Vicomte de Semoine :
& ce fut elle qui obligea le Comte de Grammont fon heritier de join-
dre à fon nom & à fes armes ceux de Thoulongeon.

Loüis S. de Clermont, fils aifné du premier lit , prit alliance avec
Renée d'Amboife Dame de Buffy & de Saxe-fontaine , par donation
de George Cardinal d'Amboife le jeune fon oncle , Archévefque de
Roüen , & fille de Jean d'Amboife S. de Buffy , & de Catherine de
faint Belin : & fut pere de George , de Loüis S. de la Selle mort
fans enfans, de Jacques S. de Buffy , de Jean Abbé de Cerifay , &
de Jeanne Abbeffe de fainte Croix de Poitiers morte l'an 1587. George S. de Clermont , Marquis de Gallerande, fut marié premierement
à Perrenelle de Blanchefort, fille de François S. de faint Janvrin & de
fainte Severe , dont la pofterité mafculine continue dans le fang des
Ducs de Lefdiguieres & de Crequy , & de Renée de Prie : 2. Anne
d'Allegre veuve d'Antoine du Prat Baron de Nantoüillet : 3. Anne
de Savoye fille de Claude Comte de Tende , veuve de Jacques de Saluces Comte de Cardé , & d'Antoine de Clermont Marquis de Ref-
nel. Il n'eut d'enfans que de la premiere , qui furent George II. &
Loüife femme de Jofeph d'Oineau S. de fainte Souline. George S. de
Clermont , Marquis de Gallerande , laiffa de Marie Clutin de Ville-

Pariſis , Henry , Marie femme de Jean /
ron de Courtaumer , Judith alliée à Cen
teville-en-Eaux , Charlotte qui épouſa
Mulaye , 2. George d'Argenſon S. d'Av
de Clermont , qui reçût pour mary
zelaer & d'Aſperen Baron de Langeraa
valier de l'Ordre du Roy , Gouverneur
& d'Altena , Ambaſſadeur en France
Gentil-homme du Pays de Gueldres. H
de Gallerande fut nourry par ſon pere
formée, qu'il profeſſa ſuivant la deſtinée
ma par les alliances qu'il contracta ,
veuve de Henry Pouſſart Baron du Gean
Germain de Clan & de Lea Boutaut, & ſœ
Gaſpard de Colligny Mareſchal de Franc
de Pierre S. de ſaint Marc , Conſeiller a
Bullion. Du premier mariage ſont ſorti
quis de Gallerande né le 6. Juin 1621
George né le 14. Aouſt 1622. Comt
marie avec N.... Gaudon fille de N..
de Clermont né l'an 1626.

Jacques de Clermont dit d'Amboiſe,
Buſſy & de Saxe-fontaine, en vertu de
boiſe ſon grand-oncle , à la charge de
comme ont fait ſes deſcendans , & d
de Moigneville , fille de René Baron
guerite de Hauſſonville : laquelle le
mont d'Amboiſe S. de Buſſy , auſſi cel
mort tragique ; duquel nous parlerons
George de Clermont d'Amboiſe , aprés
de Moigneville tué au ſiege d'Iſſoire ſa
de Jean de Montluc S. de Balagny , N
therine femme d'Olivier S. de Chaſtell
boiſe S. de Buſſy & de Saxe-fontaine
ſan-nazard fille de Jean S. de Morley
les & Helene mariée à Henry de Qu
ry. Charles de Clermont d'Amboiſe S
Maurup , Pargny , &c. Baron de M
Jeanne de Montluc-Balagny ſa couſir
mort arrivée l'an 1615. ſe rémaria l'a
de Roiſſy , Préſident au Parlement
ronie de Moigneville, qu'il fit ériger
Maurup , Pargny , &c. par la mort
boiſe S. de Buſſy , &c. fils unique de
Montluc, tué en duel le 12. de May
à la Place Royale.

René de Clermont S. de saint George second fils de René S. de Gallerande, & de Perrette d'Estouteville, & frere de Louïs, fut marié deux fois, & de Phileberte de Goux dite de Rupt, veuve de Jean de Ray S. de Pleurs, fille de Jean Baron de Rupt, Souverain de Delain, &c. & de Catherine de Vienne, il eut Thomas S. de saint George. Sa seconde femme fut Françoise d'Amboise Marquise de Resnel, fille de Jacques S. de Bussy & d'Antoinette d'Amboise, laquelle aprés sa mort se rémaria, comme j'ay dés-ja rémarqué, avec Charles de Croy Comte de Porcien, & en eut le Prince de Porcien, qui attira au party Huguenot Antoine de Clermont l'aisné, Marquis de Resnel, & Antoine le jeune, autrement appellé le Moine de Bussy, ses freres uterins; dont le dernier se maria avec Charlotte de Miremont, fille de Guillaume S. de Gueux, & de Jeanne d'Els Dame de Loupy; dont Jacques de Clermont d'Amboise & Françoise femme d'Alexandre S. de Beaujeu. Les autres enfans du 2. lit furent, Anne femme d'Antoine de Bauffremont dit de Vienne, S. de Listenois Marquis d'Arc en Barrois, Chevalier des Ordres du Roy, Adrienne Abbesse de saint Menoulph, & Françoise Religieuse à Bourges. Je traiteray la posterité d'Antoine Marquis de Resnel aprés celle de Thomas son frere aisné du premier mariage, S. de saint George, &c. Baron de Rupt, Souverain de Delain, qui laissa de Jeanne de Periers fille de Jacques S. du Bouchet, & d'Ambroise de Maillé-Brezé, Hardoüin & Ambroise de Clermont, alliée à Amaury de saint Offange S. de la Houssaye, Gouverneur de Rochefort. Hardoüin de Clermont S. de saint George, Baron de Rupt & d'Antigny, Souverain de Delain, fut marié avec Jeanne de Harlay successivement Dame d'Honneur de la Duchesse de Savoye, de la Reine d'Angleterre, & Gouvernante de Mademoiselle fille de M. le Duc d'Orleans, fille de Robert de Harlay, Baron de Montglat, & de Françoise de Longue-joüe. Il mourut le 6. Juillet 1633. & elle le 22. Février 1643. & leurs enfans sont François de Paule de Clermont, Marquis de Montglat, cy-devant grand-Maistre de la Garderobe du Roy, qui d'Elisabeth Huraut Comtesse de Chiverny, qu'il épousa au mois de Février 1643. a eu Loüis de Clermont né l'an 1645. & trois filles, dont l'aisnée est morte : & Victor de Clermont S. de saint George, Souverain de Delain & Baron de Rupt, &c. en la Franche-Comté, non marié.

Antoine de Clermont d'Amboise Marquis de Resnel, fils aisné du second lit de René S. de saint George, est celuy que le S. de Castelnau met au nombre des chefs du party Huguenot, qui combattirent à la journée de saint Denis, & qui a donné lieu à ce discours de la maison de Clermont. Il se maria en premieres nôces à Jeanne de Longue-joüe Dame d'Yverny, fille de Thibaut de Longue-joüe, Maistre des Requestes, & de Madeleine Briçonnet, & en secondes à Anne de Savoye : laquelle l'ayant perdu au massacre de la saint Barthelemy, réprit une troisiéme alliance avec George de Clermont Marquis de Gallerande, comme nous avons vû cy-devant. Il eut de sa premiere femme Loüis de Clermont d'Amboise , & de la feconde , Marthe Comteffe de la Roche en Dauphiné à caufe de Balthafar Flotte de Montauban fon mary. Loüis de Clermont d'Amboife Marquis de Refnel , Gouverneur de Chaumont en Baffigny & de Montécler tué l'an 1615. en un combat auprés d'Arcies-fur-Aube contre les trouppes de M. le Prince le 3. de Novembre , laiffa veuve Anne l'Allemand fa femme , fille unique & heritiere de Jean S. de Marmaignes, & de Marie Luillier de Boulancourt , & mere de Loüis & de Jeanne alliée l'an 1619. à Michel de Fayolles de Mellet Baron de Neufvy en Perigord. Loüis de Clermont d'Amboife Marquis de Refnel, Gouverneur de Chaumont , Bailly de Baffigny , Maiftre de Camp d'un Regiment, a eu de Diane de Pontallier fille de Jean-Loüis Baron de Tollemey , & d'Anne de Vergy , laquelle il époufa l'an 1621. fix fils & une fille , Bernard , Cleriadus , Loüis , François , N..... & N...... & Madeleine de Clermont d'Amboife.

HISTOIRE DE LOUIS DE CLERMONT D'AMBOISE,
dit le brave Buffy.

JE ne voy point de lieu plus propre dans cette Hiftoire pour donner celle du brave Buffy d'Amboife , que celuy-cy , tant par ce qu'il fut l'un des Heros du Siécle que je traite , que parce qu'il eftoit de la maifon de Clermont d'Amboife, dont je viens d'efcrire , & comme le S. de Brantofme a fait fon Eloge , je l'emprunteray de fes Memoires.

„ Le premier Colonel qu'eut Monfieur , fut M. de Buffy , duquel „ eftendre les loüanges plus avant qu'elles ne font , il me feroit „ impoffible , car elles le font affez par tout. Pour fon premier coup „ d'effay lors qu'il le fut , il commença à faire des fiennes en l'Armée „ de Monfieur à Moulins. Il faut donc fçavoir que M. de Turenne „ venant trouver Monfieur vers Moulins, il y amena de fes forces. „ Entr'autres il y amena quelques Arquebufiers tels quels , fous la „ charge de M. le Vicomte de Lavedan , qui en eftoit le Colonel , „ & entra ainfi avec fon Drapeau blanc dans le Camp de M. de Buffy , „ qui eftoit de foy affez ombrageux , fans que cette Enfeigne blanche „ luy portaft davantage d'ombrage. Il en parla à Monfieur pour la „ faire cacher , autrement il feroit quelque défordre, d'autant que „ cela luy touchoit par trop. Monfieur pria de temporifer & qu'il „ ne falloit pas mécontenter M. de Turenne, qui eftoit un Seigneur „ d'honneur & de moyens , & qui volontairement eftoit venu fervir. „ M. de Buffy temporife deux ou trois jours , enfin perdant patience „ fe refolut , luy avec douze honneftes hommes, braves & bien choifis „ & déterminez , montez fur de bons chevaux d'Efpagne , de prendre „ & envahir ce Drapeau des mains du Porte-enfeigne Colonel à la tefte „ des Troupes , ainfi qu'elles marchoient en Campagne , & le rompre „ à leur veuë. Il ne faut point douter qu'il ne l'eut fait , car qui eft

„la chofe impoffible à douze Compagnons, braves, vaillans, refolus
„& jurez. Monfieur en fceut le vent, qui s'en fafcha à M. de Buffy,
„d'autant que le fcandale eftoit irréparable & irréconciliable, s'il s'en
„fut enfuivy, & puis accorda le tout. J'ay ouï raconter ainfi ce fait
„à aucuns des jurez & déterminez de la compagnie, lefquels je ne
„pourrois par nommer tous, mais entr'autres il y avoit le Baron de
„Viteaux [*Guillaume du Prat frere du Baron de Nantoüillet*] l'un
„des plus déterminez, dangereux & affeurez pour faire le coup
„qu'homme de France, comme il en a fait d'autres plus hafardeux.
„Il y avoit le brave Chevalier Piémontois, vaillant au poffible,
„& qui de frais eftoit venu de Piémont, pour avoir fait un coup
„refolu en tuant fon ennemy, il a fait depuis de trés-belles preuves
„de fa perfonne & de fa vaillance. Il y avoit Seffeval, homme
„d'affaires & de main, encore qu'il n'eut qu'un bras, il mourut de-
„puis à Anvers à la Fefte & feftin de S. Antoine, qu'il avoit aidé
„en partie à préparer & dreffer. Il y avoit auffi le jeune la Guyoniere,
„jeune homme, mais vaillant & affeuré. Il y avoit le Capitaine Bertho-
„lomé, jeune homme, il s'appelloit le Capitaine Provençal, qui eftoit
„l'un des veilles bandes d'Italie, que M. de la Molle emmena de Ferra-
„re. Les autres qui eftoint avec mondit S. de Buffy me font oubliez,
„dont j'en fuis bien marry, car leur nom meritoit bien d'eftre dit & loüé.
„   Pour tourner encore a M. de Buffy, cet eftat de Colonel luy eftoit
„bien dû, car il eftoit un trés-vaillant homme, auffi ne faut-il pas
„qu'un Poltron prenne cette charge ny aucune de Gens de pied,
„pour bien s'en acquitter au moins: car il y en a force qui l'ont, qui
„ne valent pas grand cas. Il y en avoit qui difoient qu'il fe pouvoit
„faire une riche comparaifon de M. de Briffac & de luy, & certes
„elle fe pouvoit en plufieurs chofes; mais d'autres croyoient que M.
„de Buffy ne fut efté déja fi grand Capitaine comme M. de Briffac.
„Je m'en rapporte aux raifons qu'on y pourroit alléguer. Pour quant
„aux vaillances, elles eftoient égales, & quant à leurs ambitions
„auffi, qui eftoient telles, que fi elles fe fuffent trouvées en un mef-
„me temps en une Cour ou à une armée, jamais ne fe fuffent ac-
„cordez & fe fuffent fouvent trouvez aux mains, ny plus ny moins
„que deux furieux Lions ou hardis Lévriers d'attache, qui s'en veulent
„coûtumierement. Auffi n'a-t'on vû deux Cefars bien compatir enfem-
„ble: fi eft-ce que je ne trouvois pas M. de Briffac fi querelleux que
„l'autre; finon en matiere qui luy importoit beaucoup: l'autre pour
„rien querelloit.
„   J'eftois avec luy lors qu'il querella M. de faint Fale [*George de*
„*Vaudray*] à Paris. Nous eftions chez les Comediens, où il y avoit
„une bonne troupe de Dames & Gentils-hommes. Ce fut pour un
„manchon de broderie, de Jaye où il y avoit des XX. M. de Buffy
„difoit que c'eftoit des YY. dés-lors il vouloit paffer plus outre que
„de paroles, mais une Dame que je fçay & qui avoit grande puiffan-
„ce, luy commanda de fe taire, & ne paffer plus avant; craignant

„un scandale arriver si prés d'elle, qui luy importeroit de beaucoup.
„La chose superseda jusques au lendemain, qu'il alla quereller ledit
„saint Fale en la Chambre de sa Maistresse que M. de Bussy avoit fort
„aimée, & luy avoit conseillé de se rémarier, car elle estoit veuve.
„C'estoit Madame d'Acigné [*Jeanne du Plessis heritiere de la Bour-*
„*gonniere, lors veuve de Jean Marquis d'Acigné, & mere de Judith*
„*Marquise d'Acigné, femme de Charles de Cossé Duc de Brissac, que*
„*ledit S. de saint Fale épousa en 2. nôces, dont est né George de Vau-*
„*dray Marquis de saint Fale*] mere de la premiere femme du Ma-
„reschal de Brissac, de present l'une des belles de France : & elle
„ayant choisi celuy-cy, M. de Bussy en conçût quelque jalousie, se
„répentant de son conseil, & ne l'avoir pas pris pour luy, & elle
„& tout ; car elle estoit trés-riche. Et pour ce querella l'autre sur
„un pied de mouche, comme on dit, de ce manchon ; estans donc
„sortis de la chambre, ils se battirent en troupe, car M. de Bussy
„avoit cinq ou six honnestes & vaillans hommes, dont le Chevalier
„Breton en estoit un, M. du Gua, & le jeune la Guyoniere. M. de
„saint Fale qui se doutoit, avoit avec luy cinq ou six Escossois de la
„Garde, d'autant qu'aucuns des siens en estoient venus. Ils se battent,
„deux de ces Escossois avoient deux pistolets, qui les tirerent, & l'un
„blessa M. de Bussy au bout du doigt. M. de saint Fale le voyant
„blessé se retira, arriva lors M. de Grillon son amy intime, lequel
„M. de Bussy pria de l'aller appeller où il l'alloit attendre. Par cas
„M. de Strozze & moy vinsmes à passer par là, & le vismes tout
„seul en l'Isle qui attendoit son homme, & les deux Quais bordez
„d'une infinité de monde. Nous trouvasmes M. de Rambouillet, qui
„estoit lors Capitaine des Gardes en quartier, qui nous pria d'aller
„ensemble dans le mesme bateau pour engarder cette baterie : &
„allant prendre terre, M. de Bussy s'écria à M. de Strozze, Monsieur
„je vous suis Serviteur, je vous honore fort, je vous prie de ne me
„divertir point de mon combat, vous venez pour cela, je le sçay ; &
„à moy il me dit seulement, cousin je te prie, va-t'en, car il m'ai-
„moit fort : & à M. de Rambouillet, il dit, M. de Rambouillet, je
„ne feray rien des commandemens de vostre charge, rétournez-vous-
„en, & le dit d'une furie, l'espée en son fourreau & en la main. Il
„m'a dit depuis qu'il estoit si dépité de se battre, & enragé, que si
„nous n'y fussions esté M. de Strozze & moy, il eut fait un mauvais
„tour à M. de Rambouillet, car il n'avoit avec luy qu'un seul Ar-
„cher. M. de Strozze & moy prismes terre les premiers, & rémon-
„trasmes à M. de Bussy le tort qu'il se faisoit de désobéir ainsi au Ca-
„pitaine des Gardes, parlant de par le Roy : aussi que le Roy dés
„lors commençoit à le dégouster. Pour tout nous luy donnasmes tant
„du bec & de l'aile qu'il nous crut, rémetrant la partie à une autre
„fois ; & s'en rétourna : & trouvasmes Monsieur frere unique du
„Roy, qui commençoit alors l'amitié extréme qu'il luy a portée,
„qui couroit, & le mena en sa chambre, & le Roy vint aprés, qui

„ s'eſtoit allé promener dehors , qui commanda aux Gardes de ſe
„ ſaiſir de l'un & de l'autre , & aux uns & aux autres de ne ſe bat-
„ tre. M. de Buſſy demeura dans l'Hoſtel de Monſieur , l'autre ail-
„ leurs : & puis commanda à M. de Nevers & Mareſchal de Retz de
„ les accorder. M. de Buſſy vouloit toûjours le combat en camp clos,
„ je ſçay qui luy donna le conſeil , qui fut moy ſans me venter , &
„ d'autant qu'en France il ne ſe pouvoit donner ſans la permiſſion du
„ Souverain , qui ne le voulut jamais ny la Reine ſa Mere , pour l'a-
„ mour du feu Roy Henry ſon Seigneur , qui avoit fait Serment de
„ n'en donner jamais depuis celuy de feu mon oncle , [la Chaſtaigne-
„ raye] il fut arreſté qu'on iroit à Sedan , où M. de Boüillon donaoit
„ le camp. Je puis aſſeurer que M. de Buſſy m'en pria des premiers
„ pour y aller avec luy , car il me tenoit alors pour un de ſes grands
„ amis , couſins & confidens. Enfin tout fut rompu , & le Roy vou-
„ lut réſolument qu'ils s'accordaſſent ; & eſtant venu M. de Buſſy de-
„ vant M. le Mareſchal de Retz , il luy dit que le Roy luy avoit
„ commandé de l'accorder , & qu'il le falloit : M. de Buſſy luy ré-
„ pondit froidement , Monſieur , le Roy le veut , je le veux donc
„ auſſi ; mais dites-moy donc Monſieur , en accord faiſant ſaint Fale
„ mourra-t'il ? mondit S. le Mareſchal répondit , & pourquoy ? ce
„ ne ſeroit pas un accord. Je ne veux donc point d'accord Monſieur ,
„ car Buſſy dit qu'il ne ſçauroit s'accorder , ſi ſaint Fale ne meurt. Pour
„ fin aprés avoir bien débattu & conteſté , l'accord ſe fit , & ne ſe de-
„ manderent jamais rien plus. Je croy que le combat en fut eſté fu-
„ rieux , car ſaint Fale eſtoit un brave Gentil-homme. Il eſt vray
„ qu'il eſtoit jeune , & alors ne commençoit qu'à venir.
„ J'avois oublié à dire qu'alors que M. de Buſſy entra dans le
„ Louvre pour faire cet accord , il eſtoit accompagné de plus de
„ deux cens Gentils-hommes que nous eſtions. Le Roy eſtant dans
„ la chambre de la Reine , qui nous vit paſſer , en porta jalouſie , &
„ dit que c'eſtoit trop pour un Buſſy. Il ſe faſcha dequoy on n'a-
„ voit tenu l'aſſemblée d'accord ailleurs que ceans. S'il fut là bien
„ accompagné , il le fut encore mieux au bout d'un mois là meſme
„ à Paris , où il cuida eſtre tué la nuit ſortant du Louvre & ſe reti-
„ rant chez luy à la Ruë des Prouvelles à la Corne de cerf , où il
„ eſtoit venu loger exprés pour l'amour de moy , & c'eſtoit tout au-
„ prés. Il fut aſſailly de douze bons hommes , dont j'en nommerois
„ aucuns , montez tous ſur des chevaux d'Eſpagne , qu'ils avoient pris
„ en l'Eſcurie d'un trés-grand [le Roy Henry III.] qui leur tenoit la
„ main. Tous chargerent au coup , & tous tirerent leurs piſtolets
„ & en firent une eſcopeterie ſur luy & ſes Gens ; mais cas admira-
„ ble ! il ne fut ny bleſſé ny frappé ny aucun de ſes Gens , fors un qui
„ eut un coup de Piſtolet au bras. Soudain il commença à ſonger en
„ ſoy voyant que ſes Gens s'écartoient , & à la faveur de la nuit ,
„ car ſes flambeaux eſtoient auſſi tout eſteints , & ſe retira tout bel-
„ lement , & approchant d'une Porte , pouſſée pourtant , s'y voulant

„tapir, afin que les autres qui le poursuivoint ne le puſſent voir,
„la fortune fut ſi grande pour luy, que la Porte ne ſe trouva point
„fermée, mais pouſſée ſeulement ; pourquoy il s'écoula tout bel-
„lement dans la maiſon & pouſſa toute la Porte & la ferma ſur luy.
„En quoy il montra qu'il n'avoit faute de jugement, ny ne l'avoit
„perdu, ny qu'il fut Poltron, car en telles choſes les Poltrons l'y per-
„dent, & ne ſçavent nullement leur Party prendre pour ſe ſauver,
„quand la partie n'eſt pas bien faite pour eux, ou que la grande
„appréhenſion & crainte du mal, qu'ils ont, leur fait hebéter les
„ſens, de ſorte qu'ils ne ſçavent ce qu'ils font non plus que niais
„& enfans ou inſenſez, ainſi que j'en nommerois bien aucuns : ſur-
„quoy faut loüer M. de Buſſy, dont bien luy ſervit, car autrement
„il eſtoit mort ; d'autant que les autres le ſuivoient & cherchoient à
„cheval, & par ainſi il évada. J'eſtois lors malade d'une groſſe fiévre
„tierce, & oyant cette eſcopeterie, je crus que c'eſtoit la Garde qui
„eſtoit là aſſiſe, & dis en moy meſme que tels Gens eſtoient indiſ-
„crets & mal-créez de tirer ainſi la nuit ; toutefois j'envoyay voir
„que c'eſtoit, car j'oüis une grande rumeur. Mes Gens trouvans M.
„de Grillon avec cinq ou ſix de ſes Gens, & un bon eſpieu en la
„main, qui cherchoit M. de Buſſy, lequel s'eſtoit retiré aprés que
„les autres s'en fuſſent allez chez M. Droüé Capitaine des Suiſſes de
„Monſieur ; où il l'alla trouver & le ramena en ſon logis ſain &
„ſauve : & m'envoya de ſes récommandations, & me manda comme
„il l'avoit échapé belle. Le lendemain luy ayant ſçeu d'où eſtoit venu le
„feu, commença à braver & menacer de fendre nazeaux & qu'il tuëroit
„tout. Aprés il fut averty de bon lieu qu'il fuſt ſage, & fuſt muet & plus
„doux, autrement qu'on joüeroit à la Prime avec luy, car de trés-
„grands s'en méloient : & de bon lieu fut averti de changer d'air
„& de s'abſenter de la Cour pour quelques jours ; ce qu'il fit avec
„un trés-grand regret, & ce fut lors qu'il ſortit de Paris, qu'il fut
„trés-bien accompagné d'une belle Nobleſſe & bien montée. Car
„toute celle de Monſieur y eſtoit, à laquelle il avoit commandé ex-
„preſſément de l'aller conduire, & nul Gentil-homme de ceux du
„Roy n'y alla, que M. de Grillon & Neufvic & moy, encore que
„j'euſſe la fiévre, mais ce n'eſtoit pas mon jour ; dont le Roy ne
„fut content puis aprés, mais je m'excuſay qu'il eſtoit mon parent
„& mon amy, & meſme qu'on nous avoit aſſeuré qu'on le vouloit
„tuër par les ruës ; où nous penſions nous battre à chaque canton :
„dequoy le Roy m'excuſa fort facilement, car il me portoit lors bon
„viſage. C'eſtoit le jour des nôces de Chemeraut, que je luy en par-
„lay à ſa premiere poſe du Bal, ainſi qu'il menoit la mariée. Je con-
„terois là-deſſus mille particularitez gentiles, mais elles ſeroient trop
„longues, ſi diray-je celle-cy.
„   C'eſt qu'ainſi que nous marchions par la ville, M. de Grillon le
„brave prit ſept ou huit bons hommes avec luy pour marcher devant,
„& comme menant les Coureurs, quand il fut à la Porte de S. An-

„toine ; se doutant que la Garde qui y estoit ne nous voulut empes-
„cher la sortie, M. de Grillon fait ferme sur le Pont avec deux ou
„trois , & les autres les avance vers la Bassecule : cependant il fait
„semblant de s'amuser à parler à un , & faire bonne mine, atten-
„dant que le gros arrivast & que la garde ne prit allarme. Cepen-
„dant nous arrivasmes, & sortismes si dextrement, que jamais ne s'en-
„suivit aucun bruit. Messieurs les Mareschaux de Montmorency &
„Cossé estoient sur le haut des Tours de la Bastille prisonniers, se pro-
„menans, qui aviserent le jeu & eussent fort voulu, comme ils di-
„rent depuis, que ce fut esté pour eux. Quand nous fûmes au petit
„Saint Antoine, nous fismes alte, la plus grande part s'en rétourna dans
„la Ville, voyant qu'il n'y avoit plus de danger, dont j'en fus un de
„ceux-là à cause de ma fiévre : & en disans tous Adieu audit S. de
„Bussy, il me pria tout haut par-dessus tous comme son bon cousin,
„quand je serois au Louvre, que je portasse la parole pour luy, qu'on
„avoit fait un affront à Bussy, dont il s'en sentiroit avant que de
„mourir, & bien-tost, contre quiconque fust, & qu'on se gardast
„de luy, & puis me pria de porter ses trés-humbles récommenda-
„tions à une Dame, de laquelle il portoit deux faveurs sur luy ; l'une
„à son chapeau, & l'autre à son corps, car il portoit son bras en
„écharpe, & que ses faveurs seroient bien cause qu'il en tuëroit quel-
„ques-uns avant qu'il fut long-temps, & que l'affront qu'on luy avoit
„fait, seroit vengé par plus de sang qu'on ne luy en avoit voulu fai-
„re perdre. Je ne faillis à dire le tout, & de m'en acquitter comme
„je luy avois promis.
„   Depuis, il ne parut à la Cour que quelques années aprés que
„Monsieur eut fait son accord avec le Roy, qui avoit les armes con-
„tre luy. Monsieur se tint à la Cour quelque temps en bonne union
„avec luy, Bussy y vint aussi trouver son Maistre, qui ne se pou-
„voit contenter, & portant envie à M. de Quélus grand Favory &
„aimé de son Roy, fallut qu'il se prit à luy & le querellast ; mais
„le Roy leur fit commandement à tous deux sur la vie de ne se de-
„mander rien. Par cas au bout de deux jours M. de Bussy sortant des
„Thuilleries, monté sur une bonne Jument d'Espagne, & ayant
„avec luy le Capitaine Rochebrune Limousin prés la Porte-
„neuve, se rencontra M. de Quélus, qui alloit d'où il venoit, ac-
„compagné de M. de Beauvais-N'angis & deux autres. M. de Quélus
„le voyant en beau-jeu, perdit patience & oublia le commandement
„de son Roy, ou plûtost de son vouloir chargea M. de Bussy ; qui
„voyant la partie toute faite sur luy, il le voyoit venir le long du
„Quay, bravement se démesla d'eux & gentiment se sauva & s'en
„alla au Pont de Saint Cloud : où de-là escrit une belle lettre au Roy,
„où il mande l'affront que Quélus luy a fait, & s'en plaint à luy ;
„ne luy demandant autre justice & raison, sinon qu'il le supplie de
„vouloir pardonner audit Quélus & luy donner grace, d'autant qu'il
„a violé son commandement, & pour ce est criminel, & estant tel.

„ il ne le veut ny peut combattre, car il se feroit tort, pour le peu
„ d'honneur qu'il y avoit : mais ayant esté pardonné de luy & en sa
„ grace, & remis de son crime, alors il le combattra sans aucun
„ scrupule, car résolument il faut se combattre. Le Roy voulut que
„ les choses n'allassent plus avant, & M. de Bussy se retira de la Cour.
„ Si je voulois raconter toutes les querelles qu'il eut, j'aurois beau-
„ coup à faire. Helas ! il en a trop eu, & les a toutes démélées à son
„ grand honneur & heur. Il en voulut souvent à trop de gens sans au-
„ cun respect : je le luy ay dit cent fois ; mais il se fioit tant à sa va-
„ leur, qu'il méprisoit tous les conseils de ses amis. S'il fut esté plus
„ respectueux, on ne luy eut suscité le Massacre cruel où il a tombé ;
„ car faisant l'amour à une Dame, il y fut attrapé : aussi dit-on de
„ luy que les deux Dames qu'il avoit les plus aimées, [*la Reine Mar-*
„ *guerite & la Comtesse de Montsoreau*] & qui le tenoient le plus
„ chery, le firent mourir. L'on fit de luy force Epitaphes à la Cour
„ & en France, dont j'en recueillis une, que je trouvay bonne & digne
„ d'estre mise icy en François.
„

PAssant *tourne le monde & va trouver Bussy*,
    Son cœur plus grand qu'un monde a mis son corps icy.
Tu as vû d'autres morts, tu n'en vis jamais une
Qui ait si peu laissé mourir pour le trespas.
Son plaisir fut sa mort, ses plaisirs ses combats,
*Il fut craint du Soleil, * bien aimé de la Lune *,*
Délaissé seulement de l'ingrate Fortune
Qui ne l'avoit aimé, car il ne l'aimoit pas.

* Le Roy Hen-
ry troisiéme.
* Marguerite
sa sœur.

„ Dieu veuille avoir son ame, mais il mourut quand il trépassa,
„ un preux, trés-vaillant & genereux. Aux Guerres par tout où il
„ s'est trouvé il a trés-bien combattu. A la prise de Binche en Flan-
„ dre, il n'y oublia rien de sa charge de Colonel, & s'en acquitta
„ trés-vaillamment. A la ville de Fontenay, à la prise d'icelle en
„ Poitou, estant Mestre de Camp, ainsi que le Regiment qui estoit
„ commandé pour y aller estoit en garde, M. de Bussy le prévint, &
„ marchant devant y cuida faire grande sédition pour la préséance.
„ Au siege de Lusignan il combattit & en porta les marques. A ce-
„ luy de saint Lo il ne fut pas blessé, mais il ne laissa à l'assaut de
„ faire toutes les preuves d'armes qu'il est possible, aussi-bien que
„ ceux qui furent blessez ; si bien que celuy qui en porta les nouvel-
„ les de la prise à la Reine Regente pour lors, je ne le nommeray
„ point, loüant extrémement M. de Lavardin qui avoit esté griéve-
„ ment blessé, M. de Bussy le voulut quereller & luy faire un affront
„ trés-grand, & le tuër, sans une personne que je sçay, & l'appel-
„ loit Larron d'Honneur, d'autant qu'il avoit parlé trop sobrement
„ à la Reine de luy, & que par trop haut il avoit loüé l'autre.
„ Le mesme S. de Brantosme rémarque en l'Eloge du Mareschal de
Montluc, que pour se venger contre le Roy de ce qu'on l'avoit voulu
assassiner, & pour favoriser les desseins du Duc d'Alençon qui en
                               mesme

mesme temps sortit de la Cour & prit les armes, le S. de Bussy pratiqua la révolte de son Regiment, qui estoit de deux mille hommes, & servoit dans l'armée de Poitou contre les Huguenots. ,, Et pour une
,, nuit, dit-il, ce Regiment avoit comploté de couper la gorge à
,, tous les Reistres & les piller, & tout cecy conduisoit Saisseval grand
,, Favory de M. de Bussy, depuis tué à Anvers, un trés-habile hom-
,, me de Guerre ; mais par le moyen du Sergent Major dit le Capi-
,, taine Page, borgne, le tout fut découvert à M. de Bourdeille mon
,, frere, lequel le révela aux Reitmesters & Capitaines principaux
,, qui dépitez voulurent mettre tout ce Regiment en pieces ainsi qu'il
,, marchoit, mais mon frere ne le voulut point & les en détourna :
,, & pour les contenter & obvier à tout, il prit des principaux Ca-
,, pitaines auteurs de l'entreprise, comme le Capitaine Vintemille ;
,, le Capitaine Maigret, le Capitaine la Coste, & quatre ou cinq au-
,, tres, & les donna prisonniers à M. de Montpensier, à qui le Roy
,, avoit commandé de luy mener toutes les forces. Car Monsieur estoit
,, dés-ja sorty de Paris & estoit en Campagne armé. Toutefois ils
,, n'eurent point de mal, sinon les prisons de Poitiers, qu'ils garde-
,, rent un mois, & moy je priay la Reine de les en délivrer par là
,, priere de mon frere, qui ne luy demandoit rien pour son interest,
,, sinon pour celuy du Roy. Les autres Capitaines & Soldats, après
,, avoir remercié mon frere de la vie, se débanderent qui çà qui là,
,, dont aucuns allerent trouver leur Mestre de Camp & d'autres non,
,, car il y en avoit qui n'estoient nullement de consente, ains bons
,, Partisans du Roy. Voilà pourquoy mondit frere fut fort loüé de
,, n'avoir voulu ainsi défaire & mettre en pieces totalement ce Regi-
,, ment, lequel fut donné à M. de Lancosme brave Gentil-homme,
,, auquel M. de Bussy portant dépit & envie, luy fit la Guerre, &
,, un jour, le surprit & luy défit quelques gens ; parmy lesquels se
,, trouva le Capitaine Page : & fut pris & mené à M. de Bussy, qui
,, le voyant, après l'avoir appellé cent fois traistre & infidéle, luy
,, voulut donner de l'espée dans le corps, mais il en fut empesché
,, par quelques Capitaines des siens, & par ledit Capitaine Page mes-
,, me ; qui le pria de luy donner la vie au nom de la personne du
,, monde qu'il aimoit le plus. Voicy que Bussy frappé au cœur de ce
,, mot, luy dit, va donc chercher par tout le monde la plus belle
,, Princesse & Dame de l'Univers, & te jette à ses pieds & la rémer-
,, cie, & luy dis que Bussy t'a sauvé la vie pour l'amour d'elle. Tout
,, cela fut fait.

Cette belle Princesse estoit la Reine Marguerite sœur du Roy, qui
n'a pas feint de se commettre un peu par les Eloges, qu'elle donne à
Bussy dans ses Memoires, comme si elle avoit crû estre obligée de
sacrifier quelque chose de sa réputation aux Manes de celuy, que le
Roy Henry III. avoit immolé à la jalousie, qu'il avoit du trop d'intelligence qui estoit entr-eux, & qui estoit favorisée par le Duc d'A-
lençon. Je pourrois sur ce sujet dire beaucoup de choses que je tais, à

propos de cette jaloufie, qui fut le principal motif des plus grands évenemens du Regne, & qui nourrit & entretint la défiance entre les deux freres : mais je rémarqueray feulement que le Roy s'oubliant de fon autorité, comme il s'oublioit fouvent de la Dignité Royale, & prenant plus de plaifir à venger en homme particulier qu'en Souverain des paffions indignes d'une perfonne publique, l'ayant voulu faire plufieurs fois affaffiner, il en vint à bout par le moyen des amours prétendus découverts entre luy & Marguerite de Maridor ; femme de Charles de Chambes Comte de Monforeau. Le Roy luy-mefme perfuada le mary de réparer fon honneur dans le fang de Buffy, & luy promit non feulement fa grace, mais une grande récompenfe, s'il le tuoit, & ce Comte party de la Cour à cette intention, força fa femme, comme l'on dit, à mander cet amant en fa maifon de la Couftanciere en Anjou ; où l'ayant fait attaquer dans une chambre par plufieurs perfonnes armées, il refifta affez long-temps & affez vaillamment avec un efcabeau, dont il s'eftoit faifi pour fa défenfe, pour trouver moyen de fe jetter tout bleffé qu'il eftoit, du haut d'une feneftre ; mais demeurant attaché & fufpendu par fes habits aux pointes d'un treillis de fer d'un plus bas eftage, il y fut achevé à coups d'Arquebufes l'an 1579. Sa mort expia la cruauté qu'il avoit commife à celle du Marquis de Renel fon coufin, qu'il fit maffacrer à la S. Barthelemy, pour profiter de fa confifcation.

DE LOUIS D'AILLY VIDAME D'AMIENS.

LE Vidame d'Amiens que le S. de Caftelnau met au nombre des chefs du party Huguenot, eftoit Loüis d'Ailly, l'un des plus grands Seigneurs de la Picardie, qui s'attacha d'inclination avec le Prince de Condé, Gouverneur de la Province, & qui fut tué à cette bataille de faint Denis, fans laiffer aucuns enfans de Catherine de Laval fa femme, auparavant veuve de François S. du Puy-du-Fou, & fille de Jean S. de Boifdauphin, & de Renée de faint Mars Vicomteffe de Brefteau. Le docte André du Chefne & la Morliere Chanoine d'Amiens, ont' amplément traité la maifon d'Ailly, dont il eftoit iffu, tant dans l'Hiftoire Genealogique de la maifon de Chaftillon que dans le Recueil des Familles illuftres de Picardie ; parmy lefquelles celle-cy tient l'un des principaux rangs depuis prés de fix cens ans, qu'elle s'eft fignalée par une longue fuite de grands Capitaines, fort celebres dans nos Hiftoires, & toûjours heureux en alliances nobles & avantageufes, particulierement depuis l'an 1342. que Robert S. d'Ailly lors veuf & ayant des enfans de fon premier mariage avec l'heritiere de Breuc en Flandre, époufa en fecondes nôces Marguerite de Piqueny, vulgairement appellé Piquigny, devenuë heritiere de tous les grands biens de fa maifon, & entr'autres de la Baronie de Piquigny & du Vidamé d'Amiens. Badoüin S. d'Ailly leur fils, Vidame d'Amiens, Baron de Piquigny, &c. dit le Baujois,

Conseiller & Chambellan de Charles VI. & l'un des douze Chevaliers , qui furent choisis pour le Gouvernement du Royaume pendant son indisposition , mourut à la bataille d'Azincourt l'an 1415. après avoir joint à ses Terres toutes celles de la succession de Raineval , par l'alliance qu'il contracta avec Jeanne petite fille de Raoul grand-Panetier de France , & fille de Waleran S. de Raineval , Comte de Falkenberg , &c. de Jeanne Dame de Varennes , &c. Il maria par contract du 13. Novembre 1413. Raoul d'Ailly lors S. de Raineval & de Varennes , depuis S. de Piquigny , &c. Vidame d'Amiens , son fils, avec Jeanne de Bethune Dame d'Englemonstier , &c. fille de Robert Vicomte de Meaux , & d'Isabeau de Guistelles. Il en eut entr'autres enfans Jean & Jacqueline d'Ailly femme de Jean de Bourgogne Duc de Brabant , Comte de Nevers ; dont Isabeau de Bourgogne Comtesse de Nevers , &c. de laquelle sont issus les Ducs de Mantoüe & de Longueville , de Guise , & de Joyeuse , la Reine de Pologne & la Princesse Palatine.

Jean d'Ailly S. de Piquigny , Raineval , &c. laissa d·Yoland de Bourgogne fille naturelle de Philippe le bon Duc , Charles d'Ailly son heritier , allié l'an 1485. à Philippe fille d'Antoine S. de Crevecœur , & de Marguerite de la Trimoüille ; dont Antoine S. d'Ailly, de Piquigny , Raineval , &c. Vidame d'Amiens , qui épousa l'an 1518. Marguerite de Melun , fille de Hugues Vicomte de Gand , Gouverneur d'Arras , Chevalier de la Toison d'or , &c. & de Jeanne de Hornes , sœur d'Anne de Melun Dame de Rosny , femme de Jean de Bethune S. de Baye , & mere de François de Bethune S. de Rosny , & de Marie femme de Jean Raguier S. d'Esternay. Je rémarque cette parenté comme la cause fatale , qui engagea au party de la Religion prétenduë , dont ce Seigneur d'Esternay estoit l'un des principaux chefs , comme j'ay fait voir page 773. du premier Volume, non seulement la maison de Bethune , mais encore celle d'Ailly , de Piquigny , en la personne de Loüis d'Ailly Vidame d'Amiens , après François d'Ailly son frere aisné , mort en Ostage en Angleterre l'an 1560. sans enfans de Françoise de Batarnay , & de Charles d'Ailly S. de Piquigny troisiéme fils d'Antoine , & de Marguerite de Melun. Lequel Charles auparavant Gouverneur de Montcalve en Piémont , Chevalier de l'Ordre du Roy , & Capitaine de cinquante hommes d'armes , fut aussi tué avec son frere à la mesme bataille de saint Denis , laissant de Françoise de Warty sa femme , fille de Pierre Grand-Maistre des Eaux & Forests de France , & d'Yoland de Montlitard, Philibert-Emanuël , Marguerite d'Ailly mariée l'an 1581. à François Comte de Colligny , S. de Chastillon fils de l'Admiral , & mere du feu Mareschal de Chastillon , & Susanne d'Ailly femme de Taneguy S. de Chambray. Philbert-Emanuël d'Ailly S. de Piquigny , Raineval , &c. Vidame d'Amiens , Chevalier des Ordres du Roy , rentra dans l'obéïssance de l'Eglise , & épousa Loüise d'Ongnies , fille de Charles Comte de Chaulnes , Chevalier des Ordres du Roy , &

d'Anne Juvenelle des Urſins ; dont Henry, François & Anne-Loüis mort jeunes, & Charlotte d'Ailly heritiere de Piquigny. de Raine-val & du Vidamé d'Amiens, Comteſſe de Chaulnes, qu'elle porta à Honoré d'Albert S. de Cadenet, depuis Duc de Chaulnes, Pair & Mareſchal de France. Pour moyenner ce mariage, dont les enfans ſont obligez au nom & aux armes d'Ailly, & pour avoir le conſente-ment de l'Infante Princeſſe des Pays-Bas, auprés de laquelle cette riche heritiere eſtoit élevée, il fallut que le Duc de Luynes frere du S. de Cadenet rompit la Ligue, qui ſe braſſoit contre la Maiſon d'Auſ-triche en Allemagne, où l'on envoya exprés de la part du Roy, le Duc d'Angouleſme.

MORT D'ANNE DUC DE MONTMORENCY
Conneſtable de France.

LE ſieur de Brantoſme donne fort exactement le récit de la mort & des dernieres paroles de ce grand Capitaine & de cet excel-lent Miniſtre d'Eſtat, dans le diſcours qu'il a fait de luy, & que j'ay rapporté au commencement du premier Volume des Additions à ces Memoires, où j'ay pris occaſion de parler de ſon merite & des inte-reſts de ſa maiſon contre celle de Guiſe. On a pu voir en cet endroit avec combien de valeur il combattit, & avec quelle grandeur d'ame il ſe diſpoſa à mourir des bleſſures qu'il reçût en cette journée, pour la défenſe de la Foy & pour le ſervice de ſon Maiſtre, & ſi le Lec-teur n'y a point fait aſſez de reflexion, ou s'il en a perdu la memoire, je le convie de revoir le feuillet 333. du premier Volume pour eſtre témoin de la mort la plus Chreſtienne & la plus heroïque de tout ce que nous avons jamais eu de grands hommes. Car où eſt celuy qui ſe ſoit maintenu dans la premiere Charge d'un Royaume contre l'émulation & l'envie de ſes égaux & de ſes ennemis, l'eſpace de quatre Regnes, la plûpart fort broüillez, & que ſon experience & ſa valeur ayent rendu ſi neceſſaire à la protection de la Religion & de l'Eſtat, qu'il ne ſe ſoit rien ré-ſolu d'important que par ſes conſeils, ny rien executé que ſous ſa conduite ? où eſt celuy, dis-je, qui ait reſiſté à la fatigue de prés de quarante ans dans le Gouvernement d'un Royaume & dans le com-mandement des armées, & qui à l'âge de quatre-vingt ans ait trouvé aſſez de force & de vigueur pour combattre, pour recevoir huit playes mortelles, & pour caſſer du pommeau de ſon eſpée les dents à celuy qui luy tira le dernier coup, auparavant que la perte de ſon ſang l'eut mit hors de combat ; & enfin pour meriter que tout l'hon-neur de la huitiéme bataille, où il s'eſtoit trouvé, fut déferé à ſon cou-rage ? comme cela ſemble incroyable dans la nature, & comme nous n'en avons point d'exemple ; je ne croy pas que la poſterité ne trou-ve du miracle dans une ſi glorieuſe fin, & que je ne ſois bien fon-dé de dire que Dieu voulut couronner ſa pieté en couronnant ſa der-niere victoire, & que cette couronne luy eſtoit préparée dans le Ciel, parce que c'estoit pour le Ciel qu'il avoit combattu. Il le témoigna dans la joye qu'il eut de ses blessures, dont il se servit comme d'autant de bouches pour en rémercier la divine Providence, & pour convaincre toute la France du merite de sa Foy ; que le Roy & la Reine Catherine, qui le vinrent visiter, réconnurent d'autant de larmes qu'il avoit répandu de Sang. Il avoit voulu mourir dans le champ de bataille, ne croyant pas survivre plus d'une heure à son triomphe, & en effet c'est une seconde merveille, qu'un homme de son âge, ainsi mortellement meurtry au visage, & à la teste, & qui avoit les reins percez d'un coup de Pistolet, put encore durer deux jours comme il fit ; s'il n'en eut eu besoin pour faire valoir pour le merite de l'éternité le mépris de la vie, & le sentiment de ses douleurs : mais plûtost pour confondre la calomnie de ceux, qui aimoient mieux douter de sa fidélité, que de le croire capable de trahir son sang pour faire bonne Guerre au Prince de Condé, à l'Admiral, au Cardinal de Chastillon & au Sieur d'Andelot, tous ses neveux & Chefs du party Huguenot, & pour dire luy-mesme à ces envieux, qu'ils vinssent mettre les doigts dans ses playes, pour voir s'il s'estoit épargné dans cette derniere occasion, & s'il n'avoit pas preferé l'interest de la Religion à celuy de sa propre famille. C'estoit tout le réproche qu'on avoit inventé contre sa fidélité de la part de quelques Catholiques mal-affectionnez, & d'autre costé les Heretiques declamoient contre luy, & blasmoient sa Politique, d'estre si contraire à ses proches, que de les poursuivre en ruïne pour establir l'autorité d'une Reine ; qui ne se servoit de luy qu'avec plus de dessein de le perdre que de l'honorer, qui ne l'aimoit point, qui haïssoit ses enfans, & qui portoit contre luy & sa maison celle de Guise, qu'il protegeoit plus que la Religion, qui servoit de prétexte à toute sa conduite. Toutes ces considerations ne servirent qu'à le rendre plus inébranlable, & il arriva à la fin, comme il l'avoit toûjours desiré pour le bonheur de sa memoire, qu'il se justifia dans son sang de tous ces faux soupçons, que le Roy & la Reine & tous les Catholiques le regretterent comme l'appuy de l'Eglise de France, & qu'il n'y eut que les Huguenots qui se réjoüirent de sa mort, avec le mesme emportement de fureur qu'ils firent paroistre à celle du Duc de Guise ; mais avec cette difference qu'il y a aussi peu de jugement & de raison que d'esprit & d'invention dans de méchantes Epitaphes, qu'ils luy firent en toutes Langues, & que j'estime indignes d'estre mises icy. Du temps du Roy François second, qu'ils le croyoient ennemy declaré du Duc de Guise & du Cardinal de Lorraine ; ils ne loüoient que luy, ils changerent d'inclination, quand ils les virent réconciliez : & enfin selon qu'il estoit bien ou mal en Cour, ils le flattoient ou le maudissoient, & ils ont fait la mesme chose envers ses enfans selon les divers interests des temps.

Enfin le Connestable ayant doucement goûté la mort l'espace de deux jours, expira dans l'Hostel de Montmorency le 12. jour de Novembre 1567. avec les dernieres marques du caractere de premier

& aprés en avoir accomply le personnage dans le mesme champ, où le premier Chrestien de sa maison converty à la Foy & martyrisé sur une Montagne voisine, paya de son sang ce titre précieux, & que sa posterité a eu plus cher que toutes les grandeurs de la terre. C'est la maison de cette Croix de gueulles ou de sang, qui fait la premiere & principale piece des armes de cette maison, qui l'accompagnoit de tout temps de ce cry de Guerre, *Dieu aide au premier Chrestien* : en memoire dequoy un Heraut du Regne de Philippe le Bel, rémarque en ces propres mots les avantages de cette maison, MONTMOREN-CY PREMIER CHRESTIEN QUE ROY EN FRANCE, PREMIER SEIGNEUR DE MONTMORENCY QUE ROY EN FRANCE, SUR SON TYMBRE PORTE UN PAON QUI FAIT LA ROÜE, SON CRY EST, DIEU AIDE AU PREMIER CHRESTIEN, SON MOT, APLANOS. Le Roy & la Reine sa Mere croyans estre obligez de combler sa memoire de tous les honneurs qui estoient en leur puissance, ordonnerent qu'on eut à n'en épargner aucun de ceux qu'on peut rendre aux Rois, dans la Pompe de ses Funerailles, & cela s'accomplit par leur ordre, selon qu'il est rapporté dans une Relation, que le feu Sieur du Chesne tira du Cabinet de M. Mathieu Mollé, depuis premier Président & Garde des Séaux de France, pour servir aux preuves de l'Histoire de Montmorency. Laquelle contient en substance, qu'il fut pendant ving-quatre heures exposé dans le lit où il estoit decedé, le visage découvert, & qu'aprés son corps fut ouvert & embaumé, mis dans un Cercueil de plomb & posé sous le lit, qui estoit de Damas rouge avec une crespine d'argent, accompagné d'un Dais de mesme à l'endroit de la cheminée : ledit lit gardé de deux Gentils-hommes & deux Valets de chambre non habillez de deuil, qui tenoient la porte ouverte à tout le monde, qui vouloit jetter de l'eau beniste sur le lit, ou entendre la Messe ou l'Office des morts, qui s'y chanta continuellement en presence de deux Autels préparez exprés, par les quatre Mendians de la ville de Paris, l'espace de neuf jours. Dans la grande Salle de l'Hostel de Montmorency, qu'on appelloit la Salle du Bal, toute tapissée de Velours cramoisy rouge, bordé & consemé de perles de comble de broderie de fil d'or, & dont le parterre estoit tout couvert de tapis de Turquie, fut dressé le lit d'honneur pour exposer l'Effigie ; qui estoit sans Piliers de huit pieds en carré, garny d'un matras de duvet d'un drap de toile de Hollande de 36. autres, traisnant trois pieds autour du lit, & d'une couverture de trente aunes de drap d'or frisé avec un parement d'Hermines mouchetées de deux doigts, surnomté d'un Dais de drap d'or enrichy & diapré de mesme. Sur ce lit estoit l'Effigie de cire au naturel avec les playes du visage, la teste sur un carreau de drap d'or, frisé, diapré, habillée d'un petit habit de Satin cramoisy, chaussée de Bottines de toile d'or, doublées de Satin aussi cramoisy, les semelles de mesme, & révestuë d'une robe de drap noir frisé, diapré, & par-dessus tout cela du grand manteau Ducal violet, semé de ses armes, avec quatre aunes de queuë, paré d'Hermines,

rébraſſé ſur le bras gauche , & la fente du coſté droit ſur l'épaule
ratachée d'un agrafe d'or & de pierreries. Elle avoit le grand & le
petit collier de l'Ordre du Roy par-deſſus le manteau Ducal, au bout
duquel répreſentant la teſte, eſtoit un bonnet de Satin cramoiſy, orné du chapeau ou couronne Ducale. Enfin on luy avoit joint les mains
toutes gantées qu'elles eſtoient & garnies aux doigts de riches bagues,
& à ſon coſté gauche eſtoit poſée l'eſpée de Conneſtable toute nuë
& hors de ſon fourreau qui eſtoit auprés. Autour du lit eſtoient quatre Bancs couverts de drap d'or pour des Gentils-hommes qui portoient la Cornette, l'eſpée, la Cotte d'armes & autres pieces d'honneur , & au bas eſtoit le Heraut pour faire les Reverences aux Seigneurs qui arrivoient , outre deux autres Herauts veſtus de leurs Cot-
tes d'armes , qui eſtoient aux coſtez du lit, chacun ſur un petit banc
de meſme auprés de deux riches chaiſes dorées ; dont la droite eſtoit
décorée du grand manteau de l'Ordre de France, & ſur celle de main
gauche celuy de la Jartiere d'Angleterre auſſi déployé. Aux pieds du
lit eſtoient deux petits bancs parez de drap d'or avec chacun ſa croix,
ſes chandeliers & ſon eau-beniſtier d'argent, accompagnez des carreaux de drap d'or aux coſtez , pour agenoüiller les Princes & Sei-
neurs qui venoient voir l'Effigie & qui voudroient aſſiſter au Service
qui s'y faiſoit, & aux Meſſes baſſes, qui ſe diſoient continuellement
en deux Chapelles ; dont la principale n'eſtoit point de deuil , mais richement décorée de toute l'argenterie du défunt : où les Chantres
du Roy & de la Sainte Chapelle venoient ſur les dix heures chanter
la Meſſe en Muſique en preſence de l'Effigie, des Gentils-hommes de
la maiſon & des Valets de chambre veſtus de deuil, placez ſur deux
bancs vis-à-vis, l'un couvert de drap d'or, l'autre de tapis de Turquie. Devant cette Chapelle principale eſtoit dreſſé un Prié-Dieu auſſi
couvert d'un drap de pied d'or avec deux carreaux , l'un pour agenoüiller , & l'autre pour les heures du défunt : ledit Prié-Dieu ayant
d'un coſté les Aumoſniers , qui preſentoient d'autres carreaux aux
Princes & Seigneurs , & de l'autre ſur un banc garny de tapis de
Turquie les Maiſtres-d'Hoſtel & Gentils-hommes veſtus de deuil le
grand chaperon en teſte , & les Pages de la Chambre. Dans cette
Salle eſtoit encore une table , laquelle pendant les quatre jours que
dura la ceremonie, fut ſervie aux heures du repas avec la meſme ſolemnité & meſme aſſiſtance des Maiſtres-d'Hoſtel , Gentils-hommes
& Officiers, que ſi le défunt eut eſté en vie, avec le Benedicité, les
Graces & la preſentation d'eau à l'entrée & à l'iſſuë de table ; au
haut de laquelle eſtoit la chaire dudit Seigneur, de Velours cramoiſy , au meſme lieu où il avoit accouſtumé de s'aſſeoir.

Il auroit reçû les honneurs de la ſepulture aux pieds du Roy Henry II. ſon bon Maiſtre, dans l'Egliſe Royale de ſaint Denis ; s'il ne
l'eut deſtinée dans la belle Egliſe de Montmorency, que Guillaume
Baron de Montmorency ſon pere avoit commencée à rédifier, & qu'il
acheva de rendre parfaite : ſe contentant de l'honneur que ce Prin-

ce luy avoit fait en son vivant de desirer que leurs cœurs réposassent sous un mesme tombeau dans la Chapelle d'Orleans en l'Eglise des Celestins de Paris. Il y fut porté sans ceremonie le 17. jour de Novembre, & sur le soir, le Duc de Montpensier, le Prince Dauphin son fils, les Ducs de Nemours. de Longueville, le Chevalier d'Aumale, le Duc de Roanois, & le Mareschal de Cossé, s'estans rendus en cette Eglise, toute tenduë de deuil avec un rang de Velours orné d'Armoiries avec les Cardinaux, Archevesques & Evesques acompagnez des Chantres & Musique du Roy & de la sainte Chapelle, & de quatre Herauts avec tous les Gentils-hommes, Pages & Officiers du défunt, ce cœur porté par Pierre de Montmorency Baron de Fosseux, sur un carreau de drap d'or, fut mis réposer sur le grand Autel pendant les Prieres & Cantiques, & ensuite pris par un Heraut & porté dans la cave auprés de celuy du Roy. Pour marque de cet honneur, la Connestable de Montmorency & ses enfans ayans fait dessein d'y dresser le magnifique monument qui s'y voit encore, ils en obtinrent permission du Roy le 14. de Février 1573. & l'enrichirent de ces trois Epitaphes, au dessous d'autant de Statuës de bronze, qui environnent la Colomne de marbre qui luy sert de Tombeau.

CY-DESSOUS *gist un cœur plein de vaillance,*
Un cœur d'honneur, un cœur qui tout sçavoit,
Cœur de vertu qui mille cœurs avoit,
*Cœur de trois Rois * & de toute la France.*   * Francois I.
                                            Henry II.
Cy gist ce cœur qui fut nostre asseurance,   Charles IX.
Cœur qui le cœur de Justice vivoit,
Cœur qui de force & de conseil servoit,
Cœur que le Ciel honora dés l'enfance.

  Cœur non jamais ny trop haut ny remis,
Le cœur des siens, l'effroy des Ennemis :
Le cœur qui fut du Roy Henry son Maistre.

  Roy qui voulut qu'un Sepulchre commun
Les enfermast aprés leur mort pour estre
Comme en vivant deux mesmes cœur en un.

D. O. M. S.

SISTE *parum & audi Viator.* IN ANNA DUCE MONTMORANTIO *tanta fuit rei militaris scientia, & in tractandis & explicandis negotiis vigilantia, ut paulatim tamquam per scalarum gradus, virtutis ergo, ascensum sibi ad honoris altissimam gradum paraverit. Quem dum vixit tenuit honorificentissimè cum* Henrici II. *Regis Potentissimi approbatione maxima, qui eam ipsam amplissimam quam à Francisco Patre consecutus erat* Annas *dignitatem, augere si potuisset cogitabat ; ut incomparabilem & penè inauditum suum ergà clarissimum Virum amorem declararet. Eum etsi plerique, eique Principes viri imminuere, quibus poterant artificiis, conarentur, augebat tamen obtrectatio amorem ; ut nihil penitus de jure publico aut privato statueret, quod* ANNA *non probaretur : ut jam unum animum in duobus corporibus facilè cerneres. Quæ voluntatum & animorum summa conjunctio, ut posteris monumento innotesceret memorabili,*
voluit

voluit HENRICUS *amborum corda in eàdem jacere æde. Igitur confentientibus*
CAROLO IX. *& Catherina Regina matre ejus, beatiſſima fœmina Magdalenâ*
Conjux, & FRANCISCUS *filius, Piiſſimi, mœrentes poſuére.*

ADSTA *Viator, non leve Precium moræ,*
Hoc grande parvo cor duplex jacet loco,
Regis Duciſque, Regis HENRICI*, Ducis*
MOMORANTII ANNÆ*, per gradus qui ſingulos*
Ad militaris ordinis faſtigium
Pervenit, & res maximas ſub maximis,
Domi foriſque, Regibus geſſit tribus,
FRANCISCO*, &* HENRICO*, ultimoque* CAROLO.
Sed præcipua quo ſingularis & fides
Inter Ducemque Regem & Henricum foret
Teſtata, corda juſſit amborum ſimul
Rex ipſe poni, Pignus haud dubitabile
Quod juncta eorum vita perpetuo fuit,
Hîc juncta quorum mors habet vitalia.

LA Pompe des Funerailles & le Convoy Royal du Corps, porté
de l'Hoſtel de Montmorency en l'Egliſe de Noſtre-Dame de
Paris, fut differée au 23. de Novembre, où toutes les Cours & Communautez furent mandées en Corps, & le Gentil-homme que le
Roy envoya au Parlement, eut ordre de luy faire cette Harangue.
MESSIEURS, *vous ſçavez tous de quelle volonté & affection, les Préde-*
ceſſeurs Rois François I. & Henry II. ont aimé & eſtimé feu de loüable
memoire MESSIRE ANNE DUC DE MONTMORENCY*, PAIR ET CONNES-*
TABLE DE FRANCE, comme auſſi a fait le Roy à preſent regnant: de
ſorte qu'ils l'ont voulu honorer des plus grands Eſtats & Dignitez de ce
Royaume ; c'eſt à ſçavoir, de Mareſchal, de Conneſtable, Duc & Pair
de France, en récommendation & réconnoiſſance des très-grands & très-
loüables ſervices par luy faits à la Couronne de France, tant en Guerre
qu'en Paix ; ayant toûjours eu le maniment de tout l'Eſtat du Royaume:
& pour couronner ſa fin, il eſt mort glorieuſement en la derniere Ba-
taille, ſouſtenant la querelle de Dieu & du Roy. Vous avez auſſi pû
voir & connoiſtre, combien ledit Seigneur défunt a aimé, honoré,
ſupporté, & favoriſé cette Cour & notable Compagnie, tant en gene-
ral qu'en particulier, & auparavant & depuis qu'il a eſté en cette
Cour, eſtant fait Pair de France. Vous n'ignorez auſſi combien ledit dé-
funt a aimé, réveré & ſupporté l'Eſtat de l'Egliſe: qu'il a eſté toûjours
le Pere & Protecteur de la Nobleſſe & du Peuple ; parquoy MES-
SIEURS*, à juſte & bonne cauſe le Roy veut & entend que la Memoire*
dudit défunt ſoit honorée, & ſes Obſeques & Funerailles, de la pre-
ſence de toute cette Cour. A cette fin m'a delegué devers vous, pour vous
faire entendre ſon vouloir & intention, qui eſt que vous faſſiez tout le
devoir que vous pourrez, d'honorer en ce dernier Acte ſunebre la me-
moire dudit défunt.

VOICY L'ORDRE DU CONVOY TEL QU'IL EST
décrit dans le Manuscrit cité cy-devant.

FUt le Corps dudit feu Seigneur, estant dans Cercueil de plomb, porté en l'Eglise de Nostre-Dame sur un Chariot garny de quatre roües, conduit par le Cocher & deux chevaux dudit feu Seigneur, tous habillez en deuil. Aussi fut portée l'Effigie, estant en son lit d'honneur & parée de mesme façon qu'elle estoit en ladit Salle, dont cy-devant a esté fait mention. Et assisterent au Convoy toutes les Personnes cy-après nommées, qui marchoient en ordre, comme s'ensuit.

PREMIER un des Prévosts des Mareschaux dudit feu Seigneur, avec ses Archers, pour donner ordre que les Ruës ne fussent empeschées.

Les vingt-trois Crieurs de la Ville, ayans les Armoiries dudit feu Seigneur devant & derriere.

Les Gens d'Eglise des Convens & Paroisses de Paris.

Les Gens de Guerre de la Ville, les Torches de la Ville, & les Enseignes de la Ville.

Les deux cens Pauvres vestus en deuil, avec chacun une Torche armoyée des Armes dudit Seigneur.

Les Eglises Collegiales.

La Garde dudit feu Seigneur.

Les Officiers de l'Escurie dudit feu Seigneur.

Les Officiers de Cuisine, d'Eschansonnerie, Paneterie, & Fruiterie.

Chirurgiens, Valets de Chambre & Medecins.

Les Gens du Conseil & Secretaires dudit feu Seigneur.

Les Gentils-hommes Servans.

Les Maistres-d'Hostel.

Le Chariot du Cercueil conduit & costoyé des Parens dudit feu Seigneur non Chevaliers de l'Ordre.

Les Enseignes Colonelles des Gens de pied de l'Armée du Roy, & autres Enseignes des Gens de pied, comme celle de M. de Brissac, celle de M. d'Estrées, & celle des Suisses.

Les Trompettes du Roy.

Les Capitaines, Enseignes & Guidons de la Gendarmerie du Roy.

Les Gentils-hommes du Roy.

Le Lieutenant, Enseigne, & Guidon dudit feu Seigneur, à sçavoir le Lieutenaut au milieu, l'Enseigne à dextre, & le Guidon à senestre.

Six Pages montez sur ses grands Chevaux, couverts de Velours noir, & Chaperon en teste avalé.

L'Escuyer dudit Seigneur, portant les Esperons dorez.

Un autre portant les Gantelets.

Un autre portant l'Escu.

Un autre portant la Cotte-d'Armes.

Un autre portant l'Espée d'Armes dans le fourreau.

Un autre portant la Lance, où estoit le Pennon aux Armoiries dudit feu Seigneur.

Un autre portant le Heaume timbré avec le chapeau Ducal & Mantelet.

Le Cheval de secours mené par un Escuyer par des cordons de Soye noire.

Le Cheval bardé mené de mesme.

Le Chapitre Nostre-Dame & la Sainte Chapelle.

Les Archevesques & Evesques.

L'Evesque de Paris, Officiant, & les Herauts à l'entour de luy.

Les Gentils-hommes portans le manteau de l'Ordre de France, l'Ordre & le Manteau d'Angleterre.

L'Effigie dudit Seigneur, dont les quatre coings de drap estoient portez par quatre prochains Parens dudit feu Seigneur, qui estoient Messieurs de Candale, de Turenne, & les deux de la Rocheguion, & plusieurs autres Chevaliers de l'Ordre à l'entour.

La Cornette dudit Seigneur estant à senestre de l'Effigie.
Le grand Deuil, qui estoient Messieurs les enfans dudit feu Seigneur, qui marchoient adextrez des Princes qui les conduisoient.
La Cour de Parlement & autres Cours selon leur ordre.
Le Corps de la Ville.
Une Troupe de Gens de Guerre de la Ville.
Et un Prévost des Mareschaux & ses Archers.
Le 16. jour de Février 1568. le Corps dudit feu Seigneur a esté enterré en l'Eglise de Montmorency, où estoient Messieurs ses enfans, & plusieurs Seigneurs & Gentils-hommes.

Je croy qu'aprés une si heureuse conclusion, qui n'a point d'exemple chez toutes les Nations, on peut demander à la Fortune si elle avoit quelque part en cette Pompe, & si quelque chose luy appartenoit parmy ces illustres dépoüilles & ces pieces d'honneur : & qu'on luy peut réprocher que les Honneurs funebres sont si peu de ces biens, dont elle usurpe la disposition dans le monde, qu'ils font toute la difference entre ses Favoris & ceux de la vertu. Elle n'a point de rang aux Funerailles des Heros, & si elle avoit paru à celles-cy, on l'auroit vû traisner en Triomphe avec l'Heresie, & la médisance captives, comme le troisiéme Monstre que ce grand Connestable avoit terrassé dans les disgraces qu'il eut à souffrir sous les cinq dernieres années du Roy François I. & durant le Regne entier de François II. dont il eut à réparer les malheurs & le désordre sous celuy de Charles IX. comme il avoit rétably les pertes de celuy de François I. sous Henry II. Ce n'est point la coustume que ceux, qui n'ont que du bonheur se relévent comme il fit, & il est bien plus ordinaire que ces Colosses se ruïnent au premier vent qui leur est contraire; mais pour se soustenir contre une Regente mal-affectionnée & contre une émulation si puissante & si déclarée qu'estoit celle de la maison de Guise, composée de six freres tous grands Hommes & dont l'aisné estoit un des premiers Capitaines du monde, & le second un habile & ambitieux Cardinal, Ministre absolu & capable de tout entreprendre : mais pour garder parmy tant de difficultez une conduite si juste & si droite, que de se détacher du Prince de Condé mary de sa niéce, de l'Admiral & de ses freres ses neveux, & tous capables de faire le plus grand party du Royaume, parce que la Religion y auroit esté interessée : c'est veritablement ne tenir sa grandeur que de son merite, & la posseder comme un bien, qui luy estoit propre, & dont il ne craignoit point qu'on le put dépouiller, & cela convenoit bien à sa Devise, composée de toutes les Enseignes de ses Dignitez avec ce mot *Dieu & mon grand service.* Il ne réconnoissoit tout ce qu'il possedoit de charges & de biens que de ces deux premieres causes de la restauration de sa maison, qu'il acheva de payer de son sang : & c'est ce qui me fait estonner que par une fausse Tradition, qui ne vient que de la haïne que les Heretiques portoient à son zele pour la défense de la Foy, & de la jalousie qu'ils avoient de sa gloire, il se trouve encore de personnes à désabuser de cette créance injurieuse, qu'il se foit fervy de toutes fortes de moyens, mais particulierement de ce-luy des Confifcations, qui eſt le plus odieux & le plus lafche en un homme de fa condition & de fon credit, pour fe rendre riche & puiſſant, comme il devint.

Cette confideration m'obligera de rendre raifon des droits, par lef-quels il fe rendit Seigneur de tant de belles Terres, & c'eſt une par-ticularité aſſez digne de l'Hiſtoire, pour la croire neceſſaire en cel-le-cy; puis que il n'eſtant accuſé que de ce feul défaut, c'eſt travail-ler à la gloire de la France de l'en juſtifier, pour faire voir qu'elle nous a donné en luy un Miniſtre fans réproche, & d'en faire un exemple à tous les Grands de chaque Siécle, qui ferve à confondre ceux, qui n'auront de regle dans le gouvernment des Eſtats que celle de leur intereſt, & qui donne une loüable émulation à d'autres, qui fe-roient aſſez genereux pour n'afpirer qu'à la meſme odeur de fon nom. Si on le blafme de tant de biens, il faut faire un crime d'une cho-ſe extraordinaire & eſtrange en la perfonne d'une premiere Puiſſan-ce, préſque toûjours fujette à la haine publique, & vraiment c'eſt un beau crime, & pleuſt à Dieu qu'il ne fut pas fi rare, & que la Poſte-rité joüiſſe encore quelque jour de ce bonheur & de ce plaifir, de voir que les plus grands Seigneurs du Royaume fe dépoüillent de leurs Terres & de leurs Maifons, pour en réveſtir un homme de cette qua-lité, qui n'ait qu'à s'excufer d'avoir fait trop d'Amis dans un employ où l'on en fait fi peu, & lequel au lieu de s'enrichir aux dépens du Public, fe puiſſe venter de n'avoir eſté récompenſé des fervices, qu'il luy a rendus, que par la réconnoiſſance des Particuliers. Si le parfum d'une glorieufe memoire doit encore eſtre eſtimé le plus veritable & le plus grand de tous les biens, il faut avoüer que c'eſt le feul qu'il ait pris fur le Peuple, & qu'il ne luy coûta que des loüanges & des larmes pour tout le fang qu'il répandit pour fa défenfe, non plus qu'à l'Eſtat Eccleſiaſtique & à la Religion; pour laquelle il eut tant de refpect dans cette grande moiſſon, que la Cour fit de Benefices en fon temps par le benefice du Concordat, qu'il réjetta comme la pen-ſée d'un Sacrilege, celle d'en gratifier un feul de cinq fils qu'il avoit, & fur la teſte duquel il auroit pû faire un entaſſement fi grand, qu'il auroit voulu, de Chapeaux, de Mitres & de Croſſes.

Pour rendre donc un compte exact de tous fes biens, je rémar-queray qu'il herita par la mort de Guillaume de Montmorency fon pere, des Baronies de Montmorency, de Conflans & de Damville, & des Seigneuries de Chantilly, & d'Efcoüen, avec leurs dépendan-ces, comme auſſi de celle de Thoré, la Prune-au-Pot, Savoify, &c. venües d'Anne Pot fa mere, après la mort fans enfans de Fran-çois de Montmorency fon frere S. de la Rochepot. Madeleine de Sa-voye fa femme luy apporta en mariage les Baronies de Fere en Tar-denois, de Gandelus, de faint Hillier, & de Montberon, par dona-tion du Roy François premier, & de Loüife de Savoye fa mere, tan-te de cette Dame. Charles de Villiers Evefque de Beauvais luy fit don l'an 1527. de la Seigneurie de l'Isle-Adam, & il y joignit la Comté de Beaumont-sur-Oyse & la Seigneurie de Compiegne par engagement. Il acquit la Terre de Meru des heritiers de Ferry S. d'Aumont ; & Pierre S. de Ferrieres, luy vendit l'an 1538. la Baronie de Preaux en Normandie. L'année suivante 1539. Jean de Laval S. de Chasteaubrient, Gouverneur de Bretagne, qui n'avoit point d'enfans, & qui le réconnoissoit pour aisné de sa maison, luy fit don entre-vifs avec rétention d'usufruit, des Baronies de Chasteaubrient, Derval, Rougé, Candé, Chasteauceaux & leurs dépendances : & ayant esté inquieté en cette possession par les Ducs de Guise & de Nevers, il en coûta au Connestable son fils cinquante-deux mille escus pour mettre fin à ce long procés. Il y unit moitié par acquisition & moitié par donation faite en sa faveur l'an 1539. & 1540. par Claude de Ville-Blanche Chevalier de l'Ordre du Roy, les Seigneuries de Martigné-Ferchant en Bretagne, de la Porte & du Mesnil en Anjou, & celles de Calac, du Chastellier d'Ereac & de Branxian ; comme aussi la Chastellenie d'Oudon, qu'il acheta des heritiers de Jean & de Julien de Malestroit : & tout cela compose aujourd'huy cette belle Baronie de Chasteaubrient en Bretagne. Pour celles de Mello & d'Offémont, elles luy échûrent en vertu du contract de mariage de François son frere avec Charlotte de Humieres, du 13. Avril 1524. par lequel il fut stipulé qu'après la mort sans enfans de cette Dame, qui arriva l'an 1563. & de son mary, qui la prédeceda de onze ans, de quatre Terres qu'elle luy apportoit, celles d'Ancre & de Bray rétourneroient à ses heritiers, & que celles de Mello & d'Offémont demeureroient en la maison de Montmorency en faveur du puisné, qui seroit obligé de porter les armes d'Offémont, qui sont celles de l'ancienne maison de Neelle, sur le tout des siennes. Il acheta l'an 1554. la Comté de Dammartin des quatre freres de Boulainvillier, & c'est la principale acquisition qu'il ait faite, comme ce fut aussi celle qui fit plus de bruit, à cause des droits que le Duc de Guise acquit pour l'inquieter. Jean d'Estonteville S. de Villebon luy donna entre-vifs pour en joüir aprés sa mort, la Vicomté de Monstreuil & les Seigneuries de Buires, Maintenay, Wailly, Waben, &c. Il posseda encore par acquisition de la maison d'Amboise, les Terres de Vigny, Longuesse, &c. & celle de Thorote, qui luy fut vendüe par Waleran de saint Mesme. Voilà en abregé tout ce que possedoit en terres Anne de Montmorency, la plûpart par succession ou donation, & le reste par legitime acquisition : & tout ce qu'on peut dire qu'il ait eu de bien confisqué, c'est la seule Seigneurie de la Londe & celle de Gaillarbois en Normandie, qui ne luy ont jamais valu deux mille livres de rente, & lesquelles appartenantes au Roy par la condamnation à mort pour crime de fausse Monnoye, de George de Casenove S. de Gaillarbois, il luy en fit don. Quelques-uns ont crû qu'il avoit eu à mesme titre son Hostel neuf de Montmorency de la rüe sainte Avoye à Paris, mais cela est si faux, que le Trésorier Mai-

gret, qui l'avoit fait baftir, eftant infolvable envers le Roy Henry II.
& luy ayant cedé fes biens, le Roy en joüit long-temps, & mefme
y demeura jufques à ce que fon logement du Louvre fut achevé : &
alors il en fit prefent à Anne de Montmorency, qui quitta fon vieil
Hoftel de la ruë fainte Antoine pour le venir habiter, encore y fit-il
beaucoup baftir pour le rendre capable de le loger. Or tant pour ces
acquifitions que pour fa rançon & pour celle de deux de fes fils, l'un fait
prifonnier à la prife de Therouïenne & l'autre avec fon pere à la bataille
de faint-Quentin, le Conneftable créa plufieurs dettes, & fi confiderables, que c'eft tout ce que put faire Madeleine de Savoye pendant vingt
années de viduité & de joüiffance de tous leurs biens, que d'en acquitter la moindre partie de ce qui luy reftoit aprés les Penfions payées
à fes enfans.

Ce fut par les foins & aux dépens de cette genereufe Dame, qu'on
érigea à la memoire du Conneftable ce fuperbe & magnifique Mau-
folée de l'Eglife de Montmorency, qui le difpute pour l'Art & la
majefté aux plus beaux de faint Denis, & qui les furpaffe tous en
eftoffe & en matiere ; où l'on voit leurs Effigies gifantes en Marbre
blanc, fur un Tombeau de Porphire, accompagné d'un Chapiteau
en demy-Dofme de Stuc, fouftenu de dix puiffantes & riches Colomnes de Marbre avec les corniches artiftement taillées ; fur lequel il
font encore tous deux réprefentez prians, en bronze la Couronne Ducale en tefte avec les autres marques de leur dignité. Il eft demeuré
imparfait en quelque chofe par la mort du celebre Jean Bullant qui
l'avoit entrepris, arrivée le 10. d'Octobre 1578. & qui merita cette
Epitaphe, qui ne peut eftre dignement appendue qu'à fon Ouvrage
felon la penfée de fon Auteur ; & j'ay cru la devoir à fa réputation,
pour imiter en fa faveur ce que Phidias fit pour éternifer fa memoire à
cette belle image de Pallas, où il ne fe jugea pas indigne de tailler
fa figure.

> Joannes *jacet hoc Bullantius ille Sepulchro,*
> *Quo non fabrili major in arte fuit.*
> *Regi & Reginæ, Palatia Regia, Matri*
> *Maufolo & dignos ftruxerat hic Tumulos,*
> *Cur non & Tumulo digno jacet ipfe ? Viator*
> *Quæris, non habuit qui ftruat arte parem.*

Je joindray à ce que le S. de Brantofme a dit de Madeleine de Savoye à la fin de l'Eloge de ce Conneftable fon mary, qu'elle eftoit
generalement tenuë pour la plus vertueufe Dame de fon Siécle, &
pour celle qui avoit plus d'efprit. Je ne fçay pas fi avec la mefme
humilité on auroit à prefent la mefme réputation, ny mefme fi la
belle œconomie, comme celle à laquelle elle s'attacha pour la fubfiftance des maifons de fon mary & de fes enfans, s'appellera encore
efprit en une femme de cette qualité, mais je fçay bien qu'elle eftoit
l'original de cette femme forte, dont l'Antiquité ne nous donne que

le crayon. Elle n'eſtoit point de ces beautez, qui dérobent les y eux par l'aguet de leurs charmes , mais de ces Phyſionomies majeſtueuſes , qui tiennent toutes les paſſions dans le reſpect & qui gagnent le cœur & l'eſtime de tout le monde. Le Conneſtable ſon mary l'honoroit extrémement , & elle avoit pour luy une amitié déferante & qui eſtoit au-deſſus de toutes les défiances qu'une autre peut-eſtre auſſi vertueuſe , mais moins prudente , auroit témoigné de quelques inclinations qu'il eut en ſa jeuneſſe , mais d'une entr'autres qui fut cauſe de ſa premiere diſgrace & qui ne cauſa pourtant aucun déſordre dans leur ménage. Quand il eſtoit à l'Armée , elle alloit en quelqu'un de ſes Chaſteaux , ou bien à Montmorency , quoy qu'elle n'y eut point de Maiſon , & elle y demeura tout le temps de ſa Priſon de Flandre ; tant pour ſe conformer à l'eſtat où il eſtoit , que pour voir achever le baſtiment de l'Egliſe , pour aſſiſter à tout le Service des Chanoines & ne vaquer qu'aux choſes de devotion ; ayant bien voulu exprés ſe loger chez le Doyen , où il y avoit à peine une chambre qui luy fut propre. Auſſi ne vouloit-elle pas y recevoir d'autres viſites que de ſes enfans & de quelques perſonnes du lieu ; avec leſquelles elle ne dédaignoit pas de s'entretenir & de prendre quelquefois connoiſſance de leurs affaires domeſtiques , & meſme de leurs procés , commandant bien ſouvent à mon biſayeul , qui en eſtoit le Juge, de les rapporter devant elle , pour les terminer à l'amiable. Mais ce qui eſt encore plus admirable , c'eſt qu'aprés le retour de ſon mary & parmy tous les embarras de la Cour , elle n'oublia pas juſques aux noms des plus miſerables ; eſcrivant en leur faveur , pour leur faire avoir Juſtice ou pour leur faire part de ſes Aumoſnes ; pour leſquelles elle employoit la meilleure partie de la ferme d'Eſcoüen , qui eſt de plus de vingt-mille livres de rente ; ſans ce qu'elle dépenſoit dans toutes les autres Terres , où il y avoit des charitez reglées , moins ſuivant le révenu que ſelon le nombre & la neceſſité de Pauvres. Si on répondoit à cela qu'il y a de certaines bonnes femmes , qu'on ne ſçauroit nommer autrement , qui feroient les meſmes choſes , je demanderois ſi ce n'eſt point avec une ſimplicité hors de regles , & qui les rende mal-propres au gouvernement de leur maiſon, ſi ce n'eſt point par foibleſſe , s'il y a de l'ordre & de l'œconomie ; & pour concluſion je demanderois ſi ce ſont des eſprits capables de ſortir des ſoins du ménage, ſans qu'ils en paroiſſent défaits, ſans qu'on s'en apperçoive dans la place qu'ils tiennent à la Cour, & qui s'acquittent de toutes choſes dans leur derniere perfection , comme cette Madeleine de Savoye : qui ſuffiſoit toute ſeule à tous les ſoins d'un ſi grand maniment & d'une ſi grande dépenſe qu'eſtoit celle d'un Conneſtable & de quatre fils, dont il y en avoit deux Mareſchaux de France & Gouverneurs de Provinces : qui eſtoit l'honneur & l'admiration de la Cour , mais plus encore l'intime conſeillere de ſon mary dans l'adminiſtration du Royaume , & ſa conſolation dans ſes diſgraces ; & enfin celle que les Huguenots ont réconnu pour Protectrice de la Religion Catholique auprés de luy, dans un temps auquel la verité de ce paſſage de l'Evangile n'eſtoit que trop generalement accomplie, de deux perſonnes qui ſeront dans meſme lit l'une ſera choiſie & l'autre délaiſſée, & où le mary Catholique avoit une femme Huguenotte, & la femme Catholique un mary Huguenot. J'en ay fait voir des preuves par les Libelles des Heretiques en la page 745. du premier Volume. Je ne donnerois que la moindre partie de ſon Eloge, ſi je ne diſois qu'aprés la mort de ſon mary, & aprés ces deux Mauſolées qu'elle érigea à ſa memoire, avec moins de vanité que d'affection & de reſpect, dans la Chapelle Royale des Celeſtins de Paris & dans l'Egliſe Collegiale de S. Martin de Montmorency, elle conſerva une autorité ſi grande ſur ſes enfans, que le Mareſchal Duc de Montmorency qui eſtoit l'aiſné, n'avoit que des titres non plus que ſes freres, avec une penſion reglée qu'elle n'eut pas voulu paſſer de la moindre ſomme, ſans une extréme neceſſité, comme je récueille par des lettres de la derniere ſoumiſſion qu'ils luy eſcrivoient : & c'eſt ce qui a conſervé la maiſon pendant les déſordres, depuis la mort du Conneſtable leur pere juſques en l'an 1586. qu'elle mourut, aprés avoir paru la meſme dans la priſon dangereuſe de ſon fils aiſné, dans la perſecution & la proſcription des autres & dans des afflictions preſque continuelles, l'eſpace de prés de vingt ans, qu'elle avoit eſté durant prés de quarante années de credit & d'autorité. Auſſi n'y a-t'il que ceux qui abuſent de la faveur, qui tombent de cœur & de courage dans leur adverſité, qu'on ne peut nommer autrement qu'une proſperité publique, & il y a toûjours cette difference que ce qui arrive à ceux-là pour leur ruine, n'arrive aux autres que pour leur gloire, & pour faire voir dans l'uſage de leurs diſgraces, que la Fortune leur a plûtoſt eſté Rebelle que favorable.

Le Conneſtable ſon mary prit pour Deviſe dans cette penſée de ne rien tenir que de la grandeur de ſa naiſſance & de ſa vertu, *ſicut erat in Principio*, & de vray j'ay aſſez de titres, & j'ay aſſez acquis de connoiſſances de cette maiſon de Montmorency, pour dire qu'elle n'eſtoit pas plus puiſſante en ſon temps qu'elle avoit eſté ſous quatre autres Conneſtables, & la Fondation du Prioré de Deuil, faite par Hervé Baron de Montmorency environ l'an 1100. feroit voir que ſa Baronie, ſans les autres Terres qu'il poſſedoit, eſtoit plus de trois fois plus grande que quand elle a eſté érigée en Duché : la ville de ſaint Denis, Gonneſſe, Aubervillier & autres lieux, dont il tranſporta le Patronage aux Prieur & Religieux de Deuil, n'en faiſant que la moindre partie. Cela ſe prouveroit encore par quantité d'autres Fondations d'Egliſes, où l'on compteroit plus de cinquante mille livres de rente, que les Seigneurs de Montmorency leur ont donné en divers temps. Le S. du Cheſne, qui a ſi doctement eſcrit leur Hiſtoire, interpréte en faveur de Montmorency la date d'un Reſcrit de Valens, Gratian, & Valentinian Empereurs, rapporté dans le Code Theodoſian, qui doit eſtre de l'an 317. donné *Morantiaco* ; mais cela

cela se doit entendre du lieu de Morency situé sur la riviere d'Oyse, qui en est à trois lieuës & compris dans son ancienne estenduë, qui a encore dans ses ruïnes & dans ses restes toutes les apparences d'une bonne & ancienne Ville, & qui fut donnée à l'Abbaye de saint Denis par un Seigneur nommé Leutho l'an 5. du Regne de Charles le Chauve, qui l'approuva. Et pour montrer que Montmorency est dérivé de luy, & que ce Leutho estoit Seigneur de l'un & de l'autre lieu, dont l'un estoit le Chasteau & la Forteresse & l'autre la Ville, où luy & ses prédecesseurs faisoient leur habitation & tenoient leur ménage, c'est qu'il est appellé dans cette Charte *Villam Maurinciagi Curtis*, & encore à present on l'appelle par succession Morency-la-Ville, comme pour mettre difference entre les deux lieux, de mesme que nous voyons dans le Vexin, Trie-la-Ville & Trie-le-Chasteau, qui appartenoient à mesme Seigneur. Or que ce Leutho donnast Morency à S. Denis, il ne fit en cela que suivre l'exemple de ses predecesseurs, que les Memoires mesmes de cette Abbaye tiennent & designent avoir esté les premiers bienfacteurs de cette Abbaye, bastie & fondée sur leurs fonds ; la ville de saint Denis leur ayant appartenu en propre. Pour marque de cette possession, je me contenteray pour le present de rémarquer qu'en cette qualité de Seigneur, Hervé de Montmorency donna au Prioré de Deuil le Patronage de la Cure de saint Marcel, qui est la veritable Paroisse de la ville ; à l'imitation ou plûtost émulation de laquelle, les Religieux de l'Abbaye, qui se vouloient exempter de toute sorte de marques d'ancienne sujettion, fonderent dans l'enclos de leur Maison, qu'on appelle aujourd'huy la Pentiere, & que peut-estre ils ne firent clorre, comme on voit encore par la Porte qui en est restée, que pour faire une séparation de ce qui leur appartenoit en proprieté, la Cure dite encore des trois Paroisses, qui n'estoit autrefois que pour leurs Serfs ou Gens de main-morte demeurans au dehors de leur maison dans cette Pentiere, & en effet elle n'a point de ressort au de-là de son ancien enclos, & c'est la seule dont la presentation appartienne à l'Abbé & aux Religieux, qui n'ont eu la Justice du reste de la ville de saint Denis, que long-temps depuis par acquisition des Seigneurs de Montmorency. Cette particularité m'est échappée pour servir de preuve de l'antiquité & de la grandeur ancienne de cette maison, que j'espere de traiter dans un ouvrage exprés ; qui sera l'Histoire du Duché & Pairie de Montmorency & de ses Ducs & anciens Barons ; comme aussi de tous les Fiefs qui en dependent ou qui en ont dépendu, tant par parage & partage qu'autrement, & la suite de tous les Seigneurs qui les ont possedez jusques à present, avec un Discours de toutes leurs familles.

Les enfans d'Anne Duc de Montmorency Connestable de France & de Madeleine de Savoye, furent cinq fils & sept filles, François Duc de Montmorency Mareschal de France, Henry de Montmorency S. de Damville aussi Mareschal, & depuis Duc de Montmorency

& Conneſtable de France, deſquels j'ay amplement traité en ce Volume: Charles de Montmorency S. de Meru, &c. depuis Duc de Damville, Pair & Admiral de France, & Colonel des Suiſſes, mort l'an
1612. ſans enfans de Renée de Coſſé Comteſſe de Secondigny & de
Beaufort en Vallée, fille d'Artus de Coſſé S. de Gonnor, &c. Mareſchal de France : Gabriël de Montmorency Baron de Montberon,
duquel nous avons parlé à cauſe de ſa mort à la bataille de Dreux
l'an 1562. & Guillaume S. de Thoré, Dangu, Gandelus, &c. qui
de ſon ſecond mariage avec Anne de Lalain, fille d'Antoine Comte
de Hoochſtraten, Chevalier de la Toiſon d'or, & de Leonor de Montmorency heritiere de la maiſon des Comtes de Hornes, ne laiſſa qu'une
fille Madeleine de Montmorency, femme de Henry Duc de Luxembourg, Prince de Tingry, Comte de Brienne, de Ligny, Rouſſy,
Roſnay, &c. qui n'en eut que deux filles Ducheſſes de Luxembourg
& de Ventadour. Si bien que de quatre fils mariez, il ne reſte aucun maſle de la poſterité de ce grand Homme, par la mort déplorable à jamais en France, de Henry Duc de Montmorency fils du dernier
Conneſtable, qui eut pour heritieres Charlotte-Marguerite de Montmorency Princeſſe de Condé, Charlotte Ducheſſe d'Angouleſme, & Marguerite Ducheſſe de Ventadour ſes ſœurs. Les filles furent Leonor de
Montmorency, femme de François de la Tour Vicomte de Turenne,
tué à la Bataille de ſaint Quentin, mere de Henry Vicomte de Turenne, Duc de Boüillon, Prince de Sedan, Mareſchal de France,
& ayeule des Duc de Boüillon, Mareſchal de Turenne, Ducheſſe
de la Trimoüille, &c. Jeanne de Montmorency alliée à Loüis S. de
la Trimoüille, Duc de Thoüars, dont Henry Duc de Thoüars,
pere du Duc de la Trimoüille d'aujourdhuy, & Charlotte-Catherine
de la Trimoüille, femme de Henry de Bourbon Prince de Condé,
mere de feu M. le Prince : Catherine de Montmorency, femme de
Gilbert de Levis Duc de Ventadour, qui en eut Anne ; duquel &
de Marguerite de Montmorency ſa Couſine germaine, ſont iſſus les
Ducs de Ventadour & de Damville : Marie de Montmorency, qui
épouſa Henry de Foix Comte de Candale, &c. & en eut une fille,
Marguerite de Foix femme de Jean Loüis de la Vallette & Nogaret,
Duc d'Eſpernon, & mere du Duc d'Eſpernon à preſent vivant : Anne
de Montmorency Abbeſſe de la Trinité de Caën ; Loüiſe Abbeſſe de
ſaint Pierre de Rheims, puis de Jarcy : & Madeleine de Montmorency, Abbeſſe de la Trinité de Caën aprés ſa ſœur.

DE RENE' SEIGNEUR DE SANZAY.

ENTRE pluſieurs Perſonnes qui s'attacherent particulierement à
Anne de Montmorency, il y en eut deux qui combatirent à
ſes coſtez à la Bataille de ſaint Denis, le S. de Sanzay & le S. de Crequy-
Bernieulles, duquel je parleray aprés Sanzay, que le Poëte Ronſard
& le S. de Brantoſme témoignent au ſujet de cette journée, que ce

Conneſtable appelloit ordinairement ſon Couſin. C'eſtoit un Gentil-homme ſage , vaillant & expert aux Armes , & de plus qui aimoit
les Lettres & l'Hiſtoire , & que pour toutes ces belles qualitez le
Conneſtable tenoit auprés de luy en grande eſtime ; luy ayant procuré à luy & à ſes freres beaucoup d'honneurs & de grands emplois,
tant à la Guerre que dans les Provinces. Il eſtoit Chevalier de l'Ordre, Capitaine de cinquante hommes d'armes, Panetier ordinaire &
Chambellan du Roy , Capitaine general du Ban & Arriereban , &
Intendant des Fortifications. Ce fut luy qui en l'an 1560. baſtit avec
Jean le Feron , Roy d'armes de France , qui luy mit en teſte qu'il
eſtoit iſſu des Comtes de Poitou , cette Genealogie de la maiſon de
Sanzay, compoſée de prés de cinquante dégrez de generation, preſque tous cottez par années avec les noms, ſurnoms & armes des femmes , & tous noms, familles & armes, vrais fantoſmes, auſſi-bien
que les prétendus Comtes de Poitou ſes anceſtres , & qui naſquirent
en confuſion contre l'ordre du temps & de la nature de la cervelle
creuſe de cet autre Jupiter. Frere Eſtienne de Luſignan Cordelier
ayant eu communication de ce beau travail, s'en ſervit pour ſon grand
deſſein de ce Roman des 67. Maiſons illuſtres ſorties de celle de Luſignan , plus incroyable que celuy de Melluſine ; de la Cuve de laquelle il faiſoit couler comme une Fontaine publique de la Nobleſſe
& du ſang de Luſignan à qui en vouloit. Parmy tout ce grand chaos,
on a perdu ou tellement déguiſé la ſuite des Seigneurs de Sanzay ,
qu'on auroit beaucoup mieux fait de nous les donner tels qu'ils eſtoient,
que de les feindre ; parce que ce ne pouvoient eſtre que des Gentils-
hommes illuſtres, portans le nom & les armes d'une Terre conſiderable, qu'ils avoient poſſedé de temps immemorial, & qui par conſequent ne le cedoient en Antiquité à aucuns de leur Province. Pour
ne me point engager à contredire davantage une piece, qui ne ſe ſoû-
tient pas meſme d'aucune vray-ſemblance , je me contenteray de rémarquer que du mariage de Jean S. de Sanzay & de Jeanne de la Riviere,
mariez l'an 1480. ſortirent cinq fils & treize filles , & que les deux
aiſnez, René , & Eſtienne S. de Sanzay qui luy ſucceda, furent tous
deux mariez en la maiſon de Turpin-Criſſé , l'un ayant épouſé Marie Turpin de laquelle il n'eut point d'enfans , & l'autre Gabrielle
Turpin ſa niéce , & c'eſt ce qui fit la parenté entre ſes deſcendans
& la maiſon de Montmorency, car cette Gabrielle eſtoit fille de Ja-
ques Turpin S. de Criſſé & de Vihers , & de Loüiſe de Blanchefort,
& petite fille d'Antoine Turpin S. de Criſſé & de Vihers , puis de la
Greſille à cauſe d'Anne de la Greſille ſa femme, fils de Lancelot Turpin S. de Criſſé & de Vihers , & de Deniſe de Montmorency, fille
de Charles Baron de Montmorency , Mareſchal de France , qui fut
pere de Jacques , ayeul de Jean II. & biſayeul de Guillaume, lequel
entr'autres enfans eut Anne Duc de Montmorency, avec lequel René de Sanzay ſe trouva parent du quart au ſixiéme degré : car du
mariage d'Eſtienne S. de Sanzay avec Gabrielle Turpin , ſortirent

René, & Gabrielle, qui épousa l'an 1526. Claude de Chaftillon, Barón d'Argenton, dont eft defcendu le Baron d'Argenton, chef de la celebre maifon de Chaftillon-fur-Marne. René S. de Sanzay épousa Renée du Plantys, fille de Jacques S. du Plantys, & de Françoife Dame de Coffé, aifnée de la maifon de Coffé-Briffac, comme nous avons rémarqué page 295. de ce Volume. Il en eut René S. de Sanzay, Chriftophle, Claude, Charles, & Anne de Sanzay, filleule d'Anne de Montmorency, tous Chevaliers de l'Ordre du Roy. René premier Comte de Sanzay, leur frere aifné, qui eft celuy qui combattit à la journée de faint Denis & qui aida à fecourir le Conneftable tombé de fes bleffures, épousa Charlotte Dame de Thais, fille de Jean S. de Thais Colonel de l'Infanterie & Grand-Maiftre de l'Artillerie, & fut pere de Charles Comte de Sanzay, qui a continué le nom de Sanzay par les enfans qu'il a laiffé de Françoife d'Eftrées fa femme, fœur du Marefchal.

DE CLAUDE DE CREQUY S. DE BERNIEULLES.

CE Seigneur de Bernieulles aifné de la maifon de Crequy, eftoit parent & amy particulier d'Anne de Montmorency, qui luy donna la Cornette blanche à porter à cette bataille de faint Denis, cù il fe fignala : & comme il n'eftoit pas de qualité à ne s'engager que par intereft de faveur, il continua genereufement à Madeleine de Savoye fa veuve & à fes enfans, la mefme affection, & ne dédaigna pas mefme de contribuer de fes foins & de fes confeils pour le foulagement de cette Dame en plufieurs affaires d'importance, pour lefquelles il accepta fes Procurations, comme il fit depuis l'execution de fon teftament. Je n'ay rien à adjoufter à ce qu'ont efcrit de fa maifon Baudoüin d'Avennes, Auteur de quatre cens ans, & depuis le S. de la Morliere Chanoine d'Amiens & les Sieurs de Sainte-Marthe, parmy les Familles iffuës par alliance de la maifon de France ; fi ce n'eft que je m'explique de la qualité d'aifné de cette Ancienne & illuftre Famille que je luy ay donnée, parce que les Ducs de Lefdiguieres & de Crequy portent le mefme nom & armes, comme j'ay dés-ja obfervé, mais peut-eftre trop fuccintement, dans l'Eloge du Comte de Sault. C'eft pourquoy je rémarqueray icy que Jean Sire de Crequy, Freffin, Pont-dormy, &c. laiffa entr'autres enfans de Loüife de la Tour, fille de Bertrand Comte de Boulogne & d'Auvergne, Jean VI. Sire de Crequy, lequel tout feul continua la lignée par les deux mariages qu'il contracta avec Françoife de Rubempré Dame de Bernieulles, & avec Marie d'Amboife. Ayant eu du premier lit, Jean S. de Crequy, & Philippe S. de Bernieulles, & du fecond George de Crequy, S. de Riffé, dont la pofterité eft efteinte. Jean VII. S. de Crequy, laiffa fept fils de Joffine de Soiffons-Moreul, Princeffe de Poix, mais dont aucun n'eut de pofterité que Jean VIII. Sire de Crequy, Prince de Poix, &c. allié à Marie d'Acigné, & pere de Jean S. de Crequy mort avant que d'eftre marié, d'Antoine Cardinal de Crequy & dernier de la maifon, Sire de Crequy, Evefque d'Amiens, de Loüis S. de Pont-dormy, d'un autre S. de Canaples tué à la bataille de faint Quentin, & de Marie de Crequy femme de Gilbert de Blanchefort, Baron de faint Janvrin ; dont Antoine de Blanchefort, inftitué par le Cardinal fon oncle heritier de tous les biens de la maifon de Crequy, à la charge d'en prendre le nom & armes, continuez jufques à prefent par leurs defcendans Ducs de Lefdiguieres & de Crequy.

Philippe de Crequy S. de Bernieulles, fils puifné de Jean VI. fut Gouverneur de Theroüenne, & eut de Loüife de Lannoy-Morvillier, Claude, qui de Claude de Guifencourt laiffa deux fils, tous deux nommez Claude. Dont le fecond S. de Hemont a fait une branche qui dure encore, auffi-bien que celle de fon aifné Claude de Crequy Baron de Bernieulles, Lieutenant du Conneftable de Montmorency à la bataille de faint Denis & devenu chef du nom & armes par la mort du Cardinal de Crequy, il époufa Loüife de faint Simon, fille de Charles S. de Sandricourt, & d'Antoinette Dame de Clery, & petite fille de Jean de faint Simon S. de Sandricourt, & de Louife de Montmorency de Foffeux, & eut d'elle Charles de Crequy, Baron de Bernieulles & de Clery, qui fe fit d'Eglife & entra dans la Congregation de l'Oratoire, après la mort de Jacqueline-Emanuelle Gouffier de Bonnivet fa femme ; de laquelle il eut Jean-Baptifte & deux autres fils qui moururent fans alliance, & Marie femme de François des Effars S. de Linieres, Gouverneur de faint Quentin. Jean-Baptifte de Crequy, Comte de Clery, Baron de Bernieulles, époufa Renée de Vieux-Pont, fille d'Alexandre Marquis de Neuf-bourg & de Renée Tournemine, & a laiffé pour heritiers Alexandre de Crequy Comte de Bernieulles, &c. marié à N.... Maignart de Bernieres, & Gabriel-Antoine de Crequy.

DE FRANÇOIS D'ONGNIES COMTE DE CHAULNES.

LE S. de Popeliniere mettant ce Comte au nombre des morts à la bataille de faint Denis, fa valeur & fa naiffance m'obligent de rémarquer qu'il eftoit un des Seigneurs de la Cour de la premiere efperance, & que comme tel il avoit choifi par le Cardinal de Crequy entre les plus illuftres de fa Province, pour Marie de Blanchefort dite de Crequy fa niéce, depuis mariée à Gilles S. de Mailly ; mais comme fon courage l'engagea trop avant dans la meflée, il y fut tué auparavant que de l'époufer, & laiffa fa fucceffion à Charles d'Ongnies fon frere, depuis Chevalier des Ordres du Roy, qui fe maria avec Anne Juvenelle des Urfins, fille de François Baron de Trainel & d'Anne l'Orfévre, fille de Bertrand S. d'Ermenonville & de Valentine l'Huillier : laquelle eftoit fa parente aux quatriéme degré, comme eftant petit fils de Suzanne l'Huillier fœur paternelle de

ladite Valentine , & fille de Philippe l'Huillier S. de Manicamp ,
Gouverneur de la Baftille , & de Gabrielle de Villiers l'Ifle-Adam
fa feconde femme, qu'il époufa aprés la mort d'Anne de Morvilliers
mere de Valentine, bifayeule de ladite Anne Juvenelle des Urfins ,
laquelle avoit eu pour premier mary Guillaume de Lannoy S. de la
Boiffiere. De ce mariage fortirent Loüis d'Ongnies Comte de Chaulnes , Chevalier des Ordres du Roy, Gouverneur de Peronne, Mont-
didier & Roye , Lieutenant General au Gouvernement de Picardie,
mort fans enfans d'Anne de Humieres, Madeleine d'Ongnies, femme de
Jacques S. de Humieres & d'Ancre , Chevalier des Ordres du Roy, qui
n'en eut point d'enfans , & Loüife d'Ongnies heritiere de Chaulnes,
qu'elle porta dans la maifon d'Ailly par fon alliance avec Emanuël
Philbert d'Ailly , S. de Piquigny , Vidame d'Amiens. Et ainfi eft
perie en France cette illuftre Maifon, iffuë de Flandre, où eft la Seigneurie d'Ongnies , portée en la maifon de Merode par Marguerite
Dame d'Ongnies & de Middelbourg , de Watene , Havefquerque ,
Berhencourt , &c. Vicomteffe d'Ipres , femme de Richard de Merode Baron de Frents , & mere de Philippe de Merode Comte de Middelbourg , &c. qui a laiffé une grande pofterité de Jeanne de Montmorency heritiere de la branche de Croifilles : fi bien qu'il ne refte
plus du nom d'Ongnies que les Comtes de Villerval aux Pays-Bas ,
& Seigneurs de Coupigny , Beaumont , Beaurepaire , &c. iffus de
Charles d'Ongnies S. d'Eftrées, qui eut pour frere aifné Antoine d'Ongnies S. de Bruay , puis de Chaulnes , par fon mariage avec Jeanne
de Brimeu , fille de Jean de Brimeu Bailly d'Amiens , & de Marie
de Boiffy Dame de Chaulnes , & qui fut pere de Gilles ; duquel
& d'Antoinette de Beaufort nafquit Philippe , mary de Sufanne
l'Huillier ; dont Loüis premier Comte de Chaulnes , où il baftit
le Chafteau , Capitaine de cinquante hommes d'armes, qui eut d'Antoinette de Raffe fille heritiere de François S. de la Hargerie : ledit
François d'Ongnies Comte de Chaulnes tué à la bataille de faint Denis , Charles aprés luy Comte de Chaulnes : Antoinette d'Ongnies
femme de Jacques de Coucy S. de Vervins , dont Ifabelle de Coucy
Marquife de Vervins, mariée premierement à N..... de Comminges S.
de Sobole , mere & ayeule des Marquis de Vervins pere & fils premiers
Maiftres d'Hoftel du Roy , fecondement à René du Bec Marquis de
Vardes, Chevalier des Ordres du Roy, veuf d'Helene d'O, duquel elle
n'eut point d'enfans : Marie d'Ongnies alliée à Loüis de Mailly S.
de Rumefnil, dont les Marquis de Mailly-Coucy : Barbe d'Ongnies
femme de Jean S. de Haplaincourt , de laquelle font iffus les Sieurs
d'Eftampes Valancé: & Françoife d'Ongnies feconde femme de Charles de Coffé Duc de Briffac, morte fans pofterité.

DE CLAUDE DE BATARNAY COMTE
du Bouchage.

EN cette mesme Bataille s'éteignit la Maison de Batarnay, que le Roy Loüis XI. avoit renduë l'une des plus grandes du Royaume par les biens immenses qu'il fit à Imbert de Batarnay son Favory, le premier qu'on trouve de son Nom & de sa Maison; il le servoit en qualité de simple Escuyer, mesme long-temps aprés qu'il l'eut fait Comte de Fezensac, acquis par la confiscation de tous les biens du Comte d'Armagnac, dont il partagea la dépoüille entre Loüis Bastard de Bourbon, Antoine de Chabannes Comte de Dammartin, Grand-Maistre de France, le Marquis de Canillac, Jean Blosset S. de Saint Pierre qu'il fit Vicomte de Carlat, & cet Imbert de Batarnay Seigneur du Bouchage en Dauphiné, d'où il estoit originaire, & de Bridoré, & lequel de temps à autre se fit donner tout ce qu'il réconnoissoit avoir esté de la Comté de Fezensac, & eut encore les Seigneuries de Laverdun, Jegun, Lapiat, Castillon, saint Pau, Morede, Roquebrune, Taillian, &c. en Armagnac, dont il joüit durant tout son Regne. Ce Roy ne se servoit que de Gens d'esprit, mais la pluspart dangereux pour l'avantage qu'ils tiroient des conseils, qu'ils luy donnoient pour le ruïne des plus grands de l'Estat, contre lesquels il estoit assez naturellement porté, pour ne souffrir d'autres Puissances que celles qu'il auroit faites, & pour avoir le plaisir en voyant ses Ministres revestus des trophées de sa sanglante Politique, d'insulter aux Dignitez qu'il avoit terrassées. Mais je voudrois bien que quelque Sçavant dans l'Histoire m'apprit que sont devenus ces noms, & quels sont les restes de ces redoutables Favoris qu'un peu de poussiere? & en effet que nous reste-t'il, mesme de leurs maximes, qui n'ait esté incontinent aprés condamné par une conduite toute contraire, qui rendit le Regne de l'incomparable Loüis XII. aussi florissant & aussi heureux, que celuy de Loüis XI. avoit esté rigoureux & plein de perils & de tempestes.

Ce n'est pas que parmy les Favoris de Loüis XI. il n'y en eut, dont il faisoit estat pour leur esprit & pour leur fidélité à son service, & qui n'avoient point de part au conseils violens, tels que pouvoient estre le S. du Lude, & ce S. de Batarnay ou du Bouchage, qui ne refusa pas les biens qu'il luy donna, mais qui ne s'opiniastra pas aussi à les garder contre les heritiers de la maison d'Armagnac : & pour marque de sa prudence, il ne prit jamais qualité de Comte de Fezensac, & long-temps aprés en avoir esté gratifié, il se contentoit de celle d'Escuyer, Conseiller & Chambellan du Roy, S. du Bouchage, qui luy fut apporté par Georgette de Montchenu heritiere d'illustre maison, & de Bridoré. Quoy qu'il en soit, il laissa d'elle un fils & une fille hautement mariez ; car Jeanne de Batarnay sa fille épousa Jean de Poitiers S. de saint Vallier, &c. & fut mere de Diane Duchesse de Valentinois : & le fils François de Batarnay Com-

te du Bouchage & Baron d'Authon , prit alliance avec Françoiſe de
Maillé , fille de François S. de Maillé , & de Marguerite de Rohan,
de laquelle il eut pareillement deux enfans , René & Anne femme de
Jean de Daillon Comte du Lude. Ce René nourry enfant d'Honneur
du Roy , prétendit ſa part de la ſucceſſion de la maiſon de Chaſteau-
Roux à cauſe d'Antoinette de Chauvigny , femme de Hardoüin S. de
Maillé ſon biſayeul , & s'appuya de l'alliance du Roy & de ſon principal Miniſtre , par celle qu'il prit l'an 1527. avec Iſabelle de Savoye,
fille de René legitimé de Savoye , Grand-Maiſtre de France, & d'Anne Comteſſe de Tende , & ſœur de Madeleine de Savoye , femme
d'Anne de Montmorency , qu'il laiſſa veuve & mere d'un fils & de
cinq filles. Le fils Claude de Batarnay Comte du Bouchage , Baron
d'Authon , S. de Monthreſor , Bridoré , &c. jeune Seigneur riche &
puiſſant , ſuivit le Conneſtable ſon oncle à la bataille de ſaint Denis,
& y fut tué ſans laiſſer aucuns enfans de Jacqueline heritiere de la
Comté d'Entremont ſa femme , qui ſe rémaria depuis à Gaſpard de
Colligny S. de Chaſtillon, Admiral de France. Les filles furent Marie de
Batarnay Comteſſe du Bouchage , femme de Guillaume Vicomte de
Joyeuſe , Mareſchal de France , Françoiſe femme de François d'Ailly Vidame d'Amiens , morte ſans poſterité , Jeanne auſſi morte ſans
enfans de François de Nogaret dit de la Valette , Admiral de France, & Gabrielle femme de Gaſpard de la Chaſtre Comte de Nancey ,de laquelle ſont iſſus le Comte de Nancey, qualifié Marquis de la Chaſtre,
& à cauſe de Gaſparde de la Chaſtre leur fille , femme de Jacques-
Auguſte de Thou Préſident au Parlement, cy-devant premier Préſident aux Enqueſtes , à preſent Ambaſſadeur pour le Roy en Hollande ; que cette alliance rend proche parent de tout ce que la France a
de Grand & de plus Illuſtre.

CHAPITRE HUITIÉME.

DE GASPARD DE SAULX SEIGNEUR DE TAVANNES
Mareſchal de France.

VOICY un homme de main & de teſte tout enſemble, , qui eut
part aux plus grands coups qui ſe ruërent de ſon temps , tant
dans l'armée que dans le Cabinet , & qui ſe fit Mareſchal de France
par la conſideration où il ſe mit & par le beſoin qu'on eut de ſon ſervice contre les Huguenots. S'il les haïſſoit fort, il en fut encore plus
haï , & comme ils l'ont fort noircy par leurs eſcrits , le Vicomte de
Tavannes ſon fils luy a rendu un devoir neceſſaire d'eſcrire ſa vie ; où
l'on voit des choſes aſſez curieuſes , mais dont on devroit rétrancher,
pour la rendre plus digne de foy , quantité de contes , qui nuiſent
plus qu'ils ne favoriſent l'antiquité de la Maiſon de Saulx , à laquelle
il donne des Alliances avec des Rois de Bohéme pluſiens Siecles avant
que

que cet Estat eut des Rois, & devant mesme qu'on en connut le nom, aussi-bien que celuy du Chasteau de Saulx, dont il fait un Duché hereditaire dans un temps, où la dignité de Duc estoit un employ militaire dans une grande Province ; qui ne s'enfermoit point dans l'enclos d'un Chasteau & qui n'estoit point successif. Il le faut pardonner à la licence ou plustost à l'ignorance du temps, qui permettoit à chaque Maison illustre, comme celle de Saulx, d'avoir sa Fable ; mais à present que la mode en est passée & qu'on ne croit plus aux Genealogies au de-là des titres & de l'usage des Surnoms & des armes, qui n'est que de six cens ans ou environ ; nous ne ferons point de tort aux maisons de Saulx & de Tavannes, de les réduire à la regle de toutes les plus Illustres de ce Royaume, & de traiter de Roman tout ce qui est escrit des alliances avec Leopold Roy de Bohéme qui ne fut jamais, aussi-bien que de la transmigration d'Escosse en Suisse, de Bernier de Tavannes, venu avec le Roy d'Ossal & l'Infante Berthe d'Escosse sa femme.

J'extrairay de cette Histoire tout ce qui peut servir à l'Eloge de ce Mareschal, mais comme le témoignage du S. de Brantosme son contemporain, doit estre moins suspect d'affection & d'affectation, & comme il n'est pas moins avantageux à sa memoire, je rapporteray premierement le discours, qu'il fait de luy parmy ses grands Capitaines. „ De ces trois derniers Seigneurs, dit-il, [*les Mareschaux de* „ *Vieilleville & de Bourdillon, & le S. de la Chastaigneraye*] fut con- „ temporain & compagnon de M. de Tavannes, mais il estoit plus vieux, „ & à M. d'Orleans, & les autres à M. le Dauphin. Ses predeces- „ seurs furent d'Allemagne de trés-bonne & illustre maison, & son „ pere vint au service du Roy Loüis XII. [*il le confond avec Jean de* „ *Tavannes Colonel des Bandes noires, son oncle maternel*] & Roy Fran- „ çois, Colonel d'un Regiment de Lanskenets, & servit trés-bien la „ Couronne de France ; si qu'il en eut de belles récompenses : qui fut „ cause qu'il s'y habitua & les siens aprés vers la Bourgogne. Ce M. „ de Tavannes fut brave & vaillant en ses jeunes ans, & par tout où „ il se trouva, il fit fort parler de luy. La premiere charge qu'il eut „ jamais, il fut Guidon de la compagnie de cent hommes d'armes de „ M. le Grand Escuyer Galliot, l'un des bons Capitaines de France, & „ luy mort, M. d'Orleans eut sa Compagnie ; de laquelle fut quelque „ temps Lieutenant ce grand M. le Comte de Sancerre, & M. de „ Tavannes Enseigne ; mais mondit S. le Comte ne le fut long-temps, „ car le Roy luy donna une Compagnie en chef, lors qu'il sortit de „ saint Dizier : & M. de Tavannes fut Lieutenant, mais fort peu ; „ car M. d'Orleans mourut aussi-tost aprés, & M. de Tavannes en „ eut la moitié, comme de raison. Et ce fut en la Guerre de Boulogne, „ où il fut un peu taxé ; ce disoit sa femme, d'estre cause de la mort „ de M. de Dampierre son compagnon & parent ; pour ce qu'il ne „ s'estoit rendu à point au rendez-vous donné pour une entreprise & „ embusche, qu'ils avoient dressée sur le Milord Gray d'Ardres, là où

„le S. de Dampierre ne faillit. Le S. des Cars de mesme en fut blas-
„mé, mais eux dirent que le S. de Dampierre s'estoit trop tost avancé,
„& qu'il y estoit allé en jeune & peu pratique Capitaine, & eux ils
„estoient avant luy & plus experimentez, & qu'ils sçavoient mieux
„que luy ce qu'il falloit faire.

„Monsieur d'Orleans mort M. de Tavannes y perdit beaucoup,
„car il estoit fort son Favory & tout son cœur, & le caressoit fort.
„La Paix se fit avec l'Empereur & la Guerre de Boulogne ne dura
„guere. M. de Tavannes fut envoyé avec sa Campagnie en garnison
„vers Bourgogne, où M. d'Aumale venant à estre M. de Guise &
„Gouverneur de Bourgogne par la mort de M. son pere, fit là M.
„de Tavannes son Lieutenant en son Gouvernement, qu'il gouver-
„na trés-sagement. Plusieurs années s'écoulerent que la bataille de
„Renty se donna, où il se trouva bien à point avec sa Compagnie
„de Gens-darmes qui fut trouvée trés-belle, bien complette, bien
„armée, & les chevaux tous bardez d'acier, rétenant encore de la
„mode ancienne qu'il avoit vû sous M. le Grand Escuyer quand il
„en estoit Guidon. M. de Guise voulut avoir ce bon Capitaine prés
„de luy à une si bonne affaire, & luy fit faire la premiere charge sur les
„Pistolliers de l'Empereur & donna si à propos les prenant par flanc,
„j'en parle ailleurs, qu'estant secondé, & de prés, de M. de Gui-
„se, ils furent aussi-tost rompus, & par ce moyen l'Avantgarde de
„l'Empereur moitié défaite, moitié mise en route; dont s'en ensui-
„vit le total gain de la bataille: aprés laquelle M. de Guise, qui
„ne déroba jamais l'honneur d'un vaillant homme, presenta M. Ta-
„vannes au Roy, luy raconta ses vaillantises, & le service signalé
„qu'il luy avoit fait, outre que le Roy l'avoit trés-bien vû de ses pro-
„pres yeux. Parquoy en plein champ de bataille gagnée, le Roy
„osta son Ordre du col & le luy donna, & le fit ainsi Chevalier de
„son Ordre: marque certes trés-honorablement acquise à luy avec une
„forme & façon peu vûë, & bien differente à celle, que j'ay vû de-
„puis parmy aucuns de nos Chevaliers acquerir par prieres, par pour-
„chas, par importunitez d'hommes & des Dames. [il fait sur ce sujet
„une grande digression, que j'ay employée plus à propos au traité de
„l'avilissement de l'Ordre de saint Michel page 357. &c. du premier
„Volume.]

„Quand il eut l'Ordre de la façon, comme j'ay dit, la Rénommée
„en fut grande par la France, & luy en fut trés-honoré & continua
„toûjours à trés-bien faire, & gouverner trés-bien & sagement son
„Gouvernement de Bourgogne sous M. de Guise durant les Guer-
„res estrangeres & civiles. Et les secondes venuës, il fut icy dé-
„pesché avec M. d'Aumale, & M. de Guise, qui estoit encore fort
„jouvenet, pour empescher M. le Prince de joindre les Reistres à
„Mouzon & de rébrousser aprés vers la France, mais ils ne pu-
„rent, & pour ce rétournerent trouver Monsieur à Troyes en
„Champagne. Peu d'exploits se firent beaux, sinon le siege de Chartres

„ où la Paix ſe fit , qui ne dura gueres comme j'ay dit ; ſur laquelle
„ on voulut prendre ſujet de prendre M. le Prince en ſa Maiſon de
„ Noyers : & diſoit-on lors que c'eſtoit M. de Tavannes qui en avoit
„ eſté l'inventeur ; mais pourtant , pour un habile Capitaine il ne
„ fut là ſecret : car lettres furent interceptées qu'il eſcrivoit , & man-
„ doit je tiens la beſte dans les toiles, haſtez-vous & envoyez les gens
„ qui ſont eſté arreſtez , qui eſtoient le Regiment de Goas & autres.
„ Ce qui fut cauſe que M. le Prince & Admiral délogerent ſans
„ Trompette & vinrent en Guyenne , là où Monſieur fut dépeſché,
„ & ledit M. de Tavannes donné à luy par la Reine mere pour chef
„ de ſon conſeil , laquelle l'aimoit & le tenoit pour le plus grand
„ Capitaine de France , & fort ennemy du Prince : lequel aprés ſa
„ partance de Noyers , M. de Tavannes y vint , prit la maiſon &
„ de trés-beaux & riches meubles de leans , tant de luy que de la
„ Princeſſe ſa femme; entr'autres de trés-belles & riches robes, dont
„ encore d'icelles en furent deux réconnuës aux nôces du Roy Char-
„ les, ſur une Dame, que je ne nommeray point. C'eſtoit ſa femme,
„ pour dire le vray; qu'on trouva choſe peu belle ou de guere bon-
„ ne grace, de ſe charger ainſi de telles dépoüilles en telle aſſem-
„ blée, & s'en moqua-t'on fort.

„ M. de Tavannes donc , comme chef du conſeil , gouvernoit
„ toute l'armée , & rien ne ſe faiſoit ſans ſon avis & qu'on ne luy
„ en conferaſt toûjours , fuſſe de la moindre choſe qui fuſt ; bien
„ qu'il fuſt fort ſourd , mais certainement une trés-bonne cervelle.
„ Le feu Comte de Briſſac [*Timoleon de Coſſé*] qui eſtoit bizarre
„ & haut à la main , & opiniaſtre en ſes conceptions & opinions ,
„ ne s'accorda jamais bien avec luy, ny luy non plus avec ledit Com-
„ te, auquel il répugnoit du tout en tout ; ſi bien qu'un jour j'ouïs
„ ledit Comte dire , à quelques-uns de ſes amis, ainſi que nous luy
„ eſtions , & proferer en dédain , ainſi que de nature il eſtoit fort
„ dédaigneux quand il vouloit , Hé! ventre.... faut-il que cet hom-
„ me pour n'avoir jamais demeuré que la plûpart du temps en ſon
„ Gouvernement depuis qu'il l'eut, que pour une ſeule petite charge
„ qu'il fit à Renty & y avoir reçû l'Ordre , il ſoit pour cela eſtimé
„ ſi grand Capitaine, qu'il faille qu'il ſoit crû icy tout ſeul en un
„ conſeil par-deſſus tant qu'ils ſont & qui ont tant de fois combattu
„ les ennemis plus que luy. Et ſi le Comte tenoit ces propos, ne faut
„ douter que M. de Tavannes n'en dit autant de luy , & ne dit à
„ Monſieur qu'il ne le falloit croire de tout ce qu'il diſoit, car c'eſtoit
„ un petit préſomptueux, qui penſoit eſtre plus grand Capitaine que
„ feu ſon pere, que c'eſtoit un petit mutin, un petit bizarre, un pe-
„ tit ambitieux, que s'il pouvoit renverſer la France , le Roy , &
„ luy, & tout pour s'aggrandir, il le feroit. Bref, ils s'en diſoient
„ prou & l'un & l'autre, mais pourtant, on ne ſçauroit nier que M.
„ de Tavannes ne conduiſit trés-bien les actions de Monſieur ſon diſ-
„ ciple en tout ſon voyage, & ne luy fiſt gagner deux batailles, de

Tome II.   V v v 2

„Jarnac & de Montcontour, fans force autres exploits , & qu'il ne
„luy fift là acquerir grande gloire & honneur , que par toute la
„Chreftienté , voir, ailleurs on n'oyoit parler que de luy , & qu'il
„n'ait efté craint , honoré , aimé , refpecté , recherché , & bien
„fort admiré. Ceux qui ont vû toutes ces chofes, le fçavent bien di-
„re auffi-bien comme moy , & de mefme loüer fort M. de Tavan-
„nes ; & le tenions lors , comme je le fçay de bon lieu, qu'aprés
„la bataille de Montcontour, bien qu'elle fuft fort fanglante du cofté
„des Huguenots , il vit & réconnut par leur beau combat & leur
„belle retraite, qu'il eftoit trés-malaifé de les défaire par armes, &
„qu'il y falloit venir par la voye du Renard ; & pour ce confeilla
„auffi-toft à Monfieur de faire la Paix , en mandant de mefme au
„Roy & à la Reine , & au demeurant que Monfieur avoit acquis fi
„grande gloire jufqu'alors, qu'il ne falloit plus tenir la fortune dou-
„teufe de la Guerre , & qu'il ne falloit qu'une heure malheureufe
„qu'elle tournaft fa robe & ne luy fit un mauvais tour, ainfi qu'il
„en avoit vû de belles experiences avenuës à de grands Capitaines:
„& par ce , qu'il fe contentaft d'une fi belle réputation & qu'il ne
„hafardaft plus , & qu'il donnaft un peu de relafche à la Fortune ,
„& loifir de fe remettre & de réprendre haleine en un mefme
„eftre.

„ Voilà pourquoy la Paix fe fit , & au bout de quelque temps la
„S. Barthelemy s'inventa, de laquelle M. de Tavannes avec le Com-
„te de Retz furent les principaux auteurs. J'ay ouï dire que pour la bien
„faire chaumer , la fallut communiquer avec les Prévoft des Mar-
„chands & principaux de Paris, qu'il fallut envoyer querir le foir
„avant ; lefquels firent de grandes difficultez & y apporterent de la
„confcience : mais M. de Tavannes devant les Roy le rabroüa fi fort,
„les injuria & menaça,que s'ils ne s'y employoient, le Roy les feroit tous
„pendre , & le dit au Roy de les en menacer. Les pauvres diables
„ne pouvans faire autre chofe, répondirent alors , Hé ! le prenez-
„vous-là Sire , & vous Monfieur ? nous vous jurons que vous en
„oirez nouvelles ; car nous y menerons fi bien les mains à tort &
„à travers , qu'il en fera memoire à jamais de la Fefte de faint Bar-
„thelemy trés-bien chaumée. A quoy ils ne faillirent, je vous affeu-
„re , mais ils ne le vouloient du commencement. Voilà comment
„une réfolution prife par force a plus de violence qu'une autre , &
„comme il ne fait pas bon d'acharner un Peuple, car il y eft affez preft,
„plus qu'on ne veut. M. de Tavannes , comme on dit , ce jour-là
„il fe montra fort cruel , & fe promenant tout le jour par la ville
„& voyant tant de fang répandu , il difoit & s'écrioit au Peuple ,
„faignez , faignez , les Medecins difent que la faignée eft auffi bon-
„ne en tout ce mois d'Aouft comme en May : & de tous ces pau-
„vres gens il ne s'en fauva jamais que le S. de la Neuville honnefte
„& vaillant Gentil-homme, que j'avois vû d'autrefois fuivre M. d'An-
„delot, & depuis au fervice de Monfieur, qu'il fervoit bien & de la

„Plume & de l'Espée , car il avoit le tout bon. Ce Gentil-homme
„donc estant entre les mains de ce Peuple enragé , & ayant reçû
„six ou sept coups d'espée dans le corps & dans la teste, ainsi qu'on
„le vouloit achever, vint à passer M. de Tavannes; auquel il cou-
„rut aussi-tost , & se prit à ses jambes disant, ah ! Monsieur ayez
„pitié de moy, & comme grand Capitaine que vous estes en tout,
„soyez-moy aussi misericordieux. M. de Tavannes, fust ou qu'il eut
„compassion , ou que ce ne fust esté son honneur de luy tuër ainsi
„ce pauvre Gentil-homme entre ses jambes , le sauva & le fit pan-
„ser.

„ Aprés cette Feste passée, qui dura plus que de l'Octave, le Roy
„estant un jour à table , M. de Tavannes l'y vint trouver, & luy
„dit, M. le Mareschal, nous ne sommes pas encore à bout de tous
„les Huguenots, bien que nous en ayons fort éclaircy la race, il
„faut aller à la Rochelle & en Guyenne. Sire, dit-il, ne vous en
„mettez en peine, je vous les acheveray bien-tost avec l'armée que
„vous avez proposé de me donner : j'en connois il y a long-temps
„la gent & le Pays, pour l'avoir rodé l'espace de six ans, quand j'estois
„en garnison parmy toutes ces Villes , Guidon de M. le Grand Es-
„cuyer Galliot, outre que de frais je l'ay encore réconnu en tous ses
„voyages, que Monsieur vostre frere y a faits. Pour quant à la Rochelle,
„il y a long-temps que je ne l'ay veüe, mais je l'ay prise selon que j'en puis
„comprendre, en un mois : de-là, en passant le Pays, je le nettoye-
„ray de tant de Huguenots que j'y trouveray , jusques à Montau-
„ban ; qu'on m'a dit qu'il est bon & fort, lequel n'estoit pas tel
„de mon temps : toutefois j'en connois l'assiette & pense l'empor-
„ter comme la Rochelle, & de-là je tireray vers Nismes, où j'en fe-
„ray autant, & à Sommieres, & leur feray à tous songer à leurs
„consciences, & de se rendre par bonne Guerre ou mercy, ou de
„mourir tous : pour fin laissez-moy faire, je vous réponds de toutes
„ces Places. Il y eut quelqu'un là present qui l'en ouit parler ainsi,
„& dit à un autre, voilà le discours du Roy Picrocolle de Rabelais
„ou de la femme du pot au lait , qui le portoit vendre au marché
„& en faisoit de beaux petits songes & projets, mais sur ce il cassa :
„ainsi qu'il luy arriva, car estant party d'avec le Roy & marchant
„en bonne résolution & affection de le bien servir, il n'alla guere
„avant ; car il tomba malade à Chastres-sous-Mont-l'hery, & là il
„mourut.

„ Il y a un trés-grand Prince de par le monde aujourd'huy, qui
„me dit au siege de la Rochelle, & le tenir du feu Roy Henry III.
„qu'il mourut comme enragé & désesperé ; ce que je ne croy, car
„ce Prince estoit de la Religion & ne vouloit trop grand bien à M.
„de Tavannes. Il peut estre aussi qu'ouï, car Dieu envoye telles af-
„flictions aux Sanguinaires. Tant y a que lors qu'il mourut, il mou-
„rut un trés-grand Capitaine ; & s'il eut fait le siege de la Rochel-
„le, possible seroit-elle en la disposition du Roy & trés-bien prise ;

possible que non, mais l'on s'y fut comporté d'autre façon que l'on ne fit, parce qu'il s'entendoit bien en cela & commandoit fort imperieusement. M. l'Admiral & luy avoient esté contemporains & un peu compagnons de Cour, mais M. de Tavannes estoit plus vieux que luy, & avoient esté fort fols & enjoüez de leur temps à la Cour, & rudes ; mais M. de Tavannes le surpassoit jusques à monter sur les maisons & à sauter d'une ruë à l'autre sur les Tuilles. On disoit sur leur fin que cestoient deux grands Capitaines de ce temps, qui portoient le nom de Gaspard chacun ; sçavoir l'un Gaspard de Colligny qui estoit M. l'Admiral, l'autre Gaspard de Saulx, qui estoit M. de Tavannes : mais M. l'Admiral le surpassoit fort, comme il a paru par les grandes & grosses pierres qu'il a rémuës, ce que n'eut sçû faire si aisément l'autre. Voilà ce qu'on disoit lors.

La difference est si grande entre deux Generaux comme ces deux-à, l'un servant son Roy avec une autorité absoluë, l'autre défendant un party révolté, où il n'avoit de credit que par son merite & par son estime, outre qu'il estoit obligé de se servir de toutes sortes de gens ramassez, où ce Mareschal au contraire avoit l'élite des troupes avec tous les moyens de subsistance ; qu'il est mal-aisé qu'on ne juge en faveur de l'Admiral : & c'est la mesme raison qui nous oblige d'avoüer que le défunt Duc de Rohan estoit le plus grand Capitaine de tous ceux qu'on employa contre luy. Le Mareschal de Tavannes estoit dans la derniere intelligence avec la Reine Mere, le Duc d'Anjou & toute la maison de Guise, il avoit beaucoup d'esprit & de courage, & quand ses conseils n'auroient pas esté les meilleurs, selon leur inclination de pousser toutes choses à bout ; il s'estoit acquis une liberté de porter les advis d'une vigueur, qui le rendoit la plus forte voix du Cabinet : & principalement encore par l'asseurance qu'on avoit, que les Huguenots n'avoient point de si mortel ennemy. S'il y avoit du zele, il y avoit bien autant d'humeur de la part d'un homme d'un naturel boüillant, & qui estoit tout entier à ses passions. Il n'en faut point d'autre témoignage que celuy de Guillaume de Saulx Vicomte de Tavannes son fils dans son Histoire, où il le représente fort impetueux dans sa jeunesse.

C'est de luy que nous apprenons qu'il avoit esté donné Page au Roy François I. qu'il fut pris auprés de luy à la journée de Pavie, & qu'ayant gagné une espée pour marque qu'il avoit bien combattu, il donna encore une preuve de son adresse, quand il se sauva de sa prison pour rétourner chez son pere, qui ne luy donna que le loisir de luy conter des nouvelles de sa prise & de sa prison. Il l'envoya aussi-tost à l'armée sous Jacques Galliot grand Escuyer de France, qui l'aima de s'estre soûmis à la fonction de simple Archer dans sa Compagnie, de la qualité dont il estoit, & avec les talens d'esprit & de courage dont il estoit doüé. Il le fit ensuite Guidon de ses Gensdarmes, où s'estant signalé, le Duc d'Orleans second fils du Roy le prit à son service, & se trouva tellement de son humeur, qu'il fut celuy de sa maison qu'il aima davantage. Il le rendit le principal compagnon des folies perilleuses de sa jeunesse, car on ne sçauroit autrement appeller leurs courses de nuit, & les combats, où ils s'exposoient contre des gens, qui ne les épargnoient point pour ne les pas connoistre, & qui bien souvent estoient des plus braves de la Cour, & de la maison mesme de ce jeune Prince. Les Dames ne s'en sauvoient pas non plus, & j'en donneray pour témoin la Duchesse d'Uzés, à laquelle ils firent present du corps d'un pendu, qu'elle trouva couché auprés d'elle. C'estoit à qui entreprendroit les choses les plus temeraires, & c'est ce qui leur faisoit chercher des avantures, telles que fut celle-cy de Tavannes, qui fit soixante lieües en poste pour se rencontrer en une Hostellerie de Bourgogne avec dix hommes inconnus : lesquels voulans prendre le haut bout à table, il mit l'espée à la main, les surprit, & se rendit maistre de leurs armes, & les fit disner avec leurs gands ; mais ayans trouvé moyen par aprés de régagner leurs espées, il y eut un grand chamaillis & de bons coups ruëz de part & d'autre, dont il eut le bonheur de sortir avec quelques blessures. Son Histoire rémarque encore, qu'estant à Fontainebleau il sauta à cheval d'une Roche à une autre, qui en estoit éloignée de vint-huit pieds : enfin rien n'estoit impossible ny à son courage ny à l'ambition qu'il avoit de passer pour le plus déterminé de son temps, & de prendre la Fortune à force ; car c'estoit toûjours sa passion de se faire Grand, & il en avoit jetté de puissans fondemens sur les bonnes graces de son Maistre, qu'il entretenoit dans de grands desseins, & qui pensoit à se rendre Souverain du vivant du Dauphin son frere aisné. Aussi l'Empereur Charles V. le flattoit-t'il fort dans son honneur, par des esperances qui luy avoient bien élevé le courage ; c'est pourquoy estant à l'extrémité à Farenmonstier, où il avoit esté temerairement défier la mort dans une maison pestiferée, qu'il choisit exprés, Tavannes son confident luy estant venu apporter la nouvelle de l'exploit qu'il avoit fait sur la garnison de Calais, dont il avoit tué huit cens hommes & fait quatre cens prisonniers, il luy dit ces mesmes mots, mon amy je suis mort, tous nos desseins sont rompus, mon regret est de ne pouvoir récompenser vos merites.

Il n'avoit pas craint de se commettre contre le Duc de Guise, qui avoit bien voulu accepter le soin de veiller à la conduite de ce jeune Prince au voyage de Luxembourg. Il le souleva contre ses conseils, quoy que plus prudens que les siens, & ensuite s'estant pris de parole avec luy, le Duc s'offrit de se battre contre luy sans consequence de la qualité, & Tavannes l'accepta ; mais le Duc d'Orleans les réconcilia si bien au siege d'Yvoy, que le Duc de Guise y gagna une créature par la generosité qu'il eut de loüer son courage & de luy offrir son amitié, qui l'en estima davantage, & servit beaucoup à la continuation de la fortune de Tavannes aprés la mort de son jeune Maistre. Cela est assez à loüer d'un jeune homme comme il estoit, que sans aucun secours de son pere, & par la seule consideration de ses bonnes qualitez, il se fut poussé à la Cour i avant, qu'il fut de tout ce qui s'y entreprenoit de Tournois & de Courses de Bague, qu'il fournit à toutes les dépenses, & qu'il fut encore en estat de faire avec éclat celle de Capitaine de cinquante hommes d'armes. Peut-estre qu'à cela servit beaucoup la dureté necessaire de son pere, lequel n'ayant pas des biens pour entretenir le trol d'un fils puisné, qui auroit tout devoré avec ses grandes esperances, luy fit connoistre qu'il falloit s'adresser ailleurs, & conserva son autorité avec luy dans une occasion, qui merite bien d'estre icy rapportée, comme un des moyens, qui purent autant servir à la grandeur de ce Mareschal ; car s'il l'eut autrement traité, & s'il eut eu pour luy cette vaine indulgence des personnes de condition, qui envoyent leurs enfans à la Guerre avec des équipages de Generaux, & qui fournissent à tous leurs besoins, il auroit travaillé avec moins de chaleur & d'industrie, n'ayant pas la mesme necessité de se pousser. L'estant allé voir en sa maison avec un équipage d'ostentation, composé de vingt pieces de chevaux d'Espagne & d'Italie & de quantité de Valets mal-appris, qui croyoient estre logez chez le bon homme, ses Palefreniers sans autre ceremonie tirerent d'abord les chevaux du pere hors de l'Escurie pour y mettre les siens ; mais le vieillard pour s'en venger en conservant son autorité, coupa les licols & les mit dehors : & d'ailleurs il se tint si serré avec son fils, que l'ayant prié de l'assister d'argent pour son entretien, il luy dit qu'il n'en avoit que fort peu dans le cabinet de sa maison de Dijon, par où il avoit à passer & luy en donna la clef, à condition de n'en prendre qu'une partie. Il s'en alla donc également satisfait de la bonté de son pere & de la confiance qu'il avoit en luy ; mais n'y ayant trouvé que cent sols en liards, il les jetta par la fenestre, & tout dépité qu'il estoit, s'en alla suivre son Maistre à la conqueste de Luxembourg.

Aprés la mort du Duc d'Orleans, le Roy le retint à luy, & Henry second son fils qui luy succeda, continua de s'en servir en qualité de Capitaine de cent hommes d'armes, jusques au voyage d'Allemagne, où il fut fait Mareschal de Camp, & depuis Lieutenant general au Gouvernement de Bourgogne ; sans pourtant quitter l'armée ou la Cour, tant en Guerre qu'en Paix, si ce mot de Paix se peut souffrir dans une milice continuelle, telle qu'est la vie des Courtisans. Elle ne luy déplaisoit pas, pour avoir un esprit d'intrigue, qui vouloit estre de tout ; jusques à s'offrir à la Reine Catherine, comme témoigne son fils en ces Memoires, de couper le nez à la Duchesse de Valentinois Maistresse du Roy son mary : proposition fort hardie & désesperée, & qui épouvanta la Reine, laquelle luy rémontrant que ce seroit si perte, il luy répondit qu'elle luy seroit agréable pour esteindre le vice, le malheur du Roy & celuy de la France. Cela le mit fort bien dans son esprit, mais comme aprés la mort du Roy, le Duc de Guise, auquel il s'estoit attaché, gouvernoit tout avec le Cardinal son frere, il demeura dans leur party, & passa ainsi à celuy du Triumvirat au commencement du Regne de Charles IX. qui causa des défiances

ce

ces mutuelles. Et en ce temps-là la Reine, qui estoit suspecte de favoriser les Huguenots, envoyant un joüeur de Luth chargé de plusieurs lettres à la Duchesse de Savoye, qu'on sçavoit estre aussi de la
nouvelle opinion, il le fit arrester à Châlons, dont il estoit Gouverneur par un Gentil-homme des siens, qui luy fit prendre sa Valise
en le luy amenant, & luy dit qu'il falloit venir & Malle & tout:
parole qui tomba sur le S. de Tavannes, & qui le mit d'autant plus
mal avec la Reine, qu'elle crût qu'il tireroit avantage de ses secrets.
Aussi tint-il toûjours pour certain que cela retarda de dix ans sa Promotion à l'Office de Mareschal de France, qu'il luy fallut meriter par
de nouveaux services, & qu'il emporta enfin extraordinairement,
par lettres données à Mezieres le 28. de Novembre 1570. au retour
de ses grands exploits avec le Duc d'Anjou, qui obligerent le Roy
à ériger cette Charge en sa faveur, parce que les quatre places estoient
remplies, & qui le rendirent plus puissant que jamais auprés de Catherine de Medicis.

Le sieur de Tavannes son fils l'excuse avec beaucoup de vray-sem-
blance de l'entreprise de Noyers pour y surprendre le Prince de Condé contre la foy du Traité de Chartres, laquelle le S. de Brantosme
donne toute entiere à ses conseils; ce que je rémarque icy d'autant
plus necessairement, que sa Memoire patiroit à jamais de certe tache d'infidélité, quelqu'ordre qu'il en eut de la Cour. Nous apprenons de luy que l'Auteur du conseil fut le Cardinal de Birague, Politique aussi dangereux qu'il estoit rusé, duquel le Secretaire nommé
Gonthery fut envoyé en Bourgogne proposer l'affaire au S. de Tavannes & luy porter le commandement d'investir le Prince, mais
qu'il s'y opposa, qu'il dit que la Reine agissoit en cela avec plus de
passion que de raison, & qu'enfin voulant découvrir adroitement l'intrigue au Prince, & luy donner moyen de se sauver, il fit exprés
passer ses Couriers auprés de Noyers avec des lettres qui portoient,
le cerf est aux toiles, la chasse est préparée. Si cela est ainsi, il sera
plûtost à loüer qu'à blasmer, comme a fait le S. de Brantosme, d'a-
voir fait si bonne mine que de piller la maison, & autrement ce seroit une action aussi indigne de sa condition qu'injurieuse à celle d'un
Prince du Sang, qu'on poursuivoit sans raison, lors qu'il executoit
fidélement la Paix qu'on avoit jurée avec luy. Il dit encore qu'il eut
horreur d'un autre ordre, qu'il reçût encore de la Reine aprés la Paix
d'Orleans, de charger les Reistres, qui s'en rétournoient par la Bourgogne avec sauf-conduit du Roy. Ces actions avec la complicité de
la Saint Barthelemy seroient tout le réproche qu'on pouroit faire à
la memoire de ce grand homme, encore son fils luy donne-t'il le
bonheur d'avoir sauvé par ses conseils de cette cruelle & sanglante
Proscription, les personnes du Roy de Navarre, du Prince de Condé fils du précedent, & des Mareschaux de Montmorency & de Damville, qu'on y vouloit comprendre. Et en cela il auroit fait un grand
service à la Patrie, d'empescher qu'on ne répandit si indignement le

Sang Royal, qui a efté la reftauration de l'Eftat, & qui auroit imprimé une honte ineffaçable au front d'une Nation, dont il eft l'ame & la vie, & qui feroit aujourd'huy fous un joug eftranger; fi la Providence de Dieu n'avoit miraculeufement arrefté la violence d'un Gouvernement fi tyrannique; pour faire connoiftre par l'exaltation fur le Trône du grand Roy Henry IV. qu'il n'appartient pas à de petits Miniftres de s'arroger l'autorité de difpofer de la Fortune & de la vie de ceux qui font la deftinée des Eftats. En effet où en ferions-nous maintenant, le Roy & fes deux Freres, dont les interefts eftoient mortels, au lieu que ceux de la Patrie font d'éternelle durée, eftans morts en moins de vingt ans aprés fans laiffer d'enfans, fi la Maifon de Bourbon, renduë odieufe aux Rois & pourfuivie avec toute la rigueur des Loix & des armes du Royaume, n'avoit efté confervée? non feulement pour fon falut, mais encore pour faire connoiftre à la Pofterité un fi grand exemple, que le terme de noftre Monarchie dépend de celuy de cette maifon, la derniere de tant de branches toutes efteintes, qui pouvoient il n'y a que deux cens ans fournir plus de cinquante Princes tous vivans & floriffans, dont il ne refte que de la cendre.

Quoy qu'il en foit, il feroit à defirer que le Marefchal de Tavannes eut eu moins de part à cet horrible maffacre, luy qui eftoit fi brave & fi genereux, & qui avoit la premiere eftime des armes dans le party Royal: & il faut croire qu'il ne trempa dans ce confeil que de cette partie de luy-mefme par laquelle il tenoit à la Cour; c'eftà-dire, cette émulation d'eftre tout, & cette complaifance qu'il avoit pour la Reine, pour le Roy, & pour le Duc d'Anjou depuis Roy de Pologne fon frere, avec l'ancienne attache à la maifon de Guife. On y peut encore joindre l'inimitié declarée entre luy & la maifon de Colligny, fur laquelle je feray deux rémarques; l'une qu'eftant l'homme de main de la Cour, & l'Admiral ayant en avis qu'il y avoit entreprife contre luy, il le mal-traita un peu de paroles en prefence d'un Gentil-homme, lequel s'eftant eftonné de la violence que le Marefchal avoit faite à fon inclination brufque & mutine, mefme dans une occafion fi publique & à la face de la Cour, il luy échappa de dire qu'il en vouloit avoir une vengeance encore plus publique & dans peu de jours. L'autre eft que le S. d'Andelot luy ayant mandé par le S. de faint Bonnet, qu'il avoit efté averty d'un deffein fait pour le tuër, il luy répondit affez inofficieufement, je rémercie voftre Maiftre, lors que les Huguenots avertiffent de telle chofe, c'eft figne qu'ils veulent faire le femblable: j'ay trop d'honneur pour devenir Poltrot, & quand la Guerre fera ouverte, je ne l'épargneray point.

Il avoit toutes les qualitez d'un grand Capitaine, toutes celles d'un bon Courtifan, & fe piquoit d'un fens commun excellent, aidé d'une conception forte, & d'une expreffion belle & fuccinte, qu'il ne tenoit que d'un beau naturel, & qui eftoient au-deffus de tout ce que les autres avoient acquis dans les eftudes. Mais auffi faut-il avoüer que

l'avantage d'avoir fait beaucoup de grandes actions, donne auſſi beaucoup d'autorité, pour peu qu'un homme s'en veuille prévaloir, &
principalement à la Cour ; où tant de gens viennent avec rien, qu'il
ne ſe faut pas eſtonner, s'ils laiſſent paſſer les chargez d'honneur, &
s'ils applaudiſſent à ce qu'ils diſent, premierement par reſpect, &
enfin par couſtume. Le Mareſchal de Tavannes ſe mit d'abord en
poſſeſſion de ce bonheur, & il s'y maintint de ſorte qu'on trouva
tout bon de luy juſqu'à la Satyre : & le Duc d'Alençon meſme luy
en laiſſa paſſer une, qui eſt au-de-là de la raillerie, quand à propos
des propoſitions de ſon mariage avec la Reine d'Angleterre, & du
Comte de Leiceſtre, qui eſtoit ſon Ambaſſadeur en France pour en
traiter, lequel on ſoupçonnoit de trop de part aux bonnes graces de
ſa Maiſtreſſe, il luy échappa de dire à ce Prince, Milord Robert
vous veut faire épouſer ſon amie, faites-luy épouſer Chaſteauneuf, qui
eſt la voſtre, vous luy rendrez le Pennache qu'il vous veut donner.

Je pourrois donner d'autres témoignages de la vivacité & de la bonté de ſon eſprit, ſi ſon Hiſtoire ne nous le répreſentoit aſſez tel qu'il
eſtoit, ſans que je ſois obligé de faire ſon Chapitre plus long ; où
je me ſuis abſtenu de donner auſſi le détail de tous ſes beaux exploits,
tant particuliers, en ſon Gouvernement qu'il nettoya de l'Hereſie,
que dans toutes les Guerres de ſon temps, où il ne luy manqua que
la dignité de General pour en meriter les premiers honneurs. Mais
comme il ſe diſpoſoit à pourſuivre les choſes avec le meſme ſuccés
qu'il leur avoit donné ſous les premiers commencemens de la Lieutenance Generale du Duc d'Anjou, la mort le ſurprit ; & parce que
ce fut dans l'Année meſme de la ſaint Barthelemy, les Huguenots
dirent, & d'autres Perſonnes encore furent du meſme ſentiment, qui
ayans blaſmé ce Maſſacre, approuvoient auſſi péu qu'on continuaſt à
opprimer par l'infraction d'une Paix ſolemnelle le droit des Gens, déſ-
ja violé avec la parole du Roy & la Foy publique, que Dieu avoit
commencé en ſa Perſonne à chaſtier les principaux Auteurs & les plus
ardens executeurs de cette ſanglante journée, preſque tous peris de
mort violente, & dont un grand nombre fut tué au ſiege de la Rochelle. Ce ſont des ſecrets de la Providence, qu'il n'eſt pas permis de
ſonder trop avant, ſi ce n'eſt pour admirer ſa juſtice contre les prétextes qu'on emprunte des intereſts de la Religion, & pour demeurer
convaincu de la neceſſité de garder la Foy, comme le lien de la ſocie-
té civile, aux Heretiques & aux Infidéles. Dieu ne nous en promettant la ruïne que par des Anges, qu'il doit envoyer pour arracher la
zizanie d'avec le bon grain, c'eſt-à-dire tout du moins qu'il ne veut
choiſir que des Princes innocens & de bonne vie ; & qu'il ne ſe veut
point ſervir de mains politiques, comme eſtoient celles des Conſeillers
de toutes les Couronnes Catholiques de ce temps-là, qui ne net-
toyoient leurs champs, que pour en jetter l'yvraye dans ceux de leurs
voiſins, & qui ne pourſuivoient l'Hereſie, que comme une faction contraire à l'autorité.

Gaspard de Saulx Vicomte de Tavannes, avoit joint à sa qualité de Mareschal de France celle de Gouverneur & d'Admiral de Provence, & laissa quatre enfans de Françoise de la Baume sa femme, Guillaume Vicomte de Tavannes, Comte de Buzançois, Chevalier des Ordres du Roy, & Bailly de Dijon, & Jean Vicomte de Ligny, qui ont continué sa posterité, Jeanne de Saulx femme de René de Rochechoüart Baron de Mortemar, & Claude de Saulx morte sans enfans de Jean-Loüis Marquis de la Chambre. Cette Françoise de la Baume avoit encore cet avantage avec celuy d'une haute & illustre action, d'estre petite niéce de François Cardinal de Tournon, comme fille de Jean de la Baume Comte de Montrevel, & d'Helene fille de Just S. de Tournon neveu de ce Cardinal, qui procura le mariage du S. de Tavannes & le favorisa de tout le credit qu'il avoit à la Cour, pour rendre plus capable de l'aider à le maintenir contre ses envieux. C'est ce qu'il fit aussi, & si ouvertement, que ce fut le sujet de sa seconde Devise, qui estoit un homme qui faisoit teste à des vents furieux & qui les frappoit de son Coutelas avec ce mot *malgré vous*. La premiere, qu'il prit à l'entreprise de Luxembourg, estoit un Persée abandonné sans bride sur le Pegase, volant en l'air & pour ame *quo fata trahunt* : & toutes deux convenoient parfaitement à l'humeur & aux inclinations de ce genereux Chevalier ; duquel il ne me reste plus rien à dire, sinon qu'il devint aisné & heritier de tous les biens de sa maison par la mort de Guillaume de Saulx Seigneur de Ville-françon l'an 1566. sans enfans de Claude de Cusance. Ce Seigneur de Ville-françon fils aisné de Jean de Saulx S. d'Orrain & de Jeanne heritiere de Tavannes, estoit un Gentil-homme fort sçavant & fort sage, qui bastit la Citadelle de Châlons, où il commandoit pour son frere, & qui faisoit encore en son absence la charge de Lieutenant general au Gouvernement de Bourgogne.

DU MARESCHAL DE COSSE' ET DE L'AFFAIRE
de Nostre-Dame de l'Espine.

ARTUS de Cossé S. de Gonnor, Comte de Secondigny, Mareschal de France, frere du Mareschal de Brissac, duquel nous avons parlé, n'eut pas moins de part que le Mareschal de Tavannes au bon succés des premieres armes du Duc d'Anjou, depuis Roy de Pologne & de France ; sinon qu'on luy réproche d'avoir par sa faute ou par malice manqué l'occasion de combattre le Duc Jean Casimir & les Reistres à Nostre-Dame de l'Espine. Or comme le S. de Castelnau traite de cette affaire en ce Chapitre, je ne sçaurois trouver de lieu plus propre pour rapporter son Eloge, que dans une occasion, où il importe de le justifier, & où il paroisse tel qu'il a esté ; pour effacer une tache, qui luy feroit d'autant plus de tort, qu'il n'est parlé de luy dans cette Histoire qu'en ce seul endroit & qu'on pourroit faire un mauvais jugement d'un homme, qui s'est signalé dans tous ſes emplois , qui eſtoit tenu pour un des premiers Capitaines de ſon temps , & pour tout dire, digne de ſouſtenir aprés ſon frere l'éclat & le bruit du nom de Briſſac, en ſon temps l'un des premiers de l'Europe en la réputation des armes. Le ſieur de Brantoſme traite cette affaire à fonds dans le Diſcours qu'il a fait de luy, & que je mettray icy tout entier, pour ſervir d'éclairciſſement à ce point important de noſtre Hiſtoire.

» En la beauté & bonne grace dudit S. Mareſchal [*de Briſſac*] ne » reſſembla pas le Mareſchal de Coſſé troiſiéme frere, car il eſtoit » fort petit, comme ſon pere, qu'on appelloit auſſi le petit Coſſé. Voyez » nos Hiſtoires & celles de Naples, d'un Coſſé Favory fort du Roy » René, dont ſont ſortis ceux-cy, dit-on. Auſſi du temps du Roy » François on l'appelloit le petit Coſſé. Il ne laiſſa pas pour ſa peti- » teſſe à eſtre un bon, ſage & aviſé Capitaine, comme il l'a fait pa- » roiſtre en pluſieurs bons lieux. Il eut deux Gouvernemens de Places, » l'un aprés l'autre, fort ſcabreux, & ſur leſquels l'Empereur jetta l'œil » inceſſamment, qui eſtoient Metz & Marienbourg ; dont bien luy » ſervit d'eſtre ce qu'il eſtoit, & meſme à Marienbourg, car eſtoit » là bien à l'écart & donnoit bien de la peine à le ſecourir & d'hom- » mes & de vivres. Il avoit la teſte & la cervelle auſſi bonne que le » bras, encore qu'aucuns luy donnerent le nom de Mareſchal des Bou- » teilles, parce qu'il aimoit quelquefois à faire bonne chere & rire, » & gaudir avec les compagnons : mais pour cela ſa cervelle demeu- » roit toûjours fort bonne & ſaine, & le Roy & la Reine ſe trou- » voient bien de ſes avis, ce diſoient-ils. Auſſi l'avancerent-ils, car » ils le firent Surintendant des Finances ; où il ne fit pas mal ſes af- » faires & mieux que les miennes, ce dit-on : auſſi ſa femme qui » eſtoit de la maiſon du Puy-Greffier en Poitou [*Françoiſe Bouchet*] » mal-habile pourtant & n'eſtant jamais venuë à la Cour, ſinon lors » qu'il eut cette charge des Finances ; lors qu'elle fit la reverence à » la Reine, elle remercia d'abord Sa Majeſté de l'Intendance des Fi- » nances qu'elle avoit donnée à ſon mary ; car ma foy nous eſtions » ruïnez ſans cela, Madame, car nous devions cent mille eſcus : » Dieu mercy depuis un an nous nous en ſommes acquittez, & ſi avons » gagné plus de cent mille eſcus pour acheter quelque belle Terre. » Qui rit là-deſſus, ce fut la Reine, & tous ceux & celles qui eſtoient » dans ſa chambre, fors que ſon mary, qui bien faſché ne dit pas ſi » bas qu'on ne l'ouït, Ha ! Madame la ſotte, vous vuiderez » d'icy, vous n'y viendrez jamais, qu'au diable ſoit-elle, me voilà » bien accouſtré. La Reine l'ouït, car il diſoit fort bien le mot, qui » en rit encore davantage. Dés le lendemain il luy fit plier ſon Pa- » quet & vuider. Du depuis il épouſa une ſeconde femme, la Seneſ- » chale d'Agenois. [*Nicole le Roy fille de Guy S. du Chillou & de Ra- degonde de Maridor, & veuve de François Raffin Seneſchal d'Agenois. De laquelle il n'eut point d'enfans.*]

» On fit de luy un Vers faiſant alluſion à ſon nom de Gonnor, car

X x x 3

„on l'appelloit ainſi devant qu'il fut Mareſchal, le Vers eſt tel, *nam*
„*nec habet famulum , regnat cum Cardine turpi* , Carnavallet regne
„avec Gonnor. [*François de Kernevenoy dit de Carnavallet, duquel il*
„*eſt parlé page* 369. *du premier Volume*] c'eſt une alluſion bien ſen-
„tant ſon Rebus de Picardie. Aprés cette Intendance il fut fait Ma-
„reſchal de France. Pour ſa premiere curée il fut donné par la Rei-
„ne pour conſeil principal à Monſieur frere du Roy , ſon Lieute-
„nant general au voyage de Lorraine ; où ledit Mareſchal fut fort
„blaſmé de quoy l'on ne donna la bataille aux Huguenots à Noſtre-
„Dame de l'Eſpine en Champagne, car on en eut trés-bon mar-
„ché , comme gens qui ſe retiroient en grand déſordre & longues
„traites : mais là les ayant atteints, on leur donna temps & loiſir
„de s'éloigner & tirer de longue, par un ſéjour de deux jours, que
„l'on fit mal à propos , ſur la maladie dudit Mareſchal, qu'aucuns
„diſoient apoſtée, d'autres à bon eſcient. Tant y a que l'occaſion
„s'en échappa belle lors contre ces bandes Huguenottes, tant par
„leurs retraites , que parce qu'elles eſtoient foibles , & celles du Roy
„belles & fortes , & augmentées des forces de Guyenne de beau-
„coup : que M. de Terride avoit amenées, montant à douze cens
„chevaux, tant Genſdarmes que Chevaux legers, & huit mille hom-
„mes de pied , que nous eſtions arrivez tous frais, victorieux des
„troupes de Poncenat, qui avoit cinq cens chevaux & plus de cinq
„mille hommes de pied , que nous défiſmes en Auvergne , ſous la
„conduite de ce brave & vaillant M. de Montſalais, & le jeune Til-
„ladet Meſtre de Camp des Legionnaires de Gaſcogne, fort brave
„& vaillant Capitaine, qui nous menoit : & n'eſtions pour lors trois
„cens chevaux & autant d'Arquebuſiers à cheval, à cauſe des trois
„grandes journées qu'il nous fallut faire, pour aller à eux en ces aſ-
„pres Montagnes d'Auvergne, & laiſſaſmes le gros derriere.
„ Or je ne ſçay à quoy tint donc que nous ne donnaſmes cette ba-
„taille à Noſtre-Dame de l'Eſpine, mais j'en vis, ce jour que l'on
„faillit ce coup, M. de Nemours bien en colere, car il menoit en
„ce Voyage l'avant-garde avec M. de Montpenſier, & le Comte de
„Briſſac avec ſon Infanterie ; à qui ne tint que ſon oncle ne com-
„battit, car il avoit dés-ja commencé à défaire quelques gens dans
„un village. Pour excuſe dudit M. le Mareſchal, l'on diſoit qu'il
„avoit commandement de la Reine de n'haſarder point la bataille
„ſur tout ; craignant qu'il ne méſavint à Monſieur ſon mieux aimé
„fils , qui jeune & tendrelet ne faiſoit que venir à une ſi grande &
„groſſe charge , dangereuſe trop pour luy en un grand choc de ba-
„taille. Voilà comment en fut l'excuſe dudit Mareſchal, lequel cinq
„mois aprés, ne ſe voulant aider d'aucunes excuſes, fut commandé
„d'aller en Picardie Lieutenant de Roy, & défaire le S. de Cocque-
„ville, qui avoit aſſemblé prés de douze cens Arquebuſiers Fran-
„çois, congediez à cauſe de la Paix de Chartres, qui eſtoient de
„bons, & quelques chevaux. Nous défiſmes tout cela en un tien-

„& forçafmes faint Valery, où ils s'eftoient retirez avec peu de perte
„des noftres : car nous n'y perdifmes que le Capitaine Goüas, le
„fecond de trois freres ; qui fut dommage, car il eftoit un trés-bra-
„ve & vaillant Gentil-homme. Il a fon fils, auffi brave & vaillant,
„qui eft aujourd'huy en Provence, Gouverneur d'Antibe fous M. d'Ef-
„pernon. Ces troupes défaites, qui vouloient aller en Flandre con-
„tre le Duc d'Albe, ou pour mieux dire, remuér encore en France
„avec le Prince d'Orange, qui venoit d'Allemagne avec une groffe
„armée : le Capitaine Cocqueville fut pris & mené à Paris, où il eut
„la tefte tranchée, ayant parlé plus qu'on n'euft voulu du cofté des
„principaux chefs des Huguenots.
„ Ce Prince d'Orange donc, venant en Flandre avec une groffe
„armée, ce grand Duc d'Albe alla au devant luy, & la rendit par
„fa fageffe fi inutile à celuy qui la luy avoit menée à l'encontre, qu'elle
„ne luy fervit de rien : & elle voûlant venir tomber fur nos bras,
„le Marefchal de Coffé encore en Picardie y pourvût fi bien, qu'elle
„ne nous put nuire. Fallut qu'elle s'en retournaft encore en Allema-
„gne comme elle eftoit venuë, fans aucuns effets ; ayant accueilly
„les S. de Moüy, de Genlis, d'Autricourt, & autres Gentils-hommes
„François de la Religion, montans à cinq ou fix cens chevaux &
„quelques douze cens Arquebufiers, des bons, tous de la Religion,
„qui n'avoient pû fe joindre avec M. les Princes & Admiral, lors qu'ils
„vinrent en Guyenne : & demeurerent en Allemagne vivans de gré
„à gré, qui eft à noter, à ce que me dirent aucuns d'eux depuis,
„jufques à ce que le Duc des Deux-Ponts amena fon armée en Guyen-
„ne ; où eftoit auffi le Prince d'Orange, non en grand chef de char-
„ge, mais en privé, luy & le Comte Ludovic. [fon frere.] Le Ma-
„refchal de Coffé eut grand honneur pour ce coup d'avoir ainfi dé-
„tourné cet orage, de l'armée de ce Prince d'Orange, voulant tom-
„ber en Picardie ; & auffi qu'il ofta, j'y eftois, de Dourlens, le S.
„de Bouchavannes Lieutenant de M. le Prince, qui en eftoit Gou-
„verneur, & brave Gentil-homme. Il n'y avoit en Picardie autre
„efpine que celle-là, qui put piquer pour les Huguenots contre les
„Catholiques.
„ Tous ces exploits fit ce Marefchal, & avec peu de troupes, qui
„eftoient les Compagnies des Garnifons de là, qu'il fit fortir ; dont
„la mienne qui eftoit dans Peronne en eftoit une, & parce qu'elle
„eftoit affez bonne & belle, il la prit pour fa Garde. Les batailles
„par aprés de Jarnac, Montcontour, d'Arnay-le-Duc, s'enfuivirent,
„où ledit Marefchal acquit beaucoup de réputation, tant pour fa va-
„leur, que pour fa conduite & confeil ; mais M. de Tavannes fai-
„foit le deffus. Au fiege de la Rochelle, lors que M. le Comte de
„Montgommery y mena le fecours d'Angleterre, mondit S. le Ma-
„refchal luy feul fut la caufe principale dequoy il n'y entra ; car ce
„fut luy qui confeilla, & ordonna de mener les pieces de canon fur
„le bord de la Mer, dont il y en eut une qui donna fi à propos un

,, coup dans l'Admiral, où eſtoit ledit ſieur Comte, qu'il le perça ; tel-
,, lement qu'il faillit s'enfoncer, ſans que quaſi tous ceux du Navire y
,, accoururent , & s'y amuſerent tellement , que ſur cette allarme &
,, empeſchement la Marée vint à faillir , & furent contrains de tour-
,, ner à main droite , & aller moüiller l'ancre à une demie lieuë de-
,, là , & faire bonne mine tout le reſte de ce jour, & tout le lende-
,, main : mais non ſans eſtre ſaluëz de nos Galeres , qui les allerent
,, eſcarmoucher & appeller au combat, mais n'en voulans taſter, le-
,, verent l'ancre le lendemain , & réprirent leur meſme route, d'où ils
,, eſtoient venus. Ceux qui eſtoient dedans, dirent du depuis, que ſans
,, ce coup pour le ſeur l'Admiral & tous les autres Vaiſſeaux eptroient
,, dedans, ainſi qu'à voir leur brave contenance & furie altiere à leur
,, venir, le pouvoit-on bien conjecturer. Que s'ils y fuſſent entrez ,
,, c'eſtoit une grande honte pour nous, car il nous eut fallu, ou le-
,, ver le ſiege, comme dés-ja aucuns en murmuroient, où nous y
,, opiniaſtrans, nous y euſſions perdu deux fois plus d'hommes que nous
,, n'y perdiſmes ; encore que de bon compte fait nous y perdiſmes
,, bien deux mille ames, dont il y avoit deux cens ſoixante-ſix Capi-
,, taines, Lieutenans , Enſeignes , & Meſtres de Camp. J'ay vû que
,, j'en avois le rôle , qu'un Soldat d'eſprit par nos bandes , fut cu-
,, rieux de faire, & bien au vray, ainſi que M. de Strozze le Colonel
,, le liſant, le ſçût bien confirmer, & j'y eſtois preſent.
,, Voilà le bon ſervice que fit lors mondit S. le Mareſchal à ſon
,, Roy, qui depuis , huit mois aprés , le fit prendre priſonnier avec
,, M. de Montmorency au Bois de Vincennes, & puis épouſer la Baſ-
,, tille pour ſeize ou dix-ſept mois, juſques à ce que Monſieur les en
,, fit ſortir , de cela j'en ay parlé. Du depuis mondit S. Mareſchal
,, s'affectionna au ſervice de Monſieur , pour cette obligation , plus
,, qu'en celuy du Roy ; mais pourtant Monſieur le voulant mener en
,, Flandre à l'avitaillement de Cambray : le Roy voyant que cela ne
,, raiſonneroit pas bien, qu'un Mareſchal de France ſeroit en la com-
,, pagnie de Monſieur pour faire cette Guerre , & que le Roy d'Eſ-
,, pagne le prendroit à mal , luy fit commandement de n'y aller
,, point , & le venir trouver, à quoy il obéït. Ce qui tourna depuis
,, à grande gloire à Monſieur, car ce voyage luy fut heureux , tant
,, à lever le ſiege de Cambray & s'en rendre paiſible poſſeſſeur, qu'à
,, prendre autres Places : & diſoit un-chacun, voir, Monſieur, le pre-
,, mier, que ſi le M. de Coſſé fut eſté avec luy, tout le monde eut
,, dit que c'eſtoit le M. de Coſſé qui avoit tout fait ; à cauſe de ſa
,, grande experience , conduite & ſageſſe de Guerre , & luy eut-on
,, donné tout le los & la gloire, & peu à Monſieur, au lieu que
,, Monſieur la participoit toute. Je vis la Reine Mere un jour à ſaint
,, Maur en dire de meſme, & qu'à Monſieur ſon fils, & à luy ſeul,
,, eſtoit dû le triomphe de cela.
,, Pour faire fin de mondit S. le Mareſchal, il mourut comme M.
,, le Mareſchal de Briſſac ſon frere , dans ſon lit , du tourment des

gouttes,

MOIRES

te, qu'il le perça ; tel-
ous ceux du Navire y
que fur cette allarme &
rent contrains de tour-
à une demie lieuë de
jour, & tout le lende-
galeres, qui les allerent
n'en voulans tafter, le-
ur mefme route, d'où ils
ent du depuis, que fans
tres Vaiffeaux eptroient
ce & furie altiere à leur
: s'ils y fuffent entrez,
nous eut fallu, on le-
muroient, où nous y
lus d'hommes que nous
fait nous y perdifmes
ens foixante-fix Capi-
le Camp. J'ay vû que
t nos bandes, fut cu-
.. de Strozze le Colonel
prefent.

S. le Marefchal à fon
rendre prifonnier avec
& puis époufer la Baf-
e que Monfieur les en
mondit S. Marefchal
tte obligation, plus
le voulant mener en
voyant que cela ne
ance feroit en la com-
, & que le Roy d'Ef-
ndement de n'y aller

Ce qui tourna depuis
luy fut heureux, tant
aifible poffeffeur, qu'à
voir, Monfieur, fe pre-
y, tout le monde eut
ut fait ; à caufe de fa
Guerre, & fay eut-on
Monfieur, au lieu que
e Mere un jour à faint
n fils, & à luy feul,

il mourut comme M.
r, du tourment des
gouttes,

gouttes, defquelles je l'ay vû quelquefois défefperé : dont il me fouvient, qu'une fois aux premiers Eftats à Blois, M. de Strozze &
moy, l'allafmes un jour voir qu'il eftoit malade : & bien Monfieur
que faites-vous ? ce que je fais Monfieur mon grand amy ? Par....
je me récommende à trente mille paires de Diables qu'ils me viennent querir ou guerir, puis que Dieu ne le veut pas. Et puis aprés
s'eftre un peu allegé & revenu à fa gaye humeur, nous dit, mort....
vous autres qui eftes mes amis, ne me voulez-vous pas aider à avoir
raifon de ces bourreaux de Medecins, qui ne me veulent pas laiffer
boire du Bourru ? & par.... j'en boiray tout à cette heure avec vous
en dépit d'eux. Qu'on en aille querir, vous eftes de mes meilleurs
amis, s'ils viennent, vous les chafferez : & puis le Bourru venu,
nous en bûmes chacun un bon coup, & vous affeure que ce ne fut
pas fans bien rire ; mais le malheur fut que deux jours aprés que
nous rétournafmes le revoir, il nous fit fes plaintes du mal que le
Bourru luy avoit fait fentir depuis, à ce que luy faifoient accroire
ces marauts de Medecins, mais qu'ils mettoient là-deffus leurs excufes & afneries qui ne le fçavoient guerir : & puis nous dit, or
bien il faut prendre patience. Un jour devifant avec Monfieur familierement, & luy difant quelques-unes de fes petites veritez, il
luy dit, mort.... vous autres Rois & grands Princes, vous ne
valez rien treftous, fi Dieu vous faifoit raifon, vous meriteriez d'eftre
tous pendus ; comment pendus ? dit Monfieur, c'eft à faire à des
marauts, vilains & belliftres : ah ! par.... répondit le Marefchal,
il y en a eu de meilleure maifon cent fois que vous qui l'ont bien
efté. De meilleure maifon que moy, réplique Monfieur, il n'y en
eut jamais ? Si a par.... répondit le Marefchal, JESUS-CHRIST
n'a-t'il pas efté pendu, & qui eftoit de meilleure maifon que vous.
Ce fut à Monfieur à rire & à s'appaifer, eftant irrité dequoy l'autre luy avoit dit qu'il y en avoit de meilleure maifon que luy au
monde, comme celle de France par-deffus toutes l'emporte.

J'ay donné en divers endroits de cette Hiftoire plufieurs témoignages de la confidence intime d'entre la Reine Catherine & ce Marefchal, qui eftoit auffi fort familier avec le Duc de Guife & avec le
Conneftable de Montmorency, & qui eut trés-grande part au fecret
& à la conduite des affaires, tant en qualité d'Intendant des Finances, que de Marefchal de France, en laquelle il fucceda au Marefchal de Bourdillon mort à Fontainebleau au mois d'Avril 1567. Le
Duc & la Ducheffe de Savoye fille de France, l'avoient auffi en grande eftime, & j'ay vû plufieurs lettres qu'ils luy efcrivoient n'eftant que
S. de Gonnor & Chevalier de l'Ordre, car la Charge des Finances ne
donne point de qualité, où ils le traitoient de coufin. Ce que je rémarque à caufe de quelques-unes que luy efcrivit le Duc de Guife,
où il l'appelle tantoft mon bon homme par amitié, & quelquefois
fimplement Monfieur de Gonnor. Il eftoit, comme font ordinairement tous ceux de fa taille, d'un efprit vif & joyeux, qui entendoit

Tome II.   Y y y

parfaitement la raillerie , mais qui eſtoit à la Guerre comme à la Guerre , qui y faiſoit tout le devoir d'un grand Capitaine & qui ne demandoit qu'à ſe réjoüir durant la Paix & à faire grande chere. Le Mareſchal de Montmorency ſon couſin ayant une liaiſon d'amitié fort eſtroite avec luy , il n'eſtoit pas mal-aiſé de croire que deux perſonnes ſi conſiderables & ſi unies, qui avoient du merite pour les premiers emplois , & qu'on éloignoit des affaires , ne fuſſent mal-contens d'un Gouvernement, dont les intereſts eſtoient changez & ſoûmis à ceux de quelques perſonnes particulieres , qui cherchoient leur eſtabliſſement dans la ruïne publique & dans l'oppreſſion des grandeurs legitimes.

Ils en témoignoient aſſez viſiblement leurs ſentimens, & comme ils tenoient grande table, où il venoit aſſez de gens, qui y parloient en toute liberté , & ſouvent en faveur du Duc d'Alençon , l'on crut que le Mareſchal de Coſſé eſtoit d'un party, où le Mareſchal de Montmorency ſon couſin paroiſſoit engagé avec toute ſa maiſon. On ſe défia de luy ſi ouvertement, qu'il perdit toute ſa premiere créance, & comme on douta d'autant plus par les ſujets de mécontentement qu'on luy donna, qu'il ſe ſerviroit de l'occaſion qui ſe preſentoit de s'en reſſentir, on le rendit compagnon de la priſon du Mareſchal de Montmorency , & il courut le peril , juſques à la Paix faite avec le Duc d'Alençon le 27. d'Avril 1576. qui ſervit à leur délivrance & au rétabliſſement de la maiſon de Montmorency , & enſuite de laquelle ils furent declarez innocens. Depuis ce temps-là juſques à ſa mort , qui arriva le 15. de Janvier 1582. il uſa toûjours de précaution avec la Cour , & demeura attaché par réconnoiſſance aux intereſts du Duc d'Alençon. Il ne laiſſa que trois filles de Françoiſe Bouchet ſa premiere femme , fille de Charles S. du Puy Greffier de ſainte Gemme , & de Jeanne du Bellay , qui furent Renée de Coſſé Comteſſe de Secondigny , morte ſans enfans de Charles de Montmorency Duc de Damville , Pair & Admiral de France, Jeanne de Coſſé Dame de Gonnor , alliée premierement à Gilbert Gouffier Duc de Roanois, dont ſont iſſus les Ducs de Roanois & Comtes de Gonnor , ſecondement à Antoine de Silly Comte de la Rochepot, & Madeleine de Coſſé, femme de Jacques de l'Hoſpital Marquis de Choiſy , Chevalier des Ordres du Roy , Gouverneur & Seneſchal d'Auvergne , de laquelle ſont ſortis les autres Marquis de Choiſy juſques à preſent.

DE FRIDERIC III. COMTE PALATIN , ELECTEUR de l'Empire.

ENTRE tous les Princes Proteſtans d'Allemagne, qui favoriſerent les Huguenots de France, les deux plus puiſſans & les plus affectionnez furent , Philippe Landgrave de Heſſe, duquel nous avons parlé en la page 50. de ce Volume, & Frideric III. Electeur Palatin, qui le ſurveſquit , & qui aprés luy demeura leur principal Protecteur dans l'Empire, juſques en l'an 1576. Il ſe ſervit ſi utilement & ſi politi-

quement tout ensemble de cette occasion , qu'au lieu d'y mettre du
sien , il en tira beaucoup de profit , outre qu'il mit en grande consideration le Duc Jean Casimir son second fils, qu'il fit chef des Reistres, qu'il envoya en ce Royaume ; où il fit des Traitez avantageux
avec le Roy , & d'où il partit gorgé de biens & de butin , & par
consequent avec un grand fonds de réputation pour l'Allemagne ;
parce que les armes & la milice y sont plus mercenaires que justes ,
& que la Guerre s'y fait avec plus de passion, par l'interest du gain,
que par celuy d'aucun autre prétexte ; quoy que celuy de ce Prince
fut la Religion Calviniste qu'il avoit embrassée , & qui le rendoit en
apparence plus attaché au party de nos Huguenots.

C'est une chose digne de consideration , que trois Electeurs Palatins, tous de diverses branches, qui ont succedé les uns aux autres, &
tous trois grands Princes & qui avoient servy à la défense de la veritable Religion, s'en soyent retirez pour suivre l'Heresie ; sans que le
merite de leurs premieres actions , ny que leur Doctrine & leurs autres belles qualitez ayent contribué qu'à les rendre plus fermes & plus
obstinez en leur aveuglement. Loüis VI. dit le Pacifique, fut le dernier de cette maison, qui mourut dans l'ancienne créance de ses Peres,
& qui la défendit contre les nouvelles opinions : mais enfin il se laissa
persuader pour le bien de la Paix, de laisser la liberté de Conscience à ses Sujets du haut Palatinat ; & en ayant donné le Gouvernement à Frideric II. son frere, le commerce qu'il eut avec les Pasteurs
Lutheriens en faveur des belles Lettres qu'il affectionnoit, ausquelles
il estoit trés-versé , & dans lesquelles il faut encore avoüer que les
premiers Heretiques excelloient par-dessus le Clergé, qu'un long loisir avoit plongé dans l'ignorance, le rendit d'abord assez indifferent,
tant pour l'une que pour l'autre Religion, jusques à l'an 1544. qu'il
succeda au Palatinat. Dans ce nouvel estat il conçut de nouveaux
desseins , & preferant de l'occasion, que l'Heresie de Luther donnoit
aux Princes d'Allemagne d'accroistre leurs revenus par l'usurpation
des biens Ecclesiastiques , à la gloire qu'il avoit acquise à la défense de Vienne & en plusieurs combats contre les Turcs , il se joignit
avec les Protestans. Aprés avoir perdu à la défense de ce mauvais
party le titre de Victorieux, il ne deut qu'à la memoire de ses premiers Exploits contre les Infidéles , l'oubly de ce qu'il avoit fait contre la Religion, & la restitution de son Pays, & mourut sans enfans
de Dorothée de Danemarck le 26. Février 1556. à l'âge de 74. ans.
Il eut pour heritier Otton Henry de Baviere Duc de Nenbourg son
neveu, fils de Robert son frere, & d'Elisabeth de Baviere , Prince
encore plus Sçavant que son oncle, & auquel le Public eut l'obligation de cette riche & fameuse Bibliotheque Palatine, mais de plus,
vaillant & belliqueux , & duquel les premiers commencemens promettoient une fin plus heureuse : car aprés avoir fait le voyage de
la Terre sainte & s'estre signalé par sa pieté, il se laissa comme son
oncle emporter à ce malheureux interest , qui mit l'Allemagne en

éfordre & qui la tient encore divifée , & fut dépoüillé comme
ncle, pour avoir efté de la Ligue des Princes Proteftans. L'En
eur Ferdinand I. l'ayant enfuite reftably en fon Duché de Neubo
lans la neceffité politique de donner la Paix à l'Empire, pour le
lre hereditaire en fa famille avec les autres Royaumes électifs
pour le rémettre en fa premiere union, & s'exempter d'une Gue
pour laquelle il ne fe fentoit pas affez fort : il luy accorda en
l'Inveftiture du Palatinat aprés la mort de Frideric fon oncle ,
1556. & ce dernier comble de grandeur ne fervit qu'à la ruïne
qui reftoit d'Eglifes Catholiques dans fes Eftats durant les trois an
de fa domination, qui ceffa par fa mort le 12. Février 1559. le
de fon âge , fans enfans de Sufanne fille d'Albert IV. Duc de
viere.

Frideric III. qui luy fucceda , eftoit fon coufin du 6. au 6. d
le confanguinité , comme defcendu d'Eftienne quatriéme fils de
bert de Baviere Empereur : lequel Eftienne Seigneur de Deux-Po
Comte Palatin de Simmeren, fut auffi Comte de Veldents à caufe
ne fa femme, & fut pere de Frideric Palatin de Simmeren, duque
cendoit ce Frideric III. & de Loüis de Baviere Duc de Deux-Po
duquel font iffus les Ducs de Neubourg & de Deux-Ponts, & le
de Suede d'aujourd'huy. Ce Frideric icy fut premierement comr
deux prédeceffeurs , non feulement Catholique, mais le plus grar
nemy de l'Herefie, ayant cherché toutes les occafions de la con
tre , comme il fit avec autant de gloire que de fuccés dans les
miers lieux où elle voulut paroiftre. Il eut encore le bonheur de
tribuer au fecours de l'Auftriche contre les Turcs , mais par ur
nefte rétrogradation, devenuë fatalement hereditaire avec la fucc
du Palatinat , ce fecond Adam , ou cet autre Salomon doüé d
de connoiffance , fe laiffa féduire à Marie de Brandebourg fa pre
femme, eftant dans le mefme Gouvernement du haut Palatina
Frideric II. fon prédeceffeur s'eftoit laiffé détourner de l'ancienne
gion, & où Loüis VI. l'avoit laiffé prendre racine : & comme il n
pourtant point affez perfuadé de cette nouvelle doctrine, & t
nant encore dans les chofes de la Foy, il ne fut pas fi-toft Ele
que ne fçachant laquelle des deux opinions choifir , de celle d
ther ou de Calvin, qui eftoit plus récente & plus à la mode,
braffa la derniere , que fa pofterité tient encore , & fa femr
rendit la mefme complaifance qu'il avoit euë pour elle. Dieu v
affeurément permettre cette feconde nouveauté dans le Palatinat
faire voir qu'il avoit abandonné pour un temps l'Allemagne à f
fions, & pour la convaincre de fon aveuglement par l'accueil
le fit à toutes fortes de nouvelles opinions, qui devoient romp
te union, qui la rendoit la Capitale des Nations, & qui l'a ju
prefent entretenuë dans la Guerre, & dans le trouble ou dans
fiance pire que la Guerre.

Ce changement le lia d'inclination & de party à nos Hug

de France, mais d'ailleurs il luy fufcita beaucoup d'ennemis dans l'Empire, à caufe de la contrarieté de ces deux Sectes, qui n'ont aucune rélation entr'elles, & qui n'ont depuis efté remifes en intelligence, que par un intereft de Politique, qui les rend unies & de mefme faction avec tout ce qui eft oppofé à l'ancienne Religion. Tous les Princes Germains s'efcrierent contre cette nouveauté, qui eftoit contraire à la Confeffion d'Ausbourg ; qu'ils vouloient eftre feule reçuë, comme celle qu'on fouffroit feule dans l'Empire : & dans la Diette tenuë dans la mefme ville d'Ausbourg l'an 1566. cet Electeur fe trouva affailly d'un puiffant party, qui s'eftoit préparé contre luy & qui le mit en danger de perdre fes Eftats. Mais parce qu'il eftoit plus expedient de tenir les Heretiques en divifion que de les rëunir, l'Empereur Maximilien II. luy permit de fe défendre, & comme il y eftoit mieux préparé que les autres Princes, qui n'eftoient inftruits que de ce que Luther avoit accommodé à leur fens & à leurs interefts, il en fortit avec le fuccés, qui eft ordinaire dans les Conferences d'Heretique à Heretique ; parce qu'ils n'ont point d'autorité l'un fur l'autre & qu'ils ne réconnoiffent point de Hierarchie, comme ceux qui fe font détournez de la lumiere du monde. Cela fe voit encore dans l'Angleterre, où il y a autant d'opinions que de familles, mais cela s'éprouva dans le Palatinat, où ce Prince Frideric trouva à grande peine affez d'autorité contre les Pafteurs Lutheriens bannis de diverfes Nations, & qui dans le dépit de fe voir privez de leur pafture, le tinrent perpetuellement en action, partageans les fuffrages entre fa Cour & fes Peuples. Enfin il fallut faire mourir & profcrire plufieurs de ces Docteurs, dont il y en eut qui prirent l'Herefie des lieux où ils fe retirerent, & un entr'autres nommé Adam Neuferus eftant pouffé jufques en Turquie, s'y fit circoncire & prit le Turban, belle marque de l'Efprit de Dieu dans la conduite de ces nouveaux Evangeliftes.

Frideric ne laiffa pas parmy ce trouble Domeftique, d'entretenir fes anciennes intelligences avec le Prince de Condé & l'Admiral de Chaftillon, avec tout le party Huguenot de France, & avec celuy des Gueux de Flandre, & il les affifta d'autant plus volontiers des troupes des Reiftres qu'ils luy demanderent, qu'il fçavoit que c'eftoit un contrepoids à l'autorité Royale, dont il avoit tout l'honneur fous la conduite de Jean Cafimir fon fecond fils, qui fe mit en réputation, qui s'aguerrit, & fe fit riche aux dépens de ce Royaume ; mais il n'eut pas le mefme fuccés aux Pays-Bas, où Chriftophle fon troifiéme fils fut tué & fes troupes taillées en piéces. Il mourut dix-huit mois aprés fans enfans d'Amelie de Nieunaert, fille d'Humbert Comte de Nieunaert & de Meurs fa feconde femme, mais il avoit eü de la premiere, Loüis aprés luy Comte Palatin : Herman-Loüis qui fe noya en France l'an 1556. Jean Cafimir duquel il fera plus amplement parlé au Chapitre XI. à caufe des Traitez faits avec luy de la part du Roy par le S. de Caftelnau, pour le mettre hors de ce Royaume : Chriſtophle tué au Pays de Cleves le 18. d'Avril 1574. Al-bert & Charles morts en enfance : Eliſabeth femme de Jean Frideric Duc de Saxe-Coburg. Suſanne Dorothée alliée à Jean Guillaume Duc de Saxe-Weimar : Anne Eliſabeth qui épouſa 1. Philippe Land-grave de Heſſe-Catzenelboghen, 2. Jean Auguſte Duc de Baviere, Prince de Lutzelſtein : & Cunegunde Jacobe alliée à Jean Comte de Naſſau-Dilemberg. Loüis Electeur Palatin aprés ſon pere, changea la Religion & reſtablit la Lutherienne ; mais le Duc Jean Caſimir ſon frere protegea les Miniſtres Calviniſtes & leur donna retraite au-prés de luy, & eſtant devenu tuteur de Frideric ſon neveu, il con-gedia les Lutheriens & remit ceux-cy en poſſeſſion de leurs Temples. Loüis mourut le 12. d'Octobre 1583. & Frideric IV. ſon fils & d'E-liſabeth de Heſſe, mort le 9. de Septembre 1610. laiſſa de Loüiſe-Julienne de Naſſau-d'Orange, Frideric V. Comte Palatin, élû Roy de Bohéme & dépouillé de tous ſes Eſtats par la Maiſon d'Auſtriche; duquel & d'Eliſabeth d'Angleterre ſa femme encore vivante, ſont iſſus pluſieurs enfans, dont l'aiſné Frideric Henry fut noyé dans le Canal d'Amſterdam au mois de Janvier 1629. du vivant de ſon pe-re, & le ſecond nommé Charles eſt à preſent Comte Palatin & Electeur de l'Empire.

DU VOYAGE DE BERNARDIN BOCHETEL EVESQUE
de Rennes, en Allemagne.

BERNARDIN Bochetel Eveſque de Rennes, ſur les Memoires duquel nous avons donné l'éclairciſſement de pluſieurs affaires importantes, eſtant revenu de ſon Ambaſſade d'Allemagne aprés avoir negocié le mariage du Roy qui s'accomplit depuis, la ſatisfaction qu'on eut de ſes grands ſervices, & l'eſperance qu'on prit ſur la réputation qu'il s'y eſtoit acquiſe, l'y fit renvoyer ſur la fin de l'an 1567. Sa principale charge fut de faire entendre à tous les Princes de l'Empi-re, que les Huguenots avoient rompu la Paix, qu'ils avoient com-mencé par une entrepriſe ſur la perſonne du Roy, & qu'il ne s'agiſ-ſoit plus de la liberté de leur Religion, qui leur avoit eſté conſervée, mais bien plûtoſt de la conſervation du Royaume ; puis qu'ils vou-loient uſurper ſous ce faux prétexte, qui devoit ſervir à détromper tous les Princes, qu'ils avoient voulu perſuader juſques à preſent de la juſtice de leurs armes. C'eſt de quoy il s'acquitta ſi bien, qu'il gagna au party du Roy, le Duc Jean Guillaume de Saxe, qu'il deſtourna le Landgrave de Heſſe du deſſein qu'il avoit de les aſſiſter, & qu'il eut encore le credit d'amuſer le Comte Palatin, & d'arreſter le ſecours, qu'il avoit tout preſt pour leur ſecours, juſques à ce qu'il fut mieux in-formé de la verité des choſes. Neantmoins s'eſtant depuis laiſſé per-ſuader qu'on vouloit exterminer la Religion prétenduë Reformée, & qu'elle eſtoit en peril, s'il ne l'aſſiſtoit, il y envoya ſon fils Jean Ca-ſimir ; qui eut le bonheur de joindre l'armée du Prince de Condé par la faute qu'on fit de le combattre. Et cependant le Duc Jean Guillaume de Saxe se prépara si bien pour venir au service du Roy, que le S. de Castelnau le trouva prest à partir, quand il luy fut envoyé pour l'amener.

XXXXXXXXXXXXXXXXXXXXXXXXXXXXXXXXXXXXXXXXXXXXXXXXXXXXXXXXXX

CHAPITRE NEUVIÉME.

LE SIEUR DE CASTELNAU ENVOYÉ EN ALLEMAGNE vers le Duc Jean Guillaume de Saxe, l'amene au secours du Roy.

CETTE arrivée du Duc Jean Guillaume de Saxe, que le S. de Castelnau amena du fonds de l'Allemagne en cinq Semaines de marche, avec cinq mille Reistres ou Pistolliers, jusques à Rhetel, servit extrémement aux affaires du Roy ; qui par la perte de Chartres, que les Huguenots tenoient assiegée, voyoit l'établissement tout formé d'un party dans le milieu de son Estat, & Paris en peril. Le Conseil en estoit fort épouvanté, & sans l'approche de ce secours qui fit un puissant contrepoids, il se défioit de pouvoir faire la Paix qu'avec désavantage ; & c'estoit pourtant une necessité de la conclure, pour ne point exposer le Royaume en proye à toutes ces forces Estrangeres, tant Auxiliaires qu'Ennemies, & capables de s'accorder entr'elles & de tomber sur nous. Les Huguenots de leur part, dont les Chefs avoient interest à la conservation du Royaume, voyans la partie trop forte & craignans la suite d'une longue & fascheuse Guerre, qu'ils sont à loüer d'avoir toûjours esté disposez à terminer, autant de fois qu'on leur a donné asseurance de leurs personnes & de l'exercice de leur Religion, reçurent de bon cœur la proposition qu'on leur en fit, & furent plus soigneux de l'interest des Reistres leurs Alliez que du leur, par la remise des Places qui pouvoient servir à leur seureté & qui peut-estre auroient fait plus long-temps durer la Paix. Ils se contenterent de la promesse qu'on leur fit de les laisser dans leur liberté de conscience & de payer leurs Reistres ; mais ce fut un article bien difficile à terminer avec des gens, qui croyoient devoir mettre en compensation avec nous le pillage du Royaume & le salut de l'Estat : & ce fut un service de la part du S. de Castelnau, qui ne fut pas de moindre importance que celuy d'avoir amené le Prince Saxon, qu'il eut encore à persuader d'agréer cette Paix, qui fut publiée à Paris le 23. de Mars 1568. C'est ce qu'il témoigne luy-mesme, mais avec une modestie qui m'oblige de soûtenir asseurément qu'il n'y avoit point de récompense au dessus de celle qu'il merita dans une conjoncture si critique, & que c'estoit trop peu du Gouvernement de saint Dizier pour une si grande negociation.

Ce Duc Jean Guillaume de Saxe estoit second fils de Jean Frideric, privé de l'Electorat de Saxe par l'Empereur Charles V. qui en révestit Maurice de Saxe issu d'une branche puisnée, dont la posterité regne encore aujourd'huy. Il avoit servy le Roy Henry second contre la Maison d'Austriche en haine de cette exhérédation, & de luy sont issus les Ducs de Saxe-Weymar, qu'une valeur hereditaire a rendu toûjours des plus considerables Princes de l'Empire, & maintenu dans la splendeur de leur Maison, & ce grand Bernard entr'autres, le huitiéme & dernier fils de Jean Duc de Saxe en Weymar second fils de ce Duc Jean Guillaume.

CHAPITRE ONZIÉME.

DU DUC JEAN CASIMIR DE BAVIERE COMTE Palatin, & du Traité fait avec luy pour le Roy par le S. de Castelnau.

CE Prince second fils de Frideric III. Comte Palatin, Electeur de l'Empire, duquel nous avons parlé cy-devant, réconnut mal l'obligation qu'il avoit à la France, où il avoit esté élevé à la Cour du Roy Henry II. auparavant que le Palatinat fut tombé dans sa famille, & où il puisa toutes les belles qualitez, qui nous le rendirent autant rédoutable, qu'il nous devoit estre affectionné. Il y profita beaucoup dans tous les exercices des armes, il apprit nos interests & nostre maniere de faire la Guerre, aussi-bien que nostre Langue, & s'en estant rétourné avec tant de connoissance, il s'en servit contre nous par le credit qu'il eut auprés de son pere; lequel il entretint en alliance avec les Huguenots, & le disposa à leur prester ce premier secours sous sa conduite, qui obligea le Roy à leur offrir la Paix. Daniel Pareus qui a escrit l'Histoire Palatine, attribuë ce passage en France à l'affection qu'il avoit à sa Religion & au bien du Royaume, mais le S. de Castelnau feroit assez voir qu'il l'entreprit encore pour y faire ses affaires, si on ne sçavoit par tout que c'est la coustume des Princes d'Allemagne, & principalement des puisnez comme luy, de chercher du bien & de la réputation dans toutes les Guerres de leurs voisins, & si nous ne l'avions particulierement éprouvé avec luy, autant de fois qu'il le fallut renvoyer avec ses Reistres. Il eut toûjours ce bonheur que ce fut à nos Rois à payer les dépens des deux voyages qu'il fit contr'eux, & qui luy réussirent mieux que s'il fut venu pour leur service, pour le soin qu'on eut de le satisfaire, jusques à y adjouster des pensions pour le gagner. Ce fut au S. de Castelnau à en traiter avec luy en cette année 1568. & il y apporta tant de difficultez, qu'on ne put récouvrer assez d'argent pour le contenter; le S. de Castelnau neantmoins trouva moyen de le faire consentir au payement d'une partie de ce qui luy estoit dû, & à prendre sa promesse du reste; comme aussi de remettre ce qu'il prétendoit pour le cinquiéme mois, moyennant une somme de douze mille livres, & voicy la quittance qu'il en donna.

NOUS

NOus *Jean Cafimir Comte Palatin du Rhin, tant en noſtre Nom que celuy de nos Colonels Reiſtres-Meſtres, & Reiſtres, confeſſons avoir receu comptant de Monſieur de Mauviſſiere Chevalier de l'Ordre du Roy Trés-Chreſtien & Commiſſaire general de Sa Majeſté, Deputé pour traiter avec nous & noſdits Colonels, Reiſtres-Meſtres, & Reiſtres, outre & par-deſſus la ſomme de quatre cens ſoixante mille quatre cens quatre-vingt dix-ſept livres treize ſols, & l'accord fait avec noſdits Reiſtres pour la ſomme de 65345. livres 18. ſols pour la taxe de la plus valuë des eſpeces en Allemagne : la ſomme de 12000. livres en eſcus ſol & piſtoles ; à quoy il ſe ſeroit accordé avec le Colonel Molsbourg au nom de tous ſes autres Colonels, Reiſtres-Meſtres & Reiſtres, & auſſi pour quelques Journées qu'ils prétendoient avoir entré dans le cinquiéme mois & paſſé le 20. May contre la Capitulation & accord : & pour faire acheminer nos Troupes & ſortir en diligence hors de ce Royaume. Ce que nous promettons audit. S. de Mauviſſiere, enſemble de luy faire vendre tous les chevaux, bœufs, vaches, & bagages, qui ſe trouveront avec leſdits Reiſtres appartenir aux Sujets du Roy ; en témoin de quoy luy avons baillé ce preſent certificat & quittance, pour luy ſervir & valoir à ſon rembourſement envers Sa Majeſté, outre la charge que nous avons donnée au Sieur Junius noſtre Conſeiller de toutes nos affaires d'en témoigner : & pour ce l'avons ſigné de noſtre main le 21. jour de May 1568.*
   J. CASIMIR.

Le terme eſchû de l'autre partie, il en ſollicita fort le S. de Caſtelnau, qui n'eut pas grande peine à faire voir à la Reine, combien il eſtoit important de donner ſatisfaction à un Prince, qui avoit une nouvelle occaſion de revenir par la repriſe des armes. C'eſt pourquoy on eſſaya de le contenter, & on y adjouſta une Penſion & des Preſens qui le tinrent en repos juſques en l'an 1575. qu'il révint faire un nouveau Traité avec le nouveau Roy Henry III. qui acheta encore plus cher ſon amitié que ſon prédeceſſeur. Entre autres lettres qu'il eſcrivit au S. de Caſtelnau, je donneray celle-cy, qui témoigne le devoir qu'il rendit en cette importante negociation.

MONSIEUR, *ayant encore rédépeſché ce preſent Gentil-homme, le Sieur Jean Junius que bien connoiſſez, vers le Roy voſtre Maiſtre, pour traiter avec Sa Majeſté touchant les payemens encore dûs à mes Reiſtres & Gent de pied ; je me ſuis aſſeuré de voſtre continuation, bonne, & prompte volonté envers moy & eux, pour nous complaire & aider en choſe ſi juſte, ſelon qu'avez traité le tout avec nous par l'autorité & pouvoir que en aviez. Parquoy j'ay bien voulu accompagner de mes lettres de récommendations eſcrites de meſme encre & cœur, ledit Junius, dont mes Colonels & moy vous récommendions dernierement le Sieur Otto de Hoüel : qui alla vous trouver pour meſme cauſe, comme celuy qui avez dreſſé l'accord entre Sa Majeſté & nous, à qui je vous prie témoigner noſtre deſir, qui fut pour ſoulager ſes Sujets en toutes choſes que nous requiſtes ; où vous avez éprouvé noſtre fidelité & rondeur plus ſincere, & pour ce qui eſtoit du mois où eſtions entrez, qui nous eſtoit dû, que nous avons remis à voſtre grande pourſuite & requiſition : qui ſera de tant pluſtoſt vous employer pour ce qu'avez promis, ſigné, & juré, & obligé Sa Majeſté en noſtre payement, que pour nous rapporter par ledit Junius, benigne, prompte, agréable & ſuffiſante réponſe ; m'offrant de réconnoiſtre le plaiſir & ſervice en voſtre endroit en tout temps & lieu où ſe preſentera l'occaſion. Qui eſt l'endroit que priant le Créateur, vous avoir, Monſieur, en ſa trés-ſainte grace. De Heidelberg ce 23. jour de Juin 1571. Voſtre bien affectionné amy, J. CASIMIR.*

Le bon ſuccés de ce premier voyage en France ayant mis ce Prince en grand credit par toute l'Allemagne, son pere luy confia la principale administration de ses Estats, & l'Electeur Auguste de Saxe luy donna en mariage Elisabeth sa fille & d'Anne de Danemark sa premiere femme. Il estoit consideré comme l'appuy de tous les Heretiques de France & des Pays-Bas, & en cette qualité prit grande part au carnage de la S. Barthelemy, & repassa en France l'an 1575. pour faire encore plus cherement acheter la Paix, & pour s'en retourner avec la vanité d'avoir réconcilié le Roy & le Duc d'Alençon son frere. Il n'eut pas le mesme bonheur à son expedition de Flandre, non plus qu'à la Protection de Gebhard Truchlez Archevesque de Cologne, qui s'estoit marié & vouloit retenir son Archevesché sous la Profession d'une Religion nouvelle. Il quitta cette Guerre pour venir prendre possession de la tutele & du Gouvernement de l'Estat de l'Electeur Frideric IV. son neveu, & dans cette autorité il restablit les Ministres Calvinistes, que le défunt Palatin Loüis VII. son frere avoit exilez & qu'il avoit reçûs & protegez, & chassa les Lutheriens. Il mourut l'an 1592. le quarante-neuviéme de son âge & le dixiéme de son Administration; où il ne se signala pas moins par sa prudence, qu'il s'estoit rendu illustre par ses armes, aussi estoit-il Prince de grand esprit & fort amy des lettres, qualitez qui sont comme hereditaires dans cette fameuse Race, & qui résident encore avec l'admiration de tous les veritables doctes en la personne de la Princesse Elisabeth de Bohéme fille du Palatin Frideric V. son petit neveu : de laquelle on peut dire qu'elle s'est plus acquis d'honneur par les Sciences, que la fortune ne luy a osté de grandeur, & que sa modestie toute seule luy a conservé la premiere estime de son Siécle, sans qu'elle ait eu besoin des applaudissemens mercenaires de ces prétendus Sçavans, ou plûtost de ces Guespes & de ces fausses Abeilles, qui volent avec plus d'empressement où l'on expose des fruits, qu'où l'on répand des odeurs, & qui régardent plus à la main qu'à l'esprit de leurs Heroïnes ou de leurs Heros. Ce Prince Casimir ne laissa qu'une fille unique Dorothée de Baviere, mariée aprés sa mort à Jean George Prince d'Anhalt, & fut inhumé en l'Eglise du Saint-Esprit avec cette Epitaphe.

CONSTANTER ET SINCERÉ.

JOANNI *Casimiro Comiti Palatino ad Rhenum, Duci Bavariæ, Proseptemviro. Qui sibi vixit numquam, Reipublicæ Christianæ semper, quam domi militiæque strenuè juvit atque ornavit. Religione Orthodoxa, Scholisque bonarum artium instauratis. Gallia & Belgica à gravissimis Periculis vindicata. Curaque perpetua in hoc evigilavit, ut concors Patria à vi fraudeque externa, tutior stabili quiete cum dignitate frueretur : omni denique officio Principis laudatissimi constanter & sincerè perfunctus : autoritatis suæ, & virtutis summæ humanitati conjunctæ, triste desiderium bonis reliquit omnibus. Fridericus IV. Elector, Patruo Tutorique de se optimè merito posuit. Obiit pridiè Nonas Januarii 1592.*

LIVRE SEPTIÉME.

CHAPITRE PREMIER.

LA ROCHELLE REFUSE GARNISON DE LA PART
du Roy.

OIT que la Paix de Chartres fut feinte, comme on luy en donna le nom, ou bien fincere & veritable, il se trouva par le succés que ceux, qui s'y fierent le moins, furent les plus habiles, & ce furent ceux de la Rochelle, qui ne voulurent point executer à leur égard l'article de la reftitution des Places, fondez fur des Privileges plus anciens que leur Religion, aufquels on n'avoit pû déroger par le traité. C'eftoit pourtant la principale Ville qu'on vouloit avoir, & un Gouvernement d'affez grande importance à Guy Chabot Baron de Jarnac, pour l'obliger à faire tous fes efforts pour en eftre le Maiftre & à y intereffer le Roy ; mais s'il mettoit tous fes foins à tafcher d'y couler des hommes, les habitans qui jouïffoient dés long-temps du droit de commun dégeneré autrefois en République dans l'Italie & l'Allemagne, & qui s'eftoient dés-ja cantonnez pour la nouvelle opinion, y veillerent fi bien & en Guerre & en Paix, qu'il fut impoffible de les furprendre : & en la confervation de cette feule ville confifta le falut de tout le party Huguenot. Ils firent leurs efforts pour lever de l'efprit du Roy les foupçons qu'on luy donnoit de leur conduite, tant par Députez que par lettres, & en voicy quelques-unes affez pleines de refpect touchant le dernier Edit de Pacification.

SIRE, ayans dés le commencement du mois de Janvier, & depuis par plufieurs fois fait entendre à Voftre Majefté l'eftat de cette ville de la Rochelle, & comment pour la feureté, garde & maintenuë d'icelle fous l'obéiffance de voftre Couronne, nous avons efté contraints de nous armer ; à caufe des armes levées en grande force és Pays de Poitou, Xaintonge & autres circonvoifins, & les grandes & énormes pilleries, voleries, faccagemens & borribles cruautez & inhumanitez y commifes, fans difcretion d'âge, de Sexe, ny de Religion : que nous voyïons à l'œil, & prefque fentions tomber fur nos teftes un tel orage, que ce Pays s'en alloit ruiné & perdu. Et le vous ayans au mieux de noftre pouvoir

Tome II.   Zzzz

conservé par la grace de Dieu sans aucun secours de forces Estrangeres , aprés infinies peines & molestes ; nous pensions par les avertissemens certains de la Pacification des troubles derniers , recevoir quelque soulagement & recréation de nos travaux : mais combien que l'Edit de Vostre Majesté en ait esté publié par tout le reste de vostre Royaume , & mesme és Pays de Poitou, Xaintonge, & toute la Guyenne , il n'en est rien toutefois parvenu jusques à nous que la nouvelle ; sur laquelle incontinent avons posé les Armes, retenans seulement la Garde ordinaire & accoutumée en temps de Paix. Mais c'est sans aucun fruit, car comme si nous estions quelques Ennemis à qui nos voisins deussent faire le Guerre, nous sommes encore à present circuis & environnez de grand nombre de Gens de pied & de cheval, entrez de long-temps en ce Gouvernement & Pays d'Aunis, tant par Mer que par Terre, sous la conduite des Seigneurs de Montluc, du Lude, de Jarnac , de Pons, & autres Conjurez à la ruine & destruction de cette vostre pauvre Ville ; qu'ils tiennent de si prés serrée , que nul n'en approche qu'il ne soit pillé , volé , & piraté , soit de vos Sujets ou Estrangers, comme Flamands & Allemands, ausquels & à tous autres, est tollu le libre trafic accoustumé en cette ville : ce que nous nous asseurons estre bien loin de vostre intention. Qui nous contraint supplier trés-humblement Vostre Majesté, SIRE, qu'il vous plaise de, vos benignes graces nous faire jouir du commun bien de vostre Edit dernier de Pacification ; commandant iceluy estre publié & executé en cette vostre Ville & Pays, en déchassant d'iceluy les forces desdits Seigneurs & autres contraires , & leur défendre de n'entreprendre ny attenter aucune chose sur nous : & pour leurs males volontez & affections que nous doutons & craignons pour nous estre trop connuës , declarer sous quel commandement autre que desdits Sieurs , nous presterons désormais l'obeïssance & service que desirons & devons faire à Vostre Majesté, que nous supplions trés-humblement avoir singulier égard à l'importance de la conservation de cette vostre plus fidéle & loyale Ville : qui recevra toûjours en soumission & humilité ce que vous plaira nous ordonner & commander, & continuant le bon plaisir & volonté de vos prédecesseurs Rois, il vous plaise nous maintenir en nos Privileges , franchises & libertez. Qui nous accroistra le cœur & affection de dédier & consacrer de plus en plus nos biens & nos vies à l'obeïssance de Vostre Majesté & prier Dieu continuellement pour la prosperité & accroissement d'icelle. De vostre ville de la Rochelle ce 21. jour d'Avril 1568.

> *Vos trés-humbles , trés-obeïssans & trés-fidéles Sujets , les Maire , Eschevins , Conseillers & Pairs de vostre ville de la Rochelle.*

Le Roy leur ayant commandé de recevoir l'Edit de Pacification du S. de Jarnac leur Gouverneur, & de luy rendre les honneurs qui luy estoient dûs en cette qualité & comme ayant chargé de le faire executer, ils y obéïrent; mais ce ne fut sans souffrir pourtant qu'il entrast le plus fort : & luy de sa part se rendit à la necessité & fit la meilleure mine qu'il put dans cette fonction de Gouverneur ; aprés laquelle il aima mieux se retirer que de demeurer avec eux sans une entiere autorité. Dans la pensée d'avoir satisfait aux ordres du Roy, qu'il feignit d'estre content , ils luy en rendirent compte avec nouvelle protestation de leur fidélité par cette autre lettre.

SIRE, puis qu'il a pleu à Vostre Majesté recevoir quelque contentement par le fidéle témoignage que M. de Jarnac nostre Gouverneur vous a porté, & la volonté seulement en laquelle nous estions lors de le recevoir en cette vostre ville : maintenant que Vostre Majesté est par luy asseurée, & par nos Députez

de l'execution de noftre bonne affection, en le recevant, recueillant, honorant
& refpectant au mieux de noftre pouvoir & devoir : nous ne doutons, que en-
tendant davantage l'obeïffance entiere preftée par nous tous à l'execution de voftre
faint Edit de Pacification, & qu'il n'y a, comme nous pouvons affeurer fur
nos vies, plus obeïffante & paifible Ville en voftre Royaume, Voftre Majefté
n'ait pris certaine & ferme affeurance de nos fidélitez & loyautez, que nous
avons toûjours gardées à voftre Couronne, ne dégenerant en rien de nos Préde-
ceffeurs, quelques faux rapports qu'aucuns Particuliers & peut-eftre des noftres
mefmes penfans s'avancer, ayent voulu faire à Voftre Majefté, de quoy fi elle
avoit conçeu quelque finiftre opinion, nous la fupplions trés-humblement,
SIRE, vouloir délaiffer, & tenir pour tout feur & certain, que depuis la Publi-
cation d'iceluy voftre Sacré Edit, fait dés le 20. jour d'Avril par le Lieutenant
General, Civil & Criminel de cette Ville, fuivant la refcription à luy faite
& à nous par mondit S. de Jarnac, lequel jour tous prifonniers pour la Guer-
re furent par luy à l'inftant élargis; Il n'a efté fait aucuns ports d'armes en
cette ville, fauf pour la Garde accouftumée nuit & jour; dont nous fommes
chargez fur nos teftes: & n'y a efté refufé l'entrée à un feul de ceux qui s'eftoient
abfentez pendant les troubles, ny aux Ecclefiaftiques; ains font tous librement
rétournez en leurs charges, maifons & poffeffions, fans empefchement ny con-
tradiction quelconque. Et fi aucuns Preftres ont fait difficulté d'y entrer de leur
autorité privée, ils y ont efté mis en poffeffion comme ils ont requis & voulu,
par ledit Lieutenant; lequel en cette part ny autre, n'a eu aucun befoin de
main forte, tant y a grande Paix & tranquillité : en laquelle, & en nos li-
bertez & Privileges anciens, nous fupplions trés-humblement Voftre Majefté,
nous vouloir maintenir fuivant vos Royales promeffes; pour nous faciliter les
moyens d'employer à voftre fervice, les commoditez que le paifible eftat de tout
voftre Royaume nous apportera. Defquelles encore que foyons bien dénuez pour
les paffez troubles; toutefois, à quelque peine, nous avons fuivant le com-
mandement qu'il vous a plû nous faire, fourny à mondit S. de Jarnac noftre
Gouverneur, la partie de deux mille fix cens livres, comme en toutes chofes
Voftre Majefté trouvera à jamais en nous trés-prompte & trés-affectionnée
obeïffance. De la Rochelle ce 6. de Juin 1568. La foufcription pareille à la pré-
cedente.

Nonobftant toutes ces affeurances de la fidéle obfervation de l'Edit
à l'égard des Catholiques & des Preftres, on ne laiffa pas toûjours
de faire entendre au Roy qu'il n'en eftoit rien, & peut-eftre encore
de luy mettre en tefte de fe faifir de cette ville comme Rebelle : &
fur l'avis qu'ils en eurent, ils luy efcrivirent encore la fuivante.

SIRE, ayans jufques à prefent de tout noftre pouvoir, & comme il nous fem-
ble, à plein fatisfait au commandement de Voftre Majefté & obfervé de point
en point en toute obeïffance voftre faint Edit de Pacification, comme nous vous
avons fait entendre plufieurs fois, & mefme par noftre Député eftant encore
à la fuite de Voftre Majefté & tellement qu'il n'y a ville en voftre Royaume plus
ny tant paifible que cette voftre ville de la Rochelle; dequoy feront foy dix mil-
le Marchands & autres gens d'honneur & de qualité, qui depuis les troubles
y ont trafiqué & hanté librement, & font encore chacun jour : nous fommes
grandement ébahis, entendant par vos lettres clofes du 30. May, à nous ren-
duës le jour d'hier par le S. de la Bardonniere Affeffeur de voftre ville, & par
autres le 14. du prefent, le mefme jour, par le S. de Chefaulx, que Voftre
Majefté a efté avertie du contraire, & que ceux de vos Sujets Catholiques qui
s'eftoient abfentez à l'occafion des troubles paffez, n'eftoient encore rentrez en
cette voftre ville, fuivant voftre Edit. Car nous vous pouvons jurer & affeu-
rer fur nos vies, que depuis voftre Edit reçû & publié, qui ne fut que le 20.

jour d'Avril dernier, l'entrée leur y a esté libre, & tellement qu'ils y sont tous rentrez, & en leurs biens, maisons & possessions, comme auparavant lesdits troubles, en toute Paix, union, douceur & amitié, embrassez de nous comme nos freres & concitoyens. Et tant s'en faut que aucun empeschement leur ait esté sur ce donné, que M. de Jarnac nostre Gouverneur estant ces jours passez venu icy pour cet effet, reçû & recueilly par nous, comme il sera toûjours, en toute obéissance & humilité, respectant le service de Vostre Majesté, les y a trouvez; sans que sur ce ils luy ayent fait aucune plainte ny doleance. Qui a esté cause que nous voyant ainsi paisiblement & doucement comporter entre nous, sans aucun trouble ny contention, il s'est retiré en sa maison de Jarnac prés d'icy; où nous luy avons fait & faisons de jour à autre, entendre comme toutes choses s'y passent en Paix : comme il a vû & promis de faire sçavoir à Vostre Majesté. Cependant nous conservons en toute tranquillité cette vostre ville, & gardons icelle sous vostre obéissance, en beaucoup plus grande seureté, devotion & affection, fidélité & loyauté, que nous tenons de nos prédecesseurs, que ne feroient tous autres estrangers, mercenaires, & non naturels Sujets & habitans d'icelle; comme nous devons & avons promis & juré à Vostre Majesté, ce que nous ferons & continuërons tant qu'il plaira à Dieu nous en donner la grace & moyens, qui nous seront plus clairs & ouverts, s'il plaist à Vostre Majesté nostre Député avec l'exemption de la somme de cinquante mille livres. Donc nous supplions trés-humblement Vostre Majesté, SIRE, qu'il vous plaise délaisser telles opinions mauvaises de nous, & ne croire aux sinistres rapports qui vous en sont faits, ains vous asseurer de nos fidélitez, loyautez, & trés-humbles services, que nous devons & consacrons en toute humilité à Vostre Majesté. Prians continuellement Dieu pour la conservation & prosperité d'icelle. De la Rochelle ce dernier jour de Juin.

Leur lettre fut accompagnée de cette autre de Pierre Salbert Maire de la Ville, comme aussi de l'Extrait des Registres des Conseils tenus en la maison de l'Eschevinage au son de la Cloche & en la maniere accoustumée, par lesdits Maire, Eschevins, Conseillers & Pairs, le mesme jour trentiéme de Juin 1568.

SIRE, si ce peu que j'ay démontré du zele & affection entiere au service & obéissance de Vostre Majesté, vous a donné quelque bonne opinion de moy; dont je vous rends graces trés-humbles : j'espere moyennant la grace de Dieu, à l'avenir tellement satisfaire à mon devoir, que par la continuation du repos, Paix & tranquillité, que en observant vos Edits & commandemens, je voy en cette vostre ville & de vostre Couronne : me sentant avoir reçû le plus grand bien & felicité de ce monde, quand j'auray le moyen de vous en donner plus ample preuve & occasion de ce contentement. Suppliant Vostre Majesté, SIRE, qu'il vous plaise asseurer que en toute fidélité & loyauté j'employeray bien & vie pour obéir & servir comme vostre trés-humble & naturel Sujet, aux commandemens de Vostre Majesté. Priant toûjours Dieu pour vostre prosperité & santé. De la Rochelle ce dernier Juin 1568. Vostre trés-humble & trés-obéissant Sujet P. Salbert Maire de vostredite Ville de la Rochelle.

Extrait des Registres du Conseil de la Rochelle.

Audit Conseil, Messieurs aprés avoir entendu la lecture des lettres envoyées à cette Communauté par la Majesté du Roy, du 30. de May dernier, presentées par M. l'Assesseur de cette ville, créance dudit S. Assesseur, autres lettres de ladite Majesté du 14. de ce mois, de la Reine de mesme jour, & de Monsieur frere du Roy, aussi dudit jour, y presentées le jour d'hier par le S. de Chisaulx : ont ordonné que toutes lesdites lettres, avec la créance dudit S.

Asseseur, seront enregistrées cy-après. Et que réponse sera faite auxdits Messieurs & Monsieur, pour les asseurer de la fidélité & obeïssance de mesdits Sieurs, & tous les autres Habitans de cette ville mesmement pour l'observation de l'Edit de la Pacification, & qu'il y est de tout point observé, & que tous les Catholiques, qui s'estoient absentez pendant les troubles, y sont librement entrez & y entrent quand bon leur semble, n'estans empeschez par lesdits habitans de cette ville : comme ne sont tous autres Sujets de Sa Majesté sans difference ny discretion de Religion : y estant l'exercice libre de l'un & de l'autre. Et de supplier leurs Majestez de n'adjouster foy à rapports contraires. Et pour faire ladite réponse, ont député M. le Maire Pierre Salbert, Messire Jean Pierrier, Jean Morisson, Mre. Pierre Bouchet Escuyer, & Mre. Jean de la Haytote, lesquels pareillement feront réponse à Monseigneur de Jarnac, luy offrant toute obeïssance & asseurance pour le service de ladite Majesté. Et sera semblablement escrit à Mre. Pierre Guyton Contrôleur pour le Roy des Drogueries & Espiceries, député par mesdits Sieurs & estant de present en Cour, avec memoires pour répondre à ses lettres. Et sera envoyé le Paquet à mondit S. de Jarnac par ledit S. de Chisault, & supplié mondit S. de Jarnac, de le faire tenir par la poste avec lettres de faveur, s'il luy plaist : & neantmoins pareil Paquet sera envoyé audit Guyton, par un homme de pied qui sera payé aux dépens de la ville, sauf ledit Asseseur, qui n'a opiné pour estre Porteur de l'une desdites lettres de créance, & Joseph Barbier qui n'est de cet avis. PHELIPPES.

Tous ces fidéles procedez, vrais ou faux, de la part des Rochelois, ne servoient de rien sans leur ville qu'on vouloit avoir, & parce que le S. de Jarnac n'estoit pas assez puissant pour en venir à bout, outre qu'il estoit observé de prés ; on fit partir de la Cour le Mareschal de Vieilleville, pour par toute sorte de moyens les résoudre & les obliger à recevoir Garnison. Il ne falloit donc entreprendre que cette seule affaire, mais de vouloir dans le mesme temps se saisir de la personne du Prince de Condé, de l'Admiral & de tous les Chefs du Party Huguenot en chaque Province, & tendre un retz aussi grand que le Royaume, c'estoit un Conseil temeraire, si on ne le veut taxer d'Infidélité, qui remit les choses en pire estat, & qui fit faire aux Huguenots par désespoir ce qu'ils n'auroient jamais osé présumer de leurs forces. C'estoit un corps tout plein d'yeux & d'oreilles, qui à la premier lumiere & au premier son se remua de tous ses membres, si bien qu'en un instant ils furent tous avertis, aussi-tost en estat de se joindre, & la Rochelle particulierement se convertit de la défiance à la défense & voicy les nouvelles qui en furent envoyées au Roy du 4. d'Aoust de la mesme année 1568.

On tient au Pays entre ceux qui en sont sortis, par l'avertissement de ceux qui sont dedans. Que ceux qui commandent à la Rochelle, disent qu'ils ne receuront jamais de Garnison, & qu'ils sont assez pour se défendre. Que le Capitaine Puyviaut du bas Poitou, les a asseurez de douze Compagnies de Gens de pied, quand la necessité le requerra. Que dans Samedy prochain 7. du present, M. le Comte de la Rochefoucaut, M. la Comtesse & leurs enfans se retirent à la Rochelle. Que les S. de saint Cire, la Frete autrement dit Chastellier-Portault, Champigny, la Riviere, & les autres, y sont encore défrayez aux dépens des deniers communs de la ville. Que lesdits de la Rochelle ne permettent aucun exercice de la Religion Romaine, soit en cette ville que hors icelle

ou Gouvernement de ladite ville, font intimider fecrettement les Preftres, &
quand ils font trouvez aux champs, on leur baille la fuite. Que auffi ils ont tellement intimidé & confpiré contre les Catholiques & autres bons Serviteurs du
Roy habitans de ladite ville ; qu'ils ont contraints un fort grand nombre, de
fortir hors de ladite ville le plus loin qui leur a efté poffible, y ayans délaiffé
leurs biens, femmes & enfans fans les en pouvoir retirer, & font fugitifs plus
de trois cens cinquante à quatre ccûs ; entre lefquels font quinze Efchevins &
29. Pairs, des cent Efchevins & Pairs de la ville. Que lefdits de la Rochelle
continuent les Fortifications par eux encommencées, & en font de nouvelles,
par l'avis & ordonnance de M. le Comte de la Rochefoucaut, qui leur a donné un
Ingenieur pour la conduite defdites Fortifications. Qu'ils commencent à faire
vifiter les maifons des Catholiques pour les défarmer. Recherchent ceux qui entrent & fortent de ladite ville, dont ils fe doutent, ont redoublé les Guets &
Gardes aux Portes de ladite ville : & par tous leurs Actes on ne peut connoiftre autre chofe, finon qu'ils fe préparent à la Guerre. Que leur réfolution eft
de ne recevoir le Marefchal de Vieilleville, ny autre venant de la part de Sa
Majefté qu'avec fon train ordinaire, & fans forces qui les puiffent maiftrifer. Que
puis naguere ledit Capitaine Puy-viaut eft allé pour eux vers M. le Prince de
Condé, ne voulans lever les armes fans fon commandement. Que ledit Capitaine
Puy-viaut leur a rapporté que ledit S. Prince attend que les Reiftres qu'il efpere avoir foyent joints avec luy, & que jufques à ce il faut, premier que le-
dits Reiftres s'y puiffent joindre, furprendre trois villes, qui font entre ledit S.
Prince & les Reiftres. L'on dit auffi que lefdits de la Rochelle n'ont donné les
clefs de ladite ville audit S. Comte, quand il y eft entré douze ou quinze jours
a, ou environ, & ne les a auffi encore eu ledit S. de faint Cire, ny baillé le mot
du Guet. Que auffi ledit S. Comte a efté refufé de mettre quelques Gentils-hommes des fiens à la garde des Tours de ladite ville, dont lefdits de la Rochelle ne
fe veulent dépoffeder : & mefme difent que quelque fiege que l'on puiffe mettre
devant la Rochelle, ils n'auront de forces outre les Habitans que deux mille
hommes, fur lefquels ils efperent bien eftre toûjours les Maiftres. Pour lefquelles chofes on penfe qu'il y a quelque mal-contentement entr'eux, & qu'ils ne feront fans fe mutiner : ce qui pourroit grandement aider au bien du fervice du
Roy, fi les chofes eftoient conduites par gens fidéles & pratiques en telles affaires ; pour les furprendre en leurs mutinations, & s'aider de l'une & de l'autre
partie.

Cette infraction du traité de Chartres avec les demandes qu'on fit
à ceux de la Rochelle, & l'entreprife de Noyers fur la perfonne du
Prince de Condé, firent ouvertement declarer cette ville : elle continua fes défiances après la Paix d'Angers qui fuivit, la faint Barthelemy les augmenta & luy fit prendre la réfolution de fe défendre contre le fiege qu'y mit le Duc d'Anjou : & ainfi elle s'eft toûjours maintenuë jufques au dernier fiege de noftre défunt Roy Loüis XIII. qui l'a
foûmife entierement à fon obéiffance, & qui y a rétably la Religion.

DE GUY CHABOT SEIGNEUR DE JARNAC
Gouverneur de la Rochelle.

CE Seigneur de Jarnac mentionné par le S. de Caftelnau & dans
les lettres des Rochellois, eft celuy-là mefme qui fe fignala fous
le Regne de Henry II. par ce fameux combat en camp clos contre
François de Vivonne Seigneur de la Chaftaigneraye, & par ce coup
mortel

mortel qu'il luy donna au jarret, qui a fait le Proverbe François du coup de Jarnac, pour signifier une atteinte sans remede. Le S. de Brantosme qui estoit fils de la sœur de la Chastaigneraye, & qui fit une grande perte à la mort d'un Oncle si considerable à la Cour de Henry II. qui l'aimoit & qui le destinoit aux plus grandes dignitez du Royaume, parle de ce Combat en plusieurs endroits de ses Memoires avec un juste regret, mais il n'a point de raison de s'emporter comme il fait contre Jarnac, qui estoit l'offensé & neantmoins défié par la Chastaigneraye; avec lequel il estoit d'autant plus obligé d'accepter le Duel, que son ennemy estoit en estime de la meilleure espée du Royaume, & d'un homme à qui les mains démangeoient contre tout ce qui prétendoit à la derniere valeur. Outre qu'il ne falloit plus se presenter à la Cour, que pour y recevoir les derniers affronts, aprés avoir receu une injure de la derniere qualité, & refusé la réparation qu'on luy en offroit mesme avec insulte, & par une voye veritablement condamnable, mais soufferte de tout temps en France. Je rémarque cela à dessein, afin qu'on ne croye pas que je favorise le Duel, qu'on a tant de raison de détester, & que la Justice de nostre Roy à present Regnant, a rendu le plus énorme & le plus irrémissible de tous les crimes : & parce que jusques à ce combat, sur l'exemple duquel Henry III. consentit encore à celuy du Capitaine Luynes; c'estoit une chose si permise, qu'on accordoit le Duel en camp clos pour toutes les accusations, dont on ne pouvoit produire de témoins ny de preuves assez convaincantes. La maniere & l'ordre de proceder en tels combats est mesme prescrite & déduite bien au long dans nos vieilles Coustumes manuscrites, & j'ay assez de témoignages de cet usage par des titres de six cens ans & plus, pour dire avec certitude que les Eglises avoient anciennement leurs Champions, pour maintenir & soûtenir leurs droits en camp clos, & que c'est le sujet de l'institution des Vidames dans chaque Evesché & des Advoüez des Abbayes, *tamquam vocati ad jus tuendum*, & ce fut pour les récompenser d'une obligation si onereuse, qu'on leur fit part des Fiefs & revenus Ecclesiastiques. J'ay voulu toucher en passant cette remarque d'antiquité.

La querelle dérivoit de la licence du temps, où chacun se ventant de plus de mal qu'il n'en faisoit, on ne croyoit pas faire injure à un Cavalier de l'accuser de quoy que ce fut qui répondit au terme de galanterie, & comme la Cour estoit toute pleine d'exemples ou de soupçons d'impudicité; on prétendit que Jarnac, qu'on appelloit alors Monlieu, parce que Charles Chabot Baron de Jarnac son pere estoit encore vivant, avoit fait vanité de quelqu'estime reciproque entre luy & Madeleine de Puy-Guyon seconde femme de son pere, sur ce qu'il avoit dit quelque chose au Roy Henry II. qu'il luy pleut d'interpreter ainsi, par quelqu'interest dont je ne veux point parler, ou qu'il exaggera innocemment. Quoy qu'il en soit, la chose fut renduë publique jusques à ce point, que Monlieu fut obligé d'éclater, & de souftenir que quiconque le difoit, eftoit méchant & malheureux. La Chaftaigneraye embraffe auffi-toft une occafion, où il croyoit le Roy intereffé, & c'eft ce qui fait dire auffi au S. de Brantofme fon neveu, qu'il combattit pour fa querelle, & feignnat de prendre la chofe fur foy-mefme, il fit toutes les avan-ces & les premieres démarches, & le demanda à le prouver par le Duel : & ainfi il obligea Jarnac à l'accepter, pour la deffenfe de fon honneur & de celuy de fon pere & de fa belle-mere. Comme l'Hi-ftoire eft fort notable & comme je l'ay recouvrée dans un manuf-crit du temps avec toutes fes particularitez, je la donneray icy dans le mefme ordre & dans le mefme ftile.

CARTELS DE FRANÇOIS DE VIVONNE
S. de la Chaftaigneraye.

SIRE, ayant entendu que Guy Chabot a efté dernierement a Com-piegne, où il a dit que quiconque avoit dit qu'il fe fuft venté d'avoir couché avec fa belle-mere, eftoit méchant & malheureux; fur quoy, SIRE, avec voftre bon plaifir & vouloir, je répons qu'il a méchamment menty & mentira touteffois & quantes qu'il dira qu'en cela j'ay dit chofe qu'il n'ait dit : car il m'a dit plufieurs fois & s'eft venté d'avoir couché avec fa belle-mere.

Signé, FRANÇOIS DE VIVONNE.

SIRE, au differend qui eft entre Guy Chabot & moy, jufques à prefent j'ay feulement regardé à la confervation de mon honneur fans toucher à l'honneur des Dames, defquelles j'aimerois mieux eftre deffenfeur, qu'accufateur, mefme de celle dont eft queftion en noftre differend : mais voyant que pour ma juftification il eft bien requis que je die ce que j'ay teu ; combien que je fçavois qu'il eftoit vray que je dis que ledit Guy Chabot a fait de fa mere à fa volonté, fans regarder l'honneur de fon pe-re & fon devoir & qu'il m'a dit qu'il a couché avec elle. Et pour ce, SIRE, je vous fupplie trés-humblement qu'il vous plaife me donner camp à toute outrance, dans lequel j'entens prouver par armes audit Guy Cha-bot ce que j'ay dit ; & avec ce qu'il vous plaife me permettre que je luy puiffe envoyer lettres de combat avec le contenu de la preuve que je veux faire fur ce que deffus : afin que par mes mains, puis que tel cas ne fe peut autrement prouver, foit verifiée toute l'offenfe qu'il a faite à Dieu, à fon pere & à Juftice. FRANÇOIS DE VIVONNE.

CARTELS DE M. DE MONLIEU S. DE JARNAC,
AU ROY MON SOUVERAIN SEIGNEUR.

SIRE, je fuis venu exprés de ma maifon, pour me défendre de la fauffe imputation de laquelle je vous parlay à Compiegne, & vous fupplie de le trouver bon pour l'honneur qu'il vous a plû me faire de me nourrir. Signé, GUY CHABOT.

SIRE, *avec vostre bon plaisir & congé, je dis que François de Vivonne a menty de l'imputation qu'il m'a donnée, de laquelle je vous parlay à Compiegne, & aussi qu'il a menty de la seconde imputation qu'il m'a faite par le premier escrit qu'il vous a presenté, & davantage, qu'il a méchamment & malheureusement menty de la tierce, orde & infame imputation qu'il m'a faite par le second escrit qu'il vous presente. Et pour ce, SIRE, je vous supplie trés-humblement, qu'il vous plaise luy octroyer le camp à toute outrance; vous suppliant quand & quand, de vouloir premierement declarer quelle des trois imputations ledit François de Vivonne est tenu de me prouver, & s'il est quitte de la premiere imputation par la seconde, & de la seconde, par la tierce. Signé, GUY CHABOT. Collation est faite aux Originaux par moy Notaire & Secretaire du Roy, à Compiegne le 12. Decembre 1546.*

Signé, BOYER.

CHASTAIGNERAYE.

SIRE, *il vous a plû par cy-devant entendre le differend d'entre Guy Chabot & moy, surquoy j'ay vû une lettre de son nom, par où il offre dès demain entrer dedans le camp, & porter armes si braves de luy. Encore plus que l'on connoistra la nourriture & l'honneur qu'il a reçû du feu Roy & de vous, se ventant de m'y arrester d'une livre de fer. Et pour ce, SIRE, qu'il montre vouloir venir au point, que toûjours j'ay pourchassé, je vous supplie trés-humblement qu'il vous plaise me donner camp en vostre Royaume, à toute outrance, pour combattre nostredit differend, ou permission de l'appeller en autre part. Signé,* FRANÇOIS DE VIVONNE. *Collationné à l'Original, Signé,* DE L'AUBESPINE, *& au-dessous, il a esté ordonné que cette presente sera montrée & signifiée audit Chabot, par un Sergent d'armes; pour à icelle répondre & dire ce que bon luy semblera. Fait au Conseil Privé du Roy tenu à l'Isle-Adam le 23. jour d'Avril 1547. Signé,* DE L'AUBESPINE.

PROCÉS VERBAL DES SIEURS DE LA CHASTAIGNERAYE
& de Jarnac.

LE Roy ayant voulu mettre fin au differend d'honneur entre François de Vivonne S. de la Chastaigneraye, Assaillant, & Guy Chabot S. de Monlieu, Assailly & défendeur, aprés avoir mis l'affaire dont estoit question entr'eux, portée par le Cartel & réponse à iceluy en son Conseil Privé, pardevant Messieurs les Connestable & Mareschaux de France, & plusieurs Capitaines & autres pour ce appellez, & n'avoir pû par quelque moyen iceluy vuider ny discuter, pour estre chose hors de preuve : & à ce que neantmoins à l'honneur de l'un ou de l'autre mis hors de dispute, & l'innocence & de l'incoupable de leurdit differend justifiée par quelque moyen : auroit par l'avis & déliberation des dessusdits en sondit Conseil, iceluy Seigneur remis iceluy differend à la preuve de armes en camp clos, & pour ce faire, par ses lettres Patentes de l'octroy dudit camp, il auroit permis, & par icelle Patente fait intimer lesdits Assaillant & Assailly par l'un de nous dés le quatriéme jour aprés la signification d'icelles; suivant lequel octroy, permission

& fignification dudit camp, pour la verification d'honneur d'aucun defdits Affaillant & Affailly, n'auroient iceux pas voulu faillir de répondre l'un à l'autre dans ledit temps : & pour ce faire, dans iceluy pris le jour du Dimanche 10. jour de Juillet 1547. au lieu de faint Germain en Laye, jour pour ledit combat par lefdits Seigneurs arrefté à la requefte defdits Affaillant & Affailly.

Auquel jour lefdits combattans pourvûs de Parrains, à fçavoir l'Affaillant de M. le Comte d'Aumale, & ledit Affailly de M. le Grand Efcuyer S. de Boify, eftant audit faint Germain ledit S. Roy, & ledit camp dreffé au Parc dudit Chafteau, ainfi qu'il eftoit requis, fuivant l'ordre qu'il auroit efté avifé de tenir audit combat par mefdits Seigneurs les Conneftable & Marefchaux de France & M. l'Admiral eftant avec eux : auroit efté crié aux deux cantons dudit camp par le Heraut, au Soleil levant, en leur prefence & de tous les affiftans. AUJOURD'HUY Xe. jour de ce prefent mois, le Roy noftre Souverain Seigneur a permis & octroyé le camp libre & feur à toute outrance à François de Vivonne S. de la Chaftaigneraye Affaillant, & à Guy Chabot S. de Monlieu Défendeur & Affailly ; pour mettre fin par armes au differend d'honneur dont entre les parties eft queftion : parquoy je fais à fçavoir à tous de par le Roy, que nul n'ait à empefcher l'effet dudit prefent combat, ny aider ou nuire à l'un ou à l'autre des combattans, fur peine de la vie.

Et ce dit par ledit Heraut d'armes, Guyenne, toft aprés auroit efté amené ledit Affaillant de fon logis, lequel auroit efté conduit par fon Parrain & ceux de fa compagnie, qui eftoient en nombre environ trois cens, accouftrez de fes couleurs qui eftoient blanc & incarnat, jufques audit camp, Trompettes & Tabourins fonnans : lequel aprés avoir honoré le camp par dehors, auroit efté mené en fon Pavillon, fait & dreffé prés la porte par où il devoit entrer, qui eftoit du cofté droit ; dont il ne fe feroit bougé jufques à ce qu'il feroit entré dans ledit camp. Et ce fait auroit efté procedé par lefdits Parrains en leur confidence du camp des armes offenfives, & en la confidence du camp qu'il feroit baillé d'une part & d'autre, pour demeurer avec chacun des combattans en la maniere qui s'enfuit.

PREMIEREMENT, fur l'heure de fix heures du matin, en la prefence de mefdits Seigneurs les Conneftable & Marefchaux, & de nous Herauts, auroit efté accordé par les Parrains ledit camp en l'eftat qu'il eftoit, fans croiftre ny diminuer, & au furplus, qu'il feroit procedé à l'accord des armes, en faifant à fçavoir des Procurations. Toft aprés iceluy camp accordé, auroit efté fourny d'une part & d'autre Procurations expreffes au cas, qui auroient efté reçûes par chacun des Parrains, & mifes au Greffe par-devant nous Herauts, par l'un defdits Parrains qui eftoit M. d'Aumale : & auroit efté requis proceder à l'accord des armes. En procedant auquel accord, en premier lieu a efté accordé, que s'il fe rompoit des armes offenfives, quant aux efpées il leur en feroit baillé une autre.

Aprés ce fait auroit efté fourny par ledit S. d'Aumale, confidens pour ledit S. de la Chaftaigneraye, les Seigneurs de Sanfac, Monclus, Amboille, Frefolle, & Comte Balinguier. De confidence de la part du S. Grand-Efcuyer, auroient efté fournis par ledit S. de Monlieu les Seigneurs de Clervaux, Boiffe, Vaux-Roüy & Ambleville. Lefquelles confidences feroient allées és Pavillons defdits combattans.

Item, venant fur l'heure de fept heures & demie, ledit S. d'Aumale proteftoit en la prefence defdits Conneftable & Marefchaux, & de nous Herauts, que le temps & élection d'apporter armes pour en accorder, fut au préjudice dudit de Monlieu, & qu'il encourut en fon intereft ; entendu qu'il eftoit tenu proceder fur ledit accord.

Item, toft aprés fut apporté par le S. d'Urfé, accompagné des S. Baron de la Garde & faint Julien, Trompettes & Tabourins fonnans, un gouffet de maille, pardevant l'efchaffaut du Roy, és prefences defdits Seigneurs

Connestable & Marefchaux : lequel fut accordé & accepté par le S. d'Aumale pour servir audit de la Chaftaigneraye.

Item, toft aprés fut apporté pardevant ledit Efchaffaut és presences defdits Connestable & Marefchaux, par ledit S. de faint Julien, accompagné
des Sieurs d'Urfé & Baron de la Garde, Trompettes & Tabourins fonnans,
une manche de Maille, qui fut accordée & acceptée par ledit S. d'Aumale, &
mefurée avec une autre, pour servir audit de la Chaftaigneraye.

Item, toft aprés fut apporté efdites presences, par le S. de la Garde accompagné des S. d'Urfé & faint Julien, un gantelet de fer, qui fut accepté
& accordé par ledit S. d'Aumale ; fans préjudice des autres armes non vifi-
tées, fans en eftre pourvû de femblables pour luy ; & que le temps qui pourroit eftre de difcord fuft au préjudice dudit Monlieu, comme il auroit toûjours protefté : icelle proteftation & presentation fur l'heure de deux heures.

Item, toft aprés fut apporté audit lieu & efdites presences par les S. de
Brion [*François Chabot fecond fils de l'Admiral Chabot*] & de Buys, accompagnez defdits S. d'Urfé, de la Garde & faint Julien, deux Braffars, &
iceux presentez audit S. d'Aumale, pour prendre celuy qu'il luy plairoit pour
fervir audit de la Chaftaigneraye. Lequel Sieur dit & rémontra aufdits
Seigneurs Connestable & Marefchaux que ce n'eftoit arme ufitée fuivant la
proteftation par luy faite. De la part defdits Seigneurs d'Urfé, de la Garde
& faint Julien, fut répondu & foutenu au contraire, difans que c'eftoient
armes ufitées, & qu'il ne devoit ny pouvoit refuser ; parquoy lefdits Braffars furent mis és mains defdits Connestable & Marefchaux pour en juger :
lefquels vûs par eux la lifte envoyée par ledit de Monlieu audit de la Chaftaigneraye pour fe pourvoir d'armes défenfives, auroient ordonné que ledit
S. d'Aumale ne pouvoit ny devoit refuser. Quoy voyant par ledit S. d'Aumale, les fit apporter en la Tente dudit de la Chaftaigneraye, pour prendre
celuy qui luy feroit le plus propre ; ce qui auroit efté fait : & en fut pris par
ledit de la Chaftaigneraye l'un d'iceux, & l'autre rapporté audit de Monlieu.

Item, toft aprés fut apporté audit lieu, efdites presences, par ledit Sei-
neur, accompagné par lefdits d'Urfé & faint Julien & la Garde, Trompettes
& Tabourins fonnans, un grand Bouclier d'acier, à ce que ledit la Chaftaigneraye en fuft pourvû d'un pareil fuivant ladite lifte defdits articles : à
quoy auroit efté débattu par ledit S. d'Aumale, difant que celuy duquel ledit de la Chaftaigneraye eftoit pourvû n'eftoit tel ny femblable à celuy-là.
Parquoy iceluy differend fut mis par-devant lefdits Seigneurs Connestable &
Marefchaux, qui auroient ordonné que ledit de la Chaftaigneraye fe pourvoiroit d'un, fuivant la lifte defdits articles, ou fe ferviroit de celuy qu'il
avoit. Sur ce auroit efté fourny par ledit de Monlieu de Bouclier audit de
la Chaftaigneraye femblable au fien ; voyans que ledit combat pourroit eftre
retardé pour n'en eftre fourny : & lequel ledit S. d'Aumale accepta.

Item, incontinent aprés fut apporté par ledit S. de faint Julien accompagné comme dit eft, un autre Gantelet de fer pour la main gauche, qui fut
accordé & accepté par ledit S. d'Aumale. *Item*, auffi incontinent aprés fut
apporté par ledit S. de la Garde accompagné defdits S. d'Urfé & faint Julien,
Trompettes & Tabourins fonnans, audit lieu & efdites presences, une Jac-
que de Maille, qui fut presentée audit S. d'Aumale, laquelle il auroit accordé & accepté fans difficulté.

Item, auffi fut apporté par le S. de Beaumont accompagné comme dit eft,
deux Morions, l'un defquels fut pris & accordé par ledit S. d'Aumale.

Toutes lefquelles armes défenfives ainfi accordées, auroit efté ordonné
aux Herauts de faire les criées qui s'enfuivent.

DE PAR LE ROY. Je fais exprés commandement à tous, qui tantoft feront, quand lef-
ts Combatrans feront au combat, que chacun des Affiftans ayez à faire filence, de ne par-
:, touffer ny cracher, & ne faire aucun figne, de pied, de main, ny de doigt qui puiffe

aider, ou nuire, ou préjudicier à l'un ny l'autre des Combattans. Et davantage je fais exprés commandement par ledit Seigneur Roy, à tous de quelque qualité ou grandeur qu'ils soyent, que cependant & durant le combat, il n'y ait à entrer dedans le camp, ny à aider à l'un ou à l'autre defdits Combattans, pour quelqu'occafion ou neceffité que ce foit, fans permiffion de Meffeigneurs Conneftable & Marefchaux de France, fur peine de la vie.

Et ce dit & crié, auroient efté amenez lefdits Combattans, à fçavoir l'Affaillant le premier, mené par M. d'Aumale fon Parrain, accompagné de ceux de fa compagnie : & ledit Affailly par ledit Seigneur Grand-Efcuyer fon Parrain & ceux de fa compagnie. Lefquels combattans, après avoir honoré le camp par le dehors, l'un après l'autre, avec leurfdits Parrains accompagnez & affiftez defdits Herauts, Trompettes & Tabourins fonnans, auroient l'un après l'autre, en paffant par ledit Efchaffaut du Roy, fait les Sermens fur les Saintes Evangiles devant ledit S. Roy, fur un fiege de drap d'or trainant jufques à terre, qui leur auroit efté fait faire par M. le Conneftable, en la prefence du Roy, & des Princes de fon Sang & autres Seigneurs eftans prés de luy, en la maniere qui s'enfuit.

SERMENT DE L'ASSAILLANT.

Moy François de Vivonne jure fur les Saintes Evangiles de Dieu, fur la vraye Croix & fur la foy du Baptefme que je tiens de luy, que à bonne & jufte caufe je fuis venu en ce camp pour combattre Guy Chabot, lequel a mauvaife & injufte caufe de fe défendre contre moy : & outre, que je n'ay fur moy ny en mes armes, paroles, charmes, ou incantations, defquelles j'aye efperance grever mon ennemy, & defquelles je me veuille aider contre luy ; mais feulement en Dieu & en mon droit, & en la force de mon corps & de mes armes.

Semblable fut le Serment de l'Affailly. Et ce fait, ayant efté amenez lefdits combattans chacun à fon fiege vis-à-vis l'un de l'autre, auroit efté procedé à l'accord des armes offenfives, en la prefence dudit S. Roy & defdits Seigneurs Conneftable & Marefchaux, qui eftoient une efpée commune & portative tant à pied qu'à cheval, la garde d'icelle à une croifée à pas d'Aine, deux Daguettes épointées pour chacun defdits combattans, & encore deux autres efpées de provifion, mifes és mains dudit Seigneur Conneftable, pour en pourvoir à celuy auquel ladite efpée faudroit, ainfi qu'il avoit efté accordé. Et lefdites armes prifes d'une part & d'autre, auroient efté mifes lefdites efpées és mains defdits combattans, & lefdites deux Daguettes attachées aux éguillettes fur leurs cuiffes, & ainfi armez & équippez defdites armes, l'un des Herauts au milieu d'entr'eux ; après que leurs Parrains auroient pris congé d'eux, & iceux récommendez en l'experience de leurs vertus, auroit efté crié, *laiffez les aller les bons combattans.*

Surquoy feroient venus l'un contre l'autre furieufement, & dextrement abordé l'un l'autre, fe feroient ruez plufieurs coups tant d'eftoc que de taille ; l'un defquels de la part dudit de Monlieu, auroit atteint fur le jarret de la jambe gauche dudit de la Chaftaigneraye, en jettant un eftoc audit de Monlieu : & derechef donna un autre coup fur le mefme jarret ; au moyen defquels coups il auroit commencé à ébloyer. Quoy voyant ledit de Monlieu, fe feroit démarché eftant ledit de la Chaftaigneraye ainfi tombé par terre : voyant qu'il eftoit atteint de telle forte que fa vie eftoit à fa difcretion, iceluy de Monlieu lors crie, *rends moy mon honneur*, & crie mercy à Dieu & au Roy de France de l'offenfe que tu as faite, *rends moy mon honneur.* Et ce dit, connoiffant ledit de Monlieu que ledit de la Chaftaigneraye ne fe pouvoit lever, il l'auroit laiffé fans luy faire ny dire autre chofe, & s'en feroit allé devant le Roy qui eftoit à fondit Efchauffaut, & adreffant fa parole à luy & mettant le genoüil à terre, luy auroit dit, SIRE, je vous fupplie que je fois fi heureux que vous m'eftimiez homme de bien, je vous donne la Chaftaigneraye, prenez-le SIRE, & que mon honneur me foit rendu. Ce ne font que nos jeuneffes, SIRE, qui font caufe de tout cela, qu'il n'en soit rien imputé aux siens ny à luy aussi par sa faute, car je vous le donne. A quoy ledit Roy ne luy auroit fait aucune response, & sur ce se seroit retourné ledit de Monlieu vers ledit la Chastaigneraye, qu'il doutoit se pouvoir relever, & le voyant encore au mesme lieu, se seroit en allant vers luy soudain jetté à deux genoux, levant les mains & le visage au Ciel, disant *Domine non sum dignus*, ce n'est point de moy, je te rends graces, frappant contre son estomac de son Gantelet : & ce fait, seroit venu audit de la Chastaigneraye, l'advisant encore se réconnoistre. Surquoy ledit de la Chastaigneraye voyant qu'il falloit que ledit de Monlieu reçût ce qui estoit indubitablement prouvé, se voyant en ce lieu, se seroit efforcé de se lever, & de fait se seroit levé sur le genoüil, & tenant encore son Espée & son Bouclier, se seroit efforcé de ruer contre ledit de Monlieu, lequel s'approchant de luy & luy tendant son espée, luy auroit dit, *ne te bouge, je te tueray* : & ainsi que iceluy se seroit efforcé de se lever, luy disant, *tuë moy donc*, seroit entombé de costé ; quoy voyant ledit de Monlieu, sans luy faire ny dire autre chose, se seroit encore retiré vers le Roy, luy disant. SIRE, je vous supplie que je vous le donne, & le prendre pour l'amour que l'avez nourry, & que m'estimiez homme de bien. Il me suffit que mon honneur me soit rendu & que je demeure vostre. Si jamais vous avez bataille à faire, & que j'y sois employé ou en quelqu'autre lieu, vous n'avez Gentil-homme qui de meilleur cœur voulut servir que je feray : car je vous promets ma foy que je vous aime & desire de montrer la nourriture que j'ay reçeüe du feu Roy vostre pere & de vous : & pour ce, SIRE, prenez-le ; à quoy ledit S. Roy ne répondit encore rien. Surquoy ledit de Monlieu s'en retourna derechef audit de la Chastaigneraye, qui estoit couché de son long, & d'un costé estoit son espée hors de sa main, auquel il dit, Chastaigneraye mon ancien compagnon, réconnois ton Créateur, & que nous soyons amis : & le voyant se mouvoir encore pour se tourner vers luy, se seroit approché de luy, & du bout de son espée auroit amené à soy ladite espée, ensemblement l'une desdites Daguettes qui estoit hors du fourreau ; qu'il auroit amassées & prises, & s'en retournant vers le Roy, icelles baillées au Heraut d'armes, Angoulesme, & s'adressant encore au Roy, connoissant ledit de la Chastaigneraye estre fort mal, luy auroit derechef dit.

SIRE, je vous supplie que je vous le donne pour l'amour de Dieu, puis qu'autrement ne le voulez prendre. Surquoy M. de Vendosme auroit supplié le Roy, luy disant, SIRE, prenez-le, puis qu'il vous le donne ; comme aussi auroit fait M. le Connestable, qui estoit retourné avec ledit de Monlieu d'où estoit ledit de la Chastaigneraye ; duquel avec mesdits S. les Mareschaux, & avec eux M. l'Admiral, il n'auroit bougé, disant audit Seigneur, SIRE, regardez, car il le faut oster. Pendant lesquels propos & avis, jettant ledit de Monlieu sa vûë sur l'Eschaffaut où estoient les Dames, & lors s'adressant à quelque grande Dame, Madame, vous me l'avez toûjours bien dit. Et sur ce ledit S. Roy émû de pitié, s'adressant audit de Monlieu, luy auroit dit, me le donnez-vous ; à quoy il auroit répondu mettant le genoüil à terre, ouï, SIRE, suis-je pas homme de bien ? je vous le donne pour l'amour de Dieu. Surquoy ledit S. Roy luy auroit dit, vous avez fait vostre devoir, & vous doit estre vostre honneur rendu. Et ledit S. Roy s'adressant à mondit S. le Connestable, luy auroit commandé que l'on ostast ledit de la Chastaigneraye, appellant pour ce faire lesdits Herauts, ausquels mondit S. le Connestable commanda d'aller, ce qu'ils firent : & le voulant désarmer pour le soulager, auroit esté soudain regardé pour estre mieux de sa personne, que tout ainsi qu'il estoit il seroit emporté hors dudit camp. Ce qui auroit esté fait par les Herauts & quatre Gentils-hommes, que l'on auroit pour ce faire fait entrer dedans le camp, & iceluy mis en sa Tente. Et cependant estant toûjours ledit de Monlieu devant le Roy, seroit venu à luy sondit Parrain M. le Grand Escuyer, qui l'auroit embrassé & baisé : &

oyant M. le Conneſtable & meſdits S. les Mareſchaux & Admiral, qu'il alloit que ledit de Monlieu eut le Triomphe à luy dû, auroit eſté dit au Roy par ledit S. Conneſtable, SIRE, il faut qu'il ſoit ramené en Triomphe par tous ceux de ſa compagnie avec les Heraults, Trompettes, & Tabourins ſonnans ; à quoy auroit eſté reſiſté par ledit S. Grand-Eſcuyer, diſant, SIRE, il n'aura autre Triomphe, il luy ſuffit de ce qu'il a reçû & qu'il eſt en voſtre grace. Et ſemblablement ledit de Monlieu, en refuſant ledit Triomphe, auroit dit, il me ſuffit bien, SIRE, je ne demande point cela, tout ce que je deſire, c'eſt d'eſtre voſtre ; quoy voyant le Roy l'auroit appellé & fait monter ledit S. Grand-Eſcuyer & ledit de Monlieu, leſquels ſeroient, enſemble ledit Seigneur Conneſtable, venus vers ledit S. Roy ; aprés toutefois avoir eſté aſſeuré par ledit S. Conneſtable audit de Monlieu, que ledit de la Chaſtaigneraye eſtoit hors du camp. Et iceluy monté & venu devant ledit S. Roy, ſe ſeroit jetté à genoux devant luy ; lequel S. Roy l'auroit embraſſé, luy diſant, *Vous avez combattu en Ceſar & parlé en Ariſtote*; duquel honneur ledit de Monlieu l'auroit grandement rémercié, le ſuppliant le tenir toûjours ſon Serviteur : ce que ledit S. Roy luy auroit promis, & ſur ce auroient pris congé dudit S. Roy & s'en ſeroient retournez en ſadite Tente, & de-là au logis de mondit S. le Grand-Eſcuyer, plein d'honneur & de grande réputation, non ſeulement de la part dudit S. Roy, mais auſſi des Princes, grands Seigneurs, Gentils-hommes & autres qui avoient vû ledit combat & l'iſſuë d'iceluy ; tant pour avoir eu affaire à tel homme que ledit de la Chaſtaigneraye, qui eſtoit eſtimé fort hardi & adroit aux armes, comme auſſi la verité eſtoit ; que pour avoir uſé envers luy de belle gracieuſeté. Duquel honneur eſt bien tenu ledit S. de Monlieu audit Seigneur Grand-Eſcuyer, pour luy avoir ſervy de pere & meilleur amy aprés Dieu ; lequel pour les cauſes qui ſont à luy reſervées, juſtement détermine les choſes ſelon ſes jugemens imcompréhenſibles, voir, du tout au contraire de l'opinion des hommes, pour leur montrer qu'il eſt Dieu & qu'ils ne ſont rien.

Ce combat ſe fit le dixiéme de Juillet 1547. & quand le vaincu n'auroit pas eſté bleſſé à mort, il n'auroit jamais voulu ſurvivre à la réputation qu'il avoit perduë du plus vaillant homme de la Cour, & qui luy avoit eſté plus chere que celle du plus prudent. Le Roy n'en eut pas tout le regret qu'eut merité ſa perte, parce qu'il falloit appréhender quelque choſe de funeſte de ſon déſeſpoir, & qu'il fut bien conſolé de voir enſevelir avec luy la memoire d'une choſe où il avoit un peu de part. Au reſte ce François de Vivonne n'eſtoit point Seigneur de la Chaſtaigneraye, qui appartenoit à Charles de Vivonne ſon frere aiſné ayeul de la Ducheſſe de la Rochefoucant, mais bien de la terre d'Ardelay. Il laiſſa une fille unique Diane de Vivonne, morte ſans enfans de Nicolas de Grimonville S. de l'Archant, Chevalier des Ordres & Capitaine des Gardes du Corps du Roy.

Guy Chabot lors Seigneur de Monlieu & depuis Baron de Jarnac, Chevalier de l'Ordre du Roy, Gentil-homme ordinaire de ſa chambre, Capitaine de cinquante hommes d'armes, & Gouverneur de la Rochelle & du Pays d'Aunis, fut toûjours depuis en haute conſideration à la Cour ſous le Regne de Henry II. & des trois Rois ſes enfans ; tant pour la gloire de ce fameux combat, que pour la récommendation de ſes ſervices dans les Guerres de la Religion. Il laiſſa de ſon mariage avec Louïſe de Piſſeleu de Heilly, Leonor Chabot aprés luy Baron

Baron de Jarnac & Jeanne Chabot, mariée 1. à Anne d'Anglure S. de Givry , 2. à Claude de la Chaftre Marefchal de France. De deux enfans qui fortirent du mariage de Leonor Chabot avec Marguerite de Durfort de Duras, l'aifné nommé Guy a continué la branche de Jarnac , & du 3. Charles Chabot S. de fainte Aulaye marié avec Henrie de Lur fille de Michel S. de Longa , & de Marie Raguier fille de Jean Baron d'Efternay , & de Marie de Bethune, fortit entr'autres enfans Henry Chabot Duc de Rohan , Pair de France , Prince de Leon , Comte de Porrhoet , &c. par fon Alliance avec Marguerite heritiere de Rohan , qui préfera à de plus riches Partis un puifné d'une Maifon trés-illuftre & fon Coufin du 4. au 4. degré du cofté de la Maifon de Bethune ; pour avoir la gloire dans un Siécle opprimé d'ambition & d'intereft de couronner le merite de celuy , qu'elle croyoit plus digne de fon choix , & de venger la vertu des outrages de la Fortune.

Deux, qui ont trouvé à redire à ce Mariage, fe font fait plus d'injure par leur ignorance , que la maifon des Chabots n'en peut recevoir de leur envie ; car que peuvent-ils dire contre une race, qui dés l'an mille eft en poffeffion des premiers honneurs dans le Comté de Poitou, d'où elle eft originaire , & où il n'y a point de noms illuftres aufquels elle n'ait efté alliée, non pas mefme celuy de Lezignem , celebre par tant de couronnes? Puifque Geofroy de Lezignem , Comte de Joppe en Terre-Sainte , frere puifné de Hugues IX. Comte de la Marche , mais frere aifné de Guy de Lezignem , Roy de Jerufalem , d'Aimery de Lezignem Roy de Chypre , & de Raoul de Lezignem S. d'Iffoudun & Comte d'Eu , eftoit marié avant l'an 1200. avec Euftache Chabot Dame de Vonvent & de Mervant, de laquelle eftant veuf & en ayant deux fils , il fe trouva encore affez confiderable pour époufer en fecondes nôces Clemence Vicomteffe de Chaftelleraut & heritiere de la Comté d'Alençon , qui mourut fans enfans de luy le Vendredy avant la Pentecofte 1229. L'aifné des deux fils qu'il eut d'Euftache Chabot , fut Geofroy de Lezignem Seigneur de Vonvent , de Mervant, Fontenay, Montcontour, &c. Ce celebre Chevalier, que les Romans ont appellé Geofroy à la grand' dent , qui ne laiffa point de pofterité d'Umberge de Limoges fa femme, & qui eut pour heritieres Valence de Lezignem , femme de Hugues l'Archevefque S. de Partenay , & Æline de Lezignem, alliée à Barthelemy S. de la Haye & de Paffavant, fes niéces, filles de Guillaume fon frere , & de l'aifnée, defquelles eftoit iffuë Catherine de Partenay mere du feu Duc de Rohan.

Thibaut Chabot frere de cette Euftache , Seigneur de la Rochecerviere & de la Greve , eftoit fi confiderable, qu'il fut un des Arbitres de la Paix & des Juges de l'infraction des Treves entre le Roy Philippe Augufte & Jean Roy d'Angleterre , & que de trois fils qu'il laiffa, dont l'aifné Thibaut Chabot IV. du nom, fut marié à Ænor fille de Bernard IV. Vicomte de Broffe, iffu des Vicomtes de Limo-

ges , le second nommé Gerard épousa Euftache Dame de Raiz auparavant l'an 1250. fi bien que ce n'eft pas d'aujourd'huy, & qu'il y
a 400. ans paffez, que la Bretagne a vû ceux de ce nom au nombre
de fes neuf anciens Barons, qui eft le dernier honneur de cette Province & qui leur a efté commun avec la maifon de Rohan. Girard
Chabot leur fils , Baron de Raiz , prit pour femme Jeanne de Craon
fille de Hugues II. S. de Craon , & d'Ifabeau de la Marche , fille de
Hugues X. S. de Lezignem , Comte de la Marche , & d'Ifabeau
Comteffe d'Angoulefme , Reine d'Angleterre, & en eut Girard Chabot III. du nom , Baron de Raiz , &c. allié à Marie de Partenay .
fille de Guillaume l'Archevefque S. de Partenay , &c. & de Jeanne de
Montfort fa premiere femme , & pere d'autre Gerard III. du nom ,
& de Jeanne Chabot dite de Raiz , femme de Fouques de Laval S.
de Chalouyau , fils de Guy IX. Comte de Laval ; à caufe de quoy Guy
de Laval leur petit fils herita de la Baronie de Raiz , après la mort
de Jeanne Chabot dite de Raiz fa coufine : qui avoit fuccedé à Girard Chabot VI. du nom fon frere , fils de Girard V. & de Philippe Bertrand , fille de Robert Bertrand S. de Briquebec , Marefchal de
France , & de Marie de Sully , & petit-fils de Girard III. & de Catherine fille de Guy IX. Comte de Laval , & de Beatrix de Gavre ,
& fœur dudit Fouques S. de Chalouyau.

Sebran Chabot troifiéme fils de Thibaut , eft le feul qui a continué la pofterité jufques à prefent. Il fut S. de la Greve & d'autres
terres , & fe trouva pour le fervice du Roy à l'Oft de Foix l'an 1271.
avec trois Chevaliers à fa fuite & douze Efcuyers tous fes Vaffaux ,
marque certaine de fa puiffance, auffi-bien que de fa grande Nobleffe. Sebrandin Chabot fon fils aifné fut pere de Thibaut IV. ayeul de
Thibaut V. & bifayeul de Thibaut VI. tous Seigneurs de la Greve:
& celuy-cy laiffa de Amice fille de Jean S. de Maure en Bretagne ,
Loüis Chabot mort l'an 1422. S. de la Greve. Et à caufe de Marie
de Craon fa femme , fille de Guillaume Vicomte de Chafteaudun ,
Seigneur de fainte Maure & de Marcillac, & de Jeanne Dame de Montbafon , de Montcontour, Savonieres, Colombiers & autres Terres, il
il fut encore Seigneur de Montcontour , Jarnac , Monforeau , Precigny , Verneuil , Savonieres , Colombiers , Ferrieres , &c. il en
eut deux fils entr'autres, Thibaut & Renaut. Thibaut VII. fut Seigneur de
la Greve, Montcontour, Montferau, Precigny , &c. & d'Argenton
par le mariage qu'il contracta avec Bruniffent d'Argenton ; mais les
enfans de Loüis Chabot fon fils eftans morts fans pofterité, tous les
biens de cette branche aifnée furent partagez entre ceux de Catherine & Jeanne Chabot fes fœurs, mariées, l'une à Charles de Chaftillon S. de Sourvilliers & de Marigny , de laquelle eft iffu le S. d'Argenton chef du nom & des armes de l'ancienne & puiffante maifon de
Chaftillon , & l'autre à Jean de Jambes à caufe d'elle S. de Montforeau , premier Maiftre d'Hoftel du Roy Charles VII. dont font defcendus les Comtes de Montforeau & les Marquis d'Avoir , & par

Helene de Jambes femme du celebre Philippe de Commines, la Ducheffe de Vendofme mere des Ducs de Mercœur & de Beaufort, &
de la Ducheffe de Nemours.

Renaud Chabot fecond fils de Loüis & de Marie de Craon fut Seigneur
de Jarnac, & entr'autres enfans qu'il eut d'Ifabeau de Rochechoüart
Dame d'Afpremont, de Brion & de Clairvaux, le quatriéme nommé
Jacques S. de Jarnac, de Brion & d'Afpremont par la mort de fes fre-
res, & devenu l'aifné, époufa Madeleine de Luxembourg fille de
Thibaut S. de Fiennes, & de Philippe de Melun. Il en eut Charles
Baron de Jarnac, Philippe S. de Brion, Comte de Buzançois & de
Charny Chevalier des Ordres de France & d'Angleterre, Gouverneur
de Normardie & Admiral de France, Catherine Chabot femme de
Bertrand S. d'Eftiffac. Charles Chabot Baron de Jarnac, Chevalier de
l'Ordre du Roy, Gouverneur de la Rochelle & du Pays d'Aunis, s'allia premierement à Jeanne Dame de S. Gelais, de fainte Aulaye &
de Monlieu, & en eut Guy Chabot Baron de Jarnac, &c. qui a donné fujet à ce difcours, Anceftre des Barons de Jarnac & du Duc de
Rohan. Et de Madeleine de Puyguion fa feconde femme nafquit Charles Chabot S. de fainte Foy, qui laiffa de Françoife Joubert, Efter
Chabot femme de Charles de Fonfeque, Chevalier de l'Ordre du
Roy, Baron de Surgeres, mere d'Helene de Fonfeque mariée à Ifaac
de la Rochefoucaut Baron de Montende, & de Diane alliée à Jean
Chaftaigner S. de la Rochepozay; dont font iffus les Barons de Montende, & les Marquis de la Rochepozay.

Enfin Philippe Chabot Comte de Charny & de Buzançois S. de
Brion, Admiral de France, fils puifné de Jacques, & de Madeleine
de Luxembourg, époufa Françoife de Longvic Dame de Paigny & de
Mirebeau; fille de Jean S. de Givry, &c. & de Jeanne d'Angoulefme
fœur naturelle du Roy François premier, & en eut deux fils, Leonor
& François Chabot, & quatre filles, Françoife femme de Charles de
la Rochefoucaut Baron de Barbezieux, Antoinette femme de Jean S.
d'Aumont, Comte de Chafteauroux, Marefchal de France, Anne
qui époufa Charles Duc de Halluin, qui toutes trois ont laiffé une
illuftre pofterité, & Jeanne Chabot Abbeffe du Paraclit. Leonor
Chabot l'aifné Comte de Charny & de Buzançois Lieutenant General au Duché de Bourgogne & Grand-Efcuyer de France, laiffa de
Claude Gouffier fa premiere femme, fille de Claude Duc de Roan-
nois, Catherine Chabot Comteffe de Buzançois, femme de Guillaume de Sault Vicomte de Tavannes, & Charlotte femme de Jacques le Veneur Comte de Tillieres, & de la feconde Jeanne de Long-
vic fille de Joachim S. de Rie, il eut Marguerite Chabot mariée
à Charles de Lorraine Duc d'Elbeuf mere du Duc d'Elbeuf,
du Comte de Harcourt & de la Ducheffe de Roanois, Françoife
Chabot femme de Henry Huraut Comte de Chiverny, & Leonor femme de Chriftophle de Rie Comte de Varas. François Chabot fecond fils de l'Admiral, Marquis de Mirebeau, puis après

fon frere Comte de Charny qui eſtoit ſubſtitué aux maſles, Chevalier des Ordres du Roy, S. de Brion, &c. fut auſſi marié deux fois. De Françoiſe de Lugny ſa premiere femme, naſquit Catherine femme de Jean de Sault Vicomte de Ligny. Et de la ſeconde, qui fut Catherine de Silly fille de Loüis Comte de la Rocheguyon & d'Anne de Laval, il eut entr'autres enfans Jacques & N.... Comte de Charroux qui a laiſſé poſterité. Jacques Chabot Marquis de Mirebeau, Comte de Charny, Chevalier des Ordres du Roy, épouſa 1. Anne de Coligny fille de François d'Andelot, & d'Anne de Salmes, 2. Marie Antoinette de Lomenie, & du premier lit ſortirent Charles Chabot Comte de Charny mort ſans enfans de Charlotte de Caſtille, & Catherine femme de Ceſar-Auguſte de Bellegarde Baron de Termes.

Peut-eſtre trouvera-t'on par cette déduction ſuccinte de la Genealogie des Chabots, qu'avec l'avantage d'une grande Nobleſſe, elle a eu celuy-là plus ſingulier que pluſieurs autres de la premiere extraction, de s'eſtre maintenuë avec autant de luſtre, d'éclat & de grandeur dans ſes branches puiſnées que dans celles de ſes aiſnez, qui ont jetté tous ſes grands biens en d'autres familles. Et peut-eſtre encore qu'on ne s'eſtonnera plus, qu'un Seigneur deſcendu au 6. degré de Jacques Chabot, & de Madeleine de Luxembourg, qui pouvoit compter parmy ſes puiſnez des Admiraux, des Grands-Eſcuyers, des Gouverneurs & Lieutenans generaux de Provinces, & des Chevaliers des Ordres de nos Rois, & qui avoit l'honneur de leur appartenir de parenté, comme à tous les Princes & à tous les Grands de la Cour, ſe ſoit trouvé doüé d'aſſez de qualitez, pour meriter de profiter de l'occaſion d'une alliance, qui ne dépendoit point de la diſpoſition de la Fortune. Veritablement la condition d'une grande heritiere ſeroit d'autant plus miſerable, qu'elle auroit d'eſprit & qu'elle ſeroit ſenſible au merite & à la vertu, s'il falloit immoler à la vanité des titres l'avantage de choiſir un mary, & acheter au prix de ſon repos & de toute la ſatisfaction de la vie, le regret de s'eſtre renduë ſujette de quelque Prince ingrat ou mal conditionné ; & auſſi incapable de réconnoiſtre que de bien uſer du bonheur d'un ſi grand & d'un ſi digne party.

DE L'ADMIRAL CHABOT.

ENCORE que cet Admiral ne ſoit pas du temps dont je traite l'Hiſtoire, il eſt du meſme ſiécle, & l'occaſion de parler de ſa maiſon à cauſe du S. de Jarnac ſon couſin, me luy ſera donner place icy, pour traiter de ſa fortune & de ſa diſgrace, & pour ſervir d'exemple du peu de confiance, qu'on doit prendre aux bonnes graces des Princes. Le Roy François premier n'eſtant que Comte d'Angouleſme & premier Prince du Sang, ce Philippe Chabot fils puiſné du Baron de Jarnac, qui eſt aſſez prés d'Angouleſme, luy fit fort aiſé-

ment sa Cour, & partagea ses bonnes graces avec Anne de Montmorency, lequel comme puisné de sa maison on avoit donné pour enfant d'honneur à ce Prince : & comme ils se nourrissoient principalement de l'esperance de sa future Royauté, le S. de Brantosme remarque qu'il satisfit enfin aux souhaits, qu'ils avoient faits dans leurs
entretiens avec luy, par les premieres charges de sa Couronne ; mais
ce ne fut pas sans les avoir meritées par les grands services qu'ils luy
rendirent. Celuy-cy ayant beaucoup contribué à la défense de Marseille contre l'Empereur Charles V. & contre le Duc Charles de Bourbon, il combattit vaillamment à la Journée de Pavie, & servit encore à diverses Negociations avec l'Empereur durant la prison de son
Maistre ; qui à son retour en France luy donna deux marques de sa
réconnoissance & de sa faveur par la charge d'Admiral, vacante
par la mort du S. de Bonnivet, & par l'alliance qu'il luy procura
l'an 1526. avec Françoise de Longvic sa niéce, fille de Jeanne Bastarde d'Angoulesme sa sœur. Ce ne fut qu'un commencement des
grands biens & des dignitez, qui tomberent sur ce digne sujet en si
grande abondance, qu'il en auroit esté accablé, si les faveurs avoient
du poids pour abismer ceux qui s'y fient, quand la fortune lasse de
les porter vient à s'appesantir sur eux. Il fut en peu de temps Gouverneur de Provinces, Ambassadeur en Angleterre, Chevalier des
Ordres de S. Michel & de la Jartiere, & enfin General des armées du Roy en Piémont, où il se signala par diverses conquestes,
mais dont il arresta le cours assez imprudemment pour avoir déferé
au conseil, que luy donna le Cardinal de Lorraine faisant son Ambassade pour la Paix, de surseoir quelque temps à la poursuite de ses
Exploits pendant sa Negociation. Le Roy en conçût une indignation extréme, il ne voulut point recevoir ses excuses, & le Cardinal de Lorraine luy-mesme fut obligé pour sa justification, de dire
que veritablement il luy avoit témoigné que cette spoliation du Duc
de Savoye aigriroit les esprits & pourroit estre un obstacle à la Paix,
mais que cela n'estoit point capable d'arrester les Ordres du Roy. Il
fallut mesme qu'il l'abandonnast, & qu'il laissast tomber sur luy toute la colere de ce Monarque : quand un Favory en est réduit là, c'est
un homme qui se noye au bord de l'eau, sans pouvoir trouver une
main officieuse parmy tous ceux qui le regardent, pour le sortir du
peril. On l'enfonceroit plûtost que de le tirer, parce qu'on est toujours du party qui domine & duquel il y a quelque chose à esperer,
contre celuy qui perit & duquel on croit n'avoir plus rien à craindre. Les Anciens nous ont donné la figure parfaite des Courtisans
par ces trois sœurs les Gorgonnes, qui n'avoient qu'un œil, qu'elles s'en-
prêtoient, c'est un mesme œil qui fait toute la lumiere de la Cour,
tous qui en sont, ne voyent qu'une mesme chose, & elle est toûjours
selon que le Prince ou que celuy qui gouverne, en donne le nom &
le caractere, parce qu'il y a du merite dans cet aveuglement, plus il
est volontaire. François premier n'eut pas si-tost fait paroistre son

mécontentement de l'Admiral Chabot, que tout ce qui paroiſſoit pour luy, diſparut ou luy fut contraire, & quand le Roy témoigna luy vouloir faire faire ſon procés, tout le monde l'en jugea digne. Ce fut dans un déſeſpoir de ſe voir tout ſeul à défendre ſa cauſe, qu'il s'emporta juſques à défier le Roy de le convaincre d'aucun crime ; & comme il s'en tint offenſé, il ſçût bon gré au Chancelier Poyet de la promeſſe qu'il luy fit de le rendre coupable : & l'ayant fait arreſter, il l'abandonna à toutes les ruſes de la chicane, & favoriſa toutes les Procedures. Au bout de quelque temps en ayant demandé des nouvelles au Chancelier, il luy dit qu'il eſtoit convaincu de vingt-cinq crimes Capitaux ; mais en ayant voulu eſtre informé, il ſe moqua de ce grand entaſſement de charges, dont la plus conſiderable eſtoit un droit d'Admirauté ſur les Harangs, qui ne pouvoit eſtre au plus qu'un cas purement amandable & ſujet à reſtitution de la part d'un Officier de la Couronne. Ainſi, tous les ſoins du Chancelier Poyet ne ſervirent qu'à le rendre odieux au Roy, & à luy faire déplorer le malheur de la Victime qu'il vouloit immoler. Il mal-traita fort ce Magiſtrat, & comme on le vit amolly, une pitié d'influence plûtoſt que de nature ſe coula dans le cœur de quelques-uns des Grands en faveur du priſonnier ; lequel ayant eſté mandé, il acheva de calmer l'indignation du Roy par la réponſe qu'il luy fit, ſur ce qu'il luy demanda, s'il oſeroit encore ſouſtenir ſon innocence, *qu'il avoit appris dans la priſon qu'il n'y avoit perſonne qui s'en put venter devant ſon Roy non plus que devant Dieu.* Il n'en fallut pas davantage pour fléchir un Prince qui révenoit à luy & qui cherchoit les moyens de rétablir ce qu'il avoit détruit, mais c'eſtoit dans un temps auquel on gardoit un peu plus exactement les formes & les apparences. Il ne fallut pas que l'Admiral parut abſolument innocent, parce que l'honneur du Roy y eſtoit intereſſé, & il falloit encore qu'il parut qu'il luy eut fait grace en luy faiſant Juſtice. C'eſt pourquoy on laiſſa donner Arreſt contre luy, par lequel il fut condamné en quinze cens cinquante mille livres tournois d'amandes & réparations, & banny à perpetuité, ſans eſperance de jamais rétourner. Mais par lettres Patentes du 12. Mars 1541. où le Roy le qualifie *le S. de Brion ſon cher & bien-aimé couſin Philippe Chabot Chevalier de ſon Ordre, il le remit en tous ſes honneurs, bonne fame & rénommée, & bien-faits, en tous ſes biens meubles & immeubles, réünis ou non à ſa Couronne, le quitta de toutes amandes & réparations, & le rappella du banniſſement, impoſant ſilence perpetuel à ſon Procureur General.*

Il joignit ces lettres aux autres pieces, qu'il produiſit pour faire revoir ſon procés, dont la Commiſſion fut adreſſée le 6. Février à François de Montholon, François de ſaint André, & Jean Bertrand, Préſidens en la Cour de Parlement de Paris, Jean de Meſençal premier Préſident au Parlement de Toulouſe, Jean Feu & Eſtienne de Tornebus, Préſidens au Parlement de Roüen, Martin Fumée & Jean Coutel Maiſtres des Requeſtes, Jean le Prévoſt Préſident des Requeſtes du Palais, Nicole Huraut, Jean le Cirier, Leon Lefcot, Claude Tudert, Bertrand le Liévre, Michel de l'Hofpital & Nicole le Clerc, tous Confeillers au Parlement de Paris, Jean Robert, François de Mixiis, Jean de Tercla & Robert Darion, Confeillers au Parlement de Touloufe, Jean de Mares Confeiller & Maiftre des Requeftes, & Pierre d'Argentré auffi Confeiller au Parlement de Bretagne, aufquels il adjoufta François Olivier Maiftre des Requeftes, de nouveau révenu d'une Ambaffade en Allemagne. Tous ces Juges declarerent par Arreft donné à Paris le 23. de Mars 1541. ledit S. de Brion n'eftre criminel, & pour le rendre plus folemnel, le Roy eftant à Bar-fur-Seine le 29. du mefme mois, luy fit expédier lettres d'innocence en plein Confeil, portans que *comme pour extirper & tollir la doute & ambiguité de l'avis ou jugement donné fur le procés fait par nos Commiffaires à noftre amé & féal coufin Philippe Chabot, Chevalier de noftre Ordre, Comte de Buzançois & de Charny, Admiral de France, de Bretagne & Guyenne, Gouverneur & noftre Lieutenal general en Bourgogne, auffi Lieutenant de noftre trés-cher & amé fils le Dauphin au Gouvernement de Normandie: nous qui de noftre part n'avons eu fufpicion ny fcrupule, euffions fait appeller derechef nofdits Commiffaires en la ville de Paris, &c. Pris leur advis & des Princes, Chevaliers de l'Ordre, Gens du Confeil Privé, avec le Chancelier, & noftre amé féal Confeiller, Maiftre des Requeftes de noftre Hoftel, Maiftre François Olivier, qui eft prefentement arrivé des Allemagnes, où l'avons envoyé Ambaffadeur pour nos urgentes affaires, &c. l'avons declaré innocent, &c. par le Roy, le Dauphin, Duc d'Orleans, le Duc d'Eftouteville, les Cardinaux de Ferrare & du Bellay, vous M. le Chancelier, le S. d'Annebaut Marefchal de France, le S. de faint André Chevalier de l'Ordre & Mr. François Olivier Confeiller du Privé Confeil, prefens Bayart.* Avec ces lettres le Roy luy en donna d'autres du mefme jour, par lefquelles, en confideration des fervices de fondit Coufin, mefmement à la répulfion de Charles de Bourbon, qui avoit affiegé Marfeille, du récouvrement de fes chers & bien amez fils, & de plufieurs lieux & places fortes, Ambaffades, voyages, &c. tant envers l'Eftat qu'envers luy dés fon jeune âge, & pour fa réduction pendant fon abfence en Efpagne, il fupprime toutes offenfes, confifcations, amandes, &c. & le reprend en fa grace. Le tout verifié au Parlement le 5. Avril de la mefme année 1541.

Le rétabliffement de Philippe Chabot donna un nouvel exemple du flus & reflus de la Cour; Anne de Montmorency Conneftable de France qui n'eftoit point fon Amy, parce qu'ils eftoient rivaux de Faveur, en fut éloigné, & renvoyé chez luy fante de Preuves pour le mal-traiter davantage; & le Chancelier Poyet, qui croyoit avoir affeuré fa Fortune par la complaifance qu'il avoit toûjours euë pour le Roy, en tout ce qui dépendoit de fa Charge, tomba luy-mefme dans la recherche & dans la honte du crime de concuffion, duquel il avoit voulu convaincre l'Admiral. Il r'entra en credit comme auparavant ; mais si les Rois peuvent tout pour la restauration des fortunes ruinées, il y a d'autres maux qu'ils ne peuvent guerir. Le peril où ce Seigneur se vit reduit par les soins qu'on prenoit de faire servir toutes sortes de dépositions à sa perte, luy saisirent le cœur d'une si violente & si juste appréhension qu'il en perdit le pouls ; il fut mesme impossible de le retrouver dans sa nouvelle faveur, & il ne traisna depuis qu'une vie languissante jusques en l'an 1543. qu'il mourut. Le Roy pour récompenser sa memoire, & en faveur de l'Alliance qu'il avoit avec la Maison d'Orleans & d'Angoulesme à cause de sa femme, ordonna qu'il fust enterré dans la Chapelle d'Orleans en l'Eglise des Celestins de Paris, & qu'on luy érigeast un superbe Tombeau, où l'on a depuis inhumé le feu Duc de Rohan Henry Chabot l'un de ses Neveux. On y voit une belle Epitaphe Latine de cet Admiral, mais parce qu'elle est imprimée en divers Livres, je mettray en sa place celle-cy de Vers François, qui n'a point veu le jour & qui sert à l'Histoire.

VEux-tu, *Passant, de Fortune inconstante*
Voir les beaux jeux ? arreste-toy, l'attente
Te rendra sage, & pourra t'aviser
Bien peu les dons de Fortune priser.
  Au temps auquel sur mon visage tendre
Premierement vint la Barbe s'étendre,
Aux grands honneurs commençay de monter ;
Où je vescus sans me voir surmonter
De nul, pour estre en la grace du Roy,   * Anne de Mont-
Fors d'un tenant le haut lieu maugré moy *.*   morency.
  En ce credit je sçeus trés-bien penser
De mon profit & les miens avancer.
La Mer autant comme elle a d'estenduë
En France, sujette à moy renduë
Avec les Dieux marins grands & petits,
Tant Ocean, Neptune que Thetys.
  Mais la Fortune adverse & déloyale,
Soudain me mit de la faveur Royale
Beaucoup plus loin que prés ne m'avoit mis,
M'environnant de tourbes d'ennemis ;
Par le moyen desquels & leur poursuite,
De mon Procés la cause fut instruite,
En jugement : où, bon Dieu ! quels efforts
Pour m'accuser, combien de faux rapports
Ay-je pû voir. L'opprobre des témoins
Ne me grévoit en mon mal gueres moins,
Et qui pis est, pour comble de méchef,
Ordonné fut de mes Juges le Chef
Celuy, qui pour sa rancune vanger
Sur moy, taschoit me voir mis en danger
De perdre tout, ignorant que mon sort
Se deut changer, & venir à bon port.
Mais à la fin puny de ses forfaits
Il s'est trouvé pris és rets qu'il a faits.
  Es sieges bas de Juges pourmené,
Homme ne fut oncques de femme né,

Mieux

Mieux attendant de l'extrême Fortune
La mercy, quand Grace trés-opportune
A mon secours pour m'oster de ce lieu
Vint au besoin, & croyez que si Dieu
Ne l'eut permis, Oh! furiale envie,
Je perissois d'honneurs, de biens & vie.
Aprés ces maux la Déesse raillarde
Vers moy revint la chair aussi gaillarde
Comme devant, me voulant faire asseoir
Ez lieux hautains desquels m'avoit fait cheoir;
Me promettant tous les biens que j'eus d'elle
Restituer. Voyant l'offre si belle,
Et que bien-tost à son dire rangé,
De mes Haineux pourrois estre vangé;
Je déchassois de mon cœur la tristesse;
Lors que vers moy la méchante traistresse,
En se mocquant derechef arriva,
Qui de l'espoir que j'ay dit me priva:
Et commandoit, en changeant ses propos
Doux en aigreur, à la fiere Atropos,
N'ayant moitié de ma filasse usée,
Rompre & casser le fil de ma fusée.

Voila comment de vie la lumiere
Mort me ravit, enfermant en ma biere,
Note du nom par moy non merité.
Ou s'il en faut parler en verité,
Trop plus grande & excessive y fut mise
Que n'avoit pas la faute esté commise.

Minos & toy Rhadamante refuges
Extrémes, par le haut Jupiter Juges
Instituez, pour tous en équité,
Jugez mon fait en vostre integrité.

L'ame attendant vostre sentence tremble
De la grand' peur qu'elle a, qu'il ne vous semble
Qu'aimer l'argent je me fusse adonné
D'un appetit par trop désordonné.

Mais toy, Passant, ton esperance toute
En la vertu, si tu es sage, boutte,
Qui seule fait ses suivans bien-heureux.
La Fortune est muable, & fait à ceux
Qui la suivront, ainsi que folle inique,
Enfin du jeu le faux bond ou la nique.

Dans la plenitude de sa faveur, Loüise de Bourbon sœur du Connestable, & veuve de Loüis de Bourbon Prince de la Roche-sur-Yon, rechercha sa protection & son alliance par le mariage contracté l'an 1533. entre Loüis de Bourbon son fils & Jacqueline de Longvic sœur de l'Admirale sa femme, & comme elle niéce de François I. auprés duquel il s'employa si utilement pour la restitution des biens confisquez sur le Connestable, que le Roy rendit à ce Prince de la Roche-sur-Yon, le Duché de Chastellerant, la Comté de Forests, les Seigneurie de Beaujeu & Principauté de Dombes, & la Comté de Montpensier, qu'il luy érigea en Duché & Pairie de France au mois de Février 1538.

DE GUILLAUME POYET CHANCELIER DE FRANCE.

LE Chancelier Poyet ayant fait le principal perſonnage dans cette tragique diſgrace de l'Admiral Chabot, il eſt à propos d'inſtruire la poſterité de ſa Cataſtrophe ; pour avertir ceux qui ſe fient
en l'autorité des grandes charges , qu'il faut avoir plus de charité
que d'indignation dans l'inſtruction des procés criminels, & qu'il eſt
dangereux de flatter les paſſions des Princes, & de deſcendre de l'integrité qu'on doit au premier Office de la Juſtice dans une complaiſance criminelle. Si Guillaume Poyet ſe fut contenté de s'entretenir
dans la réputation qu'il s'eſtoit acquiſe, on ne diroit pas enſuite des
grandes qualitez qu'il poſſedoit , qu'il en abuſa par un eſprit d'orgueil & d'intereſt, qui le rendit furieux contre tout ce qui eſtoit ſuſpect ou odieux au Roy ; pour trouver dans des injuſtices publiques
l'impunité de ſes injuſtices particulieres. Et aprés avoir inſulté à la
miſere & à la diſgrace de l'Admiral , il n'auroit pas eſté contraint
d'implorer la miſericorde de celuy qu'il avoit mortellement offenſé ,
& de tomber dans une ſoumiſſion plus honteuſe que ſa condamnation.
C'eſt bien un témoignage qu'il n'eſtoit enflé que du vent de ſa fortune, & que le mauvais uſage qu'il avoit fait de la generoſité qu'inſ-
ſpirent les belles lettres , l'avoit rendu indigne de profiter de leur ſecours, pour ſe défendre en Philoſophe dans ſon adverſité , puis qu'il
avoit negligé leurs conſeils & qu'il leur avoit eſté ingrat dans la proſperité de ſes affaires.

Il eſtoit fils d'un Advocat d'Angers, & aprés avoir pris avec éloge tous les degrez neceſſaires à cette profeſſion , il s'y ſignala au
Parlement de Paris dans le dernier ſiécle de l'empire des Muſes , &
eut le bonheur de plaider cette cauſe fatale & malheureuſe de Loüiſe
de Savoye Mere du Roy François premier , contre Charles Duc de
Bourbon, Conneſtable de France. Si c'eſt un bonheur d'avoir ſervy
d'inſtrument à la ruïne de l'Eſtat, & d'avoir profité ſeul d'une occaſion, qui fut cauſe de la dépoüille & enfin de la révolte de ce Prince,
& de la conſternation publique, qui ſuivit la déplorable journée de Pavie. Cette action l'ayant mis en eſtime du premier Orateur du Royaume , il fut récompenſé de la charge d'Avocat General l'an 1531.
d'où il monta trois ans aprés à celle de Préſident au Mortier; dans
laquelle il fut choiſi pour eſtre Chancelier de France , au mois de
Novembre 1538. L'exemple d'Antoine du Prat, l'un de ſes prédeceſſeurs, qui avoit tant amaſſé de biens & tant entaſſé de grandeurs ,
le toucha plus que la bonne odeur, dont les autres s'eſtoient contentez, & comme il eſtoit un autre luy-meſme en doctrine & en éloquence , il le devint encore en fierté , & ne ſe ſoucia que d'eſtre
bien en Cour, & de courir aprés les grandeurs & les richeſſes. Quand
un homme de cette qualité en vient-là , & qu'il faut trouver des
maximes favorables dans la Politique pour appuyer ſa conduite , il
ſe fait un dangereux calus ſur toutes les atteintes, que les premiers pro-

cedez donnent à sa conscience : mais aprés cela c'est un pernicieux Magistrat par l'obligation dans laquelle il s'engage d'épouser pour sa protection toutes les passions des puissances : & je ne croy pas qu'il y ait rien de plus furieux, quand il faut qu'il mette à prix l'honneur qu'il a sacrifié à ses interests. C'est ce qui l'anima si fort contre l'Admiral Chabot, c'est ce qui le rendit si ingenieux à luy trouver des crimes, & qui luy fit encore faire au sujet de son procés l'Ordonnance de 1539. qu'on appella de son nom la Guillemine : contre laquelle il s'écria depuis luy-mesme, & qui luy fit répartir par ses propres Juges, *Patere legem quam ipse tuleris*, quand il demanda du temps pour donner ses réproches contre les témoins qu'on luy presenta : & il apprit dans cette occasion qu'un Chancelier se doit considerer comme particulier dans les Loix qu'il établit, & comme celuy sur lequel on en peut faire la premiere épreuve.

L'Admiral rétourné en faveur l'entreprit auprés du Roy, il le rendit odieux pour les concussions dont il recherche toutes les preuves, & le Roy en fut d'autant plus facilement persuadé, qu'il se ressouvenoit de l'empressement qu'il avoit témoigné, pour satisfaire sa passion contre un Officier de sa Couronne. Il l'avoit condamné à cause de sa disgrace, & quand il le vit restably dans l'esprit du Prince, il fit les mesmes efforts dans la mesme qualité de Chancelier & de Juge, pour la declaration de son innocence, quand on révit son procés, & il en scella les Lettres avec tout ce qu'il put feindre de joye. Mais rien ne pouvoit satisfaire son ennemy que le plaisir de le voir dans le mesme peril où il l'avoit mis, & c'estoit encore la meilleure preuve de l'injustice qu'il avoit reçûë, que de convaincre son Juge des mesmes crimes pour lesquels il l'avoit voulu condamner, mais il mourut avant que son procés luy fut achevé. Le Roy François premier fit arrester ce Chancelier à Argilly, où estoit la Cour, le 2. d'Aoust 1542. & en mesme temps envoya commission scellée du grand Sceau à Pierre Remond Conseiller d'Estat & à Nicole Hurault Conseiller au Parlement de Paris, pour faire perquisition de tous ses biens & papiers, & mesme de saisir & arrester ce qu'il pourroit avoir retiré chez M. Jean Jacques de Mesme Lieutenant civil, & Jean du Tillet Greffier du Parlement & autres de ses amis.

Guillaume Poyet ainsi fait prisonnier, tomba d'une extréme fierté dans le dernier abaissement de cœur, & ne craignant rien tant que de se voir livré à la Justice, il fit ces trois lettres sur l'avis qu'il eut qu'on l'alloit transferer à la Bastille, l'une pour le Roy, l'autre pour le Cardinal de Tournon, & la troisiéme pour l'Admiral luy-mesme ; auquel il ne craignit point de donner dans cette conjoncture la plus sensible satisfaction qu'il dût jamais ressentir, de voir à ses pieds dés la premiere touche de la Fortune, celuy qui luy avoit insulté dans son malheur.

SIRE, *puis que je suis si malheureux d'estre en vostre indignation &*
male-grace, qui m'est chose si griéve que je ne la puis porter ; je
vous supplie m'octroyer une grace qui sera, s'il plaist à Vostre Majesté
& bonté accoustumée, me faire connoistre la faute que je puis avoir fai-
te, & je vous en satisferay promptement : ou sinon, pour l'honneur du
service auquel il vous a plû m'avoir mis, me permettre aller en ma mai-
son, où je tiendray tel arrest & si grande seureté que vostre bon plaisir
sera ; pour aprés faire de ma personne ce qu'il vous plaira en ordonner.
Vostre trés-humble & trés-obéïssant Sujet & serviteur, GUILLAUME
POYET.

La souscription est, *au Roy,* & celle de la suivante, *à Monsei-*
gneur le Cardinal de Tournon.

MONSEIGNEUR, *la grandeur de vostre cœur & bonté, vous con-*
duira s'il vous plaist à donner aide à celuy qui est au comble de
toutes tribulations & afflictions qu'il pourroit jamais avoir, ainsi qu'avez
pû entendre, tant de mon honneur que de ma personne, que l'on va pre-
sentement conduire en captivité miserable. Je ne vous puis autrement fai-
re ma complainte ny supplication, pour la détresse en laquelle je suis.
Aydez, s'il vous plaist, & secourez celuy qui ne l'a pû meriter, & qui
avoit déliberé de la faire à son pouvoir, à Argilly ce 3. d'Aoust 1542.
Vostre trés-humble & obéïssant Serviteur, G. Poyet.

La troisiéme est suscrite *à Monseigneur l'Admiral,* & cette qualité
de Monseigneur fait assez voir combien le bon homme estoit éper-
du, de trahir ainsi sa dignité, pour fléchir un ennemy irréconciliable,
qui devoit tirer avantage de sa foiblesse, & qui ne devoit estre que
plus échauffé à terrasser un Chancelier dés-ja si chancellant.

MONSEIGNEUR, *la tribulation insupportable en laquelle me con-*
noissez estre, me contraint vous importuner avoir ma pauvre af-
faire pour récommendée envers le Roy, & le supplier pour l'honneur de
la Passion de Dieu, qu'il me veuille laisser aller en ma maison ; où il
pourra user de ma personne à son plaisir & volonté : sans vouloir que je
sois ainsi mené & conduit, ny mis en lieu de sujettion pour ma person-
ne, laquelle sçavez estre affligée par maladie.
Monseigneur, ayez pitié de celuy qui souffre plus qu'il ne vous peut
mander, &c.

Il fut amené d'Argilly à la Bastille, & de-là transferé en la Conciergerie du Palais pendant l'instruction de son procés, qui fut jugé
le 13. Avril 1545. toutes les Chambres assemblées, luy present, nuë
teste, débout & appuyé sur le Bureau du Greffier, vestu d'une Robe
de taffetas fourrée de Martre avec la Cornette de mesme, bien different en posture & en estime, quoy que plus grand en caractere, &
bien different de ce qu'il avoit autrefois esté dans la mesme compagnie. Voicy l'Arrest qui luy fut prononcé.

VEu *par la Cour le procés criminel de M^r. Guillaume Poyet Chan-*
celier de France, pour les fautes, abus, concussions, malversa-
tions & entreprises sur la Majesté Royale, plus qu'il ne le pouvoit de
son Office, & autres crimes & délicts mentionnez audit procés : ladite
Cour l'a condamné & condamne en cent mille livres parisis envers le Roy,
& tenir prison jusques à satisfaction & payement de ladite somme. Et
au surplus, pour plus ample réparation desdits cas, sera ledit Poyet con-
finé par l'espace de cinq ans, en tel lieu & place qu'il plaira au Roy
ordonner : & si l'a ladite Cour déposé & dépose de l'estat de Chancelier
de France, & l'a déclaré & declare inhabile à jamais tenir ny exercer
Office Royale.

Les Regiftres du Parlement portent qu'il dit aprés la prononciation,
qu'il rémercioit Dieu de sa bonté infinie, le Roy de la sienne Justice, &
prioit Dieu qu'il luy fit la grace de luy faire une Oraison agréable & au
Roy profitable. On luy osta sa Robe &. on le renvoya avec un manteau court, & quoy que l'affront fut grand, il fut quitte à moins qu'il
n'avoit esperé ; & comme le Roy luy ayant permis de se retirer dans
l'Hostel de Nemours & d'y demeurer en homme privé, il fit le mé-
stier de Consultant, moins pour gagner sa vie, quelque mine qu'il en
fit, que pour entretenir sa réputation. Et par ce moyen, qui réüssis-
soit fort, il ne désespera pas de pouvoir quelque jour rentrer en ses
bonnes graces, comme avoit fait le Marefchal Chabot, en la mort duquel il avoit perdu son plus grand ennemy. C'est ce qui luy fit réprendre sa bonne mine & sa gravité en apparence, mais son ennuy
luy fut un poison caché, qui aida beaucoup à le destruire avec les
incommoditez de sa vieillesse, qu'il avoit encore accreuës dans sa prison, il y contracta une maladie de rétention d'urine, dont il mourut
au mois d'Avril 1548. & fut inhumé en l'Eglise des Augustins de Paris. Un Sage de son temps luy fit cette Epitaphe Latine, trés-digne
pour sa moralité d'estre icy transcrite toute entiere.

DE GUILLELMO POYETIO CARMEN LUGUBRE.

VIATOR *ut quid hæc sepulchra præteris ?*
Viri Clarissimi monumenta non vides.
Vide ut agnoscas Fortunæ ludibria,
Quantumque possit ; quantumque sibi vindicet ;
Si non effugit illius tyrannidem
Qui Primas tenuit omnium sententia,
Nulli secundus arte vel prudentia.
Quis hoc naufragii non timeat periculum ?
Privatas causas sic tutatus impigrè,
Fide tam certa, tam gravi facundia,
Ut hunc Patronum Rex suis elegerit :
Honos qui primus ad reliquos viam dedit.
Imperia Christiana Martius furor
Vastabat, Bellique rapiebat impetus,
Et imminebat Europæ tetra lues ;
Bonus ni Jupiter nobis bonos viros

Dediſſet pacis cupidos & concordiæ,
Qui corda Principum ad meliora flecterent,
Iraſque averterent, quibus iſte præfuit.
Ob hæc vocatur ad majora munia,
Eumque Rex fecit Senatús Præſidem,
Senatús inquam, qui Lutetiam tenet,
Habetque Primas in ditione Gallica.
Erat fortaſſe ſatis, & pluſquam ſatis
Honoris illi quæſitum atque gloriæ,
Et potuit eſſe tali ſecurus loco;
Sed altiora dum cupit & accipit,
Latentis ac taciti veneni neſcius
Quod ſecum tanti honores ut plurimum gerunt:
Dum vult ſuprema, dum eſſe Cancellarium
Divinum bonum putat, & optat aſſequi,
Et aſſecutus ſuimet obliviſcitur:
Humanos omnes, ſimul humana deſpicit,
Amicus nulli, ſed inimicus omnibus,
Sibique vivit, in ſe cunctos irritat,
Suis ſuperbus & protervus cæteris,
Præceps à ſummis corruit ad infima
Miſer adductus in capitis periculum,
Nec abfuit longè. Cenſura judicum
Bona bonorum parte mulctatus, ſuis
Honoribus ſpoliatus, & in ordinem
Redactus. Viſa eſt durior ſententia
Suis, qui accuſant multorum potentiam
Quibus bono fuit, ab innocentia
Captare Prædam, vindictamque ſumere.
In his malis, in his acerbitatibus,
Quis credat? nunquam viſus eſt quicquam pati,
Nil fracti agnoſcas aut languentis animi:
Ita ferebat ut nil ferre diceres.
Reliquit moriens deſiderium ſui
Quibuſdam amicis, nonnihil ſperantibus
Adhuc de Principis in illum gratia.
Reddique poterat ſuis honoribus,
Sed non poterat averti precibus Atropos:
Urina tardior in has anguſtias
Deduxit illum, ut poſſet & vellet mori.
Funeſtus illi menſis Aprilis fuit,
Et animam ſuſcepit Martius dies,
Anno ſalutis humanæ milleſimo
Et quingenteſimo, ſi luſtra computes
Novem treſque annos. Illum precibus adjuva.

Amicus illi poſuit, qui mortui Cadaver noluit
jacere inglorium 1548. *Menſe Aprili.*

On rémarque de luy qu'ayant eſté choiſi comme le plus excellent Orateur du Royaume pour faire la Harangue Latine à Clement VII. lors de ſon arrivée à Marſeille & de ſon entrevûë avec le Roy François premier pour le mariage de Henry II. avec Catherine de Medicis; ce Pape ayant témoigné deſirer qu'on ne parlaſt que de Paix & de joye dans une occaſion de feſter & de ſe réjoüir: il refuſa de donner un Discours fait à la haste pour une piece d'estude, à laquelle il s'estoit préparé. Il avoit cru que pour commencer à profiter de l'alliance d'interest, que le Roy contractoit avec le Pape, il falloit declamer à outrance contre les divers attentats faits par l'Empereur au préjudice de tous les Traitez de Paix, & c'estoit une piece digne de son genie & de son éloquence, plus forte & plus tonnante que douce : mais de changer tout à coup d'inclination, de sujet & de stile, & de calmer ses passions pour faire en trois jours & pour réciter un Discours de douceurs & une maniere d'Epitalame, il n'y voulut point entendre & s'en excusa. Jean du Bellay ravy d'une si belle occasion de signaler la promptitude & la fécondité de son esprit, s'y offroit aussi-tost, & il executa ce grand sujet avec une admiration si generale de la part du Pape, du Roy & de toute la Cour, qu'il devint par une seule action plus illustre que les deux Seigneurs de Langey ses freres, & qu'il fit avoüer que toute la gloire des belles Sciences, aussi-bien que des armes, estoit dans la maison du Bellay. Le Roy François en fut sensiblement touché, & s'estima bien-heureux d'avoir trouvé dans son Royaume, parmy son Clergé & parmy sa Noblesse un homme assez sçavant & éloquent, pour le maintenir en possession du titre de Pere des lettres, qu'il avoit dés-ja merité & qui avoit produit de si beaux fruits : & Poyet asseurément fut bien fasché aprés avoir esté obligé de mettre sa Harangue dans le Porte-feuille, d'entendre dire qu'on ne pouvoit approcher de la force & de la richesse de cet ouvrage de trois jours, & de voir qu'un si heureux hasard eut valu à cet Avanturier le Chapeau de Cardinal, que le Roy luy procura, & que le Pape declara qu'il devoit à la seule récommendation de son merite.

Le Chancelier Poyet eut une sœur nommée Guillemine, mariée à Jean Bouvery Bourgeois d'Angers, qui en eut entr'autres enfans Gabriel Bouvery Evesque d'Angers, Nicolas Bouvery Trésorier de l'Eglise d'Angers, Abbé de Toussains, & Nicole Bouvery mariée par son frere & par Guillaume Poyet son oncle à Jean de Pellevé S. de Joüy, &c. frere aisné du Cardinal de Pellevé, comme j'ay rémarqué page 425. du premier Volume de ces Memoires, où j'ay donné leur posterité.

DE L'ENTREPRISE FAITE POUR SURPRENDRE
le Prince de Condé dans sa maison de Noyers.

DEPUIS la Paix de Chartres le Prince Condé s'estoit retiré dans sa maison de Noyers en Bourgogne, pour donner moins d'ombrage à la Cour dans une Province toute Catholique, gouvernée par le S. de Tavannes Lieutenant General sous le Duc de Guise, & créature de la maison de Lorraine. Il croyoit en s'éloignant ainsi de toutes les occasions & des moyens de faire aucune entreprise, se mettre à l'abry de toutes les mauvaises impressions qu'on pourroit

donner de sa conduite : & en effet il n'y avoit plus rien à craindre
pour l'Estat ; mais sa ruïne faisant l'interest capital de la grandeur de
ses ennemis , & le prétexte de la Religion estant trop puissant pour
negliger de s'en servir à outrance sous l'aveu du Pape & par les Conseils du Roy d'Espagne, qui appuyoient tous les desseins du Cardinal de
Lorraine : on se persuada aisément que ce qui se feroit sous un si
beau motif , passeroit plûtost pour prudence que pour infidélité , &
qu'il n'estoit que d'opprimer un party qui avoit partagé le Royaume.
On joignoit à cela que la Politique dispense les Princes de garder la
Foy à leurs Sujets , & qu'il estoit honorable de se venger de la contrainte honteuse d'un Traité ; mais qu'est ce que cette sorte de Politique qu'une prudence si rafinée , qu'on la peut appeller la malice
des enfans des tenebres ; qu'est-ce qu'une exception contre l'honneur
& la fidélité ; & de quelle autorité la peut-on soustenir que de celle
du Cabinet , où chacun travaille à ses fins & où il y a toûjours quelque faction, qui sert de regle & de mesure aux interests d'Estat ? Je
ne veux pas m'engager à traiter à fonds cette question , mais je diray bien que peu de Souverains ont manqué de Foy à leurs Sujets , qui
n'en ayent esté blasmez , & je soustiendray encore qu'on n'en a point
usé ainsi sous nos premiers Rois, qui ne se sont point tenu déshonorez
de traiter avec leurs Vassaux , non pas mesme de donner des pleiges
ou cautions de leur parole, comme les autres en donnoient de leur fidélité. C'estoit un moyen d'appaiser tous les troubles d'Estat qui a
toûjours réüssi , & je ferois un Volume de tous les exemples qu'en
fournissent les titres du Trésor & de la Chambre des Comptes. Depuis qu'on en a usé autrement , la défiance réciproque a entretenu
toutes les divisions , & l'on a quelquefois esté contraint de poursuivre par désespoir les differens, où l'on n'estoit tombé que par malheur.
On avoit encore cette coustume, mesme entre égaux, de convenir
d'Arbitres pour les attentats contre une Paix jurée ; mais puis que la
parole Royale est à present la seule seureté d'un Traité, je croirois
qu'elle en deut estre encore plus inviolable : & elle le devoit estre
sans doute dans l'execution de cette Paix de Chartres ; dont l'infraction mit encore une fois la Religion & le Royaume en danger, aussi-
bien que celle de la Paix d'Angers , violée à la S. Barthelemy, sans
autre succés, que d'avoir vengé aux dépens de l'Estat & de l'honneur
du Roy les querelles d'une Cabale, qu'on rendit capable de disputer
la Couronne , & d'avoir entretenu la Guerre tout le reste du Siécle.

Il est dés-ja parlé de cette entreprise pour suprendre le Prince de
Condé dans sa maison, aux Eloges des Mareschaux de Vieilleville &
de Tavannes , qui tous deux eurent quelque confusion de courre sus
à un Prince du Sang, ainsi proscrit sans raison avec toute sa famille ;
qu'on obligea de partir en désordre le 25. d'Aoust 1568. & de se retirer de Noyers à la Rochelle. J'ay rémarqué entr'autres particularitez que Tavannes luy fit tomber entre les mains les Lettres , par lesquelles il mandoit à la Cour que les filets estoient tendus & la chasse

prépa-

préparée, & je ne mettray point en doute, si ce n'estoit point un faux Office, pour s'excuser en temps & lieu de complicité avec les ennemis du Prince ; car l'on voit assez souvent de pareils avis de la part de ceux qui se veulent ménager, pour se tirer du peril d'une Conspiration, qui peut estre découverte, pour dire dans un changement d'affaires qu'ils en ont donné les premiers avis, encore qu'ils en soyent les principaux Auteurs. Le Chancelier de l'Hospital fut soupçonné d'en avoir donné les premiers & les plus sinceres avertissemens au Prince, & cela le mit en disgrace. Quoy qu'il en soit, ce fut la principale cause de la troisiéme Guerre, dont ce Prince se justifia encore par la députation en Cour de la Marquise de Rothelin sa belle-mere, & du S. de Telligny, qui réprésenterent que sa rétraite à la Rochelle n'estoit que pour se mettre en lieu de seureté ; mais comme tout estoit préparé pour la Guerre, on crût estre en estat d'executer par force ce qu'on avoit tenté par surprise.

DU SEIGNEUR DE TELLIGNY.

ENTRE plusieurs Seigneurs de France, qui se signalerent dans le party de la Religion, il n'y en eut pas un qui meritast plus d'estime que Charles S. de Telligny, pour estre le Cavalier le plus accompli en toutes les qualitez necessaires pour la Cour & pour les armes. Il avoit avec le bonheur d'une valeur hereditaire, le don d'une prudence & d'une expression si forte & si agréable tout ensemble, qu'il estoit le Mercure de l'Estat & le perpetuel Negociateur de tous les Traitez de Paix. Le Prince de Condé & l'Admiral, ausquels il avoit l'honneur d'estre allié, luy confioient tous leurs interests, & la Reine le voyoit de bon œil & l'escoutoit trés-volontiers, comme celuy qu'elle sçavoit estre fort sage & fort éloigné encore des conseils violens. Mais tant de bonnes qualitez ne le purent sauver du carnage de la S. Barthelemy, où il demeura enveloppé avec plusieurs autres, tant pour estre Huguenot, que pour avoir épousé Loüise de Coligny fille de l'Admiral, qui préfera à l'avantage d'un plus grand party, le bonheur de choisir un gendre vertueux & capable de mieux soustenir sa maison par réconnoissance, que tout autre n'auroit fait. Il avoit dès long-temps jetté les yeux sur luy pour cette alliance, & il le témoigne bien dans son testament de l'an 1569. où il dit, *Item suivant les propos que j'ay tenus à ma fille aisnée, je luy conseille pour les raisons que je luy ay dites à elle-mesme, d'épouser M. de Telligny, pour les bonnes & rares parties que je connois en luy : & si elle le fait, je l'estimeray bien-heureuse ; mais en ce fait je ne veux user d'autorité ny commandement de pere. Seulement je l'avertis, que l'aimant, comme elle a pû connoistre que je l'aime, je luy donne ce conseil, pour ce que je pense que ce sera son bien & contentement ; ce que l'on doit plûtost chercher en toutes choses que les grands biens & richesses.*

Ce mariage s'accomplit deux ans aprés, au grand contentement

Tome II.　　　　　　Dddd

du pere, qui par ce moyen rénouvella la parenté, qui eftoit entre luy & le S. de Telligny fon coufin du 4. au 3. degré, à caufe d'Artufe Vernon fa mere Dame de Monftreuil-Bonin fa mere, femme de Loüis S. de Telligny, de Lierville & du Chaftelier, fille de Raoul Vernon S. de Monftreuil-Bonin, & d'Anne Gouffier fœur d'Artus S. de Boify, Grand-Maiftre de France, de Guillaume S. de Bonnivet Admiral, & Adrien Cardinal de Boify, & fille de Guillaume Gouffier S. de Boify, & de Philippe de Montmorency, tante de Loüife de Montmorency, ayeule d'Eleonor de Roye & mere de l'Admiral. Il eftoit petit fils de ce Seigneur de Telligny, Senefchal de Rouergue & de Beaucaire, Gouverneur de l'Eftat de Milan en l'abfence du S. de Lautrec, & Lieutenant au Gouvernement de Theroüenne l'an 1512. qui mourut au fiege de faint Quentin. Le S. de Brantofme en parle ainfi parmy les grands Capitaines du Regne de François premier.

„ De cette volée de ces braves Capitaines, cy-deffus, il y eut M.
„ de Telligny, Senefchal de Beaucaire, noble charge dont beaucoup
„ d'honneftes gens s'en font contentez, témoin Tanneguy-du-Chaftel
„ & autres que je dirois bien. Ce M. de Telligny fut en fon temps
„ eftimé & reputé un trés-fage Chevalier & bon Capitaine, & qui
„ fervit bien les Rois deçà & de-là les Monts. Il fut Gouverneur pour
„ quelque temps de l'Eftat de Milan en l'abfence de M. de Lautrec,
„ qui avoit eu permiffion du Roy d'aller en France luy faire la reve-
„ rence, & d'y voir fes maifons & d'y mettre ordre. Ce M. de Telligny
„ fe comporta en cette charge fi fagement & modeftement, qu'il n'y
„ perdit pas un feul pouce de terre, mais trés-bien garda ce qu'on
„ luy avoit donné en charge, & fi contenta tout le Peuple de-là,
„ & ne leur donna jamais fujet de revolte, comme fit M. de l'Efcut,
„ qui vint aprés en fa place, qui gafta tout, comme homme par trop
„ turbulent, & qui donna occafion par fon avarice & trop rigoureu-
„ fe Juftice, de la revolte de tout l'Eftat de Milan : lequel nous per-
„ difmes, aprés que nous l'avions fi cherement acquis & confervé. Ce
„ qui augmenta d'autant plus la gloire de M. de Telligny, & fit ra-
„ valler celle de M. de l'Efcut. Lors que M. de Nemours luy vint fe-
„ courir Breffe, & qu'en chemin Jean-Paul Baillon fut défait, il me-
„ noit les Coureurs avec M. de Bayard qui avoit la fiévre, & tous
„ firent la charge fi furieufement, qu'ils ébranlerent le refte ; dont le
„ gros eut bon marché, & là fut tué le Porte-enfeigne dudit M. de
„ Telligny de fes Gendarmes : qui fut grand dommage, car c'eftoit
„ un brave homme. Il garda auffi trés-bien Theroüenne d'un fiege
„ de neuf femaines, y eftant Lieutenant du Roy Loüis XII. là où fe
„ donna la journée des Efperons. Enfin ce M. de Telligny affez âgé
„ vint mourir en Picardie en une charge qui fe fit contre les enne-
„ mis ; où nul ne fut tué ny bleffé que luy feul, afin que cette ren-
„ contre fut rémarquée & fignalée feulement par la bleffure & la mort
„ d'un fi bon Capitaine ; car pour autre chofe ne le pouvoit-elle pas
„ eftre, pour rencontre fi legere & petite.

» Il laiſſa aprés luy un fort honneſte Gentil-homme de fils, qui
»imita le pere en valeur & ſageſſe, & pour eſtre tel, il fut en ſes
»jeunes ans Guidon de M. d'Orleans; dont il s'en acquitta ſi digne-
»ment, que pour ſe faire paroiſtre en cette charge, s'avança ſi fort
»en ſi grandes dettes, comme ſont coutumiers les jeunes gens, que
»ſes créditeurs le pourſuivans eſtrangement, fut contraint d'aban-
»donner la France & ſe retirer à Veniſe; où de mon temps je l'ay
»vû : & ſi montroit encore en ſa miſere & pauvreté un courage bon
»& point encore ravalé. Il y eſt mort pourtant en cet eſtat. Il laiſ-
»ſa un fils, feu M. de Telligny, qui s'eſtoit rendu un ſi accomply
»Gentil-homme, & en lettres & en armes, que peu de ſa volée y
»a-t'il qui l'ont ſurpaſſé : & fut parvenu en grades comme pluſieurs
»de ſes compagnons, ſans qu'il ſe mit des plus avant en la Religion
»Réformée. Et pourtant fut tout ſon plus grand bien, car encore
»qu'il fut fort honneſte homme, & M. l'Admiral le voyant tel, le
»prit en main & l'enſeigna ſi bien, qu'il devint un trés-bon Maiſtre
»paſſé en toutes affaires, tant de la Guerre que de l'Eſtat. Auſſi luy
»donna-t'il ſa fille en mariage, qui eſtoit une trés-belle & honneſte
»Demoiſelle, & qui eut pu rencontrer un party meilleur; mais il
»plut ainſi à M. l'Admiral de choiſir un tel gendre, ayant plûtoſt
»égard à ſes perfections qu'à ſes moyens. Il fut tué au Maſſacre de
»la ſaint Barthelemy, comme d'autres gens de bien; dont ce fut grand
»dommage. Quant à moy, je le regrette comme mon frere, auſſi
»l'eſtions-nous d'alliance & confédération. Sa femme épouſa depuis
»en ſecondes nôces M. le Prince d'Orange, [_Guillaume de Naſſau_]
»autant pour ſes vertus & perfections, que pour le nom celebre de
»M. l'Admiral.

De ce ſecond mariage de Loüiſe de Coligny qui n'eut point d'enfans du S. de Telligny, ſortit Henry Frideric de Naſſau Prince d'O-
range, pere du feu Prince Guillaume & ayeul du jeune Prince d'O-
range d'aujourd'huy : & le S. de Telligny eut pour heritiere Madeleine de Coligny ſa ſœur, femme du S. de la Noüe, duquel il eſt parlé au diſcours ſuivant.

DU VIDAME DE CHARTRES, DES SEIGNEURS
de la Noüe, de Barbezieux & autres Chefs Huguenots, qui joignirent le Prince de Condé.

AUSSI-TOST que le bruit ſe répandit par tout de la rétraite du
Prince de Condé vers la Rochelle avec l'Admiral de Chaſtillon, & de la ſuite du Cardinal de Chaſtillon en Angleterre, la neceſſité de ſauver ſa vie, fit qu'un-chacun des Gentils-hommes de la
Religion monta à cheval avec ce qu'il put ramaſſer d'hommes en toute diligence pour joindre leur chef : & le S. de Caſtelnau rémarque
entr'autres que la Bretagne, l'Anjou & le Maine fournirent huit cens
chevaux & deux mille hommes de pied ſous la conduite du Vidame

de Chartres, & de Sieurs de la Nouë & de Barbezieux & autres chefs Huguenots. Les principaux des autres qu'il obmet, font Charles de Beaumanoir S. de Lavardin, François d'Acigné S. de Montejan, tué à la bataille de Montcontour, où nous parlerons de luy, N . . . . . le Vaffeur Seigneur de Congnée Gentil-homme du Vendofmois, & de Chriftophle du Mas Seigneur du Broffay-faint-Gravé.

Le Vidame de Chartres eftoit Jean de Ferrieres Seigneur de Maligny d'une illuftre maifon de Bourgogne, fils de la fœur de François de Vendofme Vidame de Chartres, qui a fon Eloge au premier Volume, & qui n'herita pas feulement de la Principauté de Chabannois & de fes autres terres, mais encore de l'inclination qu'il avoit au party Huguenot. C'eftoit un Gentil-homme vaillant, de grande entreprife & des plus ardents aux interefts de fa Religion, auffi-bien que Françoife Joubert fa femme, veuve en premieres nôces de Charles Chabot S. de Sainte Foy, fille de François Joubert S. de Lannerey Maiftre des Requeftes, & de Perronnelle Carré.

Le Seigneur de la Nouë, auffi - bien que ce Vidame de Chartres, eft fi celebre & fi rénommé fous le nom de la Nouë Bras-defer, que j'entreprendrois en vain de donner le récit de tant de grandes actions qu'il a faites, & qui font fi exactement rémarquées dans les Hiftoires de fon temps & dans fes Difcours Politiques & Militaires; qui ne le rendent pas moins comparable aux plus vaillans qu'aux plus Sçavans & plus experimentez Capitaines de l'Antiquité. Il fuffira feulement de rémarquer de luy qu'il eftoit d'une maifon fort ancienne de Bretagne, vulgairement appellée la Nouë-Briort par diference des autres du mefme nom, depuis que la terre de Briort tombâ dans fa famille par le mariage de François S. de la Nouë de Chavannes & de Duault fon pere, avec Bonaventure l'Efpervier fille de François S. de la Bouvardiere & de Briort, & de Jeanne de Matignon, & petite fille d'Artur l'Efpervier S. de la Bouvardiere, & de Françoife Landais, fille de l'infortuné Pierre Landais Favory de Bretagne & de Jeanne de Mouffy. Cette Bonaventure avoit pour fœur Perrine l'Efpervier, de laquelle & de Claude S. de Boüillé font fortis les derniers Seigneurs du Pleffis de Chivré, & d'une fœur du mefme Landais font iffus des plus grands de ce Royaume. Ce que je rémarque pour faire voir les jeux de la Fortune, qui fit mourir en fils de Chauffetier celuy qu'elle avoit tiré de la boutique, qu'elle avoit élevé au-deffus des Barons de Bretagne, & qu'elle ne précipita du faifte des grandeurs & du Gibet, qu'aprés avoir procuré d'heureufes alliances à fa maifon, qui luy donnaffent part à une pofterité illuftre & en grandeur & en vertu. Il faut encore faire reflexion fur une révolution affez confiderable, que François l'Efpervier S. de la Bouvardiere, pere de Bonaventure Dame de la Nouë, fe foit rendu Religieux Dominicain aprés la mort de fa femme, qu'il fe foit fignalé par fon humilité dans l'obfervance de fa Regle, par la magnificence des baftimens qu'il fit faire pour fon Ordre, & par les grands

biens qu'il y apporta : qu'il foit mort en odeur de Sainteté, & enfin qu'il ait efté des plus zelez contre la nouvelle opinion , & que
François S. de la Noüe fon petit fils , perfonnage doüé de tant de
vertus, hors fa Religion, qui pouvoit profiter de fes exemples, ait efté
l'un de principaux chefs de ce party , & que toutes fes experiences
n'ayent pû fervir pour l'en retirer comme plufieurs autres. Il eut ce
bonheur dans la perfeverance de fes fervices auprés de Henry IV.
qu'on en peut attribuer les plus confiderables, & la bataille de Senlis entr'autres, à l'affection qu'il avoit pour fon Prince & pour l'Eftat. Il
époufa Madeleine de Telligny fœur de Charles, dont j'ay donné l'Eloge,
& en eut deux fils , Odet & Theophile de la Noüe S. de Telligny
qui n'eut point d'enfans mafles. D'Odet S. de la Noüe font iffus Claude S. de la Noüe , Marie de la Noüe alliée 1. à N.... de Pierre
Buffiere Vicomte de Chambaret, 2. à Joachim de Berengueville Chevalier des Ordres & Grand-Prévoft de France, 3. à Pons de Lauzieres
S. de Themines , Marefchal de France , & Anne de la Noüe femme de David Baron de la Muffe & du Ponthus, mere de Cefar Marquis de la Muffe, marié avec Urfeline de Champagne, fille de Loüis
Comte de la Suze & de Charlotte de Roye & de la Rochefoucaut ,
laquelle j'avois obmife en la Genealogie de Champagne.

François de la Noüe eut pour fœur Claude de la Noüe premiere femme
de Jacques le Porc dit de la Porte, Baron de Vezins, fils de François le Porc S. de Larchats & de Marthe de la Porte , fille de Jean
de la Porte Baron de Vezins, S. de la Jaille & du Pordic , qui fti-
pula à fon contracta de mariage le 15. Juin 1535. qu'en cas d'extinction de fa pofterité mafculine , comme il eft arrivé , les enfans
de fa fille & de François le Porc porteroient les deux noms de le Porc
& de la Porte & les armes des deux maifons jointes enfemble. De ce
mariage de Claude de la Noüe font fortis les autres Marquis de Vezins , & les Sieurs de la Chaufferaye & de la Rochefaton du nom
des le Petit & de Pidoux.

DE CHARLES DE BEAUMANOIR BARON
de Lavardin.

LE Seigneur de Lavardin fournit pour cette nouvelle Guerre au
Prince de Condé quatre Cornettes de Cavalerie & deux Compagnies d'Arquebufiers, qu'il ramaffa en toute diligence dans le Pays
du Maine & dans les environs, où la grandeur de fa maifon le rendoit
le plus confiderable chef de tous ceux de la Religion , qui au premier bruit de rémuëment fe venoient ranger fous fes ordres. Ce grand
credit & fa valeur le firent mettre des premiers au Rôle de la profcription de la faint Barthelemy, où il fut tué. Il portoit l'un des plus
illuftres noms de la Bretagne , & le Pere Auguftin du Pas, qui a
efcrit les Familles de cette Province, rapporte l'extraction de fa branche à Guillaume de Beaumanoir fecond fils de Robert de Beauma-

noir & de Tiennette Vicomtesse du Besso. Il y a beaucoup de fautes
dans cette Genealogie, entr'autres, il fait deux Robert pour un, l'un
oncle & l'autre neveu, quoy que ce ne soit qu'un seul Robert, & celuy-là mesme qui épousa l'heritiere du Besso, fils de Jean S. de Beaumanoir, & de Marie de Dinan, & qui fut Mareschal de Bretagne
pour le Duc Charles de Blois & pris prisonnier avec luy au combat
de la Roche-Derien l'an 1347. Le mesme du Pas donne à ce Mareschal une femme de la maison de Rochefort, dont il ne dit point le nom,
& il peut estre qu'elle ait esté la premiere qu'il épousa, & qu'il en ait eu
Guillaume de Beaumanoir : lequel auroit d'autant plus volontiers rénoncé à la Bretagne, pour se venir habituer au Pays du Maine, que
son pere auroit esté ennemy du Duc Jean de Bretagne & Partisan de
Charles de Blois son competiteur, outre que sa qualité de puisné ne
luy donnoit qu'un foible partage, dont il ne pouvoit joüir que sa vie
durant, selon l'assise au Comte Geofroy. Ce qui me confirme dans cette opinion, est, que les Vicomtes de Besso issus du 2. lit, ont changé leurs armes, & pris au 1. & 4. de leur escu celles du Besso, qui
sont d'or à 3. Chevrons de sable, escartellé au 2. & 3. d'azur à 5.
billettes d'argent posées en sautoir ; au lieu des 11. billettes 4. 3. &
4. de la branche des Seigneurs de Beaumanoir, dont ils estropierent
plûtost qu'ils ne briserent les armes. Les Seigneurs de Lavardin au
contraire les ont porté pleines, & c'estoit un honneur si considerable
dans une maison si illustre, qu'il leur auroit esté contesté, par les
Vicomtes du Besso, qui à peine avoient pris leur briseure, quand
l'aisnesse du nom & des armes leur seroit eschüe par la mort sans enfans arrivée le 16. Juillet 1407. de Robert dernier de son nom S. de
Beaumanoir, qui eut ses sœurs pour heritieres : & qui sans doute les
auroient laissées pour les prendre pleines, si elles n'eussent appartenu
à la branche de Lavardin. Pour plus grande preuve de ce droit d'aisnesse, Jean de Beaumanoir fils de Robert & d'Estiennette du Besso,
estoit encore vivant l'an 1428. qu'il maria Jean de Beaumanoir son
petit-fils ; ce que du Pas a ignoré, & deux ans auparavant mourut
Guy de Beaumanoir S. de Lavardin, qui auroit esté son petit neveu :
ce qui ne peut estre, qu'on ne suppose necessairement que Guillaume
de Beaumanoir & ayeul de Guy, n'ait esté beaucoup plus âgé que ce
Jean son frere, & par consequent vray-semblement issu de Robert &
de cette fille de Rochefort ; de laquelle il faut que du Pas ait eu
quelque connoissance, & laquelle estant morte, il se seroit rémarié
à l'heritiere du Besso ; dont il auroit eu Jean de Beaumanoir S. du
Besso : qui sans cette consideration qu'il avoit des aisnez dans la
branche de Lavardin, auroit herité des armes pleines de sa maison,
par la mort du dernier Seigneur de Beaumanoir.

Jean de Beaumanoir fils de ce Guillaume, que quelques Memoires
nomment Jacques & qualifient S. de Kaleurguen, épousa Alix Riboulle, fille de Fouques S. d'Assé le Riboulle, Baron de Lavardin &
de Jeanne de Montejan, lequel Fouques mourut au Mans l'an 1412,

& fut porté en l'Abbaye de Champagne & mis dans un cercueil de pierre, qui se trouva devant le grand Autel. Il eut pour heritier Guy de Beaumanoir son petit-fils, inhumé au mesme lieu avec cette Epitaphe. *Cy gist le trés-noble Guy de Beaumanoir, jadis Baron de Lavardin & d'Assé-le-Riboule, qui trespassa le 15. jour de Juin 1426. Priez Dieu que par sa sainte grace & misericorde luy fasse pardon & luy donne Paradis.* On y voit aussi cette Epitaphe de Jeanne d'Estouteville sa femme, mais l'année de sa mort ne se peut lire. *Cy gist Jeanne d'Estouteville épouse de Guy de Beaumanoir de Lavardin, laquelle trépassa le 18. de Septembre l'an...... Dieu par sa sainte misericorde luy fasse pardon & à tous les trépassez. Amen.* Elle estoit fille de Blanchet d'Estouteville S. de Villebon, & de Marguerite de Vendosme, & eut de luy Jean, & Lancelot Abbé de Champagne, tous deux obmis par du Pas, qui saute un degré. Jean de Beaumanoir Baron de Lavardin, épousa Helene de Villebranche, fille de Pierre S. de Broon, & de Jeanne du Perier & en eut François de Beaumanoir Baron de Lavardin, Jacques de Beaumanoir mort l'an 1501. & enterré dans l'Abbaye de Champagne avec ces rimes.

Cy gist noble homme Escuyer notable,
Jacques de Beaumanoir enfant de Lavardin,
Puisné, doux & benin, jadis fut honorable,
Sage, prudent, vaillant, de servir Dieu enclin,
Le seiziéme jour de Novembre il prit fin
L'an mil cinq cens & un, s'il est en Purgatoire
Pour compte détenu, priez Dieu de cœur fin
Qu'il luy fasse pardon & qu'il luy doint sa gloire.

François de Beaumanoir transigea le 10. Mars 1528. avec François de Billy Chevalier S. de Courville, comme mary de Marie de Beaumanoir sa sœur, pour la succession de Jean de Beaumanoir leur pere, ensuite du Procés intenté dés l'an 1516. pour raison de leur partage : laquelle Marie fut mere de Loüis de Billy Baron de Courville, qui de Felice de Rosny sa femme laissa Denise de Billy, femme de Guillaume de Brie S. de la Motte-Serrant, Chevalier de l'Ordre du Roy, Capitaine de 50. hommes d'Armes, Françoise de Billy mariée à Theodore S. des Ligneris aussi Chevalier de l'Ordre du Roy & Capitaine de cinquante hommes d'Armes, & Marie de Billy Dame d'Yvor alliée à Jean Nicolaï Chevalier, S. de Goussainville & de Presles, premier Président en la Chambre des Comptes à Paris, ayeule du S. Nicolaï Marquis de Goussainville, aussi premier Président en la Chambre des Comptes, & de la Marquise de Vardes sa sœur. Ce François de Beaumanoir épousa Jeanne de Tucé, fille de Baudoüin S. de Tucé, Baron de Millesse, &c. & de Françoise l'Espervier mal appellée de l'Esperonniere par du Pas, fille de George l'Espervier S. de la Bouvardiere, & de Marguerite de Montauban, fille de Guillaume de Montauban S. du Bois de la Roche. Ledit Baudoüin de Tucé & Françoise l'Espervier sa femme bastirent la Chapelle du

Chasteau de Tucé, où ils sont inhumez avec l'Epitaphe suivante, qui servira pour faire voir la grandeur & la richesse de cette alliance, & pour faire connoistre la faute de du Pas, outre qu'on se plaist assez en cette sorte d'antiquité, pour trouver bon que je l'aye conservée.

Ils ont esté le choix des apparens
Ces deux gisans, & ont tenu les rangs
D'honneur & los en ce val transitoire,
En maint Palais & Royal Consistoire.
Toutes vertus orna leur noble corps
Ensemble unis par nuptiaux accors.
L'appuy des bons furent par leur effort,
Grands Justiciers, des pauvres le support,
L'Arche de Paix, l'œil de Religion,
Par amitié l'ont eu en cette Region.
Leur Nom, leur prix, les exempte & reclame
D'estre oubliez ; car Chevalier & Dame
Vivans estoient accomplis & parfaits,
Comme l'on sçait par leurs vertueux faits.
Le Chevalier Baudoüin de Tucé,
Qui a de luy tous vices expulsé,
Sieur dudit lieu & Baron de Millesse,
Mange, Mervail, la Blanchardiere, Auverse,
Rochedaren, Boneres, Chantepie,
Villiers & maint autres grans Seigneuries,
Estoit nommée la Dame sa Compagne,
Extraite fut prés Nantes en Bretagne,
De la Maison Ducale trés-illustre,
La Bouvardiere appellée, dont le lustre
Est trés-luisant en tous biens & fortunt.
Considerans que mortelle Infortune
Rompt, brise, occit, & tous humains atterre,
Et que rien n'est des thresors de la terre ;
Pour meriter la richesse trés-ample
Du Ciel, ils ont fait bastir ce beau Temple,
Et la Chapelle Annonciade aussi,
Fondé, doté, au haut du Bourg d'icy.
Mais leur clair sang & trés-loüable vie,
N'ont évadé la pointure à l'envie
De la Chymere inhumaine Atropos,
Et ont voulu leurs corps prendre répos
En saint endroit, laissant seule heritiere
Leur fille unique à Maison toute entiere,
Non seulement pour les biens recueillir,
Mais leurs vertus aux siennes accueillir.

Decederent, sçavoir est, le Seigneur le Samedy 22. de May, & ladite Dame le Vendredy 21. de Février 1529.

Cy gist noble homme & sage Messire Baudoüin de Tucé Chevalier, Baron de Millesse & de Tucé : & cy auprés gist noble & devote Dame, Françoise de la Bouvardiere, en son vivant épouse dudit Baron, fille aisnée de noble défunt Messire George de l'Espervier S. de la Bouvardiere, & de Madame Marguerite de Montauban son épouse.
De

De François de Beaumanoir Baron de Lavardin & de Jeanne Ba- rone de Tucé & de Milleffe , &c. nafquit Charles de Beaumanoir fils unique , qui s'eftant fait Huguenot appuya ce party de tous fes biens & de fon credit jufques en l'an 1572. qu'il fut tué à la faint Bar- thelemy. Il fut marié deux fois , & fa premiere femme fut Margue- rite de Chourfes fœur de Jean S. de Malicorne , Gouverneur de Poi- tou, fille de Felix S. de Malicorne , & de Madeleine de Baïf. Il en eut Jean Beaumanoir mentionné cy-aprés , & fe rémaria en fecondes nôces à Catherine du Bellay fille de Martin S. de Langey , Gouver- neur de Normandie & de Piémont , & d'Ifabeau Chenu Princeffe d'Yvetot , fœur puifnée de Marie du Bellay , femme de René S. du Bellay fon coufin ; dont fortirent Marthe de Beaumanoir morte fans enfans de René de Boüillé Comte de Créance , & Elifabeth , de la- quelle & de Loüis de Cordoan S. de Mimbré eft iffu le Marquis de Langey. Jean de Beaumanoir premierement Baron , puis Marquis de Lavardin , rénonça à la Religion de fon pere , fervit les Rois Char- les IX. & Henry III. contre les Huguenots , & fut fait Maiftre de camp de quatre Compagnies pour la conquefte des Places ufurpées par le Comte de Montgommery en Normandie , qui fut pris dans faint Lo , & ce S. de Lavardin y fut dangereufement bleffé : mais ayant réconnu que fon fang n'avoit point effacé les mauvaifes impref- fions qu'Henry III. avoit conçüës , tant de la memoire de fon pere , que de ce qu'il l'avoit fuivy dans le party du Roy de Navarre , par le refus qu'il luy fit de la charge de Capitaine des Gardes du Corps, vacante par la mort du S. du Gua : le S. de Beauvais-Nangis n'en fut pas plûtoft pourvû à fon exclufion , qu'il quitta fon fervice. Il s'at- tacha enfuite au Roy de Navarre , depuis Roy de France Henry IV. dans toutes fes Guerres , & merita par fa valeur & par fa fidélité le Bafton de Marefchal & les Gouvernemens du Maine & des Comtés de Laval & du Perche. Catherine de Carmain fa femme , fille de Loüis Comte de Negrepelliffe , & de Marguerite de Foix , luy appor- ta en mariage la Comté de Negrepelliffe , qu'il échangea avec le Duc de Boüillon pour celle de Beaufort en Vallée , & le rendit pere de plufieurs enfans , dont la pofterité continuë avec éclat la gloire de fon nom. L'aifné fut Henry Marquis de Lavardin , qui époufa Mar- guerite de la Baume , fille de Roftaing Comte de Suze , & de Made- leine des Prés fille de Melchior S. de Montpezat , & d'Henriette de Savoye Marquife de Villars , dont entr'autres enfans le Marquis de Lavardin & l'Evefque du Mans.

DU S. DU BROSSAY-SAINT-GRAVÉ.

L E Sieur du Broffay-faint-Gravé , Capitaine de grande réputation dans le party Huguenot , s'appelloit Chriftophle du Maz , & fortoit d'une maifon illuftre des confins de Bretagne & du Maine & des environs de Vitré , vray-femblement iffuë de Raoul du Maz Chevalier , Seneschal de Vitré , l'un des Executeurs du testament fait par André Baron de Vitré allant en Terre-sainte l'an 1249. Entre plusieurs Branches qui en sont sorties , celle de la Vaisousiere se rendit la plus considerable par la succession des Baronies de Mathefelon qui luy eschûrent , à cause de l'alliance de Marguerite de la Jaille, fille de François de la Jaille S de saint Michel-du-Bois aprés Hector son pere , qui avoit épousé Isabeau de Husson-Tonnerre , Barone de Mathefelon & de Durestal. Cette Marguerite épousa en premieres nôces René du Maz S. de la Vaisousiere & de Boüeré , mais de deux fils qu'elle en eut , tous deux Barons de Mathefelon & de Durestal , l'aisné nommé René n'ayant point laissé d'enfans , Jean son frere nommé Evesque de Dol luy succeda , & eut pour heritier François de Scepeaux S. de Vieilleville , Mareschal de France , son frere uterin. Augustin du Pas traitant la Genealogie de la Jaille , rapporte qu'un Guillaume du Maz S. du Bourg fut pere d'André & ayeul de Beatrix du Maz morte l'an 1405. qui porta à Geofroy de Tintiniac Chevalier , S. du Plessis-Mellé , la Terre du Bourg , possedée de temps immemorial par ceux de son Nom du Maz ; dont il témoigne bien que sont pareillement issus les Srs. du Brossay-saint-Gravé & ceux de Montmartin & de Terchamp. Mais qu'il est mal-informé de leur descente , & comme il l'est en effet , je suppléeray icy de mes connoissances à ce qui manque en son Histoire : depuis Thibant du Maz S. de Terchamp , Paroisse de Ruille-le-Gravelais entre Vitré & Laval , l'an 1384. duquel & de l'heritiere de Montmartin , nasquit Jean du Maz S. de Terchamp , de Montmartin , de la Maugendriere , &c. pere de Jean & Jeanne du Maz Dame de la Maugendriere , femme de Jean de saint Aubin S. de Chantail. Jean du Maz S. de Terchamp , de Montmartin , &c. Maistre d'Hostel du Duc de Bretagne l'an 1456. & eut deux fils , Gilles , & Thibaut, dont la Posterité sera traitée aprés celle de son aisné.

Gilles du Maz S. de Montmartin & de Terchamp , Maistre d'Hostel du Duc de Bretagne , estoit allié l'an 1467 avec Françoise de Montfort Dame de la Riviere d'Abaretz , de la Tour-Meschiniere , &c. fille aisné de Charles de Montfort , & aprés sa mort sans enfans il se remaria à Jeanne de Beaucours veuve sans enfans de Jean Eder S. de la Haye , qui luy donna la Terre du Brossay , laquelle écheut en partage à Jacques du Maz leur second fils ; dont le frere aisné Gilles du Maz S. de Montmartin & de Terchamp l'an 1536 épousa Anne de Quebriac , & en eut Jean S. de Montmartin , Terchamp , &c. Gouverneur de Vitré , qui se fit de la Religion , & qui de Catherine Chauvin fille de Pierre Baron de la Muce & du Pont-hus , & de Catherine Eder , laissa Philippes du Maz , duquel & de Marguerite de Beaumanoir Dame de Gazon , fille de Samuël , & de N.... de Cayres , & petite fille de Gilles de Beaumanoir Protonotaire du saint Siege Apostolique , qui quitta la Soutane & se fit Huguenot, pour épouser Susanne de Poy , sont issus le Vicomte de Terchamp tué au siege d'Aire ,

& N.... du Maz son frere à present Vicomte de Terchamp.

Jacques du Maz S. du Brossay , fils puisné de Gilles & de Jeanne de Beaucours , fut marié deux fois , sa premiere femme fut Jeanne Anger , fille de Jean S. de Monstrelaix , & de Jeanne Dame de la Riviére , de Crapado , &c. & la seconde Jeanne de Bois-Braffu , fille de François S. du Bois-Braffu , & de Marguerite de Bogier , lors veu-ve de Guillaume le Sage S. du Bois-Hulin. Du premier lit sortirent quatre filles , Jeanne femme de Guillaume Cotart S. de Bocudon, Re-née alliée à Jean le Vicomte S. du Bois-Brient prés Nantes, Fran-çoise & Renée non mariées : & du second nasquirent, Christophle, Nicolas , Bonne femme de Gilles du Hindreu S. de la Heligaye , Guione qui épousa Jean Berar S. de la Haute-touche , & Catherine alliée à Guillaume le Baud S. du Len. Christophle du Maz. S. du Brossay est le Capitaine Huguenot, qui se signala dans les Guerres de son parti sous le nom de du Brossay-saint-Grave , pour sa valeur & pour son experience dans les Armes. Il ne laissa point d'enfans d'Anne Garnier Dame de la Barrilliere , & eut pour heritier Nicolas son frere auparavant S. de Casteneuc ; qui eut de Jeanne Michel sa fem-me , Jean du Maz S. du Brossay-saint-Gravé , Jacob S. de la Riviere tué sans Alliance aux Guerres de la Ligue , & Isaac S. du Verger , du-quel & de Renée de la Villegué Dame du Plessis , de Rieux & de Lymur , sont sortis plusieurs enfans , dont l'aisné Claude du Maz S. du Verger , épousa 1. Rolande Dame du Lesté , fille de Jean S. du Lesté , & de Guillemette de Noyal ; de laquelle il a trois fils , Gil-les , Pierre & René du Maz , & est remarié en 2. nôces à Marie Loz de Carganton , Veuve de Loüis S. du Halgoet & de Pierre du Russay S. de la Cornulliere , dont il n'a point d'enfans. Jean du Maz S. du Brossay-saint-Gravé ne le ceda point à Christophle son Oncle en toutes ses grandes qualitez d'esprit & de courage. Il épousa 1. Françoise d'Erbilliers , Veuve de François de Quebriac S. de Villebasse, fille d'Arnaud d'Erbilliers Lieutenant de la Compagnie d'Ordonnance du S. de Malicorne , Gouverneur du Poitou , & de Gillette Dame du Cartier & de Montaugé. Il n'a point laissé d'enfans de la seconde , qui fut Gillette de Fontenaille Dame du Mesnil-Barré au Pays du Maine , qu'elle luy donna. Ceux du premier lit sont , René du Maz Marquis du Brossay , S. du Menil-Barré , du Cartier & de Montauge , qui a plusieurs enfans de Gilone de la Marzeliere , sœur de Françoi-se Marquise de la Marzeliere , femme de Malo Marquis de Coetquen, Comte de Combour , &c. Gouverneur de saint Malo , & fille de François Marquis de la Marzeliere , & de Françoise de Harcourt : He-lene du Maz alliée à Pierre du Chastaigner S. de la Chastaigneraye & de la Tebaudaye : & Gillette du Maz qui a pour mary Loüis de Montigny S. de la Motte , Gouverneur de l'Isle de Rhuis en Bretagne.

La derniere branche de cette maison & qui subsiste encore , est celle des Seigneurs de la Riviere d'Abaretz , issuë de Thibaut du Maz , Chevalier celebre dans les Guerres du dernier Duc de Bretagne avec la France, second fils de Jean & frere de Jean du Maz S. de Montmartin, qui moyenna son mariage avec Bertrane du Val, niéce de Françoise de Montfort sa femme, fille de Pontus S. du Val, & de Beatrix de Montfort; à cause de laquelle il fut S. du Val & de la Riviere; qu'il laissa à Gilles son fils, marié par luy l'an 1484. à Guillemette de la Motte, fille de Jean S. des Aunays & de Guillemette le Petit. Dont Thibaut mort sans enfans, Gilles, & Bertrane femme de Michel de Mauhugeon S. du Moulin-Pean & de la Perrine. Gilles S. de la Riviere & du Val eut de Jeanne le Prestre, fille de Rolland, & de Perrine de Cheverüe, Guillaume mort sans alliance, & Claude S. de la Riviere, &c. qui épousa l'an 1549. Jeanne sœur de Damien S. du Bois & de la Ferronniere. Claude du Mas leur fils aisné S. de la Riviere, allié l'an 1572. avec Beatrix Sauvestre fille de François S. de Clisson en Poitou, Chevalier de l'Ordre du Roy, & de Jacquette Grossin, dissipa tous ses biens avec sa femme & laissa deux filles mariées en Anjou & en Poitou. Le second qui fut Loüis du Maz S. de la Tebaudiere, continua la posterité, & se maria l'an 1595. avec Perrine Bardou Dame de Villeneuve; en la Paroisse d'Abaretz, fille de Leonard Bardou S. du Verger, & de Julienne Gascher Dame de Villeneuve; de laquelle il eut Claude S. de Villeneuve, Marguerite femme de Charles de Romillé S. de la Chapelle, Eleonor mariée à Jean le Loüet S. du Botan, & Guione alliée à René Biré S. des Brosses & de la Jahotiere. De Claude du Maz S. de Villeneuve, & de Madeleine Perrot fille d'Estienne S. de Guyencour, & de Loüise Garreau, sont issus, Charles, François, Loüis, Georges, Loüise, Françoise & Claude du Maz.

CHAPITRE SECOND.

DE LA RENCONTRE DE MESSIGNAC ET DES Sieurs de Mouvans, de Montbrun & autres Chefs du party Huguenot.

C'EST une chose qu'on pourroit à peine concevoir, que dans une surprise, comme fut celle-cy, de la troisiéme Guerre de la Religion, où la Cour sembloit avoir pris tous ses avantages, la Provence, le Dauphiné & le Languedoc ayent pû presqu'en un instant mettre plus de vingt-cinq mille hommes sur pied pour venir au secours du Prince de Condé, sous la conduite de Jacques de Crussol lors S. d'Acier, depuis Duc d'Uzés & des plus excellens Capitaines du Siécle, tels qu'estoient sans contredit les Sieurs de Montbrun, de Mouvans, de Pierre-Gourde, & autres, qui en moins de deux mois se joignirent à l'armée du Prince avec l'équipage le plus complet & dans la meilleure ordonnance du monde; mais avec cela dans la contenance la plus fiere qu'on puisse imaginer. Le sieur d'Acier leur Chef, du quel nous avons donné l'Eloge en la page 56. &c. de ce Volume, avoit dans sa seule Compagnie prés de deux cens Gentils-hommes, & sa Cornette qui estoit de taffetas verd, représentoit une Hydre dont toutes les testes estoient diversement coiffées, en Cardinaux, en Eves-ques, & en Moines, qu'il exterminoit sous la posture d'un Hercule, avec ce mot, qui servoit d'Anagramme à son nom de Jacques de Crussol, *qui Casso Crudeles :* devise encore plus épouvantable, quand on vit que tous les ordres qu'on avoit donnez pour empescher leur jon-ction & leur passage, n'avoient servy qu'à signaler la résolution & la réputation de ses troupes, qu'il mit en estat d'executer ses menaces. Il ne fallut pas moins de bonheur pour se rasseurer contre ce puis-sant secours que ce succés de Messignac, qui arriva le 25. jour d'Octo-bre 1568. & qui ne fut pourtant autre chose qu'un enlevement de quartier, mais sanglant & funeste au party Huguenot par la perte de plus de trois mille hommes, & par la mort de deux Chefs entr'au-tres, qui valoient une armée entiere, Mouvans & Pierre-Gourde, Gentils-hommes de Provence & du Vivarez. L'honneur de cette action est dû tout entier à Loüis de Bourbon Duc de Montpensier, & l'Auteur Huguenot des Memoires de la troisiéme Guerre, s'abuse d'y rendre present le Duc d'Anjou, qui estoit encore à assembler ses troupes vers Orleans. Toutes les Histoires traitent au long cette dé-faite, qu'ils appellent des Provençaux, parce qu'on appelloit cette armée Provençale, quoy que composée de trois Provinces, & le S. de Brantosme en parle encore plus particulierement dans le Discours suivant, qu'il fait de Paul S. de Mouvans, qui merite d'estre icy rapporté tout entier.

Si ce M. de Montbrun estoit un bon homme de Guerre, M. de "Mouvans de mesme Patrie ou des confins l'a esté aussi, & qui de "mesme que l'autre a fort peu mis les armes bas depuis les guerres. "Quand le Duc d'Albe passa vers Flandre, tout le bruit commun "estoit qu'en faisant semblant d'escumer Geneve, que tout à plat il "l'alloit assieger. M. de Mouvans s'y alla jetter dedans avec un "Regiment de sept à huit cens bons hommes, choisis Dieu sçait "comment ; si que l'on pense que telle troupe réfroidit ledit Duc & "rompit son entreprise & dessein. Aux troisiémes troubles, lors qu'il "fallut aux Dauphinois & Provençaux & autres de la Religion de-là "le Rhône venir trouver M. le Prince, qui les avoit tous mandez pour "la Guyenne : tous les passages du Rhône estans pris & gardez soigneu-"sement par ceux du Roy & de M. de Gordes, & en tous les émois "du monde pour passer cette grande, large & furieuse Riviere, M. "de Mouvans s'avisa de faire un vray trait de ces Capitaines Romains. "Il vint sur le bord du Rhône & y bastit un Fort, & ayant par terre "porté un petit batteau portant seulement quatre hommes, fit passer "file à file & en peu de temps & en grande diligence trois ou quatre cens "hommes de par-delà, & y bastit un autre Fort vis-à-vis de l'autre, "où il logea ses gens peu à peu, & en moins de rien rendit ces deux

Forts fi bons & tenables , que ce fut une chofe émervei
fi foudainement faite, qu'on n'en fçût jamais rien , jufqu
les autres Forts furent faits & en défenfe. Par le moyen
de ce petit batteau s'y pafferent plus de dix mille homn
rendirent avec les autres troupes heureufement. Cas eftra
& dont il en fut fait une chanfon ou Vaudeville Soldatefc
& s'accommençoit *Mouvans a efté commandé* ; que fes S
admiration , gloire d'un tel Capitaine , chantoient en ch
foulageant le travail de leur chemin , à la mode des anci
turiers.

„ Aprés ce bel acte qui ne fe peut affez loüer , il vin
Perigord , en un petit village que l'on appelle Chante
croy le plus chetif du Pays , & ce fut par fa fauté , com
dire à quelques-uns des fiens ; car M. d'Acier eftant a
toute fon Armée à faint Aftier , M. de Mouvans ne fe v
tenter du logis affez bon qu'on luy avoit donné , fe faf
maugrea fort , & trop préfumant de foy , dédaigna un p
cier. Encore qu'il eut fait une bonne traite de cinq bo
aux courts jours d'Hyver , il alla loger à deux grandes
delà à Monfignac , feparé de la grande troupe de ces d
croyant tant de foy , qu'il battroit tout le monde qui f
roit devant luy , ainfi qu'il fe ventoit , avec fes troup
toutes les autres , & fon compagnon Pierre-Gourde , q
jeune Gentil-homme brave & fort hafardeux , & duque
parlant du Marechal de faint André. On leur remontr:
roient fortune s'approchant prés de Perigueux , on
courir le bruit que Meffieurs de Montpenfier , Martigu
& Briffac devoient venir; mais ils dédaignoient tout ,
& qui nous pourroit battre , les Strozziens , ainfi appel
Soldats & Capitaines de M. de Strozze , ces braves , q
nent ? Encore qu'ils les eftimaffent pour les plus bra
Soldats vieux de Bandes , ne parlans point de ceux
comme certes ils n'avoient la vogue comme nous autres
& difoient de nous autres , diantres Provençaux , nous
rons tous avec un grain de Sel. Mais il avint bien aut
les autres troupes du Roy dont M. de Montpenfier eft
s'eftans approchées de Perigueux avec une extreme di
furprirent & deffirent. Le Brave Comte de Briffac po
gagné le devant & fait les premieres charges , voir , q
faut dire ainfi , y acquit là le plus grand honneur , ei
de Strozze y furvint à propos & M. de Martigues.

„ Cette Victoire fut fort heureufe pour nous , car il
peu de Gens des noftres , & nul de marque que le
Chaftre [*Jacques de la Chaftre frere puifné de Clau*
de France] dit Sillac , qui avoit une Compagnie de G
fous Briffac : & difoit-on que Dieu l'avoit puny , ca

„faite il se montra grandement meurtrier & carnacier ; dont ce fut
„dommage , car ce fut esté un jour quelque chose de grand. Il y eut
„aussi de tué le Seigneur d'Essé , fils de ce grand Capitaine M. d'Essé.
„On ne put jamais trouver le corps de M. de Mouvans , & si fut fort
„cherché. Il y eut quelques-uns de ses Soldats qui affirmerent , qu'é-
„tant au combat, où il se montra très-asseuré & resolu , & se battoit
„bien, comme il avoit fait toûjours en tous lieux , il eut une grande
„Arquebusade dans le corps , & le vit-on souvent plein de colere
„& rage & dépit s'appuyer la teste avec ses deux mains contre un
„Arbre, pensez plus de dépit , d'ennuy & de regret d'avoir perdu
„ses Gens, que de sa blessure , ainsi qu'en cas pareil arriva au gene-
„reux Cesar Auguste , lors que Varrus luy perdit ses Legions en Al-
„lemagne, qu'on vit donner souvent de la teste contre les murailles
„& de rage crier, rend-moy mes Legions : & oncques plus ne le
„virent , disoient sesdits Soldats. Son compagnon Pierre-Gourde se
„trouva bien mort avec une chemise bien blanche , dés-ja dépoüil-
„lé , & sur tout une fort belle fraise bien & mignardement fron-
„cée & godronnée, comme on portoit alors , il s'aimoit & se plai-
„soit fort , aussi estoit-il un fort beau & honneste Gentil-homme &
„de fort bonne grace , & fort vaillant. Ces deux Capitaines estoient
„estimez pour les meilleurs de leurs troupes , & des plus hasardeux
„& accompagnez de meilleurs hommes , & s'ils eussent vescu, ils eus-
„sent bien porté nuisance à nostre party : aussi M. le Prince les sçût
„bien regretter , & sur tout M. l'Admiral qui sçavoit ce qu'ils va-
„loient. Ils avancerent le plus qu'ils purent pour les réconcilier , &
„vinrent jusques à Aubeterre ; où ils sçûrent la nouvelle de la dé-
„faite, parce que M. d'Acier, sage & avisé & vaillant Capitaine ,
„& le Chef general de tous , suivoit son chemin projetté & pour-
„pensé, & se tira luy & ses troupes sans mal ny combat : & tout
„l'échec tomba sur le pauvre Mouvans & Pierre-Gourde & leurs
„gens.

Je joindray icy ce que le mesme S. de Brantosme a laissé par escrit
du fameux Montbrun , puis que c'est la derniere occasion que le S.
de Castelnau me donne de parler de luy.

Monsieur de Montbrun de Dauphiné , Gentil-homme de bon
„lieu & de bonne part , a esté Cornette de Cavalerie, lors que M.
„d'Acier mena cette belle & grande troupe en Guyenne à M. le
„Prince. Il pouvoit certainement bien commander ce beau Regiment
„& cette belle Cornette, car il se peut dire que depuis la sédition d'Am-
„boise jusques à sa mort, il n'a jamais posé les armes, encore qu'il ne
„fust point de ladite sédition. Ce M. de Montbrun commandé de
„poser les armes, pour un peu il les posoit & aussi-tost les répre-
„noit , & sans M. le Cardinal de Tournon , à qui il appartenoit , il
„en fut esté en peine ; mais pourtant il se sçavoit bien garantir dans
„les Montagnes Dauphinoises : il y fit de belles guerres & prises.
„Luy & M. de Mouvans prirent prisonnier le Baron des Adrets, bon

„& grand Capitaine , & plus grand Capitaine encore , s'il eut pour-
„ſuivy ſa premiere partie , qui leur commandoit à tous auparavant,
„ſans le ſoupçon qu'ils eurent qu'il les vouloit quitter & embraſſer le
„party du Roy , comme il y avoit apparence & fit aprés. Ce brave
„Montbrun quelque peu de temps avant qu'il mourut [*le* 13. *de Juin*
„1575.] défit quelques quinze cens à deux mille Suiſſes en ces Mon-
„tagnes du Dauphiné , avec quelque peu de Cavalerie & Infanterie,
„qui fut une forte & ſignalée victoire , & qui fut priſée à la Cour ;
„où j'eſtois lors que les nouvelles y vinrent. Et lors que le Roy retour-
„na de Pologne , eſtant en Avignon il eſcrivit une lettre audit M.
„de Montbrun un peu brave & haute & digne d'un Roy , ſur quel-
„ques priſonniers qu'il avoit pris , & quelques inſolences faites.
„   Il répondit ſi outrecuidément que cela luy cauſa la vie , com-
„ment , dit-il , le Roy m'eſcrit comme Roy & comme ſi je le de-
„vois réconnoiſtre ? je veux qu'il ſçache que cela ſeroit bon en temps
„de Paix , & que lors je le réconnoiſtray pour tel ; mais en temps de
„Guerre qu'on a le bras armé & le cul ſur la ſelle , tout le monde
„eſt compagnon. Telles paroles irriterent tellement le Roy, qu'il jura
„un bon coup qu'il s'en répentiroit. Au bout d'un an aprés ou quel-
„ques mois [*l'an* 1575.] il vint faire une charge en Dauphiné , où
„eſtant porté par terre, fut pris & mené dans Grenoble par M. de
„Gordes, qui là eſtoit Lieutenant de Roy. J'eſtois lors à la Cour, quand
„M. de Bonnes, bon & vaillant Capitaine Provençal , qui eſtoit pre-
„ſent à cette charge , en apporta de nouvelles au Roy, qui l'en gra-
„tifia & en fut trés-aiſe. Je le ſçavois bien , dit-il , qu'il s'en répen-
„tiroit, il en mourra & il verra à cette heure s'il eſt mon compag-
„non : & ſoudain manda à la Cour de Grenoble de luy faire ſon
„procés & luy faire trancher la teſte. Quoy qu'on luy rémontraſt que
„cela tireroit à conſequence , & que les ennemis en pourroient faire
„autant à ſes Serviteurs, nonobſtant tout cela il mourut.
Il eut la teſte coupée à Grenoble , & fut porté au ſupplice dans
une chaire, parce qu'il avoit eu la cuiſſe rompuë de la chûte de ſon
cheval, qui s'abattit ſous luy dans un foſſé qu'il avoit voulu franchir,
quand il fut pris. Il s'eſtoit rendu au Sieur de Rochefort ſon couſin,
à condition qu'on luy feroit bon quartier, mais le Roy n'en fut que
plus animé à ſa perte, afin qu'il réconnut en periſſant contre la Loy
des armes , qu'il ne la devoit qu'à ſon reſſentiment : & c'eſt tout
l'avantage que ce Prince reçût, car Leſdiguieres ſon ſucceſſeur dans
le commandement en Dauphiné , y ſouſtint le party avec autant ou
plus de bonheur , & profita de l'occaſion pour commencer une réputation qui l'a depuis rendu digne de la premiere charge du Royaume. Beſmes, qui avoit tué l'Admiral à la S. Barthelemy, ayant eſté pris
par la garniſon de Bouteville en Angoumois , ceux de la Rochelle
donnerent mille eſcus pour l'avoir , & ne l'ayans pu échanger pour
Montbrun , comme luy-meſme leur avoit fait eſperer , ſur le point
de ſervir de répreſailles , il corrompit un de ſes Gardes ; mais cela

ne

ne luy ſervit que pour mourir en meurtrier , ayant eſté poignardé au meſme lieu où on le récourut. Cette vengeance du Roy fut un des principaux obſtacles à la Paix qu'on traitoit avec le Mareſchal dè Damville , dont l'interceſſion pour Montbrun fut réjettée, auſſi-bien que celle du Prince de Condé , & l'on en jugera aiſément par cette lettre du S. de Villeroy Secretaire d'Eſtat au S. de Caſtelnau, lors Ambaſſadeur en Angleterre.

Monsieur, s'en allant ce Porteur, vous me donnerez congé de vous ſaluër de ce petit mot, comme l'un de vos meilleurs amis & qui deſire autant vous faire ſervice. Je vous eſcrirois plus ſouvent, mais je croy que vous eſtes ſi bien informé de toutes choſes par M. Bruſlart, que ce ſeroit ſuperfluité. Tant y a que nous ne parlons que Guerre, ſur le bruit de la venuë des Reiſtres, au devant deſquels eſt allé M. de Guiſe, qui doit eſtre ſuivy de tout le monde. J'aimerois mieux que nous fuſſions en peine d'envoyer au devant de nos Députez, leſquels ſont encloüez en Languedoc par l'execution de Montbrun, auquel ceux de Grenoble ont fait trancher la teſte. Ils nous promettent toûjours de venir, mais ce ne ſçauroit eſtre meshuy que trop tard, dont je ſuis trés-marry ; car il me ſemble que tant plus ils tardent, que les moyens de faire la Paix ſe rendent plus difficiles : à quoy ne nuiſent pas ceux de voſtre coſté [les Anglois] qui cependant comme bien ſages gaudiſſent de nos miſeres. Je me récommendé bien-humblement à voſtre bonne grace, & prie Dieu, Monſieur, vous conſerver en la ſienne. De Paris le 3. jour de Septembre 1575. Voſtre bien-humble couſin & Serviteur, DE Nèufville.

Le Seigneur d'Ambres, que le S. de Caſtelnau mit au nombre des chefs Huguenots, qui vinrent au ſecours du Prince de Condé, eſtoit de l'illuſtre maiſon de Voiſins en Languedoc, dont ſont encore les Marquis d'Ambres.

DE L'ESCARMOUCHE DE JAZENEUIL.

LE Prince de Condé ayant manqué de combattre le Duc de Montpenſier à Pamprou, le ſuivit le dix-huitiéme de Novembre 1568. à Jazeneuil ; qu'il avoit gagné la nuit précedente pour joindre l'armée du Duc d'Anjou : & il s'y fit une eſcarmouche que le S. de Brantoſme met au nombre des plus belles actions de cette Guerre, & où il témoigne que les Provençaux, c'eſtoit ainſi qu'on appelloit les troupes du S. d'Acier, firent admirer leur courage & leur experience dans les armes. ,, Ils montrerent, dit-il , à l'eſcarmouche de Jaze,,neuil ce qu'ils ſçavoient faire : laquelle fut une des plus belles qu'on ,, ait ſçû de noſtre temps, aprés celle-là de la belle Croix à Metz , ,,qui fut le jour que le Duc d'Albe vint réconnoiſtre la Place. L'une ,, & l'autre durerent quaſi tout un jour, & l'une & l'autre furent fai-,, tes en un meſme temps d'Hyver & quaſi en un meſme mois, je

» croy qu'il ne s'en falloit pas quinze jours ; car celle de Metz fut
» le Vendredy Vigile de la Touſſains, & l'autre quelques quinze ou
» vingt jours aprés dans le mois de Novembre ou ſur la fin, ſi bien
» m'en ſouvient. Il y eut difference entre l'une & l'autre , car celle
» de Metz fut attaquée & ſouſtenuë par les Eſpagnols, qui ne pouvoient
» monter à plus haut qu'à ſix ou ſept mille, & un Regiment de cinq
» à ſix mille Lanskenets : & celle de Jazeneuil le fut de plus de vingt
» mille Arquebuſiers. Non pas que tout à coup ils eſcarmouchaſſent
» & combattiſſent , mais par bandes & groſſes quadrilles , dont la
» moindre eſtoit de quatre ou cinq mille, & ſe rafraiſchiſſoient les
» uns les autres, & ainſi que les uns venoient, les autres ſe retiroient:
» & ce fut-là où les noſtres firent trés-bien, qui n'eſtoient en ſi grand
» nombre, s'en falloit beacoup, & les ſouſtinrent beaucoup. M. de
» Briſſac & de Strozze y acquirent un grand honneur , & M. de la
» Valette avec ſa troupe de Gendarmes, & autres. J'oüis faire alors
» aux anciens Capitaines cette comparaiſon de ces deux eſcarmouches,
» qui avoient vû & l'une & l'autre.

Il n'y eut qu'environ trois cens hommes de tuez de part & d'autre
& ce fut le premier eſſay de la bataille de Jarnac.

CHAPITRE TROISIÉME.

BERENGER PORTAL ENVOYÉ PAR LA REINE au Prince de Condé.

LA Reine Catherine voyant la partie plus forte & plus égale
qu'elle n'avoit cru, fut faſchée d'avoir ſi mal-à-propos rompu la
Paix, & comme elle ſçavoit que le Prince de Condé l'avoit toûjours
deſirée & executée avec la meſme ſincerité ; elle ſe réſolut d'autant
plus facilement à luy propoſer de traiter , qu'elle avoit toûjours profité des ſeules propoſitions qu'elle en avoit faites. C'eſt une adreſſe de
Cour qui réüſſit ſouvent à celuy qui a l'autorité en main , parce que
c'eſt un nouveau crime de refuſer un ſi grand bien en apparence à celuy au nom duquel il agit ; encore qu'on ait raiſon de douter que ce
n'eſt que pour gagner temps & pour avoir des reſſources , qui manquent aux Sujets qui ſont en armes : qui ne doivent pas perdre un
moment, quand ils ſe trouvent en eſtat d'agir, parce que leurs forces
ne peuvent long-temps ſubſiſter & qu'ils n'ont pas de Pays pour les
entretenir de vivres , d'argent & de recrûës. Le Prince neantmoins
écouta l'Envoyé de la Reine, quoy qu'il y eut à rédire à ſa qualité,
& il luy récrivit avec aſſez de reſpect & de ſoûmiſſion, pour luy faire eſperer d'avoir encore en main une occaſion de pacifier les troubles ; ſi ceux de ſon conſeil ne l'en euſſent détourné, en haine de ce
que la lettre du Prince eſtoit pleine de réproches contre la temerité
de leur conduite, de commettre pour leur querelle particuliere le ſa-

lut & le repos de l'Eſtat & d'en haſarder la chûte pour l'accabler dans ſes ruïnes.

Ceux qui obſervent toutes choſes en matiere d'affaires d'Eſtat, doivent trouver eſtrange le choix de la perſonne de Berenger Portal pour une negociation de l'importance de celle-cy, capable d'adjoûter à l'honneur & au merite du plus illuſtre nom du Royaume. On ne doit point employer dans un Myſtere ſi ſacré, ny de petites gens, ny des perſonnes notées, & qui n'ayent pas un fonds de réputation capable de répondre du tréſor qu'on leur met entre les mains : & quand on en uſe autrement, ce ne ſont que des Eſpies ou des perſonnages comiques d'Ambaſſadeurs, qui ſont pour entretenir la Scene pendant qu'on medite quelque ruſe, pour éloigner plûtoſt que pour conclure la Paix & pour en laiſſer le réproche à ſon ennemy ; je ne ſçay rien de la condition de Portal, ſinon qu'il eſtoit General des Finances à Agen, mais j'ay un Arreſt du Conſeil d'Eſtat donné à Moulins le 24. Janvier 1566. juſtement deux ans auparavant ſon Ambaſſade, par lequel ſur le rapport du premier Préſident Seguier, & de l'Avocat General du Meſnil, commis pour l'interroger, il luy eſt défendu d'approcher la Cour de dix lieuës à peine de la hart : & ce pour crime de calomnie, & pour avoir accuſé Charles le Prévoſt S. de Grandville de malverſation en ſa charge d'Intendant des Finances, dont il fut envoyé abſous. Il y avoit aſſez de gens dans le conſeil plus propres qu'un homme tiré de la Conciergerie, qu'on pouvoit juſtement ſoupçonner de n'en eſtre ſorty que ſur la promeſſe & avec engagement de ſe racheter de tout ce qu'on ſouhaiteroit de luy, ou bien il eſtoit à croire qu'on ne s'eſtoit aviſé de l'envoyer, que pour ne pas abuſer du caractere d'une perſonne plus conſiderable : auſſi le Prince en uſa-t'il comme il devoit, quand il ſe contenta de le rendre porteur de ſa réponſe par eſcrit, plûtoſt que de ſa parole.

DU SIEGE DE SANCERRE, ET DU COMTE
Martinengue.

ENCORE que la ville de Sancerre ne ſoit forte que de ſituation, pour eſtre baſtie ſur une Montagne aſſez difficile, les Habitans en ſont naturellement fiers, & l'eſprit de la nouvelle Religion les avoit en ce temps-là tellement tranſportez, qu'elle tranchoit de la République au milieu du Royaume, comme une petite Genéve. Elle eſtoit la retraite de tous ceux des environs, qu'on pourſuivoit comme ſuſpects d'Hereſie, & elle entretenoit des intelligences ſi publiques avec le party, qu'on ne la devoit point avoir negligée : mais on fit encore une plus grande faute de ne l'aſſieger pas avec aſſez de forces & de préparatifs, afin de ne la point manquer : car faute de l'avoir priſe elle entra en ſi haute conſideration, qu'il fallut traiter d'égale avec la Rochelle & faire de ſa réduction un coup d'Eſtat & de Religion. C'eſt ce qui donna ſujet à feu M. le Prince durant les dernieres Guerres contre les Huguenots de l'aller surprendre pour achever de la démanteler, & de prévenir ainsi le dessein qu'on avoit d'en faire une Place d'armes capable de ruïner le Berry. Et cet exploit de sa prudence ne fut pas moins estimé qu'une conqueste faite à force d'armes, par les Politiques, qui réconnurent la consequence de ruïner cette retraite à un party, qu'elle estoit capable de relever, tant par l'inclination qu'elle avoit de remuër, que par le ressouvenir d'avoir esté le sujet de deux sieges qu'elle soustint, avec une obstination incroyable l'an 1569. & l'an 1573.

Le Comte Sara Martinengue, qui fit le premier par entreprise concertée avec le S. de la Chastre Bailly de Berry & le S. d'Entragues Gouverneur d'Orleans, estoit un Gentil-homme natif de Bresse en Lombardie, fils du Comte George Martinengue dit le Vieil, & d'une race feconde en diverses branches, toutes celebres par les grands hommes qu'elles ont produit en assez grand nombre, pour avoir part de toutes les Guerres de l'Europe, & mesme à celles des Venitiens contre les Turcs ; dans lesquelles ils ont merité d'estre aggregez à la Noblesse de Venise. Ce Sara icy estoit venu en France chercher fortune, & il la trouva auprés de Catherine de Medicis, qui se servit de luy en plusieurs affaires d'importance, l'ayant réconnu également capable de conseil & d'execution ; mais le Pays aida beaucoup à la récommendation de sa valeur, parce qu'elle se plaisoit à avancer des Estrangers qui tinssent tout d'elle, comme gens qui ne sont point obligez à toutes les considerations d'un François naturel, qui n'ont aucun interest au bien de l'Estat, & qui profitent plus de la Guerre & du désordre, que de l'ordre & de la Paix, qui répugnent à leurs interests. Sa qualité de Comte estoit un titre de famille & non de terre, à la mode de l'Italie, où chaque Souverain ayant le Privilege Imperial de créer des Ducs, Comtes & Marquis, des Notaires, des Docteurs & des Chevaliers de l'Esperon d'or, il faudroit estre de miserable condition, si on manquoit de Dignitez ; s'il n'y avoit de l'honneur à les méprisier dans la honteuse prostitution qu'on en fait. Il est à propos, pour lever le scrupule qu'on pourroit sentir d'avoir manqué de respect en quelqu'occasion à ces ombres & à ces Phantosmes de l'ancienne grandeur, de rémarquer en passant le miracle de ces créations de Ducs, de Marquis & de Comtes. Ces titres se communiquent à l'infiny dans toute la posterité masculine du premier créé, & c'est bien souvent tout le partage de plusieurs enfans, & tout le bagage qu'ils portent dans les Pays Estrangers ; si ce n'est qu'ils y joignent la récommendation de quelque faction ou plûtost fiction Guelphe, ou Gibelline, Angevine ou Arragonoise, selon les Ports où ils arrivent, soit de France, d'Allemagne ou d'Espagne ou des Pays-bas, ou qu'ils ayent crié vive France ou autrement, ou pris party en débitant les nouvelles des Couronnes. J'aurois peur de sortir du serieux de l'Histoire, si je racontois mille surprises, où je suis tombé en Italie, pour n'en avoir pû découvrir ny le caractere en la personne, ny les marques exterieures dans la fuite & dans la dépenfe de ces Seigneuries Illuftriffimes. Il faut que j'avouë que voyant fi peu de corps à de fi grands noms, je croyois eftre avec Enée dans les Champs Elifées, & que c'eftoient des Heros pour l'avenir que nous montroit le bon Anchife, qui devoient fuffire pour remplir toutes les Cours du monde, tant il s'en trouve de tous coftez. Encore que la maifon des Martinengue ait donné lieu à cette obfervation, je ne la comprens point dans cet abus, non plus que plufieurs autres fort anciennes & illuftres, qui ont ce Privilege directement des Empereurs & qui l'ont acheté de tout ce qu'il meritoit autrefois de merite & de grands fervices : on nous en réprochera bien-toft autant en France, où la qualité de Baron n'a plus de gouft que pour la Nobleffe des Provinces éloignées, & où celle de Marquis & de Comte ne coufte plus qu'un voyage à la Cour, ou quelque Campagne à l'armée. Et il faut que je dife encore qu'on y voit naiftre des armes couronnées en fi grand nombre & fi mal-ordonnées, qu'on diroit qu'elles font faites en dépit des Herauts & pour infulter à leur Art, auffi-bien qu'à leur connoiffance.

DU SIEUR DE LA CHASTRE.

CLAUDE DE LA CHASTRE Bailly de Berry, le principal auteur de ce premier fiege de Sancerre, a efté le premier Marefchal de France de fa maifon, en récompenfe de la réduction en l'obéïffance du Roy Henry IV. des Provinces d'Orleans & de Berry, dont il eftoit Gouverneur pour le party de la Ligue l'an 1594. aprés fon abjuration d'Herefie. Il avoit efté nourry Page d'Anne Duc de Montmorency Conneftable de France, qui tint à honneur d'avoir auprés de foy une perfonne de fi bonne maifon, & qui favorifa fes premiers commencemens dans les armes par des emplois dignes de fa naiffance & de l'eftime, qu'il faifoit des belles qualitez qu'il voyoit en luy. Aprés fa mort il perfifta dans l'averfion qu'il avoit toûjours euë contre les Huguenots, & ce fut la principale raifon qui l'attacha aux interefts du Duc de Guife ; qui luy procura la charge de Marefchal des Camps & armées de France, qu'il fit principalement avec grande eftime de valeur & d'experience à la celebre journée d'Auneau. Il eftoit homme de grande entreprife, il le témoigna dans le reffentiment qu'il eut de la mort de ce Duc, qui le fit declarer le premier pour le party de fa maifon, où il engagea deux Provinces : & il eut encore cet avantage de ménager fa grandeur dans la ruïne de la Ligue, de revenir au fervice qu'il devoit à fon Prince avec l'eftime d'un des plus excellens hommes de fon Siécle, & de confirmer dans la Paix, l'eftabliffement qu'il avoit donné par les armes à la branche puifnée d'une race illuftre, mais pauvre de biens. Claude de la Chaftre fon pere eftoit fecond fils de Gabriel de la Chaftre S. de Nancey, Capitaine des Gardes du Corps, Chambellan & Maiftre-d'Hoftel du Roy, & Capitaine de la Tour de Bourges, & de Marie de faint Amadour, & avoit pour frere aifné Joachim de la Chaftre S. de Nancey, fucceffeur de fon pere en toutes fes charges & en la meilleure partie de fes biens, qui luy donna pour fon partage la Seigneurie de la Maifonfort. Gabriel eftoit fils de Claude S. de Nancey Capitaine des Gardes du Corps des Rois Loüis XI. & Charles VIII. qui combattit vaillamment auprés de fon Maiftre en cette qualité à la bataille de Fornoüe le 6. de Juillet 1495. & de Catherine de Menou, & petit-fils de Pierre fils de Jean de la Chaftre S. de Nancey, Maiftre-d'Hoftel & Chambellan du Duc de Berry ; duquel le pere Guillaume de la Chaftre acheta l'an 1371. de Godemar de Linieres S. de Menetou-fur-Cher, frere d'Agnés de Linieres fa femme, la terre de Nancey en Sologne. Les memoires de fa maifon luy donnent pour pere Philippe fils d'Ebles S. de la Chaftre, lequel ayant efté pris prifonnier en bataille contre les Infidéles, envoya procuration en France pour vendre tous fes biens, afin de fatisfaire à fa rançon. Quoy qu'il foit de ce voyage d'outre-mer, il y a grande raifon d'admettre cet Ebles parmy les Anceftres du Marefchal de la Chaftre, parce que c'eftoit un nom familier dans la maifon des anciens Princes de Deols & Seigneurs de Chafteau-roux, Fondateurs de l'Abbaye du Bourg de Deols, vulgairement appellée du Bourg-Dieu, defquels il eft trés-certain que ceux de la Chaftre font iffus de mafle en mafle, par les Seigneurs de Charenton en Berry puifnez de Deols ; dont un puifné, qui eut en partage la Seigneurie de la Chaftre, en prit le nom, qu'il laiffa à fes defcendans, la pofterité mafculine defquels fubfifte encore aux Comtes de Nancey & aux Seigneurs de Brillebaut. Celle de ce Marefchal mort l'an 1614. finit en Loüis de la Chaftre Chevalier des Ordres du Roy, auffi Marefchal de France & Gouverneur de Berry, qui d'Ifabeau d'Eftampes de Valencé fa feconde femme n'eut qu'une fille unique, Loüife-Henriette de la Chaftre, premierement mariée à François de Valois Comte d'Alais, & qui de N...., Pot S. de Rhodes, fon dernier mary n'a eu qu'une fille à prefent Ducheffe de Vitry.

Toute cette defcente fe verra à la fin de ce Livre parmy les Genealogies des maifons alliées à celle de Bochetel. C'eft pourquoy je me contenteray de traiter icy la branche aifnée des Seigneurs de Nancey depuis Joachim mentionné cy-devant ; qui fut comme fon pere Capitaine des Gardes du Corps, Capitaine de la groffe Tour de Bourges, & Maiftre d'Hoftel du Roy, & qui merita pour fes fervices de joindre à ces qualitez hereditaires celle de Gouverneur d'Orleans, de Bailly & Gouverneur de Giem, de Grand-Maiftre des Ceremonies, & de Prévoft de l'Ordre de S. Michel. Il époufa Françoife Foucher Dame de Thenye, fille d'Antoine S. de Thenye Gouverneur d'Amboife, & de Françoife de Marconnay, & petite-fille de Loüis S. de Thenye, & de Marie de la Porte de Vezins : & fut pere de Gafpar, de Melchior & Balthafar de la Chaftre mort fans enfans, de Jeanne femme de Guy de Monceaux S. de Houdan, & de Melchiore femme de N....

du Pé S. de Tannerre. Gaſpard de la Chaſtre S. de Nancey Capitaine des Gardes du Corps & Chevalier de l'Ordre du Roy, meritoit un éloge dans chacune des principales journées de cet âge de fer, dont je traite l'Hiſtoire, pour avoir eſté de tout ce qui ſe fit de grand depuis le Regne de Henry II. juſques en l'an 1576. qu'il mourut au milieu de ſa courſe & à la veille des premieres Dignitez du Royaume : mais il eut ce bonheur que je n'eſtime pas moins, d'avoir pour Orateur & pour Auteur de la Harangue Funebre, qui ſe fit à ſes funerailles en preſence de pluſieurs Chevaliers de l'Ordre & grands Seigneurs, le fameux Docteur Jacques Cujas, qui renvoya toute cette grande compagnie également comblée d'admiration de ſa valeur & de regret d'une ſi grande perte. Il avoit eſté nourry auprés du Dauphin, depuis Roy François II. & aprés avoir fait ſes premieres armes en Italie ſous le Duc de Guiſe, il continua de le ſuivre en tous ſes autres exploits, tant contre les Eſpagnols que contre les Huguenots, & principalement au ſiege de Roüen, où il monta le premier à la breſche, & fut renverſé dans le Foſſé tout chargé de playes, & à Dreux ; où il fut trouvé parmy les morts tout couvert de ſang d'une bleſſure, qui ne put jamais eſtre guerie : & qui ſe r'ouvrit enfin pour le faire mourir, aprés avoir encore témoigné aux autres batailles de ſaint Denis, de Chaſteauneuf-ſur-Charente, où il eut une jambe rompuë, à Jarnac & à Montcontour, que la France n'avoit point de Capitaine ny plus vaillant ny plus affectionné au ſervice de la Religion. Il avoit épouſé Gabrielle de Batarnay fille de René Comte du Bouchage, & d'Iſabelle de Savoye, de laquelle il laiſſa Henry S. de Nancey Comte du Bouchage, & trois filles ; Madeleine l'aiſnée épouſa Charles de Chaſtillon Baron d'Argenton, duquel s'eſtant fait ſéparer pour impuiſſance, par Sentence de l'Official de Sens & autres Juges députez de l'Archevêque de Lyon du 19. Janvier, 14. Aouſt, & 15. Mars 1599. confirmée par Arreſt du 16. Janvier 1601. ſur les concluſions de l'Avocat General Marion, & luy débouté de ſa Requeſte de congrez & du reſcrit obtenu à Rome & condamné à l'amande : elle ſe remaria à Henry Vicomte de Bourdeille, dont elle a eu grande poſterité. La ſeconde nommée Loüiſe fut alliée 1. à Loüis de Voiſins Baron d'Ambres, Vicomte en partie de Lautrec, 2. à Martin S. du Bellay Chevalier des Ordres du Roy. Et de la troiſiéme qui fut Gaſparde de la Chaſtre, & de Jacques Auguſte de Thou Préſident au Mortier au Parlement de Paris, eſt né entr'autres enfans Jacques-Auguſte de Thou Baron de Meſlay Préſident aux Enqueſtes, à preſent Ambaſſadeur pour le Roy aux Eſtats de Hollande.

Henry de la Chaſtre Comte du Bouchage S. de Nancey, épouſa 1. l'an 1605. Marie de la Gueſle ; fille de Jacques Procureur General au Parlement, & de Marie de Rouville, & petite-fille de Jean de la Gueſle Préſident au Mortier, 2. Gaſparde Mitte de Miolans & de Chevrieres morte ſans enfans. Il eut de la premiere Edme de la Chaſtre Comte de Nancey, premierement Maiſtre de la Garderobe du

Roy, depuis Colonel des Suiſſes, tué en Allemagne l'an 1644. qui
de Françoiſe de Cugnac Dame de Boucart, fille unique & heritiere
de François Marquis de Dampierre Lieutenant general au Gouvernement d'Orleans, & de Gabrielle Popillon, a laiſſé N.... de la Chaſtre
Comte de Nancey, &c. marié avec N.... d'Hardoncourt fille unique de Henry Gouverneur de Marſal, & de Claude-Barbe d'Ernecourt, & N.... de la Chaſtre femme de N.... de Crevant Marquis de Humieres, Capitaine des cent Gentils-hommes, Gouverneur
de Compiegne & Lieutenant general des armées du Roy.

DU SIEUR D'ENTRAGUES GOUVERNEUR D'ORLEANS.

FRANÇOIS DE BALSAC l'un des Chefs du premier ſiege de
Sancerre & connu à la Cour ſous le nom de S. d'Entragues, n'en
poſſedoit pourtant pas la Terre, qui fut portée en mariage par Jeanne de Balſac ſa Tante à Claude d'Urfé Bailly de Foreſts; mais il l'af-
fecta en memoire de ſes Anceſtres, qui l'avoient rendu illuſtre, &
le préfera à celuy de Marcouſſis & d'autres plus grandes Seigneuries.
Guillaume de Balſac ſon pere s'eſtant attaché à la Maiſon de Lorraine, à cauſe de la Charge de Lieutenant de la Compagnie de Gendarmes de François Duc de Guiſe, il ſuivit la meſme inclination envers le Duc Henry ſon fils, & il s'y engagea d'autant plus, qu'il n'é-
toit que d'avoir un Patron de ſa vigueur à la Cour, dans un temps
auquel un merite ſans factions eſtoit ſans luſtre & ſans eſtime, & que
par ce moyen il parvint aux premiers honneurs; ayant eſté fait Chevalier du Saint-Eſprit dés la premiere création. Eſtant revenu à l'obeïſſance du Roy Henry IV. il devint encore plus puiſſant & plus conſideré par le moyen de la Marquiſe de Verneuil ſa fille, mais comme il n'avoit ſouffert les amours du Roy avec elle que ſur l'eſperance d'un mariage, dont il luy donna la promeſſe par eſcrit: s'en eſtant
voulu prévaloir contre la puiſſance d'un Prince, qui n'avoit eu autre
intention que de flater l'ambition du pere & de favoriſer la bonne foy de
la fille, il ſe laiſſa enfin perſuader de faire un party d'Eſtat ſous le
nom du fils qu'elle avoit eu du Roy. Les avis que ce Prince en eut,
ne le mirent pas tant en peine, que les refus dédaigneux de la Marquiſe, & il ne s'en ſervit que pour ſoumettre cet eſprit altier, par
la neceſſité de ſauver ſon pere & ſa maiſon d'une ruïne inévitable.
C'eſtoit une querelle d'amour déguiſé en affaire d'Eſtat, & pouſſée
de toute l'autorité d'un Roy, qui ne croyoit pas eſtre ſi heureux dans
le deſſein qu'il avoit de trouver quelque crime, ſous la pourſuite duquel il ſe put faire rendre ſa promeſſe, & réduire cette famille, mais
principalement la Marquiſe à ſa diſcretion. Il communiqua ſecrettement cette affaire au Prévoſt Defuncti avec des témoignages d'une
paſſion extréme de pouvoir perdre le S. d'Entragues, lors retiré dans
ſa maiſon de Marcouſſis, où il ſe tenoit ſur ſes gardes, mais qui n'eſtoit
pas un lieu pour eſtre à l'abry d'une ſi grande puiſſance, ny pour
réceler

réceler des tréfors de l'importance de ceux qui s'y trouverent. Il luy offroit dans la chaleur de fon deffein dix canons & cinq Regimens pour emporter cette Place de force, mais le Prévoft plus prudent en ce qui regardoit la fonction de fa charge, luy fit entendre qu'il falloit plus d'adreffe que de force, & que croyant opprimer un coupable, il le rendroit innocent, en luy donnant du temps pour prendre réfolution fur le fujet du fiege, & pour brûler tout ce qui pourroit fervir à fa condamnation & excufer la violence qu'on luy auroit faite.

Le Roy contraint d'advoüer qu'il n'eftoit pas fi habile au Meftier de Prévoft qu'en celuy de Conquerant, luy laiffe la conduite de toute l'affaire, luy accorde quinze jours pour l'execution de fes ordres, & luy promet de n'en parler à perfonne, non pas mefme à la Reine. Pendant ce temps-là, le Prévoft inftruit un Archer qui fait le Soldat eftropié & qui fous le mafque d'une fauffe jauniffe, gueufe huit jours au village de Marcouffis, efpie ce qui s'y paffe, voit les trois Ponts toûjours levez, & obferve qu'aux jours maigres on abattoit la Planchette pour prendre du beurre frais & des œufs de quelques femmes qui en apportoient. Sur cela Defunctis fait fon deffein, il envoye querir à Joüy chez le Marquis de Sourdis quatre habits de Villageoifes, il vient aprés luy-mefme à Joüy avec quarante Archers, & y prend un Guide qui le mene droit au Bois qui joint le Parc de Marcouffis ; où il dreffe une embufcade, & pour plus grande feureré y retient le Guide, & fait partir quatre Archers déguifez en Payfanes, qui viennent de grand matin au premier Pont avec leur beurre & leurs œufs. Le Cuifinier leur abat les Planchettes, mais avec le beurre qu'on luy montre, on luy prefente auffi le Piftollet à la gorge, avec menace de le tuër, s'il ofe dire un mot. La Porte ainfi faifie fans bruit, le Prévoft arrive avec partie de fes gens, fe coule de la cour à la montée, où il arrefte le Valet de chambre qui defcendoit & qui avoit laiffé la chambre ouverte. Il luy défend fur la vie de parler, & le mene avec luy fuivy de quatre Archers, aprés en avoir mis huit dans la falle & quatres autres dans l'antichambre. Il laiffe ces quatre icy à la porte de la chambre, où il entre feul avec le Valet, & attend une heure que le S. d'Entragues s'éveille ; lequel criant qui eft là, il répond & en mefme temps tire le rideau. Si jamais prifonnier d'Eftat fut confterné, ce fut ce Seigneur, qui crût que le Roy avoit réfolu fa perte, & qui fit tout ce qu'il put pour gagner le Prévoft, qui de fa part fit ce qu'il put auffi pour le confoler ; le priant neantmoins de fe vouloir habiller, & ayant fait vuider les poches de l'habit qui luy eftoit préparé, rétint les papiers & luy rendit fes clefs.

Le S. d'Entragues eftant levé voulut foüiller dans une armoire, qui eftoit dans l'efpaiffeur du mur derriere la tapifferie vis-à-vis de fon lit, & en eftant refufé, il dit avec mille inftances que c'eftoit pour en tirer un Bail de bois, qui luy importoit de vingt-mille efcus, s'il ne le délivroit dans trois jours, & qu'il l'avoit deftiné au mariage de fa fille. Il luy declara enfin que la fortune luy avoit ce jour-là mis en main son honneur & sa vie & le salut de toute sa maison, & qu'il trouveroit dans une cassette qui estoit sur sa table pour cinquante mille escus de pierreries appartenantes à sa fille ; qu'il luy donneroit de grand cœur avec serment qu'ame vivante n'en sçauroit jamais rien, & de luy en estre toute sa vie infiniment obligé, pour la seule grace de luy laisser prendre le papier qu'il demandoit. Le Prévost inflexible s'en estant excusé sur son devoir, y mit le Scellé, laissa garnison au Chasteau, & le conduisant à Paris, envoya en poste advertir le Roy, qui luy manda de le mener droit à la Conciergerie du Palais, & ensuite luy ordonna d'aller prendre les Papiers. Comme il en avoit laissé les clefs au S. d'Entragues, il les luy alla demander ; mais pour éviter le réproche d'avoir rien supposé, il voulut encore obtenir de luy qu'il luy nommast un des siens, en presence duquel il put faire ouverture de l'armoire & la description des papiers : comme il fit en presence de Gautier Secretaire dudit S. d'Entragues. Il y en avoit de diverses sortes, mais la premiere liasse sur laquelle il mit la main, estoit la plus importante, qui contenoit cinq pieces, sçavoir le chiffre du Roy d'Espagne : une lettre du mesme Roy en François adressant à M. d'Entragues, signée *yo el Rey* : une autre toute pareille à la Marquise de Verneuil, & une troisième au Comte d'Auvergne. La derniere signée tout de mesme estoit une promesse de ce Roy en François, avec Serment solemnel qu'en luy rémettant entre les mains la personne de M. de Verneuil, il le feroit réconnoistre pour Dauphin, vray & legitime successeur de la Couronne de France, luy donneroit cinq Forteresses en Portugal avec une administration honorable, & cinquante mille ducats de Pension : qu'il donneroit aussi ausdits Sieur d'Entragues & Comte d'Auvergne deux Places fortes, & à chacun vingt mille ducats de Pension, & les assisteroit de toutes ses forces, quand l'occasion s'en presenteroit.

Tout cela paraphé de la main de Gautier & porté au Roy, qui réconnut d'abord les chiffres d'Espagne, il tressaillit de joye, embrassa par cinq fois le Prévost, comme celuy qui luy avoit rendu le plus signalé service qu'il pouvoit souhaiter, & envoya les pieces au Procureur General pour hâster le procès. Cependant le S. d'Entragues, qui sçût que tout estoit découvert, tomba dans le dernier désespoir, & ayant mandé Defunctis, qui y vint avec permission, il luy dit qu'il estoit perdu, si le Roy ne se vouloit contenter du papier, qu'il avoit tant eu d'envie de tirer de ses mains, & qu'il luy rendroit enfin sur la seule asseurance de sa vie. Le Roy l'ayant pris au mot & averty du lieu où il estoit, y envoya sur le champ le S. de Loménie Secretaire d'estat, qui trouva la promesse de mariage dans une bouteille de verre enfermée d'une autre bouteille aussi de verre sur du cotton, le tout bien bouché & muré dans une chambre de Marcoussis. Après cela ce Prince satisfait d'avoir ce qu'il demandoit & de voir à sa mercy la Marquise qu'il aimoit encore, voulut assoupir l'affaire, &

le Parlement au contraire voulant sous prétexte de punir un crime d'Estat, rompre cette amitié qui se rénoüoit, s'opiniastra jusques à donner Arrest de mort contre le S. d'Entragues & ses complices, & à ordonner que la Marquise seroit rasée & confinée entre quatre murailles ; mais il n'en fut autre chose, & il n'en couta à cette Dame qu'une rosée de larmes au lieu du sang de son pere, qui furent bientost ressuyées du Soleil de la Cour, & tout cette Tragedie se termina par un incident tragicomique.

Peu avant la mort du Roy, la Marquise de Verneuil ayant besoin de protection contre les ressentimens de la Reine, pour demeurer à la Cour en quelque consideration, elle écouta les propositions de mariage que luy fit le Duc de Chévreuse, qui la paya de son inconstance ordinaire. Le Duc de Guise son frere vint aprés, & la chose alla jusques au contract de mariage. Il prétendit depuis qu'il estoit faux, mais le 15. de Septembre 1610. elle le réprensenta en original chez le Comte de Soissons en presence du Cardinal de Joyeuse & du Duc d'Espernon, signé de deux Notaires, d'un Prestre & des parties. Il est vray que les deux Notaires estoient fort vieux, soit qu'on les eut choisis à dessein ou non, que l'un estoit mort, & que l'autre encore vivant, mais moribond, désavoüoit d'y avoir assisté. Quoy qu'il en soit, la Marquise réclamoit sa bonne foy, & troubloit le traité de son mariage avec la doüairiere de Montpensier ; qu'il épousa neantmoins, aprés qu'on eut assoupy ce different par les rémontrances, qu'on fit à cette Dame de ne se point commettre à l'extrémité, avec un Prince qu'elle pourroit conserver pour d'auttres interests, & qui estoit assez puissant pour disputer ce party contre le Comte de Soissons, qui s'y opposoit dans la crainte qu'il ne traversast en faveur du Comte de Vandemont son parent, l'alliance qu'il meditoit entre son fils & l'heritiere du Duc de Montpensier. La Reine qui n'aimoit pas le Comte de Soissons & qui apprehendoit la grandeur de sa maison, portoit de toute son autorité la recherche du Duc, jusques à dire tout haut que M. le Comte avoit tort de vouloir oster à M. d'Orleans sa femme, aprés luy avoir osté son Gouvernement. Pour cette raison elle menaçoit la Marquise, & elle mania tellement l'affaire par l'adresse du President Jannin qui s'en entremit, qu'elle l'obligea de souffrir l'injure, & de cesser ses instances sur un droit qu'elle ne pouvoit maintenir avec si peu de credit. Bien en prit à M. de Guise de ce que le Procés se vuida sous une Regence ; car le Roy Henry IV. n'eut pas manqué d'interests pour rendre valide un mariage si peu avantageux pour les biens ; & pour abbattre par les Loix la puissance d'une Maison, qu'il n'avoit pû destruire par les Armes, & de laquelle il avoit de faschenx ressouvenirs.

Balsac petite ville à deux lieües de Brionde, a donné le Nom à cette Maison, qui l'a long-temps possedée ; mais la suite des Seigneurs ne m'est pas assez connuë & je remarqueray seulement celle des Seigneurs d'Entragues leurs puisnez, depuis Jean de Balsac S.

d'Entragues sous le Regne de Charles VII. qu'il aida de tous ses biens contre les Anglois, & qui épousa Jeanne de Chabannes fille de Robert S. de Charlus : dont entr'autres enfans, Roffec & Robert de Balsac Seneschal de Beaucaire & d'Agenois l'un des fidéles du Roy Loüis XI. en Guyenne, qui eut la Seigneurie de Clermont pour sa part de la confiscation des biens du Comte d'Armagnac, & ne laissa que trois filles, Anne femme de Guillaume S. de Joyeuse, Marie femme de Guillaume S. de Joyeuse, Marie femme de Loüis S. de Graville Admiral de France, & Philippe femme de Loüis S. de Montlaur. Roffée de Balsac S. d'Entragues Seneschal d'Agenois, Capitaine de cinquante hommes des Ordonnances de Loüis XI. & Gouverneur de Pise pour Charles VIII. fut pere de Pierre S. d'Entragues & de Dunes, Chevalier de l'Ordre du Roy, Gouverneur de la haute & basse Marche, mary d'Anne de Graville fille de Loüis Admiral de France, & de Marie de Balsac sa Cousine ; dont entr'autres enfans masles, deux laisserent posterité, Guillaume, & Thomas de Balsac S. de Montagu à cause de sa mere ; duquel la descente finie en filles, est traitée au troisieme Volume, dans la Genealogie de Gaillard parmy les Alliances de la Maison des Bochetels. Guillaume de Balsac S. d'Entragues, de Marcoussis, du Bois-Malesherbes, &c. Gouverneur du Havre, Lieutenant de la Compagnie de Gendarmes de Lorraine Duc de Guise, épousa Loüise fille de Jean S. de Humieres, & de Françoise le Jeune dite de Contay, & en eut six enfans. François, Charles Baron de Dunes, Chevalier de l'Ordre du Roy mort sans alliance l'an 1599. autre Charles S. de Clermont, dont la posterité sera déduite aprés celle de son aisné : Galeas S. de Tournancy, Gentil-homme ordinaire de la Chambre du Roy tué au siege de la Rochelle 1573. Catherine de Balsac qui épousa Edme Stuart Comte de Lenox S. d'Aubigny, dont sont issus les Ducs de Lenox & les Seigneurs d'Aubigny, & Loüise femme de Charles Baron de Clere.

FRANÇOIS DE BALSAC S. d'Entragues, Marcoussis, &c. Chevalier des Ordres du Roy, Gouverneur d'Orleans, duquel nous avons si amplement parlé cy-devant, épousa 1. Jacqueline de Rohan Dame de Gié, fille de François S. de Gié & du Verger, & de Catherine de Silly. Sa seconde femme fut Marie Touchet maistresse du Roy Charles IX. & mere du feu Duc d'Angoulesme, de laquelle il devint si amoureux ; c'est pour luy en faire réproche que dans le Libelle intitulé l'Edit du Roy *de Guise*, fait l'an 1586. ainsi nommé par allusion au nom de Guise, contre certains petits galands dits Bourbons & aucuns malotrus & yvrognes d'Allemagne, il est appellé par derision d'Entragues Touchet Duc d'Orleans. C'estoit une femme d'un esprit aussi incomparable que sa beauté, dans le nom de laquelle on ne trouva pas sans raison au lieu de *Marie Touchet, je charme tout*, & il ne se faut pas estonner qu'elle ait trouvé un si bon party dans le vol qu'elle avoit pris à la Cour, où elle tint aussi bien son rang qu'aucune des Dames de la premiere condition. Le S. de Brantosme dit qu'elle eſtoit fille d'un Apoticaire d'Orleans , & d'autres diſent d'un Notaire ; mais ils ſe ſont trompez, Jean Touchet ſon pere prenoit qualité de S. de Beauvais & du Quillart , Conſeiller du Roy & Lieutenant particulier au Baillage & Siege Préſidial d'Orleans. Il eſtoit fils de Pierre Touchet Bourgeois d'Orleans , & petit fils de Jean Touchet Advocat & Conſeiller à Orleans l'an 1492. qui avoit eu pour pere Regnaut Touchet Marchand de la ville de Pathay en Beauſſe. Et tout ce qu'on pouvoit dire contre la naiſſance de cette Dame, c'eſt qu'elle avoit eu pour mere Marie Mathy fille naturelle d'Orable Mathy Flamand de Nation , Medecin du Roy , qui pour parvenir à cette Alliance donna par le contract de mariage deux mille eſcus, qui eſtoit une ſomme alors conſiderable. Marie Touchet eut pour frere Polycarpe S. de Beauvais mort ſans enfans , & Marguerite Touchet femme de Claude Robineau S. de Lignerolles Commiſſaire des Guerres. Lubin Touchet frere puiſné de Pierre ſon ayeul , fut Greffier en l'Election d'Orleans, & de ſon mariage avec Françoiſe Bouchault, ſortit Claude Touchet S. de Goumiers mort l'an 1563. qui eut de Renée fille de Guillaume Hurault, & de Jeanne Germé, Claude & Jacques Touchet , Jeanne Touchet femme de Hervé le Semelier , & Claude mariée à Pierre Fougeu S. des Cures , Gouverneur d'Amboiſe , Grand-Mareſchal des Logis des Camps & armées du Roy. Claude Touchet S. de Goumiers Contrôlleur des Tailles à Orleans, épouſa Claire Martin fille de Robert S. de Villiers , & de Marie Bourdineau ; dont François Touchet Capucin , Jacques Abbé de Noſtre-Dame d'Iſſoudun , Pierre S. de Goumiers Commiſſaire des Guerres non marié, & Anne Touchet alliée à Nicolas Boullart S. de la Ronciere Secretaire du Roy. Jacques Touchet Advocat au Parlement , ſecond fils de Claude , & de Renée Hurault, s'allia avec Claude le Vaſſor fille de Germain , & de Claude Vaillant , & fut pere de Pierre Touchet Advocat à Orleans , qui n'a point eu d'enfans , de Jacques auſſi mort ſans poſterité, & de Claude Touchet femme de Jean Gaudart S. du petit Marais Conſeiller au Parlement qui en a des enfans. François de Balſac laiſſa de ſa premiere femme Charles de Balſac S. d'Entragues, Marcouſſis , &c. Gouverneur des Duchez d'Orleans & d'Eſtampes , allié 1. à Marie de la Chaſtre morte ſans enfans, 2. à Jeanne Gaignon de S. Bohaire , dont Charles né à Marcouſſis l'an 1604. & autres enfans morts jeunes : & Ceſar de Balſac S. de Gié qui n'a point laiſſé d'enfans de Catherine Hennequin veuve de Charles de Balſac Baron de Dunes ſon couſin , fille d'Antoine Hennequin S. d'Aſſy , depuis rémariée à Nicolas de Brichanteau Marquis de Nangis : & Charlotte Catherine de Balſac femme de Jacques d'Illiers S. de Chantemeſle, &c. dont eſt iſſu le S. d'Entragues-Chantemeſle heritier de la maiſon d'Entragues, à condition d'en porter le nom & les armes pleines , comme jadis ſes Anceſtres iſſus en ligne maſculine des anciens Comtes de Vendoſme, en changerent le nom & les armes pour ſucceder aux biens de la maiſon d'Illiers, à cauſe d'une alliance avec l'heritiere de cette race illustre du Pays Chartrain. Du second mariage de François de Balsac avec Marie Touchet sortirent, Henriette de Balsac Marquise de Verneuil, & Marie de Balsac; de laquelle & de François de Bassompierre Mareschal de France & Colonel des Suisses, est issu l'Evesque de Xaintes.

CHARLES DE BALSAC dit le jeune S. de Clermont, d'Entragues, Chevalier des Ordres du Roy, tué à la bataille d'Yvry, frere puisné de François S. d'Entragues, épousa Helene Bonne veuve de Charles de Gondy S. de la Tour, Grand-Maistre de la Garderobe, fille de Pierre Bon S. de Meolon, Gouverneur de Marseille, & de Marguerite de Robins. Il en eut Henry Comte de Clermont, Charles Baron de Dunes, Loüis Chevalier de Malte, Jean Abbé de Suron nommé à l'Evesché de Grenoble, mort l'an 1609. Nicolas Abbé de saint Martin-au-Bois, puis de Suron aprés son frere, & de S. Quentin, Coadjuteur d'Authun, mort l'an 1611. & Loüise morte jeune. Henry de Balsac Comte de Clermont-d'Entragues, n'a laissé de Loüise Luillier de Boulencourt sa femme que deux filles, Loüise femme de Claude de Bretagne Comte d'Avaugour, & N.... femme du S. de Marchin, cy-devant Viceroy en Catalogne, à present General des armes du Roy d'Angleterre & Chevalier de la Jartiere. Charles de Balsac Baron de Dunes n'a aussi eu que des filles de Catherine Hennequin sa femme, qui sont, Jeanne de Balsac mariée à Loüis Huraut Comte du Marais, Enseigne des Gendarmes du Roy, Alphonsine de Balsac femme de Charles Martel S. de Fontaine-Martel, dont N... Martel femme du S. de Guenegaud Tresorier de l'Espargne, Marie de Balsac, & Madeleine mariée l'an 1634. à Gaston de Renty S. de Landelles, &c. aussi rénommé pour la Sainteté de sa vie, qu'il estoit illustre par sa naissance.

XXXXXXXXXXXXXXXXXXXXXXXXXXXXXXXXXXXXXXXXXXXXXXXXXXXXXXXXXXXXXXXX

CHAPITRE QUATRIÉME.
DU SIEUR DE VINS.

LE Sieur de Vins que le S. de Castelnau appelle Capitaine Provençal, & auquel il donne l'honneur d'un exploit de Guerre qui preceda la bataille de Jarnac, estoit ce fameux Hubert de Vins, fils d'un Président au Parlement de Provence & d'une fille d'Honoré de Pontevez Seigneur de Flassans, sœur de Jean de Pontevez Comte de Carces, Gouverneur & grand-Seneschal de Provence, qui fit de si grandes actions de Guerre pour le service de la Ligue. Cesar Nostradamus qui a escrit l'Histoire de Provence en parle si amplement, que je me contenteray de rémarquer icy qu'aprés avoir long-temps servy le Duc d'Anjou depuis Roy Henry III. il le quitta par ressentiment qu'il eut du peu de réconnoissance, qu'il luy témoigna de s'estre exposé pour luy au siege de la Rochelle, pour parer de son corps une mous-

quetade qu'il reçût pour luy , & auffi en haine de la mort de Joseph
de Boniface S. de la Molle fon coufin germain. Il s'attacha au Duc
de Guife , qui fut bien-aife de profiter du mécontentement d'un homme d'entreprife comme il eftoit ; car il ne trouvoit rien difficile, &
jamais Perfonne ne fut fi propre à un party. Il le montra dans celuy
de la Ligue qu'il maintint en fon Pays ; où il s'eftablit, en fi grand
credit, que le Grand-Prieur de France Henry baftard d'Angoulefme
l'en ayant voulu chaffer, il l'envoya appeller & luy fit fi grande peur
felon quelques Memoires, qu'il en demeura malade. Il alla auffi chez
la Marquife d'Oraifon pour y tuër le cadet de Pontevez, qui d'abord
luy quitta la Place , & n'ayant pu executer fon deffein, il eut cet
avantage fur luy de luy faire perdre l'eftime de cette Dame, & de la
mettre de fon party. Ce S. de Pontevez ayant depuis efté affaffiné
par un autre , il fut accufé de complicité , & comme on le contu-
maçoit, il eut bien la hardieffe d'envoyer folliciter pour luy le S. de
la Molle fon coufin , mais d'une plaifante maniere ; car au lieu de
chercher dequoy juftifier fon innocence envers le Parlement d'Aix ,
il mandoit feulement à fes Juges, que fur leur propre vie ils fe gar-
daffent bien de le condamner ; parce qu'il y avoit deux perfonnes en
luy, l'une trés-riche, l'autre trés-vindicative & déterminée , & que
ne pouvans ignorer que deux mille efcus ne luy donnaffent deux mille Dauphinois, ils ne devoient point douter auffi qu'il eftoit affez puiffant dans Aix pour fe faire livrer une Porte , & pour venir quelque
matin donner le bon jour à Meffieurs. Il fe fit auffi affez de deffeins
fur fa perfonne , mais il avoit pour luy la valeur & la fortune : &
pour exemple de cela, le rénommé Raphelon de Draguignan ayant
fait fa partie affez forte pour l'aller furprendre à Vins & brûler fa
maifon, un feul Renard Domeftique rompit l'entreprife du bruit qu'il
fit de fa chaifne ; qu'on prit pour un cliquetis d'armes & pour marque d'une préparation à recevoir les ennemis. Cette petite eftincelle
alluma un grand brafier en Provence, & comme tout eftoit de bonne Guerre , feu, maffacre, facrilege, &c. Raphalon luy-mefme y
perit.

J'ay vû des Memoires parmy les Recueils du S. du Peirefc , qui
portent, qu'ayant reçû une dépefche en chiffre du Duc de Guife, pour
faire députer aux Eftats de Blois les plus zelez Catholiques de fon
Pays, la venant lire, à chaque ligne que Palamedes Fourbin S. de
Souliers & de faint Cannat mary de Jeanne de Vins fa fœur , la dé-
chiffroit, il entra en groffe colere de la foibleffe de ce Prince, de fe
croire parfaitement réconcilié avec le Roy. Il luy mandoit que le Roy
luy avoit donné des témoignages de la derniere confiance & d'une
plus forte affection que jamais, & que s'il y avoit de la diffimulation,
il faudroit que ce Prince en eut plus qu'un efprit François n'en eft
capable. Vins emporté de paffion s'écria là-deffus , maugré bieu du
Lorrain, a-t'il bien fi peu de jugement, de croire qu'un Roy, auquel
il a voulu en diffimulant ofter la Couronne, ne diffimule pas en fon

endroit pour luy oster la vie. S'eſtant un peu appaiſé pour luy faire
réponſe , il l'aſſeura qu'il pourvoiroit à tout ce qu'il deſiroit de ſon
ſervice ; mais quant à cette prétenduë réconciliation , il luy declara franchement qu'il ne voudroit eſtre ny à ſa place ny prés de luy,
& que s'il ne s'oſtoit de-là , c'eſtoit un pauvre conſeil. La Dame de
Souliers ſa ſœur, qui prenoit grande part aux intereſts du Duc à cauſe
de ſon mary qui eſtoit fils de Catherine , fille de Jean baſtard d'Anjou, & en cette qualité réconnu pour parent dans la maiſon de Lorraine , fut de meſme avis que luy , & dit ſur le champ , puis qu'ils
ſont ſi prés l'un de l'autre , vous oirez dire au premier jour que l'un
ou l'autre aura tué ſon compagnon. Le Duc luy fit réponſe ſur ſes
ſoupçons, qu'encore qu'il ſe fiaſt au Roy, qu'il ne laiſſoit pas de le
tenir pour trés-malin & diſſimulé , & qu'il ne ſe répoſoit pas de ſon
ſalut ſur ſa vertu, mais ſur ſon bon jugement, n'eſtant pas croyable
qu'il ne dût eſtre perſuadé qu'il eſtoit ruïné, s'il entreprenoit ſur ſa
perſonne.

Tout cela n'empeſcha pas que Vins ne demeuraſt entier en ſon
opinion , & qu'il ne dit en jurant, qu'il ne falloit pas croire qu'un
homme ſi tendre à l'accommodement, fut pour maintenir ny pour ſé-
courir ceux qui s'engageoient à corps perdu pour ſon ſervice. Et ſur
cela enclinant à changer de party , il s'en preſenta une occaſion en
ce que le Duc de Mayenne emporta d'autorité ſur la promeſſe qu'on luy
avoit faite du commandement entier de l'armée de Dauphiné , qu'il
ſeroit partagé entre luy & le Colonel Alphonſe d'Ornano ; dont il
fut d'autant plus offenſé qu'il ne vouloit point aller du pair avec un
Officier qu'il avoit commandé. Il rouloit le meſme deſſein lors de
l'entrepriſe de Brignolle , & appella exprés pour luy en communiquer le Seigneur de ſaint Cannat ſon beaufrere, Gentil-homme avantageuſement partagé de la prudence qui a ſi fort relevé le merite
de ſa maiſon , qui ſe conſervoit parfaitement entre le Roy & le
Duc de Guiſe , & qui accordoit ſagement les deux qualitez de Sujet
& d'Allié. Il luy proteſta avec chaleur que , s'il avoit commencé les
progrés de la maiſon de Lorraine en Provence , qu'il acheveroit ſa
réputation par la ruïne du credit qu'il luy avoit procuré , & que s'il
avoit perdu les bonnes graces du Roy pour avoir trop parlé ; qu'il
les ſçauroit bien régagner en découvrant tous les deſſeins de la Ligue. Il prétendoit ſe rendre encore plus conſiderable en joignant au
party la Place de Brignolle qu'il ſurprit , & comme il eſtoit tout preſt
à executer ſa réſolution ; voicy la Comteſſe de Sault qui luy donne
avis de la mort des Princes Lorrains ; qui le fit changer pour deux raiſons trés-conſiderables ; l'une, qu'on croiroit ſa conſtance & ſon courage ébranlez de cet accident, qui feroit que ſa réduction ſeroit de
moindre merite : & l'autre, qui fut la principale, qu'il allegua au
Seigneur de ſaint Cannat, lequel il manda exprés , & auquel il témoigna beaucoup de regret, eſtoit le peu d'aſſeurance qu'on pouvoit
prendre en la parole du Roy. C'eſt ce qu'on m'oblige , luy dit-il ,
d'aller

d'aller de long en ce party, ce sont ses propres mots, & d'en courir toute la fortune. Sur cette résolution il alla à Aix, & le Seigneur de saint Canat de son costé demeura dans l'obéïssance. Il avoit épousé Marguerite d'Agoult fille de François Comte de Sault , & de Jeanne de Vesc , comme j'ay remarqué au Discours de François Comte de Sault son frere page 470. &c. de ce Volume.

BATAILLE DE JARNAC. MORT DE LOUIS
de Bourbon Prince de Condé. Son Eloge.

LA Providence de Dieu est à admirer dans toutes les Batailles qu'on a données aux Huguenots , en ce qu'il les a toûjours livrez aux Armes Catholiques, tant que la Religion en a esté le seul motif , & autant de fois que la Foy a esté en danger & qu'elle a dépendu de l'évenement d'un combat : mais quand on y joignit les interests de la Ligue , il en arriva tout autrement , & Dieu a permis aussi que le Roy de Navarre soit sorty avec avantage de toutes les occasions, dont le succés importoit au salut de la Maison Royale. C'est un miracle , dis-je , qu'autant de fois qu'on en est venu à la decision , la Prudence & la valeur des Chefs du Party Huguenot n'ait pû leur faire éviter la Bataille, qu'ils y ayent esté contraints , & qu'ils s'y soient resolus avec des forces inégales , & quasi sans esperance de vaincre , & qu'enfin l'on puisse dire qu'ils ayent combattu avec quelque sorte de désespoir ; à Dreux, où ils y furent forcez, à saint Denis, où ils n'avoient que fort peu d'Infanterie sans canon, & à Jarnac, où ils furent encore engagez au hasard d'une Journée avec moins de forces , par le refus que firent les Vicomtes de Montclar, de Bourniquel, de Paulin, de Gourdon, de Pannat , & autres Seigneurs de Languedoc, d'abandonner la garde de leur Pays, pour se venir joindre à l'Armée capitale , & par la défaite de Mouvans & de Pierre-Gourde. Le Prince de Condé eut bien voulu qu'on n'en fut pas venu aux mains, & que l'Admiral eut évité l'occasion, mais il n'en fut que plus vaillant & plus animé dans la necessité de vaincre ou de mourir, qui luy fit faire tout ce qu'un grand Capitaine & le plus déterminé Soldat est capable d'entreprendre. Il avoit un bras en écharpe , & par un funeste Pronostic du peril où il s'alloit exposer , il arriva encore un moment devant la Bataille, que le Comte de la Rochefoucaut son beau-frere l'ayant approché sur un cheval fringant & vicieux, il en receut un coup de pied qui luy cassa la jambe dans la Botte ; mais au lieu de se retirer pour se faire panser, à peine en voulut-il sentir la douleur, qui ne servit que pour luy faire dire, *Gentils-hommes François, apprenez que des chevaux fougueux nuisent plus qu'ils ne servent dans une Armée, & que c'est une fole vanité de se piquer de l'adresse de les dompter & de partager si necessairement ses soins, quand il faut s'employer tout entier contre les ennemis. En voicy un malheureux exemple , mais qui ne me mettra point hors de combat, & haussant sa* voix tout preſt de donner, *Nobleſſe Françoiſe*, s'écria-t-il, *apprenez que le Prince de Condé avec un bras en écharpe & la jambe caſſée, a encore aſſez de courage pour donner Bataille.* Il fit des merveilles contre l'Avantgarde du Duc d'Anjou, qu'il arreſta tout court ſur l'avantage qu'elle venoit de recevoir ſur l'Admiral, mais n'ayant pas dequoy ſoûtenir un ſi grand effort aprés la defaite des ſiens, & ne ſe pouvant reſoudre à la retraite ; ſon cheval ayant eſté bleſſé, il fut porté par terre, & enfin abandonné de ſa ſuite, & hors d'eſtat de ſe pouvoir relever à cauſe de ſa jambe.

Le ſieur de Brantoſme raconte ainſi l'hiſtoire de ſa mort. ,, La ,, bataille fut donnée à Jarnac, où ce Prince vint fort réſolu & en ,, trés-brave & vaillant combattant, mais pourtant faſché d'y venir ; ,, ſoit qu'il connuſt ſon heure ou ſon déſavantage : & pour ce, en y ,, allant, il dit que puis qu'on avoit fait un pas de Clerc, il le falloit ,, franchir : & qu'auſſi qu'un peu avant d'aller à la charge, il avoit eu ,, contre la jambe un coup de pied de cheval du Comte de la Ro- ,, chefoucaut. Et comme déſeſperé du mal, accompagné de ſon bra- ,, ve cœur, combattit trés-furieuſement, mais cela ne dura guere ; ,, car il fut porté par terre, & le premier qui deſcendit pour le pren- ,, dre priſonnier, ce fut un Gentil-homme de M. de la Vauguyon qui ,, s'appelloit le Rozier : & ainſi que M. d'Argence vint à paſſer, M. ,, le Prince le réconnut & ſe rendit à luy ; mais ſur cette entrefaite ,, arriva le Baron de Monteſquiou, brave & vaillant Gentil-homme, ,, qui eſtoit Capitaine des Gardes Suiſſes de M. frere du Roy : qui ,, ayant demandé que c'eſtoit, on luy dit que c'eſtoit M. le Prince. ,, Tuez, tuez, mort.... dit-il, & s'approchant de luy, déchargea ,, ſon Piſtolet dans ſa teſte & mourut auſſi-toſt. Il n'avoit garde de le ,, faillir autrement, car il avoit eſté fort récommendé à pluſieurs des ,, Favoris dudit Monſeigneur que je ſçay, pour la haine qu'il luy por- ,, toit dés le jour que j'ay dit [*de l'entrepriſe de Meaux*] & auſſi ,, qu'il n'y a rien qu'un Grand haïſſe tant qu'un autre Grand ſon pa- ,, reil, mais plus encore celuy qui ne l'eſt pas & ſe veut égaler à ,, luy.

Ainſi mourut le 13. jour de Mars 1568. où ſelon le nouveau Calendrier 1569. Loüis de Bourbon Prince de Condé, âgé de moins de trente-neuf ans, Prince digne d'un meilleur Siécle & d'une plus heureuſe mort pour toutes les grandes qualitez qui accompagnoient ſa Royale extraction : Prince, dis-je, ſi vaillant & ſi accomply, qu'il n'y a que la maiſon de Bourbon qui luy puiſſe trouver des pareils ; mais auſſi malheureux qu'il s'eſt rendu fameux par tant de combats qu'il a eu à ſouſtenir contre la fortune. Il naſquit à Vendoſme le 7. de May 1530. Il fut le dernier de ſept enfans maſles, qui ſortirent du mariage de Charles de Bourbon Duc de Vendoſme & de Françoiſe d'Alençon, & il fut encore le ſeul défectueux, mais pourtant le plus aimable, quoy que petit, quoy que boſſu ; parce qu'il avoit dans un corps contrefait tous les tréſors d'eſprit & de courage qui peuvent décorer une si auguste naissance. Enfin il ne le ceda qu'en titres à Antoine Roy de Navarre son aisné, & il accrût encore la gloire du nom d'Enguien ; dont il joignit la qualité de Duc avec celle de Prince de Condé, après la mort de ses deux illustres freres, François vainqueur de Cerisoles, & Jean tué à la bataille de S. Quentin. Ces deux Terres ne luy fournirent que du nom & de l'émulation, & n'ayant autre bien que la Comté de Soissons qui ne valoit pas mille escus de rente; & quelques autres petites Terres, tant de la Vicomté de Meaux, tombée en sa maison par l'alliance de Luxembourg, que dans le Perche, il n'y avoit que son merite & sa vertu capables de maintenir son rang, avec l'éclat qu'il pouvoit recevoir du réjallissement de la Couronne & des grandeurs du Roy son frere. Il satisfit genereusement à cette necessité par les services qu'il rendit au Roy Henry II. tant à la conqueste de Boulogne, qu'au victorieux voyage d'Allemagne & à la défense de Metz : & il ne dédaigna pas mesme la charge de Colonel de l'Infanterie en Piémont, pour avoir plus d'occasion de s'y signaler, comme il fit principalement au siege d'Ulpian.

C'est ce qui servit à la replique que luy fit la Princesse de la Roche-sur-Yon, sur le reproche qu'il luy fit d'avoir accepté la charge de Dame d'honneur de la Reine, & voicy comme le S. de Brantosme en parle. „Je me souviens d'un conte, que quand la Reine Me-
„re eut fait Madame de la Rochoguyon sa Dame d'honneur, M. le
„Prince de Condé luy voulut rémontrer, voir, s'en moquer, car il
„s'en aidoit, le tort qu'elle s'estoit fait & à ses parens en cela, elle
„qui avoit épousé un Prince du Sang, d'avoir accepté cette charge
„pour quasi servir de Servante. A quoy elle répondit qu'elle ne pen-
„soit pas se faire plus de tort en cela, ny aux siens, que luy en la
„charge qu'il avoit autrefois prise de Colonel de sa belle Infanterie &
„pieds puants de Gens de pied, par la succession encore de deux
„Gentils-hommes, qui estoient moindres que luy, comme feu Bonni-
„vet & le Vidame de Chartres : parquoy qu'il avisast à ses fautes,
„& non aux siennes, s'il y en avoit en cela pour elle ; mais n'y en
„sentoit aucune, puis que ce n'estoit se faire tort de servir sa Reine
„& sa Dame souveraine en une charge si honorable. Ce fut à M. le
„Prince à se taire, combien qu'il parlast trés-bien, & aussi-bien & à
„propos, je ne diray pas que Prince, mais qu'homme du monde :
„& sur tout qui disoit bien le mot & se moquoit bien, & aimoit
„fort à rire. Aussi de luy fut faite cette Chanson en France, à mo-
„de d'un Vaudeville, qui disoit.

> *Ce petit homme tant joly,*
> *Toûjours cause & toûjours ry,*
> *Et toûjours baise sa mignonne,*
> *Dieu gard de mal le petit homme.*

„Car il estoit de fort basse & petite taille, non que pour cela il

„ ne fust auſſi fort , auſſi verd , vigoureux & adroit aux armes & à
„ pied & à cheval , autant qu'homme de France , comme je l'ay vû
„ en affaires. Au reſte, il eſtoit fort agréable, accoſtable & aimable;
„ auſſi l'Italien diſoit, *Dio mi guarda del bel gigneto del Principe di*
„ *Condé, e dell' animo e ſteco dell' Amiraglio. Dieu me garde de la dou-*
„ *ce façon & gentile du Prince de Condé, & de l'eſprit & Curedent de*
„ *l'Admiral,* parce qu'il en portoit toûjours un, fut à la bouche, ou
„ ſur l'oreille, ou en la barbe. On tenoit ce Prince de ſon temps plus
„ ambitieux que Religieux, car le bon Prince eſtoit bien auſſi mon-
„ dain qu'un autre, & aimoit autant la femme d'autruy que la ſienne,
„ tenant fort du naturel de ceux de la race de Bourbon, qui ont eſté
„ fort d'amoureuſe complexion.

Le Prince accepta cette charge de Colonel pour ſe mieux inſtruire au meſtier de la Guerre, qu'on ne ſçauroit apprendre en perfection que dans le commandement de l'Infanterie, & ne la garda que
fort peu de temps, pour paſſer avec plus d'experience à de plus grands
emplois; comme fut celuy de Gouverneur de Picardie, dont il fut
récompenſé par le Roy Henry II. qui l'aimoit beaucoup, & qu'il ſervit fort heureuſement pour la conſervation de cette Province aprés la
bataille de S. Quentin, où il fit tout le devoir de Soldat & de Capitaine : comme auſſi aux ſieges de Calais & de Thionville. La mort
de ce Roy ayant rendu la maiſon de Guiſe la premiere & la plus puiſſante de la Cour, il en eut d'autant plus de jalouſie, qu'outre que ton-
te l'autorité & les dignitez eſtoient remplies de ſix freres tous grands
de cœur & ambitieux; il réconnut encore qu'ils ſe préparoient à faire un party contre la Maiſon Royale, pour l'éloigner & pour ne luy
laiſſer aucune part aux affaires. Il avoit joint au peu qu'il avoit de
Patrimoine une grande partie des biens de la maiſon de Roye par ſon
mariage avec Leonor Dame de Roye, de Muret, & de Conty ; mais
quand il en auroit eu aſſez pour ſouſtenir ſon rang & l'eſtime où il
eſtoit, c'eſt une eſtoile tombée du firmament qu'un Prince hors de la
Cour, parce qu'il tire tout ſon éclat de la lumiere du Roy, & ce
n'eſt pas moins auſſi l'honneur d'un Souverain d'eſtre environné de
plus d'aſtres veritables, que de cometes, qui luy dérobent plûtoſt qu'ils
n'empruntent de ſa clarté : le Prince de Condé ne trouvoit pas mauvais que le Roy ſe ſervit du Duc de Guiſe & du Cardinal de Lorraine pour la conduite de ſon Eſtat, ils en eſtoient capables, ils eſtoient
ſes couſins germains, ils eſtoient meſme bons amis, & le Duc meritoit les premieres dignitez de l'Eſtat ; mais que le Cardinal ſon frere
mépriſaſt, comme il fit d'abord, tous les Princes & les Grands, &
qu'il les rendit mépriſables au Roy qu'il gouvernoit, cela luy devoit
eſtre ſenſible : & le Cardinal meſme le trouva juſte, puis qu'il fit capital de prévenir ſon reſſentiment, pour le perdre auparavant que leur
inimitié fuſt formée. C'eſtoit aſſez pour eſtre criminel qu'il fut capable de le devenir, c'eſt pourquoy il n'eut pas plûtoſt découvert la
Conjuration d'Amboiſe, qu'il en ſoupçonna le Prince, encore qu'il

ent combattu contre les Conjurez ; & quand bien il n'en auroit pas
esté suspect, ce luy fut assez pour résoudre à le détruire, qu'il eut
en soy toutes les qualitez & credit necessaire pour ce chef muet, seulement désigné & non encore élû, qui devoit estre prié de commander le party de la nouvelle opinion.

C'estoit aussi le seul auquel ceux de cette faction pouvoient avoir
recours, & il est sans doute qu'il s'y jetta plus par désespoir que par
zele de Religion, quand il se vit attaqué de toutes les Puissances
du Cabinet ; mais après en avoir gousté l'autorité, il se laissa enfin
tellement gagner à la persuasion des Ministres & du grand nombre
de Politiques & de grands Seigneurs mal-contens, qu'il demeura persuadé de l'exterieur de leur reforme, & de la Morale d'une Religion, où il recouvroit toute sa grandeur : & principalement lors qu'il
eut reconnu qu'il n'y avoit plus de seureté ailleurs. Peut-estre que
si du costé de la Cour on n'eut pas pris plus de soin de l'effaroucher,
que de le rappeller doucement à son devoir, que la chose n'eut
pas esté à l'extremité ; mais tant s'en faut qu'on déplorast, qu'on in-
sulta plustost à son malheur pour l'engager davantage : & ce fut
autant sa consideration que tout autre motif, qui fit qu'on rendit le
Roy Chef de Party dans son Estat, afin qu'il le tint pour son ennemy declaré. Il luy montra bien à Orleans, où il le fit arrester
contre la seureté qu'il luy avoit donnée, & où il luy fit faire son
Procés contre les formes, & avec des rigueurs qu'on n'exerceroit
pas en Justice contre un simple Particulier privilegié. Aprés la Scene
changée par la mort du Roy, ce Prince declaré innocent en pleine
assemblée du Parlement & des Pairs de France, prétendit d'avoir
part au Gouvernement pendant la minorité de Charles IX. & la
Reine Catherine jalouse de l'union du Roy de Navarre avec le Duc
de Guise & le Connestable de Montmorency, qu'on appella le Triumvirat, contribua beaucoup à le détacher d'avec son frere par l'en-
tremise de l'Admiral de Chastillon, tant pour empescher qu'il ne
fortifiast ce nouveau party, que pour le rendre chef d'un autre ; afin
qu'il y en eut deux, entre lesquels elle put regner : & ce fut elle
qui par cet interest luy fit prendre les armes contre ce prétendu
Triumvirat, sous prétexte de la proteger elle & ses enfans. Et cette premiere Guerre ne fut appellée de Religion, qu'aprés qu'elle se fut
réconciliée, & qu'il fut contraint pour sa seureté de s'aller jetter
dans Orleans & d'accepter la protection des Huguenots. Tout cela
est amplement justifié dans le premier Volume de ces Memoires.

Aprés sa prise à la bataille de Dreux, il proceda de si bonne foy
dans la negociation de la Paix d'Orleans, qu'elle fut concluë par sa
seule autorité dans une conjoncture trés-dangereuse, & il ne voulut
autre seureté que la parole du Roy, pour rendre toutes les Places de
son party. Il vint à la Cour sur les promesses que la Reine luy avoit
faites, & ausquelles elle manqua, de le faire réconnoistre & de le
faire joüir du rang de premier Prince du Sang & de l'autorité qu'a-

oit enë le Roy de Navarre son frere, pendant la Minorité du Prin
ce de Navarre son neveu, depuis Roy Henry IV. Jamais il ne té
moigna plus de fidélité envers le Roy, jamais plus de respect enver
lle, il estoit de tous les plaisirs de la Cour, il ne cherchoit qu'à s
éconcilier tous les esprits & à estouffer la memoire du passé, il n
vouloit point oüir parler de cabales, & sans se défier des paroles d
a Reine, il ne luy parloit de ses interests que pour la faire résouve
ir de ce qu'elle luy avoit promis. Mais s'il estoit réconcilié avec el
e, elle ne l'estoit pas avec luy, ne pouvant oublier l'injure qu'il luy
avoit faite de réveler le Secret de leur intelligence contre le Trium
virat, & d'en avoir porté les preuves jusques à la vûë de l'Empereur
quoy qu'elles servissent à sa justification. Si elle luy faisoit bonne mi
ne au-dehors, c'estoit pour ruïner son credit auprés des Huguenots
mais elle luy rendoit de trés-mauvais offices envers le Duc d'Anjou
son frere. Elle formoit tout l'esprit de ce Duc sur le sien, & pour le
sien, & pour le nourrir dans une aversion implacable du Prince; el
le luy mit en teste qu'il avoit de trés-pernicieux desseins, & que
s'estant rendu par sa Religion chef d'un party formidable dans l'Estat
il vouloit commander à l'autre sous la qualité de Lieutenant Genera
qu'il briguoit & qui estoit dûë comme la premiere de la Couronne ;
ce Duc son fils. Elle put bien luy montrer aussi cette Medaille ou
Monnoye d'argent forgée sous son nom qui avoit pour legende Louï
XIII. Roy de France, mais il estoit bien-aisé de faire d'autres Mons
tres à la Forge de la Cour, pour le rendre odieux & pour surprendre
les Scrupuleux envers la dignité Royale. Le S. de Brantosme qu
avoit affection particuliere à la maison de Guise, ne le défend poin
autrement de cela, non plus que de l'ambition dont il estoit accusé
mais sa conduite dans les traitez de Paix, qu'il a toûjours favorisez & exe
cutez avec la mesme sincerité, l'en justifient assez. C'est ainsi qu'il en parle.

» Ce qui l'aveugla plus en son ambition, ce fut aux premieres Guer
» res civiles, quand il se vit quasi commander à la moitié de la Fran
» ce, morceau trés-friand, que M. l'Admiral son oncle [*oncle de Leo*
» *nor de Roye sa femme*] luy avoit trés-bien préparée : & ce fut c
» que dit un Seigneur de par le monde, le Diable y ait part qu'u
» tel homme en est le chef ; car je connois son humeur. S'il a mi
» une fois le nez dans cette petite forme d'Empire, jamais il ne s'e
» départira, & troublera toûjours la France pour entretenir sa gran
» deur : il nous seroit meilleur que le seul M. l'Admiral s'en meslâ
» car il a l'ame plus douce & plus capable en tont que l'autre. Il d
» vint en telle gloire qu'il fit battre Monnoye d'argent avec cette Ir
» scription à l'entour comme un Souverain, Loüis XIII. Roy de Fran
» ce : laquelle Monnoye M. le Connestable retenant toûjours de ce
» te paste ancienne & bonne ; tout en colere répresenta à une Assem
» blée generale, qui fut faite au Conseil du Roy l'an 1567. le 7. jo
» d'Octobre aprés-midy au Louvre, & en détesta fort & la Monno
» & la souscription. Je ne sçay s'il est vray, mais il s'en disoit pr

DE MICHEL DE CASTELNAU. Liv. VII. 615

»en la chambre du Roy & de la Reine, voir, en la basse-cour.

Encore que le Connestable montrast la Medaille & qu'il s'écriast contre, ce n'est pas à dire qu'il y creut, mais c'estoit un grand Politique & le premier Officier de la Couronne ; entre les mains duquel on faisoit couler une de ces pieces pour le tenter. Que pouvoit-il que d'en faire clameur & de contrefaire l'homme credule sur un article si delicat, & sur lequel on ne laisse pas la liberté d'user de ses pensées. Il la falloit tout chaudement porter au Louvre, où il y avoit compagnie pour la recevoir & pour faire la huée, & il falloit qu'il fit d'autant plus de bruit, que le Prince estoit son proche Parent & qu'on supposa toûjours quelqu'intelligence entr'eux, jusques à ce qu'il eut répandu contre luy la derniere goutte de son sang. Le S. de Brantosme fait judicieusement d'en douter, quelque inclination qu'il eut à le croire, & de laisser tromper à ce leurre ces Gens de la Chambre du Roy & de la Reine dont il parle ; c'est à dire des Gens qui ne connoissent point de Pays ny de Patrie hors de l'enclos du Louvre, comme ils ne regardoient autre ciel que le Dais Royal ou les lambris du Cabinet, de miserables Echos qui faisoient profession de n'avoir ny meditation ny pensées, & qui n'avoient point de corps pour digerer ce qu'ils ne recueilloient par des oreilles de Midas, qu'afin de le rendre aussi cru qu'on leur donnoit à debiter, & de jurer sur un oüy dire, sans reflexion de la chose la plus capitale du monde pour le salut ou pour la réputation d'un Prince. C'estoit assez pour perdre la premiere personne du Royaume, de luy donner une premiere couche d'ambition, toutes les couleurs qu'on adjoustoit ensuite estoient reçûës, ce Prince est ambitieux, donc il est coupable de tous les desseins que peut suggerer l'ambition, comme si l'ambition estant le principe des plus belles actions ; ce n'estoit pas une qualité considerable à un Prince, par la mesme raison qu'elle est un defaut en une petite personne, enfin comme si c'estoit par modestie plûtost que par un interest encore moins juste qu'on entreprendroit d'occuper la place qui leur appartient. Cela ne se peut soûtenir qu'on ne fasse le procés à la memoire de Henry IV. & de Loüis XII. & cela ne se peut establir qu'avec un peril certain de la race Royale, si le crime d'Estat s'interprete à la rigueur contre ceux du Sang Royal.

Le Prince de Condé faisant la Paix d'Orleans, fut sollicité de ménager l'honneur & l'autorité du Roy, il le fit sans aucune réserve pour son party, on luy promit pour cela de luy donner la Lieutenance Generale qu'avoit eüe le Roy de Navarre son frere, & peut-estre estoit-il expedient de l'en honorer, pour le retirer de mesme que ce Roy de la Protection des Huguenots ; qu'il auroit pû abandonner aussi-bien que luy. Le peril n'estoit pas plus grand qu'il avoit esté alors, par les modifications qu'on avoit apportées à l'autorité de cette charge. Enfin la Reine l'avoit promis, le Connestable de Montmorency, qui y estoit plus interessé, parce que c'estoit proprement transferer à un nouveau nom toute la fonction de son Office, y consentoit pour le repos de l'Estat : & le Prince n'en fit que de legeres instances à cause de la Paix , jusques à ce que le passage en France du Duc d'Albe avec une armée pour les Pays-Bas , donna quelque soupçon de Guerre. C'estoit une suite de l'entrevûë de Bayonne désja si suspecte à ceux de la Religion , & il parut assez d'intelligence entre la Reine & ce Duc pour mettre le Prince en défiance de quelqu'entreprise , principalement quand il vit mépriser le conseil qu'il donna , ou de s'opposer à ce passage , ou d'observer la marche de l'armée Espagnole. C'eut esté une belle occasion pour le premier exercice de la Lieutenance qu'il briguoit , mais c'estoit celle que la Reine attendoit avec impatience pour le pousser de la Cour & mettre aux champs , par le refus qu'elle en fit , & par l'adresse qu'elle eut de luy donner pour competiteur le Duc d'Anjou son fils , qui se declara enfin pour cette charge , quand il fut temps de lever le masque. Alors le Prince, qui n'avoit eu que de bons desseins & qui avoit esté le principal auteur de la levée des six mille Suisses qui rompirent l'entreprise de Meaux , se voyant mal-asseuré , fut obligé d'avoir encore récours au party Huguenot, qui jusques-là avoit travaillé en vain à le dégouter de la Reine : & il se laissa emporter à cette entreprise, comme témoigne le S. de Brantosme.

„ Lors que le Duc d'Albe passa vers Flandre, dit-il , M. le Prince
„avec d'autres rémontrerent au Roy que puis que l'Espagnol s'armoit,
„il falloit aussi s'armer & border la Frontiere de gens de Guerre,
„comme portoit l'ancienne coustume : & ce fut lors qu'on envoya
„faire la levée de six mille Suisses qui vinrent aprés. Et quoy qu'on
„die & trouve-t'on en escrit, ce fut M. le Prince & les Huguenots
„qui crierent aprés cela, car j'estois lors à la Cour, & ceux qui l'ont
„escrit possible ne le sçavent-ils pas mieux que moy. Et sur cet arri-
„vement M. le Prince ne choma pas de bastir pour soy, car il gagna
„si bien M. le Connestable son grand oncle de par sa femme , qu'il
„luy consentit la Lieutenance en France , si le Roy la luy vouloit
„donner : & bien à propos la demandoit-il au Roy pour estre Ge-
„néral de cette armée, qu'on vouloit nouvellement faire dresser vers
„le Duc d'Albe. La Reine Mere du Roy point contente de cette am-
„bition nouvelle d'icelle Lieutenance Generale , elle qui aimoit fort
„M. le Duc d'Anjou, depuis nostre Roy Henry III. & qui vouloit &
„desiroit qu'à luy cette charge appartint, & à luy seul devoit écheoir,
„bien qu'il fut encore jeune , mais il ne demeura pas sept mois aprés
„de l'avoir : en donna advis à M. son fils, & l'emboucha & l'instrui-
„sit si bien, & Dieu sçait de quelle main & bouche de bonne Mais-
„tresse, qu'un soir en la Salle que ladite Reine soupoit à saint Ger-
„main-des-Prez , il me souvient fort bien que M. le Prince estant
„venu, Monsieur le prit & le mena en un coin, où il parla bien à
„luy, & des grosses dents comme on dit, & le réprit de son outre-
„cuidance d'oser & vouloir prétendre sur la charge qui luy estoit dûë,
„& que s'il s'en mesloit jamais, qu'il l'en feroit répentir & le rendroit
„aussi

,, auffi petit compagnon comme il vouloit faire du grand. Tant d'au-
,, tres propos luy dit-il, car il le tint long-temps que nous n'oyons
,, point, car nous autres qui eftions à luy nous nous en tenions de
,, loin; mais nous voyions bien qu'il luy parloit de hautes paroles &
,, de grande braveté, ores tenant fon efpée fur le pommeau fort haute,
,, ores faifant femblant de tafter à fa dague, ores enfonçant, ores hauffant
,, fon bonnet : & bref nous connûmes en luy une contenance fort bra-
,, vache & altiere, & telle que depuis, bien qu'ayons vû en mille
,, endroits une trés-bonne façon en luy, jamais aucuns qui y eftions
,, ny la connûmes fi belle & affeurée. Nous vifmes bien auffi M. le
,, Prince toûjours découvert & parler doux à fon gefte. Et la Reine
,, ayant achevé de fouper, ce jeu fe démêla; qu'elle fçût bien au
,, long par Monfieur fon fils, qu'elle en aima davantage, & puis de
,, M. le Prince, qui en fit quelque plainte : mais elle ne s'en foucia,
,, & M. le Prince, auffi ne la fit guere longue à la Cour & s'en alla,
,, & non fans la garder bonne à mondit Seigneur. Car au bout de
,, trois mois & demy la journée de Meaux fut dreffée, & voilà d'où
,, en fut la premiere fource, que beaucoup ne fçavent pas, & la con-
,, vrent de la Religion, comme fait M. de la Noüe; car poffible ne
,, fçavoit-il pas ce que je vis. Monfieur auffi ayant fçû que cette partie
,, avoit efté autant faite pour luy, voir plus que pour le Roy, la luy
,, garda auffi meilleure; car ayant efté fait Lieutenant General du Roy
,, après la mort de M. le Conneftable, il ne ceffa jamais qu'il n'eut
,, raifon dudit Prince, qu'il haïffoit à mort & plus que tous les Hu-
,, guenots; car il ne tint à luy que la bataille ne fe donnaft à Noftre-
,, Dame de l'Efpine. Il ne voulut point auffi la Paix finon pour attraper
,, ledit Prince en fa maifon de Noyers en Bourgogne, comme il la
,, faillit belle.

LA REINE CATHERINE choifit entre tous fes enfans ce Duc
d'Anjou pour fon fidéle & pour fon bien-aimé, & croyant broüiller
dans fon éducation du fel de Florence pour le rendre le plus habile
de fes freres, il fe trouva par une malheureufe experience qu'elle avoit
empoifonné fes mœurs : parce que le Sang de France fe corrompé
plûtoft, qu'il ne fe conferve par cette prétendüe fageffe eftrangere,
qui n'eft propre qu'au Gouvernement d'un Eftat ufurpé dans un Pays
où il n'y en a point de legitimes, & qui eft fi plein d'exemples de
Tyrannie, que tous les hommes d'efprit ne s'étudient qu'à la Politique; les uns pour dominer, & les autres pour fe préferver d'une
Domination, qui y eft plus rude que parmy tout autre Peuple. Elle
nourrit ce Prince dans la diffimulation, elle luy forma une Religion
fuivant les interefts qu'il devoit époufer, & luy ordonna principalement un exterieur devot jufques à la fuperftition; afin qu'on put attribuer au feul zele de la Foy tout ce qu'il feroit pour fon eftabliffement, & afin auffi de le rendre chef du party Catholique, pour en
ofter l'honneur & l'avantage à la maifon de Guife : qui de fa part
trouva fon compte à le réconnoiftre en cette qualité, & s'attacha fi

fortement à luy, qu'il n'y eut pas en apparence une plus grande union. C'est pourquoy cette Lieutenance Generale estoit absolument necessaire à leurs desseins, mais plus encore à celuy de la Reine, qui se défiant de l'esprit du Roy Charles son fils, assez violent & terrible, vouloit subsister par la faveur de ce nouveau party; qu'il falloit aguerrir & rendre puissant par la défaite de celuy des Huguenots, ou du moins par une Guerre qui éloignast d'auprés du Roy le Prince de Condé & l'Admiral, qui pourroient profiter de la premiere mésintelligence qui arriveroit entre le Roy & elle, ou entre le Roy & le Duc d'Anjou; s'il prenoit quelque défiance, comme il n'y manqua pas, de son ambition & de sa grandeur. Enfin, comme elle ne croyoit pouvoir regner que par la division, elle vouloit en cas de partis d'Estat, que ses deux fils en fussent les Chefs, pour estre necessaire à tous les deux & pour passer paisiblement d'un camp à l'autre : & ce fut pour ce sujet qu'elle se répentit de l'élection du Duc d'Anjou pour Roy de Pologne, & qu'aprés avoir satisfait cette partie de son ambition de donner des Rois & des Reines à toute l'Europe, & à la passion que le Roy avoit de son éloignement; elle le vit partir avec tant de regret, qu'elle ne se put tenir de luy dire qu'il n'y demeureroit pas long-temps; prévoyant qu'elle en auroit besoin, pour le peu d'asseurance qu'il y avoit en l'esprit du Roy son frere, qui avoit des joyes de cette élection qui la tenoient en défiance.

Dans cette pensée d'establir le Duc d'Anjou, en la premiere autorité, elle ne prévoyoit d'obstacles que dans le party Huguenot, où la Reine de Navarre élevoit le Prince Henry son fils; mais comme il estoit encore jeune & éloigné de la Cour, elle crût que ce seroit assez pour le détruire, si elle pouvoit ruïner le Prince de Condé, que sa valeur & son experience dans les armes rendoient le plus considerable de la Maison Royale, & qui luy estoit autant odieux que rédoutable dans le dessein qu'il avoit pour la Lieutenance Generale, & de s'attacher par ce moyen à la Cour & auprés de la personne du Roy. Tous ses soins ne tendans qu'à l'en chasser au peril de ce qui en pourroit arriver, elle luy pratique cette querelle avec le Duc d'Anjou, aprés s'estre asseurée du Duc d'Albe : & il estoit impossible que l'entreprise ne luy réüssit; car que pouvoit faire autre chose un Prince réduit à cette extrémité avec le frere du Roy, menacé & maltraité de paroles, moqué de la Reine, raillé de ses esperances & exposé à la risée des Courtisans, que de fuïr le coup d'un tonnerre dés-ja grondant sur sa teste, que de se retirer en toute diligence? & où pouvoit-il se retirer, d'où tirer protection contre de si puissans ennemis, que de ceux qui couroient la mesme fortune? Les Huguenots dans la chaleur de son ressentiment, & dans l'allarme de tant de préparatifs de la part de France & d'Espagne, qu'ils avoient pressenty dés l'entrevüe de Bayonne, n'ayans point de Places ny de forces prestes pour s'en saisir, firent par désespoir l'entreprise de Meaux pour mettre le Roy de leur costé, & la Reine reve-

nuë de la surprise de ce coup imprévû, ne fut point faschée de leur
pouvoir imputer qu'ils avoient récommencé la Guerre. La bataillé
de saint Denis arriva ensuite, où la mort du Connestable favorisa encore le dessein qu'elle avoit de donner la Lieutenance Generale au
Duc d'Anjou, qui en cette qualité marcha contre les Reistres qui
venoient au secours des Huguenots, & ne les ayant pû combattre à
Nostre-Dame de l'Espine, il ne consentit à la Paix de Chartres,
comme rémarque le S. de Brantosme, que sur l'asseurance qu'on luy
donna d'achever par finesse ce qu'on n'avoit pû terminer à force ouverte.

Pour cela on projetta de surprendre le Prince de Condé avec sa femme & ses enfans dans sa maison de Noyers, & les ordres estoient donnez pour en mesme temps se saisir de tous les principaux de la Religion. On ne devoit pas mesme épargner la Reine de Navarre &
son fils ; mais comme tout dépendoit de la prise du Prince, son salut fut celuy du Prince de Navarre son neveu, depuis nostre Roy Henry IV. qui se vint jetter entre ses bras, & qui dans cette pressante
necessité & sous le juste prétexte de sa conservation, fit ses premieres armes, qu'il a depuis si glorieusement & heureusement poursui-
vies pour celle de l'Estat. Cette troisiéme Guerre, qui fut la derniere du Prince de Condé, n'avoit de Religion que le nom du costé
de la Cour, la Reine & le Duc d'Anjou avoient leurs fins particulieres, aussi-bien que la maison de Lorraine, & elles estoient moins
justes que le motif d'une défense legitime contre une Paix violée :
toutefois ce fut assez qu'ils y eussent commis la Religion, pour hasarder avec asseurance de vaincre ce combat decisif de Jarnac ; où elle
prévalut, mais qui n'eut autre succés que d'avoir écorné la puissance
des Huguenots, sans ruiner absolument leur party ; Dieu permettant
exprés que le mal durât, & que les choses demeurassent en équilibre ;
pour faire perir la plûpart des Grands dans le désordre qu'ils avoient
excité, pour les rendre les victimes de cet embrasement de leurs
passions qui devoroit le Royaume : & enfin pour faire admirer sa
justice, quand le temps vint de rompre le voile, dont on couvroit depuis si long-tems cet entassement d'interests humains, & de rendre
la lumiere de la foy déguisée dans l'autre party, à un Roy, qui commandoit celuy des tenebres.

La prise du Prince de Condé auroit esté plus avantageuse que sa
mort, si le Duc d'Anjou eut eu plus d'égard au bien de l'Estat qu'à
la satisfaction de sa vengeance, & l'on avoit réconnu au traité de la
Paix d'Orleans par l'opposition de ses interests à ceux de l'Admiral
de Chastillon, qu'il estoit plus expedient que l'autorité du party fut
entre ses mains ; parce que le ressouvenir de ce qu'il estoit à la France le rendoit disposé à tout ce qu'on souhaittoit pour son repos, &
qu'il n'avoit jamais demandé que d'estre rétably en son rang & en ses
biens. Il ne proposoit encore autre chose dés le commencement de
cette derniere Guerre, & si on ne l'eut point tué, c'estoit un chef

de party, si considerable qu'il n'eut pas manqué de tout pacifier au gré de la Cour & pour le bien de l'Estat, & enfin c'estoit un jeune Prince de trente-huit ans, trés-capable de se réconnoistre. Mais c'estoit encore un Prince du Sang, qu'il estoit si peu juste de tuër de sang froid, que Montesquiou, qui fit ce coup pour complaire au Duc d'Anjou son Maistre, fut luy-mesme tué peu de jours aprés au siege de saint Jean d'Angely, comme par punition de ce Parricide, & que toute sa race, s'il en avoit laissé, auroit esté immolée au ressentiment de cette perte par le Roy Henry IV. son neveu & par le Comte de Soissons son fils, qui en envoyerent faire la recherche en son Pays, pour laisser un exemple de chastiment de cette cruelle temerité. Le Duc d'Anjou auroit esté loüé d'en user avec plus de moderation par la seule consideration du Sang Royal, qu'il est de dangereux exemple d'exposer ainsi à la brutalité & à la fausse valeur de ces braves de Cour, qui agissent avec plus d'impetuosité que de raison, & qu'il faut tenir dans le respect : & il devoit penser qu'il se pourroit trouver quelqu'autre assez furieux pour attenter sur la personne d'un Roy, ce qui avoit esté perpetré avec éloge en celle d'un Prince, comme il luy arriva par la détestable perfidie de frere Jacques Clement. La Politique mesme luy défendoit comme à Cesar, quand on luy presenta la teste de Pompée, & comme à David, qui pleura & qui vengea la mort de Saül & de son fils, de témoigner tant de joye de celle de son allié, & non seulement de répaistre ses yeux de l'injure faite à son cadavre, mais de le faire exposer à la vüe de toute son armée.

„ Monsieur, dit le S. de Brantosme, le voulut voir aprés la batail-
„le achevée. Son corps fut chargé sur une vieille Asnesse, qui se trou-
„va-là à propos, plus par derision que pour autre sujet, & fut por-
„té ainsi bras & jambes pendantes à Jarnac, en une Salle basse sous
„celle de Monsieur & sa chambre, où ledit Prince le jour aupara-
„vant avoit logé. Quel changement ! comme à Coutras le Roy de
„Navarre logea en la chambre de M. de Joyeuse, où il avoit couché
„le soir auparavant, & l'autre estoit étendu mort dessous. Si on leur
„eut dit à tous tel revers de fortune, ils ne l'eussent pas crû. Ledit
„Prince demeura assez en spectacle à tous ceux du camp, qui le vou-
„lurent aller voir, puis M. de Longueville son beau-frere en deman-
„da le corps à Monsieur, pour le faire ensevelir, qui luy fut octroyé
„librement. Il fut fait de luy cette Epitaphe.

> *L'an mil cinq cens soixante-neuf*
> *Entre Jarnac & Chasteauneuf*
> *Fut porté sur une Asnesse*
> *Cil qui vouloit oster la Messe.*

„ Il y eut quelques-uns des siens pris, comme Clermont-d'Amboi-
„se & Courbouzon, qui ne voulurent jamais croire sa mort, mais
„Monsieur le fit à eux voir leur saoul ; dont ils en furent trés-do-
„lens, car ils estoient fort aimez de leur Maistre.

Aprés cela il parle du danger qu'il avoit couru à sa prise à la bataille de Dreux, & de la generosité du Duc de Guise, qui veritablement le traita en Prince de courage & de vertu, comme un grand homme doit faire en de pareilles occasions, pour estre estimé digne de sa victoire; car il y a de la lascheté & c'est demeurer d'accord qu'on craint son ennemy, que de s'en défaire si cruellement : c'est n'avoir point de honte d'estre tenu pour sanguinaire, qualité si odieuse, mais si funeste à nos Princes en France, qu'on peut dire que ce fut le principal vice des derniers Valois, comme ce fut aussi la principale cause de leur ruïne. Il faut dire la verité, quand on escrit l'Histoire, mais il la faut dire avec tout l'éclat de son tonnerre, quand on parle des vices des Princes, & de ces vices encore, qui ruïnent les Monarchies & qui fauchent des Races Royales toutes entieres. Ce Duc d'Anjou depuis Roy Henry III. avoit herité de l'esprit des Valois & de leur valeur, mais la Reine sa Mere altera toutes ces vertus naturelles à force d'art qu'elle y apporta, & aprés les avoir bien rafinées, cet esprit se trouva converty en malice, en dissimulation & en hypocrisie, & cette valeur en cruauté. Il ne souhaitoit ou ne craignoit rien, dont on ne luy fit voir l'expedient ou le remede dans le sang de quelqu'un, & ce fut dans ce sentiment qu'il commença par la mort du Prince de Condé, qu'il récommenda fort à tous ses braves, & qu'il fit faire la saint Barthelemy, où la vie du Roy de Navarre & du jeune Prince de Condé ayant esté long-temps balancée, Dieu les en tira plûtost par miracle que par aucune consideration humaine ny par la pitié de ce Duc; qui semble n'estre depuis devenu Roy que pour rendre plus illustre, l'exemple de cette malheureuse révolution, qui fit voir son sang crier vengeance à celuy-là mesme, duquel il en avoit voulu tirer jusques à la derniere goutte.

La mort du Prince de Condé ne servit qu'à expier cette passion aveugle, qui l'avoit armé sous prétexte de Religion pour venger ses querelles particulieres, il n'en arriva autre chose, sinon qu'au lieu d'un chef, les Huguenots en eurent deux, Henry Prince depuis Roy de Navarre & de France, & Henry de Bourbon Prince de Condé, tous deux réconnus & proclamez pour tels, aprés la perte de cette bataille, & l'Admiral pour leur Lieutenant General : & le party se rétablit si bien, qu'en moins de deux ans il fallut encore faire la mesme Paix qu'on avoit violée. Aprés cela il ne faut plus douter que l'Heresie n'ait esté le fleau, dont Dieu voulut chastier le libertinage de la Cour; qui estoit encore plus scandaleux, en ce qu'on y abusoit de son nom, pour couvrir une faction toute pleine de gens, qui n'avoient point de Religion, qui professoient la Catholique en apparence, parce que c'estoit celle du Roy, mais dont la vie pleine de dissolution & de débauche, les rendoit indignes d'estre employez à la guerison d'un mal qu'ils avoient attiré sur l'Estat, & qui devoit plûtost servir au chastiment qu'à la gloire de la plûpart des Chefs des deux partis, qui embraserent plûtost qu'ils n'éteignirent pas leur fang, ce feu devorant qui confumoit tout le Royaume.

Le celebre Jean d'Aurat, que les Huguenots appelloient la Grenoüille Limofine, à caufe de quantité de Poëfies qu'il fit contre eux fur tous les évenemens de cette malheureufe Guerre, compofa deux Piéces entr'autres au fujet de la mort du Prince de Condé; l'une pour Charles Cardinal de Bourbon fon frere, l'autre pour congratuler le Duc d'Anjou de fa victoire : & comme je ne me fouviens point de les avoir vûës imprimées, je les donneray icy, afin de les rendre publiques.

DE BORBONIORUM NECE.

QUÆRITIS *in noftrum quid fati confcia poffint*
    Aftra caput ? non prifca loquor, vulgata docebit
    Borboniæ fortuna Domus tot fratribus orbæ.
Aufonii terror FRANCISCUS *& horror Iberi,*
    Invictus bello dum ludum ludit inermem,
    Occidit injecta mediis cervicibus arca.
Quintini ad fanum, circumveniente Philippo,
    Vinclorum impatiens & nefcius vertere terga,
    Innumeris JANI *virtus eft obruta telis.*
Trajectis humeris tormenti ANTONIUS *ictu*
    Mœnia dum Populi premit obfidione rebellis,
    Communem hac lucem & dotalia fceptra reliquit,
Dum veterum ritus convellit, & otia turbat,
    Tertio bella gerens Patriæ funefta fibique,
    Diffudit vitam fractis LODOICUS *in armis.*
Dimidium jufti vixerunt quatuor ævi
    Adverfis fatis rapti florente juventa.
    Cum quintus numero è fratrum nunc, CAROLE, *reftes,*
    Si tibi fata velint detractos fratribus annos
    Adjicere, explebis Pelei tria fæcula Regis.

DE LUDOVICO BORBONIO.

MENSE *tuo cecidit Cæfar, Mars, cæfus ad Idus,*
    Menfe tuo cecidit cæfus Condæus ad Idus,
Ambo hoftes Patriæ, belli civilis & ambo
Autores, miferam vitam fic finit uterque.
Diffimili haud fato, fed non fortuna duobus
Par fuit, æqua licet merita cum morte perirent;
Armatæ namque hunc acies videre cadentem
Turba togatorum Victorem, & victa cecidit
Debita fors illum : nam quis viciffet in armis,
Victori HENRICO *& quis non ceffiffet in armis ?*

LOuis de Bourbon Prince de Condé eut de son premier mariage avec Leonor de Roye cinq fils & trois filles, tous morts jeunes à la reserve de trois; qui furent Henry Prince de Condé, François Prince de Conty mort sans enfans l'an 1614. & Charles depuis Cardinal de Bourbon Archevesque de Rouën, tous deux instruits & élevez en la Religion Catholique, aussi-bien que Charles de Bourbon Comte de Soissons leur frere né du second lit, & nourry dans la mesme Religion par Françoise d'Orleans sa mere. Ces trois derniers servirent trés-fidélement le Roy Henry IV. leur cousin germain, mais avec moins de hasards, de perils & de pertes que Henry leur aisné, declaré à l'agé de seize ans Chef du party de son pere, avec le mesme Roy qui n'avoit que quinze ans; qui luy fit l'honneur de le réconnoistre pour son bras droit & de le tenir pour un second Ulysse; tant pour le besoin qu'il eut de sa prudence, que pour les fortunes qu'il courut sur Mer & sur Terre parmy les illustres & glorieux travaux, qu'il eut à supporter pour le défendre contre ses ennemis & pour asseurer son droit sur la Couronne de France. Ce grand Roy a toûjours protesté avec un ressentiment digne de son grand cœur qu'il luy avoit l'obligation toute entiere d'avoir soûtenu son party, & de l'avoir encore restauré autant de fois qu'il parut prest à succomber, par les intelligences qu'il avoit avec les Protestans d'Allemagne, où il fit deux voyages aussi-bien qu'en Angleterre, & d'où il amena ce puissant secours de Reistres qui donna la Paix de l'an 1576. Toute sa vie fut un perpetuel combat contre les attaques de la Fortune, il vit son pere deux fois prisonnier, il se sauva avec luy de l'entreprise de Noyers, il le perdit enfin à Jarnac, & tout jeune qu'il estoit il se montra si digne de luy succeder, qu'on luy peut donner l'honneur d'avoir soûtenu le penchant de la Maison Royale. Il fut compagnon du Roy son cousin au Massacre de la saint Barthelemy, aussi-bien que de sa retraite de la Cour, il échapa aussi au dessein qu'eurent les Espagnols de le surprendre dans Gand, lors qu'il passa d'Angleterre en Allemagne pour la seconde fois, & ayant esté pris travesty sur les Frontieres de Savoye à son retour par les Suisses, il s'en tira encore adroitement, pour se venir mettre à la teste de l'armée de Dauphiné. La course qu'il fit de Broüage avec deux mille chevaux pour se venir saisir d'Angers, seroit le seul reproche qu'on pourroit faire à sa prudence; si elle ne l'en avoit tiré avec autant de gloire, qu'il y auroit eu de témerité: puisque tous les Passages de la Loire estant saisis, il eut bien le courage de se jetter en Normandie, pour gagner la seureté des Isles de Jarsey & de Garnesey, où la Reine d'Angleterre luy fournit des Hommes & des Vaisseaux, pour rétourner joindre le Roy de Navarre. Il commanda avec luy à la bataille de Coutras & y reçût un coup de Lance de la main du S. saint Luc, dans le costé, dont il fut renversé par terre & son cheval tué sous luy, mais s'estant relevé d'un puissant effort, il prit prisonnier celuy qui l'avoit blessé & eut bonne part à la victoire. Cette playe n'ayant pû eftre entierement guerie, il fe retira à faint Jean d'Angely, l'une de fes conqueftes, où il faifoit fa réfidence ordinaire, & y mourut le 5. jour de Mars 1588. laiffant veuve Charlotte Catherine de la Trimoüille fa feconde femme, fille de Loüis Duc de Thoüars; & de Jeanne fille d'Anne Duc de Montmorency Conneftable de France, & groffe d'un fils, né fix mois aprés, le premier jour de Septembre de la mefme année. Il n'avoit que trente-cinq ans, & s'il eft permis d'augurer de ce qu'il eftoit capable de faire dans un âge plus avancé, on auroit eu fujet de regretter en fa perte, celle d'un des plus grands Capitaines, du plus parfait Politique, & du plus fage Prince de fon Siécle; puis qu'il s'eftoit dés-ja acquis l'honneur de la reftauration de la Monarchie par celle de la Maifon Royale de France. L'impatience qu'eut Henry IV. de réconnoiftre tant de grands fervices en la perfonne de Henry Prince de Condé fon fils, l'obligea à partager tous fes foins entre le Gouvernement de fon Eftat & fon éducation, & voulant rendre au fils & au petit-fils de deux Princes, qui avoient fi genereufement foûtenu fon droit, celuy qui luy appartenoit aprés luy en la fucceffion de la Couronne, il le fit venir à fa Cour à l'âge de fept ans pour le mettre en poffeffion de fa dignité de premier Prince du Sang, & pour le faire inftruire en la Religion Catholique, & en toutes les Sciences, qui pouvoient fervir à l'accompliffement d'un fi grand & fi digne fujet.

Il feroit fuperflu de parler du progrés qu'il fit dans les belles Lettres, & des autres qualitez avantageufes de ce grand Prince, toute l'Europe, & toute la France principalement, n'en eft que trop perfuadée, par le jufte regret qu'elle conçût de fa perte, dans un temps, où fes confeils eftoient trés-neceffaires au repos de la Chreftiente: & loin de rien imputer à fa memoire des premiers mouvemens du Regne paffé, elle en a plus eftimé la réfipifcence qu'elle n'en a blafmé la faute, par l'heureufe experience qu'il en fit, & fur laquelle il forma fa conduite pour l'avenir. Quand le Roy Loüis XIII. n'auroit pas non feulement défapprouvé, ny condamné & vengé la perfecution qu'il fouffrit, on n'eft que trop informé dans le monde de la fatalité de la Maifon de Bourbon & des travaux, où la Fortune engage tous les Hercules qu'elle enfante. Sa jaloufie les a prefque toûjours expofés à tous les perils de la Guerre & du Cabinet, témoin l'Invincible Henry le Grand tant de fois profcrit, & declaré decht des droits de fa naiffance, qu'il luy a fallu conquerir par les armes mais c'eft auffi leur deftin prefqu'ordinaire, de revenir au fervice de l Patrie avec une paffion d'en rétablir les pertes, toûjours heureufe & enfin triomphante. Ce Prince icy l'a glorieufement témoigné dan fa réconciliation à l'Eglife & en fon rétabliffement aux bonnes gia ces du Roy. Il a défendu la Religion par les armes & par les Lettres, il a fervy le Roy de fon bras & de fes confeils, il luy a gardé une fidélité inviolable, & il a efté pleuré à fa mort, comme ce luy qui devoit eftre le Neftor François & le nœud d'une fainte union

dan

dans la Maison Royale. Je manquerois au respect & à la réconnoissance que je dois à une si heureuse memoire, estant fils d'un Pere qui
avoit l'honneur d'estre dés plus employez dans son Conseil & dans
la conduite de ses affaires, & qu'il a honoré de ses bonnes graces ;
si je laissois passer cette occasion d'en faire paroistre mon ressentiment par des veritez si illustres & si publiques : & si je n'entrepre-
nois de le défendre contre les deux seuls défauts qu'on luy a répro-
chés, l'amour des biens, & le peu de dépense qu'il faisoit, dans lequel on comprend aussi le manque de gratitude envers ceux qui l'ont
servy.

Ce Prince ayant esté élevé comme le présomptif heritier de la
Couronne, dans les hautes pensées, & estant d'un sang assez naturellement propre à prendre feu au premier mouvement d'ambition,
tant s'en faut qu'on voulut esteindre en luy les nobles desirs & les
grandes esperances, qu'on avoit ordre du Roy de les entretenir : &
ce Monarque luy-mesme voulant rétablir en sa personne la Dignité
de premier Prince du Sang, tant de fois violée en la sienne, le prit
par la main pour le faire passer devant le Duc de Savoye, quand il
vint à sa Cour, & declara dans cette occasion que le premier Prince de son Sang devoit estre la premiere personne du monde aprés les
testes couronnées. Tant que le Prince eut la fortune favorable, il
fut plûtost prodigue que liberal, & il le fut jusques au point de disposer de tout le bien de sa Mere qui estoit son principal Patrimoine, en faveur de Loüis d'Alongny son Favory, qu'il fit Baron de
Craon & Marquis de Rochefort : mais quand elle eut entrepris de
le persecuter, il reconnut qu'un Prince sans biens & sans credit à la
Cour, est un Prince sans Amis, & moins considerable avec toutes
ses grandes qualitez qu'un Favory qui n'en auroit aucune. Sur cette
réflexion il changea de conduite & de dessein, & pour donner de la
matiere & de l'action au dehors à un feu d'esprit qui le devoroit,
& enfin pour maintenir sa grandeur sans estre suspect, il convertit
en soins legitimes pour sa famille, ceux qu'il auroit de bon cœur sa-
crifiez au bien de l'Estat : & il y contraignit d'autant plus son inclination, que ce fut le seul expedient qui le pouvoit garentir de la jalousie des premieres Puissances. Pour cette mesme raison il paroissoit
avec fort peu de suite, & c'estoit si bien par affectation plûtost que
par ménage, qu'il ne laissoit pas d'avoir la plus grande Maison de
la Cour en Officiers, en Pages & en équipages, & tous ses Chasteaux & les Villes de ses Gouvernemens estoient si remplies, qu'il
trouvoit principalement par tout une Venerie & une Fauconnerie
complette. Hors cela, il est vray qu'il avoit peu de Gentilshommes
autour de soy, parce qu'il ne vouloit que des Confidens, & qu'il se
défioit de Gens oiseux, qui s'approchent des Princes avec un empressement de faire leur fortune, qui met leurs services à si haut prix,
que leur fidelité en est suspecte avec les habitudes qu'ils prennent à
la Cour : & outre qu'il en avoit un exemple domestique en la Per-

Tome II.   K k k k

sonne du Marefchal de Thoiras qui l'avoit quitté, il ne vouloit point de témoins intéreffez & capables de faire leur profit d'une liberté de parler qui luy eftoit naturelle, & qui ne luy faifoit fouffrir auprés de foy que des Officiers neceffaires, qui luy fuffent fidéles & affectionnez, avec lefquels il fe put entretenir de fes affaires ou faire une conversation de lettres. Il avoit pour ceux-là une humeur familiere, qui tenoit lieu de la récompenfe de cette fervitude baffe & rampante qu'il faut rendre à ces Puiffans, qui ne mefurent leur grandeur que par ce qui leur refte de taille au-deffus de nos foûmiffions, & auprés defquels ils faudroit faire littiere de l'honneur qu'on a d'eftre hommes comme eux & quelquefois auffi dignes de leur grandeur, & compter des affronts pour des fervices. Il n'y avoit point de mauvais offices à fouffrir auprés de luy par ceux qui le fervoient bien, on avoit encore cette belle liberté de foûtenir fes fentimens contre les fiens dans fes propres interefts fans qu'il s'en offenfaft, & il gardoit cette juftice à ceux qui eftoient demeurez conftans dans leur opinion, de ne point pouffer à bout une affaire, qui enfin luy avoit mal réuffi, de les loüer de leur fermeté, & de fe plaindre en leur faveur de la complaifance de ceux qui avoient flatté fes prétenfions.

Au refte il ne fe faut pas eftonner fi vivant ainfi en Pere de famille, on n'a point vû fortir de fa Maifon ces prodigieufes fortunes, qui font bien fouvent des monumens de l'injuftice ou de la foibleffe des Maiftres & de l'avarice infatiable des Serviteurs. Il ne devoit aux fiens que les penfions & gages qu'il leur avoit promis, & c'eft dequoy il s'eft acquitté avec tant d'integrité, qu'il n'y en avoit aucun qu'il ne fatisfit dans le terme efcheu, & s'il a fait quelque chofe de plus pour quelques-uns, il l'a fait avec tant de jugement & de prudence, que tant s'en faut qu'il ait pû donner aucun fujet de jaloufie, que c'eft affez de citer le S. Perrault fon Secretaire, à prefent Préfident en la Chambre des Comptes de Paris, pour dire qu'il a fait la fortune publique de tous les fiens en celle d'un Particulier, qui en ufe avec tant de réconnoiffance envers fa memoire, & avec tant de generofité envers ceux qu'il a réconnus fidéles au fervice de fon Maiftre.

Il ne me refte plus qu'à demander à ceux qui voudroient foûtenir que ce Prince ait trop aimé le bien, s'il a abufé de fon credit & de fa condition pour en amaffer, comme il l'auroit pû faire, mefme s'il avoit voulu pecher par exemple, dans un temps où cette paffion eft autant en eftime, qu'elle devroit eftre odieufe par la ruïne de tant de familles dans toutes les Provinces. Mais où font les grandes Terres qu'il a acquifes, hors les Comtez, de Chafteau-Roux qu'il fit ériger en Duché & Pairie l'an 1616. & de Sancerre, tous deux achetez par Decret? & encore eut-il tant de compaffion de voir que le dernier fortoit par mauvais ménage d'une Famille illuftre & qui l'avoit poffedé prés de trois cens ans, que de donner de pure gratification vingt-mille efcus plus que le prix fait en juftice, pour eftre employez

& mis à profit en faveur du jeune Comte de Sancerre, parce qu'il avoit l'honneur d'estre son Parent. Tous ses autres biens venoient de sa Maison; dont il paya les dettes, pour donner en échange au Duc de Sully ceux d'Eleonor de Roye son ayeule, pour Montrond & autres Seigneuries en Berry, ou bien de la Maison de Montmoren-cy, à cause de Charlotte-Marguerite de Montmorency sa femme, fille de Henry Duc de Montmorency Connestable de France, & de Loüise de Budos, qui luy apporta le Duché de Montmorency, les Comtez de Dammartin & d'Offémont, & les Baronies de Chasteau-brient, Chantilly, Mello, l'Isle-Adam, Meru, & de Fere en Tar-denois avec les riches meubles & l'Hostel de Montmorency. Sans cette grande succession, n'auroit-on pas plus de sujet d'admirer le peu de bien qu'il auroit laissé après avoir vescu cinquante-huit ans dans la réputation d'une si grande œconomie, & faut-il d'autres mar-ques de son integrité dans le maniment des affaires, où il a eu part les trois dernieres années de sa vie, pour finir son Eloge avec des regrets trés-sensibles d'une perte, qui a esté suivie de tant de mal-heurs, que sa Prudence auroit prévenus par l'autorité que son carac-tere, aussi-bien que son merite & sa vertu, luy donnoit également dans les Conseils du Roy & dans tous les Ordres de l'Estat.

DE FRANÇOIS D'ACIGNE' SEIGNEUR DE MONTEJAN
& autres tuez à la Bataille de Jarnac.

ENTRE les Seigneurs François, qui moururent à cette Bataille de Bassac, vulgairement dite de Jarnac, le S. de Castelnau re-marque le S. de Montejan après le Prince de Condé. Il estoit de la Maison d'Acigné en Bretagne & prit ce nom de Montejan, tant à cause que cette Baronie luy écheut par succession de sa Mere, que parce que René S. de Montejan son Oncle l'avoit rendu illustre par les beaux Exploits, qui luy firent meriter la charge de Mareschal de France. Celuy-cy n'avoit pas moins d'ambition, mais il choisit un dangereux Party pour se signaler, & ne put fournir la carriere, s'estant fait tuër en la fleur de ses ans en cette occasion, sans laisser aucuns enfans de N.... de Montbourcher sa femme. Claude d'Acigné son frere puisné S. de Locat mourut aussi sans posterité, & l'aisné de tous qui fut Jean S. d'Acigné, ne laissa qu'une fille de Jeanne du Plessis Dame de la Bourgoniere; qui fut Judith Dame d'Acigné, de Mon-tejan, &c. femme de Charles de Cossé Duc de Brissac Mareschal de France, auquel elle porta tous les grands biens des deux Maisons, de Montejan absolument esteinte en la personne d'Anne de Montejan son ayeule, & d'Acigné, qui subsiste encore en la Branche des Com-tes de la Rochejagu & de Grand-bois. Ils sont séparez de celle des Seigneurs d'Acigné leurs aisnez depuis cent cinquante ans, par Guil-laume d'Acigné dernier fils de Jean V. S. d'Acigné, &c. Vicomte

de Loeat, &c. & de Beatrix de Roſtrenan. Lequel épouſa Françoiſe Pean Dame de la Rochejagu, de Grand-bois, &c. Vicomteſſe de
Tronguidy, dont entr'autres enfans, Jacques, & Loüis d'Acigné
Eveſque de Nantes, Abbé du Relec, Prieur de Leon & de Combour.
De Jacques S. de la Rochejagu & de Grand-bois & de Françoiſe Chef-
nel fille & heritiere de George S. de la Balluë, ſortit Loüis d'Acigné
S. de la Rochejagu, de Grand-bois, &c. Vicomte de Tronguidy mary de Claude Dame de Plorec, de la Touſche, &c. fille de Jean S.
de Plorec, & de Loüiſe de Roſmadec, & pere de Jean d'Acigné
Comte de Grand-bois marié à Jeanne de Beuil, dont Honorat Comte de Grand-bois, &c. qui de Jacqueline de Laval fille de Pierre S.
Lezay, & d'Iſabelle de Rochechoüart, eut deux fils, dont le ſecond
eſt à preſent Comte de Grand-bois par ſon Mariage avec ſa niece,
fille unique de ſon frere aiſné, & de Renée de Keraldanet fille de
Guy S. du Raſcol, & de Marguerite de Coetnempren. Je ne m'éten-
dray pas davantage ſur la grandeur & l'antiquité de cette Maiſon
d'Acigné, qu'on tient eſtre iſſuë des anciens Barons de Vitré & à cauſe d'eux des anciens Ducs de Bretagne. Auguſtin du Pas en a donné
la Genealogie, prouvée de ſix cens ans parmy les Familles de Bretagne.

Je ne parleray point icy de Chriſtophle de Rochechoüart S. de
Chandenier tué en cette Bataille, parce que je donneray ſon Eloge
dans la Genealogie de ſa Maiſon au troiſiéme Volume parmy les
Alliances de celle de Caſtelnau.

Le Seigneur de Guitinieres s'appelloit Geofroy d'Aidie & eſtoit
troiſiéme fils d'Odet d'Aidie Vicomte de Riberac, & d'Anne fille de
Guy-ſaint-Pons, & d'Iſabelle de Foix : ledit Odet frere puiſné d'autre
Odet, ſi celebre en qualité de S. de Leſcun ſous le Regne de Loüis XI.
qui le fit Comte de Cominges ; de ce Geofroy icy ſont ſortis les autres Sèigneurs de Guitinieres, comme de François ſon frere aiſné
ſont iſſus les autres Vicomtes de Riberac.

Il eſt déja parlé du S. du Chaſtellier-Portaut, autrement appellé
le S. de la Tour page 379. du premier Volume, à cauſe de la mort
du S. de Charry qu'il tua à Paris & qui fut vengée par la ſienne en
cette journée de Jarnac, où il fut tué de ſang froid aprés avoir eſté
renverſé de ſon cheval & fait priſonnier. C'eſtoit un Gentil-homme
de Poitou fort aimé & eſtimé de l'Admiral de Chaſtillon, auquel &
à toute ſa Maiſon il s'eſtoit devoüé, & ce fut pour ce ſujet qu'il
chercha occaſion de rencontrer Charry.

Je remarqueray icy que j'ay reconnu par mes Memoires qu'il
eſtoit originaire de Nivernois, deſcendu de Guillaume de Charry
Eſcuyer vivant l'an 1360. avec Agnés de Fertoy ſa femme, de laquelle il eut deux fils, Jean auſſi Eſcuyer qui tranſigea l'an 1388. avec
ſa mere pour ſon Doüaire, & Linet de Charry qui fut partagé l'an
1402. par ſon frere ; duquel Jean & de Agnés Tixier, ſortit Nico-

las S. de Charry, marié par contract du 12. Janvier avec Agnés fille de Philbert du Verne Escuyer, & d'Annette du Jardin. Pierre S. de Charry leur fils épousa l'an 1480. Claude du Chastel fille de Berthier S. de Villiers-sur-Yone ; dont Pierre marié en 1519. avec Jeanne du Gué, fille de Jean S. du Gué, dont nasquirent, François, & ce N.... de Charry Mestre de Camp du Regiment des Gardes & l'un des braves de son temps, qui ne laissa point de posterité. François S. de Charry, de Vué & de la Roche, fils aisné, contracta mariage le 20. May 1549. avec Jeanne de Maumigny, fille d'Antoine S. de Maumigny, de la Boué & de saint Michel en Longue-Sale, & de Claude de Lamoignon, d'une maison illustre du mesme Pays de Nivernois, qui a pour chef & pour ornement, M. Guillaume de Lamoignon, que ses merites, ses vertus, aussi-bien que sa profonde doctrine, ont rendu en la fleur de son âge digne de la Charge de premier President au Parlement de Paris. De cette Alliance sortirent Gilles & François de Charry. Gilles S. de Charry, &c. fut aussi S. de la Mothe & de Maisonfort, à cause de Magdeleine de Villaines sa femme, fille de François de Villaines Escuyer, & de Marguerite de Gamaches. Jacques S. de Charry, &c. leur fils, épousa par traité du 28. May 1607. Claude Raquin dite des Gouttes heritiere de la Maison, sœur de Philippe Raquin-des-Gouttes Grand Prieur d'Auvergne, si rénommé pour ses exploits de Marine, & fille d'Antoine Raquin S. des Gouttes, & de Renée d'Amanzé fille de François S. de Choffailles, & de Françoise Traves. Il en eut deux fils, dont le puisné est mort Chevalier de Malthe, & quelques filles Religieuses. L'aisné nommé par substitution François de Charry-des-Gouttes Chevalier, contracta Mariage le 17. Février 1637. avec Jeanne du Buisson, fille de Jean S. de Beauregard, Trésorier de France à Moulins, & de Jeanne du Verne, & a pour enfans Jean de Charry-des-Gouttes, N.... de Charry, N.... Chevalier de Malthe, Emile de Charry & quelques filles.

JACQUES STUART Escossois éprouva aussi en cette bataille, combien il est dangereux de se commettre avec les personnes puissantes, & qu'il n'y a point de crime, que l'appuy d'un grand party puisse rendre impuny. Je doute qu'il ait esté de la Maison Royale d'Escosse & d'Angleterre, parce que les surnoms des plus illustres Familles d'Escosse s'usurpent par ceux qui s'attachent à elles d'inclination & de Party, ce qu'on appelle en Latin *Clientela* ; & cela se souffroit pour rendre les Maisons plus puissantes, à cause que la Noblesse de ce Pays estoit partagée en diverses factions. C'est la mesme raison des agrégations si communes en Italie. Quoy qu'il en soit, c'estoit un homme fort déterminé, qui commença à se signaler par l'Assassinat du Président Minard, & qui en commit un second en la personne du Connestable de Montmorency; car je croy qu'on peut user de ce mot, encore qu'il l'eut blessé en bataille, parce qu'il couvoit de long-temps ce dessein, & qu'il en épia l'occasion avec plus de ma-

lignité que de courage. Le fieur de Brantofme rapporte ainfi l'hiftoire de fa mort. „ Ce Stuart depuis fut pris à la bataille de Jarnac tout
„ vif & amené à Monfieur, noftre General , M. le Marquis de Vil-
„ lars [*Honorat de Savoye*] qui eftoit prefent, auffi-toft qu'il le vit,
„ ne fe put engarder d'aller à luy : & luy dit, ah ! méchant que tu
„ es, c'eft toy qui as tué méchamment M. le Conneftable mon fre-
„ re , tu en mourras. Et en fe tournant vers Monfieur , luy dit,
„ Monfieur je vous fupplie, donnez-le moy pour les fervices que je vous
„ fis jamais, afin que je vous le faffe tuër à cette heure devant vous.
„ Monfieur le luy dénia , mais preffé & répreffé par longues & im-
„ portunes prieres par ledit Marquis , Monfieur en fe tournant la
„ tefte de l'autre cofté, dit & bien foit. Ah ! Monfieur, s'écria Stuart
„ vous eftes Prince fi magnanime & genereux, que vous ne voudriez
„ pas faouler vos yeux ny voftre belle ame d'un fpectacle fi vilain ?
„ mais ayant efté mené un peu loin à l'écart de Monfieur , & non
„ fi loin auffi qu'il ne le put oüir , fut défarmé & tué de fang froid.
„ Ainfi l'immola le frere aux Manes de fon frere en figne de pieté ;
„ penfant les en rendre plus heureux & mieux en repos, comme fit
„ Achilles pour fon Confident Patroclus, le corps d'Hector ; croyant
„ que cela luy fervit à quelque chofe, pour le moins autant de con-
„ tentement. On difoit que ce Stuart , quelques années avant, avoit
„ tué le Préfident Minard, le foir retournant du Palais à fon logis,
„ fuft ou pour quelque procés qu'il luy avoit mal-jugé ou pour la Re-
„ ligion, mais on ne put jamais fçavoir le vray. C'eftoit un Gentil-
„ homme qui pouvoit faire de tels coups, car il eftoit fort de la Re-
„ ligion, trés-brave, vaillant, de bonne grace & belle apparence, &
„ trés-déterminé , & qui s'eft bien fait rédouter pour tel, & mefme
„ de M. le Cardinal de Lorraine. Aucuns tenoient pour lors que ce-
„ dit Stuart ne devoit point avoir efté tué ainfi pour ce fujet , car
„ quand on eft en une meflée de combat furieux , on n'avife point
„ qui l'on frappe à tort ou à travers , ny fi c'eft un Roy ou Prince
„ ou un Grand ; car chacun eft là pour fon efcot, pour tuër, pour
„ fe défendre & garentir de mort & acquerir gloire. Mais auffi il faut
„ pardonner à l'amitié d'un frere à l'autre , & au fang qui ne peut
„ mentir, & y commande la vengeance en quelque façon que ce foit :
„ mais tels coups fe doivent faire fur la chaude colere & non de fang
„ froid. Il y avoit alors à difcourir beaucoup, dont n'y avoit faute
„ de gens pour cela, & pour dire auffi que luy ayant efté pris en
„ Guerre, devoit eftre traité en prifonnier de guerre, ou du tout ne
„ le prendre jamais. Pour tant luy & Chaftellier pafferent par cette
„ mefme voye, dont le Baron d'Ingrande & Prunay, deux tres-braves
„ & vaillans Gentilshommes, s'en reffentirent à tres-bon efcient, car
„ eftans pris de l'autre cofté pafferent de mefme, aprés avoir fçeu le
„ Maffacre des autres, felon le droit de la Guerre, qui ne veut bailler
„ licence à un ennemy plus qu'à l'autre, fi on ne la veut prendre de
„ bravade; mais auffi l'on s'en repent bien puis aprés : en quoy les

,,Gens de Guerre quelquefois y doivent bien aviser, & à la confe-
,,quence qui en fourd.

François d'Acigné S. de Montejan attira avec luy au party de la
Religion JACQUES DE GOULAINES Chevalier de Malthe fon coufin germain, fecond fils de Chriftophle S. de Goulaines en Bretagne, &
de Claude de Montejan, fille de Loüis S. de Montejan, & de Jeanne du Chaftel, Vicomteffe de la Belliere & Dame de Combour: qui
renonça d'autant plus volontiers à la Croix & à fa Religion, qu'il
efperoit par ce moyen fucceder à tous les biens de fa maifon par la
mort fans enfans de René de Goulaines fon frere aifné. Voilà l'intereft qui le rendit Huguenot, & pour lequel il facrifia fa vie, qu'il
auroit employée contre les Infidéles, avec plus d'honneur pour luy de
fatisfaire à fes vœux, que de les violer pour fatisfaire fon ambition.
Sa maifon nous a donné un exemple bien contraire de noftre temps
en la perfonne de Loüis de Goulaines dernier mafle de cet illuftre
nom, qui renonça l'an 1654. à la fucceffion & aux titres de fa famille pour entrer dans la Societé des Peres Jefuites. Auguftin du Pas
qui en a donné la Genealogie, a efcrit fur les Memoires & fur la
Tradition des Seigneurs de Goulaines, qu'un de leurs Anceftres nommé Alphonfe ayant efté employé en un Traité de Paix entre la
France & l'Angleterre par un Duc de Bretagne, la prudence qu'il
témoigna dans cette heureufe négociation luy fit meriter du Roy
d'Angleterre cette grace toute finguliere de luy donner fes armes,
& que le Roy de France y ayant auffi adjoûté les fiennes, cet Alphonfe porta pour cette raifon fes armes my-parties d'Angleterre &
France, qu'il laiffa à fes Succeffeurs. Comme il ne fe trouve aucun
témoignage de ce traité de Paix dans les Archives de France, &
comme il eft neantmoins trés-vray femblable que ce foit une confeffion; j'eftimerois plûtoft que ce fut la récompenfe de quelque Ambaffade du mefme Alphonfe pour le Duc de Bretagne, & que le Roy
de France n'y auroit eu aucune part; parce que ce Roy Anglois ayant
joint les deux Efcus de France & d'Angleterre à caufe de fes prétenfions, les aura donnez tous deux à ce Chevalier. Quoy qu'il en foit,
comme trois moitiez de Leopard avec une fleur de Lys & demie, ne
faifoient pas un fi bel effet que les armes entieres des deux Couròn-
nes, les Marquis de Goulaines ont obtenu par lettres du Roy, le
Privilege de rendre leur Efcu plus parfait & de porter tout plein de
France & d'Angleterre. Les autres enfans de Chriftophle de Goulaines & de Claude de Montejan, furent François S. de Goulaines mort
fans pofterité de Gabrielle de Rochechoüart, Baudoüin S. de Goulaines aprés luy & Chevalier de l'Ordre du Roy qui mourut auparavant que d'époufer Madelaine de Rochechoüart, fille de François
S. de Mortemar, & de Renée de Taveau de Mortemar fœur de Gabrielle, avec laquelle il avoit efté accordé le dernier Février 1554.
Claude S. de Goulaines, Loüife femme de Guy S. d'Efpinay: &
Jeanne de Maurice de Plufquellec, dit de Carmen S. de Carmen,

Claude S. de Goulaines Chevalier de l'Ordre du Roy cinquiéme fils, épousa 1. Jeanne de Bouteville, fille de René S. du Faoüet, & de Renée de Carné, fille de Marc S. de Carné, & de Gillette de Rohan. 2. Jeanne Pinart Dame de Blaizon, dont une fille unique Marie de Goulaines femme de Jean S. de Carné, Gouverneur de Kimpercorentin. Du premier lit nasquirent Gabriel Marquis de Goulaines, Jean S. du Faoüet & de la Rusiliere, qui d'Anne fille de Vincent S. du Ploeuc, & d'Anne du Chastel, laissa Gabriel de Goulaines mort sans enfans de Claude de Nevet, & Claude de Goulaines, femme de Jean du Han S. du Bertry. Moricette de Goulaines, fille aisnée de Claude, fut mariée avec Vincent S. de Ploeuc & du Tymeur, veuf d'Anne du Chastel, dont les autres Seigneurs de Ploeuc & Marquis du Tymeur: Marie seconde fille épousa Claude de Kerquezay S. de Kergoumar. Gabriel Marquis de Goulaines eut de son mariage avec Françoise de Bretagne, fille d'Odet Comte de Vertus, & de Renée de Coesmes, autre Gabriel Marquis de Goulaines, allié 1. à Barbe Ruellan, fille du S. de Rocherportal, 2. à Claude le Cornullier, fille de Claude S. de la Tousche, & de Judith Fleuriot. Il eut de cette seconde alliance Loüis de Goulaines qui s'est fait Jesuite, Yolande Marquise du Chastel, Marie & Charlotte Religieuses Ursulines à Nantes, & Anne de Goulaines non encore mariée. Yolande de Goulaines l'aisnée & principale heritiere de cette illustre maison a pour mary Claude du Chastel Marquis de la Garnache, Comte de Beauvoirsur-Mer, Vicomte de saint Nazaire, S. de Mesle, &c. chef de cette grande & celebre maison, si fameuse dans les Histoires de France & de Bretagne, & si récommendable par la valeur & la fidélité des deux Tanneguis.

SPONDILLAN Capitaine des Gardes du Prince de Condé, qui fut pris prisonnier à la bataille de Jarnac, estoit de la maison du Caylar en Languedoc, qui nous a donné un Mareschal de France, le défunt Seigneur de Thoyras, plus connu par le nom de S. Bonnet qu'il portoit par substitution, que par celuy du Caylar. Le S. Bandier qui a escrit son Histoire & le S. de la Peyre qui a dressé sa Genealogie, se sont en vain travaillez pour le faire descendre de la maison du Caylar en l'Evesché de Lodéve, & dans la pensée de luy faire honneur, ils ne luy ont pas moins fait de violence qu'à la verité, qui patit bien souvent des entreprises qu'on fait sur les conformitez de nom. La Terre du Caylar en Lodéve n'a point fait de maison, pour n'avoir point eu de Seigneurs que le Chapitre de Lodéve, & celle du Diocese de Nismes fort ancienne Baronie, donna son nom aux Barons de Sommieres de l'ancienne & illustre maison des Seigneurs d'Anduze, de Sauve, & de la Voute, depuis l'échange faite au mois d'Aoust 1248. entre saint Loüis & Bermond Seigneur de Sommieres. Ainsi la maison de Thoyras ne le cede ny en grandeur ny en antiquité à aucune du Languedoc, & je le prouveray dans l'Histoire de la maison des Bermonds d'Anduze, que j'ay dressée sur les titres, & où elle paroistra avec toutes ses branches.

DU

DU BARON DE ROSNY.

LE Baron de Rosny aussi prisonnier, estoit François de Bethu-ne fils de Jean Baron de Baye, & d'Anne de Melun Dame de Rosny, duquel il a dés-ja esté parlé en quelques endroits de cette Histoire, comme beau-frere du S. d'Esternay, qui l'attira à sa Religion & auprés du Prince de Condé. Il n'exposa pas seulement son sang pour ce malheureux party, mais tous ses biens, qui furent saisis & mis en regie, c'est-à-dire, consumez en frais prétendus necessaires, & ayant esté amené prisonnier au Chasteau de l'Isle-Adam, il fut en-core en danger de sa vie par les poursuites que fit contre luy le Pro-cureur General pour le faire declarer criminel de leze-Majesté. Tant de traverses & de disgraces avec la perte de ses revenus auroient ruïné sa maison, si elle n'avoit esté rélevée de sa chûte par les grandes qualitez des enfans qu'il laissa de Charlotte Dauvet, fille de Robert S. de Rieux, Intendant des Finances & Président en la Chambre des Comptes, & d'Anne Briçonnet ; mais principalement par Maximi-lien de Bethune Marquis de Rosny, depuis Duc de Sully, Pair & Mareschal de France, trés-fidéle Ministre du Roy Henry IV. son fils aisné. Les Memoires qu'il a laissez sous le titre d'œconomies Royales sont tous pleins de témoignages de ses services, comme de ses gran-des experiences & de la beauté de son esprit, & on y apprend beau-coup de Secrets d'Estat ; mais s'il m'est permis d'en donner mon sen-timent, je diray avec tout le respect qu'on doit à sa Memoire, qu'il y avoit une methode plus fine & plus ordonnée pour faire valoir sa conduite & ses conseils, & que si ces fleurs avoient passé par des mains qui les eussent maniées & arrangées avec plus d'Art, on luy auroit l'obligation d'une Histoire accomplie & plus capable de servir au Public. Il s'en faut prendre à ces quatre Secretaires, qui l'emba-rassent en plusieurs endroits, & qui donnans la gehenne à sa me-moire font quelquefois violence à sa modestie. Philippe de Bethune son frere Comte de Selles & de Charrots & Chevalier des Ordres du Roy, ne luy fut inferieur qu'en dignitez. La Cour de Rome & tous les Estats d'Italie, l'Allemagne & l'Angleterre, ont admiré sa pruden-ce & son experience dans les illustres & importantes Ambassades, qui luy ont esté confiées par Henry IV. & Loüis XIII. & la Religion Catholique dans laquelle il fut élevé, luy est encore obligée de tous ses principaux soins ; n'ayant rien épargné de ses biens & de son cre-dit auprés des Papes, tant pour la fondation que pour le rétablisse-ment de plusieurs Eglises. Il épousa Catherine le Bouteiller de Senlis, fille de Philippe Seigneur de Moncy, & de Marie Briçonnet, issuë de ces anciens Seigneurs de Chantilly puisnez des Comtes de Senlis, ausquels la succession hereditaire de la charge de Grand-Bouteiller de France, fit quitter le surnom de leurs premiers ancestres pour celuy du second Office de la Couronne, & sœur de Jean le Bouteiller de Senlis Comte de Moncy-le-Vieil S. de Moncy-le-Neuf, &c. & a

laiffé d'elle, Hippolyte Comte de Bethune, Henry de Bethune fucceffivement Evefque de Bayonne & de Maillezais, à prefent Archevefque de Bourdeaux, Loüis de Bethune Comte de Charrots Capitaine
des Gardes du Corps & Chevalier des Ordres du Roy, Gouverneur
de Calais, & Marie de Bethune femme de François Annibal d'Eftrées,
Marquis de Cœuvres, Marefchal de France & nommé Duc & Pair,
qui en a une illuftre pofterité. Hippolyte Comte de Bethune fils aifné nafquit à Rome, & eut pour parrain le Pape Clement VIII. &
y ayant efté depuis renvoyé auprés d'Urbain VIII. par le Roy Loüis
XIII. il merita dans un mefme employ la mefme réputation du Comte de Selles fon pere. Aprés avoir témoigné fa fidélité & fon courage
dans tous les principaux exploits & aux plus memorables fieges du
Regne paffé, l'inclination qu'il a aux belles lettres luy a fait employer
encore plus glorieufement & plus laborieufement le refte de fon loifir
à la recherche de tous les Secrets de noftre Hiftoire en leurs propres
Originaux, & il a compofé une Bibliotheque fi riche & fi utile tout
enfemble, que la pofterité condamneroit avec juftice l'ingratitude de
noftre Siécle, fi ce fervice important n'eftoit réconnu à proportion
de fon merite & de la qualité d'un Seigneur fi inftruit de toutes nos
affaires & fi capable de fervir l'Eftat de tant de rares connoiffances.

Le feu Duc de Sully ayant efté le reftaurateur de fa maifon, l'envie qui s'attache ordinairement aux plus grandes fortunes, le traita
prefque d'homme nouveau ; fans faire reflexion fur des caufes fi publiques du peu d'établiffement qu'il avoit dans le monde, & fans confiderer que les plus puiffantes Familles font plus fujettes aux grandes
difgraces. Sa grande faveur éblouït tellement les yeux des gens de
Cour, qu'à peine fe reffouvenoit-on de fon pere, & il y en eut mefme
qui le voulurent faire paffer pour Eftranger ; mais ce qui eft plus rémarquable, c'eft que pour le rétrancher de fa branche, ils fe per-
fuaderent à caufe de Jacques de Bethune Ambaffadeur d'Efcoffe, vulgairement appellé Betun ou Beton, parce qu'on n'admet point d'articles devant les furnoms en Efcoffe non plus qu'en Angleterre, qu'il
eftoit de la mefme race de cet Ambaffadeur Archevefque de Glafco,
& fils d'un fien parent venu en France au fervice de la Reine Marie
Stuart, ignorans que les Bethunes de Flandre, de France, d'Angleterre & d'Efcoffe n'avoient qu'une mefme origine : & le Duc de
Sully luy-mefme s'eft défendu de cette parenté comme d'une injure,
jufques à ce qu'il en ait efté perfuadé par André du Chefne, qui a fi
doctement efcrit l'Hiftoire de fa maifon. Il fçavoit par tradition qu'elle eftoit fort grande & illuftre, mais il fut long-temps à fixer fon
extraction, la tirant tantoft de Robert de Bethune Comte de Flandre, & tantoft de nos Rois. Ange Capel S. du Luat plus celebre pour
fa temerité que pour fa doctrine, luy mit cette impreffion en la tefte
au fujet des Princes de Courtenay, dont ce Duc favorifoit les droits
à caufe d'Anne de Courtenay fa premiere femme, & fit une Genealogie pour le faire defcendre de l'aifné de la maifon de Courtenay ,

qui nuifit d'autant plus à la caufe qu'il protegeôit, que le Roy Henry IV. qui commençoit à fe laiffer perfuader par la quantité des titres de la maifon de Courtenay, s'offenfa de fa prétenfion & n'en voulut plus oüir parler : & ainfi pour avoir voulu mefler la Fable avec la verité par l'indifcretion de cet Auteur, il rendit vain ce grand amas de pieces juftificatives, dont les Princes de Courtenay efperoient leur rétabliffement. Enfin le S. du Chefne luy ayant fait voir long-temps depuis ce qu'il avoit recueilly de fon nom, il trouva tant d'avantages du cofté de la verité, qu'il le pria de compofer l'Hiftoire Genealogique de la maifon de Bethune, qu'il prouve par bons titres depuis Robert S. de la ville de Bethune & de Richebourg, Advoüé d'Arras, mort environ l'an 1037. duquel la pofterité fe répandit par tout où les François porterent leurs armes, comme il eft important de rémarquer pour la gloire de cette maifon par cet extrait fuccint de la Genealogie de Bethune.

CE ROBERT furnommé par fobriquet feffeur, fut pere de Robert II. S. de Bethune, & ayeul de Robert III. dit le Chauve, qui eut deux fils Robert IV. & Adam l'un des champions de la conquefte de la Terre-fainte l'an 1096. qui fut Seigneur de Beffan en la Province de Galilée, où fa pofterité a continué jufques en l'an 1300. De Robert IV. & d'Alix de Peronne Dame de Warnefton, nafquit Guillaume premier, mary de Clemence d'Oify & pere de Robert V. qui d'Alix de S. Pol laiffa entr'autres enfans Guillaume II. Baudoüin S. de Choques & de Rofebeck, Comte d'Aumale en Normandie & d'Holderneffe en Angleterre à caufe d'Hadwide fa femme, fille de Guillaume le Gros Comte d'Aumale & d'Holderneffe, & de Cecile d'Ecoffe, Jean Evefque & Comte de Cambray, & Conon de Bethune S. de Bergues, &c. l'un des chefs de l'armée Françoife, qui conquit l'Empire de Grece l'an 1203. où il fe fit Seigneur d'Andrinople, dont Baudoüin fon fils prit qualité de Roy. Guillaume II. dit le Roux, fils aifné S. de Bethune, de Richebourg & de Warnefton, Advoüé d'Arras, fut encore S. de Tenremonde, de Molembeck, & de Locres, & Advoüé de faint Bavon de Gand, par fon alliance avec Mahaut fille de Gautier S. de Tenremonde, & d'Adelife Dame de Locres, de laquelle il eut entr'autres Robert VII. Guillaume S. de Molembeck & de Locres, & Jean Comte de faint Pol à caufe d'Ifabeau Comteffe de faint Pol morte fans enfans de luy, veuve de Gaucher de Chaftillon. Robert VII. S. de Bethune, &c. n'eut que deux filles d'Ifabeau de Moreaumés, Mahaut Dame de Bethune, Tenremonde, Richebourg, & Warnefton, Advoüée d'Arras & de Gand, femme de Guy de Dampierre Comte de Flandre, mere de Robert Comte de Flandre dit de Bethune à caufe d'elle, & duquel font iffus tous les Empereurs, Rois & Princes de la Chreftienté, & principalement nos Rois encore Seigneurs de Warnefton, &c. & Ifabeau mariée 1. à Hellin S. de Waurin & de Lillers, 2. à Hugues S. d'Antoing & d'Efpinoy.

GUILLAUME DE BETHUNE frere de Robert VII. & oncle de Mahaut Dame de Bethune Comtesse de Flandre S. de Molembeck , de Locres , &c. y adjousta la Seigneurie de Pontrohart par son mariage avec Elisabeth de Pontrohart. Mahaut de Bethune Dame de Molembeck & de Pontrohart leur fille aisnée n'a pas esté moins heureuse que Mahaut Comtesse de Flandre sa cousine en sa posterité , à cause de son mariage avec Jean II. Chastelain de l'Isle ancestre de nos Rois. Guillaume de Bethune aussi leur fils, Seigneur de Locres, épousa Beatrix Dame de Hebuterne & en eut Guillaume de Bethune dit de Locres , S. de Locres & de Hebuterne, mary de Jeanne de Neelle dite de Falny , fille de Jean de Neelle S. de Falny , & de Jeanne Comtesse de Pontieu, veuve de Ferdinand III. Roy de Castille & de Leon, & pere d'autre Guillaume de Bethune dit de Locres S. de Locres & de Hebuterne , & depuis de Vendeuil à cause de Marie de Roye sa femme. De deux fils qu'ils eurent Mathieu & Jean, l'aisné S. de Locres & de Hebuterne, laissa ses biens à Marie Dame de Locres & de Hebuterne sa fille, qui les porta à Gautier S. de Honscote & à Philippe S. de Maldeghem ses deux maris. Jean frere puisné de Mathieu , fut S. de Vendeuil , & continua la posterité par son alliance avec Jeanne de Coucy , fille d'Enguerran Vicomte de Meaux , &c. & de Marie des Comtes de Vienne en Ardenne , laquelle le rendit Seigneur de Rumigny , & apporta à leurs descendans la Vicomté de Meaux & autres grandes Terres , mais qui tomberent en la maison de Bar, dont est issu nostre Roy, par le mariage de Jeanne de Bethune , fille de Robert Vicomte de Meaux leur fils aisné avec Robert de Bar Comte de Marle & de Soissons, S. de Dunkerque & d'Oisy , &c. qui en eut Jeanne de Bar , femme de Loüis de Luxembourg Comte de saint Pol, &c. Connestable de France. Ainsi l'aisnesse du nom & des armes eschût à Jean de Bethune frere puisné de Robert Vicomte de Meaux, qui eut pour sa part de la succession de Jeanne de Coucy sa mere , les Seigneuries d'Autresche, les Bois de Haraincourt , &c. & fut encore S. de Mareul , Baye, Congy, &c. Isabeau d'Estouteville sa femme, fille de Robert S. d'Estouteville, &c. & de Marguerite de Montmorency , le rendit pere entr'autres enfans de Robert S. de Mareul , &c. & de Jacotin de Bethune : lequel ayant suivy en Escosse la Reine Marie de Gueldres , femme du Roy Jacques II. y fit la branche des Seigneurs de Balfour , dont estoit le Cardinal de saint André, & l'Archevesque de Glasco, duquel il est parlé cy-devant. Robert de Bethune S. de Mareul, de Baye , Congy, &c. laissa de Michelle d'Estouteville , fille de Guillaume S. de Torcy , de Blainville & de Beine , & de Jeanne de Dondeauville Dame de Novion , de Caumartin, &c. Jean de Bethune Seigneur desdits lieux, de Novion , & de Caumartin , mary de Jeanne d'Anglure fille de Simon dit Saladin , S. d'Estanges , & de Jeanne de Neuf-Chastel , & pere entr'autres enfans d'Alpin de Bethune Baron de Baye & de Robert S. d'Hostel , pere de George & ayeul d'Anne de Bethune Dame d'Hostel, Vicom-

teffe de Chavignon , &c. femme de Ferry de Choifeul S. de Praflain. Alpin de Bethune Baron de Baye, & de Mareul , S. de Congy, Novion, Caumartin, &c. & des Bois d'Haraincourt contracta
mariage le 23. Juin 1509. avec Jeanne Juvenelle des Urfins , fille
de Jean Juvenel S. de la Chapelle & de Doüé , & de Loüife de Varie. Il y a des lettres par lefquelles Charles de Bourbon Duc de Vendofme le traite de coufin , à caufe de leur parenté du cofté de la
maifon de Coucy & de Luxembourg. De trois enfans qu'il eut , le
fecond nommé Antoine S. de Mareul, mourut fans enfans de Françoife Iforé , & le troifiéme Oger de Bethune fit fa branche qui eft
perie en filles. L'aifné qui fut Jean de Bethune Baron de Baye, S.
de Novion , Caumartin , &c. époufa l'an 1529. Anne de Melun
Dame de Rofny, fille de Hugues Vicomte de Gand, Chevalier de
la Toifon , & de Jeanne de Hornes , & au lieu de rétablir fa maifon, comme il en avoit le moyen par le bonheur de cette alliance
illuftre & avantageufe, il diffipa tout ce qu'il put de fes biens , &
mefme fe méfallia aprés la mort de fa femme par un fecond mariage avec une nommée Jeanne du Pré. Il eut du premier lit François
de Bethune Baron de Rofny, Alpin mort fans alliance , Marie femme de Jean Raguier S. d'Efternay & bifayeule de Henry Chabot Duc
de Rohan, & Jeanne de Bethune alliée à Gabriel de Torcy Baron de
Vendey.

FRANÇOIS DE BETHUNE Baron de Rofny, qui a donné lieu à ce
difcours, eftant privé de la fucceffion de tous fes biens anciens de fa
maifon par le mauvais ménage de fon pere, il adjoufta malheur fur
difgrace par le mauvais choix qu'il fit du party Huguenot, où il
s'engagea par la confideration du S. d'Efternay fon beau-frere & de
l'alliance qu'il avoit avec le Prince de Condé. Il y perdit la joüiffance de fes biens & fa liberté, & laiffa une fucceffion fort embroüil-
lée aux enfans qu'il avoit eu de Charlotte Dauvet fa femme, qui furent Loüis de Rofny mort jeune, Maximilien Duc de Sully, Salomon de Bethune Gouverneur de Mante mort fans pofterité ; Philippe Comte de Selles & de Charrots, Chevalier des Ordres du Roy,
duquel & de fes enfans il a efté parlé cy-devant, & Jacqueline de
Bethune, de laquelle & d'Helie de Gontaut S. de Badefou font iffus
par Judith & Jacqueline de Gontaut fes deux filles, mariées à Jean de
Gontaut S. de Biron & de faint Blancart , & à Philippe de Montaut,
Baron de Benac, le Marquis de Biron , & le Duc de Navailles.
Maximilien de Bethune Duc de Sully , Marquis de Rofny & de Nogent, Comte de Muret, & de Villebon, Vicomte de Meaux, Prince d'Enrichemont & de Boisbelle, &c. Pair & Marefchal de France,
rétablit la grandeur de la maifon de Bethune, qui jufques à luy avoit
toûjours decliné par l'extinction des branches aifnées, & en fit efcrire l'Hiftoire par le docte André du Chefne, qui a continué dans
ce dernier Ouvrage de faire admirer fa profonde doctrine & fon jugement dans les Antiquitez qu'il a eu à débroüiller, pour trouver une

verité si importante à la gloire de cette grande & illustre race. Il ne manquoit à celle du Duc de Sully après celle de l'avoir rélevée par tant de services, que de rentrer dans la Religion, pour laquelle ses ancestres ont si genereusement combattu dans toutes les Guerres d'Outremer, & qu'ils ont encore accrû de tant de fondations d'Eglises & d'Abbayes, qui ont conservé leur memoire par celle de leur pieté; mais un malheureux interest de réputation de fermeté le retint dans son erreur, & comme il réconnut que la plûpart des Familles puissantes, qui avoient esté de son opinion, commençoient à la quitter & qu'il n'y avoit plus que l'honneur d'estre chef de party, qui en retenoit quelques-unes pour des considerations purement humaines, il ne fut pas fasché que ses deux fils se fissent Catholiques. Il eut d'Anne de Courtenay sa premiere femme, fille de François S. de Boutin, & de Loüise de Jaucourt, Maximilien de Bethune Marquis de Rosny, & de la seconde, qui fut Rachel de Cochefilet, fille de Jacques S. de Vaucelas, & de Marie Arbaleste, il eut encore Marguerite de Bethune, femme de Henry Duc de Rohan, Loüise alliée à Alexandre de Levis Marquis de Mirepoix, & François de Bethune Comte d'Orval, de Muret, & de Villebon, &c. Baron de Courville, Chevalier des Ordres du Roy & premier Escuyer de la Reine, marié premierement à Jacqueline de Caumont, fille de Jacques Duc de la Force, Pair & Mareschal de France, de laquelle il a plusieurs enfans, 2. à N.... de Harville, fille du Marquis de Palaiseau. Maximilien de Bethune Marquis de Rosny, Grand-Maistre de l'Artillerie, mourut du vivant du Duc de Sully son pere l'an 1634. & laissa de Françoise de Crequy, fille de Charles sire de Crequy, Duc de Lesdiguieres, Pair & Mareschal de France, & de Madeleine de Bonnes de Lesdiguieres, aussi morte le 22. Janvier 1657. Maximilien François de Bethune Prince d'Enrichemont, depuis Duc de Sully, Pair de France & Marquis de Rosny, &c. marié par contract du 3. Février 1639. avec Charlotte Seguier, fille de Pierre Seguier Duc de Villemor, Comte de Giem, &c. Chancelier de France, de laquelle il a N.... de Bethune Marquis de Rosny, marié au mois d'Octobre de cette année 1658. avec N.... Servient fille d'Abel Servient cy-devant Secretaire d'Estat, à present Surintendant des Finances, Comte de la Roche-des-Aubiers, Marquis de Sablé, S. de Meudon, &c. & N.... de Bethune, qui épousa l'an 1658. Armand de Grammont Comte de Guiche.

DES BARONS D'INGRANDE, DE PRUNAY
& de Moncaurel.

GUY DU PARC Baron d'Ingrande, l'un des principaux du party Catholique qui furent tuez en cette journée de Jarnac, estoit un jeune Gentil-homme de grande esperance pour l'estime qu'il s'estoit acquise, pour les biens qu'il possedoit & pour les alliances de sa maison, il estoit fils d'Adrien du Parc Baron d'Ingrande, & avoit esté

marié l'année précedente avec Anne d'Espinay , sœur de Jean Marquis d'Espinay , & fille de Guy sire d'Espinay , & de Loüise de Goulaines. Il en eut un fils aussi tué contre les Huguenots auparavant
que d'estre marié.

Le S. de Prunay nommé par le S. de Castelnau aprés le Baron
d'Ingrande , estoit Claude de Billy S. de Prunay-le-Gilon , Chevalier de l'Ordre du Roy & Capitaine de cinquante hommes d'armes,
que Loüis de Billy son pere S. de Vertron & de Prunay-le-Gilon ,
Gouverneur de Guise , Lieutenant de la Compagnie de Gendarmes
du Marefchal de Brissac , & Nicolas de Brichanteau S. de Beauvais-
Nangis , Chevalier de l'Ordre du Roy , son oncle maternel, avoient
élevé si heureusement dans tous les exercices de la Guerre, qu'il estoit
pour en meriter toutes les dignitez par l'estime mesme des Huguenots : qui pour se venger de la mort de Chastellier-Portaut & de Stuart,
le firent tuër avec le Baron d'Ingrande , aprés leur avoir à tous deux
promis bon quartier , & userent ainsi de répresailles sur deux jeunes
Gentils-hommes de la premiere réputation. Loüis de Billy son pere,
mary de Marie de Brichanteau, estoit fils puifné de Perceval de Billy S. d'Yvort , & de Prunay-le-Gilon, Baron de Courville , & de
Loüise de Vieux-Pont , & frere de François de Billy Baron de Courville & d'Yvort , duquel & de Marie de Beaumanoir de Lavardin ,
fut fils Loüis de Billy Baron de Courville , &c. Enseigne de la Compagnie de Gendarmes du Connestable de Montmorency, lequel épousa Felice de Rosny , fille de Lancelot S. de Brunelle , & n'en eut que
trois filles , Denise de Billy femme de Claude de Brie S. de la Mothe de
Serrent , Chevalier de l'Ordre du Roy , Capitaine de cinquante
hommes d'armes , mere de Marie de Brie , femme de François de
Faudoas S. de Serillac , Françoise de Billy , alliée à Theodore S. des
Ligneris , aussi Chevalier de l'Ordre du Roy & Capitaine de cinquante hommes d'armes , dont Jacques des Ligneris S. de Fontaine, duquel & de Lucrece de Fromentieres est issuë Anne des Ligneris ,
femme de Loüis de Sailly Seigneur de saint Cyr , & de la Mothe ,
&c. fils de Simon de Sailly S. de saint Cyr , & de Marie Vyon ,
& Marie de Billy femme de Nicolaï S. de Goussainville & de Présles
premier Président en la Chambre des Comptes de Paris. Claude de
Billy S. de Prunay eut pour freres & sœurs , Jean de Billy Prieur de
la Chartreuse de Gaillon : Jacques de Billy Abbé de saint Michel en
l'Herm & de Nostre-Dame en Ré , l'un des plus doctes de son temps,
& qui s'acquit tant d'estime par ses Traductions , & principalement
par celle des Oeuvres de saint Gregoire de Nazianze : Geofroy de
Billy premierement Religieux & grand-Prieur de l'Abbaye de saint
Denis, Abbé de saint Vincent & de saint Jean d'Amiens , & enfin
Evesque & Duc de Laon , Pair de France , mort le 28. de May 1612.
Loüis de Billy S. de Vertron tué au siege de Poitiers l'an 1569. Jeanne de Billy mariée par contract du 14. May 1564. à François d'A-
lonville Chevalier de l'Ordre du Roy , S. d'Oisonville , auquel elle

porta la Seigneurie de Vertron : Marguerite de Billy Abbesse de Provins. Yolande & Genévieve de Billy Religieuses. Enfin le mesme Clauvin de S. de Punay ne laissa que deux filles, Marie & Helene de Billy, toutes deux âgées de sept ans & sous la garde-noble de Loüise de Ligny leur mere l'an 1572. & toutes deux mariées depuis, l'une à Jean Baron de Vieux-Pont, & l'autre à Jean des Courtils S. de Tourtz. Le nom de Billy ainsi peri en ces deux branches de Courville & de Prunay, qui se rendirent les plus considerables quoy que puisnées, tant par les biens que par les dignitez, subsiste encore aux Sieurs de la Grand-court & de Montguignard, & aux Sieurs de Francourville, de Mauregard, de l'Hostel de Billy, & d'Antilly, issus des aisnez de cette illustre maison, dont les ancestres Seigneurs de Billy en Valois dés l'an mille quatre-vingt, ont conservé leur memoire par divers titres fort avantageux pour témoigner leur noblesse & leur pieté. On attribue le Proverbe *du Ros de Billy*, pour signifier des coups de bastons, à Jean de Billy Abbé de Ferrieres, fils de Perceval & frere de François Baron de Courville & de Loüis de Billy premier Seigneur de Prunay-le-Gilon, parce qu'il estoit grand chasseur & qu'il n'épargnoit point les coups à ses chiens.

PIERRE DE MONCHY connu à la Cour sous le nom du jeune Moncaurel, & mis au nombre des morts du party Catholique avec le Baron d'Ingrande & le S. de Prunay par Michel de Castelnau, suivoit les armes avec Timoleon de Cossé Comte de Brissac son parent du costé maternel. Il succeda à Loüis son frere Seigneur de Moncaurel tué à la bataille de Dreux, & par sa mort sans alliance en celle-cy de Jarnac, il eut pour heritier Antoine de Monchy son frere, qui continua la posterité par son mariage avec Anne de Balsac, fille de Thomas S. de Montagu, & d'Anne Gaillard ; de laquelle sont issus, les Marquis de Moncaurel, & d'Hoquincourt, comme on verra dans la Genealogie de Gaillard rapportée au troisiéme Volume parmy les alliances des Bochetels. La Moreliere Chanoine d'Amiens a donné les Seigneurs de Moncaurel dans ses Familles illustres de Picardie, depuis Dreux Seigneur de Monchy l'an 1146. qui accompagna le Roy Loüis le jeune en son voyage d'Outremer, marié dés l'an 1144. avec Ade de Piquigny. Jean de Monchy Seigneur de Senarpont, Lieutenant general au Gouvernement de Picardie sous Henry II. est le principal heros de cette maison, quoy que son merite n'ait pas esté récompensé des premieres charges de la Couronne, & qu'il n'ait pas esté le plus grand en dignité. C'est assez du nom de Senarpont pour l'éloge d'un si grand homme, & pour la récommendation mesme de cette illustre race, quoy que si fertile en grands Capitaines.

DES

DES SEIGNEURS DE PRASLAIN, DE SENECEY ET DE Lanffac, & du S. Mutio Frangipani bleffez à la bataille de Jarnac.

JE referve au traité de la bataille de Montcontour, l'éloge du S. de Clermont-Tallard, que le S. de Caftelnau met icy au rang des bleffez, & pour fuivre l'ordre qu'il me prefcrit; je parleray dé Ferry de Choifeul S. de Praflain, que fa valeur porta dans tous les perils de cette fameufe journée, & qui révint de la charge tout couvert de fon fang & de celuy des ennemis, pour continuer fous le nom de Praflain la gloire de celuy de Choifeul, fi celebre pour fa Nobleffe & pour les grandes actions de fes Anceftres. On n'alloit pas en fon temps fi vifte aux dignitez de la Guerre, on ne fçavoit encore ce que c'eftoit de tant de titres & de nouvelles charges, l'ambition avoit fes bornes, la valeur n'en avoit point, & la belle réputation eftoit fon prix le plus folide. Cette moderation de la part du Prince & des Sujets, confervoit à l'Eftat les plus grands & les plus experimentez Capitaines dans une mefme fonction, quand ils avoient l'honneur de commander une Compagnie d'Ordonnances, au lieu qu'aujourd'huy il n'y a plus de charge pour un Gentil-homme de cinq ou fix Campagnes un peu accredité, foit par fon merite ou par la confideration de fes proches: c'eft un homme qui fort de fervice, lors qu'il en eft plus capable, avec un titre de Marefchal de Camp ou de Lieutenant General. En ce temps-là, dis-je, toute l'ambition des Princes, des plus Grands, & des plus braves de la Cour, eftoit de commander cinquante ou bien cent hommes d'armes, on voyoit en un jour de bataille flotter les barbes blanches fur les Cuiraffes de la plûpart des Capitaines, comme une marque de l'antiquité de leur fervice: mais à prefent on cacheroit comme une honte fous une teinture de poil & fous la Perruque d'un jeune homme, cette marque d'honneur, & on auroit confufion de n'eftre pas forty d'un employ auparavant que d'avoir atteint l'âge & le fervice de le meriter, comme s'il eftoit plus avantageux de fe faire grand par le bienfait de la fortune & de la faveur, que par la force de fon merite.

Ce Ferry de Choifeul avoit plufieurs fujets d'émulation & d'imitation tout enfemble dans fa maifon, mais fon principal objet eftoit Philbert de Choifeul S. de Lanques fon ayeul maternel, qu'on n'appelloit ordinairement que le Capitaine Lanques, quoy qu'il eut efté Gouverneur de Langres & d'Arras & Lieutenant General en Italie; tant cette qualité de Capitaine eftoit en eftime & en confideration. Il eut le bonheur d'y parvenir par les degrez ordinaires, il l'obtint pour récompenfe de fes fervices dans toutes les Guerres de fon temps, il y joignit celle de Gentil-homme ordinaire de la Chambre du Roy, & la réputation qu'il s'acquit à la Cour & à la Guerre luy pouvoit donner de plus grandes efperances, s'il eut plus long-temps furvefcu à cette derniere action de Jarnac; dont il ne reçût que l'honneur d'avoir fait à la tefte de fa Compagnie de cinquante hommes d'armes, tout ce qu'on pouvoit attendre du courage & de la conduite du plus excellent Officier. Il mourut peu aprés de ses blessures à l'âge de 38. ans, & laissa veuve Anne de Bethune sa femme Dame d'Hostel & de Treny, Vicomtesse de Chavignon, quart-Comtesse de Soissons, fille unique de George de Bethune S. d'Hostel, &c. & de Jacqueline de Wissocq, & mere de quatre enfans; qui furent, Charles de Choiseul Marquis de Praslain, Vicomte de Chavignon, Baron de Chaourse, de Chitry, &c. successivement Capitaine de cinquante hommes d'armes, Lieutenant au Gouvernement de Champagne & Bailly de Troyes, Capitaine des Gardes du Corps & Chevalier des Ordres du Roy, & enfin Gouverneur de Xaintonge & Pays d'Aunis & Marefchal de France, Gilles de Choiseul Vicomte d'Hostel mort sans alliance, Ferry de Choiseul Comte du Plessis, & Françoise de Choiseul morte jeune. Le Marefchal de Praslain fils aisné, mourut l'an 1626. à l'âge de 63. ans, & laissa six enfans de son mariage contracté le 7. de Decembre 1591. avec Claude de Cazillac, fille de François S. de Sessac, Chevalier des Ordres du Roy & Capitaine de cinquante hommes d'armes; sçavoir Roger de Choiseul Marquis de Praslain, Maistre de Camp de la Cavalerie legere de France, Marefchal de Camp & Lieutenant au Gouvernement de Champagne, tué au combat de Sedan : François aprés luy Marquis de Praslain & Lieutenant au Gouvernement de Champagne marié à N.... d'Autefort, fille de Charles S. d'Autefort & de Renée du Bellay de la Flotte, sœur de Marie d'Autefort, Dame d'Atours de la Reine, depuis Comtesse de Schomberg, Duchesse d'Halluin & Marefchale de France : Catherine Blanche de Choiseul, femme de Jacques d'Estampes S. de la Ferté-Imbaut, &c. Marefchal de France : Claude de Choiseul Abbesse de Nostre-Dame de Troyes, Anne de Choiseul, Françoise de Choiseul, femme d'Alexandre de Canonville Baron de Raffetot, & Elisabeth de Choiseul mariée avec Henry de Guenegaud Marquis du Plessis, &c. Secretaire d'Estat & Garde des Sceaux des Ordres du Roy, fils de Gabriel de Guenegaud S. du Plessis-Belleville, Conseiller du Roy en ses Conseils & Tresorier de son Espargne, & de Marie de la Croix.

Ferry de Choiseul Comte du Plessis & Vicomte d'Hostel, frere puisné du Marefchal de Praslain, épousa Madeleine Barthelemy, fille unique de Guillaume S. de Beauverger, & de Marie Hennequin, & petite-fille de Guillaume Barthelemy Conseiller au Parlement, S. de Beauverger, & de Marie de Bailly. C'est assez pour son éloge, aprés avoir remarqué qu'il continua de servir le Roy dans la mesme estime de valeur & de fidélité que ses ancestres, de compter le premier entre ses enfans, Cesar de Choiseul aprés luy Comte du Plessis, à present Marefchal de France, Gouverneur de M. le Duc d'Anjou, & nommé Duc & Pair, qui ne s'est servi de l'heureuse augure de son nom & de la grandeur de sa maison, que pour acheter plus cherement les honneurs, qu'il a commencé de meriter par tous les degrez

& par toutes les fatigues de la Guerre. Il a pour femme Colombe-le-Charron d'une famille auſſi conſiderable pour les Dignitez que pour la grandeur de ſes alliances, Dame d'une vertu exemplaire. Il en a eu pluſieurs enfans, dont l'aiſné Ceſar de Choiſeul, fut tué à la ba-taille de Rhetel gagnée par le Mareſchal ſon pere. Les autres enfans de Ferry de Choiſeul & de Madeleine Barthelemy furent, Ferry de Choiſeul Vicomte d'Hoſtel, Mareſchal de Camp & Gouverneur de Bethune, Gilles de Choiſeul auſſi Mareſchal de Camp : Gilbert de Choiſeul Abbé de Baſſe-fontaine, &c. Madeleine femme du S. de Drucbec, & deux autres filles Religieuſes.

Voilà quelle eſt la poſterité de Ferry de Choiſeul S. de Praſlain mort des bleſſures qu'il reçût à la bataille de Jarnac : lequel eut pour pere & mere Nicolas de Choiſeul S. de Praſlain & du Pleſſis, mort l'an 1536. & Alix de Choiſeul, fille de Philbert S. de Lanques, & de Louïſe de Sully, fille de Guillaume de Sully S. de Voulon, iſſu en ligne maſ-culine des anciens Comtes de Champagne & de Brie, dont la poſte-rité a regné en Angleterre, en Terre-ſainte, & en Navarre, & de Marguerite de Beaujeu, deſcenduë en ligne directe des anciens Com-tes de Lyonnois & de Foreſts par Loüis de Foreſts dit de Beaujeu, ſecond fils de Renaut Comte de Foreſts, & d'Iſabeau Dame de Beau-jeu. Laquelle Marguerite de Beaujeu Dame de Voulon eſtoit ſœur d'Anne de Beaujeu, mariée à Philippe de Culant & à Jean S. de Bau-dricourt tous deux Mareſchaux de France, & fille d'Edoüard de Beau-jeu S. d'Amplevis, & de Jacqueline Dame de Linieres ; ledit Edoüard fils de Guillaume S. d'Amplevis, fils de Guichard-le-Grand S. de Beaujeu & de Dombes, & de Jeanne de Chaſteauvillain ſa troiſiéme femme. Nicolas de Choiſeul S. de Praſlain, eſtoit fils de Pierre dit Galehaut de Choiſeul S. d'Oncourt, de Freſnoy, de Meuſe en Baſ-ſigny, &c. & de Catherine Dame du Pleſſis, de Praſlain, &c. & petit-fils de Pierre de Choiſeul, auſſi dit Galehaut, & de Richarde d'Oiſelet ſa ſeconde femme, de la meſme maiſon des Princes de Can-tecroix, qu'on tient iſſus des anciens Comtes de Chalon-ſur-Saone. Si je me laiſſois emporter à un ſi grand ſujet, je m'engagerois neceſ-ſairement à la déduction d'une longue Genealogie, & je ſerois obli-gé de l'accompagner de tant d'actions illuſtres & de ſervices impor-tans, rendus à cet Eſtat par la maiſon de Choiſeul, que je ferois une Hiſtoire de ce Chapitre. C'eſt pourquoy je me reſtraindray à la ligne directe & aux ſeuls anceſtres de la branche des Seigneurs de Praſlain, pour éviter de traiter celles de Lanques, de Clémont, des Seigneurs de Traves, qui en prirent le nom comme aiſnez & garderent les ar-mes pleines de Choiſeul, qui ſont d'azur à la croix d'or cantonnée de 20. billettes de meſme ; au lieu que les Seigneurs de Praſlain & ceux de Clémont & de Lanques leurs puiſnez, oſterent par briſeure les deux billettes, qui eſtoient en cœur des deux derniers cantons. Pier-re dit Galehaut mary de Richarde d'Oiſelet, eſtoit fils d'autre Pierre, auſſi dit Galehaut S. de Choiſeul, &c. & de Catherine de Pailly, & petit-fils de Jean S. de Choiseul mort l'an 1365. & de Jeanne de Noyers, fille de Jean Comte de Joigny, & de Jeanne de Joinville, fille d'Anseau S. de Joinville & de Marguerite Comtesse de Vaudemont, fille de Henry III. Comte de Vaudemont, & de Marguerite fille de Ferry II. Duc de Lorraine, & de Marguerite de Navarre. Ce Jean S. de Choiseul fils d'autre Jean II. du nom, qui eut pour frere Renard de Choiseul, S. de Bourbonne, Bailly & Gouverneur de Doüay & de Tournay, pere d'Isabelle de Choiseul, mariée à Guillaume de Vergy S. de Mirebeau. Jean II. S. de Choiseul leur pere, inhumé en l'Abbaye de Morimont, fondée par ses ancestres maternels les Seigneurs d'Aigremont, mourut l'an 1308. avec l'honneur d'avoir pris prisonnier de Guerre Ferry Duc de Lorraine, qui l'an 1282. luy paya 2000. livres de rançon. Robert second Duc de Bourgogne le créa son Connestable, comme on voit par un titre de l'an 1297. où il le qualifie son cousin à cause d'Yolande de Dreux sa mere, fille de Robert III. Comte de Dreux, & de Leonor de saint-Valery ; lequel Robert III. fils de Robert II. Comte de Dreux, & d'Yolande de Coucy, eut pour sœur Alix de Dreux, femme de Renard III. du nom S. de Choiseul, duquel elle eut entr'autres enfans Jean I. S. de Choiseul, mary d'Alix Dame d'Aigremont & pere de ce Jean II. S. de Choiseul & d'Aigremont, Connestable de Bourgogne. Si bien que la maison de Choiseul a cet avantage d'avoir pris alliance il y a plus de quatre cens ans avec la Maison Royale de France, dont estoient les Comtes de Dreux : & si les titres qu'on a des ancestres de ce Renard III. depuis l'an 1100. jusques à l'an 1220. ou environ, qu'il épousa la Princesse Alix de Dreux, faisoient mention du surnom de leurs femmes, ils se trouveroient alliez de tout temps aux plus illustres & plus puissantes familles de ce Royaume. Je devois ce discours succinct de la grandeur de celle de Choiseul à la memoire de Ferry S. de Praslain, blessé à mort à la bataille de Jarnac, & à l'esclat que le Mareschal du Plessis-Praslain a rendu à son nom de nostre temps, sans autre secours que d'une valeur hereditaire, conduite avec beaucoup de prudence, & sans rien mandier de la Fable ny de la Fortune, pour faire voir qu'il a en sa personne toutes les qualitez & le merite d'un des plus dignes Sujets de ce Royaume, pour tout ce qu'il y a de grandes Dignitez.

DE NICOLAS DE BAUFFREMONT BARON
de Senecey.

CE Baron de Senecey aussi blessé, mais plus favorablement, en cette bataille, que le S. de Praslain, continua de servir contre les Huguenots jusques en l'an 1581. qu'il mourut Gouverneur d'Auxonne & Grand-Prévost de France, & laissa de Denise Patarin sa femme Dame de Crusilles, fille de Claude Vice-Chancelier de Milan, depuis premier Président au Parlement de Dijon, Claude de Bauffremont Baron de Senecey , George Comte de Crusilles, Elisabeth femme de Charles S. de Claveson , Catherine - Aimée de Bauffremont , mariée à Antoine du Blé Baron d'Uxelles , Chevalier de l'Ordre du Roy , Gouverneur de Chalon ; dont entr'autres Jacques du Blé Marquis d'Uxelles , Lieutenant General des armées du Roy, Gouverneur de Chalon , duquel & de Claude Phelipeaux , fille de Raimond S. d'Erbaud, & de Claude Gobelin , nasquit Loüis-Chalon du Blé Marquis d'Uxelles , Gouverneur de la Ville & Citadelle de Chalon , Lieutenant de Roy en Bourgogne , Capitaine General dans ses armées, designé Mareschal de France, mort au mois d'Aoust 1658. d'une mousquetade en la cuisse, qu'il reçût au siege de Gravelines : Madeleine de Bauffremont ; Constance Abbesse de saint Menoulph : Philippe & Françoise Abbesses de sainte Marie de Chalon. Claude de Bauffremont Chevalier de l'Ordre du Roy , Gentil-homme ordinaire de sa chambre , Bailly de Chalon ; Gouverneur d'Auxonne , Lieutenant General en Bourgogne , se laissa glisser du party Catholique en celuy de la Ligue, & mourût l'an 1596. laissant de Marie de Brichanteau , fille de Nicolas S. de Beauvais-Nangis, qu'il épousa l'an 1571. Henry Marquis de Senecey , Catherine femme de Jean Baron de Vieux-Pont , & Madeleine de Bauffremont , alliée à Cleriadus de Vergy Comte de Champlite , Chevalier de la Toison d'or & Gouverneur de la Comté de Bourgogne. Henry Marquis de Senecey Chevalier des Ordres du Roy, Gouverneur d'Auxonne , Bailly de Chalon , Ambassadeur en Espagne , &c. ne laissa de Marie-Catherine de la Rochefoucaut Comtesse de Randan ; depuis Dame d'Honneur de la Reine , qu'un fils après luy Marquis de Senecey & Gouverneur d'Auxonne , &c. mort sans alliance , & Marie-Claire de Bauffremont heritiere de Senecey & de Randan , femme de Jean-Baptiste de Foix Comte du Fleix ; mentionnée avec ses enfans page 827. du premier Volume de ces Memoires.

Les Seigneurs de Bauffremont , autrement appellez de Beffroimont en plusieurs titres anciens , sont d'une origine si grande & si illustre, qu'ils possedoient il y a plus de quatre cens ans la plûpart de leurs Terres en Souveraineté , & ils estoient si récommendables, qu'ils estoient choisis pour arbitres de tous les differends des Princes leurs voisins. Ils tenoient les premiers rangs à la Cour des Ducs de Bourgogne , & il n'y a point de Famille Bourguignonne qui ait plus donné de Chevaliers de la Toison d'or. Elle a laissé en la Franche-Comté la branche des Marquis de Sey qui dure encore , & des Seigneurs de Sombernon & de Listenois. Pierre de Bauffremont Comte de Charny Chevalier de la Toison d'or , puisné de celle de Senecey, épousa l'an 1448. Marie bastarde de Bourgogne , fille de Philippe le bon Duc , mais n'en ayant eu que trois filles, Antoinette l'aisnée porta le Comté de Charny par mariage en la maison de Luxembourg, d'où elle tomba par succession à l'Admiral Chabot qui en estoit issu. La terre de Senecey eschût à Jean de Bauffremont franc Seigneur de

Vauvillars & de Soye , Baron de Montmartin & de Chaftenay, &c.
par fon mariage avec Anne de Thoulongeon , fille de Jean S. de
Thoulongeon Marefchal de Bourgogne, qui baftit la groffe Tour du
Chafteau de Senecey de l'argent de la rançon du Conneftable d'Efcoffe, qu'il prit prifonnier durant les Guerres des Anglois & Bourguignons contre Charles VII. Pierre de Bauffremont de Senecey leur fils,
Souverain de Vauvillars , Chevalier de la Toifon d'or , fut marié
deux fois , fa premiere femme fut Anne de Bauffremont Dame de
Bourbonne & de Mirebeau , de laquelle il n'eut que trois filles, Françoife Dame de Bourbonne qu'elle porta à François de Livron S. de
la Riviere , duquel font defcendus les Marquis de Bourbonne jufques
à prefent , Geneviéve de Bauffremont , femme de Claude de Montmartin , & Marguerite Cordeliere à Auxonne. De la feconde, qui fut
Catherine de Dampmartin doüairiere de Montmartin & mere de
Claude de Montmartin , fortirent, Pierre, & Jeanne de Bauffremont
femme de Jean de Lugny S. de Ruffey. Pierre de Bauffremont Baron
de Senecey , &c. s'attacha au party de France, & merita d'eftre récompenfé de la charge de Colonel des Suiffes & de la Lieutenance
Generale en Normandie. Il mourut l'an 1524. & laiffa de Charlotte
d'Amboife fille de Jean S. de Buffy, & de Catherine de faint-Bellin,
Claude mort jeune à Lyon de la ruïne d'une maifon l'an 1540. &
Nicolas de Bauffremont Baron de Senecey, Grand-Prévoft de France,
duquel nous avons donné la pofterité, qui eut pour fœurs Conftance
Dame de Genlis , de Tenare & de Montmain , Françoife Dame de
Ruffey, & de Montigny-fur-Armanfon , & Catherine de Bauffremont
fucceffivement Abbeffe de fainte Catherine d'Avignon , de Tarafcon &
de faint Menoulph en Bourbonnois.

DU JEUNE LANSSAC.

LA maifon de faint-Gelais, donna à la Cour de nos derniers Rois
du fang d'Orleans deux perfonnes illuftres entr'autres, Loüis &
Guy de faint-Gelais pere & fils Seigneurs de Lanffac, l'un nommé
le vieil & l'autre le jeune , parce qu'ils eftoient tous deux en mefme
temps employez , tant aux Ambaffades eftrangeres qu'aux affaires du
Cabinet par la Reine Catherine de Medicis , qui eut le pere pour
Chevalier d'honneur & pour Surintendant de fa maifon. Il fe rendit
celebre par l'Ambaffade de Rome & du Concile de Trente , & fon
fils n'acquit pas moins de réputation en celle de Pologne ; où il eut
bonne part à la Negociation de l'élection de Henry III. qu'il y fuivit, comme luy ayant efté donné par la Reine fa Mere , deppis
qu'elle l'eut fait Lieutenant General, pour commander en cette Guerre,
où il fut bleffé. Il eftoit homme de valeur, mais qui comme fon pere fe plaifoit plus au maniment des affaires qu'à celuy des armes ,
comme le plus heureux & le plus doux , & plus propre à fes inclinations & à fes plaifirs , aufquels il eftoit auffi indulgent que les au-

tres Seigneurs de la Cour. En ce temps-là une vertu trop simple, ou trop nuë estoit une Idole sans encens, & si on ne la mettoit à la mode, si on ne la voyoit au Bal & si elle ne prenoit quelque personnage dans les mysteres de la coquetterie, qui estoit le Noviciat des Courtisans, on la tenoit pour une Idiote. C'estoit assez que la couleur de la Religion trenchast un peu sur celle de l'interest, & aprés cela on en estoit quitte pour parler trop catholiquement, parce que c'estoit le party de la Cour. La Reine Mere, de laquelle dépendoient absolument ces deux Seigneurs de Lanssac, les ayant tous deux attachez à Henry III. elle les retira de son service au commencement de la Ligue, & les engagea des premiers dans ce party; qu'elle aida à former pour faire succeder le Duc de Lorraine son petit-fils à la Couronne à l'exclusion de Henry IV. Ils avoient grande part à ce secret comme ses créatures plus affidées, & c'est tout ce qu'on leur pourroit reprocher; si la regle de l'interest n'avoit des exceptions contre celle d'un vieil point d'honneur, qui n'a plus guere de merite ny de credit, & qui passe pour un scrupule de l'autre siécle. Loüis de saint-Gelais profita beaucoup auprés de cette Princesse, mais comme il dépensoit à proportion, & comme son fils estoit aussi plus adonné à son plaisir qu'aux soins necessaires pour soûtenir la grandeur de sa maison; il ne se trouva que peu de bien de reste avec l'honneur de tant d'Ambassades, qui furent récompensées en la personne du pere déja Capitaine des cent Gentils-hommes & Chevalier de l'Ordre sous Charles IX. par la Chevalerie du Saint-Esprit. Il mourut au mois d'Octobre 1589. à l'âge de 76. ans, & fut inhumé en l'Eglise de Precy, qui appartient à present au Comte de Bouteville-Montmorency, comme petit-fils de Charlotte Catherine Comtesse de Lusse, femme de Loüis de Montmorency S. de Bouteville, fille de Charles Comte Souverain de Lusse, & de Claude de saint-Gelais sa fille, & de Jeanne de la Roche-Chanderic sa premiere femme, fille de Philippe Baron de la Roche-Chanderic, & de Jeanne de Beaumont.

Jusques à luy les Seigneurs de Lanssac, & ceux de saint-Gelais leurs aisnez, s'estoient contentez de porter seul le nom de saint Gelais; mais comme ils se prétendoient issus de l'ancienne maison de Lezignem, si fameuse par tant de Fables & d'illustres veritez tout ensemble, il se surnomma de Lezignem & de saint Gelais, & prit acte de sa prétension par les preuves qu'il donna à l'Ordre du Saint-Esprit. La liaison est assez difficile à faire, neantmoins il y a beaucoup d'apparence, non seulement par une tradition generalement reçüë, mais encore par ce que la Seigneurie de Saint-Gelais estoit de l'ancien patrimoine des Seigneurs de Lezignem : & il y a preuve de cela par un titre de Hugues VII. S. de Lezignem dit le Brun, qui l'an 1109. donna en cette qualité à Pons de Melgueil Abbé de Cluny qu'il appelle son cousin, le Prieuré de saint-Gelais, du consentement de Hugues le Brun & de Rogues ses fils. Il ne faut point alleguer contre cela la difference du nom & des armes de saint-Gelais & de Lezig-

nem , car les furnoms n'eftoient point encore fixez , & les armes
encore moins , & chacun fe furnommoit de fon appanage , ou de
la Terre qu'il poffedoit ; & entre plufieurs exemples qu'on pourroit
emprunter de cette maifon, nous en avons un en la perfonne de Simon fils du mefme Hugues VII. qui prit le nom de la Terre de Lezay , lequel fubfifte encore en fa pofterité , avec des armes diffe-
rentes. J'inffere de ce titre que ce Rogues icy, duquel il ne fe trouve autre chofe, fut deftiné par fon pere pour eftre aprés luy Seigneur
de faint-Gelais , & que ce fut pour cette raifon qu'il le choifit principalement avec fon aifné entre fix enfans qu'il avoit, pour le rendre
confentant à cette alienation du Patronage du Prieuré de faint-Gelais.
Quoy qu'il en foit, Loüis de faint-Gelais perfuadé d'une opinion fi
avantageufe, ne manqua pas de parer auffi fes armes de la Mellufine
qu'il prit pour Cimier , & qui devint fi fort en credit de fon temps
par les Blafphémes Hiftoriques de frere Eftienne de Lufignan , qui
fit fortir plus de foixante maifons de ce Monftre , qu'on renonçoit
à des veritez plus avantageufes pour avoir part à la Fable, la maifon
de Luxembourg & celle de Rohan mefme s'abandonnans à cette ab-
furdité. A propos de cela, il eft bon de rémarquer qu'il ne fe trouve
pas une feule Mellufine dans toute la maifon de Lezignem de France , non pas mefme un feul Aimery , quoy que le Roman appelle
ainfi le mary de cette Fée , auparavant Aimery de Lezignem Roy
de Chypre & de Jerufalem qui mourut l'an 1205. & qui fut fils de
Hugues VIII. & de Bourgogne de Rancogne & petit-fils de Hugues
VII. duquel il a efté parlé, dont la femme s'appelloit Sarrafine, &
qui eut pour pere & mere Hugues VI. dit le Brun & le Diable , tué
au combat de Rames en Terre fainte l'an 1102. où felon la Croni-
que de Maillezais l'an 1110. & Hildegarde fille d'Aimery Vicomte
de Thoüars , & d'Arengarde : ledit Hugues VI. fils de Hugues V.
dit le Debonnaire, & Adalmodis de la Marche, & petit-fils de Hugues IV. & d'Aldearde. Hugues III. pere de Hugues IV. avoit époufé Arfende, avec laquelle il vivoit l'an mille dix, & eftoit fils & petit-fils de deux autres Hugues , dont le fecond furnommé le bien-aimé baftit le Chafteau de Lezignem. Comme dans toute cette Genealogie il ne fe trouve point de Mellufine , dont on fuppofe fauffement
l'étymologie fur les noms de Melle & de Lezignem , ou Lufignan
mal-proprement parlant, qu'on feint avoir appartenu à cette Fée ,
quoy que jamais Melle n'ait efté à ceux de Lezignem : il faut détruire cette Fable , avoir recours à la veritable origine de ce nom de
Mellufine, qui n'eft autre chofe que Milefende. On demeurera d'accord par la verité de l'Hiftoire de cette fabuleufe tradition , fi on
confidere que Milefende eft le feminin du nom ancien de Milo ou
Miles, affez commun dans la famille des anciens Seigneurs de Montl-
l'hery & de Bray ; que le S. du Chefne dit avoir efté puifnez des
Barons de Montmorency , & que Milefende de Montl'hery fœur de
Miles & fille de Guy tous deux Seigneurs de Montl'hery, époffa Hugues

gues Comte de Rhetel. Elle en eut entr'autres enfans Baudoüin de
Rhetel dit de Bourg, Roy de Jerufalem, qui en memoire de fa mere
donna le nom de Milefende à fa fille, après luy Reine de Jerufalem,
laquelle époufa Fouques III. Comte d'Anjou, dont Elifabeth auffi
Reine de Jerufalem, qui d'Aimery de Lezignem Roy de Chypre, eut
entr'autres enfans Milefende dite par corruption Mellufine, femme
de Raimond de Poitiers dit d'Antioche, Prince d'Antioche & Comte de Tripoly : & c'eft noftre Mellufine la Fée qui n'a aucune part
en la maifon de Lezignem de France, & de laquelle la pofterité
qui continua de regner en Chypre & en Armenie, quitta le furnom
d'Antioche ou de Poitiers, qui luy appartenoit comme iffuë des Comtes de Poitiers, Ducs de Guyenne, pour prendre celuy de Lezignem,
devenu le plus grand & le plus illuftre d'Orient ; quoy qu'elle n'en
defcendit que par femmes, tant à caufe de cette Mellufine, que du
mariage de Henry de Poitiers fils de Boëmond IV. leur fils, Prince
d'Antioche, avec Ifabelle de Lezignem fille de Hugues I. Roy de Chypre & de Jerufalem frere de ladite Mellufine.

Loüis de faint Gelais S. de Lanffac eftant veuf de Jeanne de la
Roche-Chandric, fe rémaria par contract du 8. Octobre 1565. avec
Gabrielle de Rochechoüart, fille de François S. de Mortemar, lors
veuve de François S. de Goulaines & de René de Volluire S. de Ruffec ; laquelle en eut des enfans, decedés fans alliance, & mourut l'an
1594. Guy de faint-Gelais S. Lanffac, après luy fon fils du premier
lit, mourut fort âgé l'an 1622. & de fon mariage avec Antoinette
Raffin Dame de Pecalvary, fille de François Raffin Senefchal d'A-
genois, & de Nicole le Roy de Chavigny, il ne refte que des filles par la mort fans enfans mafles de Gilles de faint-Gelais & de Lezignem S. de Lanffac, Marquis de Balon, arrivée au fiege de Dole
1636. La terre de Lanffac fut apportée en mariage par Jacquette
Dame de Lanffac heritiere, fille de Thomas S. de Lanffac, & de
Françoife d'Efcars, à Alexandre de faint-Gelais S. de Cornefort, &c.
Confeiller & Chambellan du Roy Loüis XII. qui l'avança à fa Cour :
& cet Alexandre eftoit cinquiéme fils de Pierre de faint-Gelais S. de
Montlieu, de fainte Aulaye, &c. Cadet de la branche aifnée des
Seigneurs de faint-Gelais ; qui fubfifte encore, & qui en mefme temps
que le S. de Lanffac, prit le nom de Lezignem & le joignit à ce-
luy de faint-Gelais, pour ne point laiffer prefcrire fon droit d'aifneffe, & en efcartela fes armes.

DU SEIGNEUR MUTIO FRAGIPANI.

LE Pape prenant grande part aux Guerres de la Religion en France, plufieurs grands Seigneurs d'Italie pafferent les Monts ; les
uns avec employ dans les troupes qu'il envoya, & d'autres, comme
Volontaires & pouffez de la feule inclination qu'ils avoient pour cette
Couronne. Le Seigneur Mutio Frangipani y crût eftre d'autant plus

obligé qu'il estoit Partisan de France, qu'il y avoit plusieurs Parens du costé de Julia Strozzy sa femme, sœur de la Comtesse de Fiesque, & qui avoit encore l'honneur d'estre alliée de la Reine. Il donna des preuves de sa valeur à cette bataille de Jarnac où il fut blessé, & après il s'en retourna joüir en paix de la réputation qu'il avoit acquise en cette Guerre. Le Marquis Frangipani son petit-fils, que j'ay vû à Rome, tint à honneur d'estre le dernier de ce nom illustre, & ne feignit point de dire qu'il gardoit le celibat par necessité, parce que sa condition ne luy permettoit pas de mesler son sang avec des Familles de fortune, dont l'ancienne majesté de Rome est dés-honorée. Il comptoit parmy les cadets de sa maison les Archiducs d'Austriche & les Rois d'Espagne, fondé sur l'opinion de Raphaël de Volterre, dont il eut esté bien fasché d'estre désabusé, & il ne se lassoit pas de se rendre incommode aux nouvelles Principautez de Rome, par l'avantage qu'il prétendoit d'une antiquité qu'aucun n'eut osé mesurer avec celle de sa race. En effet la plûpart des Familles des Princes Romains n'ont qu'un bel exterieur, c'est une superficie de grandeur qui n'a point de racines, & on diroit mesme que ce sont plûtost des Plantes que des Arbres, à cause de leur peu de durée. Peuteestre aussi que la Providence de Dieu en a ainsi ordonné, car quelle honte seroit-ce à la vertu qui a fondé tous les Estats, si tant de Princes faits au hasard estoient autre chose que des Heros de Théatre, pour servir aux jeux de la fortune & pour disparoistre après avoir joüé leur personnage ? L'Italie ne seroit pas assez grande pour fournir des Souverainetez & des Titres à toutes les occasions qui se presentent de relever des noms nouveaux ; si cette Providence n'en disposoit en telle sorte, qu'il y a toûjours quelqu'heritiere d'un Pontificat précedent pour épargner au Public l'établissement de la Famille qui succede à la Domination. Nous en avons pour exemple en nostre temps, les Aldobrandins fondus en Borgheses, & en Pamphilio, &c. Je ne sçaurois m'abstenir de dire encore à propos de ce dernier Marquis Frangipani, que je le vis une fois à la Cavalcate qui se fait le jour de saint Pierre pour conduire le Pape du Vatican à Montecavallo, parfaitement bien monté & bien à cheval ; mais dans un équipage fort peu Guerrier pour une occasion pourtant toute guerriere, & qui fut festée de tout le canon du Chasteau-saint-Ange. Il estoit vétu de taffetas noir, le manteau sur une espaule rétroussé sous le bras, l'habit de mesme estoffe avec des manches pendantes à son pourpoint, planté dans une Selle à piquer fort creuse, en bas de Soye, avec des Jartieres en Rose, la houssine à la main. Je voulus estre plus asseuré que ce fut luy, quoy que je le réconnusse, tant je trouvois à rédire à cette maniere tout-à-fait Bourgeoise de paroistre en Public dans une si grande occasion, qui me donnoit des idées fort contraires à l'estime du premier & du plus ancien nom de Rome, & encore du plus illustre de la Dalmatie & du Frioul, depuis environ l'an 1120. qu'un de cette maison épousa la fille d'Engilbert Marquis de Frioul, sœur de Mahaut femme de Thibaut IV. Comte de Champagne & de Brie, tante d'Alix de Champagne femme de Loüis le jeune & mere de Philippe Auguste Roy de France. Zazzera qui a escrit de plusieurs maisons d'Italie, & qui a ignoré cette alliance, en adjouste encore une dont il donne la preuve, avec la niéce d'un Empereur de Constantinople, qui l'an 1170. fut envoyée en grande Pompe, suivie de plusieurs Evesques & Grands Seigneurs de Grece, pour épouser Eudes Frangipani. On voit par l'Histoire qu'il a composée de cette illustre maison, qu'ils estoient les plus puissans dans Rome, & qu'ils y ont vû naistre la grandeur de tous les autres, à qui l'abus des temps a fait prendre qualité de Princes. Ce dernier Marquis Frangipani, & son frere mort auparavant luy, inventerent la composition du Parfum & des Odeurs, qui retiennent encore le nom de Frangipane.

DE LEONOR D'ORLEANS DUC DE LONGUEVILLE.

CE Prince ayant témoigné autant de courage que de fidélité dans toutes les Guerres de son temps, mais principalement en cette bataille de Jarnac, où il eut le regret de voir mourir le Prince de Condé son beau-frere; j'aurois tort de ne pas user de l'occasion que me donne le S. de Castelnau, de rendre à sa memoire l'honneur qui luy est dû, & de plaindre le malheur de sa mort, qui fit perdre à la France à l'âge de trente-trois ans le Prince le plus genereux & le plus accomply, & de la plus grande esperance pour les armes, qui fut encore sorty du Sang d'Orleans. Cela se peut dire assurément sans blesser la memoire du fameux Jean d'Orleans Comte de Dunois; duquel il descendoit, & avec lequel il auroit partagé le titre glorieux de Restaurateur de la France; si on ne l'avoit envié à l'estime qu'il s'estoit acquise dés l'âge de dix-sept ans, qu'il fut pris les armes à la main pour le service de l'Estat à la bataille de saint-Quentin. Il avoit autant d'esprit que de valeur, & ces deux qualitez qui sous un Regne plus juste, quoy que plus malheureux, avoient dés-ja fait meriter à ce grand Comte de Dunois, le rang & les honneurs de Prince du Sang, parce qu'il en avoit rendu tous les devoirs, ne servirent qu'à le rendre suspect & à le faire perir. La lettre de Grand-Champ rapportée page 425. &c. de ce Volume en accuse la Reine Catherine, & le S. de Brantosme semble appuyer l'opinion qu'on eut qu'il avoit esté empoisonné. C'est une chose estrange des dangers que courent les personnes de cette qualité dans certaines conjonctures, car bien souvent leur seul merite fournit de matiere à leur ruïne, & on croit plus legerement aux soupçons qu'on forge sur des interests imaginaires qu'on leur impose, qu'à tous les services qu'ils rendent en effet, quelque sang qu'il leur en couste. Ce Duc estoit frere de la Princesse de Condé, & encore qu'il combattit à Jarnac contre le Prince son beau-frere, on ne laissoit pas de croire qu'il avoit inclination à son party; parce que Jacqueline de Rohan Marquise de Rothelin sa mere estoit de la nouvelle opinion, qui d'ailleurs estoit proche parente du Prince de Navarre, duquel il avoit encore épousé la cousine, Marie de Bourbon Comtesse de saint Pol Duchesse d'Estouteville. Il n'importoit pas qu'il eut continué de témoigner sa fidélité au siege de la Rochelle, tant d'alliances avec la maison de Bourbon qu'on vouloit détruire, estoient tellement considerables, avec le ressouvenir de ce qu'avoit pû faire le Comte de Dunois pour le restablissement de Charles VII. qu'on ne douta point qu'hors l'interest du Roy, qu'il sçauroit bien distinguer d'avec celuy des particuliers, il ne se declarast pour la Maison Royale, & qu'il n'obéït à la destinée de celle de Dunois ; à laquelle il semble que les plus grands coups d'Estat soyent reservez, dans les malheurs qui arrivent à ce Royaume, qui passa par succession, de luy à Henry Duc de Longueville son fils ; auquel la France a l'obligation de la principale victoire de Henry IV. sur la Ligue, & qui ne fit avec luy que l'âge d'un homme. Qui que ce soit qui l'ait empoisonné ou fait empoisonner, il mourut à Blois au retour du siege de la Rochelle au mois d'Aoust 1573. & laissa cinq enfans vivans ; qui furent, Henry d'Orleans aprés luy Duc de Longueville, François d'Orleans Comte de saint Pol, Duc de Fronsac, pere de Leonor Duc de Fronsac tué au siege de Montpellier l'an 1622. à l'âge de 17. ans, avec un sensible regret de la Cour & de toute la France, de voir ensevelir avec luy toute la valeur & les vertus qui sont hereditaires en sa maison : Catherine d'Orleans Fondatrice des Carmelites en France : Antoinette d'Orleans mariée à Charles de Gondy Marquis de Belle-Isle, fils aisné d'Albert Duc de Retz, Pair & Mareschal de France, & depuis Religieuse, mere du Duc de Retz, & ayeule des Duchesses de Retz & de Brissac : & Leonore d'Orleans alliée l'an 1596. à Charles de Matignon Comte de Thorigny, &c. fils de Jacques S. de Matignon Mareschal de France, mere du Comte de Matignon Lieutenant General en Normandie, &c.

HENRY D'ORLEANS Duc de Longueville ayant signalé ses premiers exploits par la fameuse bataille de Senlis, qui fut le plus pesant coup que la Ligue reçût ; on ne se promettoit pas sans raison qu'en continuant si heureusement la gloire d'un nom si fatal à la restauration de cet Estat, il seroit le Dunois de son Siécle. Il contribua de la mesme valeur pour mettre l'Estranger hors du Royaume, il fut honoré de la mesme récompense par la mesme charge de Grand-Chambellan. Enfin ce jeune Aiglon ou plûtost ce Phenix voloit avec les mesmes augures, quand un coup imprévû le renversa devant qu'il eut atteint le milieu de sa carriere : comme si le destin des Bourbons & des Enghiens eut passé avec leur Sang dans cette maison d'Orleans leur fidéle & perpetuelle alliée. Il fut blessé à mort au mois d'Avril 1595. en une salve qu'on luy fit comme Gouverneur de Picardie, à une revûë de troupes à Dourlens, & l'on tient que le Marquis de Humieres, tué trois mois aprés au siege de Ham d'une autre mousquetade, pratiqua le Soldat qui fit le coup, dans un emporte-

ment de jaloufie qui le poffedoit. Cette perte fut fort fenfible au Roy
& à la France , mais elle fut en mefme temps réparée par un autre
luy-mefme, qu'il eut le bonheur de voir rénaiftre de fon fang deux
jours auparavant que de mourir. C'eft Henry d'Orleans à prefent Duc
de Longueville & d'Eftouteville, Prince Souverain de Neuf-Chaftel
& de Valengin, Comte de Dunois, de Tancarville, &c. dont le
Roy Henry IV. fon parrain reçût la naiffance comme une marque de
la profperité de fon Regne. Car on peut dire fans flatterie, que fi les
Dunois ne font pas originairement legitimes Princes du Sang ; que
neantmoins ils ont acquis le droit d'eftre il y a plus de deux cens ans
traitez & reputez comme tels , & d'en recevoir tous les honneurs ,
dans les Eftats Generaux & par tout ailleurs du confentement mutuel
des Rois & des Peuples, qui les ont ainfi reftituez dans l'éclat entier
de leur naiffance ; ils ont exprés aboly la difference qui pouvoit eftre
entr'eux, & les autres Princes du Sang d'Orleans ; pour la reftrain-
dre à la feule marque de la puifneffe qui paroift dans la bande ou co-
tice de leurs armes. Cette difference, dis-je, leur a efté auffi glorieufe qu'elle a efté avantageufe à la France, ils l'ont lavée de tant
de fang des ennemis , ils l'ont relevée de tant de triomphes & de
trophées, ils l'ont illuftrée de tant d'alliances avec la Maifon Royale,
qu'ils ont merité en toutes façons d'eftre réconnus pour fes enfans
adoptifs. On les peut encore appeller les Symboles de la durée de nos
Cefars, par la fatalité qui leur eft attachée , & appliquer & expliquer tout enfemble en faveur de la France & des defcendans de Jean
d'Orleans, le myftere de cette Poule blanche , qui vint avec une
branche de Laurier pondre dans le Giron de Livie ; qui la reçût
comme un augure & qui laiffa le foin hereditaire à fes neveux d'en cultiver la race comme le figne de leur Propagation. Ce Comte de Dunois apporta de mefme dans le fein de la France où il vint naiftre ,
l'heureux pronoftic de la victoire, & fa pofterité toûjours élevée
fous les Lauriers qu'il planta, les a accrûs avec tant d'abondance ,
qu'elle en a fait une Foreft, qui la tient à l'abry des foudres & des
tempeftes.

Il eft mal-aifé de parler d'un Prince de cette maifon fans répandre & fans étendre fes éloges fur la maifon entiere ; on doit cette
digreffion à fon merite qui l'a renduë neceffaire, & en voicy un exemple dans les Memoires du S. de Brantofme, au Difcours qu'il fait de
François d'Orleans Duc de Longueville, comme fucceffeur de Charles d'Amboife S. de Chaumont au Gouvernement de Milan; où il blafme avec juftice l'Hiftorien Guichardin d'avoir donné plus de part à
la grandeur de fa race qu'à fa valeur, dans le choix qu'on fit de luy
pour la confervation d'une Conquefte fi importante. ,,Si a-t'il tort
,,de parler ainfi , dit-il , car il eftoit bon & grand Capitaine , &
,,brave & vaillant, comme en cette race il en eft toûjours de pareils,
,,iffu en premier eftre de ce brave & vaillant Comte de Dunois , le
,,fleau des Anglois. Ce brave Seigneur fema une telle femence de

„generofité en toute fa race; qu'elle ne s'en eft toûjonrs reffentie depuis
„d'une jufqu'à l'autre, ce qui eft à noter, & comme d'une femence en
„une bonne terre, & de moiffon en moiffon fe rénouvellant toû-
„jours, ainfi ne faut jamais, comme en celle-cy de Longueville. Je
„croy que celuy, dont je parle, eftoit petit-fils de ce brave Comte de
„Dunois, auffi imita-t-'il le pere „ comme ont fait tous leurs petits,
„j'entends d'enfans & neveux. Pour quant à moy, j'en ay connu un,
„qui eftoit M. de Longueville, qui mourut au retour du fiege de la
„Rochelle à Blois, de Poifon ce dit-on, que maudit foit le mifera-
„ble qui le luy donna ou fit donner, mais il n'eftoit pas poffible de
„voir un Prince plus brave, vaillant & genereux que celuy-là, ny
„moins hypocrite en Guerre, tant homme de bien & d'honneur au
„refte, & qui ne fit jamais tort ny déplaifir à aucun, tant doux,
„tant gracieux, trés-beau & de fort bonne grace, & adroit à toutes
„chofes. Bref, ce fut un grand dommage de fa mort, car il fut efté
„un jour un trés-grand Capitaine, comme il commençoit dés-ja. Il
„mourut en la fleur de fon âge, & auffi de fa beauté. Il eftoit un de
„mes bons Seigneurs & meilleurs amis que j'euffe. Il laiffa aprés luy
„un fils aifné, qui fut tué dernierement en Picardie à Dourlens en
„un falve de revûë par un Soldat mal-avifé, autres difent apofté;
„dont ce fut un trés-grand dommage: car il n'y avoit rien de fi
„jeune que luy, & dés-ja avoit fait de trés-belles preuves de fa per-
„fonne, tant en valeur qu'en fageffe & bonne conduite. Ce fut luy
„le premier qui commença à ébranler la ruine de la Ligue: lors
„qu'il luy donna à la bataille de Senlis un fi grand coup, que ja-
„mais oncques ne s'en put-elle bien guerir ny rémuër, j'en parleray
„ailleurs. M. le Comte de faint Pol fon fecond frere promet beau-
„coup de luy & de fa maturité, ainfi que fes nouveaux fruits de va-
„leur le promettent.
„   Pour retourner à noftre M. de Longueville, il fut un trés-bon
„Capitaine, & pour ce fes Rois s'en fervirent trés-bien auffi. Il fut
„comme j'ay dit Lieutenant de Roy à Milan, mais il n'y demeura
„guere; car le Roy le voulant employer aux affaires & dangers qui
„eftoient les plus prés de fa perfonne, l'envoya querir & le fit fon
„Lieutenant en fon armée de Navarre pour le fecours du Roy Jean,
„avec M. de Bourbon: où, pour ne s'entendre trop bien, les deux
„chefs ne purent faire, comme s'il n'y en eut eu qu'un. On difoit que
„M. de Bourbon avoit tort, car luy qui eftoit jeune, encore qu'il
„fut le premier Prince du Sang [*il fe trompe, car pour eftre Duc de*
„*Bourbon il n'eftoit pas l'aifné de fa maifon, c'eftoit le Comte de Ven-*
„*dofme*] aprés M. d'Angoulefme, il devoit ceder à M. de Longue-
„ville [*qui fondoit fon droit de commander fur fa charge de Gouverneur*
„*de Guyenne*] qui eftoit plus vieux & plus experimenté que luy, qui
„eftoit fort jeune & ne faifoit que venir. Tant y a que fi ce M. de
„Longueville eut efté crû, les affaires fuffent allées mieux, car il
„eftoit bon Capitaine, comme il le montra à la bataille de The-

„roüenne, [*il le confond avec Loüis fon frere aprés luy Duc de Longue-*
„*ville*] & à la journée des Efperons ; où il ne fe fervit guere des
„fiens pour fuïr comme d'autres ; mais pour r'allier fes gens fuyans, &
„bien combattre : ainfi qu'il fut pris les armes au poing en brave
„Seigneur & Chevalier, & mené prifonnier en Angleterre ; où par
„fa fageffe & prudence il fit la Paix entre les deux Rois, au grand
„foulagement de la France : & pour ce, le Roy époufa cette belle
„Princeffe Marie fœur du Roy d'Angleterre.

Le Roy Loüis XII. qui eftoit de la maifon d'Orleans, dont le
Comte de Dunois avoit efté le principal appuy, aimoit paffionnement
toute fa pofterité, comme fit aprés luy le Roy François I. fon fucceffeur, il confirma ce Duc de Longueville, & Loüis fon frere, en
poffeffion du rang & de tous les honneurs dûs aux feuls Princes du
Sang ; les faifant marcher avec eux, & prenant mefme foin de les
rendre égaux en titres & en puiffance, par les grandes charges & les
Gouvernemens. C'eft pourquoy il érigea en faveur de l'aifné la Terre de Longueville en Duché l'an 1505. & le maria l'année mefme
avec Françoife fille de René Duc d'Alençon, & de Marguerite de
Lorraine ; de laquelle n'ayant eu qu'une fille, Renée d'Orleans Com-
têffe de Dunois, &c. morte trois ans aprés luy, à l'âge de fept ans,
en 1515. fa fucceffion paffa depuis à Loüis d'Orleans fon frere,
aprés luy Grand-Chambellan de France, Gouverneur de Provence, lors qualifié Marquis de Rothelin, à caufe du mariage moyenné par le mefme Roy Loüis XII. entre luy & Jeanne de Hochberg
heritiere de la branche des anciens Marquis de Baden puifnez des
Comtes de Brifgau ; Ducs de Zaringhem, &c. iffus de la Maifon
d'Alface, & fille unique de Philippe Marquis de Hochberg, Comte-
Souverain de Neuf-Chaftel, S. de Rothelin, Landgrave de Brifgau,
&c. & de Marie fille d'Amé VIII. Duc de Savoye. Ce Loüis & François fon frere eftoient enfans de François d'Orleans Comte de Dunois,
de Longueville, de Tancarville & de Montgommery, Gouverneur
& Conneftable hereditaire de Normandie, Grand-Chambellan de
France, & d'Agnes de Savoye, fœur de Charlotte femme du Roy
Loüis XI. & fille de Loüis Duc de Savoye & d'Anne de Chypre, &
petit-fils de Jean d'Orleans Comte de Dunois & de Longueville, &
de Marie de Harcourt Comteffe de Tancarville & de Montgommer-
ry, Vicomteffe de Melun, Dame de Varangebec, d'Eftrepagny,
de Mönftreul-Bellay, de Partenay, Vouvant, Mervant, Chaftel-
aillon, &c. Conneftable, Chambellane, & Marefchale hereditaire
de Normandie. Du mariage de Loüis d'Orleans avec Jeanne de Hochberg ; nafquirent Claude, Loüis, & François Marquis de Rothelin.
Claude d'Orleans Duc de Longueville, Grand-Chambellan de France, &c. fut tué au fiege de Pavie, fans alliance l'an 1525. Loüis
aprés luy Duc de Longueville & Grand-Chambellan, laiffa de Marie
de Lorraine depuis Reine d'Efcoffe, François aprés luy Duc de Longueville & Grand-Chambellan, mort fans enfans, & qui eut pour

heritier le Marquis de Rothelin son cousin germain, fils de François son oncle Marquis de Rothelin à cause de Jeanne de Hochberg sa mere Marquise de Rothelin, Comtesse de Neuf-Chastel, &c. Il épousa Jacqueline de Rohan fille de Charles S. de Gié & du Verger, & de Jeanne de saint Severin, & eut d'elle Leonor d'Orleans & Françoise d'Orleans seconde femme de Loüis de Bourbon Prince de Condé. Leonor d'Orleans Duc de Longueville par la mort de son cousin, récueillit tous les biens de sa maison ; mais la faveur de celle de Guise le priva de la succession en la charge de Chambellan de France, toûjours hereditaire en sa maison depuis le grand Comte de Dunois son ancestre. Le Duc de Guise l'emporta sous prétexte de la jeunesse de ce Duc, & promit de luy en faire satisfaction quand il seroit en âge, & mesme de luy donner sa fille en mariage ; mais sa prise à la bataille de S. Quentin, qui luy cousta quatre-vingt mille escus de rançon, & la mort du Roy arrivée ensuite, qui rendit les Princes Lorrains les premiers de la Cour, le mirent bien loin de ses esperances. Ce fut dans le mécontentement qu'il en eut, qu'il rénonça au mariage proposé, & qu'il declara n'avoir cedé le pas au Duc de Guise que par anticipation des devoirs d'un gendre envers son beaupere. Jacqueline de Rohan sa mere, qui estoit affectionnée à la nouvelle Religion, aida fort à cette més-intelligence, qui fit soupçonner ce jeune Duc d'estre de mesme opinion. Henry d'Orleans Duc de Longueville son fils, & de Marie de Bourbon, Comtesse de saint Pol, Duchesse d'Estouteville, Dame de Trie, &c. eut pour fils unique de Catherine de Gonzague de Cleves, Dame de Coulomiers, &c. Henry d'Orleans Duc de Longueville, allié 1. à Loüise de Bourbon fille de Charles Comte de Soissons, dont Marie d'Orleans Duchesse de Nemours, 2. à Anne de Bourbon fille de Henry Prince de Condé, & de Charlotte Marguerite de Montmorency, Princesse d'un courage, d'un esprit, & d'une vertu aussi grands que sa Royale extraction ; de laquelle il a deux fils, le Comte de Dunois & le Comte de saint Pol, jeunes Princes de la premiere esperance ; pour estre animez du plus genereux sang, & pour avoir la plus heureuse naissance de l'Europe : n'ayans pour ancestres que des Rois, des Princes du Sang, des Souverains, ou les plus grands Heros de ce Royaume, les Connestables & les Ducs de Montmorency, &c.

CHAPITRE CINQUIÉME.

DE LA MORT DES COMTES D'EGMOND & de Hornes.

LE S. de Castelnau témoigne bien par ce qu'il raconte de son entretien avec le Duc d'Albe, qu'il y avoit autant ou plus de vanité que de passion pour le service de son Prince, dans la sanglante execu-

execution que ce Duc fit en la perfonne du Comte d'Egmond & du Comte de Hornes , de tout ce que les Pays-bas avoient de plus il-luftre , tant en Nobleffe & en valeur , qu'en veritable grandeur & en puiffance. Je ne fçaurois affez m'eftonner de la manie de ce dernier Siécle , & de l'injuftice des Politiques & de certains hiftoriens qui les contrefont : on ne les voit point fi fleuris , ny de fi bonne humeur , que quand il s'agit de parler d'un Cardinal de Granvelle , d'un Duc d'Al-be & d'autres gens du mefme efprit de divifion & de cruauté. Ils ne trouvent plus à rédire , que fous prétexte du fervice du Maiftre ils raffaffient leur ambition du fang des Sujets , & qu'ils faffent une Ty-rannie d'une Monarchie paifible ; qu'ils ne troublent que pour ruïner une autorité legitime , pour rendre leurs pernicieufes maximes necef-faires , & pour s'appliquer le Gouvernement de telle forte , qu'on foit obligé de leur laiffer la puiffance toute entiere , pour démefler ce qu'ils ont exprés embroüillé. Le Duc d'Albe fit à fon arrivée en Flandre , ce que font fi fouvent , pour donner une maifon ou un jar-din à la mode , certains Architectes & Jardiniers , qui ruïnent de vieux baftimens pour en rebaftir de moins durables & de moins com-modes , fans aucun refpect de leur antiquité : qui renverfent tout un jardin bien planté pour en faire une plaine , & qui cherchent avec plus de malice que d'art , des allées à faire dans les lieux où font les plus beaux arbres ; pour avoir l'honneur de les avoir abbattus : & enfin qui mettent à la place de ceux qui portoient des fleurs & du fruit , des plantes eftrangeres , comme font les Cyprès qui ne don-nent pas mefme de l'ombre ; & qui ne preftent qu'une funefte obfcu-rité. Qu'on les écoute difcourir fur leurs deffeins , ils vous promet-tent les plus grandes chofes du monde , mais ce font des efperances douteufes pour une perte prefente : & quelquefois il faut que le Mai-ftre de la maifon attende que ces belles idées foyent achevées , dans quelque refte de ruïne ou dans quelque récoin mal étayé ; où l'im-patience le gagne enfin , & où il fe dépite contre l'Entrepreneur , qui luy laiffe des Mafures imparfaites pour des Chafteaux abbattus. C'eft ce qui arriva enfuite des renverfemens que le Duc d'Albe fit aux Pays-Bas , le Roy d'Efpagne crût d'abord à fes confeils , il luy en aban-donna toute l'execution ; mais laffé d'attendre aprés cet Eftat florif-fant qu'il luy avoit promis , honteux de tant de fang répandu en vain , & encore plus affligé , de voir qu'en fix ans d'Adminiftration abfo-luë , l'averfion qu'on avoit conçuë de fa cruauté avoit eftably & af-fermy au milieu de fes Eftats la République de Hollande : il le rap-pella pour n'en point hafarder les reftes , & ce fut par fes Ordres qu'on arracha des lieux Publics , les Statuës & les Trophées que ce Duc avoit élevés à fa gloire particuliere ; pour fervir de monument éternel de la défolation de tant de Provinces.

Il n'y a point de plus dangereux remede contre l'Herefie , que de n'en faire qu'un prétexte , & de le faire fervir à des interefts humains : c'eft un facrilege malicieux de déguifer la Politique en Religion , &

de luy immoler de faux sacrifices pour couvrir sa cruauté. Ce n'estoit point tant par esprit de zele comme par esprit d'indignation, que le Cardinal de Granvelle, & le Duc d'Albe aprés luy, troublerent le repos des Pays-Bas ; où l'on peut dire qu'ils ont fait plus d'Heretiques qu'ils n'en ont défait. Le premier s'estant commis avec tous les Grands par des nouveautez dans le Gouvernement Ecclesiastique & Politique des Provinces, émut le scandale qui causa le Schisme, il accusa de la nouvelle opinion, qui estoit le crime d'Estat de son temps, tous ceux qui se plaignoient de la dureté de son Ministere & de l'insolence de ses déportemens. Il fit le mal plus grand qu'il n'estoit au Roy d'Espagne son Maistre, il en déguisa la cause, & réjetta tous les mauvais succés de ses violences sur le trop de moderation de la Duchesse de Parme, qui mettoit toutes choses en accommodement ; parce qu'elle n'adhéroit pas à toutes ses passions, & qu'elle ne vengeoit pas ses querelles. Ce Cardinal ayant le Duc d'Albe de son costé auprés du Roy Catholique, il fit passer tous les Flamands, mais principalement tous les principaux de la Noblesse, pour des Rebelles & pour des Heretiques qu'il falloit opprimer. Dans le mesme temps on faisoit les mesmes desseins contre les Huguenots de France, & pour cela on moyenna l'entrevüe de Bayonne, où il se conclut une maniere de Ligue ; pour laquelle le Duc d'Albe qui avoit le secret du Roy son Maistre, promit toute sorte d'assistance : mais c'estoit avec plus d'envie de nous jetter dans la Guerre civile, que d'aider à nous en retirer. C'estoit pour ménager le passage de l'armée Espagnole par la France aux Pays-Bas, sans nous mettre en soupçon qu'elle allast attendre l'occasion de profiter de nos desordres, & enfin pour nous répaistre de l'esperance d'un secours, qui nous portast à tout entreprendre. Aussi l'accorda-t'il plûtost par ostentation qu'autrement, quand la seconde Guerre fut ouverte, puisque le Comte d'Aremberg avoit ordre de luy de ne point combattre, & de fuïr l'occasion de la bataille, qui se donna auprés de saint Denis, comme a fort bien rémarqué le S. de Castelnau. Son intention estoit principalement de prendre son temps pour terrasser toutes les puissances des Pays-Bas, qui pouvoient balancer son autorité, qui avoient du credit, & qui estoient capables d'entreprendre de maintenir les Privileges des Peuples & des Villes, & de temperer le Gouvernement Espagnol, tout contraire en ses maximes à celuy des Flamands. Il esperoit d'en venir encore plus facilement à bout, en les contraignant, mesme par désespoir, à s'appuyer du party de la nouvelle opinion, qui d'ailleurs seroit affoibly par la diversion du secours, qu'ils auroient pû tirer des Huguenots de France, assez occupez à se défendre chez eux. Outre l'honneur qu'il se proposoit d'avoir étouffé l'Heresie dans son Gouvernement, & ensevely sous ses ruïnes toutes les grandeurs suspectes au Conseil d'Espagne, il croyoit avoir assez tost fait, pour venir tomber sur la France avec une armée Catholique & victorieuse, comme sur un Estat exposé en proye, & qui seroit legitimement acquis à son Maistre sous

prétexte specieux & charitable d'y venir exterminer les Heretiques.
Prétexte dés-ja concerté en Cour de Rome ; où le Roy d'Espagne
faisoit fort l'enfant gasté de l'Eglise ; qui ne faisoit point de conscience de croire que son zele pour la Foy ne seroit pas trop récompensé
d'une Couronne ; laquelle aussi-bien n'estoit que trop lourde pour des
enfans qui ne la pouvoient porter, & qui devoit faire partie du fardeau Catholique de l'Atlas Iberien.

Voilà en peu de mots les vastes pensées du Duc d'Albe, & sur lesquelles rouloit toute sa conduite, qu'il regla encore sur celle du Cardinal de Granvelle ; duquel il vint plûtost executer les passions, que
pour en réparer les dommages. Aprés avoir converty son titre de General des armes en celuy de Gouverneur absolu ; par la destitution de
la Princesse de Parme, à laquelle il ne laissa qu'un titre sans fonction, dont elle se lassa enfin de le voir abuser, aussi-bien que de
n'estre que complice de ses entreprises, son premier exploit fut de se
saisir des personnes des Comtes d'Egmond & de Hornes. Il avoit esté
résolu avec luy en Espagne ; qu'on tendroit le mesme filet pour Guillaume de Nassau Prince d'Orange, & pour Antoine de Lalain Comte d'Hooghstrate ; mais ils furent plus prudens, de se défier de la foy
d'un homme, qui venoit violer la Paix que la Princesse avoit donnée
à leur Pays : outre qu'ils estoient moins innocens que les deux Comtes, tous deux bons Catholiques, qui n'avoient point d'interest particulier dans tout ce qui s'estoit passé, & qui ne s'estoient entremis
qu'avec intention de pacifier les differends & de conserver les Privileges de la Patrie.

C'estoit pourtant assez qu'ils eussent fait voir leur credit & leur autorité, pour les rendre suspects à un homme, qui ne vouloit pas souffrir qu'aucun Seigneur du Pays demeurast en pouvoir de prendre le
party d'un Peuple qu'il vouloit mettre à sa discretion. Le Comte de
Hornes neantmoins s'en défia d'abord, & il joignit aux avis qu'il
avoit des desseins du Duc d'Albe, son aversion naturelle contre la
Nation, son humeur farouche & superbe, & sa sinistre & terrible
Physionomie : mais le Comte d'Egmond, qui se fioit à la seureté des
Traitez faits avec la Gouvernante, & à la memoire de ses grands
services, l'emporta sur tous ses soupçons, & il l'obligea de venir avec
luy au Conseil intimé à Bruxelles le 6. de Septembre 1567. en l'Hostel
de Culembourg ; où ils furent arrestez, luy par le Duc d'Albe, &
le Comté de Hornes par Ferdinand de Tolede fils du Duc : lequel
feignant de le réconduire, le fit passer dans une Salle pleine d'Officiers Espagnols ; où il luy demanda son espée & le fit prisonnier de la
part du Roy. L'affliction que le Peuple en témoigna, tant pour la
consideration de leurs personnes, que pour les malheurs qu'il augura
d'une violence si publique ; ne servit qu'à leur perte : le Duc demeura persuadé qu'il s'estoit saisi des principaux Chefs du party qui
se pouvoit former contre luy ; il fit éclater ce coup de sa prudence &
de sa hardiesse auprés du Roy d'Espagne, & il en exagéra l'importan-

ce de tant de reflexions à son avantage , sur l'affection que les Peuples leur portoient, sur leur puissance, leurs dignités & la grandeur
de leurs alliances & de leurs maisons, qu'il pouvoit bien encore feindre de la clemence impunément pour des personnes qu'il rendoit si
rédoutables, sans craindre de donner atteinte à un Arrest du Conseil
d'Espagne , qui ne rélasche rien de ses résolutions. C'est pourquoy il
laissa passer neuf mois de temps , pendant lesquels le Prince d'Orange ayant formé son party , qu'il rendit juste par la necessité de défendre sa vie , les deux Comtes en parurent encore plus criminels ,
sur la preuve de l'intelligence qu'ils avoient avec luy : & on leur fit
leur Procés comme tels , sur des consequences tirées de leur conduite du passé ; quoy qu'ils la justifiassent assez par les raisons qu'ils
avoient eûés, d'accorder aux Religionnaires pour le bien de la Paix,
des graces qu'ils estoient en pouvoir d'obtenir de force , & qui auroient esté mises en consideration par leurs Juges naturels.

Leur qualité de Chevaliers de la Toison d'or ne les rendoit justiciables que du Roy d'Espagne & de leurs Pairs , c'est-à-dire des autres Chevaliers , qui devoient estre leurs Juges avec le Roy ; mais
comme leur salut dépendoit de leur Privilege, ils en furent privez par
une Declaration, qui renvoya la cause par-devant le Duc d'Albe, avec
pouvoir de prendre pour Adjoints tels Commissaires qu'il luy plairoit,
& qu'il n'avoit garde qu'il ne choisit capables de déferer à la volonté du Prince , de s'éblouïr des prétextes de la Religion & des couleurs imaginaires du crime d'Estat , & de satisfaire à la haine mortelle qu'il portoit à ces deux Seigneurs. Sans cette passion il auroit
pû déferer au conseil des Sages , qui luy rémontroient qu'il auroit
plus d'avantage de les garder prisonniers pour servir d'Ostages & pour
rétenir les Peuples & les Grands de leur alliance dans le devoir ;
mais il craignoit que quelque accident de Guerre ne luy ravit l'occasion de faire perir en la personne du Comte d'Egmond un ennemy
particulier , qui portoit sa condition & ses services au-dessus des siens,
& en celle du Comte de Hornes , celle d'un ennemy du Cardinal de
Granvelle, qu'il avoit fait rappeller des Pays-Bas , qui se glorifioit
aussi d'une naissance plus illustre que celle du Duc , & de la qualité
de Souverain & de Prince de l'Empire : & enfin qui réprochoit à l'Espagne plus de services qu'il n'en avoit reçû de récompenses , & qui
avoit esté tout prest de rénoncer à tous les honneurs de Chef des Finances & du Conseil des Pays-Bas, d'Admiral de Flandre & de Gouverneur du Duché de Gueldres & de la Comté de Zutphen. Il vouloit encore avoir la gloire d'avoir immolé ces deux victimes à son
ambition, & d'avoir signalé la puissance de sa charge par ce terrible
exemple de sa severité. Il les condamna à mort , & les fit executer
en pleine place de Bruxelles le 5. jour de Juin 1568. au milieu d'u-
ne armée entiere , qui ne put empescher les cris des Habitans contre sa cruauté , & qu'ils n'accourussent en foule tremper leurs mou-
choirs dans un sang ; dont ils protesterent la vengeance avec des res-

sentimens si publics, que le Duc fut obligé d'employer toutes les troupes Espagnoles à la garde de sa personne. Martin Rithovius Evesque d'Ipres, qui les assista à la mort, leur rendit ce funeste devoir avec une très-sensible affliction, & eux de leur part témoignerent une generosité si heroïque, qu'on eut dit à les voir conduire au supplice, qu'il estoit plûtost le Martyr que le Confesseur, tant il avoit de regret d'assister à un sacrifice si sanglant & qu'il prévoyoit devoir estre expié d'une longue Iliade de malheurs ; tant ils avoient de consolation, de mourir avec un témoignage si public de l'affection des Peuples, de leur innocence, & de la violence de leur ennemy. Leurs corps furent portez comme en depost en l'Eglise de sainte Gudule de Bruxelles, où il y avoit toûjours grande affluence de Peuple priant & pleurant, & enfin transferez, celuy du Comte d'Egmond à Sottenghien & celuy du Comte de Hornes à Kempen.

C'est assez pour l'éloge du Comte d'Egmond, de dire qu'après avoir eu part à tous les exploits de Charles V. en qualité de l'un de ses Lieutenans Generaux, il merita l'honneur des deux plus grandes victoires du Roy Philippe II. celle de saint Quentin, & celle de Gravelines, qui nous obligerent à rendre toutes nos Conquestes & à compter pour rien tout le sang répandu depuis le Regne de François premier. C'est ce qui fit dire à nostre Ambassadeur, qui s'estoit coulé inconnu parmy la presse lors de son supplice, qu'il avoit vû couper à l'Espagne une teste qui avoit par deux fois fait trembler la France. Il estoit Chevalier de la Toison d'or, Gouverneur de Flandre & d'Artois, il y estoit consideré comme le Liberateur de la Patrie pour ses actions guerrieres, il en estoit les delices pour sa generosité, il en estoit encore l'honneur par sa Noblesse & par les grands biens qu'il y possedoit, & enfin par toutes les marques de grandeur, qui se peuvent rencontrer en une personne de son rang. Il s'appelloit Lamoral d'Egmond, & sortoit des anciens Seigneurs d'Egmond en Hollande, érigé en Comté l'an 1492. en faveur de Jean S. d'Egmond son ayeul, Chevalier de la Toison d'or & Gouverneur de Hollande ; qui de Madeleine fille de George Comte de Werdenberg, laissa le Comte Jean II. aussi Chevalier de la Toison d'or, mort à Milan l'an 1528. duquel & de Françoise de Luxembourg Comtesse de Fiennes, Princesse de Gavre, fille de Jacques aussi Chevalier de la Toison d'or, &c. sortirent Charles Comte d'Egmond, Chambellan de l'Empereur Charles V. mort en Italie sans alliance, ledit Lamoral Comte d'Egmond, & Marguerite d'Egmond premiere femme de Nicolas de Lorraine Comte de Vaudemont, & mere de Loüise de Lorraine Reine de France, femme du Roy Henry III. Avec l'honneur de tant d'illustres alliances, le Comte Lamoral avoit un droit avantageux en apparence, mais funeste & fatal en effet à la maison d'Egmond, où les Duchez de Gueldres & de Juilliers & le Comté de Zutphen apporterent plus de disgraces que de grandeur. Il prétendoit en devoir estre heritier, & il en écartella ses armes ; ce qui fut assez suspect dans un temps de trouble , auquel il sembloit que chacun se voulant cantonner , il porteroit ses desseins sur Gueldres & Zutphen , dont le Comte de Hornes son parent estoit Gouverneur. Tout le monde estoit assez favorable à cette prétension à cause du nom d'Egmond, porté par les deux derniers Ducs de Gueldres , mais il y avoit de plus proches heritiers , au cas que l'aliénation faite par le Duc Arnoul en faveur du Duc de Bourgogne prédecesseur des Rois d'Espagne put estre contestée. Car Adolphe son fils qu'il dés-herita, n'ayant eu qu'un fils Charles Duc de Gueldres mort sans enfans, & Philippe de Gueldres femme de René Duc de Lorraine ; cet Estat estant successible aux femelles comme aux masles, par l'exemple mesme de la maison d'Egmond, en laquelle il estoit tombé en vertu du mariage d'entre Jean S. d'Egmond & Marie d'Arkel , fille de Jean S. d'Arkel , & de Jeanne sœur de Renaud Duc de Juilliers & de Gueldres, qui se voyant sans enfans, disposa de sa succession en faveur de cette Jeanne sa sœur & de ses enfans : le Ducs de Lorraine le devoient exclure comme issus de cette Philippe. Aprés les Ducs de Lorraine, les plus proches heritiers estoient les Rois d'Escosse & les Comtes Palatins , sortis de Marie d'Egmond femme de Jacques II. Roy d'Escosse , & de Marie d'Egmond dite de Gueldres sœur d'Adolphe, qui avoit pour sœur puisnée Marguerite de Gueldres , femme de Henry de Baviere Comte de Spanheim ancestre des Palatins, tous issus d'Arnold S. d'Egmond I. Duc de Gueldres à cause de sa mere. Cet Arnold eut pour frere puisné Guillaume S. d'Egmond qu'il luy laissa pour partage, qui de Walpurge de Meurs laissa deux enfans , Jean I. Comte d'Egmond mentionné cy-devant, & Frederic d'Egmond S. d'Yselstein, qui fit la branche des Comtes de Buren. Le Comte d'Egmond soûtenoit que les masles estoient préferables , & il luy échappa sur ce sujet de parler avec trop de liberté du tort que le dernier Duc de Bourgogne & la Maison d'Austriche avoient fait à ceux d'Egmond, de les priver d'un Estat si considerable & de les faire décheoir de la dignité de Princes & de Souverains. Ce ne fut pas un des chefs de son procés qu'on exposa à la vûë des Nations, car on ne vouloit pas réveiller un droit tantost prescrit , mais ce fut le puissant motif de sa perte dans l'esprit du Roy d'Espagne : qui croit qu'il n'appartient qu'à luy d'escarteller de tous les Empires & de toutes les Couronnes, pour faire de l'Escu de ses Armes le miroir perpetuel de son ambition & le plan de ses desseins ; qui ne perd pas un seul de ses titres , qui les employe en toutes sortes d'actes , & qui en a fait une Litanie portant Indulgence à tous les Catholiques qui l'apprendront par cœur & qui la croiront. Avec tant d'avantages de grandeur du costé du sang des dignitez, & des grands exploits de Guerre, le Comte Lamoral joignit encore une alliance de la premiere marque, par le mariage qu'il contracta avec Sabine de Baviere sœur de Frideric III. Comte Palatin du Rhin, Electeur de l'Empire, fille de Jean Prince de Simmeren , & de Beatrix de Baden. Elle fit tous les devoirs d'une femme genereuse pour fléchir le Roy d'Espagne en faveur de son mary, & si elle ne luy put sauver la vie avec l'intercession de tous les Princes qu'elle employa, elle luy conserva l'honneur, & laissa une tache de la dernière ingratitude sur la memoire du Roy Catholique, par le Factum qu'elle fit imprimer pour la justification du Comte. Elle y représente tous ses services avec des sentimens si tendres & si pressans, que la posterité compatira éternellement à son affliction, aussi-bien qu'à celle de Marie de Montmorency femme de Pierre-Ernest Comte de Mansfeld, Chevalier de la Toison d'or & Gouverneur du Luxembourg, qui pour rendre le mesme office au Comte de Hornes son frere, fit mettre au jour un Livre sous le titre de Deduction de l'Innocence de Messire Philippe de Montmorency Comte de Hornes.

Du mariage du Comte d'Egmond avec Sabine de Baviere, sortirent douze enfans, dont il y en avoit onze vivans, qui implorerent en vain la misericorde du Roy d'Espagne pour leur pere. Ceux qui furent mariez, sont Philippe Comte d'Egmond Prince de Gavre & de Steenhuyse, Chevalier de la Toison d'or, tué à la bataille d'Yvry sans enfans de Marie de Hornes : Lamoral Comte d'Egmond Baron de Fiennes, qui en haine de la mort de son pere quitta le party d'Espagne, s'attacha au Duc d'Anjou, & fut assassiné en France, où il avoit épousé Marie de Pierrevive : le troisiéme fut Charles Comte d'Egmond Prince de Gavre, duquel & de Marie de Lens est issu le Comte d'Egmond d'à present. Les filles furent Leonore femme de George de Hornes Comte de Houtkerke, Baron de Gaesbeke Vicomte de Furnes, fils de Martin S. de Gaesbeke, & d'Anne de Croy, qui a laissé posterité : Sabinne d'Egmond alliée à George-Eberard Comte de Solme : Madeleine mariée à Floris de Stavele Comte de Herlies : & Marie Chrestienne d'Egmond alliée 1. à Oudart de Bournonville S. de Capres, Vicomte de Barlin, Baron de Houllefort, &c. depuis créé Comte de Hennin, Chevalier de la Toison d'or, Chef des Finances des Pays-Bas, & Gouverneur d'Artois ; lequel estant mort l'an 1585. elle se rémaria deux ans aprés à Guillaume de Lalain Comte de Hooghstrate & de Renembourg & en eut Antoine de Lalain Comte de Hooghstrate & de Renembourg, mort sans enfans de Marie Marguerite de Barlaimont. Son troisiéme mary fut le fameux Charles Comte de Mansfeld, Admiral des Mers des Pays-Bas, General de l'armée Chrestienne & Imperiale de Hongrie contre les Turcs. Oudart de Bournonville, duquel il luy resta des enfans, estoit François de naissance & d'extraction, comme a fait voir le S. d'Hozier, dans la Table Genealogique qu'il a fait imprimer l'an 1657. de cette illustre maison de Bournonville, dont il donne dix-neuf degrez depuis l'an 1035. jusques à present. Pierre S. de Ranchicourt ayeul maternel d'Oudart, & Conseiller & Chambellan de Philippe I. Archiduc d'Austriche, Roy d'Espagne, & de l'Empereur Charles V. son fils, n'ayant que luy d'heritier des grands biens qu'il possedoit aux Pays-Bas, il le déroba dans sa plus tendre

jeuneffe à la France, que tous fes anceftres avoient toûjours fervié
avec tant de réputation, de valeur & de fidélité, dans les premieres
charges des armées & dans les Gouvernemens les plus importans. Il
l'éleva dans la réconnoiffance qu'il devoit à la Maifon d'Auftriché,
& y ayant encore efté obligé par la récompenfe des grands fervices
qu'il luy continua comme fon heritier, il adopta pour fa Patrie celle
où il avoit efté nourry dés fon enfance. Alexandre fon fils unique,
fut comme luy Comte de Hennin, Vicomte de Barlin, Baron de
Houllefort, S. de Capres, Hourec, Divion, Ranchicourt, &c.
& Chevalier de la Toifon d'or. Il merita encore la charge de Gouverneur & Capitaine General de la Walonne, & obtint favorablement du Roy Henry IV. l'érection en Duché de la Terre de Bournonville, l'une des plus anciennes Baronies du Boulenois, aprés
qu'il l'eut rachetée des Sieurs de Lamet-Bournonville, aufquels elle
eftoit échûe par fucceffion de la branche aifnée fonduë en leur famille. Cette faveur de la Cour de France accrût contre luy la jaloufie naturelle, que les Efpagnols portent aux Grands Seigneurs de Flandre qui font d'extraction Françoife, & qui cherchent des dignitez
hors de leur Cour, pour contefter celle des Grands d'Efpagne, &
avoir dequoy répondre à leur orgueil : & comme les défiances qu'on
avoit de luy l'obligerent de fa part à tenir des voyes pour fe garantir
de furprife, il ne put éviter de quitter la Flandre, où c'eftoit eftre
affez criminel que d'eftre fufpect. Il fe retira en France fous la Protection de noftre Roy, & mourut à Lyon l'an 1656. Il avoit époufé
Anne de Melun, fille de Pierre Prince d'Efpinoy, Marquis de Richebourg, Baron d'Antoing, Senefchal de Hainaut, &c. & d'Hippolyte
de Montmorency, petite-fille de Hugues de Melun Prince d'Efpinoy,
qui avoit époufé Yolande de Werchin Senefchale de Hainaut, & qui
eftoit fils de François de Melun Prince d'Efpinoy, &c. Chevalier de
la Toifon d'or & Conneftable de Flandre, & de Loüife de Foix fille de Jean Comte de Candale, & d'Ifabelle d'Albret, & fœur d'Anne
de Foix Reine de Hongrie. Ainfi cette Dame, auffi bien que Marie
Chreftienne d'Egmond, apporta au Duc de Bournonville fon mary,
par les Maifons de Melun & de Montmorency, toutes deux des plus
illuftres de France & les plus fertiles en Dignitez, des Alliances
avec nos Rois, tous les Princes, & tous les Grands de ce Royaume. Il en eut deux fils, l'aifné eft Alexandre Prince de Bournonville
Comte de Hennin, & le fecond Ambroife Duc de Bournonville ; que
leur Vertu a fait triompher de la difgrace de leur Maifon, & tous
deux heureux dans les diverfes inclinations qu'ils ont eu : le premier
de conferver les biens qui luy devoient appartenir aux Pays-bas,
qu'on peut dire qu'il a réconquis par fa Valeur ; qui luy a fait obtenir
depuis l'érection en Principauté de fes Terres de Brabant : & le fecond
de maintenir & de relever en France l'ancienne réputation & la gloire
du nom de Bournonville, fi celebre dans nos Hiftoires. Il l'a encore
illuftrée par fes grands & fidéles fervices, qui luy ont fait meriter
avec

l'estime & les bonnes graces du Roy, la Charge de Chevalier d'honneur de la Reine future, & celle de Gouverneur de Paris en survivance du Marschal de l'Hospital. Ce n'est pas le moindre Eloge qu'on puisse donner à ce Duc, de le loüer de n'avoir emprunté de la grandeur de sa naissance, que cette genereuse émulation, qui luy a fait surmonter tant de travaux pour la rétablir : & s'en étant acquité, comme il a fait avec l'applaudissement de toute la Cour dans la fleur de son âge ; on doit croire que sa Valeur n'a rien fait pour sa Fortune particuliere, que le Public ne doive esperer de ses autres Vertus dans les Dignitez où il est appellé. Il épousa l'an 1655. Lucrece-Françoise de la Vieuville, fille de Charles Duc de la Vieuville, Chevalier des Ordres du Roy, Surintendant des Finances, & de Marie Bouhier de Beaumarchais.

PHILIPPE DE MONTMORENCY Comte de Hornes, compagnon de la déplorable destinée du Comte d'Egmond son Cousin, le fut aussi des mesmes honneurs & de la mesme estime. Il partagea particulierement avec luy la gloire de la Bataille de saint Quentin, perduë par le Connestable de Montmorency son Parent ; & entr'autres Prisonniers qu'il y fit, se rencontra Gabriel de Montmorency Baron de Montberon quatriéme fils du Connestable : qui à l'âge de quinze ans fut pris à la teste d'une Compagnie de Gendarmes qu'il avoit déja l'honneur de commander, & luy paya depuis sa rançon par les mains de Galeotto Magalotti Marchand Florentin. Ses autres Services luy avoient déja acquis les premieres Dignitez de la Cour de l'Empereur Charles V. & de Philippe II. son fils, auquel il le donna après l'avoir nourry auprès de luy, & après avoir goûté son esprit & son courage dans plusieurs Voyages, qu'il fit à sa suite en qualité de Gentil-homme de sa Bouche. Il le fit Capitaine des Gardes du Prince son fils, lors Roy d'Angleterre, & successivement le créa Gouverneur de la Duché de Gueldres & de la Comté de Zutphen, & Chevalier de son Ordre de la Toison. Philippe II. son successeur voulant aussi luy donner des marques de sa réconnoissance, & qu'il ne dût qu'à luy, adjousta à ses dignitez celles de son Chambellan, d'Admiral & de Chef des Finances des Pays-Bas, & de Gouverneur de Tournay. Voilà en apparence le plus grand & le plus ferme établissement du monde, avec l'avantage qu'il avoit d'estre Comte de Hornes, Souverain de Weert, à cause dequoy il battoit Monnoye d'or & d'argent, Baron d'Altena, Seigneur du Pays de Nivelle en Flandre, & de plusieurs autres grandes Terres ; ausquelles il joignit encore les Comtez de Nieunaert, de Meurs, & de Zaerwerden, par son mariage avec Walburge fille de Guillaume Comte de Nieunaert, & d'Anne de Weert Comtesse de Meurs & de Zaerwerden, & sœur d'Herman Comte de Nieunaert mort sans enfans. Il sembloit, dis-je, que la Fortune contribuoit de toutes ses faveurs avec la grandeur des biens & des alliances, pour faire d'un si digne Sujet non seulement un grand Seigneur, mais un grand Prince : mais c'estoit un précipice où elle l'élevoit, pour le faire périr avec plus d'éclat, parce qu'il avoit le cœur trop grand, pour l'assujettir à toutes les bassesses, que les Ministres d'Espagne demandoient aux Seigneurs Flamands de la premiere qualité. Il ne voulut point trahir la réputation de son nom, ny l'honneur de ses charges par les déferences qu'exigeoit l'ambition & l'humeur altiere du Cardinal de Granvelle, ny souffrir les nouveautés, qu'il vouloit introduire sous prétexte de Religion & de l'autorité du Prince, pour faire des Pays-Bas le Theatre de la plus miserable & de la plus cruelle servitude. Il refusa ses suffrages à une violence pernicieuse à l'Estat, il se commit pour la liberté publique contre les sentimens & contre les desseins du Cardinal, il en escrivit librement au Roy, & enfin on luy fut obligé de sa révocation. Comme il avoit fait paroistre dans ce grand demeslé autant de zele pour la Patrie que de credit & de fermete ; on eut moins d'égard à la justice de la cause qu'il avoit soustenuë, qu'à la façon dont il l'avoit poursuivie. Toutes ses belles qualitez devinrent suspectes, & ses exploits de Guerre, & la dépense de ses biens, dont il aliéna jusques à la valeur de plus de trois cens mille escus pour subvenir aux dépenses necessaires au service de son Roy, comme la Comtesse de Mansfeld sa sœur rémontra pour sa justification, ne servirent qu'à rendre plus rédoutable le ressentiment d'un Seigneur si genereux & plus facile à détruire qu'à entretenir en intelligence avec un Gouverneur, qui avoit tant à entreprendre que le Duc d'Albe. C'est pourquoy ce Duc faisant capital de sa ruïne & de celle du Comte d'Egmond son intime & son allié, ne fit point de difficulté de feindre qu'il avoit ordre du Roy d'Espagne d'étouffer la memoire des premiers troubles & de se conduire par leurs conseils pour rétablir la Paix ; & les ayant mandé sous ce prétexte, le Comte de Hornes, quoy que le plus prudent, se laissa persuader par le Comte d'Egmond, & vint donner avec luy dans le piege qui leur estoit préparé. Plus un homme de cette qualité a eu de titres & d'emplois dans un Estat, plus il est aisé de trouver des moyens de luy faire son procés, & ce malheur est encore plus inévitable dans un Pays si plein de désordres & de factions qu'estoit la Flandre, tant à cause de la nouvelle Religion, que du mauvais Gouvernement du Cardinal de Granvelle. Comme toute le monde s'estoit commis dans l'un ou dans l'autre interest, il n'y avoit personne qui ne fut dans le peril d'une malicieuse recherche ; car rien n'échappe à la subtilité d'un homme de l'inclination du Duc d'Albe, qui avoit pour maxime qu'il falloit à l'exemple de Tarquin couper les testes des Pavots les plus éminens, pour dormir de bon somme avec de si grandes pensées. Il imputoit à un-chacun des interests selon ses soupçons, si quelqu'un échappoit à la preuve du crime d'Heresie, il le faisoit tomber dans le crime d'Estat, qui n'est pas moins récommendé à des Commissaires qu'on choisit ordinairement capables de ne douter de rien qui soit à la charge des accusez & de croire à toute sorte d'interests, tels qu'on les veut imaginer. Sans considerer les temps qui doivent servir de regle, on leur fait juger les actions les plus droites sur des maximes generales, comme s'il n'y avoit pas des conjonctures qui forcent à des accommodemens necessaires, comme fut celuy que ce Comte fit avec les Protestans de Tournay, quand il leur accorda des Temples, pour empescher la Prophanation de toutes les Eglises à une populace mutinée, dont il appaisa la violence, qu'il ne pouvoit réprimer ny par l'autorité ny par les armes. Ce fut le principal chef de son accusation sous lequel on le fit mourir, quoy que ce fut celuy duquel il se purgea le mieux, mais le veritable motif de sa perte, fut sa puissance, & son humeur fiere & hautaine, qui luy avoit fait mépriser le Cardinal de Granvelle, & qu'il avoit fait paroistre inflexible, jusques à dédaigner l'Ordre d'Espagne & à mettre en déliberation de le renvoyer & de rénoncer à tout ce qu'il avoit de biens & de dignités aux Pays-Bas, pour se retirer dans les terres qu'il tenoit en Souveraineté de l'Empire. Parmy ces sentimens qu'il ne cacha pas assez, il luy arriva encore de lascher plusieurs paroles d'aigreur contre la Nation Espagnole & contre la dureté de sa domination : ce qui n'est pas un crime rémissible, ny moins grand que celuy de Leze-Majesté ; parce qu'il n'y a point d'Espagnol qui ne tranche du Citoyen de l'ancienne Rome dans toutes les Provinces, qui appartiennent à son Prince, & qui ne croye avoir un caractere pour y commander, sans aucun respect, ny à l'ordre de leur gouvernement, ny au merite & à la grandeur des Seigneurs naturels du Pays. Je joins à cette consideration, qu'il n'y a point de Gens qui vengent l'autorité prétenduë violée comme ceux ausquels elle n'appartient pas naturellement. C'est un Monstre des derniers temps, qui devore tous les Heros & toutes les Maisons illustres, c'est un Dragon flateur, qui trompe les Souverains par les faux miroirs d'une escaille variée de mille couleurs, qui sont tous d'intelligence pour representer en mille sortes, & pour donner mille réliefs à une seule impression de peu d'amour ou de fidelité de la part de leurs plus proches ou de leurs plus affectionnez Serviteurs. Ils fascinent leur yeux, ils les troublent de l'esprit de Saül ; & traversans ainsi le repos d'une Royauté legitime, ils en font changer les maximes & la douceur. Tous les Estats sont sujets à ce malheur ; mais il est perpetuel en ceux, qui sont toûjours privez de la presence de leur Prince comme sont les Pays-bas, & c'est aussi ce qui a causé la ruïne de tant de grandes Familles qui y estoient, & qui a reduit celles qui sont restées à n'y pouvoir subsister qu'avec le regret de n'oser aspirer aux Charges & aux Gouvernemens, & de cultiver sans honneur les restes de ces Noms, si fameux en nos Histoires durant les Guerres des Ducs de Bourgogne. Quand leur Fortune ne seroit pas suspecte & perilleuse, elle est à present si bornée dans la petite estenduë de ce qui reste de Provinces au Roy d'Espagne aux Pays-bas, d'où dépend leur unique établissement, & elle est d'autre-part si peu asseurée par le changement des Gouverneurs dont il faut dépendre, que le Comte de Hornes, qui prévoyoit ces disgraces d'un Gouvernement estranger, par l'experience qu'il en avoit fait sur la conduite du Cardinal de Granville, est plus à loüer qu'à blasmer de l'avis qu'il donna, de fermer les entrées de la Flandre aux Espagnols. Cela eut empesché que la Paix, que la Princesse de Parme avoit faite, n'eut esté violée par le Duc d'Albe, il n'auroit pas répandu tant de sang, il n'auroit pas esté vengé ny expié par une revolte necessaire, comme fut celle du Prince d'Orange & des Hollandois, & les Comtes de Hornes & d'Egmond auroient esté capables par leur credit & leur puissance, de conserver les Provinces en union sous l'obeïssance du Roy d'Espagne ; au lieu que leur mort les divisa, qu'elle servit de pretexte au Prince d'Orange, & qu'elle le rendit seul Chef d'un Party, qui auroit esté mois à craindre sous la conduite de plusieurs. C'est ce que les Politiques remontrerent à ce Duc, mais ce fut sans le pouvoir fléchir, tant il s'estimoit glorieux de signaler son autorité par un coup de foudre, qui épouvantast toute l'Europe, & dont il se venta au sieur de Castelnau, qui le témoigne en ce Chapitre, comme du plus grand exploit de son Siecle ; ne feignant point de le proposer pour exemple, au Roy & aux Ministres de France.

Le Comte de Hornes mourut à l'âge de soixante ans, & n'ayant eu qu'un fils unique mort avant luy, Florent autrement appellé Floris de Montmorency Baron de Montigny son frere, Gouverneur & Bailly de Tournay, Chevalier de la Toison d'or, fut plûtost heritier de son malheur que de ses biens. Il n'y avoit point de Seigneur en Flandre qui fut en plus haute estime, pour la generosité, pour la candeur de l'ame, & pour la noblesse du cœur, & la magnificence, il avoit encore l'esprit fort beau, il entendoit parfaitement toutes sortes d'affaires, & les traitoit avec une suffisance, qui le rendit necessaire dans toutes les Negociations, qu'il fallut faire pour appaiser les troubles qui survinrent aux Pays-Bas. Il s'y concilia les cœurs de tout le monde, & l'estime qu'on eut de luy, le fit par deux fois députer en Espagne pour les interests de la Patrie & pour le service du Roy. Au premier voyage, qui fut l'an 1562. Philippe II. luy témoigna toute sorte de satisfaction de ses services, de sa prudence, & de ses conseils ; mais le second l'an 1567. ne luy réüssit pas de mesme, quoy que d'abord il eut esté bien reçû avec le Marquis de Berghes son Colege. Les choses estant en estat que ç'eût esté trahir la cause publique de cacher la verité & de déguiser ses sentimens, il parla franchement contre l'Inquisition qu'on vouloit establir aux Pays-Bas, & contre les Edits. Il insista avec la mesme force pour obtenir une Amnistie generale en faveur de ceux, que la passion avoit pû faire manquer à leur devoir : & parce qu'il luy arriva de dire que la défiance des Grands se pourroit tourner en un désespoir, qui aliéneroit leurs affections & qui priveroit le Roy de leurs services ; cela fut relevé comme une menace, & principalement par le Duc d'Albe, qui estoit dés-ja destiné pour aller venger l'autorité Royale aux Pays-Bas & pour la rétablir. Le Roy se ressouvenant à ce sujet que le S. de Montigny, lors de sa pré-

miere Députation, luy avoit blâmé avec la mesme liberté la conduite du Cardinal de Granvelle, il ne fut pas mal-aisé de le persuader
qu'il estoit d'intelligence avec les malcontens, & de luy rendre suf-
pecte une ingenuité qui meritoit d'estre récompensée. Sur ces entrefaites, il entra en jalousie du trop de part que Charles son fils prenoit aux affaires des Pays-Bas, & comme c'estoit le plus juste prétexte de la perte de ce Prince qu'il avoit resoluë, il y falloit vray-
semblablement envelopper le S. de Montigny & le Marquis de Berghes, qui de leur part pressoient leur congé, pour éviter le danger
dont ils se voyoient menacez, mais il les rémit au voyage qu'il estoit
prest de faire en leur Pays. Ils n'estoient pas si mal avertis de tout,
qu'ils ne sçûssent bien qu'il n'avoit autre envie que de préparer par ce
bruit le passage du Duc d'Albe, & parce qu'ils ne voyoient plus
rien à craindre pour son service & pour le salut des Peuples, ils ne
purent s'empescher d'en témoigner du déplaisir, & mesme d'en escrire en Flandre. Le Marquis cependant mourut d'affliction, d'autres
disent de poison, & le S. de Montigny demeuré seul, s'apperçût en
mesme temps qu'il estoit observé. Il apprit encore la prison du Comte de Hornes son frere, & incontinent après il se vit aussi arresté &
conduit à Segovie. Il y réclama en vain les Privileges de l'Ordre violez en la maniere de sa détention, & il n'en fut que plus indignement
traité pour toutes les requestes qu'il presenta, afin d'obtenir qu'on luy
fit son procés. Dans ce miserable estat il fut secrettement averty de
la mort de son frere, qu'on luy avoit voulu cacher, & ne doutant
plus qu'on n'eut envie de le faire perir, il tenta un moyen de se sauver, qui fut découvert sur le point de l'execution, & luy plus resser-
ré que devant, avec un corps de Garde toûjours veillant dans sa chambre, qui insultoit à son malheur, qui avoit la malice & la cruauté
des Soldats Romains de la garde de Persée Roy de Macedoine. Ils
joüoient perpetuellement toutes les nuits autour de son lit, ils le réveil-
loient par des disputes ou de blasphémes, & répondoient rudement à
toutes ses prieres de luy donner quelque repos, qu'ils n'estoient auprés de
luy que pour faire le contraire de ce qu'il souhaiteroit d'eux. Avec sa disgrace particuliere il ressentoit encore plus vivement comme un Maistre
genereux, celle de ses pauvres domestiques; que la complicité de son éva-
sion tenoit dans une prison encore plus cruelle que la mort, à laquelle
ils estoient condamnez, & qu'ils n'échapperent que par un miracle du ciel
en faveur de leur fidélité. Cela l'obligea de presser plus ardemment que
jamais qu'on luy accordast la grace de luy faire son procés; mais
parce qu'on ne sçavoit dequoy le convaincre, & qu'il ne put estre
jugé qu'en Espagne où estoit le Roy, qui y devoit estre present avec
ses Confreres les Chevaliers de l'Ordre, la Commission fut renvoyée
au Duc d'Albe son ennemy particulier, ennemy conjuré de toute sa
maison, & meurtrier de son frere. Encore ce Juge récusable par tant
de qualitez odieuses, ne put-il trouver de crimes pour le faire mourir;
hors de la raison d'Estat, c'est-à-dire de l'importance de faire perir

un homme capable d'un ressentiment préjudiciable au service du Roy & à sa seureté particuliere : & comme il ne vouloit rien negliger qui put haster la perte de cet infortuné Seigneur, il n'eut pas si-tost appris qu'Anne d'Austriche passant d'Allemagne en Flandre pour aller épouser le Roy d'Espagne, avoit promis à la Comtesse de Hornes sa mere & à Helene de Melun sa femme, que sa délivrance seroit la premiere priere qu'elle feroit à son mary, qu'il manda en toute diligence qu'il la falloit prévenir par sa mort : & il la rendit si necessaire au salut des Pays-Bas, qu'on le fit exprés transferer de Segovie au Chasteau de Simancas, pour ne pas rendre une grande ville, dés-ja estonnée de la violence qu'il souffroit, témoin d'un massacre si barbare. La résolution fut prise de l'empoisonner, & parce qu'on le traitoit à ses dépens dans sa prison, un de ses Pages fut pratiqué pour jetter du poison dans son bouillon. Il en mourut trois ans aprés sa détention, au commencement du mois d'Octobre l'an 1570. quoy que quelques-uns ayent escrit qu'il eût la teste tranchée ; fondez peut-estre sur ce que le Duc d'Albe, feignant d'ignorer cette execution, & asseuré par là de sa procedure dont il rendit le Roy garand, donna Arrest de mort contre luy comme vivant, & contre la memoire du Marquis de Berghes, pour avoir sujet de confisquer tous leurs biens.

En la personne de ce Seigneur de Montigny, heritier de son frere en la Comté de Hornes, &c. & qui n'eut que deux enfans morts jeunes d'Helene de Melun sa femme, fille de Hugues Prince d'Espinoy, & d'Yolande de Werchin, laquelle il épousa l'an 1560. s'éteignit la posterité masculine & legitime de Jean de Montmorency, fils aisné de Jean II. Baron de Montmorency, & de Jeanne Dame de Fosseux & de Nivelle, & frere de Guillaume Baron de Montmorency né du second mariage de Jean avec Marguerite d'Orgemont. Ce Jean II. estant gouverné par sa derniere femme, qui le rendit peut-estre trop sensible aux fautes de jeunesse de ses deux fils du premier lit, ledit Jean S. de Nivelle & Loüis de Montmorency S. de Fosseux, il les desherita tous deux ; l'un sous le seul prétexte d'avoir manqué de fidélité au Roy Loüis XI. en suivant le Duc de Bourgogne dans le party du Bien Public, & l'autre pour avoir avec la mesme faute fait quelques violences en sa maison, & pour s'estre marié contre son consentement, & moins noblement qu'il ne devoit pour la grandeur de sa famille. Cette exhérédation, quoy qu'appuyée de l'autorité du Roy, fut neantmoins long-temps contestée, tant par eux, que par leurs enfans, & il s'en voit un plaidoyé fait au Parlement, où la cause fut appointée le 20. de Novembre 1477. par les plus celebres Advocats du temps, Michon pour Guillaume de Montmorency heritier & donataire de son pere, le Coq pour Loüis de Montmorency, qui soustint en termes exprés que Marguerite des Wastines sa femme *estoit de grande & de bonne maison & de Banniere, & meilleure que celle d'Orgemont, & n'y avoit aucun reproche, & estoit sadite femme fort en la grace dudit S. de Montmorency*, Sabrevois pour Marguerite. de

Montmorency auffi fille du premier lit ; Vaudetar pour Marguerite
d'Orgemont doüairiere de Montmorency, & Pierre Chacerat Procureur de Jean de Montmorency S. de Nivelle, fils aifné de Jean, qui
obtint enfin par Arreft du premier Février 1492. pour fa moitié du
doüaire de Jeanne de Foffeux fon ayeule, la quatriéme partie de la
Baronie de Montmorency & des autres Terres de fon pere.

JEAN DE MONTMORENCY eftant ainfi privé de fon droit d'aifneffe,
il s'habitua en Flandre auprés du Duc de Bourgogne, qui l'avoit fait
fon Chambellan, & où il poffedoit la Seigneurie de Nivelle & autres grands biens ; tant à caufe de Jeanne de Foffeux fa mere, que
du mariage qu'il y contracta avec Goudele de Gand dite Vilain Dame de Liedekercke, &c. d'une ancienne & illuftre maifon, dont font
encore les Comtes d'Ifenghien ; & de laquelle eftoient iffus les Comtes de Guines & les Seigneurs de Coucy. Il en eut plufieurs enfans,
dont l'aifné Jean, S. de Nivelle, eftant mort fans pofterité de Marguerite fille de Jacques premier Comte de Hornes, & de Marguerite
de Meurs, l'an 1510. Philippe de Montmorency fon frere luy fucceda : lequel il avoit marié dés l'an 1496. à Marie de Hornes fille de
Frederic S. de Montigny-en-Oftrevant, Wimy, Farbus, &c. & de
Philippe de Melun. Il eut d'elle entr'autres Jofeph de Montmorency,
& Philippe S. de Hachicourt Chevalier de la Toifon d'or, Chef des
Finances, & du Confeil d'Eftat des Pays-Bas, mort fans alliance.
Jofeph de Montmorency S. du Pays de Nivelle, &c. époufa l'an 1523.
Anne d'Egmond fille de Floris Comte de Buren & de Leerdam Che-
valier de la Toifon d'or ; Capitaine General de l'Empereur Charles
V. aux Pays-Bas, & de Marguerite de Berghes ; laquelle il laiffa veu-
ve l'an 1530. & mere de quatre enfans, Philippe, Florent autrement appellé Floris, Marie alliée 1. à Charles Comte de Lalain,
Chevalier de la Toifon d'or, Gouverneur du Hainaut, 2. à Pierre-
Erneft Comte de Mansfeld, Chevalier de la Toifon d'or & Gouverneur de Luxembourg : & Eleonor de Montmorency pareillement mariée deux fois ; 1. à Pontus de Lalain S. de Bugnicourt, &c. Chevalier de la Toifon d'or & Gouverneur d'Artois, dont une fille morte jeune, 2. à Antoine de Lalain Comte de Hooghftraete, auffi Chevalier de la Toifon, qui n'échappa à la cruauté du Duc d'Albe, que
pour mourir des bleffures qu'il reçût en un combat contre luy l'an
1568. duquel elle a eu grande pofterité, qui a recueilly la fucceff-
fion de cette branche de la maifon de Montmorency, perie fur le
point d'un établiffement & d'une grandeur égale aux Races Souveraines, par la mort lamentable de deux Seigneurs fi confiderables par
les titres, les dignitez, les vertus & la réputation de ces deux freres
Philippe & Florent ; dont l'aifné eut le bonheur de profiter de la
Comté de Hornes, de la Souveraineté de Weert & de la Seigneurie d'Altena, par donation faite en fa faveur & de fes heritiers à
venir par Jean Comte de Hornes fecond mary d'Anne d'Egmond fa
mere, & d'époufer encore une riche & puiffante heritiere, Walburge

Comteſſe de Niennart, de Meurs, & de Zaerwerden, comme nous avons dés-ja rémarqué.

Les Princes de Robecq, Marquis de Morbecq, Comtes d'Eſtaire, Vicomtes d'Aire, Barons de Haveskercke, des Waſtines, &c. qui ſont encore en Flandre de la maiſon de Montmorency, ne ſont point iſſus de ce Jean S. de Nivelle anceſtre des Comtes de Hornes, qui s'y habitua. Ils ſont deſcendus de la branche de Loüis de Montmorency Seigneur de Foſſeux, ſon frere, & duquel nous avons parlé : duquel & de Marguerite Dame des Waſtines en Flandre ſortirent deux enfans entr'autres, Rolland de Montmorency Baron de Foſſeux, dont la poſterité qui s'eſt continuée juſques à preſent par les Marquis de Foſſeux & les Comtes de Bouteville, a herité des armes pleines & de l'aiſneſſe, par l'extinction des Comtes de Hornes : & Oger de Montmorency, qui fut partagé de la Baronie des Waſtines en Flandre, & qui unit celle de Vendegies par ſon alliance avec Anne de Vendegies. Il laiſſa d'elle à ſa mort l'an 1523. Jean de Montmorency Baron des Waſtines, S. de Vendegies, de Berſée, &c. premier Eſchanſon de Philippe II. Roy d'Eſpagne, mort l'an 1538. mary d'Anne de Blois, fille de Loüis S. de Trelon, & de Jeanne de Ligne, & pere de François Baron des Waſtines, S. de Vendegies, Berſée, Beuvry, &c. duquel & d'Helene Vilain Dame d'honneur de la Reine Marie de Hongrie, Gouvernante des Pays-Bas, ſœur de Maximilien Vilain Comte d'Iſenghien, ſortirent Loüis de Montmorency marié l'an 1577. avec Jeanne de ſaint Omer, fille de Jean S. de Morbecq, Vicomte, Bailly, & Gouverneur d'Aire, & de Jacqueline d'Yve Dame de Robecq, &c. & Nicolas de Montmorency S. de Vendegies, Baron de Haveskercke, premier créé Comte d'Eſtaire, mort ſans enfans d'Anne de Croy, fille de Jacques S. de Sempy, &c. Chevalier de la Toiſon, & d'Anne de Hornes, l'an 1617. lequel eut pour heritier Jean de Montmorency ſon neveu, fils de Loüis, aprés luy Comte d'Eſtaire, & à cauſe de ſa mere Marquis de Morbecq, Prince de Robecq, &c. Vicomte d'Aire, depuis Chevalier de la Toiſon d'or, mort l'an 1631. Lequel eut entr'autres enfans de Madeleine de Lens, fille de Gilles Baron des deux Aubignis, & de Joſſine de Noyelle, François-Philippe de Montmorency, Prince de Robecq, Marquis de Morbecq, Comte d'Eſtaire, Vicomte d'Aire, Baron des Waſtines, Haveskercke, &c. S. de Berſée, de Reneſeures, &c. J'ay crû devoir faire cette rémarque pour mettre difference entre les deux branches des Comtes de Hornes & d'Eſtaire, toutes deux habituées & établies en Flandre, & ſorties de deux fils aiſnez de Jean II. Baron de Montmorency, qui les déſherita, pour laiſſer la ſucceſſion à Guillaume aprés luy Baron de Montmorency ſon fils d'un 2. lit Chevalier de l'Ordre Roy, ſon Chambellan, & Chevalier d'honneur de Loüiſe de Savoye mere de François premier, Gouverneur & Bailly d'Orleans, pere d'Anne Duc de Montmorency Pair & Conneſtable, ayeul de Henry auſſi Duc, Pair & Conneſtable de France,

France, & bisayeul de Henry dernier Duc de Montmorency & de Damville, Pair, Mareschal & Admiral de France.

D'ORY DU CHASTELLET BARON DE DUEILLY.

CE Seigneur de Dueilly, Gentil-homme trés-riche en Lorraine, & d'une maison si illustre & si ancienne, qu'on ne la tient pas sans raison issuë de la Race des Ducs, se laissa emporter à la créance & au party des Huguenots; pour lequel il se fit tuër au siege de la Charité au mois de May 1569. & vingt-ans aprés Claude du Chastellet son fils unique, qui avoit changé de Religion, mourut de mesme au service de la Ligue au siege de Dieppe: laissant pour heritieres ses deux sœurs la Barone d'Haussonville morte sans enfans, & Anne du Chastellet femme de Charles Comte de Tournielle, mere du Comte de Brione, l'un des plus grands Seigneurs de Lorraine. Ory du Chastellet Baron de Dueilly leur pere, avoit épousé Jeanne de Scepeaux, fille du Mareschal de Vieilleville, depuis rémariée à Antoine d'Espinay S. de Broon, Baron du Mollay, &c. Chevalier de l'Ordre du Roy, qui n'en eut point d'enfans. La terre de Dueilly Baronie & Banniere de Lorraine, estoit tombée en la maison du Chastellet, par le mariage de Jeanne de Chaufour Dame de Dueilly, fille de Guillaume de Chaufour marié l'an 1393. avec Agnés fille de Pierre de Dueilly, descendu en ligne masculine & directe de Geofroy de Vaudemont S. de Dueilly, dont il prit le surnom, & de Gondrecourt, l'an 1213. fils puisné de Girard II. Comte de Vaudemont, & de Gertrude de Joinville, & sorty de masle en masle de Gerard d'Alsace Comte de Vaudemont, frere de Thierry d'Alsace Duc de Lorraine. Le Public doit la découverte de cette origine avec ses preuves, aux curieuses récherches du S. d'Herouval.

CHAPITRE SIXIÉME.

MORT DE WOLFANG GUILLAUME DE BAVIERE
Duc de Deux-Ponts.

CE Duc arriva fort à propos avec un grand secours de Reistres, pour arrester les progrés du Duc d'Anjou aprés la bataille de Baltac, & il y eut du merveilleux dans les moyens que la destinée prépara pour son passage, pour la rencontre des Sieurs de Moüy, de Morvilliers, de Genlis & d'Autricourt, du Marquis de Rethel, & autres chefs François, qu'on croyoit avoir mis hors de France sans apparence de rétour, & qui servirent à sa conduite, enfin par la més-intelligence des Ducs de Nemours & d'Aumale, qui luy pouvoient empescher l'entrée du Royaume, & par le bonheur qu'il eut de le traverser presque tout, & de venir prendre la ville de la Charité, qui luy donna un paſſage ſur la Loire, pour aller joindre l'armée des Huguenots par le Limouſin, où il ſe rendit encore maiſtre de la Vienne. L'Imprimeur a compris dans ſon texte des Memoires de Caſtelnau une annotation qui eſtoit en marge, qu'il a priſe pour une omiſſion à l'Edition ; qui m'oblige d'en avertir le Lecteur, & qui me fait croire que cela a eſté adjouſté pour rémarquer, que ce Duc paſſa la Vienne au Gué Vertamont. Quoy qu'il en ſoit, ce qui ſuit n'eſt point dans la premiere Edition des Memoires de Caſtelnau, *le Gué Vertamont proche le village de meſme nom, eſt ſur la Riviere de Vienne à cette diſtance de Limoges.* C'eſt de cette Seigneurie qu'a emprunté ſon nom la maiſon de Vertamont, auſſi illuſtre par ſa vertu que par ſa naiſſance.

La meſme armée du Duc de Deux-Ponts ſervit encore à recueillir les reſtes de celle du Prince d'Orange qui s'y joignit, & ainſi ſe forma ce tonnerre qui vint fondre ſur la France ; où ce Duc mourut le 11. de Juin 1569. au bout de ſa carriere & devant que de pouvoir recevoir des Princes & de l'Admiral les complimens, qu'ils devoient à une jonction ſi importante au ſalut de leur party. C'eſtoit un Prince de grande entrepriſe, comme il montra par celle-cy, & que les Huguenots regretterent beaucoup. Ils luy firent cette Epitaphe pour le payer de ſon voyage.

> DEssus *ce double Pont la Cavaliere gloire*
>   *Des Guerriers Allemands juſqu'en France paſſa,*
> *Du Baltiq Ocean au Gaſcon traverſa,*
> *Et maint Pontificat paſſa la rive noire.*
> *Malgré deux Camps nombreux paſſerent Saone & Loire,*
> *Puis, eſtrange malheur ! ce beau Pont ſe caſſa,*
> *Caſſa ? non, mais au Ciel dreſſé, nous délaiſſa*
> *En deux Fleuves épars ſon nom & ſa memoire.*
> *Loire au pere Ocean raconte ſon honneur,*
> *Saone au Roſne le dit, & puis ce grand Sonneur*
> *A deux cors, en remplit la Mediterranée.*
> *Ainſi n'eſt point rompu, mais creu bien amplement,*
> *Qui a de ces deux Mers ſa longueur terminée,*
> *Et trés-haut en hauteur atteint le Firmament.*

Il eſtoit, comme les Comtes Palatins Electeurs de l'Empire ſes aiſnez, deſquels nous avons parlé, iſſu de l'Empereur Robert Comte Palatin, par Eſtienne de Baviere ſon quatriéme fils, pere de Frideric Comte Palatin de Simmeren & de Spanheim, anceſtre des derniers Electeurs Palatins, & de Loüis auſſi quatriéme fils, Duc de Deux-Ponts, Comte de Weldentz, lequel épouſa Jeanne fille d'Antoine fire de Croy, & de Marguerite de Lorraine, & en eut Alexandre aprés luy Duc de Deux-Ponts, mary de Marguerite de Hohenloe, & pere de Loüis Duc de Deux-Ponts, qui d'Eliſabeth de Heſſe laiſſa ce Duc Wolfang Guillaume de Baviere Comte Palatin, Duc de Deux-Ponts, Comte de Weldentz & de Spanheim. Sa poſterité eſt à preſent des plus puiſſantes de l'Europe en la perſonne du Roy de

Suede, le dernier dans l'Ordre de la naiſſance, que ſa bonne fortune a rendu le premier en dignité ; car de ſon mariage avec Anne de Heſſe ſortirent entr'autres enfans Philippe-Loüis Duc de Baviere S. de Neubourg, Comte de Weldentz, &c. & Jean Duc de Deux-Ponts. Philippe-Loüis s'allia avec Anne de Cleves, fille de Claude Duc de Cleves & de Juilliers, & de Marie d'Auſtriche, & fut pere de Wolfang Guillaume, & d'Anne Marie de Baviere, femme de Friderie Guillaume de Saxe Duc de Weimar, & ayeule de Bernard de Saxe Duc de Weimar, ſi celebre par ſes conqueſtes. Wolfang Guillaume Duc de Neubourg a laiſſé pour heritier de ſes Eſtats, Philippe Guillaume de Baviere Duc de Neubourg, ſon fils & de Madeleine de Baviere, fille de Guillaume II. Duc de Baviere, & de Renée de Lorraine. Il s'eſt fait Catholique & a épouſé Anne-Catherine fille de Sigiſmond Roy de Pologne & de Suede. Jean de Baviere Duc de Deux-Ponts, ſecond fils du Duc Wolfang Guillaume & frere puiſné de Philippe-Loüis, laiſſa trois fils de ſon mariage avec Madeleine fille de Guillaume Duc de Cleves & de Marie d'Auſtriche, Jean Duc de Deux-Ponts qui a continué la branche aiſnée, Frideric Caſimir Duc de Landsberg, & Jean Caſimir qui a rendu ſa poſterité capable de ſucceder à la Couronne de Suede, par le mariage qu'il contracta avec Catherine de Waſa dite de Suede, fille de Charles Roy de Suede, & de Marie de Baviere ſa premiere femme, fille de Loüis VII. Comte Palatin, Electeur de l'Empire, & d'Eliſabeth de Heſſe, dont ſont iſſus Charles Guſtave Roy de Suede, Adolphe de Baviere ſon frere, & N.... de Baviere femme du Comte Magnus de la Gardie.

CHAPITRE SEPTIÉME.

D'ASCAGNE SFORCE COMTE DE SANTAFIORE
General du ſecours envoyé en France par le Pape contre les Huguenots.

CE Comte de Santafiore mary de Catherine Nobili niéce de Jules III. n'eſtoit pas de ces heureux parens des Papes, auſquels on donne les grandes charges des armées ſans autre merite, & ſans autre intention encore que de les rendre conſiderables & de les illuſtrer par des titres bien ſouvent auſſi nouveaux dans leurs Familles, que contraires à leur premiere éducation. Outre qu'il eſtoit d'une maiſon toute guerriere, & qui avoit remply toute l'Europe du bruit de ſes exploits, il avoit encore ce bonheur en ſa perſonne d'avoir eſté de toutes les occaſions les plus importantes d'Italie pour ſignaler ſa valeur, & meſme d'avoir fait la charge de General de l'Infanterie à la déroute de Pierre Strozzi, & d'avoir défendu Civitella contre le grand Duc de Guiſe au Royaume de Naples. Ce fut principalement pour cette Conféderation , & comme le plus excellent Capitaine d'Italie , qu'il fut choisi pour commander ce secours de l'Eglise , auquel le Duc de Florence joignit encore ses troupes pour demeurer sous sa charge. Il amena trois à quatre mille hommes de pied & douze cens chevaux , tous d'élite , qui joignirent le Duc d'Anjou aprés la bataille de Baffac , qui s'acquitterent parfaitement de leur devoir dans tout le reste de cette Guerre , & qui eurent bonne part à la victoire de Montcontour. Il continua sa réputation en qualité de General de l'Infanterie à la fameuse bataille de Lepante , & mourut l'an 1575. dans la premiere estime pour la conduite & pour la valeur auprés du Pape, du Roy d'Espagne, qui le fit Chevalier de la Toison d'or , & du Duc de Florence. Il quitta le nom d'Ascagne pour s'appeller Sforce , à la mode de la plûpart des Seigneurs d'Italie, qui font leur nom propre de leur surnom. Il avoit épousé en premieres nôces Loüise Pallavicin d'une maison illustre de Lombardie morte sans enfans, & de la seconde, qui fut Catherine Nobili, il eut trois enfans, François Sforce Marquis de Varci, &c. depuis Cardinal Legat de la Romagne, Bosio Sforce , & Constance femme de Jacques Buoncompagno Duc de Sora. Il estoit fils de Bosio Sforce Comte de Santafiore , d'Arquaro , &c. & de Constance Farnese , & eut pour freres & sœurs Guy Ascanio Cardinal & Carmerlingue de l'Eglise , dit le Cardinal de Santafiore , Mario Comte de Valmonton , Charles Prieur de Lombardie , Alexandre appellé le Cardinal Sforce , Evesque de Parme , Legat de Bologne , Paul Marquis de Proceno , Françoise Sforce femme de Jerôme Ursin Comte de Languillare & de Bracciano , & mere de Paul Ursin de Bracciano , mary d'Elisabeth de Medicis , fille de Cosme Grand Duc de Toscane, Julie Sforce femme de Sforce Pallavicin, Marquis de Cortemaggiore, General des Venitiens , Camille mariée au Marquis de Mazzarano , & Faustine Sforce femme de Mutio Sforce Marquis de Caravas. Mario Sforce General de l'Infanterie du Grand Duc de Toscane, Chevalier de l'Ordre de France & de S. Estienne de Florence , a laissé une grande posterité, car de son mariage avec Fulvia Comti Comtesse de Segni qu'il fit ériger en Duché , & de Valmonton, sortit Frederic Prince de Valmonton , Duc de Segni, mary de Beatrix Ursine, & pere entr'autres enfans, d'Alexandre, & d'Hersilie Sforce femme de François Colomne Prince de Palestrine, Chevalier de la Toison d'or. Alexandre Sforce Prince de Valmonton , Duc de Segni , Marquis de Proceno, Comte de Santafiore, Chevalier des Ordres du Roy & Pensionnaire de France , épousa Eleonore Ursine fille de Paul-Jourdain Duc de Bracciano , & d'Isabelle de Medicis fille de Cosme Duc de Florence. De Mario Sforce leur fils aisné Duc d'Ognagno , &c. frere du Cardinal Sforce, & qui épousa Renée de Lorraine , fille de Charles Duc de Mayenne, & d'Henriette de Savoye, est né le Duc d'Ognagno Comte de Santafiore , &c.

Il y a tant de merveilles dans les commencemens & dans le progrés de la fortune de cette maison des Sforces, & on en a parlé si diversement, que je croy que je ne dois pas laisser passer l'occasion d'en faire un crayon abregé, pour servir d'exemple des vicissitudes des choses du monde, & de donner la verité de son extraction & de sa grandeur. Je diray à son sujet que l'impunité des premiers crimes a fait la plûpart des grandes maisons d'Italie, & que l'oppression publique de tant de contrées, qui y a fait autant d'Estats & de Familles Souveraines qu'il y a presque de Villes, n'est dérivée que de ces haines irréconciliables entre des Citoyens, & de ces Factions ridicules dans leur premiere origine, mais devenuës fameuses par leurs sanglantes cruautez, & enfin par l'usurpation de l'autorité par le party victorieux. Il est necessaire à l'Histoire de sçavoir que Elia Petrasina femme de Jean Attendule Bourgeois d'une petite ville de la Romagne, qui s'appelle Cotignole, ayant enfanté de vingt enfans, tous d'autant plus capables de porter les armes, qu'elle ne les pouvoit nourrir qu'avec incommodité du peu de bien qu'elle avoit, & qu'il falloit qu'ils vécussent aux dépens du Public, cette Lionne se voyant chef d'une petite armée de Lions affamez, commença à les mettre en curée contre la Famille des Pazzolini sa Concitoyenne, par le ressentiment qu'elle eut & qu'elle cultiva dans leur cœur comme leur principal heritage, de ce que Martin Pazzolin avoit pris pour un de ses fils une fille dés-ja promise à Berthole Attendule le cinquiéme de ses enfans. Il en cousta la vie à toute la race Pazzoline, & les suplices décernez contre les Attendules, ne servirent qu'à les rendre d'illustres bandis qu'ils devinrent, des Soldats désesperez, & enfin des grands Capitaines & des grands Seigneurs. Les plus celebres furent Mutio Attendule autrement appellé Sforce, Michelet, qui chassé de son Pays, eut l'audace de courir le Parmesan avec quatre hommes d'armes seulement, & lequel ayant esté pris par Ottobon de Terzi Tyran de Parme, qui luy faisoit gouster tous les jours quelque portion de la mort avec ses compagnons, rompit ses chaisnes l'an 1409. défendit ensuite contre luy la ville de Luny, où il s'estoit retiré, & eut part à l'honneur de sa défaite & de sa mort avec le grand Sforce son frere. Perretto leur frere Capitaine de Gendarmes sous le grand Sforce & créé en sa faveur Comte de Troye par la Reine Jeanne, s'oublia tant de son sang qu'à porter envie & à conspirer sa mort, marque de la ferocité de cette race, qui passa mesme jusques au Sexe feminin ; Marguerite Attendule leur sœur ayant esté courageuse jusques au point de prendre un Espieu, de se coiffer d'un casque, de se rendre chef d'une troupe choisie pour passer dans une Isle, & de se presenter devant un Chasteau, menaçant de tuër tout ce qui estoit dedans, si on ne luy rendoit son pere & son frere, qui y estoient prisonniers, & qu'elle ramena.

Mutio Attendule, qui jetta par son exil les premiers fondemens de la grandeur & de la réputation de sa Famille, estoit assez simple & grossier, & emprunta son courage de la force de son corps, & sa conduite qu'il prit dans les armées ; où il fut fucceffivement Soldat pieton , puis Cavalier , Capitaine de quinze hommes d'armes fous Urbain VI. & enfin compagnon du celebre Jean Haconde Anglois, aux Guerres de Milan pour Barnabo Vifcomte. Il s'allia depuis avec Alberic de Balbiane , & ce fut pour luy avoir dit dans l'occafion d'un partage de butin qui les fépara , qu'il avoit tort *di voler feco ufar di Forza* , que le nom de Sforcé luy fut donné , & qu'il changea luy-mefme volontiers celuy de Mutio l'an 1396. Le Pape Jean XXIII. le créa Comte de Cotignolle , & enfin fa gloire s'accrût de forte, que les plus grands Capitaines d'Italie , & mefme le rénommé Braccio da Montone fon frere d'armes, depuis fon ennemy, en devinrent jaloux. Il paffa du party Angevin à celuy de Ladiflas & de la Reine Jeanne II. laquelle il quitta auffi , puis fe réconcilia, & enfin il fe noya dans le Fleuve d'Aterno à l'âge de 56. ans le 3. Janvier 1424. voulant fecourir un fien Page, comme il marchoit pour affieger Braccio, dans la ville d'Aquila. Sans ce malheur , fes titres n'auroient pas efté bornez à la dignité de Connettable du Royaume de Naples, où il avoit de grands deffeins. Il fut marié trois fois, 1. à Antonia Salimbeni Siennoife , veuve de François Cafale S. de Cortone , tué par fes Sujets le 8. Octobre 1407. de laquelle il eut un fils unique nommé Bofio: 2. à Catella fœur du bel Aloppo , mignon de la Reine Jeanne, dont trois fils morts fans pofterité. 3. à Marie Marzana fille du Comte de Seffa , & veuve du Comte de Celano. Il eut d'elle Charles Religieux de faint Auguftin , depuis Archevefque de Milan. Il entretint aupa-ravant que de fe marier une belle Dame de la Terre de Martyrano , nommée Lucia Terzana , & depuis encore il s'amouracha d'une au-tre appellée la belle Tamira, qui en eut une fille. De Lucia luy naf-quirent le grand François Sforce Duc de Milan , Leon Sforce, Ale-xandre Prince de Pezaro dont il fera parlé cy-aprés, Elize femme de Leonard de faint Severin Comte de Cajazze , & Antoinette femme d'Ardiccione Comte de Carrara. Bofio Sforce, quoy que fils legitime & principal heritier du grand Sforce , eut moins de part à fa Fortune, qu'il feconda de fa valeur. Il fut Comte de Santafiore par fon maria-ge avec Eleonore Aldobrandefque , fille du Comte Guy , & de Guy aprés luy Comte de Santafiore fon fils mary de Françoife Picolomi-ni , fortit Frederic allié à Barthelemie Urfine de Petillane , de la-quelle il eut Bofio Sforce Comte de Santafiore d'Arquaro , pere d'Af-cagne dit Sforce General en France de l'armée Ecclefiaftique, duquel & de fa pofterité il a efté amplement traité cy-devant.

François Sforce baftard ayant appris la Guerre fous fon pere, fe trouva capable de luy fucceder à 23. ans en toute fon eftime & en la fonction de fa charge de General des armées de la Reine Jeanne de Naples , & fut defiré dans le mefme employ par le Pape & par le Duc Philippe Marie Vifcomte de Milan , qui pour récompenfe de fes grands fervices l'adopta en la Famille des Vifcomtes , & n'ayant au-cuns enfans luy promit Blanche Marie fa fille naturelle pour fecon-

de femme : la premiere nommée Polixene Rouſſe eſtant morte , il
l'épouſa le 24. Octobre 1442. & cinq ans aprés ce Duc mourut, &
ceux de Milan ne croyans pas que Sforce oſaſt penſer à luy ſucceder, &
ſe croyans retournez en leur ancien droit de commun , pour ne pas
dire tout-à-fait de République , ne ſe défians que des Venitiens, ils
le firent leur General : ſi bien qu'à leurs dépens il chaſſa ſes com-
petiteurs , accrût ſa réputation par de nouvelles conqueſtes , & ſe
mit en eſtat que perſonne n'oſa s'oppoſer à ſes deſſeins pour le Duché de Milan qui ſe rendit à luy , & le reçût & proclama Duc le
25. de Mars 1450. il mourut à 65. ans le 8. Mars 1466. C'eſtoit
un Prince fort genereux, qui favoriſoit les lettres & qui n'avoit de défauts , que ceux que la Politique de ſon Pays rendoit permis pour
l'affermiſſement des nouvelles Principautez, par l'exemple de tous les
autres Tyrans d'Italie ; car comme on ne ſçauroit regner ſans ſoupçon , quand la domination n'eſt pas legitime , on ne ſçauroit par
conſequent regner auſſi ſans cruauté. C'eſt à dire, ſans perdre ſes ennemis , principalement chez les Nations, où l'on ne pardonne point
aiſément , & où l'on n'a pas tant d'ambition de dominer pour la
douceur de l'autorité & de la grandeur , que pour celle de la vengeance. Auſſi fut-ce cette paſſion qui tira d'un ſi petit lieu que Cotignolle cette fameuſe maiſon des Sforces ; dont ayant donné l'établiſ-
ſement dans la Souveraineté , je donneray ſuccintement la ſuite de
la poſterité de ce premier Duc : qui de Blanche Marie Viſcomte
laiſſa Sforce mort fiancé à Leonore d'Arragon fille de Ferdinand
Duc de Calabre : Galeas Marie Duc de Milan : Philippe Marie Duc
de Bari, allié à Marie de Savoye : Sforce qui a fait la branche des
Comtes de Burgonovo, qui dure encore en Italie : Aſcanio Cardinal,
qui trompa le Cardinal d'Amboiſe de l'eſperance de la Papauté : Loüis
Sforce uſurpateur de Milan : & autres fils morts jeunes. Les filles
furent Hippolyte Marie femme d'Alfonſe d'Arragon Duc de Calabre,
Anne femme d'Alphonſe Duc de Ferrare, Eliſabeth femme de Guillaume Paleologue Marquis de Montferrat, Druſiane mariée 1. à Jean
Fregoſe Duc de Gennes , & aprés ſa mort environ l'an 1448. ſon
pere voulant rapprivoiſer par une alliance les reſtes de la maiſon des
Piccinins qu'il avoit effarouchez, la donna à Jacques Piccinin : lequel ayant depuis envoyé ſous prétexte de quelques affaires à Ferdinand Roy de Naples , il le fit tuër pour l'en dépeſcher. Enninges
dit que Sigiſmond Malateſte S. de Rimini dernier mary de cette Druſiane l'étrangla de ſes propres mains. On adjouſte une derniere fille
femme de Joſias Aquaviva Duc d'Atry.

Galeas-Marie Duc de Milan aprés ſon pere , fut tué le 26. de Decembre 1476. âgé de 33. ans , dans l'Egliſe de Milan , par André
Lampognan , Carlo Viſcomte , & Jeroſme Olgiatri ſes Chambel-
lans, qui avoient conſpiré contre luy. Le premier, pour n'eſtre point
ſurpris de la puiſſance & de la preſence du caractere du Prince,
s'eſtoit accouſtumé à percer ſa figure à coups d'eſpée. Bonne de Savoye

fa femme, fille du Duc Loüis, & d'Anne de Chypre, & fœur de la
Reine femme de Loüis XI. Princeffe plus adonnée à fes plaifirs &
plus propre à la douceur & à la vanité du cercle, qu'aux genereufes
fatigues du Confeil & du Cabinet, qui eftoient fi neceffaires à l'adminiftration d'un Eftat fi recent dans la maifon des Sforces, le perdit
par fa mauvaife conduite, qui favorifa les deffeins de Ludovic Sforce dit le More fon beau-frere. Celuy-cy ayant réconnu fa foibleffe,
s'en fervit fi utilement qu'aprés l'avoir laiffée fe décrier par fa conduite, il la rendit encore odieufe par l'adreffe qu'il eut de luy faire par
elle-mefme exterminer par fuplices & par prifons le Confeil, qui la
défendoit contre fes entreprifes. En haine de cela on eut moins de
pitié d'elle, & Ludovic s'empara plus aifément de l'autorité, où il
fit d'abord toutes les mines d'un Tuteur fidéle & affectionné, & mefme maria le Duc Jean Galeas fon neveu avec la plus belle Princeffe
du Siécle, Ifabelle d'Arragon Infante de Naples. Mais quand il réconnut que le joug de fa domination luy devenoit infupportable, &
qu'il fe laffoit d'eftre fans credit en fon Duché, il le fit empoifonner
l'an 1494. & s'en empara au préjudice de fes deux enfans, qui furent François mort jeune, & Bonne depuis mariée à Sigifmond Roy
de Pologne. Le jeune Jean Galeas eut pour fœurs Blanche Marie femme de l'Empereur Maximilien I. auquel Ludovic fon oncle donna en
argent jufques à quatre cens mille Ducats pour en faire fon amy, &
Anne femme d'Alphonfe d'Eft Duc de Ferrare. Ludovic Sforce dit le
More fut un grand Politique, mais cruel, dénaturé, fans foy &
fans Religion, il fit mourir fon neveu, & acheta trois cens mille
ducats de l'Empereur Maximilien l'inveftiture du Duché de Milan,
dont il fut dépoüillé par le Roy de France Loüis XII. & amené prifonnier à Loches, où il mourut cinq ans aprés. Les enfans qu'il eut
de Beatrix d'Eft fille d'Hercule I. Duc de Ferrare, furent, Hercule
depuis nommé Maximilien Sforce, rétably par les Suiffes & par l'Empereur, & fubjugé par François I. & mort en France comme fon
pere: Francifque Sforce auffi remis en le Duché par Charles V.
moyennant neuf cens mille efcus, & qui ne laiffa point d'enfans de
Chreftienne de Danemarck, le mefme Empereur s'empara de fon
Eftat. De Jean Paul Sforce dit le baftard de Milan fon frere naturel,
Marquis de Caravagio, autrement dit en François Caravas, font iffus
les autres Marquis de Caravas jufques à prefent.

   Alexandre Attendule dit de Cotignolle frere de François Sforce
premier Duc de Milan, & comme luy fils naturel du Grand Sforce,
fut Prince de Pezaro, dont le Duc fon frere le gratifia pour récompenfe de fes grands fervices, aprés l'avoir acheté vingt-mille florins
de Galeas Malatefte; mais il fe révolta contre luy en faveur du Pape
Eugene IV. & ayant efté dépoüillé de cet Eftat, il poffeda par conquefte ce qu'il tenoit auparavant de fon bienfait. Ils fe réconcilierent
depuis, & il laiffa de Conftance Verane fille de Gentil S. de Camer-
rin, & d'Elifabeth de Milan, Galeas mort jeune, & Coftanfia Prin-

te de Pezaro, qui époufa Camille Marzane, fille de Marin Duc de
Seſſa & de Squillace, Prince de Roſſano, Admiral de Naples, &
d'Eleonor d'Arragon, & n'en ayant point d'enfans, fit heritier Jean
ſon fils naturel, après luy Prince de Pezaro, vicieux & cruel,
qui fit prendre l'Hiſtorien Pandolfe Collenuccio, & fut chaſſé par
Ceſar Borgia, pour avoir répudié Lucrece Lenzolo ſa ſœur, comme
il avoit fait une autre premiere femme, de laquelle il eut Conſtans
Sforce mort jeune, & par la mort duquel la principauté de Pezaro
eſtant vacante, fut unie au Duché d'Urbain par le Pape Jules II. en
faveur de François Marie de la Rovere. Voilà le plus ſuccintement
que j'ay pû donner, le progrés & la decadence de cette maiſon
des Sforces, dont les baſtards ont eſté plus grands en dignitez, mais
moins heureux que les Comtes de Saintefleur les ſeuls legitimes, qui
ſubſiſtent encore, & qui n'ont point eu de part à une Fortune ſi pro-
digieuſe.

DE L'ESCARMOUCHE DE LA ROCHE-LABELIE
& du Colonel Philippe Strozzi.

LEs Huguénots ne trouverent point d'occaſion depuis leur défaite à Baſſac, qui rétabliſt l'honneur de leurs armes & de leurs troupes, que celle-cy de la Roche-Labelie, moins conſiderable par la perte des hommes, que par la chaleur & la valeur avec laquelle ils y
combattirent, mais qui les rendit un peu trop cruels & dont les Catholiques prirent bien leur révenche à Montcontour. Le ſieur Strozze Colonel de l'Infanterie Françoiſe qui y fut pris priſonnier, y fit
tout le devoir d'un grand Capitaine, & comme le S. de Brantoſme
traite particulierement cette action dans ſon Eloge, je le rapporteray
icy tel qu'il l'a eſcrit.
» Or Monſieur d'Andelot eſtant mort à Xaintes, M. de Strozze
» fut fait & créé abſolu Colonel General des Bandes Françoiſes, ſans
» avoir compagnon ny corrival. C'eſt-à-dire que durant la Guerre il
» eſtoit bien abſolu, mais venant la Paix, M. d'Andelot, par les com-
» poſitions, qui permettoient à un-chacun de rentrer en leurs charges
» réprenoit toûjours la ſienne. Et un peu avant qu'il mourut, je croy
» qu'il ne s'en falloit pas un mois, eſtoit mort M. de Briſſac; du-
» quel toutes les Compagnies vinrent ſe joindre, & ſe mettre dans
» celles de M. de Strozze, fors celles des vieilles Bandes du Piémont,
» qui pouvoient monter à dix ou douze ſeulement, leſquelles furent
» reſervées & données au jeune Comte de Briſſac: lequel pour ſa jeuneſſe
» ne put avoir toute la dépoüille de ſon frere, ains fallut qu'il ſe con-
» tentaſt de celles du Piémont, pourtant le titre de Colonel General
» des vieilles bandes de Piémont, comme il le porte encore : & fut
» Meſtre de Camp la Riviere Puytaillé l'aiſné, & puis M. d'Aunoux
» qui mourut au ſiege de Poitiers, digne homme certes de ſa charge,
» & le montra bien, lors qu'il partit de ſaint Maixant & s'alla jetter

,,dans Poitiers avec ſon Regiment, & bien à propos. Il y entra en
,,dépit de l'ennemy, qui le tenoit tout circuité & environné, puiſ-
,,ſant effort certes. Il y en a aucuns ſi ignorans, & meſme je l'ay
,,vû eſcrit en une Hiſtoire de noſtre temps, qui diſent & affirment
,,que M. de Strozze eut l'eſtat de Colonel General aprés la mort du
,,Comte de Briſſac qui l'eſtoit lors. Voilà bien dit, quels abuſeurs
,,& menteurs eſcrivains! telles gens pour lors ne hantoient guere les
,,armées ny les compagnies, parmy leſquelles on eut bien oüi les
,,bandons faits, & ſe faire de par M. de Strozze Colonel General
,,de l'Infanterie de France, & M. de Briſſac Colonel General des
,,vieilles bandes du Piémont : & cela eſt trés-vray ce que je dis,
,,pluſieurs Capitaines & Soldats qui vivent encore en diront de meſ-
,,me que moy.

,, Voilà donc M. de Strozze à ce coup bien Colonel General, le-
,,quel dans peu de temps fit paroiſtre à la Roche-Labelie en Li-
,,mouſin, ce qu'il eſtoit ; car l'ennemy s'avançant-là un matin pour
,,forcer, s'il eut pû, le logis de Monſieur frere du Roy, noſtre
,,General, ſans qu'on s'en donnaſt garde autrement : ce fut au Co-
,,lonel à faire là tout l'effort, & ainſi qu'il alloit à eux d'un viſage
,,& courage aſſeuré, il oüit quelques voix d'aucuns Soldats de M. de
,,Briſſac, & Capitaines & tout, qui murmuroient bas, ah ! où eſt
,,M. de Briſſac. M. de Strozze qui avoit l'ouye bonne, leur répon-
,,dit, là où il eſt mort...., ſuivez-moy ſeulement, & je vous me-
,,neray en un lieu ſi chaud & ſi avant, que jamais le Comte de Briſ-
,,ſac vous y mena, ſuivez, ſuivez. Ce qu'il fit, car il les mena dans
,,une groſſe troupe de l'ennemy, & y ſoûtint une ſi furieuſe eſcar-
,,mouche, qu'il y mourut ſur la place vingt-deux de ſes Capitaines,
,,Lieutenans ou Enſeignes, comme le vaillant ſaint Loup, brave &
,,vaillant Gentil-homme ſon Lieutenant, du Pays d'Anjou, qui en
,,criant ſauvez-moy de Strozze & ſe mettant devant luy, reçût le
,,coup que l'on alloit donner à ſon Colonel qu'il ſauva, & luy mou-
,,rut, digne office fait à ſon maiſtre & Colonel, certes trés-loüa-
,,ble. Moururent auſſi le Capitaine Roquelaure, Gaſcon, Lieutenant
,,d'une des Colonelles de Briſſac, le Capitaine Vallon, Provençal,
,,fort aimé de Monſieur frere du Roy ſon Maiſtre, le Capitaine Mig-
,,nard, Baſque, & une infinité d'autres bons & vaillans Capitaines,
,,tant Lieutenans, Enſeignes, que Soldats ; deſquels pourtant on
,,n'eut eu ſi bon marché, ſans qu'ainſi qu'ils eſtoient au plus chaud
,,de l'Eſcarmourche, & combat, ſurvint du Ciel une ſi grande ra-
,,vine d'eau, ſi épaiſſe, ſi émûë, ſi impetueuſe, que ſur ce M. de
,,Moüy, bon Capitaine certes, prenant l'occaſion, chargea avec ſa
,,Cavalerie ſi à propos cette pauvre Infanterie qui ne ſe pouvoit plus
,,aider de leurs Arquebuſes, pour avoir leurs méches éteintes & pour
,,eſtre toutes trempées de cette eau comme d'un coup du ciel, qu'on
,,en eut bon marché : & les mit-on ainſi en pieces ; dont on blaſ-
,,ma beaucoup noſtre Cavalerie, qui les ſecourut trés-mal, pour le

„moins l'Infanterie s'en plaignoit fort. Le carnage y fut grand &
„cruel, & sans peu de rémission : aussi cinq mois aprés à la bataille
„de Moncontour, qui fut gagnée par nous , on crioit pour revenche
„parmy les bandes *la Roche-Labelie* , comme un mot & signal pour
„tuër tout & n'en épargner aucuns. Ainsi la cruauté se récompense
„par la cruauté. Et là ne se saut point douter que mondit S. de
„Strozze n'eut passé par les pas des morts, sans qu'il y eut un hon-
„neste Cavalier qui le sauva, & fut fait prisonnier & gardé fort hon-
„nestement, & rendu aprés pour M. de la Noüe.
„ Sur ce discours il ne falloit point que les Soldats de Brissac l'ap-
„pellassent tant pour les mener au combat , car il ne les eut sçû
„mieux mener ny là ny ailleurs; car on ne sçauroit dérober cela au-
„dit S. de Strozze, qu'il ne fut fort vaillant & courageux, & l'hom-
„me du monde le moins craignant les Arquebusades, & le plus asseu-
„ré à y aller , comme je l'ay vû souvent, bien est-il vray qu'il ne
„sçavoit pas faire la Montre, ny la Parade de ses vaillances, qu'il a
„montré aux batailles, aux rencontres, aux sieges, aux assauts, où
„il s'est trouvé , que je dirois bien : mais je ne ferois qu'en parler
„un jour tout entier , tant il m'en donneroit de sujet , & de plu-
„sieurs de telles factions. J'ay eu cet heur de me trouver avec luy
„souvent , car il m'aimoit uniquement , & crois plus qu'homme de
„France. Je n'eus jamais charge sous luy que deux ans en Capitaine
„de gens de pied , mais pour certain caprice je quittay tout, & pour
„ce ne l'abandonnay jamais pourtant, fut à la Guerre, fut à la Cour,
„tant il m'aimoit & je l'aimois, & me disoit-on son compagnon &
„confident. Dés le commencement du siege de la Rochelle jusqu'à la
„fin, je ne bougeay jamais d'avec luy, beuvant, mangeant & cou-
„chant ordinairement chez luy & en sa chambre. Je peux témoigner
„que ny là ny ailleurs, je ne luy vis jamais faire aucun acte de lâ-
„cheté, mais tout de prouesse; encore qu'il y fit là aussi chaud qu'en
„lieu où aye vû siege, & si m'asseure que j'en ay vû des plus fen-
„dans & échauffez s'attiédir & baisser bas. Le jour du grand assaut,
„il y alla le premier sans marchander, & peu suivy de ses gens; com-
„bien que M. de Montluc qui ordonnoit l'ordre de l'assaut, luy avoit dit
„& prié de toucher ses gens devant luy, & qu'autrement tout n'iroit pas
„bien, & qu'il en avoit vû arriver de grandes fautes, & luy iroit aprés.
„M. de Strozze luy promit , mais il ne luy tint pas, car aprés que
„la Mine eut joüé, M. de Montluc, qui estoit dans le trou du fossé,
„commanda aussi-tost à M. de Goüas de donner & faire la premie-
„re pointe avec ses Gens : & ainsi qu'il luy estoit destiné & ordonné,
„M. de Strozze devoit aller aprés avec son gros. M. de Goüas fut
„aussi-tost blessé à la jambe., dont il mourut aprés par la gangrene
„qui s'y estoit mise , & encore que le coup fust fort petit & ne tou-
„chast à l'os. Et en s'en retournant rencontra M. de Strozze, qui
„s'en alloit viste à l'assaut, il luy dit, Monsieur, ils sont à nous,
„donnez seulement, la bréche est trés-raisonnable; mais il ne l'a-

„voit pas réconnuë , car il avoit efté bleffé en allant , & ne put
„monter en haut. En quoy M. de Strozze l'en blafma aprés , je le
„fçay fur fon dire ; encore qu'il fut un trés-bon Capitaine & digne
„de foy en telles chofes. M. de Strozze s'avança , & fans dire ga-
„re , ny avifer à ce que M. de Montluc luy avoit dit , ny qu'il avoit
„promis , ny qu'il le fuivit , marcha & monta ; il n'avoit avec luy
„de Gentils-hommes volontaires que moy , car il avoit efté défendu
„de pár Monfieur , que nul Gentil-homme y allaft , craignant perdre
„la Nobleffe , mais à moy , comme fon amy privé ; la Loy ne s'y
„adreffoit. M. d'O y eftoit , qui s'eftoit dérobé & eftoit amy de mef-
„me dudit M. de Strozze , & le petit Chafteauneuf de la maifon de
„Rieux , dit M. de Sourdeac aujourd'huy , auffi que M. de Strozze
„l'aimoit , & luy donna aprés l'une de fes Enfeignes Colonelles , que
„M. de Lanquane le jeune en ce jour-là portoit , qui eftoit un autre
„brave Gentil-homme.
„   M. de Strozze donc ayant pris langue de M. de Goüas , fans mar-
„chander , donna ; je luy dis , Monfieur , vous ne faites pas ce que
„M. de Montluc a dit , c'eft tout un , Brantofme , me répondit-il ,
„allons , nos gens auront meilleur courage , quand ils nous verront à
„la tefte le premier ; pour leur montrer le chemin : ce qu'il fit ; mais
„il ne fut pas plûtoft à demy eau , qu'il eut une Arquebufade dans
„la cuiraffe , qu'il en tomba de fon haut deffus les pierres que la
„mine avoit enlevé , dont nous le tinfmes pour mort & que l'Arque-
„bufade l'avoit percé , mais il ne fe froiffa que les jambes & la tefte :
„& là il fut trompé , car penfant eftre fuivy de fes gens , il le fut
„trés-mal ; en quoy il eut mieux fait , s'il eut crû M. de Montluc de
„les toucher devant luy , ainfi qu'il en parloit , plus par pratique que
„par art.
„   Et puifque nous fommes fur cet affaut , fi en parleray-je ce mot ;
„que Monfieur frere du Roy , noftre General , qui avoit tout vû ce
„que nous avions fait , envoya querir M. de Strozze qui le vint trou-
„ver dans la tente du Comte de Coconnas qui eftoit-là auprés , où
„il s'eftoit retiré avec tout fon confeil , & luy eftant , & moy avec
„luy tout armez : Monfieur , luy dit Strozze , fi voftre Infanterie
„vous eut fuivy , comme il avoit efté ordonné , & qu'elle eut fait auf-
„fi-bien que vous & ceux qui eftoient avec vous , la Place eftoit pri-
„fe , ainfi que j'ay pû voir ; mais il faut encore récommencer l'Affaut
„& faire aller vos gens devant , ainfi que M. de Montluc vous avoit
„dit , & vous aprés , & m'affeure que nous les emporterons. M. de
„Montluc eftoit-là qui dit , auffi-toft , oüi Sire , (car il eftoit dés-ja
„Roy de Pologne ,) nous l'emporterons , il eft fort aifé , car la bré-
„che eft bonne & trés-raifonnable. Alors je ne pus m'engarder de
„parler , voyant que M. de Strozze ne parloit ; car il eftoit en
„ces chofes quelquefois craintif devant Monfieur. Il vous femble ,
„luy dis-je , elle eft fi raifonnable , que je ne fçache homme
„qui en montant ne tombe quatre ou cinq fois , & fur le haut qui

"se puisse tenir, s'il est tant soit peu repoussé, ou s'il veut tenir de
"pied ferme; car le tout est si raboteux, à cause des pierres que la
"Mine a soulevé, qu'il est impossible s'y arrester bien pour combat-
"tre. Je le puis dire, car j'y ay esté & l'ay trés-bien essayé; toute-
"fois, puis que le Roy veut encore faire rédoubler l'Assaut, faire le
"peut. Ainsi qu'on l'arrestoit, survint le plus estrange accident, qui
"arriva en toute l'armée, & sans sujet; car tout à coup, voicy venir
"une allarme par toutes les tranchées, que l'ennemy estoit sorty, &
"que l'on estoit dés-ja aux mains, & que tout estoit dés-ja faussé :
"si bien qu'il se prit une si grande épouvante & effroy parmy nos gens
"de pied & parmy plusieurs de la Noblesse, que quasi la plus grande
"part brânlerent & ne sçûrent que faire : & fut bien encore pis,
"que plusieurs eurent telle frayeur, qu'ils aviserent à se sauver par les
"Marais, & aucuns s'y enfuirent, qui furent aprés réconnus par la
"boüe, qui estoit empreinte à leurs chausses, & tels que l'on tenoit
"pour bons compagnons, furent tachez de mesme. Il y en eut pour-
"tant plusieurs, qui tnrent asseurée contenance, neantmoins tout le
"monde ne sçavoit que c'estoit, sinon qu'il estoit tout en allarme
"& en rumeur si grande, qu'il ne se vit jamais un tel désordre. Nous
"estions en la tente du Roy de Pologne pour lors comme j'ay dit,
"que sortismes de-là avec plus grande presse & foule que je vis ja-
"mais ; dont je m'en dois bien souvenir, car un honneste & brave
"Gentil-homme qui estoit auprés de moy, que j'avois nourry, nom-
"mé M. du Breuil; en voulant sortir, il rétomba derriere un coffre
"pour la pesanteur de ses armes & la foule qui y estoit. Je croy qu'il
"seroit encore là, sans que je luy prétay la main à l'en sortir ; dont
"nous en rismes bien aprés, car il estoit de bonne compagnie : &
"si luy effrayé de sa chûte cuida tuer dans la tente un jeune Gentil-
"homme des nostres d'une courte dague qu'il avoit, pensant que ce
"fust l'ennemy & que fust tout gagné. Enfin nous sortismes, & cou-
"rusmes au trou du fossé, M. de Strozze & moy toujours avec luy,
"& trouvasmes que ce n'estoit rien, & que l'ennemy seulement n'a-
"voit pas comparu la teste du dessus du rempart, ny sorty par au-
"cune porte ; car il avoit assez affaire ailleurs, & à entendre à ses
"Assauts, escalades & surprises. L'on voulut sçavoir aprés d'où estoit
"sorty cette allarme & telle rumeur ; les uns dirent que c'estoit quel-
"que bruit ; que quelques traistres parmy nous avoient élevé & fait
"courir à poste, & d'autres disoient que de nous-mesmes nous nous
"estions ainsi épouvantez & effrayez sans propos. D'autres que cela
"estoit venu du Ciel par quelque chastiment, ou que le tout estoit
"arrivé *divinitus aut fato*. Bref on parloit en force diverses façons :
"& sur ce dernier point puis aprés en discourant, je m'en allay sou-
"venir avoir lû qu'en la prise de Rome par M. de Bourbon, un Al-
"fier ou Porte-enseigne Romain, sur l'allarme de l'Assaut, il luy prit
"une telle émotion & action de corps ou d'esprit, on l'appellera
"comme on voudra, ptit son Enseigne, il descendit du Rempart,

„ s'en alla vers l'ennemy , & s'en retourna de mesme appareil dans
„ la ville , sain & sauve sans autre mal. Et falloit dire que ce fust
„ quelque terreur panique , quelqu'Ange bon ou mauvais qui operast
„ & le conduisist par la main. J'en laisse discourir aux divins Philo-
„ sophes ; tant y a que cet accident que je viens de dire, a esté trouvé
„ très-estrange & bizarre. Si faut-il que je dis ce mot , que jamais je
„ ne vis nostre Roy de Pologne estonné , & ne vouloit que sortir ,
„ mais la foule estoit si extréme, qu'on s'y estouffoit du chaud qu'il
„ faisoit ; car les uns vouloient sortir , les autres entrer : si bien que
„ nous commencions à rompre les cordes de la tente pour passer
„ par-dessus , j'auray possible esté trop long en cette digression.
„ Pour retourner donc à M. de Strozze , je peux dire avec une
„ très-grande verité que c'estoit un très-vaillant homme de Guerre ,
„ & que pourtant n'y a esté jamais blessé. En ce siege de la Rochelle
„ il reçût quatre bonnes Arquebusades dans ses armes, sans qu'elles
„ portassent jamais ; en quoy il fut très-heureux, car ordinairement
„ il estoit au hasard. La premiere charge qu'il eut jamais , fut aux
„ premieres Guerres qu'il eut une Compagnie de gens de pied , la-
„ quelle seule fut destinée pour la garde du Roy. Il avoit choisi un
„ très-brave Lieutenant, qui estoit le Capitaines Bordas de Dax, M.
„ de Courbouson de la maison de l'Orge pour son Enseigne, qui pour-
„ tant le quitta & s'en alla à Orleans , Huguenot, & Martinozat
„ pour son Sergent , qui depuis fut Lieutenant de l'une des Colonel-
„ les. Mais luy se faschant de demeurer ainsi arresté & sujet à garde
„ de corps , & oyant dire que tous ses compagnons menoient les
„ mains de tous costez, il ne cessa jamais de prier le Roy, & l'im-
„ portuner de luy donner congé d'aller avec les autres : ce qu'il eut,
„ & arriva devant Roüen , où il se montra digne de sa charge : &
„ puis, comme j'ay dit , il eut la charge de Charry , & de-là fut
„ Colonel aux seconds troubles , commandant à trois Regimens me-
„ nez par trois Mestres de Camp Cossains, Sarriou, & Goüas, trois
„ bons hommes, qui meritoient bien cette charge. [*Aprés cela il don-*
„ *ne l'éloge de Cossains & revient , qui sera mieux autre-part, ainsi*
„ *à son sujet.*]
„ Pour retourner encore à M. de Strozze , je dis que si M. l'Ad-
„ miral a remporté grand los & gloire pour avoir fait de belles or-
„ donnances parmy l'Infanterie , il faut loüer M. de Strozze & luy
„ donner cette réputation, que ç'a esté celuy qui l'a si bien armée &
„ qui luy a aporté l'usage des belles Arquebuses de calibre qu'elle por-
„ te aujourd'huy. Bien est vray que M. d'Andelot l'en façonna un
„ peu, lors qu'il vint de prison du Chasteau de Milan , où il les ap-
„ prit des Espagnols , car il n'y a nul vieux Capitaine ny Routier
„ fantassin de Guerre, qui ne die que nostre Arquebuse du temps passé
„ n'estoit pas telle en armes, comme elle a esté depuis ; car ce n'estoit
„ que petits méchans canons de Pignerol, que l'on forgea-là un peu
„ plus renforcez, mais fort longs & menus : qui certes estoient bons

„ pour ce temps. Du depuis nous nous en fommes fervis pour la
„ chaffe à caufe de leur bonté. Leur flaquets ne valoient gueres non
„ plus. Au demeurant la méche de l'Arquebufe fe portoit par le
„ Soldat toute entortillée en rondeur dans le bras, fors le bout de
„ la méche que l'on tenoit en la main; pour la mettre au ferpentin
„ comme nous la portons aujourd'huy. Du depuis peu à peu en Pié-
„ mont ils s'accommodoient des canons de Milan, qu'ils récouvroient
„ par quelque défaite & dévalifement qu'ils faifoient fur les Efpagnols,
„ mais peu en récouvroient-ils autrement, par le trafic de Milan qui
„ eftoit défendu des armes. M. d'Andelot vint donc de Milan & en
„ apporta quelques trois cens à caufe de la Tréve, comme je luy ay
„ oüi dire, & autant de fournimens; mais les canons eftoient pe-
„ tits & peu renforcez, & les charges du fourniment pareilles. Du
„ depuis s'en porta-t'il en France, & peu à peu commanda à fes Ca-
„ pitaines d'en fournir les Bandes les plus qu'ils pourroient, mais
„ l'affluence du trafic n'eftoit fi grande qu'on s'en put armer grande-
„ ment; fi bien qu'il fe falloit aider des canons de Metz & d'Abbe-
„ ville, & fournimens de Blangy : mais tout cela n'approchoit point
„ à ceux de Milan, & me fouvient qu'aux premieres Guerres, les
„ Compagnies nouvelles eftoient au commencement trés-mal armées,
„ & bien-heureux eftoit le Capitaine, qui pouvoit dire avoir en fa
„ Compagnie vingt ou trente Arquebufes ou Fournimens de Milan.
„ Certes ce n'eftoit que groffier ouvrage, mais peu à peu on en fit
„ venir, & M. de Guife, qui eftoit Capitaine Provident en tout, en fit
„ venir. Il y avoit bien les Compagnies vieilles de M. d'Andelot, &
„ mefme les Colonelles en eftoient trés-bien armées; fi bien que dans
„ Roüen, l'une d'elles y eftant, comme elles tiroient de fort bonnes
„ Arquebufades fur nous, voyez les Marauts, la bonne poudre qu'ils
„ ont leans, difoit-on, & que la noftre vaille fi peu. M. de Guife fe
„ dit un jour en fe fouriant à un Grand que je fçay, dont l'autre en
„ rougit, ne voyez-vous pas que ce n'eft pas tant feulement leur bon-
„ ne poudre, mais ce font les grandes charges, & leurs fournimens
„ & leurs bonnes Arquebufes qu'ils ne craignent de charger, voir, de
„ doubler la charge, que M. d'Andelot a ainfi bien armez ? Nos
„ Soldats ne le font pas ainfi, mais avec le temps ils le feront, &
„ voilà, difoit-il, noftre amy, la bonne poudre qu'ils ont.
„ Or M. de Strozze, qui dés fon jeune âge avoit fort aimé l'Arque-
„ bufe, & fur tout l'Arquebufe à méche de Milan, quand il vint à
„ ces premieres Guerres à avoir fa Compagnie, il fut fort curieux à
„ avoir des armes de Milan, & en eut affez pour le moins pour la
„ moitié de fa Compagnie, qui en fut trouvée trés-belle & rare: &
„ M. de Guife le loüa fort à la voir, je fçay ce que je luy en ouïs di-
„ re. Puis aprés venant à fucceder à la place de Charry, il y obferva
„ une fort exacte curiofité & obfervation, de forte qu'il pria, voir,
„ quafi contraignit, tous les Capitaines, de n'avoir plus autres ar-
„ mes, tant Arquebufes & Fournimens, que Corcelets de Milan :

„ & pour ce moyenna de faire venir à Paris un fort honneſte & ri-
„ che Marchand nommé le Seigneur Megrot, & s'y tenir, qu'en
„ moins de rien il en fit venir beaucoup ſur la parole de M. de Stroz-
„ ze, & qu'il les luy feroit enlever : ſi bien que ledit Megrot pre-
„ nant gouſt au premier profit, il en continua l'eſpace de quinze ou
„ ſeize ans le trafic, qu'il s'y eſt rendu riche de cinquante mille eſcus, voir
„ davantage. Tout le differend qu'avoit M. de Strozze avec ledit S.
„ Megrot, c'eſt qu'il ne faiſoit venir les canons ſi gros & renforcez
„ comme il vouloit, quelque priere qu'il eſcrivit & fit à Mᵉ. Gaſ-
„ pard de Milan qui les forgeoit, qui a eſté le meilleur forgeur &
„ maiſtre que jamais ſera. Juſques quand nous allaſmes à Malthe,
„ M. de Strozze luy avoit eſcrit quelques mois avant qu'il luy for-
„ geaſt quelques deux douzaines de canons de la groſſeur qu'il les de-
„ viſa, & que luy-meſme les iroit querir là. Le bon homme Mᵉ. Gaſ-
„ pard alors s'y affectionna ſi bien, que quand nous fûmes arrivez à
„ Milan, M. de Strozze les trouva tous faits, & eſtoient ſelon ſon
„ opinion, & en donna à ſes amis, dont j'en eus une, & la garde
„ encore dans mon cabinet : & ſoudain le bon homme Mᵉ. Gaſpard
„ ſe mit à en faire ſi grande quantité, que tant il en faiſoit, tant il
„ en vendoit aux autres François qui venoient aprés nous, & qui à
„ l'envy de nous & autres en prenoient, car nous eſtions allez &
„ marchés des premiers.
„ Je ne veux oublier à dire que le bon homme Mᵉ. Gaſpard, lors
„ qu'il vit M. de Strozze, ne ſe put ſaouler de l'admirer & l'aimer,
„ & tous nous autres, & voulut de tous prendre le nom, diſant que
„ tous nous autres le faiſions riche pour tout jamais. Je me fuſſe bien
„ paſſé de dire cecy, mais le ſouvenir & parler me plaiſt. Aprés donc
„ cette vûë Mᵉ. Gaſpard continua à forger les canons de ce gros ca-
„ libre, mais avec cela, ſi bien forgez, ſi bien limez, & ſur tout ſi
„ bien vuidez, qu'il n'y avoit rien à redire, & eſtoient trés-ſeurs ;
„ car il ne falloit point parler de crever : & avec cela nous fiſmes
„ faire les fournimens beaux, & la charge grande à l'équipolent.
„ Voilà donc d'où premierement nous avons eu l'uſage de ce gros ca-
„ nons de calibre, que quand on les tiroit, vous euſſiez dit que c'eſtoit
„ des Mouſquetades ; & un-chacun nous admiroit par tout où nous
„ paſſions en Italie & où nous faiſions quelques ſalves : mais il ne
„ faut point douter qu'il y en avoit pluſieurs bien bouffez, & par les
„ joues ; d'autant que mépriſé & vilipendé eſtoit celuy qui ne cou-
„ choit en jouë. Si bien qu'il y en eut eu pluſieurs bien mouchez,
„ ſans un honneſte Gentil-homme que je ne nommeray point de peur
„ de me glorifier, qui trouva la façon à coucher contre l'eſtomach
„ & non contre l'épaule, comme eſtoit la coûtume alors ; car la
„ croſſe de l'Arquebuſe eſtoit fort longue & groſſiere, & n'eſtoit com-
„ me aujourd'huy courte & gentille, & bien plus aiſée à manier ; la
„ façon Eſpagnole eſtoit ainſi courte, mais non ſi bien appropriée
„ que la noſtie, d'autant que cela donnoit mieux le coup : & M. de
„ Strozze

is un fort honneste & ri
egrot , & s'y tenir , qu'en
r la parole de M. de Stroz-
bien que ledit Megrot pre-
tinua l'espace de quinze ou
le cinquante mille escus, voir
M. de Strozze avec ledit S.
canons si gros & renforcez
il escrivit & fit à M^r. Gas-
esté le meilleur forgeur &
d nous allasmes à Malthe,
es mois avant qu'il luy for-
rs de la grosseur qu'il les de-
là. Le bon homme M^r. Gas-
quand nous fûmes arrivez à
us , & estoient selon son
: j'en eus une , & la garde
le bon homme M^r. Gaspard
e tant il en faisoit, tant il
oient après nous , & qui à
, car nous estions allez &

homme M^r. Gaspard, lors
ler de l'admirer & l'aimer,
rendre le nom, disant que
x jamais. Je me fusse bien
: me plaist. Après donc
les canons de ce gros ca-
bien limez, & sur tout si
: , & estoient très-seurs ;
& avec cela nous fûmes
rge grande à l'equipolent.
ons en l'usage de ce gros ca-
vous eussiez dit que c'estoit
dmiroit par tout où nous
elques salves : mais il ne
bien bouffez, & par les
: estoit celuy qui ne con-
plusieurs bien monchez,
e nommeray point de peur
oucher contre l'estomach
la coümme alors ; car la
grossiere, & n'estoit com-
n plus aise à manier ; la
s non si bien appropriée
mieux le coup : & M. de
                    „Strozze

„Strozze le trouvoit bon & s'en accommoda : car il s'y brido
„quelquefois à cause des grosses charges , mais pourtant bi
„souvent , car il estoit des meilleurs Arquebusiers du mond
„des plus asseurez , & tirant de la meilleure grace. Estant
„à Malthe devisant de ses armes à table , y estant le Mar
„Pescaire General de l'Armée , Jean-André Dorie General d
„leres , & plusieurs autres Capitaines & Seigneurs Espagnols
„liens , il leur en fit à tous leçon , & les rendit tous estonn
„de son Arquebuse il tuoit un homme de quatre cens pas ,
„montroit par experience en un blanc ; à quoy il fut prié de
„la compagnie de leur montrer ; ce qu'il fit avec une si belle
„& bonne grace, qu'il ne faillit à la visée, dont tous s'en es
„rent , & mesme luy estant si grave Seigneur, disoient-ils, fai
„si si bravement & si asseurément la faction de Soldat , & s'y
„trer si gentiment. Ce qu'il sçavoit très-bien faire certes , no
„l'eut appris du Soldat , mais c'estoit luy qui l'apprenoit au S
„comme je l'ay vû souvent luy montrer ; ainsi qu'il le faisoit
„& façonner à ses armes pour s'en aider , & tirer : & pren
„grand plaisir de les faire tirer , manier leurs Arquebuses ;
„quel calibre ils estoient , les uns plus grands que les autres
„aussi leurs fournimens & leurs charges, aimant fort les Sold
„avoient & s'aidoient de belles Arquebuses, Fournimens de M
„dédaignant ceux qui se faisoient ailleurs; disant qu'en lieu de
„ce, jamais ouvrier n'avoit pû parvenir à la perfection de bie
„un Fourniment , à sa vuidure ny à sa charge , comme à M
„ainsi qu'il est vray : car le François en toutes armes a bien
„l'Estranger , fors qu'au Fourniment de l'Arquebuse. Il appr
„fort les corcelets gravez de Milan , & ne trouvoit point qu
„Armuriers parvinssent à la perfection , non plus qu'aux mo
„car ils ne vuidoient pas si bien , & leur faisoient la cre
„trop haute, mais après il cria tant qu'ils y vinrent , & tro
„Doreur à Paris , qui les dora aussi-bien ou mieux à or mou
„dans Milan ; ce qui fut une grande épargne pour les Soldat
„au commencement il n'y avoit Morion ainsi gravé d'or ,
„coûtast dudit Megrot quatoze escus. Je le puis dire pour en
„acheté de luy à tel prix, ce qui estoit trop ; mais M. de St
„mit ordre qu'on achetoit dudit Megrot le Morion blanc g
„bon compte , & puis on le donnoit à ce Doreur à Paris ,
„revenoit qu'à huit ou neuf escus. Du depuis cela a si bien co
„que plusieurs Maistres s'en sont meslez à forger , graver & c
„que nous en avons eu une très-grande quantité en France , &
„marché. Aussi faisoit-il très-beau voir alors les Compagnies
„çoises, mieux qu'à present qu'ils ont quitté les Morions ; car
„que c'estoit une chose très-necessaire à un Soldat, tant aux A
„de villes, à cause des pierres, qu'à des combats, à cause des
„d'espées dont le Soldat se garantissoit , elle estoit très-be
„épouvantable à voir.

„ Je me souviens qu'à la revûë que Monſieur, noſtre General, fit
„au voyage de Lorraine, à Troyes, il ſe trouva quarante mille
„hommes de pied François, tant de M. de Strozze que de Briſſac,
„dont il y en avoit dix mille Morions gravez & dorez, & ſi n'eſtoient
„alors ſi communs comme depuis. Auſſi en trouva-t'on la vûë
„plus belle & admirable, & faut croire là-deſſus que M. de
„Strozze avoit eſté curieux, & preſſant ledit Megrot, de faire pro-
„viſion de ſi belles armes le plus qu'il avoit pû, avec force beaux
„corcelets gravez & bien complets. C'a eſté auſſi le premier qui a
„mis l'uſage des Mouſquets en France, & certes avec une trés-gran-
„de peine, car il ne trouvoit Soldat qui s'en voulut charger ; mais
„pour les gagner peu à peu, luy-meſme au ſiege de la Rochelle en
„faiſoit porter toûjours à un Page ou à un Laquais, & quand il
„voyoit un beau coup, il tiroit : ainſi qu'il fit un jour à la premie-
„re ſaillie qui fut jamais faite là, qui fut la fois oû le Capitaine S.
„Geniez Guidon de M. de Biron fut tué, & le Foüilloux neveu de
„la Haye Lieutenant de Poitou. Je vis, & pluſieurs avec moy, le-
„dit M. de Strozze tuër un cheval de cinq cens pas avec le Mouſ-
„quet, & le Maiſtre ſe ſauva. Du depuis il gagna quelques Capitai-
„nes entretenus des ſiens pour en porter, & entr'autres furent les
„Capitaines Berre, ſaint Denis, Calais, & autres. Il m'en avoit auſ-
„ſi donné un que je garde pour l'amour de luy, dont j'en tirois bien
„ſouvent avec luy, & n'uſoient point encore de charges, de Ban-
„doulieres, mais de nos Fournimens ſeulement. Au lieu d'une nous
„en mettions deux, & ſi ce brave M. de Guiſe eſtoit en vie, que
„Dieu le vouluſt, il en ſçauroit bien que dire ; car ainſi que nous
„eſtions dans la tranchée auprés de ces maſures de pierre, au com-
„mencement, il nous y trouva ainſi que nous en tirions, & me pria
„de luy preſter le mien, car il m'aimoit, & qu'il vouloit eſſayer
„d'en tirer ; ce qu'il fit par deux ou trois fois, & s'y plut fort : me
„diſant pluſieurs fois que j'avois eſté des premiers, & la cauſe de-
„quoy il avoit tiré du mouſquet. Je ne veux pas dire ſeulement de
„luy, mais s'il plaiſt à noſtre Roy d'aujourd'huy s'en reſſouvenir,
„eſtant Roy de Navarre audit ſiege de la Rochelle, la premiere Ar-
„quebuſe à méche dont il tira jamais, je l'a luy donnay. Je m'en
„peux venter, comme d'une choſe trés-vraye, qui eſtoit une
„Arquebuſe de Milan fort legere & douce, & dorée d'or moulu,
„que M. de Strozze m'avoit donné pour noſtre embarquement de
„Broüage : & l'en vis tirer ſouvent & de fort bonne grace. Que
„c'eſt de la generoſité des Grands, qui veulent ſçavoir toutes choſes
„genereuſes, encore qu'elles ne touchent pas à leur exercice ; mais
„pourtant tant qu'il ſoit touchant & apportant en ſoy de la vertu,
„de la generoſité, & de l'adreſſe, cela ſied bien toûjours à un Grand.
„Ainſi ces deux grands Princes ſe mirent à manier l'Arquebuſe à la
„Soldateſque, en quoy il les faiſoit beau voir, tant pour faire paroi-
„ſtre une grace gentille & güerriere, que pour montrer aux Soldats

» combien les Grands honoroient leurs armes qu'ils portoient ; ce qui
» leur rapportoit une grande gloire & contentement : & de fait plu-
» sieurs Soldats s'en éjoüirent dés-lors & s'en tinrent avantagez, voyans
» ce grand Prince M. de Guise, & Colonel, tenir en main & en faction ces
» Mousquets, si bien, qu'ils ne les dédaignoient plus aprés. Qu'est-ce
» que donner exemple, & combien il importe que les Grands les don-
» nent aux Petits ! & dés lors, si M. de Strozze en eut eu plusieurs,
» force Soldats s'en fussent chargez, car j'en vis plusieurs qui en eus-
» sent eu à l'envy, mais il n'en avoit pas une douzaine, de quelques
» deux douzaines dont il avoit fait provision pour nostre embarque-
» ment. Or est-il que tout ainsi que M. de Strozze aimoit les canons
» d'un trés-grand calibre de l'Arquebuse ; il abhorroit bien autant ces
» gros Mousquets que l'on a vû depuis, car ils estoient si grands & si puis-
» sans, si pesans & si démesurez, qu'ils estoient insupportables, & qu'ils
» estoient irrécevables à tout ; & fort peu maniables ; mais il les aimoit
» fort du vray calibre, ny trop gros, ny trop menu, qui se faisoit à
» Milan, & duquel s'aident les Espagnols. Je me souviens que quel-
» que temps aprés que ce grand Duc d'Albe passa vers Flandre, &
» qu'il introduisit le premier & mena les Mousquetaires, le Roy Char-
» les, qui estoit curieux de tout, dit un jour à M. de Strozze qu'il
» falloit à cette imitation qu'il en fit avoir parmy ses Bandes,
» & qu'il avoit commandé d'en faire à Metz une centaine, & qu'il
» vouloit que ses Gardes les eussent. M. de Strozze répondit qu'il fe-
» roit ce qu'il plairoit à Sa Majesté. Au bout de quelque temps, le Roy
» aprés les avoir reçûs, les luy montra, mais c'estoient de longs &
» gros Mousquets par trop outrageusement, d'autres plus corrompus,
» mais si grands & si menus, qu'il estoit impossible aux Soldats de les
» porter & manier ; si bien que comme il faut avoir mesure en toutes
» choses, il rémontra au Roy qu'il n'y avoit nulle raison d'accabler le
» Soldat sous ce pesant fardeau, mais qu'il en feroit apporter de Mi-
» lan, de ceux des Espagnols, qui seroient plus aisez & plus propres:
» Ce qu'il fit, & ce fut ces deux douzaines que je vis, qu'il fit venir
» pour l'embarquement du Broüage ; dont ce fut la premiere fois
» qu'il en accommoda quelques-uns, comme j'ay dit. Depuis se sont
» usitez & pratiquez parmy les Bandes, en quoy du tout en faut sça-
» voir bon gré à M. de Strozze, qui fut le premier qui en fit la
» premiere institution & coustume, avec la difficulté que j'ay dit. Et
» si depuis nostre Soldat, qui avoit entendu la grande paye que tiroit
» le Mousquetaire Espagnol, & son Goujat pour le porter, vouloit
» fort pratiquer à telle paye & partie, mais leur ayant montré la vo-
» lonté du Roy par les Commissaires, n'estre telle, ils se contente-
» rent d'une paye assez grande & raisonnable.

» Voilà comment M. de Strozze a commandé l'Infanterie Fran-
» çoise, & à luy seul la gloire en est dûë. S'il y en a eu quelques-uns,
» qui ayent voulu trouver à rédire & y augmenter, je m'en rappor-
» te ; mais je croy qu'ils n'y sçauroient mieux faire, vû l'amour que

"portoit ce Colonel à ſes armes , & principalement à l'Arquebuſe.
"Car n'eſtant que fort jeune , & nourry enfant d'honneur du petit
"Roy François II. eſtant M. le Dauphin ; oyant dire qu'en Piémont
"ſe faiſoient de belles Guerres , il ſe déroba avec deux chevaux ſeu-
"lement , & ſon Arquebuſe de Milan à l'arçon de la Sel-
"le s'y en alla : ayant pour guide le corrompu Jean d'Heſſe Al-
"lemand , que nous avons vû tant traiſner en France , depuis peu de
"jours pendu à Blois , ayant eu l'Ordre de ſaint Michel quelques an-
"nées beaucoup devant , qui luy conſeilla de faire le voyage & dé-
"rober quelques Baſſins , Coupes & Aignieres d'argent à Madame ſa
"mere. Ce qu'ayant ſçû M. le Mareſchal ſon pere , & le ſujet pour-
"quoy il l'avoit fait , dit que ſi ce fut eſté pour autre ſujet que ce-
"luy-là , qui eſtoit honorable & glorieux , & pour voir la guerre ,
"qu'il l'eut pendu , mais qu'il luy pardonnoit & luy pardonneroit
"quand il en pouroit prendre davantage , pourvû que ce fut pour
"un ſi valeureux ſujet. M. de Strozze me l'a conté ainſi. Et aprés
"quand il le vit , luy en fit trés-bonne chere , & s'en mit à rire de-
"vant ſa mere , qui en deſiroit bien le chaſtiment ; encore qu'il fut
"fort ſevere de ſon naturel , & le rabroüaſt fort. Il fut fort curieux
"de le faire trés-bien inſtruire aux bonnes lettres , & deſiroit qu'il y
"ſçût autant que luy , car il y eſtoit trés-parfait ; mais pourtant ſon
"fils n'y pouvoit approcher : & ſi en avoit-il aſſez. Je luy ay oüi
"conter qu'un jour venant donner le bon jour à ſon pere , il luy de-
"manda ce qu'il avoit fait le matin. Le fils luy répondit qu'il avoit
"monté à cheval , joüé à la paume , & puis comme de beſoin qu'il
"avoit déjeuné , ah ! malheureux , luy dit-il , faut-il que tu raſſa-
"ſies le corps avant l'eſprit ? que jamais cela ne t'arrive , avant tou-
"tes choſes raſſaſie ton ame & ton eſprit de quelque belle lecture ,
"& aprés fais de ton corps ce que tu voudras. Voilà les bons en-
"ſeignemens & nourriture que donnoit ce ſage pere au fils ; dont
"depuis il s'en eſt trés-bien prévalu , car qui ſonderoit bien au
"vif le fils , il le trouveroit auſſi profond en diſcours qu'en vaillan-
"ce ; encore que depuis qu'il laiſſa les livres pour prendre les armes ,
"je croy qu'en ſa vie il n'y a pas conſommé une demie-heure du jour
"à les lire.

" Il eſtoit un trés-homme de bien. Il y en avoit la plus grande part
"qui le tenoient de legere foy , ils pouvoient penſer à leur poſte ce
"qu'il leur plaiſoit , mais ils ne luy ſonderent jamais l'ame aſſez. Il
"n'eſtoit pas certainement Bigot , Hypocrite , mangeur d'Ima-
"ges , ny grand Auditeur de Meſſes & Sermons , mais il croyoit trés-
"bien d'ailleurs ce qu'il falloit croire touchant ſa créance , & outre
"cela il n'eut pas voulu faire tort à autre pour tous les biens du mon-
"de. S'il jaſoit & gauſſoit quelquefois qu'il eſtoit en ſes goguettes ,
"meſme pour le Purgatoire & l'Enfer , il n'y falloit pas prendre gar-
"de , car certes il croyoit l'Enfer , mais non pas qu'il penſaſt &
"creuſt que ce fut , diſoit-il , un grand Dragon répreſenté par les

„ peintres , qui ouvrant ſa grande gueule engloutiſſoit & avaloit les
„ ames pechereſſes. Pour fin, il diſoit force choſes, dont il s'en fut bien
„ paſſé, mais c'eſtoit plus par jaſerie & gauſſerie que pour autre cho-
„ ſe de mal. Quant à moy, je l'ay pratiqué fort familierement l'eſ-
„ pace de trente ans ou plus. Je puis dire qu'on ne luy eut ſçû rien
„ réprocher de groſſiere foy.

„ Il eſtoit trés-bon François & point ingrat à la France qui l'avoit
„ élevé & nourry. Un jour la Reine mere me faiſoit cet honneur de
„ m'en oüir parler & m'en parler auſſi , mais entr'autres paroles elle
„ me dit ces propres mots, qu'il eſtoit homme de bien & trés-loyal
„ & bon François. S'il eut veſcu, nous n'euſſions eu, à ce que je croy,
„ tant de Guerres en France qu'avons eu. Son ambition a eſté toû-
„ jours de l'oſter à la France & la traiſner ailleurs , non qu'il haït au-
„ trement l'Eſpagnol, encore qu'il en eut quelque ſujet à cauſe de la
„ mort des ſiens ; mais il vouloit oſter le venin & la contagion de
„ la France. Il eſtimoit fort la Nation Eſpagnole, & ſur tous les Sol-
„ dats, & en faiſoit grand cas & loüoit fort leurs valeurs & leurs
„ conqueſtes ; & pour ce prenoit-il plaiſir d'avoir affaire à eux. Il y
„ a eu force qui luy en ont voulu mal, penſans que ce fut leur enne-
„ my mortel : ils ſe trompoient fort, car il ne l'eſtoit point. Il ai-
„ moit trop leur valeur, leur façon de faire ; & ſur tout leur gloire
„ & leur ſuperbeté & leur langage, & cent fois m'a dit, qu'il eut
„ voulu avoir donné beaucoup & ſçavoir parler Eſpagnol comme moy.
„ Jamais pauvre Soldat Eſpagnol ne s'adreſſa à luy demander la paſ-
„ ſade, qu'il ne luy donnaſt de bon cœur. Pour fin, ils l'ont tué &
„ ſe ſont réjoüis de ſa mort, non pour mal, comme j'ay dit qu'il
„ leur voulut de ſon naturel, mais qu'il luy plaiſoit de faire la Guerre
„ à une Nation ſi belliqueuſe, il me l'a dit ſouvent.

„ En ſon combat naval, il fut trés-mal aſſiſté. Lors qu'il vit ve-
„ nir à luy l'armée que conduiſoit le Marquis de ſainte-Croix, il eut
„ telle envie d'aller à luy, plûtoſt que le Marquis à luy, qu'eſtant
„ ſon Navire lourd & mauvais voilier, car c'eſtoit une groſſe Hour-
„ que de Flandre, il s'en oſta & ſe mit dans un Vaiſſeau plus leger,
„ où eſtoit M. de Beaumont Lieutenant de M. de Briſſac, & avoit
„ eſté ſon Gouverneur : & ſans autrement temporiſer, vint cram-
„ poner l'Admiral, & combattirent main à main longuement ; mais
„ eſtant bleſſé d'une grande Mouſquetade à la cuiſſe, & aſſez prés du
„ genoüil, ſes gens s'en effrayerent & ſe mirent à ne rendre plus de
„ combat : ſi bien que les Eſpagnols entrerent dedans fort aiſément,
„ & s'eſtans ſaiſis de luy, le menerent au Marquis de ſainte-Croix,
„ qu'on dit que l'ayant vû en ſi piteux eſtat, dit qu'il ne feroit qu'em-
„ pêcher & ſallir le Navire, & qu'on le parachevaſt ; ce qu'on fit en
„ luy donnant deux coups de dague & le jettant dedans la Mer.

„ Voilà ſa fin. En quoy faut noter le malheur de ce pauvre Seigneur,
„ que luy, qui l'eſpace de vingt ans s'eſtoit toûjours affectionné à avoir
„ quelque bon Navire ſur Mer, qu'il envoyoit ordinairement bruſquer

„Fortune, & de fait je luy ay vû de bons & de beaux vaiſſeaux qui
„luy ont rapporté quelque profit ; qu'à ce voyage & entreprife de
„telle importance il ne ſe fut équippé d'un plus beau & meilleur pour
„la Guerre , que cette groſſe vilaine Hourque ; plus propre pour la
„Marchandiſe que pour un combat. Si bien qu'il en fallut emprun-
„ter un autre à l'improviſte & s'y jetter dedans , lequel eſtoit bon ,
„joly & aſſez grand , mais non pas ſuffiſant pour attaquer cet Ad-
„miral & ſuperbe Eſpagnol. L'autre malheur, de luy, qui ayant fait
„à ſa poſte choix de ſes Capitaines & ſes gens , tant Mariniers que
„Soldats, ainſi qu'il luy avoit plû, tant parmy les Bandes que parmy
„les Ports , il fut ſi mal ſervy & ſecouru d'eux, que nul ne luy aſ-
„ſiſta que le Comte de Briſſac. M. de Guiſe & moy en fîmes un jour
„le diſcours dans une allée de ſon jardin à l'Hoſtel de Guiſe. Il y en
„eut un qu'il avoit choiſi pour un de ſes grands amis & confidens ,
„le préférant à une infinité d'autres, qui fut blaſmé de l'avoir trés-
„mal ſecouru , & pour ce fut mis en priſon & accuſé par la Reine
„Mere & par Madame la Comteſſe de Fieſque ſa couſine, qui aimoit
„fort ſon couſin , ſage, vertueuſe & genereuſe Dame s'il y en a eu
„de noſtre temps , & luy grévoit fort de l'avoir vû ainſi perdu par
„faute de ſecours. Cet accuſé fut en grande peine & danger de ſa vie,
„& aucuns diſent que ſon innocence fut verifiée, d'autres diſent que
„la faveur luy aida fort. Je m'en rapporte à ce qui en eſt, ſi l'ay je
„veu pourtant en de bonnes affaires, où il n'a jamais réfuſé le combat,
„mais tres-vaillamment y eſt allé, & en a rapporté glorieuſement
„des marques. Il y en avoit aucuns qui accuſoient ledit M. de Stroz-
„ze pour n'y avoir appellé d'autres de ſes grands amis & trés-éprou-
„vez en fidélité & valeur, comme le jeune Lanſſac, lequel certaine-
„ment il appella au commencement & le mit en grands frais ; mais
„eſtant vers Bourdeaux , il luy trouva quelque querelle d'Alle-
„mand, aucuns diſent venant de luy, autres de la Reine Mere,
„autres du Mareſchal de Matignon, autres du Roy : tant y
„a que ledit Lanſſac le vouloit faire appeller pour ſe battre avec luy,
„mais cela fut interrompu , & puis M. de Strozze fit voile ſans
„luy.

„   Certes ce Seigneur de Strozze avoit réputation de n'eſtre mau-
„vais Ennemy ny bon Amy auſſi. Il me le fit paroiſtre là-même com-
„me à Lanſſac , car tout ainſi que je l'avois accompagné en la pluſ-
„part de ſes Guerres & Voyages , & en France & hors de France
„vingt-cinq ans & plus, je me voulois retirer de celui-là, lui m'en
„ayant prié & me preſentant bonne part de ſa fortune & continua-
„tion de ſon amitié ; dont pour ce eſtant ſur le point de me marier
„en un bon lieu, qui m'eut rendu pour le reſte de mes jours plus heu-
„reux que je ne ſuis : je rompis expreſſément le mariage , & ainſi
„que je m'en allay tout droit le trouver à Bourdeaux, je trouvay qu'il
„n'y avoit pas quatre jours qu'il m'avoit donné le coup de pied de
„Mulet , & fait le tour d'un amy ingrat ingratiſſime. Le diſcours

„ en seroit trop long, si je le voulois mettre par escrit, suffira par le
„ monde, de sçavoir que s'il ne m'eut usé de ce trait, sa mort me
„ fust esté insupportable, ou si je l'eusse suivy, pour le seur je susse
„ mort avec luy, je ne l'avois jamais désemparé d'un seul pas, aux
„ factions où il estoit, sans jamais avoir eu de luy bienfait ny plai-
„ sir ; mais tel estoit mon humeur, & de l'aimer. Force Capitai-
„ nes & Soldats qui vivent encore aujourd'huy le sçauroient bien
„ dire.
„
„ Voila donc ce pauvre Seigneur mort, aussi homme de bien qu'il
„ en sortit jamais de sa Nation, ny de sa ville de Florence. Com-
„ me j'ay dit, il n'avoit que cela de mauvais qu'il estoit le plus froid
„ Amy qu'on vit jamais. Un peu avant qu'il entreprit ce Voyage
„ par le commandement de la Reine, il fut prié & pressé de se défaire
„ de son Estat de Colonel, lui alléguant qu'il ne pouvoit tenir
„ les deux Estats, de General en cette Armee, & de Colonel en
„ France. Ce fut une parole ennuyense à ouïr & aigre à cracher,
„ toutefois le Roy desirant faire M. d'Espernon Grand & le gratifier
„ de cet Estat, auquel il aspiroit plus qu'à pas un de la France, ledit
„ M. de Strozze fut contraint de laisser à son trés-grand déplaisir,
„ car je sçay bien ce qu'il m'en dit alors, & qu'il mourroit en cette
„ entreprise, où qu'il auroit un Estat plus grand que celuy-là & que
„ nul n'oseroit jamais penser de luy oster & d'y vouloir entreprendre.
„ Le Roy luy donna cinquante mille escus pour récompense, les-
„ quels il convertit à l'achat de Bressuire en Poitou, & ç'a esté ce
„ qu'il a jamais laissé luy & son pere de tant de biens qu'ils porte-
„ rent en France & à son service ; car j'ay ouï dire à plusieurs, que
„ lors qu'il y vint, il avoit un million d'or ou en Banque ou en meu-
„ bles & joyaux, ou argent monnoyé, jusqu'à sa Librairie.

Il est vray que les Strozzi, quoy qu'Estrangers, & d'un Pays, où
l'on met assez ordinairement à profit tout ce qu'on a de merite &
de bonnes qualitez, ne se soucient en France que d'y acquerir de
la réputation, & d'y meriter des dignitez qui les relevassent & qui
les pussent quelque jour rendre capables de servir à la délivrance de
leur Patrie. Ils s'y estoient refugiez contre la puissance des Medicis,
qui l'avoient envahie & convertie en Principauté l'ancienne République de Florence ; & la Reine Catherine de Medicis, qui favorisoit
leur Faction contre ceux de son nom, & à laquelle ils avoient l'honneur d'appartenir de Parenté, ne leur presta qu'un asyle sans autre
secours que de ses bonnes graces, parce qu'ils ne demandoient que
des honneurs, & qu'ils avoient apporté assez de biens & de richesses
pour maintenir leur rang. Il y a peu de Familles Illustres dans la
Toscane, dans l'Estat de Gennes & dans les plus considerables Villes d'Italie, qui nonobstant leur Noblesse ne soyent venuës trafiquer
en France, & qui n'y ayent tenu Banque ou Magasin ; mais dans
tous les Registres de la Chambre des Comptes & du Trésor, où l'on
peut rémarquer leurs noms, il ne s'en trouve point, au moins n'en

ay-je vû aucun, de celuy des Strozzi : & l'Histoire nous apprend au contraire que cette maison se dédioit toute à la Guerre. Aussi a-t'elle donné des Heros à l'Italie, qui ne se sont pas moins signalez dans l'adversité que parmy les plus grandes prosperitez, & qui voyans la liberté de leur République renversée, ont mieux aimé mourir avec la gloire d'en avoir esté les Colomnes & le soustien, que de vivre avec le reproche d'avoir suby le joug d'une Famille concitoyenne. Philippe Strozzi ayeul du Colonel renouvella dans son Siecle l'exemple de la fierté de Caton, aprés avoir fait le Personnage de Pompée. Il ceda au destin qui change le Gouvernement des Estats ; mais il ne voulut survivre que pour faire voir que s'il y avoit eu autant de Strozzis que de Florentins, que toutes les Puissances de la terre conjurées ensemble & aidées du foudre materiel & spirituel de l'Eglise Romaine pour la grandeur des Medicis, ne leur auroient pû livrer que des campagnes incultes, des murailles sans Citoyens, des Cimetieres & des ruïnes plûtost que des Villes, & qu'enfin les Medicis auroient plûtost esté les Heritiers que les usurpateurs de la Patrie. Si l'on pouvoit accorder le Christianisme avec une résolution comme la sienne, je la décrirois icy avec tout l'appareil de ces grandes pensées, qui ont toûjours sollicité le cœur d'un Heros aux grandes choses, & lesquelles au lieu de se rébuter des mauvais succés, & au lieu d'estre rébutées elles-mesmes par celuy qu'elles ont conseillé, conspirent avec luy pour mourir ensemble, afin de satisfaire à l'union qui les rendoit inséparables, & de s'élever sur les ruïnes de la liberté publique un Mausolée plus durable & plus élevé que le Trône de la nouvelle domination. Si on estoit encore dans la vaine persuasion des Anciens, qu'il y eut une autre vie dans les champs Elisées, où les Illustres vescussent éternellement de l'odeur de leur memoire & de la meditation des grandes choses qu'ils auroient pensées ou executées sur la terre, il n'y auroit rien de si doux pour une belle ame que d'échapper à la Tyrannie & à la servitude, avec l'asseurance d'estre cité parmy les exemples de la plus forte vertu. Mais tout ce qu'on peut dire de Philippe Strozzi, c'est que sa mort sera l'exemple de la plus fameuse fureur que l'amour de la patrie ait causé dans les derniers Siécles, & qu'on dira que sa liberté luy fut plus sensible que son salut. Sur cette reflexion je ne puis refuser de donner une pensée qui me vient, & qui se peut confirmer par des experiences assez publiques de nostre temps, c'est que l'esprit de République & l'esprit de Religion son fort opposez, parce que l'un ne se conduit que par la prudence humaine, & que l'autre au contraire s'abandonne à la grace & à la providence, & ne fait point de desseins hors d'elle. C'est pourquoy le libertinage ou l'Heresie regnent dans les Estats libres ; c'est pourquoy on n'y voit guere de vertus qui ne soyent plus Politiques & Philosophes que Chrestiennes, & c'est pour cette raison encore que nous voyons que la Religion est plus florissante dans les Estats Monarchiques, & mesme dans ceux qui sont les plus opprimez. On n'y possede qu'en peril

ril tout ce qu'on a de biens, les grandes Charges & les honneurs ne font plus les marques certaines des services qu'on a rendus à la Patrie, on en peut estre privé sans injure, on peut faire gloire de les méprifer, & de ne rien envier de ce qui dépend de la Fortune & de ce qui convertiroit noftre liberté particuliere en fervitude : fi bien qu'un fi grand détachement des chofes du Siecle nous dépoüillant de toutes les paffions violentes, la Vertu eft dans une fouffrance genereufe, pluftoft que dans les marques d'un défefpoir extraordinaire, tel que fut celuy de Philippe Strozzi : qui voyant l'Eftat changé de la Republique de Florence, s'enferma dans fon cabinet, fit un teftament moitié Philofophe & moitié Chreftien, & après avoir plaidé fa caufe devant Dieu & devant les Hommes fuivant les Maximes des anciens Romains, fe traverfa le corps d'une efpée nuë, fur laquelle il fut trouvé mort & nageant dans fon fang. Il avoit époufé Claire de Medicis, fille de Pierre de Medicis, & d'Alphonfine des Urfins, & fœur de Laurens de Medicis Duc d'Urbin ; duquel & de Madeleine de la Tour Comteffe de Boulogne & d'Auvergne fortit Catherine de Medicis Reine de France. Il en eut fix enfans, qui furent, Laurent Strozzi Cardinal : Robert Strozzi qui époufa Madeleine de Medicis, fille de Pierre François, & de Marie Soderini, fœur de Laurens de Medicis, qui tua le Duc Alexandre de Medicis fon parent ; dont Alfonfe Strozzi femme de Scipion de Fiefque Comte de Lavagne Chevalier des Ordres du Roy, & Chevalier d'honneur de la Reine Catherine : Leon Strozzi Prieur de Capoüe, fi celebre par fes exploits de Marine, tué l'an 1554. Pierre Strozzi Marefchal de France : Conftance Strozzi femme de Laurens Ridolfi, & Madeleine Strozzi femme de Flaminio d'Aftaba. Pierre Strozzi Marefchal de France, & qui comme fes freres fe mit fous la protection & au fervice de nos Rois & leur rendit de grands fervices, fut tué au fiege de Thionville d'un coup d'Arquebufe l'an 1558. Je ne me fouviens point du nom de fa femme, que j'ay mal nommée Madeleine de Medicis, la confondant avec la femme de Robert fon frere, page 310. du premier Tome. Il fut pere de Philippe Strozzi Colonel General de l'Infanterie Françoife, duquel nous avons rapporté l'Eloge, & de Clarice Stroffi premiere femme d'Honorat de Savoye Comte de Tende & de Sommerive, qui n'en eut point d'enfans.

Le combat de la Roche-Labelie fe donna le 25. de Juin 1569. & quoy que les Huguenots en tiraffent de grands avantages, il n'y eut pas plus de quatre cens hommes tuez de l'armée Royale, mais de bons hommes & de braves Officiers pour la plûpart, qui y accoururent avec plus de chaleur que d'ordre, & qui pâtirent de l'avantage du lieu, qui eftoit trés-favorable aux ennemis. Ils n'y perdirent pas cent de leurs gens & deux Capitaines feulement.

DE GUY DE DAILLON COMTE DU LUDE

Gouverneur de Poitou & du S. de Briançon son frere,
tué au siege de Poitiers.

IL y a sujet de s'estonner, que la maison de Daillon, si celebre dans l'Europe sous le nom du Lude, qu'elle possede depuis prés de trois cens ans, & qui depuis plus de dix Regnes entiers a merité les premiers emplois de la Guerre ou les premieres charges de la Cour, avec l'estime & la bonne grace des Rois, n'ait point encore esté honorée d'aucun Office de la Couronne. Ce n'est pas qu'elle ne l'ait merité par des services hereditaires dans le commandement des armées, dans le Gouvernement des Provinces, & à la défense des Places les plus importantes à la gloire ou à la conservation de ce Royaume : cela se verra par ce que j'en rémarqueray icy succintement ; mais c'est que tous ceux de cette illustre Race ont toûjours preferé le merite à la récompense, & que la grandeur & la puissance dans laquelle ils sont nez, les a rendu moins soufmis & moins ardens à la poursuite des faveurs de la Cour : où nous voyons par l'experience des plus hautes fortunes, que les petits commencemens sont bien souvent plus favorables qu'une condition dés-ja establie, qui empesche qu'on ne se mette à tout, & dans laquelle on a à ménager son rang & la réputation de ses peres. Guy de Daillon Comte du Lude, duquel le S. de Castelnau fait honorable mention en ce Chapitre de ses Memoires, comme de celuy qui défendit si genereusement la ville de Poitiers & conserva au Roy la Province de Poitou contre les Huguenots, estoit un des plus dignes Sujets de son Siécle pour la valeur, pour l'experience des armes, & pour la prudence, & il l'a montré dans les premiers emplois du Royaume. Il succeda à Jean de Daillon Comte du Lude son pere en son Gouvernement de Poitou, en sa charge de Seneschal d'Anjou, & en sa Compagnie de cinquante hommes d'armes l'an 1557. aprés avoir eu l'honneur de porter la Cornette de la Cavalerie legere de France à la bataille de Renty, & défendu Metz, comme les autres tant Princes que Seigneurs qui s'y enfermerent, avec tant de marques de son courage, que le Roy Henry II. pour se glorifier de ce qu'il avoit esté nourry auprés de luy en qualité d'enfant d'honneur, ne l'appelloit ordinairement que sa nourriture. Il continua ses services à la prise de Calais & de Guines, & aprés avoir perdu ce Prince son bon Maistre, le Roy François II. son fils également persuadé de sa fidélité & de son zele pour la défense de la Religion, par les devoirs qu'il rendit à la réprise des Villes de Poitou, surprises par les Huguenots, le retint de son Conseil & l'honora du Collier de son Ordre l'an 1562. son Gouvernement estant devenu le Theatre & la Scene de la troisiéme Guerre de la Religion, sa Terre de Maigné fut pillée avec perte de prés de cent mille escus, & luy contraint de se jetter dans Poitiers avec ce qu'il avoit de forces avec ses trois freres, & il y soustint le siege depuis le 22. de Juil-

let jufques au 7. de Septembre enfuivant, avec le fecours qu'y amena
le Duc de Guife. C'eft la raifon pour laquelle plufieurs Hiftoires donnent à ce Duc la gloire de la confervation de cette Ville importante, qui veritablement luy eft dûë auffi; mais il la voulut luy-mefme
partager avec le Comte, refufant le commandement qu'il luy défe-
ra, tant parce qu'il eftoit encore jeune, que parce qu'il ne voulut pas
que fa venuë apportaft aucune alteration à l'autorité, qui luy appartenoit comme Gouverneur de la Province. En la mefme année 1569.
il prit Marans & autres Places fur les Huguenots, & l'an 1571. le
Roy eftant au Chafteau de Pefchefeul au Pays du Maine & fe promenant fur la Sartre avec le jeune Comte de Sufe, le Bateau s'eftant
remply d'eau, enforte qu'il eftoit preft à perir, & ceux qui eftoient
prefens crians le Roy fe noye, il fe jetta à cheval dans la riviere
qui eftoit fort creufe, l'arracha du peril où il eftoit, & trouva moyen
de le mettre en croupe & de le ramener à terre. La Reine & toute la Cour luy en témoignerent de grands reffentimens, & le Roy
mefme luy dit ces propres mots, *mon bon amy, fi jamais vous avez
querelle contre qui que ce foit, je vous jure que je vous ferviray de fecond.* L'an 1572. il eut l'honneur d'eftre un des Lieutenans du Duc
d'Anjou au fiege de la Rochelle, & l'an 1576. il fervit encore dans
le mefme employ de Lieutenant General à la prife de Broüage fous
le Duc de Mayenne. Le Roy malcontent du S. de faint Luc, qui y
avoit efté mis Gouverneur, comme des autres Places du Pays d'Au-
his, luy fit expédier des lettres le dernier de Mars 1580. pour luy
fucceder en cet employ; mais il trouva bon qu'il refufaft pour la
feulé confideration de fon fervice, qui luy eftoit plus cher que fes propres interefts, la dépouille d'une perfonne fi digne de rentrer en fes
bonnes graces: & l'ayant mandé incontinent aprés, il le fit Chevalier de l'Ordre du Saint-Efprit qu'il avoit inftitué, & accrût fa
Compagnie d'autres cinquante hommes d'armes. La mort de ce Seigneur arrivée à Briançon le 11. de Juillet 1585. arrefta le cours de
la Fortune & des dignitez qu'il meritoit, & priva François de Daillon Comte du Lude fon fils, à caufe de fon jeune âge, de la fucceffion du Gouvernement de Poitou, que fon pere & fon ayeul avoient
fi heureufement & fi glorieufement adminiftré. Il fut inhumé en
grande Pompe le 26. de Juin 1586. en l'Eglife de faint Vincent du
Lude, où toute la principale Nobleffe d'Anjou & des Pays circonvoifins fe rendit, & où le premier deuil fut conduit par le Prince de
Guemené, le fecond par le Comte de la Suze, le troifiéme par le
S. du Bellay, & toutes les pieces d'honneur accouftumées aux Funerailles des grands Seigneurs, portées par des Gentils-hommes de la
premiere qualité. Il époufa l'an 1559. Jacqueline de la Fayette, fille
de Loüis Baron de la Fayette, & d'Anne de Vienne, & eut d'elle
François de Daillon Comte du Lude, Anne de Daillon femme de
Jean de Beuil Comte de Sancerre, Baron de Chafteaux, &c. Chevalier des Ordres du Roy, Grand-Efchanfon de France, & mere de

René de Beuil Comte de Sancerre & de Marans , Baror
fteaux , Grand-Efchanfon de France ; duquel & de Françoif
talais font iffus le Comte de Marans Grand-Efchanfon &
les : Diane de Daillon mariée à Jean de Levis Comte de
dont font defcendus les autres Comtes de Charlns : & .
de Daillon ; de laquelle & de Philbert S. de la Guiche ,
mont , &c. nafquirent Henriette de la Guiche , femme de
Valois Duc d'Angoulefme , mere de la Ducheffe de Joycuf
ne de la Guiche , femme en fecondes nôces de Henry
Schomberg Marefchal de France ; dont une fille unique
Comte de Montauban , fils aîné du Prince de Guemené
Montbafon.

François de Daillon Comte du Lude & de Pontgibaut ,
d'Illiers , S. de Briançon , &c. Seneichal d'Anjou , Gouve
perfonne de M. le Duc d'Orleans , continua de fervir digneme
Henry III. Henry IV. & Louis XIII. & époufa Françoife
berg , fille de Gafpard Comte de Nanteuil , Colonel des B
lemandes , & de Jeanne Chaltaigner , fille de Jean S. de 1
pozay , Baron de Pruilly , &c. Chevalier de l'Ordre du
de Claude de Montleon , fœur de Henry Comte de Schom
refchal de France. De ce mariage fortirent Timoleon d
Comte du Lude : Roger de Daillon Comte de Pongibaut
de Daillon S. de Briançon morts fans alliance , & Gafparc
lon premierement Evefque d'Agen , à prefent Evefque d'
fiéme fils. Timoleon de Daillon Comte du Lude , Marqui
&c. époufa Marie Faydeau dont un fils & deux filles. Le fil
ry à prefent Comte du Lude , Marquis d'Illiers , &c. prer
til-homme de la Chambre du Roy , allié avec N.... de
fille unique de René Marquis de Boüillé , & de Jacqueline
che , fille de Jean de la Guiche S. de faint Gerant Marefcha
ce , & petite fille de René S. de Boüillé , Comte de Créa
Chevalier des Ordres du Roy , Gouverneur de Perigord ,
née de Laval. Françoife de Daillon aifnée des deux filles
fans enfans de Loüis de Bretagne Comte d'Avaugour : &
de Daillon feconde fille , morte à Paris le 15. de Decem
& du Duc de Roquelaure fon mary font iffus trois enfans

Guy de Daillon Comte du Lude eut pour freres , René
Abbé des Chaftelliers , depuis Evefque de Bayeux , Confei
& Prélat affocié à l'Ordre du Saint-Efprit , mort l'an 16
jetta auffi dans Poitiers pour le défendre , comme firent
freres , François de Daillon S. de Briançon , qui y fut
d'Aouft 1569. d'un coup de canon qui luy emporta la tc
Baron de Saultré , auffi nommé François de Daillon , qui 1
puis fans enfans de Jacqueline de Montigny. Leurs fo
Françoife de Daillon , femme de Jacques S. de Matignon
de France , Anne de Daillon alliée à Philippe de Voluir

ffec, Comte du Bois de la Roche, Chevalier des Ordres du Roy,
rneur d'Angoulefme & des Pays de Xaintonge & d'Aunis : &
Françoife de Daillon morte fans enfans de Jean de Chourfes S.
alicorne, Gouverneur de Poitou. Jean de Daillon leur pere pre-
Comte du Lude, Baron d'Illiers, &c. Senefchal d'Anjou,
bellan & Chevalier de l'Ordre du Roy, Capitaine de cinquan-
nmes d'armes, Gouverneur de Poitou, la Rochelle & Pays
is, Lieutenant General en Guyenne, mourut à Bourdeaux le 21.
t 1557. grand en rénom, grand en dignitez & grand en al-
; car il avoit époufé Anne de Batarnay fœur de Réné Comte
chage, qui a laiffé une fi grande & illuftre pofterité, & fille
nçois de Batarnay Baron du Bouchage, & de Françoife de
, fille de François S. de Maillé, & de Marguerite de Rohan.
arle point de fes exploits, parce qu'ils font amplement traitez
Eloge qu'il a merité du S. de Brantofme, auffi-bien que Jac-
Daillon fon pere & Jean de Daillon fon ayeul : & comme je le
ay cy-aprés, je rémarqueray feulement leurs qualitez & leurs
s. Jacques de Daillon S. du Lude, de Saultré, &c. Con-
c Chambellan des Rois Loüis XII. & François I. récompen-
a charge de Senefchal d'Anjou après la mort de Hardoüin S.
lé tué à Ravenne, pour les grands fervices qu'il rendit en
meufe bataille, & depuis General de l'armée du Roy en
; mort l'an 1532. avoit époufé Madeleine d'Illiers, fille aif-
itiere de Jean Baron d'Illiers, & de Marguerite de Chour-
laiffa d'elle ledit Jean de Daillon Comte du Lude, & An-
, & Anne de Daillon. Antoinette époufa Guy XVI. Comte
l, & fut mere de Charlotte de Laval, de laquelle & de Gaf-
mte de Colligny S. de Chaitillon, Admiral de France, for-
rançois Comte de Colligny, &c. pere du feu Marefchal de
n, & Loüife de Colligny femme de Guillaume de Naffau
l'Orange ; dont font iffus les autres Princes d'Orange. An-
illon fut mariée à Loüis Baron d'Eftiffac, auquel en cette
tion le S. du Lude fon beau-frere donna fon Gouvernement
chelle, & en eut trois filles, Jeanne d'Eftiffac l'aifnée mou-
nfans de François de Vendofme Prince de Chabanois, &c,
de Chartres. La feconde nommée Sufanne époufa 1. Jac-
alaguier S. de Monfales, l'un des braves & des vaillans hom-
n Siécle, qui fur tué contre les Huguenots à la journée de
laiffa une fille unique, Marguerite de Ballaguier, qui de trois
eu trois filles. Du premier avec Bertrand d'Ebrard S. de faint
fortit Claude d'Ebrard mere du Duc d'Uzés d'aujourd'huy.
l avec Charles S. de Montluc nafquit Sufanne Dame de
femme d'Antoine de Lanzieres Marquis de Themines, &
ne avec Bertrand S. de Vignolles, N.... de Vignolles
d'Ambres. Sufanne d'Eftiffac fe rémaria en fecondes nôces
ine de Levis Comte de Quélus, dont Jacques Comte de

Quélus , Marguerite femme d'Hector de Cardaillac S. de Bioulé , Jeanne femme de Claude Baron de Pestels , & Anne de Levis femme de Jean de Castelpers Vicomte de Pannat, l'un de ces Vicomtes si celebres dans les Guerres des Huguenots, par la Ligue qu'ils firent ensemble pour maintenir leur Religion. Charlotte d'Estissac troisiéme fille, fut mariée à Gabriel Nompar de Caumont Comte de Lausun , & en eut François de Caumont pere de Gabriel Comte de Lausun , & Charlotte de Caumont, de laquelle & de Frederic de Foix Comte de Gurson sont issus les Comtes de Fleix, chefs du nom & armes de la maison de Comtes de Foix Rois de Navarre.

Jacques de Daillon S. du Lude eut pour frere François de Daillon S. de la Crotte Capitaine de cinquante Lances , si celebre par ses beaux faits d'armes , aux batailles de saint Aubin du Cormier l'an 1488. de Fournoüe l'an 1494. & de Ravenne où il fut tué , l'an 1511. Loüise de Daillon leur sœur unique , reçût pour mary André de Vivonne Seneschal de Poitou S. de la Chastaigneraye , & eut de luy deux fils & deux filles, Charles de Vivonne S. de la Chastaigneraye , duquel sont issus Andrée de Vivonne Duchesse de la Rochefoucaut , & par femmes les Comtes de Fontaines-Chalendray , les Marquis de Chandenier , & les Barons d'Argenton & de Bois-rogues; François de Vivonne S. d'Ardelay tué par Jarnac ; Jeanne de Vivonne de laquelle & de Claude de Clermont S. de Dampierre sont descendus les Ducs de Retz : & Anne de Vivonne alliée à François Vicomte de Bordeille. De ce mariage sortirent entr'autres enfans André Vicomte de Bordeille Abbé de Brantosme Auteur des Memoires, desquels je me suis servy en divers endroits de cette Histoire, qui usa de sa qualité comme ces Abbés guerriers, qu'on appelloit *Abbates milites* sous la seconde Race de nos Rois , & ne cessa pour cela de suivre les armes & la Cour , où ses services luy firent meriter le Collier de l'Ordre & la dignité de Gentil-homme de la Chambre du Roy. Il hanta avec une estime singuliere de son courage & de son esprit, les principales Cours de l'Europe, comme celle d'Espagne , de Portugal, où le Roy l'honora de son Ordre, celle d'Escosse, & celles de tous les Princes d'Italie. Il fut à Malthe chercher occasion de se signaler, & depuis il n'en perdit aucune de celles de nos Guerres de France; mais quoy qu'il gouvernast parfaitement tous les grands Capitaines de son temps, & qu'il leur appartint d'alliance ou d'amitié, la Fortune luy fut toûjours si contraire, qu'il ne trouva jamais d'établissement digne non seulement de son merite particulier , mais de celuy d'un nom illustre comme le sien. C'est ce qui le rendit d'assez mauvaise humeur dans sa rétraite à Brantosme, où il se mit à composer ses livres dans une differente assiette d'esprit, selon que les gens qui ont répassé devant sa memoire, ont émû sa bile ou touché son cœur. Il seroit à desirer qu'il eut fait un Chapitre de luy-mesme comme des autres Seigneurs de son temps, il nous en auroit bien appris, s'il n'y eut rien oublié , mais peut-estre s'en est-il abstenu , pour ne pas trop declarer ses inclinations pour la maison de Lorraine dans le mesme temps de la ruïne de ses desseins ; car il y estoit fort attaché, & il paroist en plusieurs lieux, qu'il avoit plus de respect que d'affection pour celle de Bourbon. C'est ce qui luy a fait prendre party contre la Loy Salique en faveur de la Reine Marguerite, qu'il estimoit infiniment, & qu'il vit avec regret privée de la Couronne de France. En beaucoup d'autres rencontres il lasche des sentimens, qui tiennent plus du Courtisan que de l'Abbé, mais aussi estoit-ce sa principale profession, comme c'est encore celle de la plûpart des Abbez d'aujourd'huy, & c'est à cette qualité qu'il faut pardonner plusieurs petites libertez, qui seroient moins pardonnables à un Historien juré. Je ne parle point du second ny du troisiéme Volume des Dames, pour ne point condamner la memoire d'un Gentil-homme que ses autres Ouvrages rendent digne de tant d'estime, & j'en répans le crime sur la dissolution de la Cour de son temps, dont on pourroit faire de plus terribles Histoires que celles qu'il rapporte. Il y a aussi quelque chose à rédire à l'ordre dans ce qu'il a escrit, mais le nom de Memoires l'excuse de ce défaut, & quoy qu'il en soit, on y ramasse plusieurs connoissances fort importantes à nostre Histoire, & la France luy est si obligée de son travail, que je ne feins point de dire que tous les services de son espée le doivent ceder à ceux de sa plume. Il avoit beaucoup d'esprit & de bonnes lettres, il estoit fort gentil dans sa jeunesse ; mais j'ay appris de ceux qui l'ont connu, que le chagrin de ses vieux jours luy fut plus pésant que ses armes, & plus déplaisant que tous les travaux de la Guerre, & les fatigues tant de Mer que de Terre en tous ses voyages. Il regrettoit le temps passé, la perte de ses amis, & ne voyoit rien qui approchast de la Cour des Valois où il avoit esté nourry. André Vicomte de Bordeille son frere aisné épousa Jacquette de Montberon Dame d'Archiac & de Matha, & fut pere de Henry Vicomte de Bordeille, de Claude de Bordeille Baron de Matha, dont est issu le Comte de Matha, de Jeanne de Bordeille femme de Charles d'Aidre Vicomte de Ribérac, de Renée de Bordeille femme de David Bouchard Vicomte d'Aubeterre, & mere d'Hyppolite Vicomtesse d'Aubeterre, dont le mary François d'Esparbez S. de Lussan, Mareschal de France, prit le nom de Mareschal d'Aubeterre ; d'Isabelle de Bordeille Dame d'Ambleville ; & d'Adriane de Bordeille femme de Leonard d'Escars S. de saint Bonnet & de saint Ybar. Henry Vicomte de Bordeille Chevalier des Ordres du Roy, Gouverneur de Perigord, épousa Madeleine de la Chastre, fille de Gaspard S. de Nancey, & de Gabrielle de Batarnay, & eut pour fils François Fiacre Marquis de Bordeille, Gouverneur de Perigord, & Claude de Bordeille Comte de Montrésor.

Le pere de Jacques de Daillon, fut Jean de Daillon S. du Lude, Chambellan & Favory du Roy Loüis XI. Capitaine de sa Porte & de cent hommes d'armes, successivement Gouverneur d'Alençon & du Perche, Bailly de Coutantin, l'an 1471. de Dauphiné l'an 1474.

puis de la ville d'Arras, & Comté d'Artois l'an 1477. General des armées de France en Roussillon, où il prit Perpignan l'an 1473. puis en Picardie, & employé en toutes les grandes affaires, tant de la Guerre que du Cabinet par le Roy son Maistre ; qui pour son bel esprit & pour les expediens qu'il luy fournissoit pour le sortir des plus grandes difficultez de son Regne, l'appelloit Maistre Jean des Habi-letez, & luy mande en quelques lettres, *faites bien du Maistre Jean & je seray bien du Maistre Loüis.* Il épousa l'an 1459. Marié de La-val fille de Guy S. de Loüé, Gouverneur & Seneschal d'Anjou, Che-valier de l'Ordre du Croissant, & de Charlotte de Sainte-Maure, & mourut de dyssenterie à Roussillon en Dauphiné l'an 1480. en conduisant en France le Cardinal de saint Pierre aux Liens, Legat du Pape, qu'il avoit esté recevoir de la part du Roy. Il eut pour sœur, Françoise de Daillon morte sans enfans de deux maris, qui furent Jacques Vicomte de Rohan, fils de Jean III. Vicomte de Rohan, & de Marie de Bretagne fille de François I. Duc de Bretagne, & d'Isabelle d'Escosse, & Joachim Goyon dit de Matignon, S. de Ma-tignon & de Thorigny Lieutenant General en Normandie. Gilles de Daillon leur pere rendit de grands services au Roy Charles VII. & avoit épousé Marguerite de Montberon. Il estoit sorty des anciens Seigneurs de Daillon en Poitou, à present possedé par le Duc de Bris-sac. Et il suffit aprés tant de dignitez & de hautes alliances, de ré-marquer que cette maison a emprunté son nom d'une Terre qu'elle a possedée dés le temps de l'origine des surnoms, pour dire qu'elle égale en antiquité comme en grandeur les plus illustres du Royau-me.

Le sieur de Brantosme comprenant dans le Discours qu'il fait de Jacques de Daillon son Grand-oncle maternel, qu'il a mis au nom-bre de ses grands Capitaines, tous ses beaux exploits & les grands faits d'Armes de Jean de Daillon Comte du Lude son fils : je me suis abstenu d'en parler pour les donner icy de son stile ; parce que le témoignage d'un Auteur presque contemporain est toûjours plus puissant & moins suspect que celuy de tout autre moderne. ,, M. du ,, Lude [*Jacques de Daillon*] dit-il, estoit compagnon & contem-,, porain de tous ces bons Capitaines, [*Loüis S. de la Trimoüille* ,, *dit le Chevalier sans reproche, Bayard, Montoison, Fontrailles,* ,, *&c.*] & se trouva bien en cette charge de la Bastide [*auprés de* ,, *Ferrare contre les Troupes du Pape Jules II. qui y perdit* 4000. *ou* 5000. ,, *hommes*] des plus avant ; où il acquit grande réputation. Il estoit ,, Gouverneur, de Bresse, le Roy Loüis XII. les avoit tous mandez ,, des Garnisons pour aller secourir Ferrare sous M. de Nemours con-,, tre le Pape Jules ; qui fut cause que les Venitiens, sous ce grand ,, Capitaine André Grilti, voyans la ville de Bresse fort peu pour-,, vûë de gens, & aussi par intelligence d'un Gentil-homme des ,, grands de la Ville, firent entreprise dessus, de six mille hommes ,, de dehors & de plusieurs de la Ville, que ce Gentil-homme avoit
,, gagnez,

„gagnez. Parquoy, ainfi que les Venitiens donnerent l'allarme par
„une Porte, entrerent trois mille par une Grille, par où fortoient
„toutes les immondices de la Ville; à quoy leur tenoit la main ce
„Gentil-homme [*Loüis Avogaro l'an 1512.*] avec force Faction-
„naires des fiens qu'il avoit gagnez : fi que M. du Lude combattant
„à cette Porte, fe vit par derriere affailly fort rudement. Mais lui
„ne s'eftonnant point, encore que les Venitiens fuffent fix contre
„un, combattit avec fes gens fi vaillamment & longuement, que
„n'en pouvant plus à caufe du grand affoulement & raffraifchiffe-
„ment des gens des Ennemis qui lui venoient fur les bras, fit fonner
„la retraite : & toûjours en bien combattant & faifant tefte, fe re-
„tira au Chafteau, non fans perte & meurtre de fes gens & des
„ennemis auffi; mais pourtant plus des noftres, fur lefquels les Ve-
„nitiens s'acharnerent; & n'en pardonnerent à aucun de ceux qui
„tomberent entre leurs mains, mais ils le payerent bien-toft aprés.
„Le Chafteau fut auffi-toft affiegé, barricadé & rétranché fortement
„du cofté de la Ville, & canonné fi furieufement, qu'on y fit une trés-
„grande bréche, qui fut portant fi bien gardée & foutenuë l'efpace
„de dix jours, que M. de Nemours [*Gafton de Foix*] eut loifir de
„les fecourir. Encore de fecours de Guerre ne s'en fuffent-ils point
„fouciez, finon pour celuy de la faim, car là dedans s'eftoient jet-
„tez tant de gens, que le Magafin n'y pouvoit plus fournir.
„ Cet exploit avec plufieurs autres, donna grande réputation de
„vaillance & conduite à M. du Lude; fi que quelque tems aprés le
„Roy François le fit fon Lieutenant General dans Fontarabie [*il prit*
„*cette Place l'an 1522. avec l'armée qu'il commandoit*] que l'Efpag-
„nol vint affieger; où il fit trés-bien; car il y endura le fiege l'ef-
„pace de 13. mois; combattant & foutenant tous les Affauts plus
„que vaillant homme ne fçauroit faire; n'eftant pas feulement af-
„failly ny combattu de la Guerre, mais de la famine, jufques-là
„qu'il leur convint manger les Chats & les Rats, jufques aux Cuirs
„& Parchemins boüillis & grillez, ainfi que j'ay oüi raconter à Ma-
„dame la Senefchale de Poitou [*Loüife de Daillon femme d'André*
„*de Vivonne S. de la Chaftaigneraye*] fa fœur & ma grande-mere, qui
„m'en contoit des chofes eftranges des extrémes neceffitez qu'ils en-
„durerent-là. Mefme n'a pas long-temps, que dans le tréfor & pa-
„piers de noftre maifon, j'ay trouvé une lettre dudit Seigneur du
„Lude & de trois ou quatre Gentils-Hommes des fiens qui eftoient
„leans, qui lors qu'ils furent défaffiegez, efcrivirent à madite Da-
„me fa fœur les grands combats; affauts, mifere, & famine, qu'ils
„pâtirent dedans, & la grande extrémité à laquelle ils furent ré-
„duits, qui eft certes admirable & incroyable; encore que cette
„Place ne fut fi forte, comme je l'ay vûë depuis : car ils n'en pou-
„voient plus, dont bien fervit le fecours & le levement de fiege que
„donna & fit M. de la Paliffe. Lequel M. du Lude ayant congé
„d'aller trouver le Roy; qui luy fit un trés-grand honneur & ac-

„cueil & trés-bonne chere, & de-là s'aller rafraischir en fa n
„mit en fa place le Capitaine Franget, qui avoit efté Lieuter
„M. le Marefchal de Chaftillon ; qu'on vint affieger au b
„quelque temps : lequel au lieu de s'y défendre de la réfolu
„fon prédeceffeur, la rendit fubitement, & dans huit jours,
„mal à propos. Ce qui donna davantage de gloire à M. du I
„à fa valeur, ny plus ny moins qu'on voit un excellent Peint
„aprés avoir fait le Portrait d'une fort belle & agréable Dam
„oppofe auprés d'elle, ou quelque vieille, ou quelque efclave
„re, ou quelque Nain trés-laid, afin que leur laideur ou n
„donne plus de luftre & de candeur à cette grande beauté &
„cheur. Ainfi la faute du Capitaine Franget donna encore
„Soleil & de jour à la valeur de M. du Lude qu'il n'avoit.
„ Le Capitaine Franget, pourtant, fi avoit-il efté en fon
„en réputation d'un des plus hardis & vaillans hommes de G
„mais ce fut là un grand malheur pour luy, d'avoir ainfi per
„cœur. Il en arrive de pareils ainfi ordinairement à plufieur
„lans, dont ils fe doivent bien récommender à Dieu, de r
„ofter leur cœur & entendement : & pour cela ay-je oüi di
„grands Capitaines, qu'il n'y a gens qui fe doivent plus réco
„der à Dieu que les gens de Guerre. Le Roy François en fu
„pit, qu'il luy en voulut faire trancher la tefte à Lyon, &
„difoit-il, ne luy devoit faire fon procès, finon la défenfe
„lution de M. du Lude, qu'il fit & montra là. Toutefois le F
„faifant grace de la vie, le fit dégrader des armes, punition
„qui eftoit cent fois pire que la vie; n'eftant fi chere que l'h
„& mefme à qui en fait profeffion : en quoy eft une belle q
„que je fais en un autre endroit.
„ Or pour rétourner encore à M. du Lude que l'on nomm
„Jacques de Daillon, & de fon temps le Rempart de Fonta
„il a acquis telle réputation aux Guerres d'Italie, de Lombar
„Ferrare & de France, qu'on l'a tenu un trés-bon Capitaine
„lant, car de cette race ils le font tous. Il eftoit fils de feu
„Lude qui gouvernoit le Roy Loüis XI. Il falloit bien q
„quelque chofe de prix, car ce Roy fe connoiffoit bien e
„Et Mre. Jacques Daillon laiffa un fils [*Jean de Daillon*] q
„fes merites fut Gouverneur de la grande Guyenne jufques
„de Pilles, y mettant le Poitou & autres Pays, & la gouve
„fagement, & jamais l'Efpagnol n'ofa rien entreprendre de fo
„Pour le moins, aucunes entreprifes qu'il fit, M. du Lud
„évanoüir & aller au vent. Aprés luy mort, M. du Lude
„Daillon le dernier mort, fut Gouverneur du Poitou ; de
„charge il s'eft acquité trés-dignement, & mefme durant le
„res civiles, où il eut beaucoup à démefler : car la plûpart
„& des Villes tenoient pour la Religion, de laquelle ils efto
„touchez. C'eftoit un Seigneur fort brave, vaillant, hor

"bien & d'honneur, & de grande magnificence & liberalité. Il avoit
"esté en ses jeunes ans Guidon de M. de Nemours, en quoy il fit
"beaucoup parler de luy, & mesme au siege de Metz, où il eut le
"Guidon par la mort de M. de Paillé qui fut tué. Ce M. du Lude a
"laissé un fils [*François de Daillon*] qui promet beaucoup de luy,
"& dés-ja a fait belle preuve de soy. Voilà comment cette belle &
"noble race va germant toûjours de bien en bien : je ne diray pas
"de mieux en mieux., par l'avis d'un trés-grand personnage, qui di-
"soit qu'il ne le falloit pas dire, d'autant que les enfans & neveux
"ne valent jamais tant que leurs peres & predecesseurs ; si en a-t'on
"vû plusieurs les surpasser, mais ceux-là sont rares : toutefois j'en
"alleguerois force si je voulois, mais possible à un autre discours.
"
"Or ce Mre. Jacques de Daillon, que je puis proprement appel-
"ler ce grand M. du Lude, eut un jeune frere qu'on appella M. de
"la Crotte, trés-brave & trés-vaillant, & qui alloit un peu plus viste
"que l'aisné, ainsi que j'ay ouï dire à feuë madite grand-mere sa
"sœur, & comme j'ay connu par aucunes lettres que les deux freres
"luy escrivoient, nonobstant qu'il fust un peu plus boüillant que l'ais-
"né, si est-ce que le Roy Loüis XII. voulut que pour sa valeur &
"suffisance, qu'il fust Lieutenant de la Compagnie de cent hommes
"d'armes de M. le Marquis de Montferat, & le fit Gouverneur de
"Lignago, Terre appartenante aux Venitiens & qui leur avoit esté
"prise par force. Il la garda trés-bien, où il cuida mourir pourtant,
"d'une forte maladie qui le prit ; mais le Dieu des armées ne vou-
"lut que la mort hideuse & affreuse d'une maladie & d'un lit, triom-
"phast : mort certes par trop indigne de sa valeur : mais devenu
"sain, l'osta du lit, le prit par la main, & le mena mourir plus
"glorieusement à la bataille de Ravenne, en combattant trés-vail-
"lamment. Il fut un des premiers qui fit la premiere charge ; avec
"la Compagnie de cent hommes d'armes dudit Seigneur Marquis ; où
"il fut fort blessé, & son cheval aussi : & ainsi qu'on luy dit qu'il
"se retirast, *rien, rien, ce dit-il, je veux faire icy mon Cimetiere,*
"*& mon cheval me servira de Tombe, car il faut qu'il me serve encore,*
"*& que luy & moy nous mourions ensemble.* Parquoy & le Maistre &
"le cheval, en combattant jusques à la derniere goutte de sang & de
"vigueur, tomberent en terre, & luy dessous. Et ainsi mourut-il,
"& ainsi fut-il enseveli pour le coup comme il l'avoit dit & se vou-
"loit. Sa sœur le contoit ainsi. Et comme il fut mort, regretté de
"tous les François, les Venitiens ne le regretterent guere, car il
"leur avoit bien fait la Guerre. On appelloit communément & cou-
"tumierement Messieurs de Bayard, de la Crotte, & le Capitaine
"Fontrailles, les Chevaliers sans peur & sans réproche, qualité cer-
"tes trés-belle, & des plus belles du monde, à qui l'a merité por-
"ter, voir, plus que tous les noms des Seigneuries du monde. Aussi
"tenoit-on ces trois là pour les plus hasardeux, & ausquels rien n'estoit
"de trop froid ny chaud. Je l'ay ainsi ouï dire à feuë ma grande mere

" fa fœur, & que feu mon oncle de la Chaftaigneraye [*tué par Jarnac*].
" reffembloit du tout audit Capitaine de la Crotte fon oncle, en fes
" façons, promptitudes & valeurs.

Pour ne pas laiffer fans Eloge le Comte du Lude dernier mort, Timoleon de Daillon, je rémarqueray de luy qu'après avoir contraint
affez long-temps fa liberté à la Cour ; y ayant réconnu plus de perils que de juftes fujets d'efperance, il aima mieux fe retirer & vivre
en grand Seigneur en la Province d'Anjou, que de mener une vie in-
quiete, dans la dépendance fervile d'une faveur plus fatale à la ruïne qu'à l'avancement des perfonnes de fa qualité & de fon efprit. Il
ne pouvoit étouffer le brillant du fien, & il en fortoit des efclats trop
dangereux & trop frequens, pour ne pas attirer enfin la foudre fur un
Seigneur fi confiderable, & d'autant plus fufpect, qu'il eftoit revenu de
ces grands defirs qu'il eftima trop vains, pour courir la fortune de ceux
qui alloient échoüer à la Gréve ou à la Baftille. Ainfi il préfera le
calme à la tempefte, & s'abandonna aux delices d'une vie particuliere, qui le conferva dans une liberté d'efprit qui luy eftoit enviée par
ceux mefme de la Cour qui le vifitoient, & qui avoient honte de
courir la chymere, & de fe confumer après des projets fi trompeurs
& incertains. Je ne puis que je ne les compare à noftre ombre, qui paroift
quelque chofe de plus grand que nous, mais qui nous fuit de mefme
qu'elle nous fuit, & qui n'eft qu'un rien que nous ne pouvons atteindre. Il avoit comme fon pere une fécondité admirable de bons mots,
qui valent tout ce qu'on a ramaffé d'Apophtegmes des Anciens, &
quoy qu'il tiraft de loin fur le Gouvernement, tous fes coups n'eftoient
pas perdus, il y en avoit qui portoient quelquefois & qui bleffoient
à outrance.

DE RENÉ DE ROCHECHOUART SEIGNEUR
de Mortemar.

ENcore que je donne l'Hiftoire Genealogique de la maifon de
Rochechoüart à la fin de ce Volume *, avec quelques autres, qui
ont efté alliées à celle de Caftelnau, je ne dois pas laiffer paffer cette occafion du fiege de Poitiers ; fans retenir part en la glorieufe défenfe de cette Ville, à René de Rochechoüart Baron de Mortemar
& de Montpipeau, de Tonnay-Charente, Vivonne, Chaftelacher,
Sarrigny, Luffac, &c. Seigneur confiderable par fon illuftre extraction, qu'il tiroit des anciens Vicomtes de Limoges, & par fes grands
biens, mais encore plus récommendable par fa valeur & par fes grands
fervices. Il fuivit dés l'âge de quinze ans François de Rochechoüart
Seigneur de Mortemar fon pere au fiege de Perpignan, où il conduifit la Nobleffe de Poitou, & depuis il ne quitta point le harnois, & fut toûjours armé pour le fervice de l'Eftat ou de la Religion jufques au 17. d'Avril 1587. qu'il mourut, à l'âge de foixante & un an, avec l'honneur d'eftre le Seigneur de fon temps qui

* Au troifiéme Volume.

s'eſtoit trouvé à plus de ſieges & de batailles , & qui eſtoit plus capable des grandes charges de la Guerre. Mais les grands titres
n'eſtoient pas alors la marque ny la récompenſe du plus grand merite , parce que toutes les Dignitez eſtoient au pillage entre les
Favoris de Henry III. pour eux & pour leurs parens : & tant s'en
faut qu'il y en eut aſſez, qu'il en fallut faire de nouvelles pour y ſuffire , comme c'eſt la couſtume dans les Eſtats qui tombent en décadence. Il fut Chevalier de l'Ordre du Roy Charles IX. & Henry III.
ayant inſtitué de nouveau celuy du Saint-Eſprit , il en fut des premiers
honoré l'an 1580. Pour comprendre toutes ſes actions en peu de
mots, c'eſt aſſez de citer le ſiege d'Eſpernay , la défenſe de Metz ,
de Hedin, où il fut pris les Armes à la main , l'attaque de Wlpian,
où il commandoit cent Gentils-hommes & emporta d'Aſſaut la baſſe
Ville , & enfin à la priſe de Calais , de Bourges , de Poitiers , de
Blois , de Roüen , de ſaint-Jean-d'Angely , de Luſignan , &c. aux
batailles de ſaint Denys , de Jarnac & de Montcontour. Il ſervit encore devant la Rochelle , Broüage & autres Places , & ſouſtint à ſes
dépens tous les frais d'une longue & continuelle Guerre ; qui l'obligea
d'entretenir dès forces conſiderables pour la garde de ſes Terres , outre ſa Compagnie d'Ordonnance , l'une des plus leſtes & des plus
choiſies de toutes les Armées du Roy. Gaſpard de Saulx Seigneur de
Tavannes, Mareſchal de France , témoin de ſa valeur en pluſieurs
occaſions, où il l'avoit veu, mais ſurpris d'une nouvelle admiration
de ce qu'il à fit la bataille de Montcontour l'an 1569. jetta alors
les premiers fondemens de l'Alliance qu'il meditoit de faire avec luy ,
par des témoignages d'une eſtime extraordinaire , & leur amitié fut
confirmée par le mariage de ce Seigneur de Mortemar avec Jeanne
de Saulx ſa fille , & de Françoiſe de la Baume , qu'il épouſa le premier jour de Janvier 1570. De Gaſpard de Rochechoüart S. de Mortemar, Prince de Tonnay-Charente , fils aiſné de neuf enfans qu'ils
laiſſerent, & de Loüiſe Comteſſe de Maure ſa femme , ſont iſſus
Gabriel de Rochechoüart Duc de Mortemar , Chevalier des Ordres
& premier Gentil-homme de la Chambre du Roy , & Loüis de Rochechoüart Comte de Maure. Deſquels il ſera plus amplement traité dans la Genealogie de leur Maiſon , comme auſſi des Marquis de
Montpipeau, de Bonnivet & de ſaint Victurnien leurs puiſnez, iſſus
du meſme mariage de René de Rochechoüart & de Jeanne de
Saulx.

DE PHILIPPE DE VOLUIRE MARQUIS DE RUFFEC.

CE Seigneur de Ruffec , que le S. de Caſtelnau met au nombre
de ceux qui ſe jetterent dans Poitiers avec le Duc de Guiſe
étoit puiſſant en biens & en alliances , comme fils de René de Voluire Baron de Ruffec, & de Catherine de Montauban Vicomteſſe du
Bois de la Roche, Baronne de Grenonville , de Queneuille , de ſaint

Brice, &c. Il avoit pour ayeuls François de Voluire Baron de Ruf-fec & Françoise d'Amboise, & pour bisayeuls Jean de Voluire Ba-ron de Ruffec & Catherine de Comborn sa femme & descendoit encore des anciens Comtes d'Angoulesme, dont la Baronie de Ruffec estoit un partage, par Alienor heritiere de Ruffec, mariée l'an 1356. à Hervé de Voluire S. de la Rochecerviere en Poitou, l'un de ses ancestres. François de Voluire son frere aisné devant heriter des principales Terres de leur maison, & sa qualité de cadet ne luy promettant qu'une trés-mediocre Fortune, il alla chercher dans les armes & à la Cour ce qui luy manquoit dans sa famille, & aprés y avoir ac-quis beaucoup de réputation, il devint encore plus considerable par la succession de son frere qui mourut sans enfans. Catherine de Me-dicis l'eut en grande estime, elle luy procura le Gouvernement d'An-goulesme, & il eut l'adresse de le garder nonobstant le traité de Paix fait avec le Duc d'Alençon, comme on peut voir page 409. de ce Volume. Il en joüit toute sa vie, avec les bonnes graces & l'affec-tion du Roy Henry III. qui érigea sa Baronie de Ruffec en Marqui-sat, & l'an 1582. le fit Chevalier de l'Ordre du Saint-Esprit. Il mou-rut à Paris au mois de Janvier 1585. à l'âge de 51. ans, & les Bour-geois & le Corps de ville d'Angoulesme ayans obtenu son corps d'An-ne de Daillon sa veuve, fille de Jean Comte du Lude, pour luy ren-dre des devoirs dignes de la protection qu'ils en avoient reçuë, l'in-humerent en grande Pompe en l'Eglise de saint Pierre. Il laissa en-tr'autres enfans, Philippe Marquis de Ruffec, Henry Comte du Bois de la Roche; duquel & d'Helene de Talhoet sont issus les autres Comtes du Bois de la Roche en Bretagne : & Jacques de Voluire Baron de saint Brice, de Sens & de la Chatiere; duquel & de Jean-ne d'Erbrée fille de Jean S. de la Chese, & de Gillette de la Fontai-ne, sont issus les autres Seigneurs de saint Brice. Philippe de Voluire Mar-quis de Ruffec fils aisné, tué en duel l'an 1604. par le S. de Fon-taine-Charlendray, avoit épousé le 11. Juin 1594. Aimerie de Ro-chechoüart, fille de René S. de Mortemar, duquel nous avons par-lé au Discours précedent, & de Jeanne de Saulx, & en eut Henry de Voluire mort jeune, & Eleonor de Voluire aprés son frere Mar-quise de Ruffec, mariée le 17. de Novembre 1631. à François de l'Aubespine Marquis de Hauterive, puis de Chasteanneuf & Comte de Sagonne par la mort de Charles Garde des Seaux de France son frere, & Gouverneur de Bréda; dont est issu le Marquis de Ruffec.

DE GUILLAUME DE HAUTEMER S. DE FERVACQUES,
depuis Mareschal de France.

GUILLAUME de Hautemer, que le S. de Castelnau appelle Fervacques en cet endroit du siege de Poitiers, où il s'enferma, merite bien de n'estre pas oublié parmy les illustres de ce temps; au-tant pour la qualité de Mareschal de France où il parvint depuis

que parce qu'il fut bisayeul maternel du Mareschal de Castelnau, petit-fils de l'Auteur de nos Memoires. La fidélité que je dois à l'Histoire sera pourtant plus forte dans son Eloge, que la consideration
de ses descendans, car il est important de ne point celer les défauts
des Grands, il ne faut pas que les honneurs & les dignitez les exemp-
tent aprés leur mort du réproche qu'ils ont merité durant leur vie,
autrement la vertu ne seroit plus necessaire à la réputation, & seroit
exterminée, si toutes sortes de moyens estoient permis pour monter
aux grandes fortunes. Il avoit la naissance, la valeur & toutes les services necessaires pour les plus grandes charges, car le nom de Hautemer est illustre dans la Normandie, & on peut rémonter la Genealogie de ce Mareschal jusqu'à Jean de Hautemer qui vivoit l'an 1300.
S. du Fournet & du Mesnil-Tison, qui fut pere de Robert Seigneur
des mesmes Terres par la mort sans enfans de Jean son frere aisné,
& dont le fils Seigneur du Fournet & du Mesnil, l'an 1376. nommé
Guillaume, laissa de Jeanne de Maudetour, Girard de Hautemer S.
du Fournet, du Mesnil-Tison & de Maneville, qui le 20. Janvier
1414. partagea du consentement de Jeanne Bardou sa femme, Jean,
Marguerin & Guillaume de Hautemer leurs enfans. Jean l'aisné S. du
Fournet & de Fervacques, laissa de Blanche de Greugnes, Guillaume de Hautemer S. du Fournet & de Fervacques, mary de Jeanne
d'Annebaut & pere de Jean, de Guillaume, d'Olivier, & de Marie
de Hautemer. Jean épousa Marie de Beteville; & Guillaume son fils,
aprés luy S. de Fervacques, du Fournet, &c. estant mort l'an 1519.
Colette de Mont-Landrin sa veuve, obtint du Roy François I. la
Gardenoble de ses enfans, Jean, Claude, & Françoise. Jean de Hautemer S. de Fervacque, du Fournet, &c. fils aisné, Lieutenant des
Gendarmes du Mareschal de saint André, fit merveilles à la bataille
de Cerisolles, où il eut un cheval tué sous luy, & fut trouvé entre les
morts. De luy & d'Anne de la Baume fille de Marc Comte de Montrevel, & d'Anne de Chasteauvillain Dame de Grancey, nasquit
Guillaume de Hautemer S. de Fervacques, & depuis à cause de sa
mere Comte de Grancey. Il combattit avec estime aux fameuses journées de Renty, de saint Quentin & de Gravelines contre les Espagnols, de Dreux, de saint Denis & de Montcontour contre les Huguenots, & il merita particulierement à celle de saint Denis d'estre
récompensé du Collier de l'Ordre du Roy & d'une Compagnie d'Ordonnances. Le Mareschal de Tavannes son parent, l'engagea d'a-
bord au service du Duc d'Anjou, depuis Roy Henry III. d'où il passa à celuy de François de France son frere, Duc d'Alençon, qui le
prit en si grande affection qu'il le fit premier Gentil-homme de sa
Chambre, Grand-Maistre de sa Maison, Chef de ses Finances & de
son Conseil, & Lieutenant General de ses armées des Pays-bas en
son absence. On l'accuse d'avoir esté en cette qualité plus sensible à
ses interests que jaloux de l'honneur de son Maistre, & de luy avoir
donné de mauvais conseils, mais principalement d'avoir esté auteur

de celuy du Pillage d'Anvers , qui fut si tragiquement
dont le dessein fut expié de tant de sang de nos Franç
perte du Duché de Brabant. C'estoit faire un mauvais
si belle conqueste , & ce qui est encore plus considera
trabir l'honneur de nostre Nation par un attentat contr
Gens, que je ne puis pardonner à sa memoire. Aussi av
sa jeunesse dans les pratiques perpetuelles d'une Cour ,
coustumée à loüer toutes sortes de succés , & qui tenoi
me qu'il n'estoit que de se faire puissant & qu'il valoit
cer à la vertu, que de souffrir qu'elle fit obstacle aux gr
Tout ce qu'on peut dire pour l'excuser , c'est qu'il avoi
un Prince, qui avoit de mauvaises inclinations , qui ai
seils violens , qui se plaisoit dans le désordre & dans le
avec cela si incapable de profiter des avantages, que la
procuroit, qu'il meditoit d'en traiter avec le Roy d'Esp
venger du Prince d'Orange : quoy qu'il en soit, ce S.
a esté taxé de trois défauts considerables, de peu de R
bition & d'avarice. Mais on le loüoit aussi d'autant
valeur , & d'avoir esté le plus délié Courtisan de son S
plus propre à gagner les bonnes graces d'un Prince. A
du le Duc son Maistre , il demeura si fidéle au party
IV. dans la charge de Lieutenant General au Gouverne
mardie, qu'il merita aussi d'estre Chevalier de ses Ord
& il mourut l'an 1613. à l'âge de soixante & quinze an
gé de biens que d'années & de dignitez , & principale
che en argent comptant ; mais qu'Anne d'Allegre sa s
laissa dissiper au défunt Duc de Chevreuse dans la vaine
l'épouser , & ce fut si-tost fait, que la richesse de cette
que d'un moment , après lequel on vit tout à coup to
& l'éclat du nom de Fervacques , qui ne resta plus qu
ne , parce que le Mareschal son mary n'avoit que des fil
riées, de son premier mariage avec Renée l'Evesque di
nay , fille de François l'Evesque S. de Marconnay , &
Gillier. Anne d'Allegre avoit eu pour premier mary Pa
depuis nommé à cause de la succession de Laval , Gu
de Laval, de Montfort, & de Quintin , &c. dont l
Guy XX. mort en Hongrie. Elle estoit fille de Christ
d'Allegre, Baron de saint Just, & d'Antoinette du Pr
du premier lit du Mareschal de Fervacques, furent, l
temer Dame de Planes 1. alliée au S. d'Aurilly & fen
des nôces d'Aimar S. de Prie , Marquis de Toucy ,
François de Prie S. de Planes qui de N.... Brochard
la Cliette Me. des Requestes a laissé N.... Marquis
de Prie fils aisné épousa Françoise de Lesignem de sa
d'Artus S. de Lansac, & de Françoise de Souvré; d
Prie femme de Noël de Bullion Marquis de Bonelle.

Prie alliée à Philippe de la Mothe-Houdancourt, Duc de Cardonne, Mareschal de France. Charlotte de Hautemer Comtesse de Grancey seconde fille, épousa Pierre Rouxel de Médavy l'an 1586. & en eut entr'autres enfans, Jacques Rouxel Comté de Grancey, &c. Mareschal de France, & Charlotte Rouxel de Médavy, femme de Jacques de Castelnau Baron de Jonville &c. & mere de Jacques Marquis de Castelnau Mareschal de France; comme on verra plus amplement en la Genealogie de Rouxel rapportée à la fin de ce Volume *. Enfin Jeanne de Hautemer troisiéme fille, Marquise de Mauny, eut pour premier mary Claude d'Estampes S. de la Ferté-Imbaut, dont Jacques d'Estampes Marquis de la Ferté-Imbaut & de Mauny, Mareschal de France, &c. Le second fut François Canonville Baron de Raffetot.

CHAPITRE HUITIÉME.

DE LA DÉFAITE ET DE LA PRISE DU SIEUR
de Terride par le Comte de Montgommery.

J'AY oublié en la page 366. du premier Volume, de mettre le nom de ce Seigneur de Terride, qui fut l'un des Chevaliers de l'Ordre du Roy François II. à la promotion faite à Poissy le jour de saint Michel 1560. Il s'appelloit Antoine de Lomagne, & descendoit d'une des plus illustres maisons de Languedoc, à présent fonduë en celle de Levis; qui par substitution doit porter les surnoms joints ensemble de Levis & de Lomagne; à cause du mariage de Catherine-Ursule de Lomagne sa fille, avec Philippe de Levis S. de Mirepoix. Sa valeur éprouvée dans les Guerres d'Italie, luy avoit fait meriter le Gouvernement du Pays de Quercy, qu'il maintint contre les Heretiques; mais ayant porté ses desseins jusques à l'offensive, par la persuasion du Mareschal de Montluc; du secours duquel il s'asseuroit principalement : il arriva par malheur pour luy, que sur le point qu'il se pouvoit venter de la conqueste entiere de la Principauté de Bearn, le Comte de Montgommery ayant joint les troupes des Vicomtes, plus aguerries que les siennes pour la plûpart, composées de Communes & de Noblesses du Pays, sans experience ou sans discipline, le surprit par une merveilleuse diligence, vint réprendre tout ce qu'il avoit conquis, luy fit lever le siege de Navarrin prest à se rendre, & le prit luy-mesme dans Ourtes. Cette expedition de Montgommery fut certainement belle autant qu'elle fut importante à son party, dans la conjoncture où elle arriva de la perte de la bataille de Montcontour; mais il en ternit beaucoup l'honneur par le mauvais usage qu'il fit de sa victoire : & cela merite d'estre relevé icy, pour servir d'exemple à ceux qui abusent de la fortune des armes, & qui manquent à la foy des Traitez. Terride se rendit à luy vie & bagues sauves, comme firent aussi les Sieurs de sainte Colombe & de Favas, le Baron de Pordiac, & quel-

* Au troisiéme Tome de cette Edition.

ques autres, mais j'ay honte de dire qu'il retint le premier prisonnier, & que non seulement il ne fut pas content de l'échanger avec un sien frere, qu'on avoit pris en Poitou, mais qu'il en tira encore une grosse rançon : & que pour les autres il les abandonna au ressentiment de la Reine de Navarre, parce qu'ils estoient ses Sujets. Ce fut en cette qualité qu'elle les fit perir, avec aussi peu de droit qu'il en avoit eu de les livrer ; car il n'est que trop certain qu'elle n'avoit point d'autorité sur ses Sujets de Bearn, non plus que sur ceux de la Comté de Foix contre le service du Roy ; les Vicomtes de Bearn ayans esté eux-mesmes Sujets de la Duché de Guyenne, outre qu'il n'y a rien qui répugne plus naturellement & originairement à la Souveraineté, que le titre de Vicomte, qui désigne une Puissance subalterne.

Tous ceux qui ne reglent point leurs actions ny leurs passions par la Justice, peuvent aussi succomber à la passion d'un plus grand qu'eux, ou d'un plus heureux : cela arrive plus ordinairement qu'on ne pense, & il arriva avec esclat en la personne du Comte de Montgommery. La Reine Catherine l'ayant entre ses mains, crût se venger dans son sang de la mort de son mary, comme nous avons rémarqué page 769. du premier Volume, mais elle satisfaisoit aux dépens de sa réputation propre aux Manes de ces Barons, & à l'infraction du traité d'Ourtes, par l'infraction de celuy de Domfrons, où ce Comte se rendit prisonnier de Guerre. Je dis aux dépens de sa réputation, parce qu'il n'y a point de justes répresailles d'infidélité, parce qu'il ne luy estoit pas permis de violer sa parole, particulierement à un moindre que soy, & qu'elle devoit attendre quelqu'autre occasion de signaler sa vengeance ; si ce n'est qu'elle l'ait crûë plus douce & plus digne d'une femme implacable, de la prendre contre les Regles ; & contre le droit de la Guerre, aussi ne fut-il point de mention pour la perte de ce Comte, de l'affaire d'Ourtes, mais c'estoit pour la principale cause, Dieu qui se sert des Souverains, tirant bien souvent de la justice de leur injustice, & des exemples pour le Public de la punition d'une violence, & de cette sorte de violences encore, qu'on croit mettre à couvert par les traités de Paix, & dont les Princes promettent en vain l'impunité contre les Decrets de la Providence. J'avois remis à parler plus amplement de ce Comte de Montgommery en traitant de sa mort, mais comme elle ne tombe pas dans mon sujet ; je joindray seulement à ce que j'ay dit de luy & de sa maison au Volume précedent, ce que le S. de Brantosme en a escrit au discours du Roy Henry II. qu'il blessa mortellement en ce funeste Tournoy de la ruë saint Antoine.

„ M. le Comte de Montgommery fut fort blasmé aprés avoir fait „ mourir ce grand Roy, de n'en avoir fait plus grande répentance ny „ penitence qu'il ne fit ; mais tant s'en faut, aprés en avoir fait quel„ que petit semblant en se bannissant de la France, aprés s'estre pro„ mené en Italie & s'y estre donné du bon temps : la Guerre civile „ émûë, il s'arma contre le Roy, fils du Roy, qu'il avoit fait mou„ rir, assembla des forces, se saisit des Places, tint Roüen contre

luy , qui y eſtoit en perſonne & jeune enfant: Puis ledit Comte y fit
„ entrer les Anglois , & s'aida d'eux , non content de cela perſiſta
„ toûjours , & au pis qu'il pouvoit , juſques à ſa priſe à Domfrons.
„ Auſſi cela luy couſta la teſte , qui luy fut tranchée à Paris ; & vis
„ la Reine Mere , qui eſtoit alors Regente , dire & jurer , que s'il ſe
„ fuſt contenté & eut fait autre répentance qu'il n'avoit faite , & qu'il
„ eut eu contrition de ſon coup malheureux , qu'elle ne luy eut jamais fait
„ ny mal ny bien ; puis que le Roy ſon Seigneur luy avoit pardon-
„ né : mais faiſant tels débordemens inſolens & hoſtiles , & bandé
„ contre les Rois ſes enfans , il montroit eſtre aiſe de ſon ſang , &
„ pour ce digne de mort. Force perſonnes de grand avis diſoient de
„ meſme qu'elle , & qu'il avoit eu grand tort. Ceux qui le temps paſ-
„ ſé avoient tué leurs pere & mere , alloient par le monde errans ,
„ vagabons & peregrinans , afin que par le travail & peine qu'ils en
„ expiaſſent le peché , & ce par l'eſpace de quelques années , tant du
„ plus que du moins , & n'oſoient autrement revenir habiter en leur
„ Patrie ny en leur maiſon. Celluy-cy , diſoit-on , en devoit faire de
„ meſme , & percer & traverſer dix ou douze fois Pays barbare , ru-
„ ral & rude des Griſons , ou autre , pour y faire penitence , plû-
„ toſt que de vivre ſi délicieuſement à Veniſe & Terres des Venitiens
„ douces & plaiſantes : car qui tuë ſon Roy , n'offenſe pas ſeulement ,
„ & ne tuë ſon pere , mais de tout un Public , & meſme d'un tel &
„ ſi débonnaire Roy. Ainſi devoit M. de Montgommery expier ce
„ meurtre par œuvres penitentielles , & non par actions d'hoſtilité.
„ Auſſi dit-on que ſon bon & brave vieillard de pere en avança ſes
„ jours , bien qu'ils fuſſent fort chenus , & mourut de regret. Ce fut
„ pourtant un brave Capitaine Huguenot , & trés-vaillant , à qui on
„ ne peut reprocher que cela. C'eſt une brave & valeureuſe race , de
„ laquelle juſques à cette heure en ſont ſortis en ſuivant le pere , de trés-
„ vaillans & braves hommes , comme j'en parle ailleurs.

DU SIEUR DE BELLEGARDE.

LE meſme S. de Brantoſme traitant fort particulierement parmy ſes Capitaines illuſtres l'hiſtoire du Mareſchal de Bellegarde , je me ſerviray du ſujet que le S. de Caſtelnau me donne de parler de
Pierre dit Perroton de ſaint Lary ſon pere , pour la rapporter icy ,
& je joindray à ce qui y manque , la connoiſſance que j'ay de ſa
maiſon ; qui pour eſtre aſſez nouvelle à la Cour , paſſa fauſſement
pour eſtre de nouvelle Nobleſſe. Mais elle eſtoit de nom & d'armes ,
& rapportoit ſon origine aux anciens Seigneurs de ſaint Hilaire en
Languedoc , dit par corruption ſaint Lary , dont elle portoit le Nom ,
comme il paroiſt par le teſtament fait le 1. Avril 1485. par Jean S.
de ſaint Lary , de Geſſac , de Montgras , & de Monteſtruc , Con-
ſeigneur de Frontignan , qui inſtitua heritier univerſel Jean de ſaint
Lary ſon fils , aprés luy Seigneur des meſmes Terres , & qui en ren-

dit aveu au Seneschal de Toulouse l'an 1503. Raimond fils de celuy-cy fut Seigneur de Bellegarde par la mariage qu'il contracta le 7.
de Septembre 1498. avec Miramonde fille de Roger de Lagousan. Il
eut d'elle Perroton de saint Lary Baron de Bellegarde, Chevalier de
l'Ordre du Roy, Capitaine de cinquante hommes d'Armes, Gouverneur de la Ville & Seneschaussée de Toulouse & d'Albigeois,
ainsi qualifié dans son testament du 13. Octobre 1569. & lequel en
cette qualité est mentionné dans ce Chapitre des Memoires du S.
de Castelnau, comme l'un des Chefs du Party Catholique en Languedoc. Il contracta mariage le 11. Mars 1520. avec Marguerite
d'Orbessan Niéce de Paul de Termes Mareschal de France. Et en eut
Roger de saint Lary dit de Bellegarde, Jean de saint Lary dit de Termes,
& Jeanne de saint Lary, femme de Jean de Nogaret, S. de la Valette, mere du Duc d'Espernon. Roger de saint Lary, dit de Bellegarde, l'aisné., Gentil-homme fort accomply., n'eut pas moins
besoin d'esprit & de conduite que de valeur, pour gagner
les bonnes graces du Roy Henry III. pour en profiter, comme il fit, & pour se maintenir dans le Gouvernement du Marquisat de Saluces contre la disgrace du mesme Prince, qui
aprés l'avoir fait Mareschal de France, le prit en aversion & ne le
put défaire. Aussi estoit-ce son souhait ordinaire & tout public, quand
il aimoit quelqu'un, de le pouvoir faire si grand, qu'on ne le put ab
baisser : & cela luy réüssit à sa confusion en tous ses Favoris ; mais
la Reine sa Mere fut plus heureuse dans les vœux qu'elle faisoit à la
vengeance, & ce qui manqua à la foiblesse de l'un, ne put échapper
à la haine irréconciliable de l'autre ; car ou tient pour certain qu'elle fit empoisonner ce Mareschal l'an 1479. Le Mareschal de Termes
ayant épousé une fille de la maison de Saluces, fort belle & adroite,
elle donna dans la vûë au jeune Bellegarde son neveu, & elle
menagea si bien cette inclination, qu'elle l'épousa depuis par dispense, & elle eut encore le bonheur de regner dans le Marquisat d'où
elle estoit issuë, comme si elle en eut esté l'heritiere legitime, & si
elle en eut porté les droits à son mary, qui s'y establit puissamment
& en usa comme d'un Patrimoine : elle en eut un fils nommé Cesar
de Bellegarde Gouverneur de Xaintonge, tué à l'âge de 25. ans à la
bataille de Coutras l'an 1587. jeune Seigneur de grande esperance, &
lequel s'estant engagé par promesse de mariage envers la tante d'un
Maistre des Requestes, la laissa grosse d'Octave de Bellegarde depuis
Procureur à Bourdeaux, qui soûtint sa naissance en Justice, & aprés
avoir esté réconnu, fut S. d'Aubrac & s'estant devoüé à la Profession Ecclesiastique est mort l'an 1646. Archevêque de Sens, Abbé
de saint Germain d'Auxerre, de Vaulvisant, de Poultieres, & de
saint Michel de Tonnerre.

Jean de saint Lary frere du Mareschal, succeda au Mareschal de
Termes son oncle à condition de porter son nom, & épousa Anne
de Villemur fille du Baron de Blagnac & d'une sœur de mesme Ma-

reſchal. De ce mariage ſortirent trois fils & une fille, Roger de ſaint
Lary & de Termes, dit de Bellegarde, dont il transfera le nom ſur
la ville de Seure en Bourgogne, érigée en ſa faveur en Duché &
Pairie de France, depuis acquiſe de ſes heritiers par feu M. le Prince, aprés la mort de ce Duc, ſans enfans d'Anne de Beuil, fille
d'Honoré S. de Fontaines, & d'Anne de Beuil, fille de Loüis de
Beuil Comte de Sancerre, & de Jacqueline de la Trimoüille : Jean
de Bellegarde mort à 14. ans : Ceſar Auguſte Baron de Termes premierement Chevalier de Malthe & Grand-Prieur d'Auvergne, depuis
Grand-Eſcuyer de France par réſignation du Duc de Bellegarde ſon
frere, & Chevalier des Ordres du Roy, tué au ſiege de Clerac l'an
1621. qui de Catherine Chabot, fille de Jacques Marquis de Mirebeau, &
d'Anne de Colligny, eut un fils mort jeune, & une fille mariée au Marquis
de Monteſpan ſon couſin germain : & Paule de Termes, dite de Bellegarde leur ſœur, épouſa Antoine Arnaud de Pardaillan Marquis de Monteſpan, de Gondrin, d'Antin, &c. dont la poſterité rapportée dans
la Genealogie de Caſtelnau *, eſt ſubſtituée au nom & aux armes de
Termes & de Bellegarde. Si le Mareſchal de Bellegarde releva le
luſtre de ſa maiſon, on peut dire qu'il fut encore de beaucoup accrû par le merite & par les belles qualitez du Duc, & par la valeur
& la generoſité du Baron de Termes ſon frere, tous deux dignes de
laiſſer des enfans qui profitaſſent de l'eſtime qu'ils s'eſtoient acquiſe :
le Duc principalement n'ayant jamais déployé ſa faveur & ſon credit à la Cour avec plus de joye & de paſſion, que quand il s'agiſſoit
de faire la fortune des perſonnes de lettres & des hommes d'eſprit.
Auſſi ſa grandeur n'a-t'elle eſté enviée ny perſecutée que de la Fortune,
qui le trahit enfin, comme le Mareſchal ſon oncle, dont elle favoriſa les commencemens avec un comble de proſperitez veritablement
ſurprenant, comme l'on verra par l'Hiſtoire ſuivante tirée du S. de
Brantoſme, qu'on peut mettre au rang de ceux qui en furent jaloux,
& qui en laſche des preuves en d'autres endroits.

» M. de Bellegarde fut en ſes jeunes ans dedié par ſon pere à l'E-
»gliſe, & long-temps fut appellé le Prévoſt d'Ours, qui eſt une
»dignité Eccleſiaſtique, je ne ſçay où, ſi ce n'eſt en ſon Pays : lors
»qu'il eſtudioit en Avignon, il luy avint, comme c'eſt la couſtume
»d'Eſcoliers ribleurs & débauchez, de ribler & battre le pavé, telle-
»ment qu'il fit un meurtre d'un autre Eſcolier ; & pour ce luy con-
»vint vuider la Ville, & s'en aller en Corſe trouver M. de Ter-
»mes ſon oncle, qui eſtoit lors Lieutenant : & laiſſant ſa Robe il
»prit les armes, par leſquelles il ſe fit paroiſtre. Il eſtoit trés-brave
»& trés-vaillant, & de fort belle façon & haute taille, & avoit for-
»ce ſçavoir, & n'y ayant guere plus que faire, il tira en Piémont,
»où il commanda une Compagnie de Chevaux legers. M. de Mioſ-
»ſans, qui vit encore & qui commande la Cornette du Roy de Na-
»varre, eſtoit lors ſa Cornette. Il s'y porta trés-vaillamment &

* Au troiſiéme Volume.

„dignement, & parloit-on fort du Capitaine Bellegarde. Il fut puis
„aprés Enseigne & Lieutenant de M. le Mareschal de Termes son On-
„cle. Aprés la Paix faite entre les deux Rois, son Oncle mort aux
„premieres Guerres, sa Compagnie fut départie, la moitié à M. de
„Martigues, & l'autre à M. d'Escars & M. de Bellegarde, qui estoit
„Lieutenant, n'en eut rien ; en quoy on luy fit un trés-grand tort,
„parce qu'il en estoit Lieutenant, & de droit de Guerre devoit avoir
„quelque chose comme le meritant trés-bien, & l'eut trés-bien con-
„duite & fait trés-bien combattre. Il ne laissa pour ce à faire la
„Guerre d'alors, & sa Cour, mais trop posément.

„ La Paix venuë le S. du Perron Comte de Retz, qui estoit lors
„seul Favory du Roy Charles, le prit en amitié au voyage de Pro-
„vence & d'Avignon, & le fit Lieutenant de sa Compagnie de Gen-
„darmes ; dont aucuns s'en estonnerent comme il avoit pris cette
„charge, l'ayant esté d'un grand Mareschal de France, & s'abais-
„soit de l'estre de ce nouveau Capitaine venu [*il faut lire le S. de*
„*Brantosme avec précaution en ce qu'il dit du Mareschal de Retz,*
„*parce que luy-mesme avouë ailleurs qu'il le haïssoit de ce qu'ayant*
„*épousé sa cousine, il n'avoit rien fait pour sa fortune*] qui n'avoit ja-
„mais rien vû ny fait, & avoit eu cette Compagnie comme une vraye
„commanderie de grace. Mais ledit Bellegarde s'accommoda lors à
„la faveur, & fit trés-bien ses affaires, & pour l'amour de luy, il
„en eut de beaux dons du Roy, entr'autres une Commanderie de
„l'Ordre de Calatrava d'Espagne, qui est en Gascogne & prés de sa
„maison, & n'y en a aucune en France que celle-là, & vaut quin-
„ze cens Ducats de rente & plus. Il l'obtint par faveur, car le Roy
„en escrivit fort d'affection au Roy & à la Reine d'Espagne sa sœur
„pour l'en favoriser. Il y eut un peu de peine à cause des Statuts de
„l'Ordre, desquels le Roy est estroit & grand observateur. J'estois
„lors en Espagne, & la Reine m'en parla, & qu'il y avoit eu de la
„difficulté, mais qu'elle avoit tant prié le Roy qu'il l'avoit accor-
„dée : & me demanda si je le connoissois, & qu'elle ne l'avoit ja-
„mais vû à la Cour du temps du Roy son pere. Je luy dis qu'il avoit
„toûjours demeuré en Piémont, & que c'estoit un fort brave & vail-
„lant Gentil-homme.

„ Il garda long-temps la Lieutenance dudit du Perron & Comte de
„Retz, mais il la quitta par aprés, qu'il estoit plus plein qu'il n'a-
„voit esté autrefois : toutefois il estoit souvent avec luy, & le cher-
„choit toûjours, & ledit du Perron l'employoit fort pour ses affaires
„particulieres, & mesme pour traiter & negocier son mariage, lors
„qu'il estoit encore Lieutenant, avec la Dame qu'il a anjourd'huy
„pour femme, qui estoit veuve de M. d'Annebaut : & l'envoya vers
„elle & sa mere Madame de Dampierre ma tante, & partismes tous
„deux ensemble d'Arles. Moy estant venu d'Espagne, j'allay faire un
„tour à ma maison, où je n'avois esté il y avoit deux ans, je pris le grand
„chemin de la poste de Languedoc, de Gascogne & Bourdeaux, &

» luy prit le chemin de Dauphiné, Lyon, Paris, & Guyenne. C'estoit
» à qui arriveroit plûtost, j'arrivay huit jours avant luy, parce qu'il
» s'amusa à Paris, me dit-il, & courions chacun à six chevaux de poste ,
» autant l'un que l'autre, & nous nous séparasmes à Avignon. Nous
» fismes le voyage de Malthe, où il se trouva, & fut fort honoré &
» respecté de M. le Grand-Maistre, de M. le Marquis de Pescaire, &
» les autres Grands, tant de la Religion que de l'armée Espagnole &
» Italienne ; car il estoit homme de trés-belle apparence & de trés-
» bon discours, & le plus ancien de tous les autres ; non qu'autre-
» ment nous luy déferassions, si-non autant qu'il nous plaisoit. Il estoit
» un trés-beau Duelliste, & entendoit trés-bien à démêler une que-
» relle, ainsi qu'il fut appellé à quelques-unes, nous estans-là, dé
» par M. le Grand-Maistre & M. le Marquis : ce qui luy fut un grand
» honneur. Il tiroit aussi trés-bien des armes, & luy faisoit trés-beau
» voir en main, & n'en laissa ny discontinua l'exercice jusques à sa
» mort.

» Quelques années aprés, M. le frere du Roy le prit en amitié ,
» autant pour sa suffisance & qu'il attiroit en ce qu'il pouvoit les hon-
» nestes gens à luy, que par le moyen de M. du Gua, qui gouver-
» noit paisiblement Monsieur, son Maistre, & pour ce luy faisoit
» tout plein de faveurs : mesme qu'il luy octroya l'estat de Colonel
» de son Infanterie, sans penser à sa parole, qu'il avoit premierement
» donnée au S. du Gua, qu'il devoit mener en Pologne ; dont j'en
» parleray ailleurs, & du differend sur ce sujet d'entre luy & M. du
» Gua, & comme pour l'amour de cela en partie, cette Infante-
» rie ne s'y conduisit. Nonobstant, ils ne furent jamais bons
» amis, & furent en Pologne avec le Roy, où l'un & l'autre n'y
» demeurerent guere qu'ils s'en départirent. L'un s'en vint à la
» Cour, & M. de Bellegarde alla en Piémont, & n'y fut pas plû-
» tost, que la mort du Roy entrevint, & la partence du Roy nouveau
» de Pologne, qui fut à l'improviste & à la dérobade, & trés-mal
» accompagné ; dont trés-bien luy servit, ainsi que j'en discourray
» trés-bien en sa vie par son dire propre, qu'il me fit cet honneur
» un jour m'adresser les propos à Lyon, à son coucher, ainsi que
» le déchaussois. M. de Bellegarde qui estoit trés-hardy, prend l'oc-
» casion au poing, discourt à M. de Savoye de la venuë du Roy,
» & de l'accueil qu'il luy devoit faire pour son devoir, & l'assistance
» qu'il luy devoit porter, en parle de mesme aux Potentats d'Italie,
» & à Messieurs de Venise : enfin il les trouva trestous si bien pré-
» parez, qu'ils n'attendoient rien tant que sa venuë, pour luy faire
» paroistre leur devoir , obeissance & amitié. Aprés, il partit en
» poste, & vint au-devant du Roy qu'il trouva en Carinthie, luy
» discourt de sa Negociation qu'il avoit entreprise de luy-mesme, pen-
» sant qu'il eut failly, s'il eut fait autrement. Là-dessus ne faut douter
» s'il luy en sçut un trés-bon gré, l'embrasse, l'aime plus que jamais,
» le caresse, si bien qu'il possede le Roy, le gouverne paisiblement,

„Tout paſſe par ſes mains, & ſon conſeil & ſes affaires, car il
„eſtoit ſeul de charge; ſe fait admirer, honorer & aimer de tous
„les Grands d'Italie.

„ Ce ne fut pas tout, il le fait Mareſchal de France au lieu de deux
„priſonniers à la Baſtille [*les Mareſchaux de Montmorency & de*
„*Coſſé*] luy fait don de trente mille livres de rente en biens d'Egliſe
„ou autrement. Bref, on le vit à coup ſi régorgé de faveurs & gra-
„des; ſi bien que nous ne l'appellions à la Cour, que le Torrent
„de la faveur: ſi que le monde s'en eſtonnoit, & ne faiſoit-on par-
„ler que de ce Torrent. Meſme la Reine n'en ſçavoit que dire, vers
„laquelle le Roy l'envoya un jour avant qu'il vint, pour luy annon-
„cer ſon heureuſe venuë, & luy conferer toutes ſes plus privées affaires,
„qu'il ne vouloit commettre à autre qu'à luy. Je le vis venir dans le
„caroſſe du Roy, qu'il luy avoit preſté, qui tenoit fort bien ſa mor-
„gue à l'endroit de la Reine, de Monſieur, du Roy de Navarre;
„qu'il rencontra en chemin où j'allois. Je ne l'euſſe jamais pris pour
„celuy que j'avois connu, & diſoit-on qu'il en faiſoit trop pour un
„commencement. M. du Gua mon grand amy, me diſoit bien toû-
„jours, qui n'avoit encore vû le Roy, laiſſe-moy parler au Roy une
„heure, tu verras que je feray bien-toſt eſcouler ce torrent, & ſe
„cacher & rentrer bien-toſt dans ſon lit, & premier chetif berceau
„qu'on l'a vû; comme il dit vray; car en un rien on vit le Roy
„fort réfroidy en ſon endroit, luy faire la mine froide & dédaig-
„neuſe, comme il ſçavoit trés-bien faire quand il vouloit, ne luy
„parler plus d'affaires, la porte du Cabinet luy eſtre refuſée le plus
„ſouvent. Enfin voilà tout changé en un tourne-main de ce que l'on
„ne venoit que de voir *adeſſo*, comme dit l'Italien, & de fait fort
„ravallé; ſi bien qu'à la Cour on ne ſçavoit ce qu'on devoit plus
„admirer, ou la fortune de cet homme, qu'on avoit vû hier trés-
„haute & trés-grande, ou ſon petit ravallement d'aujourd'huy: dont
„aucuns en rioient bien, car avant il faiſoit trop du grand, vû ce
„qu'il avoit eſté. Et c'eſt ce qu'il nous dit un jour à M. de Strozze
„& à moy, qui eſtions de ſes bons amis, & le luy montraſmes
„mieux en ſon adverſité, qu'il ne nous avoit montré en la proſperi-
„té, en laquelle ſe perdoit trop, qu'il eut mieux aimé cent fois que
„le Roy ne l'eut point élevé ſi haut & en ſi peu de temps, que tout
„à coup l'avoir précipité comme d'un Rocher en bas, pour le per-
„dre & dés-honorer, & qu'une telle & ſi haute chûte, luy eſtoit
„plus griéve: & nous diſoit cela quaſi la larme à l'œil, & nous
„faiſoit pitié.

„ Ce ne fut pas tout, pour l'oſter de la Cour, le Roy luy donna
„la charge d'aller aſſieger Livron en Dauphiné; car puis qu'il eſtoit
„fait M. le Mareſchal, il falloit bien l'envoyer pour faciliter ſon
„paſſage d'Avignon: charge certes qui fut fort faſcheuſe & ruïneu-
„ſe, dont il s'en fuſt bien paſſé, venant d'une claire fontaine de for-
„tune, s'aller baigner dans une eau bourbeuſe & toute gaſſoüillée de
„dif-

» de difgrace & défaveur. Sept ou huit mois aprés , pour fe défaire
» de cet homme, qui pefoit fort fur les bras, comme un-chacun
» voyoit , on luy donna commiffion de s'en aller en Pologne, pour
» r'habiller les affaires du Roy qui eftoient fort découfuës , commif-
» fion feulement inventée pour s'en défaire & décharger : ainfi qu'il
» me le dit quand il partit ; que fi on ne luy donnoit l'argent qu'il
» demandoit, qu'on luy avoit promis, qu'il ne pafferoit pas Piémont.
» Ce qu'il fit , & y demeura autant pour ce fujet , que pour tenir
» bonne compagnie à Madame la Marefchale de Termes fa tante ,
» de laquelle il en avoit efté fort long-temps amoureux , que puis
» aprés il époufa avec difpenfe ; mais fur la fin , on difoit à la Cour
» qu'il ne la traitoit pas trop bien , pour pratiquer le Proverbe ,
» amours & mariages qui fe font par amourettes finiffent par noifet-
» tes. Enfin aprés plufieurs mécontentemens du Roy ce Marefchal
» dépité fe banda contre luy, s'entendant fous main avec M. de Sa-
» voye , de qui il eftoit fort Serviteur & grand amy de tout temps ,
» comme je l'ay vû conferer & pratiquer avec le Marquis d'Ajamont
» Gouverneur de l'Eftat de Milan , & prend de bons doublons , ce
» difoit-on à la Cour ; car autrement ne fe pouvoit-il bander contre
» le Roy , ny luy faire tefte : & luy fait prendre en un rien
» tout le Marquifat de Saluces. J'eftois lors à la Cour que les nouvel-
» les en vinrent au Roy, qui en fut fort ému , & que la Citadelle
» de Carmagnole eftoit affiegée. Le Roy dépefcha tout auffi-toft le
» S. de Luffan Meftre de Camp des Bandes de Piémont pour la fé-
» courir. Nous donnafmes là garde que nous le vifmes retourner que
» tout eftoit perdu , ainfi que nous eftions , de quelque jeuneffe de
» la Cour , aucuns prefts à partir ; dequoy j'en vis le Roy fort trifte.
» Il envoya le S. de la Vallette le jeune , aujourd'huy M. d'Efpernon,
» qui commençoit entrer là en faveur , & eftoit neveu dudit Maref-
» chal , & y alla en pofte , & le vis partir avec grande efperance d'y
» faire quelque chofe de bon , & réduire fon oncle , mais il n'y gagna
» rien ; & s'en retourna ainfi.
»   La Reine Mere vint aprés , rétournant de fon voyage de Gafco-
» gne, Provence & Languedoc, qui fit un plus beau coup , car elle
» fit tant que M. de Savoye & elle s'abouchèrent à Montluel prés de
» Lyon, où il avoit amené avec luy ledit Marefchal, qu'il foûtenoit
» & favorifoit fort , & le faifoit coucher ordinairement en fa Cham-
» bre. Elle luy fit tout plein de rémonftrances ; luy ores planant ,
» ores continuant , ores connivant & ores coûillant & amufant la
» Reine de belles paroles, fe trouva atteint de maladie par beau poi-
» fon dont il mourut. Ledit Marquifat ne laiffa pour cela à eftre
» broüillé & en praguerie , car fon fils le jeune Bellegarde du de-
» puis fut perfuadé de tenir bon pour M. de de Savoye , par d'aucuns
» braves Capitaines de fon pere, comme eftoit le brave & déterminé
» Efprit Provençal , qui depuis fe tua en faifant joüer un petard à
» une Porte d'Arles , qu'il vouloit prendre pour M. de Savoye d'au-

„ jourd'huy, & d'Antelme, aussi du Languedoc ou Provence, je ne
„ sçay pas bien des deux ; si bien que je l'ay fort connu, & mon
„ amy, gentil & habile, & qui rendit la ville de Cental imprena-
„ nable, qui auparavant n'estoit rien.
„ Le Mareschal de Retz fut envoyé de par le Roy pour appaiser
„ tout, gagner M. de Savoye, le jeune Bellegarde, les Capitaines,
„ & réduire le Marquisat à son premier Maistre & Roy : ce qu'il fit
„ avec force argent dont il récompensa les Capitaines, car il avoit
„ bon credit avec les Banquiers. Mais nonobstant, si Monsieur frere
„ du Roy n'y eut envoyé M. de la Fin, dit la Noclé, un trés-habile
„ Gentil-homme vers M. de Savoye & les Capitaines qui l'aimoient
„ & le vouloient servir ailleurs que là; qui les gagna tous par belles
„ paroles &. promesses : on disoit que ledit Mareschal de Retz s'en
„ fut retourné sans rien faire, & son argent se fut trouvé de mauvais
„ aloy. Le Gouvernement en fut donné à l'aisné la Valette, & puis
„ aprés perdu,. comme chacun sçait, & que j'en parle ailleurs. Voilà
„ comment se perdit le Marquisat, & tout par un dépit.

L'Auteur du Discours historique de la fortune & disgraces des Favoris des Rois de France depuis François I. jusques à nostre temps,
y ayant compris le Duc de Bellegarde : je donneray icy ce qu'il
en dit, pour ne rien obmettre dans ce Chapitre de tout ce qui
regarde cette maison. *La faveur du Duc de Bellegarde a esté beaucoup
moins enviée, parce qu'estant d'un esprit doux, il n'a jamais rendu déplaisir à personne. Il estoit neveu du Mareschal de Bellegarde Seigneur
de grand merite : ce qui luy donna grand accés dans la Cour. Il estoit
fils de M. de Termes, & succeda à son cousin fils du Mareschal, lequel fut tué à la bataille de Coutras ; neantmoins je luy ay ouï dire que
les deux successions ensemble ne montoient qu'à dix mille livres de rente,
& ceux qui le connoissent bien, disent moins. A son avenement le Roy
Henry III. le prit en amitié, le fit Maistre de la Garderobe, puis premier Gentil-homme de la Chambre & Grand-Escuyer. Le Roy Henry
le Grand venant à la Couronne, trouva cet esprit si doux, qu'il luy continua la mesme affection qu'avoit le Roy son Prédecesseur, & l'a aimé
tant qu'il a vescu, adjoustant à ses bienfaits le Gouvernement de Bourgogne : & n'avons point vû personne ménager si bien l'esprit de son
Maistre que celuy-là, & sembloit que quand le Roy avoit quelque chose qui l'ennuyoit, il estoit fort soulagé de le communiquer audit Duc de
Bellegarde. Si aprés la mort du Roy Henry le Grand il se fust retiré
dans son Gouvernement, où il estoit aimé & honoré, & fust venu par
intervalles à la Cour, comme beaucoup d'autres, il se fut maintenu &
eut esté l'un des plus heureux Seigneurs du monde ; mais comme l'ambition n'a point de bornes, il voulut estre Duc & Pair : ce qu'aprés beaucoup de difficulté il obtint. Non content de cela, il vouloit avoir part dans
les affaires, & s'imagina que le Roy le mettant auprés de Monsieur,
l'on seroit obligé de luy communiquer & le mettre dans le conseil estroit ;
sans considerer que s'attachant à Monsieur, il falloit qu'il courust sa for-*

tune. Nous le voyons maintenant dépoüillé de son Gouvernement de Bourgogne, & de tous les bienfaits qu'il avoit reçû des Rois, hormis de la charge de Grand-Escuyer [qu'il fut obligé de vendre depuis au S. de Cinq-Mars] dont il a esté long-temps sans toucher les appointemens, réduit dans une petite maison d'un de ses amis, [en la Terre d'Asnoy appartenante au S. de Blanchefort] contraint d'emprunter de l'argent pour vivre : & il n'y a pas d'apparence, qu'à l'âge de soixante & douze ans qu'il a, il releve jamais sa fortune. Il n'eut jamais d'enfans, il eut un neveu fils de M. de Termes son frere, qui mourut jeune par accident, & ne reste qu'une fille ; tellement que voilà une maison finie en sa naissance.

CHAPITRE NEUVIÉME.

DE LA BATAILLE DE MONTCONTOUR ET DES
Personnes rémarquables qui y moururent.

ENTRE toutes les batailles, qui se sont données pendant les Guerres de la Religion, il n'y en eut aucune, où l'on combattit avec plus d'acharnement que celle de Montcontour, quoy qu'elle ne durast que deux heures ; parce que des deux costez on en vouloit venir à une action décisive : le Duc d'Anjou, qui estoit plus fort en nombre & accompagné des plus grands Capitaines du Royaume, desirant d'accroistre sa réputation : & les Princes & l'Admiral estans contraints de chercher à employer leur secours d'Allemagne & la présence & les troupes du Prince d'Orange & de ses freres, & ayans besoin de relever le cœur à leurs Reistres, qui se lassoient de ne rien faire & qui diminuoient tous les jours avec plus de perte qu'ils n'en pouvoient faire en hasardant une bataille. Si celle-cy eut esté perdue par les Catholiques, la Religion & l'Estat estoient en grand danger, & les Huguenots auroient mis la Cour en pire estat qu'ils ne furent réduits par leur défaite ; mais Dieu, qui ne nous a donné des victoires contr'eux que dans les necessitez extrémes, & qui avoit des moyens inconnus pour le rétablissement de la Foy Catholique, afin que les hommes n'en prétendissent pas la gloire, disposa seulement par celle-cy les choses à une Paix, qui fut plûtost un intervalle de santé qu'une veritable guerison aux maux de cet Empire. Le S. de Castelnau qui combattit à cette journée, la décrit si bien, qu'on n'y peut rien adjouster ; c'est pourquoy je me contenteray de parler de quelques Seigneurs qui y moururent, ou qui s'y signalerent tant d'une part que d'autre, & je commenceray par les Catholiques.

DE PHILEBERT MARQUIS DE BADE.

LE Marquis de Bade, que le S. de Caſtelnau avoit eſté querir en ſon Pays du Rhin pour venir au ſecours du Roy, ne trompa point l'eſperance qu'on avoit en ſon affection & en ſon courage, dans cette journée de Montcontour ; où il ſe laiſſa emporter à ſon ardeur ſi avant dans la meſlée, qu'on ne le pût dégager. C'eſtoit un Prince fort genereux qui aimoit la Religion , comme ont fait tous ceux de ſa branche, qui ſont demeurez juſques à preſent fermes dans l'ancienne créance de leurs peres , & qui voulut réconnoiſtre encore dans un ſi grand beſoin l'honneur qu'il avoit d'eſtre allié de noſtre Roy par Françoiſe de Luxembourg ſa mere, fille de Charles Comte de Roucy , & de Madeleine d'Eſtouteville , & femme de Bernard IV. Marquis de Bade. Il avoit épouſé Mahaut fille de Guillaume Duc de Baviere , & de Marie Jacobé de Bade , fille unique de Philippe Marquis de Bade ſon oncle , & d'Eliſabeth de Baviere fille de Philippe Electeur Palatin , & n'en eut que trois filles, Jacqueline femme de Jean-Guillaume Duc de Cleves , Anne-Marie femme d'Albert S. de Roſemberg, & Marie Salomé de Bade mariée à Loüis Landgrave de Leuchtemberg. Chriſtophle aprés luy Marquis de Bade ſon frere mort l'an 1575. laiſſa de Cecile de Suede , fille du Roy Guſtave I. Edoüard-Fortuné Marquis de Bade , duquel & de Marie de Licken eſt iſſu Guillaume Hermen Marquis de Bade , qui a pour fils aiſné de Catherine-Urſule Comteſſe de Hohenzollern ſa femme , Ferdinand Maximilien Prince de Bade , marié à Loüiſe de Savoye , fille de Thomas Prince de Carignan , & de Marie de Bourbon , de laquelle il a un fils. D'Erneſt de Bade frere puiſné de Bernard & oncle de Philebert Marquis de Bade , tué à la bataille de Montcontour , ſont iſſus les Marquis de Bade dits de Dourlach , leſquels ſe ſont declarez pour la Religion Proteſtante , qui ne leur a juſques à preſent apporté que des pertes & des diſgraces , quoy qu'appuyez des plus grandes & des plus puiſſantes alliances de l'Allemagne ; Frideric II. à preſent Marquis de Bade ayant épouſé Chriſtine de Baviere Comteſſe Palatine , fille de Caſimir Comte Palatin Duc des Deux-Ponts , & de Catherine de Suede , & ſœur du Roy de Suede d'aujourd'huy. Je m'étendrois davantage ſur la grandeur de cette maiſon, l'une des plus anciennes & des plus grandes d'Allemagne , ſi le Pere Vignier Preſtre de l'Oratoire ne l'avoit donnée tout entiere dans ſon livre de la Veritable Origine de la maiſon d'Alſace , où il a ſupprimé ſon nom par modeſtie , & où il donne l'extraction & la ſuite de cette Race depuis mille ans entiers , & depuis Ega Maire du Palais ſous Dagobert I. lequel il juſtifie avoir eſté Anceſtre paternel des Ducs d'Allemagne & d'Alſace , puis de Lorraine , des Comtes de Habſbourg, depuis Archiducs d'Auſtriche , & des Comtes de Briſgaw , d'où ſont iſſus les Ducs de Zaringhen & de Teu , & les Marquis de Hochberg & de Bade.

DE CLAUDE DE CLERMONT APPELLÉ
le S. de Clermont-Tallard

LA maison de Clermont, la plus grande & la plus illustre de Dauphiné, a eu cet avantage sur plusieurs autres plus heureuses en dignité, d'avoir donné à la Cour de Charles IX. deux frères des plus vaillans & des plus braves de leur temps, Claude & Henry de Clermont, tous deux tuez au service de l'Estat & de la Religion ; l'un à la bataille de Montcontour, & l'autre quatre ans après, au siege de la Rochelle, l'an 1573. & tous deux aussi recommendables pour leur valeur, que le fameux Seigneur de Montoison, qui estoit de la mesme Race. Ce Claude icy trouva comme son frere une entrée favorable à la Cour du Roy Henry second par la faveur de la Duchesse de Valentinois leur tante maternelle ; mais il n'en profita que pour y acquerir de l'honneur, il l'alla chercher dans toutes les occasions les plus perilleuses, & il le conserva si avantageusement auprés du Roy & de la Reine, que sa perte fut regrettée comme celle du Seigneur de son âge le plus accomply, & qui couroit les plus grandes charges. C'est pourquoy le S. de Brantosme remarque de luy qu'il mourut à Montcontour un des plus braves de France, c'est l'éloge qu'il luy donne ; après avoir raconté parmy les exemples de l'indiscretion de quelques femmes envers leurs Serviteurs ; que la maistresse de ce S. de Clermont-Tallard (laquelle il ne nomme point) luy demanda pour marque de sa passion qu'il se donna d'un poignard dans le bras ; & il estoit tout prest à faire ce coup quand elle luy retint la main. C'estoient des jeux de l'amour de son temps, qui abusoit si licencieusement de sa liberté, qu'il ne faisoit pas seulement le principal entretien de la Cour, mais qu'il estoit encore devenu le Démon des armées ; où les Dames envoyoient leurs Serviteurs avec des Escharpes & des faveurs, mais plûtost avec des Couronnes & des Guirlandes funestes, pour se faire immoler pour l'amour d'elles, & pour servir de victimes à leur vanité, sous prétexte d'aller meriter leur estime. Ainsi selon le mesme Auteur, la maistresse de Genlis qui mourut en Allemagne, laissa tomber son mouchoir à dessein dans la Riviere de Seine à l'endroit du Louvre, le pria de l'aller requerir, & par le réproche qu'elle luy fit de ce qu'il osa dire qu'il ne sçavoit pas nager, elle l'obligea de se jetter à l'eau avec plus de désespoir que d'esperance de luy pouvoir rendre cet impertinent service, & c'estoit fait de luy, si on ne l'eut secouru avec un Batteau. Ainsi le jeune des Bordes, dont nous avons parlé parmy les morts de la bataille de Dreux, perça les six premiers rangs des ennemis avec la faveur que sa maistresse luy avoit donné pour la signaler, & mourut au septiéme : & le S. de Jarzay eut le mesme sort avec l'Escharpe de la Demoiselle de Piennes à l'approche du Fort de sainte Catherine de Roüen. Les Sages blasmoient ces emportemens de passion, mais les jeunes gens, qui se joüoient du bandeau de l'amour,

fermoient les yeux à tout pour le service des Dames, quand leur réputation y estoit commise, rien ne leur estoit impossible : & dans
la vûë de ce double interest, le S. de Clermont, qui estoit dans les
passions du Siécle, auroit encore pis fait que de se percer le bras.

Ceux de cette Famille ont des prérogatives d'honneur & de grandeur si considerables, que je ne me puis dispenser de les rémarquer
icy succintement, & d'avoüer que la France a esté moins liberale
aux aisnez, que l'Italie n'a esté favorable à l'établissement des branches puisnées, qui se sont habituées aux Royaume de Naples & de Sicile, & qui ont eu cet honneur avec celuy d'y posseder diverses Principautez, Duchez, Marquisats & autres grandes Seigneuries, de
choisir des alliances dans les maisons Souveraines, & de voir une
Reine de leur maison en la personne de Constance de Clermont,
premiere femme de Ladislas Roy de Sicile & de Hongrie. Les Histoires sont toutes pleines des grandes actions de ces Princes, Ducs &
Marquis, depuis le passage de Charles Comte d'Anjou frere de saint
Loüis en Italie, où il fut suivy de la principale Noblesse de Provence & de Dauphiné ; mais encore qu'elles n'en donnent pas préci-
sément les noms, je croy certainement qu'on doit mettre au nombre des plus considerables, Sibaut III. S. de Clermont ou Ainard son
fils, je ne puis dire asseurément lequel, qui vivoient de son temps,
& qui ne peuvent avoir acquis ailleurs plus glorieusement cet honneur singulier de porter les armes de l'Eglise Romaine tymbrées de
la Thiare Papale. Il est vray qu'il y a des Memoires qui portent
que ce fut une récompense du Pape Calixte second mort l'an 1119.
envers Sibaut S. de Clermont, qui vivoit encore l'an 1130. & 1136.
pour de grands services faits à l'Eglise ; mais la nouveauté des armoiries, qui estoient encore trop récemment instituées, me fait douter d'un usage beaucoup plus recent, qui est cette sorte de récon-
connoissance : & il est bien plus convenable de croire, que ce fut
moins par concession, que pour memoire de la dignité de General ou
Gonfalonier de l'Eglise Romaine, que cet Ainard auroit meritée dans
une Guerre considerable, comme fut celle que Charles d'Anjou entreprit pour la protection du saint Siege contre Mainfroy Tyran de
Sicile. Pour preuve de cela la Banniere de l'Eglise portée par le Gonfalonier estoit de Soye Rouge armoyée de deux Clefs d'argent passées en Sautoir, surmontées d'une Thiare d'or, & ceux qui ont
esté honorez de cette dignité & qui la possedent encore, ont chargé
& chargent leur escu de cette illustre marque de leur service.
Les Seigneurs de Clermont, de Dauphiné & ceux d'Italie ayant
porté les mesmes armes, comme il est constant, il faut qu'elles ayent esté propres à un pere commun, duquel ils soyent issus,
& comme c'est une marque certaine qu'elles estoient dés-ja acquises à ceux de ce nom dés la séparation des branches, ce passage de France en Italie estant encore d'ailleurs prouvé par l'établissement de celle du Royaume de Naples : j'estime devoir

rapporter cette marque d'honneur au Seigneur de Clermont en Dauphiné, qui paſſa avec Charles d'Anjou au Royaume de Naples, & qui y mena un ou pluſieurs de ſes enfans, qui y ont laiſſé une ſi illuſtre poſterité ſous le Nom & les Armes de Clermont. Cette famille n'ayant point eſté traitée ny recherchée avec grand ſoin, on n'en a que des Noms ſans aucun témoignage des actions des Seigneurs qu'elle a produits, dont on peut commencer la ſuite depuis Sibaut S. de Clermont environ l'an 1100. pere de Sibaut II. S. de Clermont & de ſaint Joire 1130. & 1136. auquel on attribuë la conceſſion des Clefs de ſaint Pierre pour Armoiries par le Pape Calixte II. dont entr'autres enfans Guillaume S. de Clermont & de ſaint Joire, & Geofroy qui baſtit & fonda l'Abbaye de Haute Combe, Sepulture ordinaire des anciens Seigneurs de Clermont. Guillaume fut pere de Sibaut III. marié l'an 1233. à Beatrix heritiere de Virieu, & qui eut d'elle Ainard S. de Clermont, ſaint Joire, Virieu, &c. qui l'an 1280. fit hommage à l'Egliſe de Vienne de ce qu'il tenoit d'elle, & l'an 1291. rendit aveu au Comte de Savoye de ce qu'il poſſedoit en ſon fief, à cauſe d'Alix de Villars ſa femme, fille de Humbert II. S. de Thoïre & de Villars, & de Beatrix de Foucigny, ſœur d'Agnés de Foucigny, femme de Pierre Comte de Savoye. Il l'épouſa l'an 1256. & Guigues Dauphin de Viennois qui l'appelle ſa couſine, luy promit 12000. ſols Viennois pour ſa dot. Je ne puis dire aſſeurément, lequel de ſon pere ou de luy fit le voyage d'Italie. Mais la préſomption eſt plus favorable pour Sibaut ſon pere qui y a pû mener ſes enfans, & la tradition qui porte la conceſſion des armes de l'Egliſe à un Sibaut de Clermont, qui eſtoit ſon ayeul, ſe rapporte plus à luy qu'à ſon fils. Quoy qu'il en ſoit, Ainard fut pere de Geofroy S. de Clermont, &c. qui épouſa l'an 1328. Beatrix de Savoye fille de Loüis Seigneur du Pays de Vaud, & de Jeanne de Montfort : & cette alliance avec une Princeſſe d'une maiſon ſi grande & ſi illuſtre, témoigne en quelle eſtime devoit eſtre celle de Clermont. Il teſta l'an 1332. & elle mourut l'an 1338. Ainard de Clermont leur fils aiſné, ſe rendit ſi conſiderable au dernier Dauphin Humbert par la grandeur de ſa maiſon & par le merite de ſes ſervices, qu'il luy érigea en Vicomté ſa Seigneurie de Clermont en Viennois, l'an 1340. s'obligea de la faire valoir 400. Florins d'or Delfinaux de rente, le créa hereditairement luy & les ſiens premiers Conſeillers nez du Dauphiné, Chef des Guerres Delfinales & Grand-Maiſtre de ſon Hoſtel, & fit de l'inveſtiture de ces dignitez l'action la plus celebré de ſon Regne, luy donnant celle de Vicomte par un anneau & une eſpée, celle de General par un Pannonceau aux armes Delfinales, & enfin celle de Grand-Maiſtre par une verge qu'il luy mit à la main. Ainard joignit à toutes ces grandeurs celle d'un mariage trés-illuſtre qu'il contracta avec Agathe de Poitiers, fille d'Aimar Comte de Valentinois & de Diois, & de Sibille des Baux, fille de François Duc d'Andrie, & de Marguerite de Tarente de la Maiſon Royale de France, par Philippe d'Anjou Prince de Tarente son pere, & Catherine de Valois sa mere Imperatrice de Constantinople.

De deux fils qui nasquirent de cette alliance, l'aisné fut Geofroy Vicomte de Clermont, &c. & le second Aimar S. de Hauterive & du Passage, qui se maria en Poitou avec Jeanne heritiere de Surgeres; dont Joachim de Clermont, qui de deux femmes laissa deux fils. De la premiere, qui fut Jeanne de Surgeres sa cousine, fille de Jacques S. de la Floceliere, & de Marie de Laval, il eut Antoine S. de Surgeres, qui eut pour heritiere Loüise de Clermont sa fille, & de Catherine de Levis, qui porta Surgeres à Roderic de Fonseque ancestre des Marquis de Surgeres. De la seconde femme de Joachim de Clermont, qui fut Jeanne d'Ausseurre, nasquit François de Clermont Baron de Dampierre, qui de Jeanne de Montberon sa premiere femme eut Guillaume mort sans enfans, & de la seconde qui fut Isabeau Chandrier, laissa Jacques, Loüise femme de Jean de Ste Maure S. de Jonzac, & Catherine femme de Guy S. de Marueil. Jacques de Clermont S. de Dampierre, mary de N.... de Saint Seigne, fut pere de Claude Baron de Dampierre Gouverneur d'Ardres, duquel & de Jeanne Vivonne, fille d'André S. de la Chastaigneraye, & de Loüise de Daillon, sortit Claude-Catherine de Clermont fille unique, femme d'Albert de Gondy Duc de Retz, Pair & Maréchal de France. Geofroy Vicomte de Clermont fils aisné d'Ainard, se maria avec Isabelle fille heritiere de Guillaume S. de Montoison, & d'Elizene de Pierregourde, & fut pere d'Ainard III. d'Antoine S. de Montoison & de Charles S. de Vaulserre, Saint Beron, &c. dont la posterité est éteinte. Ainard Vicomte de Clermont s'allia 1. à Loüise de Bressieu fille unique & heritiere de Geofroy S. de Bressieu, & de Jourdaine de Roussillon, dont un fils, George de Clermont S. de Bressieu mort jeune avant l'an 1426. qu'Ainard son pere fit hommage au Roy comme son heritier de la Seigneurie de Bressieu. Il se rémaria en secondes nôces l'an 1421. à Alix de Seyssel, fille d'Antoine S. d'Aix en Savoye. Et en eut deux fils, Antoine, & Claude de Clermont chef de la branche de Montoison. Antoine Vicomte de Clermont, fut aussi Vicomte de Tallard par Françoise de Sassenage sa femme, fille d'Antoine S. de saint André en Royans Chambellan du Roy, & d'Anne de Trian Vicomtesse de Tallard, il laissa trois fils, & deux filles mariées aux Seigneurs de Cereste & de Montchenu. L'aisné fut Loüis Vicomte de Clermont, &c. mary de Catherine de Montauban, pere d'Antoine Vicomte de Clermont Bailly de Viennois, Conseiller & Chambellan du Roy, mort l'an 1530. qui épousa l'an 1516. Françoise de Poitiers sœur de la Duchesse de Valentinois, dont n'ayant qu'un fils, Claude de Clermont mort sans alliance, la Vicomté de Clermont & autres Terres rétournerent en vertu des substitutions à Antoine son cousin au préjudice de ses sœurs, qui furent, Anne de Clermont femme de René de Beauvillier Comte de saint Aignan, dont sont issus les autres Comtes de saint Aignan, Phileberte alliée 1. à Jean d'Ancezune

ne

ne Baron du Thor , 2. à François Armand Vicomte de Polignac ,
& une troifiéme fille, Abbeffe de faint Pierre de Lyon. Le fecond fils
d'Antoine fut Bernardin de Clermont Vicomte de Tallard , & le
troifiéme Antoine Archevefque de Vienne.

Bernardin de Clermont , Vicomte de Tallard , S. de faint André,
&c. époufa par contract du 30. Avril 1496. Anne de Huffon fille de
Charles Comte de Tonnerre , &c, & d'Antoinette de la Trimoüille.
Il en eut 13. enfans , Antoine Vicomte de Clermont , Gabriel Evefque de Gap , Julien S. de Thoury, duquel & de Claude de Rohan
font iffus les Barons de Thoury , Theodefien Evefque de Senez, Laurens tué à la bataille de Cerifolles , Claude S. de Marigny , Françoife femme de Claude de la Baume S. d'Authun , Loüife de Clermont, qui avec François du Bellay fon premier mary acheta l'an 1540.
de Gabriel & Claude fes freres la Comté de Tonnerre & la Seigneurie de Selles en Berry , rémariée en fecondes nôces à Antoine de
Cruffol Duc d'Uzés & morte fans enfans l'an 1596. Catherine de
Clermont Abbeffe de faint Jean-lez-Thoüars , Madeleine Abbeffe de
Clermont , & Marguerite Abbeffe de Tarafcon & d'Arles , & deux
autres filles Religieufes. Antoine Vicomte de Clermont & de Tallard, S. de Clermont, qu'il fit ériger en Comté l'an 1547. d'Ancy-le-
franc , &c. Gouverneur de Dauphiné , Lieutenant General pour le
Roy en Savoye, fut marié l'an 1516. avec Anne de Poitiers fœur de
la Ducheffe de Valentinois , fille de Jean Comte de faint Vallier ,
&c. & de Françoife de Batarnay. Il en eut deux fils, Claude Vicomte de Clermont & de Tallard , tué à Montcontour , & Henry Vicomte de Clermont & de Tallard, Comte de Clermont , mort au
premier fiege de la Rochelle , & quatre filles , Anne mariée le 1.
Octobre 1561. à Jean d'Efcars Comte de la Vauguion , Diane morte
fans enfans de Floris-Loüis de Vefc S. de Montlor , Claude alliée
1. à Claude d'Amoncourt S. de Montigny-fur-Aube , 2. à Jean d'O
S. de Manou, 3. à Gabriel du Quefnel S. de Coupigny, & Françoife , de laquelle & de Jacques de Cruffol Duc d'Uzés font iffus les
Ducs d'Uzés. Henry Comte de Clermont, Vicomte de Tallard , &c.
fils aîné, fut Gouverneur du Bourbonnois , Chevalier de l'Ordre du
Roy , & Colonel de l'Infanterie de Piémont , & fi eftimé à la Cour
pour fes belles qualitez d'efprit & de valeur , & par la grandeur de
fa maifon & de fes alliances , qu'il merita d'époufer Diane de la Marck
fa coufine au troifiéme degré , veuve de Jacques de Cleves Duc de
Nevers , & fille de Robert Duc de Boüillon , Prince de Sedan, Marefchal de France , & de Françoife de Brezé petite-fille de la Ducheffe de Valentinois. Charles-Henry Comte de Clermont & de
Tonnerre , Vicomte de Tallard , &c. leur fils unique , Chevalier
des Ordres du Roy , a laiffé de Catherine d'Efcoubleau fa femme ,
fille de François S. de Sourdis , & d'Ifabelle Babou de la Bourdaifiere,
François de Clermont , Roger Marquis de Crufy marié à Gabrielle
de Pernes , Charles de Clermont , dit de Luxembourg , à caufe de

son mariage avec Marguerite Charlotte Duchesse de Luxembourg, Comtesse de Ligny, de laquelle il a pour fille Charlotte de Clermont dite de Luxembourg : Henry Chevalier de Malthe tué au siege de Jonvelle, Antoine Abbé de saint Martin, Catherine morte jeune, Isabelle de Clermont femme de Jacques de Beauvau Marquis du Rivau, Madeleine Abbesse de saint Paul, & Marie de Clermont morte jeune. François de Clermont Comte de Tonnerre l'aisné, cy-devant Lieutenant General dans les armées du Roy Loüis XIII. a plusieurs enfans de Marie Vignier veuve d'Urbain de Crequy S. de Rissé, dont l'aisné porte qualité de Comte, & le second d'Abbé de Tonnerre, personnage d'un merite aussi grand dans les lettres, que sa naissance doit estre considerable à la Cour par la memoire de ses ancestres, & par l'éclat de ses alliances avec tous les Princes & les plus Grands du Royaume, & digne de succeder au rang, comme à l'estime & à la réputation de tant d'illustres Prélats, que sa maison a donnez à l'Eglise.

Je priverois cette race d'une partie de sa gloire, si j'omettois la branche des Seigneurs de Montoison, quoy que puisnée, puis qu'elle a jetté de si brillans esclats de son Merite en la personne de Philbert de Clermont Seigneur de Montoison, si celebre dans les Guerres d'Italie sous les Rois Charles XIII. & Loüis VII. Il estoit fils de Claude de Clermont, frere d'Antoine Vicomte de Clermont, & avec l'honneur dont il a comblé sa memoire par ses grands exploits, il a celuy-là encore singulier, que son genereux sang est encore vivant & boüillant dans les veines des personnes de nostre Siécle les plus Heroïques ; car de luy sortit Claude de Clermont S. de Montoison, Chevalier de l'Ordre du Roy & Capitaine de l'Arrieban de Dauphiné, qui fut marié avec Loüise de Rouvroy dite de saint Simon, fille de Jean S. de Sandricourt, & de Loüise de Montmorency, desquels sortirent Antoine de Clermont Baron de Montoison, Colonel de l'Infanterie de Languedoc, duquel & de Marguerite de Simiane de Gordes sont issus les Marquis de Montoison : Catherine de Clermont, & Laurence de Clermont troisiéme femme de Henry Duc de Montmorency, Connestable de France. Catherine de Clermont épousa Jacques de Budos Vicomte de Portes, & en eut entr'autres enfans Loüise de Budos seconde femme du mesme Connestable de Montmorency, & mere de Charlotte-Marguerite Duchesse de Montmorency, Princesse de Condé.

On tient que ce brave Philbert de Clermont S. de Montoison prit pour son cry de Guerre *à la Recousse de Montoison*, depuis l'honneur qu'il eut de secourir si à propos la Personne du Roy Charles VIII. à la journée de Fournoüe. Le S. de Brantosme se plaint avec justice de la negligence des Historiens de son temps, qui ont omis plusieurs de ses actions, & comme il y a voulu suppléer par l'Eloge qu'il luy donne entre ses grands Capitaines, je feray justice à sa memoire de le rendre public. ,, Nos Croniques de France font peu ,, de mention d'un bon Chevalier & vieux Capitaine, qui estoit du

"temps des Rois Charles VIII. & Loüis XII. en quoy elles ont
"tort ; car il meritoit bien de bonnes loüanges : qui estoit M. de
"Montoison en Dauphiné, bonne & ancienne Maison, dont sont
"sortis beaucoup de Gens de bien & d'honneur, & y en a encore
"aujourd'huy qui ne font pas déshonneur à leurs devanciers. Ce
"bon Seigneur servit trés-bien ces Rois aux Guerres de Picardie,
"de Bretagne, de Naples & de Lombardie. Il estoit compagnon
"de M. de Bayard, aussi estoient-ils de mesme Patrie ; mais il estoit
"bien plus vieux & cassé, car il avoit déja une Compagnie de
"Gendarmes, au voyage du petit Roy Charles à Naples. Il fut en
"partie cause avec Messieurs du Lude, de Bayard, & Fontrailles,
"d'un belle défaite que firent les François sur les Gens du Pape
"Jules II. à la Bastide prés de Ferrare [l'an 1510.] que ledit Pape Ju-
"les avoit assiegée : qui fut un combat des beaux de ce temps-là ;
"dont aucuns François & Italiens se sont estonnez qu'il n'a esté mis
"par escrit, & au rang d'une petite Bataille : car elle fut belle &
"bien combattuë, & il y mourut plus de quatre ou cinq mille hom-
"mes d'armes, & plus de trois cens chevaux pris & leur camp for-
"cé ; où les Capitaines Pierrepont & le bastard du Fay firent trés-
"bien. Au bout de laquelle M. de Montoison mourut d'une fiévre
"continuë, fort regretté de M. le Duc & de Madame la Duchesse
"de Ferrare, car il leur avoit fait de bons services : & fut enterré
"à Ferrare avec une grande solemnité & Pompe d'obseques, accom-
"pagnée de tous les Grands & petits de France & de la Ville, qui
"tous le pleuroient & regrettoient. Sa sepulture y paroist bien en-
"core. Son vieil âge, & cassé de tant de corvées de Guerre qu'il
"avoit enduré, furent cause de sa mort ; bien que quand il estoit à
"cheval pour mener les mains, on l'eut pris pour un jeune homme
"de trente ans, tant il portoit bien ses armes, pour les avoir longue-
"ment accoustumées. Ce fut esté un grand heur pour luy, ce di-
"soient ses compagnons, d'avoir esté mort en ce combat, & la for-
"tune ne luy dût avoir esté si contraire, ou bien la Parque, de luy
"avoir alongé sa vie de huit jours pour mourir en son lit & ne mou-
"rir en celuy d'honneur, lieu de sa profession & de son desir. Ainsi
"nos vies & nos morts sont ménagées au plaisir du destin & non au
"nostre. Aucuns vieux Romans, qui ont voulu loüer ce bon Capitai-
"ne, l'appelloient un vray Emerillon de Guerre. Ils parloient bien
"à l'antique & à la grossiere, mais pourtant le mot de ce temps
"n'estoit point mauvais, pour la continuelle vigilance qui estoit en
"luy ; car ordinairement en Guerre il dormoit fort peu.

Il eut aussi une fille nommée Catherine de Clermont, mariée au
mois de Septembre 1497. à Antoine de Lambert S. de Myons, de
Tron, & des Allinges, Conseigneur de la Roche, laquelle testa au
Chasteau de Guarousan en Vivarez le 11. d'Octobre 1561. & insti-
tua heritiers Thiers & Philbert de Lambert ses fils en la somme de
300. livres seulement, faisant heritiere universelle Françoise Lam-

berte de Myons fa fille, femme de François de l'Eftrangé Efcuyer, S. de Guaroufan, lequel auffi elle ordonna eftre fon executeur tefta-mentaire. De Thiers de Lambert fon fils aifné, qui diffipa une grande partie de fes biens & qu'elle traita inofficieufement à caufe de plufieurs procés qu'il eut contre elle, font iffus les Sieurs de Grimancourt au Pays de Valois.

DE CEUX DU PARTY HUGUENOT QUI FURENT
tuez à Montcontour.

TOus les chefs des deux partis s'expoferent avec plus de dan-ger que jamais dans cette furieufe bataille & y firent merveil-les, mais il en demeura fort peu, & le S. de Caftelnau n'en rémar-que que trois du party de la Religion, le S. d'Autricourt compag-non des braves de Moüy & de Genlis, Biron & faint Bonnet. Ce S. de Biron eftoit Foucaut de Gontaut, fils de Jean Baron de Biron, mort à Bruxelles des bleffures qu'il reçût à la bataille de faint Quen-tin, & d'Anne de Bonneval Dame de Chef-Boutonne, & frere d'Ar-mand de Gontaut S. de Biron, Marefchal de France. On ne croyoit pas ce Marefchal plus Catholique, mais plus prudent que fon frere, de demeurer dans le party où il y avoit plus de moyens de faire fa fortune & plus de feureté. Quoy qu'il en foit, ce Biron le jeune fort brave Chevalier & moins capable de feindre, renonça aux efperan-ces de la Cour, & fe donna tout entier au party Huguenot pour le-quel il fe fit tuër, & ne laiffa de Blanche de Turgis fa femme qu'une fille unique, Charlotte de Gontaut, femme de Geofroy de Durfort Baron de Boiffadis. Pour le S. de faint Bonnet il eftoit de la maifon d'Efcars & j'eftime qu'il s'appelloit Leonard d'Efcars mary de Cathe-rine de Joignac, de laquelle il eut autre Leonard d'Efcars, S. de faint Bonnet, de faint Ybar, &c. qui de fon mariage avec Adriane, fille d'André Vicomte de Bordeille, & de Jacquette de Montberon, a laiffé Ifaac S. de faint Bonnet, qui a pris le titre de Comte d'Efcars dont il prétend la fucceffion, & Henry d'Efcars S. de faint Ybar. Je parleray plus amplement de leur maifon en l'Eloge du Comte de la Vauguion leur parent, qui fe fignala pour le party Catholique en la mefme bataille.

L'Hiftorien Popeliniere adjoufte à ces trois icy, Tanneguy du Bou-chet, dont le S. de Caftelnau ne fait point de mention, & luy don-ne le premier rang, comme à un des principaux Capitaines, comme vray il l'eftoit, & c'eft luy que le mefme S. de Caftelnau appelle faint Cyre tom. I. page 211. de fes Memoites, où il rémarque qu'il conduifit les troupes de Guyenne aprés la bataille de faint Denis. *De gens de nom, dit Popeliniere, aucun n'y fut tué que Tanneguy du Bouchet Efcuyer du Puy-Greffier, qu'on nommoit faint Cyre, en Poitou, l'un des plus an-ciens & refolus Gendarmes de la France : lequel en combattant vaillam-ment fut porté par terre & tué fur le champ, comme d'Autricourt,*

Biron frere du Catholique, & *faint Bonnet Enfeigne de la Compagnie de l'Admiral.* Cette qualité d'Efcuyer, donnée il n'y a pas cent ans à un Gentil-homme, qu'on appelleroit aujourd'huy Marefchal de Camp ou Lieutenant General , mais donnée à un homme defcendu d'un Préfident au Parlement de Paris il y a prés de trois cens ans, ne me permet pas de pardonner à la vanité de certains demy-Nobles , les titres qu'ils ufurpent à prefent de Chevalier , de Baron , de Comte, de Marquis; on en viendra bien-toft à la Duché , car dés-ja on en prend les marques & les couronnes, la plûpart fans Nobleffe , & je ne diray pas fans Baronie & fans Comté , mais fans avoir vaillant un Colombier ou un Moulin à vent; c'eft un abus des derniers temps, qui fera auffi ruïneux au Roy qu'injurieux à l'Eftat, car s'il perd l'au-torité de donner des qualitez & des honneurs, qui eftoient autrefois le Parfum le plus précieux qui exalât de la Dignité Royale , quel fe-ra déformais l'intereft de ceux qui s'approcheront de luy ? que de vendre leurs fervices , & de quel œil les regardera-t'on dans le Public, dés-ja épuifé pour les befoins du Prince & de la Patrie ; s'il faut qu'il faffe fubfifter , je ne dis pas cent Comtes ou Marquis qui fe font tous les ans , mais encore la pofterité de tous ces Grands de platte Peinture , qui n'auront en Appanage qu'un nom partagé en je ne fçay combien de portions d'une Terre, qui n'eft plus en leur famille, & dont l'un fe dira Marquis, un autre Comte , l'autre Vicomte ou Baron , &c. & qu'il faudra que la République nourriffe, non pas par charité, mais par neceffité , & peut-eftre par force ; fans autre ef-perance que d'en eftre pillée avec moins de mifericorde que de l'enne-my, s'il fe fait un party d'Eftat. Cela les entretient dans une oifive-té criminelle, fous prétexte des emplois qu'ils prétendent eftre dûs à leur qualité, cela les rend auffi incommodes aux particuliers , qu'ils font inutiles au Public; mais les perfonnes de merite ont encore plus de fujet de fe plaindre de ces éponges, qui font toûjours les premie-res épanoüies au lever du Soleil & qui en reçoivent toute la Rofée, fans autre fruit que de rendre la fterilité plus grande par leur accroif-fement, pendant que des fleurs plus précieufes periffent de féchereffe. C'eft un défordre fi grand & fi rédoutable par les fuites qu'il a dés-ja entraifnées avec foy, qu'il n'y a rien plus à craindre pour le repos de l'Eftat & qu'il n'y a rien auffi qu'il foit plus important de répri-mer pour la gloire du Roy; contre lequel c'eft attenter plus crimi-nellement que de contrefaire fa Monnoye, que d'ufurper à fa vûë des Titres qu'il n'a point donnez & d'en prétendre le rang & le me-rite. Ceux qui y feront reflexion , ne trouveront point mauvais que j'aye fait cette petite digreffion , & quoy que je ne veuille taxer au-cune Perfonne en particulier , fi quelqu'un fe trouve offenfé , il le pardonnera, s'il luy plaift, au déplaifir que je reffens de voir ce bel ufage de nos Anciens, qui rendoit ce Royaume fi floriffant, tout cor-rompu, & fi renverfé, qu'il n'y a plus de proportion entre les cho-fes & le nom qu'on leur donne. Tout de bon , quel rapport y a-t'il aujourd'huy entre un Marquis qui n'a peut-eftré au plus qu'une maifon de campagne ou quelque chetif Village & un Prince ou autre Grand du temps paffé, commis fous ce nom à la garde des Frontieres & des marches d'une Province ? quel rapport entre certains Comtes, & des Princes ou des Grands envoyez autrefois pour le Gouvernement des Provinces entieres ou des Places importantes, avec toute autorité fur les armes & fur la Police ? quelle conformité entre ces anciens Barons du temps paffé, qui eftoient les membres des Parlemens & des Confeils des Rois, & qui venoient au fecours du Royaume avec des Bannieres complettes & des Compagnies de cent & jufques à deux cens hommes d'armes, tous Gentils-hommes & leurs Vaffaux, & nos Barons modernes ; fi par hafard il y en a encore, car on n'en voit tantoft plus, & peut-eftre la Race en eft-elle perie ? Mais que diray-je de la qualité de Chevalier, autrefois fi confiderable, qu'il n'eftoit pas mefme permis ou du moins n'eftoit-il pas en ufage, que des Princes du Sang mefme, la priffent, s'ils n'y eftoient parvenus par le fervice accoutûmé dans les armes, qualité, dis-je, fans laquelle ils ne prenoient point celle de Meffires, & par laquelle feule leurs femmes, quoy que Princeffes, quoy que Comteffes ou Baronnes, ne s'appelloient que Demoifelles.

Il falloit que cela m'échappaft fur le fujet de Tanneguy Bochet ou Bouchet, mal appellé du Bouchet, & qualifié Efcuyer du Puy-Greffier par Popeliniere, & dont la maifon eftoit encore plus confiderable par la chûte de la branche aifnée dans les maifons de fon temps les plus illuftres ; car Françoife Bouchet fa coufine Dame du Puy-Greffier avoit époufé Artus de Coffé S. de Gonnor Marefchal de France, fille de Charles Bouchet, & de Jeanne du Bellay fa premiere femme, & une autre Françoife fille du fecond mariage du mefme Charles avec Madeleine de Fonfeque, époufa André de Foix S. d'Afparoth, & fe rémaria aprés fa mort à François de la Trimoüille Comte de Benaon. Toute cette maifon des Bochets, depuis appellez Bouchets, eftoit defcenduë de Jean Bochet Confeiller au Parlement de Paris l'an 1372. & enfuite reçû Préfident en la grande Chambre le 29. Avril 1389. originaire de la Province d'Auvergne, & qui fut pere de Jean S. du Puy-Greffier en Poitou, anceftre paternel des Seigneurs du Puy-Greffier, de fainte Gemme & de Villiers-Charlemagne, & de ce Tanneguy Bouchet.

DE CEUX QUI SE SIGNALERENT A LA BATAILLE
de Montcontour, & premierement de Loüis de Bourbon Duc de Montpenfier.

CE Prince fils de Loüis de Bourbon Prince de la Roche-fur-Yon & de Loüife de Bourbon fœur & heritiere du Conneftable, n'a pas feulement merité d'eftre mis au nombre des plus grands Capitaines, mais des plus affectionnez à l'Eftat & à la Religion. Ces deux interests furent le sujet & la regle de toute sa conduite ; pendant une longue & glorieuse vie, qui luy donna part à tous les grands succez des Armes Catholiques, mais principalement à celuy de la Bataille de Jarnac ; dont il cueillit les premiers Lauriers par la défaite des Colonels Mouvans & Pierre-gourde à Messignac ; & de celle de Montcontour. Quelqu'autre plus Politique & moins scrupuleux n'auroit pas tant pris de part en cette Guerre, & auroit laissé les affaires à demesler à la Maison de Lorraine, pour ne point employer ses Armes à la ruïne de celle de Bourbon ; mais l'exemple domestique qu'il avoit en la perte du Connestable de Bourbon son oncle, dont il avoit eu tant de peine à ramasser quelques débris par la faveur de la Cour, luy avoit fait prendre pour Maxime qu'il ne s'en falloit point éloigner : & c'est ce qui fit croire pourtant qu'il pensoit à profiter des disgraces du Roy de Navarre & du Prince de Condé, & à préparer une voye à son fils à la succession de la Couronne à leur exclusion en faveur de son zele pour la Foy Catholique. Il semble neantmoins plus vray-semblable qu'estant un Prince d'une douce inclination & peu ambitieux, quoy que vaillant de sa Personne & bon Capitaine ; son humeur répugnoit aux Partis d'Estat ; où il craignoit de perdre ses biens & son repos, dont il estoit fort curieux, outre que certainement il estoit grand ennemy de l'Heresie. Et d'autant plus, qu'elle luy avoit enlevé deux de ses filles, & mesme sa premiere femme, qui en estoit fort suspecte, comme nous avons remarqué autre-part. François de Bourbon son fils après luy Duc de Montpensier, suivit son exemple, & continua la mesme fidelité au Roy Henry III. mais à sa mort il embrassa le Party de Henry IV. avec la mesme affection, & ne se rendit pas moins considerable auprés de luy par ses grands services & par ses exploits. Le Duc son pere se maria en premieres nôces à Jacqueline de Long-vic, pour profiter du credit de l'Admiral Chabot qui avoit épousé Françoise de Long-vic sa sœur aisnée, & ce fut pour la mesme consideration, qu'il prit pour seconde femme Catherine de Lorraine sœur du Duc de Guise ; auquel cette alliance fut plus utile pour achever de détacher ce Prince des interests de sa maison & pour le décrediter parmy les siens ; qu'elle ne luy fut avantageuse : le Duc de Guise luy ayant fait l'injure de le vouloir préceder au Sacre de Henry III. où il l'empescha de se presenter pour y tenir son rang. Il souffrit cet affront un peu plus paisiblement qu'on n'attendoit de son ressentiment, & il apprit par les suites des differens qu'il eut à la Cour & par la conduite que cette seconde femme tint avec luy, qu'on n'avoit eu d'autre dessein que de désunir sa maison. Le Duc de Guise son beau-frere ayant mieux aimé prendre le party du Duc de Nevers contre luy pour ne le pas éloigner de ses interests ; parce qu'il crût l'avoir assez engagé en luy donnant pour le veiller une femme fort entreprenante & qui luy donna bien des affaires. Le Libelle de ce temp-là intitulé l'Asne au Coq, fait par les Huguenots, se plaignit de cette entreprise pour animer son ressentiment par ces six Vers.

Mais le bon Duc de Montpensier
Est-il à bout de sa querelle,
Jamais on ne vit chose telle
De permettre qu'un Estranger
Ose bien un Prince outrager
Qui est des plus Proches du Sang, &c.

Le S. de Brantosme traite plus amplement ce differend dans ce qu'il a escrit de ce Duc, que je mettray icy, pour ne le pas priver de l'honneur qui luy est dû entre les Heros de son temps, comme aussi pour adjouster à sa vie que Nicolas Coustureau Président de la Chambre des Comptes de Bretagne a publiée, & que le S. du Bouchet a de beaucoup illustrée par les Commentaires avec lesquels il l'a mise au jour.

MONSIEUR DE MONTPENSIER LOUIS
de Bourbon.

„Puisque nous sommes encore sur les Princes, il en faut en-
„core continuër d'eux, & parleray de M. de Monpensier Loüis
„de Bourbon. Il fut extrait de l'estoc de ce grand Roy saint Loüis,
„ainsi qu'il est vray & qu'il en faisoit grande jactance, & tascha fort
„de l'imiter en l'observance de sa sainte Religion Catholique, & en
„probité de mœurs tant qu'il pouvoit. Bien qu'il fut homme com-
„me un autre, toutefois il vivoit plus saintement que le commun ;
„pour le moins le montroit-il fort en apparence, du reste je n'en
„puis juger, puisque cela appartient à Dieu de réconnoistre le juste.
„Il fut petit fils [*du costé de sa mere,*] de ce M. de Montpensier,
„qui fut laissé Viceroy par le Roy Charles VIII. au Royaume de
„Naples, qu'il garda le mieux qu'il pût; mais après il le perdit par
„faute de secours & d'argent, dont il en mourut de tristesse, autres
„disent de poison, autres de la mort naturelle qu'il avança des
„malaises qu'il reçût après le traité d'Atelle, mal accomply, comme
„je l'ay oüy dire audit M. de Monpensier sondit petit-fils, dont je
„parleray maintenant. Les Histoires, tànt des nostres que des Estran-
„gers en parlent diversement. Mre Philippe de Commines y vient au
„point, auquel je renvoye les Lecteurs, & mesme quand il parle du
„traité d'Atelle, qu'il dit estre le plus ignominieux qui ait esté jamais
„vû après celuy des Fourches Claudianes du temps des Romains :
„puis qu'estant encore de reste de cinq ou six mille hommes de Guer-
„re, tant François, qu'Allemands, Suisses, & Italiens, ils pouvoient
„donner une bataille, ou quand ils l'eussent perduë, n'eussent perdu
„tant de gens de coup de main, comme ils en perdirent de pauvre-
„té, faim & misere ; si que possible l'eussent-ils gagnée, pourquoy
„non ? les Arragonnois s'en moquoient fort & s'en moquent en-
„core, comme j'en ay vû dans Naples s'en rire, mesme que dans lé
„Chasteau vous en voyez des Peintures, qui en doivent faire mal au
　　　　　　　　　　　　　　　　　　　　　　　　„cœur

„cœur quand nous les voyons, lefdits Arragonnois & Efpagnols di-
„foient, & difent encore que ce malheur arriva audit M. de Mont-
„penfier par une vengeance Divine, pour avoir rompu les Tréves
„faites dans le Caftel Novo , en fortant par Mer , laiffant fes pau-
„vres Oftages Gens de bien & d'honneur, tels que les Hiftoires nom-
„ment, à la mercy du couteau de la juftice, que fi Ferdinand eut
„efté auffi cruel qu'aucuns de fes Prédeceffeurs, fans faillir ils avoient
„tous la tefte tranchée par jufte droit de Guerre ; en quoy ledit M.
„de Montpenfier fut blafmé fort, tant des fiens que des Eftangers.
„Ce Gilbert ne mourut fans enfans, car il laiffa Loüis , Charles
„& François de Bourbon ; ce Loüis mourut au Royaume de Naples
„y allant fous la conduite du Comte d'Armagnac, duquel Loüis on
„trouve par efcrit que vifitant là les os & la Sepulture de fon pere,
„& luy donnant de l'eau benifte, il devint fi tranfi & perdu de deüil
„& de trifteffe , que tout foudain il tomba mort & eftendu fur le
„tombeau. Je l'ay ainfi oüy raconter à aucuns dans Naples, qui
„mefme me difoient qu'il euft mieux valu qu'il euft rédoublé fon cou-
„rage pour en faire une belle vengeance, que mourir ainfi, & d'au-
„tant plus en fut-il efté trés-honoré & loüé. Mr. Charles de Bour-
„bon ne fit pas ainfi, car tant qu'il prit le Party de fon Roy, il
„hauffa autrement fon courage & éveilla fes efprits; car il fut grand
„ennemy des Efpagnols, & en facrifia plufieurs d'eux fur la memoire
„de fon pere : mais aprés il les aima bien autant, quand il fe mit
„avec eux, qui luy firent acquerir beau rénom & belle mort à la
„prife de Rome, comme j'ay dit. Son jeune frere François, trés-
„vaillant Chevalier fut tué à Marignan.
„ De tous ces trois Enfans venus dudit Gilbert & de Claire ou Clairice de
„Gonzague, (dont eft trés-grande Alliance entre ces deux Maifons de
„Bourbon & de Mantoüe ; là où ledit M. de Bourbon fut trés-bien
„retiré & receu, quand il tira en Italie au fervice de l'Empereur)
„fut leur fœur & premiere née dite Loüife de Bourbon, qui fut fem-
„me de Loüis de Bourbon Prince de la Roche-fur-Yon ; d'où fortit
„M. de Montpenfier duquel je parle, & qui le premier a efté Duc,
„& les autres auparavant ne portoient que titre de Comtes, M. le
„Prince de la Roche-fur Yon, dit Charles de Bourbon, & Sufanne
„de Bourbon, dite Madame de Rieux en Bretagne. J'ay veu cette
„Dame Loüife de Bourbon que je dis, fœur à Monfieur de Bour-
„bon, une trés-honorable, fage & vertueufe Dame, qui a vefcu
„cent ans, & fa vieilleffe eftoit trés-belle ; car le fens & la parole
„ne luy avoient point manqué. Le Roy François fecond demeura
„avec fa Cour trois jours à Champigny, il l'alloit voir tous les
„jours en fa chambre, laquelle n'en bougeoit pour fon imbecile
„vieilleffe, avec tous les Princes & Grands delà, fi faifoient les
„Reines Mere & Regnante & toutes les Dames, & entroit lors
„qui vouloit. Tout le monde la regardoit attentivement, & moy auffi
„bien que les autres & tous l'admirions autant pour fa venerable

„ vieilleſſe, que pour eſtre ſœur de ce Grand M. de Bourbon : & les
„ plus vieux qui l'avoient veu, nous diſoient qu'elle reſſembloit fort
„ à ſon frere de viſage, & d'autant plus la regarda-t'on. Il ne ſçauroit
„ avoir plus haut de trente ans qu'elle eſt morte, là où le Roy, la
„ Reine & tous les Princes de la Cour & d'ailleurs ſes Alliez en-
„ voyerent Ambaſſadeurs & Agents pour ſe trouver à ſes obſeques,
„ ainſi qu'eſt la couſtume de ce faire parmy les Grands.

„ J'ay fait cette digreſſion de Genealogie, que j'ay apriſe meſme
„ de M. de Montpenſier, pour montrer ſon droit à aucuns douteux
„ ſur la Succeſſion de M. de Bourbon, laquelle il retira en partie
„ petite à la fin, avec de grandes peines & Procés, puiſque le bien
„ eſtoit confiſqué à la Couronne. Il n'en put avoir grand cas du temps
„ du Roy François, pour la haine qu'il portoit à M. de Bourbon,
„ & que la playe qu'il luy avoit faite, eſtoit fort recente encore, &
„ auſſi qu'il eſtoit fort exact obſervateur de ſes Edits & de ſes droits;
„ car il en prétendoit de trés-grands par celuy de Madame la Regen-
„ te; dont ſourdit le mécontentement & la Rebellion dudit M. de
„ Bourbon. Du temps du Roy Henry il en eut quelque lippée par le
„ moyen de Madame Jacquette de Longvic de la Maiſon ancienne
„ de Givry, iſſuë de celle de Châlon & des Palatins de Bourgogne.
„ Cette Dame Madame la Ducheſſe de Montpenſier, du temps du
„ Roy François (par un Moyen que l'on diſoit lors, Monſieur d'Or-
„ leans la ſervant, quel mal pour cela? M. Roſtain qui vit encore le
„ ſçait bien) eut grande faveur à la Cour; mais elle n'y put rien
„ faire à cette ſucceſſion pour la raiſon que j'ay dit, auſſi qu'elle
„ eſtoit jeune & non ſi ſpirituelle comme elle a eſté depuis. Du
„ temps du Roy Henry elle eut beaucoup de faveur, car elle devint
„ plus habile & gouvernoit fort la Reine. Le Roy François ſecond
„ vint à ſon Regne, où elle put beaucoup, car je l'ay veuë ſi bien
„ gouverner le Roy, & la Reine, que j'ay veu auſſi deux fois de
„ mes yeux que le Roy faiſoit récommender la cauſe de madite Da-
„ me, qui faiſoit tout & ſon mary peu, & ſolliciter contre la ſien-
„ ne propre. Cela eſtoit fort commun à la Cour, & ſi vis une fois
„ M. le Cardinal de Lorraine de la part du Roy en parler à M. de
„ la Cour, qu'il avoit auſſi envoyé querir à ſon Hoſtel de Cluny,
„ lors que le Roy alla à Orleans, & leur récommender le droit de
„ ladite Dame, elle y eſtoit preſente, juſques à dire que le Roy la
„ vouloit gratifier en cela, qu'il rénonçoit pour ſa part & ſon droit
„ à cette Succeſſion, & qu'il n'en vouloit nulle portion ny part, &
„ qu'ils paſſaſſent & coulaſſent cela le plus legerement pour luy qu'ils
„ pourroient. Pour fin cette Princeſſe & les leurs, les uns aprés
„ les autres ont tant travaillé, ſollicité, & plaidoyé, qu'ils en ont
„ eu pied ou aiſle, fors la Duché de Chaſtelleraut, que les Rois par
„ cy-devant n'avoient voulu démordre & l'avoient miſe à leur pro-
„ pre, laquelle depuis donnerent pour Appanage à Madame leur
„ ſœur naturelle legitimée, que nous avons veu long-temps, s'appeller

"Madame de Chaftellerant, aujourd'huy Madame d'Angoulefme,
"A cette heure ce Duché eft retourné à cette Maifon de Montpenfier,
"laquelle peut maintenant dire avoir connu la Fortune d'une & d'au-
"tré façon ; car elle a demeuré long-temps pauvre, & difoit-on du
"Regne du Roy François & Henry au commencement, que M. de
"Montpenfier eftoit le plus pauvre Prince de la France : & il eft mort
"le plus riche aprés le chef de fon Nom qui eft le Roy de Navarre;
"car il a laiffé à fon heritier plus de trois cens mille livres de rente
"& en argent monnoyé & autrement, bagues, joyaux & meubles plus
"de trois cens mille efcus, & difoit-on à la Cour, & que je l'oüis
"dire à un Grand, qui le fçavoit bien lors qu'il mourut. Si bien qu'on
"difoit de luy qu'il reffembloit les Chevaliers de Malthe, qui lur l'âge
"avoient des biens & honneurs, car de ces Regnes-là il n'eut tous
"ces grands biens. Il ne fut non plus avancé en grades ny hon-
"neurs, ny à la Cour ny aux Armées ; aufquelles pourtant il fe
"trouvoit prés de la Perfonne de fon Roy, en fimple & privé Prin-
"ce, ne commandant qu'à fa Compagnie de Genfdarmes : le pere
"de Fontaines-Querin, brave & vaillant Capitaine eftoit lors foo
"Lieutenant, qui l'avoit toûjours belle & la mettoit toûjours en
"befogne ; à laquelle il fçavoit bien commander. Que fi elle fai-
"foit une petite faute, il difoit qu'elle avoit fait de la fotte ; fi bien
"qu'un temps cela couroit à la Cour, qu'on difoit, vous avez fait la
"Compagnie de M. de Montpenfier, qui eftoit autant à dire, vous
"avez fait de la fotte.
" Il eftoit trés-brave, trés-vaillant Prince, ainfi qu'il le fit bien
"paroiftre à la Bataille de faint-Quentin ; là où il fut pris en comba-
"tant vaillamment : & là il eut pourtant quelque petite Charge de
"Regiment. Au Regne du Roy François fecond pour l'amour des
"hauts bruits & crieries qu'on faifoit, que les Princes du Sang
"eftoient du tout réculez & n'avoient nulles charges, grades ny digni-
"tez, on luy donna le Gouvernement de Touraine & d'Anjou. &
"à M. le Prince fon frere celuy d'Orleans ; où fut fon Lieutenant
"M. de Cypierre, qui fervit beaucoup contre la conjuration d'Am-
"boife. Aux Regnes de nós autres Rois Charles, & Henry, mon-
"dit Sieur de Montpenfier commença & continua d'avoir force gran-
"des charges : quand la premiere Guerre civile vint, il fut Lieute-
"nant de Roy en tous fes Pays d'Anjou, le Mans, le Perche, Touraine &
"autres Pays circonvoifins, & là en cette Guerre voulant du tout
"imiter le Roy faint Loüis fon grand miroir, contre les Infidéles :
"celuy-cy, difoit-on, de mefme fe montra animé contre les Here-
"tiques, qu'il haïffoit mortellement ; jufques-là quand il les prenoit
"à compofition, il ne la leur tenoit nullement, difant qu'à un He-
"retique, on n'eftoit nullement obligé de garder fa foy. Ainfi qu'il
"le pratiqua bien à l'endroit du Capitaine des Marais, qu'il prit
"dans le Chafteau de Rochefort-fur-Loire, par honnefte capitula-
"tion & fur fa foy, & puis le fit executer auffi-toft ; fe fondant fur

» l'Apophtegme que je viens de dire. Quand on luy amenoit quel-
» ques prisonniers, si c'estoit un homme, il luy disoit de plein abord
» seulement, vous estes un Huguenot mon amy, je vous recommen-
» de à M. Babelot. Ce M. Babelot estoit un Cordelier, sçavant hom-
» me, qui le gouvernoit fort paisiblement & ne bougeoit jamais d'au-
» prés de luy ; auquel on amenoit aussi-tost le prisonnier ; & luy un
» peu interrogé, aussi-tost condamné à mort & executé. Si c'estoit
» une belle femme ou fille ; il ne leur disoit non plus autre chose,
» sinon, je vous recommende à mon Guidon, qu'on la luy mene.
» Ce Guidon estoit M. de Montoiron ; de l'ancienne maison de l'Ar-
» chevesque Turpin, du temps de Charlemagne ; & en portoit
» le nom de Turpin. [*Il en sera parlé en la Genéalogie des Babous où*
» *il fut allié, à la fin de ce Volume* *.] Il estoit un trés-beau Gentil-
» homme, grand, de haute taille, qu'on disoit estre insatiable. Avec
» cela répaissoit-il ces pauvres prisonnieres. Je ne sçay si tout cela est
» vray, mais j'estois present un jour à un disner de feu Monsieur de
» Guise à qui on fit ce conte, en presence de feu Madame de Guise
» sa femme, de Mademoiselle de Mirande & autres Dames & filles
» de la Cour qui estoient à table ; ausquelles mondit Sieur de Guise
» leur en fit à toutes la guerre, & ne fut sans bien rire & homme &
» femme : & si ce mot se dit un long-temps à la Cour parmy les
» Dames & Galands de la Cour, qui leur disoient, je vous récom-
» mande au Guidon de M. de Montpensier ; dont ancunes qui en
» sçavoient le *tu autem*, disoient ou par timidité ou par hypocrisie,
» Ah ? Dieu nous en garde, d'autres disoient, il ne nous feroit que
» la raison. Voilà la punition de ces pauvres Dames Hugnenotes,
» inventée par M. de Montpensier, qui me fait penser avoir esté pri-
» se & tirée de Nicephore par M. Babelot ; où il dit que l'Empereur
» Theodore osta & abolit une Coustume qui estoit de long-temps dans
» Rome, à sçavoir que si quelque femme avoit esté surprise en Adul-
» tere, les Romains la punissoient non par la coërtion du crime qu'el-
» le avoit commis, mais par plus grand embrasement de Paillardi-
» se ; car ils enfermoient en une étroite logette celle qui avoit com-
» mis l'Adultere : & puis aprés permettoient impudemment qu'elle
» assouvist sa lubricité & paillardise son saoul & d'un-chacun qui vou-
» droit venir & qui estoit plus vilain & sale, c'est que les compagnons
» galands & paillards qui y alloient, se garnissoient & accommodoient
» de certaines sonnettes. Vrayement, voilà une terrible Coustume que
» ce sage Empereur abolit, ainsi que le dit l'Historien Nicephore, dans
» lequel possible M. Babelot l'avoit feüilletée & tirée pour la faire
» pratiquer à ce brave Guidon : lequel au bout de quelque temps dé-
» pesche de M. son Capitaine vers le Roy en poste, vint à la Cour,
» où il n'avoit jamais esté guere vû. Mais je vous asseure qu'il fut là
» bien vû & connu & fort admiré pour sa grande vertu naturelle, &
» mesme des Dames, dont j'en vis aucunes qui en rioient bien sous
» bourre, & en disoient bien leur ratelée. J'ay fait cette digression

* Au troisiéme Volume.

" parce qu'elle m'est venuë en main & m'en fust eschappée une au-
" tre fois, & aussi qu'il faut un peu rire quelque petit coup & n'estre
" pas si serieux qu'on ne se jette sur la bouffonnerie & risée.
"   Pour tourner à mondit Sieur de Montpensier, aprés qu'il eut bien
" purgé son Gouvernement d'Anjou, Touraine & autres, puis par
" l'instance aussi que luy firent Messieurs de Chavigny & Puy-Gail-
" lard deux trés-bons Capitaines, & le Capitaine Richelieu qu'on
" appelloit le Moine Richelieu, qui avoient tous fait trés-bien au-
" trefois en Piémont, & ailleurs fait de trés-belles preuves de leur
" valeur, il fut envoyé Lieutenant de Roy en Guyenne, Poitou, Au-
" nis, Xaintonge, & Angoumois, où il servit trés-bien le Roy, &
" les Huguenots trembloient fort sous luy; & eust encore plus fait, sans
" que le Roy de Navarre vint à mourir. Et ce bon homme s'alla pro-
" poser en son ambition (car il en avoit sa bonne part, comme ceux
" de sa sorte en doivent avoir) qu'il tiendroit sa place en France,
" comme lors premier Prince du Sang, aprés M. le Cardinal de
" Bourbon; mais son Chapeau rouge l'excusoit, qui nonobstant y
" aspiroit un peu : & pour ce demanda au Roy son congé, qui moi-
" tié l'un, qui moitié l'autre luy accorda. Il s'en vint à la Cour, di-
" sant aux uns & aux autres quand il s'offroit à eux, ce seul mot, à
" cette heure j'ay moyen de vous tous connoistre & faire plaisir à mes
" amis, car vous sçavez bien que le Roy de Navarre est mort (sans
" dire autre chose) & que je m'en vais à la Cour. Mais y estant,
" comme je l'y vis arriver au Bois de Vincennes, il se donna garde
" qu'il trouva sa place prise, & qu'il n'en tint autre qu'auparavant;
" car il avoit affaire à une Maistresse femme, qu'à la Reine Mere,
" qui ne vouloit point de compagnon en ce lieu-là, & aussi à feu M.
" de Guise le Grand, qui s'entendoit avec elle & qui d'un seul clin
" d'œil gouvernoit toute la France, pour la grande créance qu'elle
" avoit en luy & qu'il avoit les forces en main. Toutefois il sembla,
" & le disoit-on, que mondit Sieur de Montpensier en fit du mal-
" content, & voulut induire M. le Cardinal d'en faire de mesme, car
" ils ne bougeoient d'ensemble, mais on leur donna à tous deux cet-
" te petite souppe à la gorge, ainsi parloit-on, qu'ils seroient les
" Chefs du Conseil, & sur ce encore la Reine les sçût si bien mener
" & plastrer, qu'ils se sentirent encore trés-heureux de ce petit mor-
" ceau. Ceux qui estoient de ce temps & qui ont vû ces mysteres com-
" me moy, se souviendront bien si je dis vray ou non, car j'ay vû
" tout cela, aussi-bien qu'eux. Les seconds troubles vinrent, où M.
" de Montpensier fut ordonné du Roy avec M. de Nemours de mener
" l'Avantgarde, qui fut autant que s'il fust esté Lieutenant de Roy
" ailleurs, voir plus là où est la Personne de son Roy, ou de M. son
" frere, qui le représente en tout, & tel que celuy-là, car il n'y en
" eut jamais en France qui ait eu telle autorité. Les troisiémes trou-
" bles s'ensuivirent par aprés coup sur coup, il fut Lieutenant de Roy,
" & à luy ne firent nulle scrupule d'obéir les plus grands & bizar-

»res Capitaines d'alors , comme Messieurs de Martigues , Brissac &
» de Strozze. Ce fut lors. qu'ils défirent les Provençaux en Perigord,
» qui fut une défaite de grande importance pour les Huguenots. Ce-
» là fait il s'alla joindre avec Monsieur nostre General vers Chastelle-
» raut , & bien luy servit d'estre bon & sage Capitaine , de faire bon-
» nes & longues traites pour cela ; car Messieurs le Prince & Admi-
» ral le suivirent de prés pour se mettre entre deux , & empescher
» leur assemblement. M. de Montpensier menoit toûjours l'Avant-
» garde, où il estoit toûjours fort honoré des nostres & redouté des
» Huguenots ; car il ne parloit que de pendre, comme il fit à Mire-
» beau, & s'il fut esté crû, il ne s'en fut guere eschappé d'eux : mes-
» me à ce grand M. de la Nouë , & qui meritoit toute courtoisie ,
» lors qu'il fut pris, il ne peut garder de luy dire, mon amy, vostre
» Procés est fait & de vous & de vos compagnons, songez à vostre
» conscience : mais M. de Martigues vint là qui le sauva, comme je
» diray ailleurs : les quatriémes Guerres s'émûrent, M. de Montpen-
» sier fut encore Lieutenant de Roy , car il ne refusa jamais de ces
» commissions pour la haine qu'il portoit aux Huguenots , & pour le
» saint zele de sa Religion. Il vint en Poitou , où il trouva de l'af-
» faire , & un homme que je viens de dire, M. de la Nouë, qui luy
» en donna bien & mesme au siege de Fontenay & de Luzignan, qu'il
» prit pourtant à la fin. Aussi avoit-il de bons Capitaines de cheval
» [comme M. de Chavigny , M. de Lude Gouverneur de Poitou , Puy-
» Gaillard & autres] & de gens de pied, Mestres de Camp Messieurs
» de Sarriou, de Bussy, & Lucé.
» . Le siege de Luzignan fut fort long & de grand combat , j'en
» parleray possible ailleurs. Il fut pris & pour éterniser sa memoire ,
» il pressa & importuna tant le Roy nouveau venu de Pologne , qui
» le voulut en ce gratifier , qu'il fit raser de fond en comble ce Cha-
» steau , dis-je , ce beau Chasteau , si admirable & si ancien, qu'on
» pouvoit dire que c'estoit la plus belle masque de Forteresse antique
» & la plus Noble Décoration vieille de toute la France, & construi-
» te s'il vous plaist d'une Dame des plus Nobles en lignée, en vertu,
» en esprit, en magnificence, & en tout, qui fust de son temps, voir
» d'autre ; qui estoit Merlusine , de laquelle il y a tant de Fables :
» & bien que soyent Fables, si ne peut-on dire autrement que tout
» beau & bon d'elle [c'est une fiction dont j'ay parlé en traitant l'Eloge
» du S. de Lanssac, où j'ay débroüillé cette Fable] & si l'on veut venir
» à la vraye verité, c'estoit un vray Soleil de son temps, de laquelle
» sont descendus les braves Seigneurs, Princes , Rois & Capitaines
» portans le nom de Luzignan , dont les Histoires en sont pleines ;
» cette grande maison d'Archiac en estant sortie, en Xaintonge, &
» saint Gelais; dont les marques en restent trés-insignes. Lors que la
» Reine Mere fit la Tréve avec Monsieur frere du Roy à Jazeneuil
» que Monsieur estoit à saint Maixant , j'estois lors avec elle , Mes-
» sieurs de Strozze, de Grillon, Lanssac, & la Roche-Pozay, il n'y

„ avoit que nous quatre de Courtisans avec elle , l'envie luy prit en
„ s'en retournant à Poitiers ; de s'éloigner un peu de son chemin &
„ paſſer à Luſignan pour en voir les ruïnes. Certes elle les y vit &
„ qui luy toucherent fort au cœur ; ſi que l'en vis en parler fort ten-
„ drement & dire ces mots ; hé ! falloit-il que ſi belle , forte & no-
„ ble Place à l'appetit d'une certaine opiniaſtreté de M. de Montpenſier,
„ ſoit eſté ainſi ruïnée de fond en comble ? quand le Roy mon fils ý
„ eut eſté en perſonne , & qu'elle luy euſt fait telle réſiſtance , il ne
„ l'euſt jamais voulu faire abbattre ; je m'en aſſeure , pour le moins
„ ce ne fuſt pas eſté de mon conſeil ; car c'eſtoit-là la Perle anti-
„ que de toutes ces maiſons , & le plus bel ornement qu'on y eut ſçû
„ voir jamais. Je ne l'avois vûë [dit-elle] ſinon lors qu'eſtant bien
„ jeune j'y paſſay au voyage de Perpignan ; mais pour ma jeuneſſe
„ d'alors je n'en avois conçû l'impreſſion de ſa beauté & grandeur ,
„ comme je la comprens encore par ſa ruïne. Que ſi je l'euſſe euë ſi
„ bien empreinte en mon eſprit comme je l'ay , je vous aſſeure que le
„ Roy mon fils n'euſt donné jamais à M. de Montpenſier le congé de
„ l'abbattre à l'appetit de ſa paſſion , & que jamais Chemeraud n'euſt
„ triomphé de ſi noble & riche dépoüille pour baſtir & aggrandir ſa
„ petite maiſon de Marigny ; car il faut noter que le Roy en donna
„ toute la ruïne audit Sieur de Chemeraud , qui avoit eſté ſon En-
„ ſeigne de Gensdarmes quand il eſtoit Monſieur ; dont il en a fait baſtir
„ une trés-belle maiſon , qui n'eſt qu'à deux lieües de Luſignan qui
„ s'appelle Marigny. Voilà ce que j'en vis dire à la Reine, qui ſe pro-
„ mena , aviſa par tout , & s'y amuſa fort , que bien que l'on luy dit
„ qu'il ſe faiſoit tard , & n'arriveroit qu'à la nuit noire à Poitiers, com-
„ me elle fit , n'en laiſſa ſa contemplation. Je la vis auſſi fort blaſ-
„ mer le S. de ſainte Solline, qui l'avoit laiſſée perdre & prendre en
„ eſtant Capitaine , & en avoit acheté la Capitainerie du Sieur du Vi-
„ gean, que luy & ſes prédeceſſeurs [maternels] de la maiſon du Fou,
„ avoient gardé plus de ſix vingts ans ; car on diſoit que ledit ſainte
„ Solline aimant un peu l'avarice, n'avoit dedans qu'un pauvre vieux
„ Morte-paye, qui ſe laiſſa ſurprendre. Que s'il n'euſt ouvert la Porte,
„ & l'euſt bien fermée ſeulement , & ne parler à perſonne , cette
„ Place eſtoit imprenable à tout le monde , voilà la pitié & ruïne de
„ cette Place. J'ay oüy dire à un vieux Morte-paye ; il y a plus de
„ quarante ans ; que quand l'Empereur Charles vint en France , on
„ le paſſa par là pour la délectation de chaſſe des Daims, qui eſtoient-
„ là dans un des beaux & anciens Parcs de France , [les anciens Sei-
„ gneurs de Lezignem eſtoient Gardiens de ce beau Parc ſous la ſeconde
„ Race en qualité de Veneurs de nos Rois, & Hugues II. S de Lezignem
„ baſtit le Chaſteau & non pas la prétenduë Melluzine,] à trés-gran-
„ de foiſon , qu'il ne ſe put ſaouler d'admirer & loüer la beauté, la
„ grandeur, & le chef-d'œuvre de cette maiſon , & faite, qui plus
„ eſt , par une telle Dame , de laquelle il s'en fit faire pluſieurs
„ contes fabuleux : qui ſont là fort communs , juſques aux bon-

» nes femmes vieilles, qui lavoient la leſſive à la Fontaine ; que la
» Reine Mere voulut auſſi interroger & oüir. Les unes diſoient qu'ils
» l'avoient vû quelquefois venir à la Fontaine pour s'y baigner, en
» forme d'une trés-belle femme, & en habit d'une veuve, les autres
» diſoient qu'ils la voyoient, mais trés-rarement, & ce les Samedis
» à Veſpres (car en cet eſtat ne ſe laiſſoit-t'elle guere voir) ſe baigner
» moitié le corps d'une trés-belle Dame, & l'autre moitié en Serpent.
» Les unes diſoient qu'ils la voyoient ſe promener toute veſtuë avec
» une trés-grave majeſté, les autres qu'elle paroiſſoit ſur le haut de
» ſa groſſe Tour en femme trés-belle & Serpent. Les unes diſoient
» que quand il devoit arriver quelque grand déſaſtre au Royaume ou
» changement de Regne, ou mort, ou inconvenient de ſes parens
» les plus Grands de la France, & fuſſent Rois : que trois jours aprés,
» je dis avant, on l'oyoit crier d'un cry trés-aigre & effroyable par
» trois fois. On tient celuy-cy pour trés-vray : pluſieurs perſonnes
» de-là qui l'ont oüy, l'aſſeurent & le tiennent de pere en fils, & meſ-
» me que lors que le ſiege y vint, force Soldats & Gens d'honneur
» l'affirment qui y eſtoient, mais ſur tout, quand la Sentence fut don-
» née de battre & ruïner ſon Chaſteau ; ce fut alors qu'elle fit ſes plus
» hauts cris & clameurs. Cela eſt trés-vray par le dire d'honneſtes
» gens, du depuis on ne l'a point oüie. Aucunes vieilles pourtant
» diſent qu'elle s'eſt apparuë, mais trés-rarement. Pour fin & vraye
» verité finale, ce fut en ſon temps une trés-ſage & vertueuſe Dame,
» & mariée & veuve, & de laquelle ſont ſortis ces braves & genereux Prin-
» ces de Luzignan, qui par leur valeur ſe firent Rois de Cypre. Parmy les
» principaux deſquels fut Geoffroy à la Grand'dent, qu'on voyoit ré-
» preſenté ſur le Portail de la grande Tour en trés-grande Statuë. Je
» n'ay guere vû de perſonnes qui ayent vû ce Chaſteau en ſon luſtre
» & ſplendeur, & puis en ſa memorable ruïne, qui ne maudit M.
» de Montpenſier & ſon opiniaſtreté folle en cela ; ſi que les Rois ſes
» enfans, diſoit ladite Reine, n'en avoient tant fait envers les Vil-
» les, qui avoient tenu eux preſens contre eux & ne les avoient démo-
» lies, & luy, avoit voulu faire plus qu'eux & ſe faire craindre &
» reſpecter.

» Auſſi tint-t'on de ce temps-là que ce Prince ſuſdit ne l'emporta
» guere loin, qu'il n'en euſt une eſtrette bien ſerrée. Car le Roy le
» voulant continuër en ſa charge de Lieutenant General & l'envoyer
» en Xaintonge, & aux Iſles pour achever ſes conqueſtes & l'y faire
» obéïr, il n'y voulut point aller ; ains voulant paſſer ſon ambition
» plus avant s'il luy ſembloit. Il ſçait comme le Roy s'achemine à
» Rheims pour s'y faire ſacrer, & s'y achemine auſſi, pour s'y trou-
» ver au Sacre, & là y tenir premier rang aprés Monſieur & le Roy
» de Navarre, & l'oſter à M. de Guiſe qui eſtoit-là avant luy, mais
» à quelles journées & en plein Hyver ? les plus grandes que j'aye ja-
» mais vû faire : car lors le Roy m'ayant envoyé vers M. de la Noüe
» à la Rochelle & m'en rétournant en poſte le rétrouver, je trouvay

mon-

„ mondit S. de Montpensier à Blois ainsi que je courois, & luy à ses
„ journées il arriva le soir à Paris que je n'y estois arrivé que le
„ matin, & comme j'estois allé voir Madame de Guise, qui estoit
„ lors en couches, & que je parlois à elle, nous nous donnasmes-là
„ garde que nous vismes M. de Montpensier sur les bras, dont je fus
„ fort estonné pour l'avoir laissé bien loin. Il marche de mesme de
„ Paris à Rheims, mais le Roy ayant esté adverty de son intention
„ à vouloir tenir le rang audit Sacre, & entendu M. de Guise aussi,
„ qui ne luy vouloit pas ceder & perdre le sien, & mal-aisément sou-
„ froit passer telle paille par le bec (car il en eust fallu que ç'eut
„ esté ou Dieu ou le Diable) commença à entrer en colere ou ru-
„ meur, & protester que si M. de Montpensier se hasardoit le moins
„ du monde de vouloir enjamber sur sa Dignité, qu'il luy seroit au-
„ tre tour que ne fit Philippe le Hardy Duc de Bourgogne à l'en-
„ droit de son frere, car il le prendroit par le collet & le chasseroit
„ de-là, & le jetteroit par terre ou possible feroit pis, selon que la
„ colere le domineroit, tout son beau-frere qu'il estoit : car en cela
„ ce sont les premiers anciens Pairs de France, qui tiennent lieu &
„ rang-là, non pas les Princes du Sang & autres ; je vis le Roy, la
„ Reine & toute la Cour émûë bien fort pour cela, & à trouver re-
„ mede pour y pourvoir, mais on n'en put trouver aucun pour la
„ brave résolution de M. de Guise : ce fut donc à opiner & arrester
„ du tout, de mander à M. de Montpensier de ne se haster point
„ tant à venir, nonobstant il vint prés de deux lieuës de Rheims, ré-
„ solu de passer plus outre, mais ayant bien sçû au vray la résolution
„ de M. de Guise, & qu'il y auroit du bruit & de la batterie, & n'y
„ feroit bon pour luy, & que le Roy luy manda qu'il avoit peur de
„ quelque grand scandale : ce fut luy qui s'arresta tout court, & ne
„ se trouva au Sacre, qu'il avoit tant abboyé dés la prise & ruïne du
„ Luzignan ; qui luy fut possible mal-encontreuse en cela, disoient
„ ancuns, & que Madame Merluzine avoit-là beaucoup operé.
„ Il en couva pourtant en son ame un grand dépit & extréme co-
„ lere contre Monsieur son beau-frere, mais cela s'accorda aprés, &
„ trés-grand mécontentement contre le Roy, & quelques mois aprés
„ Monsieur ayant pris les armes, pour estre mal-content & mal-trai-
„ té du Roy : sa Majesté luy voulut donner la Lieutenance Generale
„ contre Monsieur, mais il la refusa tout à plat, disant ne vouloir
„ aller contre le fils & frere des Rois, & que mondit Sieur avoit
„ quelque occasion de se mécontenter & mutiner, & qu'il le falloit
„ appaiser & contenter. A quoy il poussa si bien avec la Reine, que
„ l'accord se fit & Tréves furent accordées à Jazeneüil entre saint
„ Maixant & Poitiers, & luy furent accordées force Villes & Places
„ pour sa retraite cependant. A quoy mondit Sieur de Montpensier
„ travailla fort pour l'y faire entrer & ses gens, & principalement à
„ Angoulesme ; où il reçût un affront que diray ailleurs. [*Voyez la*
„ *page 409. de ce Volume.*] Ainsi M. de Montpensier se lia les bras

„entre Monſieur & ſes gens & les Huguenots, qui tous eſtoient avec
„luy & l'avoient élû leur Protecteur ; ce qu'on trouva à la Cour &
„en France fort eſtrange, que celuy qui avoit eſté ſi grand ennemy
„& fleau des Huguenots, maintenant il en eſtoit à demy appuy &
„ſouſtien. Ce qui fit penſer & dire à aucuns qu'il ſe laiſſoit plus do-
„miner à ſon mécontentement & à ſon ambition, qu'à ſa Religion,
„ce que n'euſt pas fait ſon grand Patron le Roy ſaint Loüis avec les
„Sarraſins, diſoit-on. Il en bailla un pareil exemple, lors que M. de
„Nevers & luy eurent une grande querelle pour quelque parole que
„M. de Nevers avoit dit en ſecret de Monſieur frere du Roy à M. de
„Montpenſier à cauſe de ſon mécontentement, & élevation ; qu'il
„alla rapporter à Monſieur, dont Monſieur vouloit eſtre éclaircy & en
„avoir raiſon : mais M. de Nevers nia les avoir dites, & donna
„quelque démenty en l'air, dont s'enſuivit une groſſe querelle & à qui
„feroit plus d'amas de ſes parens & amis & ſerviteurs. Surquoy le Roy
„de Navarre s'envoya offrir à M. de Montpenſier avec tous ſes Hu-
„guenots, que M. de Montpenſier ſans aucun reſpect de ſa Religion
„contraire à la Huguenotte, accepta trés-volontiers & fort librement.
„Il y avoit de l'autre coſté M. de Guiſe avec tous ſes bons Catholi-
„ques : je ſçay que m'en diſt un jour M. de Guiſe ; ſi bien qu'il y
„euſt eu du combat & de la tuërie, ſans la défenſe du Roy qu'il leur
„en fit, & l'accord qu'il en traita aprés.
„   Voilà ce qu'on en a plus voulu objecter à M. de Montpenſier, de
„s'eſtre voulu aider des Huguenots, & auſſi qu'il traita & fit la Paix
„avec le Roy de Navarre & les Huguenots, lors que nous avions
„le ſiege devant Broüage. Ce bon & grand Prince faiſoit eſtat, com-
„me j'ay dit, & grand gloire d'eſtre deſcendu de l'eſtoc de ce grand
„& bon Roy ſaint Loüis, & s'efforçoit fort à l'imiter & ſe façon-
„ner à ſes bonnes & ſaintes mœurs & belles devotions. Il avoit cer-
„tes raiſon, car de plus beau modele ou patron n'euſt-il ſçû choiſir ou
„trouver pour s'y conformer. Pour fin ce grand Prince a eſté trés-
„brave & vaillant & qui a toûjours trés-bien fait où il s'eſt trouvé
„& eſt mort en réputation d'un bon & ſage Capitaine. Et laiſſa aprés
„ſoy un trés-brave & vaillant fils, M. de Montpenſier, que du temps
„du pere nous appellions le Prince Dauphin, duquel j'eſpere en par-
„ler en la vie de nos deux Rois derniers, enſemble de M. de Mont-
„penſier d'aujourd'huy, qui tout jeune qu'il eſt a fait tout plein de
„belles preuves de ſes armes & courage, ainſi qu'il paroiſt aux bel-
„les & honorables marques qu'il a reçû d'une grande Arquebuſade au
„viſage, ſans autres grands combats, rencontres & ſieges qu'il a
„dés-ja faits, en un ſi bas âge, que c'eſt une choſe trés-eſtrange, ou-
„tre plus que c'eſt un trés-bon & gracieux Prince, vraye ſemblance
„de ce bon Roy ſaint Loüis, autant en beauté qu'en valeur, com-
„me j'en parleray ailleurs.

DU MARQUIS DE VILLARS, ET DES SEIGNEURS
de Meru, de Thoré, de Schomberg, de la Vauguyon, de Carnavallet, de Villequier & de Mailly.

LE grand nombre des Seigneurs François qui se signalerent en cette bataille, ne me permet point d'en parler si amplement ny dans le mesme ordre dont j'ay traité les Eloges des autres. Je diray seulement ce qui est necessaire à la connoissance de l'Histoire, & commenceray par Honorat de Savoye Marquis de Villars, qui fut second fils de René legitimé de Savoye Comte de Tende & de Villars, Grand-Maistre de France & Gouverneur de Provence, & d'Anne Lascaris, & frere puisné de Claude de Savoye Comte de Tende. C'estoit un Seigneur fort vaillant & bon Catholique, qui se signala au siege de Hedin où il s'alla jetter, & où il fut pris les armes à la main, aussi-bien qu'à la bataille de saint Quentin. Ses services luy firent meriter le Gouvernement de Guyenne, qu'il maintint contre les Huguenots, & pour récompense de sa fidelité & de sa valeur dans toutes les Guerres civiles, mais principalement aux memorables journées de Jarnac & de Montcontour, il fut créé Admiral de France après la mort du S. de Chastillon. Il en joüit jusques environ l'an 1578. qu'il mourut, laissant pour heritiere de son mariage avec Françoise de Foix, Henrie de Savoye sa fille unique ; mariée en 1. nôces à Melchior des Préz S. de Montpezat fils d'Antoine Mareschal de France, & rémariée après sa mort à Charles de Lorraine Duc de Mayenne. Elle eut plusieurs enfans des deux lits, & du second sont issus entr'autres le Duc de Mantoüe & la Reine de Pologne.

LE S. DE MERU Colonel des Suisses, qu'il commanda en cette journée de Montcontour, estoit Charles de Montmorency depuis Chevalier des Ordres du Roy & créé Admiral par Henry IV. puis Duc de Damville & Pair de France par le Roy Loüis XIII. Il donna des preuves de sa valeur aux batailles de Dreux, de S. Denis & de Montcontour, de Craon & d'Arques, & après avoir couru avec ses freres le peril de la disgrace de Henry III. qui avoit juré la perte de leur maison, il luy témoigna particulierement après les barricades, qu'il le joignit avec une belle suite de cent Gentils-hommes, qu'il avoit esté conservé pour le salut de sa Majesté contre les mauvais desseins de ceux, qui l'animoient à ruïner les premieres Puissances de l'Estat. Le celebre Antoine Arnaud son Avocat & de toute la maison de Montmorency, rémarqua aussi à ce sujet, lors de la presentation de ses Lettres de Duc & Pair, que le Roy luy fit satisfaction les larmes aux yeux d'une si injuste persecution : & il fit encore cette belle comparaison, qu'il avoit fait comme le bon sang, qui se vient ranger autour du cœur pour sa défense ; faisant une allusion tacite à ceux qu'il avoit élevez pour sa ruïne, & qu'il avoit protegez contre sa maison & ses meilleurs Serviteurs : & touchant encore couvertement ces mignons & ces compagnons de ses débauches, qui n'avoient pris d'autre interest dans ses malheurs que celuy de leur établissement, pour voir en seureté le naufrage de l'Estat & le désordre des affaires de leur Maistre. Il estoit le troisiéme fils du Connestable Anne de Montmorency, & un peu disgracié de la nature, parce qu'il estoit bossu & begue, mais il n'en fut que plus glorieux & plus porté à se faire valoir par les qualitez du cœur & de l'esprit. Aussi fut-il boüillant & impetueux, & avec son parler brusque il se faisoit assez de querelles dans ses jeunes ans, jusques à ce que le poids des années & des experiences de deux Regnes, assez difficiles, & principalement critiques à la maison de Montmorency, eussent réfroidy son temperament. Ce n'est pas qu'il eut le courage si dur qu'il paroissoit à l'abord ; car c'estoit tout ce qu'on avoit à essuyer de luy que quelque parole peut-estre trop forte, mais dont il revenoit, pour peu qu'on luy fist de satisfaction & qu'on s'éclaircist avec luy. Enfin c'estoit un défaut qu'il récompensoit envers ceux qui en enduroient, d'une affection fort genereuse, & nonobstant lequel le S. de Brantosme, qui escrivoit de son temps, le loüe de beaucoup de prudence ; »car sans que je m'amuse, dit-il, à loüer M. de Meru, je ne diray »que cela de luy, qu'on le tient aujourd'huy pour le plus digne hom-»me du Conseil du Roy, & qui ait meilleure cervelle & meilleur »avis. Aussi nostre Roy, qui s'entend en telles gens, l'avoüe tel, & »pour ce l'a honoré de l'Estat d'Admiral par-dessus plusieurs concur-»rens. [*Par lettres du premier Janvier 1596.*] Pour sa valeur, je »m'en rapporte à Messieurs les Suisses, ayant esté leur Colonel, qui »l'ont toûjours tant estimé, qu'ils l'ont gardé longuement, & ai-»mé fort en cette charge. C'est un beau témoignage pour luy, quand »un vaillant estime le vaillant, & quand il veut estre conduit par le »vaillant ; car un vaillant chef fait toûjours combattre les autres. »Voilà donc l'asseurance que ces Messieurs les Suisses ont eu de leur »Colonel, & qui bien servit par sa sagesse, sa conduite & valeur, »lors qu'on en voulut tant à la maison de Montmorency, voir, à tous »les cinq freres. Il mourut l'an 1612. sans enfans de Renée de Cossé sa femme, fille d'Artus S. de Gonnor Mareschal de France, & eut pour heritier en sa Duché & en sa charge d'Admiral Henry son neveu depuis Duc de Montmorency.

GUILLAUME DE MONTMORENCY S. de Thoré, de Dangu, Savoisy, Macy & Gandelus, Baron de Montberon, Chevalier de l'Ordre du Roy & Colonel de la Cavalerie legere de Piémont, son frere puisné, que le S. de Castelnau met au nombre de ceux qui seconderent la valeur du Duc d'Anjou à la bataille de Montcontour, avoit rendu les mesmes devoirs avec la mesme réputation de valeur à celle de saint Denis. On luy disputa celle de Capitaine pour le malheur qu'il eut à sa défaite par le jeune Duc de Guise l'an 1575. mais si on considere qu'il commandoit des Reistres, & que les François qu'il avoit, n'estoient que pour la plûpart que des gens ramassez, on s'estonnera moins qu'il ait esté mis en déroute par des plus grandes forces &

plus aguerries, conduites par des personnes de la qualité & de la valeur du Duc de Guise, du Marquis de Mayenne son frere, des Sieurs de Biron, de Fervacques, & autres. Quoy qu'il en soit, les restes de ce corps servirent beaucoup au party du Duc d'Alençon, que le S. de Thoré alla joindre, & je croy que s'il perdit en cette occasion l'estime de bon Capitaine, qu'il la dût régagner à la prise de Senlis, conduite avec tant de prudence & de bon succés l'an 1589. & qui eut une suite si avantageuse, par la bataille gagnée sur ceux qui l'y vinrent assieger; qu'on peut dire que ce fut le plus important exploit pour favoriser le rétablissement du Roy Henry III. en son autorité, & de Henry IV. en son droit de succession au Royaume. Je parleray en quelque autre Ouvrage plus amplement de cette prise de Senlis, qui ne luy cousta pas un homme, mais je rémarqueray icy que pour garder sa conqueste, il dépescha un ordre au Lieutenant General du Duché de Montmorency mon bisayeul, pour luy envoyer en diligence pour y jetter, tout ce qu'il pourroit de gens choisis parmy les Sujets du Duc son frere : ce qui fut si facile & si-tost executé par la necessité qui avoit aguerry tous les gens de campagne, que dés le lendemain il luy fit conduire par son fils mon ayeul cinq cens hommes, & qui auroient esté trés-capables de bien défendre la Place; si leur arrivée n'eust fait crier les Habitans de Senlis : qui le presserent tant de leur tenir la parole qu'il leur avoit donnée de ne les point charger de Garnison & de se fier à leur fidélité, qu'ils obtinrent enfin qu'il se contentast de choisir dans ce nombre six-vingt jeunes garçons des plus braves. Ceux qu'il renvoya ne furent pas si-tost retournez, que les Ligueurs de Paris effrayez de cette perte & aussi-tost résolus à la réparer, vinrent investir la ville, & y formerent le siege, qui donna occasion à la bataille.

Le S. de Brantosme vente fort la consequence de cette surprise de Senlis dans l'Eloge du S. de Thoré, sur laquelle il sera bon de faire reflexion, pour conclure par un si grand exemple, qu'il ne faut pas toûjours que les Ministres des Princes portent leurs ressentimens à l'extremité contre les Grands de leur Estat, & qu'il est dangereux d'user de toute son autorité pour les punir, quand le désordre des temps & la nouveauté d'un Gouvernement trop rude, les fait tomber dans quelque faute. Il faut garder le mesme Regime au corps Politique, qui est le corps de tout le Public, qu'à celuy des Particuliers, dont il y auroit de la fureur de tirer tout le mauvais sang, plûtost que de le purifier par des remedes, c'est en vouloir au Royaume que d'en vouloir venger toutes les injures aux dépens de ce qu'il a de membres plus considerables : & en effet si ce S. de Thoré eut esté immolé aux passions de la Reine pour la part qu'il avoit aux desseins du Duc d'Alençon, dont il fut chargé par la Molle & Coconnas, n'est-il pas vray que pour se défaire d'un ennemy, qu'elle auroit fait perdre à la France le Chef d'une entreprise de la premiere importance pour son rétablissement ? & il en auroit esté de mesme du Vi-

comte de Turenne, depuis Duc de Boüillon, Prince de Sedan &
Marefchal de France, convaincu de complicité avec le S. de Thoré
fon coufin germain. C'eft pour confirmer d'autant plus cette verité,
que je rapporteray icy ce qu'en dit le S. de Brantofme dans l'Eloge
dudit S. de Thoré, qu'il commence ainfi enfuite de celuy du S. de
Meru.

„ Ainfi qu'il arriva de mefme à M. de Thoré, qu'on voulut bien
„ attraper comme les autres, dont fallut qu'il fe retiraft en Allemagne
„ en fauveté; tant pour le danger, que pour y dreffer & amaffer une
„ petite armée; pour fecourir fon frere prifonnier & fes autres freres
„ qu'on mal-menoit. Il y amaffa donc quelques quinze cens Reiftres
„ par le moyen de Madame la Conneftable fa mere, qui l'aimoit
„ uniquement & plus que tous fes autres freres enfemble, & luy fit
„ tenir en Allemagne quelque trente mille efcus, ce difoit-on; dont
„ elle cuida eftre en peine & recherchée : mais pour eftre Dame
„ d'honneur de la Reine Elifabeth [*femme de Charles IX.*] & choi-
„ fie telle par le Roy pour fes vertus, cela ne paffa guere avant. Mais
„ qu'eut-elle fçû mieux faire ? que d'employer le verd & le fec, pour
„ jetter hors de prifon fon fils aifné, & de peine fes autres enfans :
„ & ce par jufte raifon, ny fans aucun refpect de fidélité qu'on doit
„ à fon Roy, ny fans crime de leze-Majefté ; puifque l'amour de la
„ mere envers les enfans porte plus de poids que les autres. M. de
„ Thoré donc, avec fes Reiftres & quelques François bannis vers Se-
„ dan & ailleurs, ralliez avec luy, entra en France du cofté de la
„ Champagne ; où M. de Guife, ce grand Capitaine, encore qu'il
„ fut bien jeune, alla au-devant de luy & le défit. J'en parleray ail-
„ leurs en la vie dudit M. de Guife. Mais le tout ne fut tant défait,
„ que M. de Thoré ne fe fauvaft avec quelques legeres troupes de
„ François, & ne fe vint joindre à Monfieur frere du Roy, qui lors
„ avoit pris les armes. Nous tenions que fans la bleffure de M. de
„ Guife, qui lors arriva, nous l'euffions bien pourfuivy & empefché
„ de fe joindre; car ce Seigneur eftoit fi courageux, qu'il ne fe conten-
„ toit pas d'une victoire à demy, mais il la vouloit abfoluë & parfaite,
„ témoin l'opiniaftreté, dont il ufa pour fuivre ce Soldat qui fe fauvoit
„ & fuyoit devant luy, & en fuyant luy donna le coup par le plus
„ grand hafard qui fut jamais, en tournant fon Poitrinal ou Efcopet-
„ te par derriere. Or du depuis mondit Seigneur de Thoré fervit bien
„ fon Roy, & rabbatit bien la faute qu'il avoit faite d'entrer à main
„ armée & forces Eftrangeres en fon Royaume contre luy; car ce fut
„ luy, qui, toute l'Ifle de France perduë pour luy, & Paris, fe faifit
„ de Senlis avec les Seigneurs du Hallot, de Montmorency, de War-
„ ty & plufieurs autres [*Il ne devoit pas oublier François de Montmo-*
„ *rency S. de Bouteville, qui conduifit toute l'entreprife, & qui y merita*
„ *la charge de Bailly de Senlis, non plus que Philippe & Charles de*
„ *Bouteiller de Senlis, freres, Seigneurs de Monchy & de Vineuil, qui*
„ *firent auffi entrer du fecours de leurs Terres & qui fe fignalerent égae.*

„lement à la conqueſte & à la défenſe de la Place.] Gentils-hommes
„François, qui tous la prirent & la garderent trés-bien contre le ſie-
„ge que M. d'Aumalé leur avoit mis devant ; dont s'enſuivit la ba-
„taille de Senlis , qui perdit & défit fort les affaires de la Ligue, &
„baſtit trés-bien celles du Roy, dont j'en parleray ailleurs. Si bien
„qu'on peut donner la gloire à M. de Thoré & aux autres Gentils-
„hommes , d'avoir eſté la premiere & principale cauſe de la grande
„maladie où tomba aprés la Ligue : car s'il n'eut pris Senlis, cette
„bataille ne s'en fut enſuivie de ſi grande conſequence pour le Roy.

On le trouvoit un peu fier & hautain en paroles & en ſa conduite
pour un cadet , mais c'eſtoit un Riche cadet, qui avoit eſté élevé
comme ſes aiſnez & qui manioit la bourſe & l'eſprit d'une mere, qui
n'épargnoit rien pour l'aggrandir. Il mourut l'an 1592. à la veille des
premieres dignitez du Royaume, & ne laiſſa qu'une fille unique d'Anne de Lalain ſa ſeconde femme ; fille d'Antoine Comte d'Hoogh-
ſtraete , Chevalier de la Toiſon d'or, & de Leonor de Montmorency
ſœur du Comte de Hornes ; qui fut Madeleine de Montmorency,
mariée depuis ſa mort à Henry Duc de Luxembourg & de Piney,
Pair de France , Prince de Tingry , Comte de Brienne, de Ligny,
de Rouſſy, de Roſnay, &c. qui n'en eut que deux filles. Leonor de
Humieres premiere femme de ce S. de Thoré mourut ſans enfans de
l'horreur qu'elle eut du ſupplice de Poltrot.

DE GASPARD DE SCHOMBERG.

CE Seigneur de Schomberg , Allemand d'extraction, duquel le S.
de Caſtelnau fait mention parmy les Chefs de l'armée Royale à
la bataille de Montcontour , ſervit premierement en qualité de Volontaire, puis de Capitaine , & enſuite de Colonel des Reiſtres ; en
laquelle il ſe rendit ſi neceſſaire , que le Roy Charles IX. l'engagea
par ſon eſtime & par ſes bienfaits à demeurer en France avec le
commandement de cette milice Eſtrangere ſous le titre de Colonel
des Bandes noires. Il eſtoit également homme d'execution & de conſeil, & ſa prudence ne fut pas moins utile que ſa valeur ; pour rendre non ſeulement ſes troupes capables de diſcipline , & d'obéiſſan-
ce, mais pour contenter les autres qu'on licencioit, & pour les intelligences qu'il avoit en Allemagne. Il y a pluſieurs lettres du Roy
au S. de Caſtelnau, quand il avoit la conduite des Reiſtres , qui témoignent la confiance qu'on avoit en ce Seigneur de Schomberg , & en
voicy une de luy-meſme au Roy Charles , qui fait foy des ſervices
qu'ils rendoient tous deux dans leurs charges , comme auſſi de l'affection de ce Colonel au ſervice de cet Eſtat.

*SIRE , par ma derniere du 26. du paſſé Voſtre Majeſté a pû connoiſtre com-
bien j'ay ſué & travaillé avant que faire départir les Reiſtres, de la concluſion & réſolution qu'ils avoient priſe , de ne bouger d'où ils eſtoient, qu'ils ne*

fuſſent payez de deux mois, & ce qu'il m'a couté pour les convertir, & faire
accorder de ne laiſſer perdre l'occaſion de combatre l'ennemy, ſi elle s'offroit. Deux
jours aprés M. de Mauviſſiere [Michel de Caſtelnau] & moy, eſtans avertis
de toutes parts, que l'ennemy ſe preſentoit de l'autre coſté de la Riviere de Cher,
& le plus ſouvent ſondoit le Gué pour nous venir réconnoiſtre, deliberaſmes de
l'aller chercher & le combatre en quelque part que nous le trouverions, s'il
nous attendoit. Sur cette entrefaite M. Strozzi & la Chaſtre nous vinrent
trouver à Chambon, qui nous confirmerent les meſmes nouvelles que deſſus, qui
nous fut plus grande occaſion de réſoudre avec eux, de noſtre partement, & du
chemin que nous tiendrions pour le paſſage de ladite Riviere ; mais le malheur
voulut, que pendant qu'ils eſtoient avec nous, il arriva un grand déſaſtre aux
Reiſtres, qui eſtoient allez ce jour-là au fourage ; dont il en eut 14. ou 15. qui
demeurerent ſur la place, & une infinité d'autres pillez & dévaliſéz par les
Payſans, qui à la ſuſtitation de quelques Gentils-hommes, s'eſtoient aſſemblez
& mis en armes, & ſe jetterent ſur eux, ſonnans le Tocſin de toutes parts : à
quoy nous pourveuſmes incontinent, comme je croy que ledit S. de la Chaſtre
n'aura failly de vous en avertir. Cette ſédition eſtant appaiſée, nous montaſmes
dés le lendemain, qui eſtoit le Jeudy d'aprés Paſques, de grand matin, à cheval, & tiraſmes droit au Gué ſaint Vincent, qui eſt entre Menetou & Vierzon,
diſtant de Chambon de cinq grandes lieües ; où l'Ennemy ſe preſenta : & aprés
avoir réconnu le Gué, je fus contraint d'en faire retourner une partie deux
grandes lieües en arriere, & avancer les autres d'autant, à coſté : & delà m'en
allay trouver ledit S. de la Chaſtre à la Maiſonfort ; avec lequel je diſnay, &
conclus du paſſage de ladite Riviere pour le lendemain. Aprés diſner aſſez tard,
nous vinſmes coucher à Vierzon, ayant commandé que quatre Cornettes me vinſſent erouver dés la pointe du jour audit Vierzon, & que tout le Bagage de
l'Armée paſſaſt ſur le Pont, & cependant les autres cinq Cornettes paſſeroient
à meſme heure audit Gué ſaint Vincent. Ce qui fut fait, & delà nous tiraſmes à Neufvy, cinq grandes lieües par-deçà Vierzon, tellement que ledit jour,
la moindre Cornette, & le Bagage meſme fit 7. & 8. lieües, les autres 9. Depuis
la minuit je m'offray avec les Troupes d'aller environner la Chapelle pour prendre les oiſeaux dans leur nid, mais la partie fut remiſe à la pointe du jour ;
tellement que je manday tout incontinent aux Colonels, de m'envoyer de chaque
Regiment deux cens Reiſtres des mieux montez & armez, & qu'ils me vinſſent
trouver à la pointe du jour : laquelle ne fut jamais ſi-toſt venuë, que nous
euſmes nouvelles, que les ennemis s'eſtoient enfuis de la Chapelle & retirez à
Sancerre, avec grande frayeur. Qui fut cauſe que nous attendiſmes M. de la
Chaſtre, qui vint dudit Vierzon, donnant cependant ordre que tout le Bagage s'acheminaſt devant au petit pas ; & ſommes venus coucher en ce lieu, d'où
nous partirons ce jourd'huy, pour aller à Menetou, S. Palais, Morogues, les
Aix-dangilon, & Montigny, avec deux Regimens de M. de Strozzi, à ſçavoir
Serriou & l'Iſle : & quant à celuy de Garies, il l'a envoyé au-devant de l'Artillerie. Et par ainſi, approchant toûjours de Sancerre & la Charité, afin de
faire quitter & abandonner aux ennemis les petites Places & Chaſteaux qu'ils
tiennent-là à l'entour, & les faire reſſerrer de plus prés, & rembarrer à Sancerre. SIRE, par cecy voſtre Majeſté peut connoiſtre de quel pied nous mar-
chons pour voſtre ſervice, & l'envie que nous avons de le bien & fidélement
ſervir : mais auſſi je ſupplieray trés-humblement voſtredite Majeſté de vouloir
réconnoiſtre leur bonne volonté, & donner ordre qu'ils ſoient en bref payez des
deux mois qu'ils deſirent. Autrement je les trouveray trop réfroidis, & n'en
pourray ſervir comme je voudrois bien pour le bien & ſervice de voſtredite Majeſté, car je les ay juſques icy toûjours entretenus de belles paroles & aſſeuré
qu'incontinent qu'ils auroient paſſé la Riviere, qu'ils toucheroient argent. Je
vous ſupplie derechef trés-humblement d'y aviſer, & faire enſorte qu'ils connoiſſent que voſtre Majeſté ne veut aucunement uſer de remiſes en leur endroit,
ains les bien & favorablement traiter. SIRE, je prie Dieu le Créateur con-

ſerver

ferver longuement voftredite Majefté en parfaite fanté, avec felicité & acroif-
fement de fes faintes graces. D'Yvoy ce 2. Avril 1570.

DE VOSTRE MAJESTE'.

A noftre arrivée en ce lieu le Chafteau   Trés-humble, trés-obéïffant
d'Yvoy s'eft rendu à M. de la Chaftre.   & très-fidéle ferviteur à jamais,
                                                    GASPARD DE SCHOMBERG.

Le Roy le récompenfa du Gouvernement de la haute & baffe Marche, l'admit en fes Confeils, & pour l'attacher encore davantage,
favorifa l'acquifition qu'il fit de la Comté de Nanteuil, qu'il acheta
du Duc de Guife, auffi-bien que la recherche qu'il fit en mariage de
Jeanne Chaftaigner, veuve de Henry Clutin S. de Villeparifis &
d'Oifel, Ambaffadeur à Rome & Chevalier de l'Ordre du Roy, &
fille de Jean Chaftaigner S. de la Rochepozay, Chevalier de l'Ordre
du Roy, &c. & de Claude de Monleon Dame d'Abain. Il en eut
deux fils & trois filles, Henry de Schomberg, Annibal de Schomberg mort en la Guerre de Hongrie contre les Turcs, Catherine de
Schomberg morte fans enfans de Loüis de Barbançon S. de Canny,
Marguerite non mariée, & Françoife de Schomberg, femme de François
de Daillon Comte du Lude; de laquelle & de fa pofterité il a efté parlé
cy-devant en l'Eloge du Comte du Lude. Henry de Schomberg Chevalier des Ordres du Roy, Surintendant de fes Finances, depuis Marefchal de France, mort l'an 1632. fut marié deux fois. Sa premiere femme fut Françoife Marquife d'Efpinay & de Barbezieux Comteffe de Dureftal, & la feconde Anne de la Guiche, fille de Philbert
S. de la Guiche & de Chaumont, Chevalier des Ordres du Roy &
Grand-Maiftre de l'Artillerie, & d'Antoinette de Daillon. Du premier lit nafquirent Charles de Schomberg auffi Marefchal de France
& Colonel General des Suiffes, Marquis d'Efpinay & de Barbezieux,
Comte de Dureftal, & à caufe d'Anne de Halluin fa premiere femme, Duc de Halluin, qui époufa en fecondes nôces Marie d'Autefort, fille de Charles Marquis d'Autefort, & de Renée du Bellay Dame de la Flotte, & mourut fans enfans l'an 1656. & Jeanne de
Schomberg femme de Roger du Pleffis Duc de Liancourt, Comte
de la Rocheguyon, &c. Chevalier des Ordres du Roy & premier
Gentil-homme de fa Chambre. Du fecond lit il n'eut qu'une fille
unique, Jeanne-Armande de Schomberg à prefent mariée à N....
de Rohan, fils aifné de Loüis de Rohan Prince de Guemené, &c.
Duc de Montbafon, Comte de Montauban, &c.

DE JEAN D'ESCARS S. DE LA VAUGUYON.

CE Seigneur de la Vauguyon, quoy qu'illuftre en fon nom & puiffant en biens & en alliance, eut encore le bonheur d'eftre eftimé des Rois Charles IX. & Henry III. pour fa valeur, & de fe faire
aimer particulierement de Henry III. qui adjoufta à fa qualité de Ma-

reſchal & Seneſchal de Bourbonnois, celle de ſon Conſeiller & Chambellan, de Capitaine de cent hommes d'armes, & de Chevalier de
ſes Ordres. Il ſe diſoit auſſi Prince de Carency, comme ont fait ſes
ſucceſſeurs, & la raiſon de ce titre, n'eſt autre que celle des Princes
de Conty, qui ne ſe doit point rapporter à la dignité de la Tetre,
mais des perſonnes qui l'ont poſſedée depuis qu'elle eſt entrée dans la
maiſon de Bourbon. La Terre de Carency villette d'Artois ayant appartenu de meſme à des Princes de Bourbon puiſnez de Vendoſme, on
les appelloit ordinairement les Princes de Carency, quoy qu'ils ne ſe
qualifiaſſent point tels ; mais François d'Eſcars S. de la Vanguyon en
ayant épouſé l'heritiere, Iſabelle de Bourbon fille de Charles S. de
Carency, de Bucquoy, &c. & de Catherine d'Allegre, elle attacha
ſon droit de Principauté à cette Terre pour marque de ſon extraction,
& Jean d'Eſcars ſon fils pour la meſme conſideration d'une ſi haute
alliance, conſerva ce titre de Prince de Carency. Ce mariage fut
moyenné par Anne de France Doüairiere de Bourbon, & le Conneſtable Charles Duc de Bourbon, pour réconnoiſtre en la perſonne
de ce François d'Eſcars, les ſervices que Gautier de Peruſe dit d'Eſcars ſon pere, & luy, avoient rendu à la maiſon de Bourbon : qu'il
continua avec tant d'affection envers cet infortuné Conneſtable, que
de le ſuivre hors du Royaume & d'abandonner tous ſes biens. Ce Jean
d'Eſcars icy ſon fils, mourut l'an 1595. le 17. de Mars, & eut de
ſon mariage avec Anne de Clermont, fille d'Antoine Vicomte de
Clermont & de Tallard, & de Françoiſe de Poitiers, Claude d'Eſcars Prince de Carency, tué en duel le 6. Mars 1586. par le Baron
depuis Duc de Biron, ſans laiſſer enfans d'Anne de Caumont, depuis
rémariée à François d'Orleans Comte de ſaint Pol ; Diane d'Eſcars
Princeſſe de Carency mentionnée cy-aprés, & Iſabelle d'Eſcars Dame de Combes, &c. femme de Jean Baron d'Amanzé, fils de Pierre Baron d'Amanzé, & d'Antoinette de Colligny dite de Saligny ; à
cauſe de laquelle eſtant parent de l'Admiral de Colligny, il ſe fit de
ſa Religion, que ſon fils abjura depuis, & fut Lieutenant de la Compagnie de Gendarmes du S. d'Andelot. Gaſpard Vicomte d'Amanzé
fils de Jean & d'Iſabelle d'Eſcars, a eſté ſubſtitué au nom & aux armes d'Eſcars, pour les porter conjointement avec ceux d'Amanzé, par
Charles d'Eſcars Baron d'Aix & de la Mothe ſon parent. Il a épouſé
Françoiſe Jacot Dame de Mypont, dont pluſieurs enfans. Diane d'Eſcars Princeſſe de Carency, &c. épouſa 1. l'an 1573. Charles Comte
de Maure ; dont une fille unique Loüiſe Comteſſe de Maure, femme de Gaſpard de Rochechoüart S. de Mortemar, 2. Loüis d'Eſtuert,
autrement Stuert ou Stuart, ſelon divers Titres que j'ay vûs de ſa maiſon, qui prétend eſtre iſſuë des Stuarts d'Eſcoſſe & en porte les armes anciennes, S. de ſaint Maigrin, & qui à cauſe de ce mariage
prit qualité de Comte de la Vanguyon & de Prince de Carency. Il
fut pere de Jacques Comte de la Vanguyon, Marquis de ſaint Maigrin, &c. duquel & de Marie de Roquelaure, fille d'Antoine Ma-

reschal de France, & de Catherine d'Ornesan, sortit le Marquis de
saint Maigrin, Capitaine des Gendarmes du Roy tué au combat de
saint Antoine l'an 1652. qui de son mariage avec N.... le Ferron
depuis rémariée à Charles d'Albert dit d'Ailly, Duc de Chaunes, à
laissé un fils unique mort jeune l'an 1657.

La Seigneurie de la Vauguyon entra dans la maison d'Escars, lors
surnommé de Perusse, l'une des plus grandes & des plus illustres de
Limousin, par le mariage de Charles Vicomte de Perusse avec Anne de Mallassac, & dés-lors il fut stipulé qu'elle appartiendroit à leurs
descendans masles par substitution d'aisné en aisné. C'est pourquoy
aprés la mort sans enfans masles de Gautier de Perusse, fils de Philippe & petit-fils de Charles, elle retourna à Geofroy de Perusse S.
de saint Bonnet, fils de Louis S. de saint Bonnet, second fils du mesme Charles; duquel les descendans quitterent le nom de Perusse, pour
prendre celuy de leur Terre d'Escars, qu'ils ont rendu trés-illustre dans
toutes les branches qu'ils ont produites, & que je reserve à traiter
en quelqu'autre occasion; parce que le discours en seroit trop long
en ce chapitre.

DE FRANCOIS DE KERNEVENOY DIT DE CARNAVALET.

CE Seigneur de Kernevenoy, qu'on appella par corruption Carnavalet, se peut mettre au rang des personnes les plus illustres
que la Bretagne ait donnez à la Cour de France, tant pour sa valeur, que pour cette prudence singuliere, qui le mit en telle consideration dans sa qualité de premier Escuyer du Roy Henry II. qu'il fut
choisi pour Gouverneur de Henry Duc d'Anjou son fils; depuis Roy
de France & de Pologne. Ce Prince luy fut obligé de toute la gloire
que luy valut sa belle Education, qui le rendit plus recommendable
sous son premier titre de Duc d'Anjou, que sous celuy de Roy, &
on peut dire que tant qu'il fut sous sa conduite, il estoit le plus grand
sujet de la Maison Royale. Enfin ce Seigneur de Carnavalet eut ce
bonheur, qu'on luy imputa tout ce qu'il eut de bon, & qu'il n'eut
aucun reproche de son déreglement. Il fut fait Chevalier de l'Ordre
du Roy l'an 1560. comme j'ay rémarqué page 369. du premier Volume, & sa sagesse, son experience & sa probité dans un Siécle per-
verty & sous un gouvernement odieux pour ses violences, le firent
estimer si necessaire à la réputation du Conseil du Roy, & au bien
de ses affaires, qu'il eut grande part au Ministere. Il mourut l'an
1571. & fut inhumé en l'Eglise de saint Germain de Lauxerrois; où
le Chancelier de Chiverny son intime amy luy fit ériger un Tombeau avec ce monument à sa memoire, plus glorieux & plus durable que ne sera l'Hostel de Carnavalet qu'il bastit à Paris, & que je
propose pour exemple à ceux qui seroient plus curieux de profiter des
grands emplois pour bastir des Palais, que de cet honneur immortel,
qui n'est propre qu'à ceux qui l'ont mérité, qui ne s'aliene point,
& qui ne dépend ny du temps ny de la fortune.

FRANCISCO CARNEVENÆO *Armorico, nobili ac ſtrenuo vir*
eximiam virtutem, & morum integritatem, Henricus II. Galli
& Catharina Conjux, cariſſimi filii Henrici puerilem ætatem informa
miſerunt: qui belli paciſque artibus egregiè inſtruĉtus, fortitudin
dentiæ fama ſuprà omnem invidiam claruit; quique, quod rarius in
ſui ævi exempla, probitatem coluit, inter maximas augendæ rei familiæ
tunitates, opes neglexit, & ſui ſemper ſimilis vixit. Philippus Hur
vernius, diuturna ac arĉta neceſſitudine conjunĉtiſſimo amico, juſtis
Benevolentiæ ergò, mærens pientiſſimè poſuit anno 1571. Vixit anno.
ſes 4. Dies 15.

Il eſtoit fils de Philippe de Kernevenoy, & de Marie du
& eut pour ſœur Anne de Kernevenoy. de laquelle & de
Halgoet S. de Kergrehc ſont iſſus les S. de Kergrehc & de L
& Madeleine du Halgoet, femme d'Armand du Cambout M
Coëſlin. Il épouſa l'an 1566. Françoiſe de la Baume, veuve
çois de la Baume Comte de Montrevel, &c. duquel elle a
ſieurs enfans, & il en laiſſa un fils unique Charles de Kern
vulgairement appellé Carnavalet S. de Noyon, mort ſans e
une rencontre, où ſon courage l'engagea contre les Ligueurs
roient dans ſes Terres: & auquel ſe termina la gloire d'un
ſon pere avoit rendu grand & illuſtre à la Cour par ſes vert
ſes titres, de premier Eſcuyer, & de Chevalier de l'Ordre
de Gouverneur de la perſonne du Duc d'Anjou, de chef de f
ſeil & Surintendant de ſa maiſon, de Lieutenant de ſa Co
de cent hommes d'armes, & de Gouverneur d'Anjou, de B
nois & de Foreſts.

DE RENÉ DE VILLEQUIER BARON DE CLER⋁

RENE' de Villequier Baron de Clervaux, quoy que frer
de Claude Baron de Villequier, & qu'il n'eut rien à la
en retint pourtant le nom à cauſe de ſon illuſtre Nobleſſe,
paroiſtre plus digne de la grandeur où il aſpiroit, & où il pa
les bonnes graces de Henry de France Duc d'Anjou & depuis
du nom. C'eſtoit un Gentil-homme fort plein d'eſprit; mais
prit de la Cour de ſon temps, qui ſe dévoüa tout entier a
nations & aux plaiſirs de ſon Maiſtre, & qui pour eſtre le pl
dans ſes bonnes graces, ſe plongea auſſi plus avant que to
dans l'abyſme des vices & du libertinage; s'oubliant volor
ſon nom & de la réputation qu'il avoit plus genereuſement
comme eſtans plûtoſt devenus des obſtacles que des moyens
à fortune. Henry eſtant Roy de Pologne le mena avec luy
ité de Grand-Maiſtre de ſa maiſon, & depuis ſon retour en
e fit Capitaine de ſes Gardes, premier Gentil-homme de ſa
re, Gouverneur de Paris & Iſle de France, & Chevalier de
lres. Outre ſa Baronie de Clervaux en Poitou, il poſſedo
d'Aubigny & de la Faye, en la meſme Province, les Seij

d'Estableau & de Chanseaux en Touraine, & celles d'Evry en Brie &
de Faverolles en Picardie, il profitoit autant qu'il vouloit de la faveur
de son Maistre, auprés duquel c'estoit bien faire sa Cour, que d'estre
insatiable de biens & de faire d'excessives dépenses en habits, en ballets,
en festins & en toutes sortes de débauches, qui fissent crever d'envie
tous les autres Grands, & déplorer aux personnes de vertu & aux
Peuples opprimez de subsides, le scandale de la Cour, le mépris de
la Religion, & le pillage de l'Estat. C'est ce qui luy attira comme
aux autres Favoris de ce Prince la haine du Public, qui fit bien son
profit de l'occasion qu'il luy procura luy-mesme de parler de luy, par
le meurtre de Françoise de la Marck sa premiere femme; qu'il tua à
Poitiers en pleine Maison du Roy, où il avoit son logement: mais
l'on croit encore que ce fut moins pour satisfaire à son honneur qu'à
ce Prince irrité, les uns disent d'un refus de faveurs, dont il la croyoit
plus liberale envers plusieurs: d'autres veulent que ce fut pour quelques paroles trop libres dites contre luy. Quoy qu'il en soit, il ap-
presta bien de la matiere aux Railleurs de la Cour & aux Plumes Satyriques de son temps, qui n'épargnerent ny le mary ny la femme,
moins par aversion contr'elle, que pour luy laisser sur la teste l'affront qu'il s'estoit fait luy-mesme, & qu'il fut obligé de maintenir
pour justifier le meurtre d'une femme seulement suspecte d'Adultere &
non trouvée en faute, grosse d'un fils, d'autres disent de deux, & le
massacre d'une Suivante, que la pitié fit exposer pour le salut de sa
Maistresse à la premiere fureur de ce mari forcené. On feroit un Volume de tous les Libelles qui coururent sur ce sujet, tant en Latin
qu'en Vers François, la plûpart plus à la charge de ce Seigneur de
Villequier que de sa femme, & on se servit mesme de l'occasion pour
declamer contre la vie de la Cour. En voicy quelques-uns des moins
Satyriques.

Haud Thalamum, at tumulum, Tumulum? non immo viator,
    Et tumulum & thalamum, si pote cerne simul.
Sævus adulterii pœnas à conjuge conjux
    Dum petit, heu! jugulat me miseram hoc thalamo.
Sic mihi qui thalamus, tumulus quoque, scilicet idem
    Causa mihi lethi lætitiæque fuit.
At vos, ô Veneres colitis quæ Principis aulam,
    En sapite exemplo turba proterva meo.

L'Epitaphe suivante nous apprend toute l'Histoire de cette Tragedie au désavantage de la Dame.

*D. O. M. hîc misera jaceo Heroïna Villaquercia, quæ nobilibus quidem pa-
rentibus, sed citrà matrimonium procreata, & nobilissimo atque Illustris-
simo Filiareto nupta, à Principibus Viris ob elegantiam formæ sermonisque
venustatem mirè dilecta: cum jam aulæ Regiæ consuetudine teneretur, deliciis-
que aulicis assueta, ad voluptates sædè prolapsa fuissem, ac secretis litteris,
pollicitis atque donis varios adulteros pellexissem, crebris adulteriis me meam-
que & mariti famam dedecorans, patientem ejus animum in meam perniciem*

Ccccc 3

conscivi : qui subito nec inopinato in meum cubiculum irrumpens, ancilla ex meis
fideliffimis & confciis una, quæ objecta collo illum manu retinebat, priùs in-
fecta; ad me, qui jam in interiorem spondam thalami seceſſeram, & vanas at-
que irritas preces tentabam, accurrit, oculifque meis læva manu opertis, dextra
pugionem in meum jugulum adegit, meque vulneri reluctantem ; & in morte
ipsa morti resistere conantem, objectis stragulis suffocavit.

Entre les Pieces Françoises, il y en a une qui touche le sujet de la
disgrace du Roy, qui contribua beaucoup au malheur de cette Dame,
& dont voicy les quatre premiers Vers.

> *Que m'a servy cacher mon amour vehement,*
> *Uſer d'attraits subtils autant qu'on pourroit faire*
> *Et d'un rare refus avoir accrû ma gloire ;*
> *Puiſque le fier deſtin me braſſoit ce tourment.]*

Ceux qui ne l'ont point voulu excuser, disent que les débauches
de son mary qui abusoit de sa patience, qui prenoit plaisir à luy insulter, & qui la provoqua par de mauvais exemples, la firent tomber dans ce crime par un pur reſſentiment de sa vertu & de sa beauté méprisées : mais il pourroit bien estre que dans le soupçon de sa
mauvaise conduite, & dans un esprit prévenu de jalousie, il l'auroit
contrainte le poignard à la main d'avoüer & de donner quelque preuve qui put servir à justifier sa mort. J'en juge ainsi d'autant plus volontiers, qu'on s'est servy de ce moyen plus d'une fois, pour satisfaire l'esprit vindicatif d'un grand Prince de ce temps-là, qui poursuivoit plus cruellement ses querelles contre les Dames que contre les
hommes, & qui dreſſoit des embusches aux plus vertueuses, pour les
faire donner ou dans le mal ou dans le soupçon ; pour avoir dequoy
faire injure à un mary, qui se croyoit plus heureux que les autres. Il
fit une piece de cette sorte à une grande Ducheſſe, qui souffrit de luy
& de ses mignons mille paroles outrageuses, pour avoir laiſſé innocemment échapper quelques Poulets dans les filets qu'ils avoient tendu à son honneur. Auſſi s'en vengea-t'elle bien depuis, & rendit-elle
son mary un des principaux Chefs de la Ligue. C'est ce qui me fait
douter de la verité, non par des Adulteres de son temps, dont il n'y
en avoit que trop de publics, mais de ceux qui furent punis de mort
en la personne des Dames ou des Galands qu'il haïſſoit, comme
celuy-cy, & celuy de Montsoreau ; pour lesquels il y avoit non
seulement impunité, mais récompense promise.

Françoise de la Marck estoit fille naturelle du Seigneur de Montbason de la Maison des Comtes de la Marck, qui n'ayant point
d'enfans legitimes luy laiſſa du bien pour la marier avantageuſement ;
mais qui fut moins consideré par le S. de Villequier que la beauté,
la bonne grace & l'esprit dont elle estoit pourvûë. Tous deux se prirent
par les yeux, mais d'une diverse maniere ; l'un cherchant la satisfaction
de ses sens, & l'autre celle de son ambition : & tous deux s'en trouverent mal, comme c'est la coustume aſſez ordinaire de ces Mariages

de Cour , où l'on cherche plus de qualitez au dehors qu'au dedans.
Il eut d'elle une fille unique Charlotte-Catherine de Villequier qu'il
maria 1. à François S. d'O , comme luy l'un des Favoris de Henry
III. Maistre de sa Garderobe, premier Gentil-homme de sa Chambre,
Gouverneur de Caën , Lieutenant General en basse Normandie, &
Surintendant de ses Finances , où il se ruïna sans avoir l'honneur de
s'en estre bien acquité à cause de ses folles dépenses , depuis Gouverneur de Paris sous le Regne de Henry IV. & Chevalier de ses Ordres:
& après sa mort sans enfans elle épousa Jacques d'Aumont S. de
Chappes. Après cette premiere femme , Réné de Villequier reprit
une seconde Alliance avec Louïse de Savonnieres , fille de Jean S.
de la Bretesche , fille d'honneur de la Reine Catherine , laquelle
assista au contract en son Chasteau de saint Maur le 8. Juillet 1586.
S'il y eut grand bruit de la mort de la premiere, on ne manqua pas
d'Epithalames pour la seconde, où l'on continua de donner sur luy,
comme aussi sur les esperances du S. d'O son gendre trompées par
cette nouvelle Alliance : & faute de prouver dequoy blasmer cette
nouvelle épouse , le songe de Chicot alla réveiller les Manes de sa
mere, femme furieuse dans ses passions; jusques à guetter ses ennemis sur les chemins , & capable de faire des entreprises, que le plus
déterminé Bandi n'eust osé concevoir. Elle en eut un fils , comme
Chicot luy recommanda fort en dépit du S. d'O, qui fut Claude S.
de Villequier Baron de Clervaux , Vicomte de la Guerche , &c.
jeune Seigneur trés-riche & de grande esperance, mort à Fontainebleau l'an 1604. au retour d'Italie à l'âge de 19. ans , & inhumé à
Clervaux avec son pere, qui acheva ses jours à Evry l'an 1590. laissant cette seconde femme veuve , qui se rémaria quatre ans aprés à
Martin S. du Bellay Prince d'Yvetot , dont elle a eu Charles S. du
Bellay.

En ce Claude de Villequier perirent le nom & la maison de Villequier , de tous les biens de laquelle il herita par la mort de George
Baron de Villequier Vicomte de la Guerche , Chevalier des Ordres
du Roy , sans enfans de Louïse Jay heritiere de Boisseguin , fils de
Claude aussi Baron de Villequier Vicomte de la Guerche , &c. Chevalier des Ordres du Roy , & Capitaine de cinquante hommes d'armes , & de Renée d'Appelvoisin. Ledit Claude & Réné son frere
puisné , duquel nous avons si amplement parlé , estoient fils de Baptiste Baron de Villequier Vicomte de la Guerche , Lieutenant des
cent Gentils-hommes de la Maison du Roy , Chevalier de son Ordre,
& d'Anne de Rochechoüart , fille d'Aymery S. de Mortemar , & d'Anne de Rochechoüart , & petits-fils d'Artus Baron de Villequier, Conseiller & Chambellan du Roy Loüis XI. & de Marie de Montberon:
Cet Artus eut pour frere puisné Antoine de Villequier Baron de Montrésor marié à Charlotte de Bretagne , fille de Guillaume Vicomte
de Limoges , & d'Isabelle de la Tour de Turenne , & ces deux freres eurent de grands differens pour les biens d'André S. de Ville-

quier premier Chambellan du Roy Charles VII. & Gouverneur de la Rochelle , & d'Antoinette de Maignelais leurs pere & mere , qui estoient les Vicomtez de la Guerche en Touraine , & de saint Sauveur , la Baronie de Nehou en Normandie , & les Baronies de Montrésor , de Menetou-Salon , des Isles d'Olleron , de Marennes , d'Arvert , de Brouché , de Montmorillon , Lubignac , &c. de Maignelais en Picardie & autres grandes Terres. Cette Antoinette de Maignelais , qu'on tient avoir esté niéce de la belle Agnés , fut mariée à ce Seigneur de Villequier par le Roy Charles VII. au mois de May 1456. & estoit veuve dés l'an 1461. que le Duc François de Bretagne obtint Procuration du Roy pour recevoir en son nom la foy & hommage qu'elle devoit comme tutrice de ses enfans , pour les Terres qui leur appartenoient. On voit aussi que le Roy accorda plusieurs graces à cette Dame , en faveur de ce Duc qui en devint amoureux , qui l'emmena en son Pays , & en eut un fils naturel , François de Bretagne Comte de Vertus & Baron d'Avaugour ancestre des autres Comtes de Vertus. Cette maison de Villequier estoit l'une des plus anciennes & des plus considerables de Normandie , & les Titres du Roy sont pleins de témoignages de ses grands services & de la grandeur de ses alliances.

DE RENÉ BARON DE MAILLY.

CE Seigneur de Mailly , Capitaine de cinquante hommes d'armes & Chevalier de l'Ordre du Roy , frere de Nicolas de Mailly Grand-Maistre de l'Artillerie de France , qui mourut sans enfans , & fils d'Antoine S. de Mailly , & de Catherine d'Astarac fille de Jean Comte d'Astarac , & de Marie de Chambes , fit ses premieres armes sous la conduite de son pere , qui estoit l'un des plus grands Capitaines de son temps , & s'enferma avec luy dans la ville de Metz ; où l'on peut dire que toute la fleur de la Chevalerie Françoise s'estoit jettée , & dont la défense fut le premier exploit de cette florissante jeunesse, qui nous donna de si grands chefs ; mais que le malheur de l'Heresie divisa en deux partis, qui acharnerent sur cet Estat par des haines particulieres qui le désolerent si miserablement, ceux, qui estoient capables de le rendre triomphant de ses anciens ennemis. René S. de Mailly demeura toûjours fidéle à sa Religion & à son Roy dans ces mouvemens , & ne quitta point le harnois tant qu'ils durerent ; ayant particulierement merité sa part en l'honneur de la victoire à la bataille de saint Denis , & en celle-cy de Montcontour , où il reçût plusieurs blessures. Il épousa dés l'an 1527. Marie de Hangard Dame de Remaugie , fille d'Antoine S. de Perrine , & en eut Jean Baron de Mailly tué au siege de Hedin sans enfans de Françoise Potart : Thibaut S. de Remaugie Baron de Mailly aprés son frere : Gilles de Mailly Gouverneur de Monstreuil , qui de Marie de Blanchefort fille de Gilbert S. de saint Janvrin , & de Marie de Crequy n'eut qu'un

fils

fils nommé René mort en l'âge de quinze ans à Nevers l'an 1612. René : Renée Abbesse de saint Jean-au-Bois : Gabrielle : Françoise de Mailly femme d'Antoine d'Allegre Baron de Millaut ; & Marguerite de Mailly alliée à Jacques d'Autrel S. de Lieré en Artois, &c. Thibaut Baron de Mailly épousa 1. Françoise de Belloy de la maison d'Amy, 2. Antoinette Dame de Soyecourt, veuve de Ponthus de Belleforriere ; de laquelle il eut une fille morte jeune. Du premier lit sortirent René Baron de Mailly, & Jacques S. de Mareul qui a laissé des enfans de Françoise d'Epville. René laissa de Michelle de Fontaine, René Marquis de Mailly, lequel de Marguerite de Monchy, fille de Jean S. de Moncaurel, & de Marguerite de Bourbon Dame de Rubempré a eu plusieurs enfans ; dont l'aisné a épousé N.... de Monchy sa cousine germaine, fille d'André Bertrand Marquis de Moncaurel ; & de Madeleine aux Espaules dite de Laval, Marquise de Neelle, &c. Cette maison de Mailly ne le cede ny en grandeur ny en antiquité & en alliances, aussi-bien qu'en hommes illustres à aucune de la Picardie ; & elle a cet avantage particulier de les avoir surpassées en plusieurs branches illustres, qui subsistent encore & dont la discussion seroit trop longue par l'obligation où je m'engagerois ; de déduire la suite des Seigneurs de Mailly depuis six cens ans.

CHAPITRE DIXIÉME.

DE LA MORT DE SEBASTIEN DE LUXEMBOURG Vicomte de Martigues, Duc de Penthievre.

DE quelque importance que fust au party Catholique la prise de saint Jean d'Angely, elle ne valut pas la perte qu'il y fit de Sebastien de Luxembourg, plus connu sous le nom de Vicomte de Martigues, qu'il préfera à celuy de Duc de Penthievre & de Pair de France, parce qu'il l'avoit rendu plus illustre par ses beaux exploits. Il faudroit pour les raconter que je reprisse toute l'Histoire, que nous avons traitée depuis le siege du Petit-lit en Escosse, qu'il défendit si genereusement ; mais c'est assez de dire qu'il fut l'un des principaux Chefs des armées Royales & Catholiques depuis la prise de Roüen, où il merita de succeder au Comte de Rendan en sa charge de Colonel de l'Infanterie Françoise ; dont il ne fut pas jugé moins capable que le S. d'Andelot qui en estoit pourvû, & en l'absence duquel il l'exerça contre luy-mesme. Il donna des preuves de son experience & de son grand courage en toutes les batailles de la Religion, & aux combats particuliers, tels que celuy de la levée de Loire, où il chargea si bravement le mesme S. d'Andelot, & celuy de Mouvans & de Pierre-gourde. La bataille de Bassac qui se donna ensuite, comme nous avons rémarqué, luy ayant acquis une nouvelle estime, le Roy pour le récompenser & pour luy donner à sa Cour un rang digne de sa naissance & de ses services, luy érigea en Duché par lettres données au Plessis-lez-Tours en Septembre 1569. verifiées & registrées au Parlement le 15. du mesme mois, à la charge du Serment, la Comté de Penthievre ; en laquelle il avoit succedé comme en son Gouvernement de Bretagne à Jean de Brosse dit de Bretagne, Duc d'Estampes son oncle. Cet honneur, qui en ce temps-là bornoit encore toute l'ambition des Princes, je veux dire des Princes du Sang, l'encouragea davantage au service, & il fit à Montcontour tout ce qu'on pouvoit attendre du plus vaillant Soldat & du plus excellent Capitaine, à la teste de son Infanterie ; car sa charge de Colonel estoit alors autant hasardeuse qu'elle a depuis esté grande & profitable par la faveur des Rois : & c'estoit une assignation pour mourir à la Guerre, parce que l'Infanterie porte tout le poids des batailles & qu'elle essuye tous les perils des sieges. Aussi fut-il blessé d'une Mousquetade en la teste devant saint Jean d'Angely le 29. de Novembre 1569. dont il mourut le jour mesme avec autant de regret de la part du Roy, de toute la Cour, de tous les Soldats, & de toute la France, qu'il avoit merité d'estime pour sa valeur & pour ses grands services ; mais principalement encore pour sa vertu & pour le zele qu'il avoit pour la Religion, & qui luy avoit toûjours fait desirer & demander à Dieu qu'il luy accordast la grace de mourir pour sa querelle.

Le sieur de Brantosme a fait un discours de luy fort ample, mais trop plein de digressions & de recit d'avantures, pour le donner icy tout entier. J'en rapporteray seulement par extrait quelques particularitez que j'estime dignes d'estre mises au jour, & la premiere sera l'affaire qu'il se fit avec le Parlement de Paris & dont l'honneur demeura à la Justice. Cela arriva à son retour d'Escosse à Paris. ,, M. de Martigues, dit-il, estant arrivé à Paris avec force Gentils-hommes & Capitaines des siens, ne fut sans un petit accident de Fortune qui luy arriva, dont il n'avoit aucune raison qu'elle luy fit ce trait sur le coup de sa gloire : car ainsi qu'il estoit en son logis, qu'il disnoit & n'attendoit que des Chevaux de poste pour aller trouver le Roy à Fontainebleau & luy faire la reverence : on luy vint dire que les Sergens avoient pris un de ses Capitaines & l'emmenoient prisonnier au petit Chastelet. Luy aussi prompt du pied que dé la main, sortit de table, part & court, & ses gens aprés luy, & attrape les Sergens & les estrille un petit, & récourt d'entre leurs mains son Capitaine, & rétourne en son logis : dont la Cour de Parlement en ayant eu les nouvelles, en fut émûë, & soudain fait sa forme de Justice en cela accoustumée : si bien qu'il fallut que mondit S. de Martigues fust arresté en son logis, lequel il eut pour arrest. Soudain M. de Martigues envoya un Courier au Roy pour luy porter des nouvelles de tout, dont sa Majesté & toute la Cour en fut fort troublée, car il estoit fort aimé & n'attendoit-on que sa

»venuë d'heure à autre. La Reine [*Marie Stuart*] en fut fort
»faschée pour voir maltraiter un tel Seigneur, qui ne fai-
»soit que de venir combattre si heureusement & vaillamment
»pour elle, son Royaume & son Estat ; Messieurs ses oncles
»M. de Guise & M. le Cardinal mesme, en estoient fort dépitez à
»cause de ce grand service fait à la Reine leur niéce. Pour fin, il ne
»fallut pas grande faveur ny grande sollicitation pour le jetter hors de
»cette peine ; si vis-je M. de Guise fort colere ; & dire qu'il vou-
»droit avoir donné beaucoup & que M. de Martigues ne fut point
»broüillé en cela pour le grand tort qu'il avoit fait à la Justice, car
»il en estoit très-grand observateur ; & M. le Cardinal son frere en
»disoit de mesme. La Reine & autres Dames que je sçay ; qui en
»faisoient la contestation en un souper, car je le vis & j'y estois,
»disoient qu'il n'y avoit droit & raison que la Justice fust si impu-
»dente & aveugle, que sans avoir égard aucun à un tel service signa-
»lé de M. de Martigues & de ses gens fait au Roy, d'aller prendre
»ainsi si inconsiderément & si-tost sans leur donner loisir de se remet-
»tre & leurs bourses ; & respirer de la fatigue d'un si long siege
»[*du Petit-lit*] ny sans avoir fait au moins la reverence à son Roy,
»venir faire prisonniers telles gens à l'appetit d'un Créditeur impor-
»tun, qui devoit plûtost estre mis en prison.

» Pour fin, le Roy y envoya soudain, & dépescha un de ses Capitai-
»nes des Gardes avec très-ample Commission ; je ne sçaurois dire
»bonnement qui eut cette charge de quatre qu'ils estoient ; c'est à
»sçavoir Mrs. de Chavigny, de Brezé ; l'Orge & le Seneschal d'A-
»genois. Il me semble que ce fut M. de Brezé & est encore vivant
»& s'en peut ressouvenir. Estant donc à Paris ; il fait sa charge si
»habilement & si sagement, qu'il sortit M. de Martigues de telle
»peine, mais pour interiner de telles graces, si fallut-il pourtant
»qu'il passast le Guichet, & disoit-on que s'il n'eust esté du calibre
»de la grande Maison qu'il estoit, & le rémarquable service qu'il
»venoit de faire au Roy son Maistre & à la Reine sa Maistresse, il
»fust esté en peine, & les choses ne se fussent passées si doucement,
»comme elles passerent. Cela fait il vint à la Cour ; aussi bien venu
»du Roy, des Reines & des Dames & de tout le monde que ja-
»mais j'aye veu Grand venir d'un voyage. Vous voyez pourtant que
»c'est de la Justice, & comme le temps passé on luy portoit honneur
»& reverence, car quiconque l'offensoit, elle n'avoit égard aux
»Maisons, ny aux Races, ny aux services des Rois, ny à chose quel-
»conque. Mais le Baron de la Garde, qui avoit fait à la France tant
»de rémarquables services & en Levant & en France, fait trembler
»toute l'Espagne & l'Italie pour son Roy sous les Bandieres & Gale-
»res du Turc, ausquelles il commandoit aussi absolument comme aux
»siennes, pour avoir malversé & un peu inconsiderément en Proven-
»ce contre ceux de Merindol & de Cabrieres ; encore qu'ils fussent
»Heretiques, fut mis en Prison, y demeura trois ans entiers ; si bien

„que luy mefme difoit en riant , qu'il avoit fait fon cours de Philo-
„fophie , & eftoit preft à paffer Maiftre és Arts.

„ Ferdinand de Gonzague eftant Viceroy de Sicile & ayant appaifé
„les Soldats Efpagnols amutinez & qui faifoient mille maux , &
„compofé à eux fous certaines conditions , les fit par après tous
„mourir , fuft par l'efpée , par la corde ou par l'eau , & aucuns par
„banniffemens. Neantmoins le Confeil d'Efpagne luy en fit donner
„un ajournement perfonnel , & fe mit à luy faire fon procés ; & fans
„l'Empereur , qui avoit grandement affaire d'un fi grand & brave Ca-
„pitaine pour fon fervice , tous vouloient paffer plus outre , & luy
„vouloient donner Sentence de mort , encore que les Soldats , qui mon-
„toient auprés de douze cens , euffent bien merité tel chaftiment par
„leurs mauvais déportemens & infolences : toutefois la Juftice d'Ef-
„pagne voulut fur luy connoiftre de cela. J'en mettrois icy volon-
„tiers le Plaidoyé qui en fut fait , que j'ay vû tant d'un cofté que
„d'autre ; mais cela feroit trop long , j'en parle ailleurs. Voilà que
„c'eft de la Juftice , laquelle a pouvoir fur les plus grands , & s'ils l'of-
„fenfent , les punit grièvement [*il rapporte à ce fujet deux exemples*
„*du Marefchal de Biron & du Capitaine Mazeres, qui ont efté mis en*
„*leur place, & continuë ainfi*] Dernierement à Rome que cent
„Perfonnes l'ont veu & me l'ont dit , le Pape Sixte , dit Montalto ,
„a exercé & introduit une telle Juftice de fon temps par toute l'Italie ,
„que jamais aucun de fes Prédeceffeurs n'a fçeu faire ; ce qui luy
„a efté un grand honneur : car de Bandouliers , de Foruffis , de
„Maffacreurs & Affaffins , il n'en falloit point parler , & mefme qui-
„conque tuoit à Rome , & feulement tiroit un peu de fang , eftoit
„auffi-toft executé. Bareus eftoit venu à Rome , le Grand Théologien
„d'Efpagne , homme de trés-grand rénom & grande autorité , &
„fort revere tant en Efpagne comme à Rome , & aimé auffi fort
„de fa Sainteté. Il avoit avec luy un fien Neveu , bravache Efpagnol
„& qui n'en devoit rien à d'autres de fa Nation. Un jour en une
„preffe , ainfi que le Pape paffoit , il vint à eftre pouffé fort rude-
„ment d'un Suiffe de fa Garde avec fon Halebarde , tant du plat que
„du bois. Celui-cy n'ayant pas accouftumé telles careffes en fon Pays ,
„les digera fort mal dans fon cœur , toutefois paffa par là bon gré
„malgré , & non fans en couver la vengeance , dont à toute
„heure en efperoit l'occafion : qui fut telle qu'un jour eftant à la
„Meffe à faint Pierre , il vit fon homme de Suiffe à genoux , qui oyoit la
„Meffe fort attentivement. Derriere ce Suiffe , par cas fortuit , venoit
„d'arriver un Pelerin , auffi tout frais , qui s'eftoit mis à genoux pour
„faire fa devotion. L'Efpagnol confiderant le bafton du Pelerin , &
„qu'il eftoit bien à propos pour faire fon coup , penfez que c'eftoit
„d'un bon bois de Cormier comme le bafton de la croix du frere
„Jean dans Rabelais , de fang froid il prend ledit Bourdon d'entre les
„mains du Pelerin , qui le luy lafcha fort aifément , penfant qu'il n'en
„dût faire mal , & puis le hauffant de toute fa force , donna un

„coup ou deux sur la teste du Suisse qui estoit tout découvert, & le
„porta par terre à demy mort & luy fit pisser le sang : & puis le
„coup fait, rendit de sang froid ledit baston au Pelerin avec le pe-
„tit remerciment, & cuidant sortir soudain, sur ce scandale il fut
„pris. Le Pape avant que boire & manger le fit pendre haut & court
„devant ses yeux à la Place de saint Pierre, quelque humble suppli-
„cation que luy sçût faire le Theologal pour son neveu qui luy estoit
„unique, ny aussi l'Ambassadeur d'Espagne, ny tous les Cardinaux
„Espagnols. Encore dit-on, qu'il dit audit Theologal, que s'il en
„avoit autant fait, il le feroit aussi-bien pendre que son neveu.
„Ainsi finit le pauvre Espagnol, au grand regret, dépit & déshon-
„neür des autres Espagnols qui estoient dans Rome. Certes aussi la
„faute estoit trés-grande.

Le mesme Auteur aprés avoir parlé de la mort du S. de Martigues & de quelques-uns de ses exploits, continuë ainsi. „Si je vou-
„lois compter par le menu toutes ses prouësses, il m'en faudroit fai-
„re un Livre entier; mais je m'en déporte pour la longueur qu'il
„m'en donneroit, & aussi possible que ceux qui me connoissent, &
„ma race, en le loüant par trop, ne disant pourtant que la verité,
„me pourroient réjetter pour suspect; d'autant que je luy estois fort
„proche; car son grand-pere le Comte de Penthievre, & mon grand-
„pere Mre. André de Vivonne S. de la Chastaigneraye; Seneschal de
„Poitou; estoient cousins germains, ensemble Claude de Penthievre
„[*Claude de Brosse dite de Bretagne*] Duchesse de Savoye; de laquel-
„le sont sortis & issus depuis soixante ou quatre-vingt ans les Ducs
„de Savoye & de Nemours qui ont esté: ausquels j'ay eu cet hon-
„neur d'appartenir: mais pour cela je n'en ay mis plus grand Pot
„au feu, comme on dit en commun Proverbe, pour n'avoir eu d'eux
„aucun appuy ou fortune; mais dè moy-mesme me suis poussé com-
„me j'ay pû à recevoir la faveur & grace de mes Rois; & quelque
„peu d'honneur parmy le monde. Pour en parler au vray, ces grands
„Princes & Seigneurs, quand ils se voyent en leurs grandeurs, ils
„deviennent si glorieux, qu'ils méprisent leurs parens & leurs amis &
„serviteurs; ausquels je leur dirois volontiers ce que dit mon grand-
„pere Seneschal de Poitou à feuë Madame la Regente: laquelle estant
„simple Comtesse d'Angoulesme ne l'appelloit jamais que son cousin
„& bon voisin. Ce n'estoit autre chose que mon cousin, mon voi-
„sin, & que si elle estoit Reine de France, qu'il se ressentiroit gran-
„dement de ses faveurs en révenche de plusieurs plaisirs qu'elle rece-
„voit ordinairement de luy à la Cour : car alors elle n'estoit point
„si grande qu'elle ne fut fort aise d'employer mondit grand-pere
„& en tirer du plaisir à la Cour; ayant cet heür d'estre sur tout ai-
„mé du Roy Charles VIII. du Roy Loüis XII. & de la Reine An-
„ne, qui luy faisoit cet honneur de l'appeller ordinairement son cou-
„sin : & estoit trés-bien en sa grace, mais je dis des mieux. Cette
„Madame la Regente estant donc venuë en sa grande hauteur, &

„ son fils Roy , ce fut-elle qui changea du tout , & fit de la froide
„ bien-fort & de la refufante un jour audit fieur Senefchal , de quel-
„ que chofe dont il l'employa ; à laquelle mondit grand-pere répon-
„ dit , hé ! bien donc Madame , eftoit-ce ce que me promettiez eftant
„ en voftre petite Comté , vous ne m'avez pas trompé , car le na-
„ turel de vous autres Princes & Princeffes eft , quand vous venez à
„ une grandeur plus grande que n'aviez jamais efperé , vous ne faites
„ jamais plus de cas de ceux qui vous ont jamais aimé & fait fervice :
„ mais j'auray raifon à la Vallée de Jofaphat , où fe doit tenir le Juge-
„ ment , & là où n'eftant lors affife plus haut que moy , & que nous
„ ferons égaux , je vous en fçauray que dire. Tel eft le naturel des
„ Grands , aufquels pour les braver il faut dire comme l'Efpagnol , *foy*
„ *Hidalgo como el Rey, dineros menos* , *je fuis Gentil-homme comme le*
„ *Roy , il eft vray que je n'ay point tant d'efcus. Y que fe vayan a to-*
„ *dos los Diablos con ellos* , & *qu'ils aillent à tous les Diables avec leurs*
„ *efcus.* Je les envoye tous aux Enfers de noftre Maiftre Rabelais , où
„ il les fait fi pauvres & malotrus heres , que l'on en aura raifon là bas,
„ & ainfi qu'un de par le monde difoit , que s'il y defcendoit jamais,
„ il leur donneroit tous les jours cent nafardes pour une miette de
„ pain. Quand tout eft dit , fi nous autres nous nous entendions bien tous,
„ ces Grands nous rechercheroient plus que nous ne les recherchons ;
„ car ils ne fe fçauroient paffer de nous , ce font nous autres qui fai-
„ fons les Cours des Grands & empliffons leurs armées , leurs Salles
„ & chambres de nos compagnies & prefences ; fans lefquelles que
„ feroient-ils ? Mais nous ne nous pouvons garder de les fuivre , tant
„ nous fommes fats & ambitieux ; dont aucuns fe trouvent trés-bien
„ & d'autres mal.

Le fieur de Martigues ainfi mort , fut apporté inhumer à Guin-
gamp auprés du Duc d'Eftampes fon oncle , & en luy perit la branche mafculine des Vicomtes de Martigues , puifnez de l'Augufte &
Imperiale maifon de Luxembourg , & iffus de François de Luxembourg premier Vicomte de Martigues , quatriéme fils de Thibaut S.
de Fiennes & de Gavre , & de Philippe de Melun. Lequel Thibaut
fut fecond fils de Pierre de Luxembourg Comte de faint Pol , & de
Marguerite des Baux. Cette maifon a efté tant de fois & fi amplement
traitée , qu'il eft inutile d'en parler icy ; finon pour dire que le feu
S. du Chefne en a trouvé l'origine avec le mefme bonheur qu'il a eu
en tous fes œuvres Genealogiques , & qu'il a découvert depuis Sige-
froy Comte de Luxembourg , il y a fept cens ans accomplis , & duquel font defcendus de mafle en mafle les Comtes , depuis Ducs de
Luxembourg & de Limbourg , Empereurs , Rois de Bohéme , les
Comtes de Salmes , de faint Pol , de Brienne & de Ligny , les Seigneurs de Fiennes , & les Vicomtes de Martigues , jufques à ce Sebaftien icy créé Duc & Pair de France , duquel le pere François Vicomte de Martigues fecond du nom , & fils de François premier , cy-
devant nommé , & de Loüife de Savoye Marquife de Beugey , avoit

époufé Charlotte de Bretagne, fille de René Comte de Penthievre, & de
Jeanne fille de Philippe de Commines, & fœur de Jean de Bretagne
Duc d'Eftampes, Comte de Penthievre. Sebaftien de Luxembourg
fe maria moitié par inclination, moitié fur l'efperance qu'il eut des
bonnes graces & de la faveur de la Reine Marie Stuart; à Françoife
de Beaucaire fille de Jean S. de Peguillon & fille d'honneur de cette
Reine, qui l'aimoit infiniment pour fes belles qualitez. Il eut d'elle
une fille unique, de laquelle elle adminiftra fes biens avec autant de
foin & d'intelligence qu'elle en eut pour l'éducation de cette riche &
puiffante heritiere; qui fut Marie de Luxembourg, Duchefse de
Penthievre, Vicomtefse de Martigues, Marquife de Beugey; &c.
depuis mariée à Paris le 12. Juillet 1575. par l'entremife du Roy
Henry III. avec Philippe Emanuël de Lorraine Duc de Mercœur,
frere de la Reine Loüife fa femme, lequel en cette confideration il
fit Gouverneur de Bretagne, & qui n'en eut auffi qu'une fille; Françoife de Lorraine Duchefse de Mercœur & de Penthievre à prefent
femme de Cefar Duc de Vendofme, d'Eftampes & de Beaufort.

CHAPITRE ONZIÉME.
DE PHILIPPE DE CHASTEAU-BRIENT S. DES
Roches-Baritaut.

Entre tous les Seigneurs de Poitou qui défendirent la Religion
Catholique dans leur Province, aucun ne s'y porta avec plus
d'affection, de valeur & de fuccès, que Philippe de Chafteau-brient
Seigneur des Roches-Baritant, duquel le S. de Caftelnau parle en ce
Chapitre : qui merita d'eftre honoré de l'Ordre du Roy & d'une
Compagnie de cent hommes d'armes, qu'il commanda depuis fucceffivement pour le fervice de Henry III. & Henry IV. Il eftoit fils
de Loüis de Chafteau-brient Seigneur des Roches-Baritaut, & de Marguerite Vernon Dame de Graffay, fille de Philippe Vernon S. de
Graffay, & de Loüife de Beauvau, & fut marié deux fois. De Hardoüine de Champagne fa premiere femme, fille & heritiere de Jean
S. de Champagne & de Pefchefeul dit Grand Godet, duquel il a
efté plus amplement parlé au Traité de la maifon de Champagne,
& d'Anne de Laval, il n'eut que Philippe dite de Champagne & de
Chafteau-brient, femme en premieres nôces de Gilbert S. du Puy-
du-Fou Baron de Combronde, auquel elle porta la fucceffion de la
maifon de Champagne poffedée par leurs defcendans, & en fecondes
nôces de Henry des Boües S. de Coutenan, dont font iffus les Barons
de Coutenan. Sa feconde femme fut Phileberte du Puy-du-Fou de laquelle nafquirent Gabriel, & Marguerite mariée l'an 1608. à Leon de
Sainte-Maure Baron de Montauzier, mere de Charles Marquis de
Montauzier, Gouverneur d'Angoumois. Gabriel de Chafteau-brient

Comte des Roches-Baritaut, Lieutenant General pour le Roy en Poitou, épousa Charlotte de Salo heritiere de la Cornettiere, maison de Poitou également considerable par sa Noblesse & par ses alliances, & qui a donné une branche à la ville de Paris, qui n'est pas moins illustre par le sçavoir, que par toutes les autres vertus en la personne des Sieurs de Salo Conseillers au Parlement de Paris. De ce mariage est sorty Philippe de Chasteau-brient Comte des Roches-Baritaut, Mestre de Camp d'un Regiment de Cavalerie, depuis Mareschal de Camp & Lieutenant General pour le Roy en Poitou, marié à Susanne Loizel fille du S. de Brie, Président au Parlement de Bretagne, & pere d'Isaac de Chasteau-brient.

Le seul nom de Chasteaubrient, qui est la plus Noble & la plus riche Baronie de Bretagne, porte avec soy assez de marques de grandeur; sans que je sois obligé d'en parler autrement que pour asseurer que les Comtes des Roches-Baritaut en sont issus, & qu'ils sont restez seuls du nom & des armes de Chasteau-brient par l'extinction de la branche des Seigneurs de Beaufort en Bretagne, qui a duré jusques à nostre temps. Augustin du Pas en a amplement traité l'Histoire Genealogique parmy les Familles illustres de Bretagne, & parce qu'il y avoit omis cette branche des Roches-Baritaut, il l'a donnée dans ses Additions; où je renvoye le Lecteur pour faire comparaison de cette illustre Race, dont les aisnez sont par excellence qualifiez Princes il y a prés de six cens ans, & d'autres plus nouvelles, qu'on ne sçauroit rassasier de Titres, & qui à peine avoient des armes, quand par un honneur singulier le Roi saint Loüis changea en Fleurs de Lys d'or, les pommes de pin sans nombre, que Geofroy IV. Baron de Chasteau-brient ancestre des Comtes des Roches-Baritaut portoit de mesme metal sur un escu de gueules. Ce fut la récompense de la genereuse pieté qui fit passer la Mer à ce Baron, pour le suivre à la conqueste de la Terre-Sainte, où il fut pris & après une longue & dure capitivité racheté par les Religieux de la Trinité : & ce fut aussi pour réconnoistre cette obligation qu'il fonda en sa Terre un Convent de leur Ordre.

CHAPITRE DOUZIÉME ET DERNIER.

DE LA PAIX FAITE A S. GERMAIN EN LAYE
& de Henry de Mesmes Seigneur de Malassise, qui la traita de la part du Roy avec le Mareschal de Biron.

LE S. de Castelnau finit son Histoire de dix années à la Paix accordée à saint Germain en Laye le 8. d'Aoust 1570. parce que là finit la Guerre ouverte avec les Huguenots, laquelle il a traitée avec une entiere sincerité, & parce qu'il ne pouvoit continuer son travail sans tomber necessairement sur des matieres, ou trop delicates encore en son temps, ou pour mieux dire en tout temps honteuses à

la

la France. Il n'y a point d'Historien dépoüillé de paffion, qui puiffe eſcrire ſans fiel l'infraction ſanglante de cette Paix, dés-ja concertée avant meſme que de la conclure, entre la Reine Mere, le Duc d'Anjou ſon fils, le Cardinal de Lorraine & les autres Sous-Miniſtres, réſolus de coudre la malice à la force : & je ſuis bien-aiſe moy-meſme pour cette raiſon de ce que mon Auteur ne m'oblige point abſolument à entrer dans le recit Hiſtorique du cruel maſſacre de la S. Barthelemy. La Religion & le prétexte du bien de l'Eſtat ſont de foibles objections contre la foy d'un Traité ſolemnel., Dieu n'a que faire pour ſes intereſts qu'on viole le droit des Gens, & les Politiques n'en ſçauroient alleguer aucun exemple en leur faveur dans toute la Sainte Eſcriture. Auſſi voyons-nous qu'il ne permit pas que le party conjuré ne reçût que de la honte de cette cruauté & qu'il ſouffrit que toutes les entrepriſes qu'il fit enſuite ne ſervirent qu'à ſa confuſion, il faut dire encore à la perte & à la ruïne de tous ceux qui ſe vendirent pour l'executer, ou auſquels on permit de faire main-baſſe ſur tous leurs ennemis ſous couleur de venger la querelle de l'Egliſe. Le bois verd brûla avec le bois ſec dans l'embraſement que cauſa cette malheureuſe journée, & qui ne s'éteignit que par les cendres & par le ſang de tous ceux qui l'avoient allumé : & la Juſtice de Dieu ne s'appaiſa enfin que par le ſacrifice entier de tous les reſtés de la Maiſon de Valois & par un rénouvellement d'Eſtat, qui ſervit d'exemple de ſa vengeance dans les races futures, contre ceux qui abuſent de la Religion & de la bonne Foy pour des deſſeins ambitieux, & contre les Rois & les Princes qui l'endurent.

Ce n'eſtoit point pour l'Egliſe que la Reine Catherine avoit juſques à préſent fait la Guerre avec ceux de ſon party ſous le nom du Roy, c'eſtoit pour Regner qu'elle excita ou qu'elle favoriſa les premiers troubles ; & ce fut enſuite pour ſe venger de ceux qui luy furent contraires qu'elle les continua : comme auſſi pour rendre le fardeau trop lourd pour les jeunes épaules de Charles ſon fils, qui attendoit toûjours à regner qu'elle eut achevé d'ourdir cette toile ; où elle travailloit de jour à la face des Peuples, & qu'elle défaiſoit toutes les nuits avec ſon Conſeil. Cependant elle entretenoit le Roy dans la moleſſe avec ceux de ſa Cour, elle le nourriſſoit dans des ſentimens de fureur contre les Chefs du party Huguenot, qui les rendit irréconciliables, & d'autre part, afin de le pouvoir tenir en bride ; ſi faſché de tant de Guerres, il vouloit la Paix pour joüir de ſon autorité avec quelque repos, ou pour porter la Guerre chez ſes voiſins ; elle élevoit le Duc d'Anjou ſon fils en crédit & en réputation ſous le titre de Lieutenant General & de chef du party Catholique : qualité fatale, & que nos malheurs rendirent plus grande & plus rédoutable que celle de Roy ; avec laquelle il ſeroit capable quand il voudroit, & quand il ſeroit expedient pour leurs communs intereſts, de faire réprendre les armes. Selon cette conduite elle tenoit en perpetuelle action les deux partis, elle faiſoit la Guerre, elle faiſoit la Paix, & toûjours à ſes fins

& pour autant de temps qu'elle jugeroit à propos ; sans avoir aucune résolution de pousser les choses à bout , sinon pour ruïner le Prince de Condé
& l'Admiral, & pour affoiblir la Maison Royale. C'est pourquoy le
Prince ayant esté tué à Bassac, & le Duc d'Anjou s'estant puissamment estably par cette victoire & par celle de Montcontour , elle
crût que c'estoit assez pour ce coup, & qu'il falloit ménager les autres saignées pour d'autres besoins ; d'autant plus que les trophées du
Duc d'Anjou commençoient à empescher le Roy de dormir, & que
cette premiere émulation s'alloit convertir en une parfaite jalousie.
Ce n'est pas que les Huguenots qui la connoissoient bien , crûssent
qu'on pût avoir une ferme Paix avec elle, mais ils avoient besoin de
rélasche, & il importoit à leur réputation, réduits comme ils estoient
à un camp volant qui couroit le Royaume sans autre fruit que d'y
trouver sa subsistance , d'estre encore assez considerables pour traiter,
aprés deux batailles perduës & tant de Places conquises sur eux , &
pour obtenir les mesmes conditions des Traitez précedens. Cette Paix
fut negociée par le S. de Biron depuis Mareschal de France , & par
Henry de Mesmes S. de Malassise depuis S. de Roissy , & parce que
Biron estoit boiteux , & qu'on auguroit bien que ce n'estoit qu'une
Paix en l'air & plastrée, on l'appella dés-lors la Paix boiteuse & malassise, comme elle fut en effet ; non par la faute des Negociateurs,
mais bien de la Reine, qui ne veilloit jamais avec plus d'attention
à la perte de ses ennemis , que quand elle les avoit endormis sur la
foy d'un Edit de Paix.

Je ne sçaurois mieux finir l'Histoire de cette cruelle & sanglante
Guerre, que par la louange de ce Seigneur de Malassisse, qui aida à la
terminer : & c'est un devoir d'autant plus grand dans le temps où
j'escris, que je puis asseurer celuy, qui rendra le mesme office à la
France , de plus d'éloges & de plus de gloire qu'aucun Prince de
nostre Siécle n'en sçauroit acquerir par les plus illustres conquestes.
On est toûjours en droit de douter, si les plus grands Capitaines ne
sont point aussi-tost nez pour la ruïne que pour le bien de leur Patrie , & si l'on ne doit point imputer à leur ambition tout ce qu'ils
feignent d'avoir entrepris pour sa défense ; mais on ne se peut tromper de croire & de publier, que ceux qui procurent la Paix, sont de
veritables Heros, que Dieu fait naistre pour le salut du Public, & qu'il
a mis en eux toutes les qualitez necessaires pour un si grand bien.
Cela se trouvera fort avantageusement en la personne de Henry de
Mesmes & dans toute sa conduite ; mais il se prouvera encore mieux
par la continuation du mesme bonheur en sa famille : & c'est assez
pour mettre la durée de sa posterité au nombre des plus grandes prosperitez de nostre France , de dire qu'il a esté l'ayeul de Claude de
Mesmes Comte d'Avaux ; qu'on peut appeller l'Ange de la Paix, pour
la haute intelligence & pour la sincerité avec lesquelles il l'a traitée
entre les Peuples du Septentrion., & avec lesquelles encore il avoit
jetté les fondemens de celle de toute la Chrestienté. C'est un employ

dont l'heureux succés est à préférer à tous les titres qu'on peut rem-
porter dans la profession des armes, & dont la memoire doit estre plus
précieuse que toutes les dignitez de la Guerre : aussi est-ce à Dieu
qui donne la Paix à récompenser ces illustres Ministres, & comme
il n'y a point de bien qui vaille celuy de perpetuer leur estime dans une
illustre posterité, l'on voit des marques infaillibles de cette Benedi-
ction dans celle de Henry de Mesmes, qui joüit avec la succession
d'une des plus grandes dignitez de l'Estat, de la mesme réputation de
ce grand Homme, pour la mesme integrité, & enfin pour le mesme
merite envers les lettres, & pour la mesme protection des personnes
doctes & vertueuses.

HENRY DE MESMES n'estoit pas seulement l'un des plus Sçavans, mais il estoit l'amour & les delices de tous les Sçavans de son
temps, parce qu'il les cherissoit & qu'il les favorisoit de tout son
credit, & plus encore, parce qu'il contribuoit de sa rare érudition, de
ses conseils à la perfection de leurs ouvrages, & que parmy ses grands
emplois, qui ont long-temps fait portion de son Ministere, il entretenoit
amoureusement & sans faste le mesme commerce qu'il avoit avec eux,
tant par conversations que par lettres. Il avoit esté élevé dans cette
inclination par le rénommé Jean-Jacques de Mesmes son pere, que
le Roy François premier envia à la Cour de Catherine de Foix Reine
de Navarre, & à sa Patrie, pour sa grande doctrine, qu'il attira
auprés de luy, & qu'il admit dans ses Conseils. Jusques à luy ses ancestres, qui estoient anciennement Seigneurs de Mesmes en l'Evesché
de Basas, & de Caixchen au Diocese d'Aire, avoient suivy la profession des armes, & leur valeur & leur Noblesse les avoient rendus
des plus considerables entre les Chevaliers & les Vassaux des Comtes
de Foix & Vicomtes de Bearn, depuis Rois de Navarre ; mais ce
Jean-Jacques icy destiné pour la gloire de sa maison devoit encore
servir à faire connoistre par le merveilleux progrés qu'il fit dans les
Sciences, qu'elles ne doivent point estre méprisées des Nobles. Il devoit faire honte à leur oisiveté par ses genereux travaux, & sa posterité, qui se glorifie davantage de tirer son origine d'un si grand Magistrat que de tant d'illustres ayeux, est aujourd'huy l'un des plus parfaits exemples du bonheur, que les personnes de la premiere naissance &
de la plus haute condition se peuvent promettre de l'alliance des lettres avec les autres grandes qualitez qu'elles tirent de la Noblesse de
leur sang. Il estoit fils de George de Mesmes Chevalier S. de Caixchen, & de Marguerite de Canna, fille de Bertrand S. de Canna en
l'Evesché d'Aire, & de Jeanne de Beaumont, & fut l'aisné de dix
freres, presque tous morts à la Guerre, & qui n'ont point laissé de
posterité, excepté Domenges de Mesmes Chevalier S. de Revignan,
&c. Seneschal de Marsan, avec lequel il transigea pour sa part de la
succession de ses pere & mere, qu'il luy vendit à Paris l'an 1527. & Pierre de Mesmes Chevalier S. de Monstroo, Conseiller & Chambellan du
Roy de Navarre. Comme il estoit de plus foible complexion, pour

estré né à sept mois, il fut destiné aux Estudes, & il en surmonta si facilement toutes les fatigues, qu'on rémarque de luy, comme un des miracles de son siécle, qu'il n'avoit pas vingt-ans, quand il fut trouvé capable du Doctorat & de professer les Loix en l'Université de Toulouse, avec des applaudissemens d'estime, je ne dis pas du vulgaire, mais des plus excellens Jurisconsultes, tels que Philippe Decius & André Alciat ses Collegues. Aprés avoir professé cinq ou six ans, il se retira en son Pays & il fut aussi-tost appellé par Catherine Reine de Navarre pour tenir en son Conseil la place qu'il meritoit par sa naissance, & que sa réputation luy avoit dés auparavant préparée; dans laquelle il se signala de telle sorte par sa Doctrine & par sa prudence, que cette Reine s'estima bien-heureuse de pouvoir trouver dans le petit reste de Sujets, qui luy estoient demeurez depuis l'invasion d'Espagne, un Ambassadeur capable de maintenir son droit sur sa Couronne en une Assemblée qui se tint à Noyon, & de soustenir par son merite le poids & l'honneur d'un grand employ. Cela le fit connoistre au Roy François I. qui le desira, & ayant depuis esté donné par la Reine Catherine au Prince Henry son fils, pour le servir de ses conseils à son voyage en Cour de France; il fit si bien, qu'il l'attira avec des promesses pour sa fortune, qu'il auroit d'abord accomply en partie par sa promotion à la charge d'Avocat Genéral en son Parlement de Paris; s'il n'avoit genereusement refusé de souffrir qu'un grand Prince récompensast son merite par la destitution de Jean Ruzé qui en estoit pourvû, qu'il en estimoit trés-digne, & auquel il ne vouloit pas que son merite fist si grand tort. Il eut mesme de la peine à se résoudre peu aprés à accepter la charge de Lieutenant civil au Chastelet de Paris, quoy que vacante; faisant difficulté de s'engager dans une Magistrature si pesante au préjudice de ses Estudes, & d'autant plus qu'il estoit le premier de sa maison qui avoit pris la Robbe, & qu'il falloit en vestant celle-là rénoncer absolument à sa Patrie & à tous autres emplois & mesme en quelque façon aux interests de la maison de Navarre, dont il estoit chargé auprés du Roy. C'est ce qui fit sa plus grande peine; mais le Roy luy accorda volontiers de partager ses soins & ses services entre son Prince naturel & son Prince adoptif, & ce fut pour cette raison qu'il consentit aux voyages qu'il fit en Allemagne, en Suisse, & jusques en Espagne, pour continuer la défense des droits de la Couronne de Navarre. Ces Ambassades ayans encore accrû sa réputation, le Roy le voulut avoir plus prés de luy, pour s'en servir dans ses Conseils & dans les besoins qu'il auroit de sa prudence & de son experience dans les grandes affaires, & pour cette consideration le créa l'an 1544. Maistre des Requestes de son Hostel, résolu de le pousser à de plus grands honneurs, si sa mort n'en eut arresté le cours; Jean-Jacques de Mesmes fut depuis choisi pour premier Président au Parlement de Roüen, mais ayant le choix de demeurer dans le Conseil du Roy Henry II. il aima mieux y conserver sa place avec l'honneur d'avoir Séance au

Parlement de Paris, & borna là sa fortune, pour joüir du repos qu'il meritoit aprés ses longs services, & de la joye d'avoir mis en sa place Henry de Mesmes S. de Malassise son fils aisné, ainsi nommé par le Roy Henry d'Albret, qui estoit une autre luy-mesme en doctrine, en intelligence, & en capacité pour les plus grands emplois, Il mourut au mois de Novembre 1569. âgé de 79. ans. Et laissa encore deux autres fils, Jean-Jacques de Mesmes S. des Arches, Maistre des Requestes & Président au grand Conseil, & Jean-Gabriel de Mesmes Conseiller au Parlement, & trois filles, tous nez du mariage qu'il contracta le 8. de Novembre 1530. avec Nicole Hennequin, fille de Christophle S. de Dammartin, Doyen du Parlement de Paris, Président d'Alençon, & Ambassadeur en Suisse pour le Roy François I. qui pour son grand merite le destinoit à la charge de premier Président, sans sa mort, arrivée le dernier jour d'Avril 1531. Henry de Mesmes son fils parlant de la mort d'un si digne pere, comprend son Eloge en fort peu de mots, mais qui donnent l'idée d'un des plus excellens & des plus hommes de bien de son siécle, dans ce qu'il a escrit de soy pour servir à l'instruction du S. de Roissy son fils. *Estant avec la Reine Mere au Plessis-lez-Tours, j'eus lettre de l'extréme maladie de feu mon pere, qui estoit lors Conseiller du Roy, & l'un de ceux qu'il avoit laissez prés de M. d'Alençon à Paris pour les affaires du Royaume. La Reine sa mere pleura de cette nouvelle, & dit à autres qu'à moy, que depuis quelques jours elle l'avoit nommé & fait retenir Chanceler de France; mais il alloit ailleurs & luy falloit faire autre Voyage: parquoy m'estant soudain rendu prés de luy, il declara mourir content, puis qu'il m'avoit à sa fin, m'ordonna sa derniere volonté, puis trépassa le 19. Septembre 1569. & entroit en l'âge de 80. ans. Je diray pour un sommaire & cours de ses ans, qu'il n'avoit jamais acheté ny demandé Office, il avoit rendu de son gré celuy de Lieutenant civil, & sur une promesse d'un plus grand, il s'estoit contenté cependant de celuy de Maistre des Requestes. Il avoit trois diverses fois en sa vie gardé les Séaux de France, faisant l'estat de Chancelier sans provision de l'Office, & j'en ay encore les coffres pour marque de cet honneur. Il a laissé en ses Papiers les lettres de trois Offices de premier Président, à Toulouse, Bourdeaux & Roüen, qu'il refusa l'un aprés l'autre, & ne reçut qu'à force l'honneur de l'estat du Conseil Privé, qui n'estoit pas vulgaire lors: mais sur ce qu'il remontra sa vieillesse & impuissance, le Roy Charles repliqua, c'est ce qui me fait vous prier d'en estre, pour éviter le blasme que ce me seroit, si vous mourriez sans en estre. Encore adjousteray-je cela, que s'estant le Roy François I. lassé de feu Ruzé son Avocat au Parlement de Paris, il manda mon pere lors fraischement venu à Paris, pour luy donner cet Office, lequel aussi severement que rudement luy contesta qu'il ne faisoit pas bien de dépoüiller son Officier sans crime, & que l'Office ne pouvoit autrement vaquer luy vivant. Mais c'est mon Advocat, chacun prend celuy qui luy plaist, seray-je de pire condition que les moindres? c'est, dit-il, l'Advocat du Roy & de la Couronne, non sujet à vos passions;*

mais à fon devoir. *J'aimerois mieux*, *dit-il*, *gratter la terre aux dents,*
que d'accepter l'Office d'un homme vivant. Le Roy excufa cette liberté
de parler, & le loüa, & changea de confeil. De forte que trois jours
après l'Avocat Ruzé fe vint mettre à genoux devant mon pere, en fon
eftude, l'appellant fon pere & fon fauveur après Dieu. *Je n'ay*, *dit-il,*
rien fait pour vous, ne m'en remerciez point, car j'ay fervy à ma con-
fcience, non à voftre fatisfaction. Certes c'eftoient bonnes gens du temps
paffé, ny l'un ny l'autre ne fit à la mode de ce temps, & chacun d'eux
fit naïvement en homme de bien, plût à Dieu que ce bon exemple eut
efté gardé depuis à tous.

Cet establiffement à Paris de la maifon de Mefmes, par cet heureux deftin des perfonnes de lettres & de merite fous le grand Roy
François, & qui a fi richement orné noftre Senat, eftoit trop confiderable pour eftre omis dans l'Eloge du S. de Malaffife ; puifque
c'eft le premier honneur d'un grand homme d'eftre fils d'un grand homme, & que tous les Anciens ont efté foigneux pour la gloire de leurs
Heros, de faire voir qu'ils eftoient enfans d'autres Heros. Il nafquit le 30.
de Janvier 1531. comme il rémarque dans le Difcours qu'il a fait de
luy-mefme & que j'ay dés-ja cité ; duquel j'extrairay encore quelques
particularitez ; & premierement celles qui regardent fes Eftudes, parce qu'elles peuvent fervir à l'éducation des perfonnes de fa forte, qui
ne veulent rien devoir de leur avancement dans les grandes charges
au nom de leurs anceftres & aux biens qu'ils leur ont laiffez, & qui
veulent difputer de merite avec leur memoire par une genereufe émulation de les imiter. *Mon pere*, *dit-il*, *me donna pour Précepteur Jean*
Maludan Limoufin, *difciple de Daurat*, *homme fçavant*, *choifi pour fa*
vie innocente, *& d'âge convenable à conduire ma jeuneffe*, *jufques à*
tant que je me fçûffe gouverner moy-mefme : comme il fit, *car il avan-*
ça tellement fes Eftudes par veilles & travaux incroyables, *qu'il alla*
toûjours auffi avant devant moy, *comme il eftoit requis pour m'enfeigner*,
& ne fortit de fa charge, *finon lors que j'entray en Office. Avec luy &*
mon puifné Jean-Jacques de Mefmes, *je fus mis au College de Bourgo-*
gne dés l'an 1542. en la troifiéme Claffe, *puis je fus un an ou peu moins*
de la premiere. Mon pere difoit qu'en cette nourriture du College il avoit
eu deux regards, *l'un à la converfation de la jeuneffe gaye & innocente*,
l'autre à la Difcipline Scholaftique ; pour nous faire oublier les mignardi-
fes de la maifon, *& comme nous dégorger en eau courante. Je trouve*
que ces 18. mois du College me firent affez de bien, *j'appris à repeter*
& difputer & haranguer en Public, *pris connoiffance d'honneftes en-*
fans, *dont aucuns vivent aujourd'huy ; appris la vie frugale de la Scho-*
larité, *& à regler mes heures : tellement que fortant de-là*, *je reci-*
tay en Public quelques Oraifons Latines & Grecques de ma compofition ;
prefentay plufieurs Vers Latins, *& deux mille Vers Grecs faits felon*
l'âge, *recitay Homere par cœur d'un bout à l'autre. Qui fut caufe après*
cela, *que j'eftois bien vû par les premiers Hommes du temps*, *& mon*
Précepteur me menoit quelquefois chez Lazarus Baïfius, *Tufanus*,

Strazellius, Castellanus, & Danesius, avec honneur & progrés aux lettres. L'an 1545. je fus envoyé à Toulouse pour estudier en Loix avec mon Précepteur & mon frere, sous la conduite d'un vieil Gentil-homme tout blanc, qui avoit long-temps voyagé par le monde. Nous fusmes trois ans Auditeurs en plus estroite vie & penibles estudes que ceux de maintenant ne voudroient supporter. Nous estions debout à quatre heures, & ayant prié Dieu, allions à cinq heures aux estudes, nos gros Livres sous le bras, nos escritoires & nos chandeliers à la main. Nous oyons toutes les lectures jusques à dix heures sonnées sans intermission ; puis venions disner ; aprés avoir en haste conferé demie heure ce qu'avions escrit des lectures. Aprés-disner, nous lisions par forme de jeu Sophocles ou Aristophanes où Euripides, & quelquefois Demosthenes, Cicero, Virgilius, Horatius. A une heure aux Estudes, à cinq au logis, à repeter & voir dans nos Livres les lieux alleguez, jusques aprés six: Puis nous soupions lisions en Grec ou en Latin. Les Festes à la grande Messe & Vespres, au reste du jour un peu de Musique & de promenoir. Quelquefois nous allions disner chez nos amis paternels, qui nous invitoient plus souvent qu'on ne nous y vouloit mener. Le reste du jour aux livres, & avions ordinaires avec nous *Adrianus Turnebus, Dionisius Lambinus* [qui luy dédia les Oeuvres de Ciceron, qu'il avoüa par sa lettre Dedicatoire, qu'il n'avoit principalement illustré que par la communication de ses Manuscrits, & par les belles lumieres qu'il avoit reçües de sa docte conversation] *Honoratus Castellanus,* depuis Medecin du Roy, *Simon Thomas* lors trés-sçavant Medecin : aussi nous voyions souvent *Petrus Bunellius;* & son *Vidus Faber,* [Pibrac] Au bout de deux ans & demy, nous lusmes en Public Demian à l'Escole des Institutes, puis nous eusmes nos heures pour lire aux grandes Escoles, & lusmes les autres trois ans entiers; durant lesquels nous frequentions aux Festes les Disputes Publiques, & je n'en laissois guere passer sans quelqu'essay de mes debiles forces. Enfin des six, nous tinsmes Conclusions Publiques par deux fois, la premiere chacun une aprés-disnée avec Cathedrans, la deuxième trois jours entiers & seuls avec grande celebrité; encore que mon âge me défendit d'y apporter autant de suffisance que de confidence. En ce mesme temps lisoient à Toulouse Messieurs Corras & du Ferrier, aussi Perreri & Fernandi, & des jeunes; du Bourg & Pibrac. Aprés moy M. de Foix, qui m'avoit oüi avec le Mareschal de Joyeuse lors Evesque d'Alètz ; prit mon heure; il lût quelque temps ; & voilà les premieres compagnies d'estude entre Foix, Pibrac, & moy, comme elles ont depuis continué aux Estats & aux affaires de la France. Aprés cela & nos degrez pris de Docteurs en droit Civil & Canon ; nous prismes le chemin pour retourner à la maison, passasmes en Avignon pour voir *Æmilius Ferretus,* qui lors lisoit avec plus d'apparat & de réputation que Lecteur de son temps. Nous le saluasmes le soir à l'arrivée, & il luy sembla bon que je leusse en son lieu le lendemain matin, jour de saint François ; ce que je fis prenant la Loy où il estoit demeuré le jour précedent. Il y assista luy-mesme avec toute l'Escole, & témoigna à mon pere par lettres Latines de sa main ;

qu'il n'y avoit pas pris déplaisir. Le mesme fut en passant à Orleans, le tout en l'assistance de tous les Docteurs & de l'Auditoire entier. Nous fusmes à Paris le 7. Novembre 1550. le lendemain je disputay publiquement és Escoles de Decret en grande Compagnie, presque de tout le Parlement, & trois jours après, je pris les points pour débattre une Regence en Droit Canon, & répetay ou lûs publiquement environ un an.

La Discipline du Parlement de Paris & du Grand Conseil ne luy permettant pas encore d'entrer en aucune de ces deux Compagnies avant l'âge requis, sinon qu'il en eut purgé le défaut en quelqu'autre Corps, il se fit recevoir Conseiller en la Cour des Aydes le 9. Février 1551. à 20. ans, & n'y prit Séance que trois jours seulement ; au bout desquels s'estant mis par ce moyen à couvert de la rigueur de la Loy, il obtint dispense d'âge pour entrer au Grand Conseil. Et son merite continuant à faire une juste & loüable violence à l'usage, le Roy de sa propre autorité le fit recevoir au Parlement le 28. de Septembre 1553. en survivance de son pere en sa Charge de Maistre des Requestes. Trois ans après ce Prince fit voir l'opinion qu'il avoit conçûë de ses premiers emplois ; par celuy qu'il luy donna en Italie en qualité de Chef de Justice, qu'on appelle Podesta, de la République de Sienne qu'il avoit prise sous sa protection. Il le chargea par mesme moyen de plusieurs Negociations envers le Siege Romain & tous les Princes d'Italie, où nous avions Ligue avec le Pape, & ayant esté admis au Conseil à Rome avec le Duc de Guise, le Mareschal Strozzi, l'Archevesque de Vienne, les Sieurs de Selve, Viallart & la Marciliere, il s'y fit admirer jusques au point de voir souhaitter qu'il y demeurast Ambassadeur au lieu du S. de Selve qu'on rappelloit, avec asseurance de la part des Ministres de France, de le faire agréer à la Cour. Il craignit judicieusemrnt de commencer par un grade trop avancé & sujet à trop de jalousie & mesme à trop de dépense, & son inclination l'appella à sa Commission de Sienne, dont il eut à maintenir l'honneur & l'autorité, non seulement avec une Nation déliée & difficile, mais encore avec un Gouverneur ingouvernable, le S. de Montluc, qui ne vouloit pas en son temps qu'aucune réputation prit racine que fort loin de son ombre, & qui n'en distribuoit guere qu'à ceux de son Pays. C'est ainsi que le S. de Malassise parle de cette charge, qu'il en explique le pouvoir & qu'il nous enseigne qu'il en usa. *A Pasques 1557. je m'en allay à Montalcino, où estoit lors la République Siennoise, & pris la charge de Capitaine de la Justice. C'est le premier & souverain Juge és matieres criminelles ; mais comme avant moy appartenoient à cet Office les peines & confiscations qu'il jugeoit, de maniere que pour ce régard on appelloit de luy, ores que le criminel fut sans appel : je fis en quittant ce profit, & bien grand & bien vil, que je demeuray Souverain en tout : & y avoit un Juge pour le civil, duquel je jugeois les appellations, aussi en Souveraineté. C'estoit ma charge en la République, mais aux affaires de l'Estat du Roy,*

Roy, j'aurois seul principal pouvoir ; & seul la Superintendance sur les Finances. Pendant que j'estois là M. de Guise avec nostre armée de la Ligue sainte assiegea Civitelle ; qui est l'entrée du Royaume de Naples. Pendant ce siege Montluc Lieutenant du Roy en Toscane, alla voir M. de Guise, & je demeuray au Siennois avec autorité absoluë, mesme sur les armes. Advint heureusement pour moy que je fis un petit camp, sortis en campagne, & pris bon nombre de Villes & Chasteaux des nostres, que les Espagnols avoient surpris auparavant ma venuë, entr'autres un Chasteau de gli Altezzi, qui nous incommodoit grandement à Montalcino, & empeschoit tout secours, de munitions de vivres, & d'hommes : estant ce Chasteau siz entre nous, & la ville de Sienne que le Roy d'Espagne tenoit lors, & distant seulement de deux milles de Montalcino. Ceux qui m'accompagnoient en ces expeditions militaires, furent, le Baron de Serres en la Cavalerie, Bassompierre en l'Artillerie & aux Gens de pied ; les Colonels Chara-monti, & Morello Calabrese, avec leurs Regimens, & de François avec leurs vieilles Compagnies Françoises, les Capitaines Lussau, Blaçons, Avanson, Entre-Casteaux ; demeurant le Capitaine Charry dans la ville pour la garde d'icelle comme Gouverneur, & le S. de la Molle à Grossette. De tous ces Capitaines si connus, il n'est demeuré que moy & le S. d'Entre-Casteaux neveu du Cardinal de Tournon ; qu'on nomme aujourd'huy le Comte de Grignan, Chevalier du Saint-Esprit. Il advint, parce que mon âge & ma charge ne pouvoient estre sans envie, que l'on m'en fit aussi bonne part que d'honneur & de pouvoir ; mais le Roy fut de mon costé, y envoya le S. Francesco da Estè pour Viceroy, & me maintint avec beaucoup de témoignages, & de contentement, dont j'ay les lettres en bon nombre. Je m'exposay après quatorze mois de service au Syndicat accoustumé selon les Statuts de Sienne, & après l'examen de toutes mes actions, jugemens & procedures, fut donné par les Commissaires Sentence d'absolution de l'advis de tous selon la forme de leurs Statuts, & depuis témoignage de bien avoir servy par toute la République ; dont je rapportay en France les lettres au Roy Henry mon bon Maistre, afin qu'il connut que je n'avois pas failly en ma charge, ny luy en son élection.

Je ne m'arresteray pas à faire valoir cette rencontre de Guerre dans une charge de Justice & de Police, mais en verité c'est un bel incident & bien singulier en la vie de ce Magistrat. Il sert bien à faire voir que les lettres & les Sciences n'abbattent point le courage d'un Gentil-homme, qu'elles y meslent plûtost de la prudence, & de cette prudence plus heureuse à la Guerre que la valeur naturelle & sans conduite des Nations les plus fieres & les plus barbares ; qu'on demandoit principalement à ces Consuls de l'ancienne Rome, qui prenoient dans le Barreau les premiers degrez de leur estime. Estant de retour à Paris au mois de Juillet 1548. il suivit le Roy jusques à cette malheureuse blessure, qui avec la perte du Public, luy causa celle de tous ses services, aussi-bien que les fruits de la haute opinion qu'il avoit donnée de luy ; mais il se consola dans les lettres & dans l'exercice de sa charge de Maiftre des Requeftes sous le grand Chancelier de l'Hospital, dont la conversation luy eftoit plus délicieuse & plus charmante que tous les soins de sa fortune, dans les temps miserables, qui succederent aux espérances d'une Paix si bien establie au-dehors, & si malheureusement violée au-dedans. Ce plaisir luy dura jusques en l'an 1568. qu'en l'arrachant à ce digne Chancelier qui fut éloigné, on l'arracha encore à luy-mesme : la Reine Catherine en propre personne accompagnée du Cardinal de Lorraine l'estant venuë enlever de sa maison de Paris dans son carosse pour le mener à saint Maur ; où elle luy fit réproche d'un loisir inofficieux à sa Patrie & qu'elle jugeoit indigne d'un bon Citoyen. Aussi-tost elle luy proposa une Ambassade vers l'Empereur, & parce qu'il eftoit difficile de la refuser absolument, tant pour son honneur, que pour celuy d'un employ qui demandoit un excellent Orateur Latin, & qu'il n'y en avoit que trois qu'on put choisir, les S. de Foix, de Pibrac & luy, il n'en put eftre excusé, qu'à condition qu'il composeroit les Harangues. Il demeura Conseiller d'Eftat ordinaire, & quoy que le dernier venu, il y fut en telle considération, que le Conseil ayant esté réformé, ce grand nombre que le désordre du temps y avoit introduit réduit à six, il fut le sixiéme avec les Sieurs de Morvillier, de Lanssac, de Pellevé, l'Evesque de Limoges & le Président Birague. Ce fut en cette place qu'il fut choisi pour traiter la Paix avec les Huguenots, qui nous a donné lieu de faire ce Discours, & de laquelle il parle ainsi. *M. de Biron révint peu après du voyage qu'il avoit fait vers les Princes de Navarre & de Condé, & l'Admiral, amena avec luy Beauvais & Telligny qui parloient de Paix. Le Roy les voulut entendre, & me choisit, pour avec ledit S. de Biron les aller trouver & traiter. Je partis de Chasteau-brient en May 1570. allasmes à la Rochelle, vers la Reine de Navarre, de-là susmes trouver les Princes en Auvergne, puis retournasmes vers le Roy à Gaillon, qui s'en revint peu après à S. Germain en Laye ; où nous luy menasmes les Députez des Princes : & la Paix y fut concluë & séellée. On la disoit Boiteuse & Malassise, & je n'en ay point vû depuis 25. ans qui ait guere duré. Si diray-je pour mon regard, que je rapportay au Roy deux choses dont il eut contentement, l'instruction qu'il m'avoit baillée secrettement & à part escrite de sa main, avec si bon témoignage que je n'avois pas encore tout accordé ce qu'il m'avoit permis, & la Paix ou Guerre en son choix, sans que rien dépendit que de sa seule volonté : c'est-à-dire, toutes choses en leur entier, & ne sçut-on tirer de moy autre advis ; sinon c'est un coup de Maiftre, je vous mets à mesme, voulez ce qu'il vous plaira, il sera fait, car l'un ou l'autre est préparé avec tous moyens possibles. Il la trouva bon ainsi & opta la Paix : il est vray que la saint Barthelemy la rompit au bout de deux ans, & est bien vray aussi ce qu'on dit, que les grands Empires ne font jamais longuement en repos.*

Après cette sanglante journée, le Roy pour estre plus asseuré du

Roy de Navarre, voulut d'autorité que le S. de Malaffife fut Chef de
fon Confeil & de fes affaires fous le titre de Chancelier de Navarre ;
& l'employ eftoit chatoüilleux pour une perfonne de fa qualité, que
le Roy de Navarre par fon Brevet du 11. Septembre 1562. difoit
defirer à fon fervice pour fes merites particuliers & pour la memoire
de fes anceftres, jadis Sujets & fi affectionnez à fes prédécefleurs. Ne
s'en pouvant abfolument démefler pour tant de confiderations ; il
ne l'accepta que pour deux ans, qui couterent beaucoup à fa prudence, & au bout defquels il eut le bonheur, aprés de grandes difficultez,
de réfoudre le Roy & la Reine de Navarre de le décharger d'un fardeau
qu'il ne pouvoit plus fupporter ; ayant à répondre & eftant pourfuivy en fon nom pour les dépenfes de leur maifon, qui montoient une
fois plus que leur revenu, qui n'eftoit, toutes charges déduites, que de
cent quarante mille livres de rente. L'année fuivante 1575. le Roy
Henry III. l'alla voir à Roiffy, aprés luy avoir mandé qu'il l'alloit
querir jufques en fa maifon, comme en effet il y demeura un jour &
demy avec tant de fatisfaction, qu'il le força enfin & fit tant qu'il luy
fit promettre de revenir prendre fa place en fon Confeil. Il s'acquitta de fa parole fans grand empreffement , mais ce fut d'autre-part
avec tant d'applaudiffement de fa haute intelligence, de fon fçavoir
& de fa vertu, que le Roy preffé du rémords du mauvais gouvernement de fon Eftat & qui confultoit mille remedes dont il fe rébutoit
enfuite, pour rétourner à fes plaifirs, réfolut de luy donner plus grande part à fes affaires : & voicy comme luy-mefme efcrit qu'il y fut
engagé contre fon inclination. *Le Roy eftant à Blois aprés Pafques*
1581. m'appella en fon Cabinet , & me dit qu'il defiroit fe fervir de
moy en fes privées affaires , ayant connu de longue main mon affection
à fuivre & fervir les fiennes avec preuve de ma fidélité , & de quel-
ques autres parties qu'il difoit loüer en moy. Je luy demanday fi ce
n'eftoit pas affez de le fervir en fon Confeil d'Eftat, & aux charges or-
dinaires qu'il me donnoit ; n'eftimant pas avoir affez de fuffifance, pour
avec cela luy rendre encore autres fervices affidus & particuliers, & me
défendre de l'envie que j'avois toûjours eüe au vifage en le fervant. Il
répondit qu'il fe fentoit luy-mefme bien fouvent travaillé des mauvaifes
volontez , mais qu'il me donneroit le moyen d'en bien venir à bout ,
que le fervant ainfi, je baftiffois une trop grande fortune pour en crain-
dre l'évenement. Aprés qu'il fe fut ouvert à moy des affaires qu'il avoit
lors à cœur, je luy dis fouvenez-vous, SIRE, que vous me faites fai-
re le faut perilleux ; mais cela ne m'empefchera de vous obéir avec tou-
te fidélité. Il trouva ce mot de faut perilleux un peu nouveau , car le
luy ayant répeté trois jours aprés, il répliqua foudain, vous me l'avez
dés-ja dit, pourquoy dites vous celà ?. pour ce , dis-je , que dés-ja on
efcoute quel commandement je reçois icy de vous, & qu'elles peuvent eftre
les fuites de fi eftroites Conférences : auffi quand on en penfera avoir
découvert quelque chofe, fi on ne peut s'oppofer à vos volontez, pour le
moins on ne m'épargnera pas : & peut-eftre ne ferez-vous auffi foigneux

de me conserver, que j'auray esté de bien servir. Lors il luy plût de me faire grand serment de sa constance & de déterminée protection & amitié qu'il me promettoit, avec plus d'asseurance qu'il n'en faut pour persuader un plus grand Philosophe que moy, & adjousta deux fois ce mot, qu'il n'auroit jamais un pain où je n'eusse la moitié. Que pouvois-je faire sinon luy obéïr ? & certes il n'y avoit en moy ny ambition ny autre cupidité. Ce sont ce dit-on les fleaux des grands esprits, aussi je me réjoüis que le mien n'est pas grand. Tant y a que me voilà de ce jour asservy à une incroyable peine, mais encore avec plus d'affection que de sujettion. Je puis dire sans mentir que les conseils & les volontez se prenoient sans moy : on se servoit seulement de mon avis à l'execution. Dieu soit loüé, je tirois à mon pouvoir les choses résoluës, au pied de la raison, & certes j'y trouvois le Roy fort enclin, toute l'année passa ainsi.

Aprés avoir dit que tout ce que luy valut cette faveur, fut qu'au lieu d'une charge de Président à Paris, dont il s'estoit long-temps défendu, on le contraignit adroitement de retenir vingt-mille francs, que le Roy avoit à dessein envoyé jusques en son coffre, sans dire que ce fut pour luy : il adjouste qu'on le fit encore Chancelier de la Reine Loüise, & qu'on luy donna pour deux mille cinq cens escus l'Office de Conseiller au Parlement du S. de Roissy son fils : & continuë ainsi de faire voir en sa personne combien la faveur est importune à un homme Sage, qui prévoit les dangers de l'inconstance des Princes & de l'incertitude de leur estime & de leurs bonnes graces. *Vous croirez comme de moy à vous, qu'en toute cette vie je ne souhaitois autre bien que la maison, & de cette fausse félicité que les autres vont recherchant, je n'ay jamais gousté plus grand fruit que le mépris d'icelle. Je discourois en moy-mesme combien la bonne grace d'un si grand Prince apporte avec soy de faveur & de tremeur, & me sembloit que c'est bien proprement parler, quand les emplois prés de tels Rois s'appellent les grandes Charges : & comme aucuns ayans le Roy pour eux n'ont peur de rien, moy au contraire avois peur de tout ; mais l'ordinaire compagnie de la grande fortune m'estoit la grande crainte. Or le 17. Janvier 1582. le Roy m'appella en son Cabinet, & me dit qu'il n'avoit pas contentement de ce que ses privées affaires n'alloient pas comme il desiroit. Je luy dis soudain, vous a-t'on dit, SIRE, que j'en aye gasté quelque chose, y a-t'il plainte de moy devant vostre Majesté ? dites le moy, s'il vous plaist, car je vous esclairciray avant partir de cette posture où je suis, & si aprés ma défense vous me trouvez coupable, je ne vivray plus une heure aprés, j'ay trop de cœur & de fidélité pour vivre une heure aprés vous avoir offensé par ma faute. Il me dit, devinez de cela ce que vous pourrez, je ne vous en diray jamais rien, mais il y a quelques nuits que je ne dors point. Je vois bien, dis-je, vous trouvez bon que je me retire en ma maison ? ouy, vous ferez bien de ne revenir icy en mon Cabinet, ny chez ma femme : quant au Conseil, il y a assez de temps d'icy en Septembre pour vostre quartier : lors je vis bien que c'estoit une chose concertée & que la partie estoit faite, parquoy je mis le genoüil en terre,*

& luy dis, SIRE, je vous supplie en l'humilité que doit un trés-humble Sujet, rendez-moy la Justice que doit un bon Roy, si je n'ay point fait de mal, je ne dois estre condamné, & si j'en ay fait, c'est trop peu. Dites-moy dequoy on m'accuse, non seulement je me justifieray tout maintenant, ains vous prouveray soudain la fausseté & mensonge de l'Accusateur, rien pour cela, ains seulement, je ne vous en diray autre chose, levez-vous & vous en allez quand il vous plaira. Soudain je me leve & dis Adieu SIRE, Adieu M. de Roissy, tout cela avec tant de modestie, de retien & de mots comptez, qu'on pouvoit aisément juger, que cette action estoit concertée, promise & stipulée. Ce colloque fut un peu plus long, mais c'est la substance, & tant moderé, qu'en la mauvaise impression je connoissois que son bon naturel & mon innocence combattoient contre ce qu'on luy avoit fait promettre, & eut esté mal-aisé de discerner, si avec plus de regret je le laissois, ou il me perdoit. Il m'avoit toûjours promis que quand on luy parleroit contre moy, il me le diroit, & falloit bien que l'instrument de ce mal eut beaucoup de pouvoir sur sa volonté. Certes je n'en sçûs pas pour lors davantage, encore qu'il sembloit me vouloir laisser croire que la Reine sa Mere le vouloit ainsi ; car en tr'autres traits il me dit ainsi, si ce n'estoit que Serviteurs, je ne me mouverois pas. Je luy dis soudain, c'est donc la Reine vostre Mere, devinez ce que vous luy avez pû dire ? Je dis soudain mon propos entr'elle & moy, tout bon & à l'avantage d'eux deux, il répondit, n'y a-t'il que cela ? non sur ma vie, allons, je le diray devant vous & le maintiendray. Il me dit en partant, jamais homme n'a eu tant de privauté avec moy que vous, & jamais n'aura. Je n'en ay, dis-je, pas abusé & vous ay gardé fidélité. Pour lors je n'en eus pas davantage.

Aprés avoir témoigné la constance dont il souffrit cette petite disgrace, & la joye qu'il eut d'estre retourné tout entier à ses Livres, & de n'avoir aucune part aux malheurs, qui portoient l'Estat dans le peril inévitable de sa ruïne : il dit avoir enfin appris d'un amy sur la fin de l'année 1558. le sujet du prétendu mécontentement du Roy. C'est, dit-il, que la Reine Mere du Roy, qu'il faut croire par là n'avoir pas bien esté avec le Roy quand j'estois prés de luy, s'avisa ou fut avisée, que se plaignant à moy de cela, je m'estois ingeré de luy promettre que je les remettrois bien ensemble, & l'avois fait trouver trés-mauvais au Roy : comme j'eusse esté fort temeraire, si j'eusse ainsi parlé ou dit chose qui en approchast, que sur cela il monta en haut, & s'en plaignit aux Sieurs de Joyeuse & d'Espernon ; dont le premier répondit que j'avois dit cela pour tenir le pied à plus d'un estrier, & que dés-ja d'un autre côté j'avois voulu acquerir à ses dépens la bonne grace de la Reine Mere de sa Majesté ; l'autre ne me défendit pas, parce qu'il faisoit gloire d'estre bien avec sa Majesté & tendre droit-là sans regarder à costé ny mere ny femme. Me voilà hors du Livre de Vie, & comme tost aprés il dit à la Reine sa femme qu'il me vouloit reculer d'auprés de luy, il vit sortir de ses yeux quelques larmes, pour ce qu'elle sentoit perdre un fidéle Serviteur, & ces larmes semblerent confirmer ce qui luy avoit esté re-

pondu, & affermirent tant plus la résolution de m'oster ; que pour m'a-
chever de peindre deux mauvais Serviteurs envieux de ma fortune , se
défians de la leur , me presterent & lors & souvent depuis, de bonnes
charitez , pour rendre cette malveillance du tout irréconciliable. Voilà
ce que j'ay appris de si certain endroit, que je n'en puis faire aucun dou-
te, & le crois comme si j'avois esté present à tous leur propos. Pour la
verité je diray icy deux choses, dont je prie Dieu qu'il soit , comme il
est luy seul de toutes nos actions, le témoin & le Juge. L'une est que je
ne fus jamais si jeune & si mal-appris de me venter de sçavoir mieux ap-
pointer une mere & un fils , que le devoir de la charité de l'une , &
l'obéïssance de l'autre : mais de m'en faire fort entre le Roy & la Rei-
ne , encore que l'effet en fust très-bon, la venterie en seroit fort pré-
somptueuse, & mesme envers elle : prés de laquelle j'estois un jour ,
quand un des Serviteurs de feu Monsieur ayant parlé longuement à son
oreille ; se partit d'elle & la laissa : elle nous dit tout haut, cet hom-
me est si sot qu'il se vente à moy de nous mettre bien ensemble moy &
mon fils. Il me souvient aussi qu'il y a seize ans , qu'elle revenant de la
Messe accompagnée de toute la Cour , jetta Monsieur dans une Chambre,
& nous y fit entrer le Mareschal de Biron & moy seuls, & garder la
porte par une Dame à qui estoit la Chambre. Soudain elle se mit à tan-
cer Monsieur , & nous appelloit tous deux à témoins & aides à son cour-
roux. Nous ouïsmes sans plus , mais nul de nous n'ouvrit la bouche pour
parler, ny bougea l'œil , ou la teste , ou l'espaule , pour donner une seule
signifiance de sa pensée , ains y restasmes comme statuës , indifferens ,
immobiles, & du tout neutres. Je n'estois ny changé depuis ny assotty,
pour apporter moins de prudence entre le Roy & elle.

Voilà l'Histoire en abregé du grand Henry de Mesmes , également
illustre sous le nom de Malassise & de Roissy , que la disgrace
renvoya à son cabinet avec plus de joye, que la Fortune, qui dresse
des embusches aux Sages en faveur des Temeraires , & d'ailleurs
fortifiée de la puissance & de l'autorité Royale, ne l'en avoit ar-
raché. S'il eut eu moins de qualitez , ou bien s'il les eut voulu sacrifier à ses interests particuliers , & s'il eut témoigné moins d'atta-
chement au service du Roy , c'est à dire à ce service qui ne regarde
que la gloire du Maistre & le bien des Sujets , il auroit eu moins
d'ennemis ; mais sa vertu estoit suspecte dans le dessein qu'on avoit
de broüiller de sorte les affaires de ce Prince , qu'on put disposer
de sa succession , & on ne vouloit auprés de luy que des Personnes
qui songeassent plustost à profiter , qu'à mettre remede au désordre
du Gouvernement. Rien ne troubla son repos aprés sa retraite, &
ne luy fut sensible, que la douleur violente d'un catharre qui luy tomba sur la veuë, qui luy fit perdre l'œil droit l'an 1584. avec des
épreuves d'une patience inimitable , & qui releva plustost que d'a-
batre cette haute & heroïque vertu, dans la pratique de laquelle il
mourut l'an 1566. Il fut inhumé auprés de son pere en leur Chap-
pelle de l'Eglise des Augustins de Paris , & le S. de Roissy son fils
luy dressa cette Epitaphe.

DEO OPTIMO MAXIMO.

MEMORIÆ *quietique perpetuæ Henrici Memmii, Clariffimi viri, ab interioribus aulæ Confiliis, Navarræique Regis & Reginæ Cancellarii, inter arma civilia pro Regni falute legationibus fideliter obitis, de Patria Benemeriti, concordiæque auctoris & vindicis, litterarum Patroni, eximiis moribus, artibus, inftructi ; ingenio, judicio, eloquentia Præftantiffimi : cujus nomen utriufque linguæ Doctiffimorum hominum fcriptis celeberrimum à nemine tamen fatis pro dignitate laudatum : hunc pietatis ergo titulum Joannes-Jacobus Memmius libellorum fupplicum in Regia Magifter, Patri incomparabili filius mærens pofuit. Vixit annos LXV. obiit Kalendis Sextilibus anno à Virginis partu* CIɔ. Iɔ. XCVI.*

Auctorem Pacis te pax æterna fequatur.

Il avoit époufé dés le 3. de Juin 1552. Jeanne Hennequin fille d'Oudart S. de Boinville Maiftre des Comptes à Paris, & de Jeanne Michon, & de ce Mariage nafquirent Jean-Jacques de Mefmes, & Judith de Mefmes femme de Jacques Barillon S. de Mancy Confeiller au Parlement, & mere des Sieurs de Morangis & Barillon, fi connus par leur integrité dans les premieres Charges de la Robe. Jean-Jacques de Mefmes S. de Roiffy fils unique, fucceffivement Confeiller au Parlement, Maiftre des Requeftes, & enfin Doyen du Confeil d'Eftat & des Finances du Roy, élevé dans les lettres par les foins d'un pere excellent & d'un excellent Précepteur, l'illuftre Jean Pafferat, laiffa fes enfans heritiers des mefmes talens & des mefmes Vertus, depuis fi long-temps hereditaires en fa Race. L'aifné fut Henry de Mefmes Préfident au Parlement, le fecond fut Claude de Mefmes, qui par fucceffion d'Antoinette de Groffaine fa mere herita de la terre d'Avaux, & qui a rendu ce Nom fi glorieux, qu'il fuffit pour tout Eloge, fans parler ny de fes actions ny de tous fes titres, non plus que de fes grands emplois ; dont auffi-bien il fe vouloit dépoüiller, comme d'un fardeau qui opprimoit, ou qui déguifoit une vertu plus riche que toutes les livrées de la faveur. On ne fçauroit pas mefme parler d'un Miniftre fi faint dans un temps fi plein de Guerres & de troubles, fans regretter une mort, qui femble avoir efté le Pronoftique de nos malheurs ; puifque toute l'Europe le réconnoiffoit capable de luy donner la Paix : ce feroit encore entreprendre fur une matiere, que le S. Ogier s'eft refervée pour fa feule confolation aprés la perte qu'il a faite d'un fi digne Patron de fon merite & de fa generofité, & laquelle il a fi heureufement traitée dans un excellent Panegyrique, qu'il y auroit auffi peu de fuccés que de juftice de vouloir prendre part à une moiffon qu'il a cultivée. Le troifiéme eft Jean Antoine de Mefmes S. d'Yrval, &c. fucceffeur de Henry fon frere en fa charge de Préfident au Mortier, & qui par fon merite & par fa vertu fouftient aujourd'huy le poids de la réputation, & l'efclat d'un fi grand nom, avec ce bonheur fingulier en fa maifon, d'avoir pour fils aifné un troifiéme Jean-Jacques de Mefmes &

un second Comte d'Avaux , dés-ja Maiftre des Requeftes & reçû en
furvivance au Parlement , qui raffemble en fa perfonne toutes les rares qualitez de fes prédeceffeurs. J'ay paffé fuccintement fur la pofterité de Henry de Mefmes S. de Malaffife , afin d'éviter d'entrer dans
d'autres Eloges , mais particulierement dans ceux de fes petits-fils,
qui m'auroient fourny trop d'eftoffe pour le fujet qui s'eft prefenté ,
& que j'ay dés-ja traité affez amplement.

Le S. Blanchard a donné la Genealogie de la maifon de Mefmes
dans fon Livre des Eloges & des Genealogies des Préfidens au Mortier au Parlement de Paris , où je renvoye le Lecteur pour en eftre
plus informé. Henry de Mefmes S. de Malaffife en rechercha les preuves en fon temps , & ayant trouvé une famille de mefme nom &
mefmes armes en Efcoffe , il crût que ceux de France en eftoient venus ; mais il eft plus à propos de rapporter l'origine de ces Efcoffois
à quelque puifné de ceux de Gafcogne , où eft fituée la Seigneurie de
Mefmes ; lequel ayant fuivy les armes des Anglois , quand ils poffedoient la Guyenne , aura pû paffer la Mer & s'habituer en ce Royaume , comme ont fait plufieurs autres François. Le nom d'Amaneu
qu'il donne à ce premier de fa maifon vivant l'an 1200. qu'il eftime
eftre venu d'Efcoffe , & duquel il dit dans le Difcours de fa vie qu'il
avoit vû de titres , eft un nom Gafcon & non Efcoffois , affez commun en la famille d'Albret & autres de mefmes Pays. Il fonda fon
opinion fur la conformité des armes , dont il parle ainfi au fujet de
cet Amaneu : *J'en ay vû les titres , & en font encore les armes en la
Chapelle de mes anceftres au Mont de Marfan ; pareilles à ceux de nos
parens de Berwick , à prefent limite d'Angleterre & d'Efcoffe ; où le Gouverneur du Pays & de la Ville portoit noftre nom & armes en l'année
que j'en fis la recherche 1567. & y avoit lors beaucoup de Nobleffe de cette
maifon.* Le Préfident de Mefmes conferve une précieufe marque du
merite de ce nom en un riche Pfautier de Velin en miniature , qui jadis appartint à faint Loüis , & où l'on voit efcrit qu'il l'avoit donné
fur la fin de fes jours à Meffire Guillaume de Mefmes fon premier
Chapellain , c'eft la qualité qu'il luy donne & que prenoient en ce
temps-là ceux qu'on appelle aujourd'uy Aumofniers. Ce Pfautier cherement gardé en la Bibliotheque des Rois d'Angleterre eft enfin ré-
tombé par révolution de temps en la maifon de Mefmes , pour fervir
d'ornement à fa Bibliotheque & de monument à fa grandeur & à fon
antiquité.

FIN DU SECOND TOME.

TABLE

TABLE

DES PRINCIPALES MATIÈRES
contenuës au second Volume des Memoires de Castelnau.

TABLE

Hhhhh

FIN.

AU' . - .3·8

AU- - 3 8

Lightning Source UK Ltd.
Milton Keynes UK
UKHW031340030419
340412UK00007B/706/P